中华人民共和国

江西日史

第四卷

（1980 ～ 1985）

中华人民共和国日史编辑委员会
江西编辑室 编

名誉主编： 孙家正　李金华　张文彬
　　　　　张承钧　李永田
主　编：孙用和　蒋仲平　魏丕植
　　　　管志仁　沈谦芳
副主编：符　伟　杨德保　廖世槐
　　　　罗益昌　张翊华

人民出版社

目 录

第四卷

CONTENTS

概　要

1979 年秋在江西吉安、赣州地区一些农村出现的包产到户、包干到户的"双包"责任制到本年春已经相当普遍，农业生产责任制在全省农村实行并推广。1 月中旬，省委召开全省农村经营管理座谈会，兴国县长冈公社合富大队文溪生产队队长介绍了该队实行包产到户的家庭联产计酬生产责任制的经验，出席会议的人员对包产到户的责任制存在不同的认识。会后，省委连续召开会议，分析研究各地实行农业生产责任制的情况，提出凡是农业生产发展缓慢的地区，边远山区等，可以实行不同形式的联产承包责任制。

全省县级人民代表大会直接选举在年底前基本完成，省人大常委会成立江西省选举委员会。全省选举工作会议确定 14 个县、市在上半年内完成县人大代表的直接选举。江西省宣传工作的主要任务是：认真抓好党的十一届五中全会各项决议和文件的学习；宣传贯彻党的政治路线和各项方针、政策；广泛深入进行形势和任务的教育、安定团结的教育和艰苦奋斗精神的教育，加强干部的培养和训练。江西省劳动就业会议提出，今后城市的中学毕业生不再安排上山下乡，而要广开生产和就业门路，大力发展集体所有制经济，解决城镇劳动力待业问题。全省科技会议提出发展科学技术工作的 12 条措施。

轻重工业比例关系得到调整　全省工业贯彻全国计划工作会议对轻工业提出的"六个优先"原则，即原材料、燃料、电力供应优先，挖潜、革新、改造措施优先，基本建设优先，银行贷款优先，外汇和引进新技术优先，交通运输优先。全省轻工业投资额在全省工业投资额中的比重由 1978 年的 6.4% 上升到 13.3%，轻纺工业产值在工业总产值中的比重由 1978 年 44.7% 上升到 48.7%。

进一步扩大企业自主权　省政府选定 66 个国营工交企业作为第二批扩大企业自主试点单位并决定实行国家规定的利润留成新办法。全省工业企业扩权试点单位扩大到 103 个，占全省纳入国家预算工业企业总数的 8%。到年底，试点企业总产值平均比上年增长 14.6%，实现利润增长 27.4%，上缴利润增长 20.2%。

对外贸易取得新进展　2 月，江西省进出口管理委员会成立，并成立外国投资管理委员会。全省开始采取多种形式，吸收国外资金，并加强进出口商品检验。九江港被正式辟为对外贸易港口，结束了江西只能"借港出海"的历史。

加快老区建设工作　为加快老区建设，省委决定成立江西省革命老根据地建设委员会。省委、省政府确定了当年拿出300万元作为老革命根据地建设专款的分配使用，以重点扶持穷队为主，以发展农业生产为主，以扶持集体经济为主。4月，省委宣布，老革命根据地生产队人均口粮不足225公斤的免去粮食征购任务。7月，全省老革命根据地建设工作会议召开，要求在建设工作中思想解放一些，政策松动一些，方法灵活一些。

水土保持工作　7月，国家农委组织省内外有关专家，制定《兴国县水土保持综合区划报告》，为搞好水土保持提供了科学依据。同时，江西建立、健全省水土保持委员会及其专业机构，加强领导，实行治山承包和小流域治理，推广典型经验，使兴国县和全省水土保持工作有了起色。

全省本年主要经济指标情况　国民生产总值111.15亿元，比上年增长4.2%；第一产业产值48.31亿元，比上年增长0.9%；第二产业产值41亿元，比上年增长11.9%；第三产业产值21.84亿元，比上年减少1.9%。农业总产值68.15亿元，比上年减少3.1%；工业总产值94.01亿元，比上年增加11.0%。财政收入12.47亿元，比上年增长5.8%；粮食总产量248亿斤，比上年减少3.5%；社会零售物价指数比上年增长4.2个百分点；年末全省总人口3270.19万人，人口自然增长率12.19‰。

1980
1月
January

公元 1980 年 1 月							农历庚申年【猴】					
日	一	二	三	四	五	六	日	一	二	三	四	五	六
		1 元旦	**2** 十五	**3** 十六	**4** 十七	**5** 十八	**6** 小寒	**7** 二十	**8** 廿一	**9** 廿二	**10** 廿三	**11** 廿四	**12** 廿五
13 廿六	**14** 廿七	**15** 廿八	**16** 廿九	**17** 三十	**18** 十二月小	**19** 初二	**20** 初三	**21** 大寒	**22** 初五	**23** 初六	**24** 初七	**25** 腊八节	**26** 初九
27 初十	**28** 十一	**29** 十二	**30** 十三	**31** 十四								

1日 省财政局、省出版局决定从 1980 年 1 月起，各地新华书店的财务收归江西省新华书店统一管理，并从 1980 年下半年起实行利润留成制度。

1日 省气象台、站执行中央气象局颁发的《地面气象观测规范》，原 1962 年颁发的规范停止使用。

1日 江西省商业局复名为江西省商业厅。

2日 省政府批转省基本建设委员会等 8 个单位《关于大力发展部门绿化造林的报告》。

3日 省委第一书记江渭清到南昌针织内衣一厂调查研究，与该厂部分职工、劳模座谈增产节约和广开生产门路的办法。

3日 江西省铜基地总指挥部副总工程师李枢柯率设计联络团一行 17 人，赴美国进行德兴铜矿工程设计的联络工作。赴美国联络工作于 10 月 31 日结束。

4日 省托幼工作领导小组成立，省委书记马继孔任组长。办公室设在省妇联。

5日 省政府在江西宾馆俱乐部举行首次政务会议。出席会议的有省政府各委、办、厅、局、行、社的负责人。省长白栋材在会上首先宣布了省政府应行使的职责、省长的分工、省政府所属各工作部门的机构设置及其名称和负责人员任命名单。接着，就形势、工作、学习、作风、党的领导、工作制度等问题向政府工作人员提出了意见和要求。

5日 省人大常委会通过了孙哲任省农业厅厅长、宁子明任省畜牧水产厅厅长的决定。

7日 省人民银行遵照总行关于改革中国银行体制问题的通知，具体规定中国银行南昌分行为处级机构，负责管理指导江西省国外金融业务。江西省中行的干部管理由人民银行领导，未设中行地区的国外金融业务，由各级人民银行办理。

7日 日本国际贸易促进协会东海总局事务局长若原富夫一行 2 人来南昌，就江西派团访日、建立友好城市关系和经济合作等问题，与江西省经委等有关单位进行商谈。商谈于 9 日结束。

10日 江西省政协委员、萍乡矿务局总工程师黄崇德在省政协四届二次会议上提出关于制定煤矿矿业法的提案，全国人大法制委员会予以转发。

10日 在江西省政协四届二次会议上，归侨吴金传、张银木、吴新兴、范冬寿等提出"要求对归侨子女留城适当放宽给予照顾的议案"、"要求解决归国华侨住房列入计划安排的议案"、"关于改进南昌市华侨商店的经营管理，争取更多外汇，支援'四化'建设的议案"。

10日 江西省矿产储量委员会审查批准寻乌县河岭大型轻稀土矿地质勘探报告。

11日 中国建筑工程公司江西省分公司成立。该公司由省建工局直接领导，承担国外和香港地区的劳务合作、工程承包和合资经营项目。

12日 省政府、省军区、南昌市革委会、南昌警备区在中心会场八一礼堂以及江西影剧院等7个分会场联合举行拥军优属、拥政爱民大会。参加大会的有解放军驻赣部队、消防民警、烈军属、退休老干部、革命残废军人、荣誉复员、转业退伍军人、工人、农民、知识分子和干部的代表，共1.67万人。省委、省人大、省政府、省政协、省军区、福州部队步兵学校和南昌市委、市革委会、南昌警备区的负责人，中共中央候补委员李祖根和省高级人民法院、省人民检察院和省委、省政府各部、委、厅、局及工、青、妇的负责人出席了大会。会上宣读了拥军优属公约和拥政爱民公约。

12日 江西省机械局在江西电机厂设立尘毒检测站，负责局直属企业尘毒点的监测与规划、治理研究工作。

13日 省委召开江西省农村经营管理座谈会。介绍兴国县长冈公社合富大队文酒生产队实行联产计酬生产责任制的做法和经验，提出凡是农业生产发展缓慢地区或边远山区，均可以实行此种责任制。

14日 南昌市对个体商贩进行登记发证和编组管理。

15日 省公安局通知各地公安机关立即组织力量，对在"文化大革命"中为刘少奇鸣不平而遭逮捕判刑的人做好释放、平反工作（截至4月10日，南昌等5个地、市共平反此类案件48件）。

15日 省委决定从1979年12月起，集中一段时间在全省城市开展以打击刑事犯罪为重点的整顿治安程序斗争。

16日 江西省保健领导小组成立。狄生任组长，王泽民任副组长。

17日 江西省第四机械工业局撤销，成立江西省电子工业局。

17日 省政府在南昌市召开了江西省职工升级试点工作座谈会。会议认真学习了党中央、国务院的有关文件，总结交流了各地开展职工升级试点工作的经验，要求江西省从现在起至1980年10月底，分期分批地铺开职工调资升级工作。参加这次座谈会的有各地、市、山和省直属单位主管调资升级工作的负责人，劳动、人事部门的有关人员。座谈会于23日结束。

18日 经省科学技术委员会鉴定，婺源荷包红鲤鱼定为我国淡水鱼养殖鱼种的良种。荷包红鲤鱼在明朝万历年间，就开始在婺源县繁衍。它形似"荷包"，体色鲜艳，适应性强，成活率高，肉质肥美，营养丰富。经过350多年的沧桑岁月，自然繁殖，随机交配，品种已严重不纯，亲本所遗无几，面临绝种境地。1958年，婺源县委组织力量进行调查，在全县范围内收集选择了17尾特种鱼。头小尾短、背高体厚、腹部肥大、体似"荷包"的红鲤鱼，定名为"荷包红鲤鱼"。从1969年起，婺源县荷包红鲤鱼研究所开始进行良种选育，配种繁殖，提纯复壮，定向培育，至1973年获得第三代，1974年列入全国23个省、市（区）淡水养殖鱼类研究重点项目。在中国科学院水生生物研究所、省水产科研所、江西大学等有关单位的帮助和协作下，到1979年，荷包红鲤鱼已获得第六代优良品种。当年繁殖的鱼苗，当年就能长成商品鱼，最大个体长到2.4斤，到目前为止，已有20个省、市、自治区的科研、生产单位引进原种。

18日 省科协、省教育局、省体委、团省委在南昌联合举行江西省青少年科技作品展览发奖大会。出席大会的有省委、省人大、省政府主要负责人和省直各有关单位负责人，老一辈的教育、科学工作者。大会受全国青少年科技作品展览组织委员会委托，向在全国评比中获得一、二、三等奖的26件作品，分别发给了金质、银质、铜质奖章以及奖状、奖金；向在评比中获得一、二、三等奖的56件作品和4个荣誉单位发了奖状、奖金。

18日 巴基斯坦空军代表团一行6人来南昌洪都机械厂进行为期6天的参观考察。考察于26日结束。

18日 应美国马萨诸塞州州长、北卡罗来纳州州长、喜来登国际旅游公司邀请，江西省副省长许勤和省旅游局、省卫生厅领导赴美访问。访问于2月12日结束。

20日 省二轻厅转发余江县轻工局推行承包经营责任制、实行局长签订合同的经验。

20日 省科干局召开全省科技干部工作座谈会。会议就科技人员的自然科学技术职称评定、科技干部管理、科技人员的继续教育等问题进行研究和部署，会议强调要认真做好人才的发现、培训工作。座谈会于21日结束。

21日 进贤至抚州和进贤至上饶方向的两座铁路、公路立体交叉大桥竣工，正式交付使用。桥上通汽车，桥下跑火车，火车、汽车、行人各行其道，畅通无阻。

22日 省政府批准成立江西省进出口管理委员会、江西省外商投资管理委员会，两块牌子，一套人马。归口管理江西省进出口贸易、技术引进、利用外资、对外经济合作等方面的工作。

23日 在国家经委和国务院国防工办召开的优质产品授奖大会上，洪都机械厂生产的初教六产品荣获国家质量金质奖章、证书和1万元奖金。初教六产品是我国自行设计制造的第一台新产品，目前初教六产品已进入国际市场。

25日 南昌市法律顾问处成立。

27日 全省1979年安置待业人员123659人，相当于1976年至1978年3年安置待业人数的总和。其中南昌市安置2.8万多人，占应安置待业青年的90%，景德镇应安排的待业青年都已安置。大批待业人员就业，不仅给这些人的家庭增加了经济收入，而且对发展社会生产，搞活城镇经济，方便群众生活，安定社会秩序起了良好的作用。各地安置城镇待业人员的主要途径，是根据需要和可能，广开门路，置办集体所有制企（事）业。集体所有制企（事）业实行独立核算，自负盈亏，可促使企业管理水平的恢复，加速企业的发展。

28日 根据省人大常委会赣发〔1980〕6号通知，江西省纺织工业局正式组建，并从省轻化工业厅接管纺织行业的工作。

28日 省政府批准机械工业局恢复江西省机械工业厅名称。李涤心为省机械工业厅厅长。

28日 日本高岛屋百货商店考察团一行9人，受日本国际贸促会委托，来南昌商谈江西省工艺美术品赴日展销事宜，并赴景德镇看样订货。商谈工作于2月8日结束。

29日 省对外贸易局、省供销社联合发出《关于茶叶经营分工的通知》。《通知》规定：自1980年1月1日起，将原省外贸系统经营的茶叶业务和精制茶叶加工业务，全部移交省供销社所属茶叶果品公司。其中包括省对外贸易局所属婺源、上饶、修水、景德镇、南昌、萍乡等县市的6个茶厂，以及婺源县茶叶公司购销业务和附属茶叶专业收购站（组）。有关茶叶内销、外销、省际间调拨，由省茶叶果品公司安排；出口茶叶由省茶叶果品公司会同省对外贸易局联合下达计划，共同执行。

31日 江西省税务局根据财政部关于恢复基层税务部门奖金制度的指示，发出《基层税务部门奖励实施办法》。

31日 省政协四届常委会九次会议在南昌市举行。会议讨论四届委员会日常工作，通过人事事项。

31日 江西省托幼工作会议在南昌召开。会议主要贯彻全国托幼工作会议精神，讨论研究《江西省托幼事业发展规划》，制定了《江西省托幼机构卫生保健管理方案》。会议于2月6日结束。

本月 江西腐殖酸办公室编辑的《江西腐殖酸》刊物开始公开发行。1988年成为腐殖酸协会会刊，更名为《腐殖酸》。

本月 省卫生局根据卫生部关于重点县卫生事业整顿建设的要求，确定瑞金、永新、南城、上高、波阳、修水6个县为第一批卫生事业整顿建设重点县，共投资621.8万元。

本月 省计划工作会议确定贯彻全国计划工作会议对轻工业提出的"六个优先"原则，即原材料、燃料、电力供应优先，挖潜、革新、改造措施优先，基本建设优先，银行贷款优先，外汇和引进新技术优先，交通运输优先。

本月 向塘桥隧道大修队在樟树支流桥更换4孔E·S·T·B军用梁仅用180分钟，方法是悬臂拖拉钢梁至桥墩箍式承台上，一次封锁横向移梁。箍式平台及悬臂膺架均经检算，为国内首创。设计人为童道庆、刘泽琳、吴新华（该方法已载入《中国铁路桥梁史》）。

本月 省政府颁发《关于保护水利工程的布告》。

本月 省委宣传部成立省招考社会科学研究人员办公室，招收社会科学研究人员参加中国社科院组织的全国统一考试。江西录取15名，备取7名。这批人员多数分配在省社科院和省社联。

本月 省委、省政府通知：南昌电网的人、财、物、产、供、销归省电力工业局统一管理，赣州电网亦归省电力工业局领导。

本月 省委决定，江西省革委会民政局改称江西省民政厅，罗朋任厅长。

本月 省建工局编制的《江西省施工技术操作规程》颁发，在江西省内实行。

本月 经省五届人大常委会一次会议审议通过，江西省建材工业局由二级局升格为一级局。

本月 江西人民出版社出版"1980年高考复习资料"《语文》、《政治》、《物理》、《化学》、《英语》、《地理》、《历史》、《数学》一套。全套复习资料于2月全部出版发行。

本月 撤销江西省农业局，分别成立省农业厅、畜牧水产厅、社队企业管理局。江西省教育局撤销，成立省教育厅。江西省医药管理局成立。

本月 省政府召开政务会议，将省冶金局改为省冶金厅。

1980

2月

February

公元1980年2月							农历庚申年【猴】					
日	一	二	三	四	五	六	日	一	二	三	四	五	六
					1 十五	**2** 十六	**3** 十七	**4** 立春	**5** 十九	**6** 二十	**7** 廿一	**8** 廿二	**9** 廿三
10 廿四	**11** 廿五	**12** 廿六	**13** 廿七	**14** 廿八	**15** 廿九	**16** 春节	**17** 初二	**18** 初三	**19** 雨水	**20** 初五	**21** 初六	**22** 初七	**23** 初八
24 初九	**25** 初十	**26** 十一	**27** 十二	**28** 十三	**29** 十四								

1日　由长春电影制片厂尹一青导演，方志敏烈士的儿子方兰、周毅如和孙勃编剧的反映老一辈无产阶级革命家方志敏生平业绩的电影《方志敏在狱中》（暂名），正在加紧进行开拍前的准备工作。该片体现了方志敏的革命实践活动，反映了他在狱中坚贞不屈的革命精神。

1日　江西供销社转发全国总社《关于扩大基层供销社自主权试点的几点意见》。该《意见》规定每个地区（市）供销社均要选择一两个基层供销社进行扩大自主权的试点，总结推广经验，推动供销社的改革。

1日　省交通局改称江西省交通厅。

2日　省政府批转省商业厅《关于调整商业批发机构和改革二级批发站管理体制的报告》，要求打破行政区划，按经济流向调整设置批发网点，分配商品按行政区划平衡计划，按经济区划组织商品调运；同一城市原则上只保留一套批发机构，撤并重叠的批发环节；按经济区实行跨区供应；批发机构适当划细，有条件实行专业经营的，逐步设立专业二级或专业三级批发机构。

4日　省总工会在南昌召开五届四次委员（扩大）会议。传达贯彻全国总工会九届二次执委（扩大）会议和省五届人大二次会议精神，明确工会在四化建设第一战役中的主要任务。会议学习了叶剑英在国庆30周年大会上的讲话，学习了全总九届二次执委（扩大）会议和省五届人大二次会议的有关文件；听取了副省长、省经委主任梁凯轩关于江西省工业生产情况的报告和省总工会主席李华封的工作报告；讨论和研究了1980年江西省工会工作的任务。

4日　妇产科专家、江西医学院女教授符式珪对防治女性尿瘘病作出重要贡献，最近被评为全国劳动模范。符式珪教授从事妇产科临床工作已36年，对女性尿瘘病的防治有较长时间的研究。1973年，符式珪和她的助手沈庆愕发表了《农村产科尿瘘之手术治疗》的文章，论述了适合农村条件的几项改革，推动了尿瘘病的治疗；1977年她总结了自己和同行所做的416次手术的实践经验的《女性尿瘘的手术治疗》一书出版后，在国内妇产科学界被认为是我国第一本关于尿瘘的较为全面而又有创见的专著，并于1978年在全国医药卫生科学大会上获得奖励；1979年

《中华医学杂志》外文版发表了符式珪的有关405例尿瘘手术的论文，引起国外的重视。

5日 省财政厅、省人行联合转发中国人民银行和财政部关于苏、边区（老苏区、老解放区）公债与折实公债计息办法的补充规定。对苏、边区公债与折实公债已超过还本付息日期的利息，可算到提取日为止。

5日 省政府召开全省经济作物生产会议。会议讨论研究了1980年江西省经济作物生产的任务及今后的发展规划和措施。指出贯彻执行党的政策是发展经济作物的保证，要尽快把江西省经济作物生产搞上去。会议于10日结束。

6日 全省1979年科研优秀成果奖授奖仪式在南昌举行。参加授奖仪式的有正在南昌参加江西省科学技术会议的代表，以及特邀的部分专家、教授等，省领导亲自向优秀科研成果获得者授了奖。授奖成果共143项，其中一等奖6项，分别是：江西师范学院胡克刚教授的"菲茨格尔德不等式的改进"、江西大学戴执中教授的"关于赋值论的若干结果"、江西制氧机厂的"PLK－8.23/20－6型定气轴承中压透平膨胀机"、景德镇红旗瓷厂的"滚压薄胎碗成型新工艺"、省寄生虫病研究所王溪云的"我国对盘类吸虫的分类研究"、轻工部陶瓷工业科研所的"釉中彩"；二等奖17项；三等奖29项；四等奖91项。

7日 全省科学技术会议历时7天在南昌闭幕。参加会议的有各地、市、县分管科技工作的领导和科委主任、科协主席、省直有关单位、各大专院校、省直研究所和地、市重点研究所的负责人，1979年科研成果得奖者代表，特邀专家，教授等共560余人。会议在总结、交流1979年科技工作经验的基础上，分析了科技工作形势，研究了科技工作中亟待解决的问题，制定了科研规划，落实了科研措施。

7日 经第五次省长办公会议讨论，同意成立中国国际贸易促进委员会江西省分会，孔子仁兼任分会主任，苏震、王茹生兼任副主任。

7日 省政协第四届委员会举办报告会。江西省委书记马继孔作国际形势报告。

8日 福州部队步校校长王林德、政委董超等领导走访了省委和省政府，受到省委第一书记江渭清、省长白栋材和党政机关有关部门领导的热情接待与欢迎。党政军领导欢聚一堂，共叙团结战斗友谊之情，同表加速四化建设之意。

8日 省政协、省委统战部在江西宾馆举行迎春茶话会。茶话会由罗孟文主持，参加茶话会的有在南昌的全国人大代表、全国政协委员、省政协委员、各民主党派、各人民团体负责人、科技、教育、文化、卫生等各界爱国人士及少数民族、宗教界、归侨、台湾同胞代表共160多人。

8日 省政府发出《关于实行〈划分收支，分级包干〉财政管理体制的具体办法的通知》。财政管理由"一灶吃饭"改为"分灶吃饭"；财力分配由"条条"为主改为"块块"为主；分成比例和补助数额，由"一年一定"改为"五年一定"。

9日 截至目前，全省右派摘帽和改正错划工作基本结束，全省共摘帽和改正错划结论的有12470人。

10日 江西省公安局更名为江西省公安厅。

10日 省政府决定恢复江西省卫生厅，撤销江西省卫生局。

12日 省委召开地、市委书记会议。传达、学习邓小平《目前的形势和任务》的讲话，对在江西省党内外深入传达、学习这一重要报告作了部署。会议讨论了有关揭、批、查中的定性处理问题。

13日 新建的南昌汽车站举行营业落成典礼。南昌汽车站是江西省建筑规模最大的客运

南昌汽车客运站新站大楼正式为旅客服务

站，它由主楼、站前广场、停车场组合成一体，总建筑面积达 16351 平方米。车站主楼正厅是候车厅，可同时容纳 1500 名旅客，设有母婴候车室、卫生间，左、右两厅分别设有小件行李存放处和小卖部；主楼右侧是售票处，共设有 8 个售票窗口，可同时售出 58 条线路的车票；左侧是行李托运处，装有行李传送带，旅客托运行李时，提取方便；发车站台紧连候车大厅，一次可同时开出 20 辆客车。

14 日 瑞金县叶坪公社"红军桥"于春节前建成通车。叶坪是中华苏维埃临时中央政府所在地。1931 年 9 月，毛泽东带领中国工农红军来到叶坪村，毛泽东去锦江河对岸的洋溪村调查时，了解到群众过渡的困难，就带领红军干部战士在短期内兴建起一座木桥。当地群众为了纪念毛泽东和红军干部战士的恩情，将该桥命名为"红军桥"。1977 年，叶坪公社党委决定在旧桥址上重建钢筋水泥结构的"红军桥"并可通汽车。"红军桥"共 10 个桥墩，9 个桥拱，宽 5 米，长 65 米，经过两年多的努力，大桥工程赶在 1981 年春节前全部完工。

14 日 国家计委批复、同意乐平电厂扩建一台 5 万千瓦高温高压烧煤机组，作为铜基地施工专用电源。

15 日 中共中央组织部分配江西省接收内地支援西藏建设的内调干部约 50 人。

17 日 省政府在南昌召开江西省计划生育工作会议。动员全党全民迅速把计划生育工作的重点转到"一对夫妇最好生一个孩子"上来，为完成 1980 年江西省人口自然增长率下降到 10‰的任务而奋斗。各地、市、省直有关单位及部分县分管计划生育工作的党政领导、计划生育办公室主任共 60 余人参加了会议。会议传达了全国计划生育办公室主任汇报会和全国第二次人口理论科学讨论会的精神，传达和学习了国务院副总理陈慕华的有关讲话。

18 日 轻工业部给景德镇市人民瓷厂的青花瓷、建国瓷厂的颜色釉瓷、光明瓷厂的青花玲珑瓷、艺术瓷厂的粉彩瓷颁发优质产品证书。这四种瓷器，畅销国内各城市农村和国外 90 多个国家及地区，被誉为景德镇四大传统名瓷。青花瓷始于元朝，有"瓷国明珠"之称；颜色釉瓷始于汉末晋初，明朝之后发展到祭红、三阳开泰、美人醉等 70 多种色釉，有"人造宝石"的美名；青花玲珑瓷是明朝青花在宣德镂空工艺的基础上创造的，在国外叫"嵌玻璃的瓷器"；粉彩瓷是在清康熙年间从古彩发展起来的，雍正、乾隆时期则益臻完善，解放后设计水平与装饰色彩均有很大提高，被赞为"东方艺术"。

20 日 省委、省政府决定恢复江西省档案局，与省档案馆合署办公，为省政府一级局，列入省政府编制序列。

20 日 冶金部发文对铜基地的设计力量重新作了安排，由北京有色金属总设计院总包，南昌院、长沙院、昆明院参加设计会战。

21 日 冶金部确定第十五冶金建设公司承担贵溪冶炼厂和德兴铜矿井巷工程施工任务。

22 日 丰城矿务局采用下行钻孔抽放瓦斯、萍乡高坑矿电磁振动式矿车清理器与丰城建新矿采用水枪清洗矿车两项技术列入煤炭工业部发布《煤炭工业先进技术推广项目》（简称"50 推"）。

22 日 省政府召开第八次省长办公会议，对省建委 1 月 17 日提交的《关于落实江西铜基地建设中有关我省几个问题的报告》进行讨论并作出决定。

22 日 江西省五届人大常委会二次会议在江西宾馆召开。会议通过了此次会议的议程，议程包括学习讨论邓小平《目前的形势和任务》的报告，听取全国县级直接选举工作经验交流会精神的传达和江西省县级直接选举试点工作的情况汇报，听取并审议江西省 1979 年国民经济计划执行情况和 1980 年计划安排的报告，以及干部任命等事项，通过了省人大常委会增设经济办公室和文教科技办公室的决定。此次会议任命法制办公室主任：李芳远（兼），副主任：何行之、陈志诚、王琢单；文教科技办公室主任：谷霁光（兼），副主任：何忙、廖少仪。省人大常委会主任杨尚奎在会上讲了话。会议于 27 日结束。

23 日 经省政府批准，"文化大革命"期间被撤销的35个森林派出所全部恢复建制，并新建23个，共计58个，民警编制为411人（1984年3月，增设森林派出所46个，增编337人，有22个县公安局在原来只有两名专职林业民警的基础上，增编成立了森林治安科）。

24日 全省商品鱼基地建设有了较快的发展。到目前为止，江西省商品鱼基地建设已发展到11个县、市，74个点。建成了集中连片，排灌配套，稳产高产的商品鱼基地2.9万多亩，初步形成一个以鄱阳湖为中心，能够提供较多商品鱼的生产基地。1979年建成投产的16个商品鱼基地渔场，总产鲜鱼6300多担，当年平均亩产100多斤。波阳县波阳镇西门大队1979年建成的300亩商品鱼基地，当年平均亩产250斤，产值3万多元，每个职工平均纯收入500多元，上缴大队公共积累1.1万多元，做到了当年建塘，当年投产，当年收益，当年做贡献。

24日 省政府批准省外贸局《关于完成一九八〇年外贸任务几点意见的报告》。报告根据全国进出口工作会议关于决定在统一政策、统一计划、统一对外的原则下，从1980年开始，除大米、食用植物油等16种商品和成套设备由外贸专业总公司经营外，其他商品都下放各省、市、自治区经营的精神，对江西省自营出口的商品分两批进行。第一批为五金矿产、轻工、工艺和粮油食品，从1980年1月开始实行；第二批为土产、畜产、纺织、化工机械设备，从1981年1月1日开始实行。

25日 国家科委、国家农委和农业部主持的红黄土壤综合利用改良科研工作讨论会在南昌举行。出席会议的有江西、浙江、云南、贵州、广西、广东、福建、安徽、湖南、湖北、四川等省（区）科委、农委、农业局、农科院校及农林部、农垦部、水利部、中国科学院、中国科学院南京土壤所和综合考察会、北京农业大学、华南热带作物研究院、广东土壤所的领导、专家、学者共100多人。国家科委副主任童大林，国家农委副主任何康参加会议并讲了话。会议于3月2日结束。

26日 省计委、省经委、省农委联合召开

江西省农药生产会议。宣布农药"六六六"逐步淘汰，要求积极发展叶蝉散、乙酰甲胺磷、杀虫双、除虫菊等高效、低毒、低残留农药。

27日 省计委、省经委、省财政厅联合发文决定，从1980年起关停会昌、瑞金、宜丰、横峰、余干、九江6个小氮肥厂。在这以前曾宣布安义、湖口、峡江、修水县的4个基建厂下马。抚州化肥厂自行关停。

28日 自中国人民保卫儿童委员会等7个单位联合发出《关于举办第二次全国少年儿童文艺创作评奖的公告》后，江西省即以江西人民出版社、作协江西分会、共青团江西省委、《星火》杂志社、江西日报社、省广播电台、南昌日报社7个单位组成江西省评选小组，向各地、市文联和文艺站发出通知，要求各地在总结1954年第一次全国少年儿童文艺创作评奖以来少年儿童文艺创作的经验基础上，推荐1955年以来的本地、市的优秀少年儿童文艺作品。江西省已选出10部在本省发表、广播或出版的优秀作品，并向全国少年儿童文艺创作评奖小组推荐。江西省推荐的10部作品是：时佑平、乔羽合写的已被搬上银幕的电影剧本《红孩子》，胡启铖的已改编成儿童故事《山伢子》的《龙生和虎生》，严霞峰的童话集《和时间公公赛跑》，李海澍的小说《挖花生》，孙海浪的儿童诗集《彩色的星》，陈志均等5人的故事集《〈雷锋〉放映之前》，由颂今作曲、孙海浪作词的儿童歌曲《井冈山下种南瓜》，万长（木丹）的小说《从今天起》，喻蕙兰的小说《小读者》，徐蕃莠的儿童故事《君山湖里学打鱼》。

28日 南昌市抚河房屋修建公司工人漆先智、章水龙、熊定姿在下塘塍上挖墙基脚时，挖到银元1776枚，全部交公。市财政部门奖给单位和个人奖金800元（4月8日，新华社为此发表文章，表扬这种拾金不昧的高尚品德）。

29日 南昌市先进单位、劳动模范大会在八一礼堂召开，有353个先进单位、318个先进集体、556名劳模获奖。

29日 全省城乡机关、工厂、矿山、公社、学校、商店、部队和街道的成千上万名干部和群

众，聚集在收音机或电视机前，认真收听或收看了中共中央十一届五中全会公报。全省广大共产党员和人民群众热烈拥护增选的中央政治局常委和选出的书记处成员，支持中共中央十一届五中全会为刘少奇平反昭雪。

29日 为期8天的全省宣传工作会议在南昌召开。会议要求把贯彻和学习好党的十一届五中全会精神和邓小平《目前的形势和任务》的讲话作为1980年宣传工作的中心任务来抓，以统一认识，增强信心，鼓舞斗志，同心同德搞四化。会议传达了中央宣传部召开的地、县宣传工作座谈会的精神，总结了1979年宣传工作的经验，部署了1980年宣传工作的任务，提出了江西省宣传战线1980年要着重抓的工作：认真抓好党的十一届五中全会各项决议和文件学习；继续坚定不移地宣传贯彻党的政治路线和各项方针、政策；广泛深入地进行形势和任务的教育；大力进行安定团结的教育；认真进行发扬艰苦奋斗精神的教育；认真加强干部的培养和训练。会议于3月7日结束。

本月 省革委会计划委员会改称江西省计划委员会，常务副省长王实先兼任主任。

本月 遵照国务院《关于实行"划分收支，分级包干"财政管理体制的暂行规定》，江西省卫生厅按"统一领导，分级管理"的原则，将江西省卫生事业经费下放到各级财政部门分配和管理。

本月 省机械厅组织活塞环质量攻关组到清江活塞环厂进行质量攻关，历时4个月。参加攻关组的有省机械设计院、省机械科研所、南昌柴油机厂和江西拖拉机制造厂等单位（7月该厂生产的NJ－130和CA10B活塞环，经生产验证工艺稳定，在全国行检中质量达到国家一等品标准）。

本月 省测绘局使用1979年年底江西省行政区划界线资料，计算出江西省各地、市、山、县土地面积，江西省面积计166946.65平方公里（1984年由江西省人民政府（1984）119号文件公布）。

本月 省政府布置重编《江西省地图集》（中型本、普通图集，内部发行）。

本月 民盟江西省委会举行常委（扩大）会议，民革、农工党江西省委会和民建江西省委也先后召开会议，学习邓小平1月16日在中共中央干部会议上《目前的形势和任务》的讲话。

本月 省委决定、省人大常委会通过，将省轻化工业局一分为三，成立省轻化工业厅、省纺织工业局和省医药管理局。

本月 萍乡铝厂铝合金车间开工建设。10月20日铝合金熔炼炉建成投产（1982年2月22日，1.5吨电炉建成投产。1984年5月，3吨柴油炉建成投产，铝合金年生产能力达到1700吨）。

1980

3月
March

公元 1980 年 3 月							农历庚申年【猴】					
日	一	二	三	四	五	六	日	一	二	三	四	五	六
						1 元宵节	2 十六	3 十七	4 十八	5 惊蛰	6 二十	7 廿一	8 妇女节
9 廿三	10 廿四	11 廿五	12 廿六	13 廿七	14 廿八	15 廿九	16 三十	17 二月小	18 初二	19 初三	20 春分	21 初五	22 初六
23 初七	24 初八	25 初九	26 初十	27 十一	28 十二	29 十三	30 十四	31 十五					

1 日 省委常委初步学习了中共十一届五中全会公报，热烈拥护党的十一届五中全会所通过的一切决议和决定，决心在今后的工作中进一步努力学习和认真贯彻执行十一届五中全会的精神，热烈拥护十一届五中全会为刘少奇彻底平反的决议。

1 日 由英国皇家道尔顿陶瓷公司总裁查理·约翰·贝利率领的该公司代表团一行 3 人，到景德镇进行为期 4 天的参观考察。

2 日 省政府以赣政发（1980）165 号文件，批准成立江西省医药管理局，对江西省医药、医疗器械的产、供、销、人、财、物，以及科研、教育进行统一管理。江西省委任命刘达迎为江西省医药管理局局长、党组书记。

3 日 省政府决定设立江西省口岸办公室，由省进出口委员会代管，为厅一级机构，主管九江对外贸易运输港口的各项工作。

5 日 省委、省政府命名萍乡机务段、鹰潭车辆段、向塘工务修制厂、第三工程段、南昌铁路一中为省先进单位（4 月 3 日，江西省委、省政府授予铁道部鹰潭木材防腐厂、鹰潭分局、路局设计所为"大庆式企业"）。

5 日 省政府在南昌举行江西省各条战线先进单位、劳动模范授奖大会，对全省农业、工业、财贸、科技、文化、教育、卫生、体育、政法、计划生育、人防、民兵、上山下乡知识青年等各方面的先进单位和劳动模范进行表彰。来自全省各条战线的 1169 名先进单位的代表和 862 名劳动模范受到省政府的表彰。

江西省各条战线先进单位代表和劳动模范热烈鼓掌通过夺取四化建设新胜利《倡议书》

5 日 为期 8 天的江西省外事工作会议在南昌召开。传达贯彻全国外国专家工作座谈会议精神，总结 1979 年外事工作，部署 1980 年外事工作任务。

6日　省妇联、省总工会、团省委、省科协在江西宾馆俱乐部联合举行茶话会，纪念"三八"国际劳动妇女节70周年。省委书记杨尚奎出席茶话会并讲了话。省妇联主任朱旦华代表省工、青、妇和省科协讲了话。全国劳模、九江国棉一厂细纱车间党支部书记瞿兰香，全国"三八"红旗手、清江县昌付公社安阳知青队队长胡风玲，全国劳动模范、江西医学院教授符式珪，全国新长征突击手、赣州市沙石公社供销社营业员刘凤美，省政协常委、农工民主党省委临时领导小组成员周涵真等作了发言。

6日　江西省社队企业局升格为一级局，直属省政府领导（4月21日，省委决定由省委常委、副省长王昭荣兼任省社企局党组书记、局长）。

6日　省编制委员会根据江西省委第二十一次常委会决定下达通知，给省司法厅定行政编制45名（5月12日，又增加行政编制5名）。

7日　为适应江西省对外贸易日益发展的需要，经有关部门确定和国务院同意，江西省通往长江的一个大港——九江港对外开放。开放后的九江港将直接办理对外贸易成交和结汇，就地装船运往国外，对减少中转，提高运输质量，增加江西省外汇收入有很大好处。为了做好港口开放工作，港口有关部门对辟为通商的三号、四号码头的机械、货场、仓库进行了全面检修，派出十几人到外港学习交往业务，为九江港对外开放做准备。

10日　省外贸局转发外贸部《关于印发外贸政策性亏损与经营性亏损划分范围的试行规定（草案）的通知》，把企业的政策性亏损划出来，实行定额补贴，从严掌握。今后凡是企业管理不善造成的经营性亏损国家不再予以补贴。

10日　省机械厅在南昌首次举办江西省机械工业产品展销订货会。参加展销会的有6地3市2山（井冈山、庐山）的273个企业，展出产品12大类954个品种3500多台（件），会上成交额1888万元。

10日　江西省党校工作会议在南昌召开。会议主要研究部署了3年内轮训省、地、县三级党委管理的领导干部的任务。省委书记马继孔为会议作了《关于当前形势和党校任务》的报告。省委第一书记兼校长江渭清作了关于党的十一届五中全会精神的传达报告。

11日　全国计量器具检定规程技术座谈会在景德镇市召开。

12日　江西省复员退伍军人和军队离退休干部安置工作领导小组成立。王昭荣任组长。

12日　省农林垦殖厅内部机构设办公室、政工处、营林处、经济林处、垦殖处、计划财务处、基建物资处、科学教育处、人事处、劳动工资处；撤销省国营垦殖场管理局、省森林工业局；成立省木材公司、省林业汽车运输公司，合署办公。

12日　南昌警备区召开授奖大会，给在民兵实弹投掷训练中舍身救人而光荣负伤的南昌市抚河区武装部参谋刘桃功授奖，并记二等功。

12日　由美国福特公司经理加雷·雷贝尔率领的技术小组一行3人，从本日至19日，来赣洽谈来样加工业务。

13日　省委召开各地、市、山党委分管农业的负责人，以及省直有关部门负责人参加的农业座谈会。会议要求江西省农业战线广大干部、群众紧急动员起来，坚持和改善党对农业的领导，进一步落实党中央关于发展农业的两个重要文件，努力提高科学种田水平，力争夺取1980年农业生产更大的全面丰收。会议传达了中央领导人的有关指示和国家农委当时召开的有关会议精神，分析了形势，研究了进一步落实党在农村的多项政策，加强人民公社经营管理问题，确定1980年农业生产的奋斗目标。

14日　在"文化大革命"中被林彪、"四人帮"污蔑为刘少奇树碑立传的修正主义"大毒草"、"黑标本"，长期禁锢的优秀故事片《燎原》，从3月21日起将在全省城乡恢复发行放映。影片形象地描述了中国工人运动初期的史实，反映了1922年江西安源路矿工人在毛泽东、刘少奇、李立三等领导下举行大罢工斗争的革命历史事件。电影成功地塑造了献身于无产阶级革命事业的青年革命家雷焕觉受党的派遣，来到安源煤矿，开办工人夜校，传播马列主义，与工人同甘共苦，不畏强暴，挺身与敌人展开坚强不屈的斗争的光辉形象。矿工们在他的启发教育下，组织起来，发动了震撼全国的安源煤矿工人大罢工，影片充分表现了中国工人阶级登上历史舞台的胜利。

14日 自1978年10月1日江西省科协和历史博物馆主办的《中国古代农业科技成就展览》展出以来，引起了江西省内及全国科学界、史学界许多专家学者和领导的兴趣，得到了他们肯定的评价。这个展览对普及农业科学知识，对编写《中国古代农业科技》一书提供了大量实物资料，是利用文物考古资料为农业服务，为科技发展服务的有益尝试。

14日 省政府在南昌召开全省教育工作会议。会议讨论了在教育战线上如何进一步落实知识分子政策问题，传达了全国招生工作会议精神。省委书记马继孔到会讲了话。省委常委、副省长许勤主持了会议并作了会议总结。到会人员认真学习了党的十一届五中全会公报、邓小平关于《目前的形势和任务》的讲话，听取了省教育厅厅长昌良关于全国教育工作会议精神的传达，经过讨论，进一步认清了形势，统一了思想，明确了任务，增强了为四化办好社会主义教育事业的信心。会议于21日结束。

15日 省煤炭局在英岗岭煤矿举办江西省煤炭企业党委书记和局、矿长安全学习班，副省长梁凯轩参加学习班开学典礼并讲了话。

16日 中国科学院南方山区综合科学考察队在吉安市召开了第一次会议。考察队选定从江西省做起，计划从1980年至1983年完成江西省的全面考察研究任务，结合工作还将为江西省培养一批技术力量。其步骤是：1980年以吉泰盆地为中心，以泰和县为重点，开展野外考察；1981年至1982年将采取点面结合方式，先后开展赣北和赣南的野外考察；1983年进行全面总结，提交整套成果资料。

16日 省委、省政府发出《关于贯彻执行中央（1980）6号文件，节约非生产性开支，反对浪费的通知》。要求1980年各单位行政、事业经费的公用开支部分一律按1979年预算节减20%。

16日 省政府决定，自1980年始，每年4月为江西省环境保护宣传月。

16日 省农林垦殖厅在云山垦殖场召开全省农垦系统种子工作会议。传达农垦部召开的全国国营农场种子工作会议精神，研究贯彻"四化一供"种子方针。"四化"即生产专业化、加工机械化、质量标准化、品种布局区域化；"一供"即以县为单位统一供种。会议于20日结束。

17日 政协江西省委员会、省编制委员会、省财政厅联合发出《关于省、市各民主党派地方组织编制的通知》。民革、民盟、农工党江西省地方组织人员编制总数为159人，其中各民主党派江西省组织人员编制总数为57人。

18日 经国务院批准，将九江地区行署领导的九江市升格为直辖市，下设庐山、浔阳、郊区三个县级区。撤销庐山现行的行政区划建制，将庐山的行政区域包括牯岭镇和东风、高垅、红旗、赛阳、威家5个公社全部划归九江市管辖，并改设为九江市的一个区级行政单位；将现属星子县五里公社的交通大队、九江县黄老门公社的大塘大队和赛城湖垦殖场划归九江市管辖。

19日 省委、省政府决定，江西省血防工作会议及血防科研会议在南昌市召开。会议传达了南方13省、市、自治区血防工作会议精神，省委书记、省血防领导小组组长马继孔讲了话，省委常委、副省长许勤主持会议并作了总结。参加会议的有疫区地、市、山、县委负责人，卫生局长，血防办公室主任及有关部门负责人，同时，召开了血防科研会议。会议决定恢复江西省血吸虫病研究委员会。

19日 省政协四届常委会九次会议决定：设立工商工作组。组长潘式言，副组长沈翰卿、康德玉、张修锡、陈守礼，组员万永福等19人。

20日 江西棉纺织印染厂的干部、工人和技术人员保质保量地完成了的确良第一条线主机的配套工程安装任务，竣工投产。这项工程有两条涤棉印染加工生产线，设备24台，厂房面积8500平方米，投资800万元。投产后，年产涤棉、中长纤维 2000 多万米，产值 3000 万元，可为国家提供积累 1000 多万元，是一项投资少、收效大的工程。

20 日 江西省纺织工作会议在江西棉纺织印染厂召开。出席会议的有各地市分管纺织工业的负责人以及大中型企业和部分小型企业的领导共 174 人，副省长梁凯轩到会讲了话。会议于 26 日结束。

21 日 江西省国营垦殖场认真贯彻执行党中央关于发展农业两个文件的精神，调整经济结构，把工作转到以生产为中心，以管理为重点的轨道上来，加强企业管理，实行"定、包、奖"制度，调动了干部和职工的积极性，各项生产已经有了很大的发展，经营成果显著。1979 年，全省 158 个国营垦殖场粮豆总产量比 1978 年增长 16.23%。棉花总产量增长 45.23%；油料总产量增长 52.85%；牛奶总产量增长 27.98%；肉类交售量增长 13.13%；植树造林 16 万亩，比 1978 年增长 15.8%，完成木材上调任务 25 万立方米；毛竹 300 万根；果、茶、桑等其他作物都有较大增长。

江西蚕桑综合垦殖场半机械化禽蛋场试养的第一批肉鸡，完全达到出口标准，肉鸡平均饲养 65 天，每只重达 3 斤多。图为发往香港的肉鸡正在装车

21 日 江西省选举委员会召开全省选举工作会议。参加会议的有各地、市和各试点县市及省直有关部门的负责人。这次会议的目的是继兴国县直接选举试点之后，为全省完成县级直接选举进一步摸索经验。会议确定江西省县级直接选举工作在 1980 年年底以前基本完成。实行直接选举的试点县：玉山、德安、湖口、新干、吉水、会昌、信丰、临川、南城、高安、宜春、赣州、吉安、鹰潭和南昌市的一个区。

21 日 省农林垦殖厅转发农垦部《国营农场经济核算试行办法》。

21 日 省科学技术协会赣科协（1980）18 号文件批准成立江西省测绘学会。

22 日 新华社北京报道，电影故事片《燎原》开始在全国各地重新放映。

23 日 省供销社召开计划工作会议。根据农村家庭联产承包责任制的实行，国家对农副产品收购政策的调整，商品流通领域实行多种经营形式，多条流通渠道和减少环节的经营体制，提出改革供销社的计划管理制度，下放管理权，减少计划管理品种，逐步缩小指令性指标。规定三类商品和完成收购计划后的二类商品，允许供销社议购议销和开展自营业务。要求供销社加强与各方面的联系，协调产、供、销矛盾，做好农副产品收购和生产、生活资料供应工作，促进农村商品经济的发展。

23 日 省政府第九次省长办公会议要求江西省地质局继续加强有色、稀有、稀土资源普查勘探，为发展能源、农业、轻工、建材和外贸出口作出更多的贡献。

23 日 省委在南昌市召开常委扩大会议。会议认真传达学习和贯彻党的十一届五中全会精神，紧密联系江西实际，着重研究了加强和改善党的领导，提高党的战斗力的问题。出席会议的有省委常委和省人大常委会党员副主任，省政府副省长，省政协副主席，在赣的中央候补委员、省军区、福州军区步校及驻赣部队和军分区（警备区）、市县人武部主要负责人，各地、市（山）、县（区）党委主要负责人，省直各部、委、办、厅（局）、大专院校等单位主要负责人，部分厂矿、垦殖场等企事业单位主要负责人共 498 人。江渭清传达了党的十一届五中全会主要精神并讲了话。与会人员对党的十一届五中全会解决的一系列重大问题表示坚决拥护，决心努力搞好党的思想建设、组织建设、作风建设、一天也不耽误地加快四化建设的步伐，以优异的成绩迎接党的十二大的胜利召开。会议于 30 日结束。

24 日 江西省经济文化保卫工作会议在南昌召开。会议传达了全国经济文化保卫工作会议精神，明确了经济文化保卫工作的主要任务，研究解决工作中亟待解决的一些问题。会议于 4 月 1 日结束。

25 日 江西省第十七次民政会议在南昌市召开。会议于 31 日结束。

26 日 江西省轻工进出口公司、南昌手表厂与香港达时电子制造公司签订江西省第一个加工装配项目——电子表加工装配项目。

26 日 国家计委向国务院报送《关于江西铜基地建设分两步安排的意见》。第一步，1984 年或稍长一些时间建成年产电解铜 10 万吨、粗铜 9 万吨、矿产原料铜含量 15 万吨的规模；第二步，拟在"六五"末期安排建设，达到最终规模年产铜 20 万吨。

28 日 省政府根据国务院批转财政部《关于国家机关、企业、事业单位工作人员差旅费开支的规定》精神发出通知，省外出差按国务院规定执行，省内出差仍按省规定执行。

29 日 省农机局举办日本水田机械栽培农艺讲座，由日本岛根大学教授山田一郎讲授。

29 日 第四机械工业部确定 28 个部属单位，进行扩大企业自主权试点，江西无线电厂和景光电工厂属扩权试点单位。

30 日 在重庆举行的世界中学生田径运动会选拔赛中，江西省 17 岁的运动员彭琴云破女子少年铅球世界纪录，获第一名，成绩是 17.034 米。她将带着这个好成绩代表我国中学生参加 1980 年 6 月在意大利举行的第四届世界中学生运动会。

本月 江西省革委会国防工业办公室更名为江西省国防工业办公室。江西省国防工业办公室归属省政府领导，下设电子处，协助管理第四机械工业在赣的 10 个企业。

本月 撤销江西省物价委员会，成立江西省物价局。

本月 江西省水电工程团更名为江西省水电工程局。

本月 江西省钨精炼技术考察团一行 8 人，应日本朋友的邀请，赴日本进行考察和贸易洽谈，并就中日双方通过补偿贸易方式进行技术合作进行了洽谈。

本月 省政府决定江西新闻图片社维持企业性质，划归江西省出版事业管理局领导。

本月 江西省外文书店在江西省图书馆举办美国时代生活出版社图书展览。展出的图书约 500 种，1000 多册。

本月 撤销江西省国营垦殖场管理局，在省农林垦殖厅内设垦殖处，王桂林任处长。

1980

4月 April

公元 1980 年 4 月							农历庚申年【猴】						
日	一	二	三	四	五	六	日	一	二	三	四	五	六
		1 十六	**2** 十七	**3** 十八	**4** 清明	**5** 二十	**6** 廿一	**7** 廿二	**8** 廿三	**9** 廿四	**10** 廿五	**11** 廿六	**12** 廿七
13 廿八	**14** 廿九	**15** 三月小	**16** 初二	**17** 初三	**18** 初四	**19** 初五	**20** 谷雨	**21** 初七	**22** 初八	**23** 初九	**24** 初十	**25** 十一	**26** 十二
27 十三	**28** 十四	**29** 十五	**30** 十六										

1 日 国务院决定江西九江港对外开放。江西省人民政府在九江港隆重举行庆祝大会和剪彩

省委书记傅雨田在九江港对外开放庆祝大会上剪彩

来江西承担外运任务的新华五轮正在装货

仪式，庆祝九江港被国家正式辟为一类贸易运输港口。当日下午，中国上海海关轮船公司派来的新华五轮，首次装载 1400 多吨江西景德镇的瓷器、瓷版和猪肉、水果罐头，从九江港启航前往香港，再从香港转到美国、联邦德国、新加坡、意大利、伊朗、荷兰。九江港地处长江中、下游交界点南岸，衔接赣江和鄱阳湖，为我国主要内河长江流域的一个重要港口，是江西省对外贸易唯一的港口。九江港拥有 9 座新码头及相应的装卸机械、仓库、货场、货棚、港口年吞吐量达 270 多万吨，可容纳 3000 吨级至 5000 吨级的远洋船舶。

1 日 省政府向江西省各湖区县和省直有关部门发出紧急通知，要求各地保护鱼类资源，发展渔业生产。通知指出：目前正是鄱阳湖鱼类产卵繁殖季节，滨湖地区各级革命委员会应加强对鱼类资源繁殖保护工作的组织领导和宣传教育，立即对国务院颁发的水产资源繁殖、保护条例和省的实施细则执行情况进行一次全面检查；禁用严重危害鱼类产卵繁殖的渔具、渔法；要教育广大干部和群众（包括外省流入江西省渔民）正确

处理眼前和长远、个人与国家、局部与整体的关系，自觉遵守国家制定的水产资源繁殖保护条例，在4月10日前自行拆除定置网、迷魂阵、堑春湖、装春亳网4种渔具，逾期不拆，教育无效，由当地水产部门予以取缔。

1日 为优惠老革命根据地，省委宣布，老革命根据地生产队人均口粮不足225公斤的免去粮食征购任务。国家用议价收购粮顶抵原定征购任务；差价支出在农业税减免指标中解决或由财政补贴，免征购后口粮仍达不到225公斤的，差额部分由国家补供（1986年3月27日，省政府决定起购点由225公斤提高到250公斤）。

2日 省政府批转省建委《关于江西铜基地建设用地核实情况的报告》，本着尽量征用山地、少占良田和节约用地的精神，按照一次核批、分期征用的办法进行征用。

3日 省委领导在省委常委扩大会议上，针对当前机关工作会议多，文件多，机构多，工作效率低等状况，提出精简会议和改进领导作风的三条措施。措施是：大力精简会议，使各级领导干部从会议的圈子里解放出来，把主要精力放到经济上去；省委书记实行集体办公，处理日常工作，凡提交省委常委讨论的重大问题，先由省委书记办公会研究，加强集体领导，避免有些问题久拖不决；提倡面对面地商量解决问题。

3日 江西省人民银行发出通知，遵照中国人民银行指示，于4月15日起陆续发行面额1角、2角、5角、1元4种金属人民币。

3日 省农林垦殖厅发出《关于改进育林基金和更新改造资金提取办法的通知》，规定从1980年1月1日起，育林基金和更改资金由各地、市统一提取改为由各产材县提取。

3日 江西省人民银行下达《信贷差额控制实施办法》。明确差额包干范围是除中央金库存款、地方基建存款和中短期设备贷款外，其他存、放款项目都属差额范围。

3日 省选举委员会、省司法厅联合发出《关于印发人民陪审员和人民调解委员会当选通知书的通知》。

4日 南昌航空工业学院为了检阅建院两年来的科研成果，加强学术交流，推动学院科研工作的开展，举行了首次科学技术报告会。该院院长、我国著名飞机设计师陆孝彭在会上作了题为《世界军事航空发展趋势》的学术报告，40多名教师和科技人员在会上宣读了学术论文。

5日 全国高等学校文艺理论研究会主办的学术刊物《文艺理论研究》，即将由江西人民出版社出版，中国文联主席、研究会名誉会长周扬为封面刊名题了字，中国作家协会副主席、研究会负责人、该刊主编陈荒煤为创刊号写了《为建立和发展有自己民族特点的马克思列宁主义理论而奋斗》的专论。《文艺理论研究》是大型的学术季刊，专门发表探讨文艺规律的各类文章，创刊号于1980年6月份出版，内容有郭绍虞、蒋孔阳、臧克家、吴调公、张毕来、朱彤、许杰等十几位著名学者的文章，不少中、青年理论教学和评论工作者也提供了有价值的研究成果。

6日 省委任命一批医学专家、教授为省级医院的正、副院长。分别是：江西省第一人民医院院长内科教授王青松，江西省妇女保健院院长妇产科教授杨学志，江西省儿童医院院长儿科副教授顾毓麟，江西省第一人民医院副院长内科主任陆秉仁，江西省儿童医院副院长儿内科主任文运弟等。

8日 省农林垦殖厅、农业厅、财政厅、清产核资扭亏增盈领导小组办公室转发农垦部、财政部、国务院清盈办联合文件的通知。随文印发《关于农垦业一九八〇年扭亏增盈任务和工作的意见》、《农垦系统清产核资补充办法》和《农垦系统流动资金定额核定办法》。

10日 省公安厅召开江西省警卫工作会议。讨论制定《江西省警卫工作方案》，明确警卫工作的路线、方针、原则、任务和具体措施。会议于16日结束。

11日 最高检察院研究室主任王桂五等来江西了解检察工作情况（省检察院于17日召集省检察院和南昌市部分检察干部开会，王桂五作关于检察机关性质、任务、职权范围等问题的报告）。

12日 由中央新闻纪录电影制片厂摄制的大型纪录片《少奇，人民怀念你》即将在全省各地陆续上映。

12 日　省政府转发省煤炭工业局《关于整顿社队小煤矿的请示报告》。该请示报告提出，小煤矿一般应由公社办，严禁生产队和私人办矿；向省煤炭局领取开采许可证；按照统筹兼顾、先国家后集体的原则处理大小井的关系；整顿后的社队小煤矿由社企局统一领导管理。再次明确：在整顿过程中，对不符合安全生产规定、与大矿争资源和危害大井安全生产的小井，要在积极做好政治思想工作的同时，采取果断措施，该迁走的迁走，该转产的转产，该关闭的关闭。

13 日　省二轻厅在南昌市召开江西省二轻局长会议，会议表彰了 106 个先进企业和单位，有 87 种优质产品获奖，并组织南昌等 10 个市开展社会主义劳动竞赛。会议于 21 日结束。

13 日　南昌市房建公司一工区一〇三混合队在抚河区白衣庵工地施工时，挖出金牌、金币、金镯等 38 件，全部交公，受到表扬，并发给奖金 1280 余元。

14 日　大庆式企业评审会议召开，省直工交各委、办、厅、局负责人参加。会议审定了 1979 年度呈报命名大庆式企业的 147 个单位，并对前 3 年已命名的 230 个大庆式企事业单位进行了审核。到 1979 年年底为止，江西省已建成大庆式企事业单位 377 个，经省委和省政府批准，决定对这批单位颁发大庆式企业命名书。

14 日　省文化局在江西艺术剧院举办文艺联欢晚会。祝贺反映老一辈无产阶级革命家方志敏烈士光辉战斗业绩的彩色故事影片《血泪中华》（暂定名）在南昌胜利开拍。长春电影制片厂《血泪中华》摄制组、正在南昌作首次巡回演出的浙江歌舞团和江西省歌舞团联合演出了十余个精彩的音乐、舞蹈节目。

14 日　冶金部在江西钢厂召开全国地方骨干钢铁厂现场经验交流会。

15 日　全省各级人民法院认真贯彻落实党的十一届五中全会精神，抓紧复查和平反因刘少奇冤案受株连造成的冤假错案，到目前为止，江西省共发现这类案件 428 件，已平反纠正的有 234 件，其余的正在复查中。

15 日　江西省棉麻、园艺学会成立。

15 日　江西省科学技术委员会在铅山县召开农业科研成果推广座谈会。要求科研单位主要推广投资少、见效快、效益大的成果，使之尽快变成生产力，加速生产发展。

16 日　我国冶金工业生产上一项长期摸索的试验项目——贫锰矿用高炉二步法冶炼高牌号锰铁的新工艺，在新余钢铁厂获得成功。北京钢铁研究总院、北京钢铁设计研究总院参与了这项试验。这项试验的成功，为利用我国丰富的贫锰矿资源，生产更多的高牌号锰铁，扩大锰矿资源使用范围开辟了新途径。

16 日　省委决定：庐山建设方针由以休养为主转变为以发展旅游事业为主，适当照顾休养和疗养事业。

庐山含鄱口

16 日　1980 年全国优秀射击手比赛在南昌市举行。

17 日　省委组织部、民政厅党组下发《关于行署副专员以上领导干部逝世后治丧事宜的暂行规定（草案）》。经省委批准，省委组织部、省人事局为 126 位担任县以上领导职务的代干人员办理转干手续。

18日 省政协四届常委会第十一次会议在南昌市举行。会议听取关于江西省委常委扩大会议精神的传达报告，审议通过《工作组试行简则》。

19日 宜春县电机厂试制成功冲床光电控制机械手。试机供 JB23－80T 冲床使用，可冲制3千瓦（或3千瓦以下）电动机转子冲片。

19日 江东机床厂试制成功 HX25 型回转铣床。江西制氧机厂和西安交通大学共同研制成功了空气轴承中压透平膨胀机，通过了有关部门的鉴定。江西江南汽车配件厂试制成功 NJ－130 汽车十字轴自动钻床。

20日 经过1979年的挖潜、革新、改造，全省蔗糖产量大幅度上升，取得了榨量、产量、利润超计划、超历史的好成绩。赣南地区第一、二糖厂及洪都糖厂投资669万元，用半年时间，完成了预定的74项改造任务，扩大日处理甘蔗能力1050吨。1979年至1980年榨季，全省榨量达624553吨，生产机制糖67565吨，自给水平达71.8%。

20日 18岁的中国体操运动员、江西省著名体操运动员童非，在第二十三届罗马尼亚国际体操锦标赛中获得男子全能亚军，并在单项比赛中获得两项第一名和两项第二名。

世界体操冠军童非

21日 文化部举办的全国性的庆祝建国30周年文艺献礼演出颁奖大会在北京举行。江西省宜春地区采茶剧团由黄凯整理改编的高安采茶戏《孙成打酒》获得创作一等奖、演出二等奖；由刘云、余凡、雪萍、张刚创作，徐海秋、周大功、吴安萍修改，省话剧团演出的大型话剧《八一风暴》获得创作三等奖、演出三等奖。由夏雪庆、李景文创作，抚州地区京剧团演出的小京剧《卞主任》获得演出三等奖。三个剧组应邀派代表赴京参加，领取了奖金和奖状，学习和交流了经验。

21日 省委决定孙亚衡任江西省档案局党组书记、局长，任启贤任省档案局党组成员、副局长。决定邱健任省司法厅副厅长、党组成员。省委任命金瑞藻为省冶金厅厅长，于前、王丕良、刘凯、徐清鉴、王殿阁为副厅长。任命李如皋为江西省地质局局长，朱训、张浩、刘荣、罗林为副局长。局党组成员由以上5人组成，李如皋任党组书记，朱训任党组副书记。

21日 省政府批准成立江西省农垦系统农工商联合公司，为农垦厅下属企业，实行独立核算。

21日 省标准局发布第一个江西省企业标准：赣 Q/HG1－80《S62－6：铝粉聚氨酯磁漆》。

23日 全国冶金工业战线20世纪80年代开始建设的第一个大工程——江西铜基地大规模建设前期准备工作全面展开。江西铜基地位于赣东北和赣西北地区，它包括德兴、富家坞、永平、城门东、武山、东乡、银山7个铜矿山和贵溪冶炼厂，还需有许多相应的区域性辅助设施。这些厂矿分布在上饶、九江、抚州3个地区的德兴、铅山、贵溪、九江、瑞昌、东乡6个县境内。铜基地资源丰富可靠，地质工作程度较高，已探明铜金属总储量为1000万吨，易采易选，80%以上可露天开采，除含铜外，还伴生金、银、硫等，都可综合回收利用。

25日 江西省畜牧水产学校建立，校址在南昌县莲塘镇伍农岗。同时，恢复江西省樟树农校。

25日 省财政厅、省煤炭厅、省社队企业局联合发出《关于社队小煤矿提留更新改造资金的联合通知》。规定社队煤矿按照产量每吨提取更改资金2元，自1980年5月1日起执行。

25日 第四机械工业部批准江西无线电厂在九江新建收录机生产线（七一三厂九江分厂）。

25日 省卫生厅印发关于《江西省放射性同位素工作卫生防护管理办法实施细则》的通知。

26日 江西省建筑材料设计科研所与江西省建筑材料厂协作，研制成功沸腾炉渣加气混凝土新型建筑材料。

27日 解放军总政治部组织的"模范军医"吕士才事迹报告组一行4人从福州乘火车抵达南昌。吕士才是第二军医大学附属长征医院骨科军医，在断指再植、"骨粘胶"和"骨肿瘤"的研究上，取得很大成绩，曾先后被评为"社会主义积极分子"和"先进工作者"，再次荣立三等功。在对越自卫还击战中，他抱病率领手术队赴前线，忍受癌症折磨，出色地完成了救治伤员的任务，荣立二等功。1979年10月30日，因结肠腺癌恶化，医治无效逝世。1980年2月23日，中央军委发布命令，授予吕士才"模范军医"荣誉称号（4月28日，报告组在南昌向省市军民作吕士才模范事迹报告）。

28日 财政部发出《分配一九八〇年支援经济不发达地区发展资金的通知》。从本年起，中央财政每年给江西拨付2000万元，江西省财政每年拨付300万元，用于帮助革命老根据地发展经济。

28日 省机械厅成立仿"五十铃"汽车试制领导小组，由厅有关处室和试制厂及江西汽车工业公司筹备组等单位组成。

28日 福州军区司令部在宜春召开武装基干民兵配套训练试点现场研讨会，闽赣两省军区和各军分区、省辖市人武部领导和部门负责人出席了会议。会议于5月4日结束。

29日 江西电子杀虫蚊灯厂的技术人员和工人设计制成一种先进杀虫灭蚊工具——HS804型金蝙蝠牌电子杀虫蚊灯；江西华东地质勘探局二六二大队助理钻探技术人员研制成功钻孔纠斜器，通过有关部门鉴定。

30日 新华社南昌报道，江西下垄钨矿92%的工作面矽尘浓度现在已降到2毫克以下，最低的只有0.3毫克，超过了国家规定标准，达到全国先进水平，已经连续22年没有发现一例矽肺病患者。为表彰下垄钨矿在控制矽尘危害和保护职工健康方面取得的突出成绩，冶金部和国家劳动总局已分别授予这个矿"通风防尘红旗"和"矿山防尘标兵"称号。

30日 省政府以赣政发（1980）102号文件批转省经委、计委、科委、冶金厅《关于加快发展我省稀土工业有关问题的请示报告》。要求迅速建立和健全稀土工业的组织机构，加强对稀土科研和推广应用工作的领导。

本月 经省政府批准，江西省科技干部局成立。江西省旅游局改名为江西省旅游事业管理局，隶属省政府领导。江西省粮食局改称为江西省粮食厅。江西省财政局恢复为江西省财政厅。省农林垦殖局改称为省农林垦殖厅。江西省社队企业管理局从省农业局分出，隶属省政府。

本月 江西省对外经济联络办公室主持召开全省第一次外经工作会议。会议指出今后要坚持援外八项原则，新形势下的外经工作要从过去的援外、只出不进发展到有出有进、有给有取、开展多种合作形式，积极创造条件，引进联合国援助项目。会后江西调整援外工作的重点，改变过去只搞对外援助，只出不进的单一做法。

本月 江西钢厂生产出第一批出口小圆钢500吨。

江西钢厂生产的大批钢材正在装车待运

本月 省财政厅出版《江西财政研究资料》（1985年改为《江西财政研究》（月刊），1989年起在全国公开发行）。

本月 省政府决定继续清理基本建设在建项目，坚决缩短基建战线，并决定从1981年起对基本建设所需用的"三材"由原隶属关系供应改为"切块"供应。

本月 省机械工程学会无损探伤分会对柘林水库第二溢洪道7个闸门377条焊缝进行超声波探伤，确保电站大坝安全（1982年6月为贵溪铜冶炼厂引进日本炼铜转炉支架进行无损检测，查出33处缺陷，挽回损失10万美元，获得中国机械工程学会工作成果奖）。

本月 江西省建材技工学校将原江西总医院旧址改扩建为校舍，地址在南昌市湾里区棱上村。

本月 江西省外文书店门市开张营业。

本月 南昌洪都机械厂开始"强五（1）型飞机全复合材料垂直安定面"的研制（1987年该成果获国家科技进步二等奖。主要完成人为高级工程师高树理、曾章毅、俞秉良）。

1980

5月
May

公元 1980 年 5 月							农历庚申年【猴】						
日	一	二	三	四	五	六	日	一	二	三	四	五	六
				1 劳动节	**2** 十八	**3** 十九	**4** 青年节	**5** 立夏	**6** 廿二	**7** 廿三	**8** 廿四	**9** 廿五	**10** 廿六
11 廿七	**12** 廿八	**13** 廿九	**14** 四月大	**15** 初二	**16** 初三	**17** 初四	**18** 初五	**19** 初六	**20** 初七	**21** 小满	**22** 初九	**23** 初十	**24** 十一
25 十二	**26** 十三	**27** 十四	**28** 十五	**29** 十六	**30** 十七	**31** 十八							

1 日 开始于 1978 年 4 月的全省古籍善本书编目工作顺利完成。据统计，全省有 44 个单位收藏古籍善本书 1283 部，共 16968 册，其中宋刻本 3 部、元刻本 16 部、明刻本 359 部、抄稿本 69 部。这些书目已正式上报《中国善本书总目》编委会。

1 日 年产电石 4 万吨、聚乙烯醇 1 万吨、维尼纶短纤维 7260 吨的江西维尼纶厂全面投料生产。产量稳定上升，产品合格率达 98%，一等品率达到 75%，单位消耗降低 9.5%。

2 日 南昌市革委会召开各县、区、城建、文化部门负责人会议，作出关于全市名胜古迹和风景区的恢复和重建规划。规划重建"滕王阁"包括"南浦亭"、重建"梦山石室"、"宁王朱权墓"（明朝）、"鸾冈"为组合的风景游览区；恢复"西山万寿宫"和"佑民寺"、"绳金塔"、"徐孺子墓"、"喻嘉言墓"、"西湖公园"为组合的建筑；恢复和重建素有"南昌八景"之称"西山积翠"、"南浦飞

南昌西山万寿宫

云"、"徐亭烟树"、"滕阁秋风"、"铁柱仙踪"、"洪崖丹井"、"章江晓渡"、"龙沙夕照",和"东湖夜月"、"苏圃春蔬"在内的"豫章十景"中的以梅岭为主的"洪崖丹井"（清朝）、"肖峰吹笙不平"（春秋战国）、"梅仙坛"等名胜古迹区；修缮"南昌八景"中的"西山积翠"、"铁柱仙踪"和"绳金塔"等古迹；积极治理"青山湖",把"青山湖"建设成为风景游览区。

2日 在杭州举行的全国田径分区赛中,江西省田径队有3人夺得4项冠军,他们是:在男子800米和1500米中夺得两项冠军的中跑运动员黄洛涛,在男子铁饼、链球中夺得两项冠军的投掷运动员沈渭、于光。

4日 省委、省政府、省军区在宁冈砻市隆重举行井冈山会师纪念碑落成典礼,并热烈祝贺由谭震林题字的"井冈山会师纪念馆"同时开放。井冈山会师纪念碑正面与红四军建军广场隔河相望,两侧分别与当年毛泽东和朱德会见的旧址龙江书院、井冈山会师纪念馆及砻市

"井冈山会师纪念碑"落成典礼大会

省委书记刘俊秀为纪念碑落成剪彩

毛泽东、朱德旧居、红四军军部旧址互为呼应。纪念碑高19.28米,象征纪念南昌起义、秋收起义这两支革命部队1928年在井冈山胜利会师的光辉时刻,纪念碑由台基、碑座、碑身组成,碑座下面镌刻着当年参加井冈山会师的红军老战士唐天际书写的井冈山会师纪念碑文,内容为井冈山会师的经过和伟大意义。碑座两边镌刻着朱德的《井冈山会师》和《红军会师井冈山》两首诗词手迹。

5日 由纺织工业部主持的为期4天的全国纺织工业环境保护工作会在江西棉纺织印染厂召开。

6日 省政府颁发《江西省农作物病虫测报站工作条例》。

6日 省政府为确保人民身体健康,要求各地采取有效措施,防止农药污染蔬菜瓜果类作物。

6日 省人事局会同省教育厅等部门,继续从1972年前经县以上教育、劳动、人事（组织）部门或主管部门介绍在教育部门主管的中小学担任代课（民办）教师的城镇上山下乡知识青年、待业青年中吸收公办教师（含非教育系统）。

6日 全省农垦单位传达贯彻执行国家计委、经委、农委转发农垦部《关于加强农垦工业计划管理的报告》。报告指出:"农垦工业是全民所有制工业的组成部分,管好这部分工业,对于办好国营农场,对于国民经济的发展都是很重要的。"

8日 省委、省政府发出通知,要求江西省各级党委和政府,立即行动起来,认真贯彻执行中央通知精神,加强物价管理,进行物价大检查,坚决刹住乱涨价和变相涨价风。

8日 日本福冈县工会评议会访华团一行15人,来南昌进行为期3天的参观访问。

9日 民盟江西省委会常委（扩大）会议作出决定,对民盟第三届省委会委员、候补委员中因错划为"右派"受到盟纪处分的,撤销其所受盟纪处分。

9日 全省工业交通增产节约增收节支工作会议在南昌举行。会议号召工交战线广大职工,广泛深入地开展增产节约、增收节支的群众运动,为完成1980年"保六争八"6%～8%的计划而努力奋斗。省直各有关部、委、办、厅、

局、大专院校、工会、共青团、妇联的负责人和出席江西省物资、财务税收、清产核资扭亏增盈、交通工作会议的全体代表参加了大会。会议于18日结束。

11日 铜鼓县公安局与修水县公安局联合破获"中国国民党香港联络队"反革命集团案。该集团以李新民为首，先后发展反革命成员25人，涉及两县的4个公社11个大队。李自任为"修水县长"，并委任"副县长"、"公安局长"等反动职务。破案时，缴获成员花名册等反革命罪证42件，逮捕罪犯5人。

12日 国家测绘总局下达江西省测绘局1980年测绘生产计划，控制调绘203幅、像片图测图31幅、平板仪测图12幅、航测内业编制像片图22幅、立体测图80幅、成图123幅；外业70%、内业65%、制图70%；全员劳动生产率标准幅1人/年；外业1014，内业1018。

12日 省编委同意江西省档案局、档案馆编制为35人（其中局行政编制为15人）。

12日 省政府办公厅批复省司法厅：经第十七次省长办公会议研究，同意成立江西省人民律师协会，属省级社会团体，归口省司法厅领导。

12日 由省文化局和省文联联合举办的江西省1980年《井冈之春》音乐会在南昌举行。音乐会由赣州、抚州、上饶、九江地区代表队，省歌舞团，省文艺学校和参加全国部分省、市、自治区民族、民间唱法调演的江西省代表队共演出了3台音乐节目、11台舞蹈节目，其中歌曲97首，器乐曲20首，舞蹈10个。经评选，有17首歌曲、3首器乐曲和4个舞蹈节目获创作奖，11名歌手、4名乐手和12名舞蹈演员获表演奖。音乐会于18日结束。

13日 省五届人大常委会三次会议在南昌举行。会议批准通过了《关于实施刑事诉讼法规划问题的决议》，通过人事任免事项。会议于15日结束。

13日 省检察院召开地、市、山检察院检察长会议。贯彻五届全国人大常委会第十四次会议《关于实施刑事诉讼法规划问题的决议》。会议提出江西省各级检察院在1980年年底以前，除极少数交通十分不便的边远地区外，逐步做到

全面实施刑事诉讼法。省委常委、省委政法领导小组组长信俊杰、省人大副主任谢象晃到会讲话。会议于21日结束。

14日 省委、省政府召开江西省计划生育电话会议。会议强调指出，各级党委要加强对计划生育工作的领导，抓紧时间，采取有效措施，坚决堵住计划外和多胎生育，大力提倡和奖励生一胎，千方百计提高节育率，为完成1980年国家下达江西省人口自然增长率降为10‰的计划而努力。

14日 江西电视台第一部电视剧《豆蔻花开》开拍（9月播出，10月参加中央电视台国庆大联播）。

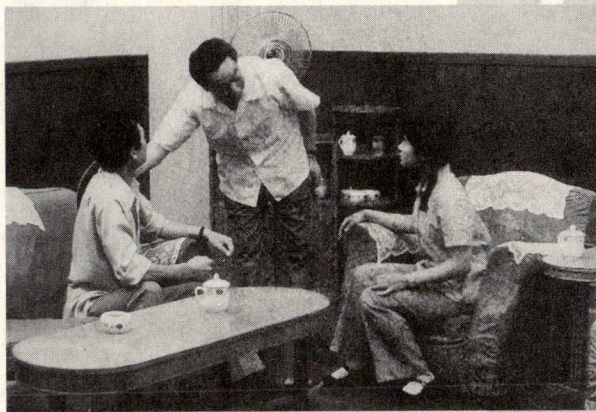

电视剧《豆蔻花开》剧照

15日 省委决定省编制委员会归属省政府，作为省政府的直属工作机构，下设办公室、省直编制处、地方编制处，定编22人。

16日 江西省财政学会和江西省会计学会成立。

16日 全国地面气象测报技术比赛在南昌举行。比赛于22日结束。

17日 大型纪录片《少奇，人民怀念你》即日起在南昌市、萍乡市和九江市上映，随后将在江西省各地陆续放映。影片运用大量珍贵的历史资料，生动地介绍了刘少奇战斗的一生，影片最后一组寓意深长的镜头，再现了刘少奇在1966年"文化大革命"前夕出访四国，在云南休息时和王光美、陈毅夫妇一起游览"石林"，面对祖国大好河山，极目远眺，无限欣慰的情景。

17日 大型摄影图片展览《伟大的马克思列宁主义者、无产阶级革命家——刘少奇纪念展

览》在江西省文联展览厅隆重开幕。展览共展出珍贵史料照片 160 幅，形象生动地展示了刘少奇光辉的一生。展出的照片中有许多是有关单位和个人克服种种困难设法保存下来的，大部分照片是没有发表过的。展览包括民主革命时期和社会主义时期两个部分：民主革命时期，展出了刘少奇领导安源工人罢工和在大革命高潮中领导工人运动，以及五卅运动前后在上海、湖南、广州等地领导革命斗争的照片；社会主义时期，展出了建国后 17 年来刘少奇担任中共中央副主席、全国人大常委会委员长、国家主席期间，参与党和国家的各项领导工作，进行广泛的国事活动的大量照片。省、市机关干部、解放军指战员、工人、郊区社员和学校师生，前往展览厅参观了展览。

17 日 省委、省政府发出《关于调整共产主义劳动大学办学体制等问题的通知》。通知决定将共产主义劳动大学总校更名为江西共产主义劳动大学，归属省教育厅管理；将刘家站、抚州、上高、云山、井冈山 5 所共大分校和德兴大茅山、信丰油山两所县属共大分校，改设省属中等农林专业学校，实行省有关主管厅和地区双重领导，以主管厅为主，其中云山、井冈山、大茅山、油山共大分校划归省农林垦殖厅领导（8 月 21 日，省农林垦殖厅将云山、油山、大茅山分校分别改为省农垦学校、省第一林业学校和省第二林业学校）。

19 日 省煤炭局制定吨煤奖提取办法，规定完成定额时，每吨原煤提奖 1.1 元或 1.2 元，超过定额时，每超额 1 吨提取 2 元。

19 日 江西省珠算协会成立。

20 日 为期 4 天的"螺旋伞齿轮精锻工艺科研成果鉴定会"在南昌举行。出席会议的有全国 21 个科研院所、企业、大专院校的 60 余名代表。该项目于 1977 年 12 月由一机部正式下达，为一机部 1975 年至 1985 年科学技术发展规划——螺旋伞齿轮生产自动线成套项目之一，负责单位为南昌齿轮厂、一机部机电研究所、上海市机械制造工艺研究所。经过 3 年的试验研究，基本掌握 Φ200 毫米左右螺旋伞齿轮精锻工艺的精度控制成套技术，在国内首先实现精锻被动螺

旋伞齿轮的质量稳定的批量生产，产品精度 8 级，接近 70 年代国际先进水平，主动轮螺旋线形腔加工及其锻件出模等技术均有突破，工艺试验达到国内先进水平，齿面余量不均匀性控制技术接近 20 世纪 70 年代初国际水平。该项目获 1980 年一机部科技成果二等奖。

20 日 省建委召开庐山风景旅游区规划方案座谈会。

21 日 300 吨举力钢筋混凝土浮船坞在九江水泥船厂试制成功。

21 日 省委召开省委常委会，听取省档案局关于清理"文化大革命"运动形成的含有冤假错案内容的文书材料的情况汇报。

21 日 中共中央、国务院、中央军委分别向南昌柴油机厂、江西第二电机厂、江西电炉厂、赣州阀门厂、庐山木工机械厂、江西西河阀门厂、江西平板玻璃厂等单位发贺电，祝贺他们的产品用于国内首次发射成功的远程运载火箭。

23 日 婺源县共大晓林分校附近发现南宋朱熹祖母坟墓四周有 18 棵参天古杉，最大的一棵围长达 3.14 米，其余树围也在 2 米左右，树干笔直，没有空心，相传有 800 余年的树龄。

24 日 省政府转发国家基本建设委员会、中央气象局《关于保护气象台站观测环境的通知》。

25 日 在武宁县老县城发现的 800 多年前北宋著名诗人黄庭坚（江西省修水县人）保存的化石，最近已献给国家，发现者浩兰莲老人受到党和政府的奖励。此化石呈黑褐色，表面光泽，纹理细致，长 19 厘米、宽 11.4 厘米、厚 2.5 厘米，重 3.1 斤，有一白色"竹笋"化石夹于其中，上面有黄庭坚题的一首诗。据中国科学院南京地质古生物研究所鉴定认为，此化石叫中华震旦角石，是我国特有的中奥陶世的"标准化石"，许多地方都依其外形称之为"宝塔石"、"石笋"、"珠角石"、"直角石"或"太极石"，它不是竹笋的化石，而是 4 亿多年前广泛生活在海洋中的动物——鹦鹉螺的化石，鹦鹉螺为当今乌贼、鱿鱼动物的远祖。

26 日 为贯彻国防部总参谋部、总政治部的指示，减少民兵数量，提高民兵质量，把民兵

制度与预备役制度结合起来，民兵工作与战时兵员动员准备工作结合起来，江西省军区发出《关于在青云谱区进行民兵组织调整改革试点工作的指示》。试点工作由省军区司令员信俊杰带队，历时66天。

26日 省政府办公厅批复省侨务办公室："经第十九次省长办公会议研究，同意成立江西省归国华侨联合会，属省级人民团体。江西省侨联由省侨务办公室代管，人员编制在省侨办内部调剂解决"。

27日 省政协第四届委员会组织参观团前往井冈山、萍乡参观学习。参观学习于6月5日结束。

29日 为贯彻落实党的十一届五中全会所确定的组织路线，省委组织工作会议在南昌举行。会议认真研究了新时期的组织路线如何为政治路线服务，如何保证江西省的四化建设胜利进行的问题。出席大会的有各地、市、山、县组织部门和人事部门的负责人，省直各单位主管组织或政工工作负责人及部分工矿（场）企业的负责人，省委副书记狄生在会上作了报告，省委组织部副部长刘东涛在会上作了发言。

30日 省人事局制定下发《干部调配工作暂行规定》。

31日 全省文学艺术工作者第四次代表大会在南昌隆重开幕。它标志着江西省的文艺工作走上了为四化服务的新的历史时期。会议于6月9日结束。出席此次大会的有700多名代表。代表们将深入学习、认真贯彻全国第四次文代会的精神，总结江西30年来文艺战线上正反两方面的经验，讨论江西新时期文艺工作的任务和计划，修改省文联和各协会的章程，选举文联和各协会的领导机构。与会代表听取了李定坤作的题为《团结起来，繁荣文艺，为促进四化建设作出更大贡献》的报告，通过了《江西省文学艺术工作者第四次代表大会决议》。

31日 省政府发出《关于发展生猪生产，做好购销工作的紧急通知》。要求全省各级政府和商业部门立即行动起来，抓紧做好生猪生产和购销工作。提出发展生猪生产坚持政策"五不变"和社员交售肥猪不准停购限购。

本月 德兴铜矿从美国引进直径250厘米牙轮钻机。

正在作业的牙轮钻机

本月 江西化纤厂生产出江西第一批黏胶中长纤维。6月将率先在棉纺纱设备上纺出中长混纺纱，8月将试制出涤黏中长华达呢，形成黏胶中长系列产品，填补江西的空白。

本月 经江西省五届人大四次会议决定，江西省建行升为厅局级机构。

本月 国家水产总局科教司委托省畜牧水产厅在九江市主持召开赣、苏、皖三省救护长江鲥鱼座谈会。

本月 省计划委员会编制《江西省今后五至十年发展国民经济的初步设想》。该设想指出江西省经济结构中存在的薄弱环节之一是能源。今后五年、十年以至三十年，应当狠抓能源的建设，近期主要抓煤炭。

本月 江西省建设银行由省财政厅领导改为省政府直属机构。

本月 省委批准组成江西省出版局党组和成

立江西人民出版社编委会。

本月 南昌市革委会决定，南昌市工农兵印刷厂和江西新华印刷厂划归江西省出版局管理。

本月 江西省国营爱民机械厂开始研制 86 式履带式步兵战车的分系统——73 毫米钢珠杀伤榴弹（1985 年 11 月通过部级鉴定，1987 年全系统获国家机械工业委员会科技进步一等奖。主要完成人为工程师李继春、越国栓等）。

本月 省政府转发省教育厅《关于及早普及小学教育的报告》。

本月 芬兰现代版画展在江西省展览馆展出。

1980

6月
June

公元 1980 年 6 月							农历庚申年【猴】						
日	一	二	三	四	五	六	日	一	二	三	四	五	六
1 儿童节	**2** 二十	**3** 廿一	**4** 廿二	**5** 芒种	**6** 廿四	**7** 廿五	**8** 廿六	**9** 廿七	**10** 廿八	**11** 廿九	**12** 三十	**13** 五月小	**14** 初二
15 初三	**16** 初四	**17** 端午节	**18** 初六	**19** 初七	**20** 初八	**21** 夏至	**22** 初十	**23** 十一	**24** 十二	**25** 十三	**26** 十四	**27** 十五	**28** 十六
29 十七	**30** 十八												

1 日　经过一年半时间的艰苦努力，占地 1.3 万余平方米的南昌市儿童公园基本建成，并于"六一"国际儿童节正式开放。儿童公园坐落在南昌市长征路，园林小道两旁立有少年儿童爱学习、爱劳动、爱科学的宣传画廊，公园中心建有供少年儿童游玩观赏、学习参观的奇花异草、金色盆景、科技画廊、书画展览的"少年之家"，玩具场摆有秋千、爬杆、高低杠、船、浪椅、爬梯、转浪椅、转马等 10 多项少年儿童喜爱的玩具。

1 日　南昌铁路局为适应旅游需要，在南昌至九江间开行游 1 次、游 2 次旅游列车。这是江西境内第一对旅游列车。

1 日　全省第一次农村房屋工作会议在丰城县召开。

1 日　省人事局、省民政厅、省财政厅下发《关于国家机关、事业单位工作人员残废后遗属生活困难补助问题的通知》。

1 日　庐山游客近日猛增，住宿紧张，大多数机关、学校、企事业单位腾出办公用房，临时接待客人。庐山区委机关大楼亦改办招待所，办

公搬至庐山种子公司仓库。

2 日　省劳动厅、省卫生厅下发关于试行《职工因工因病丧失劳动能力鉴定（试行）的通知》。

2 日　新华社北京报道，我国第一台双轴陀螺漂移测试转台最近在江西九江研制成功，测试转台是在六机部组织下，由哈尔滨工业大学、九江仪表厂和九江仪表精密工艺研究所联合研制成功，经过 60 多名教授、专家和工程技术人员鉴定认为它的各项技术性能都达到了设计要求，可以投入使用。双轴陀螺漂移测试转台是用来测试陀螺的一种大型精密测试设备，陀螺是舰船、飞机和宇宙飞船等所需的一种定向、导航装置。

2 日　中央气象局通知，南昌气象学校实行中央气象局与省政府（省气象局代管）双重领导，以中央气象局为主的领导体制，面向全国招生。

3 日　由九江地区、萍乡市、景德镇市和广东韶关市等五省八地、市联合举办的中国象棋和围棋比赛，在广东韶关市结束。江西省运动员囊括了中国象棋团体和个人的全部第一名。景德镇

市获中国象棋团体第一名；朱亮获个人成年组第一名；余福民获少年组第一名；江翠凤获女子组第一名；13岁的余忠华夺得少年围棋第一名。

3日 江西省文联各协会分别召开了会员代表大会，俞林、李定坤、黄宗林、刘天浪、康庄、吴明、李克分别在文学、民间文艺、摄影和电影、音乐和曲艺、美术、戏剧、舞蹈和杂技会员代表大会上作工作报告，代表们讨论和原则通过了各协会的章程，选举了各协会的领导机构：俞林当选为作协主席，吴明为剧协主席，刘天浪为音协主席，胡献雅为美协名誉主席，康庄为美协主席，陈茵素为舞协主席。5日，成立了中国民间文艺研究会江西分会，李定坤当选为主席，6日，成立了中国摄影家协会江西分会，黄宗林当选为主席。会议于6日结束。

4日 江西省电站设备制造公司成立，隶属省机械厅，为组织专业化生产协作，实行独立核算的专业性公司（1983年4月26日，改名为江西省电工电器公司）。

5日 省政府第二十四次省长办公会议最近讨论批准成立"江西省科技人员技术职称评定委员会"。评委会成员共167人，其中具备高级职称的有75人，主任委员由省科干局局长李钧担任。

6日 中国美术家协会江西分会受文化部和中国美术家协会的委托，为江西省参加建国30周年全国美展获奖作品颁发奖状、奖金和纪念品。获奖作品是：陈祖煌的木刻《春潮》和陈作芳的雕塑《苗》，分别获得三等奖。

6日 江西造纸厂子弟学校学生彭琴云在意大利都灵举行的世界中学生运动会田径赛中，以17.18米的成绩打破中学生女子铅球世界纪录。

6日 为了精简机构，提高工作效率，经江西省人民政府批准，南昌市行政区划作适当调整，新的区划当日起实行。将5个城区撤并为3个城区，即东湖区与胜利区合并，称东湖区，撤销胜利区建制；西湖区与抚河区合并，称西湖区，撤销抚河区建制；青云谱区维持现状不动；新建县蛟桥公社和南昌县罗家镇，划归南昌市郊区管辖；石岗镇由新建县代管。

6日 正在建设中的国营江西红星垦殖场大型奶牛场，自1978年开工，当前已完成一座水塔，500头奶牛房，开垦了1600多亩菜地，种下了一批饲料作物，养了母奶牛320头，已开始产奶。该奶牛场的生产，需要一座每日供应1000吨至2000吨的净化自来水厂和一座比较先进的奶粉加工厂，实行饮水、送料、挤奶、加工自动化。奶牛场建成后，将有1000头奶牛，年产600万斤牛奶，可制成100万斤奶粉，产值300多万元，且每年能产40万斤牛肉和大批的皮革制品，是当前江西省设计最大的一座奶牛场。

6日 国防科委电贺胜利器材厂（四三二一厂）生产的CD26、CD27型电容器成功地用于国家洲际导弹发射工程。

7日 全省部分地市县先后开展了作物品种资源的征集工作，取得初步成果和经验。征集到不少稀有珍贵材料，如东乡县野生稻；德兴县洋兰麻，植株有3米高，每株可产籽1斤至2斤，山玉米一个棒子收籽1斤；铅山县耐高寒的皇碧甜油菜，能降血压的赤小豆。

7日 南昌电子设备厂试制成功江西省第一台DJS－112型通用数字电子计算机，经鉴定，主机连续无故障运行530小时，完全达到了第四机械工业部设计小组制定的技术指标，特别是在抗干扰方面性能较好，这种数字电子计算机是小型多功能计算机，适用于工业自动化控制，亦可用于小型科学计算和数据处理等方面。

8日 江西现代史研究会在南昌县召开彭德怀在江西革命活动讨论会。省委书记马继孔就党史、现代史研究中的有关问题讲了话。《红旗》杂志社、中央毛泽东著作编辑出版委员会、北京彭德怀传略编写组、中国革命历史博物馆都派人参加，参加讨论会的有省内外的代表共115人。会议充分肯定和热情赞扬了老一辈无产阶级革命家，党、国家和军队的杰出领导人彭德怀在江西从事革命活动的丰功伟绩，批驳林彪、"四人帮"强加在彭德怀身上的污蔑不实之词。与会代表就红军撤离井冈山、袁文才之死、王佐之死、两次打长沙、罗坊会议和攻打赣州等问题进行了讨论，介绍了粉碎第一、二、三、四次"围剿"中有关彭德怀的若干史实，阐述了平江起义前后的彭德怀，彭德怀在湘鄂赣的革命活动和江西苏区时期的彭德怀，共收到论文16篇。会议研究了江西现代史科研规划，落实了编撰江西党史人物传记的任务，准备将会上的讨论成果编成专集，由江西人民出版社出版发行。

9日 全省文学艺术工作者第四次代表大会在江西艺术剧院闭幕。会上公布了省文联第四届委员会选举结果，提案审查委员会作了关于提案审查情况的报告，通过了《江西省文学艺术工作者第四次代表大会决议》。通过了江西省文联主席、副主席名单，主席：俞林，副主席：陈茵素（女）、时佑平、黄家林、蒋天佐、刘天浪、胡献雅、吴明、潘凤霞（女）、杨佩瑾、郭蔚球、舒信波。

9日 省政府发出《关于贯彻国务院〈会计人员职权条例〉的意见》，附发《关于授予会计人员技术职称的试行办法》。

10日 方志敏烈士的母校——九江市第二中学举行建校113周年校庆活动。省政协主席、方志敏的堂弟方志纯为九江市二中校庆活动寄来了贺信，学校党支部命名德、智、体全面发展的初二（一）班为"方志敏班"，以此推动向老一辈无产阶级革命家学习、树立新校风、新学风的活动。全国各地的校友也给母校寄来了贺信、贺电及他们的学术论文、学术著作和立功授奖证书等。

10日 省政府召开省长办公会议，确定江西外汇使用原则："必须统一管理、集中使用、支持重点、量力安排"。

11日 省政府正式决定，凡扩大企业自主权的试点单位，按国务院有关规定提取和使用利润留成资金，要简化行政报批手续，放宽过多过死的限制，使企业更好地行使自主权，进一步把经济搞活。

11日 江西省政府经济友好访问团一行10人，应日本国际贸易促进会东海总局的邀请，赴日本东京、名古屋、大阪进行经济友好访问，于26日回国。

11日 铁道兵部队政委吕正操到贵溪铜基

地指导工作。

12日 江西省经济学会在南昌成立并召开代表大会。大会通过了江西省经济学会章程，选举出省经济学会理事和会长、副会长，省经济学会会长傅雨田讲了话。大会讨论了1980年学会的工作计划。1980年学会主要做好以下工作：定期召开经济问题座谈会、举办《资本论》读书班、创办会刊《赣江经济》、组织经济问题专题调查。

12日 省政府下发《江西省军队复员干部改办转业工作会议纪要》。决定对1969年1月1日至1975年7月31日期间，作复员处理的军队干部全部改办转业。

12日 省工商联召开第三届会员代表大会，会议代表147人。大会号召全体成员要紧密团结在中共中央周围，同心同德，积极努力，为把我国建设成为四个现代化的社会主义强国，为台湾早日回归祖国，实现祖国统一大业，为反对霸权主义，维护世界和平而努力奋斗！大会选出了8位执行委员会委员，主任委员沈翰卿。会议于17日结束。

12日 民建江西省第一次代表大会、民革江西省第五次代表大会、民盟江西省第六次代表大会、农工党江西省第四次代表大会，在南昌市分别举行。各民主党派江西省大会明确把工作重点转移到为社会主义现代化建设服务上来，动员各自成员为祖国建设和祖国统一事业作出贡献。民建江西省代表大会选举产生民建江西省第一届委员会，主任委员为潘式言。民革、民盟、农工党江西省代表大会，分别选出各自新一届省委会，新一届省委会主委分别为李世璋、谷霁光、何世琨。16日，江西省委统战部举行茶会，招待各民主党派代表大会全体代表。会议于17日结束。

13日 省政府批转《江西省第十次广播工作会议纪要》。确定："加速发展电视工业。广播电视要按照'专业、配套、维修、科研'的方针，进行整顿，确定产品方向，生产对路产品"。

13日 省政府发文，规定从1980年起，基本建设需用的钢材、木材、水泥、毛竹等物资，交省建委分配调度。

13日 省财政厅、省农林垦殖厅发出《关于下达省属森工企业一九八〇年财务计划指示的通知》。该通知规定从1980年1月1日起，贯彻"划分收支，分级包干"的新财政管理体制，实行森工企业收入与地方财政挂钩，80%上缴省财政，20%留地方财政；省直属森工企业不参与二八分成，收入全额缴交省预算收入；各森工企业单位从增长利润中提取的企业基金，上缴省木材公司20%。

15日 南昌市卫生局、公安局联合发布《关于进一步加强城市粪便统一管理的通告》。

17日 自即日起至7月2日，联合国技术发展部经济地质专家沃尔夫冈·欧·克鲁斯克来江西参观考察赣西北铜矿、赣南钨矿及庐山地质，并应邀在南昌举行学术报告和座谈会。

18日 新华社南昌报道，江西省南部的下垄、西华山、大吉山、岿美山、荡坪、漂塘、盘古山、铁山垄、画眉坳等9个钨矿长期坚持做好安全防尘工作，修建了6500多项安全防尘设施，安装了2000多台通风机，铺设了近千公里井下供水管道，至今已连续16年以上没有发生一例矽肺病人。其中下垄钨矿已连续22年、西华山钨矿已连续21年未发现矽肺病人。国家劳动局、冶金部和卫生部曾多次推广他们的经验。

19日 新华社南昌报道，拥有10万纱锭、2800多台布机、日加工印染布25万多米的大型联合企业——江西棉纺织印染厂采取一条龙择优法（择优招工、择优培训、择优使用、择优转正）招收和训练新工人。在一年多时间里，培训出将近1000名一级技术操作能手，其中600多人先后被评为厂先进生产者，19人获得了新长征突击手的光荣称号。

19日 副省长傅雨田主持召开省长办公会，讨论煤炭生产建设问题。批准成立江西省煤矿工人庐山疗养所，恢复江西省煤炭工业干部学校。

21日 省科协、江西人民出版社、省广播事业局、省科普创作协会联合举办"新长征优秀科普作品奖"评奖活动。评出优秀科普书籍4本（一等奖1本、二等奖3本）；优秀科普短篇21篇（一等奖4篇、二等奖9篇、三等奖8篇）；优秀科普编辑5名（一等奖1名、二等奖4名）。活动于10月16日结束。

23日 省委批准省委宣传部的报告，同意恢复江西省哲学社会科学学会联合会，编制20人。

25日 江西省有色冶金研究所福建行洛矿选矿试验组，在有关科室班组的密切配合下，用两个月的时间，完成了通常至少半年才能做完的选矿流程中间试验，取得了钨的回收率79%～81.4%的先进指标，超过了承包工程设计的美国碳化物公司所得到的76%±5指标，为国家争回4亿多元的选矿设计投资。

25日 萍乡市农业科学研究所于1973年用国际稻二四作恢复系，采用培育3条配套方法，培育成功的杂交水稻汕优二号，经省有关部门鉴定，是我国优良品种。汕优二号适应性广，米质好，蛋白质含量高，是当前我国杂交水稻组合中最好之一。1977年开始大面积示范推广，在全国南方稻区推广杂交水稻7700万亩，其中汕优二号约3000万亩，占40%左右。

25日 铁道部科技局、电务局与南昌铁路局在鹰潭召开为期3天的"鹰潭移频驼峰机车信号"技术成果鉴定会。该信号使用后对驼峰作业安全提供了保障，为全路第一个驼峰移频机车信号，获铁道部科技进步四等奖。主要设计人王尚春。

26日 江西省体育运动员在上半年的各类体育比赛中，取得较好成绩。有1人获国际比赛两块金牌，3块银牌；1人1次破1项世界中学生运动会纪录；2人2次破2项全国纪录；1人1次破1项全国少年纪录，6人10次破8项省纪录；在国内比赛中有9人在9项比赛中获得第一名；7人在9项比赛中获得第三名；7人在6次比赛中获得第三名；女子篮球、排球队获得晋升甲级队决赛权的资格，有5名运动员获得运动健将称号。

26日 省政府省长办公会议同意成立江西省服装工业公司，属集体企业性质，归省二轻厅领导。同意成立江西省包装装潢工业公司，与省工艺美术工业公司合署办公，实行两块牌子，一套班子，属国营企业性质，归省二轻厅领导。同意成立江西省轻化工业进出口公司、江西省二轻工业进出口公司等8个进出口公司，对内为有关办、厅、局的一个处，对外称进出口公司，实行两块牌子，一套班子，不增加编制。

27日 省政府决定从1980年开始，对每年每人向国家贡献6斤菜油以上而粮食不能自给的主产油菜生产队，按照不低于邻近粮产区的口粮水平，实行"三定一奖赔"的粮食定销方法：即定粮食产量、定菜油交售任务、定基本口粮和根据多售油多吃粮、少售油少吃粮的原则进行奖赔，"三定"后5年不变。

27日 来自全国24个省、市、自治区近百名眼科教授、专家、医务工作者云集吉安市，举行中国遗传学第一届眼科遗传学会议。

27日 为了加强生物资源的调查与开发研究工作，充分利用江西的野生生物资源，江西省生物资源研究所成立。研究的范围包括动物、植物、微生物等多种学科，是一个综合性的研究机构。

28日 1980年上半年内，经过江西省和全国同行业实物质量评比，横峰纺织器材厂生产的"1511型"压缩木梭被评为全国名牌产品，并正式授予名牌产品证书。被评为全国优质产品的还有：江西化纤厂生产的20支纯黏纤维纱，江西棉纺织印染厂生产的4221艳蓝半线华达呢，上饶市染织厂生产的4232金线提条府绸，抚州针织内衣厂生产的腈纶棉毛衫、拉链球衫、弹力交织提花男袜和洪都袜厂生产的"锦杯牌"薄型女丝袜7种产品。

28日 省政府批转省经委报告，将扩权试点企业金额利润留成改为基数利润留成加增长利润留成。

28日 省商业厅、省医药管理局联合通知，将省医药公司划归省医药管理局管理。

29日 省委、省政府领导从南昌出发，乘船沿赣江顺流而下，来到鄱阳湖少湖山、大湖池一带，视察永修、星子、都昌、余干等县小型芦苇基地。省领导一致认为，充分利用鄱阳湖荒、沙、草、滩建立造纸原料芦苇基地，不仅永修、星子、都昌、余干，而且波阳、乐平、九江、彭泽、进贤、南昌、新建等湖滨县都可以发展。

30日 上半年，省经济委员会决定对南昌电网实行扩大企业自主权试点，全年实行基数利润留成和增长利润分成。从7月起，南昌电网管理局对基层生产企业实行百分制计分算奖办法。同时，对江西省电力设计院实行企业化试点。

30日 贵溪冶炼厂第一期年产铜5万吨至9万吨的熔炼工程开工。

本月 省冶金厅在南昌召开长远规划座谈会，研究制定今后20年冶金工业发展规划草案。

本月 《人民日报》和中央人民广播电台报道了江西省严肃处理9起因财会人员坚持财经制度遭到打击报复的案件。

本月 省政府决定，从6月起农村社队企业的工商所得税改按20%征收。

本月 九江玻璃纤维厂生产的45支"宝塔牌"玻纤纱获全国行业检查第一名。

本月 建材部地质公司将五〇一地质队改为部、省双重领导管理，以部管理为主（11月，更名为建材部地质公司江西地质勘探大队）。

本月 《小猕猴画刊》、《小星星》杂志创刊，由江西人民出版社主办。

本月 江西省中小学教材编写组与江西省教育革命研究室合并，改名江西省教育厅教学教材研究室。

本月 原籍都昌县春桥公社的美国最大化学公司——杜邦公司高级研究顾问、多年从事高分子科学研究、开发和管理的学者杨宏汉博士来南昌探亲访友期间，应江西省化工学会及纺织学会邀请作学术演讲。

1980

7月 July

公元 1980 年 7 月							农历庚申年【猴】					
日	一	二	三	四	五	六	日	一	二	三	四	五	六
		1 建党节	**2** 二十	**3** 廿一	**4** 廿二	**5** 廿三	**6** 廿四	**7** 小暑	**8** 廿六	**9** 廿七	**10** 廿八	**11** 廿九	**12** 六月大
13 初二	**14** 初三	**15** 初四	**16** 初五	**17** 初六	**18** 初七	**19** 初八	**20** 初九	**21** 初十	**22** 十一	**23** 大暑	**24** 十三	**25** 十四	**26** 十五
27 十六	**28** 十七	**29** 十八	**30** 十九	**31** 二十								

1 日　省政府决定，全省气象部门管理体制变动，实行气象部门与地方政府双重领导，以气象部门为主的管理体制。

1 日　坐落在南昌青云谱内的八大山人（原名朱耷，是明太祖朱元璋的第十六子朱权的九世孙）书画陈列馆，正式恢复对外开放。著名画家刘海粟题写"八大山人纪念馆"横匾。该馆是国内外知名的名胜古迹，陈列馆共分为 3 个部分 6 个展室，有八大山人及其弟弟牛石慧和有关的名家书画作品 80 多件。

1 日　应国家农委邀请，6 月中旬在北京预展的江西省《中国古代农业科技成就展览》正式公开展出。该展览引起了首都各界人士的热情关注，到馆参观的有：国家农委负责人张平化、张秀山、何康，中国农业科学院院长金善宝、副院长林山，北京师范大学副校长白寿彝，中国历史博物馆副馆长陈乔，农业出版社社长常紫绅，著名农史专家毓瑚教授和专程从美国赶来的著名考古学者夏鼐。展出历时 100 天，展览由陈文华主持。

1 日　据邮电部 1980 年 2 月在北京召开的全国邮政编码会议，要求从 1980 年 7 月 1 日起，在全国推广邮政编码制度的精神，江西省开始全面推广邮政编码制度。从本日起，各地机关、企业、单位和广大人民群众寄出的信函，都要有按照规定在标准信封的上下方格内，书写收信人和寄信人所在地的邮政编码，以便在江西省逐步普及信函编码，适应全国推广邮政编码的要求。

1 日　江西省第一座超高温高压、大容量、高效率的燃油、燃煤电厂——九江第二发电厂 12.5 万千瓦机组 1 号锅炉水压试验成功。

2 日　民盟江西省委会邀请盟员、高等院校正副院（校）长谷霁光、林英、郭庆棻、程崇圮、孟宪荩，就教育计划和教育体制问题进行座谈，对高等院校和中小学教育存在的问题提出意见与建议。

2 日　为加强对革命老根据地建设工作的领导，省委决定成立江西省革命老根据地建设委员会。杨尚奎任主任委员，刘俊秀、方志纯、张力雄、谢象晃、张国震、方谦、刘建华任副主任委员，委员会下设办公室，办公室设在省民政厅，罗朋兼任办公室主任。

2日　省人事局通知各地市县人事局、省直人事部门：大专院校毕业后已分配为干部、"文化大革命"中自行要求以工人身份通过劳动部门调动了工作的，可以恢复干部身份。但要由调出部门办理恢复手续，并由所在地县以上组织人事部门重新以干部身份介绍到调入地组织人事部门。

2日　王新民任江西省卫生厅厅长、党组书记。

3日　由长沙市纪念地办公室和安源路矿工人运动纪念馆编辑的《安源路矿工人运动史料》，日前由湖南人民出版社出版。该书刊登了自1921年中国共产党成立至1927年安源工人参加秋收起义这一时期中有关安源路矿工人运动的历史资料，全书共45万字。内容包括：中国共产党、中国劳动组合书记部、中共湘区委员会及安源党团等组织和领导人有关安源工人运动的文献，安源路矿工人俱乐部的文件、来往函电及其编印的部分书刊，当时报刊的有关报道刘少奇、李立三等同志关于安源工人运动的部分书信、文章及萍乡煤矿矿长李寿铨的日记、安源路矿当局同军政当局往来函电等。

3日　省政府在南昌八一礼堂隆重举行江西省首批特级教师命名大会，向全省中、小学和师范学校特级教师颁发了"江西省特级教师证书"和一套精装本《辞海》奖品。省教育厅厅长吕良宣读了首批晋升为特级教师的名单。他们是：刘运来（江西师院附中）、黄恕伯（南昌市三中）、潘凤湘（南昌市二中）、林雨新（安远县一中）、李玉山（信丰县中学）、彭声铭（龙南县中学）、

省政府举行全省首批特级教师命名大会

尚卫黄（宜春中学）、吴持真（樟树中学）、黄陶之（高安县灰埠中学）、杭祖茂（高安县中学）、衷期星（万安县中学）、饶文华（抚州一中）、任权（抚州一中）、胡观培（景德镇市一中）、彭炉青（713矿子弟学校）、彭其球（萍乡市芦溪中学）、姚剑云（九江一中）、陶运文（彭泽县中学）、俞镇德（乐平县中学）、王芸玲（南昌市滕王阁学校）、张敏（南昌市珠市学校）、涂华萍（南昌市邮政路小学）、曾华涛（南昌师范附属学校）、杨静岫（赣州市红岗学校）、周国华（会昌县会昌小学）、涂生娣（丰城县第二小学）、熊文明（丰城县西塘小学）、王英（吉安市东方红学校）、黄仍华（南城县珀玕小学）、肖文青（德兴县银城小学）、李幼华（萍乡师范）。

4日　法国克雷苏·罗阿国际业务公司一行4人来赣进行为期3天的业务洽谈。

4日　北美洲中国革命史考察团一行7人（其中美籍学者6人，加拿大籍学者1人），自即日起至10日来南昌、井冈山参观访问。

5日　中日合拍电视片《长江》制作团首批采访人员一行29人（其中日方19人、中方10人），在佐田亚人率领下，到九江、庐山、星子、湖口等地进行为期4天的采访。

5日　九江市话剧团编剧、青年作家毕必成以他文学创作上的出色成绩，越来越为人们重视，他创作的反映祖国山川风景美、人物内心美、政治风貌美的电影文学剧本《庐山恋》，已拍成彩色宽银幕故事片，即将同观众见面。《路》、《赛虎》等几部正在拍摄之中或即将拍摄。"四人帮"横行期间，他创作了以陈毅在赣南打游击为背景的七场话剧《交通线上》和优秀散文《军港夜话》、《灯下夜话》。

6日　南昌市革委会发布《南昌市超标排放污染物收费、罚款办法（试行）》及《南昌地区煤渣、烟道灰管理利用具体办法》。

7日　省政府决定，在发展集体养牛的同时，大力发展家庭养牛。并作如

下规定：（一）保护家庭养牛的合法权益；（二）国家、集体应在资金、牛源、饲料等方面给予支持；（三）做好牛的品种改良工作；（四）奖励饲养母牛；（五）实行收购奖售；（六）各级政府要加强领导，落实有关政策，恢复和开放交易市场，以利买卖调剂。

7日 全省档案馆工作会议召开。会议学习了中央有关文件，贯彻了1980年5月在北京召开的全国省以上档案馆工作会议精神，交流了档案馆工作经验。全省各级档案馆积极开展了档案的利用工作，为党政机关、科学研究、历史研究及其他各项工作，提供了大量档案资料：省档案馆为中央军委办公厅编写彭德怀的传记，为上饶地委编写方志敏的传记，为中国社会科学院、公安部、财政部和省教育厅编写中国近代史、苏区公安史、经济史和教育史，为解放军总政治部、团中央和省妇联编写青运史和妇女运动史等，提供了大量的档案资料。萍乡市档案馆为确定萍乡团组织的创建者李立三，提供了史料性故事。新干县档案馆通过查找县志，替中国药材公司找到了我国名贵药材枳壳的真正产地——新干县三湖公社商丘镇，纠正了历史上认为这种药材的原产地为河南商丘的错误。会议要求各级党委要进一步加强对档案工作的领导，把档案工作列入党委的议事日程，为四个现代化建设服务。会议于12日结束。

9日 以朝鲜国际旅行管理局副局长文基龙为团长的朝鲜友好参观团一行20人，在南昌、庐山等地参观访问。访问于14日结束。

9日 "中国景德镇、汕头陶瓷展览"在香港举办。展出了约1.6万件来自江西景德镇和广东汕头的陶瓷制品，有驰名中外的雕塑瓷、艺术瓷、青花瓷、青花玲珑瓷、薄胎瓷、粉彩瓷、新花瓷丹凤朝阳花、金竹叶站云拢手观音、骑虎财神、麻姑献寿、十八罗汉、站风送子观音等陶瓷名家之作和日用瓷、陈设瓷、酒楼用瓷、礼品赠品瓷，展览以展卖形式进行。

9日 上海电影制片厂摄制的《庐山恋》电影，与江西省部分观众见面。省委负责人接见了导演黄祖模、编剧毕必成，听取了制片过程的汇报，勉励毕必成要继续努力，创作更多受群众欢迎的好作品。

9日 全省畜牧水产工作会议在庐山召开。会议传达、学习国务院有关发展畜牧、水产的文件，联系江西实际，总结经验教训，讨论加快发展畜牧、水产的政策措施，研究1981年的生产计划和"六五"期间的发展规划。认为要把江西畜牧、水产业搞上去，要做好：饲料资源、品种改良、疫病防治、建立基地、产品购销等工作。会议于17日结束。

10日 萍乡市总体规划大纲编制完成，并经萍乡市革委办公会讨论通过（1981年9月编制完成总体规划。1984年5月23日经省政府批准实施）。

11日 江西省一批老干部胸怀四化大业，主动让贤，申请担任顾问或离休、退休，省委日前批准了他们的要求。

12日 省委作出决定，为在"文化大革命"中惨遭杀害的南昌市第一中学高中一年级学生吴晓飞的冤案彻底平反昭雪。南昌市委、南昌铁路局的负责人、吴晓飞的亲属和受到其冤案株连的人、南昌铁路局机关职工共1000余人参加了南昌铁路局召开的平反大会。会上，省高级人民法院宣读了《关于吴晓飞无罪的判决书》，南昌铁路局党委负责人宣读了省委关于为吴晓飞平反昭雪的决定，南昌铁路局团委决定追认他为中国共产主义青年团团员。

12日 江西省电子产品进出口公司成立，对内为省电子局的一个处，对外称进出口公司，不另增加编制。

13日 《江西日报》报道，在1980年广州

中国景德镇、汕头陶瓷展览在香港展出

春季交易会上，景德镇陶瓷成交额达到 1834 万美元，跃居全国各产瓷区陶瓷成交额第一位。

14 日 省商业厅发出《关于开展清理在途商品、减少资金占压工作的通知》。要求在途商品占压大的企业，要及时组织专人进行一次彻底清查，并指定专人管理这一工作。

14 日 全省人民银行系统召开招干工作座谈会。研究农业银行系统、人民银行系统招干问题。全省"两行"招干指标为 3470 人，其中农业银行系统 2300 人，人民银行系统 1170 人。

16 日 省委召开革命老根据地建设工作会议。会议分析了革命老根据地的历史和现状，要求在革命老根据地的建设工作中，思想解放一些，政策松动一些，方法灵活一些，调动一切积极因素，奋发图强，自力更生，尽快把革命老根据地经济建设搞上去，为实现四个现代化作出更大贡献。确定重点扶助赣州、吉安地区和井冈山集体收入人均 50 元、人均口粮 450 斤以下社队，发展种植、养殖和加工业。将每人平均口粮不足 450 斤的生产队的征购粮任务免掉，改用其他地方的超购、议购粮抵数；实行基本口粮加奖励的办法，解决好口粮问题；放宽林业政策；体制要松动一些，方法要灵活一些；充分尊重生产队、专业队、作业组和社员个人的自主权；调整各项关系山区经济发展的政策。

17 日 省政府批转省经委《关于江西省轻化厅、商业厅、卫生厅与省医药管理局的交接会议纪要》。确定将省卫生厅所属药物研究所、医疗器械厂和商业厅所属的省医药公司、省中药材技工学校划归省医药管理局。

17 日 省外事办公室和省旅游局召开全省旅游接待工作会。会后，组织检查组检查省直、九江、庐山、星子、景德镇、鹰潭等地的旅游饭店、俱乐部、旅行社、旅游车队的服务态度、服务质量等。会议于 25 日结束。

19 日 南昌铁路局政治部召开全局广播大会，宣布第一批晋升的 223 名工程师、技师名单（1981 年 9 月 25 日，又宣布第二批晋升的 159 名工程师、20 名技师、16 名经济师、7 名统计师和88 名会计师名单。1982 年 1 月 20 日，经铁道部批准，宣布晋升 10 名高级工程师名单）。

19 日 省政府在南昌召开江西省基本建设工作会议。会议指出，必须下决心缩小基本建设规模，进一步调整投资方向，集中力量搞好重点工程建设。出席大会的有省委、省人大以及各地、市、山、县和省直有关部门的负责人。各级基本建设主管部门、建设银行和设计、施工、建材、城建、房产、环保、测绘、设备成套等部门的负责人共 520 多人参加了会议。

19 日 省教育厅发出《关于不要再吸收民办（代课）教师的通知》。

19 日 省委召开地、市委书记会议。联系实际，学习、讨论了中央领导同志关于农村政策问题的讲话精神，会议认为：解放思想，放宽政策，发展生产，巩固集体经济，把经济工作搞活，使农村尽快富裕起来，是当前农村工作的指导思想。

20 日 南昌市利用人防工程地下坑道的冷空气输送到工厂高温车间和文化娱乐场所，防暑降温、节约能源。到目前为止，全市利用地道冷空气降温的已有 5 个影剧院、8 个单位的礼堂、近 20 个工厂的高温车间、一些单位的办公室、医院烧伤病房、运动员训练场地等处。

20 日 省二轻厅召开地、市二轻局长会议，推广余江县实行承包经营责任制的经验。会议于 26 日结束。

21 日 美国亚洲国际公司总裁诺曼·白烈特等一行 11 人，自即日起至 8 月 5 日在赣洽谈业务。

21 日 省委批转省革命老根据地建设委员会的报告，对特困老区实行特殊灵活政策，允许农民包产到户，为老区减免税收和征购任务。

23 日 省商业厅发出《关于制止硬性搭配商品的通知》。要求一切批发、零售企业，必须坚决制止商品搭配的做法。

24 日 省气象学会、省地质学会、省科协普及部、南昌市少年宫自即日起至 8 月 1 日联合举办第一届少年气象、地质夏令营。

24 日 省政府颁发《江西省航道管理暂行办法》。

25 日 省司法厅和省高级人民法院联合在

省委党校举办"全省第一期司法干警训练班"。轮训各县（市）副检察长，地区检察分院科长、检察员和法院法警共237名。学习《刑法》、《刑事诉讼法》。训练班于8月18日结束。

25日 省五届人大四次会议在庐山举行。会议审议通过《江西省县级直接选举实施细则》（试行）。会议原则通过《关于贯彻执行〈国务院安置老弱病残干部的暂行办法〉若干问题的意见》和《贯彻执行〈国务院关于工人退休退职的暂行办法〉若干具体问题的意见》两个文件。通过撤销万里浪五届全国人大代表资格的决定，补选谢象晁、何世琨为五届全国人民代表大会代表。会议于31日结束。

26日 中国气象学会在庐山召开全国气候学术会议。参加会议的有气象系统、大专院校、科研、部队等单位的代表150多人，其中副教授以上的有20余人，工程师近百人。会议共收到95篇论文，大会报告17篇，小组报告34篇。会议对气候变化、山地气候、气候区划、冷害气候和动力气候等重点内容，进行了讨论和广泛的交流。专家建议：对南水北调、黄土高原建设、三江平原垦荒和修建三峡水库等国家重点建设项目，要积极开展气候效应的研究工作。

26日 全省归国华侨第一次代表大会和第三次侨务会议同时在南昌开幕。大会选举产生江西省归国华侨联合会，侨联第一届委员会由1名主席、6名副主席、17名常委、38名委员组成。大会进一步调动全省广大归侨、侨眷的积极性和创造性，为四化建设贡献力量。出席大会的有各地、市、山、县主管侨务工作的负责人，侨务工作者代表和各条战线的归侨、侨眷代表共306人。省委、省人大、省政府和省政协的领导人出席了开幕式，全国侨联副主席兼秘书长钟庆发和副秘书长肖岗专程从北京前来参加大会，代表国务院侨务办公室和全国侨联向大会表示祝贺。省侨办主任王天虹向全体与会者作了题为《加强侨务工作，进一步发挥归侨、侨眷的积极性，为祖国实现社会主义现代化贡献力量》的工作

报告。

26日 省选举委员会向省五届人大四次会议汇报了县级直接选举试点工作的情况。指出：继兴国县之后，赣州、信丰、会昌、临川、南城、玉山、鹰潭、宜春、高安、湖口、德安、吉水、新干13个县、市进行了县级直接选举试点工作，基本上完成了1980年3月召开的江西省选举工作会议预定的计划。迄今为止已有抚州、黎川、资溪、宜黄、东乡、进贤、乐安、金溪、南丰、崇仁、万载、宜丰、新余等13个县、市开展了县级直接选举工作，预计8月份将分别召开县、市人民代表大会。会议要求各地把下半年全面铺开的选举工作认真搞好。

26日 由省地质局第一物探队完成的赣中东部地区航空磁测成果报告通过了审查验收。验收工作于27日结束。

27日 美国福特公司样品检查小组一行4人，自即日起至8月4日来赣检查来样加工产品。

28日 景德镇市耐火器材厂生产出一种新型的耐火隔热保温材料——硅酸铝耐火纤维。

28日 省检察院召开地、市、山检察院刑事检察科长会议，传达最高人民检察院召开的全国刑事检察工作会议精神，强调严格执行刑法、刑事诉讼法有关规定，加强领导，充实力量，健全机构，做好刑检工作。会议于30日结束。

29日 美国惠普公司一行5人，自即日起至8月1日来赣洽谈光电器件装配业务。

30日 具有当代世界一流水平的我国当前最大的铜冶炼企业——贵溪冶炼厂正式开工兴建，标志着江西铜基地建设第一仗已经打响。该工程由冶金部第十五冶金建设公司等单位承担。

省委书记、副省长傅雨田为贵溪冶炼厂开工典礼剪彩

30 日 全省归国华侨第一次代表大会、省第三次侨务会议闭幕。省委、省政府和省政协的领导人以及全国侨联副主席兼秘书长钟庆发和副秘书长肖岗接见了全体代表并合影，省侨办主任王天虹主持了闭幕式，省侨办副主任王韦致闭幕词，会议选举产生了江西省归国华侨联合会第一届委员会。

30 日 贵溪冶炼厂安装从日本引进的 5 万吨闪速炉炼铜成套设备和从芬兰引进的回转式精炼炉、圆盘式阳极铜自动定量铸造设备。

30 日 纺织工业部自即日起至 8 月 7 日在庐山召开南方 15 个省区十年规划座谈会。纺织工业部同意江西提出的调整行业结构，发展化纤、毛纺工业的设想。

31 日 省政府第二十九次省长办公会议同意筹办江西省二轻工业中等专业学校。

31 日 省委下发《关于调整农机工业管理体制的通知》。确定农业机械的产、供、销以及配件生产和农机维修，技术培训等工作，由省机械工业厅统一管理；省农业厅农机局主要负责公社农机的经营管理和使用工作。

本月 在南斯拉夫第十三届国际游泳比赛和第九届国际青少年游泳邀请赛上，江西省泳坛新星——20 岁的陈超分别获得了 200 米蝶泳的金牌和 100 米蝶泳的银牌，为祖国赢得了荣誉。

本月 钨精矿国内调拨价由 6650 元/吨调为 8500 元/吨。

本月 国家农委组织中国科学院南京土壤研究所、华中农学院及省内有关部门共 51 个单位的 91 名专家、教授、工程技术人员，在兴国县进行多学科综合考察，历时 5 个多月，基本摸清了该县水土流失、自然概貌和社会经济等方面的状况。编写 22 份专业考察报告和专题调查报告，在此基础上编制《兴国水土保持综合区划报告》，获 1981 年省农业自然资源调查与农业区划科技成果一等奖。

本月 自 1978 年 8 月贯彻全国第八次司法工作会议以来，南昌市中级人民法院和各区、县人民法院共复查各类案件 5462 起，对其中 797 起冤假错案做了平反和纠正，并做好善后工作。

本月 省委决定成立由省政府直接领导的江西省经济研究所。

本月 据统计，1960 年至 1980 年 7 月，井冈山共接待 131 个国家和地区海外游客 603 批、3680 人次，港澳台同胞 167 批、6685 人次，国内游客 316 万人次。

1980

8月

August

公元 1980 年 8 月							农历庚申年【猴】					
日	一	二	三	四	五	六	日	一	二	三	四	五	六
					1 建军节	**2** 廿二	**3** 廿三	**4** 廿四	**5** 廿五	**6** 廿六	**7** 立秋	**8** 廿八	**9** 廿九
10 三十	**11** 七月小	**12** 初二	**13** 初三	**14** 初四	**15** 初五	**16** 初六	**17** 初七	**18** 初八	**19** 初九	**20** 初十	**21** 十一	**22** 十二	**23** 处暑
24 十四	**25** 十五	**26** 十六	**27** 十七	**28** 十八	**29** 十九	**30** 二十	**31** 廿一					

1 日 为发挥江西省粮食优势，促进生产的进一步发展，把国民经济搞活，省政府决定对议价粮代储粮的运用采取三项措施：用 1 亿斤议价粮，交由省农委、省轻化工业厅负责，从 1981 年起，落实甘蔗种植面积，并与集中产区的县、社、队签订粮蔗互换合同，一定三年；用 1 亿斤议价粮交由省轻化工业厅负责，安排生产省内名酒 5000 万斤，以保证完成年 6 万吨饮料酒的生产计划；在完成国家粮食上调任务的前提下，报请国务院批准后，每年用 3 亿斤到 4 亿斤代储粮，向国家或以计划外出口的方式换取尿素，再以尿素向生产队换回粮食补充并增加代储粮，支持粮食生产。

4 日 省档案局统计，全省已有 88 个县级档案馆新建档案库房，占县级档案馆总数的 89%。

4 日 为进一步落实党的知识分子政策，充分调动科技人员为四化建设服务的积极性，省政府批转省科技干部局、省人事局、省劳动局、省公安厅、省粮食厅《关于解决科技和其他专业骨干人员夫妻分居两地问题的报告》。规定：科技、医务、教育等专业骨干人员优先照顾，其他人员

按加强基层、加强生产单位、加强边远地区的原则予以照顾。当前优先解决的范围是：工程师、农艺师、助理研究员、讲师、主治医生、会计师及中、小学特级教师以上的专业骨干和其他相当于上述职称的专业骨干人员，以及有重大发明创造或在科研上有特殊贡献，并经省以上科技部门认定，颁发了证书的人员。

6 日 英国前驻华大使艾惕思夫妇，自当日起至 17 日在南昌、景德镇参观访问。

7 日 省招生委员会在南昌召开高校招生录取工作会议。会议确定新生录取标准为：重点院校理科 373 分，文科 340 分；一般院校理科 355 分，文科 319 分。

7 日 江西省首家农民办的饭店——顺外饭店对外营业。该饭店由南昌市郊区顺外大队投资 140 万元建成，高 6 层，拥有 500 个床位。

7 日 省财政厅转发财政部、国家经委《关于征收国营工业交通企业固定资金占用费的暂行办法》。江西省开始在扩权试点企业中征收固定资金占用费。

7 日 景德镇陶瓷厂和陕西省建筑陶研所联

合设计研制的国内陶瓷行业的第一座压力式喷雾干燥塔试产成功。

7日 省高级人民法院和各中级人民法院共24人组成3个工作组，检查验收吉安市、吉安县、九江市、湖口县人民法院和景德镇市4个区人民法院复查纠正冤假错案的工作。检查工作于9月5日结束。

11日 江西省第一个县级档案行政管理机构——高安县档案局成立。

11日 省公安厅召开为期5天的专门会议，研究劳动教养场所的设置和经费分配问题。会议决定增扩两个省办教养所，在南昌和景德镇各开办一个教养所。

12日 江西钢厂50吨化铁炉建成投产。

14日 26岁的江西财经学院学生万新华，骑自行车自7月12日从南昌出发，途经南京、济南、北京、沈阳等地，历时31天半，即日到达哈尔滨，总计行程4333公里，平均每天130多公里，即日踏上返回江西的路程。历经皖、苏、鲁、冀、津、京、辽、吉、黑、沪、浙11个省市，行程6800公里的长途旅行后回南昌。

15日 新余县革委会发出《关于实施新余县城拆迁房屋征购补偿办法的暂行规定》。

16日 在最近结束的全国田径冠军赛中，江西省18岁的黄洛涛在男子1500米比赛中，以3分54秒的成绩获得冠军，在男子800米比赛中，获得第二名；黄云南以49秒1的成绩获男子400米第四名；谌欣以1分1秒9的成绩获女子400米栏第五名；于光以55.78米的成绩获链球第六名，得铜牌一枚（9月初，黄洛涛、于光赴日本参加中日田径对抗赛）。

17日 省计划生育委员会办公室召集各地、市、山和部分县计生办负责人汇报了江西省计划生育工作。省委书记马继孔、副省长许勤听取了汇报，强调计划生育第一位的问题是把人口出生率降下来。

18日 由全国文联和高等学校文艺理论研究会委托江西具体筹办的包括全国126所高等院校的教师，44个报刊、出版单位的编辑和部分理论研究工作者、批评家、作家，在庐山举行文艺理论学术讨论会。著名文学家陈荒煤、丁玲、吴强、王西彦、钱谷融、白桦等在大会上讲话或发言。

18日 省矿产储量委员会审查批准由省地质局九〇八队提交的龙南足洞大型重稀土矿地质勘探报告。

19日 省政府转发国务院批转财政部《关于财政监察工作的几项规定的通知》。要求各地、市、山和省直有关单位，继续抓紧建立健全财政监察机构，配备得力干部，查处打击报复财会人员的案件。

19日 美国乔治敦咨询公司董事长、美国华盛顿特区肯尼迪国际同仁会主席约瑟·肯尼迪，来赣进行为期4天的洽谈工作，商谈了关于建造旅馆和医院等事宜。

20日 省人事部门积极采取措施，解决干部夫妻分居两地问题。1980年以来，全省已有2000多名干部夫妻喜得团聚。在当前召开的全省跨地区夫妻分居干部调整会议上，确定解决310名干部的夫妻分居两地问题。

20日 江西省县级直接选举工作由点到面在全省陆续铺开。各级选举委员会根据《选举法》的精神，充分发扬民主，坚持群众路线，举能选贤，向群众宣布实行"四个坚持"，既严格要求了各级干部，又使群众监督了领导。

20日 巴基斯坦空军考察组一行6人，在南昌进行了为期半个月的考察，并游览庐山。考察组于9月6日离赣。

20日 省委在南昌市召开了地、市委工业书记会议，省委领导、各地市委工业书记以及省直有关部门的负责人参加了会议。会议要求解放思想、发挥优势、放宽政策、搞活经济。会议于24日结束。

21日 由省政协文史资料研究委员会编印的《江西文史资料选辑》第一、二辑，已由江西人民出版社出版，新华书店发行。第一辑包括曾山的《回忆赣西南苏维埃时期》，邵式平、汪金祥、胡德兰的《闽浙赣（赣东北）党史》，方志纯的《毛主席关怀赣东北》等10多万字的文章；第二辑包括王贤选和何斌的《刘少奇领导我们进行战斗》，张芳飞的《周总理和我们在一起》，李世璋的《关于北伐前后的国民革命军第六军》，徐树埔的《熊式辉踞赣十年的点滴见闻》以及唐志华的《我所知道的刘峙》。

21日 省委、省政府批转省农林垦殖厅《关于发挥我省林业优势，活跃山区经济几个问题的意见》。同意以县为单位，根据用材林蓄积量，由省将木竹生产计划一定数年不变；确定江西省年计划生产木材300万至350万立方米，其中200万立方米按平价购销，其余部分实行加价购销；在合理经营利用森林资源的前提下，社队完成国家木竹收购任务后，余下的木竹及其制品，经县林业主管部门批准，可以议价出售；简化木竹放行手续，废除中间经营环节，除产材县和省际交通要道设立必要的木竹检查站外，省内其他木竹检查站予以撤销；并规定对育苗、造林、木竹生产实行奖售和扶助政策。

22日 恢复高考制度后入学的江西省首批专科学生2590多人，日前进行毕业分配。这批学生是经过江西省统一文化考试，择优录取在省内师范专科学校、师范分院和医学专科学校的，学习的专业有中文、政治、历史、数学、物理、化学、外语、艺术、体育、医学等。毕业生一致表示，坚决服从国家分配，为社会主义四化建设贡献力量。

22日 冶金部第四冶金建设公司承建的贵溪电厂厂房破土动工。该工程为国家"六五"计划的重点工程，一期工程总概算为2.22亿元。江西省政府成立"贵溪电厂工程建设领导小组"。

22日 江西省五金矿产品进出口公司、星子县二轻供销经理部与日本荣井株式会社、三井物产株式会社签订花岗石补偿项目，日方提供采掘机、起吊机，中方用石料返还补偿，这是江西省第一个补偿贸易项目。

23日 原江西省政协副主席、省农工民主党代主委平戎，原省政协副主席、民盟中委、省民盟主委、省教育厅长许德瑗，原省政协常委兼副秘书长、民革中委、省民革副主委汤允夫，原省政协常委兼副秘书长、农工民主党中委、省农工民主党副主委兼秘书长胡家澹，原省政协常委、民革中委、省参事室副主任张岂庸等15位同志，因受林彪、"四人帮"迫害或因病于1966年至1974年间先后去世，这些同志的追悼会在省政协礼堂举行。江西省委书记、省政协副主席马继孔主持追悼会，省政协副主席赖绍尧、秘书长何恒分别致悼词。参加追悼会的有：省政协副主席钟平、谷霁光、潘式言、何世琨、沈翰卿、朱开铨、刘建华及省军区顾问胡定千，省政协、省委统战部、省各民主党派、省工商联的机关工作人员和有关部门的同志及15位同志的亲属、生前友好500多人。

24日 江西造船厂制造的两艘专用游船"庐山一号"、"庐山二号"竣工试航。两艘游船结构新颖，造型美观，舱位宽敞；杜绝了"三漏"（漏水、漏油、漏气）；船体总长30.8米，船身宽7米，吃水1.25米，平均船速为每小时18公里至20公里，可连续航行1000公里左右，抗风力6级；同时采用了先进的液压操纵舵机，驾驶灵活、轻便、可靠，在7秒内可由左满舵到右满舵，舱内备有使用液化气的厨房、餐厅、休息娱乐室（舞厅）、浴室、卫生间、电冰箱、电视机、收扩音机、落地电风扇、拼花照明灯；全船可载游客74人，另备海绵座折椅40把，可增载游客110余人。两艘游船现已交付省旅游管理局使用，可供外宾到九江、庐山、波阳、星子、湖口、彭泽等地旅游之用。

"庐山一号"、"庐山二号"在赣江试航

25日 贵溪冶炼厂在南昌举行方案最终设计会议。中、日、芬三方对部分引进设计签订了备忘录。

27日　省政府批准以省科委、省财政厅名义下达《江西省扩大科研所自主权》文件。

28日　省政府批转省二轻厅《关于加快发展二轻工业若干问题的试行规定》。要求各地、市、县二轻部门和街道办事处认真贯彻执行。

28日　南昌市工商行政管理局发出《关于重申商标使用问题的几项规定的通知》。

29日　根据国家人事局的统一部署，江西开始进行解决干部夫妻两地分居问题的调整摸底工作。

31日　利用普惠制扩大出口的工作从3月开始在省局所属各公司展开，至8月止已签发普惠制产地证明书15份，涉及7个给惠国，出口合同总值149694美元，其中绝大多数为瓷器出口。

本月　根据铁道部和最高人民检察院决定，成立全国铁路运输检察院南昌运输检察分院，下设南昌、鹰潭、福州铁路运输检察院。

本月　江西省金融学会成立。

本月　江西省建材科学研究所扩建为江西省建材科研设计院，以建材工业新产品、新技术、新设备开发研究为主，同时承担中小建材企业新建、改扩建工程及民用工程设计。科技人员增至131人。

本月　新建县璜溪垦殖场研制成功"太阳能和沼气综合利用干燥农副产品装置"，经鉴定处于国内领先地位，获江西省科技成果奖。

本月　国防科委表扬江西钢厂为我国洲际导弹发射成功所作出的贡献。

本月　南昌洪都机械厂开始《飞机飞行品质计算手册》的编写（1985年该手册获航空工业部科技成果一等奖）。

1980
9月
September

公元 1980 年 9 月							农历庚申年【猴】						
日	一	二	三	四	五	六	日	一	二	三	四	五	六
1 廿二	**2** 廿三	**3** 廿四	**4** 廿五	**5** 廿六	**6** 廿七	**7** 白露	**8** 廿九	**9** 八月大	**10** 初二	**11** 初三	**12** 初四	**13** 初五	
14 初六	**15** 初七	**16** 初八	**17** 初九	**18** 初十	**19** 十一	**20** 十二	**21** 十三	**22** 十四	**23** 秋分	**24** 十六	**25** 十七	**26** 十八	**27** 十九
28 二十	**29** 廿一	**30** 廿二											

1 日　江西盐矿 10 万吨真空制盐项目建成，投料试产成功。

1 日　江西钢厂第一套方坯（160 毫米 × 220 毫米）连铸机动工兴建，将于 1981 年 1 月 10 日建成投产（第二套连铸机于 1981 年 11 月 25 日建成，一次试车成功）。

2 日　横峰纺织器材厂生产的"工农牌 1511 型"自动换梭式压缩木梭首次获国家银质奖。

3 日　江西省建筑机械施工公司试制成功 240 吨米塔吊，并在省建一公司青山湖宾馆工地使用，为江西省高层建筑及重型构件的吊装填补了空白。

3 日　在杭州举行的上海、湖北、江西、西藏、浙江 5 单位田径投掷友谊赛中，江西运动员彭琴云以 15.11 米成绩打破女子少年铅球全国纪录。江西另一名男投掷运动员沈渭中在男子铁饼比赛中，投出了 50.68 米的好成绩，打破他自己 1979 年创造的江西省最高纪录。比赛于 6 日结束。

4 日　萍乡钢铁厂使用转炉吹氩冶炼"20 号"无缝钢管钢新工艺试验成功，为我国转炉生产"20 号"管坯钢提供了一套成熟的新工艺。

4 日　洪都钢厂线材车间大胆引进外省企业的先进技术并加以改进，试制成功江西第一台摇摆式冷床，取代了落后的简易式冷床。

4 日　一种不耗电、不耗油，只需用水力驱动的新型水泵——4SJ 水击泵，目前在江西赣州水泵厂研制成功。

4 日　赣州冶金机械修造厂用河沙代替石英沙用于精密铸造获得成功。

4 日　南昌铁路局发布《各级总工程师职责条例试行办法》，决定在二等站段以上的单位试行总工程师技术负责制。

5 日　景德镇艺术瓷厂生产的"福寿牌"粉彩瓷，具有工笔、没骨、写意、山水、人物、花鸟、走兽图案等形式和内容，每年可生产 130 多个品种，画面 1000 余幅，品种有餐具、茶具、酒具、各类大小花瓶、瓷板、坛罐等。艺术瓷厂的粉彩瓷在国际市场上具有很强的竞争力，销路广，换汇率高，平均每件换汇 2.55 美元，获国家金质奖。

5 日　由黎明制药厂生产的具有广谱抗菌消炎、获国家金质奖的新型磺胺药，由于质量优良，出口量增加，为国家创取了大量外汇收入。

6 日 英国费伦蒂公司一行 4 人来赣作为期 4 天的考察。

8 日 新建县大塘乡遭风暴及冰雹袭击,冰雹持续约二三分钟,毁坏房屋 30 余栋、学校及仓库各 1 座。

8 日 省地质局决定将九〇八队及九〇九队的地质调查力量划出,组成赣南地质调查大队;九〇八队、九〇九队成为探矿工程队。将于 1981 年 4 月改组到位。

10 日 首次在南昌市举行的 1980 年全国夏季游泳分区赛第二赛区,经过 5 天 10 场的争夺,于 14 日胜利结束。121 名男、女运动员为近 2 万名观众作了精彩表演。江西运动员获 4 枚金牌并破一批省纪录:江西新手唐加元夺得男子 200 米、400 米个人混合冠军,江西队进入男子 800 米、1500 米决赛的有 3 人次。这次比赛,江西省运动员有 9 人 24 次打破 12 项江西省少年纪录,8 人 19 次打破 10 项江西省纪录,1 人新创 1 项最好成绩,澳大利亚著名游泳教练卡莱尔夫观看了比赛,并向运动员、教练员讲授游泳技术课。

11 日 省政府办公厅批复同意省农林垦殖厅配备会计辅导员 50 名,属事业编制。

11 日 以省长白栋材为团长,吴平、王树衡为副团长的江西省经济友好访问团一行 10 人,应联邦德国黑森州政府和英国海外贸易局邀请,自即日起至 10 月 5 日先后访问联邦德国和英国,签订了 5 项经济技术合同和 13 项意向书。

12 日 江西电视台制作第一条广告片《江西材料半导体产品》。

13 日 江西省优秀运动员古芳远和国家另两名选手,组成中国代表队,参加第二十届瑞士"环曼底竞走"国际比赛,以 80 小时 31 分 43 秒的成绩,获得团体亚军。

13 日 省税务局根据省财政厅对革命老根据地放宽税收政策的文件精神发出通知,对全省 48 个重点老区县中的经济特困区放宽税收政策的问题,提出了具体贯彻的意见。

15 日 省政府批复同意省公安厅建立公安通信网(1982 年 7 月底第一期工程竣工。同年 9 月 1 日,江西省公安厅至各地、市公安处、局正式开通长途电话、会议电话和电传电报 3 项通信业务。至 1984 年,相继开通至县一级公安机关)。

17 日 余江县最近发现一座储藏古铜钱的大地窖,储钱总重量为 5 万多斤。经有关部门鉴定,地窖内有汉、晋、唐、宋、元、明、清历代古铜钱 50 多种。年代最早的是两千年前的汉代"五铢钱",年代最晚的是清代乾隆年间的"乾隆通宝",这些古铜钱的发现,对于充实我国历代货币的品种,以及研究货币的演变和流通,提供了宝贵的实物证据。

17 日 全省刑事检察工作会议召开。会议部署刑法、刑事诉讼法实施后刑事检察工作任务,讨论研究具体措施。最高检察院刑事检察厅副厅长冯锦汶到会讲话。会议于 26 日结束。

18 日 九江炼油厂首批原油 1.8 万吨,已通过炼油厂码头和输油管道顺利进入原油罐区;动力站 1.2 万千瓦的一号发电机组已发电并网,经过 72 小时试转,情况良好,已交付使用。当前,全厂已实现了"五通":水通、电通、汽通、油通、风通,主要建设工程已处于竣工、试车阶段。一座联合常减压生产装置已经建成,

省长白栋材率领江西省经济友好访问团应邀访问联邦德国黑森州和英国

生产准备工作基本就绪，正在进行水联运试车，即将投产出油。

18 日 省政府批转省司法厅《关于贯彻执行国务院国发（1980）190 号文件，迅速建立各地区和各市、县司法行政机构的报告》。要求各地迅速建立各地区和各市、县司法行政机构，抓紧配备律师和建立律师组织，尽快设立市和重点县的公证处，积极配备人民公社司法助理员。

18 日 省卫生厅召开座谈会，讨论如何发挥省医学科研优势，确定研究的主攻方向。专家建议：从江西省实际出发，在主攻肿瘤、心血管疾病等常见病、多发病研究的同时，还应把中草药的研究和脉图学等中西医结合研究列为医药科研的重点项目。

18 日 在北京召开的全国乳品质量评比会上，江西省畜牧良种场乳品厂生产的英雄牌奶粉，被评为特级产品。

20 日 省、市机关在八一礼堂举行报告大会，传达五届全国人大三次会议精神。报告大会由省委书记、省人大常委会主任、江西省出席五届全国人大三次会议代表团团长杨尚奎主持，出席大会的有省、市机关干部共 2500 余人。代表团副团长王实先受代表团委托作传达报告。

20 日 副省长梁凯轩率领省经济贸易代表团一行 6 人，应邀前往新加坡作为期 10 天的友好访问，并到香港访问 3 天。

21 日 1980 年全国皮划艇锦标赛在武汉结束。江西省运动员徐伟夫获得男子 1000 米单人皮艇的铜牌。另外，还获得男子双人皮艇 500 米和 1000 米的第四名，男子双人划艇 10000 米第七名和全能第九名。

21 日 全省国营垦殖场参加全国农垦农工商联合企业产品展销会的产品共 200 多种。主要有：茉莉花茶、皮蛋、板鸭、蜂蜜、武山鸡、黄花菜、银耳、各种罐头、葡萄糖、茶砖、柑橘、粮制白酒、香槟酒、清泉酒、蜂蜜酒、灵芝酒、益寿酒、香美酒、金樱酒、滨湖大曲、花生酥心糖、奶油花生半硬糖、奶油蛋白糖、可可夹心糖、雪花软糖、酱油、米醋、粉丝、粉皮、粉子、米粉、腐竹、开司米毛线、膨体毛线、羊毛长毛绒真丝被面、各种羽绒制品、当归精、火柴、各式凉鞋、焰火、松香、松节油、活性炭、安乐椅、胶合板、花杆、圆椅、烫斗、草编工艺品、安全锁、万能手术台、木竹制工艺品、纺织器材、木沙发、大小折椅、竹木两用椅、高低床、竹木用雕刻工艺品、天竹筷、天竹门帘、竹门窗帘、各种木器家具等农林牧产品和工业产品。各地、市农垦部门和各国营垦殖场正在把这批产品的样品与部分产品运往北京，参加即将开幕的全国农垦农工商联合企业产品展销会。

21 日 上饶地区劳动局坚决维护党的劳动政策的严肃性，对德兴县劳动局、乐平县复员退伍军人安置领导小组、安置办公室的少数干部利用职权，弄虚作假，以"招工"、"复工复职"的名义安排自己和部分领导干部子女、亲属到矿山、工厂、医院工作的非法行为进行了检查，目前已清退非法的安插人员。维护了党的威望，受到干部群众的拥护与赞扬。

21 日 鸣山煤矿青年电工甘卫华和他的革新小组根据生产需要，在 6 年内研制成功了电缆探伤器、可控硅调速绕线机、晶体管人车讯号机、快速充电器等 11 项革新成果，为矿山现代化建设作出了贡献。先后被评为矿、局、地区的革新能手和学雷锋积极分子，1979 年还被团中央授予"新长征突击手"光荣称号。

22 日 根据省委领导指示，省委组织部、省人事局从应届大专、中专毕业生中挑选了 194 位政治表现好，学习成绩优秀，身体健康，有培养前途的优秀毕业生到县以下基层单位培养锻炼。

22 日 省政府环境保护办公室下文执行《环境监测标准分析方法（试行）》。

23 日 省妇联发出认真学习、积极宣传和执行新婚姻法的通知。

24 日 省委、省政府召开全省农业工作会议。要求全省各级领导和广大农村干部解放思想，放宽政策，充分利用和发挥江西的优势，依靠集体经济，加快农业发展的步伐，使江西农村尽快地富裕起来。

24 日 瑞金县公安局副教导员温贺元，26

年如一日，为维护社会治安、保卫人民的生命财产，勤勤恳恳，无私无畏。他曾 19 次出席省、地、县先进集体和先进工作者代表大会，被评为江西省劳动模范，荣获"模范公安干部"称号。1980 年 4 月，他又光荣出席了"全国公安战线先进集体、先进工作者表彰大会"，公安部给他记了一等功。

24 日 为加强江西农村人民公社经营管理工作，省人事局目前会同省农委、农业厅、劳动局、财政厅从已在公社经营管理工作岗位的非在职干部，优秀的大、小队干部，真正安心农村工作的上山下乡知识青年和军队转业干部中选拔录用 1500 人从事人民公社经营管理工作。

25 日 萍乡市上栗镇出口烟花厂生产的"菊盘花"和桐木公社出口烟花厂生产的"火炬花"，被国际烟花协会分别认定为优质品和一等品。此外，萍乡市芦溪镇出口烟花厂生产的"八发孙悟空"、"喷泉"等产品在 1980 年 7 月江西省出口烟花评比会上被评为省优质品，并被推荐参加全国出口烟花评比会。

25 日 省政协在中山堂举行报告大会，传达五届全国政协二次会议精神。参加大会的有在南昌的省政协常委和委员，省各民主党派、人民团体负责人，南昌市政协委员及各界人士共 800 余人。省政协秘书长何恒作传达报告。

25 日 以中共中央委员、江西省委第一书记江渭清为团长，河南省委书记张树德为副团长的党的工作者友好访问团一行 11 人，乘飞机离开北京前往罗马尼亚进行友好访问。

25 日 永平铜矿采矿硐室大爆破发生一起死亡 8 人的特大事故。

25 日 省政府召开司法行政工作座谈会。部署筹建全省各级司法行政机构等工作。

26 日 省委向各级党组织发出通知，要求认真组织党团员和各级干部学习、宣传、贯彻《中共中央关于控制我国人口增长问题致全体共产党员、共青团员的公开信》，要求党团员和各级干部响应党中央的号召，一对夫妇只生一个孩子。

27 日 鹰潭铁路 35 千伏变电站投入运行，

扭转了鹰潭枢纽站供电不足的局面。该站电力设备由铁道部第三勘测设计院与南昌铁路局鹰潭水电段共同承担设计，鹰潭水电段施工，在全路首先采用晶体管集中控制四合一成套装置和载波通讯方式。

28 日 新余钢铁厂为宝山钢铁总厂配套的中炭锰铁工程动工兴建（1982 年 4 月，两座 6 吨纯氧顶吹转炉建成，5 月 5 日，3200 立方米制氧机开始出氧，1 号转炉用高炉铁水热装试炼钢。1985 年 6 月 30 日，完成转炉扩容工程，由 6 吨扩大为 9 吨）。

28 日 日本著名陶瓷考古学家三上次男，率日本古陶瓷研究团一行 33 人，自即日起至 30 日抵景德镇市游览考察古瓷，并同专家刘新园就影青刻花瓷的制造年代进行研究。

29 日 南昌市青山湖电力排涝站动工兴建，装机容量 4000 千瓦，配有 5 台机组，排水能力 40 立方米/秒，可基本解决城区 52 平方公里的内涝问题（1981 年 4 月 15 日开机排水，9 月 12 日全部竣工）。

30 日 江西省地震学会召开成立大会。会上通过了江西省地震学会章程，宣读交流了学术论文，民主选举产生了第一届理事会。

30 日 省防疫站制定《江西省中、小学生视力监测实施方案》，并组织医务人员对江西省中、小学生进行视力监测。

本月 全省境内发现霍乱散发病例（11 月，南昌铁路中心卫生防疫站抽调 11 名卫生人员随车对 177/178 次（南昌—上海）、202/201 次（南昌—福州）旅客列车实行交通检疫）。

本月 省政府召开社队企业生产电话会议，要求各地放宽政策，广开门路，把社队企业搞活。允许社队举办饮食、旅馆等服务性行业；允许公社设立社队企业供销经营部、门市部，经营社队企业的产品及生产队完成国家计划外的产品。

本月 纺织工业部在新余纺织厂召开全国棉帘子布首届操作运动会。新余纺织厂获团体总分第一名，个人全能两个第三名，个人单项第一名和第四名的好成绩。

本月 全国气象科普工作会议在杭州召开。

江西省气象局科技处会员小组被评为全国气象系统科普先进集体,省气象局熊第恕、李一苏、南昌十六中教师邓重涤被评为全国气象系统科普创作先进个人。

本月 省建工局转发国家计委、建委、财政部、劳动总局、物资总局联合发出《关于扩大国营施工企业经营管理自主权有关问题的暂行规定》。其内容为:(一)扩大企业生产经营自主权,在保证完成国家下达任务的前提下可以承揽任务;(二)按照人、财、物统一的原则逐步由施工单位包工包料;(三)自1980年起按工程预算成本2.5%恢复法定利润;(四)实行降低成本留成,50%上缴财政,50%留给企业;(五)技术装备费改由施工单位按预算成本3%计取;(六)大型临时设施费和材料实行包干;(七)企业可以通过劳动部门直接招收临时工;(八)除国家有明文规定外任何单位不得向企业摊派。

本月 省有色冶金研究所、省机械科研所等合作的"利用本省资源研究重稀土硅铁合金及其应用"项目通过省级鉴定。该项目利用重稀土硅铁合金作球化剂改善和提高球墨铸铁质量,获1980年省科技成果二等奖。

本月 江西人民出版社与广东人民出版社、湖南人民出版社、湖北人民出版社联合发起召开的出版社自办发行问题研讨会在庐山召开。河南、广西、黑龙江、北京、江苏各省市出版社闻讯参加了研讨会。

本月 全省各级人民法院大规模地复查"文化大革命"期间判处的刑事案件工作基本结束。

本月 江西省文艺学校电影轮训部单独建制,定名江西省电影学校,直属省文化局领导,校址设在石岗镇。

1980

10月

October

公元 1980 年 10 月							农历庚申年【猴】					
日	一	二	三	四	五	六	日	一	二	三	四	五	六
			1 国庆节	**2** 廿四	**3** 廿五	**4** 廿六	**5** 廿七	**6** 廿八	**7** 廿九	**8** 寒露	**9** 九月大	**10** 初二	**11** 初三
12 初四	**13** 初五	**14** 初六	**15** 初七	**16** 初八	**17** 重阳节	**18** 初十	**19** 十一	**20** 十二	**21** 十三	**22** 十四	**23** 霜降	**24** 十六	**25** 十七
26 十八	**27** 十九	**28** 二十	**29** 廿一	**30** 廿二	**31** 廿三							

1 日　由重庆、合肥、遵义、九江 4 市联合筹办的摄影艺术展览，自即日起至 20 日在九江市举行。展览会共展出 4 个市的专业、业余摄影工作者创作的作品 200 幅，其中绝大部分是彩色艺术照片。

1 日　经省委批准，《修水报》于 10 月 1 日正式复刊。《修水报》是修水县委机关报，创刊于 1956 年，1966 年被迫停刊。

2 日　南昌机场新建候机大楼胜利竣工，交付使用。这座候机大楼是国内机场中别具一格的庭园式建筑。楼前 1.8 万平方米的停机坪，可同时停放 4 架波音飞机。

4 日　江西省哲学学会在南昌召开成立大会，李克担任会长。会议于 7 日结束。

5 日　贵溪县龙虎山下泸溪河畔的仙水岩上有 100 多个洞穴，经江西省考古队和贵溪县文物部门发掘，国家有关部门鉴定，这些洞穴都是战国时期（前 476～前 221）的岩墓。已清理的 4 个洞穴、13 座岩墓、37 具棺木中，发现陶器、原始青瓷、木器、竹器、麻布、丝织品、木剑等 200 件殉葬品。其中以古琴最引人注目，此琴用木雕成，呈鱼尾形，有两排扭弦的小孔，一排 7 孔，一排 6 孔，距今约有 2200 年至 2400 年，是我国当前发现的最早的古琴。

5 日　全国航海模型分项比赛自即日起至 9 日在广州举行。江西选手邓黔生两次破世界纪录，傅炳资夺得一项冠军。

5 日　全国农垦农工商联合企业产品首次展销会在北京展出，江西省参展产品共 48 类，485 个品种。

6 日　民兵高炮团反空袭作战现场观摩会在南昌举行，为战时城市反空袭作战提供经验。这次反空袭演习，是由省军区、南昌警备区组织的。

7 日　江西省首台微型计算机（型号：江西 801、其 CPU 为 Intel8080A）在抚州无线电三厂通过省级鉴定。该机仅制作 5 台，未投入批量生产。

7 日　省委在南昌召开了全省劳动就业会议。会议根据党中央确定的方针，结合江西实际提出力争在两年内基本解决城镇劳动待业问题。会议于 13 日结束。

8 日　省委常委会讨论省外贸体制改革问题，同意成立江西省对外贸易总公司，与省外贸局合署办公，两块牌子，一套人马。同时决定江西省从1981年开始全部接办进出口业务，实行独立核算，自负盈亏，财务隶属财政厅，并对机构设置与人员编制作了相应规定。

8日 水利部、省政府同意以江西水利水电学校大专班人员为基础，设立江西工学院水利分院。

9日 省教育厅召开江西省师范教育、重点中学工作会议。会议于16日结束。

9日 南方14省（区）马尾松种源试验协作会议在吉安召开。这是解放以来我国规模最大的一次马尾松科技盛会。会议于15日结束。

10日 贵溪信江大桥竣工通车，该桥长1182.4米，宽16.1米，投资433万元。

贵溪县信江大桥

10日 省政府办公厅通知：第四十一次省长办公会议同意设立江西省人民警察学校。

10日 应江西财院邀请，中国人民大学副教授、《中国商业企业管理学》主编夏光仁，中国人民大学副教授、《中国商业经济管理学》主编汪洋，来江西省分别作了《商业体制改革》和《商业管理现代化》的学术报告。

11日 省政府通知各地，继续深入宣传贯彻国务院《水产资源繁殖保护条例》和《江西省水产资源繁殖保护实施细则》。江、河、湖、港均为国家所有，统一管理使用，任何地区和单位均不得割据占有，限制渔民捕鱼生产；严控禁港和堑湖，维护湖区社会治安；水产、商业部门及时供应捕捞物资，增设收购点，执行鱼价政策，收购鱼货。

11日 日本广播协会以首席制片人小林徹

为首的摄影队一行4人，自即日起至25日到景德镇拍摄电视片。

12日 宁都县东韶公社琳池大队社员李厚信等在取土建房时，发掘出古代铜钱71斤。经过清理，全部铜钱共7516枚，其中有汉、唐、北宋、南宋、金的各种铜币93种。

13日 为期4天的1980年全国田径锦标赛在武汉结束。江西省田径健儿共打破两项全国纪录，刷新两项省纪录。邱世永破20公里竞走全国纪录，彭琴云打破铅球最高纪录，获第三名；胡钢获链球第二名；黄勇获跳远第三名；熊小文获马拉松第三名。

14日 省政府根据国务院有关规定，正式批准开办6所职工高等学校。至此，连同三机部批准所属的洪都机械厂工学院在内，江西省共有7所经过正式批准的职工高等学校。这次被批准的6所职工高等学校是：江西省机械厅职工大学、景德镇陶瓷公司职工大学、江西棉纺织印染厂职工大学、萍乡煤矿职工大学、新余钢铁厂职工大学、人民机械厂职工大学。

14日 省政府、省军区联合召开江西省军事设施安全保密工作座谈会。

14日 江西省科协邀请省内自然科学专家，给省委常委、副省长、人大副主任以上的党、政、军领导干部讲授科学技术课，每月两次，共讲6个课题。历时两个多月，至12月26日结束。

15日 湾里区委决定：分别给予南昌标准件六厂违反国家财经纪律，借出差之际，游山玩水的两位党员干部党内严重警告、党内警告处分；并将两人已报销的旅差费全部退回，并将此事通报全区。

15日 根据中共中央中发（1980）60号文件精神，江西省"两会"（民主建国会、工商联合会）开始进行"两会"委员中曾被划为"右派"的改正工作。

15日 九江炼油厂常减压装置已试车13天，加工原油6万吨，整个常减压装置运转正常。

16日 省人事局最近转发国家人事局《关于贯彻执行〈国务院关于国家行政机关工作人员奖惩

暂行规定〉的通知》。重申1957年10月颁布的《奖惩暂行规定》仍然适用，并要求认真贯彻执行。

17日 江西省历史学会代表大会在南昌召开，选举产生了由41人组成的学会理事会，谷霁光为学会主席团主席。会议于21日结束。

18日 南昌铁路局副总工程师李忠显参加中国铁路代表团，参观访问了日本东京国铁和加拿大的温哥华、埃德蒙顿、温尼伯、蒙特利尔、渥太华、多伦多等处运输设施、机车车辆工厂、铁路技术人员培训中心等。又参加中国铁道学会代表团前往美国考察铁路现代化管理，包括电子计算机系统、科研中心、现代化装卸设施、养路机械化等，共考察了华盛顿、纽约、旧金山等16个城市的铁路（12月回国后，在南昌作学术考察报告）。

19日 在1980年全国少年射击通讯赛中，江西省体校学生杨长春以264环获男子手枪30发慢射第一名；赣州汽车运输局子弟学校学生刘人青以559环获女子小口径标准步枪3×20第二名；江西省体校学生刘干平以365环获男子汽步枪10+40第三名；南昌八中学生周荣华以362环获女子汽步枪10+40第六名。

19日 南昌市郊区湖坊公社顺外大队实行农村劳保制度，男社员65岁、女社员60岁可以按月领退休金，已办退休138人。

20日 省政府印发《江西省食品卫生管理条例实施细则》等5个关于食品卫生管理办法的通知。

21日 省委召开第一次青少年教育工作会议。会议历时8天，总结交流了经验，分析了当前青少年的思想状况及其特点，研究和部署了今后的任务。

21日 省委召开江西省宣传工作会议。根据中央宣传工作会议精神，总结了党的十一届三中全会以来的工作，研究了新时期的新情况、新问题，部署了今冬明春的任务。会议强调，在新的历史时期里，在四化建设中，加强思想教育仍然是团结全党进行伟大斗争的中心环节，因此各级党委必须加强对宣传工作的领导，认真总结近几年来的宣传工作经验，进一步做好思想政治工作，保证四化建设的顺利进行和各项工作任务的

完成。会议于28日结束。

21日 省五届人大五次会议在南昌举行。会议审议通过《关于贯彻执行新〈婚姻法〉的决定》、《关于贯彻执行〈环境保护法（试行）〉的决定》。审议通过有关人事任免名单。会议结束时，杨尚奎讲了话。会议于26日结束。

22日 省政府批转省建委、省爱国卫生运动委员会、省卫生厅《关于加强江西省城市环境卫生工作的请示报告》。

23日 修水县工艺美术厂生产的木梳，近年来远销美、英、法、日本、荷兰等国，出口数量达35万多把。

25日 在江西省政法干部学校尚未正式建立之前，省司法厅决定，采取巡回训练的办法，在宜春地区举办江西省第一期司法干部巡回训练班，培训司法、检察、法院干部共120人。

25日 江西工学院化工系研制成功新型教学用笔——白板教学笔及彩色墨水。

26日 省政府在南昌召开了全省托幼工作先进集体和先进工作者代表会议。会议表彰了132个托幼工作先进单位和183名先进工作者。这是建国以来第一次全省性的托幼工作先代会。会议于29日结束。

27日 在山西太原召开的第一届全国医药卫生科普大会上，江西省儿童医院集体编写、江西人民出版社出版的《儿童健康问答》，被评为优秀医药卫生科普书籍。

27日 江西省科学社会主义学会在南昌举行成立大会，参加会议的代表128人。大会选举产生了学会第一届理事会，马继孔为会长，孙殿甲为常务副会长。大会于29日结束。

28日 南昌在原二十二中旧址新建南昌市实验中学。

29日 九江县永安公社幸福大队农民技术员张才东，种植杂交棉59亩，共收皮棉12120斤，平均亩产205.4斤，其中二级以上优质棉占70%多。

29日 共青团中央、煤炭工业部表彰实现"双上纲要"的青年掘进队。江西9个队榜上有名，其中萍乡矿务局6个，乐平矿务局2个，丰城矿务局1个。

30日 新余县革委会发出《关于严格遵循基建程序,严禁计划外基建的通知》。

31日 江西省机械科研所和江西轴承厂共同研制成功的钨重稀土合金铸铁光球板,通过技术鉴定。

31日 德意志联邦共和国黑森州州长兼经济技术部部长卡里率领的黑森州经济代表团17人结束对江西的访问。代表团参观江西棉纺织印染厂、手扶拖拉机厂、工艺美术馆和文物商店。在访问期间,同江西省贸易、企业界就江西省经济友好访问团访问黑森州时开始洽谈的贸易往来和企业合作等事项,继续进行了协商,并就双方感兴趣的其他经济贸易往来和企业合作等事项,继续进行了洽谈,并签订了5项贸易和企业合作的合同,13项协议书、意愿书等。

31日 德意志联邦共和国DFG公司总经理布斯克(Buske)、电话电讯设备公司瓦斯纳(Wassner)考察了江西八一无线电厂、庐山电子仪器厂等4个企业,并就技术合作事宜进行了洽谈。

本月 江西省食品科学技术学会成立。

本月 南昌市革委会批准成立南昌市环境保护办公室排污监理所。这是江西省第一家,也是全国成立较早的专职排污收费机构。

本月 江西省农村在中共中央《关于进一步加强和完善农业生产责任制几个问题》的通知下达后,逐步推行专业承包、联产计酬责任制。

本月 根据国家计委和经委《关于逐步建立综合能耗考核制度的通知》,江西省机械厅确定从1981年起在南昌柴油机厂、南昌齿轮厂进行试点。

本月 南昌市框架轻板建筑住宅楼动工。共建3幢,位于贤士路5号。由工厂预制复合轻质板(粉煤灰加气块),预制空心柱(外方内圆)现场吊装而成。南昌市建筑设计院工程师刘义设计,市第三建筑工程公司施工。此预制品属省内首创。

本月 江西省机械施工公司刘荆琨等人试制成功江西省第一台240－TM－QT－10A型自升式起重机(省建筑工程总公司于1984年1月24日组织该项目的技术鉴定,经江西工学院检验测试和南昌市工人文化宫科技大楼等3项工程吊装一万余吨实践考核,证明塔机达到了原设计要求,填补了省内高层建筑吊装机械的空白,1984年获省政府科技成果四等奖)。

本月 省出版局在南昌县召开全省农村图书发行工作会议,表彰1979年度书店系统"红旗单位"、"先进单位"、"先进集体"、"工作标兵"、"先进工作者"。副省长许勤到会授奖。

本月 省出版局、省公安厅、省财政厅、省工商管理局、省教育厅、省文化厅、省轻化厅、中国人民银行江西省分行按国务院批转的《关于制止滥编滥印书刊和加强出版管理工作的报告》精神,联文通知制止"不少非出版单位滥编滥印成风,质量低劣"现象。

本月 江西省文物工作队对吉州窑遗址的一处窑床和一处作坊进行发掘,出土各类瓷器和窑工具达4503件。据推断,吉州窑兴起于晚唐,全盛于宋代,至元代末期终止。

吉州窑出土的褐釉剔花瓷炉

本月 省教育厅机关刊物《江西教育》复刊。

本月 省政府在上高县召开了普及小学教育经验交流会。

本月 南昌硬质合金厂仲钨酸铵工程开始建设(1981年3月试车投产,首次生产的纯三氧化钨直接出口英、美、瑞典等国)。

本月 南昌铁路科研所工程师黄秋俚研制的"新型橡胶轨枕垫"项目,经南昌铁路局技术鉴定通过。在1981年获江西省科技成果四等奖。该成果又经铁道部工业产品检测中心的检测,获铁道部颁发的生产特许证。在上海、广州铁路局(七省一市)的铁路线上广泛使用。

本月 南昌市邮政局全面质量管理委员会成立。

1980

11月
November

公元 1980 年 11 月							农历庚申年【猴】						
日	一	二	三	四	五	六	日	一	二	三	四	五	六
						1 廿四	2 廿五	3 廿六	4 廿七	5 廿八	6 廿九	7 立冬	8 十月小
9 初二	10 初三	11 初四	12 初五	13 初六	14 初七	15 初八	16 初九	17 初十	18 十一	19 十二	20 十三	21 十四	22 小雪
23 十六	24 十七	25 十八	26 十九	27 二十	28 廿一	29 廿二	30 廿三						

1 日　省机械厅、省物价局转发农机部、国家物价总局《关于部分农机产品试行浮动价格的通知》。《通知》指出，由农机部管理的 4 种产品（手扶拖拉机、小型柴油机、小型汽油机、手动喷雾器）试行浮动价格后，地方管理的机耕船、机动喷雾器、机动和人力脱粒机相应试行浮动价格，在规定幅度内企业自行确定上下浮动出厂价格，从当日起执行（随后农机部又发出补充通知，增加了丰收 - 27 等 6 种拖拉机，规定上浮不得超过 10% ~ 15%，下浮不限）。

2 日　1980 年全国足球分区赛厦门赛区的比赛结束，江西足球队以 8 赛 3 胜 5 平的成绩夺得冠军，并晋升为乙级队。

3 日　国家工商行政管理总局在北京召开的颁发《国家著名商标证书》大会上，给 139 个工业企业和 129 种优质产品的商标颁发了《国家著名商标证书》。其中有景德镇人民瓷厂的"长春"牌春花瓷碗，景德镇建国瓷厂的"珠光"牌高温色釉陈设瓷。

3 日　国家计划委员会、国家经济委员会和国家能源委员会，授予 26 个企业"1980 年全国节能先进企业"的称号。江西受表扬的单位有江西新余钢铁厂。

3 日　省人事局通过考试，从 1976 年、1977 年江西共产主义劳动大学总校"社来社去"的毕业生中录用 740 人为国家干部。

5 日　省政府在靖安县召开了重点县林业会议。强调依法治林，采取有力措施，坚决制止乱砍滥伐，努力完成今冬明春的造林任务。

5 日　在全国铁路劳动模范和先进集体代表会议上，萍乡机务段司机长喻尊尧被授予"全国铁路劳动模范"称号；向塘机务 KD7560 号机车组被授予"全国铁路先进集体"称号。

6 日　以新加坡共和国国家发展部政务次长李玉胜为团长的新加坡贸易代表团一行 15 人访问江西。在为期 4 天的访问中，省外贸局与代表团进行了会谈，双方表达了加强经济合作、扩大贸易往来的愿望。

6 日　日本荣林交易株式会社社长小林荣治一行 4 人，来赣洽谈贸易。洽谈会于 10 日结束。

7 日　省政府批准省人事局、省计委、省外办、省教育厅、省科干局《关于做好外语人员调整、使用工作和闲散在社会上科学技术人员安排使用意见的报告》，开始择优录用闲散在社会上的外语人员、科技人员的工作。

7日　省政府召开了第一次地名工作会议。会议传达了全国第二次地名工作会议精神，审议了江西省《地名工作十年规划（草案）》和《地名管理暂行办法（草案）》，研究讨论了江西省地名普查工作的任务。会议于10日结束。

7日　省文化局在南昌市举办江西省戏曲教学汇报演出大会。共演出八场，近30个剧目。800余人出席了开幕式。演出大会于17日结束。

8日　由法国蓬皮杜文化中心组织的《法国现代画家埃利翁作品展览》，继在北京、上海两大城市展出之后，当日起在南昌展出。法国蓬皮杜文化中心、国家现代艺术馆专员达尼埃尔·阿巴蒂参加开幕式。这次展览共展出埃利翁从1929年到1980年的180多幅作品。展览于11月20日结束。

10日　省汽车工业公司筹备组与省汽车配件公司合并，成立江西省汽车工业公司，隶属省机械厅，统一管理汽车生产与销售。

10日　省司法厅、省财政厅转发司法部、财政部《关于司法业务费用开支范围的规定的联合通知》。确定各地司法部门的诉讼费、公证费、律师费收入，3年内可不上缴财政，交由司法行政部门统一管理，用于解决司法业务某些急需解决的困难。

11日　省政府发文，对铜基地建设涉及地方有关征用土地、物资供应、供电、交通运输、商业体制及商品供应等几个问题作了批复。

11日　省委发出《关于加强青少年教育工作的通知》。

12日　省财政厅、省教育厅发出《关于实行新财政体制的教育经费安排问题的意见》。

13日　省妇联执委扩大会议在南昌召开，会上提出宣传贯彻新《婚姻法》的意见。会议于19日结束。

14日　江西省拖拉机公司与省农机公司合并，改称江西省农机工业公司，统一管理农机产品的生产和销售，隶属省机械厅。

14日　民盟江西省委会同省历史学会、经济学会在南昌市中山堂联合举行学术报告会，谷霁光作题为《我国十一世纪的改革家——王安石》的报告。历史、经济工作者和干部100余人听讲。

15日　省技术职称评定委员会最近进行了第一批高级职称的考核评审工作，评出高级职称233人。

17日　省政协第四届委员会举办报告会，四届省政协常务委员、省妇联主任朱旦华作关于中国妇女代表团访问日本的报告。

19日　向塘站客运服务员黄继忠在候车室检查易燃易爆危险品时，查获未遂爆炸案件1起（12月4日，南昌铁路局给黄继忠记二等功。12月6日，铁道部给予黄继忠通报表扬）。

20日　省政府通知，江西共产主义劳动大学改为江西农业大学。这所学校是江西省一所综合性的农业大学，承担江西省高级农业技术人才的培养任务。为了适应农业现代化建设的需要，该校已改变了原来的办学宗旨和办学形式，按照全国普通高等农林院校统一的教学计划和教学大纲进行教学。农、林、牧、农机各专业的学制均为4年。

20日　全省蔬菜工作会议在南昌市召开。研究进一步搞好城市、工矿蔬菜工作。会议于24日结束。

24日　省司法厅分别委托南昌市中级人民法院、抚州地区和上饶地区司法局举办干部巡回训练班，培训司法人员、律师和司法行政干部共433名。

24日　江西省科学技术协会第二次代表大会在南昌开幕。这次大会是江西省科技界承前启后、继往开来的一次具有历史意义的盛会。出席

江西省科学技术协会第二次代表大会

大会的 900 多名代表中，来自江西省各条战线的科技工作者和科学教育工作者占 78% 以上，其中副教授、副研究员、高级工程师以上的高级科技人员 159 人，江西省较有名望和有成就的科学家出席了大会。会议选举产生了省科协第二届委员会主席、副主席、常务委员名单，郭庆荣当选为省科协主席。大会于 29 日结束。

25 日 南昌市青山路立交桥开工兴建，1981 年 9 月 15 日竣工通车。在施工过程中，首次运用预制桥面板新方法。该桥系公路上行立交桥，长 760 米，宽 24 米，高 6 米，跨径 20.5 米，投资 383.6 万元。

26 日 省政府转发财政部文件，自当年 10 月 1 日起，集体商业改按税率较低的集体手工业 8 级超额累进税率计征工商所得税，不再执行 1963 年规定的税率较高的 9 级超额累进税率。

26 日 新华社报道，江西省在庐山、井冈山、九连山、武夷山、九宫山建立 5 个自然保护区。在这 5 个保护区内，野生动植物资源很丰富，而且不少是稀有珍贵的品种，如南方铁杉、红豆杉、竹柏杉、棱木、杏果树、黄杉、观光木、半枫荷；云豹、苏门羚、白鹇、水鹿、鹰龟、棘胸蛙、大鲵、蝶蜓、划鹛等，有些是属于国家重点保护的珍贵稀有动物植物的种源。这 5 个区域分布在不同纬度，基本上代表了江西省的自然景观。

江西省武夷山自然保护区内的南方铁杉天然群落

28 日 国民党元老李烈钧将军和夫人华世琦女士合葬陵墓在武宁县落成，并举行合葬仪式。省、地、县有关部门派代表吊唁并赠送了花圈。李烈钧将军是江西省武宁县人，早年追随孙中山，在日本加入同盟会，参加过辛亥革命、讨袁、北伐战争等一系列革命活动，先后担任过苏皖粤鄂赣 5 省联军总司令，北伐军滇黔赣联军总指挥，孙中山大元帅府参谋总长，国民党中央执行委员和国民政府常委兼军事委员会常委等职。"九一八"事变后，李烈钧坚持抗日主张，为中国人民作出了有益的贡献。1946 年 2 月李烈钧在重庆病故，周恩来、董必武等曾代表中共中央前往吊唁。根据李烈钧先前嘱咐，其灵柩当时就运回家乡安葬。李烈钧夫人华世琦女士于 1975 年在上海病故。根据华世琦生前遗愿和李烈钧子女的要求，将李烈钧夫妇迁墓合葬。

28 日 《江西广播电视报》复刊，每周 1 期，4 开 4 版。

29 日 高安县博物馆馆长刘裕黑等人在一个扩建施工工程中，发现一座元代大型窖藏，出土了一批瓷器和一部分铜铁器，其中 23 件青花、釉里红瓷器是国内外罕见的珍品。这批瓷器的发现，为研究我国陶瓷史和陶瓷贸易史，特别是研究元青花、釉里红瓷的生产增添了非常可贵的实物资料。

30 日 江西省纺织工业局近日在南昌召开全省巾、被行业图案设计经验交流会。

本月 在抚州市举行的江西省业余体校举重比赛中，江西省少年举重运动员 3 人 11 次打破 1979 年全国少年举重纪录，2 人 6 次刷新 1979 年江西省举重纪录，5 人 10 次打破 1979 年江西省青年举重纪录。其中，省体校的万红厚挺举起 108 公斤，打破 1979 年 52 公斤级挺举的全国少年纪录；南昌市刘金龙和省体校董军共 10 次分别打破了 1979 年 60 公斤级抓举、挺举、总成绩 3 项全国少年纪录。

本月 南昌市对头癣病经两年普查普治,查出南昌县4343人、新建县2966人、湾里区609人、郊区137人;实行免费治疗后,7950人痊愈,105人尚在治疗。南昌市被列为省首批基本消灭头癣病先进地市之一。

本月 城乡用煤炭移交煤炭公司经营管理。

本月 省委、省政府任命谢富明为省畜牧水产厅厅长。

本月 赣州公园举办赣州地区规模最大的一次菊花展览,展出各种菊花品种200余种,1.2万余盆,历时52天,观众达24万人次。

本月 永新县检察院侦破城厢粮管所集体贪污大案。粮管所原党支部书记兼所长彭朝东、粮站门市负责人李晓平、会计陈新泉、仓库保管员睦顺久等人内外勾结,自1974年至1979年10月,采取撕毁凭证,重复使用销货票,监守自盗,集体贪污大米133668斤、粮票20250斤、布票9680尺。起诉后主犯李晓平被判处有期徒刑20年,其余6犯分别判处刑罚。最高检察院将此案通报全国省、市、自治区检察机关。

本月 省政府批转省商业厅、省供销合作社《关于积极扶持城乡集体商业、饮食服务业的报告》。规定合作商店和集体商业、饮食服务业,都是社会主义性质的集体商业,集体商业、饮食服务业职工是工人阶级的一部分,应当与国营商业和供销合作社职工享受同样的政治待遇,并规定了相应的扶持措施。

1980

12月

December

公元 1980 年12月							农历庚申年【猴】						
日	一	二	三	四	五	六	日	一	二	三	四	五	六
1 廿四	**2** 廿五	**3** 廿六	**4** 廿七	**5** 廿八	**6** 廿九	**7** 大雪	**8** 初二	**9** 初三	**10** 初四	**11** 初五	**12** 初六	**13** 初七	
14 初八	**15** 初九	**16** 初十	**17** 十一	**18** 十二	**19** 十三	**20** 十四	**21** 冬至	**22** 十六	**23** 十七	**24** 十八	**25** 十九	**26** 二十	**27** 廿一
28 廿二	**29** 廿三	**30** 廿四	**31** 廿五										

1日　省委决定，为在"文化大革命"中因公开反对"文化大革命"，反对林彪、江青一伙而惨遭杀害和被迫害致死的陈耀庭、谢聚璋夫妇平反昭雪。决定指出，陈耀庭、谢聚璋是赣南医专教员，于1961年毕业于上海复旦大学，先后于1967年12月31日和1968年2月11日以所谓"现行反革命罪"被捕，1970年3月16日陈耀庭被判处死刑而惨遭杀害，谢聚璋被判处死刑缓期二年执行，1971年7月11日死于劳改农场。民政部根据江西省民政厅的报告，按照《革命烈士褒扬条例》的有关规定，批准陈耀庭、谢聚璋二人为革命烈士。

陈耀庭、谢聚璋夫妇合影

1日　根据公安部《关于全国公安机关名称的通知》，经省政府批准，各地区公安局改名为行署公安处。

1日　江西省农业气象试验站建立，该站与南昌县气象站合署办公（1981年3月9日，省气象局决定将省农业气象试验站与南昌县气象局委托给省气象科学研究所代管。1984年3月1日直接由省气象局领导和管理）。

1日　景德镇市开工建设珠山大桥（该桥于1983年10月1日竣工通车，为江西省第一座预应力双曲木桁架拱桥，长312米，宽18米，5孔，单孔跨径52.8米）。

2日　江西省地名办公室在九江市（含庐山）和星子县进行江西省地名普查试点。此后在全省开展地名普查。

3日　省政府发出《关于严格执行奖励制度，制止滥发奖金的通知》。

3日　省政协第四届委员会召开各界妇女座谈会，座谈特别法庭公审林彪、江青反革命集团主犯问题。

3日 省委常委会决定要加快省"四个中心"（省分析测试中心、省计算中心、省情报中心、省科学仪器维修中心）的建设速度。

4日 省民政厅、省人事局、省财政厅下发《关于修订各级国家机关事业单位工作人员逝世后治丧费标准的通知》。

8日 省政府发出《关于坚决制止乱砍滥伐森林的布告》。

8日 省人民银行发出关于认真贯彻国务院紧缩基本建设紧急通知的意见。有关分行安排的1981年第一批中短期贷款项目，已下批贷款指标的，开户行一律停止发放贷款，重新审查。

8日 中央电视台目前正在江西省拍摄制作《敌营十八年》，这是我国第一部此类题材电视连续剧。《敌营十八年》全剧共分9集，播放时间8小时。

9日 中共中央总书记胡耀邦到江西视察，先后到了吉安市、赣州市和南昌市。当地公安机关遵照"地方领导不迎送、路线不戒严、不加岗哨、住地不闭馆"等要求，实施了体制、形式都经过改革的警卫措施。胡耀邦登临赣州八境台遗址时说"这是个游览胜地。赣南解放前大批人员随蒋经国逃台，现在，党对他们的政策是来去自由。有些人可能要回家乡看看。这个台要修复起来，一年不行，分两年建"（此台于1983年重建）。

9日 在南城县城北约30公里的盱江东岸"七宝山"脚下，发现375年前的明益宣王朱翊钤墓。其墓系用石灰糯米浇浆建成，封闭严密，尸体完好，棺内覆盖的丝绵被、袍服、褥子保存完整。墓内所出遗物有汉白玉圹志、金钉帽折扇、织金缎龙袍、铜镜和青花瓷盘等珍品。

9日 江西省职工教育管理委员会成立。

10日 由于个别领导的官僚主义作风，国家投资451万元，花了6年时间建成的井冈山煤矿主井，还未正式投产就被水淹没，设备断送，工程报废，被迫下马。为了严肃党的纪律，井冈山煤矿主持工作的党委副书记、副主任药茗苑受到党内严重警告处分，对其他有关人员分别给予了处理。

10日 省财政厅通知各级财政部门在企业事业单位和机关的财务人员中聘请财政监察通讯员，广泛依靠群众开展财政监察工作。

10日 省人事局下发《关于工分加补贴人员吸收为国家干部几个具体问题的意见》。就吸收对象的范围、条件、工资待遇、审批手续作出规定。全省有工分加补贴人员3300余人。

10日 荷兰农渔部牛繁育研究和草原生产研究咨询部一行4人，自当日起至14日在江西考察畜牧良种和天然草场。

10日 江西省"两会"（民主建国委员会、工商业联合会）在南昌召开"两会"成员为四化建设服务经验交流会。参加"两会"人员有来自南昌、景德镇、九江等9市从事工业、商业、建筑、饮食服务等行业和街道集体企业的在职干部，以及退休后又继续工作的"两会"成员和省、市"两会"组织负责人，共59人。会议动员全省原工商业者为四化建设再作新贡献。并推举南昌市李述贵、吴仲樵，景德镇市喻长林、刘祝平（女），九江市朱寿楠，赣州市励志成，吉安市金静山等同志出席全国"两会"成员为四化建设服务经验交流会。

11日 江西省首台炮瞄控制雷达在八一无线电厂通过产品鉴定。

12日 省政府发出《关于严格控制物价、整顿议价的通知》。要求各级政府要按照国务院的要求，立即组织物价大检查，发动广大群众对物价进行检查监督，对模范执行物价政策的单位和个人，要给予表扬、奖励；对违反物价政策、破坏物价纪律的单位和个人，要严肃处理。

14日 全省科学技术档案工作会议在南昌召开。会议强调，要加速科学技术档案工作的恢复和整顿，努力做好科学技术档案工作，更好地为社会主义现代化建设服务。这次会议是省经委、省农委、省建委、省科委和省档案局联合召开的，是江西省建国以来规模最大的一次科技档案工作会议。

15日 江西省1:200000区域地质调查工作历经21年，全部完成。经省地质局验收合格，陆续出版1:20万地质图、矿产图。

16日 省政府召开第五十四次省长办公会议，讨论了江西当前环境严重污染的情况，批转了省环境保护办公室《关于江西省贯彻执行〈环境保护法〉的情况和意见的报告》。要求各级政府和部门从江西实际情况出发，在发展经济的同时，认真抓好全省的环境保护工作。

17日 省政府批转省教育厅《关于办好中等师范教育的意见》、《关于分期分批办好重点中学的意见》。

18日 在赣东北地区海拔1300多米的大茅山上，发现一种属于国家保护的稀有树种——香果树，此树茎高近30米，直径40厘米，属茜草类茜草科的落叶乔木。

18日 为了贯彻执行中共中央书记处关于加强文物、博物馆、图书馆工作的通知，江西省在南昌召开了江西省文物工作会议。会议呼吁：要加强法制，对于严重破坏文物、盗卖文物者要依法处理，对于曾经造反而发文物财的人，决不能让其逍遥法外，特别严重者要依法起诉。会议并提出了加强文物、博物馆、图书馆工作的九条措施。

18日 省长办公会议召开，听取了省科技干部局关于省科技界高级技术职称评定工作情况的汇报，审议批准141名科技骨干分别晋升为高级工程师、副研究员、副教授和正副主任医师。这是建国以来江西省授予高级技术职称人数最多、涉及面最广的一次。这次被晋升的科技人员中，晋升为高级工程师的18人，副研究员4人，副教授7人，主任医师31人，副主任医师81人。这次升职的科技人员，平均年龄53.8岁，年龄最大的78岁，最小的41岁。

18日 江西省监所检察工作座谈会召开，讨论研究监所检察工作的任务、范围、方法以及如何实施刑事诉讼法的规定等问题。会议于27日结束。

19日 江西电视机厂生产的各种型号的"井冈山"牌电视机畅销全国各地，市场信誉越来越好。运往南昌销售网点的1000台电视机，近三天内已销售一空。

20日 省财政厅发出《关于征收工交企业固定资金占用费的补充通知》。规定从1981年起，对国营工交、城市公用、文教及物资、供销企业，全面征收固定资金和流动资金占用费。

20日 江西省建筑科研所完成的《JMN型减水剂》科研课题，通过了由省建筑工程局组织的技术鉴定。该项目采用离子交换法，对碱法造纸木浆废液进行一次性处理，利用废液研制水泥混凝土减水剂，具有一定的独创性（该项目获1982年省政府科技成果三等奖，1984年建设部建筑科技交流交易会优秀项目奖）。

22日 萍乡市医药公司从1978年起，对天麻有性繁殖进行应用技术研究，经过几年努力，取得了一些经验和资料。省、市有关部门通过技术鉴定，一致认为，该公司文永清等人研究的天麻有性繁殖技术获得成功，填补了省内中药栽培技术上的一项空白。

22日 恢复江西省森林病虫害防治站和成立省森林植物检疫站，两站隶属省农业垦殖厅领导。均属事业单位，一套人马，合署办公。

23日 省计委、省教育厅、省人事局下达《江西省普通高等学校毕业分配、调配计划》。

23日 江西省第三次社会科学工作者代表大会在南昌举行。这次代表大会，是中断14年之久的江西省哲学社会科学界的一次空前的盛会。出席大会的有来自11个地、市和14个学会、4个学会筹备会的764位代表和特邀代表。会议讨论通过了吕良作的《坚持"双百"方针，

江西省第三次社会科学工作者代表大会

马继孔会见江西科学家代表

发扬学术民主，为繁荣哲学社会科学，实现四化作出贡献》的工作报告。选举产生了第三届理事会理事、常务理事和主席、副主席。省委书记马继孔当选为省社联主席，寇育彬、谷霁光、胡正竭、胡守仁、白永春、周銮书为副主席。马继孔代表省委作了《解放思想，勇攀高峰，努力繁荣我省哲学社会科学事业》的讲话。大会于 27 日结束。

24 日 铁道部在北京、上海两地进行了列车鉴定，经南昌车辆段整修的昌京 146/147 次和昌沪 178/177 次快车均被评为一级列车。

25 日 江西维尼纶厂竣工投产。

26 日 省政府颁发《江西省渔业许可证、渔船牌照实施办法》。

27 日 萍乡钢铁厂中心试验室研制成功了化验钢水的新仪器——磷锰硅三元素自动分析仪。这种自动分析仪制作简便，成本低，使用寿命长，准确度高，分析速度快，90 秒钟内即可显示化验结果。

29 日 省建设银行根据省政府赣政（1980）50 号文件通知精神，拨出专款 64 万元兴建省档案馆和安远县、赣县、弋阳县、宜春市等 10 个县级档案馆库房。

30 日 江西省外科当前取得不少新成果。肾移植、人工关节移植、显微血管外科、体外循环等先进技术已应用于临床；地市医院已能开展各种专科手术；相当一部分县医院培养出自己的外科专科医生，部分县医院已能进行脑、胸部等复杂手术。全省外科专业人员和设备比 20 世纪60 年代有成倍的增长。

30 日 省司法厅、省财政厅转发司法部、财政部下达的《律师收费试行办法》。

31 日 全省各级卫生部门依照卫生部颁发的《卫生人员职称晋升条例（试行）》规定的标准，经考试、考核和评审，到年底止，江西省晋升技术职称的有 9320 多人，确定技术职称的9377 人。

31 日 据调查资料，全省侨界知名人士共计 615 人。其中军界 27 人，政界 107 人，科教界 316 人，商界 121 人，其他 44 人。宜春地区12 月底统计，全区有侨务对象 2418 户、11365人。其中有海外知名人士 149 人。

本月 全省第一次地名工作会议在南昌市召开。参加会议人员有省地名委员会委员，各行署、市、县地名机构负责人，省直有关部门负责人及有关大专院校专家、学者。省政府办公厅转发省地名委员会《江西省第一次地名工作会议纪要》。

本月 江西省医学科学研究所成立中国医药细菌保藏中心摩拉氏细菌专业实验室，承担全国摩拉氏菌菌种的分离、鉴定、输送、保藏及国际交换任务。

本月 江西省恢复中断了 20 余年的退伍军人预备役登记制度。

本月 江西省军区独立师、独立一团撤销，同时组建江西省军区独立团，辖 3 个步兵营。

本月 省农业厅在清江县召开全省农业科学技术会议。第一次颁发"江西省农业技术改进奖"。获二、三等奖的项目有 36 项，授奖单位 98个，授奖人员共 397 人。

本月 省农业厅召开全省蚕桑会议，在全省推广小蚕共育、大蚕分户的养蚕方法。

本月 赣南水轮机厂参加全国统一设计 50千瓦以下水轮机，试制成功 HL110、HL220、HL260 型水轮机通过部级鉴定，获 1980 年机械部新产品设计二等奖。

本月 江西电机厂研制成功 TG1250 - 2/990型 1250 千瓦 10 千伏高速高压同步电动机，效率达到国际同类产品先进水平。

本月 景德镇电瓷电器公司研制成功 500 千

伏耐污型棒式支柱绝缘子，通过省级鉴定。用于50万伏超高压输变电工程，获1982年至1983年省科技成果三等奖。

本月 赣州市完成万安水库回水淹没区调查，编制完成《赣州市防护的迁移规划方案》，开始修订总体规划。

本月 省政府组织的木刻工艺品补偿谈判组，赴日洽谈贸易。

本月 省委、省政府、省政协、省委统战部、各民主党派共同商定，为"文化大革命"中遭受迫害逝世的省直统战系统干部34人平反，恢复名誉，并举行追悼会。各民主党派省委会机关先后分别为各自党派遭受迫害逝世的干部举行平反会和追悼会。

本月 石城钽铌矿区地质储量勘探完毕（1981年9月开发海罗岭矿区。1983年基本建成。1985年10月，有色金属南昌公司批准"671矿区"闭坑）。

本 年

本年 省司法厅与有关部门协商，经省教育厅批准，在江西大学筹办法律系。

本年 江西省稀土公司成立，隶属省冶金厅领导。

本年 赣南稀土产品开始进入国际市场。

本年 省畜牧水产厅组织专业人员709人组成调查小组，对全省畜禽寄生虫病开展调查。患有寄生虫病的猪占60%，牛占55.5%，家禽（主要是鸡）占40.47%。省畜牧水产厅组织人员对全省畜禽生产、品种、饲草、饲料、疫病等方面开展调查（至1988年编写出《江西省畜牧业综合区划》）。

本年 省煤田地质勘探公司以新技术探测隐伏煤田，在赣中一带的推覆体或掩盖区下发现一批有价值的煤田，其中一九五队探明的丰城曲江煤田储量超过亿吨。

本年 萍乡矿务局职工医院检验师易顺成在萍乡地区发现国内首例血红蛋白莱登分子病（这一发现于1983年分别获得江西省科技三等奖和卫生部甲级科技成果奖）。

本年 全省地、市纺织工业局和拥有1000人以上的纺织企业，均成立了职工教育委员会，并组建了200余人的教师队伍。

本年 因国家压缩基建投资，江西省第一个大型水电站——万安水电站再度缓建。

本年 省民政厅在南昌举办聋哑人手语、按摩医士培训班。

本年 宜春风动工具厂生产的YN30A型内燃凿岩机在全国第三次"质量月活动"中获"质量信得过产品"，获国家优质产品银奖，这是江西机械行业获得的第一枚银牌。宜春工程机械厂与天津工程机械研究所合作研制的双向驾驶井下内燃无轨牵引车和ZL20装载机分获1980年一机部科技成果三等奖。

本年 省政府赣政发（1980）165号文件，明确省医药公司下属地、市、县医药公司实行双重领导，以省公司为主，在地方由省经委领导，人、财、物统一由省公司管理。全省医药公司当年实现利润1010万元，上缴利润859万元。

本年 南昌市建筑设计院建筑师缪长苏等设计的"璜溪垦殖场太阳能沼气烘房"项目，是省内首次在烘房中利用太阳能的新工艺。该工程获1980年省政府科技成果三等奖。

本年 南昌市人民公园试用家犬哺育小云豹成功，先后繁育35只。并获1981年省、市科技奖。

本年 九江长江大桥全桥基础工程完工。这项工程采用双壁钢围堰钻孔基础，可在全年（包括渡洪）施工，缩短深水基础施工周期，获国家优秀设计一等奖。主要设计人为粟杰、陈新。

本年 江西首次建设的大型港口电站——九江火力发电厂开始施工，装机为2台12.5万千瓦机组，整个工程被评为国家级优秀工程，并获银质奖。

本年 进贤县泉岭消防器材厂生产的 MYZ 型手提式 1211 灭火器，达到国际水平，获省政府颁发的科研项目四等奖。

本年 江西锅炉厂试制生产的以煤矸石为燃料的 SHF35－39/450 型 35 吨/时沸腾电站锅炉，填补了江西省制造电站锅炉的空白。

本年 省科委同省农委、省经委，抽调有关厅（局）干部开展对全省重点科研机构调查。据统计，全省共有省、地（市）、县科研机构 358 个（其中地（市）科研机构 66 个），职工总数 23300 人，其中科技人员 3800 人。

本年 萍乡市芦溪区农科所钱怀璞选育的早稻新品种"73－07"产量高，品质较好，成为江西早稻"当家"品种，被列为我国南方稻区早稻区试对照种（该品种 1985 年获江西省优秀科技成果一等奖）。

本年 省农科院旱作所助理研究员张思文在十年研究工作基础上，进一步进行小麦 X 豌豆遗传物质转移研究，通过细胞生物学搞清了遗传物质有性过程转移导致小麦变异的遗传机理（这项成果达到世界先进水平，1987 年获江西省科技进步一等奖）。

本年 江西农业大学王增森编著的第一部对我国古代土壤知识进行系统总结的专著《中国古代土壤科学》，获江西省科技成果一等奖。

本年 江西省有色冶金勘探四队发现了德兴县金山大型岩金矿床，是江西最大的独立岩金矿。

本年 宜黄县组织专人对曹山寺及曹洞宗创造人之一的本寂大师生平进行考证研究，同时县政府发出保护曹山寺遗址的通告。

本年 埃塞俄比亚人民革命党干部参观团、印度共产党马列代表团、尼泊尔共产党马列代表团、阿富汗人民革命小组军事干部学习团、缅甸共产党参观团先后抵赣，并专程赴萍乡安源参观革命遗址。

1981 年

概　要

在党的指导思想上完成拨乱反正的历史任务，政治上实现安定团结，经济持续好转，并在调整中稳步发展。本年是第六个五年计划实施的第一年，江西省国民经济计划要求当年：压缩基本建设，严格控制基建规模；紧缩开支，增加收入，做到财政收支平衡，略有节余；继续发展农业、轻工业和能源的生产；认真做好劳动就业工作，妥善安排城镇待业人员就业。七八月间，省政府召开会议，贯彻执行国务院《关于城镇非农业个体经济若干政策性规定》的精神，鼓励和支持待业青年从事个体经营。10月，中共江西省委政法委员会正式成立以后，各地（市）、县（区）党委相继成立了政法委员会。

工业管理体制的改革　4月，省政府开始着手全省工业管理体制的改革，提出了从企业扩权试点，到进行工业企业的改组、联合和改革县（市）工业管理体制的问题。在工业企业中普遍推广扩权试点，对价格政策也有所改革和调整。并制定了《关于进一步搞活大中型企业的暂行规定》等文件，提出进行工业企业的改组、联合等原则，对一些生产条件不足、经济效益差的企业，有步骤地实行关、停、并、转，以优势产品、骨干企业为龙头，按照专业化协作的原则，推进联合，扩大经济往来，实行等价交换，促进了企业生产的发展和经济效益的提高。

农民收入增加　经过农村经济政策的调整，当年林、牧、渔业在农、林、牧、渔业总产值中的比重由23.9%上升到29.6%，经济作物在农业总产值中的比重也有较大增长。到本年，连续三次调减征购粮食任务基数，共减购6.76亿公斤贸易粮，并相应地扩大了超购、议购粮比重，通过提价和减购两项措施，使农民收入有较大增加。

家庭联产承包责任制的普遍推行　4月，省委召开江西省地、市、县委书记座谈会，会议肯定"双包"责任制有利于改变落后社队长期贫困的面貌，并表示："在农业生产责任制问题上，我们还存在'左'的影响，认识落后于群众的实践，落后于形势发展的情况"，指出在选择什么样的责任制时，"必须尊重生产队的自主权和广大干部、群众的意愿，由干部群众自己选择适应不同地方的生产力水平和干部管理水平并为他们所喜爱的、行之有效的生产责任制形式"。7月召开的省委常委扩大会议进一步肯定"双包到户"的做法，指出："农村以联产计酬为重点的各种生产责任制，已经确定无疑地证明，它是适应今天生产力状况和社员觉悟水平的，是有强大生命力的"。要求各地在贯彻执行上级指示时，紧密联系实际，不唯书，不唯上，要唯实。11月，省委召开地、市委农业书记和农办主任座谈会，进一步强调要处理好稳定与完善责任制的关系，解决群众怕变的心理和实施责任制中还不完善的问题。当年秋季以后，全省许多生产队都实行了包产到户、包干到户责任制。

调整中等教育结构　教育体制改革是从调整中等教育结构开始的，主要是压缩、控制高中，适当发展初中，并大力发展职业教育，改变中等教育结构单一的偏向。4月，全省教育工作会议要求抓紧普及小学教育，改革中等教育结构，发展职业、技术教育，办好重点学校；高中教育要控制发展；初中发展要量力而行；积极发展广播电视大学、职工业余大学教育；各地、市，各主管部门要增加教育投入，改善办学条件，培养和提高师资，搞好教师培训。

自然保护区的建立　成立省自然保护区管理办公室。建立九连山、井冈山、武夷山、庐山、宫山、桃红岭梅花鹿6个省级自然保护区。10月，省政府发出《关于开展全省林业大检查的通知》，进一步贯彻执行中共中央、国务院关于林业问题的《决定》和《森林法》。

其他重要事件　全国第一个武山乌骨鸡原料繁殖场在泰和县兴建。江西省最大的水利排灌工程之一——柘林电站溢洪道工程竣工。

全省本年主要经济指标情况　国民生产总值121.26亿元，比上年增长5.6%；第一产业产值56.09亿元，比上年增长10.2%；第二产业产值41.10亿元，比上年减少1.5%；第三产业产值24.07亿元，比上年增长9.3%。农业总产值74.26亿元，比上年增长3.9%；工业总产值100.02亿元，比上年增长6.1%。财政收入13.18亿元，比上年增长5.7%；粮食总产量253.74亿斤，比上年增长2%；社会零售物价指数比上年增长4.6个百分点；年末全省总人口3303.92万人，人口自然增长率13.88‰。

1981

1月

January

公元 1981 年 1 月						农历辛酉年【鸡】					
日	一	二	三	四	五	六	日	一	二	三	四	五	六
				1 元旦	**2** 廿七	**3** 廿八	**4** 廿九	**5** 小寒	**6** 十二月大	**7** 初二	**8** 初三	**9** 初四	**10** 初五
11 初六	**12** 初七	**13** 腊八节	**14** 初九	**15** 初十	**16** 十一	**17** 十二	**18** 十三	**19** 十四	**20** 大寒	**21** 十六	**22** 十七	**23** 十八	**24** 十九
25 二十	**26** 廿一	**27** 廿二	**28** 廿三	**29** 廿四	**30** 廿五	**31** 廿六					

1 日 我国自行设计、创建的化工化纤联合企业——江西维尼纶厂建设工程已全面竣工，并正式交付生产使用。这项工程共完成建筑面积108065 平方米，建成了电石、有机、维尼纶 3 个主体生产车间和动力、机修、仪表、锅炉、电气、运输 6 个辅助车间，以及相应的生活福利设施等。该厂以生产维尼纶短纤维为主。每年可向纺织行业提供维尼纶短纤维 7260 吨，相当于 14.5 万多担棉花，可生产混纺维尼纶布 4600 多万米。

1 日 副省长王昭荣就 1981 年 1 月 1 日开始实施新《婚姻法》在省人民广播电台发表讲话，要求全省各地积极宣传和坚决贯彻执行新《婚姻法》。

3 日 省交通厅颁发《水陆民间运输管理费收费标准、使用范围和财务管理的暂行规定》。

4 日 由中国人民美术出版社和日本讲谈社合作出版的大型摄影画册《中国的旅行》已出齐。其中第五卷以相当大的篇幅反映了江西省井冈山、南昌、庐山、景德镇、九江等地的风光名胜。

5 日 应江西省贸易促进会的邀请，日本贸促协会东海总局业务部长石井隆、业务次长驻北京代表今村诚访问江西。访问于 8 日结束。

6 日 省检察院在南昌召开为期 8 天的江西省经济检察工作座谈会。研究经济检察工作情况和着重抓好大案要案的查处工作。最高检察院经济检察厅副厅长卓飞等到会并讲话。

7 日 第五十二次省长办公会召开。会议决定逐步扩大商品自营出口范围，打破以往由调拨出口为主的封闭格局，转向以自营出口为主。

8 日 应日本高岛屋株式会社、日本国际贸易促进协会理事长森田克丸邀请，由江西省陶瓷工业公司、省工艺美术馆与日本高岛屋株式会社三家合办的"江西省工艺美术、景德镇陶瓷展览"，分别在日本东京、横滨、大阪、京都 4 大

日本朋友在观赏景德镇瓷器

城市展出。展出景德镇瓷器330个品种，340个画面，共计24725件。这是我国在日本举行的规模最大的一次陶瓷器展览会。展览历时20天。

9日 为了加强对全省职工教育工作的领导和管理，省政府决定成立江西省职工教育管理委员会，刘振东任主任委员。

10日 全省钢铁工业战线一项提高成材率、减少能耗、降低成本的重大技术措施——连续铸锭生产线在江西钢厂建成。连续铸锭是当前世界上普遍采用的一种先进工艺，它具有降低消耗、节约能源、提高质量和钢材成材率、减轻劳动强度、效率高、成本低等优点。该生产线于1980年9月1日破土动工兴建，为江西省第一条连续铸锭生产线。

10日 由省地质局组织的验收委员会对江西省16.69万平方公里的1：200000区域调查验收工作胜利结束。1：200000区域调查是我国地质事业的一项重要的基础工作。江西省的该项调查由江西省地质局所属的区域地质调查大队历时21年完成。据统计，实地定立观察点7万多个；观察路线长20多万公里；共采集各类岩、矿样品82万多个；实测地层、岩体剖面4000多公里；检查评价矿点和找矿异常点2300多处；基本查明了全省的地层、岩浆岩、地质构造和矿产的概貌。经过综合研究，为国家提交了江西省的一整套全面、系统、完整的和具有当前国内先进水平的区域地质基础资料。在这些区域地质调查成果中，有20多项先后被评为优秀和受到地质局、省科委、全国科学大会的奖励。该队受到了省政府和地质部的嘉奖。

10日 省政协委员、萍乡矿务局总工程师黄崇德在省政协四届二次会议上提出关于制定煤矿矿业法的提案，全国人大法制委员会予以转发。

10日 省地质局区调队完成的《江西省侏罗纪—白垩系中生代火山岩及其矿产研究》通过了评审验收。该项目曾获1980年江西省科技成果二等奖。

10日 省农业厅最近在清江县召开全省农业技术推广经验交流会。会议要求进一步建立、健全技术推广系统，将县、社、大队、生产队"四级农科网"调整为农技推广网，主要抓好试验、示范、推广和技术培训。

11日 省政府根据《革命烈士褒扬条例》的规定，批准在社会主义现代化建设事业中，为保卫人民生命、抢救国家和集体财产而壮烈牺牲的张新水、齐伯良、傅正喜、钱向阳、王树权、曹建权、江长生、龚同连、蔡茂荣9位同志为革命烈士。

11日 根据统筹兼顾、全面规划和小学教师地方化的原则，结合全省当前教育事业发展的实际状况，经省政府批准，将全省中等师范学校从原有的54所（含分校）调整为28所。调整后的中等师范学校有：南昌师范学校、景德镇师范学校、萍乡师范学校、九江师范学校、赣州师范学校、吉安师范学校、宜春师范学校、鹰潭师范学校、上饶师范学校等。调整后的师范学校归地（市）领导管理。另外，根据江西实际情况，还决定筹办一所南昌幼儿师范学校，面向全省招生，培养幼儿园师资。

12日 中国建筑公司江西省分公司、江西省机电产品进出口公司与香港合资经营中国预应力综合有限公司。同年4月22日改为"中国香港建筑工程综合有限公司"。董事长为孙本修。

15日 省人事局会同省农业银行第一次从信用社大集体职工中，吸收100名优秀业务骨干为农业银行干部。

17日 省人事局、省计委、省教育厅印发国家计委、教育部、国家人事局《关于改进1981年普通高等学校毕业生分配工作的报告》，开始在高校毕业生分配工作中试行择优分配办法，并实行一年见习期。

18日 省政府发出通知，要求各地按照省民政厅《关于我省农村扶贫工作开展情况和意见的报告》的精神，切实做好农村扶贫工作。通知强调，扶贫工作要与扶助经济不发达的革命老根据地密切结合起来，把扶贫工作的重点放在革命老根据地的穷队。通知并要求各地要管好用好扶贫经费，按政策规定专款专用、不准挪作他用。民政、银行、粮食、商业、供销、卫生、教育等部门，都要在党和政府的统一领导下，通过本部门的业务为扶助困难户和穷队出力。

19 日 省政府在新干县召开全省植树造林现场会。会议于 21 日结束。

20 日 为了充分发挥政府职能部门的作用，省政府召开专员、市长（革委会主任）、县（市）长（革委会主任）座谈会，就建立政府工作制度和改进政府工作进行座谈。省政府各委、办、厅、局、行、社负责人参加了座谈。提请这次会议讨论的省政府几项工作制度包括：请示报告制度，集体领导和个人分工负责制度，文件审批制度，会议审批制度，调查研究制度。拟定以上制度的宗旨，是为了进一步提高政府各部门的工作效率和工作质量，克服官僚主义和文牍主义，以适应国民经济调整的要求。

20 日 省文化局、省文联、中国电影家协会江西分会筹备组在南昌联合召开江西省电影文学剧本创作座谈会。出席会议的有从事电影事业的代表，报刊、广播和文艺研究等单位的代表，共 30余人。上海电影制片厂文学部的代表也应邀参加了会议。会议着重围绕如何拍好江西省第一部故事片问题进行了座谈，并决定举办 1981 年江西省电影文学剧本创作评奖活动。会议于 22 日结束。

21 日 省委、省人大常委会、省政府联合发出《致驻省部队全体指战员、武装消防民警、江西省烈军属、残废军人和复员、退伍军人的慰问信》，向他们致以春节的慰问。并号召他们紧密地团结在党中央的周围，始终不渝地坚持四项基本原则，全面实行和贯彻调整方针，加强思想政治工作，搞好党风，进一步巩固和发展安定团结的政治局面，同心同德，克服困难，为实现国民经济调整任务，加强江西省的四化建设而努力奋斗。

23 日 全省在 1980 年安置待业人员 14 万多人。其中安排到各种类型的集体单位就业的有8.5 万人，约占已安置人数的 61%，全年共有1.34 万余名待业人员从事"法律许可的不剥削他人的"个体商业和服务业劳动，补充了国营经济的不足，活跃了城乡经济。

24 日 江西省经济预测研究会举行成立大会。部分工业企业、科研单位，大专院校和科技情报研究单位的自然科学工作者与社会科学工作者出席了会议。江西省经济预测研究会是在江西省经济学会指导下的江西省第一个跨学科的新型学术研究团体。

26 日 省政府召开电话会议。动员江西省工交战线干部职工认真抓好当前工交生产，为争取 1981 年江西省工交生产在调整中继续稳定前进迈好第一步。为此，会议向全省工交部门和工交战线广大干部、职工提出如下要求：（一）切实安排好春节期间的生产。（二）大力抓好煤、电、运。（三）搞好安全生产。（四）加强领导，做好思想政治工作。

28 日 江西师范学院南昌分院首届学生毕业。这一届毕业生共 185 名，是 1977 年全国恢复高考制度时进校的。他们入学后除学完教育部规定的三年制师范专科学校的全部课程外，还增学了四年制高等师范院校的部分课程。毕业学生中各科考试成绩平均 80 分以上的占 94%，教育实习时，成绩优良的达 97%。有 7 人加入了中国共产党。

29 日 江西省委、省人大常委会、省政府联合发出《致江西省上山下乡知识青年的慰问信》，向他们致以春节的慰问。要求他们要深刻理解进一步调整国民经济、进一步实现安定团结的重人意义，号召他们旗帜鲜明地坚持四项基本原则，遵循党的十一届三中全会路线、方针、政策，服从党的安排，努力学习，同心同德，艰苦奋斗，为夺取 1981 年农业全面丰收而奋斗。

本月 经江西省人民政府批准，中国农业考古研究中心在江西省博物馆成立。

本月 江西省出版局批准江西人民出版社用"豫章书社"名号出版一批古旧小说等。

本月 江西省建筑科学研究所研究成功JMN 型混凝土试水剂。经鉴定，其技术指标已达到国内同类产品的水平，符合国家建委有关的技术规定，是木质素系试水剂的一个新品牌。

本月 "福州军区步兵学校"改称"江西省南昌陆军学校"，仍为军级单位。

本月 江西省电化教育馆成立。

本月 江西手扶拖拉机厂自行设计试制成功GJ－12 型农用运输车，通过省级鉴定，为国内农用运输车首家试制并形成批量生产的厂家（获1981 年省科技成果三等奖）。

1981

2月

February

公元 1981 年 2 月　　农历辛酉年【鸡】

日	一	二	三	四	五	六	日	一	二	三	四	五	六
1 廿七	**2** 廿八	**3** 廿九	**4** 立春	**5** 春节	**6** 初二	**7** 初三	**8** 初四	**9** 初五	**10** 初六	**11** 初七	**12** 初八	**13** 初九	**14** 初十
15 十一	**16** 十二	**17** 十三	**18** 十四	**19** 雨水	**20** 十六	**21** 十七	**22** 十八	**23** 十九	**24** 二十	**25** 廿一	**26** 廿二	**27** 廿三	**28** 廿四

1 日　根据江西省第一次地名工作会议决定，在九江市和星子县进行的地名普查试点工作胜利结束。参加这次地名普查试点的有各地、市、县的干部 210 余人。地名普查是对江西省的地名现状、隶属关系和历史沿革，进行一次全面的调查核对，并整顿确定统一的标准化地名，为以后地名管理工作打下良好基础。九江市和星子县既有城镇，又有乡村；既有高山平川，又有河流湖泊；既有许多名胜古迹，又是开放城市和港口，有着广泛的代表性。这两个地方的地名普查试点经验，对于江西省地名普查有着普遍的指导意义。

2 日　国务院和江西省人民政府先后发出《关于严格控制物价、整顿议价的通知》以来，全省城乡市场物价的总水平正逐步趋于稳定。据统计，继省政府 1980 年 12 月份组织物价检查团深入重点城市检查物价后，江西省各地又抽调了 7750 多人，组织了 1140 多个物价检查团（组），具体帮助工商企事业单位整顿物价和收费标准。由于全省各地、各部门在贯彻该通知中，统一了认识，加强了领导，采取了有力措施，使得全省国营和集体工商业企业单位的商品牌价基本稳定，消费品随意提价、变相涨价的现象已初步得到纠正，议价商品正在整顿。

3 日　据有关部门初步统计，江西省 1980 年的计划生育工作第一次胜利完成了国家下达的人口计划。江西省人口自然增长率已由 1979 年的 13.74‰降至 12.19‰。节育率由 70‰提高到 85‰。有 6 个地市提前完成了全国下达的人口计划，其中宜春地区为 7.51‰，景德镇市为 5.13‰。江西省有 7 万多对已有一个孩子的夫妇领取了独生子女证。

4 日　省高级人民法院在南昌市召开经济审判工作会议。要求围绕国民经济调整，积极做好经济审判工作，坚决打击贪污、走私、投机倒把等经济犯罪活动，正确处理经济纠纷，维护社会主义经济秩序。会议要求全省各级人民法院在 1981 年上半年尽快建立和健全经济审判庭，全面开展经济审判工作，充分发挥经济审判工作在经济调整中的积极作用。会议强调指出，经济审判工作是人民法院面临的新课题，从事这项工作的同志要加强学习，熟悉法律和有关经济方面的专业知识，勇于实践，加强调查研究，严格依法办案。

4 日　省检察院向全省各级检察院下发试行《关于经济检察案件立案标准的意见》的通知，规定贪污人民币 1000 元以上、粮食 3000 斤或粮票 5000 斤以上者，应立案查处；贪污 1 万元、粮食 1 万斤以上者为重大案件。

5 日 省委举行春节茶话会，各界代表 340 多人欢聚一堂，共贺新春。省委书记、省长白栋材，在茶话会上向大家通报了中央工作会议精神和省委工作会议情况，并就江西省贯彻中央工作会议精神，实行经济上的进一步调整和实现政治上的进一步安定问题讲了话。

10 日 省政府召开电话会议。号召全省人民进一步行动起来，立即掀起植树造林高潮，坚决完成 1981 年的植树造林和林木育苗任务。参加这次电话会议的有各地、市、山、县主管农业的负责人。省军区、团省委、省妇联、省交通厅负责人在会上发了言。

省市领导和群众在南昌市郊蛟桥公社植树造林

11 日 省气象局决定：彭泽、瑞昌、武宁、景德镇、余干、南昌、宜丰、广丰、弋阳、万载、新余、资溪、宜黄、永丰、莲花、泰和、宁都、会昌、南康、龙南 20 个气象台、站组成江西省农业气象情报网。

12 日 省机械厅决定：省农机工业公司、汽车工业公司、电站设备公司、机床公司筹备处、进出口公司，对内分别为省机械厅农机处、汽车处、电工处、机床处、外事处（兼称进出口处），具有行政公司的职能。

13 日 省政府批转省编制委员会、省公安厅、省农林垦殖厅《关于在重点林区恢复和建立林业公安派出所的请示报告》。

16 日 省外贸局转发外贸部、海关总署《关于对出口淡水珍珠实行出口许可证制度的通知》。规定全省淡水珍珠统一由省工艺品进出口公司经营收购出口业务，任何其他企业、团体、个人都不得私自收购并对外谈判出口成交。

16 日 春节前后，江西省有 5580 人领到国务院颁发的工程师证书，这是建国 30 多年来的第一次。他们中除少数是套改、保持、确认的职称外，80% 以上是按国务院科技干部局制定的《工程技术干部技术职称暂行规定》的要求新晋升职称的。

16 日 共青团江西省委召开团地、市委书记会议。进一步学习中央和江西省委工作会议精神，传达贯彻团中央召开的各省、市、自治区团委书记会议精神，研究和部署了 1981 年江西省团的工作任务，提出要把政治思想工作放在领先地位，充分发挥青年在四化建设中的突击作用。会议提出 1981 年江西省共青团工作的六项任务是：（一）把思想政治工作放在领先地位，抓实抓好。（二）深入开展"争当新长征突击手"活动，充分发挥青年在四化建设中的突击作用。（三）关心和维护青年的切身利益，帮助青年解决实际问题。（四）树立"团要管团"的思想，加强团的自身建设。（五）加强对学校团的工作和少先队工作的领导，指导和支持青联、学联开展工作。（六）切实转变作风，改进工作方法。会议于 21 日结束。

17 日 政协江西省常委会第十四次会议在南昌举行。会议由省政协主席方志纯主持。省委书记、省政协副主席马继孔在会上讲了话。会议学习了中共中央工作会议和省委工作会议文件；讨论了列席省人大常委会第六次会议有关议程；听取和审议了省政协 1980 年工作情况报告；讨论和通过了省政协 1981 年工作要点（草案）和 1981 年第一季度工作安排（草案）；讨论和通过省政协学习委员会《关于进一步组织各界人士深入学习中共中央工作会议和省委工作会议文件的意见（草案）》；听取了省政协《关于组织政协委员视察活动情况的汇报》；通过了省政协《关于召开政协江西省第四届委员会第三次会议的决定》。会议于22日结束。

17日 省卫生厅在南昌召开全省医学教育工作会议。会议重新确定了省高等医学教育的发展规划和整体规模，制定了《江西省卫生系统职工教育十年规划实施方案》。会议于26日结束。

18日 省五届人大常委会六次会议在南昌举行。会议通过了关于召开江西省第五届人民代表大会第三次会议的决定；通过省人大常委会关于省政府所作江西省经济调整问题的报告和决议；通过有关人事任命的人员名单。会议于24日结束。

19日 省农业厅召开地、市、山农业局长和部分县农业局长、农技师、农艺师座谈会，专题讨论研究了1981年科学种田、粮食增产技术措施问题。

19日 省委办公厅赣文（1981）第2号文件向全省印发省委书记刘俊秀《关于国营垦殖场、农场情况的调查报告》。

19日 省农业厅在瑞金县进行为期一周的第二次土壤普查试点县成果验收（6月中旬，在泰和县召开江西省土壤普查学术交流和工作座谈会。10月制定出《江西省第二次土壤普查技术规程》。同时，华东地区土壤普查技术顾问组验收泰和县第二次土壤普查成果。经过这次土壤普查，摸清了耕地土壤的肥力状况，为因土施肥、因土种植、因土改良提供了科学依据）。

20日 省委、省政府发出《关于集中力量搞好春耕生产的通知》。通知要求全省各级党和政府，广大农村干部和社员群众，要立即行动起来，集中力量，投入春耕，为夺取全年农业丰收打好基础。为此，特作如下要求：（一）加强春耕生产的领导。（二）全面落实好农业生产计划。（三）切实加强春熟作物的田间管理。（四）全面搞好各项备耕工作。（五）各行各业要切实搞好支农工作。（六）省、地、市、县各级党政领导要深入农业第一线，帮助基层贯彻党中央和省委工作会议精神，落实农业生产计划，解决好春耕生产的有关问题。

20日 省政府召开全省教育工作会议。会

议于26日结束。

20日 25岁的古芳远在江西省田径队的六年中，三次打破两项竞走全国纪录，两次代表中国竞走队参加国际比赛为江西获得金牌，为祖国争得荣誉。

21日 省政府在江西艺术剧院举行颁发高级工程师证书大会。省政府、省政协、省科委、省科技干部管理局及有关方面的负责人同高级工程师、工程师1000多人参加了大会。会上，省科技干部局副局长高勉宣读了163位高级工程师名单。许勤、张国震、梁凯轩向他们分发了国务院颁发的证书。

21日 江西省青年联合会召开了第四届委员会第一次会议。会议审议并通过了省青联第三届委员会的工作报告，讨论通过了省青联简则，选举产生了省青联第四届委员会主席、副主席和常委。会议确定，当前和今后一段时期内省青联的任务是：在党的领导下，团结全省570万青年，广泛调动一切积极因素，发展革命的爱国统一战线，为实现政治上的进一步安定和国民经济的进一步调整，把我国建设成为伟大的社会主义现代化强国；为使台湾早日回归祖国，完成祖国统一大业，为发展同各国青年的友好往来，坚决反对帝国主义、殖民主义和霸权主义，维护世界和平而奋斗。会议于23日结束。

22日 在江苏无锡召开的1980年全国四环素同品种评比交流会议上，江西制药厂生产的出口四环素盐名列全国同行业的品种第三名，质量被评为第一类。全年产量达20吨，超过计划一倍，为国家赚取外汇66万美元。

23日 江西省学生联合会第三次代表大会结束。来自全省22所大专院校学生会的59名代表和列席代表出席了这次会议。为期三天的会议审议、通过了省学联"三大"筹备小组的工作报告，讨论通过了省学联简章和省学联第三次代表大会决议，选举产生了省学联第三届委员会。大会确定省学联今后的任务是：进一步动员江西省大学生努力提高思想政治觉悟，发扬共产主义道德风尚，学好文化科学知识，锻炼健壮体魄，在

党的领导下，为完成在安定团结基础上实现国民经济调整的巨大任务作出贡献，为把祖国建设成为伟大的社会主义现代化强国而奋斗。大会要求全省大学生要紧密地团结在党的周围，坚持党的四项基本原则，做安定团结、遵守纪律的模范，努力使自己早日成为一个德、智、体全面发展的合格人才。

24 日 冶金部办公厅转发国家建委、国家计委、国家进出口委、国务院清理在建项目办、财政部和中国人民建设银行联合下发《关于缓建贵溪冶炼厂的通知》。

25 日 省气象局气候资料室组织专业队伍进行了 30 年（1951 年至 1980 年）的气候资料整编工作日前业已完成。

25 日 江西省激光协会在南昌召开成立大会。来自全省 23 个单位的 48 名从事激光、物理、光学、电子学、计算机、医学研究的专家、教授、工程技术人员参加了大会。

25 日 民建省委、省工商联联合会召开江西省工作会议。传达贯彻民建中央、全国工商联为社会主义现代化建设服务经验交流会精神，动员"两会"组织和成员为促进安定团结、调整国民经济服务，开创工作新局面。会议于 3 月 2 日结束。

26 日 共青团江西省委发出通知，决定 1981 年 3 月在全省青少年中开展"学雷锋树新风"活动月的活动。通知要求在活动月中，团、队基层组织，要采取作报告、出板报、讲故事、演节目、教唱歌和主题团日、队会等方法，大力宣传雷锋爱憎分明的阶级立场、言行一致、公而忘私、奋不顾身、艰苦奋斗、助人为乐的革命精神，使广大青少年熟悉雷锋，学习雷锋，自觉地向雷锋同志那样学习、生活和工作。

27 日 东乡县东源公社新乐大队樟塘村南的丘陵山坡下（东经 118°6′，北纬 28°8′），发现有 30 多亩野生稻集中生长群落。东乡大面积野生稻群落，在江西省是第一次发现，在我国大陆上也是十分罕见的。

28 日 全省血防工作会议在南昌市召开。参加会议的有流行区地、市、县委分管血防工作的负责人，以及卫生、血防机构、科研单位的负责人。会议传达了全国血防工作会议精神，结合江西实际，部署了 1981 年江西省的血防工作任务。省委常委、副省长许勤主持了会议，并作了会议总结讲话。会议提出，在国民经济进一步调整中，血防工作必须进一步发展。会议于 3 月 2 日结束。

本月 省卫生厅对全省中等卫生学校进行了调整和整顿，将卫校年招生数控制在 2500 人至 2700 人左右，总规模控制在 7000 人至 8000 人之间。

本月 700 位港澳同胞分批到达庐山观赏雪景，在庐山愉快地度过了春节，并游览了湖口石钟山以及南昌、九江的一些名胜。

湖口石钟山

本月 江西机床修理厂与江西医学院第一附属医院等单位联合设计研制成 KP-Ⅱ型开放式喷射呼吸机，填补国内医疗器械一项空白（获 1982 年至 1983 年省科技成果一等奖。1985 年获国家发明三等奖）。

1981

3月 March

公元1981年3月							农历辛酉年【鸡】						
日	一	二	三	四	五	六	日	一	二	三	四	五	六
1 廿五	**2** 廿六	**3** 廿七	**4** 廿八	**5** 惊蛰	**6** 二月大	**7** 初二	**8** 妇女节	**9** 初四	**10** 初五	**11** 初六	**12** 初七	**13** 初八	**14** 初九
15 初十	**16** 十一	**17** 十二	**18** 十三	**19** 十四	**20** 十五	**21** 春分	**22** 十七	**23** 十八	**24** 十九	**25** 二十	**26** 廿一	**27** 廿二	**28** 廿三
29 廿四	**30** 廿五	**31** 廿六											

1日 江西自然辩证法研究会在南昌召开了成立大会暨首届学术年会。来自南昌地区和景德镇、萍乡、宜春、吉安等地（市）的会员代表181人参加大会。大会收到论文28篇。省委书记马继孔在会上作了学术报告。大会选出了由34人组成的首届理事会，马继孔为名誉理事长，高陵为理事长，李克为常务副理事长。

2日 地质部决定撤销江西省石油普查勘探指挥部，所属的第十普查大队和第七物探大队成建制划归江西省地质局。

2日 国务院批转《会计干部技术职称暂行规定》。省财政厅据此制定《江西省会计干部技术职务暂行规定实施细则》，并牵头组织评审试点。

2日 省政府通知各地，在巩固国营蚕桑场的同时，要大力发展社、队蚕桑生产，鼓励并扶持个人栽桑养蚕。

3日 省军区召开驻南昌市部队大会，动员干部战士深入开展学雷锋、学英模、建设社会主义精神文明的活动。省军区领导以及驻南昌市部队的干部、战士共1200多人参加大会。会上，省军区政治委员张闯初宣读了总政治部《深入开展学雷锋，学英模，建设社会主义的高度精神文明活动的通知》。省军区司令员信俊杰作了动员讲话。

5日 省经委召开生产办公会议，部署当前工交生产。省委书记、副省长傅雨田到会讲话；副省长兼省经委主任梁凯轩主持了会议。会议号召全省工交部门广大职工立即动员起来，努力增产节约，增收节支，提高经济效益，切实抓紧3月份工作，全面完成第一季度的工交生

洪都机械厂第九车间革新制造的光点直读分析仪，一次可分析10余个元素，提高工效4倍，为国家节约资金4万余元

产各项任务。会议要求做好如下几项工作：（一）狠抓轻纺工业，确保轻纺工业有一个大幅度增产。（二）狠抓重工业短线产品质量的生产。（三）狠抓能源的增产与节约。（四）狠抓产品质量，以优取胜。（五）狠抓增收节支、扭亏增盈。（六）狠抓生产调度指挥。（七）狠抓职工的思想建设。（八）加强党的领导。

5日 省经委、省财政厅转发财政部、国家经委《关于国营工业交通企业一九八一年继续试行利润留成办法的通知》。

5日 国家进出口委员会发出《关于贵溪冶炼厂推迟建设后开展对外工作的通知》。中央财经领导小组决定贵冶建成投产时间，由1982年推迟到1985年。

5日 全省卫生工作会议在南昌召开。会议制定了卫生事业六个调整方案（撤并重叠和低效机构、调整卫生事业经费、改善赤脚医生待遇等）。确定卫生事业实行以全民所有制为主，全民、集体和个人三种所有制并存制度。副省长许勤到会讲话。江西省人民政府转发了《全省卫生工作会议情况的报告》。会议于11日结束。

6日 省政府批转省农委、省农林垦殖厅《关于江西省自然保护区区划和建设问题的报告》。同意建立省属井冈山、庐山、九连山、武夷山、九宫山等五个森林类型自然保护区和省属彭泽桃红岭梅花鹿自然保护区，并要求各地在区划时，建立一些自然保护区或保护点、保护物。4月，成立省属六个自然保护区管理处和省自然保护区管理办公室，总计事业编制403人。六个保护区内，野生动植物资源丰富，种类繁多，仅高等植物种类就有5000多种，富有经济价值的油料、淀粉、纤维、药用等木本植物资源也相当丰富，另外，还有代表典型的中亚热带植被类型，其中部分属于国家重点保护的珍稀植物的种源。

6日 在省体委组织的南昌地区优秀田径运动员测验比赛中，江西省链球运动员胡钢以65.9米的成绩，平了解放军运动员纪绍明1978年创造的全国纪录。另外，18岁女子铅球运动员彭琴云以16.63米的成绩创造了江西省纪录，超过了

运动健将标准，是江西省田径项目第一个达到第22届奥运会报名标准的运动员。

6日 在赣东北地区海拔1300多米高的大茅山上，发现一棵茎高近30米，直径40厘米的稀有树种——香果树。香果树属茜草类茜草科的落叶乔木。

7日 《江西日报》刊登南昌铁路科研所女工程师吴佩卿的先进事迹，题为《把人民给我的知识献给人民——记省"三八红旗手"、工程师吴佩卿》（1982年，吴佩卿第二次荣获省"三八红旗手"称号，省电视台播放了她的事迹）。

8日 在法国巴黎举行的巴黎体操大赛中，童非以19.35分的总分获男子自由体操第一名；以19.30分和19.20分夺取吊环和双杠比赛第一名；以19.20分获单杠第二名；在鞍马比赛中，他还获得第三名并获得巴黎体操大奖赛个人全能亚军。在男子6个单项比赛中，他共获得3块金牌、1块银牌和1块铜牌。

体操世界冠军童非

9日 中国科学院动物研究所的科技人员在江西省北部考察时，在一处沼泽地发现了一群白鹤，共有100多只。白鹤是一种候鸟，在世界上已濒临绝迹。我国已把它列为国家保护动物。

9日 省政府召开了全省计划生育工作会议。副省长许勤在会上作工作报告。会议强调指出，江西省的计划生育工作必须围绕国民经济的进一步调整而深入开展。并提出，1981年计划生育工作的重点是进一步宣传贯彻党中央的《公开信》，大力提倡一对夫妇只生育一个孩子，按政策有计划地安排第二胎，坚决杜绝生三胎。同时，大力宣传提倡晚婚晚育。

10日 根据省委〔1981〕10号文件，"省委对台工作领导小组"更名为"省委对台工作小组办公室"，归口省委办公厅。

10日 省纪委发出通告,规定党员、干部不准利用职权侵占国家、集体和群众利益为私人盖房。通告规定:(一)不准以任何借口私自动用国家和集体的资金,也不准用请客收礼等不正当手段筹集建房资金。(二)不准套购用于工农业生产和国家、集体基本建设的专用物资(也不得用其指标);凡购买计划内的建筑材料,必须经有关部门批准。(三)不准利用职权损公肥私、低价购买建筑材料。(四)不准无偿动用国家、集体的运输工具为私人运输建筑材料。(五)不准利用职权无偿抽调劳动力,凡雇请他人建房,都应按劳付酬(群众自己互相换工的除外)。(六)在农村建私人住房未经合法机关批准,不准任意占用良田做宅基;在城镇建私房必须严格履行审批手续,服从城镇统一规划,不准影响交通和妨碍群众的公共活动。如有违反,应限期拆除,公家不负担拆迁费用。(七)不准建房倒卖,从中牟利。

10日 省气象部门根据调整的方针,撤并了一些重复机构。据统计,已撤销了4个地区的重复地面气象观测站;30个农业气象观测站,保留了13个;气象哨由348个削减为270个;原计划建立3个农业气象试验站减为1个;科研项目也由原来18个调为11个。

10日 中央农业广播学校江西分校近日(后改名为中央农业广播电视学校江西分校)成立,校址设在南昌县莲塘镇伍农岗省农业干部学校。

11日 JD-12型12英寸晶体管黑白电视机在江西无线电器材厂通过生产定型鉴定。

12日 南昌市永和门外(第一附属医院后)省二机局工地发现明代昭勇将军、都指挥佥事戴贡(死于明孝宗弘治十七年六月)及其夫人徐氏合葬墓,出土一批珍贵文物。

12日 省委发出《关于广泛深入持久地开展文明礼貌活动的通知》。《通知》要求全省响应全国总工会、共青团中央、全国妇联等9单位联合向全国人民发出的倡议,开展以"五讲"和"四美"为主要内容的文明礼貌活动。通知要求各地:(一)要抓好宣传工作,造成全社会都来讲文明礼貌的风气。(二)要抓好学雷锋的活动,用榜样的力量教育广大群众和青少年,树立社会主义新风。(三)要重点抓好城市、集镇、厂矿、学校的文明礼貌教育活动,教育的主要对象是青少年(包括儿童、幼儿),同时也要普及到城乡广大群众。(四)各级党委要加强开展文明礼貌活动的领导,列入党委的议事日程并作出部署。

12日 中国科技大学隆重举行授奖大会,给首届"郭沫若奖学金"获得者江西籍学生毛润生颁发了银质奖章、证书和奖金200元,并给毛润生的母校寄来了喜报,表示热烈的祝贺。毛润生于1977年以优异成绩考入中国科技大学化学系。

13日 省委工交政治部召开了全省工交战线思想政治工作座谈会。出席会议的有各地市委工交政治部主任、经委分管政工的负责人、省直工交各委办厅(局)主管政工的负责人、部分重点企业党委书记,共88人。会议学习了中央领导人有关思想政治工作的重要讲话,汇报了各地、各部门、各企业传达贯彻中央和省委工作会议精神的情况,回顾和总结了党的十一届三中全会以来工交战线的思想政治工作,研究了在新形势下,改善和加强工交战线的思想政治工作问题。会议强调,在新的历史时期,特别是在国民经济调整中,思想政治工作只能加强,不能有丝毫放松或削弱。会议指出,当前,江西省工交战线思想政治工作的主要任务是,按照省委的要求和部署,认真地、反复地落实中央工作会议精神,保证中央决定在经济上实行进一步调整,在政治上实现进一步安定的重大方针的贯彻执行,保证中央和省委规定的各项任务的完成。

14日 应江西省煤炭学会的邀请,中国煤炭学会常务理事、中国煤炭科学院煤化所所长汪寅人教授到江西省讲学,先后参加了能源科技政策座谈会和能源科学技术座谈会。并在江西省科技情报所作了学术报告。

14日 江西日用化工学会在南昌市召开成立大会。会议选举了学会领导机构,讨论通过了学会会章,研究部署了1981年的学会工作。会议认为,学会必须注重和推广应用科研,围绕提高质量，增加花色品种，改进包装装潢及"三废"利用方面开展学术讨论和科学实验活动。

14日 为了进一步加强林区治安管理，制止乱砍滥伐，搞好护林防火，有效地预防和处理反革命分子及其他犯罪分子破坏森林的活动，保卫林业生产建设，省政府批准在重点林区恢复和建立林业公安派出所。

14日 日本东京旅游观光静铁株式会社业务科一行人，在中国国际旅行社南昌分社人员陪同下，抵达景德镇考察旅游线路。考察于15日结束。

16日 省税务局发出《贯彻国务院〈关于加强市场管理，打击投机倒把和走私活动的指示〉中有关税收问题的通知》，规定对投机倒把活动，由工商行政管理部门处理，但对非法经营未税产品或利用发票作弊的，税务部门应予补税或罚款。

16日 由中国中央电视台和日本株式会社佐田企画共同组成的《长江》电视片制作团一行23人到达江西，开始在九江、景德镇、南昌等地进行现场录音、录像采访。《长江》是中日合拍的大型电视片之一，内容涉及长江及流域的四川、湖北、湖南、江西、安徽、江苏6省和上海市，连续播映时间达10小时以上。该片是从1980年4月开始采访、拍摄的，预计1981年9月可全部完成。

16日 为纪念巴黎公社110周年，江西省科学社会主义学会在南昌铁路局文化宫举行报告会。参加报告会的有800余人（3月16日、17日上午，省科学社会主义学会还举行了纪念巴黎公社学术讨论会。讨论会共收到学术论文19篇）。

17日 1977年改革招生制度后的江西首届大专毕业生的统一分配工作已经结束。参加这届分配的共有2580名毕业生，其中师范2261人，医科213人，实验员106人。这次分配工作贯彻"面向基层、保证重点"和"专业对口、学以致用"的原则。根据国民经济调整中加强重点的要求，在分配中，首先照顾了农林、轻化、煤炭3个系统的需要，医科毕业生分到地区的占65%以

上。此外，赣南师专吴贤贵、段孟生和宜春师专邓朱家同学，自愿申请去西藏参加四化建设，已得到组织批准。

18日 省政府举行优秀科技成果授奖大会，向荣获1980年省优秀科技成果项目的科技工作者和单位颁发了奖状和奖金。其中萍乡市农科所、宜春地区农科所、省农科院、赣州地区农科所协作育成的杂优组合"籼优2号"获一等奖。

18日 省政府召开了全省棉花生产会议，要求切实加强棉花生产领导，落实政策，制定措施，力争1981年皮棉总产量突破百万担。会议强调各地应抓好以下几项主要工作：（一）进一步落实有关棉花生产的经济政策。（二）继续加强和完善棉花生产责任制。（三）抓紧时机，落实计划，搞好备耕。（四）把科学种棉的生产技术工作摆到重要议事日程上来。副省长张国震主持会议并作了报告。

21日 玉山县社队企业局供销门市部正在施工的3层楼房突然全部倒塌，造成5人死亡，1人受伤，经济损失7万余元。事故原因是承担该工程的某公社手工业联社建筑队根本无能力从事设计施工工作，楼房倒塌的直接原因是门厅二楼钢筋混凝土主梁承受不了上面楼板和砖墙的荷载而发生断裂。

22日 省人民银行发出《关于成立中国人民银行江西省分行业务职称评定委员会的通知》。

22日 闽赣两省三地抗疟联防工作会议在江西省乐安县召开。参加会议的有福建省三明地区、江西省赣州、抚州地区参加联防的县、市卫生局长、防疫站长以及特邀代表共90人。会议要求各联防县要坚持"内防为主，以联促防"的方针，密切配合，通力协作，把抗疟斗争提高到一个新水平，争取在联防区内尽快控制和消灭疟疾，保护人民身体健康。会议于25日结束。

23日 省政协四届常委会第十五次会议在南昌市举行。会议讨论四届委员会第三次会议的准备工作，通过增补四届委员会委员名单。

24日 省政府批准了省科委和省财政厅联合拟定的《关于扩大科研所自主权试行办法》。根据《试行办法》，省科委和省财政厅经过研究，

确定11个科研所为扩大自主权试点单位。这11个科研所是：南昌市科学技术研究所、省机械研究所、省轻工化工研究所、省农业机械研究所、省冶金研究所、省建筑材料研究所、省工业卫生研究所、省农科院畜牧研究所、宜春地区林业研究所、庐山植物园、省计量所。

24日 省委召开全省大专院校思想政治工作座谈会。会议认为，加强大专院校的思想政治工作，是关系到能不能培养适应社会主义现代化建设需要的又红又专合格人才的大问题，也是关系到国家的前途和命运的大问题。认真总结经验教训，更加自觉地、更加努力地把思想政治工作做好，培养又红又专人才，办好社会主义学校，是大专院校所有教职员工、特别是党的工作者必须承担的光荣任务。省委第一书记江渭清在会上提出对于当前加强大专院校思想政治工作要着重解决的几个问题：（一）要充分认识加强大专院校思想政治工作的重要意义。（二）要认真总结经验教训，把思想政治工作做得深入、细致、扎实。（三）要切实加强和改善党对思想政治工作的领导。会议于28日结束。

25日 江西产"华灯牌"DS-1型12英寸黑白电视机通过生产定型鉴定。

26日 日本窑业（陶瓷）协会会长、东京工业大学教授素木洋一率日本窑业协会交流访华团一行13人，到景德镇考察旅游。交流访华团于28日结束考察。

28日 省政协四届三次会议在南昌市中山堂举行。共有655名政协委员出席了会议。会议听取和审议四届委员会《常务委员会工作报告》。与会委员列席了省第五届人大三次会议。会议补选四届委员会常务委员，通过了有关决议。会议于4月5日闭幕。

28日 省政府召开江西省科技工作会议。参加会议的有地、市、县科委副主任以上的科技部门领导干部。会议提出，科学技术工作应把促进经济发展作为首要任务，为国民经济的调整，为农业生产的提高，为人民生活用品生产的发展，为现有企业技术改造和技术进步作出更大贡献。

28日 省爱国卫生运动委员会发出《关于大力开展春季爱国卫生运动的通知》。该通知要求江西省各级爱国卫生运动委员会必须在各级党委和政府的直接领导下，广泛深入地动员城乡人民，在"五一"节前后，集中一段时间，大力开展以搞好环境卫生和饮食卫生为重点的春季爱国卫生运动。并要求各地做到：（一）认真搞好环境卫生。（二）紧密结合春耕生产，积极开展积肥造肥活动，搞好农村环境卫生。（三）大力加强食品、饮食卫生管理，防止"病从口入"。（四）大张旗鼓地开展卫生宣传活动。（五）在春季爱国卫生运动中，各级爱国卫生运动委员会要加强同各单位、各部门的协作，及时组织卫生检查评比活动，及时总结交流经验，表扬先进，推动后进。

29日 巴基斯坦国防部辅助秘书穆斯塔法一行6人，来南昌洪都机械厂参观访问。访问于30日结束。

29日 江西省第五届人大第三次会议在南昌举行。来自全省各地的1067名代表参加了大会。会议总结了江西省国民经济建设的经验教训，提出了进一步搞好江西省经济调整的目标、要求和措施。会议一致讨论并通过了《关于我省一九八一年调整国民经济的报告的决议》、《关于一九七九年、一九八〇年财政决算和一九八一年财政预算的决议》、《关于省人民代表大会常务委员会工作报告的决议》、《关于江西省高级人民法院工作报告和江西省人民检察院工作报告的决议》，通过了省五届人大三次会议提案审查委员会关于提案的审查报告。会议号召江西省人民更加紧密地团结在中共中央周围，在江西省委的直接领导下，同心协力，艰苦奋斗，发扬江西人民的光荣革命传统，坚决贯彻执行党的十一届三中全会以来的路线、方针、政策，排除一切干扰，克服一切困难，为完成这次大会所确定的各项任务，加速江西省的社会主义现代化建设而奋勇前进。会议于4月4日结束。

30日 省经济学会和省经济研究所就国民经济调整的有关理论与实践问题召开讨论会。省直机关、大专院校70多位经济理论界的专家、教学科研人员和有关经济部门的实际工作者参加了讨论。与会者探讨了江西省工农业经济调整的具体方向，并就应着重采取的措施提出了具体意见。

31 日 第四机械工业部批复景德镇市景华瓷件厂改称景华无线电器材厂（九九九厂）。

31 日 日本朝日新闻社采访组一行 4 人，由该社东京本社编委、文化部记者朵喉洇率领，在江西采访。期间，采访组先后访问了南昌、九江、庐山、景德镇的部分工厂、街道、文物古迹和风光名胜，以及当地人民群众的生活、工作和理想。采访于 4 月 6 日结束。

31 日 彩色故事片《梅岭星火》，由珠江电影制片厂组成的摄制组在赣南开拍。影片描写的是党的老一辈无产阶级革命家陈毅在红军第五次反"围剿"失败后，在赣南梅岭一带开展游击战，使红军队伍逐渐壮大的故事。

本月 丰城矿务局建新矿赣中建一队被煤炭工业部评为 1980 年甲级掘进队。

本月 中国国际信托投资公司总经理荣毅仁考察江西宜春钽铌矿。

本月 省政府在《关于加强江西省施工队伍管理的通知》中规定：（一）省属施工任务由省建设委员会下达，地、市的施工任务由地、市建委下达。（二）从 1981 年起不再发展扩大施工企业。（三）中央和外省建筑企业来江西省承担施工任务，应报经省政府批准，未经批准者一律清退；地、市施工企业跨地、市承担施工任务，应报省建委批准。

本月 江西省紧缩基本建设领导小组成立，由省计划委员会、省建设委员会、省建工局等部门的主要领导组成。

本月 根据国务院颁发的《关于推动经济联合的暂行规定》，景德镇电瓷电器工业公司、萍乡电瓷厂、九江电瓷厂、余干电瓷厂等组织成立江西省电瓷工业联营公司；景德镇印刷机械总厂、抚州印刷机械总厂等组织成立江西省印刷公司。公司成员与厂的隶属关系、所有制和财政上缴渠道不变。在经济上独立核算，自负盈亏。公司主要任务是实行统一规划、统一对外承揽业务、开展产品销售、增强竞争能力。公司均设在景德镇市，属省机械工业厅领导。

1981
4月
April

公元1981年4月							农历辛酉年【鸡】						
日	一	二	三	四	五	六	日	一	二	三	四	五	六
			1 廿七	**2** 廿八	**3** 廿九	**4** 三十	**5** 清明	**6** 初二	**7** 初三	**8** 初四	**9** 初五	**10** 初六	**11** 初七
12 初八	**13** 初九	**14** 初十	**15** 十一	**16** 十二	**17** 十三	**18** 十四	**19** 十五	**20** 谷雨	**21** 十七	**22** 十八	**23** 十九	**24** 二十	**25** 廿一
26 廿二	**27** 廿三	**28** 廿四	**29** 廿五	**30** 廿六									

1日 省税务局发出有关中外合资经营企业所得税和个人所得税纳税事项的通知。

1日 省气象局决定新建县气象局业务委托给宜春地区气象局代管，庐山气象台委托给九江地区气象局代管（1988年2月新建县气象局改属南昌市气象台管理）。

1日 江西省首例人工心脏瓣膜置换手术成功。该手术由省医学院第一附属医院胸外科程源恩副教授主刀，手术共进行了4个多小时（术后，患者恢复良好，5月痊愈出院）。

1日 全省高等院校和中等专业学校1981年招生工作会议在进贤召开。会议传达、学习了全国招生工作会议精神和国务院批准转发各地研究执行的《一九八一年全国高等学校招生工作的规定》，总结了江西省1980年招生工作经验，落实了1981年招生任务，研究和部署了1981年的招生工作。会议根据江西实际情况，对1981年招生工作中的有关问题作出了补充规定：（一）1981年江西省高等院校和中等专业学校招生继续实行分别报名、考试、录取，仍不搞预选，不搞一条龙。（二）外语考试成绩，本科、专科一律按50%计入总分。（三）中等师范学校招生计划的50%招收民办教师，中等农林学校招生计划的50%招收县共产主义大学应届和历届毕业生，考生参加江西省中专统一考试，招生指标下达地、市、山，单独划定录取分数线。（四）应届毕业考生，要有德、智、体三方面的书面材料，作为录取时的参考，如因无材料而影响录取的，由考生所在中学负责。（五）体检工作要加强责任性，建立岗位责任制。

2日 在上海举行的全国竞走、马拉松春季比赛中，20岁的江西籍运动员邱世永，在我国首次50公里竞走（公路）比赛中，以4小时30分6秒的成绩夺得冠军，并创造了全国纪录。

2日 南昌市物价委员会、市工商行政管理局发出《南昌地区不准议价的日用工业品目录》的通知，以便于控制议价商品的任意扩大，接受广大人民群众的监督。通知指出，今后，任何单位和个人都不能继续以议价经营一、二类日用工业品。凡违反此规定的，工商行政管理部门、物价部门和主管部门有权进行干预，并可按照有关规定，采取罚款、停发奖金、扣发其负责人员的工资，并给予行政处分等。

2日　截至当日，南昌铁路局创造了建局以来的首次连续100天无行车重大事故的记录。

3日　省政府发出《关于整顿税收，加强税收集中统一管理的通知》。

3日　省政协四届常委会十六次会议在南昌市举行。会议审议将提请省人大四届三次会议通过的《决议》（草案），并决定将大会提案审查委员会改为常设提案审查委员会。

3日　华东地区第三次物质协作会在南昌市举行。与会的除华东地区6省1市的代表外，还有北京、天津、河北、河南、湖北、湖南、云南、贵州8个省、市的代表，共293人。国家物资总局协作办公室也派员前来参加。到会的各省、市的代表，按照就近就地开展协作的原则，本着相互支援、互惠互利的精神，从各自的实际出发，互通有无，共签订合同170份，成交金额达5600多万元。江西省发展轻纺工业所需的原材料，通过这次会议得到了部分补充。

3日　江西省妇女保健院主任医师傅兴生，首先发现并应用西豆根甲碱治疗恶性葡萄胎取得可喜成绩，她的科研成果得到了全国医学科学大会和江西省科学大会的嘉奖。

5日　省政府批转省农林垦殖厅《关于划分林区问题的请示报告》，同意将崇义等17个县和九江市庐山区、景德镇市蛟潭区、南昌市湾里区定为林业县、区。国营大茅山等6个省属垦殖场定为林区垦殖场。林区要贯彻"以林为主，多种经营"的方针，加快林业建设步伐，促进林区经济繁荣。

6日　南昌市石油加工厂根据原南昌市燃料公司工作人员余晖多年的精心研究，建成我国第一座润滑油再生无泵化、半自动新工艺车间。过去20人管理的车间，如今只需五六个熟练工人。

6日　省委召开为期4天的地、市、县委书记座谈会，着重讨论农村生产责任制问题。会议总结了当前农村生产的五个问题：（一）当前农村工作中的主要矛盾，是"左"的错误的影响对农民积极性的压抑和对发展农业生产的束缚。（二）必须尊重生产队的自主权，尊重广大干部

群众的意愿，在贯彻群众路线的基础上，由干部群众自己因地制宜地选择适应不同地方的生产力水平和干部管理水平的、为他们所喜爱的、行之有效的生产责任制形式。（三）适当扩大自留地和允许存在"自留人"，这是充分利用农村的劳动力资源，扩大多种经营，增加农副产品生产，增加农民收入，活跃农村经济的一项重大政策，应当认真研究，因地制宜地贯彻执行。（四）多种经营，是江西省农业生产中的一个薄弱环节。在抓紧粮食生产的同时，大力开展多种经营，是改变江西省农业生产结构单一、商品经济不发达的状况，使农村尽快繁荣起来的一项战略性措施。（五）贯彻农村经济政策，落实各种生产责任制，关键在于加强党的领导。江渭清在讲话中强调，大家要自觉地清理和清除"左"的错误的影响。只要有利于国家、集体、个人三方面利益的正确结合，有利于发挥集体经济的优越性和社员个人的积极性，有利于彻底摆脱"左"的错误的影响，有利于农业生产的全面发展和集体经济的进一步巩固，有利于农民尽快地富裕起来，生产队有权自己选择生产责任制形式，上面的领导重在正确引导。

7日　国务院副总理万里、铁道部副部长邓存伦到南昌铁路局检查工作，对主要干线技术改造等问题作了指示。

7日　万载县仙源公社乐坪大队发生盗枪杀人案。犯罪分子廖耀明撬开大队民兵营长办公室，盗走"五六"式半自动步枪1支，子弹80发，割断大队电话线，持枪抢劫该大队代销店，开枪打死营业员和炊事员2人，打伤1人，抢走现金60余元。破案后，廖犯被依法判处死刑。

7日　省水利厅召开全省水利工程经营管理会。会议对1981年的防汛抗旱工作作了研究和部署。要求各地认真吸取以往的经验教训，克服麻痹思想和侥幸心理，牢固树立抗灾夺丰收的思想，从思想上、组织上、物资上充分做好抗大洪和抗大旱的两手准备。会议提出，要把水利工作的重点从建设转到管理上来，切实地把现有水利工程管好，保证工程安全，充分发挥工程效益，搞好多种经营，更好地为工农业生产服务。

8日 中央人民广播电台驻江西记者站、中国国际广播电台驻江西记者站在南昌市成立，站长张利康。

8日 省供销社召开地、市供销社主任会议。决定1981年江西省供销社工作以发展农村多种经营为重点，在全省供销社系统广泛开展"一个方针"（改革开放），"两个服务"（为农业生产、为农民服务），"三大观点"（政治观点、群众观点、生产观点）的教育，清除"左"的思想，提高对改革、开放、搞活方针的认识。加强调查研究，摸清地方资源，制定发展多种经营规划，建立生产基地，积极做好扶持生产工作，切切实实帮助农民解决实际问题。

9日 省委办公厅发出13号文件，通知成立江西省委党史资料征集委员会。

9日 全省城市环境卫生工作座谈会在南昌市环境卫生管理处召开。会议就如何肃清"左"的思想影响和流毒，在调整时期加强城市环卫工作等问题进行了讨论并修改城市环境卫生管理暂时条例。这是解放以来江西省首次召开的城市环卫会议。出席会议的有各行署建委和江西省10个城市城建局、环卫处的负责同志，省直有关部门的负责同志和环卫工人代表也参加了会议。

9日 江西省有关中药藤黄抗癌研究的两篇学术性论文在天津召开的全国性肿瘤学术会上宣读后，受到出席会议的知名专家、教授的重视和好评。通过大量的实验证明，藤黄对动物移植性肿瘤及体外培养的人体肝癌等癌细胞均有一定的抑制杀伤作用，对人体无剧毒。数年来先后对176例恶性肿瘤治疗的分析，表明对乳腺癌、皮肤癌、软组织肉癌等多种恶性肿瘤疗效颇佳。

10日 南昌铁路局根据铁道部通知，将1959年8月成立的公安处民警训练班改为南昌铁路局人民警察学校。

10日 抚州行署公安处依法逮捕机关特务封振良。封犯1979年在海南岛与国民党特务机关沟通联系，被委任为"驻宜黄情报员"和国民党十二大"敌后代表"。封犯在收集情报时落网。

11日 由江西自行制造和安装的江口水电厂四号机组正式并网发电。这台机组的容量为8800千瓦，是江西自行设计制造和安装的同类型机组中最大的一台机组。

花园式工厂——江口水力发电厂

13日 省委工交政治部、省经委、省建委、省农委、省国防工办、省商业厅、省供销合作社、省总工会、共青团江西省委9个单位联合发出通知，颁发《职工文明守则》。通知说，为了响应党中央的号召和全国总工会、团中央、全国妇联等单位的倡议，把"五讲"、"四美"活动广泛深入地开展下去，特结合江西省厂矿企业的具体情况，拟定《职工文明守则》。《职工文明守则》共12条。通知指出，《职工文明守则》是江西省厂矿企业职工的共同言行准则，是职工群众开展"五讲""四美"活动的具体要求。通知要求全省各条战线的职工在各级党委的领导下，积极响应全国总工会、团中央、全国妇联等9个单位关于开展文明礼貌活动的倡议，发挥工人阶级的主力军作用，争做建设社会主义精神文明的先锋。

14日 省政府、省军区在南昌联合召开招收飞行学员工作会议。号召应届高中毕业的适龄学生，发扬爱国主义精神，听从祖国召唤，积极报名参加人民空军，争当一名光荣的航空兵飞行员，为保卫祖国、建设四化贡献青春。

15日 省环境保护办公室发出《关于执行国务院环境保护领导小组〈关于集中一段时间开展环境保护宣传的通知〉的通知》。决定从4月起至

5月中旬，集中一段时间开展环境保护宣传活动。

15日 省政府颁发《江西省加速"四旁"绿化暂行办法》。

15日 省文化局、省剧协、省美协联合召开舞台美术理论座谈会。来自全省各地、市、县的舞台美术工作者150多人参加了这次会议。会上成立了中国舞台美术学会江西分会，选举产生了学会领导机构。中国戏剧家协会、中国舞台美术学会会长孙浩然给会议发来了贺电，祝贺会议成功。座谈会于26日结束。

16日 省卫生厅、省工商行政管理局、省医药管理局、省供销合作社、省公安厅联合发出《关于加强对游医、药贩管理的通知》。通知要求对于凡在江西城乡和集市擅自从事行医卖药和未经卫生行政部门批准张贴医药宣传品者，不论其是否持有省内外任何单位证明，均属非法，必须坚决予以取缔。

16日 省建设委员会组织以省城市规划科研为主的庐山风景名胜资源评价小组，开展庐山风景名胜资源评价工作，同年9月底完成。获1984年度省优秀科研成果二等奖和建设部科技进步三等奖。

17日 江西省畜牧水产厅畜牧兽医处最近在于都县梓山首次进行飞机播种牧草试验。

18日 由江西、福建、浙江、江苏、安徽、山东和上海6省1市联合组织召开的"第二届华东昆虫学术讨论会"在南昌举行。讨论会着重交流了华东地区昆虫学研究中取得的新成果，并从理论和实践上探讨了昆虫的生物学特点，以及粮、棉、油及果树、园林、卫生等害虫的综合治理中的若干问题。讨论会于23日结束。

19日 高安县公安局与省第四劳改支队联合破获陈国富特务案。陈犯偷听敌台广播，先后向特务机关投寄勾联信件33封。特务机关给陈犯编了代号"57376"，委任其为"国民党'十二大'荣誉代表"、"地区联络组长"。破案时，缴获2封特务机关来信等反革命罪证。陈国富被依法逮捕判刑。

19日 省政府召开工交生产办公会议。会议总结了全省第一季度的工交生产情况，并指出第二季度是完成和超额完成全年计划的关键。为此，会议要求各级工交部门切实抓好如下几项工作：（一）思想认识上要跟上形势。（二）工作作风上来一个大转变。（三）把经营管理搞活。（四）生产水平有一个较大的提高。（五）抓好重点，抓好薄弱环节。（六）各部门要大力协作，勾通关系，支持工业生产。（七）思想政治工作要打开一个新局面。

19日 1981年全国技巧冠军赛在南昌举行。参赛的有北京、上海、江苏、安徽、浙江、湖南、四川、广东、广西、云南、江西、福建、山西13个省（市）的男女运动员共计340多人。比赛分为甲组（专业队）和乙组（各省、市的后备力量）。比赛项目有男、女单人，男、女双人，女子三人

江西女子三人技巧：立柱高双臂大弓背倒立剪影

和男子四人7个项目。比赛于25日结束。

20日 为适应江西省轻工业的发展需要，为发展新产品提供数据和资料，省科技情报研究所在省政府大院内省科技情报研究所三楼礼堂举办国外产品样本展览会。展出日本、英国、美国、联邦德国、法国、瑞典、意大利等国轻工、电子、电器设备、化工、运输、医药、机械、农机、建材、仪表、动力设备等12个专业2000余种最新产品样本和少量实物样品。另外还展出中外文部分手册、词典、年鉴、百科全书等工具书。展览会于30日结束。

20日 由省文化局举办的1981年江西省戏曲现代戏、儿童剧汇报演出在南昌举行。文化部艺术一局、中国艺术研究院戏曲研究所、中国戏剧出版社、中国唱片社上海分社、上海戏剧学院、上海音乐学院以及福建、浙江、湖南、山西4省均派来人员观摩指导。这次汇报演出共有14

台戏，演出了 30 场，观众近 4 万人次。大会对参演剧目分 7 个项目进行了评奖。同时，大会还就戏曲现代戏如何反映伟大的新时代、塑造社会主义新人形象和戏曲化等问题，进行了探讨，并先后召开了儿童剧创作座谈会、《祭碑出征》专题讨论会和现代戏舞台美术经验交流会等。这次汇报演出检阅了江西省现代戏、儿童剧的创作成果，交流了创作和演出经验，明确了提倡现代戏、儿童剧的重要意义。演出于 5 月 18 日结束。

20 日 省妇联在南昌召开地、市、县妇联主任会议。贯彻中央书记处提出的妇联要以抚育、培养、教育儿童少年作为工作重点的指示精神。会议于 26 日结束。

21 日 省人事局会同有关部门从江西农业大学（原共大总校）七八级"社来社去"的毕业生中择优录用国家干部 306 人，主要充实县以下农业基层单位。

21 日 省第四届政协主席方志纯邀请南昌市委、市革委会和西湖区、东湖区革命委员会负责人座谈落实爱国人士私房政策问题。

21 日 南昌市朝阳水厂 10 万吨/日二期工程竣工通水，生产能力增至 20 万吨/日，国家投资 717.28 万元。

21 日 省政府批复省进出口委员会和省外资委员会，同意成立江西省国际信托投资服务公司、江西省国际信托服务公司和江西省国际经济情报研究所。

22 日 省政府召开全省职工教育工作会议，学习和研究贯彻中央《关于加强职工教育工作的决定》。

22 日 省政府在南昌召开全省工业管理体制改革座谈会。传达贯彻全国工业管理体制改革座谈会精神，研究和讨论如何围绕调整继续搞好工业企业的改组和联合，如何巩固提高企业扩权试点工作，改革县（市）工业管理体制，整顿和提高企业管理等问题。对价格政策也有所改革和调整。参加会议的代表有各地、市、山的领导人，经委、劳动、财政、工会的负责人，省委、省政府有关部、委、办的负责人，省总工会、团省委、省妇联和省直有关厅、局、院以及出版、教育、

科研单位和部分厂矿企业的负责人共 250 余人。

22 日 省经济学会、企业管理学会、财政学会、金融学会、统计学会、物资学会、粮食学会、会计学会、技术经济学会在南昌的理事，省价格学会、国土经济研究会、经济预测研究会的筹备组成员，以及省水利学会、林学会、水产学会、畜牧学会、茶业学会、蚕桑学会的负责人举行联席会议。参加会议的还有省经济部门和一些大专院校的负责人、经济理论工作者和经济实际工作者，共 100 多人。会议传达了在浙江省杭州召开的全国经济学团体联合会第一届理事会议精神，讨论和研究了江西省经济界各学会、研究会的路线、方针、政策、任务、要求和方法。会议认为当前要重点研究的是：怎样调整经济结构，怎样改革经济体制，社会主义阶级斗争规律，社会主义发展规律，中国经济、社会发展的战略，各国建设社会主义的模式，中国国情、各省省情，我们应该走什么道路等。会议要求江西省经济理论工作者和经济实际工作者，一定要认真贯彻落实全国经济学团体联合会首届理事会议的精神，齐心协力搞好经济科学的联合，积极开展经济学科的研究工作，为社会主义现代化出产品、出成果作出贡献，以迎接全国经济学团体联合会第一届年会的召开。

24 日 省煤炭局在乐平矿务局召开劳动工资工作会议。会议要求整顿奖励制度，制止滥发奖金；刹住井下工人倒流上井，1979 年以来倒流上井的一律动员下井；全部清理计划外用工。

24 日 南昌柴油机厂、江西手扶拖拉机厂、江西气体压缩机厂、九江动力机厂、抚州汽车厂、江西光学仪器总厂、南昌齿轮厂等被评为江西省 1980 年度安全生产先进企业。

25 日 洪都机械厂试制的红菱 50 机器脚踏两用车、红菱 24 轻便自行车，经国家鉴定，颁发了鉴定证书和"红菱"牌商标。三机部副部长吴瑾主持这次鉴定会。

25 日 从当日起，由江西省 12 家纺织厂生产的 107 个品种 407 个花色的人造棉、维棉、丝绸等产品在北京市展销，这是江西省纺织品第一次进入首都市场。

27日 国务院批准授予全国籼型杂交水稻科研协作组籼型杂交水稻特等发明奖，奖励湖南、江西、广西、福建、广东等12省、市、区。江西获奖金2.1万元，重点奖励作出贡献的萍乡市农科所和在这一研究中作出显著成绩的省农科院、宜春、赣州地区农科所。

28日 应中华全国中医学会江西分会的邀请，以桑木崇秀为团长、中尾断二、高濑邦人为副团长的日本中医学术研修团一行7人，于25日到达南昌，进行了为期4天的友好访问。访问期间，日本朋友和江西省中医、中西结合、中西药等各方面的专家进行了学术交流。他们参观了江西省中医学院及其附属医院，并到八大山人纪念馆、南昌市工艺美术厂等游览。研修团于当日离开南昌。

29日 民革南昌市委员会主办的南昌中山业余学校在中山堂举行开学典礼。该校于1981年1月开始筹办，设有会计、英语、日语、古典文学、新闻、剪裁、文化补习7个专业，23个班级共计学员1095人，学员大都来自机关、企业、事业单位的在职人员。

29日 第四机械工业部批复江西有线电厂、景光电工厂和景华无线电器材厂举办职工技术学校，分别设立整机、机械加工、电子元器件和电子材料等专业，学制为3年。

29日 省建工局颁发《建筑安装工程统一劳动定额江西省修订定额》（土建部分），对国家定额和江西省补充定额进行修订，自1981年7月1日起执行。

30日 省税务系统根据税务总局布置，开展经济税源普查。

30日 为了贯彻执行国务院作出的《国民经济调整时期加强环境保护的决定》，经省政府批准，全省环境保护工作会议召开。参加会议的有省直有关委、办、厅、局，全省6行署4市的环境保护部门和部分县（市）环保办的负责人以及从事环保工作的科技人员。会议期间，省委书记、副省长傅雨田到会听取了代表的意见并作了讲话。会议要求全省各地加强领导，采取措施，认真贯彻国务院发出的加强环境保护工作的决定，搞好江西的环境保护工作。

本月 由中央电视台、《中国少年报》等联合举办的全国少年儿童大字比赛经在京的著名书法家共同评议，南昌师范附属学校三（1）班邓晖（男、9岁）、南昌师范附属学校二（1）班李丛（女、7岁）获儿童乙组二等奖；南昌市百花洲小学三（1）班熊涛（男、9岁）获儿童乙组三等奖；南昌市洪都子弟学校五（2）班程志斌（男、11岁）、上饶市第六小学黄胜（男、12岁）获儿童甲组三等奖；九江市二中文琦获少年组三等奖。

本月 江西钢厂研制生产的柱塞弹簧钢丝和高强度弹簧扁钢丝获国防科委、国防工办颁发的重大技术进步成果奖。

本月 省委召开全省地、市委书记座谈会，肯定"双包"责任制有利于改变贫困落后社、队的面貌。在选择何种责任制时，要尊重广大干部、群众的意见。

本月 江西省一建公司引进微沫剂生产工艺，在省内首先应用（至1983年底，共生产使用微沫剂25吨，节约生石灰3800余吨，节约金额23万元，同时解决了历年来砂浆强度达不到设计标号的通病，使沙浆强度的合格率达94%）。

本月 经省政府批准，成立江西省建筑材料公司，隶属省建材局。

1981

5月
May

公元1981年5月							农历辛酉年【鸡】					
日	一	二	三	四	五	六	日	一	二	三	四	五	六
					1 劳动节	**2** 廿八	**3** 廿九	**4** 青年节	**5** 立夏	**6** 初三	**7** 初四	**8** 初五	**9** 初六
10 初七	**11** 初八	**12** 初九	**13** 初十	**14** 十一	**15** 十二	**16** 十三	**17** 十四	**18** 十五	**19** 十六	**20** 十七	**21** 小满	**22** 十九	**23** 二十
24 廿一	**25** 廿二	**26** 廿三	**27** 廿四	**28** 廿五	**29** 廿六	**30** 廿七	**31** 廿八						

1日 地质部副部长张同钰率领工作组来江西。先后考察了九〇八队等单位，要求加速地质队伍专业化改组。考察工作延续一个多月，至6月16日结束。

1日 赣州市第一中学在第四届全运会期间被评为全国体育先进单位。

1日 年仅17岁的羽坛新秀钱萍，在访日期间，作为中国少年羽毛球队的第一主力参加三场单打、三场双打友好赛，都以2：0获胜。钱萍是江西羽坛的第一位出访选手。

2日 在昆明举行的1980年全国土霉素交流评比会上，江西国药厂生产的土霉素从1979年的三类产品，一举跨入了全国同类产品的先进行列。

3日 南昌市革委会颁发《南昌市噪声管理暂行规定》，该《规定》共13条款。

3日 香港九龙地区"中国天地旅游有限公司"61家旅行社经理、董事长和香港《大公报》记者一行80人，登庐山旅游考察。下山后，在鄱阳湖旅游船上举行了新闻发布会。

4日 为了贯彻落实全国基本建设工作会议精神，讨论研究如何进一步搞好江西省的基本建设调整工作，省政府在南昌召开全省基本建设会议。省委、省政府负责人听取了出席会议的各地市和省直有关部门负责人的情况汇报。会议传达了全国基本建设工作会议精神，总结了江西省30年来基本建设工作的经验教训，讨论了进一步搞好基本建设调整工作的措施。会议认为，为使国民经济早日走上健康发展的轨道，必须做好下面几项工作：（一）要严格控制基本建设规模。（二）切实做好停缓建项目的善后工作。（三）坚持按基本建设程序办事。（四）努力完成1981年的基本建设计划。（五）积极搞好基本建设队伍的整顿和建设。会议于11日结束。

5日 国家税务总局发布《必须对纳税单位和个人在纳税中发生偷漏、拖欠工商税情况进行一次认真的检查清理的通告》。省税务系统按通知规定，开展清理偷漏欠税工作。

6日 为发展诗歌创作，讨论当前诗歌创作和理论方面的一些问题；中国作家协会江西分会、《星火》文学月刊社在南昌联合召开全省诗歌创作座谈会。70余名新老诗人、报刊诗歌编辑和评论工作者参加了会议。会议学习了中央的有关文件，围绕着诗歌如何反映时代精神这一重大问题，结合当前有关对"朦胧诗"的争论，着重就诗人与时代、诗与生活、诗与人民的关系、继承与革新、吸收与消化等问题进行了深入的讨论。会议认为，诗歌应扎根于生活，反映生活，反映时代脉搏。诗人要满腔热情地讴歌新时代，揭示和鞭挞一切阻碍历史前进的事物，为人民群众提供丰富多彩的精神食粮，要给人民以建设新生活的信心和力量，为振奋民族精神作出应有的贡献。会议于13日结束。

7日 省政府第七十一次省长办公会议决定，从省商业厅当年的专用基金中，拿出1490万元（后由于项目增加共拨款1680万元），兴建南昌工业品贸易中心、洪城大厦、华侨友谊商店、江南饭店、九江小商品市场和改造南昌百货大楼、八一商场。

8日 江西省地质局成立了环境水文地质总站，下设南昌、九江、赣州等10个分站。环境水文地质总站是环境保护科学研究单位之一，主要任务是勘察研究江西省范围内的水文地质环境质量情况，其中特别着重研究地下水质量与人类生产生活的关系，防止地下水污染和合理开发地下水资源的具体方案等。

8日 省政府召开电话会议，要求工交战线广大职工大干50天，千方百计完成上半年生产任务，力争"双过半"（时间过半，任务完成过半）。参加会议的有省有关部、委、办、厅、局、总工会和各地、市、县各级政府、工交部门的负责人，以及县属以上企业的负责人。会议简要传达了全国工交工作会议精神。会议强调，当前工交企业要突出抓好下列几件事：（一）各级领导思想上要树立完成任务的坚定信念。（二）广泛开展劳动竞赛。（三）积极推动经济责任制。（四）努力抓好消费品和短线产品的生产。（五）切实注意安全生产。

10日 江西省社会科学人员业务技术职称评定委员会成立。评委会委员共53人，主任委员由省人事局局长李树家担任。

10日 为纪念"五四"青年节，省文化局、省美协、共青团江西省委联合主办的《江西青年美术作品展览》在省文联展览厅正式展出。这是江西省建国以后第一次举办的青年美术作品展览，展出的176件作品，绝大多数都是描写人物、反映现实生活的。

10日 景德镇发现大批珍贵的明代世俗建筑，其中有若干建筑物是已发现的明代建筑中的孤例，填补了我国建筑史实例的空白。这是继徽州（安徽省）与江苏洞庭东山发现明宅之后又一次重大发现，也是我国建筑考古领域内一个可喜的收获。这次发现已引起国家文物管理局和中国建筑学会古建筑委员会等有关研究单位及高等院校的高度重视。

11日 省人大常委会根据全国人大常委会《关于组织全国人大常委会委员视察工作的通知》精神，决定组织在江西的全国人大常委会委员和省人大常委会委员，分成6个视察组，分别由全国人大常委会委员、省人大常委会主任杨尚奎，全国人大常委会委员方志纯，省人大常委会副主任刘俊秀、张宇明、李芳远、谢象晃率领，分赴上饶、九江、赣州、吉安地区和南昌、景德镇、九江市视察工作。视察的项目，主要是围绕当前国民经济调整工作，着重检查对省五届人大三次会议通过的各项决议的贯彻执行情况。在城市视察工业调整和现有企业的整顿、改组工作等方面；在农村视察落实农村经济政策和完善各种形式的生产责任制等方面；委员们还将自己选定其他视察项目。各视察组均于近日内先后出发。

11日 省政府发出通知，要求各地区、各部门和各企业遵照国家经委、国家劳动总局、全国总工会等9个部门联合发出的《关于开展安全活动的通知》精神，1981年5月在全省范围内开展安全活动，集中一段时间进行安全卫生教育和检查。省政府要求：（一）从城市到农村，各行各业都要行动起来，运用各种宣传工具，大张旗鼓地进行安全卫生教育，提高对安全卫生的认识，树立安全第一的思想，自觉地执行党的安全生产方针和各项劳动保护政策、法规和规章制度，搞好安全生产、文明生产。（二）要根据中央 9 个部门的联合通知精神，进行安全检查。
（三）要切实加强领导。

11 日　在全国田径分区赛（南京赛区）的比赛中，江西籍田径健儿获得了 5 块金牌和 10 个前 3 名，同时，男子链球、跳远、铁饼、200 米、跳高、800 米以及女子铅球均打破了江西省最高纪录。

12 日　江西省 8 所职工高等院校（江西机械职工大学、萍乡煤矿职工大学、江西棉纺织印染厂职工大学、景德镇陶瓷职工大学、国营人民机械厂职工大学、新余钢铁厂职工大学、国营洪都机械厂工学院以及南昌市业余大学），1981 年秋季起实行江西省统一招生。共招收学生 1148 人，其中全科 830 人，单科 310 人。这些院校除洪都机械厂工学院面向本厂招生、南昌市业余大学面向本市招生外，其余都面向本系统所属厂矿招生。

12 日　省科协、省卫生厅、省市护理学会在省委礼堂联合举行大会，庆祝"五一二"国际护士节。来自省市的 1100 余名护理人员参加了大会。省工、青、妇和省直有关部门的负责人也出席了大会。会上，许勤代表省委、省政府讲了话，指出护士工作是光荣的岗位，强调全社会都要尊重爱护护士。

12 日　省委、省政府批转省编委《关于重新核定江西省地方各级行政编制分配方案的报告》和《江西省机构编制管理试行办法》，重新规定了各级编制委员会的职责任务和机构编制的审批权限、管理方法等问题。

13 日　在赣西北石花尖林区大坪岗路侧，发现一对油茶连理树（枝条连生在一起的树）。这两棵油茶相距 0.3 米，左边一棵树在距地 1.5 米处，生有一根酒杯口粗的枝条，直搭于右边那棵树的躯干上，两树呈"H"形，自然共生一体，天衣无缝。左边的一棵树龄约 25 年，右边一棵树龄有 18 年，两树连生约 10 年。

13 日　在冶金部召开的全国地方骨干钢铁厂炼铁、烧结竞赛评比会上，萍乡钢铁厂被评为 100 立方米高炉红旗单位，新余钢铁厂被评为 255 立方米高炉先进单位，其主要技术经济指标在全国 40 多个地方骨干钢铁企业中排名第一，双双获得冠军。

13 日　省文化局主办的《芬兰现代版画展览》在南昌市省博物馆举行。芬兰驻中国大使苏奥梅拉和二等秘书乌西塔洛，由中国展览公司副经理王鸣时陪同，专程来南昌参加了开幕式。副省长许勤也出席了开幕式。这次展览展出的作品有木刻、彩色丝、腐蚀版画、石版画、麻胶版画等 53 幅。这些作品是从芬兰当代版画家的作品中挑选出来的，表现了芬兰优美的风景和人民的生活。展览于 26 日结束。

14 日　在由团中央、教育部、国家体委联合举办的 1980 年全国市、县小学基层代表队小足球比赛中，江西省 32 所小学选拔组成的代表队夺得冠军。

15 日　首届江西省产晶体管收音机质量评比在南昌举行，南昌无线电厂生产的"英雄"牌 H/10－D 型晶体管收音机被评为第一名。

15 日　由省哲学社会科学学会主办的《争鸣》杂志复刊，这是江西省哲学社会科学综合性学术刊物。省委书记、省社联主席马继孔写了复刊词——《祝〈争鸣〉复刊》。

15 日　由中国电影发行放映公司、中国美术家协会联合举办的《全国电影宣传画展览》在南昌展出。展出时间为半个月，展览于 31 日结束。

16 日　南昌市邮政局职工万林华将珍藏 40 余年的盖有邮戳的"大清邮政立卷邮件"献给国家。邮电部邮票发行局颁发了奖金和纪念品。

16 日　省委、省政府发出《关于贯彻落实中共中央、国务院〈关于普及小学教育若干问题的决定〉的通知》。

16 日　省妇联和省政协妇女工作组邀请在南昌的省政协女委员、民主党派女负责人、民建、工商联的女成员及归侨、台胞等各界女代表，就重视和关心儿童和少年身心健康成长问题举行了座谈。与会代表在会上一致要求有关部门抓紧做好师资培训工作，努力提高教学质量，为少年儿童建立课外活动阵地；多创作儿童文学文艺作品；生产适应儿童特点的服装、玩具等。

17日 省妇联、省总工会、团省委、省文联、省科协的负责人举行会议，讨论了全国5个群众团体发出的《全社会都来为孩子们的健康成长做好事》的倡议，表示热烈响应。同时希望江西省党、政、军、民、学、各行各业、各界人士都来支持和响应这个倡议，并要经常地、持久地做好如下工作：（一）广泛宣传全国五个群众团体联合发出的倡议。（二）要为江西省儿童和少年提供丰富的精神食粮和必需的生活用品。（三）要促进城乡托儿所（组）、幼儿园（班）的发展和提高，逐步解决"托儿难"的问题，努力提高教学质量。（四）江西省各级妇联、工会、共青团、文联和科协要加强协作，调动各方面的力量为少年儿童办好事，要动员学龄儿童全部入学。

赣州市妇联实验幼儿园的"家长学校"开放日

18日 南昌铁路局科研所研制的《移动式气压焊接机及配套机具》和《DSC－A型行包称重电容式电子秤》的情报调研项目，分别获江西省科委科技情报成果二等奖和三等奖。

18日 江西省国营四五九厂开始试制WYD－I型卫星—奥米加组合导航设备配套的专用微型计算机（1982年1月18日第一台微机与国营七六五厂组合导航设备联调试验成功。1983年3月12日获电子工业部1982年度科技成果一等奖。主要完成人为工程师赵亚松、助理工程师杨在校）。

19日 省委、省政府召开江西省工交工作会议。会议提出，当前要抓的几项工作是：（一）要求学习上海会议文件，结合江渭清、白栋材在这次会议上讲话的精神，加深领会，进一步摸清调整改革的情况，草拟各自部门或地区的几条调整改革方案。（二）要从产品抓起。（三）抓好当前生产是当务之急。（四）要划出一批调整改革任务不多的企业，重点放在整顿上，在民主管理、按劳分配、整顿劳动纪律、加强技术经济基础等工作上作出成绩，先走一步。（五）要移植上海经验，学习先进。（六）要改善党的领导，加强党的领导，切实健全党委领导下的厂长负责制，建立强有力的指挥系统。会议根据市场需要和现有基础，安排了45项重点消费品增产计划，并经过讨论研究，得到了基本安排落实。会议号召各地必须抓紧时机，全力以赴，落实措施，把生产组织好、安排好，努力完成和超额完成1981年生产计划和财政收入计划。会议于29日结束。

19日 全省农村电影工作会议在进贤县召开，会上传达全国农村电影工作座谈会精神，研究制定江西发展农村集镇电影院和售票点规划。会议于24日结束。

20日 南昌铁路局工程处武装部副部长吴振宗在集训民兵、组织手榴弹投掷时，为了保护遇险民兵英勇牺牲，被铁路局党委追认为优秀共产党员、好干部，并记一等功。省政府批准其为烈士。

20日 由省教育厅、省文化局、共青团省委联合举办的江西省大学生文艺汇演在南昌举行。

20日 由江西省中国农业考古研究中心主办的《农业考古》学术性刊物创刊发行。刊物内容以发表农史研究方面的学术论文、学术资料为主，兼顾知识性。发行对象是全国农业工作者，农史研究者和爱好者，考古界、历史界、民族学界、文物界、博物馆和图书馆的研究人员以及农业院校师生。创刊号共收文章20多篇，约15万字。

20日 省政府颁发《关于保护庐山风景名胜的布告》。

22日 江西省儿童少年工作协调委员会成立，朱旦华任主任委员。6月成立省儿童生活用品委员会和省儿童少年文化艺术委员会。

22日 省委召开儿童少年工作座谈会。学习和贯彻中共中央书记处关于儿童和少年工作问题的指示，就江西省如何进一步做好儿童和少年工作，关怀下一代健康成长问题举行座谈。会上，省妇联主任朱旦华传达了中央书记处关于做好儿童少年工作的指示和全国妇联主任会议精神，汇报了全省儿童少年工作的情况，提出了进一步做好这项工作的意见。会议要求全省各级党委、政府部门和各群众团体积极响应中央书记处的号召，全党、全社会都来关心儿童和少年的健康成长，培养德、智、体全面发展的一代新人。

23日 省政府决定：第四机械工业部在赣的12个企、事业单位，全部由江西省国防工办移交省电子工业局统一管理。

23日 以刘军虎、贾建忠为首的7名罪犯，盗窃江西南城县人民武装部"五四"式手枪17支，子弹2000余发，手榴弹8枚，盗开一辆卡车往鹰潭方向潜逃（28日，湖南省祁东县公安局将逃至该县的7名罪犯全部捕获归案，缴获全部被盗枪支弹药。在缉捕中，祁东县公安局干警官同生不幸被开枪拒捕的罪犯击中，光荣牺牲）。

24日 江西省煤矿建设公司总仓库设备库房发生特大火灾，烧毁基建工程待安装的设备93台（件），直接经济损失62万多元，属于重大责任事故。

25日 省卫生厅组织省医学界代表团首次出国（赴日本）与国外医学界代表团开展学术交流活动。

25日 省政府批准成立南昌业余大学。

25日 全省人民防空工作会议在南昌县召开。会议就如何贯彻调整方针，继续搞好人防战备工作，进行了研究和安排。会议认为，随着国民经济的调整，当前，各地市应贯彻"全面规划，突出重点，平战结合，质量第一"的方针，继续搞好人防战备工作。

26日 全国田径分项比赛秦皇岛和重庆赛区比赛结束。其中，江西省有10名田径运动员获得前5名。分别为男子链球、跳远、200米的冠军；女子7项全能亚军；男子4×100米第三名，并打破了该项目江西的最高纪录。

26日 省政府在南昌市召开江西省第三次人口普查工作会议，研究部署人口普查工作，为迎接1982年全国人口普查做好准备。参加会议的有各地区行署、市、山人民政府副专员、副市长、统计局、公安局等有关部门的领导干部，省人口普查领导小组成员和省直有关单位的负责人120余人。省委书记傅雨田，副省长、省人口普查领导小组组长王昭荣到会并讲了话。会议要求各地必须立即做好以下几项工作：（一）建立各级普查机构，尽快建立地、市、山、县的人口普查领导小组和办公室。（二）认真做好户口整顿工作。（三）做好人口普查试点工作。（四）抓紧计算站的建设。会议根据江西省实际情况，确定1981年江西省人口普查试点在进贤县县城进行。会议于31日结束。

26日 江西省建设委员会开展全省城市绿化评比活动，南昌、景德镇、吉安三市被评为江西省绿化先进城市。活动于6月10日结束。

26日 中央气象台授予奉新县气象台梅富昌、永丰县气象台何秉喜、乐安县气象台林宝榕三位同志"优秀测报员"光荣称号。

27日 国务院批复江西省人民政府，同意将安义县的太平、红星两个公社和永修县马口公社的上坂、罗亭两个大队划归南昌市湾里区管辖。

28日 省财政厅发出《关于各级财政、税务部门应认真贯彻国务院决定，带头严格执行财政纪律的通知》。

29日 《人民日报》报道，为适应农村建房需要，省建材主管部门要求所属南昌、九江、丰城、玉山、萍乡、进贤等 10 多个水泥制品厂要以生产混凝土农房构件为主。1980 年冬至 1981 年春,这些水泥制品厂已提供农房构件 1 万多立方米。

29 日 南昌市十大名胜古迹之一——南浦园全部竣工。该工程于 1979 年 10 月动工。据《豫章记》载,南浦亭建于滕王阁兴建的前后,约公元 653 年,位于章江门外(今抚河桥附近),是古时候往来船只会聚的地方,来往客人多在这里送别。修建一新的南浦园草木蓊郁,面积 800 余平方米,有长廊、假山、喷水池,并设有茶室、冰室和摄影部,是群众憩息消夏的场所。

29 日 省委、省政府召开计划生育工作电话会议。会议要求各地切实加强领导,提高认识,坚定信心,坚持不懈地抓紧计划生育工作,逐步实现一对夫妇只生育一个孩子的目标。为此,当前各地必须切实做好以下几项工作:(一)要加强组织领导。(二)要注意调查研究,总结经验,改进工作方法。(三)针对当前多胎、计划外生育和怀孕比例很高的情况,及时采取有效措施。(四)注意抓好典型。

30 日 省、市 1200 多名少年儿童在江西艺术剧院举行庆祝"六一"国际儿童节大会。各有关部门的负责人出席了大会。大会开始时,全体肃立,为我国卓越的国家领导人宋庆龄逝世默哀 3 分钟。会上,狄生代表省委向江西省 1200 多万少年儿童表示节日的祝贺,并鼓励少年儿童刻苦学习文化科学知识,不怕困难,勇于攀登;同时要锻炼好身体,长大好为保卫祖国、建设祖国、

振兴中华贡献力量。

30 日 南昌市待业残疾青年王云在东湖区体委支持下,从 4 月 1 日起骑自行车走遍全国。至当日,他已穿越全国 7 省,抵达新疆乌鲁木齐市。期间,他平均每天以 130 公里至 150 公里的速度前行,最高一天达 210 公里,沿途受到了当地体委的欢迎和接待。

31 日 中国科学院学部委员、中国农科院作物研究所副所长,我国著名的异源八倍体小黑麦专家鲍文奎近日来江西上饶地区刘家站垦殖场进行考察,指导红壤试种小黑麦的推广工作。

本月 省委宣传部批复,同意省外文书店与省新华书店分立办公,直属江西省出版局管辖。

本月 省政府以赣政厅字(1981)第 29 号文件批复,同意省农林垦殖厅成立农垦学校,为中等专业学校。

本月 电影《庐山恋》(毕必成编剧)荣获第四届电影百花奖的最佳故事片奖。

本月 丰城矿务局与省煤炭科研所、阜新矿业学院合作,在八一矿高瓦斯矿井使用无煤柱开采,采用沿空留巷、埋管监测采空区等新技术,取得成果(1985 年获国家科技进步三等奖)。

本月 恢复省委讲师团机构,为正处级机构(1984 年,江西省委根据中宣部(1984)26 号文件精神要求,决定省委讲师团(正处级)机构升格为正厅级机构)。

本月 冷空气侵入江西境内,产生强大风暴,击沉船舶 45 艘,损失货物 1000 余吨,死亡 1 人。

1981

6月
June

公元 1981 年 6 月							农历辛酉年【鸡】					
日	一	二	三	四	五	六	日	一	二	三	四	五	六
	1 儿童节	**2** 五月大	**3** 初二	**4** 初三	**5** 初四	**6** 芒种	**7** 初六	**8** 初七	**9** 初八	**10** 初九	**11** 初十	**12** 十一	**13** 十二
14 十三	**15** 十四	**16** 十五	**17** 十六	**18** 十七	**19** 十八	**20** 十九	**21** 夏至	**22** 廿一	**23** 廿二	**24** 廿三	**25** 廿四	**26** 廿五	**27** 廿六
28 廿七	**29** 廿八	**30** 廿九											

1 日 德意志联邦共和国建筑学教授贝歇尔和夫人，应邀抵达江西庐山，开始同我国同济大学等 8 个院校、设计院的工程技术人员一起，进行庐山旅游实际工程方案的设计。这次设计的项目包括：锦绣谷、大天池内景点规划和单体设计，花径游客接待室，以及牯岭瓷器商店等。

1 日 新开辟的游览胜地——彭泽县龙宫洞正式开放，接待游客参观。该处由省政府于 1979 年决定开发为旅游区。有关部门先后拨款 67.5 万元，历时两年建成。

1 日 根据粮食部通知，在坚持统购统销、统一经营的原则下，在江西省城乡供应高价、半高价菜油和葵花籽油，弥补计划油不足。

1 日 南昌八一起义纪念馆经全面维修整理后，重新开放接待群众参观。当日，南昌市近千名少年儿童首批瞻仰参观了纪念馆。

1 日 经有关部门批准，自即日起，江西省水路旅客客饭、糕点免收粮票。

1 日 省文化局、省出版局、中国美协江西分会在南昌联合召开江西省首届连环画创作评奖会。评奖范围包括 1963 年至 1980 年 9 月以前创作的连环画。经评比，《红灯照》获得绘画一等奖；《南国烽烟》（上集）、《黄洋界保卫战》、《龙门暴动》、《蔡文姬》、《南瓜记》获绘画二等奖；另外，获绘画三等奖的有 8 件，获文字脚本奖的有 8 件。会上，给获奖者颁发了奖状和奖品。评奖会进行了 4 天。

龙宫洞旅游风景

3日 经省政府批准，江西省又有319名科技人员获得高级技术职称。其中晋升为研究员3名，副研究员27名，教授9名，副教授83名，高级工程师25名，高级农艺师9名，高级畜牧兽医师7名，主任医（药、护、技）师22名，副主任医（药、护、技）师134名。

4日 省纺织工业局副局长刘奎芳率领纺织系统规划组进京，向纺织工业部汇报江西省纺织工业"六五"规划。6日，纺织工业部部长郝建秀、常务副部长胡明听取了汇报，对江西规划作了充分肯定，认为"想法对头，路子正确，比较切合实际"。汇报工作至10日结束。

4日 省律师协会会员代表大会和省法学会会员代表大会同时在南昌结束。在两个代表大会上，总结了江西重建律师制度的初步经验，研究了贯彻执行《律师暂行条例》的措施，讨论制定了江西省法学研究规划，分别通过了省律师协会、省法学会的章程。会议推选谢象晃为律师协会名誉会长，胡亚贤为会长；推举何世琨为法学会名誉会长，选举柳滨为会长。会议还邀请了北京法学界3位专家作学术报告。

5日 经国务院和中央军委批准，江西省民航开辟了南昌—九江—上海、南昌—九江—广州两条季节性旅游航线。两条航线由"伊尔－14"飞机执行飞行，其中九江至上海班机每周一开行；九江至广州班机，每周五往返。

九江机场

5日 建材部水泥局在江西水泥厂召开全国第三届水泥回转窑会议。会议总结交流水泥回转窑生产技术和管理经验，提出回转窑的技术管理方针。建材部副部长杜恩训参加会议，并作总结讲话。

5日 美国福特公司"福特—中国合作项目"总经理兰普博士一行3人，抵赣洽谈合作项目。洽谈工作于11日结束。

5日 全国青年羽毛球比赛在四川成都举行。江西省青年羽毛球女队获得女子团体赛第六名，17岁的钱萍夺得女子单打第三名，钱萍与18岁的王晔配合，获女子双打亚军。比赛于20日结束。

5日 全国电子产品展销会在武汉举行。江西省有28个生产企业向大会展出了160余种电子产品，成交额在全国地方电子企业中占第四位，电视机成交率在全国同类产品中居第二位。展销会于16日结束。

6日 省政府发出通知，据国内外研究，"杀虫脒"对人体确有潜在的致癌危险，要求各地注意安全使用。

6日 省建工局制定《江西省建筑安装企业抓经济包干创全优工程试行条例》。

6日 国家科委、国家农委在北京联合召开籼型杂交水稻特等发明奖授奖大会。大会授予全国籼型杂交水稻科研协作组袁隆平等人特等发明奖，这是建国以来我国颁发的第一个特等发明奖。同时，大会还授予棉花良种"鲁棉一号"一等发明奖。国务院为此专门给大会发来了贺电。江西省出席全国授奖大会的有：为发明籼型杂交水稻作出重大贡献的萍乡市农科所农技员颜龙安、李汝广，一直从事杂交水稻的研究和推广工作的赣州行署农业局种子站伍仁山，宜春地区良种公司邬绍忠，省农科院邝一相，以及省科委、省农业厅的负责人。29日，江西省杂交水稻座谈会在南昌召开。省党、政领导接见江西省出席全国籼型杂交水稻特等发明奖授奖大会的代表。

7日 江西省音乐工作者冯斗南编著的《交响音乐欣赏知识》一书，由四川人民出版社出版，面向全国发行。

8日 由省委宣传部和青少年儿童工作协调委员会委托省文化局召开的江西省少年儿童文化艺术委员会扩大会议在南昌召开。会议传达了全国少年儿童文化艺术委员会扩大会议精神和中央领导人的重要讲话，并就加强少年儿童教育工作的重要意义及江西省少年儿童文化艺术委员会的工作开展等问题，进行了认真讨论。会议强调，当前把少年儿童文化艺术工作提到重要议事日程上来，是一项非常迫切，非常艰巨的任务。各有关部门要千方百计，积极创造条件把这项工作开展起来，为少年儿童的健康成长提供更多的精神食粮。会议于10日结束。

8日 省政府召开了全省农村多种经营工作会议。参加会议的人员认真学习党中央、国务院《关于积极发展农村多种经营的通知》，联系实际，清理"左"的思想影响，调整农业布局，讨论1981年至1985年的规划，总结交流经验，决心加快江西省多种经营发展步伐。会议着重讨论和解决了如下几个问题：（一）提高对发展多种经营的认识，克服"单打一"经营思想，树立大粮食、大农业观点。（二）因地制宜，搞好农业自然资源的调查、农业区划规划和布局，趋利避害，取得最好的经济效果。（三）贯彻落实党的各项农村经济政策，充分调动广大农民群众的生产积极性。（四）狠抓科学技术，讲究科学经营，提高经济效果。会议强调指出，搞好多种经营，是把江西省农村搞富、发展国民经济的战略措施。因此，要求全省各地加强领导，要把多种经营列入各自的议事日程。工业、农业、商业、粮食、供销、外贸等有关部门，都要通力协作，大力支持，促进多种经营更好地开展起来。会议于15日结束。

10日 江西省妇幼卫生展览在省博物馆展出。这是江西首次举办的大型妇幼卫生展览。整个展览分妇女卫生、儿童保健、计划生育技术指导三部分，共计有200余件展品。展览会展出一个多月，至7月10日结束。

11日 南昌市科学技术委员会受商业部燃料局委托，在南昌市召开技术鉴定会，对南昌市燃料公司设计的我国首创的"润滑油再生气力输送全过程新工艺"进行鉴定。参加鉴定会的有来自北京、上海、天津、武汉、哈尔滨、湖南以及江西省各有关部门同行业的28个单位共48名工程技术人员。与会人员一致鉴定认为，润滑油再生气力输送工艺的实施成功是国内首创，也是一项符合我国中小型规模润滑油再生状况的先进工艺。鉴定会于13日结束。

12日 省委组织部召开了全省地、市委组织部长座谈会。会议围绕如何加快优秀中青年干部培养选拔工作的步伐问题，进行了认真讨论。会议提出，要进一步清理干部工作中"左"的思想影响，继续做好优秀中青年干部的培养、选拔工作，努力实现领导班子的年轻化、知识化和专业化。为此，会议认为必须着重抓好下面四项工作：（一）要继续清除干部工作中的"左"的影响。（二）要层层制定培养规划，以逐步达到中央和省委提出的要求。（三）要在省、地、县机关中有计划地把一批优秀中青年干部放到第一线去锻炼提高，让他们接触实际，联系群众，熟悉基层工作，提高领导水平。（四）要坚持群众路线，加强考察了解，选准选好干部。

12日 全国排球乙级队联赛在山东烟台举行。江西省男女排球队双双以不败战绩夺得赛区第一名，并取得晋升甲级队的决赛权。联赛于21日结束。

13日 在杭州举行的全国航海模型分项赛授奖会上，世界航海模型联合会主席弗兰克（比利时）向获国际裁判的裁判员颁发了臂章、证章、证书。江西省航海模型国家级裁判员宋岿获得"航海模型B级单项国际裁判"的光荣称号。

13日 景德镇市黎明制药厂为治疗心血管病试制成功的新药安脉生经过108例临床应用，取得良好的疗效，总有效率达97.2%。经有关部门鉴定，质量基本达到国外同类药品的水平。

14日 南昌市在井冈山大道包家花园，建成江西省最大的加油站，面积4200平方米，储油140余吨。

14日 中央电视台和日本株式会社佐田企画合拍大型电视片《长江》制作团，抵景德镇经九江登庐山，先后两次拍摄风景（第一次：当日至6月21日；第二次：7月15日至7月23日）。

15日 省第三次人口普查试点工作在进贤县民和镇进行。在这次人口普查试点中，整顿了户口，清理和纠正了户口管理中的一些混乱现象，查清了民和镇人口的准确数字和人口构成情况，从而为制定国民经济计划和社会发展计划，提供了准确的人口资料。同时，为1982年江西省第三次人口普查摸索了经验，培训了骨干（8月7日至9日，省人口普查领导小组在进贤县召开了有各地、市、山和抚州地区各县（市）人口普查领导小组负责人参加的现场会，总结和推广民和镇人口普查试点经验）。试点工作于7月31日结束。

15日 由江西工学院研制的三十烷醇—1，通过鉴定，获得江西省科技二等奖和省政府嘉奖。

17日 省政府批转省人事局《关于做好评定社会科学人员业务技术职称的报告》，确定由各级人事局具体负责组织开展这项工作。各类专业人员业务技术职称的评定，分别由下列部门牵头组织实施：会计人员由省财政厅，统计人员由省统计局，经济人员由省经委，记者、编辑人员由省出版局，外语翻译由省外办，图书档案资料人员由省档案局分别组织实施。

18日 省政府在南昌市召开全省卫生防疫工作会议。研究布置了夏秋季节全省卫生防疫工作。参加会议的有各行署、市、县分管卫生工作的副专员、副市（县）长，卫生局长、防疫站长、省直各有关部门的负责人。会议强调，各地要进一步加强对卫生防疫工作的领导，要认真总结以往的工作经验教训，贯彻预防为主的方针，深入开展爱国卫生运动，并将该运动与"五讲四美"活动紧密结合起来，进行广泛的卫生宣传教育活动。

19日 久经考验的共产主义忠诚战士、我党武装建设的早期参加者、优秀共产党员、中共中央委员陈奇涵（曾任江西省委常委、江西省军区司令员），因病医治无效，在北京逝世，终年84岁（26日，中央军委举行了追悼会，大会由耿飚主持，韦国清致悼词。中共中央、人大常委会、国务院、中央军委等单位以及党和国家领导人送了花圈，驻京部队干部、战士代表共1000多人参加了追悼会。陈奇涵为江西兴国县人）。

19日 省纺织工业局赴京汇报规划组参加纺织工业部在长春召开的"六五"计划座谈会。会上确定了江西新建江西涤纶厂、九江化纤厂、江西毛纺织厂等棉纺织行业的技术改造项目，并将这些项目纳入全国纺织工业"六五"计划。

20日 在国家劳动总局、文化部、全国总工会和中国科协联合举办的全国劳动保护电影评奖大会上，江西省新闻纪录电影制片厂摄制的故事性科教片《下井前后》，荣获全国劳动保护影片荣誉奖。

21日 省著名戏剧家石凌鹤的《凌鹤剧作选》由江西人民出版社出版。

21日 为了庆祝中国共产党成立60周年，南昌市文化局、南昌市文联联合举办的南昌市百花洲音乐、舞蹈节在南昌市举行。大会共演出音乐节目7台、舞蹈节目3台。音乐、舞蹈节于28日结束。

22日 江西省气象台站执行中央气象局制定的《台风气象服务和联防办法》。

23日 江西省档案学会首届会员代表大会在南昌召开。这次会议制定了《江西省档案学会章程》，拟定了江西省1981年和1982年档案科学研究、学术活动的计划，选举产生了江西省档案学会首届理事会，孙亚衡任理事长。中国档案学会筹委会副主任委员、中国人民大学档案系主任吴宝康副教授，专程从北京前来参加大会，并作了学术报告。会议于26日结束。

24日 南昌市开展环境卫生突击活动。省、市的机关干部、工人、解放军指战员、学生和居民近20万人，冒着酷暑高温，大搞环境卫生，以清洁的市容迎接建党60周年。省市党政军领导参加了大扫除。为了进一步整顿市容，美化环境，南昌市委、市革委会决定6月24日至29日为全市环境卫生突击周。

整顿市容措施之一的南昌市免费自行车停放点

24 日　南昌市人民公园动物园的一只 6 岁的雌性小熊猫喜产 1 仔。经过饲养人员的精心护理和饲养，幼崽生长良好，母子产后无恙。

25 日　由江西省教育学会编辑的《苏区教育资料选编》，已出版发行。这本书收集了 1929 年至 1934 年苏区教育资料 66 篇，计 18 万字。

25 日　江西省第一座臭氧处理医院污水工程，在南昌市传染病医院建成并正式投入使用，该工程日处理污水可达 240 多吨。

25 日　省煤管局、地质局、冶金厅合作提交了《江西省石煤资源考察报告》。报告预测可靠储量 8.014 亿吨，可能储量 60.326 亿吨，伴生钒储量 2340 万吨。

25 日　为了隆重庆祝中国共产党成立 60 周年，根据文化部通知精神，南昌市、九江市、萍乡市和景德镇市举办"纪念中国共产党成立 60 周年电影周"。放映了《先驱者之歌》、《山重水复》，彩色故事片《南昌起义》。电影周于 7 月 1 日结束。

26 日　江西省社会科学人员业务技术职称评定委员会成立大会在南昌举行。各地、市、山人事局局长、省直各单位主管人事工作的负责人、工作人员以及有关部门的负责人 650 多人出席了大会。会上，评委会主任委员、省委组织部副部长李树家，就当前全省社会科学人员业务技术职称评定工作作了部署。大会还宣布了民主协商产生的 55 位委员会委员的名单。

26 日　省政协委员会同民盟省委、省经济学会、财政学会等单位，联合邀请民盟中央常委会委员、中国科学院哲学社会科学学部委员千家驹到江西讲学。千家驹先后到南昌、九江，作《关于我国经济体制改革和调整问题》的讲学。讲学于 7 月 4 日结束。

28 日　省人事局根据国家人事局《关于培训人事干部的意见》，开始分期分批举办工资、福利、奖惩、任免、调配、录用和职称评定等业务短训班，培训人事业务骨干；同时开始轮训地、市、县人事局正、副局长，省直各单位，大专院校干部人事处正、副处长。

29 日　安源路矿工人运动纪念馆经过整理和充实，重新开放，接待群众参观。

29 日　省、市各界青年 1300 多人举行文艺晚会纪念中国共产党建党 60 周年。晚会由省市团委、省市青联和省学联联合主办。省、市党政领导以及有关部门的负责人出席了晚会。

29 日　由中国防痨协会和中华医学会联合举行的全国卡介苗会议在庐山举行。参加大会的有我国著名的卡介苗专家、教授，论文作者和 29 个省、市、自治区主管卡介苗工作的负责人。大会就如何提高卡介苗接种质量和菌苗质量问题，进行了广泛的探讨。

29 日　全国社队企业浸出法油脂制备技术培训班在江西上饶县开学。参加这次培训班的有来自四川、湖北、安徽、浙江、山东、河南、河北、辽宁、黑龙江、青海、内蒙古等 10 多个省、市、自治区的 80 余名学员。

30 日　省公安厅、省粮食厅、省人事局、省科干局根据公安部等 4 家《关于解决部分专业技术干部的农村家属迁往城镇由国家供应粮食问题的规定》精神，对照顾对象和审批办法作了三条规定。

30 日　截至当日，全省 80 个县、6 个不设区的市、16 个市辖区，均选出了县、社两级人民代表，先后召开县、社两级人民代表大会，江西省县级直接选举工作全面结束。

30 日　萍乡市芦溪出口焰花厂根据外贸市场需要，坚持科研与生产紧密结合，1981 年上半年的产值达 170 万元，创历史同期最好水平。产品销往日本、美国、联邦德国、挪威、荷兰等 29 个国家和地区。

本月　省检察院复查一起"反革命"集团案。该案 1975 年 5 月由南昌市中级法院以反革命罪分别判处杨长青、陈士昌有期徒刑 10 年、7 年，其他成员分别判处管制免于刑事处分，由于逼供、诱供，宣判后他们一直不服判决，久诉不息。1979 年南昌市中级法院复查该案后，仍以"申诉无理，予以驳回"。中共十一届六中全会作出《关于建国以来党的若干历史问题的决议》之后，根据该《决议》的精神，对平反冤假错案作了再一次复查，比较彻底地解决了历史遗留问题。

现经江西省检察院查明该案是假案，建议江西省法院纠正，后中级法院撤销原判，宣布无罪。

本月 国务院副总理万里，中顾委委员、原铁道部长吕正操视察萍乡新车站的建设。该新站工程于1976年9月动工，主楼完成于1979年12月，总建筑面积（包括附属工程）为7876平方米。前楼中部有一大厅，底层东面为行包房，西面为售票房；二层东西侧各有候车大厅一个，设有贵宾室；后楼底层及3层为办公室；站台设有折板式雨棚、地道。该建筑物由江西萍乡市建委设计与施工，是当时江西境内最大的铁路客运站站房。

本月 法国现代作家埃利翁作品展在江西省博物馆展出。

本月 省科委宣布江西7个厂15项化工科技成果获奖。其中获二等奖的有：鹰潭橡胶厂鞋底100%使用合成胶研究，奖金500元。九江磷肥厂一号高炉改造，奖金350元。

1981

7月 July

公元 1981 年 7 月　　农历辛酉年【鸡】

日	一	二	三	四	五	六	日	一	二	三	四	五	六
			1 建党节	**2** 六月小	**3** 初二	**4** 初三	**5** 初四	**6** 初五	**7** 小暑	**8** 初七	**9** 初八	**10** 初九	**11** 初十
12 十一	**13** 十二	**14** 十三	**15** 十四	**16** 十五	**17** 十六	**18** 十七	**19** 十八	**20** 十九	**21** 二十	**22** 廿一	**23** 大暑	**24** 廿三	**25** 廿四
26 廿五	**27** 廿六	**28** 廿七	**29** 廿八	**30** 廿九	**31** 七月小								

1 日　铁道部调给南昌铁路局 7 辆空调车，编挂在南昌—九江旅游列车上。当日正式投入运营。

1 日　省委发出通知，要求江西省各级党组织认真学习和宣传《关于建国以来党的若干历史问题的决议》。通知说，党的十一届六中全会发表的公报和通过的决议以及胡耀邦在庆祝建党 60 周年大会上的讲话，是极为重要的历史文献。各级党委要认真组织学习，并向人民群众进行广泛深入的宣传教育。通知要求：（一）各级党委要充分学习和宣传该决议的重要性。（二）要组织广大党员、干部认真学习。（三）要向群众做广泛深入的宣传教育。（四）各级党组织要根据中央通知的精神，切实加强对学习和宣传的领导，做到有布置、有检查、有总结。

1 日　省政府在南昌召开全省林业会议，要求全省各级党政领导机关坚决贯彻中共中央、国务院《关于保护森林发展林业若干问题的决定》，动员广大人民群众为加快林业建设作出努力。会议于 9 日结束。

2 日　省编制委员会赣编发（1981）40 号文件，同意省测绘局原设的测绘综合队调整为航测内业队（干部 21 名，工人 68 名）和制图室（干部 13 人，工人 45 人）。

3 日　连日来，全省广大共产党员、共青团员、驻军指战员、知识分子和科学工作者，纷纷举行学习会、座谈会，认真学习党的十一届六中全会公报，认真学习全会一致通过的《关于建国以来党的若干历史问题的决议》和胡耀邦在庆祝中国共产党成立 60 周年大会上的讲话，热烈欢呼党的十一届六中全会的胜利召开，热烈拥护全会作出的各项决定，坚决响应全会的号召，更紧密地团结在党中央周围，为把我国建设成为现代化的、高度民主、高度文明的社会主义强国而努力奋斗。

3 日　省公安厅发出通知，要求各地坚决制止卖淫活动的蔓延。

3 日　省科委、农委、农业厅、农垦厅、商业厅、物资局在安义县联合召开全省农村能源会议。贯彻全国有关会议精神，总结交流全省推广省柴、省煤灶，营造薪炭林和沼气利用的经验。会议于 7 日结束。

4日 团省委在南昌召开全省青少年教育工作座谈会。会议传达了团中央召开的第四次道德教育座谈会精神，总结交流了前一段江西省开展学雷锋和"五讲四美"活动的情况和经验，讨论研究了如何把这一活动不断引向深入的问题。会议提出，今后要把学雷锋、"五讲四美"活动深入持久地开展下去，并应着重抓好如下工作：（一）围绕心灵美这一核心，采取多种形式，对广大团员青年进行热爱党、热爱祖国、热爱社会主义制度的教育。（二）从清洁卫生搞起，着力抓好环境美。（三）组织多种形式的青年服务队，开展"为您服务"活动。

4日 全省侨务工作会议结束。会议要求各级侨务部门努力做好侨务工作，保护和发扬侨胞爱祖国爱故乡的热情，促进四化建设。会议指出，侨务工作是全党的工作，落实党的侨务政策要全党动手来做。要切实加强对侨务工作的领导，进一步健全侨务机构，对侨务工作方面的重大问题，要及时提交党委和政府研究解决。各有关部门要密切配合，共同努力把侨务工作做好。

5日 省委、省政府决定，省档案馆新建档案库房大楼面积为2000平方米，即日由省建工局第二建筑公司动工承建。

6日 长篇小说《李自成》的作者、著名作家姚雪垠，应邀抵达南昌，向省、市文艺新闻、出版、大专院校等单位的文艺工作者和中文系师生讲学。

6日 为解决城市住宅的卫生设施供不应求的矛盾，新建县拖拉机配件厂研制成功用卫生搪瓷代替卫生陶瓷新工艺，并形成了年产10万件的能力。卫生搪瓷生产是一种新工艺，在国内属首创。

8日 省军区团以上党委和机关认真学习中共十一届六中全会精神，坚决拥护全会通过的《关于建国以来党的若干历史问题的决议》。

8日 省计委、省教育厅、省人事局联合在南昌召开1981年江西省高等院校和中等专业学校毕业生分配工作会议。对分配方针和原则、分配重点和动向、分配方案和办法，以及分配工作中一些带政策性的问题，进行学习讨论和部署。

会议要求，实施分配计划必须坚持从实际出发，保证重点，照顾一般，面向基层，注意充实教学、科研和生产第一线。在分配工作中，各校都应贯彻择优分配原则，把品学兼优的毕业生分配到国家最急需，最能发挥其专长的单位和部门。据统计，1981年，全省有研究生、大学本科、专科和中等专业学校的学生2.5万余人毕业，其中暑期毕业的有21286人，是历年来毕业人数最多的一年。

9日 省建设委员会发出《关于开展对县城绿化检查的通知》。

12日 省建设委员会组织有关人员，对全省各城市的公共绿化、公园、苗圃和部分工矿企业、机关、学校、部队、医院的庭院绿化进行了评比。评选出南昌、景德镇、吉安3个市为1981年园林绿化先进城市。九江国棉一厂、五七二七厂等26个单位为庭院绿化先进单位。据统计，10个城市1981春植树140万棵，超过计划89%。

13日 墨西哥中国友好协会代表团一行18人，抵赣参观访问。访问于18日结束。

14日 经国家外国投资管理委员会和江西省人民政府批准，江西省国际信托投资公司成立。该公司是在省政府领导下的国营企业，也是江西省开展国际经济合作，发展进出口贸易的又一渠道。江西省国际信托投资公司设在南昌市，它将根据业务发展的需要，在外国和港澳地区设立分公司和代理机构。公司注册资本为1亿元人民币。公司董事会由14人组成，董事长由副省长、省进出口管理委员会主任王实先兼任。

15日 为了传达党的十一届六中全会精神，研究贯彻落实措施，省委在南昌召开常委扩大会议。中共中央委员、省委第一书记江渭清，省委书记、省长白栋材，分别传达了六中全会和中央领导人讲话的精神。与会人员认真学习了党的十一届六中全会通过的《关于建国以来党的若干历史问题的决议》、胡耀邦在庆祝中国共产党成立60周年大会上的讲话，并表示一致拥护全会作出的重要决策。为使党的十一届六中全会精神落到实处，会议强调要着重抓好以下三项工作：第一，要认真学好决议。第二，要振奋革命精神，抓好经济工作。第三，要用决议的精神搞好党的建设。会议并号召全省广大党员、干部和群众，特别是县以上各级党组织的领导干部，认真学习全会通过的决议，统一思想认识，振奋革命精神，增强革命团结，抓好经济工作，促进现代化建设。

15日 由江西医学院第二附属医院放射科主治医师戴世海设计，并由该院技士张景明等人协助制作的"晶体管式心动周期X线摄片仪"，经过对500余例健康人员及心血管病人的两期对比研究，已取得一定成果。在有关部门主持下，不久前在南昌通过了预审鉴定。鉴定认为，该机设计先进、性能稳定、操作可靠，并具备体积较小、携带方便等特点，为国内首创，并达到了国内先进水平。

15日 为庆祝罗马尼亚共产党建党60周年，根据中罗两国文化交流协定和两党往来项目安排，《罗马尼亚共产党建党60周年展览》在江西省博物馆展出。展览共展出彩色图片300余幅，系统而又扼要地介绍了60年来罗马尼亚共产党的建党历史，以及领导罗马尼亚人民在社会主义建设方面取得的伟大成就。省委副书记狄生和各有关部门负责人及各界群众200余人出席了开幕式。展览于30日结束。

16日 中国宇航学会和中国空间学会联合在庐山主办了全国遥感技术学术报告会。报告会检阅了近两年来我国宇航和空间遥感技术新成果，交流了学术论文130篇，讨论了当前国内外遥感技术发展的新趋势和我国今后遥感技术如何更好地为国民经济建设和国防建设服务的问题。会上，地质部向江西省科委赠送了《江西省陆地资源卫星相片》，中国科学院向九江市科委赠送了《鄱阳湖地区陆地彩色卫星相片》。

16日 解放军南昌陆军学校隆重举行毕业典礼大会和阅兵式。800多名战斗骨干学员经过一年半军政学习训练，已全部结业。这期毕业的800多名战斗骨干学员，是1979年8月，根据中央军委指示，从参加过对越自卫反击战中选调来的，其中有700多名在战斗中立功受奖。在学习期间，又有300多人受到各种奖励，249人加入党组织，有37名被评为先进学员，经过毕业考试，成绩普遍优良，95%以上学员能胜任本级和高一级指挥职务。福州部队副政委宋维拭、福州部队副参谋长陈景三、福州部队领导机关和各野战军、省军区的有关领导出席了大会。

19日 省政府基于全省农村社队实行多种形式的生产责任制后的新情况，为保证完成1981年的农业税征收任务，就征收工作中的有关问题发出通知。通知要求继续贯彻执行"稳定负担"、"增产不增税"的政策。各地、市、县在保证完成1981年农业税任务前提下，对某些县、社、队负担不合理的，可按政策规定予以适当调整。在贯彻"依率计征，依法减免，合理负担，鼓励增产"的征收政策时，各县（市）掌握的减免机动数一律不能固定分配给社、队。在起征点减免时，要坚持搞好民主评议，不能搞平均分配。按政策减免后，如有余款，应用于穷社、穷队发展农业生产，开展多种经营，不得挪作他用。

19日 抚州地区群艺馆、抚州地区剧目工作室和临川县文博馆干部最近在临川县温泉公社榆坊大队汤家一村一位80多岁的女社员家，发现明代著名戏剧作家汤显祖家传全集残版32块，上面刻有《还魂记》、《邯郸梦》和诗、赋、尺牍等部分章节。该老人属汤显祖侄孙汤秀琦支下，是汤氏14代后裔。经著名的戏曲史专家赵景琛教授考证，这些残版属《明代传奇全目》未收的一种刻本，是康熙三十三年由汤秀琦一支翻刻的，校勘比较精细，很少错字，其中两种传奇都是每半页10行，每行21字，对于研究和考证汤显祖著作有重要价值。

20日 中国工艺美术学会在庐山召开全国工艺美术学术交流讲座会。来自全国28个省、市、自治区从事象牙雕刻、玉雕、木雕、美术陶瓷、漆器、刺绣、国画等工艺美术行业的著名工艺美术家、老艺人、工艺美术师和创作设计人员共160多人参加了会议。到会代表对各类产品的传统历史、风格特点以及创作规律进行了深入广泛的学术交流和探讨。

20日 南昌市司法局、房管局联合发出

《关于房屋买卖转移产权和无主财产办理公证的通知》。

20日 省政府转发《国务院关于将劳动教养场所列为特殊事业单位的通知》，确定江西省各劳动教养单位的生产计划、基建投资、物资供应和财务管理，从1982年起，按分级管理原则，分别在省、市、行署计委和财政、物资等有关部门单列户头。

22日 全国第一次青光眼学术交流会及全国第二次青光眼研究协作组会议在庐山举行。这次大会共收到论文125篇，宣读论文51篇，与会代表讨论了今后的科研计划和防治规划。

22日 省人民银行向总行呈送《关于恢复江西省人民银行干部学校的报告》，总行于12月12日批复同意建立。

23日 省财政厅召开全省电话会议，贯彻财政部举行的全国清查偷税、漏税和拖欠税款电话会议精神，进一步部署全省清查偷、漏、欠税工作。会上，省财政厅厅长王仲发传达了财政部电话会议的主要精神。省纪委副书记王铁、省人民检察院副检察长胡立锋在会上讲了话。副省长方谦出席会议并讲话。会议指出，抓好清查偷、漏、欠税工作是关系到国民经济进一步调整方针、实现江西省财政收支平衡的重要问题。会议要求各行署和市、县政府切实加强对税收工作的领导，采取有力措施，抓紧时间，善始善终地把江西省清查偷、漏、欠税工作搞好。

23日 赣江最大马力浅水拖轮——"新干防洪2号"，由江西吉安船厂设计建造成功。经有关部门鉴定和试验，效果良好，达到设计及工艺要求。此船既可拖载货物也可供游客观光游览，防洪时还可供险段抢险施工照明及排灌机械动力用电。

25日 自即日起，南昌市公证处恢复国内公证工作，开始受理收养子女、遗嘱、继承、分析财产等方面的公证申请。

25日 省民航局1981年上半年派出3架飞机飞赴赣南地区执行飞播造林和飞播草籽试验任务，飞播面积48.85万亩，按期完成了飞播任务。其中，利用飞机播草籽在江西省乃至整个华东地区都还是第一次。

25日 国家文物局拨款5万元，用以抢修庐山观音桥。庐山观音桥建于宋真宗大中祥符七年（1014），为省级重点文物保护单位之一。

26日 共青团江西省委在井冈山召开全省农村团的工作座谈会，着重研究全省农村建立生产责任制后如何做好团的工作问题。会议指出，各级团组织，要适应新形势，解决新问题，闯出新路子，开辟农村共青团工作的新天地。会议认为，今后农村团的工作应主要抓好如下几项：（一）加强思想政治工作，要把学习、宣传、贯彻《关于建国以来党的若干历史问题的决议》作为一项重要的思想建设来抓，帮助团员、青年用《关于建国以来党的若干历史问题的决议》武装思想，做四项基本原则的促进派。（二）要以极大的热情组织团员、青年学科学、用科学，普及和推广农业科技知识，鼓励青年在责任田里创高产，在工副业生产上争上游，在治穷致富上冒尖。（三）要本着自愿、业余、小型、多样的原则，组织团员、青年广泛地开展丰富多彩的文体活动，逐步使文体活动遍及各个村庄、屋场。（四）团组织机构的设置，要适应生产责任制的变化。会议于8月1日结束。

27日 《江西省婚姻登记办法实施细则》颁布。1981年，全省设婚姻登记处1959个，委托办理婚姻登记机关31个。

28日 吉安市环卫处首次使用自动装卸（吊通）垃圾车，这是江西省首次使用这种先进的垃圾车。

28日 省政府就发展日用机电产品问题，在南昌召开了全省日用机电产品工作会议。副省长梁凯轩就如何贯彻全国日用机电产品工作会议精神提出了要求。会议认为，必须加强宏观计划指导，统一规划，统一布点，有步骤地发展日用机电产品生产，避免和克服盲目性。各地区、各部门要继续按"六个优先"原则，从财力、物力、人力上优先保证布点企业生产建设的需要，更好地发展日用机电产品的生产，满足人民生活的需要。

29日 省委、省军区、省民政厅的领导江渭清、信俊杰等分三路看望居住在青云谱、莲塘、新建干休所和省军区机关待安置的离休、退休老干部。勉励大家认真学习党的十一届六中全会通过的文件，把思想统一到《关于建国以来党的若干历史问题的决议》上来，振奋精神，为把我国建设成为现代化的高度民主的、高度文明的社会主义强国而奋斗。

29 日 省农林垦殖厅和省民航局联合在国营恒湖垦殖场进行江西省首次飞机播种水稻试验。据统计，这次试播的 220 亩晚稻，实际播种时间共花了 1 分 47 秒。经抽查，播种密度和深度均适宜。

29 日 省政协，省、市侨办，省、市侨联联合在南昌中山纪念堂举行侨务政策报告会。居住在南昌的归侨、侨眷、港澳同胞眷属，各民主党派和工商联的代表，省、市侨务工作者，以及各有关方面人士近千人参

永新县侨联企业"华侨商店"开张营业

加了会议。会议传达了中央领导同志关于侨务工作的重要指示，以及全国侨务工作座谈会的主要精神，并号召广大归侨、侨眷、港澳同胞眷属，发扬爱国主义的优良传统，提高民族自尊心和自信心，为振兴中华、建设祖国、实现四化，贡献自己的力量。

29 日 中国企业管理协会和上海、江西企业管理协会在庐山联合召开提高工业企业经济效益座谈会。来自北京、天津、上海、陕西和华东各省、市主管经济的负责人、企业管理协会负责人，大专院校的教授、学者以及部分工业企业负责人应邀参加了座谈会。会议提出，提高工业企业经济效益必须做到：（一）建立各种不同形式的经济责任制。（二）强化经济核算，提高经济效果。（三）提高企业经营管理水平。（四）进行企业整顿，特别是领导班子整顿。座谈会于 8

月 6 日结束。

30 日 省军区举行慰问部队离、退休老干部茶话会。省委第一书记江渭清、省长白栋材、省军区司令员信俊杰分别代表省委、省政府、省军区向到会的离、退休老干部以及驻省的全体人民子弟兵表示节日的祝贺和亲切的慰问，勉励大家要好好学习《关于建国以来党的若干历史问题的决议》，焕发精神，加强团结，继续为社会主义革命和社会主义建设做些力所能及的工作。

31 日 截至目前，全省各地 1981 年已接待和安置退伍军人 4.5 万多名。其中，从各地城镇参军的 1.6 万多名退伍军人已安置完毕，2.8 万多名从农村参军的已回到了农业生产第一线。在安置过程中，广大退伍军人保持了人民解放军一切行动听指挥的优良传统，服从国家安排，做到从哪里来到哪里去。

31 日 团省委、省教育厅在南昌联合召开江西省中学共青团工作会议。会议指出，要从学习我国近代史和党的斗争史入手，对青少年学生进行热爱党、热爱祖国、热爱社会主义制度的教育，帮助他们树立正确的人生观，为振兴中华而努力学习。

31 日 江西省乐平县发现一株一年 9 次开花、9 次结果的单株独立、稀奇特殊的野生桐树。这棵桐树，树高 13.1 米，围径 1.3 米，有 11 层分枝，层次分明。

本月 为解决医院赔本问题，江西省人民政府决定由省卫生厅、财政厅、劳动局、物价局会同景德镇市相应的有关部门组成省、市试点工作组，在景德镇市实行两种收费标准试点，即公费医疗、劳保医疗按成本（不含工资）收费，其他病人按原标准收费。

本月 省政府颁发《江西省进口用汇暂行办法》和《进口商品留成外汇暂行办法》。明确了江西省地方进口原则、进口申报程序以及外汇分成比例等，确定江西省地方外汇按省集中 20%，省主管厅 20%，地方 60% 的比例分拨。

本月 萍乡市陶瓷机械厂研制出 TGC－1 型陶瓷抛光机。该产品是一种振动机械，通过抛光使釉烧后的陶瓷产品表面更加美观、细润，1983

年获国家优秀新产品"金龙奖"和国家经委颁发的优秀新产品证书。

本月 省建筑设计院设计的江西省第二人民医院工程项目，获国家建工总局"优秀建筑项目设计"奖，获国家建委总体设计"七十年代国家优秀设计"奖，获省政府"江西省七十年代优秀设计"奖。省政府授予施工单位省建二公司优质工程奖。

本月 省高级人民法院审理抚州地区以刘军虎为首的杀人上诉案。主犯贾建忠盗枪后拒捕，开枪打死公安民警 1 人，罪行特别严重。但贾犯作案时差 5 天才满 18 岁，按照《刑法》第四十四条规定，不适用死刑，而江西省高级人民法院仍然维持一审判决，判处贾犯死刑，立即执行。最高人民法院复核指出，18 岁差 1 天也不能判立即执行的死刑，执法不能含糊，不能搞这样的灵活性。最后改判贾犯死刑，缓期两年执行。

1981

8月

August

公元 1981 年 8 月　　农历辛酉年【鸡】														
日	一	二	三	四	五	六	日	一	二	三	四	五	六
						1 建军节	**2** 初三	**3** 初四	**4** 初五	**5** 初六	**6** 初七	**7** 立秋	**8** 初九
9 初十	**10** 十一	**11** 十二	**12** 十三	**13** 十四	**14** 十五	**15** 十六	**16** 十七	**17** 十八	**18** 十九	**19** 二十	**20** 廿一	**21** 廿二	**22** 廿三
23 处暑	**24** 廿五	**25** 廿六	**26** 廿七	**27** 廿八	**28** 廿九	**29** 八月大	**30** 初二	**31** 初三					

1 日 省军区在南昌市青云谱大操场隆重举行阅兵式，热烈庆祝建军 54 周年。省委第一书记、省军区第一政委江渭清，省委书记、省人大常务委员会主任杨尚奎，省委书记、省长白栋材，省政协主席方志纯，在省军区司令员信俊杰和参谋长张映康的陪同下，乘两辆敞篷汽车，首先检阅了部队官兵。接着，近千名指战员组成的十个方队，肩持着各种轻、重武器，迈着整齐的步伐，高喊着"提高警惕、保卫祖国"的响亮口号，依次通过检阅台，接受省党政军领导的检阅。信俊杰在阅兵式上讲了话。正在南昌的冶金工业部副部长茅林、马明出席了阅兵式。

省党政军领导乘敞篷车检阅人民子弟兵

1 日 自即日起，日本彩色电视机和东欧国家大屏幕黑白电视机在江西省市场降低销售价格。其中，南昌市的日本彩色电视机的降幅达 210 元～250元，东欧黑白电视机的降幅达 20 元～123 元。

2 日 省政府针对有些地区又出现乱砍滥伐森林的严重现象，发出了《关于迅速制止和处理当前乱砍滥伐森林的紧急通知》。《通知》要求采取坚决果断措施，予以制止。要求各地进一步认真宣传、贯彻《森林法》（试行）、国务院《关于坚决制止乱砍滥伐森林的紧急通知》和中共中央、国务院《关于保护森林发展林业若干问题的决定》以及江西省林业会议精神。采取加强采伐管理，加强木竹集中统一经营，关闭木竹自由市场，从严惩处乱砍滥伐森林、哄抢偷盗木竹、贩运倒卖木材、进行投机倒把活动的人员等措施，切实把森林保护好，管理好。

3 日 为了进一步发展声乐艺术事业，培养更多的歌坛新秀，解决他们在练声和演唱方面遇到的一些技术难题，中国音乐家协会江西分会、省文化局在庐山举办声乐艺术讲座会。讲座历时 20 天，于 23 日结束。

4 日　由省教育厅教研室和北京景山学校联合发起的小学语文、数学教学改革座谈会在庐山召开。来自全国 21 个省、市、自治区的专家、教师和科研人员 120 多人，及江西省代表 400 多人参加了会议。会议交流了教改试验的经验，研究了当前教改工作中的新问题。会上，北京景山学校的代表及中央教育科学研究所和其他省、市的代表分别介绍了编写教材的情况和教改经验。参加座谈会的专家作了小学教材改革、儿童心理学、教育学等专题学术报告。正在庐山的国家科委副主任童大林应邀到会作了报告。座谈会于 15 日结束。

5 日　南昌八大山人书画陈列馆、庐山画社联合主办的《八大山人书画展览》在江西省庐山书画社展厅展出。

5 日　省民政厅《关于进一步做好农村优抚工作的报告》，经省政府批转各地执行。对农村义务兵实行普遍优待。优待金开始以公社统筹，标准不低于当地一个劳动力全年收入的 2/3，最少不低于一个劳动力的 1/2。

5 日　为进一步贯彻落实国务院颁布的《水产资源繁殖保护条例》和《江西省水产资源繁殖保护条例实施细则》，促进渔业生产的发展，根据国家水产总局和江西省人民政府有关规定，在全省广大专、副业渔民中颁发渔业许可证和渔船牌照，"凭证生产"的捕捞管理制度将在江西全面实行。

5 日　在景德镇市西湖公社挑墅大队的一个向阳坡上，发现一个巨型杉树群，树群拔地参天，枝叶蔽日。这个巨型杉树群共有云杉 7 株，两株长在陡峻的山崖上，最高的达 37 米。据当地干部和群众反映树群历史至少在 500 年以上。

6 日　全国环境监测工作会议在井冈山召开。参加这次会议的有来自全国各省、市、自治区和有关单位代表共 160 名。各地、市、县环保办的负责人列席了会议。国务院环境保护领导小组办公室负责人在会上作了关于切实加强环境监测，及时贯彻掌握环境质量的报告。会议期间，代表们认真研究了如何在环境监测工作中贯彻《国务院关于在国民经济调整时期加强环境保护工作的决定》，听取了 1980 年山东潍坊会议以来工作情况的介绍，交流了《环境质量报告书》的编报经验，研究和部署了今后环境监测工作的目标、任务和方法。会议于 14 日结束。

11 日　江西省珠算协会举办的江西省第二届珠算技术比赛在井冈山举行。参加这次比赛的有全省各地、市、山及商业、粮食、供销、银行、铁路、税务系统经过多次比赛选拔出来的 80 名优秀选手。这次比赛分个人全能赛和个人单项赛两种。通过比赛评选出个人全能赛前 5 名和个人单项赛前 3 名为本届最佳选手，并将在其中选拔 9 名组成江西代表团参加全国首届珠算技术比赛。

11 日　省委常委、省人大常委会副主任、第五届全国人大代表李毅章追悼会在南昌殡仪馆举行。全国人大常委会、中共中央组织部、江西省委、省人大常委会、省政府、省政协、省军区、南昌陆军学校送了花圈。参加追悼会并送了花圈的有江渭清、杨尚奎、傅雨田、方志纯、吴平、信俊杰、王昭荣、赵志坚、王实先、王泽民、许勤、罗孟文、张宇晴等。追悼会由杨尚奎主持，傅雨田致悼词。

12 日　省体委在省体育馆隆重举行发奖大会，奖励自 1980 年下半年以来，在国际、国内重大比赛中获得优异成绩的 105 名优秀运动员、教练员。参加大会的有省市运动员、教练员和体育工作者近 2000 人。授奖人员中，在国际比赛中获得金牌的有：体操运动员童非和他的教练张健，铅球运动员彭琴云和他的教练李志学，游泳运动员陈超和他的教练洪裕科；在国内重大比赛中获得金牌的有：竞走运动员邱世永和他的教练

江渭清（右二）给优秀运动员发奖

张伟，跳远运动员黄勇，链球运动员于光和他的教练吴长松，短跑运动员侯远江和他的教练于保安，射击运动员熊秋平和他的教练王健武，航空模型运动员杜传颐，航海模型运动员傅炳炎。还有超过航海模型 A3 级竞速艇世界纪录的邓黔生以及在国际国内重大比赛获前 6 名的优秀运动员和他们的教练员、工作人员。

12 日 省政协四届常委会第十七次会议在南昌市举行。会议听取关于中共十一届六中全会和江西省委常委扩大会议精神的传达报告，学习《关于建国以来党的若干历史问题的决议》，通过关于组织和推动各界人士深入学习该决议的决定。会议于 20 日结束。

13 日 省人大常委会第八次会议在南昌举行。会议学习了党的十一届六中全会文件；听取了副省长王实先关于江西省 1981 年上半年经济工作情况和下半年经济工作安排的报告；听取了省人大常委会副主任张宇晴关于人大常委会委员视察情况的汇报；听取了省公安厅副厅长石慎修关于贯彻五届全国人大常委会第十九次会议通过的三个法律文件的汇报，并通过了《关于贯彻五届全国人大常委会第十九次会议通过的三个法律文件，加强我省城乡社会治安的决定》；听取了副省长许勤关于访问日本的情况报告；听取了省人大常委会副主任、省选举委员会副主任谢象晃关于江西省县级直接选举工作的总结发言；审议通过了《江西省渡口管理办法》和《江西省农副业船、渔船安全管理办法》，会议审议通过了人事任免事项，决定任命郑校先为江西省副省长。会议于 22 日结束。

14 日 南昌钢铁厂开始生产出口钢材 Φ10 毫米螺纹钢。

15 日 省老建办、省财政厅、省建设银行、省农业银行发出《关于分配江西省支援革命老根据地建设资金管理使用试行办法（草案）》的通知。

15 日 在北京地区第十次田径测验赛中，江西有 5 名运动员打破了 3 项江西省最高纪录。分别是：李小星在 110 米跨栏中以 15 秒 2 打破纪录；赵志军的 5000 米以 14 分 26 秒 3 打破纪

录；在女子 1500 米的比赛中，吴菊琴、周炳仙、龚素芳分别以 4 分 29 秒 1、4 分 30 秒 5、4 分 32 秒的成绩打破纪录。

15 日 省委在南昌召开江西省治安工作会议。学习中央批转的《京、津、沪、穗、汉五大城市治安座谈会纪要》，对进一步整顿江西省城乡社会治安作了部署。会议于 25 日结束。

15 日 省土产公司在新建县举办了三类土产、废旧物资交流会，加强工、商联系，沟通城乡、省内外商品交流。全省各地、市、山、县土产公司、有关工厂、社队企业和外省的一些工商单位，参加了物资交流会。大会共签订合同 200 个，成交总额达 2627 万元，比 1980 年交流会增长 55%。交流会于 19 日结束。

16 日 第四机械工业部首次中等专业教育学术讨论会在庐山召开。讨论会于 25 日结束。

17 日 受国家农委、农业部委托召开的全国农业经济教学研讨会在庐山举行。参加会议的有 34 所高等农业院校、财经院校和 4 所农经研究所，农业部公社局、教育局，以及江西省有关单位的代表，共 84 人。会议总结交流了建国以来农业经济学科发展中的经验教训，研讨了国内外农业经济学科发展的趋势，修订了国内外农业经济管理专业的教学计划；分析研讨了社会主义农业经济学，农业企业经营管理学两门课程的内容及其改革方案。同时，对农业经济管理人才的培养、科学研究、师资培训等问题进行了讨论，并提出了改进意见和建议。研讨会于 28 日结束。

18 日 省委组织部、省人事局、省统计局转发中组部、劳动人事部、国家统计局《关于统一管理干部统计报表的通知》，恢复干部年报统计工作。

19 日 省五届人大常委会第八次会议举行全体会议，听取副省长许勤关于访问日本情况的报告和听取省公安厅厅长石镇修关于贯彻五届全国人大常委会第十九次会议通过的三个法律文件和当前社会治安情况的汇报。

20 日 省政府发出《关于落实棉粮挂钩奖售粮几个问题的通知》，对棉粮挂钩奖售粮基数、奖售标准及售粮的供应价格均作出具体规定。

20日 自本日起至9月30日，省农业厅在高安举办全省土壤普查技术工作培训班。

21日 江西医学院第二附属医院口腔科，为一名左侧下颌巨大造釉细胞瘤患者，施行带血管游离复合髂骨瓣修复下颌骨缺损手术取得成功。这是江西省在整复再造和显微外科临床技术上的一项重大成就。

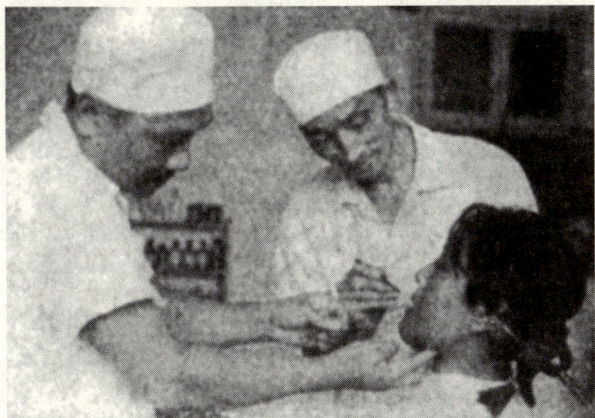

口腔科副主任医师宋全衡（右）和矫外科主治医师邹志云（左）在对病人进行复合组织移植的术后检查

22日 省政府批准建立彭泽县桃红岭梅花鹿自然保护区。该保护区坐落在赣北武夷山脉北麓，南起十岭垦殖场，北至黄花公社，总面积6.75万亩，其中核心区保护面积4万亩，试验区面积2.75万亩。桃红岭是江西省唯一发现的梅花鹿南方产区，经鉴定，桃红岭所产鹿定为梅花鹿，南方亚种，数量在100头左右。梅花鹿是我国一类保护动物，具有较高的经济和药用价值。

桃红岭梅花鹿自然保护区内自由奔驰的野生梅花鹿

22日 五届全国人大常委会第十九次会议通过的《关于处理逃跑或者重新犯罪的劳改犯和劳教人员的决定》等三个法律文件公布以后，全省各劳改、劳教场所秩序明显好转，外逃的劳改、劳教人员纷纷投案自首。据不完全统计，7月10日以前，江西省已有163名外逃的劳改、劳教人员自动返回原劳改、劳教场所，或者向当地公安机关归案。遵照全国人大常委会的决定和公安部负责人6月23日的谈话精神，各劳改、劳教单位对在7月10日前自动归案的外逃人员，将严格依法办事，兑现政策，提请司法机关根据他们外逃后各自的表现，分别依法减轻、从轻或免除处罚。

22日 省政府批转省农林垦殖厅《关于稳定山权林权，落实林业生产责任制若干问题的意见》。

23日 省建工局向省政府报送《推行经济包干，改变企业面貌——江西省建工局一九八一年上半年生产工作情况汇报》。建工局对省财政实行行业归口包干，自1981年1月份起，自负盈亏，一定两年不变。省建工局与直属八个建筑安装企业实行经济包干，签订了经济包干合同，一定两年不变。企业内部实行层层经济包干，逐级签订包干合同。

24日 省水电站蓄水工程中的新型空腹浆砌石试验坝在铜鼓下源水电站竣工发电。铜鼓县新型空腹坝的下游分别建有二级和三级两座水电站，装机容量共640千瓦。

下游二级发电站外景

25日 联合国亚太经社理事会区域矿产资源开发中心协调人隆梅伦（瑞典人）抵达南昌，商谈10月份在江西举行钨矿地质国际讨论会有关事宜。商谈结束后于27日离昌。

25日 中国遗传学会及医学遗传委员会在庐山召开我国首次神经、精神病遗传学学术座谈会。大会收到142篇学术论文，来自十多所高等院校和全国23个省、市、自治区的医疗单位的102名专家、教授和医师出席了座谈会。座谈会于29日结束。

25日 省委召开思想战线问题座谈会。参加这次座谈会的有各地、市委主管宣传工作的负责人和宣传部长，省直各部、委、厅、局的负责人以及理论界、文艺界、新闻出版界、教育界的负责人共130多人。为认真贯彻落实全国思想战线问题座谈会精神，省委很重视开好这次会议，专门召开常委会作了研究。省委第一书记江渭清在常委会上作了重要指示，并强调要认真开展批评与自我批评，及时克服各种错误倾向。座谈会上，省委宣传部长寇育彬传达了全国思想战线问题座谈会精神。会议的中心议题是，各级党组织都应坚强、统一起来，切实加强对思想战线的领导，改变当前存在的涣散软弱状态，以增强在坚持四项基本原则基础上的团结，发展党的十一届三中全会以来的大好形势。会议要求各部门互相配合，针对本部门、本单位存在的问题，采取措施，对症下药，争取各个方面在思想领导上有一个比较显著的进步，思想战线的状况有一个显著的改进。会议于30日结束。

26日 在大连举行的为期4天的全国田径冠军赛中，江西省两名选手破两项全国纪录：胡刚以66.1米破65.9米的男子链球全国纪录，邱世永以1小时30分48秒7破男子20公里竞走1小时32分42秒8的全国纪录，黄勇获男子跳远第二名，黄云南获男子400米第三名。

27日 1981年江西省高校招生工作近日圆满结束。江西省共录取新生11921名，其中，进入重点院校及本科院校的有7355名，上专科学校的有4566名。

28日 江西医学院基础部物理教研室导纳研究组与南昌师范学校物理教研组合作，于1981年4月研制成功我国第一台恒压式导纳图仪。经300多例正常人与心血管病人的临床测试，目前效果良好，与测量心血管的其他仪器相比，具有计算公式简单、结果精确、仪器抗干扰能力强、描记图形重复性好等优点。

29日 省委工交政治部在南昌召开全省工交系统干部座谈会。会议强调要把工业生产搞上去，工业总产值要保证完成增长3%的速度，并力争超过。会议提出了以下几点要求：（一）大力加强思想政治工作。（二）要积极主动、千方百计把生产搞上去。（三）大力培养和选拔优秀中青年干部、加强企业领导班子的建设。

30日 省社联在南昌召开学习《关于建国以来党的若干历史问题的决议》（以下简称《决议》）理论研究会，认真学习和研究《决议》中提出的重大理论问题。参加研究会的有省社会科学理论战线的教授、副教授、副研究员、讲师和社会科学研究单位、地市社联的负责人。与会者着重学习和研究了如下几个理论问题：（一）学习《决议》关于毛泽东思想以独创性的理论丰富和发展了马克思列宁主义的论断，研究了毛泽东思想作为我党指导思想的重要意义和坚持毛泽东思想的问题。（二）学习《决议》关于社会主义制度的建立，是我国今后一切进步和发展的基础论断，研究了社会主义社会的经济特征和社会主义制度的优越性的问题。（三）学习《决议》关于在社会主义制度建立以后的社会革命不是通过激烈的阶级对抗和冲突来实现，而是通过社会主义制度本身，有领导、有步骤、有秩序地进行的，研究了由激烈的阶级对抗的革命转入和平发展时期的革命问题。（四）学习《决议》关于把我们的国家逐步建设成为具有现代农业、现代工业、现代国防和现代科学技术的，具有高度民主、高度文明的社会主义强国的奋斗目标，研究适合我国国情的社会主义现代化道路的问题。会上，省委书记、省社联主席马继孔向到会同志宣讲了《决议》精神；省委宣传部长寇育彬作了思想战线的现状和任务的报告；省社联副主席、法律学教授胡正谒等同志在会上作了学习《决议》体会的发言。

30日　经省委、省政府同意，省人事局会同有关部门近日开始办理1980年5月底前一直在干部岗位，1981年5月底经县以上党委正式批准任命担任正、副科级职务"以工代干"人员的转干工作。

31日　全省农村储蓄余额达4.34亿元，比1980年底增加1.01亿元，比1979年底翻了一番。其中，信用社吸储达3亿元，约占农村储蓄存款的70%，按全省农业人口平均计算，每人储蓄15.71元，比1980年末增加4.01元。

本月　日本泉产高株式会社董事长西冈和奥野到大茅山垦殖场参观和商订工艺产品。

本月　据不完全统计，建国以来江西省林业战线取得的科技成果达70多项。这些科研成果包括造林营林、林木育种、森林病虫害防治等各个方面。其中，有5项获得了全国科学大会的奖励，有1项获得林业部科技成果三等奖；有27项获得江西省科学大会的奖励，有36项获得省科学技术成果奖；当前已在林业生产中应用的有10多项。

本月　修水县向市公社水碧源大队二队园角寺，发现了罕见的野生"四方形"毛竹。另外，在向市公社碧源大队二队的彭家山上，还发现了成片的野生"罗汉竹"竹林，面积大约4亩至5亩。

本月　江西省16岁的少年女运动员刘波涛在秦皇岛参加全国帆船锦标赛，获得OP级帆船第三名。刘波涛是江西省第一个帆船女运动员。

本月　在全国20个洗衣粉品牌同行业质量评比中，江西鹰潭化工厂生产的"白鹤"牌洗衣粉，被评为全国一类产品。

本月　煤炭工业部评定江西丰城矿务局坪湖矿为"全国煤矿职工生活福利管理工作先进单位"。

1981
9月
September

公元1981年9月							农历辛酉年【鸡】						
日	一	二	三	四	五	六	日	一	二	三	四	五	六
		1 初四	2 初五	3 初六	4 初七	5 初八	6 初九	7 初十	8 白露	9 十二	10 十三	11 十四	12 中秋节
13 十六	14 十七	15 十八	16 十九	17 二十	18 廿一	19 廿二	20 廿三	21 廿四	22 廿五	23 秋分	24 廿七	25 廿八	26 廿九
27 三十	28 九月大	29 初二	30 初三										

1日 南昌铁路分局首先在59台客运机车上开通使用双频点式机车信号报警装置、列车自动停车装置、列车无线调度电话机车三项设备（简称"机车三大件"）（至1990年，有364台机车安装了"机车三大件"，使用线路长度达1015.404公里）。

1日 由省军区政治部领头，省司法厅、省高级人民法院、省人民检察院共同组成培训转业到司法部门的军队干部训干领导小组。从法院、检察院、司法行政部门抽调教员，由省司法厅负责组织、教学，分别在南昌、宜春、上饶、赣州、抚州、九江、吉安等7个地区，设13个授课点进行培训，共培训军转干部875名。

1日 经国家体委批准，江西省体操队王裕仁、曾国诚、范婉芬（女），羽毛球队应任清，排球队韩国安、吴长彬等6人被任命为国家级裁判员。到当前为止，全省经上级有关部门批准的国际裁判员有2名，国家级裁判员有30名。

2日 经省卫生厅申报，从当日开始，卫生部组织浙江、江苏、河南、福建、广西、贵州6省（区）专业人员对江西资溪县消灭丝虫病的效果进行为期14天的考核，未发现一例丝虫病阳性病人。至此，危害资溪人民多年的丝虫病已基本消灭。

3日 江西省年仅13周岁的应届高中毕业生罗毅、颜全胜，分别以495分、457分的成绩考入北京航空学院和长沙铁道学院。罗毅来自南昌市第二中学，颜全胜来自吉安市第一中学。

3日 省技术经济和管理现代化研究会在南昌举行成立大会。研究会的宗旨是组织全省从事和热心技术经济与管理现代化的科技、管理人员，学习国内外的先进经验，紧密结合江西经济建设的需要，开展这两方面的研究，为进一步提高经济效果和管理水平服务。

3日 南昌市工商行政管理局发出《关于进行个体经营的非机动工具的运输业、房屋修缮业登记发照的通知》，促进了个体运输业的发展。

3日 省纺织工业局、省总工会、共青团省委联合决定，对在江西棉纺织青工操作能手技术交流活动中取得优异成绩的30名青年挡车工授予"江西省棉纺青工操作能手"称号，并发给奖状；对经过考核合格的10名操作测定员，命名为"省级棉纺织操作测定员"称号，并发给证书。

4日 省爱国卫生运动委员会发出《关于广泛深入地开展秋季爱国卫生运动的通知》。要求在全省城乡范围内广泛深入地开展以除害灭病为中心，以预防肠道传染病为重点的秋季爱国卫生运动，进一步改善卫生面貌，减少疾病，保护人民健康，以干干净净的优美卫生环境，迎接建国32周年。

5日 第二十一届"环诺曼底"国际竞走比赛在日内瓦结束。江西省竞走运动健将邱世永以26小时34分27秒的成绩获得个人第四名，并获得"最佳技术风格奖"。

6日 参加全国摩托艇、滑水比赛的江西省12岁女选手何定，以927分的成绩获得女子水上花样滑冠军，范彩虹获得该项第三名；程大水获得男子障碍滑第二名；罗秋云夺得女子运动艇10公里亚军。

7日 省政府召开小煤窑收归丰城县洛市矿区统一管理会议。会议决定，丰城县洛市矿区将列为国家统配煤矿进行建设，矿区范围内地方小煤矿一并上收。

8日 省经委召开全省工交生产办公会，对今后四个月，特别是9月份的工作进行了部署。会议对9月份的生产提出了五条要求：（一）精神面貌来一个大振奋。（二）生产水平来一个大增长。（三）推动经济责任制来一个大突破。（四）产品质量要有一个大提高。（五）经济效果要有一个大改善。

8日 省直机关党委根据省委指示、发出通知，决定在省直机关正式恢复干部参加体力劳动的制度，并规定每个星期六下午为搞环境卫生或参加其他有益的体力劳动时间，各级干部，除老弱病残和有特殊任务者外，都要积极参加，领导干部要带头参加。

9日 省政府侨务办公室、省委组织部、省公安厅联合发出《关于贯彻国务院侨办、中央组织部、公安部〈关于善始善终地复查纠正归侨、侨眷中冤假错案工作的通知〉》，要求在1981年底以前完成。

9日 应省体委邀请，途经江西省前往郑州和洛阳参加全国乒乓球等级联赛的福建乒乓球队，在省体育馆进行表演赛。他们当中有荣获第36届世界乒乓球锦标赛男子单打冠军的郭跃华和混合双打亚军之一的陈新华，同场表演的还有许增才、黄若东、林丽珠等6名运动员。

10日 1981年全国游泳锦标赛在南京结束。江西省运动健将陈超在这次比赛中，以57秒5的成绩获得百米蝶泳冠军，并打破了该项全国纪录；以2分5秒1的成绩获200米蝶泳冠军。

10日 由中国美术家协会上海、山东、江西、江苏、安徽、浙江、福建分会联合举办的《水彩水粉画展览》在江西省文联展厅举行。展览共展出作品210件，包括170多位作者的作品。展览结束后，将陆续在其他5省1市展出。展览会于10月2日结束。

10日 中国农业银行江西省分行受中国农业银行总行委托，日前给六名全国一级金融红旗手：德安县邹桥营业所主任卢锦珠、玉山县怀玉山营业所主任罗时德、波阳县游城营业所出纳员王青云、大余县青龙信用社农金外勤李传芬、清江县临江信用社民主信用站业务员陈国和、丰城县泉港营业所会计黄维强；七个全国金融红旗单位：南城县、婺源县、新干县支行，峡江县城上信用社，萍乡老关信用社，南昌县支行蒋巷营业所，赣州市永南信用社；16名省级农村金融红旗手和24个金融红旗单位，颁发了奖章、证书和奖状。

11日 省经委、省财政厅发出通知，根据财政部、国家经委（1981）财企字第350号文件精神，迅速在全省开展国营企业财经纪律检查工作。

11日 宁都县进行文物普查时，在该县青塘公社孙屋大队《孙氏家谱》中发现孙中山唐代祖先孙俐安葬在宁都县城南郊马架坑。

11日 新西兰猕猴桃专家戴维森博士及其助手黎友坤，在庐山等地进行野生猕猴桃考察（17日，戴维森博士作了题为《新西兰猕猴桃和栽培技术》的学术报告，并与江西省有关专家举行了座谈，互相交流了猕猴桃研究、栽培的经验）。考察于18日结束。

11日 南昌陆军学校党委破格提拔了28名中青干部。当前，被选拔的团一级大队领导干部，都是20世纪60年代初期或中期入伍的，平均年龄只有38岁，比以往平均下降7岁，军龄下降十几年；营一级的正、副队干部充实学员大队、队及区队3级领导班子，以适应教学需要。大队长和教导员平均年龄只有31岁，85%是1968年至1973年入伍的；正连职区队长绝大多数只有六七年的军龄，平均年龄只有28岁。

12日 经省政府批准，江西省畜牧水产学校正式设立，并举行了首届开学典礼。该校学制两年，设畜牧、水产两个专业，1981年招收了200名新生。

12日 为积极响应中央关于"全党全社会都要重视少年儿童的健康成长"的号召，活跃江西省儿童文学创作，为儿童和少年提供更丰富的精神食粮，中国作家协会江西分会正式成立"儿童文学组"。

13日 华东6省1市在九江市召开报刊发行工作会议。出席会议的有各省、市邮电部门主管报刊发行工作的负责人及发行工作中作出优异成绩的先进单位和先进个人代表。会议总结交流了华东6省1市在报刊发行中取得的成绩和经验，表彰了一批优胜单位和个人。会议要求各邮电部门进一步贯彻党的十一届六中全会精神，不断挖掘内部潜力，积极做好各种邮发报刊的宣传收订工作。大力开展报纸出版、发行"一条龙"协作竞赛，做到早报早送，巩固和提高省报当天到县率，同时扩大报刊零售业务，方便群众订阅和选购报刊，使报刊发行工作有一个新的发展。

13日 江西血防工作会议发布消息，1981年前8个月江西省血防工作取得可喜成绩。据不完全统计，共查病27.6万人，治病1.7万人，灭螺面积3万亩。

13日 著名美籍生物学家牛满江教授和夫人张葆英来赣讲学。讲学于18日结束。

14日 江西省科干局最近选拔自然科学技术优秀拔尖人才109人，其中向国务院科干局推荐23人为国家级拔尖人才。

15日 武宁县猕猴桃重点产地的严阳公社烟溪大队4队农民彭希炎，发现一株特大的优质猕猴桃树，最大果重180.3克，全树平均果重都在80克以上，株产120余斤。

15日 南昌市第一座立交桥——青山路立体交叉桥竣工通车，桥长760米，宽24米，投资383.6万元。

15日 省委宣传部召开了各地市委宣传部长、地市工商行政管理局长、新华书店经理、印刷厂长和各大专院校、省直有关单位负责人会议，研究出版管理工作。会议传达了邓小平、胡耀邦关于思想战线问题的谈话和讲话。会议要求各地克服滥编滥印现象，防止资产阶级自由化的倾向，进一步加强出版管理工作。

15日 省农业厅在省民航局的配合下，在南昌县向塘公社上空为大片二晚田进行为期2天的飞机喷施磷酸二氢钾肥试验，施肥面积达1.3万亩。

飞机在向塘公社喷施磷酸二氢钾肥

15日 由南昌市油毡厂试制成功的"106"内墙装饰材料，通过有关单位鉴定，填补了江西建材工业的一项空白。

16日 省委、省政府举行传达报告会，听取省经委副主任唐惠民传达国务院召开的工交工作座谈会精神。参加报告会的有省委、省政府各工作部门和工、青、妇等群众团体的负责人，南昌市各委、办、局和南昌地区部分工厂企业的负责人，共计1100多人。省委常委、副省长王实先主持了报告会。此前，省委召开了常委会议，专门就如何贯彻国务院召开的这次会议精神，进行了认真的讨论，并强调指出，贯彻全国工交工作座谈会精神，一定要同我们自己的实际情况结合起来，把工作的重点放在抓好今后3个多月的生产上，保证全年计划的完成，积极为1982年生产做好准备。

16日　省文联为贯彻全国思想战线问题座谈会精神，在南昌市召开省、地、市文联和各协会正、副主席座谈会。省委书记马继孔在会上讲了话。会议认真学习了邓小平的谈话和胡耀邦的讲话，学习了省委召开的思想战线问题座谈会的有关文件。会议认为，当前应认真开展批评和自我批评，克服资产阶级自由化倾向，要进一步把思想搞活，把创作搞活，充分调动作家、艺术家的积极性和创造性，使文艺创作和文艺批评更加繁荣。文联和各个协会要采取群众性、社会性的工作方法，把思想建设的任务放在首位，用马克思主义、毛泽东文艺思想武装自己的头脑，同时，要组织文艺工作者深入生活，把文艺创作提高到一个崭新的水平。座谈会于19日结束。

17日　恒湖垦殖场农机配件厂正式生产出Φ270、Φ300、Φ350MN3种规格合金轧辊，填补了江西空白。

17日　省学联在景德镇召开学联主席团扩大会议，传达全国学联主席团扩大会议精神，学习了大会致全国大学生的号召书，交流了各校学生会的工作经验，研究部署了新学期的工作：（一）继续开展以"五讲四美"为中心内容的道德教育活动，努力建设社会主义精神文明；（二）"以三好为目标，以学习为中心"，开展丰富多彩的课余活动，促进大学生德智体全面发展；（三）关心和代表学生利益，发挥党联系大学生的桥梁和纽带作用；（四）认真加强学生会的建设，不断提高学生会的战斗力。

18日　为了研究南方商品粮区粮食生产的有关经济政策，调整作物布局，促进农业生产发展，为国家提供更多更好的大米等农副产品，由农业部主持的南方商品粮区座谈会在上饶市召开。参加会议的有江西、湖南、湖北、江苏、浙江、安徽、广东、广西、四川9个省、区的代表，共30余人。与会人员回顾了南方老商品粮地区历年来，特别是1970年以来的粮食生产、耕作制度、作物布局、生产资料供应以及推广农业科学技术等方面的经验教训，认真研究了在新的形势下，如何根据现有基础，在不增添很多设备，不增加多少投资的情况下，进一步以党的各项农村经济政策，调动粮农的生产积极性，合理调整作物布局，有效地推广现有增产技术和科研成果。根据南方各省的现有条件，本着从实际出发，扬长避短，发挥优势的精神，经会议讨论制定了今后商品粮区工作的主攻方向。座谈会于23日结束。

19日　南昌日用化工厂和南昌市科研所研制成功一步法牙膏制膏机及控制系统，并投入小批量生产。一步法制膏机及其新工艺，是把4道工序综合在一套密封设备中完成，这在我国还是首次。南昌市科委邀请全国同行业有关专家于9日至12日对一步法牙膏机及自动控制系统进行鉴定。鉴定认为，该套设备具有密封、结构紧凑、工艺流程短、耗能少、生产周期较短、香精损失少等特点。

19日　吉安县永和公社岭上大队第二生产队社员李伏龙，挖到一个碳化木箱，里面装满了排列成串的铜钱，总重529斤。经有关部门鉴定，这些铜钱为宋代铜币。

20日　截至当日，全省城镇储蓄余额达67527万元，比1980年底增加12303万元，增长22.3%，完成全年储蓄计划的102.5%。按江西省城镇人口计算，平均每人存款达134.1元，比1980年底增加24.5元。

20日　江西首台"华星牌"洗衣机在庐山无线电厂通过技术鉴定。

20日　全省纺织、轻工产品展销会在省展览大楼对外展销。这次展出的有灰色短涤、军绿色回织、人棉花布、涤棉花布、各色棉布、被单布、家具布、沙发布、化纤、涤纶、丝绸被面、针织品，还有家用电器、各式皮鞋、自行车零配件、日用杂品等。

21日　全国体操锦标赛在南昌举行。参加比赛的有来自全国19个省、市、自治区和解放军、北京体院等21个单位的204名运动员。比赛分别进行了男、女团体，全能和单项3种比赛。获得男子团体前三名的是北京队、解放军八一队、江西队；获得女子团体前三名的是浙江队、上海队、河北队。在其他单项比赛中江西省运动员刘明获男子自由体操、跳马两项冠军，另有运动员获得鞍马、双杠两项亚军和单杠并列第三名。比赛于27日结束。

21日 据日前统计，近年来，南昌市郊区胡坊公社顺外大队企业共接收了369名城市待业青年。农村向城市招工，说明农村的经济结构正在发生极其深刻的变化，冲破了单一经营的框框，走上了农工商一体化的道路。

21日 省委组织部最近派代表参加了中央组织部在北京召开的广东、青海、云南、吉林、山西、江西、江苏7省关于健全县、市、州党代表大会制度问题的座谈会。座谈会认为，健全党的代表大会制度是加强党的建设中的一项根本制度。当前，应把如何加强政治思想工作和发展国民经济，作为各级党代表大会的重要议题。会议强调，党政要分开，加强行政指挥系统，充分发挥各级政府应有的作用。党委要把主要精力放到抓方针、政策性大事上来，抓党的思想建设、组织建设、作风建设。同时，要健全党委制，加强集体领导，使党内生活逐步正常化、制度化。

22日 江西省农业经济学会成立，孙哲任理事长。

22日 中国科学院南方山区综合科学考察队在吉安市举行科学考察成果报告会，专家们分别作了关于江西泰和县农业自然资源、土壤普查和综合农业区划报告。根据泰和县的自然条件、历史经验和当前状况，考察队对泰和县今后的农业发展，提出如下建议：（一）泰和县是潜力很大的粮食生产基地，今后应努力提高单位面积产量；（二）充分利用优越的自然条件、大力发展多种经营，特别要发展柑橘、甘蔗等收入较高的产品，使农民尽快富裕起来；（三）要合理布局生产，按照不同的自然条件，安排不同的作物，建立良好的生态系统；（四）充分注意并切实解决农村能源问题。应当大力发展薪炭林，办好沼气，这既是解决农民燃料困难的需要，也是维护

和恢复生态平衡的需要。报告会于26日结束。

22日 应中国体操协会邀请，以邓焯荣为顾问，杨洁玲为领队的香港体操队一行17人，在南昌访问。期间，他们观看了全国体操锦标赛，并邀请江西体操队教练员、运动员一起训练。特邀了北

全国体操锦标赛

京、八一、广西、江西体操队教练员进行座谈。香港体操队还参观了八一起义纪念馆、八大山人书画陈列馆、工艺美术馆等。访问于28日结束。

23日 团省委召开全省团的工作会议。出席这次会议的有各地、市、县团委以及省直属团委负责人和部分厂矿、公社团委书记，共280人。会议认真学习了邓小平、胡耀邦关于思想战线问题的谈话和讲话，传达了团的十届三中全会精神，总结了1981年以来江西省团的工作，并对1981年冬和1982年春全省团的工作进行了研究部署。会议要求各级团组织加强思想政治工作，广泛开展"三热爱"（热爱祖国、热爱社会主义制度、热爱党）教育，理直气壮地宣传四项基本原则，用共产主义世界观武装青年，充分发挥青年在四化建设中的突击作用。会议于27日结束。

24日 江西省人民警察学校首届劳改工作专业班在省劳改工作干部学校举行开学典礼。

24日 国务院第三次人口普查领导小组办公室在庐山召开人口普查工作座谈会。参加会议的有国务院第三次人口普查领导小组办公室的负责人和人口学专家，以及来自全国15个省、市、自治区的代表。座谈会上，各地汇报了人口普查试点和户口整顿的情况和遇到的各种问题。为搞好第三次全国人口普查，以便为我国的社会主义现代化建设、安排人民的物质文化生活，制定人口规划和政策，代表们研究了做好第三次人口普查的办法，对普查登记及其他普查文件提出了修

改意见。江西省人口普查领导小组组长、副省长郑校先到会讲了话。

25 日 为隆重纪念中华民族新文化的开创者、伟大的共产主义战士鲁迅诞辰 100 周年，省文联、省文化局、省社联、作协江西分会、省文艺学会、省文学艺术研究所在江西艺术剧院联合召开江西省纪念鲁迅诞辰 100 周年大会。出席大会的有 1000 余人。会议号召大家要以鲁迅为榜样，要学习和发扬鲁迅革命精神，在党中央的正确领导下，团结一致、艰苦奋斗，为建设具有高度民主和高度文明的社会主义现代化强国作出新的贡献。

25 日 由国家体委科教司和中国体操协会举办的第一次全国体操科学论文报告会在南昌举行。参加这次会议的有各省、市、自治区体操队代表，业余体校、体育学院、师范院校的副教授、讲师和专业科研人员共 290 人。会上，38 篇有关男子训练、女子训练、少年儿童训练、生物力学等不同学科的论文，引起了与会者的关注。会议组成了调研组，结合正在南昌举行的全国体操锦标赛进行了现场调研和录像，并介绍了当前世界体操科研发展状况，就进一步提高我国体操运动技术水平等问题进行了讨论。报告会于 27 日结束。

26 日 江西省首台综合采煤机组在丰城矿务局建新煤矿井下正式投入生产，日产原煤可达 1300 吨以上。

27 日 1981 年 7 月，国务院批准江西省万安水电站恢复建设。根据国家计委的要求，万安水电站工程正式复工，投入建设。这座水电站是建国以来在江西省兴建的最大一座水电站。

28 日 江西省第一个画院——南昌画院举行开院仪式，并主办首次《书画作品展览》。参加开院仪式的有省、市有关方面的领导人，书画界知名人士近百人。《书画作品展览》展出了省、市部分美术书法作者的作品 50 余件。

28 日 江西省参加 1981 年国家质量奖评比的产品，有两项分别获得金质奖和银质奖。获金质奖的是景德镇市光明瓷厂、红光瓷厂生产的"玩玉"牌青花玲珑瓷器，获银质奖的是南昌八一配件厂生产的"三星"牌 105 系列汽缸套。

29 日 全省第二届青年演员会演在江西艺术剧院开幕。这次会演，是继 1961 年江西省第一届青年演员会演之后，全省优秀青年艺术人才的又一次大会演。参加这次会演的、有来自江西省 10 个地、市，29 个县和省直等 50 个演出单位，包括话剧、音乐、舞蹈、曲艺、杂技和赣剧、京剧、宜黄戏、宁河戏、盯河戏、越剧、黄梅戏及各种采茶戏等十多个戏曲剧种的 800 多名青年演员。

30 日 省文化局、南昌市革委会在江西影剧院举行文艺晚会，庆祝中华人民共和国成立 32 周年。省委、省人大常委会、省政府、省政协、省军区、南昌陆军学校以及南昌市党、政、军领导与来自全省各界的群众代表 3000 余人参加了晚会。

30 日 江西省保险事业近年来由于充分发挥了经济补偿和促进防灾的作用，有较大发展。当前，已在江西省开办了企业财产、家庭财产、货物运输、汽车车辆损失和第三者责任、船舶保险以及自行车盗窃保险 7 种业务。到本月底止，全省已有全民、集体所有制的企业近 3000 家和近 1 万户城镇居民参加了保险，保险金额达 50 亿元，比 1980 年同期增长 2.63 倍。

本月 红星垦殖场农机研究所研制的"20 - 1200"型花生摘果机通过省级鉴定，获农垦部科技成果三等奖。

本月 江西工具厂成功地试制出一种新型微米外径千分尺，为我国精密量具生产填补了一项空白。这种微米外径千分尺式样轻巧，使用方便，是机械工业尤其是仪表行业常用的高精度量具，其读数值能达到 0.001 毫米（一根头发丝的 1/70）。

本月 为贯彻中共中央、国务院、中央军委 11 号文件，全省民兵组织自本月至 10 月进行调整，减少民兵数量，提高民兵质量，缩小组建范围，简化层次，民兵总数比调整前减少 63.3%。

本月 解放军企业干部学校在九江市成立，执行师级职权，为中等专业学校，学制两年（1983 年改称中国人民解放军企业管理学校。1994 年 3 月升格更名为中国人民解放军军需财经高等专科学校）。

本月 江西医学院第一附属医院妇产科沈庆塆主治医师，运用胎儿心电图机描绘孕妇胎儿的心电图成功。这是全省首次应用胎儿心电图机检测胎位。胎儿心电图机可分析判断胎儿是否有先天性心脏病、胎儿是否畸形、胎儿性别；并可以观察胎儿在子宫内的生理状况以及分娩期间胎儿心率是否正常，有无缺氧，以供临床做及时处理。

本月 省政府以赣城发（1981）82号文件批转省建设委员会、省农业委员会《关于迅速制止农村建房乱占耕地的通知》。

1981

10月
October

公元 1981 年 10 月							农历辛酉年【鸡】						
日	一	二	三	四	五	六	日	一	二	三	四	五	六
				1 国庆节	**2** 初五	**3** 初六	**4** 初七	**5** 初八	**6** 重阳节	**7** 初十	**8** 寒露	**9** 十二	**10** 十三
11 十四	**12** 十五	**13** 十六	**14** 十七	**15** 十八	**16** 十九	**17** 二十	**18** 廿一	**19** 廿二	**20** 廿三	**21** 廿四	**22** 廿五	**23** 霜降	**24** 廿七
25 廿八	**26** 廿九	**27** 三十	**28** 十月小	**29** 初二	**30** 初三	**31** 初四							

1日 为给儿童、少年提供更多有利于身心健康的物美价廉的生活用品，促进全社会都来重视和关心儿童、少年的健康成长，江西省儿童生活用品展销会在南昌隆重开幕。省儿童生活用品委员会主任贺世民主持了开幕式，出席开幕式的有省委，省人大，省儿童、少年工作协调委员会以及团省委、省直有关厅局和南昌市委的负责人。这次展销会是建国以来江西省第一次举办的较大规模的儿童生活用品展销会，展销的产品主要有儿童服装鞋帽、针织品、玩具及文化用品、食品、儿童保健药品六大类，品种达 300 余种。

1日 煤炭工业部基本建设定额站临江分站在樟树市临江镇成立，管理江西地区煤炭基本建设定额工作。

1日 新干县界埠公社发生一起特大翻船事故。当日早晨，界埠渡口聚集许多赴县城参加物资交流的群众，使用破旧不堪的 12 马力机动船载客过河。当船行驶到离县城码头 60 米左右时，船舱进水，船头下沉，乘客骚动，造成 130 人落水，87 人死亡。事后有关责任者依法受到严厉处罚。

2日 省、市侨联在南昌市工人文化宫举行归侨、侨眷国庆联欢会。在南昌地区的归侨、侨眷以及国庆期间在南昌旅游、探亲的侨胞、港澳同胞 3000 多人参加联欢会。省侨办以及省、市有关部门的负责人和部分侨胞、侨眷、港澳同胞进行了座谈，大家一致表示，热烈拥护叶剑英委员长的讲话，决心为祖国统一作贡献。

3日 全省完成了对妇女子宫脱垂、尿瘘两种疾病的普查和治疗工作。到日前为止，全省患有子宫脱垂、尿瘘的妇女，治疗率已达到 80% 以上。在全省妇幼卫生工作会议上，45 个先进集体和 101 个先进个人受到了表彰。

4日 省纪律检查委员会召开全省纪检工作座谈会。参加座谈会的同志学习了中纪委召开的华东地区纪检工作座谈会精神，交流了近年来纪检工作的经验，回顾了江西省党风党纪情况，研究了进一步加强纪检工作的措施。会议提出，要振奋精神，树立"敢"字，加强纪律检查工作，切实纠正党内的不正之风。特别要注意同违背四项基本原则的言行作斗争，以保证党中央政治路线、组织路线、思想路线的贯彻执行。中纪委常委方志纯、省委常委王泽民参加了会议并讲话。

4日 应全国辛亥革命70周年纪念筹委会的邀请，辛亥革命老人的亲属、农工党江西省委副主委胡献可，省侨联副主席蔡奠华和省农垦厅高级工程师丁道模前往北京，参加全国的纪念活动。省、市政协，省、市委统战部，省各民主党派和工商联，省、市侨联的负责人前往车站送行。

5日 经国务院有关部门以及江西省人民政府正式批准，江西省建立江西省电力职工大学、吉安地区工业系统职工大学、萍乡市机械职工大学、江西钢厂职工大学、南昌钢铁厂职工大学、南昌市工人业余大学、宜春市职工业余大学、南昌市业余大学、昌河机械厂工学院9所职工高等学校。招生对象为本系统、本地区具有高中毕业文化水平的在职职工。

5日 省政协在中山堂召开各界人士座谈会，座谈叶剑英委员长的讲话。各界人士在发言中一致认为，叶剑英委员长的谈话进一步阐明了关于台湾回归祖国，实现和平统一的方针、政策，完全符合全民族的心愿，代表了炎黄子孙的共同利益。大家表示衷心拥护，决心竭尽全力，促进共产党和国民党实现第三次合作，为台湾回归祖国、实现祖国统一大业作出贡献。

5日 省委根据（中发〔1980〕5号）《中共中央关于成立中央政法委员会的通知》精神，决定成立江西省委政法委员会。

6日 省政府发出《关于城镇非农业个体经济若干政策性的规定》。要求各地、各部门在政治上、经济上对个体工商户，要与国营经济和集体经济单位同等对待。

7日 民革江西省委会邀请在南昌市的省委会委员和辛亥革命老人后裔，举行纪念辛亥革命70周年座谈会，缅怀孙中山和革命先烈。

8日 省委常务书记、省长白栋材最近在深入部分蔬菜生产队和蔬菜经营管理单位调查研究后，提出要把蔬菜问题作为宏观经济来抓。白栋材在同南昌市党政负责人和有关部门反复商量后，提出了三项解决蔬菜问题的措施，并在南昌市郊区试行。这三项措施是：（一）从经济上鼓励多生产，多交售。（二）用行政手段制裁违法

者，以防止一些生产单位追求高价，拒不完成交售任务或尽量少交售。（三）以经济法规加以约束。

8日 省科干局、省人事局根据国务院科干局、国家人事局《关于给专家配备助手的几点意见》，对需要配备助手的专家审批工作作出规定。

9日 1981年第十一届全国旅游产品、内销工艺品供应交流会在南昌开幕。这次交流会是由中国旅游产品生产供应公司举办的。展出的样品有雕塑、金属工艺、抽纱刺绣、玩具、文房四宝、漆器、地毯、工艺陶瓷、扇子、竹草编织以及其他纺织旅游品等17大类，共计5万多件。来自全国28个省、市、自治区的近5000名代表前来洽谈业务。

10日 省、市各界人士近1000人在南昌市中山纪念堂集会，隆重纪念辛亥革命70周年。参加大会的有省委、省人大常委会、省政府、省政协和省军区的负责人以及省工、青、妇的负责人；参加纪念会的还有全国人大和省人大在南昌的代表，全国政协和省政协在南昌的委员，省、市各民主党派的负责人，省直各部、委、办、厅、局的负责人，省参事室、文史馆的负责人，参加辛亥革命已故老人的亲属，在南昌地区的台湾同胞、归国华侨的代表。大会由省政协主席方志纯主持。会上，方志纯首先讲了话。省委书记、省政协副主席马继孔，民革江西省委副主任委员武惕予，民盟江西省委主任委员谷霁光，民建江西省委主任委员何世琨先后讲了话。会议号召江西省发扬辛亥革命精神，为实现四化和祖国统一而共同奋斗。

纪念辛亥革命70周年大会

10日 由江西省体委发起举办的10省少年乒乓球邀请赛在南昌举行。应邀参加这次邀请赛的有青海、四川、河北、贵州、湖南、山东、江苏、浙江、福建、江西省的少年乒乓球队。河北队获男子团体冠军，浙江队获女子团体冠军，江苏队选手获得男子单打冠军，河北队选手获女子单打冠军。比赛于16日结束。

11日 日本国际贸易促进协会东海总局专务理事若原富夫、业务部主任原田泰浩来赣参观访问。访问于16日结束。

12日 地质部和联合国亚太经社会区域矿产资源开发中心共同组织的钨矿地质讨论会在南昌召开。应邀出席这次会议的亚太地区产钨及具有钨矿找矿前景的泰国、马来西亚、印度尼西亚、印度、尼泊尔、菲律宾、巴布亚新几内亚、巴基斯坦等发展中国家的地质学家。美国、日本、英国、澳大利亚、瑞典等国家的知名钨矿地质学家和矿床学家，也应邀出席了讨论会。中国著名钨矿地质学家和矿床学家徐克勤、郭文魁等以及一批中青年钨矿地质学家参加了会议。参加讨论会的中外代表共80余人。讨论会开幕式在江西宾馆举行。中国地质部规划院院长、地质学家苗树屏主持了开幕式。地质部副部长、著名地质学家程裕淇，江西省副省长许勤，联合国亚太经社会代表隆格伦出席开幕式并讲了话。联合国亚太经社会执行秘书基伯里亚作了书面致词。会议收到了与会代表交来的49篇论文。会议对钨矿成因、钨矿勘探、岩矿测试和找矿方法等方面，作了广泛和有成效的研究和讨论。江西省地质科研工作者的8篇论文中，有关钨矿成因、矿床分带等领域的理论研究，具有世界先进水平，受到了与会外国专家学者的高度评价和赞扬。中外专家学者们在前往江西省南部作实地考察期间，参观了赣南地质调查大队钨矿地质陈列室。在西华山、荡坪、漂塘、大龙山等著名矿区考察时，专家们研究了80多个考察点。会议期间，中外专家在南昌参观了八一南昌起义纪念馆、南昌工艺美术馆、南昌画院，游览了八大山人故居等名胜古迹。讨论会于21日结束。

13日 为了深入贯彻全国思想战线问题座谈会精神，进一步把江西省的文艺创作事业搞上去，省文联和中国作家协会江西分会在宜春召开江西作家座谈会。来自全省各地的30多名作家参加了这次会议。座谈会认真学习了中央文件的有关精神，分析了江西文艺战线的形势，总结了江西文艺工作的经验教训。会议认为，目前我们正处于四化建设的伟大历史时代，许多新情况、新问题等待着我们去探索，去反映。作为一个人民的作家应该热爱和熟悉我们的时代，站在时代前列，积极塑造和热情讴歌社会主义新人，努力写出更多更好的优秀作品，为不断繁荣和发展江西的文艺创作事业作出更大的贡献。座谈会于18日结束。

13日 林业部在南昌市召开全国林木种子低温库建设现场会议，参加会议的有辽宁、河北、山西、安徽、湖北、福建、江西、浙江、广西、广东10省（区）的代表。会议于18日结束。

14日 省政府紧急通知各地，制止使用有害渔具进行捕捞生产。

15日 由中国摄影家协会组织的创作组开始在庐山进行摄制创作和学术交流。参加这次创作和学术交流活动的有来自上海、天津、新疆、甘肃、山东、广东、广西、浙江、云南、四川、安徽、福建和江西等省市的摄影家，他们除在庐山、星子、九江和湖口等地区进行创作外还同江西省的摄影家及摄影工作者进行学术交流。

15日 在全国行业和部门检查评比的基础上，经产品归口部审查批准，全省已有10种产品分别荣获冶金工业部、一机部、轻工业部、化工部、国家医药总局颁发的全国代销优质产品奖。这10种部优产品是：江西钢厂生产的山凤牌航空用空速管，赣州冶金化工厂生产的工业雷管，景德镇电瓷电器工业公司生产的环球牌GW－35千伏安高压隔离开关，彭泽县五金工具厂生产的"钻石牌"圆头锤，星火化工厂生产的"星火牌"一、二、三甲胺，东风制药厂生产的"东风牌"鲁卡因青霉素，余江制药厂生产的"山花牌"夏天无片，章公山茶厂生产的"雨茶一级"，婺云茶厂生产的"贡熙五级"，万载县黄矛花炮厂生产的"花兰牌"茶花香烟花。

15日 全国步枪射击比赛在福州市结束，来自全国各省、市、自治区、解放军队的400多名运动员参加了比赛。江西省18岁新秀刘人青在女子40发汽步枪比赛中以386环的优异成绩平全国记录，取得第一名。

17日 省财政监察工作会议在南昌召开。会议传达贯彻了全国财政监察会议精神，总结了全省财政监察工作的情况，并指出，当前江西省违反财政纪律的现象和经济领域的不正之风仍然比较严重。会议强调，在财权下放和扩大企业自主权的情况下，越要注意加强监督，严格财政纪律，这也是党的纪律检查工作的重要内容。会议要求广大财政干部和监察通讯员坚持原则，维护财政纪律，同经济领域的不正之风作坚决的斗争。

18日 新华社南昌报道，江西弋阳县与铅山县交界的猫咪山一个崖洞中，新近发现200多具干尸。猫咪山系沉积岩，崖洞中干燥通风。被发掘出来的木棺内盛有石灰和木炭，尸体皮肉干缩，皮肤呈古铜色，衣冠鞋袜完好，都是农家自织的靛青土蓝棉布和白棉布。随葬品中有1米多长的铜头竹竿烟管、眼镜和铸有"乾隆通宝"字样的铜钱，有的死者身上还挂着刻有光绪四年的铜牌。

18日 江西省全国工艺美术家杨厚兴的瓷板画新作《吕契普斯女儿的被劫》和景德镇市陶瓷加工厂《十二金钗》薄胎碗在全国旅游纪念工艺品评比活动中被评为优秀作品。

19日 省工商联刘仲汉、万永福分别前往清江、遂川、泰和、吉安等地进行为期12天的调查，了解各地工商联在1968年停止活动的情况和存在问题。

20日 南昌手表厂"庐山牌"ZNCA型手表通过由轻工部委托江西省轻化厅主持的部级鉴定，质量达到国家一级表标准，生产能力已超过设计能力。这次投产鉴定，邀请了轻工部和全国10个省市的钟表研究所、钟表公司、手表厂、轻工厅（局）等60多名行家代表。鉴定认为，南昌手表厂当前的生产能力已超过年产30万只手表的设计水平，成品手表质量符合部颁QB315-

62机械手表一级表的标准。经测试，成品表走时精度的合格率达到99%，防震达到90%，防磁、防水都达到100%，零部件达到81%，这些都达到或超过了部颁要求。

20日 江西电影学校经过短期筹建后，正式开学。它是一所全日制电影放映中等专业学校。学校首届招收新生50名，培训在职放映技术人员62名。

20日 省政府发出《关于开展江西省林业大检查的通知》。决定成立林业检查团，各地、市、井冈山成立林业检查分团，各县、市成立若干林业检查工作队，并确定大检查的重点是：检查和果断地解决好各地乱砍滥伐森林的问题，坚决关闭木竹自由市场，督促各有关部门严肃处理破坏森林的违法案件，依法严厉惩处违法分子。

20日 江西省台湾同胞第一次代表会议在南昌举行。省委、省人大常委会、省政府、省政协和省军区的负责人出席了会议。会议一致通过了《江西省台湾同胞联谊会章程》、《江西省台湾同胞第一次会议决议》。会议选举产生了江西省台湾同胞联谊会第一届委员会，选出委员15人，推选林一升任主任，吕英、曾振通为副主任。会议于23日结束。

21日 全省第二届青年演员会演历时23天闭幕。省委宣传部、省文联、省总工会、团省委等有关方面负责人出席了闭幕式。省文化局局长李定坤致闭幕词。省党、政负责人向39名优秀青年演员、152名获表演奖的青年演员和三个获风格奖的代表团分别颁发了获奖证书、奖状和奖旗，全体代表合影留念。

22日 省政府就对超售粮棉油猪的农户实行工业品奖售，组织工业品下乡的有关问题发出通知，要求各地市县切实执行，认真做好奖售工作。通知说，为鼓励农民多交售农副产品，安排好旺季市场供应，决定组织省产"三大件"、国家调入的"三大件"和紧俏工业品下乡。其中省产"庐山牌"手表5万只，"百花牌"缝纫机1万架，"箭牌"自行车5000辆；国家调入的"三大件"和其他紧俏商品，以县（市）为单位，将第四季度货源的60%供应农村；棉布、肥皂、毛线等，亦尽可能地多供应农村。省政府就这些商品的分配和供应原则，作了具体规定。

22日 经国务院批准，撤销江西省井冈山革命委员会，设立井冈山县。以原井冈山革命委员会的行政区域（包括下七、黄坳、长坪、拿山、厦坪5个公社和1个垦殖场）为井冈山县的行政区域，县政府驻茨坪。井冈山县由吉安地区行政公署领导。

23日 经省委批准，省委宣传部在南昌召开了《关于建国以来党的若干历史问题的决议》学习和宣讲工作会议。会议要求各地广泛深入地开展决议的宣讲工作，把大家的思想统一到决议的基本结论上来。会议传达了中共中央宣传部在哈尔滨召开的决议宣传工作座谈会精神，交流了情况和经验。会议根据省委有关文件的精神，提出了宣讲决议的具体要求：（一）要进一步提高认识，加强领导。（二）要认真了解党员、干部和群众对决议的思想反映，做到上不离决议，下不离实际，有针对性地讲清以下几个主要问题：1.联系群众思想实际，讲清毛泽东的历史地位和毛泽东思想的指导作用，正确评价毛泽东的功过，端正在这个问题上的两种错误态度；2.联系决议第八部分总结的"十个主要点"，使群众了解党的十一届三中全会以来党的路线、方针、政策的正确性，教育群众坚持四项基本原则，搞好社会主义经济建设和精神文明建设；3.讲清六中全会对中央主要领导成员改选和增选的必要性和深远意义；使群众了解华国锋的错误以及党对犯错误的方针政策，认识全会选举胡耀邦为党的主席的正确选择，坚信党中央的正确领导，增强对党的事业的必胜信心。（三）认真组织和培训宣讲队伍。领导干部要带头宣讲。（四）宣讲要注重实效，努力把大家的积极性引导到建设现代化的、高度民主的、高度文明的社会主义强国上来。（五）从现在起到1981年底止，整个基层的宣讲工作分三批搞完，每批10天到半个月，结束后，各级党委要认真进行一次总结。会议同时对在职干部的理论学习作了研究部署。

23日 省公安厅、省卫生厅联合发布《关于维护医院公共秩序的通告》。要求加强医院管理，保持医院有一个安静、整洁的环境，使医疗工作正常进行。

24日 省农委召开全省水利工作会议。出席会议的代表250多人。会议要求各地1981年冬和1982年春切实加强对水利工作的领导，贯彻国民经济调整方针，鼓足干劲，继续把水利建设搞好，为粮食和多种经营保丰收，为子孙后代谋幸福。

24日 江西省盲人曲艺会演在南昌举行。参加这次会演的有江西省6个地区和南昌、景德镇、萍乡、九江4个市的10个盲人代表队，共观摩演出85个节目。其中盲人自己创作的节目27个。演出的节目有道情、清唱、说唱、渔鼓、春锣、古文、鼓书、快板、评话等十多种形式。会演于29日结束。

25日 江西省茶树资源考察组科技人员最近在安远县塘村公社中流大队禾坪背一带发现了大面积野生茶树，面积150余亩。这些茶树生长在海拔300米的深山密林之中。植株为乔木型，叶片大而叶质较柔软，为特大叶类，色黄绿，多茸毛，当地群众称为"山茶"。这次发现的乔木野生大茶树面积之大，数量之多，在江西尚属首次，为有关部门提供了茶树育种的宝贵资源。安远县版石公社南坑队在白果坑小河边发现了原始野生大豆，这40余蔸野生大豆，经技术鉴定，属于同株异叶型，具有抗虫、抗病、野生性能强等特点，与栽培大豆相似。野生大豆的发现对于研究大豆的起源、分类、遗传、生理、生化和培育良种，有重要的价值。

26日 江西省群众艺术馆主编的《江西群众文艺》创刊号出版。

26日 省妇联在南昌召开为期4天的全省农村基层妇女工作会议，贯彻全国妇联《农村基层妇女工作条例》（试行草案）。

27日 省五届人大常委会九次会议在南昌举行。会议审议通过《江西省矿产资源保护暂行办法》和省人大常委会关于颁布这个办法的决定，通过《江西省五届人大常委会关于延长几种刑事案件办案期限的决定》。会议还通过有关人事任免名单。会议于31日结束。

27日 省农林垦殖厅、财政厅在省蚕桑场联合召开全省国营垦殖场财务工作会议，传达农垦部召开的全国国营农场财务工作会议和计划会议精神。会议于 31 日结束。

28 日　南昌市南站轻质建材厂研制的彩色水泥花锦砖经市科委组织的有关行家鉴定，认为这项成果填补了江西省装饰材料的一项空白。

28 日　省妇联在瑞金县召开全省宣传工作座谈会，讨论选拔培训干部、婚姻家庭、农村儿童工作等问题，并提出编写妇运史工作的意见。座谈会于 11 月 3 日结束。

28 日　省委、省政府印发《对江西省对外经济贸易工作实行统一领导和归口管理的决定》。对全省对外经济贸易工作实行统一领导和归口管理，并规定省进出口委员会是省政府归口管理江西省对外经济贸易工作的综合部门，负责管理省外资委员会、省国际信托投资公司、省国际信托服务公司、省外贸局，要求各行署、各省辖市，均应成立相应的外资管理机构。

28 日　省科协、团省委在南昌召开江西省自然科学自学经验交流会。来自全省工、农、商、学、医等行业的 40 名代表出席了会议。会议对全省勤奋自学取得优异成绩的 40 名代表进行了通报表扬。省党政领导和省科协、团省委以及有关部门的负责人会见了全体代表，并向受到表彰的先进代表颁发了奖状和奖品。交流会于 31 日结束。

28 日　景德镇市陶瓷厂创作的瓷砖壁画《江南山区之晨》和《釉面砖图案设计》在全国首次举办的建筑陶瓷装饰艺术评选活动中，受到各方面的好评，分别获得第一名和团体第三名。

28 日　江西八一麻纺织厂工程师沈维周、助理工程师杨宝康合作编写的 15 万字《黄麻准备机械保全》通过中国纺织工业部生产司和纺织工业出版社审核，作为二级以上保养工人自学课本和新工人培训教材出版。

29 日　煤炭工业部在萍乡矿务局召开中、小型矿井包建会议。决定实行"三包三保"（包投资、包建设工期、包达产时间，保投资、保材料设备和保劳动力），抢建一批中、小型矿井，为国家煤炭工业战略转移起掩护作用。江西实行"三包三保"的共有设计能力为 190 万吨的 7 对矿井。

29 日　经省政府批准，全省第四届畜牧兽医工作者协会代表大会召开。大会总结了 1956 年以来兽医协会的工作；审议通过了第三届委员会的工作报告和协会会章；交流了经验，研究讨论了在新的历史时期协会的工作任务；选举产生了第四届委员会全体委员，主席为谢富明，副主席为龚文卿、杨宏道、傅希贤、李柳根。

30 日　下午 3 时 50 分，位于赣江上游的万安水电站左岸围堰胜利合龙。左岸围堰工程是万安水电站的关键部位，也是万安水电站复工之后的第一个重要战役。

30 日　江西国药厂努力提高药品质量，在 1981 年全国同品种质量评比中，该厂的附子理中丸、感冒退热冲剂、银翘解毒丸三种药品分别获全国第一、二、三名。

30 日　省委机关党委举行副处长以上干部报告会，动员在职干部，紧密结合四化建设实际，学好经济理论。省委和省直机关各单位的负责人参加了报告会。省委书记马继孔在会上作了报告。

31 日　华东印刷技术协作会日前在南昌市召开凸印薄铅版技术交流会。上海、福建、浙江、安徽、江苏、山东、江西 6 省 1 市出版局和有关印刷厂的负责人、科技人员、熟练工人，中国印刷物资公司、中国印刷科学技术研究所以及北京、湖北、云南、陕西等省、市有关单位的代表共 90 多人参加了会议。

31 日　为总结经验，表彰先进，促进工作，省文化局在南昌召开全省群众文化工作先进集体和先进工作者表彰大会。大会表彰和奖励了在群众文化工作中成绩显著的 68 个先进集体和 131 名先进工作者。同时评选出 18 名代表，出席全国农村文化艺术工作先进集体和先进工作者表彰大会。

本月　江西柴油机厂研制成功 DJF140－2 型高温喷流染色机（于 1982 年 9 月通过省级鉴定，达到国外同类产品先进水平）。

本月　抚州地区第二建筑工程公司在抚州地区人民医院妇幼保健楼工地，对三角形钢筋混凝土竹节桩，采用锚桩——反力梁装置进行桩的静载试压，该项技术属全省首次使用。

1981

11月
November

公元 1981 年 11 月							农历辛酉年【鸡】						
日	一	二	三	四	五	六	日	一	二	三	四	五	六
1 初五	**2** 初六	**3** 初七	**4** 初八	**5** 初九	**6** 初十	**7** 立冬	**8** 十二	**9** 十三	**10** 十四	**11** 十五	**12** 十六	**13** 十七	**14** 十八
15 十九	**16** 二十	**17** 廿一	**18** 廿二	**19** 廿三	**20** 廿四	**21** 廿五	**22** 小雪	**23** 廿七	**24** 廿八	**25** 廿九	**26** 十一月大	**27** 初二	**28** 初三
29 初四	**30** 初五												

1 日　全省第一个科技馆——景德镇市科技馆在景德镇建成。该馆总建筑面积为 2300 多平方米，是目前省内最大的科技活动大楼。馆内设有资料室、阅览室、展览厅、教室、接待室、会议室、会场等科技活动场所。

1 日　农业部畜牧总局与江西省畜牧水产厅双方商定，并经省政府批准，正式成立江西省牧工商联合公司。第一批联营单位有省畜牧良种场、九江市奶牛场、泰和鸡原种场、万载县畜牧场、省种蜂场、玉山县种兔场、南昌市家禽试验场。联合公司在经营管理体制方面，实行牧工商一体化，在经营结构方面实行生产、加工、销售一条龙。公司建成投产后，将成为提供黑白花良种奶牛、种兔、种蜂、种鸡、种蛋和生产乳制品、蜂蜜、中成药的主要基地。年产值可达 1560 多万元，年利润 131 万元，年税金 90 万元。

1 日　应省科委、省农业垦殖厅的邀请，以日本京都府美山町长山内忠为团长、日本国际贸易促进协会常务理事中田庆雄为顾问的日本国京都府美山町林业技术友好访问团，对江西进行了友好访问和林业技术交流。访问于 5 日结束。

1 日　在景德镇召开的全国建筑史学会提出，要保护和利用祖国丰富多彩的古代建筑，对全国人民进行爱国主义教育。出席这次会议的全国从事古代建筑文物研究的专家、教授，对景德镇市古代建筑的保护和利用方面的经验给予了很高评价。近一年多来，景德镇发现明代建筑 136 处，并采取措施就地维修保护、复原。其中一条明代街面和九幢一组的建筑群落，构成了别具风格的露天博物馆。会议于 7 日结束。

1 日　全国工交会议提出"学上海、学沿海"后，由江西省委、省政府组织领导，省计委、省经委、省建委负责人带队，九个厅局 20 余人首批赴上海进行对口学习。正在上海的省委第一书记江渭清对这次学习提出了具体要求。上海市委、市政府指示市计委、经委等有关部门热情支持，积极配合，自当日起至 13 日止，经过第一阶段的学习，签订了 91 项协定，现已基本落实了以轻纺、化工、食品、电子为主的 63 项，其余项目也正在商谈落实之中。

2 日　九江国棉二厂试织成功的高档仿羽绒棉布，经有关部门鉴定，质量符合国家标准，已正式投入生产，从而填补了全省纺织行业的一项空白。

2日　江南电子仪器厂 TRS－80 型电脑控制线切割机床，已经研制成功。这种机床具有技术先进，工作效率高，维修方便等优点。该机床的研制成功，填补了江西省电脑应用于工业控制的空白。

3日　江西医学院妇产学科和放射诊断学科成为国务院首批有权授予硕士学位的学科。

3日　樟树第 12 次全国药材交流大会在清江县（今樟树市）樟树镇开幕。参加大会的药业界代表共 4400 余人，来自于全国 29 个省、市、自治区，250 个地区的 880 多个药材生产经营单位，其中有回族、蒙古族、朝鲜族、苗族、土家族、壮族、藏族、白族、哈尼族、维吾尔族、哈萨克族、傣族、彝族等 14 个少数民族的药业界代表，带着当地名产药材，应邀参加了大会。这次药材交流大会是根据国家医药管理总局每年举行一次全国性药材交流大会的规定而召开的，轮流在河北省安国、河南省白泉、江西省樟树三地举办。这次交流大会，主要交流三类药材和中成药。经过 7 天交易，共签订了 7.4 万多份合同，购销总额达 4.2 亿多元，创历史最高纪录。药交会于 10 日结束。

3日　在济南召开的全国水产科技工作会议上，国家水产总局按照国务院颁发的《技术改进奖励条例》，对 1978 年到 1979 年间的 38 项水产技术改进成果进行了奖励。江西省婺源荷包鲤鱼研究所选育的荷包红鲤鱼良种获得一等奖。

4日　省农林垦殖厅邀请上海基础公司、浙江温州水电工程局、铁道部第四设计院、江苏水利设计院、水电部南京水利设计院以及江西省建委等单位专家、技术人员研究处理康山大湖口电排站基础处理问题。

4日　为了深入贯彻全国思想战线座谈会精神，研究如何进一步加强全省文艺评论工作，以促进文艺创作新的繁荣和发展，省文联在南昌召开全省文艺评论工作座谈会。全省文学、戏剧、电影、美术、摄影、音乐、舞蹈界的评论工作者，以及各地、市文艺刊物的负责人等 80 余人参加了座谈会。与会人员一致认为，积极开展健

康的、正常的文艺评论，是加强和改善党对文艺事业的领导，改变涣散软弱状态的一个重要途径，是克服当前文艺领域中存在的资产阶级自由化倾向的有力武器。座谈会于 7 日结束。

4日　全国科技人才学术讨论会在南昌召开。这是我国首次举行的关于科技人才研究的学术讨论会，有来自全国 23 个省、市、自治区和部队、机关学术单位的代表近 80 人参加。会议共收到学术论文 77 篇。这些论文从各个不同侧面对科技人才的发现、培养和使用的规律性等问题进行了深入探讨。国务院科技干部局负责人黄葳主持了讨论会并讲了话。讨论会于 9 日结束。

4日　江西省著名眼科专家、江西医学院第二附属医院眼科主任陈彼得副教授，两年多来，在青光眼的防治方面取得可喜成果，撰写有关学术论文 9 篇，其中 5 篇被推选在 1981 年全国青光眼第一次学术会上宣读。他先后医治了近千例青光眼患者，受到群众的赞扬。陈副教授还应用先进激光技术医治青光眼，已成功地完成了 20 例，效果良好，受到病人的欢迎。

5日　省政府发出《关于抓紧做好生猪收购、上调的紧急通知》。重申坚决执行各项奖售政策，除对原奖售的尿素、稻谷、饲料粮等要保证外，收购每头生猪，再奖售尿素 25 公斤。并规定没有完成收购、上调任务的，不准上集市出售猪肉。

5日　党的十一届三中全会以来，广大农民群众对文化生活的要求也越来越迫切。全省各级文化部门适应这个新形势，把工作重点转移到农村，积极办好群众文化事业。当前，全省已建办了公社文化站 613 个，大队文化室（俱乐部）1916 个，业余剧团 3429 个，社队电影放映队 2402 个。特别是近年来，全省相继建设起 147 个农村集镇文化中心。

5日　省政府召开有关部门负责人紧急会议，号召全省农村广大干部、社员群众和有关部门紧急动员起来，齐心协力，采取有效措施，千方百计战胜阴雨，防止烂秋，力争丰产丰收。

5日　由教育部召开的全国教育学院、教师进修学院两个会议在江西省教育学院新址举行。

出席会议的有全国 29 个省、市、自治区教育厅（局）主管师资培训的负责人，省、市、自治区教育学院和部分地、市教师进修学院的负责人共 98 人。会议研究了教育学院、教师进修学院的性质、地位和任务等问题。会议于 16 日结束。

6 日 国务院托幼工作小组办公室和全国妇联在江西省妇联召开华东六省（江西、福建、浙江、安徽、江苏、山东）妇女儿童工作调查会。会议主要了解在城乡贯彻中央 19 号文件的情况及实行生产责任制后妇女儿童工作出现的新情况、新问题。调查会于 12 日结束。

6 日 南方八省（区）广东、四川、浙江、福建、湖南、湖北、广西和江西卫生美术、摄影巡回展在南昌举行。展览展出有国画、油画、水粉画、磨漆画、通草画、年画、剪纸、书法、摄影、雕塑、竹刻等 400 余件，其中江西省作品有 80 余件。这次展出由江西省卫生防疫站、中国美术家协会江西分会、南昌市卫生教育馆联合主办。展览于 25 日结束。

7 日 1981 年全国排球乙级队联赛第二阶段赛在湖南衡阳结束。江西省男子排球队以九战八胜的战绩荣获冠军，并晋升为甲级队。

7 日 根据中罗两国的文化交流协定，由省文化局主办的"罗马尼亚多尼查油画展览"在江西省博物馆展厅开幕。省文化局、中国美术家协会江西分会、南昌市文化局、市文联、市美术工作者协会等有关方面负责人及省、市美术工作者 400 人参加了开幕式。

8 日 萍乡市湘东镇碳酸钙厂生产的"庐山牌"轻质碳酸钙，畅销东南亚地区和国内许多省市。经上海商检局和江西省商检局多次鉴定，质量符合部颁技术标准。内销产品在 1981 年化工部组织的全国碳酸钙抽检中，获得第一名。

8 日 省政府发出通知，要求各地不失时机

地组织好"小秋收"，把各种野生植物资源采收利用起来。通知指出，当前，正值野生植物成熟、采集的旺季，各级政府要加强对"小秋收"的领导，把"小秋收"列为多种经营的重要内容，扎扎实实地抓紧抓好。并指出，1981 年的"小秋收"，要适应农村普遍推行各种形式的生产责任制的新形势，要在保护和发展资源的前提下，适时采集，科学生产，防止过早抢收和乱砍滥伐。

9 日 江西省爱国卫生运动委员会在南昌召开全省城市爱国卫生检查评比授奖大会。省委书记、省爱国卫生运动委员会主任委员马继孔，副省长、省爱卫会副主任委员许勤分别向 25 个荣获 1981 年度城市爱国卫生先进集体单位的代表颁发了奖旗和奖状。其中，赣州市被评为城市爱国卫生循环红旗优胜单位。

闻名国内的卫生城赣州市

10 日 民盟江西省委会、民盟南昌市委会在南昌中山堂隆重集会，纪念中国民主同盟成立 40 周年。省委书记白栋材、马继孔，省政协主席方志纯、副主席赖绍尧、沈瀚卿，南昌市委、省委统战部、省、市民革、农工民主党、民主建国会、工商联的负责人出席了纪念会。出席纪念会的还有民盟江西省委会和民盟南昌市委会委员以及在南昌的部分盟员共 190 人。纪念会由民盟江西省委会主任委员谷霁光主持。民盟江西省委会副主任委员兼秘书长李柱在会上作了题为《发扬传统，争取更大贡献》的讲话。马继孔在会上代表江西省委向全体盟员表示祝贺，并发表了讲话。

10日 中共中央政治局委员王震,全国政协副主席、国防部副部长、中国人民解放军军事学院院长兼第一政委肖克,分别视察南昌陆军学校。王震会见了学校领导、离休老干部和机关各

王震(前左六)和江西省军区领导合影

部门负责人,看望了79届全体学员,察看了学习室、兵器室和学生食堂。王震指出,加强军队现代化、正规化建设,首先必须办好军队院校,为部队培养出更多更好的合格人才。肖克勉励学员们刻苦学习,认真钻研,努力使自己成为思想好、作风好、技术好、身体好,会带兵用兵、指挥打仗的优秀人才。福州部队司令员杨成武、副司令员田世兴、副政委王直,分别陪同视察。视察于12日结束。

10日 为了充分发挥我国钨资源优势,讨论研究"振兴钨业"的方针、政策和措施,国家科委、冶金工业部和国家有色金属工业管理总局,在西华山钨矿召开全国钨业第一次科技工作会议。国务院副总理方毅出席会议并作了重要讲话。国家科委副主任杨浚、冶金部副部长、国家有色冶金总局负责人叶志强,江西省委书记、副省长傅雨田,湖南省副省长周政参加了会议。国务院有关部委和江西、湖南、广东、福建、广西等省、自治区也派代表参加了会议。参加会议的还有来自全国各地从事钨业生产、基建、科研设计以及大专院校等单位的代表,

方毅参观钨业科技展览

共270人。会议认真讨论了副总理方毅的讲话,并联系当前我国钨工业生产建设的实际,讨论和研究了我国钨矿资源优势,振兴钨业,以钨养钨的方针、政策和措施。会议认为,今后必须进一步加强如下工作:(一)加强地质工作;(二)放宽政策,保护矿山;(三)整顿好现有企业;(四)搞好现有企业的技术改造;(五)加强科学研究。会议由冶金部副部长叶志强主持。在这次会上,江西有色冶金研究所被列为全国钨的采、选研究中心。会议于16日结束。

方毅的题词

10日 省农学会在南昌市召开第三次会员代表大会暨学术讨论会。作物、土壤、植保、棉麻、园艺、蚕桑、茶叶及农经(筹)8个分科学会和地、市农学会,以及有关部门代表共220人参加。选举张子春任理事长,章士美、斐德安、张敦照任副理事长。讨论会于15日结束。

11日 自1979年开始进行的铅、苯、汞、有机磷、三硝基甲苯五种职业病普查工作基本结束。南昌市共对517个工厂7240个工人进行体检,收入住院治疗的有127人。

12日 江西省选择锂—铝—硅系统微晶陶瓷作人工关节生物材料,并应用于临床获得成功。省科委委托省卫生厅召开了有全国和江西省人工关节专家、教授和工程技术人员40余人参加的技术鉴定会。专家们一致肯定了这项研究成果,认为这项研究属国内首创,在国外尚未见到临床应用的报道。鉴定认

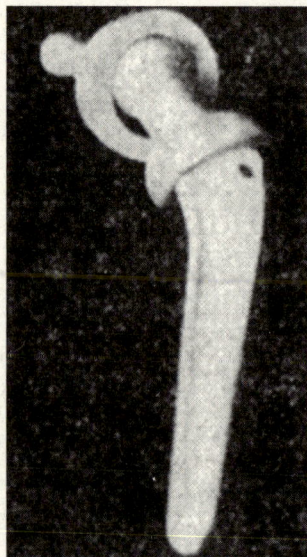

微晶陶瓷人工关节J·M·CII型样品

为，这种微晶陶瓷人工关节具有抗氧化、抗电解、耐酸、耐碱、生物相性好的特点；具有抗压、抗折、强度大、硬度高、耐磨和摩擦系数递减的优点；原料来源丰富，成本低廉，可以进一步扩大验证和使用。

12 日 彭泽五金机械厂是生产外贸出口的各种锤类的专业厂。该厂生产的圆头锤、木工锤、电工锤和钳工锤，质量达到优质标准，在国际市场上享有较高的声誉，远销亚、非 40 多个国家，1980 年又进入英国和法国市场。其中木柄圆头锤，最近参加全国圆头锤质量评比名列第一，荣获全国、江西省优质品证书。

13 日 国家标准总局在南昌召开全国企业标准化工作会议。总结交流新形势下企业标准化工作的新经验，讨论《工业企业标准化工作管理试行办法》。会议要求各级生产主管部门和企业要进一步提高对企业标准化工作的认识，把它作为企业生产经营活动中的一项重要基础工作来抓。会上有十多个企业单位介绍了开展企业标准化工作促进生产发展的经验，其中包括江西手扶拖拉机厂。

15 日 省纺织局邀请全国 7 个省市的 9 个厂、103 名代表、49 名选手在江西洪都袜厂举行技术操作比赛。比赛于 19 日结束。

16 日 省委常务书记、省长白栋材从 1981 年 10 月初开始，在吉安、赣州地区十几个县进行了一个月的调查。白栋材在调查中针对存在的问题和干部群众一道商量了解决办法。根据江西的实际，他认为要认真做好以下工作：（一）继续解放思想，尊重群众的首创精神，坚定不移地贯彻执行党的十一届三中全会以来的党的路线、方针和政策。（二）要强调政策的连续性、稳定性，出"安民告示"稳定人心。（三）一定要订好经济合同，坚决兑现经济合同。（四）在因地制宜的前提下，把"统"和"包"结合起来，既注意尊重社员的自主权，充分调动社员个人的积极性，又注意发挥集体经济统一经营的优越性。（五）各级党委都要有到 1985 年的设想和规划，引导农民往前想，往前干，向生产深度和广度进军。（六）切

实加强党对农村工作的领导，大胆提拔改革中的积极分子充实基层领导班子，改变思想政治工作涣散软弱的状况。

16 日 省农科院在 1980 年开展以对水稻、大豆为重点的考察征集。两年来，除收集各类材料 1147 份，还收集了许多具有特殊优良性状的地方农家品种和有价值的野生种。除东乡县发现野生稻，还在德兴县收集到水稻品种"野猪宗"、"红壳晚米"、"红壳糯"、"神仙禾"。这些品种在当地都种植了一百年以上，具有耐瘠、抗病虫、米质好、出米率高等特点。永新县在边远高寒山区的单家独户处，找到耐寒、防鸟兽害的"深水黏"，矮秆分蘖力强的"段甲子"，耐旱的"冷水白"等。全省野生大豆分布较为普遍，几乎在山区、丘陵都可生长。这些品种资源的发掘，对农业科研有重要作用。

16 日 中国生物医学工程学会人工关节专业委员会成立大会暨第一届全国人工关节学术会议在南昌召开。会议选举了全国人工关节专业委员会委员 19 名，成立了领导机构。会议于 20 日结束。

16 日 全省党史资料征集工作会议在南昌召开，这是江西省首次召开的党史资料征集工作会议。出席这次会议的有各地、市委征集领导小组负责人和宣传部、组织部老干部科、档案馆的负责人。会议传达贯彻了全国党史资料征集工作会议精神，讨论研究了如何进一步搞好江西省党史资料征集工作的有关问题。会议认为，党史资料征集工作是一项很重要、很严肃的工作。为此，各地要做到：（一）必须加强党的领导。（二）要健全组织机构，从本地区、本部门的总编制中，抽出一些人来建立党史资料征集机构，保证征集工作有人来抓。（三）要广泛深入地做好党史资料的征集工作。（四）搞好规划，落实任务。（五）通过实事求是原则，按照党中央领导的要求，把党史资料立好、立准确，客观反映历史，把宝贵的精神财富留给子孙后代。讨论会于 19 日结束。

16 日 自愿从泰国来我国定居的第一批印支难民中的 39 名难民，由广州到达江西省秀谷

华侨农场安家落户，受到省政府有关部门和地、县负责人的欢迎。这批难民大多数是居住在柬埔寨的华侨和华裔，年龄最大的66岁，最小的才1岁，不满13岁的儿童16名。为了帮助他们重建家园，秀谷华侨农场为他们新建了宿舍，每户生活日用品一应俱全，还为他们提供入学、购买商品的便利条件（11月28日，第二批41名印支难民定居敖山华侨农场）。

17日 中华护理学会江西分会在九江市召开学术年会，这是18年来召开的第一次大规模的全省护理界学术会议。大会征集学术论文109篇，大会交流的26篇，内容涉及基础护理、专业护理等专业。会议于22日结束。

18日 根据国务院的决定，在全省范围内，适当降低涤棉布的价格，同时提高烟、酒的价格。

18日 由中央农垦部科教局召开的全国农垦系统中专教学工作座谈会在江西省农垦学校举行。广东、湖北、黑龙江、新疆、云南等省和江西省的代表共60多人参加了会议。会议提出了按"五定"（定任务、定专业、定学制、定规模、定编制）的要求来制定各校的发展规划，同时还讨论了部分专业的教学大纲和教学计划。

19日 全国青少年射击个人冠军赛在广州市结束。江西省6名射手在比赛中有4名进入了前六名。省体校学生刘赣平以363环成绩取得男子自选步枪40发立射第二名，姜荣以382环、赵洪峰以563环成绩分别获得男子自选取步枪40发跪射和"对跑猪"射击第四名，省女运动健将刘人青夺得女子汽步枪第六名。

20日 省社联在瑞金召开纪念中华苏维埃共和国临时中央政府成立50周年学术讨论会。出席会议的有当年在中华苏维埃共和国临时中央政府工作的、现任江西省政协副主席的胡德兰、钟平、赖绍尧、朱开铨、刘建华，省政协常委危秀英、黄长娇等；中央有关部门（中央党校、中央党史研究室、中央党史征集办公室、全国党史研究会、中国革命博物馆、中国人民银行总行、财政部财政研究所和教育部等），以及北京、上海、天津、福建、湖南、贵州、陕西、黑龙江、吉林、甘肃、湖北、河南、广东、广西、浙江15个省、市、自治区、中国人民解放军的党史研究、党史教学工作者，江西省中共党史、科学社会主义、经济、金融、教育、法律、档案、历史、文艺等学会和各地市社联的代表，各地革命历史纪念馆的代表，共计220余人。省委书记、省社联主席马继孔到会讲了话。省委宣传部副部长、省社联副主席白永春作了发言。会议共收到学术论文和重要的历史资料近50篇。会议围绕5个专题进行了广泛的讨论：（一）关于中华苏维埃共和国临时中央政府的地位和作用；（二）关于中央革命根据地的土地政策；（三）关于中央革命根据地的经济建设；（四）关于中央革命根据地的政权建设和文化教育建设（包括法制、选举运动、肃反运动等）；（五）关于中央革命根据地的光荣传统和优良作风。会议期间，代表们参观了瑞金沙洲坝、叶坪革命旧址和瑞金革命历史纪念馆。讨论会于25日结束。

21日 萍乡市国营万龙山垦殖场生产的"飞碟"牌FC3－30型1400毫米吊扇和德安县国营共青垦殖场生产的"天鹅牌"羽绒被被评为1981年农垦部优质产品。

21日 省委召开全省农村工作座谈会。省委书记白栋材、刘俊秀到会讲了话，副书记刘仲侯传达了全国农村工作会议精神并作了会议总结讲话。会议提出，1981年冬全省农村工作的重点要放在稳定和完善农业生产责任制的问题上，同时做好其他各项工作，夺取1982年农业生产新的全面丰收。座谈会于24日结束。

22日 省人事局在南昌召开全省人事监察工作会议。确定新时期人事监察工作应重点奖励在经济调整和促进安定团结、"两个文明"建设方面作出显著成绩或有重大贡献的机关工作人员；惩处机关工作人员中官僚主义严重、工作严重失职、违反国家纪律、损害安定团结、使国家和人民利益遭受严重损失的人员，鼓吹资产阶级自由化情节恶劣人员，在经济活动中违法违纪拉"关系"、走"后门"、请客送礼、索贿受贿的人员。《会议纪要》下发各地市、省直各部门。会议于25日结束。

23 日 受中国数学学会的委托，由江西省数学学会、江西大学数学系、江西师范学院数学系等单位主办的全国算子理论学术会议在九江召开。出席会议的有全国 47 所高等院校的代表，以及江西省 11 所高等院校的数学工作者共 106 人。著名数学家、中国科学院学部委员、上海市数学学会理事长、复旦大学夏道行教授，著名数学家、吉林大学数学研究所所长江泽坚教授参加了会议。会议期间，共收到近 60 篇论文。有 30 名代表在会上宣读了论文。

23 日 铁道部基建总局在江西鹰潭主持召开"中小跨度先张预应力混凝土桥梁技术座谈会"，对南昌铁路局第四工程段预制厂 16 米先张梁的工艺进行研讨，论证可以实现全路中小跨桥梁预应力化（1983 年 4 月 16 日，一孔 16.5 米低高度先张法预应力混凝土新型梁由向塘桥隧大修队架设，在浙赣线 210 号桥上试用。1988 年通过铁道部鉴定，并被授予部科技进步三等奖）。

24 日 省植物资源调查组科技人员在资溪、遂川、井冈山和赣南地区首次发现珍贵经济植物罗汉果。这一发现，为全省罗汉果栽培事业提供了宝贵资源。

24 日 江西省妇幼保健院医护人员，对一位患有由于 RH 因子引起的溶血病的新生儿，成功地进行了换血手术治疗，这在全省尚属首次，填补了江西医疗上的一项空白。

24 日 根据中共中央、国务院、中央军委（1981）33 号文件，全省 8 个重点城市的人民防空领导小组改为人民防空委员会。傅雨田任省人民防空委员会主任，信俊杰任副主任。江西省人民防空办公室为江西省人民政府主管人防战略工作的常设职能机构，受省政府、省军区双重领导。

25 日 省团委、省农垦厅发出《关于在青少年中广泛开展植树造林活动的通知》，号召全省广大青少年积极行动起来，为实现祖国大地园林绿化作贡献。

25 日 在日前结束的秋季中国出口商品交易会上，江西省生产的人工棉针织品，西式床单、棉布，被港澳、中东地区的外商抢购一空。罐头马蹄（荸荠）、荞头、元蹄、排骨、橘子等都十分畅销，与外商签约 30 多万箱。景德镇陶瓷工业部门带来的 8 个新花面瓷，已成交 6 个。东风瓷厂的咖啡具，玉内瓷厂的餐具造型新颖，外商争相订货。省工贸结合的省机械设备出口公司成交额达 104 万美元，比 1980 年秋季交易会增长了 5.4 倍。

中国工艺品进出口公司江西省陶瓷分公司竭诚服务，礼貌待客，赢得了外商的信赖

26 日 南昌市教育局党委成员分别深入学校调查研究，具体分析师生的思想状况，总结思想政治工作的实践经验，决定在全市各中小学广泛深入地开展三项教育活动。这三项教育活动是：（一）在全市小学生中，开展热爱党旗、国旗、军旗、团旗、队旗的"五旗"教育活动；（二）在全市中学生中，开展创"文明班级"的教育活动；（三）在全市中小学教师中，开展以又红又专好、教育质量好、表率作用好为内容的"三好"教育活动。

26 日 中华医学会江西分会医院管理学会正式成立。这个学会既是研究医院管理学的学术团体，又是政府卫生主管部门有关医院管理方面的咨询机构，学会经过民主选举，选出常务委员 19 人，孙冀晃为主任委员，张会元、顾毓麟、杨学志、刘德全为副主任委员。

26 日 根据省体委部署，省体工队开始实行国家体委、国家人事局 10 月 19 日颁布的《体育教练员技术职称暂行规定》。

26日 江西籍中国运动员童非在第二十一届世界体操锦标赛男子团体自选动作比赛中，获得单杠项目的满分10分，这是他在这次锦标赛上的第一个满分。

童非在做单杠练习

27日 南昌市委、南昌市革委会在八一礼堂举行南昌市优秀科技成果授奖大会，奖励了85项优秀科技成果（其中一等奖3项、二等奖7项、三等奖19项、四等奖56项）。市委、市政府领导分别向各获奖的研制单位或个人颁发了奖状、奖励证书和奖金。

27日 江西省高等学校图书馆协作委员会成立。协作委员会由全省27所高等学校的图书馆代表组成，江西师范学院图书馆被推选为主任委员馆，江西大学、江西工学院被推选为副主任委员馆。该委员会是省教育厅领导下为全省高校教学、科研服务的咨询性学术机构。

28日 中国农工民主党江西省委员会集会，纪念农工民主党创始人邓演达殉难50周年。参加集会的有农工民主党江西省委员会委员和南昌、赣州、九江、吉安、抚州、上饶等市农工民主党组织负责人，以及参加农工民主党江西省成员为四化服务经验交流会的全体代表，共60余人。

28日 沈阳信号厂制造的全路第一台大容量纵横制自动电话交换机（容量为2500门，ZHJD－1型），在南昌安装使用。

28日 省政府决定，将省商业厅所属的省工商管理局（二级机构）划出，成立江西省工商行政管理局，为厅局级单位，为省政府直属机构。

28日 江西省城市电影工作会在景德镇市召开。会议联系实际，认真学习了中央领导人对九江影剧院的指示，总结交流了江西省影剧院管理工作经验，制定了《城市电影院管理条例》、《电影院工作人员服务守则》。会议于12月2日结束。

29日 江西省橘区广大橘农靠政策、用科学，有灾之年夺得柑橘丰收，目前收获柑橘总产突破80万担，比1980年增长36.2%，创历史最高水平。

30日 省人事局会同省委组织部、省公安厅开始从劳教、劳改单位的在职国家固定职工（含以工代干）中通过考试，吸收录用干部以加强劳教、劳改单位干部力量。

本月 江西井冈山半导体厂主要产品硅晶体三极管3DG102具有穿透电流小、噪音小、可靠性高、增益大、一致性和稳定性好等优点。1980年，该产品获得了江西省同类产品质量评比第一名和省优质产品奖，最近首次参加四机部组织的3DG102 1981年全国质量评比并荣获第三名。

本月 江西省4位医学工作者合作的医学物理学术论文《心阻抗图法测量血管顺度和总外周阻力》，在日本东京举行的第五届生物电阻抗国际会上获好评。由7个国家的40位专家组成的议程委员会宣读论文。论文第一作者江西医学院物理教研室副主任吕景新副教授，在医学物理基础理论方面有较深的造诣。论文的其他作者是：江西医学院物理教研室讲师朱宝山、王庆延和实验员陈南平。

本月 修水县工艺美术厂试制成功高档产品——"彩色梳"。产品美观大方，具有浓郁的民族风格和传统特色，被九江地区评为优质产品，得到了中华人民共和国商标注册证。成批销往美、英、法、日、荷、挪威等国。

本月 经四机部优质产品审定委员会批准，江西省国营七一三厂生产的79型短波定频气象接收机，国营九九九厂生产的三角牌FT20－66AT、FT20－74AG压电蜂鸣片，国营四三八厂生产的SHH－I受话器，国营八九七厂生产的CKTB陶瓷真空电容器，国营七四〇厂生产的FV－101F陶瓷发射管5种电子产品荣获1981年度优质品奖。

本月 赣州钴冶炼厂开发的"电炉法提纯粗三氧化二砷"新工艺通过鉴定，该工艺为国内首创。

本月 中国建筑公司江西分公司承建的伊拉克巴士拉鲁迈拉石油液化气加油站工程，由意大利 SAIPEM 公司主承包，江西省分公司提供技术劳务。该工程将为鲁迈拉 200 余平方公里区域内的九座加压站提供管道预制、现场安装、各类设备、金属构件和管道，以及无损检测防腐处理。在约一年半的时间内，累计完成实物工程量为：

江西承建的伊拉克税务大楼

各类机械（容器）300 余台，各类钢结构 1500 余吨，各类管道 15 万米，各类阀门 1 万余只，射线拍片 1.5 万余张，验收质量优良，一次运转成功，赢得了意方信任。随后又承建了巴士拉油码头，该项目为国家创汇 255 万美元，利润率高达 60％，为当时中建总公司海外项目之佼佼者。项目负责人王强，派出施工人员 205 人。这是江西省首次向国外输出劳务人员。

本月 国际钨生产者协会主席依都拉尔德一行 4 人在中国五金矿产进出口总公司、江西省五金矿产进出口公司、江西省冶金进出口公司领导的陪同下，参观赣州有色冶炼厂、赣州钨钼材料厂。

本月 江西人民出版社出版《百花洲文库》。

本月 江西锅炉厂研制成功国内第一台以煤矸石为燃料的 SHF35 - 39/450 型 35 吨/时电站沸腾锅炉，安装在萍乡矿务局高坑电厂运行。

1981

12月 December

公元 1981 年 12 月						农历辛酉年【鸡】							
日	一	二	三	四	五	六	日	一	二	三	四	五	六
		1 初六	**2** 初七	**3** 初八	**4** 初九	**5** 初十	**6** 十一	**7** 大雪	**8** 十三	**9** 十四	**10** 十五	**11** 十六	**12** 十七
13 十八	**14** 十九	**15** 二十	**16** 廿一	**17** 廿二	**18** 廿三	**19** 廿四	**20** 廿五	**21** 廿六	**22** 冬至	**23** 廿八	**24** 廿九	**25** 三十	**26** 十二月大
27 初二	**28** 初三	**29** 初四	**30** 初五	**31** 初六									

1 日　省财政厅发出通知，转发财政部在九江市召开的全国农业财务会议提出的《关于在新形势下改进和加强财政支农工作的意见》。

1 日　中国基本建设经济研究会首届年会在南昌开幕。参加这次年会的有来自全国各地从事基本建设经济研究和设计人员、专家、大专院校的教授，以及研究会的理事共 80 多人。会议对《关于缩短基本建设周期，提高投资效果》、《基本建设经济学研究对象、任务和方法》两个专题进行了研究和探讨。国家建委副主任、中国基本建设经济研究会副理事长彭敏主持了开幕式，并就《缩短基本建设工期问题》发了言。

1 日　省供销社召开全省供销社系统科技教育工作会议。根据中共中央、国务院《关于加强职工教育工作的通知》，决定成立各级供销社科研教育机构，有计划地建立科技教育基地，并开展废旧物资、野生植物利用、仓储运输、商品养护、农副产品加工、商品零售机械等课题的研究。

2 日　经省委批准，《赣中报》复刊。

3 日　省政府针对全省油菜播种计划受气候影响，完成得不好这一情况，发出《关于搞好油菜绿肥等越冬作物生产的紧急通知》，要求各地务必在力争扩大现有油菜和绿肥种植面积的基础上，精细管理，争取油菜、绿肥单产有较大幅度的提高。

4 日　省人大代表、省委书记、省长白栋材在出席五届人大四次会议的江西代表团的讨论会上结合江西实际提出今后江西要着重抓好四个方面的工作：（一）依靠政策和科学，大力发展农业，狠抓多种经营。（二）工业生产要千方百计地提高经济效益。（三）扩大对外贸易，为经济建设服务。（四）下决心改革机构，精兵简政。

出席五届人大四次会议的江西代表在认真讨论政府工作报告

4日　省政府、省军区批转了省民政厅、省军区政治部《关于进一步做好拥军优属、拥政爱民工作的请示报告》，要求各级政府、各军分区（警备区）、人武部，切实做好拥军优属、拥政爱民工作，以进一步增进军政、军民团结。省政府、省军区强调，各级政府都要认真贯彻执行民政部和省政府有关文件精神，结合农村年终分配，进一步做好优抚工作。要保证优待的现金或实物的落实兑现，使烈军属、残废军人、带病回乡复员退伍军人的生活不低于当地群众的实际生活水平。

4日　冶金工业部召开技术论证会，对江西稀有金属基地——宜春钽铌矿和九江有色金属冶炼厂的改造收尾方案，从技术、经济上进行论证鉴定，一致认为，采用国内方案加速这两个企业的基建收尾工程是当务之急。冶金部已同意这一建议，这个一度缓建的稀有金属基地即将恢复建设。江西省宜春钽铌矿拥有我国最大、世界罕见的钽铌矿床，并含有多种稀有金属，综合利用价值高。为满足军工和电子工业发展的需要，国家分别于1970年和1971年开始建设宜春钽铌矿和九江有色冶炼厂。由于贯彻中央调整方针，两个企业均于1979年被列为缓建项目。

4日　省爱国卫生运动委员会发出通知。要求各级爱卫会在党政的领导下，发动广大城乡人民群众，结合生产、工作和学习，大张旗鼓地开展以除害灭病为中心，以消灭越冬蚊蝇为重点的元旦、春节期间爱国卫生运动，做到干干净净地过元旦、春节。

4日　省政府发布《关于执行〈中华人民共和国枪支管理办法〉的通告》，对非军事系统枪支的登记、制造、配置、佩带、购买、发证等事项作了规定。

4日　我国华东地区的一条重要铁路干线——皖赣铁路全线接轨铺通。皖赣铁路全长551公里，北起安徽芜湖，南至江西贵溪，途中经过著名黄山风景区的边缘——岩寺（距黄山50多公里），两端分别和宁芜、淮南、浙赣、鹰厦铁路相连。这条铁路建成后，有利于缓解沪宁、沪杭、浙赣铁路运输的紧张状况（1982年10月1日，贯通安徽、江西两省的皖赣铁路建成并全线通车，成为华东地区南北第二条大动脉）。

5日　宜春地区农机研究所研制的"南方－160型船式联合收割机"和"IBS－212手拖悬挂水田耙"，通过省级科研鉴定。

5日　南昌团市委编辑的《南昌青年运动回忆录》，由省政协文史资料研究委员会作为《江西文史资料选辑》的专辑出版。

6日　由国家重点投资兴建的樟树港4号、6号码头竣工，并正式交付使用。这两座码头，设施齐全，装备先进，是目前江南最大的内河码头，年吞吐能力为51.5万吨，建有泊位5个，在港池水深1.5米的情况下，可以同时停靠5艘150吨的船舶进行装卸。

繁忙的樟树港

6日　为了让城乡人民过好元旦和春节，省政府召开江西省财贸会议，着重研究完成1981年全年生猪收购、上调任务的问题。会议要求各地必须坚持生猪的派养派购政策，并采取如下措施：（一）坚持生猪的派购政策和奖售政策。（二）各级工商行政管理部门，要把生猪市场管理作为当前的工作重点，切实抓紧抓好，严格执行凭"三证"（准宰证、完成派购任务证、完税证）上市出售的规定，无"三证"一律按无证商贩对待。（三）各级商业食品部门要合理设置网点，把上门、定点和流动收购结合起来，尽量方便群众交售。

7日　省公安厅召开全省行署、市公安处、局长会议，传达贯彻全国公安厅、局长会议精神，回顾了粉碎江青反革命集团以后全省公安工作的主要成绩。五年来全省增加干警5000余人，共有公安干部12058人，各种民警12156人。会议还研究了进一步整顿社会治安加强公安队伍建设的问题。会议于14日结束。

8日　全省第一家农民文化宫——宜春市樟树公社文化宫正式开放。文化部来电祝贺，省文化局、省科协等有关部门的负责人参加了开放仪式。樟树公社农民文化宫有一幢1100平方米的3层楼房，里面设有图书借阅室、报刊杂志阅览室、少年儿童阅览室，以及广播、电视、音乐、美术、摄影、游艺等26个室。文化宫门前还有3000多平方米的露天篮球、排球、羽毛球和影剧等运动、娱乐场所。

8日　省公安厅召开全省劳改工作会议，要求进一步改进和加强劳改工作。会议传达了公安部召开的全国劳改工作会议精神，研究了新形势下，进一步改进和加强劳改工作的问题。会议要求，对罪犯要做耐心细致的教育、感化、挽救工作。搞好他们的吃、穿、住、医疗、卫生，组织他们学政治、学技术、学文化，促进思想转化，尽快地把他们改造为四化建设的有用之才。

9日　为纪念宁都起义50周年，人民出版社编辑了《回忆宁都起义》的回忆录专集，即将出版。全书约15万字，并收有有关起义的珍贵照片15张。全国人大副委员长、原红军五军团政委肖劲光为这本书写了序言。

9日　省建设委员会发布《关于在国民经济调整时期加强我省城市建设工作的意见》。

9日　经济学家、国家建设委员会经济研究所所长、中国社会科学院工业经济研究所副所长薛葆鼎来南昌作《关于经济发展战略问题》的学术报告。

10日　截至当日，江西省提前20天超额3.4%完成了年度工商税收计划，实现了连续5年增收。其中，产品税收比1980年同期增长9.2%，商业服务税增长13.2%，工商所得税增长5.5%。

10日　省公安厅印发《关于加强户口管理工作几项制度》。规定城镇要健全常住人口、暂住、出生、死亡、迁入、迁出、变更7项登记，农村要健全常住人口、出生、死亡、迁入、迁出5项登记12项户口管理制度。

10日　江西省哲学社会科学研究所在南昌举办毛泽东哲学思想讨论会。传达中国社会科学院1981年10月召开的毛泽东哲学思想讨论会精神，研究如何实事求是地评价毛泽东哲学思想以及今后开展哲学研究的方向、方法等问题。参加讨论会的有各地（市）委宣传部（讲师团）、党校、各大专院校马列教研室和省直有关部门的理论干部共60余人。讨论会着重弄清了以下几个问题：（一）要认真学习、研究和宣传毛泽东哲学思想的重要性。（二）对毛泽东哲学思想的评价，必须采取实事求是的态度。（三）毛泽东哲学思想的根本特点，是把马列主义的普遍真理同中国革命和建设的具体实践相结合。（四）要在新的历史条件下把毛泽东哲学思想推向前进。会议还对涉及毛泽东哲学思想的若干学术问题展开了热烈的讨论，交换了看法，并就如何深入进行毛泽东哲学思想的学习和宣传提出了50多个研究课题。讨论会于12日结束。

10日　截至本月上旬，全省全年外贸收汇完成5.1332亿元，完成年计划的100.5%；自营出口收汇1.8467亿美元，完成年计划的105.4%，比1980年同期实绩增长1.3倍。

11日　省委工交政治部召开全省工交战线思想政治工作座谈会，集中讨论如何加强思想政治工作，克服某些企业存在的涣散软弱状态，不断完善各种形式的经济责任制问题。会议认为，为了克服某些企业中存在的涣散软弱状态，进一步实现党的坚强的统一领导，必须切实而有成效地抓好以下几项工作：（一）继续深入学习中央有关文件，联系领导班子中存在的涣散软弱问题，实事求是地摆表现、论危害、找原因，开展自我批评，总结经验，提出措施，切实解决本单位存在的问题。（二）按照整顿企业的标准，整顿和建设好企业领导班子。（三）要努力提高思想政治工作的战斗性和有效性。（四）整顿作风，搞好党风。

11日　省政府印发《关于对木材、毛竹实行集中统一管理的暂行办法》。

12日　由江西棉纺织印染厂和省农机研究所研究的以槽筘接力引纬为主要特征的喷气织机，经有关专业工作者鉴定认为，经济技术指标在国内同类机型中处于领先地位。

12日　南昌市站前路"广场"（老福山园林建筑）正式开放。广场面积7000平方米，梯田式结构，栽种2000余株风景树，喷水池居广场中央。

13日　省委、省政府发出《关于认真贯彻执行中共中央、国务院〈关于保护森林发展林业若干问题的决定〉的指示》。

14日　位于宁都县的宁都起义总指挥部旧址经过修缮正式开放。宁都县1000多群众召开了"宁都起义"和红五军团诞生50周年纪念会。省文化局、赣州军分区、赣州地委宣传部、赣州行署文化局、驻宁都部队等单位的代表参加了大会。

15日　省委发出通知，要求各地组织干部群众认真学习五届人大四次会议文件，并着重领会如下几个问题：（一）当前我国的经济形势和今后经济发展的前景。（二）今后我国国民经济发展必须走速度比较实在、经济效益比较好、人民可以得到更多实惠的新路子，并据此提出的今后经济建设的十条方针。（三）深刻理解建设高度的社会主义物质文明必须同时建设高度的社会主义精神文明。（四）要加速经济发展，必须改革上层建筑中不相适应的部分，精简机构，提高工作效率。（五）紧密团结在中国共产党周围，继续巩固和发展安定团结的政治局面，为开创一个新的经济振兴时期，把我国建设成现代化的、高度民主和高度文明的社会主义强国而英勇奋斗。

15日　丰城矿务局召开哲学科学工作者代表大会，成立丰城矿务局哲学社会科学联合会（1986年改称社会科学学会联合会，为江西省第一个企业社联组织）。

15日　省政府召开电话会议，传达国务院《关于开展企业财务检查的通知》精神，部署全省国营企业开展财务检查工作。各行政公署，各市、县政府（单委会），省政府各委、办、厅、局、行、社的负责人和财务管理干部参加了会议。省纪律检查委员会、省高级人民法院、省检察院的负责人出席了会议。

16日　省政府发出《关于新年春节期间开展拥军优属活动的通知》。要求各地广泛、深入而扎实地开展一次拥军优属活动，进一步增进军政、军民之间的团结，促进各项建设事业的发展。

16日　省委、省政府在南昌召开全省林业工作会议。会议着重讨论省委、省政府《关于认真贯彻执行中共中央、国务院〈关于保护森林发展林业若干问题的决定〉的指示》和省政府印发的《关于对木材、毛竹实行集中统一管理的暂行办法》两个文件的贯彻落实问题。要求全省各级党政领导和广大群众统一认识，加强领导，振奋精神，克服困难，狠抓落实，把江西的林业搞上

毛泽东在延安与参加宁都起义部分同志的合影并亲笔题字

去。会议要求,当前全省各级党政领导应着重抓好如下几项工作:(一)要善始善终认真地抓好林业"三定"工作。(二)要持久地保护森林资源,一刻也不能放松同乱砍滥伐破坏森林的坏人坏事作斗争。(三)严格执行对木竹生产、分配的计划管理,木竹等原材料实行林业部门统一经营,自由市场一律关闭的规定。(四)要把一切着眼点放在振兴林业上来。会议于20日结束。

17日 由江西省邮电科研所和九江电信器材厂研制的400门全电子自动电话交换机,通过有关专家的鉴定。

17日 新华社报道,江西省1981年早、中、晚稻季季增产,全年粮食总产量达255亿斤,比1980年增长2.7%。经济作物除晒烟减产外,其他项项增产。主要食油菜籽油增长六成多,茶油增长四成多。主要经济作物棉花增长4.6%,黄麻、红麻增长四成,烤烟增长2.3倍,甘蔗增长四成。水果、茶叶、蚕茧也分别增长一成至四成。

17日 南昌市经委、农委、科委、国防工办、档案局联合发出《关于印发〈江西省科学技术档案恢复、整顿工作进行检查验收的通知〉的通知》(同年,市经委、农委、建委、科委、档案局联合发出《关于印发〈科学技术档案工作条例〉的通知》)。

18日 江西省地名委员会在玉山县召开了全省地名普查成果资料检查验收试点工作会议,总结了一年多来全省地名普查工作,并进行了地名普查成果资料检查验收试点,确定了下一步工作的具体做法。会议还就编辑地名录、地点标准化处理、地名资料档案等展开了专题讨论,为搞好下一步的地名工作打下了良好的基础。

19日 《南昌市城市管理若干规定》的颁布、实施动员大会在八一礼堂举行。出席大会的有省、市党政军负责人,省、市、区、县各机关、团体、学校、企(事)业单位的负责人,以及驻市部队和外地驻南昌办事机构的代表,共2500余人。

20日 从即日起,根据商业部的通知,全省再次降低东欧电视机市场的零售价格。全省各地零售价格,每台电视机将下降19%左右。

20日 1981年南昌灯泡厂生产的220伏100瓦、150瓦灯泡在全国灯泡测试评比中分别获得第二名、第三名;100瓦灯泡被评为江西省优质产品。

21日 省财贸委员会颁发《江西省发票管理暂行办法》,规定发票由税务机关统一管理,自1982年起施行。

21日 省法院、省司法厅、省民政厅、省总工会、团省委、省妇联联合发出通知,要求各地在1981年冬至1982年春继续广泛深入地宣传新《婚姻法》。通知要求:(一)要抓紧1981年冬至1982年春的有利时机,在当地党委的统一领导下,组织一定人力,集中一段时间,组成宣传队伍,深入到基层,开展一次声势浩大的宣传新《婚姻法》活动。(二)宣传内容要紧密联系实际。(三)宣传形式要群众喜闻乐见。(四)宣传新《婚姻法》是全党全民的大事,要争取党委重视,争取各方面配合,共同把这项工作搞好。

21日 新中国建立以来首次举行的华东地区杂技会演闭幕。江西省"高车踢碗"在华东杂技会演获一等奖。今后将每两年举行一次,第二届会演将于1983年在南昌举行。

22日 省政府批准成立江西省行政学院(1983年5月18日更名为江西行政管理干部学院)。

24日 全省高等学校1981年寒假毕业生分配、调配工作会议在南昌召开。会议强调,要坚决贯彻毕业生分配的原则,执行分配计划,合理分配好每一个毕业生。为确保毕业生分配工作的顺利进行,会议制定并提出了具体措施和要求。会议于26日结束。

25日 省政府批转省建设委员会《关于进一步加强城市规划工作意见的报告》,要求各地、市加强对城市规划的领导,加快城市规划的步伐。

25日 南昌市400多名天主教徒在装饰一新的松柏巷天主教堂欢度圣诞节。省、市天主教爱国会负责人杨泓、舒孝汉等接待了参加节日活动的教徒群众。

26日 省政协在南昌市中山堂举行报告大会,传达五届全国政协第四次会议精神。省政协主席方志纯,省委书记、省政协副主席马继孔,省人大常委会副主任、省政协常委叶长庚等出席了大会。出席报告会的还有在南昌市的省政协常委、委员，省级各民主党派、人民团体的负责人，南昌市政协委员以及各界人士共 800 余人。全国政协委员朱旦华、吴纯素在大会上分别作了传达报告。

27 日 国家体委日前批准了江西省技巧裁判郑丽萍、陈家锋，田径陈正仁 3 人为国家级裁判员。至此，江西省已有国家级裁判员 34 人，一级裁判员 492 人。

28 日 省委召开省、市党员负责干部大会。动员党的各级组织和负责干部进一步统一思想，振奋精神，努力做好工作，争取社会治安情况稳定好转和根本好转，为建设社会主义高度物质文明和精神文明创造一个更加良好的社会环境。出席会议的有省、市党政领导及省、市各机关、团体、学校、企（事）业等单位党员负责干部，共 1200 人。

29 日 省政府发出《关于认真抓好明年第一季度生产建设工作的通知》，要求 1982 年全省的生产建设工作一开始就要以提高经济效益为中心，认真安排好第一季度的生产建设和各项工作，使增产节约、增收节支在第一季度就取得明显的成效。

30 日 由文化部、中国音乐家协会、中央人民广播电台、全国少年儿童艺术委员会联合举办的全国少年儿童歌曲评选揭晓。江西省音乐工作者创作的《藤儿长长牵着瓜》（陈镒康词、王健曲）、《党的春风暖我家》（千红词、颂今曲）分别荣获少年儿童歌曲优秀奖与优良奖。

31 日 江西制药厂四环素糖衣片在年底全国同品种留样观察质量评比中，该厂四环素糖衣片的圆滑度和细腻度，都获得满分，产品名列全国第二。

31 日 国务院会议通过《中华人民共和国国库券条例》，确定从 1981 年起发行国库券。1981 年，江西省推销国库券 7444 万元，超额6.3% 完成分配任务。

31 日 江西省电瓷出口数量逐年增多，现居全国首位。江西电瓷行业具有一定的规模和生产能力，全省有十多个企业。为了适应国际市场需要，各厂调整了产业结构，本年增添了 11 种新产品，并从工艺工装等方面进行了一系列的革新与

改进，保证了出口产品的质量。1978 年出口 2000吨，1979 年出口增加到 2700 多吨，1981 年生产了4000 多吨产品，遍及美、澳、欧、非和中东、东南亚等 30 多个国家，受到口岸公司和客商的欢迎。

本月 经统计，目前全省有归侨 4989 人，侨眷 2329 人，外籍华人眷属 6684 人，港、澳同胞眷属 3098 人。省内侨务工作对象共计 65879人；国外和港、澳地区的侨务工作对象共计57463 人；其中，华侨 25816 人，外籍华人 6631人，港、澳同胞 25016 人。省内和国外以及港、澳地区共计有侨务工作对象 123342 人。

省归侨学习参观团参观南京长江大桥

本月 农业部在南昌召开了全国牧草种子和人工种草工作会议。出席会议的有 25 个省、市、自治区畜牧部门的负责人和代表，重点地区（盟）、县（旗）、场的负责人和代表，17 个农业科研单位，大专院校的教授、专家和科技人员共100 余人。会议听取了农业部副部长蔡子伟作的题为《发动群众，建设草场，为实现"六五"时期畜牧业生产指标而贡献力量》的报告，拟定了全国 1982 年至 1985 年草原草山改良建设规划（草案）、牧草种子生产规划（草案）和牧草栽培区域规划（修改稿）。

本月 国务院派财政部副部长田一农率领工作组来江西指导财务大检查工作。

本月 江西国药厂研究所、省结核病防治所等单位，利用江西资源、研制成复方柳菊片。经过五年的研究、试验初步证明柳菊片对肺结核有较好的临床疗效，是有效的抗痨药物之一，荣获

省 1981 年科技成果奖。

本月　由省税务局领头与福建省税务局合作，编写《中国革命根据地工商税收史长篇〈中央根据地部分〉》。

本月　省商业厅发出《整顿基层商业企业的意见》，要求一切商业企业都必须进行整顿。同年，全省商业系统对工业品购销，实行统购统销（统购统配）、计划收购、订购、选购 4 种购销形式。

本月　江西省首次使用"安二型"飞机在鄱阳湖上空进行鸟类资源考察，发现白鹤群和小天鹅群。

本月　由国家有色总局委托江西有色冶金研究所修订的钨精矿质量标准 GB-2825-81，正式颁布执行。

本月　冶金部安全技术研究所与江西钢厂研究设计的高梯度磁过滤处理转炉烟尘洗涤废水工程投入生产，该工艺获 1982 年冶金部科技成果奖。北京师范大学地理系环境科学研究室完成了江西铜基地总指挥部委托的"永平铜矿环境影响评价"工作，历时 16 个月，这是我国第一个环境影响评价的项目。

本　年

本年　吉安市在市郊天华山建成一座占地 13.4 公顷的垃圾处理场。这是全省首座机械化生活垃圾处理场，日处理垃圾 20 吨，投资 21 万元。

本年　江西 67 个县、市遭受水、旱、虫、风、雹等自然灾害，受灾面积 2120 万亩。省政府下拨灾害救济款 835 万元，木材指标 3000 立方米，棉布指标 25 万米，棉花指标 14 万斤。

本年　中央新闻纪录电影制片厂拍摄反映江西盲人、聋哑人生活和工作的新闻纪录片《心声》，在意大利举办的"第一届聋哑人、残疾人国际电影节"上获纪录影片一等奖。

本年　联邦德国政府为中国国家进出口部门委托培养 10 名国际贸易人员。江西省范任荣、姚永清被选送参加为期一年的培养。

本年　江西农药厂的新农抗 23-16 中试获全国科学发明奖。

本年　南昌罐头啤酒厂生产的"长青牌"185 克甜酸荞头罐头，获江西省优质产品称号。所生产罐头经美国食品药物管理局（PDA）登记并确认，成为江西省第一家产品能直接进入美国市场的企业。

本年　南昌塑料厂生产的人造革注塑凉鞋，填补了江西省的一项空白。

本年　南昌市卫生局与市民政局联合发出开展婚前检查通知。

本年　于 1950 年创办的南昌师范附属小学定名为南昌师范附属实验小学（1984 年该校被评为全国少先队工作先进集体。1985 年，该校被评为全国文字改革先进单位）。该校学生的美术作品曾获国际银质香卡奖、全国少儿竞赛金牌奖、全国少儿铅笔画赛二等奖。该校"小杜鹃艺术团"创建 18 年来，自编自演文艺节目 2000 余个，接待过来自世界 50 多个国家和地区的外宾。

本年　国家实行学位制度，江西有三所高等学校，四个学科、专业，经国务院批准列入首批硕士学位授予单位。

本年　江西省老干部局成立，隶属省政府领导（1985 年，改名为江西省委老干部局，隶属省委领导）。

本年　全国矿产储量委员会批准由江西省有色冶金勘探公司 11 队提交的《德兴市富家坞超大型铜矿地质勘探总结报告》。

本年　省建材硅酸盐学会与江西省日用硅酸盐学会正式合并，成立江西省硅酸盐学会，办事机构设在江西省建材科研设计院。

本年　都昌县铸造型砂厂因矽砂质量好，被国家第一机械工业部选定为南方铸造型砂的生产基地。

本年　江西省发现大量文物点，造册登记不可移动的文物点达 8400 多处。

概　要

9 月召开的中共十二大制定了全面开创社会主义现代化建设新局面的纲领，并提出了现代化建设必须从实际出发，建设有中国特色的社会主义，以及分两步走，在本世纪实现工农业年总产值比 1980 年翻两番的目标。省委、省政府部署在全省进行"全国翻两番、我们怎么办？"的大讨论，集思广益，群策群力，探索加快江西经济发展的道路。10 月开始，省政府按照政企分开的原则，逐步对政府管理机构进行调整和改革，主要是加强综合经济管理部门，减少与合并分工过细的专业行政部门，对省属二级行政机构和地市行政级公司也进行清理整顿。11 月下旬到 12 月上旬召开的第五届全国人大五次会议通过的新宪法，明确提出了改变农村人民公社政社合一的体制，设立乡政府和村民委员会的农村管理体制的新规定。12 月，江西确定在宜春县南庙公社进行改革试点，实行党、政、企分开，分别成立乡党委、乡人民政府和保留人民公社乡经济组织。同时，为发挥中心城市作用，开始实行市管县体制的改革，撤销九江地区行政公署，将 10 个县划归九江市管辖。改新余、鹰潭为省辖市，并和南昌、景德镇市一样，分辖几县（该方案于次年 7 月由国务院正式批准）。

建立赣南柑橘基地　1981 年，中科院南方山区综合考察队来江西考察，根据赣南适宜生产柑橘的优越条件，建议把赣南作为我国柑橘基地建设的重点地区。中央领导胡耀邦于年初就此事给白栋材写信，指出："赣南发展柑橘的方针，在相当长的时期内，应该坚定不移地、脚踏实地执行以大力支持个体种植为主，集体专业承包发展种植为辅的方针"。省委作出了《关于贯彻执行以大力支持个体种植为主，集体专业承包发展种植为辅的方针，积极发展柑橘生产的决定》，"以个体种植为主"方针的提出，促进了人们的思想解放和观念更新，解决了过去集体统一生产经营下难以发展的许多问题，激励了赣南以至全省的柑橘生产。此后各地相继推出了"家禽牲畜个体饲养为主"、"荒山造成林、谁造谁有"等一系列具体政策，"种柑热"、"养鱼热"、"养兔热"等等在全省各地纷纷出现，促进了农村商品经济的发展。11 月，省委、省政府提出要写好"田园诗"，画好"山水画"的多种经营思路。

各种形式的承包责任制　当年春，全省已有 99.3% 的生产队建立了各种形式的生产责任制，形成了多种责任制形式并存而以"双包"即家庭联产承包责任制为主要形式的局面。春季以后，责任制在广度和深度上有了新扩展，一方面由种植业向林、牧、渔、副各业和乡镇企业等推广，林业生产责任制等农村各业生产责任制纷纷建立；另一方面，农业生产责任制在不断完善和深化。省委发出《关于完善包产到户、包干到户责任制的若干意见》，进一步明确了承包土地的划分方法，延长了土地承包期，并要求以合同形式将它固定下来。

乡镇企业的兴起　6月，省委、省政府作出了《关于大力发展社队企业若干问题的规定》，在强调对社队企业进行整顿和产、供、销的计划管理的同时，制定了税改、财政、信贷等方面的优惠政策，使社队企业进入兴起阶段。

其他重要事件　从1月1日起，全省实行按经济区划组织物资流通，全省物资系统人员编制和工资总额由省物资局控制，全省物资部门的物资由省物资局统一组织调度，财务、资金由省物资局统一管理。本年起试行合同工制。国务院批准江西首批有学士学位授予权的高等院校。省人民政府批准贵溪地区建成在全国具有重要地位的铜冶炼加工工业基地的规划。江西首批石脑油出口日本。皖赣铁路通车营运。文明礼貌月活动在全省城乡展开。省司法机关全部释放在押的原国民党县团级以下人员，并安置就业。

6月中旬，赣江、抚河流域连降暴雨，山洪暴发，洪涝灾害波及59个县、市，被淹农田779万亩，粮食减产20亿斤，冲毁水利工程17133处。

全省本年主要经济指标情况　国民生产总值133.96亿元，比上年增长9.3%；第一产业产值63.91亿元，比上年增长12.3%；第二产业产值42.64亿元，比上年增长2.9%；第三产业产值27.41亿元，比上年增长13.1%。农业总产值83.15亿元，比上年增长10.2%；工业总产值106.91亿元，比上年增长6.2%。财政收入12.33亿元，比上年减少6.5%。粮食总产量281.75亿斤，比上年增长11.1%；社会零售物价指数比上年增长2.9个百分点；年末全省总人口3348.35万人，人口自然增长率13.11‰。

1982

1月 January

公元 1982 年 1 月 农历壬戌年【狗】													
日	一	二	三	四	五	六	日	一	二	三	四	五	六
					1 元旦	**2** 腊八节	**3** 初九	**4** 初十	**5** 小寒	**6** 十二	**7** 十三	**8** 十四	**9** 十五
10 十六	**11** 十七	**12** 十八	**13** 十九	**14** 二十	**15** 廿一	**16** 廿二	**17** 廿三	**18** 廿四	**19** 廿五	**20** 大寒	**21** 廿七	**22** 廿八	**23** 廿九
24 三十	**25** 春节	**26** 初二	**27** 初三	**28** 初四	**29** 初五	**30** 初六	**31** 初七						

1日 南昌市第二条无轨电车线路正式通车。这是南昌市公交公司首次自行设计施工的无轨电车线路网工程，南起火车站，北至八一桥头，经八一大道、胜利路、中山路环行运转，全程11.25公里，均采用可控硅高调速的新型无轨电车运行。

1日 在"文化大革命"期间被迫停刊的《赣南报》、《赣东报》、《赣东北报》、《井冈山报》等4家报纸经省委批准正式复刊。《赣中报》已于1981年12月2日复刊。

1日 经二机部等有关部门批准，原江西抚州地质学院自当日起更名为江西华东地质学院。

1日 省政府决定自本年起连续三年拨款100万元，用以乡村医生劳务补贴，以巩固大队一级卫生基层组织。

1日 江西省气象台执行中央气象局新制定的填图规范。

1日 南昌市开始征收外国企业所得税。

1日 江西第一个集体合股投资的大型综合商场——九江市浔阳商场正式开张营业。浔阳商场设有茶叶果品、针棉纺织品、百货文具、服装鞋帽、副食品、日用工业品、工艺美术、陶瓷花木共8个商店，经销近1000种商品。该商场安置了49名待业青年和19名社会闲散劳动力。

1日 为了适应国民经济的调整，更好地发挥物资部门在组织物资流通中的作用，提高经济效益，1981年12月经江西省人民政府批准，从当日起，在全省实行按经济区划组织物资流通。为了顺利地进行这一改革，省计委和省物资局召开全省物资局长会议，研究和制定实行按经济区划组织物资流通的具体管理办法。

1日 江西国药厂工程技术人员自行设计制造的当时国内最大的（公称容积100立方米）顶部传动柠檬酸发酵罐，已试车成功。该设备用于生产后，日产量将扩大为5000公斤。

2日 随着农村经济政策的落实、农副业生产的发展和农民收入的增加，江西农村住房建设开始走向一个有领导、有组织、有步骤的发展阶段。1980年比1979年增加21%，1981年又比1980年增加10%。至1981年，全省农村基建房屋总面积达3300多万平方米，有32万多农户迁入新居，占全省总农户的6%。新建房屋设计新颖、美观、适用，注意了通风和环境卫生。

3 日 江西毛纺织厂建设项目已列入 1982 年基建计划。省纺织工业局决定成立江西毛纺织厂筹建处。

4 日 省纺织工业局在九江国棉二厂召开全省棉纺织工业生产技术管理座谈会。为期 4 天的座谈会讨论制定出《江西省棉纺织企业分类办法》。

5 日 在南昌市科技成果授奖大会上，南昌手表厂模具工张杰峰获市科技成果一等奖。他研制成功了具有先进水平的"擒纵叉复位精密冲裁新工艺"变多道工序为一道工序，提高工效 10 倍。

5 日 省农业厅在南昌召开全省农业工作会议。传达全国农业工作会议精神，贯彻中央（1982）1 号文件，落实 1982 年农业生产计划，加快推行农业生产联产承包责任制。会议于 11 日结束。

7 日 省卫生厅成立 1/3 重点县卫生事业整顿建设领导小组，孙冀晃任组长。

7 日 省侨办、省侨联以及宜春地区、上高县和抚州地区、金溪县侨办、侨联春节慰问团，当日至 9 日分别在敖山、秀谷华侨农场，慰问来江西定居并欢度第一个春节的 80 名印支难民。

7 日 上饶市灯泡厂生产的 220 伏 25 瓦的灯泡，1980 年质量评比名列全国第三名。1981 年更上一层楼，在全国普通灯泡质量测试评比中，获得第一名。

8 日 以美国新墨西哥州州立大学校长托马斯为团长的美国农业生产和人类营养代表团一行 10 人，来赣进行 5 天访问，并同有关专家进行座谈。

8 日 《体育报》、《光明日报》和《文汇报》联合举办的"全国千名优秀体育教师奖"评选结果公布。千名金质奖章获得者中，江西省有 30 名优秀体育教师获奖。

8 日 省体委举行授奖大会，奖励 1981 年在国内外重大比赛中获得优异成绩的 120 名优秀运

前排左起：万红厚、童非、何定、刘人青、彭琴云；后排左起：黄勇、邱世永、于光、侯远江、胡刚

前排左起：洪裕科、谭永彪、王建武、陈少和；后排左起：余保安、吴长松、李志学、张伟、夏长生

动员、教练员。省委、省人大、省政协领导接见了优秀运动员、教练员代表。运动员代表有：万红厚、童非、何定、刘人青、彭琴云、黄勇、邱世永、于光、侯远江、胡刚等。教练员代表有：洪裕科、谭永彪、王建武、陈少和、余保安、吴长松、李志学、张伟、夏长生等。许勤在会上讲了话，并向优秀运动员、教练员发了奖品。

8 日 一台由九江水泥船试验厂制造的"全装配式钢丝网水泥沼气池"运往美国纽约，参加 1982 年 5 月在美国田纳西州举办的国际博览会。

参加国际博览会展出的全装配式钢丝网水泥沼气池

9 日 江西省积极发展国外保险业务。已经开办或正在开办的国外保险业务有：进出口货物运输、建筑工程、雇主责任、第三者责任、产品

责任保险和来料加工补偿贸易保险。

9日 第一〇五次省长办公会议确定：赣江流域规划所需的1:10000比例尺地形图，由江西省测绘局在1982年底以前完成。测区范围7000平方公里，1:10000地形图240幅。

9日 江西、江苏、安徽、福建和武汉5省、市汽车工业联合体——南京汽车工业联营公司在南京市成立。这个公司将成为中国研制和生产优质轻型系列（1吨~4吨）载重汽车的主要基地，并逐步建设成为一个工贸、产销、科研与生产结合的新型经济组织。

9日 江西纺织工业局在九江国棉二厂召开空调、电气设备维修专业会议。会上制定了江西纺织、空调、电气设备完好技术条件和大、小修理周期接受验收技术标准。并决定从6月29日起，对全省重点纺织企业进行为期1个月的空调、电气设备完好率的检查。

9日 省科委颁发《江西省有偿技术转让试行办法》。

10日 《刘少奇选集》上卷开始在南昌市发行。

10日 省委召开地、市委书记会议，传达贯彻1981年12月15日至23日中央召开的省、市、自治区党委第一书记座谈会精神，研究经济建设和社会主义精神文明建设问题。会议要求各级党委要两手抓，争取全省在物质文明建设和精神文明建设中都取得好成绩。会议于17日闭幕。

11日 一群罕见的白鹤（100余只）飞抵永修县大池湖和星子县埠湖一带越冬。白鹤是世界上濒临绝种的珍稀动物，也是一种流动性较大的候鸟。它们在俄罗斯西伯利亚和中国的呼伦贝尔、齐齐哈尔一带繁殖，冬季便飞迁至长江中下游和印度的西北部越冬。据资料显示，近两年在江西发现的白鹤群是世界上最大的白鹤群。

11日 江西省军区建设社会主义精神文明先进代表大会在南昌召开。在这次大会上，有13个单位荣记集体三等功，8个先进集体和22个先进个人受到表彰和奖励。参加这次大会的有部队、民兵、人武干部的先进集体和先进个人代表共385人。

12日 宜丰县石花尖林区最近发现一种竹壁特厚的毛竹。经专家鉴定，这种毛竹是我国经济竹种中的一种新类型竹种，并正式确定学名为"厚皮毛竹"。

13日 在1981年全国巾、被、手帕产品优秀图案设计评比中，南昌手帕厂洪德忠设计的天鹅手帕获手帕图案设计二等奖，南昌毛巾厂郑吉林、赖均，南昌针织厂罗小春分获三等奖。

13日 省政府发布《关于贯彻执行国务院稳定市场物价通知的几项规定》，指出：凡由国家规定牌价的工农业商品，在全省各地的零售价格一律执行国家规定，不得提高。全省议价商品的零售价格，只能降低，不许提高。稳定农副产品收购价格，坚持一、二类日用工业品不搞议价。对国务院通知中的十项规定，一切单位都必须执行。加强物价管理的监督，必须经常进行物价检查，工商银行、人民银行和税务等部门要积极配合。

13日 省人事局决定在江西行政学院举办人事干部训练班。计划在两年内将全省县（市）人事局长、地市人事局的科长、省直企事业单位人事部门的业务骨干，基本轮训一遍。

15日 经国务院批准，江西大学、江西师范学院、江西财经学院成为江西首批有学士学位授予权的高等学校。

16日 江西医学院和江西中西医学院被国务院学位委员会、教育部批准为学士学位授予权单位。

16日 当日起至21日，江西省、市从物价委员会、工商局、计量局等部门和江拖抽调40多名干部职工，组成6个物价组，深入南昌市主要零售商店和农贸市场，重点抽查春节供应商品的价格执行情况。及时纠正和严肃查处了一些违反物价纪律的单位和个人，受到广大人民群众的称赞。省人大、省政协、省物价局、省计量局和南昌市委、市革委的领导参加了这次价格检查活动。

18日 江西省儿童医院同江西中医学院微生物学教研组合作，从南昌地区婴幼儿喘憋性肺炎患儿中，分离呼吸道细胞病毒，首次获得成功，为进一步研究防治喘憋性肺炎，保护婴儿健康，提供了科学依据。

18日 公安部、国家人事局、国家劳动总局联合发出《关于劳改单位录用干部的联合通知》，决定给江西省劳改单位增加录用400名劳改工作干部的指标。

18日 省侨办、侨联举行迎春茶话会。在文教、科技、卫生、体育和工交战线上归侨、侨眷以及台胞中的劳模、"三八"红旗手、先进工作者和代表共200多人参加了茶话会。

18日 《江西青年报》复刊，今年4月1日起在全国发行。该报创刊于1956年，1962年改刊《江西青年》杂志，"文革"中被迫停刊。

19日 全省农村和城镇储蓄额大幅度增长。全省农村的储蓄额到1981年年底达4.59亿元，比1980年净增1.36亿元，每个农业人口平均储蓄16.34元。一年的增长总额超过党的十一届三中全会之前28年增长的总和。

20日 全省各地贯彻"以防为主，以消为辅"的方针，防火工作取得显著成绩。1981年是全省火灾次数最低的一年，受到公安部和国务院的表彰。为了进一步做好1982年的防火安全工作，省消防安全委员会召开全省防火安全工作会议，总结了防火工作经验，并对防火工作中取得显著成绩的遂川县泉江镇、新建县松湖公社给予了表彰和奖励，对1982年如何进一步做好防火安全工作作了新的部署。

20日 省委、省人大常委会、省政府发出《给中国人民解放军全体指战员、武装、消防民警和全省烈军属、革命残废军人、复员退伍军人的慰问信》。要求军民在新的一年里共同携手，并肩前进，为开创一个新的经济振兴时期，建设现代化的、高度民主和高度文明的社会主义强国而奋斗。

20日 省政府发出《关于进一步发展生猪生产的决定》，《决定》重申：（一）坚持派购政策；（二）落实饲料粮、饲料地；（三）落实奖售政策；（四）推广良种；（五）发展饲料生产；（六）做好防疫灭病；（七）改善经营管理，执行价格政策；（八）加强市场管理；（九）推广先进经验，表彰养猪贡献大的集体和个人。

21日 九江市委、市政府批准，原农垦系统的九江市第五纺织厂归市纺织工业局领导与管理，该厂生产规模为1万纱锭。

22日 全省各级文化部门在各级党委和政府的领导下，对春节的文化活动作了具体的安排。省电影公司向各地发了51部节日影片，计各种规格的拷贝1110个。全省3500多个业余剧团，节日期间都将开展演出活动。在城市，节日群众文化活动也比往年丰富。

22日 中国著名版画家、《美术》主编、中央美术学院教授王琦来宜春，参加江西省版画研究会年会并讲学。王琦就当前美术创作中的几个争论的理论问题，以及版画的艺术特点等作了专题报告。

22日 中共中央总书记胡耀邦写信给省委书记白栋材，提出赣南发展柑橘生产应坚持大力支持个体种植为主、集体专业承包发展种植为辅的方针。

23日 江西电视台摄制的《江西省春节慰问台湾同胞、去台人员亲属电视文艺晚会》正式播放。这是该台第一次举办大型春节文艺晚会（1月27日，中央电视台播放了这台晚会的录像）。

25日 全省2468名应届本科大学生结束学业，走上四化建设岗位。这是1977年恢复高考统一招生制度后的江西首届本科大学毕业生。他们经过四年紧张的学习生活，大多数学生以优良成绩获得毕业证书，并被授予学士学位。

27日 省军区广大指战员牢记中国人民解放军宗旨，发扬人民军队爱人民的光荣传统，积极开展拥政爱民活动。节日期间，省军区领导和司、政、后机关，各军分区、警备区、人武部及军区所属部队都派出人员，走访了驻地党、政群机关、企事业单位及社、队群众，广泛征求意见。部队同志感谢当地政府和人民群众对子弟兵的关心和支持，并祝贺地方工农业生产和其他建设事业所取得的新胜利。地方同志热情赞扬部队带头建设社会主义精神文明，支援驻地工农业生产，参加抢险救灾，协助维持社会治安，搞好社会主义公益事业等方面所取得的新成绩。

28 日 南昌市治理青山湖的截污西渠通水，全长 4100 米。

30 日 江西棉纺织印染厂织布女工发扬主人翁精神，坚持为人民多织布、织好布，勤学专练基本功，一丝不苟地做好班前、班中、班后的工作。在上下工序和各工种的紧密配合下，实现万米无次布的人数不断增多。1981 年，该厂有 87 名织布挡车工创造 256 万米无次布的新成绩。

31 日 省民政厅日前组织机关干部学习全国思想战线问题座谈会精神，讨论如何克服领导涣散软弱状况的问题。在学习讨论中，大家一反过去只讲成绩，讲好听的风气，畅所欲言，对改进领导作风和机关工作，提出了 190 多条有益的批评和意见。民政厅党组对群众提出的批评和建议表示欢迎，并立即逐条研究，予以落实。尤其是对民政事业费的管理和作用，老革命根据地建设项目的落实和退伍军人安置等问题进行了专题调查。

本月 江西在伊拉克承包的科梅特桥修建工程开工，合同工期 22 个月，因两伊（伊朗、伊拉克）战争影响，该工程将延至 1984 年 9 月竣工，经验收质量良好。

本月 家住永新县天龙山的社员万传宝，人工培植阳春砂仁成功。砂仁是一种名贵中药材，具有健胃、化滞、消食等作用。以前都是野生野长、无人培植过，万传宝在深山找到这种砂仁苗，经过两年的精心培育，砂仁苗地已发展到两亩多。

本月 江西省电力工业局划归电力工业部领导和管理，江西电网并入华中电网统一管理。

本月 经省委、省政府批准，庐山铁路疗养院归还南昌铁路局。庐山铁路疗养院 1981 年办理职工休养 12 期，接待休养员 275 名，其中 85% 为先进生产（工作）者（该疗养院于 1953 年 4 月经中南行政委员会批准由广州铁路管理局筹建并使用，1970 年 12 月由江西省地方统一管理）。

本月 全国第一张儿童文学报《摇篮》正式创刊发行。主编郭蔚球，副主编孙海浪。冰心为刊头题词。

本月 南昌市环境监测站开始对南昌市地区降水进行监测，这是江西省最早开展的酸雨监测。

本月 乐平矿务局钟家山矿与煤科总院唐山分院合作，开采东安江下煤炭资源。

本月 中央财经领导小组扩大会议听取江西有色金属工业汇报时表示，同意成立江西钨业公司。

本月 成立江西省第一个工贸联营企业——江西商标彩印厂。

1982

2月

February

公元 1982 年 2 月							农历壬戌年【狗】					
日	一	二	三	四	五	六	日	一	二	三	四	五	六
1 初八	**2** 初九	**3** 初十	**4** 立春	**5** 十二	**6** 十三	**7** 十四	**8** 元宵节	**9** 十六	**10** 十七	**11** 十八	**12** 十九	**13** 二十
14 廿一	**15** 廿二	**16** 廿三	**17** 廿四	**18** 廿五	**19** 雨水	**20** 廿七	**21** 廿八	**22** 廿九	**23** 三十	**24** 二月小	**25** 初二	**26** 初三	**27** 初四
28 初五												

1 日　省委、省政府召开全省农业劳模、先进集体代表会。会期 3 天，于 3 日结束。

1 日　南昌市委、市革委会召开《南昌市城市管理若干规定》全面实施动员大会。出席大会的有省、市党政领导。会上宣布了《南昌市城市管理若干规定》从当日起全面实施，500 名城管纠察和 2000 名机关干部、万名度假学生上街值勤。

2 日　全省农业系统各部门组织主管农业的各级党政领导干部、基层干部、农业技术人员和专业管理人员学习管理知识与科学技术知识，取得了显著效果。到 1981 年底，全省已培训公社书记、副县级干部占 44%。江西省培训工作特点：一是各级党政领导的重视，业务主管部门配合，并制定了长远规划和年度计划，配备了专人，使培训工作落到实处，起到"培训一个人，带动一大片"作用。二是建立培训基地，采取办干校，或依托大专院校和企事业单位办培训班的办法，把科研、推广、教育和培训结合起来，收到了少花钱多办事的效果。三是建立学习考核制度，学习结束后，发给结业证书，作为考察干部

的依据之一。

2 日　省政府召开为期 4 天的财贸工作会议。讨论并进一步部署全省企业财务检查和粮食购销工作。参加会议的有省财委，省直各厅、局、行、社的负责人，各行署、市主管财贸工作的副专员、副市长、财办主任和粮食局长。

2 日　省委召开常委会议，研究贯彻 1 月 11 日中共中央关于解决一些干部走私贩私、贪污受贿等经济问题的《紧急通知》。会议决定，对一些干部的严重违法犯罪行为，一定要抓住不放，雷厉风行地加以解决，并派出检查组到有关地市、单位传达中央指示，检查打击违法犯罪活动（会议于 5 日结束。10 日，省委从省直单位抽调干部组成检查组，分赴赣州、九江地区和省直单位、南昌铁路局检查处理重大经济犯罪案件）。

2 日　上高县水泥厂试产白水泥成功，经鉴定，各项技术指标完全符合国家规定的标准。

3 日　余江县建筑材料厂在省、地科研部门协助下，利用当地盛产的黄麻秆试制成功麻屑板。经省内外科研、建筑材料部门测试鉴定，其静曲强度、平面抗拉强度、吸水厚度膨胀率等性

能，均达到国家一级刨花板的标准。麻屑板在建筑、家具制作诸方面，不仅能够代替部分木材，而且具有质轻、隔热、吸音、防水、防蛀等木材所不及的优良特性，是做天花板、门心板、壁板、装饰板的理想板材，还可用来制作家具及包装箱板。余江县每年可提供近 3 万吨黄麻秆，可产 3.5 万立方米麻屑板。

3 日 江西省档案馆与湖南、湖北省档案馆等单位合编出版《湘鄂赣革命根据地文献资料》一书。

4 日 一台国产大型 713 型天气雷达在赣州市安装调试完毕，至此，江西天气雷达网已经建成。江西使用天气雷达网始于 1970 年，当时只有一台旧的进口雷达架设在南昌市。随着国产的 711 型、713 型天气雷达的出现，继南昌、赣州已架设了 713 型雷达，上饶、吉安、宜春、九江、抚州、井冈山分别架设 711 型雷达。天气雷达网的形成，使天气雷达的扫描范围覆盖了全省，湘、鄂、皖、粤、闽部分地区也在雷达的视野之内。特别是对汛期暴雨、夏季台风、春夏冰雹、龙卷风等灾害性天气的预测，都有实用价值，也为气象科研创造了更好的条件。

5 日 省总工会及全省 9 个地市工会，抽调 115 名干部，组成 42 个家访小组，深入到 58 个县（市）的 74 个企业，访问了 200 多家职工家庭，100 多名劳动模范、退休工人、干部、烈军属和疗养院的疗养员。各级工会干部到职工家里访问，看望年老有病和伤残职工，帮助解决问题。

5 日 省纪律检查委员会发出通报，表扬三机部第六○二研究所魏信方、杨开天在出国期间，自觉遵守外事纪律，严格要求自己，艰苦奋斗，勤俭节约，为国家节省了外汇开支。

6 日 省委召开省直机关党员负责干部会议，传达中央领导的指示和地、市委书记会议精神。抓好两个文明建设，在经济上，要争取有一个扎扎实实的发展速度，使人民生活有所改善；在政治上，要争取党风、社会治安和社会风尚有一个决定性的好转。

6 日 省农林垦殖厅成立江西省农垦科学技术委员会，主任委员李玉。

7 日 铅山县城至太源畲族公社正式通客班车。太源畲族公社是铅山县的一个少数民族山区，离县城较远，交通很不方便。上饶地区交通运输部门在把公路修好后，开通了铅山至太原的客班车，受到畲族人民的欢迎。

7 日 全省农村公社纷纷成立科协组织。据统计，全省已有 200 多个公社建立了科普协会。这些公社的科普协会在省、地、县科协的指导下，积极协同有关部门，把分散在各行业的技术人员、土专家、田秀才组织起来，办农技服务公司，推广植保技术合同承包制，建立农业技术示范户、签订技术联产计酬合同，设农业科技问事处。有的采取"做什么，讲什么"的办法，举办各种短训班，运用广播和张贴科技布告、或组织科技巡回讲座报告团等方法，帮助农民因地制宜地解决生产上的技术问题。农村基层生产资料工作的开展，对普及科学技术知识，促进农业生产和多种经营的发展发挥了作用。

7 日 江西省外国文学学会在江西师范学院召开了成立大会。大会通过了学会会章，民主选举了会长、副会长。会议于 9 日结束。

8 日 由冶金部安全技术研究所和江西钢厂联合研究、设计和制造的我国第一套高梯度磁过滤器净化装置，在江西钢厂正式投产。

8 日 根据中共中央总书记胡耀邦指示精神和国家经委、农委的部署，江西省经委、省农委就发展社队企业的几个问题作了调查，并向国家经委、农委报送了调查报告。报告内容为：社队企业作用大；社队企业要列上计划户头；发展社队企业要解放思想、放宽政策；有计划地整顿提高现有企业；摸清资源，搞好规划，使江西社队企业有一个新的发展。

8 日 国务院批转国家建委、国家文物局和国家城建总局《关于保护我国历史文化名城的请示》，批准全国 24 个城市为国家第一批历史文化名城。景德镇等市为江西省首批推选批准的城市。

9 日 中国科学院南方山区综考队建议把赣南作为我国柑橘基地建设的重点地区。《江西日报》转发新华社评论员的文章《赣南发展柑橘的好途径》。文章说，中国科学院南方山区综合考察队，在赣南经过7个月的全面考察，认为赣南是得天独厚的柑橘生产基地，这里有适宜生产柑橘的特优区28万亩，都是丘陵地带的山头，不占粮田。据现有结果的橘园产量计算，把28万亩特优区建设起来，柑橘产量将占全国现有柑橘产量总量的一半。

9日 省委、省政府召开植树造林电话会议，要求各地迅速行动起来，掀起植树高潮，并确定1982年植树造林的重点要放在平原、丘陵和条件好的荒山荒地，大力营造速生丰产林、建设用材林、经济林基地。对于赣江、抚河、信江、饶河、修河的上游和沙土流失地区，要采取封山育林、人工造林。城镇和"四旁"要植树栽花种草，绿化环境。

10日 全省公安处、局长会议召开。学习《中共中央关于加强政法工作的指示》，总结全省集中打击流窜犯统一行动的经验（会议历时8天，于17日结束。根据会议部署，4月下旬、8月中旬和9月中旬，先后在全省范围内组织打击流窜犯的统一行动。共搜捕流窜犯4231名，抓获现行案犯3057名，破获反革命案件6起，各类刑事案件5695起，共缴获现金36万余元、黄金1131克、白银549两，其他各种财物折款413万元，缴获各种枪支25支，子弹4352发及其他凶器一大批）。

11日 省委、省政府召开知识分子工作座谈会。动员广大知识分子努力发挥聪明才智，为江西四化建设献计出力。应邀出席会议的有自然科学和社会科学的知名专家、老中青科技人员以及省委组织部、宣传部、统战部和省人事局、省科技干部局、科委、科协、文联等领导共80余人。

11日 萍乡市麻山腐殖酸厂研究试制成功用于小型低压蒸汽锅炉炉内水质处理的HAC型锅炉防垢剂。

12日 江西省第一套有机硅生产装置在星火化工厂建成投产。这套装置从1979年7月动工，至1980年6月建成。当前，这个厂能生产甲基硅油、乳化硅油等8种产品，畅销国内100多家用户。

13日 全省三好学生、优秀学生干部和先进集体代表会议召开。出席会议的有受表彰的三好学生、优秀学生干部和先进集体代表，在南昌市的大专院校、中等技术学校的共青团、学生会干部共1200余人。会议宣读了关于表彰三好学生、优秀学生干部和先进集体的决定，以及受表彰的304名三好学生、56名优秀学生干部和39个先进集体名单，并向他们颁发了奖状和证书。省委、省人大、省人民政府、省政协领导参加了大会。省委书记马继孔在会上作题为《坚持德智体全面发展的正确方向，为振兴中华作贡献》的报告。

13日 民革江西省委会举行全省成员的四化（农业、工业、国防和科学技术现代化）建设和统一祖国服务经验交流会。会期4天。先进集体代表和31位先进个人代表在会上介绍了经验。

14日 萍乡市的"安源路矿工人俱乐部"、景德镇的"湖田古瓷窑"被列为全国重点文物保护单位。

15日 省音协在省文联会议室举行纪念会，纪念我国无产阶级革命音乐的开拓者和奠基人、伟大的人民音乐家聂耳诞辰70周年。省委宣传部、省文联负责同志及省、市音乐工作者共80余人出席了纪念会。

15日 省公安厅发出紧急通知，要求各地认真贯彻中共中央关于反走私、贩私重大经济犯罪紧急通知，迅速抓紧抓好这一斗争（今年3月、4月，全国人大常委会和中共中央、国务院又先后作出《关于严惩严重破坏经济犯罪的决定》和《关于打击经济领域中严重犯罪活动的决定》，全省公安机关认真开展这一斗争。至年底共立案查处588起，逮捕人犯496名）。

16日 中国电影家协会江西分会第一次会员代表大会在南昌召开。正式成立了中国电影家协会江西分会，会议通过了省影协筹备工作报告以及章程，选举产生了第一届理事会、常务理事会。会议于18日结束。

16日 省五届人大常委会第十次会议在南

昌举行。省高级人民法院、省人民检察院、省人大常委会、省政府及有关部门负责人和14个县、市辖区人大常委会负责人等列席了会议。会议决定省五届人大四次会议于1982年3月22日在南昌召开。审议通过《关于开展全民义务植树运动的若干规定（草案）》和省五届人大常委会关于批准这个规定的决定；审议通过《江西省人民代表大会常务委员会人事任免暂行办法（草案）》。会议还通过有关人事任免的名单。会议于19日结束。

17日 吉安出现奇特日晕：22°、46°、90°晕同时出现。

17日 省建设委员会在景德镇市召开赣东北地区风景名胜资源普查评价工作座谈会。

17日 南昌首家立体声电影院——洪都电影院正式开业。

18日 省委计划生育领导小组召开会议，总结1981年的工作，制定1982年的工作计划。1982年要抓紧工作，完成自然增长率12‰，力争10‰。省委书记、省委计划生育领导小组组长马继孔主持会议并讲了话。副省长、省委计划生育领导小组副组长许勤也在会上讲了话。省计划生育领导小组还讨论了筹建人口学会和省计划生育协会事宜。

18日 省人大五届常委会第十次会议的常务委员和列席会议的14个县、市辖区的人大常委会负责人，响应全国人大关于开展全民义务植树运动的号召，到南昌市郊区植树。省人大常委会主任杨尚奎、副主任张宇晴、李远芳等参加了植树。著名画家胡献雅因病未参加植树，但他画了10幅山水画，交有关部门出售，为义务植树献资。

19日 民盟江西省委会举行全省盟员为四化建设服务经验交流会。民盟中央发来电报致贺。有50人在会上介绍经验。交流会于24日结束。

21日 金溪县外贸公司1981年引种甜叶菊获得成功，首批甜叶菊已交上海外贸部门出口。甜叶菊是当时已知最甜的天然糖料，甜度为蔗糖的300倍，而含热量只有白糖的1/300，常吃不会使人发胖，也不会引起小儿蛀牙，并有降血压、促进新陈代谢、强壮身体、调剂胃酸等作用。对肥胖症、低血病、糖尿病、心脏病和高血压均有疗效，有"健康食品"之称。

21日 江西农业大学教授章士美主持编写的《江西农业昆虫名录》记载，全省已查清的农业昆虫共有4234种，比1958年调查的种类增加了1.5倍，其中2127种为江西新记录。这不仅为江西农业昆虫区划奠定了基础，为我国古北区系、东洋区系以秦岭以东在江西境内分界线提供了科学依据，为江西的植物检疫、虫情测报及害虫综合防治提供了重要的科学资料。

22日 省委办公厅转发《关于做好查禁淫秽书刊工作的意见》。省委转发省委宣传部《关于贯彻落实中共中央、国务院的规定，严禁进口、复制、销售播放反动黄色下流录音录像制品的意见》，要求国家干部、共产党员、共青团员带头遵守，对违反中央规定的党员干部，除依法惩处外，并按党纪、政纪从严处分。

23日 省政协在南昌召开四届常委会第十八次会议。主要任务是学习、贯彻五届全国人大四次会议和五届全国政协四次会议精神；听取和审议省政协1981年工作情况报告，讨论和通过省政协1982年工作要点，听取省政协四届三次会议提案处理的情况报告；通过关于召开省政协四届四次会议的决定。马继孔作了当前形势和任务的报告。会议于26日闭幕。

23日 永丰县财政局严重违反财政纪律，将超收提成款1.18万元用于滥发奖金、实物和请客送礼，被县纪委查处。省财政厅就此案件发出通报。

24日 省财政厅发出《关于税务部门管理城镇集体企业财务工作的通知》，要求有条件的地方，可筹集扶持城镇集体企业的发展生产周转金，由税务部门掌握发放和收回。

25日 省政府办公厅下发《关于高等学校毕业生、研究生分配工作分工问题的通知》。规定省计委负责制定中、长期人才培养计划；省教育厅按照国家计划负责教育培养；高等学校毕业生、研究生的年度分配计划，以省人事局为主。

25日　省委批转省委办公厅、省委宣传部《关于开展"全民文明礼貌月"活动的意见》，决定按照中宣部的通知，在3月份开展全民礼貌月活动。

25日　省爱国卫生运动委员会发出《关于大力开展春季爱国卫生运动的通知》。要求各级爱卫会要发动广大城乡人民群众，大张旗鼓地开展以除害灭病为中心，以搞好环境卫生为重点，认真解决一个"脏"字为主要内容的春季爱国卫生运动，为实现"环境美"而努力。

25日　信丰中学电化教学小组制成自动的"横波幻灯投影演示仪"。参加全国教具展览，被选为全国16件优秀教具之一。

26日　在日本密沙瓦房屋研究所举办的第七届"长寿之家"国际设计竞赛中，南昌市建筑设计院的建筑师彭济渼和江西省设计院齐后生等4人合作设计的作品，荣获创作奖。

26日　国家建委、国家建工总局、全国建筑工会在南昌召开合肥、济南、郑州、武汉、长沙、南昌6座城市建筑业创全优工程竞赛座谈会。经商定，从1982年起，合肥、济南、郑州为一片，武汉、长沙、南昌为一片，分别开展创全优工程竞赛活动。座谈会于28日结束。

27日　奉新县干洲知青工艺厂生产的竹编小猪盒、花篮等56种工艺品，畅销日本、英国、法国、美国、联邦德国、意大利、加拿大和香港等十多个国家和地区。该厂根据外国人的欣赏习惯，在色调上下功夫，满足日本民族爱本色、西欧人喜欢棕色等需求，使外商各取所需。

27日　南昌陶瓷厂试制成功一种建筑装饰红光砖。

27日　全国首批社队企业科技人员职称评定工作在萍乡市试点。

28日　江西省"两会"常委召开第二次联席会议。学习和讨论全国人大、政协五届四次会议的精神，听取全国统战工作会议主要文件的传达，听取"两会"常委第三次联席（扩大）会议情况和精神的传达，听取省"两会"1981年的共同工作报告，成立省"两会"经济工作咨询服务委员会（"两会"于3月7日结束）。

28日　省、市领导和12万多名大中小学学生一起，走上街头，打扫卫生，维护交通秩序，热情为群众服务，拉开了第一个"全民文明礼貌月"活动的序幕。省委、省人大常委会、省政府、省政协和南昌市委、市革委会的领导同青少年一起参加了这一活动并察看公共厕所的卫生情况，听取居民的意见，带头"学雷锋、树新风"。

省、市负责人同南昌市的大中小学学生一起上街打扫卫生

本月　铅山县紫溪公社辛氏（辛弃疾）后裔辛协民，向县政府出示了他珍藏多年的《鹅南辛氏宗谱》。谱中载有辛弃疾画像等珍贵历史资料。

本月　《修辞学习》杂志创刊。该刊由江西人民出版社主办，中国修辞学会华东分会编辑。

本月　由江西省作家王一民编剧，珠江电影制片厂摄制的故事片《乡情》，被送往西柏林参加第32届柏林国际电影节。《乡情》是我国1982年第一部参加国际电影节比赛的影片。

本月　在昆明举办的"全国村镇规划方案竞赛"上，宜丰县建委规划和设计的双丰集镇规划1号和2号方案，获佳作奖。

本月　省政府颁布《江西省产品质量监督检验管理暂行办法》。

本月　省商业厅发出《全省商业系统逐步推行商业经营责任制的意见》的通知。

本月　农工党江西省委会成立中年知识分子工作小组，对该党成员中的中年知识分子职称评定、安排使用、工作和生活条件、同中共党员合作共事等方面的问题进行调查研究。

本月　江西省水利厅函复水利部农田水利局：全省1952年至1981年治理水土流失面积已巩固下来的有837.4万亩。但由于多年来"左"的影响和工作失误，水土流失面积不断扩大，20世纪50年代为1650万亩，70年代为3232万亩，80年代为5753.9万亩。并提出治理水土流失的措施。

本月　江西财经学院经济研究所正式成立。

本月　根据中共中央、国务院《关于国营工业企业进行全面整顿的决定》，省机械厅设立企业整顿办公室，指导企业的整顿和组织验收及经验交流。

本月　铜基地总指挥部开始为期两年的企业全面整顿。

1982

3月
March

公元 1982 年 3 月							农历壬戌年【狗】						
日	一	二	三	四	五	六	日	一	二	三	四	五	六
1 初六	**2** 初七	**3** 初八	**4** 初九	**5** 初十	**6** 惊蛰	**7** 十二	**8** 妇女节	**9** 十四	**10** 十五	**11** 十六	**12** 十七	**13** 十八	
14 十九	**15** 二十	**16** 廿一	**17** 廿二	**18** 廿三	**19** 廿四	**20** 廿五	**21** 春分	**22** 廿七	**23** 廿八	**24** 廿九	**25** 三月大	**26** 初二	**27** 初三
28 初四	**29** 初五	**30** 初六	**31** 初七										

1 日　省档案学会与省档案局联合主办《江西档案》杂志（季刊），在江西省内部发行。

1 日　国家计委批准江西水泥厂扩建一条日产 2000 吨熟料带悬浮预热器窑外分解干法生产线，总投资 1.9 亿元。

1 日　省委召开省、市党员负责干部大会。出席会议的有省市党、政、军领导，省市各机关党委、党组书记，部分处级以上党员干部及南昌地区相当于县团级企事业单位党员干部共 2400余人。省委常务书记、省长白栋材作题为《全民行动起来，讲究文明礼貌，改善社会风气》的讲话。讲话指出，1982 年开展"五讲四美"活动和"全民礼貌月"活动，主要是抓好环境卫生、公共秩序和服务态度三件事，解决好脏、乱、差三个问题。整顿市容和移风易俗，克服各种旧的习惯势力的影响。

1 日　省文化局主办的《瑞士摄影展览》在南昌市展出，展览历时半月，于 14 日结束。这次展览展出了 100 多位瑞士专业和业余摄影家的 280 多幅作品，介绍了 1840 年以来的 140 多年瑞士摄影界创作活动的一个全面概貌，它不仅是一部瑞士摄影艺术的历史，而且表现了瑞士摄影家的个人经历和摄影艺术在瑞士的发展。这对加强中瑞两国人民和摄影家之间的了解和友谊，扩大中瑞两国文化交流，必将产生积极的影响。

3 日　共青团中央召集江西、湖南、福建、广东出席 1958 年"四省百县会议"部分单位的团干部，在瑞金召开植树造林会。瑞金是中华苏维埃共和国临时中央政府的所在地。1958 年 3月，时任团中央第一书记的胡耀邦，曾在这里主持召开了赣、湘、闽、粤 4 省 100 个共青团组织的观摩学习会议，决定把植树造林作为共青团工作的一项重要任务，并在毛泽东等老一辈革命家从事过革命活动的沙洲坝带头造了一片"赣湘闽粤四省百县林"。号召赣、湘、闽、粤 4 省广大共青团员和青少年紧急行动起来，开展一个四省青少年植树造林大竞赛，为四省的绿化作出贡献。共青团"四省百县会议"部分同志代表植树造林会发了《给赣湘闽粤全体共青团员和青少年的信》。会议于 7 日结束。

4 日　省委作出《关于贯彻执行以大力支持个体种植为主、集体专业承包发展种植为辅的方针，积极发展柑橘生产的决定》。

4日 省第一所培养在职干部的新型学校——江西省行政学院正式开学。该院设有工业经济管理系、农业经济管理系、财贸经济管理系、政治法律系、文教系5个专业。学制两年。培养对象为副县级以上领导干部，35岁以下县级副局长、公社书记、省科级干部。

4日 省政协在中山堂举行报告会，纪念"三八"国际劳动妇女节。在南昌市的省、市政协女常委、女委员，省市一些机关的女干部、女职工及各界妇女代表近千人参加了报告会。省政协副主席胡德兰主持报告会，省妇联主任朱旦华作了报告。

5日 全省纪律检查工作会议召开。会议要求全省各级党委和各级纪检部门立即行动起来，加强领导，坚决果断地打击经济领域的违法犯罪活动，争取全省的党风有决定性的好转。

6日 《南昌市计划生育展览（农村版）》在郊区各县、社展出后，《南昌市计划生育展览（城市版）》在江西省革命历史博物馆正式展出。展览通过大量的资料、图表、照片、模型、实物的展出，说明了计划生育的重要性和紧迫性。展览还设有电影厅，放映有关计划生育的幻灯片、录像和电影，并附设计划生育咨询处，配有医务人员解答观众的问题。

6日 省妇女联合会在江西宾馆举行茶话会，纪念"三八"国际劳动妇女节。省委、省人大、省军区、省政协的领导出席了茶话会，与省、市各界妇女代表200多人欢聚一堂，共庆节日。狄生代表省委、省人大常委会、省政协、省军区向到会代表和奋战在各条战线上的广大妇女致节日的祝贺。要求全省妇女在建设社会主义物质文明和精神文明中，充分发挥"半边天"作用。

7日 民建江西省一届常委二次会议推选沈翰卿为民建江西省委会代主任委员。

8日 省中医学院顾问、著名老中医张海峰和他的学生（广州第一军医大学讲师徐复霖）共同编著的《脾胃学说临床心得》一书，经日本东洋医学国际研究财团翻译出版。该书继承和发扬

了"金元四大家"之一李东垣《脾胃论》的学术思想，较全面地概述了中医脾胃的生理特点与其他脏腑的关系，叙述了脾胃病的病因和病理产物，常用治法及临床上的应用。

9日 根据省委组织部、省军区政治部《关于明确武装部长、副部长职级的通知》精神，凡1978年以来一直在人民公社、场、镇、城市街道办事处担任专职武装部长的"以工代干"人员，近日由人事部门办理转干手续。

10日 省、市军民20万人进行公共场所大清扫。省、市党政军负责人参加了清扫活动。

10日 以日本东京大学教授、日本物流协会顾问林周二为团长的"日本物流管理研究者访华代表团"应邀来江西进行学术交流。日本代表团就《日本物流所面临的现实问题》、《如何测定和提高物流效率》、《如何进行物流管理和物流系统设计》等专题作了讲演和交流。

10日 省冶金厅发出贯彻中共中央《关于国营工业企业进行全面整顿的决定》的通知，冶金系统43个企、事业单位分三批开始全面整顿。

11日 江西二轻局局长会议在南昌市召开。会议落实1982年的任务和措施，讨论加强企业管理、搞好企业整顿、开发新产品、制定"六五"规划等问题。会议于16日结束。

12日 省、市党政军领导和2000余名干部、职工到青山路李家庄路段参加植树劳动。

12日 省文物工作队会同抚州地区、南城县文化部门对明代益定王朱由木和黄、王二妃的合墓进行了发掘和清理。出土文物有金、银、玉、瓷器等80余件，除凤冠、发簪等金银饰品具有极高的工艺价值外，还有玉带、玉圭、玉佩饰及青花瓷瓶，龙泉豆青釉瓷盘等，都十分名贵。这些珍贵文物的出土为研究明代的文化艺术和丧葬、装殓制度，研究明代末期江西地区的政治、经济状况提供了重要的实物资料。

13日 全省召开第三次革命老根据地建设工作会议。要求各地在扶助工作中突出重点，在地区上重点扶助特困社队，在项目上重点用于发展多种经营。省委书记、省人大常委会主任、省老区建设委员会主任杨尚奎出席会议并讲了话。

省人大常委会副主任、省老区建设委员会副主任谢象晃作了工作报告。

13 日 江西省运动员邱世永和姜绍洪参加在上海市嘉定县举行的全国竞走、马拉松春季比赛，邱世永以 42 分 57 秒 6 的成绩获第二名；姜绍洪以 43 分 46 秒 9 的成绩获第三名；两人均打破了 44 分 26 秒 8 的全国纪录。邱世永在 15 日 50 公里公路竞走比赛中获得金牌，以 4 小时 7 分 23 秒的成绩，超过日本运动员藤和夫在 1968 年创造的 4 小时 17 分 58 秒 6 的亚洲最好成绩。1981 年，邱世永曾以 4 小时 30 分 6 秒首创全国纪录。这次又一次蝉联冠军，并把个人纪录缩短了 22 分 43 秒。

13 日 省财政厅发出通报，要求所属单位根据余江县财政局会计宁祖春贪污 1954.76 万元被判刑一案吸取教训，加强干部法纪教育。

13 日 省建委在宜春召开南昌、宜春地区风景名胜资源普查评价工作座谈会。

14 日 江西省速记研究会成立大会在江西师范学院艺术厅举行。参加大会的有研究会会员、速记学习班学员、省社联及有关学会负责人共 120 余人。这是江西历史上第一次成立的省级速记组织，也是粉碎"四人帮"后的全国第三个省级速记组织。从 4 月份起，面向全国举办音素化速记函授。

14 日 有色金属总公司工作会议研究确定，德兴铜矿的"大型露天采矿技术"和"大型选厂提高经济效益"的研究，列为"六五"国家科技攻关项目。

14 日 著名美籍物理学家李政道和夫人秦惠君来南昌、景德镇参观访问。访问于 16 日结束。

15 日 省地质局赣东北地质大队在广丰县境内发现了一个膨润矿床，这是江西首次发现膨润土矿。膨润土是一种价值较高的非金属矿产，用途广泛，可做优质泥浆原料、型沙黏结剂、脱色或漂白剂，还能代替淀粉应用于纺织工业，作纱浆用，可节省粮食。

15 日 萍乡市荷尧陶瓷机械厂的工程技术人员，研制成功 TPG－1 型陶瓷抛光机。在设计上采用了先进的振动抛光技术，结构简单合理，操作维修方便，陶瓷素环的抛光不受其形状的限制，光滑度均匀。经轻工部、建材部专家和省市科研部门鉴定，这种陶瓷抛光机的研制成功，为我国发展高档出口瓷提供了新型的先进设备。

15 日 省煤炭局在萍乡矿务局举办企业整顿学习班，各重点煤矿企业领导干部和第一批蹲点调查干部 200 多人参加（4 月 5 日，第一批三个重点企业——萍乡矿务局、英岗岭煤矿和分宜电机厂开始进行全面整顿。10 月 1 日，其余十个省属企业全面展开。到 1985 年 1 月，全部验收合格。同时，各地（市）、县属国营煤矿也按要求进行全面整顿，列入省整顿规划的 53 个地（市）、县属企业，到 1985 年 12 月底止，52 个验收合格）。

15 日 在江西劳改单位犯人中开展为期 1 个月的以尊敬干部、服从管教、积极劳动等内容为主的"文明礼貌月"活动。

16 日 省劳改局在省第一劳改支队召开防逃追逃工作座谈会。会议于 18 日结束。

16 日 省政府第一一七次省长办公会提出：争取在 1985 年前，基本解决好全省城市和县城用水问题。

16 日 江西省拥军优属、拥政爱民先进单位和先进个人代表大会在南昌召开。会议的主要

江西省拥军优属、拥政爱民先进单位和先进个人代表大会

任务是：认真总结和交流"双拥"工作经验，宣传和表彰"双拥"工作先进单位和先进个人，促进"双拥"活动广泛、深入、扎实地向前发展，进一步加强军政、军民团结，做到军政一致、军民一心，加速四化建设。出席这次大会的代表共有549人。会议于3月21日结束，大会表彰了560个拥军优属、拥政爱民先进个人，并一致通过了给全省军民和优抚对象的倡议书。省军区副司令员吕会英致闭幕词。

16日 省政协常委会在中山堂举行了第十九次会议。会议听取了关于省政协四届四次会议筹备工作情况的汇报；讨论并通过了省政协四届四次会议议程、日程安排；省政协常委会工作报告；省政协关于提案处理情况报告；增补委员名单和补选常委建议名单。

17日 省军区机关部队指战员开展义务植树造林活动。省军区领导带领省军区机关干部、战士300多人，顶风冒雨，在南昌市新溪桥至老福山之间的井冈山大道两旁种植芙蓉、泡桐树3300株。

17日 省五届人大常委会第十一次会议在江西宾馆举行。会议讨论通过省五届人大四次会议议程（草案）、日程（草案）和主席团各项名单（草案）；讨论通过省人大常委会工作报告；审议通过省高级人民法院关于《江西省各级人民法院审理经济纠纷案件收取诉讼费暂行办法》；通过人事任免事项。会议于18日结束。

18日 省企业民主管理办公室在抚州召开全省企业民主管理座谈会。要求以企业整顿为中心，提高经济效益为目标，把企业民主管理提高到一个新水平。会议还要求，1982年内要把县属以上工交企业的职代会制度全部建立起来，财贸、农林、教育等系统和企业事业单位也要建立50%。在经过整顿的企业中，有领导、有计划地试行民主选举厂长。同时，各级党委要进一步加强领导，采取切实措施，积极改善和支持职工当家做主。

18日 省军区举行报告会，福州部队建设社会主义精神文明先进典型报告团向省军区机关和驻南昌部队指战员、职工、家属1300余人作

先进事迹的报告。报告团随后到宜春、赣州、抚州、吉安、上饶等地为驻地部队作报告。

19日 九江县团结公社7岁病儿在解放军一七一医院，由朱炯明军医主刀，经7个多小时手术取出了360克重的巨大脑膜瘤。手术后，病儿失语恢复，肌力正常。据有关文献记载，我国320克以上的大脑膜瘤手术成功的仅有2例。脑膜瘤常见于成年人，该院为7岁儿成功取出巨大脑膜瘤，国内尚属罕见。

19日 以大胁友夫先生为团长的日本九江会访华团一行28人访问九江市。访问于21日结束。

19日 省文化局在南昌召开全省图书馆工作会议。会议于23日结束。

20日 省劳改局在全省劳改单位犯人中公布试行公安部制定的《犯人守则》。

20日 新余钢铁厂被冶金部评为1981年全国重点铁合金企业红旗单位。一号、二号锰铁高炉、二号矽铁电炉被评为红旗炉。

20日 省卫生工作会议在南昌召开。传达贯彻全国药政工作会议和全国1/3县卫生事业整顿建设座谈会精神。会议确定实行国家、企业、集体办医，允许个体行医并存的方针。制定安排城乡医疗卫生网点及今后药政药检工作的重点和措施。会议于26日结束。

21日 全省少年儿童文化工作会召开。江西现有少年儿童1000多万，省委很重视加强少年儿童的领导，成立了省少年儿童工作协调委员会，下设少年儿童文化艺术委员会和儿童生活用品委员会，并定期召开会议研究工作。全省的文化工作蓬勃开展，据统计，全省创作的大小儿童剧目20多个，出版各种儿童书刊44种，连环画32种，面向全国的《小星星》、《小猕猴》发行量成万份地增加。各部门同心协力为培养下一代出力，经有关文化部门捐款创办了少年儿童报刊《摇篮》。《江西日报》新辟了《育苗》专栏，省电台举办了《家庭教育讲座》。

22日 中央民族乐团在九江市演出之后，先后到波阳、乐平等县为湖区农民演出。演出时间为一周，至27日结束。参加演出的有著名指

挥家郑世春，著名二胡演奏家周耀锟，国际比赛获奖者、管子演奏家张宗孔，笛子演奏家宁保生和杜次文，打击乐演奏家孙志诚，著名女高音歌唱家刘金娥，维吾尔族歌唱家阿米娜，男中音歌唱家徐懋心以及青年男高音歌唱家雷灿等。他们还挤出时间辅导群众文艺活动。

23 日 截至当日，江西省难民办接运广西百色地区茶场 222 户，1244 名印支难民到达江西。分别安置在敖山华侨农场 120 户，670 人；全坪华侨农场 87 户，504 人；秀谷华侨农场 15 户，62 人。

24 日 江西省国库券推销委员会成立，方谦任主任委员。1982 年国家分配给江西省 9450 万元国库券任务。

24 日 省委决定新建一所政法干部学校，江西省司法厅着手进行省政法干部学校的筹备工作。

24 日 1982 年全国铁路武术比赛大会在南昌闭幕。全国 17 个铁路局的 131 名运动员作了 371 项传统武术表演。

24 日 在全国步枪射击比赛中，江西省运动员以 25 分的积分荣获团体总分第三名夺得"春城杯"。姜荣在 40 发卧射比赛中以 399 环破省纪录。女运动员刘人青、王金萍分别夺得女子汽步枪项目第一名、第二名，并取得女子团体第一名。由姜荣、刘赣平、李朝丰、雷源生组成的男队获得步枪 3×40 项目团体第二名，刘人青和雷源生被评为最佳女运动员和最佳教练员。

26 日 省政协第四届常务委员会第二十次会议在南昌举行。会议审议将提请四届委员会第四次会议通过几个文件（草案）。

26 日 省重点工程——萍乡矿务局白源矿开工。设计年产 45 万吨主焦煤，由萍乡矿务局自行设计和施工（由于井筒穿过白垩纪地层，多次透水，施工期延长，1990 年 12 月 20 日建成投产）。

27 日 省政府转发省农林垦殖厅等部门

《贯彻国务院批转〈关于加强鸟类保护的通知〉的意见》，确定每年 4 月 1 日至 7 日为全省"爱鸟周"。

28 日 出席江西省五届人大四次会议的部分代表和出席省政协第四届四次会议的部分委员，分别到南昌主要街道以及一些工厂、商店、学校、医院、剧场和车站、公园等地考察，并参加文明礼貌月活动。

29 日 省第五届人民代表大会第四次会议从 3 月 22 日开幕，历时 8 天结束。会议共收到提案 804 件。会议一致通过了《关于江西人民政府工作报告的决议》、《关于江西省一九八一年财政决算和一九八二年财政预算的决议》、《关于江西省人民代表大会常务委员会工作报告的决议》、

江西省第五届人民代表大会第四次会议开幕式

《关于江西省高级人民法院工作报告和江西省人民检察院工作报告的决议》，通过了提案的审查报告，选举了九江、宜春地区中级人民法院院长。

29 日 崇义县发生一起盗枪杀人案。罪犯马荣等 3 人盗窃该县化肥厂民兵武器库自动步枪 3 支、子弹 230 发、手榴弹 13 枚，将县药材公司开票员黄名峦打成重伤后潜逃。当日 18 时将 3 名罪犯全部擒获。在围捕中，上犹县公安局治安警察舒益发中弹牺牲，副局长曾福庆负伤。

30 日 省委批转省委宣传部《关于巩固"全民文明礼貌月"成果，广泛深入持久地开展"五讲四美"活动的报告》。

30 日 省政协第四届委员会第四次会议 3

月20日开幕，历时11天结束。委员们认真审议了省政协常委会一年来的工作，列席了省五届人大四次会议，对白栋材省长的政府工作报告和其他工作报告，分组进行了讨论。并对全省的各项工作提出了许多中肯的批评和建议。会议一致通过了《中国人民政治协商会议江西省第四届委员会第四次会议决议》、《中国人民政治协商会议江西省第四届委员会第四次会议关于提案审查情况报告的决议》。大会补选了王萱春、龙标桂、韩梅村、胡克为四届政协江西省常务委员。

31日 在全国煤炭工业先进集体和劳动模范代表会议上，萍乡矿务局高坑矿采掘三区、丰城矿务局八一矿回采二区、乐平矿务局鸣山煤矿回采一区被命名为全国煤炭工业先进集体。萍乡矿务局高坑矿李洪定、萍乡矿务局安源矿刘忠亮、萍乡矿务局青山矿易利媛（女）、丰城矿务局建新矿高惠安被命名为全国煤矿工业劳动模范。

31日 省政协第四届委员会召开市、县政协主席、副主席和中共地、市委统战部负责人座谈会，座谈市、县政协工作。于4月1日结束。

本月 九江县新洲垦殖场引进河南"新棉291"良种，获平均单产皮棉122.2公斤，创省内最高水平。

本月 上饶县电影弹簧厂在有关部门和单位的支持下，研制成功我国第一台全自动钢丝链条机。该机系专为生产电影放映机、静电复印机、传真机等较小型的自动化专机。它是我国电影工业当前生产钢丝链条最先进的一种机器。

本月 清江县临江公社1982年成立了蛇类研究所，招收了7名社员，聘请了1名顾问，现已捕蛇近200条。

本月 江西省卫生厅决定，全省各县及县以下农村卫生机构实行"五定一奖"（定门诊人数、出院人数与病床实际使用日、出勤率、年终结余金额、工作任务与要求，年终评奖）管理责任制。

本月 华东地勘局二六一、二六五、二六八、二六九大队及二七〇研究所共同进行"赣杭构造火山岩成矿带铀成矿规律及成矿预测"的研究（该项研究1989年获国家科技进步一等奖。主要完成人为高级工程师周仰尧、刘义发，工程师徐柏生等）。

1982

4月

April

日	一	二	三	四	五	六	日	一	二	三	四	五	六
				1 初八	**2** 初九	**3** 初十	**4** 十一	**5** 清明	**6** 十三	**7** 十四	**8** 十五	**9** 十六	**10** 十七
11 十八	**12** 十九	**13** 二十	**14** 廿一	**15** 廿二	**16** 廿三	**17** 廿四	**18** 廿五	**19** 廿六	**20** 谷雨	**21** 廿八	**22** 廿九	**23** 三十	**24** 四月小
25 初二	**26** 初三	**27** 初四	**28** 初五	**29** 初六	**30** 初七								

1 日　江西省革命烈士纪念堂经过扩建更新重新开放。扩建后的纪念堂陈列面积由原来的 1700 平方米，增加到 4000 平方米，陈列内容更加充实。纪念堂设有一个灵堂、八个陈列厅。灵堂内汉白玉纪念碑上镌刻着毛泽东手迹"人民英雄永垂不朽"。大厅两边的墙上是毛泽东、刘少奇、周恩来、朱德、邓小平、董必武、陈毅、刘伯承、谢觉哉以及邵式平等的题词。厅两侧陈列柜内陈放着全省烈士的英名录。

江西革命烈士纪念堂

1 日　全省开始实行粮食征购、销售和调拨"一定三年"包干办法，同时对地、市的经济作物面积和定销粮食也实行包干。

3 日　福州部队政治委员傅奎清在江西省军区司令员信俊杰和上饶驻军领导的陪同下，走访上饶地委和专署、上饶市委和县委，征求对驻军的意见。傅奎清代表福州部队领导机关向上饶地区党政领导和人民，对驻军的关怀和支持表示感谢。并要求驻军部队指战员，同驻地群众一道，积极开展建设社会主义精神文明活动，进一步做好拥政爱民工作，密切军政军民关系。

3 日　江西省举办的 1982 年南昌春季田径邀请赛，来自上海、浙江、福建、贵州、湖南、湖北、黑龙江、青海及江西和福州部队的 370 多名运动员参加了比赛。江西选手胡刚以 67.88 米的成绩，打破了 67.04 米的链球全国纪录，获得该项冠军。在 36 项比赛中，江西选手共夺得 12 个项目的冠军。

3日 江西省射击新秀赵洪峰在福州举行的华东协作区第二届步枪射击锦标赛上以583环的成绩打破582环的全国纪录。

3日 江西成立省绿化委员会，傅雨田任主任，王昭荣、郭生、李玉、薛经猷任副主任。委员会下设办公室，办公室设于省农林垦殖厅，李玉兼办公室主任。

3日 景德镇市红旗瓷厂副厂长牛水龙和有关技术人员创造发明的一项陈设瓷成型新工艺，获国家科委四等发明奖。

5日 全省工业交通工作会在南昌市召开。会议传达贯彻全国工业交通工作会议精神，提高经济效益，实现增产增收，并研究部署1982年全省的工交工作。参加这次会议的代表共400多人。

5日 1982年全国春季游泳分级分区赛济南赛区结束。江西省运动员陈超在男子100米和200米蝶泳决赛中，分别以57秒5和2分9秒7的成绩获第一名和第四名；唐加元在男子400米个人混合泳决赛中，以4分51秒9的成绩获第五名；赵元在女子200米仰泳决赛中，以2分29秒6的成绩获得第六名。

5日 民盟省委会成立知识分子工作研究小组。同日，民盟省委会发出通知，要求民盟全省各级组织把开展对知识分子政策落实情况的调查研究工作，列为全年的重点工作。

5日 省委召开全省"五讲四美"活动座谈会。座谈会进行了3天。与会者一致表示，劲头不松，行动不停，一定要巩固"文明礼貌月"的成果，把"五讲四美"活动广泛深入持久地开展下去。南昌、景德镇、萍乡、九江4个省辖市，赣州、吉安、宜春、上饶、鹰潭、抚州6个地辖市的市委（政府）、宣传部、团委负责人和省直各有关单位负责人共60余人参加座谈会。

7日 省检察院根据中共中央、国务院、全国人大常委会以及最高检察院关于打击经济领域严重犯罪活动的文件精神，紧急通知，要求全省各级检察机关广泛开展宣传，遵照执行。

7日 全省国营垦殖场、农场工作会议召开，共有450余人参加。会议贯彻了全国农垦厅、局长会议精神，根据省委、省政府关于进一步办好国营垦殖场、农场的要求，要树立大农业的观点，围绕搞好多种经营、提高经济效益这一中心，认真总结交流了经验，研究、部署了今年的工作任务。张国震作了关于题为《搞好多种经营，提高经济效益，进一步把国营垦殖场、农场办好》的报告。刘俊秀在闭幕会上作了《关于大力发展工农业生产，为尽快地把我省国营垦殖场、农场办成农工商联合企业而努力奋斗》的讲话。会议于13日结束。

7日 英国剑桥、牛津大学出版社联合图书展览在南昌展出。这次综合性的书展展出两家出版社当时出版的图书2000多种、7000多册和几十种期刊。内容涉及医学、化学、物理、数学、生物、地理、农业、工程、心理、经济、社会、学法律、宗教、史地、哲学、古典等学科，还包括各种字典等参考书。展出于16日结束。

8日 江西省检察院检察长陈克光向全省发表电视广播讲话，正告一切经济犯罪分子，必须投案自首，坦白交待，争取从宽处理。

9日 省委办公厅发出《关于认真做好党史资料征集工作的通知》。省委同意成立江西省党史资料征集委员会，由省委常委、秘书长王泽民任主任委员。省委办公厅随后又发出《关于健全省委党史征集委员会机构的通知》（6月13日，省委正式确定江西省委党史资料征集委员会为省委常设的部一级机构）。

9日 江西医学院第一附属医院主治医师曹勇等研制的"高频喷射呼吸机"属国内首创。曹勇获国家科委授予的"有突出贡献的中青年专家"称号。

9日 省直属机关党委召开表彰大会，对36个党支部和140名党员荣获1981年度省直机关先进党支部、优秀党员进行表彰，并向这些先进党支部的代表和优秀党员颁发了奖状和奖品。

10日 江西省省市企业整顿蹲点调查组到江西棉纺织印染厂指导工作。

11日 省社联召开三届二次会议，组织和发动社会科学界围绕建设社会主义精神文明这个主题，积极开展学术活动和理论研究，为建设社会主义精神文明作出贡献。会上表彰了 1981 年度社会科学优秀论著 60 篇，其中甲等 8 篇，乙等 52 篇，1 本优秀资料汇编获表彰，并给优秀论著作者颁发了证书和奖品。

11 日 纺织工业部复函江西省计委、省纺织工业局，同意江西省地质局探矿机械修配厂改建为江西涤纶厂。

11 日 香港中华总商会江西考察团一行 6 人，应中国国际贸易促进委员会江西分会、省国际信托投资公司的邀请，在会长王宽诚的率领下访问江西，考察并洽谈经济贸易合作事宜。并表示通过这次访问，了解了江西的经济特点，增进了港澳贸易和企业界人士与江西省的经济合作与发展贸易往来。考察于 13 日结束。

12 日 由新华出版社出版的我国第一部《中国工商企业名录》，最近委托新华社江西分社在江西发行。这部书是工商企业的必备工具书，薄一波副总理为该书写了前言。

13 日 国家外汇管理总局江西分局和中国银行南昌分行召开全省外汇工作会议。会议作出四项决定，要求采取积极措施，用好、管好外汇资金，促进国民经济的调整和发展江西的对外贸易事业。

14 日 全省工业交通工作会议历时 10 天结束。会议集中讨论了工业交通生产的指导思想，研究和部署了 1982 年的工业交通工作。会议号召工交战线的全体职工，端正工交生产的指导思想，以提高经济效益为中心，全面完成 1982 年的工交生产任务。省委工交政治部主任朱乃锦就企业领导班子的整顿与建设问题讲了话。

14 日 江西省《城市社会福利事业单位管理工作试行小法》颁布。

14 日 省委召开常委会，认真学习、讨论《中共中央、国务院关于打击经济领域中严重犯罪活动的决定》。与会者一致认为，这场斗争正在江西顺利进行，发展是健康的，已经取得初步成果，但斗争的发展不平衡，一部分领导干部的思想认识问题没有很好解决，一些地区和单位还没有行动起来。当前的问题是要认真贯彻执行该决定，切实按照中央的方针、政策和工作部署，

进一步加强领导、端正思想认识，下更大的决心，集中更多的精力，把斗争不断推向深入。会议于 16 日结束。

14 日 省社队企业管理局和省二轻厅工艺美术品公司举办了 1982 年度全省出口花炮质量评比会。参加评比的花炮有火箭、小礼花、喷火、造型玩具 4 大类，共 31 个品种。评选出质量较好的产品 21 个，参加 1982 年 5 月份全国同类产品工艺百花奖评比。评比会于 18 日结束。

14 日 省检察院召开分、市检察院检察长会议，讨论深入开展打击经济领域里的犯罪活动和维护社会治安。省委副书记刘仲侯、省人民政府副省长郑校先、省纪委副书记王铁等到会讲话，最高检察院经济检察厅派员参加。会议于 19 日结束。

15 日 江西省在广州外贸中心展厅租用 1753 平方米的展厅，设立江西出口商品长期陈列洽谈馆。

16 日 省政府公布第一批 60 位晋升高级技术职称人员名单。其中高级工程师 26 名，高级农艺师 10 名，高级畜牧兽医师 1 名，主任医师 14 名，副研究员 8 名，副主任药师 1 名。全省已有高级科技人员 971 人。

16 日 1982 年全国青年篮球联赛南昌赛区经 10 轮 62 场紧张争夺于当日全部结束，参加比赛的有江苏、山东、福建、江西、上海和全国公安等 15 支男、女队的 187 名运动员。男队平均年龄 18 岁，平均身高 1.89 米，女队平均年龄 17.5 岁，平均身高 1.77 米。上海男队以 8 战 8 胜获得男子第一名，山东男队获得第二名；浙江女队以 8 胜 1 负获得女子第一名，上海女队获得第二名。

16 日 中国社会科学院青少年研究所召集的全国青运史资料征集座谈会在南昌召开。参加座谈会的有全国 11 个省市社会科学院，14 个省市团委、17 所大专院校等共 80 人。座谈会于 20 日结束。

17 日 新余县罗坊革命纪念馆经过整修后重新开放。这次陈列展出，真实地反映了毛泽东、朱德、彭德怀等老一辈无产阶级革命家当年

在罗坊的革命活动。恢复了彭德怀忠于党、忠于人民、胸怀大局、光明磊落的光辉形象。按照历史本来面目，真实地反映了当年罗坊会议的历史。

17日 省政府通知全省各级政府，坚决贯彻"城市近郊区农业生产以菜为主的方针"，进一步加强蔬菜的经营管理，尽快地从根本上扭转当前蔬菜产销工作的被动局面。

19日 江西省自然辩证法研究会在南昌举办学术报告会，纪念伟大的生物学家达尔文逝世100周年。中国自然辩证法研究会理事、南京大学自然辩证法教研室主任林德宏作了专题学术报告。

20日 国家计委批准景德镇开始筹建焦化煤气厂。规模为年产焦炭28万吨，投资5300万元，可供年产4亿件陶瓷的烧制燃料和供应部分居民生活燃气。

20日 以奈良俊平为团长的日本椿十中会访华团一行19人到南昌市新建县参观。

20日 反映江西省已故著名老中医杨志一医学水平和临床经验的《杨志一医论医案集》一书，由人民卫生出版社正式出版。该书收集了杨志一的医学论文9篇，医案39例，总结了杨志一40余年的临床经验，突出反映了他广泛运用中医六经辨证施治法则治疗血吸虫病及其他杂病、时病的学术见解和治疗方法，是一本有特色的中医临床参考书。

22日 江西省劳动局最近召开江西省技工学校培训工作座谈会，会议根据上级有关指示精神和江西省的具体情况，确定技工学校由过去全部向社会招生改为以培训在职中壮年骨干工人为主。招收培训对象，采取自愿报名，单位批准，统一考试，择优录取的办法，学员培训一年要求达到中级技术工作的水平，考试合格的发给毕业证书。江西省现有的34所技工学校，都要抓紧调整、整顿，以尽快适应培训工作的需要。

23日 省委常委学习中心组在结束了《马克思关于再生产的理论》一书学习后，立即开始了对《陈云同志文稿选编》一书的学习。省委宣传部副部长白永春讲了第一课。省委常务书记白

栋材在讲话中，要求参加学习的同志学习经济理论，联系江西实际，搞好江西的经济工作。

23日 省政协、民盟省委联合举行报告会。省政协副主席、民盟省主任委员、江西大学校长、历史学家谷霁光教授主讲了《治学态度和治学方法》。省政协委员以及文教、科技界人士共800多人参加了听讲。

23日 全国射击奥运会项目比赛历时5天在南昌结束。江西省运动员刘人青以573环的成绩，获得女子小口径标准步枪3×20的第四名。

23日 省政协第四届委员会工商组与民建省委、省工商联联合召开座谈会，座谈中共中央、国务院《关于打击经济领域中严重犯罪活动的决定》。

24日 省建委在吉安召开赣州、吉安地区风景名胜资源普查评价工作座谈会。

24日 中央气象局通报奖励全国连续250班无差错的气象测报员，并授予他们"质量优秀测报员"光荣称号。江西省有6名测报人员获得了这一光荣称号，他们是：江西省气象台程明忠，乐安气象台林宝榕、廖玉发，黎川县气象局叶应华，都昌县气象局高道抗、林宝榕。廖玉发是4年内第二次荣获全国优秀测报员光荣称号。

24日 省政府在南昌召开全省科学技术工作会议。省政府和科委、省各厅局科研机构、高等学校负责人以及省科委八个科技推广点的代表200余人参加了会议。大会向获得1981年度全省优秀科技成果奖的172项科研项目颁发了奖状和奖金。会议强调要领先科学技术，打开全省工农业生产的新局面。会议于28日结束。

24日 全国棉纺织细纱、布机操作能手巡回表演队分别在江西棉纺织印染厂和九江第二棉纺织厂进行表演，江西组织了4000多名操作工参加观摩学习。表演于29日结束。

25日 由孙溥泉、徐复霖编著的《中国古代医学家及其故事》一书已由江西人民出版社出版。该书收集了从春秋战国到晚清时期我国医药家扁鹊、华佗等50位医药家的生动事迹和故事，是一本通俗易懂、又富有医药知识趣味的读物。

25日 为期5天的全省殡葬改革工作会议

召开。会议传达全国殡葬改革工作会议精神，要求全面贯彻殡葬改革工作方针，在丧葬问题上破除封建残留陋习。认真整顿殡葬事业单位，改善经营管理。并表彰殡葬改革中的好人好事，批评不良表现。

26日 经省政府批准成立江西省民航公安分处。

26日 南昌塑料八厂试制的聚氯乙烯针织布涂饰泡沫人造革经鉴定合格，填补了江西人造革制品的一项空白。

26日 江西氨厂1979年受到国务院嘉奖后，又在中国企业管理协会第三次年会上，获得1981年度全国企业管理优秀奖，成为全国22家优秀企业之一。

27日 1982年江西省青少年中长跑、竞走比赛在彭泽县结束。南昌17岁的运动员汪玲梅以25分57秒的优异成绩获青年女子组5公里竞走第一名，打破该项全国纪录。获得这次比赛团体总分第一名、第二名、第三名的分别是宜春、赣州、南昌代表队。

28日 在全省科技工作会议上，南昌市有32项科技成果获省政府颁发的1981年度优秀科技成果奖。

省委书记、副省长傅雨田（左二）给优秀科技单位授奖旗

29日 省政府同意恢复江西省对外贸易学校，并成立江西省对外贸易干部学校，实行合署办公，两块牌子一套人马。

29日 省委批转《关于贯彻第五次全国

"两案"审理工作座谈会精神的报告》，报告要求对"两案"（林彪、江青反革命集团案）审理工作采取审慎的方针，严格执行根据不同情况区别对待的政策。要求各地各有关单位切实按照党的方针政策，解决好本地区、本部门"两案"定性处理中的遗留问题。

29日 省、市总工会在南昌市工人文化宫联合召开南昌地区劳动模范、先进人物代表座谈

省、市劳动模范、先进人物代表座谈会

会，纪念"五一"国际劳动节。到会的有省、市劳动模范代表，建设社会主义精神文明先进人物代表和优秀工会干部代表共150余人。省委书记、省长白栋材希望各条战线的劳动模范、先进人物再接再厉，发扬成绩，振奋精神，为夺取两个文明建设的双丰收作出新的贡献。

30日 省政府批转《南昌市城市管理若干规定及其细则（试行）》。

30日 省科干局转发国务院科干局《关于将科学技术干部学龄作为分房工龄列入分房条件》，并对全省科技人员的学龄作为分房工龄一事作出具体规定。

30日 由省科委、经委、农委和省科协联合举办的全省科技成果交流展在江西省展览馆开幕。展览分省直、地市、国防工业、高等院校四个馆，展出7422项成果，主要是1978年全省科学大会以来经过鉴定的新产品、新技术、新工艺、新材料。展览期间，还将开展协作攻关、人才交流、专题技术讲座、技术转让和产品展销活动。南昌市有"擒纵叉复位精密冲裁新工艺"、"废油炼制全过程气输新工艺"、"槽扣新力引纬喷气织机"、"HX30A型回转铣床"等67项科技成果参加交流。

30日 九三学社南昌直属小组召开"文革"以来的首次会议，宣布正式恢复活动。全体社员遵照九三学社中央委员会的指示精神，积极创造条件，争取在江西省早日成立分社。

30日 日本中青年研修协会友好访华团一行20人，由外务省顾问、协会副会长兼理事长法眼晋作率领，来南昌、庐山等地参观访问。访问至5月3日结束。

本月 江西运动员钱萍在1982年全国青年羽毛球比赛中，夺得女子单打全国冠军。参加这次比赛的共有15个省、市的代表队。

羽坛国手钱萍（右二）

本月 省出版事业管理局转发国家出版局《关于坚决控制出版外国惊险推理小说的紧急通知》和《关于如何执行〈关于坚决控制出版外国惊险推理小说的紧急通知〉的复函》两个文件。

本月 省政府批准贵溪县的城市总体规划，这是建国以来全省第一个经省人民政府正式批准城市总体规划的城镇。规划提出，把贵溪地区建成在全国具有重要地位的铜冶炼加工工业基地。

本月 江西省工艺美术学会成立。

本月 丰城历史文物陈列室在开展文物普查中先后发现了明代著名将领邓子龙及其岳母墓葬和文物。邓墓在杜市公社狮子邓家村，其岳母墓在秀市公社汪家村。通过查访，还找到邓的25世孙，狮子邓家村木工邓裕民，他献出了珍藏的《邓子龙将军夫妇画像》和《邓氏家谱》。

本月 高安县华林山垦殖场内的养蜂场研制的"蜜蜂花粉生产工艺"通过鉴定。该工艺填补了全国出口花粉商品的空白，获省科技成果二等奖（1985年获国家科技进步三等奖）。

本月 丰城县荷湖公社康庄大队老元村社员曾正根在责任田耘禾时，发现一块约2斤重3寸正方，半寸厚的铜锭，上面铸有"管军万户府印"六个篆体字。经中国历史博物馆鉴定，这枚铜印是我国元朝末期军队的一枚印章。该印于9月中旬送交中国历史博物馆通史保管部存档。

本月 崇仁县宋代著名的地理学家乐史的家谱在三山公社长腾流坊大队发现，其中较详细地记载了乐史世家的情况，并有乐侍郎及其子画像。

本月 在宜丰县官山自然保护区发现世界稀有的珍贵树种棱木。这种棱木一般高为13米~18米，胸径26厘米~35厘米，分枝少，主干明显，树冠窄小，分布在官山海拔400米~800米处的山谷、小溪两旁，是一种速生的优良贵重用材。

本月 浙赣线第一个双线插入段及线路所工程在界水至分宜区间764公里处正式开工，全长6公里。该工程由南昌勘测设计所设计，第三工程段施工，于1984年8月建成。

本月 省卫生厅组织医务人员在9个尿瘘高发县开展"预防产科尿瘘，提高产科质量"试点工作。查出尿瘘病人2410人，治疗2081人。

本月 省水利厅向省政府推荐南昌市水电局的《南昌县南新公社圩区治理和排涝效益分析》科研课题，该局荣获江西省人民政府颁发的科技成果四等奖。

本月 大王山钨矿全部停产，成立大王山钨矿留守处，人员陆续迁移彭山锡矿（1989年10月26日至28日，省冶金厅、省储委、省地矿局在大王山钨矿联合召开大王山钨矿闭矿审查会，与会代表一致同意大王山钨矿闭矿，至1990年3月31日搬迁完毕）。

本月 省经委、省冶金厅召开全省稀土工作会议。就进一步加快稀土矿山和冶炼加工企业的建设，加强全省稀土工业的统一管理等问题作出部署。

本月 上饶客车厂研制成功国内第一辆汽油发动机后置式SR665H型团体客车，获1982年武汉东风汽车新产品展评会奖（1983年改进为空调客车，获北京全国汽车展评会优秀设计奖，远销智利、马里等国）。

本月 省委、省政府下发《关于认真做好第三次全省人口普查工作的指示》，进行第三次人口普查。普查时点为1982年7月11日零时。

本月 省建委、财政厅、劳动局、省建行联合转发国家建委、财政部、劳动总局、建行总行《关于施工企业推行经济责任制的若干规定》。

本月 省地质局赣东北队在德兴朱砂红铜矿区用国产XY－5型千米钻机、绳索取心钻进方法，施工了全省固体矿床中最深的钻孔，深1501米。1988年11月，江西省有色冶金勘探公司又在德兴银山矿区创孔深1510米的新纪录。

1982

5月 May

公元 1982 年 5 月							农历壬戌年【狗】						
日	一	二	三	四	五	六	日	一	二	三	四	五	六
						1 劳动节	2 初九	3 初十	4 青年节	5 十二	6 立夏	7 十四	8 十五
9 十六	10 十七	11 十八	12 十九	13 二十	14 廿一	15 廿二	16 廿三	17 廿四	18 廿五	19 廿六	20 廿七	21 小满	22 廿九
23 闰四月	24 初二	25 初三	26 初四	27 初五	28 初六	29 初七	30 初八	31 初九					

1 日 全省农垦工商联合企业产品首次展销会开幕。展销会由省农垦工商联合公司主办，参

省委领导和群众一起参观展销会

加展销的单位共有六地、三市的农垦农工商联合企业公司和省属垦殖场 13 个农工商联合企业公司。产品分为 16 大类共 1000 余种，有十多种产品分别荣获过农垦部、全国供销总社、全国农垦农工商联合企业展销会以及江西省优质产品奖。展销期间，产品零售额达 17.1 万余元，成交金额达 1447 万元。展销会于 21 日结束。

1 日 香港王氏工业（集团）有限公司一行数人访问南昌，省、市领导接见了总经理王华湘。

3 日 吉安市委、市人大、市政府、市政协举行联席会议，共同审议《吉安市城市总体规划（草案）》（10 月 14 日召开"城市总体规划评议会"。1984 年 4 月 23 日经省人民政府批准实施）。

4 日 驻江西省海军某部召开大会，表彰共青团员、战士王建忠不顾个人安危、英勇抢救触电老工人的事迹，并给他记了二等功。

5 日 江西省党代表会议召开。出席会议的 349 名代表以无记名投票的方式，选出了全省出席"十二大"的代表和候补代表。会议于 9 日结束。

6 日 省政府批转省教育厅《关于整顿中小学民办教师队伍的请示报告》。

6 日 省高等院校招生办公室公布《江西省一九八二年高等学校、中等专业学校招生简章》，简章共分 11 条。对招生对象和条件、报考办法和时间、考试时间与科目、评卷和通知分数、政

审和体检、录取办法、招生经费与助学金、军事院校、艺术、体育院校、科大少年班以及反对和抵制不正之风等均作了详细规定。

7 日 抚州市颁发《抚州市人民文明公约》。

9 日 省政府、省军区作出决定，授予为抢救遇险儿童、保护列车安全而荣立一等功的古承芳的家庭以"人民功臣之家"的光荣称号。

9 日 省五届人大常委会副主任、政协江西省四届常务委员、中华全国妇女联合会第四届执行委员徐敏逝世，终年 65 岁。徐敏是湖南平江县人。1930 年 10 月进入苏区平江县列宁小学学习，从事革命宣传工作，1933 年加入少年共产国际，1937 年 11 月加入中国共产党。遵照本人生前意愿，不向遗体告别，不举行追悼会，遗体于 5 月 13 日火化。

9 日 以大来佐武郎为首的日本经济知识界代表团一行 11 人，在参加中日经济知识交流会后，由国家计划委员会顾问薛暮桥陪同，来江西九江、庐山、南昌等地参观访问。参观访问于 11 日结束。

9 日 萍乡市五陂下水厂动工兴建。该水厂占地 4.2 公顷，设计规模为 3 万吨/日，投资 666.33 万元，1985 年 10 月 31 日竣工投产。

萍乡市五陂下水厂

10 日 建设部发出《关于南昌市新建赣江大桥（南昌大桥）设计任务书的复函》，同意南昌市新建赣江大桥。

10 日 德兴县政府组织 60 余人的"三清山风景名胜资源普查小组"，历时一周，对该山旅游资源进行调查并将调查资料汇编成册。

11 日 赣西地质队在非金属矿点野外检查中，在宜春地区首次发现储量丰富、开采方便的粉石英矿。

13 日 1982 年全国田径分赛（上海赛区）在上海举行，比赛为期 4 天。江西省田径健将共取得 11 项冠军、5 项亚军和 6 项季军，7 人突破 6 项省纪录。胡钢以 66.87 米的成绩获链球第一名，并破省纪录；夏迎一以 56.16 米的成绩获女子标枪第一名，并破省纪录；获第一名的还有黄洛涛（男子 1500 米赛）、赵子军（男子 5000 米赛）、沈渭中（男子铁饼）、谌欣（女子 400 米跨栏）、周炳先（女子 1500 米赛）；破省纪录的还有黄小瑾、李小星、王跃平、吴迎春等。

13 日 1982 年华东遥控帆船模型邀请赛在南昌举行。经过 4 天两个阶段 14 轮次的激烈争夺，江西队以总分 45.75 分获团体冠军，夺得"乘风杯"。

14 日 南昌市第一骨灰堂建成开放使用，第一骨灰堂主要安放南昌地区革命烈士和已故老干部骨灰，原存放在老骨灰堂的烈士和老干部的骨灰也已按有关规定迁至该骨灰堂。

15 日 省司法厅印发《南昌市公证处廉洁奉公、拒收礼物、抵制不正之风》的简报。《中国法制报》摘登了这一报道。

15 日 江西工学院进行的三十烷醇－1 的中间试验通过鉴定，并在全省科技工作会上获得优秀科技成果二等奖。

16 日 在杭州举行的中、英国家队射击比赛中，江西 20 岁的选手姜荣分别以 596 环的成绩荣获自选小口径步枪 60 发卧射冠军、以 1142 环的成绩荣获男子小口径自选步枪 3×40 项目冠军；江西选手颜向阳以 581 环的成绩夺得男子大口径手枪慢加速射项目第二名。

17 日 省政府发出《关于对地方煤矿上调煤炭实行免征产品工商税和用户补贴的通知》。决定从 1982 年 4 月 1 日起，对地、市以下小煤矿上调给省的煤炭，免征产品工商税。同时，每吨由用户补贴 2 元（加价）给煤矿，所得收入主要用于煤矿技术改造和维持简单再生产。严格控制煤炭外流，煤炭出省须经省经委审核并发给放行证。

17日 由文化部和中国戏剧家协会联合举办的1980年至1981年全国话剧、戏曲、歌剧剧本创作评奖最近揭晓，江西省上饶地区作者王永哲、黄克忠、彭良瑞、蒋裕华创作的戏曲现代戏剧本《万家富》（原名《恭喜发财》）荣获优秀剧本奖。该剧曾获1981年江西省戏曲现代戏、儿童剧会演剧创作奖和演出奖。

17日 江西拖拉机制造厂设计试制成功的丰收－400型和丰收－500型拖拉机，通过了部级鉴定。

19日 省文联、省文化局召开纪念毛泽东《在延安文艺座谈会上的讲话》发表40周年座谈会。省、市文艺界知名人士120余名参加会议。会议讨论在新的历史时期，如何正确评价和坚持毛泽东文艺思想，进一步促进文艺创作的发展和繁荣等问题。

20日 全省大学生运动会在省体育馆开幕。参加这次运动会的有全省27所高校的400多名运动员。竞赛分甲、乙两组进行。在田径68个项目的比赛中，有208人突破45项1978年省大学生运动会纪录，30名运动员达到二级运动员标准。运动会于27日结束。

20日 江西省第一条涤纶金银丝生产线最近在庆江化工厂建成投产。

20日 省政协四届常委会第二十一次会议在南昌举行。会议听取关于进一步开展学习讨论《宪法修改草案》的讲话，通过《关于深入学习讨论〈宪法修改草案〉的意见》。会议于21日闭幕。

21日 1982年全国足球分区赛赣州赛区的比赛结束，经过13天7轮28场争夺赛，江西队获得冠军。

21日 全省农机管理工作会议在南昌召开。会议讨论、研究农机化工作如何适应农村实行生产责任制的新形势。会议于23日结束。

22日 江西金坪华侨农场有机化工厂，在华东化工学院上海分院的协助下，试制成功"华光牌"高硬质有机光学眼镜片，并投入批量生产。经国家有关部门和江西省科委等单位鉴定，这种产品比重轻、质体韧、耐冲击、耐摩擦、透光亮度好、折光准确，技术指标达世界水平，是我国科技研究的最新成果。

22日 德兴铜基地总指挥部副总指挥弗子文、永平铜矿副矿长李源梁等3人赴巴布亚新几内亚，对布干维尔铜矿进行为期24天的考察，并访问澳大利亚有关矿山。考察于8月14日结束。

23日 省政府召开大会，向164名高级技术人员颁发职称证书，其中高级农艺师35人，高级畜牧兽医师12人，高级工程师117人。

23日 九江市博物馆烟水亭一展柜被撬，明仿铜质八骏一套、铜犀牛、双耳铜瓶及牙雕渔翁共4种11件被盗。后经公安部门侦破，追回全部被盗文物。

23日 中国电影家协会江西分会最近成立江西电影评论组，从事电影工作的编剧、导演、评论工作者及编辑等十余人参加。

25日 在上海市举行的1982年全国技巧冠军赛结束，江西运动员在男四、女三、混双3个项目中均获甲组全能第四名。

25日 赣州地委、赣州行署和赣州军分区在赣州市召开大会，表彰3月29日在崇义县和上犹县交界的茶亭坳山区追捕3名盗枪杀人犯战斗中的有功单位和人员。公安部授予上犹县公安局治安民警、革命烈士舒益发"二级英模"称号；省公安厅授予崇义县土产公司司机肖建民"治安模范"称号。经批准，受表彰的有功单位和个人共118个，赣州地委、赣州行署和赣州军分区向有功单位和个人颁发了锦旗、奖状、证书、奖章和奖品。

25日 省司法厅发出《关于认真贯彻〈中华人民共和国公证暂行条例〉的通知》，要求各地司法局和公证处组织工作人员认真学习，切实贯彻执行。

25日 省"两会"代表配合省政协工商工作组对南昌市八一配件厂进行参观调查，提出保持该厂获得国家银质奖主要产品105高磷铸铁汽缸套的质量优势及增加设备生产6BDI五十铃薄壁套的咨询建议。

25日 美国华人旅游界代表业务座谈会在庐山举行，美籍华人应邀者19名。座谈会于30日结束。

26日 省医药管理局、省物价局以（1982）赣医药财字65号文件发出《关于中药价格实行分级管理，不再由省集中定价的通知》。

27日 日本京都立博物馆调查委员、著名古陶瓷研究家滕岗了一，游览景德镇，考察名窑古窑。考察活动于27日结束。

28日 省政府召开全省宽大释放和转业安置原国民党县团以下党政军特人员工作会议。根据1月28日中央批转的公安部《释放和安置原国民党县团以下人员方案》，研究制定江西省释放安置工作方案。会议于31日结束（6月12日，有关地、市分别召开宽释大会，宣布在押的122名原国民党县团以下党政军特人员全部释放。6月17日，省人民政府成立宽大释放转业安置工作领导小组，郑校先任组长，许小林任副组长，办公室设在劳改局。至年底，各地、市按照省人民政府下达的安置任务，留场就业人员中的1956名和外省转业的125名安置对象先后安置完毕）。

28日 江西人民出版社组织省市建筑设计部门的工程技术人员编写的《农村建筑图集》出版发行。

29日 江西籍运动员童非当晚在意大利举行的国际体操大联欢比赛中，以58.55分的总成绩获得男子全能冠军。童非还以9.90分的成绩获取男子自由体操第一名；以9.70分的成绩与苏联运动员马库茨和具志坚幸司并列鞍马第一名；以9.75分和具志坚幸司并列双杠第一名。

29日 江西省人民银行发出成立地、市人民银行信托部的通知。

30日 省委、省政府通知，决定对1979年以来违反规定由农业人口转为非农业人口的情况进行一次清理。此项工作于次年3月基本结束，全省共清退违反规定"农转非"4577人。

30日 靖安县石境公社石境大队药场位于九岭山脉，海拔1000米以上，气候凉爽，适宜人参的生长。1978年，该场从黑龙江引进1万多兜人参苗试种，近日试挖了第一批人参，单只鲜人参平均重20克以上，最大的重达30多克。此外，该场1980年用参籽播种培育的近10亩3万多棵人参，长势苗壮，为今后大力发展人参生产奠定良好的基础。

30日 赣东北地质大队综合队，在玉山县八都地区首次发现大型叶蜡石矿。

30日 上饶县农技站的农技人员用无性繁殖的方法，成功地选育出茶叶良种——上饶"大面白"。经中国科学院茶叶研究所和省、地有关部门的专家以及技术人员的全面鉴定，"大面白"被评为江西省茶树优良品种。

30日 在莲花县下坊公社清塘大队第一小队院背山上发现一株油茶树，树龄约130年左右，树高5.2米，树地际围径1.3米，树冠幅面积42.34平方米，平均单叶面积16.5平方厘米，绿叶层高5.1米。

30日 婺源县中云公社善山出土了一件兽面纹青铜鼎，经县博物馆考证，确认该青铜鼎制作年代为西周早期。经实地考察，还发现了大量的商周陶器、原始瓷器残片、陶纺轮、石簇、石网坠、骨针等遗物，时间从商代后期一直延续至春秋时期。

31日 江西省歌词研究会在南昌举行成立大会。会上通过了研究会的章程，民主选出了歌词研究会第一届理事。

31日 省教育厅发出《关于学士学位授予工作中几个问题的意见》。

31日 景德镇电厂发生煤灰坝倒塌事故。18.6万吨煤灰泄入昌江，波及下游10余公里，造成水质严重污染，观音阁水厂停产两天。

本月 解放军九四医院外二科应用二级串联皮瓣移植手术，治疗一例严重的颌、颈、上胸部烧伤后疤痕增生挛缩畸形病人获得成功。此次成功，为今后修复体表重要部位大面积或复杂的烧伤病人提供了良好方法。

本月 省档案馆和省委党校党史教研室合编的《中央革命根据地史料选编》出版发行。

本月 上饶地区开始对风景名胜资源进行普

铅山鹅湖书院

三清山女神峰

查。将对贵溪龙虎山、上清宫，婺源沱川的明、清建筑、灵岩洞，德兴、玉山交界的少华山（三清山），铅山的鹅湖书院、黄岗山等风景名胜进行实地勘察。把水文、地质等情况摸清，整理出资料，拍摄出照片，画出地图，建立档案，并着手制定近期开发和上报国家的规划。

本月 自中共中央发出"全党全社会都要重视少年儿童健康成长"的号召以来，在江西各级党和政府的关怀下，全省各种类型的托儿所、幼儿园已发展到4万多个，入托婴儿达70多万名。据不完全统计，1980年、1981年两年中，全省用于托幼事业的地方财政拨款173万余元，有关部门筹款102万余元，社队筹款104万余元，单位及个人捐款赠物38万余元，总金额达418.5万余元。全省已恢复和新建62所公办保育院、幼儿园，1982年还将建成15所。有3/5的农村公社办起了中心幼儿园。

本月 由江西人民出版社主办的《农村百事通》杂志创刊。

本月 南昌钢铁厂首次向印度出口角钢6714吨。

1982

6月

June

公元 1982 年 6 月							农历壬戌年【狗】						
日	一	二	三	四	五	六	日	一	二	三	四	五	六
	1 儿童节	**2** 十一	**3** 十二	**4** 十三	**5** 十四		**6** 芒种	**7** 十六	**8** 十七	**9** 十八	**10** 十九	**11** 二十	**12** 廿一
13 廿二	**14** 廿三	**15** 廿四	**16** 廿五	**17** 廿六	**18** 廿七	**19** 廿八	**20** 廿九	**21** 五月大	**22** 夏至	**23** 初三	**24** 初四	**25** 端午节	**26** 初六
27 初七	**28** 初八	**29** 初九	**30** 初十										

1 日　省委批转省委组织部、省委宣传部《全省干部培训工作会议纪要》。

2 日　全国陶瓷美术设计评比在江苏宜兴揭晓。江西省有 29 个产品获奖，其中一等奖 9 个，二等奖 9 个，三等奖 11 个。景德镇市人民瓷厂陶瓷美术设计师、厂青花研究所副所长袁迪中设计的青花斗彩蝴蝶梨花 20 头餐具，荣获一等奖。

2 日　南昌县塘南公社集镇建成南昌市第一个农村文化中心。该中心包括文化站、影剧院和电影放映队三个部分，活动场所 2700 余平方米。

2 日　省政府批复省教育厅《关于确定与提升高等学校教授、副教授职称审批权限问题的请示报告》。

2 日　挪威经济学家访华团一行 12 人来江西南昌参观访问。访问于 6 日结束。

3 日　全国田径分项赛分别在西安、武汉举行，比赛进行了 4 天。江西运动员谌欣以 1 分 08 秒的成绩获得女子 400 米栏第一名；杨红鹅以 4920 分获女子七项全能第一名，并破省纪录；侯远江获男子 200 米第二名；夏迎一获女子标枪第二名；姜绍洪获男子 20 公里竞走第二名；郭慧敏获女子 400 米栏第三名；刘蓉获女子七项全能第六名，以 1.78 米破跳高省纪录。

4 日　今年春季，江西有 99.3% 的农村生产队实行农业生产责任制，实行包产到户、包田到户。

5 日　省财政厅发出《关于进一步加强财政监察工作，充分发挥财政监察机构职能作用的通知》。

5 日　江西省交通战备领导小组组织省与各地、市、县无线电网联络演练。演练于 14 日结束。

6 日　江西省农科院蚕桑茶叶研究所针对全省新蚕区缺乏蚕室蚕具的情况而设计的地坑省力化养蚕试验，经 1982 年春蚕试养，已获成功。

7 日　省委、省政府召开全省社队企业、村镇建设工作会议。会议要求各地认真贯彻执行省委、省政府《关于大力发展社队企业若干问题的规定》和有关村镇建设方面文件的精神，振奋精神，树立信心，把社队企业和村镇建设尽早搞上去，把农村建设成为繁荣、富庶、文明的社会主义新农村。会议要求各地把发展社队企业作为繁荣农村经济、增加农民收入、实现农业现代化的一项重要措施；要放手发展商品生产与商品交换，不要囿于"就地取材、就地生产、就地销售"的圈圈。工作会议于 22 日结束。

8 日 江西第一条松式中长织物染整线在九江国棉四厂正式投产，年产能力为 1000 万米。

10 日 全省地质界代表 260 人在南昌举行集会，庆祝中国地质学会成立 60 周年，江西省地质学会第三次会员代表大会同时召开。中国地质学会是我国自然科学学会中成立时间较长的一个学术组织，于 1922 年 1 月 27 日成立，著名地质学家李四光任第一届副会长。江西省地质学会于 1964 年成立，共有 93 个学会中心组，2847 名会员。

10 日 省政府批转省财政厅《关于招收税务干部有关问题的请示报告》，按照国家统一分配的 3200 人的转干编制进行招录工作。

11 日 赣州市总工会、团市委、市妇联、市体委、市盲人聋哑人协会联合举办了赣州市盲人聋哑体育运动会。参加的运动员共 95 人，年龄最大的 61 岁，最小的才 7 岁。运动会为期两天，还进行了体操表演赛、拔河比赛和田径赛。

12 日 新余河下车站区间两列货运列车正面相撞，造成 4 人死亡、1 人重伤、两台机车严重损坏、9 节车皮报废、中断行车 22 小时的特大事故。

13 日 美国美联社驻北京记者菲利普·布朗和澳大利亚《悉尼先驱晨报》驻北京记者安东尼·沃克，抵南昌等地采访旅游。采访旅游于 19 日结束。

13 日 香港同胞詹颂墀先生将珍藏的祖传古老墨模 512 副无偿赠送给家乡——婺源墨厂。

13 日 省政府决定从地方财政拨出 610 万元，扶持医疗卫生事业的建设。

15 日 萍矿电厂建成投产，并入赣西电网运行。该厂的装机容量为 6000 千瓦，机组按一年运行 5000 小时计算，每年可节约烟煤 2.9 万多吨，炉灰渣还可代替矿渣和河沙作建筑材料用，开辟了综合利用低热燃料一条新的途径。

15 日 省人大常委会组织三个视察组，分赴抚州、赣州、宜春三个地区和萍乡市视察工作。

16 日 省人事局、省财政厅规定全省各级国家行政机关工作人员奖励经费每人每年 2 元，在行政费中开支，列"补助工资"目，奖励经费主要用于表彰奖励活动。

16 日 由万国邮政联盟举办的 1982 年度"国际少年书信写作比赛"在国内评选揭晓，万载县康乐镇第三小学四年级学生万健敏（女）获奖。

17 日 赣州标准件厂转产，改为赣州针织内衣厂。

18 日 抚州市洪水泛滥，抚河水位超过警戒线 2.44 米，傅家东岸决堤，市区西北一带被淹。临川县华溪王家渡决堤 237 米，华溪、唱凯、罗湖、湖南受灾，冲毁村庄 3 个，冲倒房屋 3713 间，公路中断 22 天，通讯中断 19 天，损失 1.18 亿元。

洪水进入抚州市区

18 日 省妇联在南昌召开地、市妇联主任会议，传达全国妇联执委扩大会议精神，并首次表彰"五好"家庭和个人共 300 名。会议于 23 日结束。

19 日 联邦德国黑森州经济技术部高级顾

问考赫博士率领的州经济代表团一行7人,来江西进行为期一周的访问,并同有关企业进行商谈。

20日 南昌赣江八一桥水位高达24.8米,超历史实测最高水位(1968年6月28日)48厘米。

20日 在哈尔滨举行的为期3天的全国青年举重锦标赛中,江西运动员胡伟雄夺得抓举、挺举和总成绩3项冠军,成绩分别是:87.5公斤、115公斤和202.5公斤。

21日 金溪县文物普查工作队在何源公社朱坊大队的深山里发现一座大型古墓葬。古墓位于朱坊大队西南方向3华里"观山",总面积为1000平方米,呈缓坡型向上延伸,两边对称排列着青石雕刻5对,第一对是武将,第二对是石豹,第三对是备鞍石马,第四对是石狮,第五对是手执朝笏的文宦。据有关部门初步断定是距今千年左右的宋朝墓葬,有很高的历史、科学研究价值。

21日 世界卫生组织寄生虫病处官员、血吸虫病流行病学专家朱光玉博士应卫生部邀请,对江西省寄生虫病研究所及玉山、余江等县的血防科研和防治,进行技术访问和学术交流。

21日 江西省银行系统遵照中国人民银行(1982)银发190号文件通知,对经营中药材的企业贷款月息由6‰改为4.8‰,从1982年6月21日起实行。

22日 南昌市科学技术协会召开南昌城市总体规划学术讨论会,邀请省内外规划专家和教授60余人参加,会议于28日结束(该规划后经修改,于1983年8月20日提交南昌市八届六次人大常委会讨论并原则通过,12月报省人民政府审查,1984年11月24日省人民政府报国务院审批。1985年6月22日国务院正式批准实施)。

22日 江西省语言学会成立大会在南昌市召开。参加大会的有大专院校和其他部门从事语言教学、研究的代表共70余人。大会选举了学会理事会,余心乐为理事长,夏延章、郑材为副理事长,刘焕辉为秘书长。大会于25日结束。

22日 省人事局召开全省社会科学专业干部业务技术职称评定试点工作经验交流会,总结交流全省社会科学职称评定工作的经验。此后,社会科学技术职称评定工作在全省全面展开。交流会于26日结束。

23日 自11日以来,江西中部连降暴雨,赣江、抚河、信江发生特大洪水。永新等15个县城先后被淹,147万群众被水围困。18日8时起赣江下游自樟树至南昌全线超过记录最高水位0.17米~0.51米。20日14时,南昌八一桥水位24.80米,超纪录0.48米。抚河下游在唱凯圩决口及箭江口分洪的情况下,18日4时48分李家渡仍出现洪峰水位32.71米,超纪录0.36米,实测洪峰流量8480立方米/秒。洪峰未来之前,江西省委、省人民政府接连召开紧急会议,发出指示,组织党政军民200多万人防汛抢险,决定箭江口开闸分洪600立方米/秒。经过广大军民英勇奋战,赣抚大堤和江口、洪门等大中型水库得以安全度汛。这次洪灾波及临川、永新等59个县市,770个公社,92.6万户,635万人,死208人。被淹农田722万亩,粮食减产约20亿斤。冲坏水利工程17133处,其中万亩以上圩堤18条,小型水库21座。冲坏公路1350公里,桥梁2758座。全省工交直接损失1.17亿元。驻江西省部队先后派出6537名指战员、340辆汽车、121艘橹舟艇、12架飞机赴灾区抢险救灾。省人民政府拨500万元救济款,发放1000万元无息农业贷款,调拨3万吨水泥等物资,帮助灾区群众重建家园。省保险公司派出七个工作组,协助地、市、县公司开展救灾理赔工作,共赔款948.5万元。

23日 省经委批复,将江西有色冶炼加工厂化肥车间转拨给上饶朝阳磷矿。自7月7日起,江西有色冶炼加工厂终止化肥生产。

25日 省委、省政府发出《迅速行动起来,认真开展生产自救的紧急通知》。

26日 省五届人大常委会6月19日第十二次会议审议批准的《江西省森林资源保护管理暂行条例》、《江西省征收排污费暂行实施办法》,今日由江西省人民政府予以颁布施行。

26日　省财政厅转发国务院批转国家计委、财政部《关于征收烧油特别税报告的通知》，江西省对8户烧油单位开征特别税。

27日　南昌市工读学校经过近半年的筹办开学。工读学校是对有违法和轻微犯罪行为的中学生进行特殊教育的一种特殊学校。学制暂定为一年至二年，考核合格后由工读学校发毕业或结业证书，同普通中学毕业生一样，可以升学、参军或劳动就业，不受歧视。

28日　由上饶地区轻化工业处技师何光辉和上饶县磷肥厂共同研制的9－17－16三元复合肥，已获得成功。氮、磷、钾三元复合肥，是改变我国化肥品种结构，促进农业生产发展的一种高效复合肥料。

30日　南昌市人民银行、市建设银行、市交通局颁发《南昌市短途运输、装卸搬运运费结算的联合通知》。

本月　寻乌县澄江公社北亭大队社员周应才在山上打柴时，发现一个古铜钱窖，出土铜钱120余斤。除一些年号辨别不清外，共有唐朝开元年间（713～741）到南宋绍定年间（1228～1233）的古铜钱38种；另外有一枚五铢钱，初步鉴定为西汉武帝（前140～前87）时的，距今有2100多年的历史。

本月　中国邮电工会全委会、国家邮政总局和《人民邮电报》联合举办的推选"优秀投递员"揭晓。德安县乡邮员、省劳动模范李腾旺，宜春地区乡邮员、省劳动模范欧阳招本，赣州地区投递组组长、全国新长征突击手、省青少年学雷锋积极分子姚盛概被评选为全国优秀投递员；南昌市投递员卢武杰、宜黄县棠阳乡邮欧阳恒贵、萍乡市投递员朱希明、景德镇市投递员朱金太、新干县乡邮员陈冬根和波阳县乡邮员程汉源被评为"优秀投递员"。

本月　在天津召开的全国纺织产品优秀设计人员工作会议上，上饶市染织厂工程师方蓓莉获纺织工业部优秀设计人员奖；南昌毛巾厂美术设计人员郑吉林获纺织工业部优秀设计人员奖。

本月　浙赣线寺前至衙前双线工程（军岭落坡工程）正式开工。全长14公里，军岭坡度从原来的10.77%降到6%；1982年7月，杨溪至东乡双线工程正式开工，于1986年12月竣工。两项工程均由南昌勘测设计所设计，第二、第四工程段施工。

本月　国务院发布《关于疏通城乡流通渠道，扩大工业品下乡的决定》。江西省商业部门认真贯彻，积极拓展国营与合作社联营，国营机构下伸，实行商品分工，城乡通开。设立国营和合作社联营点306个。

本月　永新县农民购买一辆"罗马牌"5吨货运汽车从事运输，这是赣西南出现较早的运输专业户。

1982

7月
July

公元 1982 年 7 月							农历壬戌年【狗】						
日	一	二	三	四	五	六	日	一	二	三	四	五	六
				1 建党节	**2** 十二	**3** 十三	**4** 十四	**5** 十五	**6** 十六	**7** 小暑	**8** 十八	**9** 十九	**10** 二十
11 廿一	**12** 廿二	**13** 廿三	**14** 廿四	**15** 廿五	**16** 廿六	**17** 廿七	**18** 廿八	**19** 廿九	**20** 三十	**21** 六月小	**22** 初二	**23** 大暑	**24** 初四
25 初五	**26** 初六	**27** 初七	**28** 初八	**29** 初九	**30** 初十	**31** 十一							

1 日　《人民日报》第三版介绍江西省临川县唱凯公社采用水泥构件建农民样板房的先进经验。

1 日　自当日起《工人日报》在江西南昌开辟传真版印点，由《江西日报》承印。

1 日　按照财政部检发的《增值税试行办法》，江西省将试行增值税的产品扩大到缝纫机、自行车、电风扇三项产品。

1 日　南昌市北京路立交桥竣工通车。该立交桥共投资 568 万元。

1 日　江西省文艺学校京剧科应届毕业生在省赣剧院进行毕业公演并到部队演出。演出的剧目有：九场现代革命历史京剧《激流归海》（编剧：刘云、邓学东，导演：袁宗保）。演出时间 16 天。

2 日　吉安农机修造厂转产改为吉安织布厂，配备 44 英寸规格布机 276 台。

2 日　美国新泽西州州长特别顾问、西东大学教授、美中关系全国委员会委员杨力宇，率领新泽西州银行外贸代表团来南昌参观访问。参观访问于 6 日结束。

4 日　南昌市革委会颁发《南昌市民间摆渡、捕鱼用小划船管理意见》。

4 日　全省粮食和供销系统积极组织人员深入水灾区，上队上户做好粮、油调剂供应及组织化肥农药供应，帮助灾区人民恢复生产，重建家园。省粮食厅组织了六个工作组到灾区协助搞好粮食安排，保证灾区群众口粮及饲料的需要。省农资公司除将化肥、农药及时送到灾情严重的吉安、萍乡等地外，各级农资部门还积极帮助灾区做好中小农具和耕牛的余缺调剂工作。

4 日　九江市第二人民医院内科医师王贤才翻译的世界医学名著《希氏内科学》（全书 430 万字），分 10 册陆续由内蒙古人民出版社出版，向全国发行。《希氏内科学》是由美、英、联邦德国、法、加、意等国际知名专家共 237 人执笔，在美国出版的医学巨著。中国医学科学院院长黄家驷教授为译本写了序言。

4 日　由江西省作者蒋迅编剧、上海电影制片厂摄制的彩色古装故事片《笔中情》即将与观众见面。《笔中情》是以我国东晋大书法家王羲之事迹为原型，吸取历代其他书法家轶事而编写的。

5 日　全省 85 个气象台、站参加世界气象组织和亚太地区经社理事会组织的 1982 年至 1983

年的 8 月 1 日至 10 月 15 日的国际台风业务试验，省气象局要求参加的台、站按照当时指令加强观测、发报和做报表。

5 日　共青团江西省第九次代表大会在江西艺术剧院召开。大会期间，代表们听取、审议并一致通过了丁耀民代表共青团江西省第八届委员会常务委员会所作的工作报告。选举产生了共青团江西省第九届委员会。选举产生了江西省出席共青团第十一次全国代表大会的代表。命名表彰了 255 个先进集体和个人。总结交流了经验，提出了今后全省团的工作任务。并举行第一次会议，选举产生了常务委员会、书记、副书记。常务委员会由 13 人组成，丁耀民为书记，胡菊芬（女）、曹筱凤（女）、贾善来、黎细保为副书记。大会于 10 日结束。

6 日　省地质局组成一支技术队伍，开展全省非金属矿成矿远景区划工作，专门从事非金属矿普查。先后在铅山、广丰、玉山发现了膨润土，叶蜡石矿和滑石矿，在瑞昌武山、上高太子壁等地找到粉石英矿，在弋阳发现了硅线石矿等一批非金属矿产。

华东地勘局二六四队发挥优势开展矿藏普查

6 日　江西师范学院中国古典文学研究生曾子鲁、王春庭、张玉奇、谢苍霖已通过硕士学位。这是江西省自己培养的第一批文学硕士。

6 日　南昌市职工首次举行初中文化补课统一考试，参加统考的有工厂、事业、机关、街道等 300 多个单位的干部职工近 2 万人。

6 日　省委召开全省统一战线工作会议。参加会议的有各地、市、县委、省军区、省直机关各部门、各大专院校分管统战工作的负责人及各级统战部门的负责人，共 270 多人。会议学习全国统战工作会议精神和省委领导的讲话，总结交流了经验，讨论研究 1982 年和 1983 年江西省统战工作的任务。会议于 16 日结束。

8 日　九江县沙河街近郊狮子山山腹石壁中，

新建的九江狮子洞旅游点

继彭泽县龙宫洞之后，又发现一天然山底溶洞。狮子洞游程 450 米，全洞分 7 个景厅，有 40 多个景点，厅厅贯通，景景相连，洞中钟乳石密布，色彩艳丽，洞内象形景物甚多，宛如一座石雕宝库，这给庐山旅游区又添一新景。同时，洞的附近有晋代名僧慧远创建的东林寺、南宋民族英雄岳飞的母亲姚太夫人陵等名胜古迹。

8 日　省人事局转发国家人事局《国家行政机关工作人员升级奖励试行办法》，并就具体执行试行办法的有关问题发出通知。

9 日　省政府批准成立龙溪煤矿和山西煤矿。

10 日 南昌市第三次人口普查自 6 月 5 日开始，历时 1 月余。全市登记人数为 2496814 人，计 495876 户。

10 日 全省第一座经济信息处理中心——省计委、省统计局电子计算站建成并投入使用。该站属于国家计委、国家统计局电子计算中心网络工程的组成部分，主要是为计划、统计和国民经济各个部门的数据处理服务，当前用于江西省第三次人口普查。

11 日 江西省文物商店清江县代购站，两年来为国家收购了近 3 万件文物，收购金额达 139700 余元，为省博物馆和上级有关部门选送了宋影青龙首壶、千件将军坛、千件花瓶等。

14 日 法国计量器具管理局吨位技术处处长、计量器具工程师高艾特来庐山举办大容量测量专题讲座。听讲座的有商业部、石油部等国家有关部门和山东、四川、新疆、上海、江西等省、市、自治区从事计量工作的技术员、工程师共 70 余人。

14 日 德兴铜基地总指挥部在永平铜矿召开《永平铜矿环境影响评价报告书》审查会。审查会进行了 3 天，于 16 日结束（1984 年 4 月 7 日，经国家城乡建设环境保护部批准，并确认为全国第一部建设项目环境影响评价报告书）。

15 日 建国以来举办的首届江西农民画展在江西展览馆展出。展出的作品是从全省各地（市）600 多件作品中评选出来的，有中国画、油画、版画、年画、水彩画、连环画、漫画、木雕、剪纸等 320 多幅作品（画展于 25 日结束）。

15 日 江西省电大在南昌举行首届毕业生典礼。首届毕业生共 873 人，主要是机械、电子两类专业的在职职工，毕业前夕，他们在教授、工程师等专业人员指导下，进行了 843 个项目和课题的毕业设计。

15 日 全省工交、基建、财贸、文教系统劳动模范、先进集体代表会议召开。出席这次会议的代表共 631 人，其中劳动模范 409 人，先进集体代表 204 人，特邀老劳模和家属代表 18 人。省委、省人大、省政府、省政协、省军区领导出席了会议。省委书记、副省长傅雨田作了题为

《充分发挥劳动模范、先进集体在"两个文明"建设中的先锋作用》的报告。许勤代表省政府宣读了《关于授予全省工交、基建、财贸、文教系统劳动模范、先进集体光荣称号的决定》。省政府授予 164 名个人省劳动模范称号，授予 160 个单位省先进集体称号，并向他们发了奖状、奖品和证书。会议于 18 日闭幕。

全省工交、基建、财贸、文教系统劳动模范和先进集体代表会在南昌隆重开幕

16 日 中国摄影家协会在北京为 1977 年至 1980 年优秀摄影作品和第 12 届全国摄影艺术展览优秀作品举行了授奖大会。南昌市作者罗震拍摄的《遗臭万年》获 1977 年至 1980 年优秀作品银奖；宜春地区的刘耕拍摄的《赶集归来》获第 12 届全国摄影展优秀作品铜奖。

16 日 经省政府批准，省社会科学人员业务技术职称评定工作试点经验交流会在九江县召开。会上介绍，自 1981 年 6 月省政府批转省人事局《关于做好评定社会科学人员业务技术职称的报告》后，全省共有 63 个单位开展会计、统计、编辑、记者、图书档案资料职称评定试点工作，初步评定和推荐高级职称 7 人，中级职称 191 人，初级职称 1730 人。为期 5 天的交流会，研究部署了今后职称评定工作。并将在全省铺开会计、统计、编辑、记者、外语翻译、图书档案等专业技术职称评定工作。

17 日 南昌市电视大学首届 500 余名学生毕业。

18 日 省政府授予赣州地区外贸畜产品加工厂羽毛车间"江西省先进集体"光荣称号。

20 日 省委党校 1982 年第一期轮训班、理论班举行结业典礼。这期读书班是在党中央提出

要加强对干部的马克思列宁主义基本理论教育、提高干部的政治思想素质而开办的。参加学习的有县委副书记以上干部336人，县以上宣传部门、党校理论干部48人。他们以《关于建国以来党的若干历史问题的决议》为指导，用四个半月的时间，学习了党史党建、科学社会主义、政治经济学的基本原理和毛泽东有关哲学著作，并在期终考试中取得了优秀成绩。

21日 省委召开地、市委书记座谈会。白栋材传达7月上旬中央关于江西省委领导班子人员安排的意见和11日胡耀邦接见在北京的江渭清、白栋材、方志纯、刘俊秀四位同志的讲话精神，并作了讲话。会议还研究了提高工业经济效益、打击严重经济犯罪的问题。

22日 省人大常委会机关召开中国共产党党员大会，48名党员选举出由书记、副书记、委员5人组成的党总支。

23日 南昌市第八届运动会闭幕。在14个竞赛项目中，有6人6次打破4项省最高纪录，8人8次打破6项市最高纪录；在少年儿童组中，有14人14次分别打破田径、游泳等9项市少年纪录和市小学生纪录。

23日 萍乡市农业局植保站科技人员通过定点调查与大面积普查相结合，对早、中、晚稻田间蚜虫进行了标本收集和整理，共获得蚜虫标本653只。经中国科学院动物研究所鉴定，这些蚜虫比北京出版的《中国农业害虫名录》记载的水稻蚜虫多6种，使国内水稻蚜虫增加到13种。

24日 玉山县县志编纂委员会1982年在收集资料时，发现了唐代著名画家阎立本的墓。该墓坐落在信江上游冰溪南岸，位于塔山东北麓的茂林之中。立有青石墓碑、碑文："大唐相国本寺檀越立本阎公之墓"。为研究阎立本的生平提供了新的线索和依据。

26日 省人事局重申，对犯错误机关工作人员的处理，应严格按照《奖惩暂行规定》的惩戒条件、惩戒种类、审批程序和权限的规定执行。

26日 省科技干部局举办的高级科技干部自修班第一学期当日开学，参加学习班的有教授、副教授、副研究员、高级工程师、农艺师、畜牧兽医师、主任医师和副主任医师近40人。自修班预定9月上旬结束。

28日 民革省委会召开民革部分中、上层人士座谈会，学习讨论《廖承志致蒋经国信》。民革中央副主席、江西省委会主委李世璋在会上发表讲话。

29日 省人事局发出《关于恢复对省人民政府任命的工作人员颁发任命书的通知》。通知规定了发给省人民政府任命书的范围，决定对1979年11月29日以后经省委或省委干部管理部门批准担任行政职务的工作人员分两批补办任命手续和颁发任命书。省人民政府任命由省长署名，要求市、县政府参照以上原则对所任命的工作人员颁发任命书。

30日 省财政厅、省人事局下发《关于招考税务干部几个问题的通知》，通过考试，在高考落选的文科考生中从高分到低分、德智体全面考核择优录用税务干部3000余人。

30日 省委召开地、市委书记座谈会，分析全省抗洪抢险、生产救灾的形势，研究抢险救灾的措施。会议同时研究了搞好农业生产责任制、林业工作和加强农副产品收购等问题。各地、市委书记，省委、省人大、省政府、省政协和省委各部门，省直各委、办及群众团体的主要负责人出席了座谈会。副省长张国震作了题为《关于全省抗洪抢险、生产救灾基本情况和今后工作意见》的发言。

30日 省纺织工业局在南昌召开提高经济效益座谈会。就纺织工业当前面临的形势，如何提高适应市场变化能力，搞活经济等问题进行讨论。会议于8月3日结束。

31日 省、市军民5000余人举行盛大联欢晚会，热烈庆祝建军55周年。省委书记、省人大常委会主任杨尚奎和省委书记、副省长傅雨田代表省委、省人大常委会和省人民政府向解放军驻赣部队赠送了"保卫祖国的钢铁长城"的锦旗。省军区政委董超代表驻赣部队全体指战员接受锦旗。大会结束后，放映了大型纪录片《光辉的业绩》和彩色故事片《飞向太平洋》。

本月 南昌市驻军和有关部门联合举办纪念人民解放军建军55周年邮票展览。展览展出了军队指战员和地方群众收集和保存几十年的1.1万多枚邮票、版票、纪念邮戳等，其中有苏区革命老根据地发行的邮票200多枚。

本月 省出版事业管理局主持召开贯彻全国图书发行体制改革讨论会。

本月 江西省文化厅行文重申文化部文物字（1982）569号文件规定：茨坪毛泽东旧居、红四军军部、中共湘赣边界特委、红军军官教导处、红四军军械处、新遂边陲特别区公卖处、黄洋界哨口工事、黄洋界红军营房、大井毛泽东旧居、黄洋界槲斗树共10处被列为国家级文物保护单位。

毛泽东当年在井冈山大井的旧居

本月 江西财经大学首届学生毕业。这届毕业的是财政、贸易经济、工业统计、商业会计四个专业的301名学生，其中绝大多数的学生获得学士学位，4位考取了攻读硕士学位的研究生。这些学生将分配到华东、西南、新疆、青海等地。

本月 在德兴县万村公社珍竹源村附近发现了大理石。岩石遍及珍竹源、挂袍山、尚和一带方圆29里的石山。经有关部门鉴定，该地岩石为花岗变晶结构、块状构造，由大量重结晶程度极好的粒状白云石组成，结构比较均匀，颗粒大小均一，已定名为白云石大理岩。

本月 省地质局赣西地质调查大队四分队在新余蒙山、乌老山发现大理石矿。该矿区有雪花白、晶灰、云灰、汉白玉、鸭蛋青等6个品种，颜色鲜艳、花纹美观，是建筑装饰的好材料。

本月 江西印染机械厂和南昌针织内衣一厂合作研制的高温喷流式染色机获得成功。这项科研新成果，是在借鉴、消化进口最新染机的基础上，结合我国具体条件研制而成的一项新产品。它具有容量大、占地小、适应性强、匀染性好、省料节能和操作方便等优点。

本月 吉安地区人民医院主任医师章吟华研制的"球形子宫托"属国内首创，并经专家推荐已向全国推广应用。

本月 南昌市共搜集整理民间歌曲529首，其中116首编入《中国民间歌曲选》。

本月 九江地区歌舞团编剧（王一民撰稿的电影文学剧本）《乡情》拍摄放映后，获第五届电影百花奖、文化部优秀影片奖。

本月 遵照最高人民检察院、最高人民法院指示，江西省检察院会同江西省高级人民法院派员复查赣州地区李九莲反革命案。该案经过两次复查（1981年3月江西省检察院会同江西省高级人民法院联合复查一次）都认定是冤案。此次复查后经报请最高人民检察院和最高人民法院批准，对李九莲撤销了原判，给予平反昭雪，受株连的人也予以平反。

本月 江西电炉总厂研制成功节能型RJ2系列950℃、1200℃井式电阻炉为国内新系列井式电阻炉（1984年4月通过部级鉴定，获1985年机械工业部科技进步三等奖，列为国家节能产品）。

1982

8月

August

公元 1982 年 8 月							农历壬戌年【狗】						
日	一	二	三	四	五	六	日	一	二	三	四	五	六
1 建军节	**2** 十三	**3** 十四	**4** 十五	**5** 十六	**6** 十七	**7** 十八	**8** 立秋	**9** 二十	**10** 廿一	**11** 廿二	**12** 廿三	**13** 廿四	**14** 廿五
15 廿六	**16** 廿七	**17** 廿八	**18** 廿九	**19** 七月小	**20** 初二	**21** 初三	**22** 初四	**23** 处暑	**24** 初六	**25** 初七	**26** 初八	**27** 初九	**28** 初十
29 十一	**30** 十二	**31** 十三											

1日　北京景德镇瓷器服务公司开业。这家公司是由北京市日用杂品公司和江西省陶瓷工业公司联合经营的企业，专门销售景德镇的瓷器。

1日　南昌市少年宫破土动工。总体规划面积6300平方米。一期工程是一幢9层综合活动大楼，二期工程是一幢文艺楼（影剧院等）。

1日　全省外国文学学会在上饶弋阳县圭峰举行了学术讨论会。与会同志就外国文学中浪漫主义与现实主义问题进行了探讨，围绕这两种创作方法的特点、两者的结合以及积极浪漫主义和消极浪漫主义的区别等问题，发表了许多有益的见解。学术讨论会于10日结束。

2日　江西省特殊教育研究会成立。研究会的任务是：团结和组织全省特殊教育科研工作者，进行盲、聋、哑以及智力落后儿童教育科学的研究，促进江西省特殊教育的普及和教学质量的提高。大会通过了研究章程，选举了理事会，并进行了学术交流。

2日　省委召开地市委书记座谈会。会议提出，集中力量，花大力气，排除各种干扰，抓住突破大案要案这个关键，力争8月份取得更大效果，推动打击经济领域中严重犯罪活动的斗争进一步深入开展。在座谈会上，省纪委副书记王铁就江西省上半年开展打击经济领域严重犯罪活动斗争的情况和今后工作意见发表了讲话，中纪委常委、省政协主席方志纯、省委副书记狄生讲了话，省委常务书记白栋材就我省认真学习和贯彻中央有关会议精神、狠抓大案要案、进一步推动斗争深入发展的问题作了部署。

3日　萍乡市上官岭煤矿发生重大坠罐事故，死亡9人。省政府发出《关于萍乡市上官岭煤矿重大伤亡事故的通报》。

4日　省委党校哲学教研室和吉安地委党校联合举办的省、地、市和部分县委党校哲学教学研究会在井冈山召开。会议传达了全国辩证唯物主义讨论会和全国党校第三届哲学年会的精神，交流了江西省党校、干校哲学教学的经验。研讨会于7日结束。

5日　江西省卫生厅根据国家计划生育委员会，国家医药管理总局下达的《全国避孕药具供应、发放、管理工作办法》规定，结合省内具体情况，制定了《江西省避孕药具免费供应、发放、管理实施办法（试行）》。

6日 全国妇联书记处书记于淑琴等在省妇联副主任佟国英陪同下到景德镇、九江等地考察妇女工作。

6日 在全国出口花炮产品质量评比中，江西省有11种烟花被评为全国出口花炮优质产品。

7日 省政府在庐山召开《庐山风景名胜区总体规划》座谈会，为期10天，会上提出建设庐山的总体规划和实施办法。

8日 为了检验《学习马克思列宁主义关于再生产的理论》和《陈云同志文稿选编》两本书的学习成果，最近对全省地、市委常委学习中心组成员和省直机关、大专院校副处长以上干部，进行了一次考试。参加考试的共有1226人。

8日 广西军区发出通令，给边防某部侦察分队江西籍战士邹静平记一等功，表彰他在最近执行一次侦察任务中，机智勇敢地带领潜伏小组取得优异战果的事迹。

8日 古画摹制家钱君复作品在庐山博物馆展出。上海古画摹制家钱君复将他十多年来精心摹制的古画，包括故宫、上海、辽宁等博物馆所藏的唐、五代、宋、元等各个朝代的传世名作，同时庐山博物馆还将馆藏明、清两代作品一并展出，定名为《中国历代名画展览》。集中如此多的历代名画在江西展出尚属第一次。

8日 在道教名山——贵溪县龙虎山附近的沙洲内发现铜镜一面。铜镜为圆形，直径为17.6公分，镜面平光乌亮；镜背铸有大小两个圆圈，圈内铸有图案和文字，从型制分析，为宋代所铸。

9日 省委常委会举行会议，认真学习和讨论党的十一届七中全会公报和《人民日报》社论《用实际行动迎接十二大的召开》。

10日 省政协第四届委员会召开座谈会，学习座谈《中国人民政治协商会议章程（修改草案）》。

11日 江西西华山钨矿工程师肖达仁作为中国代表团成员，出席了最近在南斯拉夫首都贝尔格莱德召开的第十一届世界采矿会议。在关于矿山工作条件和环境问题的第四专题中，肖达仁

在会上宣读了题为《西华山钨矿综合通风防尘措施》的论文。

11日 中共中央对江西省党政领导班子作出新的安排，任命白栋材接替江渭清出任江西省委第一书记，赵增益任省委书记并被提名为省长。

12日 由省经委、省二轻厅、省包装协会筹备领导小组联合举办的《江西省首届包装工业展览》在江西省工业展览馆展出。展出的展品共有800个品种，计3000件。

12日 江西省商业经济学会成立。

13日 副省长傅雨田参加中国人民对外友好协会访问团，赴罗马尼亚访问。

14日 景德镇市举办的首届陶瓷美术"百花奖"评选活动结束。有171件作品获奖，4个先进集体和7个项目的优胜者同时获奖。

15日 为纪念明代大戏剧家汤显祖逝世366周年，江西省赣剧团演出八场古典名剧《荆钗记》。此剧由黄文锡根据汤显祖原著改编，刘琪、童薇薇导演，朱贻曾、童侠主演。

15日 省文化局颁发《江西省、市、县（区）图书馆工作试行条例》，并要求各地试行。

16日 省政府召开财贸工作会议。省委第一书记白栋材听取了汇报，并就财贸工作问题讲了话。会议于25日结束。

16日 江西人民广播电台发起并主办的9省、市广播电台《对农村广播》座谈会在庐山召开。江苏、上海、山东、安徽、浙江、福建、湖北、湖南、江西和中央人民广播电台代表出席。会议强调《对农村广播》节目要讲农民最关心的事和迫切要求解决的问题，形式要大胆创新，力求内容与形式完美统一。会议于26日闭幕。

17日 萍乡市发生旱灾。萍乡河断流，鹅湖水厂停抽水20小时，萍乡市长下令赤山乡黄土开水库开闸放水，13小时后水到鹅湖水厂取水口，水厂恢复供水。

17日 赣州地区中级人民法院在赣州市召开万人宣判大会，宣布判处盗枪杀人犯马荣、黄慧林、李景山死刑，立即执行。罪犯马荣伙同黄慧林和李景山于3月29日凌晨3时许，撬开崇

义县化肥厂民兵武器仓库门锁，盗走自动步枪3支、子弹230发、手榴弹13枚、弹匣6个。后又窜到崇义县医药公司宿舍将开票员黄某打成重伤，当夜向赣州方向逃窜。在崇义和上犹县交界的荣亭坳山区，被我民兵、公安干警和解放军指战员堵截包围。马荣等3犯拒捕，持枪顽抗，打死打伤公安人员各1人。公安人员与犯罪分子英勇搏斗，当天将3名罪犯捉拿归案。

18日 省高级人民法院近日召开全省法院信访、档案工作会议，会期5天，53人出席。会议传达贯彻全国第三次信访工作会议和江西省委召开的秘书长会议的精神，联系实际，着重研究人民法院的思想政治、信访和档案工作。

20日 中国上海海兴轮船公司"泰峰"轮，装载4400吨化肥，从新加坡起航，直接到达九江港。开辟了江西省进口物资首次直达九江的新路。

20日 吉安县永和镇建成仿古吉州窑一座，并正式点火试烧。

20日 省司法厅发出《关于撤销赣州市（1982）赣公字第15号公证书的通知》。这是省司法厅直接撤销的第一份公证书，其原因是该公证书当事人的发明结果未经国家科研机关鉴定和认定，故予撤销。

21日 省外贸局印发《关于办理出国考察、推销贸易团（组）报批手续的通知》。规定各分公司组织出国考察、推销贸易组（团），必须正式写出报告，由局进出口处研究办理；凡经省人民政府和对外经济贸易部批准的出国团（组）由进出口处负责通知有关公司，公安按批准要求，报局进出口处，由进出口处、人事处审查，提请局党组决定；出国人员的政审，由人事处报送省委组织部和省人事局。

22日 国营江西江南材料厂研制成功的镀镍代镀金新工艺，9个月内节约黄金41斤，价值33万多元。四机部鉴定认为：镀镍代镀金是我国半导体事业的一项重大生产技术创新。

22日 以刚果人民共和国文化部部长顾问布拉·马赛尔为团长的刚果国家舞蹈团一行27人来南昌访问演出。访问演出时间6天，于27

日结束。

22日 九江地区人民银行发现了一枚湘鄂赣苏区举办运动会的银质纪念印章。印章为双翅飞机图形，上有镰刀斧头五角星红旗，飞机的上翅和下翅分别铸有"全省第一次竞赛一等奖品"和"中共湘鄂赣二全大会敬赠"字样，重42.5克。

23日 曾获全国科学大会金质奖的国产GGU3-1型激光测云仪，最近在省气象台和九江地区气象台开始使用。这种仪器能精确、快速、直观地测定云高，使用简便，为判断云的性质，提供天气预报信息提高了科学性和准确性。

24日 参加第一届全国大学生运动会的江西省大学生体育代表团全部返回南昌。田径队（乙组）荣获本届运动会"五讲四美"模范运动队奖状，比赛中有30人突破23项省高校田径纪录，田径项目获19枚奖牌。范美玉在女子乙组3000米项目比赛中以10分43秒的成绩获第二名。

24日 省政府颁布《印发〈江西省人民政府关于贯彻执行"火车与其他车辆碰撞和铁路路外人员伤亡事故处理暂行规定"的实施办法〉的通知》，并予实施。

25日 江西省杂技团6月中旬至8月上旬，先后在南京、济南和北京等地演出，连续演出28场，受到广大观众的好评。特别是在北京演出时，首都观众及在京旅游的外宾、华侨都盛赞他们技艺精湛。

26日 省政协四届常委会第二十二次会议在南昌市中山堂举行。会议学习了政协第五届全国委员会常委会第十九次会议的有关文件和《政协章程修改草案》。会议于28日结束。

26日 全省归侨、侨眷、侨务干部先进生产（工作）者表彰大会在南昌举行。出席大会的代表共181人，代表们在会上交流了经验，决心为"和平统一，振兴中华"作出新的贡献。会议选举了江西省出席全国归侨、侨眷、侨务干部先进生产（工作）者表彰大会的代表。会议于28日结束。

27日 省检察院下发《关于切实做好当前

看守所检察工作的通知》，要求各地加强执法检察，把认真执法、依法办案列为检察重点。

28日 省司法厅、省高级人民法院根据司法部、最高人民法院《关于司法厅（局）主管的部分任务移交给高级人民法院主管的通知》精神，将原由司法行政机关主管的审批人民法庭的设置、变更、撤销和报批人民法院的设置、办公机构、人员编制、任免助理审判员以及人民法院的物资装备、司法业务费等项工作移交人民法院管理。

29日 中国对外贸易运输总公司江西分公司首次使用大陆桥梁装箱运输出口物资。

29日 民盟江西省第六届委员会常委会举行第十四次（扩大）会议，传达民盟中央知识分子工作研究小组全体会议精神。29日至31日，民盟省委会召开全省工作会议，着重讨论和部署做好知识分子政策落实情况的调查研究工作和开展城市中学教育的调查研究。9月1日，出席民盟全省工作会议全体人员，听取民盟中央常委、组织部部长林亨元作题为《实行"三自"（自尊、自强、自治），打开民盟工作新局面》的讲话和民盟中央宣传部部长张华毕作题为《总结历史经验，把四化建设搞上去》的讲话。

30日 民建省委会、省工商联合会召开全省经济咨询服务工作经验交流会。会议传达贯彻民建中央、全国工商联经济咨询服务工作经验交流会精神，总结工作，号召全省"两会"组织和成员积极行动起来，做好经济咨询服务工作。交流会于9月4日结束。

31日 江西省运动员在各地体育比赛中获得好成绩。在武汉举行的全国摩托艇、滑水比赛中，女运动员罗娜、罗秋云分别获女子障碍滑水冠军和女子运动艇10公里亚军；在杭州举行的全国少年赛艇、皮艇比赛中，运动员万仁广、李建军获男子双人划艇500米和5000米两项亚军；在九江举行的省第六届航海模型比赛中，南昌市运动员王永峰以4秒5的成绩打破F8级全国纪录（打破该纪录的有徐杰民和省海模队的赵谦），省海模队的熊吉生和王琦，分别以20秒和23秒的成绩打破F1－V2.5级和F1－V5级两项省纪录。

本月 南昌市第四交通路（今北京西路）下行立交桥开工兴建。长720米，宽28米（机动车道12米，非机动车道2米×6.5米，人行2米×1.5米），箱涵净高5米，次年7月1日竣工，投资568万元。施工中对铁路钢筋混凝土箱涵整体构件首次采用预制扣轨顶进就位法。

本月 根据文化部颁行的《出版社和新华书店业务关系的若干原则规定》，江西省出版事业管理局主持江西人民出版社与江西省新华书店在新余市与安福县实行赣版图书寄销试点。

本月 在上海举行的第一届全国青少年科学创造发明比赛中，江西省获得1项一等奖、6项二等奖和2项三等奖。获一等奖的是奉新县城镇小学四年级李稚敏等3位同学的"稻田灌水水位控制器"；获二等奖的是"两用自行车雨衣架"（南昌三中黄健敏）、"简易报警器"（景德镇一中周冉鸣）、"家兔血液循环模拟动作幻灯片"（景德镇六中刘盛明等）、"黏鼠胶"（宜黄中学黄劲松等）、"活动盖卫生垃圾铲"（弋阳二小夏福敏等）和"五星联珠出现时间估算"（南昌十中邓幼俊）。

本月 江西拖拉机制造厂发动机分厂生产出J285型柴油机。该柴油机和原J485Q型和J485T型形成了系列产品，是15马力和20马力级的小四轮拖拉机的理想配套动力，还可和小型收割机、舷外机等农、渔机具配套。

本月 江西医学院20名应届毕业生分别被中国医学科学院、中国军事医学科学院、上海第一医学院、中山医学院等院校录取为研究生。其中一名同学被中山医学院推荐参加出国研究生考试。

本月 江西省体委成立体育文史工作办公室。体育文史工作办公室的任务是：（一）广泛收集江西省各个历史时期的体育活动史料，侧重建国后以及中央苏区时期；（二）整理研究史料，编辑出版史料丛刊；（三）编写江西体育史；（四）收集体育历史文物。

本月 江西第二电机厂试制成功T2HS12KW船用发电机，该机是今年3月按照国家对船用产品的特殊技术标准制造的新品种。中华船验局长江区办为该机颁发了型式认可证书。

本月 为促进铁路、公路、水路合理分工，经国务院批准，南昌铁路局铁路短途货物运输增加附加费，整车1号～5号运价，50公里以上每吨加0.7元，50公里～80公里每吨加0.5元（1983年12月货物运价调整时取消，至1985年5月再次实行，200公里以内整车货物每吨加收4元）。

本月 由全国外国经济研究会和江西省经济学会共同组织发起的苏联、东欧经济研讨会在星子县举行。来自中央有关部门及江西省内外的200多名代表参加了会议。会议探讨了苏联、东欧在管理国民经济中处理计划与市场、集权与分权相互关系方面的原理、经验和教训。中国社会科学院顾问钱俊瑞在会上作了题为《经济体制改革中的两个重要问题》的报告。著名经济学家刘国光在会上发言，全国经济学团体联合会罗元铮研究员、中国社会科学院梅文彬、国家计委经济研究所宠川等同志应邀到南昌作学术报告。

本月 江西国药厂的桑菊感冒片在中国药材公司组织的全国中成药同品种质量评比中获总分第一名。

1982

9月
September

公元 1982 年 9 月							农历壬戌年【狗】					
日	一	二	三	四	五	六	日	一	二	三	四	五	六
			1 十四	**2** 十五	**3** 十六	**4** 十七	**5** 十八	**6** 十九	**7** 二十	**8** 白露	**9** 廿二	**10** 廿三	**11** 廿四
12 廿五	**13** 廿六	**14** 廿七	**15** 廿八	**16** 廿九	**17** 八月大	**18** 初二	**19** 初三	**20** 初四	**21** 初五	**22** 初六	**23** 秋分	**24** 初八	**25** 初九
26 初十	**27** 十一	**28** 十二	**29** 十三	**30** 十四								

1 日 在中国共产党第十二次全国代表大会上，江西白栋材、赵志坚当选为中央委员，许勤当选为候补委员。方志纯、刘俊秀、江渭清、杨尚奎当选为中央顾问委员会委员。

江西省出席党的第十二次全国代表大会的代表到达北京机场

1 日 省委召开全省政法工作会议。各地、市、县（区）党委和政法委员会的负责人，各地、市公、检、法、司法、民政部门和大型厂矿、大专院校党委负责人，全省劳改单位、省直政法部门和其他有关部门的负责人，共 360 多人出席会议。副省长郑校先传达全国政法工作会议精神，并作了题为《努力做好新时期的政法工作，为保卫和促进社会主义现代化建设而奋斗》的报告。会议分析了全省治安状况，强调要把打击经济领域中严重犯罪的斗争进行到底，继续以城市、工矿和铁路沿线、交通要道为重点做好治安工作，同时大力整顿农村治安。

2 日 中国曲艺家协会江西分会在南昌市召开第一次会员代表大会。参加会议的有专业、业余曲艺创作、表演艺术家和组织工作者共 50 余人。大会讨论通过了曲协江西分会的章程，通过选举，时佑平当选为省曲协主席，刘瑜瑗、黄国强、夏巧亭、万里鹏当选为副主席。

3 日 萍乡市制伞厂生产的"青松牌"60 公分梅花骨布伞，最近参加轻工部在武汉举办的全国首届晴雨伞质量评比会，综合得分获全国第三名。

4 日 江西行政学院首届农业经济管理专修班及档案、物价两个短训班正式开学。农业经济管理专修班招收了 88 名学员，设置了马列主义基础和农业经济管理专业课共 18 门，学制两年，以地、市、县档案局、馆长，物价局正副局长（主任）以及业务骨干为对象的档案、物价短期专业训练班同时开学。

5日 在南京举行的为期4天的全国田径锦标赛中，江西省运动员黄洛涛获男子800米冠军；吴菊琴以9分22秒98的成绩刷新女子3000米全国纪录；邱世永、姜绍洪分获20公里竞走第三名和第五名；胡刚、谌欣分获链球和女子400米栏第五名；赵子军获男子5000米第六名。

8日 江西有色冶炼加工厂铅电解改造工程竣工，新增年生产能力1000吨。

9日 省委发出《认真学习十二大文件，坚决贯彻十二大精神》的通知。通知要求全省各级

南昌大众商场的党员认真学习党的十二大精神

党组织，全体共产党员、干部和人民群众，都必须认真学习邓小平的开幕词和胡耀邦的报告，学习新党章，贯彻好党的十二大精神，以保证各项工作胜利前进。

10日 安福县发生枪支被盗案，经省、地、县公安机关派人侦查，抓获8名盗枪犯，缴获被盗的轻机枪12挺、子弹1400发。

10日 省司法厅、省财政厅联合发出《关于财政支农周转金实行公证证明的通知》。

10日 参加北戴河国际中生代、新生代地质讨论会的美、英、法、日4国地质学者11人，来江西庐山、景德镇、德兴铜矿等地进行参观考察。参观考察于16日结束。

11日 由南昌、郑州两市文化局、文联、工人文化宫联合举办的《郑州南昌中国画联展》在江西省博物馆正式展出，共展出两地国画家们为这次展览创作的新作100幅，反映两地不同的

地方特色和人情风貌。南昌市委、市革委会的领导同志和省、市美术界知名人士参加了开幕式，郑州市的文化艺术界领导也出席了开幕式。

11日 省检察院召开分院、市检察院检察长会议。传达贯彻全国省、市、自治区检察长座谈会精神，讨论检察机关进一步就贯彻执行全国、全省政法工作会议提出的各项工作任务，正确地运用法律武器，坚决打击反社会主义的敌对分子和各种严重犯罪分子。会议于13日结束。

14日 国家计委批准《九江市长江防洪工程全面改造设计任务书》。

16日 省政府召开农业部门领导和科技人员参加的防御寒露风紧急会议。要求各地采取应急措施防御寒露风危害晚稻。

16日 江西省优质产品、新产品汇报展览开展，展期半个月，至10月2日结束。全省共展出414项优质产品和829项新产品。省领导赵增益、李芳远、李世璋、梁凯轩出席开馆仪式并参观了展出。

省委书记赵增益为"江西省优质产品、新产品汇报展览"剪彩

17日 由省卫生局、省总工会、省妇联、江西日报、省广播电台、江西电视台、南昌卫生局、中华护理学会江西分会联合发起的推选"优秀护士"活动圆满结束。8个发起单位在省委礼堂隆重举行"南昌地区省、市医疗单位优秀护士表彰授奖大会"，大会给20名优秀护士、40名受表扬护士和160名30年以上工龄的护士颁发了证书、奖状和光荣册。

17日 省供销社发出《关于加强全省农村

饮食服务工作意见的通知》。决定在饮食工作上进行一次改革，全面推行经营承包责任制，以及实行固定工资加提成的工资制度。提成限额最高不超过标准工资的30％，按"死分活值"、"活分活值"的办法，分配给职工。

18日 在安源路矿工人第一次大罢工胜利60周年之际，由萍乡市总工会和安源路矿工人运动纪念馆合编的《安源路矿工人大罢工胜利60周年纪念画册》即将出版。全国政协副主席、当年中共湘区委员会书记李维汉和人大常委会副委员长、当年曾从事过工人运动的肖劲光应邀为画册题词。画册以1921年至1930年安源路矿工人运动的历史文物为内容，全册共分八个部分。

19日 省军区召开军区党委扩大会议，传达学习党的十二大文件，强调用党的十二大的精神统一思想，统一行动，开创部队和民兵建设新局面。省军区司令员信俊杰传达党的十二大盛况，省军区政治委员张闯初和宋长庚作学习部署。

20日 省农林垦殖厅转发农牧渔业部《农垦系统整顿企业试点汇报纪要》和《赵凡同志在农垦系统整顿企业汇报会上的总结发言》，要求各垦殖场把整顿企业作为中心任务，切实做好。

21日 省政协常委会第二十三次会议在南昌举行。大会的议程是：（一）学习党的十二大文件；（二）列席会议听取有关报告；（三）听取1982年第三季度工作情况汇报和讨论通过第四季度工作安排；（四）讨论通过关于学习、宣传、贯彻党的十二大文件的决定；（五）讨论通过关于组织学习党的十二大文件的安排意见。会上，传达了党的十二大的主要精神。要求各级政协、各民主党派、人民团体把学习贯彻党的十二大文件精神，作为头等大事切实抓好。会议于27日结束。

21日 省五届人大常委会第十三次会议在南昌举行。会议根据省委的建议，同意省委第一书记白栋材不再兼任省长职务，由赵增益任省人民政府代省长。会议还通过了有关人事任免名单。会议于26日闭幕。

22日 省供销社发出《关于进一步贯彻国务院〈关于疏通城乡商品流通渠道，扩大工业品下乡的决定〉的通知》。决定由各地供销社（或配合国营商业）在农村适当建立一些工业品批发机构，方便基层供销社进货。

22日 在宜丰县桥西公社至双峰公社洞下溪河两侧的常绿阔叶林中，发现我国罕见的竹柏林天然群落，面积达120余亩，零星延伸面积200余亩。竹柏林内，有毛红椿沉水樟、天竺桂、楠木、山牡荆、含笑等国家重点保护树种。经专家鉴定，这是我国华东地区唯一残存的竹柏林天然群落，在整个亚热带地区极为罕见。这一发现，不仅在科学研究上具有重要价值，而且对发展林业和自然环境保护事业都十分重要。

23日 国务院发出《关于建立审计机关的通知》。要求各地建立县以上审计机关，现有财政监察机构的专业人员可以转入审计机关，不要拆散。根据通知精神，省财政厅开始筹建审计机关，具体筹建工作由财政监察处负责。

23日 应江西省第一人民医院邀请，我国医学超声专家、上海第一医学院中山医院超声诊断研究主任徐智章副教授，近日来南昌举办了超声诊断专题讲座。讲座内容包括：M型实时二维超声心动图诊断、B型超声显像诊断。参加听讲的有来自全省各地、市、县医院及部队、厂矿医院的超声诊断工作者和部分临床医生共200余人。

23日 江西省男运动员姜荣以597环的成绩获得男子自选小口径步枪60发卧射冠军，创我国运动员1982年国内外比赛中这个项目的最好成绩。女运动健将刘人青在女子小口径标准步枪60发卧射比赛中，以595环的成绩获得冠军。

24日 江西省教育学院首届教育行政干部培训班正式开学，学制半年。培训对象为地、市、县教育局长、校长和有关单位的教育科长，除行政班外，还招收中文、数学、物理三个学科的高中教师进行两年制的培训。

24日 泰和县南车水利枢纽工程地质勘察报告和现场岩体力学试验报告已由中国科学院地质研究所等14个单位的专家、技术人员参加的评审会议审查通过。

24日 江西省第一座采用自动程序控制装

置的自动化船闸——焦石船闸组装完毕，并投入使用。

26日 省建工局和省建筑科技情报中心站组织工程事故影片自10日在南昌、九江、庐山、抚州、进贤、吉安、峡江等地巡回放映，半个月时间放映了16场，观众达1.2万人次。

27日 九江炼油厂首批石脑油3000吨出口日本，这是江西省石油产品第一次进入国际市场。

28日 在山东潍坊市举行的全国射击分项赛步枪赛区结束。江西省代表队取得2项个人第一名、1项第三名和1项团体第三名，以18分的积分荣获团体总分第一名，夺得步枪射击流动奖杯。1981年江西省总分列第三。

28日 南昌市八届人大一次会议在南昌警备区礼堂召开，555人出席，赵志坚当选为南昌市市长。

28日 江西省植物科学工作者近日在庐山黄龙寺等地发现了香果树，数量达三四十棵之多，其中1棵高度30余米，树围2.2米，被人们誉为"活化石"，属国家一类保护植物。

28日 在全国农垦系统乳制品质量评比中，江西国营红星垦殖场乳品厂生产的"培力牌"全脂加糖奶粉，近日被评为优质产品。

29日 省委召开省直机关党员负责干部参加的学习党的十二大文件报告会，进一步动员全省党员、干部，首先是党员负责干部，带头学习、宣传和贯彻党的十二大文件精神，为全面开创社会主义现代化建设新局面而奋斗。省领导以及省直机关、驻省部队、南昌市、大专院校和部分企事业单位的党员干部3500多人参加。

30日 省文化局、南昌市政府举行电影晚会，庆祝国庆33周年。省党、政、军领导和工人、农民、知识分子、机关工作人员、街道居民、解放军指战员共2400余人出席晚会。电影晚会放映故事片《三家巷》。

30日 鹰潭、福州铁路分局管辖分界由鹰厦线的K75＋200处调整到K7＋000处，并成立鹰潭分界口。

本月 省委办公厅、省人民政府办公厅赣办

字（1982）92号文印发省级党政群机构改革方案的通知。

本月 位于抚州市人民公园内占地0.272公顷的汤显祖墓及"若士园"迁建工程竣工。共有牌坊、墓垒、门楼、围墙、迁墓简介、荷花浅水池、牡丹亭等建筑。由抚州市建筑设计室技术员黄镇梁设计，抚州市建筑工程公司施工。同月，建造在汤显祖故居"玉茗堂"遗址上的玉茗影剧院和汤显祖纪念馆在抚州市落成。该影院是一座采用现代化建筑工艺和东方古老建筑艺术相结合的综合性建筑物，由前厅、观众厅、放映厅、舞台、纪念馆和演员招待所等组成，建筑面积达3600平方米。

汤显祖纪念馆陈列室

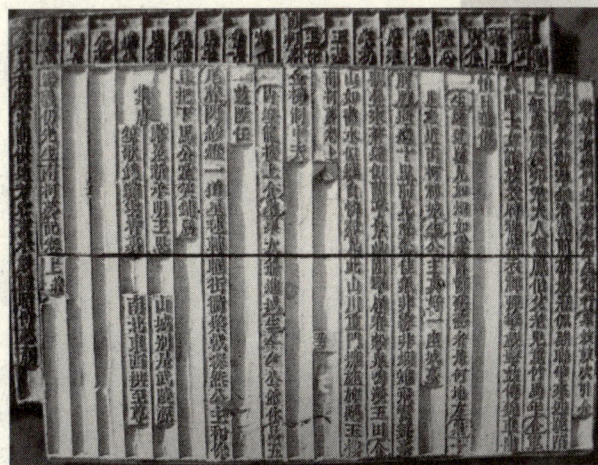

汤显祖的《临川四梦》木刻版

本月 省新华书店承办的华东6省1市新华书店财务、调研工作交流会在庐山举行。除华东各省市书店派员出席外，广西壮族自治区新华书

店、湖南省新华书店负责人应邀与会，文化部出版局、新华书店总店派员指导。

本月 省教委、省出版事业管理局联文向教育部、文化部报告秋季教材课前到书情况。全省21所高等院校、78所中等专业学校共预订的1831种教材课前到书率为97.6％；2906种各类中学教材课前到书率为100％；45473种小学教材课前到书率为98％。

本月 江西、湖南、广东省政府和冶金工业部联合向国务院、国家经济委员会提出《关于振兴钨业问题的紧急报告》，建议成立全国性的钨业公司。

本月 省政府颁布《关于贯彻执行国家建设征用土地条例的若干规定》。

本月 省建委转发建设部《关于认真学习贯彻五届全国人大四次会议〈关于全国义务植树的决议〉的通知》。全省各市、县城建系统开展大规模义务植树活动。

本月 安义县鼎湖公社西路大队自筹资金兴建三层楼农民文化宫一座，建筑面积为4800平方米，内设图书馆、俱乐部和拥有801个坐位的电影院。

本月 省政府国防工业办公室更名为江西省国防科学技术工业办公室。

本月 中国现代外国哲学史研究会与省社联、省哲学学会合作，在庐山召开第三次全国现代外国哲学讨论会。邢贲思、徐崇温、江流等专家学者参加了会议。

本月 以日本驹泽大学松田文教授为团长的佛教史迹考察团一行19人游赣，并专程赴宜黄县考察曹峤遗址，参谒本寂禅师墓塔。

本月 国家建设部在江西省召开八省市整顿企业工作会议，确定江西省建筑安装企业进行全面整顿。即：（一）整顿和建设企业领导班子；（二）健全和完善经济责任制；（三）整顿劳动纪律和财政纪律；（四）整顿和改善劳动组织；（五）整顿经营思想和经营作风，加强企业的经营管理。

本月 江西省远洋运输公司创立。

1982

10月
October

公元 1982 年 10 月							农历壬戌年【狗】						
日	一	二	三	四	五	六	日	一	二	三	四	五	六
					1 国庆节 中秋节	**2** 十六	**3** 十七	**4** 十八	**5** 十九	**6** 二十	**7** 廿一	**8** 寒露	**9** 廿三
10 廿四	**11** 廿五	**12** 廿六	**13** 廿七	**14** 廿八	**15** 廿九	**16** 三十	**17** 九月小	**18** 初二	**19** 初三	**20** 初四	**21** 初五	**22** 初六	**23** 初七
24 霜降	**25** 重阳节	**26** 初十	**27** 十一	**28** 十二	**29** 十三	**30** 十四	**31** 十五						

1 日　经省委宣传部赣宣字（1982）第 021 号文件批准，《法制宣传》改为《江西法制报》，为 4 开周报，于当日正式出版，并在江西省公开发行。

1 日　江西七〇七电视转播台建成开播，电视发射 10 千瓦，7 频道转播中央电视台节目（1984 年以后不断增加电视发射传送设备，转播江西电视台节目和广东电视台节目，每天播出 11 小时）。五〇五台同时开播，转播中央人民广播电台对台湾广播节目。

1 日　省首届盆景艺术展览在南昌市人民公园"园中园"开幕。

1 日　贵溪农药厂在湖南省化工研究所和有关部门的大力帮助下，研制的新产品——"叶蝉散"试车成功并投入生产。原药含量稳定在 98% 以上，填补了江西省农药工业的一项空白。

1 日　贯通安徽、江西两省的皖赣铁路建成并全线通车。皖赣铁路北起安徽芜湖，南至江西贵溪，全长 551 公里。列车从南京经皖赣线至鹰潭，比过去绕道可缩短运距约 290 公里。

3 日　省建委、省计委、省经委等部门召开全省城市、县城用水会议，研究落实第一一七次省长办公会议关于改善城镇人民生活，促进生产建设，争取在 1985 年内基本解决城镇用水问题决定的措施。会议要求各地各部门要加强城市、县城用水工作管理，做好计划用水和节约用水，把节约用水同节电、节油、节煤一样认真抓好。

5 日　由中国音乐家协会召开的全国音乐美学座谈会在南昌市举行。这是建国以来召开的第一次全国音乐美学理论研究的座谈会。

5 日　省政府下发《关于贯彻执行〈国务院关于老干部离职休养制度的几项规定〉的通知》。

7 日　国务院、中央军委批准原由江西省军区部队担负的内卫执勤目标移交省人民武装警察部队。

8 日　省农委邀请高等院校、科研单位和有关厅局的农业专家、教授、负责同志等 50 多人座谈，共商绘制江西"山水画"蓝图。省委书记、代省长赵增益到会听取大家的意见。座谈会于 11 日结束。

9 日　尼泊尔国家羽毛球队与江西省男子羽毛球队在江西体育馆进行表演赛。

9 日　九江港务局三角线磷矿码头全面建成并正式投产。

10 日　省地质局对区调大队李镛等负责完成的《江西省区域地质志》组织评审验收（该成果分获 1983 年度江西省、1984 年度地质部科技成果一、二等奖。1984 年由地质出版社出版）。

10 日　第十三次全国药材交流大会在江西樟树镇举行。这次药材交流会是全国医药系统一次全国性的地方中药交流会，药材购销总额达 3.47 亿元，于 17 日结束。

11 日　省侨联召开驻南昌市的常委和部分归侨座谈《中华人民共和国宪法》，大家一致认为新宪法充分体现了工人、农民、知识分子和各界爱国人士的心愿和意志，是新时期治国安邦的根本大法，一致表示热烈拥护并切实贯彻到实际行动中去。

11 日　新华社伦敦报道，江西省作者管枫所作的中国画《黄山夕照》在英国广播公司对外广播部成立 50 周年绘画比赛中获得头等奖。80 多个国家的绘画作品参加了这次世界性的绘画比赛。中国有 500 多幅作品参加比赛，有 6 人的作品获第二名。

11 日　以赞比亚空军副司令员兼参谋长西姆托韦准将为团长的赞比亚空军代表团一行 7 人，来南昌洪都机械厂参观访问。访问于 13 日结束。

11 日　江西省 5 个冶金产品被评为全国冶金工业优质产品，这 5 个产品是：江西钢厂生产的 T8MNA 琴钢丝、卷尺用 50A 甲冷轧带钢，新余钢厂生产的白钨精矿粉，南昌硬质合金厂生产的仲钨酸铵。至此，江西省已有 19 个冶金产品荣获冶金部和江西省优质产品称号。江西钢厂生产的高级碳素弹簧钢丝获国家银质奖，为江西钢铁工业赢得第一块银牌。

12 日　南京部队某部党委作出决定，给所属部队一连 6 班班长、为抢救泅渡演练落水的战士而英勇献身的江西籍战士胡祥美追记二等功，并批准为革命烈士。

12 日　按照省林业厅印发《关于简化木材放行手续的通知》要求，南昌市及其所辖县（区）林业主管部门开始分别接办原由省直接掌管的属省内放行的木材及其制品、半成品的管理业务。

13 日　省政协第四届委员会教育组与民盟省委会文教科技委员会联合组织调查组，对南昌市中等教育结构改革和试办职业班的情况进行调查。

14 日　省委召开省直机关党员负责干部和省委赴各地、市、省直单位检查组负责人会议，就进一步开展打击经济领域内严重犯罪活动的斗争作出新的部署。要求全省各级党组织认真贯彻党的十二大精神，提高认识，加强领导，以严肃认真的态度，实事求是的精神，集中抓好大案要案的查处工作，并在年底抓出显著成效。

江西省查办大案要案工作表彰大会

14 日　《亚热带东部丘陵山区气候资源及其合理利用研究》课题组，决定在江西境内的罗霄山、武夷山、南岭建立 13 个山区气候站，积累山区气候和物候资料。13 个站点是：武夷山的高州、姚家、禹溪、揭家，井冈山的石狮口、长谷岭、茨坪、大井、黄洋界，九连山的杨村、古坑、上湖、大吉山等。从 1983 年 4 月 1 日至 1986 年 3 月 31 日共观测三年。

14 日　在国家民航总局召开的全国民航安全飞行授奖大会上，江西省老劳模、省民航局飞行中队副中队长王国希，被授予"全国民航安全飞行模范"称号，并荣获一级安全飞行奖章。

14 日　全省首次优生调查工作在奉新县澡溪

公社结束。20多天对18个大队126个生产队的2909名14岁以下的儿童进行了科学试测及体格调查，收集和整理了关于儿童生育状况和遗传基因的许多重要数据，调查结束后，将有一批专家、教授在澡溪公社继续进行点样调查。

15日 历时9天的江西省第六届运动会结束，在南昌"八一"礼堂举行了隆重的闭幕式。运动会上，2人2次破两项全国纪录，1人1次破1项全国少年纪录，54人46次破32项江西省纪录，6人14次破8项江西省青年纪录，12人19次破12项江西省少年纪录，赣州地区运动员姜绍洪以43分46秒3的成绩，打破了解放军运动员王强创下的44分26秒8的10公里竞走全国纪录。在比赛中还评选出23个"文明运动队"。

江西省第六届运动会开幕式在省体育馆隆重举行

在省第六届运动会举重比赛中，南昌市15岁运动员魏国华挺举起105公斤的重量，打破广东运动员曾国强1981年创造的48公斤级挺举100公斤的全国少年纪录

16日 中国古陶瓷研究会和中国古外销陶瓷研究会年会暨学术讨论会在吉安市召开。180余人参加了学术讨论会，会议着重讨论了吉州窑及黑釉系统瓷器、古外销瓷器及其他窑口古陶器问题。

16日 国防科工委电贺四三二一厂铝电解电容器产品成功地用于中国水下发射火箭工程。

16日 教育部对江西省的职工高等学校逐个进行了审核，批准了14所职工高校备案。

17日 1982年全国举重冠军赛在合肥市拉开战幕。江西省选手万喜生以挺举137.5公斤和总成绩240公斤获得56公斤级的两项冠军；万红厚在52公斤级比赛中以挺举125公斤和总成绩215公斤分别获得第三名和第六名。

17日 南昌地下商场开业。该商场位于井冈山大道和第二交通路交叉路口，为半圆拱形钢筋混凝土结构的平战二用工事，商场面积2800平方米，经营项目千余种。

17日 福州军区人防工程平战结合维护管理经验交流会在南昌召开，评选出江西省十个平战结合先进单位、六个维护先进单位。经验交流会会期5天，于21日结束。

18日 省商业厅规定，各种化纤混纺交织的针织品和15种小商品，9种布制品，各种维棉、黏棉、丙棉的色布、花布、色织布，于11月1日起免收布票，敞开供应。

19日 在鹰潭市召开的全国农村省柴灶评比会议上，江西省横峰型省柴灶和瑞昌II型省柴灶日前被评为全国优秀省柴灶，受到国家的奖励。

20日 江西重型机床厂试制成功的7种新式轻型机床：ZX7820钻铣镗床，ZX820、ZX32D钻铣床、HX24A高速铣床、Z4020台式钻床、Z5020立式钻床、电子无级调速装置，同时通过了省级鉴定。

21日 江西省农村人民公社的农民技术员评定技术职称工作自下旬开始，农民技术员共为五级，分别为三级农民技术员、二级农民技术员、一级农民技术员、农民助理技术员、农民技师。

22日 文化部、中国戏剧家协会、省文化局、中国剧协江西分会在抚州市举行纪念汤显祖逝世366周年纪念活动。省委副书记狄生代表省委、省政府在纪念会上讲话。全国著名戏剧研究专家、教授石凌鹤、王季思、陈瘦竹、徐朔方、蒋星煜、王家乙等与代表一起，围绕汤显祖的世界观、戏剧创作方法和对《临川四梦》的评价问题进行了学术讨论。

22日 江西省万平无线电器材厂生产的CKTB/400/7.5/60、CKTB1000/3.3/60陶瓷真空电容器获国家银奖。

22日 在南斯拉夫萨格勒布体育馆举行的第六届世界体操比赛上，南昌市21岁选手童非以59.1的总分夺得男子全能亚军。

23日 我国第一个水库表层取水自动装置浮筒手板闸门，在崇仁县大洞源水库安装成功。中国水利学会农田水利组负责人许志方教授与贵州、吉林等五省的80余名水利工作者，参观了这个闸门，一致认为这个装置使用简便、安全、造价低，适宜在中小型水库推广。

23日 赣东北革命根据地学术研讨会在弋阳丰峰举行。来自中央有关部门十个省市的代表及参加过当年斗争的老同志胡德兰、倪南山、谢锐、方震、程美兴、黄元庆、舒雨旺等以及全国各地代表130余人出席。会议着重对赣东北革命根据地的光辉历程及其在中国革命斗争中的重大作用、方志敏的丰功伟绩等课题进行了讨论。学术研讨会于28日结束。

24日 轻工业部在九江召开上海、天津、北京、江苏、广东、辽宁、陕西、江西等5省3市座谈会，探索提高缝纫机、自行车、手表"三大件"经济效益的途径。

25日 昌赣公路改建工程开工（原南（昌）井（冈山）线改造纳入昌赣公路改建工程之中。省五届人大四次会议要求，南昌至吉安一段须在年内完成。经交通部门努力，昌赣公路吉安市路段的工程胜利竣工。新铺和整修油路面6.3公里，整修加宽桥梁1座）。

26日 乐平东方红电化厂建成年产烧碱3500吨和年产盐酸、液氯各1000吨生产装置投入生产。

26日 省妇联在南昌召开全省农村基层妇女工作会议，贯彻全国妇联《农村基层妇女工作条例》（试行草案）。妇女工作会议于31日结束。

27日 井冈山县军民1600余人在茨坪举行大会，纪念井冈山革命根据地创建55周年。

27日 江西医学院一附院胸外科通过体外循环，成功地在一位年青男性的右心房内取出1个8.6厘米×6.5厘米×5.5厘米、重99克的黏液瘤。

28日 省宜春第一机械厂主要产品——新型三牙轮石油钻头，达到国外同类型名牌钻头的性能水平，经一机部行业检查组检查被评为优质产品。

28日 日本樱美林教授石川忠久率汉诗爱好者访华团31人游览景德镇，访问于30日结束。石川忠久教授做诗："景德镇陶瓷古有名，远道万里见其情。白如玉石明如镜，知得中华工艺精。"盛赞景德镇陶瓷文化艺术。

28日 地质矿产部部长孙大光视察江西省地质工作，先后在南昌、抚州、上饶等地视察地质队伍。视察活动于11月11日结束。

地质矿产部部长孙大光在德兴铜矿视察地质工作

28日 菲律宾摄影展在江西省南昌市展出。

28日 中国民主促进会中央直属江西省支部成立，支部主任为蒋天佐。

29日 一套联邦德国自动化羽绒加工流水设备在永修羽绒厂安装投产。

30日 省人事局根据劳动人事部《关于吸收录用干部的规定》，确定吸收录用干部须经地、市以上人事部门批准，并在上级下达的增干指标和编制定员内吸收录用。实行公开招收，自愿报名，进行德、智、体全面考核，通过考试，择优录用。

30日　省政府批转省物价局、二轻厅、商业厅《关于在我省逐步放开小商品价格实行市场调节的请示》，全省第一批放开百货、针棉织品、文化用品、五金、交电大类148种小商品价格，由企业根据市场需求，自行定价。

31日　全省城市爱国卫生绿化先进单位授奖会在南昌举行。赣州市和景德镇市分别继1981年首次荣获爱国卫生、绿化先进城市光荣称号后，1982年双双再次夺魁。162个单位被评为卫生先进单位，71个单位被评为绿化先进单位。

本月　江西省出版事业管理局、省教育厅、南昌铁路局、省交通厅、省邮电局联文转发国家出版局、教育部、铁道部、邮电部《关于优先运输大中小学教材做到课前到书的联合通知》。

本月　江西省第一期高级科技干部自修班经过45天的自修学习，圆满完成自修任务。省委书记、代省长赵增益在自修班结束总结会议上讲了话。参加这期自修班学习的全体人员共同阅读了335册，计1150余万字的文献资料，听了信息论、控制论、系统工程、电子计算科学的讲座，写出了137篇，计188万字的论著、讲义、译著和建议，绝大部分具有鲜明的科学性和实践性。

本月　九江玻璃纤维厂生产的0.14毫米、0.1毫米无碱玻璃布在1982年全国大中型玻璃纤维企业无碱玻璃布质量评比会上分别获第一名和第三名。

本月　江西省医学院俞俊甫、成蓉如和南昌师范学院顾力兵三位中青年物理教师，在昌景新教授的指导下，研制成功了我国第一台"恒压式导纳图仪"，在南昌正式通过鉴定。它是一种无损伤测定人体导纳图的最新电子仪器，测试准确，方便简捷。

本月　江西省气象局农业气候区划办公室、赣州地区农业区划办公室气象专业组及奉新县气象局，被国家气象局授予"全国农业气候资源调查及气候区划先进集体"称号。

本月　江西科技会议确定把治理和利用鄱阳湖列为1982年重点科研项目。省政府成立鄱阳湖综合科学考察领导小组，组织全省各系统、各部门开展对鄱阳湖的综合科学考察。

本月　撤销南昌市革委会，恢复南昌市政府。南昌市革委会农业委员会改称南昌市农业委员会，为市政府农业归口单位。

本月　省政府决定从省财政中按每名军队转业干部200元标准，下发军队转业干部建房补助费。

本月　经国务院批准，上饶地区第二建筑工程公司二〇三工程队长、工程师王渔士被国家经委、全国总工会授予全国（基建）劳动模范；江西省第一建筑工程公司二工区五队，江西省煤建公司一〇一队，被评为先进集体。

1982

11月
November

公元 1982 年11月							农历壬戌年【狗】					
日	一	二	三	四	五	六	日	一	二	三	四	五	六
1 十六	**2** 十七	**3** 十八	**4** 十九	**5** 二十	**6** 廿一	**7** 廿二	**8** 立冬	**9** 廿四	**10** 廿五	**11** 廿六	**12** 廿七	**13** 廿八
14 廿九	**15** 十月大	**16** 初二	**17** 初三	**18** 初四	**19** 初五	**20** 初六	**21** 初七	**22** 小雪	**23** 初九	**24** 初十	**25** 十一	**26** 十二	**27** 十三
28 十四	**29** 十五	**30** 十六										

1日　省委举办的第一期省直机关领导干部党的十二大文件学习班开学。省委、省人大、省政府、省政协和各部、委、办、厅、局正处级以上的领导干部343人参加了第一期学习班。省委书记傅雨田，省委副书记狄生，省委常委、副省长王昭荣到会讲了话。

1日　中共中央总书记胡耀邦南下途经景德镇，接见了江西省委第一书记白栋材、代省长赵增益及景德镇市委、上饶地委负责人，指出要按照中共十二大的精神，宜前不宜后，宜早不宜迟，解决好党政机构改革和领导班子配备问题，实现干部队伍的革命化、年轻化、知识化、专业化。

1日　省农业厅在赣州召开全省柑橘生产会议。会议研究贯彻、落实3月4日省委发展柑橘生产的决定。制定全省1982年至1990年发展规划，总结推广统一规划，统一供苗，统一技术措施，分户种植，分户管理，产品归己的经营方式。会议于6日结束。

2日　省人事局下发《关于省人民政府、市政府或行政公署批准任命的工作人员由人民政府下达任命通知》的通知，规定省政府批准省辖市政府秘书长、局长、处长、委员会主任、办公室主任的任命。省辖市政府或行政公署批准县（市、区）政府科长、局长、委员会主任、办公室主任的任命。按照批准任命程序，分别由省辖市、县（市、区）政府向有关部门下达任命通知，同时由同级人大常委会采取登报或其他适当形式公布。

2日　江西省综合性基础地质科学文献《江西省区域地质志》及其图片在南昌通过出版审查。该书内容包括地层、岩浆岩和岩浆作用、变质岩和变质作用、地质构造、区域成矿基本性地质发展史等。

3日　省纪委发出紧急通知，要求各级党组织和全体党员立即行动起来，坚决刹住建房分房中的歪风。

4日　中国水力发电工程学会施工机械化及施工管理专业委员会、中国人民解放军基建工程兵水力发电工程学会，在南昌召开了大坝病毒及基础处理学术研讨会。学术讨论会于9日结束。

5日　省委、省政府为坚决贯彻执行中共中

央、国务院 10 月 20 日《关于制止乱砍滥伐森林的紧急指示》发出紧急通知。要求各地采取果断措施，制止乱砍滥伐森林事件，对侵占和破坏国有、集体所有的山林的单位和个人，都要彻底追查，依法惩办。1983 年 1 月 6 日，省委、省政府组织六个工作组分赴各地，协同查处毁林案件，制止乱砍滥伐森林歪风。

5 日 江西省老作家时佑平的短篇小说《红飘带》，由省电视台罗志坚改编、徐平导演成电视剧在南昌梅岭等地开拍。

5 日 省教育厅发出《关于举办职工中等专业学校审批工作若干问题的意见》。

6 日 由北京、江苏、江西三省市摄影家协会、青年联合会和《旅游》杂志编辑部联合举办的《六千里乡情摄影艺术展览》，在北京展出之后，开始在江西省文联展厅展出。

7 日 省委召开地市委书记座谈会。赵增益传达胡耀邦在景德镇同省委领导人谈话精神，白栋材主持会议并作了讲话。会议研究了加快经济发展、省和地、市两级党政机构改革和领导班子配备问题。关于经济发展，会议要求继续解放思想，振奋精神，放宽政策，立志改革，用更大的精力，抓技术进步，重点抓好农业（写好"田园诗"、画好"山水画"）、能源和科学教育三大重点建设，开创现代化建设新局面。关于机构改革和领导班子配备，会议指出，省和地、市两级领导机关要把开展党的领导机关的机构改革和实现干部队伍的革命化、年轻化、知识化、专业化作为一个突出的重点，抓紧抓好。要求省级机关在春节前，地、市级机关在 1983 年 3 月底前，基本上完成机构改革和配备好领导班子的工作。座谈会于 10 日结束。

7 日 以藤森为团长的日本住友金属矿山工业株式会社代表团一行 9 人来赣，考察贵溪冶炼厂，并与江西省冶金厅洽谈合作开发矿山事宜。考察于 10 日结束。

8 日 中国社会科学院经济研究所、农业经济研究所、中国生态学会、中国环境科学会联合发起召开的全国第一次生态经济讨论会在南昌举行。全国 26 个省、市、自治区的自然科学（生物、地理、林学、作物、水产、土壤、环境、生态等学科）和社会经济科学（人口、经济、马列主义等学科）的工作者、际工作者及宣传部门的同志，共 100 余人参加会议。于光远、侯学煜等应邀在南昌作专题学术报告。研究会于 13 日闭幕。

8 日 江西省建委在景德镇召开为期 5 天的技术鉴定会，对《景德镇市城市总体规划》进行技术鉴定（1984 年 5 月 30 日经省人民政府批准实施）。

9 日 省政府召开第五次"质量月"总结授奖大会。给 8 个获得国家银质奖企业的代表授予光荣花，为 127 项省优质品的获得单位、50 个全面质量管理先进企业和 87 个优秀质量管理小组颁发奖状和证书。

9 日 省政府发出《关于切实解决滥占耕地建房问题的通知》。通知要求各县（市）政府，组织强大力量，对一切违反《村镇建房用地管理条例》、《国家建设征用土地条例》和本通知规定侵占耕地的行为及滥占耕地建房的情况进行一次检查。通知指出，耕地是农业发展的基础，珍惜和节约每寸土地是中国的国策。应迅速采取措施，坚决刹住滥占耕地建房风。

9 日 中国菊花品种展览评比在上海人民公园正式揭晓，南昌西湖区园艺场培育的"黄娥串"、"露水芙蓉"获得多头品种菊的第一名、第三名，"悬崖菊"获全国第二名。

9 日 中国建设银行南昌分行从南昌市民房统建办公室购得住房 20 套。这是南昌市改革住房基建体制后第一批出售的住房。

10 日 宜春军分区党委给舍己救人的余运保荣记二等功。奉新县上富公社联盟大队共产党员、民兵连长余运保，在一次公社民兵训练手榴弹实弹投掷出现意外事故时，临危不惧，勇于排险，舍己救人，光荣负伤，避免了一场重大的伤亡事故。

10 日 省高级人民法院召开经济审判工作座谈会，29 人出席。会议传达贯彻最高人民法院召开的全国部分省、市、自治区高级人民法院经济审判庭庭长座谈会精神，联系实际，总结《经济合同法》和《民事诉讼法（试行）》试点的经验，着重研究"两法"全面实施经济审判工作几个问题，制定全省《经济纠纷案件第一审程序细则（试行）》（座谈会于 24 日结束）。

11 日 我国特殊教育史上第一个专业性学术组织——中国教育学会特殊教育研究会在南昌成立。

12 日 全国五届人大常委会委员、中国社会科学院顾问、著名经济学家许涤新在江西南昌作关于全国工农业总产值翻两番的战略目标的学术报告。

14 日 在杭州召开的全国专题农业气候分析和区划会议上，江西省气象局农业气候区划办公室、赣州地区农业区划办公室气象专业组、奉新气象局被评为全国省、县级农业气候资源调查和农业气候区划先进集体。江西省气象局农业气候区划办公室编写的《江西省柑橘气候分析与气候区划》被评为三等奖。

14 日 安义县长埠公社长埠大队社员龚声汉在挖屋基地时，在 1 米深处挖到铜质古象棋一副。象棋置于木盒中（木盒已腐烂），木盒四周是木炭，外面是 16 块砖垒成的方形穴洞，象棋中有"崇宁通宝"铜钱一枚，并有一张写有文字的纸，遗憾的是此字纸在挖时已毁。象棋完整（共 32 只），红黑各半，象棋的窖藏时间可能是北宋崇宁年间（1102~1106），但象棋制作时间早于窖藏时间，是国内罕见的珍贵文物。

14 日 修水县文化馆收集到一块宋代著名文学家、书法家黄山谷（黄庭坚）撰文并书写的出土墓志铭。

14 日 在机械工业部举行的授奖仪式上，南昌矿山机械研究所研制的井下内燃无轨设备、江西省农业大学和江西省农业机械研究所研制的水田驱动耙部件获二等奖，江西光学仪器总厂的电影摄影反光叶子板镀硬铬新工艺、泰和联合收割机厂的"半喂入"水稻联合收割机专用底盘获三等奖。萍乡电瓷厂和江西电炉厂等五单位的《机械工业标准》科技成果获四等奖。江西气体压缩机厂的 42－20/8 空气压缩机、景德镇印刷机械厂的 J4102 四开自动单色胶印机、江西气门

芯厂的气门芯获得部优质产品奖。

14 日 寻乌县留车公社坳上大队民办教师赖经源近日挖掘出土 16 枚英国银币。银币上刻有 1717 等年号。银币呈圆形，周边有锯齿纹，每只约重 14 克，直径 13.5 毫米，一面有卷发钩鼻女皇像，另一面有黄龙缠柱图样。

15 日 国家教育部电教馆派记者登三清山拍摄彩色风光片。

16 日 省计委、省经委、省财政厅、教育厅召开全省中小学勤工俭学、校舍维修工作会议。会议于 20 日结束。

17 日 由上海古籍出版社出版的《汤显祖诗文集》，共收集汤显祖诗文 50 卷，并有明清两代有关汤显祖评论的汇编。

18 日 江西光学仪器总厂试制成功的 ST－16 型通用电影摄影机，通过部级鉴定。

18 日 在津、沪纺织行业的大力支持下，由江西省纺织局和南昌针织内衣一厂联合研制的全省第一台"Z211"高速多路曲线三角棉毛机，试制成功并通过鉴定。

18 日 乐平矿务局水泥厂用煤矸石双代（代黏土，代优质煤）低温烧制水泥获得成功，并通过有关部门鉴定。

18 日 省公安厅与省民航局在南昌召开全省反劫机安全保卫会议，研究反劫机措施，决定组建反劫机突击队。会议于 20 日结束。省政府随后成立了反劫机领导小组，负责全省反劫机安全保卫工作的领导。

19 日 《江西日报》报道，1982 年全省棉花获得前所未有的大丰收。全省棉花总产超过 110 万担，比 1981 年增产 20 多万担，平均亩产皮棉达 80 余斤，单产和总产都超过了历史最高年水平。

19 日 江西省田径运动员黄洛涛、邱世永，游泳运动员陈超，体操运动员童非在印度新德里举行的第九届亚运会上，获 2 枚金牌、5 枚银牌、1 枚铜牌，当日返回。

20 日 由南丰县蜜橘加工厂、省轻化研究所协同攻关的全省重点科研项目——甲基橙皮苷中间试验，通过鉴定。南丰县罐头酿酒厂经过反

复试验，终于从南丰蜜橘皮中制取果胶成功，并通过了小试鉴定。

20日 省委召开省直机关副处级以上干部大会，动员领导骨干认真学习党的十二大精神，提高思想认识，迅速行动起来，搞好机构改革。傅雨田传达省委关于机构改革方案与配备领导班子的要求，省直机关副处级以上干部3000余人参加了大会。

20日 在南昌县麻丘公社境内发现有石斧、石刀、石矛等各种石器和大量古陶瓷碎片及人类祖先居住的遗址。据市、县文物管理部门鉴定，早在距今约4100年以前的新石器时代晚期，这里就有人群生活。

21日 地名普查中发现古豫章十景之一"洪崖丹井"遗址，位于南昌梅岭山脉南端。

22日 省卫生厅发出关于贯彻执行《新药管理办法》的通知。

22日 江西县级农业资源调查和农业区划工作，已在92个市、县（区）全面铺开；土壤普查已在全省2/3的县、市进行。

22日 省政府批准在萍乡市、景德镇市成立两所教育学院。

22日 省委办公厅、省政府办公厅印发《省级党政群机构改革方案》，拟设党政群机构66个，比原机构精简28个；其中政府部门拟设40个机构，比原机构精简25个；初步确定省级机关行政编制5000人，比原有人员精减1559人。方案同时确定机构改革分两个阶段进行。第一阶段省本级机构改革于1983年3月基本完成。

22日 空分蓄冷器用新填料——深冷硬质瓷球通过鉴定。这一产品是萍乡市下埠耐酸工业瓷厂和江西长风瓷厂、南京化学工业公司氮肥厂共同研制的。

22日 江西九棉二厂在兄弟单位的大力支持及配合下，试织成功全毛"麦尔登"。

23日 江西省档案学会第一次年会在宜春召开。会议于25日结束。

24日 省政府近日召开提高工业经济效益座谈会，号召全省工交战线广大职工以强烈的进取心使1983年成为江西经济效益年。要求从端正指导思想、狠抓企业整顿、深入调整改革、依靠技术进步四个方面做好文章。

24日 省"五讲四美"活动检查团分成6个组，分赴南昌、九江、景德镇、萍乡4个市和省直机关、大专院校进行检查。检查团是根据江西省委、省政府的决定成立的。狄生任团长，王昭荣、寇育彬、王纪明任副团长。这次检查是我省加强社会主义精神文明建设的一项有力措施。

24日 省委召开全省纪检工作座谈会。要求各地坚持不懈地把打击严重经济犯罪活动的斗争进行到底，克服松劲思想，集中力量查处大案要案。省委书记傅雨田、中纪委赴江西经济案件检查组组长张兆美出席了座谈会并讲了话。座谈会于29日结束。

25日 全省政法委员会召开电话会议，要求各地切实做好1982年冬和1983年春的社会治安工作，再次集中地给犯罪分子以沉重打击，使社会治安秩序进一步好转。郑校先传达了中央政法委员会电话会议精神。

25日 省政府根据1982年全省棉花总产达到100万担以上，实现了超上年、超计划、超历史的现状，召开会议总结经验。会议并对今后生产提出"实事求是，调整布局，主攻单产，稳步发展"的方针。

25日 全省劳改单位改造工作座谈会召开。传达全国重点劳改单位潍坊现场会精神，研究和部署把全省劳改场所办成改造罪犯的学校，开创劳改工作新局面。座谈会于30日结束。

25日 省政府在吉安市召开为期一周的全省财贸工作会议。会议认为，必须清除"左"的影响，进一步放宽政策，改革商业体制，打开商业工作新局面。

28日 南昌县文物普查工作组发现冈上公社蚕石大队有一处南朝古瓷窑址，窑址面临抚河，背负丘陵，遍布河岸，绵延数里。

29日 江西省有色金属总公司转发国家计委同意贵溪冶炼厂于1983年恢复建设的复函。

30日 全国第四次医用激光临床应用技术经验交流会在江西省九江市召开。

本月 中国音乐家协会江西分会举办的1982

年江西省儿童歌曲、农村歌曲评奖揭晓。《小鸟之歌》、《红领巾植树歌》、《我陪妈妈打算盘》、《小喜鹊花尾巴》、《春雨是个音乐家》5首儿童歌曲和《农家笑、哪里来》、《青山寨是落凤台》、《橘乡小河》、《春水遍地流》、《歌儿甜、歌儿美》等农村歌曲获一等奖，《大白鹅唱什么歌》等10首歌曲获二等奖，《小小青蛙戴红花》等16首歌曲和《农家乐》等15首农村儿歌获三等奖。

本月 由省、地两级合建的江西七〇七台，经过两年零七个月的紧张筹建，土建工程基本完成，部分设备安装调试完毕，已试播彩色电视节目。它的建成，使江西省南部地区广大群众能够收看到彩色电视节目。

本月 经省政府办公厅批准，正式成立"井冈山自然保护区综合科学考察团"。考察团设七个考察队，分地质、地貌、水文、气象、土壤、植物、动物、林业、环保、摄影、报象及社会经济等十余个专业。

本月 南昌酒厂和南昌市电子学会、南昌无线电厂密切合作，首次试验成功了微波处理新酒老熟生产工艺，并建成了江西第一条微波处理新酒老熟生产线。

本月 横（峰）永（平）支线铅山河大桥建成。南昌勘测设计所工程师郭杏金对3个至5个桥墩采用单排3根直径1米桩柱式柔性墩4孔一联，使相连各桥墩共同承受纵向水平力，缩小墩身截面。该设计为江西铁路首次使用。

本月 江西省换发、补发由民政部统一印制的《革命烈士证明书》。至翌年底，全省共换发、补发革命烈士证明书14.48万张。

本月 余江县马荃乡霞山村玉峰倪家发现一块巨砚，重200余斤，有宋元题刻17条，经考证认定为唐代房玄龄的遗物。

本月 冶金部和国家计委国家物资储备局发出通知，为解决钨精矿滞销积压问题，由国家收储钨精矿1万吨（其中江西7100吨）。

本月 经省政府决定，由原省基本建设委员会、省测绘局、省人防办公室、省环境保护办公室合并，组建江西省城乡建设环境保护厅。

本月 南昌洪都机械厂开始进行"军用飞机飞行性能规范"的研究，主要完成人为工程师朱海琳（1985年，该项目成果获航空工业部科技成果一等奖）。

1982

12月

December

日	一	二	三	四	五	六	日	一	二	三	四	五	六
			1 十七	**2** 十八	**3** 十九	**4** 二十	**5** 廿一	**6** 廿二	**7** 大雪	**8** 廿四	**9** 廿五	**10** 廿六	**11** 廿七
12 廿八	**13** 廿九	**14** 三十	**15** 十一月大	**16** 初二	**17** 初三	**18** 初四	**19** 初五	**20** 初六	**21** 初七	**22** 冬至	**23** 初九	**24** 初十	**25** 十一
26 十二	**27** 十三	**28** 十四	**29** 十五	**30** 十六	**31** 十七								

公元 1982 年 12 月　　农历壬戌年【狗】

1 日　省委宣传部发出《关于开展向蒋筑英、罗健夫同志学习的通知》。蒋筑英是吉林长春光学精密机械研究所副研究员，罗健夫是陕西骊山微电子公司工程师，他们分别于 1982 年 6 月 15 日、16 日，为科学事业献出了自己宝贵的生命。

2 日　全省柑橘生产会议在赣州地区召开。会议认真总结交流了全省贯彻落实胡耀邦关于赣南发展柑橘生产方针的信和省委关于发展柑橘生产的决定的经验，决心再接再厉，努力奋斗，进一步开创江西省柑橘生产的新局面。全省 1982 年新种柑橘 1100 万株，约合 14 万亩，是建国以来种橘最多的一年。总产量突破 90 万担，比 1981 年增加 2 万多担，创历史最高纪录。

3 日　全省 2136 万亩双季晚稻喜获大丰收，总产量首次突破 100 亿斤，比历史最高的 1979 年增产 12.6 亿斤，增长 14.4%。

3 日　省老干部局、省财政厅发出《关于离休老干部经费的通知》，对离休干部的活动经费和专项业务费开支作出规定。

3 日　省政府在南昌召开全省计划生育工作会议。着重研究部署开展计划生育宣传月活动，要求各地认真落实 1983 年人口计划，抓好计划生育这项基本国策，开创计划生育工作新局面。会议于 6 日结束。

南昌市东湖区计划生育宣传队深入渔区宣传计划生育

4 日　五届全国人大五次会议通过的《中华人民共和国宪法》规定县以上各级政府设置审计机构，独立行使审计职权后，南昌市开始独立审计。

4日 全国电瓷行业首次组织对出口电瓷产品进行质量评比，萍乡电瓷厂有两个出口高压电瓷品种被评为全国电瓷行业一等品，并获得证书。

6日 省冶金厅转发省政府批文，批准江西有色冶炼加工厂铜材车间搬迁到弋阳并扩建（1984年11月6日，省计委批复，同意江西有色冶炼加工厂铜材挖潜扩建二期工程建设规模达到1.23万吨/年。同月7日至9日，省冶金厅在该厂召开该项工程扩大初步设计审查会）。

6日 团中央少年部在常州市召开"全国红领巾读书奖"活动总结表彰大会。江西574名读书积极分子，123名指导、组织阅读的先进个人和123个先进集体在会上获奖章、奖状。

8日 经财政部批准，每年拨付江西老区建设资金由原每年2000万元增至每年3000万元。

8日 国务院农牧渔业部畜牧局主办的"全国人工养殖蚯蚓技术讲习会"在赣州地区畜牧研究所召开。

9日 全国涤纶长丝针织用品生产座谈会和全国印花雕刻技术交流会在江西举行，来自纺织工业部和全国各地的代表共250人参加了会议。

9日 由中国科学院动物研究所、中央电视台、中央新闻电影纪录制片厂联合组织的考察组，在九江地区以及相邻近的安徽、湖北两省交界处寻找考察白天鹅，以便向世界有关组织和联合国提供资料，省民航中队担负考察飞行任务。

10日 江西省地质局受地矿部委托，在南昌主持评审了《南岭及邻区1∶1000000地质图》并获得通过。该图由江西省地质局牵头，湘、桂、粤、闽4省地区地质局协作完成。1985年由地质出版社出版。

10日 江西省文艺学会1982年在南昌举行年会。年会于14日结束。这是自1961年学会成立后20多年来第二次全省文艺理论工作者的盛会。

11日 江西竞走运动员邱世永被评为"全国田径最佳运动员"之一。

13日 省纺织工业局制定的《江西省印染行业生产技术管理分类细则及考核办法》正式颁布，从1983年1月1日起执行。

13日 南昌市中级人民法院在省高级人民法院审判庭依法公开审判"四人帮"在江西的涂烈、万里浪等8名案犯（当日至1983年1月26日先后开庭29次）。

15日 省政府办公厅下达《关于成立江西省稀土技术攻关领导小组和江西省稀土研究所的通知》，由副省长王昭荣兼任小组长，郑汉夫兼任办公室主任，并决定在南昌硬质合金厂稀土车间的基础上成立江西省稀土研究所，与江西省稀土公司合署办公（1984年4月，江西省冶金厅按此决定，将南昌硬质合金厂稀土试验组和稀土车间划出，成立江西省稀土研究所与江西省稀土公司，实行两块牌子，一套人马）。

15日 省委召开全省党员教育工作会议。传达全国党员教育工作会议和全国农村思想政治工作会议精神，研究部署全省今冬明春和今后一个时期开展党员教育和加强农村思想政治等项工作。会议要求各地区、各单位、各部门要抓紧对所有党员进行一次以新党章为主要内容的教育，为整党做好准备；要加强农村思想政治工作，不断提高农民的社会主义觉悟，在积极进行物质文明建设的同时，大力推进农村社会主义精神文明建设。会议于20日闭幕。

16日 由地质矿产部政治部、中国煤炭地质工会、地质出版社、地质报、《地球》杂志社、中国地质学会科普创作委员会联合举办的地质题材文学作品评奖活动近日在北京揭晓。江西作者王安雄的诗歌《深山一日》、欧永华的小小说《呵，绿色的茶林》、柯才的短篇小说《呵，流金飞霞的春光……》获奖。

17日 省畜牧水产厅组织一批专家、教授和科技人员在南昌县三江镇开展畜牧技术赶集科普活动。

17日 省司法厅发出《关于宣传新宪法的通知》，组织力量编写新宪法的宣讲材料，又召开县以上司法行政机关的电话会议，对新宪法的学习、宣传和贯彻，提出具体要求，在全省城乡掀起一个学习、宣传新宪法的高潮。

18日 省政府批转省公安厅《关于建立经济民警的请示报告》。报告指出，除部队守卫的重要警戒目标以外，下列重要单位可以建立经济民警；重要的厂矿企业和重要的科研单位的要害部位；国家重要的战备物资储备库，储存全国性的、全省性的重要物资的大型仓库，1万立方米以上储量场油库，其他储存易燃、易爆、易毒、放射性等危险物的大型仓库；国家造币厂、中央和省的要害金库；大中型发电厂、水电站、国家电力网枢纽性的变电站。经济民警享受公安干警工资待遇，列入本企业编制。

19日 中国人民银行萍乡市支行青年工作者余和平设计制作的80.12–RCKD防盗报警器，在参加由北京电子协会、《北京电子报》等7个单位举办的"全国业余电子科技作品比赛"中获得三等奖。

20日 省二轻厅提出二轻工业发展战略目标、步骤和措施。

21日 省矿产储量委员会审查批准瑞昌县码头大型石灰岩矿区地质勘探报告。

21日 全省民族团结先进单位、模范人物表彰大会在南昌召开。许勤作题为《贯彻民族政策，增强民族团结，为全面开创社会主义现代化建设新局面而努力奋斗》的报告。来自全省39个民族中的14个民族代表欢聚一堂，17个单位、61名个人分别荣获民族团结先进单位和模范人物光荣称号。大会于26日结束。

22日 4时30分至5时30分，井冈山黄洋界高山气象站的气象工作者发现北方群山上空有一处街灯似的蜃景。蜃景在内地的夜空出现极为罕见，实为奇观。

22日 省、市人大常委会在南昌八一礼堂联合举行五届全国人大五次会议精神传达大会。会议由省人大常委会副主任张宇晴主持。出席五届全国人大五次会议的江西省代表团副团长王实先作传达报告。

22日 江西省机械施工公司张孝林等人完成的"AD型长螺旋钻孔机及钻孔灌注桩成桩工艺"项目，通过省级技术鉴定。该成果为全省城镇建设提供了可靠的地基处理新工艺。获1983年省人民政府科技成果四等奖。

23日 长江第一所海员职业病防治医院在江西省九江市落成。

24日 省政府召开全省工交生产电话会议，进一步动员全省工交战线广大职工，夺取1983年首季工交生产新胜利。

24日 省政府批转省邮电局《关于加快我省邮电建设问题的报告》。报告指出：城市建设部门要把邮电网点布局纳入当地城市总体规划；建筑高层住宅时应考虑设置邮电设施；免除家用电话上缴利润，加强农话建设。

24日 新余铁矿田构造地质现场学术交流会在良山召开，会后江西省地质学会邀请知名地质学家马杏垣等在南昌作学术报告。

24日 在文化部召开的全国少年儿童图书馆（室）先进集体、先进工作者表彰会上，南昌、景德镇市图书馆少儿阅览室被评为先进集体，临川、安福、上高县图书馆工作者谢振瑜、黄毅、哺秋波被评为先进工作者。

24日 坦桑尼亚民兵代表团在江西宜春进行为期3天的农村民兵考察，宜春西村公社男女民兵冒雨用六〇炮和八二迫击炮进行实弹射击表演，取得了发发命中的好成绩，受到外宾赞扬。

25日 昌赣公路首期改建工程竣工，南昌—吉安段，全长221公里，全部改建成二级公路。

27日 全国中学生联合数学竞赛、华东中学生作文比赛的优胜者发奖大会在南昌举行。江西省获一等奖6篇，二等奖11篇，三等奖15篇，鼓励奖51篇。

27日 省委、省政府召开全省开展计划生育宣传月活动动员大会。省党政军负责人出席大会。赵增益作题为《全省人民进一步动员起来，为坚决有效地控制人口增长而共同努力》的动员报告。省市机关干部和职工3000余人参加大会。

27日 省五届人大常委会第十四次会议在南昌举行。会议通过省人大常委会《关于保证新宪法贯彻实施的决议》、《关于召开江西省第六届人民代表大会第一次会议的决定》、《关于江西省第六届人民代表大会代表名额和选举问题的决定》和有关人事任免名单。会议于29日结束。

29日 省委、省政府召开电话会议，要求各级党委、政府把进一步贯彻中共中央、国务院《关于制止乱砍滥伐森林的紧急指示》作为一件大事抓紧抓好，下最大决心彻底刹住乱砍滥伐森林歪风。会议还对制止滥占耕地建房，抓好当前生产，夺取 1983 年农业丰收及保护鄱阳湖区域珍禽等问题作了部署。省党政军领导、省直各单位负责人、各地、市、县主要领导及纪检、政法、林业等有关部门负责人共 1000 多人参加了会议。

29 日 在江西鄱阳湖中的长山渔岛上发现一座古瓷窑，初步确定属唐代民间瓷窑。

29 日 江西省第一段无缝铁路，在向（塘）、九（江）线的横岗火车站第二股道正线铺设成功，并已投入使用。

30 日 省政府发出通知，要求各地切实做到：（一）充分利用水面，大力发展渔业生产；（二）建立和完善渔业生产责任制；（三）推广渔业科学技术；（四）保证渔需物资供应；（五）保护水产资源，加强渔政管理；（六）改进购销工作；（七）加强对渔业生产的领导。

31 日 宜春县南庙公社开始改革人民公社制度，党、政、企组织分开，分别成立乡党委、乡政府和乡经济组织（1983 年 3 月，全省改革人民公社制度，建立农村乡级政权的试点工作在大余、波阳县部分人民公社进行）。

本月 经省内外专家鉴定，赣州白猪经过近 10 年有组织有计划的走向培育试验，已培育成功适应农村现有饲养条件和管理水平的耐粗饲、生长快、屠宰率高、抗逆性强、瘦肉率较高的肉脂兼用型新品种。经测定，经济效果显著，是江西畜牧生产中的一项重大科研成果。

本月 由吉安地区文联青年作家邱恒聪创作的历史故事片文学剧本《宋应星》，已被珠江电影制片厂采用，将搬上银幕。

本月 江西省首届农民画经过评选，已选出一等奖作品 4 幅，二等奖作品 27 幅。

本月 南昌市总工会锻压技术交流队设计制造的"车间无尘、无烟、炉料外无火"的"三无"加热反射炉，荣获中华全国总工会颁发的奖状。与老式炉型相比，在同等条件下，普遍缩短了时间，降低煤耗 30% 左右。

本月 国务院侨务办公室、中华全国归国华侨联合会在北京召开"归侨、侨眷、侨务工作者先进个人和先进集体表彰大会"。省侨联副主席蔡奠华、九江国棉二厂技术科操作员林芳枝、赣州市农机分公司储运组长张丽云、鹰潭市人民医院口腔科医师蔡秀清被授予"全国'三八'红旗手"称号。

本月 省档案馆和省妇女联合会合编出版《江西苏区妇女运动史料选编》。

本月 南昌陆军学校获全军绿化委员会授予的"全军绿化先进单位"称号。

本月 国务院副总理万里在《江西波阳县五个垦殖场实行包干到户，生产面貌大为改观》一文批示：此件在《农民报》上报道一下，以引起农场的同志们想想问题。农牧渔业部向各省、自治区、直辖市农垦部门发出《关于落实万里副总理批示，解决亏损企业亏损问题的通知》。

本月 江西省内低压电器产品通过一年整顿，第一批 16 个系列产品生产企业 25 家，经机械部审查，有 7 家企业共取得 28 张生产许可证，至 1990 年底达到 12 家企业，其他企业转产或淘汰。

本月 江西工学院土建系赵寿元等人完成的《设拱填渣空腹重力坝》科研成果，获 1984 年省政府科技成果三等奖。运用这一成果，在省内外建成 3 座大坝，直接节约工程投资 220 余万元。

本　年

本年 江南材料厂全年共完成了 56 项新产品的研制任务，其中，高频晶体管芯柱镀镍代镀金和高速低压 CMOS 集成电路分别获得中国电子器件成果奖和中国电子器件工业科技成果一等奖。

本年 从 1972 年开始，至本年的 10 年间，省农业局共组织专业人员 194 人次，在 45 个重点县进行农作物害虫天敌资源调查，共查获主要害虫天敌 854 种。

本年 宜黄县枸岭垦殖场试制长叶烯松油成功。

本年 下半年，江西人民出版社逐渐推行责任编辑署名制，增加编辑对出版物的责任感和荣誉感。由此，书刊责任编辑奖日益增多。

本年 由江西人民出版社出版的《骨科诊疗手册》一书，在中国出版者协会科技出版工作委员会主办的 1982 年度全国优秀科技图书评选中获二等奖。这是江西第一部获全国优秀科技图书奖的著作。

本年 南昌硬质合金厂合金车间生产的细钨粉、细碳化钨粉质量达到国家质量标准，产品远销美国和日本。

本年 省铁路局共给知识分子平反冤假错案和改正错案 196 件，发展 210 名知识分子入党，提拔 248 名中青年科技骨干担任科级以上领导职务，评定和晋升科技人员职称 1712 名，解决科技人员夫妻分居 381 名，安排科技人员子女就业 959 名。

本年 在全国铁路中间站评比中，浙赣线温家圳站被评为全国铁路先进中间站，并获表彰。

本年 南昌铁路局董铁民、张幼智、张道卫等 8 人发明双向预应力混凝土刚性屋面防水层。经铁道部鉴定，认为在国内外未使用过，有创新内容。采用这种屋面建成房屋 79 幢、计 2.65 万平方米，施工不需要脚手架，操作简便，防渗性强，成本低（1984 年获江西省科技成果二等奖，1986 年获国家科技发明四等奖）。

本年 省民政厅编印《江西省革命烈士英名录》37 册，共收入江西籍及外省籍在江西牺牲的革命烈士 248578 名。

本年 江西医学院第一附属医院主任医师吴燮卿等成功抢救一例烧伤面积达 85%、败血症、低温长达 25 天的患儿。

本年 景华无线电器材厂生产的 300 路载波机用陶瓷滤波器、江西手扶拖拉机厂生产的"东风 12 型"手扶拖拉机、江西无线电厂生产的 79

型短波定频气象接收机、江西东风制药厂生产的"江东牌"普鲁卡因青霉素、景光电工厂生产的 FU－101F 型陶瓷发射管获国家优质产品银奖。

本年 中央军委、国防科工委电贺景德镇万平无线电器材厂微调电容器用于运载火箭和通讯卫星发射成功。

本年 南昌县被国家列为全国 50 个商品粮基地试点县之一。

全省最大的产粮县——南昌县粮库

本年 南昌县丁坊酒被农牧渔业部评为优质黄酒，获景泰蓝奖牌。

本年 煤炭工业部评定江西丰城矿务局坪湖选煤厂为"甲级选煤厂"。该煤厂先后获得"全国煤矿安全工作先进单位"和"全省安全、文明生产先进集体"称号。

本年 江西省黑色冶金环境保护监测研究站成立，挂靠省钢铁研究所（1990 年 3 月，更名为江西省黑色冶金环境监测研究站）。

本年 省教育厅在转发教育部《关于当前中小学教育几个问题的通知》中，进一步强调："县教育部门要以主要精力抓好小学教育，同时抓好一般中学。"

本年 江西印刷公司、江西商标彩印厂先后从日本引进电子扫描分色机、自动显影机、自动照相机等制版设备，使南昌市手印制版印刷设备达到国内先进水平。

本年 江西八一无线电厂承担国家计委下达 SCJ－7 型立体应用电视设备的研制，荣获电子工业部科技成果奖。

本年 南昌无线电仪器厂生产的 MX811 型脉图仪获国家经委"金龙奖"、南昌市科技二等奖、省科技三等奖。

本年 南昌市在林区成立林业个体户，是境内贯彻"松绑放权"改革政策后出现的一种林业经营新模式。

本年 全省 7000 多个社队企业进行了全面整顿，企业领导班子得到调整和充实，90% 以上的企业建立和健全了多种形式的经济责任制。

本年 江西省工艺美术馆竣工。该馆位于南昌市彭家桥东端，建筑面积 5848 平方米，高 17.8 米，三层，框架结构。由省轻化设计院设计，南昌市建筑一公司施工，被评为南昌市"十佳建筑"之一。

本年 金溪县重修的疏山寺工程竣工（1985 年经江西省人民政府批准，该寺被列为全省重点开放寺庙之一）。

本年 南昌洪都机械厂开始"军用飞机强规范"的研究（1986 年该项成果获航空工业部科技成果一等奖。主要完成人为王庆林、苏开鑫、许景铭）。

本年 1978 年至 1982 年 9 月，国家一类保护植物——野生稻群落先后在江西东乡县被发现，分布在北纬 28°14′，东经 116°36′，海拔 45.8 米的低丘洼地。江西省农科院水稻所对野生稻的性状、品质、抗性、细胞遗传等进行了鉴定与研究，确认属普遍野生稻（1991 年 9 月，在东乡县岗上积乡的丘陵山谷中又发现五处野生稻群落，经中国农科院、江西省农科院和江西大学等单位的专家教授考证，东乡野生稻是当前发现的分布在我国最北点的野生稻。它具有耐寒、耐旱、萌发早、分蘖力强等特点，地下根系发达，在缺肥的情况下，其蛋白质含量仍高于海南岛的野生稻，为水稻制种、选育，提供了优良的资源）。

本年 省地质局赣东北队在广丰县溪滩发现并评价了一处特大型黑滑石矿床。

本年 省有色冶金勘探公司运用地洼学说观点编制了 1:500000《江西省构造图》。

本年 在江西省第八次代表大会上，建材工业被列为全省发展国民经济的三大支柱产业之一。

本年 江西国药厂与中国医科院药物所合作，首次工业化生产发酵冬虫夏草菌。

本年 江西制药厂试制氯型维生素 U 成功，首创离子交换生产法，并获江西省科委科技进步奖。

本年 华东交通大学建工系金学易等人完成的铁道部重点科研项目《铁路隧道运营通风的研究》通过部级鉴定。该成果技术达到国际水平，获铁道部科学大会奖。

本年 江西省机械施工公司首次在江洲造船厂 5000 吨船台桩基采用硫磺胶泥接桩技术，获得成功。该工艺比焊接法施工提高工效 3 倍，节约钢材 70%，降低成本 65%。

本年 萍乡市腐殖酸工业公司建立。初期年生产能力 2572 吨，投资 211 万元（到 1990 年，年生产能力提高到 5000 吨。这项工程属全国星火计划重点项目，建筑面积 2600 平方米）。

本年 景德镇市建筑学会引进的"振动水冲法碎石桩"新技术，在市电瓷厂、红星瓷厂、交通局、浮桥管理所等工地使用，效果良好，较灌注桩法加固地基提高工效 1 倍多。某工程地耐力由原来的 8 吨力/平方米，提高到 23.90 吨力/平方米，节约施工总费用 13.40 元，钢材 33.79 吨、水泥 80.80 吨、木材 20 立方米。

本年 江西省托幼工作指导小组、省教育厅、省卫生厅、省总工会、省妇联联合发文，要求把"五好"园所的竞赛活动进一步经常化、制度化。

概要

1月，中共中央对江西省党政领导班子作出新的调整安排，省级领导班子全部配备完毕。之后，省、地机构和县、乡两级也进行了改革和调整，调整后的领导班子实现了干部队伍革命化、年轻化、知识化、专业化。江西部分地区实行地改市、市领导县的行政新体制。5月，根据国家的部署，江西省制定了国民经济和社会发展的第六个五年计划（1981~1985），并经省六届人大一次会议审议通过，由省政府正式下达各地、市和省直各部门贯彻执行。江西省第六个五年计划的基本任务是：贯彻执行中共十二大确定的经济建设和战略目标、战略重点和战略步骤，贯彻调整、改革、整顿、提高的方针，以提高经济效益为中心，妥善安排各方面的比例关系，为建立以粮食为优势，农、林、牧、副、渔全面发展，农工商综合经营的农村经济结构和轻、重工业协调发展的工业经济结构打下基础，使两大部类的生产相互协调；争取消费品供应和社会商品购买力的增长相适应，保持财政、信贷收支平衡；积极发展科技、文化、教育事业，逐步提高人民生活水平，使城乡人民的物质、文化生活继续有所改善。

地、市级机构改革　4月，第二阶段的地市级机构改革在全省全面展开，地、市机构改革的重点：一是"地区由实变虚"，即改变为省委、省政府的派出机构；二是部分地、市合并，实行市领导县的体制，充分发挥中心城市的作用。当年7月，国务院正式批准了江西地市机构改革方案。全省形成了南昌市、九江市、景德镇市、萍乡市、新余市、鹰潭市和宜春地区、赣州地区、吉安地区、抚州地区、上饶地区的六市五地的地市行政体制。以市领导县，统一组织生产和流通，对于发挥城市的组织和辐射作用，密切城乡联系和促进城乡经济的发展都具有重要作用。8月，省委、省政府完成了各地市党政班子的调整配备。省、地机构改革和班子调整完成后，县、乡两级也迅速进行了相应的改革和调整。省六届人大常委会决定设立省人大常委会赣州、吉安、宜春、抚州地区联络处，作为省人大常委会的派出机构。

乡村管理体制的改变　1月，中共中央下发《当前农村经济政策的若干问题（草案）》，决定从实行生产责任制特别是家庭联产承包制和实行政社分设两方面改革人民公社体制。江西从3月开始，在大余县的新城、池江、横江等公社和波阳县的芦田、饶埠公社，扩大进行政社分设试点。10月，省委、省政府按照中央"当前的首要任务是把政社分开，建立乡政府"的要求，在全省1600

多个公社中，全面铺开政社分开的改革。将人民公社原政权职能分离出来，转给新建立的作为农村行政机构的乡人民政府，撤销原来作为一级行政机构的生产大队，成立村民委员会作为农村基层群众性的自治组织。而生产队已不再是原来三级中的基本核算单位，变为独立的自负盈亏的集体经济组织。

对外开放方针 省委提出了"解放思想、开放门户、互惠互利、甚至让利"的对外开放方针。当年，江西引进日本钨丝生产技术和设备，结束了长期以来只能出口钨精矿的历史。江西黑色、有色金属工业被国务院列入重点基础企业。在国内率先引进日本五十铃汽车生产技术，生产出命名为"江铃"的 1.25 吨双排座轻型载货汽车。

农业多种经营的发展 省委、省政府在相应调整种植业面积、要求以提高单产确保粮食生产稳定增长的同时，作出加快发展林业、渔业和畜牧业的三个决定，并大力发展农村专业户、重点户，发动千家万户包山包水，开发山林水面，扩大农村商品生产和搞活商品流通。由于农村政策的进一步放宽和经济布局的调整，全省农村多种经营进一步活跃起来。当年开始出现的粮食过剩问题进一步加剧，形成近百亿公斤粮食压库的新"负担"。与此同时，棉、油、蔗、烟、水果等经济作物的生产也有所增长。

国营工业实行承包责任制 5月，江西省开始在国营工业实行承包责任制，全省预算内企业实行集体承包的有 900 多家，占 70% 以上。这些企业的主要做法是：上缴利润基数包干、超收部分分成。实行以来曾收到一定的效果，但由于其他措施没有跟上，企业自主权没有完全落到实处，加上承包期大都不长，一些企业存在短期行为，致使企业承包制遇到不少困难。

企业税制改革 全省工业企业分两步推行"利改税"，第一步税利并存，第二步以税代利。通过税制改革，把国家与企业的分配关系用法令的形式固定下来。

其他重要事件 江西省城镇集体工业领导小组成立。江西省食品、饲料工业领导小组成立。江西省政府经济体制改革委员会成立。江西省政府经济研究中心成立。江西省候鸟保护区成立。江西省高等教育自学考试指导委员会成立。省、地（市）、县相继成立管理计划生育工作的专职部门——计划生育委员会。江西省委整党工作指导小组成立，并形成了《关于开展全面整党的部署》和《关于加强思想战线的领导，抵制和清除精神污染的意见》两个文件。随后，全省 102 个机关、团体、企业单位开始首批整党。省委、省政府首次确定将鄱阳湖地区作为一个经济区进行开发治理。

全省本年主要经济指标情况 国民生产总值 144.13 亿元，比上年增长 6.8%；第一产业产值 63.98 亿元，比上年增长 0.1%；第二产业产值 49.20 亿元，比上年增长 14.5%；第三产业产值 30.95 亿元，比上年增长 9.5%。农业总产值 86.08 亿元，增长 1.5%；工业总产值 116.91 亿元，增长 9.7%。财政收入 13.53 亿元，比上年增长 9.7%。粮食总产量 292 亿斤，比上年增长 3.2%。年末全省总人口 3394.50 万人，人口自然增长率 13.69‰。

1983
1月
January

公元 1983 年 1 月							农历癸亥年【猪】					
日	一	二	三	四	五	六	日	一	二	三	四	五	六
						1 元旦	2 十九	3 二十	4 廿一	5 廿二	6 小寒	7 廿四	8 廿五
9 廿六	10 廿七	11 廿八	12 廿九	13 三十	14 十二月大	15 初二	16 初三	17 初四	18 初五	19 初六	20 大寒	21 腊八节	22 初九
23 初十	24 十一	25 十二	26 十三	27 十四	28 十五	29 十六	30 十七	31 十八				

1 日　江西省当日起执行国务院《国家能源交通重点建设基金征集办法》（到年底共征集基金 9700 万元）。

1 日　遵照国务院发布的《牲畜交易税暂行条例》及江西省人民政府发布的实施细则，江西省重新开征牲畜交易税。

1 日　中共中央发出《关于当前农村经济政策若干问题的通知》的文件，允许个人或联户购置拖拉机，从事运输（随后，交通部提出："有路大家行车，有水大家行船"的口号，鼓励"国营、集体、个人一起上"。从此，江西农村运输市场进一步放开，以行政手段为主的"三统"管理逐步转为宏观调节、间接控制的行业管理）。

2 日　省委宣传部召开全省"五讲四美"活动大检查汇报会，对 1982 年"五讲四美"活动开展情况进行总结，并对今后"五讲四美"活动开展作出部署。会议要求突出进行"四提高、四反对"教育，积极开展计划生育、新宪法、婚姻法等法制教育。要在元旦和春节前后开展两次治理脏、乱、差的突击活动。

3 日　景德镇市火车站地基工程开工。地基为高填土，首次采用强夯法地基处理，夯实面积 9228 平方米，为国家节约资金 23.50 万元，节约水泥 305 吨，钢材 110 吨，木材 60 立方米（2 月 21 日，土建工程正式动工。6 月 1 日，火车站竣工。站场占地面积 2 万平方米，站房建筑面积 4977 平方米，采用四层框架与装配的结构大厅，组成四合院式庭院房屋）。

3 日　省委转发 1982 年 12 月 28 日中共中央关于江西省领导班子配备的通知：省委第一书记白栋材，书记许勤、赵增益，副书记王书枫，常委信俊杰、赵志坚、王昭荣、白永春、裴德安、钱家铭等。新的省委常委由原来的 15 人减少到 11 人，书记、副书记由原来的 9 人减少为 4 人，平均年龄 55.6 岁，比原来降低 8.2 岁。新班子有 5 人具有大专文化程度和技术职称。省长赵增益，副省长梁凯轩、柳斌等，省顾问委员会主任傅雨田，省人大常委会主任马继孔，省政协主席吴平。

4 日　省地质局赣南地质调查大队在赣县峰山的寒武纪和燕山期花岗岩中首次发现硅石矿。

5 日　省委召开工作会议，回顾 1982 年工作，研究和部署 1983 年工作。会议号召全省广大党员、干部和群众,进一步把思想认识和实际工作统一到党的十二大精神上来,坚决实行机构改革,抓紧、抓实经济工作,振奋精神,积极进取,使1983年的各项工作都能取得新进展。会议着重就搞好省级和地、市级党政机构改革,扎扎实实把经济工作搞上去,在"包"字上做文章,继续稳定和完善农业联产承包责任制,进一步加强社会主义精神文明建设和有计划地进行整党试点,狠抓党风根本好转等问题进行讨论。省委工作会议于11日结束。

6日 《江西日报》发表《着眼长远,立足当前,画好江西"山水画"》的社论。社论指出:把山变成万宝山,把水变成聚宝盆,使林业、畜牧业、水产业有较大发展,不仅可以提供国家建设和国计民生所需的生活资料,而且对于控制水土,调节气候,改造环境,保障农业丰收,都有着不可替代的作用。画好"山水画",重要的是不能一蹴而就,而是要坚持不懈,准备先画10年、20年,画一笔就要出一批成果。

6日 省委、省政府组织6个工作组,分赴赣州、吉安、上饶、九江、抚州地区和萍乡、景德镇、九江、南昌市,协同地、市、县查处毁林案件,迅速彻底地刹住乱砍滥伐歪风。

6日 经文化主管部门批准,有30多年杂技魔术艺龄的宜春县民间艺人李灼才(艺名玉白)组成"玉白魔术杂技团"并在春节开始正式演出。

6日 省建设厅发布《江西省城市建设十年规划和"八五"计划》的文件,并印发给各地、市建设局。

6日 江西省计算技术研究所助理研究员傅昭阳与华中工学院张勇传、上犹江水电厂蒲润等研究成功的"上犹江电站水库优化调度"通过省级鉴定。该项研究成果,首次提出经流条件分布偏差系数与变差系数比值的理论计算公式,并首次将"对策论"引进水库优化调度,为优化调度研究提出一条新途径,是电子计算机应用于能源开发的一个成功尝试。该成果获1983年江西省优秀科技成果一等奖(该项目的后续项目"水电站水库优化调度理论的应用与推广"获1985年国家科技进步一等奖)。

7日 农牧渔业部水产局委托江西省畜牧水产厅在南昌主持召开长江鲥鱼人工繁殖幼鱼培育阶段实验技术鉴定会。"长江鲥鱼人工繁殖幼鱼培育技术研究"属全国重点水产科技项目,已取得新的突破。

8日 德兴县通用机械厂按美国客商来样试制成功各式图案的铜质书签,首次参加广交会,打入国际市场。

8日 省农林垦殖厅、省环境保护办公室、省公安厅等有关单位,在鄱阳湖举行放飞仪式,将在鄱阳湖滨非法猎捕、收购的一批白天鹅放回鄱阳湖,使它们重返大自然,并对非法猎捕和收购白天鹅的单位和个人进行调查处理。

8日 江西省一项科研项目——新型建筑材料稻壳板,由省建筑材料研究设计院研制成功,并开始投入生产。

9日 省政府最近决定,省直各经济主管部门都要从上到下建立和健全信息系统,以便正确地指导经济工作。

9日 赣闽八县(瑞金、宁都、兴国、广昌、石城、长汀、建宁、宁化)革命根据地文学艺术授奖大会在瑞金县举行。有16篇(件)作品获一等奖,30篇(件)获二等奖,50篇(件)获三等奖。

10日 省建委、省经委、省计委、省财政厅联合转发国家建设部、国家经委、国家计委、财政部《关于印发〈二十五个城市用水会议纪要〉的通知》和省政府第一一七次省长办公会议《关于贯彻南方十个城市用水会议精神的六条决定》的文件。

11日 九江市政府向对祖国图书事业作出巨大贡献的庐山图书馆职工徐效钢授予"模范革命残废军人"光荣称号,并向他颁发了奖状和奖金。

12日 省政府决定派省供销合作社工作组,到南城县进行体制改革试点,总结建立基层供销合作社、县供销合作社联合社理事会、监事会等方面的经验。

12日 由南昌市科委、市科技顾问团对全市1982年度申报的153项科技成果进行评审,其中 83 项优秀科技成果获奖。

13 日　长江中游旅游胜地——湖口县石钟山发现古文化遗址。在一个面积仅有 5 平方米的石洞中，挖掘出陶器碎片千余块（已复原一件黑陶鬲）、陶网坠 35 枚、陶珠一只、陶兽一件、骨箭头、骨针、骨（角）锥、角叉等 38 件，打制石器 3 件、磨制石器 5 件和彩色石珠多枚。这些出土遗物表现了生活在长江、鄱阳湖滨的古代先民的渔猎生活特征，表明长江流域也是我国古代文明的发祥地之一。

13 日　南康县文物考古工作者日前在该县东山公社的坪岭发现恐龙骨化石。经有关方面专家鉴定，为中生代脱白垩纪时期（距今 1.35 亿年）二类肉食龙的牙齿、爪、肢骨化石。

14 日　解放军总政治部最近发出通报，表扬吕明清在 1982 年的抗洪抢险斗争中的突出表现。江西省军区党委作出关于开展向吕明清学习的决定，号召全区部队指战员学习吕明清的革命精神，开创部队工作和民兵工作新局面。

14 日　国家民航总局对江西省民航局在长期保证飞行安全中作出成绩的王同希、唐渊、赵兴发、林启辉、桂玉辉、王傅庆、张汉林、肖树同、谢世泉、王礼宏 10 名同志分别颁发一、二、三级安全飞行奖章。

15 日　鄱阳湖考察工作会议在南昌召开。会议具体布置了 10 个一级课题、62 个二级课题的考察任务。从 1983 年起，500 余名自然科学和社会科学工作者组成了 10 个考察分队，陆续进入鄱阳湖及滨湖 11 个县（市）实地考察，要求在三年之内拿出整体治理利用鄱阳湖的最佳方案。工作会议于 18 日结束。

15 日　第四次赣湘闽粤四省百县造林会议在福建建瓯召开。17 日，来自江西、湖南、福建、广东四省 100 个县的 200 多名共青团代表在福建建瓯县城东郊黄华山，营造了一片新的"四省百县林"，这是继瑞金沙洲坝四省"百县林"之后的第二片"四省百县林"。在植树现场还通过了《给党中央的信》。会议历时 6 天，于 20 日结束。

15 日　星子县工艺美术厂新发现金圈、金花浪纹等 11 种新型优质砚材料，受到全国书法家赞赏。北京 88 岁书法家肖劳赞曰："金星生辉、媲美端歙。"

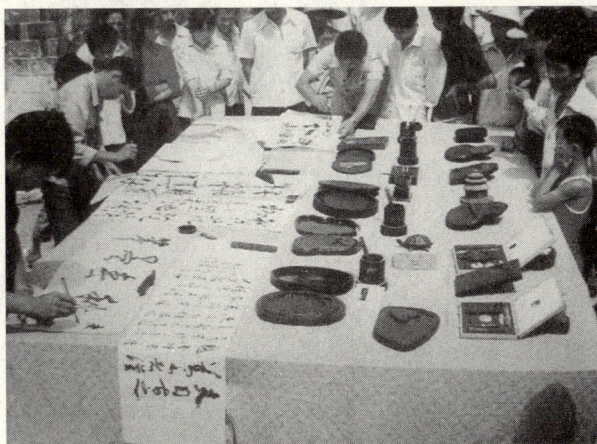

盛产青石、金星宋砚的星子县横圹乡，把资源开发与弘扬传统工艺、活跃群众文化生活相结合，开展群众性的笔会活动

16 日　九江长江大桥公路桥建成通车。桥长 4460 米，桥能双向通行，共四车道。

16 日　江西光学仪器总厂首批生产的凤凰牌 301 型电子自动曝光照相机，在上海 17 种照相机质量评比中，获得好评。

在上海市第一百货商店照相机柜台前，顾客争购江西光学仪器总厂生产的照相机

17 日　巴基斯坦空军参谋长阿塔·谢赫少将一行 7 人抵南昌，将在南昌洪都机械厂进行为期两天的参观访问。

17 日　省委最近召开地、市委书记会议，贯彻中共中央（1983）1号文件《关于当前农村经济改革的若干问题》的精神，进一步肯定以农户或小组为承包单位的联产计酬责任制。

18日 省高级人民法院召开全省中级人民法院院长会议。省高级人民法院院长柳滨讲了话。讲话主要内容是关于打击经济领域的严重犯罪，公开审判，加强法院干警职业道德教育和法院机构改革等问题。会议于20日结束。

18日 共青团江西省委和共青团南昌市委在八一礼堂召开大会，传达共青团中央十一大精神。要求广大青年一定要更加紧密地团结在党中央周围，以马列主义、毛泽东思想为指导，以"振兴中华"为己任，为四化建设而努力劳动、勤奋学习，在两个文明的建设中打先锋、做模范。

18日 省政协第四届常委会第二十四次会议在南昌市举行。会议听取了关于全国人大、全国政协五届五次会议和江西省委工作会议精神的传达报告，通过《关于召开政协江西省第五届委员会第一次会议的决定》。会议于22日闭会。

19日 南城县供销合作社针对当前农村商品生产发展和农村商业体制不相适应的情况，对供销社体制进行改革，恢复组建全省第一个县联社——南城县供销合作社联社，为江西省农村商业体制改革起带头作用。

19日 省委批转《江西省军区关于民兵工作的报告》的文件。文件指出：要把民兵工作重点转到"两个结合"（民兵制度与预备役制度相结合、民兵工作与战时兵员动员准备工作相结合）上来，紧紧围绕社会主义物质文明和精神文明建设，努力开创民兵建设的新局面。

20日 江西人民出版社元月重新印制的《毛泽东、周恩来、刘少奇、朱德、邓小平、陈云在一起》领袖合影像，即日开始在全省城乡发行。

20日 江西省遵照中共中央、国务院的决定，在调整纺织品价格的同时，降低手表、闹钟、布胶鞋、彩色电视机、电风扇的价格，从当日起执行。

20日 景德镇、宜兴陶瓷展销会在香港中艺公司的展览厅和商场开展，展出产品5000件（套）。

20日 宁都县公交公司一辆东风大客车从福建泉州返回宁都途中，在319国道瑞金叶坪乡路段与福建建阳县客车队东风大客车相撞后起火，造成11人死亡，32人受伤。

20日 贵溪冶炼厂厂长张道南率培训团一行47人赴日本住友金属矿山株式会社进行技术培训。

20日 由天津市第二机械工业局所属的无线电五厂指导安装的江西省第一套农电载波通讯设备，在宜丰县正式投入使用。它是利用1万伏或3.5万伏电力线路构成的调度通讯网，在县供电所设立调度总机一台，下接各发电站和变电站，发、供电系统可以直接通话，便于迅速及时地指挥、调度全县电力系统，有利于及时了解和快速处理电力系统发生的事故。

21日 省委第一书记白栋材就南昌市科研所刘茂林的一封信作出批语，希望各级领导同志迅速改变旧观念，树立新思想，做新技术、新产品推广、投产的热心人和促进派。

21日 福建省军区受福州部队的委托隆重举行表彰大会，授予饶乐里"舍身救民兵的好干部"荣誉称号。饶乐里是福建省罗源县人民武装部参谋，江西省新建县人，1982年9月15日，他在罗源县起步公社组织民兵进行手榴弹实弹训练，投掷发生意外时，为掩护他人，毅然舍身扑向即将爆炸的手榴弹，不幸壮烈牺牲，年仅26岁。

22日 省科委、吉安行署与中国科学院自然资源综合考察委员会达成协议，将深入进行吉泰盆地资源综合利用、治理的试验研究，分别列入1983年各自重点攻关项目。

22日 江西医学院第二附属医院普外科讲师、主治医师盛茂鑫，为一位左下腿血管栓塞症并"股青肿"的病人，成功地施行了左髂股静脉血栓清除术，从而填补了江西省血管外科方面的一项空白。

22日 省政府宣布，国家粮食统购任务是指令性计划，必须保证完成。农民对完成征超购任务后的余粮，允许多渠道经营，并可由农民远销县外、省外。撤销原来关于议价粮食由粮食部门统一经营的规定。

24日 省政府最近颁发《关于提高工业产品质量的十条指令》：（一）坚决贯彻"质量第一"的方针，重视品种、质量工作；（二）要确定赶超目标，制定创优措施；（三）加强技术基础工作；（四）积极推行全面质量管理；（五）加强监督检验，把好质量关；（六）健全质量责任制，实行奖惩制度；（七）加强科技工作，努力发展新产品；（八）对发展新产品实行扶持鼓励的政策；（九）坚持质量调度、考核和统计制度；（十）加强领导，建立专门的质量工作机构。

24日 江西省畜牧良种场乳品厂生产的"英雄"牌全脂奶粉在农牧渔业部组织的同行业质量评比中被评为特级产品。

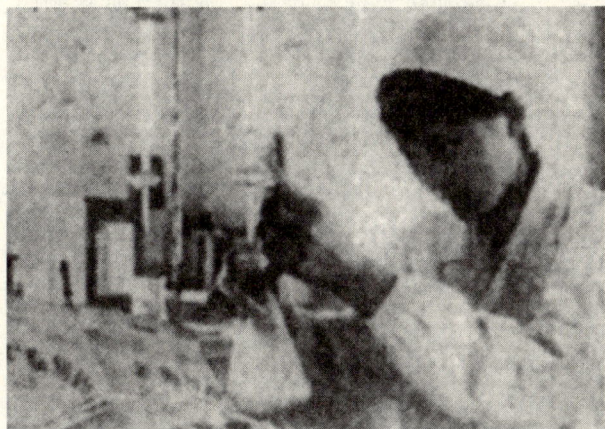

江西省畜牧良种场乳品厂检验室的技术员在抽查"英雄"牌奶粉，做酸度检验

24日 共青团江西省九届二次全委（扩大）会议在南昌召开。会议通过《关于在全省青少年中更加广泛、深入、持久地开展学雷锋、学先进活动的决议》。要求全省团员青少年树立远大的共产主义理想，自觉培养共产主义的崇高品德。会议于28日结束。

25日 省纪委发出通知，要求广大党员干部以身作则，带头刹歪风、正党纪。认真学习新党章和《关于党内政治生活的若干准则》（下称《准则》），进行一次贯彻执行新党章和《准则》情况的大检查。对党员和干部进行党性、党风、党纪教育，严格执行财政纪律。春节前后不准突击花钱，不准用公款请客送礼，不准大吃大喝，

不准滥发奖金和实物。

25日 福州部队成立赴老革命根据地慰问团，在春节前后热情慰问闽、赣两省老区人民。慰问总团团长为福州部队顾问张力雄，下设吉安、赣州、上饶、宜春、龙岩、三明、宁德、龙溪等14个分团（2月13日，由颜红副政委率领的福州部队慰问团来南昌慰问）。

25日 九江、吉安、赣州、宜春、抚州、上饶六个地区先后实现了市话自动化。

25日 江西师范学院数学系与省水文总站合作研究的《微型计算机水文资料整编系统》通过鉴定，属于国内首创。

25日 全省计划生育宣传月办公室主任汇报会在南昌召开，会期两天。会议要求广大干部群众克服松劲情绪，切实把宣传月活动引向深入，大力宣传基本国策，落实人口计划。会议还部署了加强计划生育宣传月的宣传工作。

25日 省委第一书记白栋材、副书记王书枫，在南昌市听取关于蔬菜供应情况汇报后，强调指出，市委、市政府要立即采取坚决有力的措施，限期把蔬菜供应问题解决好。

25日 省委转发《中共中央关于批准王铁任江西省委纪委书记，免去狄生兼任的省委纪委书记职务》的通知。

26日 经国务院批准，井冈山被列为全国44个国家级旅游重点地区之一。井冈山是我国第一个农村革命根据地，保存有许多珍贵的革命文物，自然风光秀丽多姿，具有观赏价值的地方达90多处。

26日 南昌市中级人民法院对"四人帮"在江西的重要案犯进行审判。一审判决：判处涂烈有期徒刑15年，剥夺政治权利4年；万里浪有期徒刑14年，剥夺政治权利3年；蔡方根、陈全生、蔡松林有期徒刑各13年，剥夺政治权利3年；张羽有期徒刑11年，剥夺政治权利3年；魏厚庆、曾凡珩有期徒刑11年，剥夺政治权利2年。

26日 江西、湖北两省电力联网第一期工程——下（陆）柘（林）22万伏高压输电线路试运送电成功。该项工程是从湖北的下陆到江西的柘林，全长153.2公里。

26日 省委工交政治部在九江玻璃钢厂召

开为期两天的思想政治工作现场会，学习《胡耀邦有关九江玻璃钢厂的指示》。会议要求推广九江玻璃钢厂的经验，开创江西工交战线"两个文明"建设的新局面。

26 日 根据中央一机部对整顿机械企业提出的五项要求，江西省机械厅企业整顿检查验收组对江西重型机床厂进行企业全面整顿检查验收，达到要求（2月1日，副省长梁凯轩亲临该厂，祝贺该厂成为全省机械系统第一个企业整顿验收合格单位）。

26 日 省委办公厅、省政府办公厅向中共中央办公厅、国务院办公厅专题汇报江西贯彻1982年10月20日中共中央、国务院《关于制止乱砍滥伐森林的紧急指示》的情况。

27 日 省政府就关于努力改进政府工作发出通知。该通知指出：各级政府是按照《宪法》的规定，管理本行政区域内的经济、教育、科学、文化事业等各项行政工作的政权机关，在组织经济和文化建设事业中，要充分发挥职能作用，应从如下几个方面努力改进工作：（一）必须在同级党委直接领导下进行工作；（二）认真执行国务院和上级政府的各项决定；（三）要对本级人民代表大会负责并报告工作；（四）坚持一切从实际出发，因地制宜地制定计划并组织实施；（五）协调好政府各部门的关系，保证整个机构正常运转；（六）上级政府要切实为下级政府服务；（七）密切联系群众，克服官僚主义；（八）建立和健全机关岗位责任制，提高工作效率。

27 日 靖安县周坊林站与山外农民签订包山采伐造林合同，三年（1980～1982）造林1900余亩，将大洞口山场天然衰老残败林改造成杉木用材林，这是开发山区的一种好形式。

27 日 江西农业大学10位教授、讲师按照技术推广合同，给农民上技术课，手把手向农民传授技术，收到显著效果。高安县灰埠公社农民给10位教授、讲师发承包超产奖400多元，以鼓励他们把科学技术知识送往农村，帮助农民致富。

27 日 省教育厅召开全省优秀班主任代表会议。

28 日 《半月谈》杂志当年第二期刊登江西省1982年的五大建设成就：（一）农业在遇到严重洪涝灾害条件下，粮、棉、油、糖都超过历史最高纪录，预计粮食达265亿斤，比上年增长4.5%，棉花111万担，增长18.3%；（二）轻纺工业继续有新的发展，预计新增生产能力有：机制糖12500吨，自行车15万辆，手表20万只，卷烟10万箱，啤酒1万吨，罐头1万吨，棉纺4万锭；（三）皖赣铁路江西境内线路全部建成，赣皖全线于10月1日通车；（四）鄂、赣输电联网线路江西段全部建成；（五）农村新建住宅预计超过上年（3000万平方米），城镇住宅预计新增200万平方米。全省县以上城镇都有了电影院。

28 日 省政府召开全民义务植树电话会议，要求全省各地立即行动起来，抓紧当前有利时机，积极开展全民义务植树运动。以义务植树带动计划造林工作，坚决完成1983年义务植树4500万株，计划造林260万亩，"四旁"植树1500万株，育苗6万亩的任务。

28 日 省政府下发《江西省计划生育若干问题暂行规定》的文件，文件对晚婚、晚育、少生、优生、节育等制定了18条具体规定。

29 日 省地质局九一六大队经过勘探，在德安探明了一个接近大型储量规模的锡矿。这是江西省境内首次勘探提供冶金部门生产建设的锡矿基地。

30 日 江西钢厂650轧机改造扩建工程竣工。

31 日 省政府、省军区在南昌市八一礼堂隆重举行拥军优属表彰大会，授予姜细花"拥军优属模范"称号、徐效钢"模范革命残废军人"称号、胡青枝"模范军属"称号。

31 日 丰城县硫酸磷肥厂硫酸车间党支部书记卢火根，解放思想，立志改革，从当日起由个人承包国营丰城硫酸磷肥厂，并保证1983年上缴70万元纯利，成为全省第一个签订承包经营国营企业的责任人，得到了国家经委和江西省各级领导及有关部门的支持。

本月 江西省轻工机械厂试制的GT3A11罐身联合机通过鉴定。

本月 省科委编制完成《江西省"六五"

科学技术计划》。

本月 月初，南昌市老福山地区的市公共交通公司基建工地发现一座古代土坑墓，出土的随葬器物有属于早期青瓷的鼎、壶、钟，有 10 余件印纹硬陶罐等。这次新发现的墓葬为研究历史和考古提供了很有价值的实物资料。

本月 庐山管理局在庐山拍卖名人别墅 21 幢，共 4000 多平方米。拍卖使用期限 50 年，拍卖收入 510 万美元。这是全国风景名胜区第一次以拍卖房屋使用权筹集建设资金。

本月 江西省建设厅与省内外有关大专院校签订 1983 年度委培招生协议。其中，杭州房管学校委培生 20 名，上海园林学校委培生 40 名，上海同济大学委培生 30 名。

本月 省建设厅印发《江西省工程建设监理实施细则》和颁发《土石方施工企业资质等级标准》。

本月 《江西青年报》从本月起改为每周出版两期。报纸为四开四版，每周星期三、六出版。

本月 全国第一期珍珠技术培训班在江西省南昌珍珠场举办。通过培训，使学员进一步掌握了珍珠生产的基础知识，提高了技术水平。

本月 省民政厅在波阳县、丰城县农村试办 6 个自然灾害互助储金会，为全国首创（至 1990 年，全省共兴办储金会 2.05 万个，入会农户 482.84 万户，占全省农户数的 88.3%）。

本月 江西省商业厅根据中共中央、国务院《关于国营工业企业进行全面整顿的决定》，对全省国营商业企业开始进行全面整顿。

本月 国家经委派宋尔廉到江西省协商组建中国钨业公司事宜。

本月 南昌电网与华中电网联网。对缓解江西的电力紧张，提高江西电网的安全运转起到了重要作用。（1983 年至 1990 年间，华中电网向江西电网输送电量 20.01 亿千瓦时，江西电网送入华中电网电量 8.35 亿千瓦时，江西电网净受电量 11.66 亿千瓦时）。

本月 省委决定设立省委党史研究室，与省委党史资料征集委员会合署办公。

本月 根据中共中央、国务院《关于地、市党政机关机构改革若干问题的通知》精神和省委关于"拟将九江地区和九江市合并，由市领导周围各县"的指示，九江地委与市委自 1983 年 1 月进行地、市合并的准备工作。同年 7 月，国务院批准，九江地、市正式合并为新的九江市，由省直接领导，实行市管县，下辖 10 个县三个区，并代管庐山风景名胜区管理局。

本月 江西省正式建立年度人口变动情况抽样调查制度。

本月 省财政厅通知，全省出版系统所属的盈利企业（含出版、印刷、发行、物资单位），不分大中小型企业从 1983 年 1 月起调减所得税税率。江西人民出版社、江西省新闻图片社仍按事业单位的标准执行。

本月 全省 15 万中小学教职工调升工资。在调资中升一级的教职工有 155785 人，升两级的有 5.06 万人。3400 余名长期代课教师增加了代课酬劳。民办教师每人每年增加了 50 元补助费。

本月 根据中共中央、国务院、中央军委的决定，中国人民武装警察部队江西省总队成立。

中国人民武装警察部队江西省总队是一支有良好军事素质、高度政治觉悟、严格组织纪律性的队伍

隶属武警部队总部和省公安厅双重领导。设司令部、政治部、后勤部，辖直属第一支队、第二支队，11个地（市）支队和南昌指挥学校、医院、向塘机场安全检查站，共13个支队、153个中队。

武警江西总队一支队学雷锋宣传车

武警总队的战士在净化市容

1983

2月

February

公元 1983 年 2 月							农历癸亥年【猪】						
日	一	二	三	四	五	六	日	一	二	三	四	五	六
	1 十九	**2** 二十	**3** 廿一	**4** 立春	**5** 廿三		**6** 廿四	**7** 廿五	**8** 廿六	**9** 廿七	**10** 廿八	**11** 廿九	**12** 三十
13 春节	**14** 初二	**15** 初三	**16** 初四	**17** 初五	**18** 初六	**19** 雨水	**20** 初八	**21** 初九	**22** 初十	**23** 十一	**24** 十二	**25** 十三	**26** 十四
27 元宵节	**28** 十六												

1日 全省农业劳动模范、先进集体代表会议在南昌八一礼堂召开。会上宣读了省政府《关于授予全省农业劳动模范、先进集体光荣称号的决定》，宣布授予 521 位同志"江西省农业劳动模范"光荣称号，授予大余县社队企业局等 100 个单位"江西省农业先进集体"光荣称号。大会通过了向全省农业战线的同志们发出的倡议书。会议于 3 日结束。

1日 由农业生产大队经营的南昌市郊区顺外大队投资兴建的顺化门综合大楼开张营业。

1日 南昌县塘山公社北沥徐家发现的东汉"南州高士"徐稚的家谱《南州北沥徐氏族谱》。族谱共有 6 册，每册为 1 尺见方，有 1 寸多厚，系 1937 年 4 月修订本。

1日 地名普查中发现南昌市郊扬子洲有一岳家，系南宋抗金名将岳飞第三子岳霖的后裔。

2日 省建设厅与省广播电台联合举办的"城乡建设之声"专题节目正式开播。

3日 省妇幼保健院在基建施工中，于南昌市区皇殿侧地段发现晋代古墓 1 座。经省文物工作队发掘清理出土青瓷盏、钵、碗、唾壶、陶猪、铜镜、银手镯等一批历史文物。

3日 上海电视台、同济大学联合摄制组结束了为期 5 天的"萍乡风光——孽龙洞"拍摄工作，当日离开萍乡返沪。随同摄制组前来的古建筑园林专家、同济大学教授陈从吾说："此洞宏伟壮观，精美多姿，我国尚无别洞可比。"

3日 新余县县长办公会决定，凡县建委安排在城内空地建房的单位，每平方米收土地使用费 10 元，新区收费 20 元。

4日 经铁道部评比检查，南昌铁路局鹰潭火车站被评为全国铁路"文明货场"，青云谱火车站被评为"一级货场"。

5日 赣州地区建筑工程局和赣州市、上犹、南康、信丰、瑞金、大余、赣县建筑公司等 8 个单位，选调职工 278 名，于当日至 3 月 15 日，分三批赴伊拉克进行劳务技术合作，参加由中国成套设备出口公司和南斯拉夫共和国国防部联合供购董事会签约的三座军事医院工程的施工。

6日 经省政府批准，江西省跨部门、跨地区的行业管理组织——江西省食品工业协会正式成立。

7日 省政府召开全省工业企业扭亏工作会议，贯彻落实省委工作会议精神，集中研究如何扭转亏损提高经济效益问题。会议确定：凡经营性亏损企业，厂长无力扭亏，或限期不能扭亏的，另选事业心强的"明白人"去打开局面；对经营管理水平低，产品质量差，消耗高，不适销对路，长期亏损的企业，要坚决实行关、停、并、转；对全省51户亏损50万元以上的企业，属经营性亏损企业，一律在两三年内扭亏为盈，亏损在10万元以上的企业，要在两年内扭亏为盈，属政策性亏损企业，也要按计划实现减亏目标；对亏损大的企业实行"亏损包干、超亏自负"的经济责任制，对小企业、长期亏损企业，提倡各种承包责任制，包给个人或集体经营。会议于9日结束。

7日 国家体委公布了1982年各项运动全国纪录，江西省5名运动员在田径、游泳比赛中所创造的6个单项成绩被承认为全国最高纪录，分别为：黄洛涛创造的中长跑男子800米纪录1分49秒03，胡刚创造的链球纪录67.88米，邱世永创造的50公里竞走纪录4小时7分23秒，肖洁萍创造的女子跳远纪录6.44米，陈超创造的男子100米蝶泳纪录57.09秒，以及陈超和3名外省运动员共同创造的男子4×100米混合接力纪录3分55秒78。为表彰1982年在国际国内比赛中取得好成绩的江西优秀运动员、教练员，在江西省体育馆举行颁奖大会，这次获奖的优秀运动员有75人，教练员34人，是江西省历届发奖大会授奖人员最多的一次。

8日 省委、省人大、省政府发出慰问信，向驻赣部队、省军区、武警部队江西总队全体指战员，全省烈属、军属、革命残废军人，复员退伍军人和军队离退休干部致以节日祝贺和亲切慰问。

9日 省政府召开厉行节俭、反对浪费会议。会议要求必须采取坚决措施，对1983年全省各级公用经费在核定的财政包干指标内节减5%以上；会议费用以1982年实际开支为基数节减10%以上；事业单位的公务费节减5%；工业企业管理费和商业流通费用也要按照节约的原则，努力节支。

10日 景德镇陶瓷学院陶瓷美术作品展览在江西省工业品展览馆展出。展出作品共1580余件。

10日 省政府同意成立中国煤炭进出口公司江西分公司，与省煤炭进出口公司合署办公，两块牌子，一套人马。公司以无烟煤为主要出口煤种，先后建立7个出口货源基地（到1990年止，已出口34万吨，创外汇近1140万美元）。

10日 南昌百货大楼与南昌市百货公司签订承包合同，成为全省第一家实行经营承包责任制的国营商业零售企业。

11日 萍乡市农业局颜龙安等获国家特等发明奖奖金。1970年，颜龙安带领一个研究组参加对杂交水稻进行的协作研究，经过几年的努力，他和全组同志胜利完成了杂交水稻的三系配套，并育成了"籼优2号"、"矮优2号"等强优势组合品种，为我国籼型杂交水稻研究作出了贡献。

杂交水稻专家颜龙安在观察杂交水稻的生长情况

萍乡市农业科学研究所又一杂交水稻新品种"籼优63"大面积试种成功，市农科所科研人员在田间观察水稻长势

11日 省委召开省直机关党员负责干部会议，传达胡耀邦在全国职工思想政治工作会议上

关于四化建设和改革问题的重要讲话。省委第一书记白栋材讲话指出："必须不失时机地抓住改革这一中心环节，把改革放在突出地位，作为头等大事来抓。要站在改革的前列，做到思想更解放一点，改革更大胆一点，工作更扎实一点"。并就如何贯彻胡耀邦讲话，对领导干部提出四点要求：（一）进一步解放思想，肃清"左"的影响，同时排除右的干扰，把思想认识和实际行动真正统一到十一届三中全会以来的路线、方针和政策上来；（二）要坚持改革的总指导思想，既要坚决、大胆，又要从实际出发，因地制宜；（三）在党委的统一领导下，条条块块紧密结合，协同合作，使各项改革顺利进行；（四）要深入调查研究，不断钻研新情况，解决新问题，做改革的促进派。

12日 省商业厅就全省商业体制改革提出七条措施：（一）改革商业财务体制；（二）按经济区域组织商品流通，进一步调整和撤并重叠的批发机构，减少批发环节；（三）所有的商业零售企业和饮食服务业都要放开手脚，在1983年上半年全面推行以承包为主要形式的经营责任制；（四）放宽农副产品收购政策；（五）扩大工业品下乡；（六）放手发展集体商业，适当发展个人商业；（七）改革工业品购销形式。

12日 省委第一书记白栋材在看望南昌陆军学校指战员时指出："四个现代化需要人才，提高干部的科学文化知识是当务之急。希望部队指战员与江西人民一道，共同画好江西的'山水画'"，并勉励大家做改革的促进派，做建设社会主义精神文明的标兵，当好社会主义祖国的钢铁长城。

13日 上海铁路局和上海铁路局政治部命名277/278次直通旅客快车为"文明列车"，这是江西境内第一次获"文明列车"称号（3月2日，江西省人民政府授予该列车为"文明列车"，并颁发了奖杯；5月15日，南昌铁路局授予该列车为"红旗列车"）。

15日 港澳同胞参观团共250人，分三批先后到南昌市郊区青云谱公社施尧大队参观访问。

17日 丰城县发现明代著名将领邓子龙及其岳母墓葬和文物。邓子龙，字武桥，骁勇善战，官至副总兵。明万历二十六年（1598）在一次抗倭援朝的战斗中英勇献身。

17日 国务院批转农牧渔业部《关于发展农工商联合企业若干问题的规定》，江西省即日起贯彻执行。

19日 省、市党政军领导和近万名干部、群众，开展声势浩大的植树绿化活动。在南昌市青山湖景区，省市领导和机关干部，在300多亩连片绿化地上，栽下了4000多棵悬铃木、欧美杨、夹竹桃树苗。

省、市领导同干部群众一起植树造林

19日 省科技委员会、江西省人民银行发出《关于开办科技贷款的通知》。

20日 南昌市中华业余学校开学。中华业余学校设有专科班和文化补习班。技术专科班分中医基础、中医方剂学、中医伤寒温病、中医内妇儿科、中医提高班、中医针灸班、商业会计、土木建筑、电工学基础、机械制图、电视机原理与维修等14个班，招收学员610人；文化补习班分英语、日语、数学、物理、化学、语文、书法、美术等18个班，招收学员1000人；总共32个班，招收1610名学员。

20日 民革江西省第五届委员会第三次全体扩大会议在南昌召开。传达贯彻民革第五届中央委员会第三次全体会议精神，研究部署继续组织全省民革成员学习中共十二大文件、《中华人民共和国宪法》（1982）、《中国人民政治协商会议章程》（1982），以及整顿领导班子、选拔中年干部、发展组织、开拓为四化（农业、工业、国防和科学技术现代化）建设服务门路、加强同"三胞"（台湾同胞、香港和澳门同胞、海外侨胞）的联络、协助落实政策、促进祖国统一等工作，为开创民革江西工作的新局面而努力。会议于24日结束。

22日 江西省工业设备安装公司加工厂，设计安装成功一台300吨液压冲弯机，为江西省填补了一项空白。

22日 省农业厅为满足农民对技术的要求，派出技术干部同南昌县南新公社大港队种粮专业户熊炳其签订合同，实行技术联产承包。承包合同规定，在正常气候条件下，未实现15万斤粮食计划，由农业厅赔偿经济损失；如实现计划，则由熊炳其付给农技干部奖金400元；超过计划的增产部分，再按其价值的20%付给奖金。

22日 省委召开常委会议，学习《中纪委第二次全体会议的工作报告》和中央对这个报告的批语。省委就学习此报告精神向全省各级党组织发出通知，要求紧密联系实际，对照检查自己遵守新党章、执行党纪的情况，认真开展批评与自我批评，主动克服缺点，纠正错误，增强党性，端正党风。各级党组织必须把抓党风真正摆到自己的重要议事日程上来。

22日 省卫生厅发出《关于加强中西医结合和综合医院、专科医院中医科工作的意见》通知，决定江西省建立一至两所中西医结合医院，有条件的综合医院、专科医院要建立中西医结合科或研究室。

23日 省委办公厅、省政府办公厅在关于贯彻执行中共中央办公厅、国务院办公厅转发的《关于落实华侨私房政策座谈会纪要》等3个文件的通知中指出，全省"文化大革命"期间挤占华侨、港澳同胞和外籍华人及其眷属的私房共278户，面积26783平方米。要求抓好《关于落实华侨私房政策座谈会纪要》等文件的贯彻落实。

23日 乐平矿务局召开鸣山矿新潘村村庄下采煤技术评议会。村庄下采煤回采工作面，自1982年2月14日至8月25日，共开采煤炭4.2万吨，节约迁村费13.74万元。

24日 冶金部转发国家计委批文，批准赣州钴冶炼厂恢复进口砷钴矿。

24日 省委、省政府发出《关于加快商业改革的通知》，决定以推行商业企业经营承包责任制、放手发展集体商业和适当发展个体商业为主要内容进行商业改革（次年4月，正式展开商品流通管理体制的改革，重点是城市改革批发体制，减少流通环节。农村供销社由"官办"改为"民办"，由经营型改为服务型，"还社于民"）。

26日 省委宣传部等24个单位最近发出《一九八三年全省继续开展"五讲四美三热爱"活动的意见》的通知。要求在第二个"全民文明礼貌月"活动中，开展"三优一学"竞赛，使1983年的"五讲四美三热爱"活动比1982年搞得更广泛、更深入、更扎实、更有成效，推动社会风气继续好转。活动内容为：（一）继续治理"脏、乱、差"，城镇以治"差"为重点，农村仍以治"脏"为突破口；（二）开展"热爱祖国、热爱社会主义、热爱党"的"三热爱"教育活动，并和"五讲四美"活动融合起来，形成一个"五讲四美三热爱"的统一活动；（三）提倡新道德、新风尚，反对旧思想、旧习惯。

26日 江西光学仪器总厂生产的凤凰JG301型135电子自动曝光照相机，在全国照相机质量评比中被评为总分第一名。

27日 江西禾水化肥厂第二期技术改造工程——年产万吨合成氨设备，除了利用锅炉余热发电工程未完工外，其他工程全部竣工。这是继江西氨厂、江西省第二化肥厂之后的第三个较大化肥厂。

27日 上饶市磁性材料厂研制的江西省第一台ZLM-1型强磁治疗仪机，经省内外和部队医院有关专家以及省、地科委鉴定通过，已被列为省科技成果展览项目。

27日 省首届"春蕾杯"女子足球赛在清江县樟树镇结束。宜春地区获冠军，南昌市队和九江地区队获第二名、第三名。

27日 省民政厅及有关地、县抽调249名干部在大余县池江、横江和波阳县饶埠、芦田公社进行政、社分开，建立乡政权试点。试点工作将分为四个阶段：（一）宣传教育，调查研究，制定具体实施方案；（二）民主讨论，审查方案和考核干部；（三）制定各种规章制度，建立村民委员会；（四）召开人代会，建立乡政府（至1984年底，全部完成全省政、社分开任务，建立1666个乡和144个镇人民政府、2004个村民委员会）。

28日 省、市召开第二个"全民文明礼貌月"动员大会。

28日 省建设委员会、省电力局联合发出《关于加强城镇道路照明的通知》，要求各城镇大街小巷、桥梁、广场、路口、公园等地亮灯率达到95%以上。

28日 上海美术电影制片厂召开为期一周的美术电影创作会议。经评选，江西省青年作者康戎的作品《瓷娃娃》获小百花奖，片中泥塑、瓷雕由真人扮演，通过特技拍成。

本月 江西省农村第一座电话有线通讯铁塔在吉安七牯岭建成，填补了全省农村电话通信设备的一项空白。

本月 省委、省政府通知，对农副产品，除关系国计民生的粮、棉、油、猪、木材等重要商品继续实行统购派购，执行指令性计划外，其余一律自由上市，多渠道经营。

本月 省科干局、省人事局更改职称评审组织名称为"科学技术干部技术业务职称评定委员会"，简称"评委会"。评委会分三级，县级评委会负责评定初级职称，推荐中级；地区级评委会负责评定中级，推荐高级；省评委会负责评定高级职称。

1983

3月 March

公元 1983 年 3 月							农历癸亥年【猪】						
日	一	二	三	四	五	六	日	一	二	三	四	五	六
		1 十七	**2** 十八	**3** 十九	**4** 二十	**5** 廿一	**6** 惊蛰	**7** 廿三	**8** 妇女节	**9** 廿五	**10** 廿六	**11** 廿七	**12** 廿八
13 廿九	**14** 三十	**15** 二月小	**16** 初二	**17** 初三	**18** 初四	**19** 初五	**20** 初六	**21** 春分	**22** 初八	**23** 初九	**24** 初十	**25** 十一	**26** 十二
27 十三	**28** 十四	**29** 十五	**30** 十六	**31** 十七									

1日　萍乡、景德镇、九江、南昌四市摄影艺术展览在萍乡市开幕。共展出 115 位作者在 1982 年内创作的 200 幅作品。

1日　省人民政府印发《江西省人民政府关于禁止赌博的暂行规定》，该规定共 11 条，自公布之日起施行。

1日　南昌气象台由接收美国艾萨（EssA–2）卫星云图改接收日本同步气象卫星（GMS–2）云图。

2日　省纪委检查工作会议在南昌召开。会议传达贯彻中纪委第二次全体会议精神，确定 1983 年开创江西省纪检工作新局面的措施，动员全省党员更加积极地行动起来，为尽快实现江西省党风的根本好转而努力。省委书记许勤讲话指出，各级党委和纪检必须抓紧四个方面的工作：（一）普遍深入地开展以学习新党章为主要内容的党员教育；（二）狠刹建房、分房、"农转非"、损公肥私、请客送礼、大吃大喝和乱砍滥伐森林等歪风，力争在整党之前把这几股歪风刹住，并对其中的违纪者作出处理；（三）坚决克服纪检工作软弱无力的现象；（四）要把实现党风的根本好转放到重要的议事日程上来。省纪委书记王铁作《努力开创纪检工作新局面，尽快实现党风的根本好转》的报告。会议于 12 日结束。

2日　中国远洋运输总公司江西省公司第一艘远洋货轮"新安号"从九江港出发，首次远航日本，预定停靠日本大阪、清水、门司等地。

"新安号"首次航行日本

2日　国务院批准国家气象局《关于全国气象部门机构改革方案报告》。全国气象部门从

1983 年起进行第二步体制改革，实行气象部门与地方政府双重领导、以气象部门领导为主的管理体制。

2 日 庐山枧洼、破山发生火灾，过火面积 1432 亩，其中森林 490 亩，庐山海会乡陡板崖发生火灾，过火面积 253 亩，其中森林 154 亩。

3 日 赣州市动工兴建拜将台儿童公园（次年 10 月 1 日建成开放）。

3 日 赣州地委和行署组织 150 多名科技人员对赣南山区农业自然资源综合开发进行为期 6 天的考察（1985 年编写出版《赣南山区农业自然资源综合考察》）。

4 日 省委组织六个工作调查组分赴赣州、吉安、宜春、上饶、九江、抚州六个地区，协同各地总结贯彻落实党的农村经济政策的新情况、新经验，检查督促备耕、春耕，帮助农民运用和推广农业科技成果，制定劳动致富规划。

4 日 省政府批准为抢救列车而英勇献身的景德镇市竞成公社小港嘴大队青年社员汪水生为革命烈士。

4 日 省税务局转发财政部《关于对农村专业户征收工商税收的通知》文件。

4 日 省政府发出《关于进一步做好保护珍禽珍兽工作的通知》。

4 日 根据省委指示，省政府决定将省二轻工业厅并入省轻化工业厅，由省轻化工业厅管理全省一、二轻工业和化学工业。

5 日 中共中央总书记胡耀邦为邵式平的遗作题词。题词全文是："邵式平是赣东北红军创建人之一，是我党早期一位著名的活动家。他一生为革命而坚贞奋斗的光荣业绩，将久远地留在中国人民的记忆之中。"

7 日 省政府批转省卫生厅《关于整顿农村大队卫生组织的报告》文件，规定大队一级卫生组织统称卫生所。要求农村应采取多种办医形式，稳定"赤脚医生"队伍，积极扶持联合办所，允许经过审查考核合格的个人行医。

8 日 铅山县委、县政府召开大会，宣布批准县工交系统丁燕生、王广宁等 6 名负责人联名向县委、县人大、县政府呈报的"尽责状"，同意他们行使"尽责状"中所要求行使的各项权力。"尽责状"保证 3 年内全县国营工交企业总产值翻一番，利润翻三番。丁燕生等人立志改革、勇于拼搏的精神，得到省、地、县有关领导和主管部门的支持和赞扬。

9 日 我国第一台心脏血输出量测量仪由江西医学院、石家庄市医用电子仪器厂共同研制成功。这台仪器可准确测量心脏每跳动一次的输血量，正确评价心脏功能。

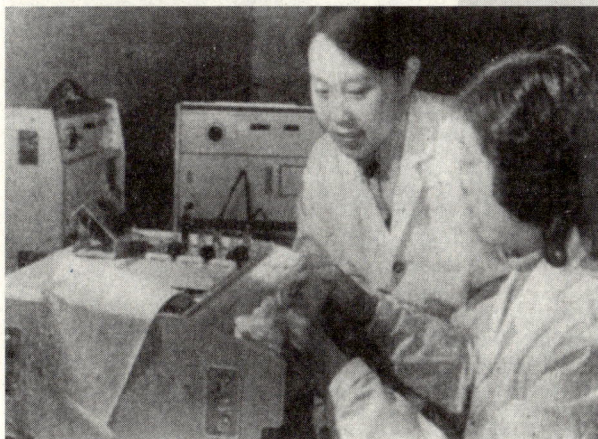

医务人员在调试心脏血输出量测量仪

9 日 江西省举重名将万喜生代表中国举重队参加在伊朗举行的"巴赫曼杯"国际举重比赛中，荣获 56 公斤级总成绩、抓举、挺举三枚银牌，为祖国争得了荣誉。

9 日 江西省第一人民医院组织医生对来自波阳县的患者进行腓骨移植，即切除左侧患肿瘤的一部分胫骨，将右侧一部分腓骨移于左胫骨切除区，并进行动、静脉血管吻合。这种手术在江西省地方医院尚属首次。经省、市骨科专家鉴定，手术获得成功。

10 日 全省劳改、劳教工作干警工资在升级的基础上，改为执行人民警察工资标准。

10 日 省、市团委在八一礼堂集会，纪念党中央号召"向雷锋同志学习"20 周年，同时表彰江西省雷锋式的先进青年魏国华。共青团江西省委作出决定，授予雷锋式的先进青年魏国华"新长征突击手标兵"的光荣称号。要求全省共青团员和广大青少年把向雷锋同志学习的活动扎扎实实卓有成效地开展起来，坚持下去。

10日 江西省新发现一处风景区——梯云岭。梯云岭位于玉山县境内，纵横15华里。梯云岭奇峰林立，景色秀丽，其中女神峰上的女神石像，高约88米，手"托"古松，端坐于玉台之上。

三清山梯云岭的奇峰古树

10日 省政协第四届委员会工商组、民建省委、省工商联联合召开座谈会，座谈工商业体制改革问题。

10日 日本驻华大使鹿承泰卫一行3人来赣进行为期两天的参观访问。

11日 省政府近日发出认真贯彻《全省工业企业扭亏工作会议纪要》的通知。通知提出：（一）各级政府、经济工作部门和所有亏损企业，都要进一步提高对扭亏重要性的认识，树立迅速扭亏的紧迫感，在1983年打一个扭亏翻身仗；（二）认真落实扭亏计划。1983年必须扭亏30%以上，亏损额在5万元以内的企业，年内必须扭转亏损，到1985年全省必须基本消灭经营性亏损，政策性亏损也要减少到最低限度；（三）对经营性亏损企业，在1983年上半年组织专门力

量，迅速调整和配备好领导班子；（四）要给企业更多的自主权，从改革入手提倡各种集体或个人经营责任承包；（五）要狠抓对亏损企业的整顿；（六）对于产品质量差、消耗高、不适销对路，长期亏损而又无法扭亏的企业，要坚决实行关停并转；（七）严守财经纪律，控制营业外支出，不许乱摊成本，不准以任何形式截留和分散利润，不准利用职权，弄虚作假；（八）加强对扭亏工作的领导，各级政府和经济部门要抓住扭亏不放，卓有成效地进行工作。

11日 省政府发出关于认真执行国务院《关于严格控制固定资产投资规模的补充规定》的通知，要求严格按照批准计划，控制固定资产投资规模；自筹投资必须按国家规定范围和程序办理；凡属企业留用的折旧基金，可按40%以内的比例由省控制规模，由企业自行确定安排；企业新添设备和新上工程在5万元以下的固定资产购置或建造，按照隶属关系由省主管厅（局）或地（市）计委审批。

11日 全省农村能源工作会议在鹰潭市召开。会议讨论了全省农村能源建设发展规划，研究了农村能源建设中的有关政策和措施。会议指出：解决农村能源问题，是关系到实现农业现代化，保护自然资源与生态平衡的大事。不解决群众的烧柴问题，山头绿不了，水土流失也就控制不住。会议要求当前要大力推广省柴、省煤炉灶，并办好沼气的推广利用。省委书记、代省长赵增益到会讲话。会议于15日结束。

12日 萍乡矿务局林场被评为全国煤矿营造坑木林先进单位。到3月初止，萍矿林场九年新造林2.5万亩，成活率达90%，新造林长势喜人，百里林区郁郁葱葱。

12日 省体委举行全省首届中老年人长跑比赛，来自6地4市及省直机关共11个代表队的85名运动员参加比赛。

12日 崇仁县孙坊公社社员程思敏捕获一只我国珍稀动物——苏门羚。程思敏把这只苏门羚送到抚州市人民公园。

12日 五届全运会竞赛项目马拉松、竞走比赛在上海市嘉定县举行。江西运动员邱世永、

姜绍洪分别以 1 小时 28 分和 1 小时 28 分 24 秒的成绩获男子 20 公里竞走第二名和第五名，并打破 1 小时 29 分 45 秒 3 的全国纪录。

12 日 省社联、省委党校、省哲学社会科学研究所、省经济研究所在南昌举行纪念马克思逝世 100 周年学术报告会。全省理论研究、宣传、教育工作者共 300 多人出席报告会。省委常委、宣传部长白永春作了题为《纪念马克思，坚持和发展马克思主义》的报告。

12 日 新余钢铁厂职工医院进行断肢再植手术获得成功。

12 日 中国科学院南方山区综合考察队最近在泰和县水槎公社天湖山，发现一片罕见的珍稀树种毛红椿、三尖杉、钟萼木树林。这些树种生长在海拔 800 米的沟谷矮溪边，有的单株胸围 90 厘米，树高 11 米至 13 米，是我国亚热带特有的珍稀树种。在永丰县上溪公社礼坊大队，发现一片我国亚热带特有的单型科古老原始类型树种——伯乐树，它生长在海拔 600 米的山地阔叶林中，最大的一株，胸围 4 米，高 30 米，属国家一级保护树种，具有科学研究的单型科，被称为"活化石"。

13 日 广丰县文化馆在鹤山垦殖场古城大队附近发掘出一批古代磨制石器。这些石器光滑、锋利，形状如斧、铲、凿、锄和箭头，据分析，为距今 4000 多年以前原始社会后期新石器时代的劳动工具。

13 日 江西人民出版社出版的《滕王阁诗选》收集了历代内容较好、意境清新的有关滕王阁以及豫章名胜的古诗词 200 余首。诗选有作者介绍和比较详细的注释，以及滕王阁的兴废变迁及赞誉情况。

13 日 江西省共产主义运动史研究会成立。研究会以研究国际共产主义运动的历史和现状，探讨国际共产主义运动中的经验教训和现实问题为宗旨。研究会推举焦克明为会长。

13 日 在靖安县北港林场发现一种为我国特产的稀少濒危的珍贵树种——伯乐树。树高 15 米至 18 米，胸径 25 厘米左右。该地段共发现 10 株伯乐树。

13 日 江西省刑事检察自行侦查工作座谈会召开，各分、市检察院和地辖市院，部分县、区检察院检察长出席。会上集中讨论继续抓紧抓好整顿城市社会治安，以打击严重经济犯罪活动为重点，全面开展法纪、经济检察工作，并将进一步做好平反冤、假、错案的工作列为检察机关 1983 年的一项重要任务。副省长郑校先、省纪委书记王铁到会讲话。

14 日 为纪念马克思逝世 100 周年，江西省图书馆专门设立"纪念马克思逝世 100 周年图书陈列阅览室"，展出解放前后出版的马克思、恩格斯著作的各种译本和外文版本，及一些有关马克思主义的图书资料。

14 日 为隆重纪念马克思逝世 100 周年，由江西省博物馆主办的《马克思生平事业展览》在省展览馆革命史展厅开幕。同日，省文化厅在江西艺术剧院举行纪念马克思逝世 100 周年文艺晚会。

14 日 省委批转省委组织部《关于整党试点工作意见的报告》，同意在省交通厅、江西师范学院、余江县、景德镇市公安局、江西造纸厂、南昌百货公司等 6 个单位进行整党试点。

14 日 省委、省政府决定省商业厅、省供销社合并，组建省商业厅，统一管理全省国营商业、集体商业和个人商业。

15 日 省委就复查、改正历史错案和落实干部政策问题召开"全省落实政策工作座谈会"，对复查改正历史老案和落实干部政策等问题进行认真研究。

15 日 都昌县文物考察队在鸣山、大港公社发掘出一批宋、明、清时期陶瓷制品。这批陶瓷制品有双耳陶罐、瓷坛、瓷碟、砚池等。其中瓷坛高 27.6 厘米，最大围径 79.6 厘米，坛面有一对孔雀和花木，坛底刻有"成化年制"字样，据查证，此坛为距今有 500 多年的明末仿成化产品。

16 日 江西省最长的一条林区二级公路——贵溪县内东白公路交付使用。这条公路全长 22.95 公里，它的建成对于保护、开发、利用山林资源，加快革命老区建设将起到重要作用。

16 日 抚州地区邮电局 64 岁的退休干部韩道濂收到中国中文信息研究会、汉字编纂专业委员会（筹备会）的通知，他写的两篇汉字编码学术研究论文《谈谈字根组合式汉字库选字内容的研究》和《论建立有常用繁体字和日语汉字在内的大中小键盘适用的国内外通用汉字编码方案》已被录用。

16 日 1982 年全国普通灯泡质量测试评比结果揭晓：江西南昌灯泡厂以总分 94.78 名列第五；上饶灯泡厂 220V25W 普通灯泡，名列全国第一；乐平灯泡厂 220V60W 灯泡，名列全国第六。

17 日 英国皮特曼出版公司图书展览在江西展览馆一楼展厅展出。皮特曼出版公司是英国一家有近百年历史的出版机构。这次在南昌展出的图书有 600 种，其中包括医学、生物、管理科学、商业、经济、数学、工程技术、计算机科学、教育、语言等。

17 日 江西省即将成立《鄱阳湖研究》编写委员会。该书内容包括鄱阳湖的历史、现状和未来，叙述和探讨鄱阳湖的自然、社会、经济、科技、人文等各个方面。

18 日 玉山县在编纂县志和文物普查中，发现和搜集到珍贵文物共 79 件，其中有一件青铜簋，经江西省文物工作队鉴定，是距今 3000 多年前商代盛食物的器具，状如无脚香炉，两耳是两条躬腰扬尾的幼龙，四围和底部铸有精巧典雅的纹饰。还有 26 件名人字画，其中元代著名画家赵孟頫的《相马图》高 136 厘米，宽 50 厘米；宋末民族英雄文天祥的大幅中堂高 152 厘米，宽 40 厘米；清代八大山人画二幅；清代女画家恽冰的《百花图》高 92 厘米，宽 304 厘米。

18 日 省商业厅通知，各种含棉混纺布（包括含棉 80% 的涤棉布中线卡其、线华呢、蚊帐布、网眼布、印花玻璃布、沙发布），一律免收布票，敞开供应。

19 日 省政府最近发出《一九八三年继续严格控制社会集团购买力》的通知。通知规定：专控商品要从严控制审批；不允许在国家计划外买卖小汽车，在完成机构改革前，暂停办理小汽车购买的审批手续；专控商品指标只能在限额内转报、审批，不得突破。凡违章购买专控商品的单位，一经发现，即应处以罚款或没收购买的专控商品。

19 日 省军区和南昌陆军学校，在省军区礼堂举行颁发老干部离休荣誉证大会，向驻南昌市机关、部队和江西省军职以上 135 名离休老干部颁发《中华人民共和国老干部离休荣誉证》。

19 日 省旅游事业管理局与省政府外事办公室、省政府侨务办公室合署办公，三块牌子，一套人马。8 月 22 日改名为江西省旅游局。

20 日 南昌市政府发出洪政发字（1983）10 号《关于加强野生动物资源保护和管理的通知》。

21 日 北京画院中国画展览首次在南昌展出，共展出 122 幅作品。北京市美协主席、北京画院副院长、著名画家尹瘦石主持开幕式。

21 日 江西氨厂获得中国企业管理协会授予的 1982 年度企业管理优秀奖。

22 日 江西最大的洗煤厂在丰城矿务局正式投产。这座洗煤厂年处理能力达 90 万吨，可使丰城煤矿洗选加工能力提高近 30%，精煤回收率提高 4%，年增利润 100 万元。

23 日 1983 年世界气象日的主题是："天气观测员"。江西省气象局、省气象学会作出《关于表彰长年坚持在观测第一线的天气观测员的决定》，以隆重纪念世界气象日。这次受表彰的观测员共有 61 名。

23 日 省委、省政府下发《关于知识分子政治生活待遇和工作条件的暂行规定》，对知识分子政治、生活待遇和工作条件作出 8 条规定。

24 日 闽、浙、皖、赣党史协作会在上饶召开。会议一致通过了 4 省协作方案，共同开展征集编研闽、浙、皖、赣党史资料。会议于 28 日结束。

24 日 省政府召开全省饲料工业会议。会议总结交流饲料生产工作经验，分析了江西省发展饲料生产的有利条件，讨论了全省进一步发展饲料工业的方针、政策和"六五"期间后 3 年饲料工业发展规划等问题。会议决定，1983 年起，新建一个年产 2 万吨的新型配合饲料加工厂和几个规模较大的配合饲料厂、浓缩饲料厂、赖氨酸厂，一批年产3000吨至5000吨的饲料厂，力争1985年配、混合饲料总产量达到20亿斤以上。为了加强饲料工业领导，省、地、县成立饲料公司，配备一定的技术干部。会议于29日结束。

24日 宜丰县港口公社小洞大队，在海拔840米的新溪生产队屋边阳坡上，发现一株罕见珍贵树木——小叶黄杨，树高6.8米，胸径27厘米，植物学家因它长得慢故称其为"千年矮"（别名）。

25日 省政府最近发出贯彻执行《全省节能工作会议纪要》的通知。通知提出：（一）牢固树立长期节能的观念；（二）建立健全精干的强有力的能源管理机构，自上而下地形成能源管理体系；（三）认真组织实施"六个节能管理办法"；（四）加强能源的科学管理；（五）抓好以节能为中心的技术改造；（六）加强领导，发动群众，广泛、深入、持久地开展全民性的节能活动。

25日 国务院通令全国于当日凌晨停止"六六六"、"滴滴涕"农药生产。江西省遵照国务院通令于当日开始执行。

25日 丰城、高安、南昌、余干、泰和、安福6县，被列为国家与地方共同投资、联合建设钱粮挂钩的第一批商品粮基地试点县。

25日 省国际信托投资公司、省二轻工业进出口公司与日本荣林交易株式会社在日本岐阜市（后迁名古屋）合资兴办荣昌股份有限公司，该公司是江西省第一个中外合资企业。中方代表徐振任董事长。

25日 萍乡市在福田乡开展村镇规划试点工作（4月1日试点工作结束，之后萍乡市全面铺开村镇规划工作）。

25日 清江县纺织印染厂引进新工艺，自行设计、研制成功一种化纤新产品——腈纶交织花呢，通过有关部门鉴定。

26日 中共中央办公厅、国务院批准《江西省省级党政机关机构改革方案》。其中，成立江西省对外经济贸易厅，由省进出口委员会、省外资管理委员会、省外贸局、省对外经济联络办公室4家合并组成，统一管理江西省的对外经济贸易工作。

26日 省农业厅、畜牧水产厅、乡镇企业局合并为江西省农牧渔业厅。

26日 江西省民航局派飞机在于都县于阳公社飞播混合牧草种子2万亩。

26日 省政府以赣府发（1983）36号文件对高价成品油供应作出了具体规定。高价成品油的供应范围：（一）中外合资企业、补偿贸易、省属远洋运输公司等用油单位，按国家规定，一律改供高价油；（二）其他部门和地方用油，原则上以1982年计划为基数供应平价油，基数以外，全部供应高价油；（三）对农民个人或残疾人的运输车辆供应，应以县为单位，按当地社会车辆的平均定量标准，根据油源情况，除供应部分平价油外，其余供应高价油；（四）分配给各地、市、县的高价柴油，应主要用于农业生产。居民照明用的煤油实行平价供应，工业洗涤、洗煤、选砂等用的煤油，应以1982年计划为基数，超基数部分供应高价油。高价成品油同平价油一样，都是国家统购、统配物资，必须纳入各级计划部门的统一分配计划，实行定量供应，并按现行石油管理办法，由各级石油部门统一经营，其他部门不得插手经营（4月1日起遵照规定执行）。

26日 根据中共中央办公厅、国务院办公厅《关于批复江西省省级党政机关机构改革方案的通知》，机构改革后，省委设工作部门7个，省政府设工作部门37个，省级党政群机关编制员额为3990名（不含公安、检察、法院、司法行政机关的编制）。

26日 在泰和县水槎公社浪川大队程风坳，发现一棵高20米的古银杏树，与这棵同根萌生的有14株，其中胸围4米左右的两株，3米左右的两株，年产白果300多斤。据鉴定，此树是我国稀有的珍贵濒危树种，属国家二级保护树种。

27日 1982年创作剧目汇报演出结束。江西省文化局负责人向15个演出单位和16个演出剧目的22名作者颁奖。

27日 全省文联工作会议召开。会议提出加强学习，立志改革，繁荣创作，开创文艺的新局面。会议于31日结束。

27日 一种濒于失传的名贵"炉钧釉"瓷，

在景德镇市新华瓷厂重新研制成功。

27 日 在高安县新发现革命旧址、标语、纪念地，其中革命旧址、纪念地22处，革命标语33条（土地革命时期的31条，抗日战争时期的2条）。

27 日 在全国学生服造型设计选样展览会上，江西省学生服获造型设计二等奖。其中，省服装研究所设计的女教师服、九江服装一厂设计的女中学生连衣裙、赣州市服装公司设计的女中学生连衣裙被评为二等奖；安义县服装厂设计的男中学生服、吉安市服装一厂设计的男大学生服被评为三等奖。

28 日 在萍乡市召开的1983年高等院校招生工作会议上，江西省高等院校招生实行了改革，采取统考前先进行一次预选和高校、中专"一条龙"的录取办法，以及实行定向招生、定向分配，以打开人才通向农村和边远地区的路子。预选具体办法、指标分配、定向招生的院校、人数及各县名额分配，都在会上做了最后确定。

28 日 省科协系统在南昌召开表彰大会，对科研工作取得显著成绩的79个先进集体和435名科技人员进行表彰。会议于30日结束（表彰会后，战斗在各条战线的全省科技工作者下厂下乡传授科技知识，为农村"科学热"推波助澜，为提高工业经济效益贡献力量）。

29 日 省委召开省直单位新老领导成员会议，总结全省完成省直单位机构改革第一阶段经验。省级机关的机构由原来的94个裁减合并为64个，减少31.91%。其中省政府的委、办、厅、局和直属机构办事机构，由原来的65个合并为37个，由行政机关改为经济组织的5个，比原来精简了43%。调整后，班子成员减少36.8%，平均年龄下降6.1岁。省委第一书记白栋材在会上讲话，号召新老干部团结起来，奋力进取，有所作为，发扬党的优良传统，发扬积极进取的革命精神，立志改革，注重实干，开创江西省工作新局面，为党作贡献。

29 日 农牧渔业部畜牧总局在江西实地考察后，决定拨专款在于都、石城两县建立南方牧场。

29 日 省委、省政府批准成立审计局，负责筹建审计机关工作。经省政府同意，省财政厅监察处转入省审计局。

29 日 在南昌市召开的全省红壤砖研究成果鉴定会上，国家建材局建材研究院等省内外40个单位的专家和代表确认，江西省研制成功的红壤砖是国内首创。鉴定会于31日结束。

30 日 中国、芬兰、日本三国工程技术人员举行贵溪冶炼厂精炼炉无负荷联动试车成功仪式，共同庆祝三国技术合作成果。

30 日 江西省计划生育委员会成立。原江西省委计划生育领导小组办公室迁出省卫生厅。

31 日 江西省气象台的天气雷达参加国家气象局组织的华东地区天气雷达联防组网。

江西省气象台701测风雷达和测风气球

31 日 奉新县一封反映富裕起来的农民要求的来信，受到中央领导同志的高度重视。中央领导万里、邓力群说，应该想方设法满足农民的急切需求。省经委为此下发通知，要求做到农民想什么，就生产什么，提供什么，把农民的"十想"（一想优质载重自行车；二想小型农业机械；三想学农业科技知识；四想买更多的化肥农药；五想买农副产品加工设备；六想丰富多彩的文化生活；七想把农村商品流通搞活；八想买高档服装成衣；九想吃高级糖果糕点；十想外出旅游，见见世面，看看祖国大好山河）变成工业上的"十有"，商业上的"十送"。

31日 赵春娥、罗健夫、蒋筑英事迹展览在南昌市工人文化宫开幕。

31日 72岁高龄的著名京剧表演艺术家王玉蓉，应江西省京剧团邀请，在南昌剧场与该团首次联合公演获得成功（4月14日晚，王玉蓉与我省著名老生演员、70岁的何玉蓉合演《法门寺》，作为这次艺术交流的告别演出）。

31日 鹰潭市肉联厂于1980年8月破土动工，历时两年半，于本月完工。该工程由江西省商业厅设计院设计，投资900万元，生产能力为冷藏5800吨，冷冻80吨，每班宰生猪1500头。其中，上饶地区第二建筑工程公司鹰潭工程处承建的290万元冷库土建工程，被评为地区优质工程。

本月 国家计委（1983）240号文批准江西九江化工厂年产2万吨聚氯乙烯，3.6万吨电石工程设计任务书。

九江化工厂烧碱车间

本月 省委宣传部决定，撤销江西省出版局，由省文化厅行使出版管理职能。江西人民出版社、江西省新华书店等移交江西省文化厅管辖。

本月 靖安县文物普查在水社桃源村附近的书案山发现唐代诗人刘慎虚墓。碑文曰"唐进士刘讳慎虚字銥号易轩大人"，墓地坐西向东，在风光秀丽的书案山背后不远，是当年读书堂旧墟。

本月 江西省防治牲畜五号病指挥部成立，省直有关厅、局及各地、市、县同时成立"防五"专门机构。

本月 省委决定成立省建设商品粮基地试点县领导小组，省委副书记王书枫任组长。按照省委1978年提出的《关于建设鄱阳湖地区商品粮基地规划》加紧建设。

本月 江西油脂化工厂在江西省轻工行业企业整顿验收中荣获省政府颁发的"企业整顿合格证书"，还荣获南昌市政府颁发的"提高经济效益工业成绩显著奖"。该厂生产的"长青牌"香皂获江西省优质产品称号。

本月 江西冶金设计院被冶金部划归中国有色金属工业总公司领导。

本月 根据中央纪律检查委员会文件规定，1983年3月上饶地委纪律检查委员会改称上饶地区纪律检查委员会。

本月 省建筑科研所沈峰等和上高县建设局完成的《农房小构件研究》科研项目，通过省建筑工程局组织的技术鉴定。该成果研制出三种型式的楼盖和小构件，与传统木构架和农房相比，可节约木材90%以上；与省内现行预应力多孔板混凝土楼盖相比，可节约钢材4%～21%；与当时同类房屋相比，可降低造价8%～23%；具有自重轻，安装方便等特点，技术水平达国内先进水平。获1985年省政府科技进步三等奖。

本月 江西省建筑工程局改为江西省建筑工程总公司，仍属一级局机构。

1983

4月 April

公元 1983 年 4 月							农历癸亥年【猪】					
日	一	二	三	四	五	六	日	一	二	三	四	五	六
					1 十八	**2** 十九	**3** 二十	**4** 廿一	**5** 清明	**6** 廿三	**7** 廿四	**8** 廿五	**9** 廿六
10 廿七	**11** 廿八	**12** 廿九	**13** 三月大	**14** 初二	**15** 初三	**16** 初四	**17** 初五	**18** 初六	**19** 初七	**20** 谷雨	**21** 初九	**22** 初十	**23** 十一
24 十二	**25** 十三	**26** 十四	**27** 十五	**28** 十六	**29** 十七	**30** 十八						

1 日 江西省第二个"爱鸟周"活动,从当日起在全省城乡普遍展开。中国鸟类学会副理事长、北京师大副教授郑光美应邀作"鸟类与人类生活"专题报告。

1 日 省煤炭局改称省煤炭工业厅(简称省煤炭厅)。

1 日 贵溪电厂灰坝工程开工,这项工程由贵溪县电厂灰坝工程指挥部组织建设(1988 年 12 月工程竣工,大坝高 75 米,顶宽 3 米,底宽 75 米,共用红石 14 万立方米,总投资达 1265 万元)。

1 日 庐山电子仪器厂研制成功的 BJ－1 型取样积分器和 WEB－Ⅱ型万用组合波形发生器两个新产品,填补了国内电子测试仪器的两项空白。

2 日 省政府召开全省蔬菜产销工作会议。会议针对农村和市场出现的新变化,就如何调动蔬菜生产者、经营者两个积极性和维护消费者利益,进一步做好城市蔬菜产销工作的问题进行了认真的研究。会议指出,要保证蔬菜生产的持续稳定,城市工矿区都必须按照"以需定产,产大于销"的原则,根据人口多少和单产高低,落实足够的菜地面积。蔬菜产销工作必须贯彻计划经济为主、市场调节为辅的原则,改变过去国营蔬菜公司对蔬菜实行统购包销的办法,全面推行蔬菜产销合同制,必须改革国营菜场的管理体制,以适应市场变化的新形势。

2 日 清代最后一次重建滕王阁遗留下来的"滕王阁"三字碑,在南昌市"八一"起义纪念馆摄影部的暗房里找到,仍完好地保存着。该碑长 156 厘米,宽 67 厘米,厚 6 厘米,"滕王阁"三字刻得苍劲有力,清晰可见。

"滕王阁"三字碑

3 日 在星子县发现北宋刘涣夫妇墓志碑石两块,其中,刘涣之妻钱氏的墓志为北宋文学家曾巩所撰,对研究曾巩的文学思想和著作具有重要价值。

3日　万年县第四文物普查小组发现大面积商代、西周文化遗址。总面积达1万多平方米。商代遗址印纹陶纹饰有席纹、叶脉纹、凸方点纹、绳纹、篮纹、弦纹、云雷纹。西周遗址印纹陶纹饰有间断纹、曲折纹、日字纹、堆纹、圆窝纹、绳纹、菱形纹等，还有各种大小不同的陶鼎脚以及陶纺轮等。

3日　吉安收集到一面宋代双龙戏珠八卦铜镜。镜面呈葵边圆形，直径23厘米，重1850克，镜背周围铸有八卦文字，下有波浪纹，上有云纹，中为双龙戏珠。

3日　在全国农村节柴改灶试点县会议上，南康县被列为全国农村节柴改灶试点县。

3日　波阳县三庙前公社60多岁的农民刘光文，把家里珍藏几十年的清同治版《鄱阳县志》捐赠给国家。县志共8部，24卷，约10万余字。

4日　省妇联召开大会，表彰妇联系统67个先进单位和31名优秀妇女干部。5名长期从事妇女工作即将离、退休的地、市妇联主任在会上获得荣誉称号。

4日　江西省地质局改名为江西省地质矿产局，开始履行部分地矿行政管理职能。

5日　由省科干局、省劳动局、省编委、省人事局、省知青办合并组建的江西省劳动人事厅正式挂牌开始对外办公。

5日　在第五届全运会游泳预赛中，江西省15岁的李金兰获女子100米蝶泳和100米、200米仰泳的三项冠军；梁首军在女子200米蝶泳中，以2分54秒5获冠军；雷锦林在男子200米仰泳中，以2分18秒获亚军。

6日　省政府召开调查人员全体会议。为了全面开创江西省社会主义现代化建设的新局面，编好20年长期发展规划，省政府决定对"七五"及后十年规划做进一步调查，并成立规划调查组。规划调查组由25个委、办、厅、局、司的154名领导干部、专家和专业人员分别组成综合、农业、能源、交通、科教、日用消费品、重工业、固定资产投资、财政金融、商品流通九个调查组，用二至三个月的时间对全省建设的重大课题进行专题调查。

6日　省检察院针对部分地方人犯久押未决，办案时间过长的情况，发出《关于抓紧审查批捕、审查起诉工作，严格依照法定时限办理案件的通知》。

7日　机械工业部在江西省召开了发放小型手扶拖拉机和柴油机生产许可证的试点现场会。同时按国际标准对江西手扶拖拉机厂生产的银质产品东风12型手扶拖拉机和九江动力机厂生产的部优质品S195柴油机进行优质复查，全部为优质品，达到国际水平。

7日　玉山县在文物普查中发现我国著名画家沈周及其学生文徵明等一批古代名画家作品的真迹。这批作品有元、明、清三个时期的著名画家的作品共37件，包括古画15幅、字帖17份、对联5副。

7日　省委决定万绍芬任省妇女联合会主任，自4月23日起同时担任省妇联党组书记。

7日　江西省第一座由商业部直接投资、容量3000吨的大型果品冷藏库——南昌冷库，在南昌市青云谱建成。这座冷库建筑施工总面积7215平方米，其中主库3682平方米。冷库储存量可供南昌地区三个月的正常消费，能延长果品市场的供应期，改善长期以来果品季节供应而造成的旺季烂、淡季闲的状况。

7日　埃及空军工程部副部长瓦迪亚准将一行4人，来江西南昌、庐山等地参观访问。访问于10日结束。

8日　省文化局发出通知，要求各级文化部门组织教唱《国际歌》、《国歌》、《江西是个好地方》、《社会主义好》4首革命歌曲。在红五月中，全省各地都要因地制宜地举办以唱4首歌曲为主的歌咏比赛、歌咏晚会，让革命歌声响遍全省城乡。

8日　美国友人、已故史迪威将军的长女史文思及其丈夫欧内斯特·伊斯特·布雷克，来南昌、景德镇等地参观访问。访问于11日结束。

9日　江西省人民防空办公室并入江西省城乡建设环境保护厅，设立人防处，对外保留江西省人民防空办公室名称。

9日 江西省"五讲四美三热爱"活动委员会成立。同日举行委员会第一次会议，会议要求全省各地对群众进行爱国主义教育、共产主义教育和经常性的思想政治工作，努力提高活动成效。要使"五讲四美三热爱"活动形成制度，持之以恒，扎扎实实地搞，注重实效，真正做到"以月促年"。

9日 南昌市召开1982年度优秀科技成果授奖大会。83项科技成果获奖，其中接近国际水平的一项，国内首创或填补国内空白和达到国内同行业先进水平的42项，占获奖总数的53%；达到省内先进水平的37项，占44.5%。

9日 《革命先辈的故事》丛书湖南、湖北、陕西、江西4省协作会议在景德镇市举行。丛书以故事形式介绍老一辈无产阶级革命家的战斗历程和生活片断，是对广大少年儿童进行革命传统教育的好教材。

9日 适用于BJ212型越野汽车、BJ130型载重汽车、旅行汽车及2吨、3吨内燃叉车等车型的492QA节油发动机，最近由萍乡市汽油机厂研制成功，经检验质量达部颁标准。

10日 南昌—武汉的省际公路客车开始营运。

10日 省委整党试点工作调查组在南昌召开会议。省委书记许勤出席会议并讲了话，他要求调查组成员积极主动，密切配合，共同搞好试点工作，要深入群众、深入实际，坚持群众路线的工作方法；要带头做端正党风的模范，加强组织纪律性，加强上下联系，及时向省委汇报整党试点工作的情况和经验（18日，调查组进入整党试点单位省交通厅、江西师范学院、余江县、景德镇市公安局、江西造纸厂、南昌百货商场进一步摸清党员状况，取得在新形势下整党的经验）。会议于16日结束。

10日 铅山县文物普查办公室日前在福惠公社烈桥、柴家两地先后发现了明代嘉靖年间费宏宰相的真容中堂画，以及民国三十七年（1948）最后一次重修的费氏宗谱。

11日 丰城矿务局坪湖3115掘进工作面发生重大瓦斯爆炸事故，死亡25人（其中副矿长1人、救护队员11人）；烧伤16人（其中副局长1

人，矿处级干部3人，救护队员10人。12日，省长赵增益、副省长梁凯轩赶到现场，慰问伤员，并对事故善后工作作了指示）。

11日 赣北木材厂在上级建材部门的大力支持下，进行松木"蒸煮脱脂干燥"新工艺的试验，获得成功。

12日 省第五届人大常委会十五次会议在南昌召开。会议通过关于省六届人大第一次会议召开日期的决定；通过成立省五届人大常委会代表资格审查委员会的决定及其主任委员、副主任委员、委员名单；审议通过代表资格审查委员会关于省六届人大代表资格的审查报告和关于公布省六届人大代表名单的公告；审议并通过省六届人大一次会议议程（草案）、各项建议和省人大常委会工作报告。会上，省人大常委会副主任张宇晴宣读省五届人大常委会主任杨尚奎致省五届人大常委会的信，信中要求省五届人大常委会不再提名选他为江西省第六届人大代表，也不再列为第六届全国人大代表候选人。会议讨论并通过省五届人大常委会致杨尚奎的复信。大会于14日闭会。

12日 省委、省政府在南昌市召开全省职工思想政治工作会议。会议指出，当前要向职工加强三方面的工作：（一）要进行什么是社会主义的教育，划清平均主义与社会主义的界限；（二）要抓好重视知识分子和知识分子的教育的工作；（三）要抓好主人翁精神教育，正确处理国家、企业、个人三者利益的关系。

13日 10时13分，南昌市区遭受冰雹及雷雨风暴袭击，降雨量达130毫米至160毫米，冰

江西省资溪县城遭受雷雨大风，仓库成为废墟的情形

雹直径 30 多毫米，最大如鸡蛋，下冰雹持续约 17 分钟。南昌地区毁坏农作物 16.5 万亩，倒塌房屋 582 栋，伤 143 人，死 4 人。赣北、赣中的东部地区出现强烈的飚线天气。上饶、抚州两地的大部分地区，吉安地区东北部，宜春、九江两地区东部和南昌市，共有 23 个县（市）出现了冰雹、八级以上的雷雨大风和暴雨等灾害天气。其中下了冰雹的有 15 个县（市），东乡的冰雹大如鹅蛋，直径达 63 毫米，永丰的雷雨大风风力达 11 级。强对流天气给工农业生产造成了较大的危害和损失。

14 日 中国文字改革委员会副主任、全国高等学校文字改革学会顾问叶籁士，学会名誉会长、北京大学教授王力，全国高等学校文字改革学会会长、中国文字改革委员会副主任倪海曙，学会顾问、中央人民广播电台广播部副主任夏青，在江西省文联礼堂作了关于文字改革和推广普通话的学术报告。

14 日 省商业厅、省财政厅通知，从 1983 年 1 月 1 日起，将商业财务体制下放给地方，实行分级管理。各地市县商业企业收入分别纳入地方财政预算。

14 日 宜春市南郊徐家里附近最近发现赣西地区少见的古墓群。已探测到古墓 400 多穴，启墓 60 多穴，从已经启墓的墓形和出土的文物表明，这个古墓群是一个大家族的墓，从东汉延续到唐代，其墓穴之多，延续时间之久是江西省少见的。

14 日 省政府最近批准省计委的决定，对 1983 年九江二电厂等 26 个重点工程建设项目，在资金、材料、设备、设计、施工力量 5 个方面实行优先安排，确保重点项目按质、按量、按期建成投产。

14 日 省"五讲四美三热爱"活动委员会派出的检查组深入南昌部分商店、餐厅、工厂、学校、医院、车站、码头、居民区和郊县村庄，了解开展"三优一学"等方面的情况。

14 日 省财政厅召开全省利改税工作会议。会议研究了江西省在国营企业实行利改税的具体问题，规定了执行原则，部署了工作。会议明确

宣布：（一）利改税，从 1983 年 6 月 1 日起实行，征税时间从 1983 年 1 月 1 日起计算，全年清算；（二）财政同企业主管部门或企业签订的 1983 年盈亏包干合同或办法，1983 年仍然有效；（三）利改税是解决国家与企业的分配关系，不涉及企业内部承包、企业与职工的关系。为了加强领导，6 日，省政府决定成立江西省利改税领导小组。6 月 13 日，省政府批转省财政厅《关于在我省国营企业实行利改税有关问题的报告》。会议于 20 日结束。

14 日 江西波阳船厂建造的 160 吨级槽型驳船，经该厂和上饶航运分公司监理所检验合格，正式投入营运。该船长 30 米，宽 7 米，深 1.8 米，中横截面呈"凹"字形，载重可达 175 吨，是江西省首次创建的新型驳船。

15 日 省委发出《关于进一步清除领导班子中"三种人"的意见》。"三种人"指在"文革"中追随林彪、江青反革命集团造反起家的人；帮派思想严重的人；打砸抢分子。

15 日 省商业厅以赣南（1983）石字第 3 号文发出《关于做好高价成品油供应工作的通知》。《通知》规定：高价煤油，由各级石油公司在下达的分配指标内自行安排供应，并强调要进一步加强石油市场管理。各级石油公司要会同工商行政管理和公安部门，坚持打击投机倒把，取缔石油黑市交易。经营高价油部门不得转让高价油的指标，更不得倒卖油料，如有违者，要停止供应油料，给予必要的制裁。

15 日 省第六届人大代表选举工作圆满结束。全省共选出人民代表 958 名，选出的代表体现了"四化"要求，具有广泛的代表性。

16 日 经建设部同意，江西省教委批准，苏州城建环保学院在江西省房地产职业教育培训中心开办房地产经营与管理大专函授班，招生对象为各市、县房地产部门在职职工。

16 日 省委、省政府发出紧急通知，指出 1983 年入春以来，特别是 3 月下旬以来，江西省北部、中部等地区出现了历史上少见的冰雹和雷雨大风天气，对工农业生产和人民生命财产造成灾害。要求全省各地迅速行动起来，排除万难，奋力进

取，战胜雨雹灾害，圆满完成春耕生产任务。

17日 在八省、市首届青年田径协作比赛中，江西省代表队获团体业军。

17日 婺源县在文物普查时发现明代著名文学家冯梦龙手书真迹一件。

18日 在扬州市举行的全国青少年羽毛球联赛中，江西省女运动员钱萍夺得本届比赛青年组女子单打全国冠军。

19日 新余肉类联合加工厂竣工投产。该厂由商业部直接投资建设，建筑面积2.38万平方米，冷库容量5000吨，日结冻能力为60吨，每班可宰杀生猪1000头，符合设计和食品加工要求。

19日 德意志联邦共和国技巧队和我国技巧队在江西省体育馆进行友谊比赛。

19日 八一电影制片厂新闻摄制组在江西省拍摄中央军委主席邓小平和叶剑英、刘伯承、徐向前、聂荣臻几位老帅战斗历程的传记纪录片。摄制组先后到瑞金、乐安、宜黄、金溪、南昌、九江等地拍摄镜头。

德意志联邦共和国技巧队在进行女子三人技巧比赛

19日 省政府发出《关于认真组织实施〈六个节能管理办法〉的通知》，要求采取有效的行政手段和经济措施，贯彻执行《江西省计划用电包干办法》、《江西省节能单项奖励办法》、《江西省农村先买票后用电管理办法》、《江西省非生产用电管理办法》、《江西省新增用户设备申报审批办法》和《江西省燃料超耗加价管理办法》。

19日 最高检察院检察长黄火青来江西视察工作，听取江西省检察院院长陈克光汇报全省检察工作。黄火青认为江西检察工作在江西省委领导下取得了较大成绩，打击经济犯罪活动开展较好，并嘱咐要加强检察机关的枪械管理。

20日 国务院农牧渔业部、江西省农牧渔业厅、南丰县农业局投资110万元和南丰蜜橘加工厂实行联营。促进农业向商品经济发展，提高农产品的加工深度。

20日 省委召开民主协商会，就省六届人大常委会主任、副主任，省政府省长、副省长，省五届政协主席、副主席候选人酝酿名单进行民主协商。省委书记许勤就候选人酝酿名单做了说明。应邀出席的有各民主党派、群众团体负责人和无党派民主人士、各界知名人士代表。候选人酝酿名单将分别提交即将开幕的省六届人大一次会议和省五届政协一次会议选举。

20日 中央电视台在井冈山开拍一部大型彩色纪录片。这部纪录片主要反映毛泽东、朱德、彭德怀、陈毅等老一辈无产阶级革命家当年在井冈山开创我国第一个农村革命根据地的活动情况和井冈山的自然风光。

21日 全省当前容量最大的22万伏昌东枢纽变电站建成投产。

21日 江西省人民政府与国家气象局办理管理体制交接手续，至28日完成交接手续。

21日 江西省重点文物保护单位、古代著名的四大书院之一——铅山县"鹅湖书院"经省政府批准进行修复。鹅湖书院是南宋淳熙二年（1175），著名理学家朱熹、吕祖谦、陆九渊、陆九龄聚会讨论"性理之道"的地方，历史上著称为"鹅湖之会"。

21日 全国"青春杯"技巧邀请赛在南昌举行。江西省运动员获五枚金牌、一块银牌和四块铜牌。这次比赛共有北京、上海等16个代表团参加，通过健将级的运动员有21人，为历年少见。

21日 省政协五届委员会一次会议在南昌召开。会议听取并审议通过了省政协常务委员会工作报告和委员提案处理情况的报告；听取了关于委员安排情况的说明，协商通过了委员名单、五届一次会议主席团建议名单和会议提案审查委员会建议名单。本届委员760名，具有广泛的代表性。会议选举吴平为政协江西省第五届委员会主席，同时选出李世璋、谷霁光、何世琨、陆孝彭、沈翰卿、李华封、刘建华、吕良、郭庆荣、李善元、吴永乐、杨永峰为副主席；选举了秘书长和常务委员。会议纠正上饶、九江两地区的22个县、市违背《中华人民共和国全国人民代表大会和地方各级人民代表大会选举法》的做法，选举省六届人民代表时没有执行差额选举。审议并确认这些县、市重新选举的196名省六届人大代表的资格全部有效。省人大常委会主任杨尚奎、副主任李芳远分别主持了会议。省政协主席方志纯出席了会议并讲话。会议于5月1日闭幕。

21日 省档案局召开省直撤并机关档案工作会议，研究撤并机关文书档案的清理、交接等问题。

22日 省委决定，刘振东任南昌市委书记；免去吴平的南昌市委书记职务。

22日 南昌市连遭暴风雨袭击，风力均在8级以上，最大达11级。据统计，全市有114515户（含县、区）受灾，倒塌房屋819栋，损坏房屋26291栋，人员伤亡537人，吹断电线电话杆4355根，农作物受灾面积273481亩，造成经济损失2700万元。

22日 省财政厅通知，取消森工企业收入实行二八分成的办法，决定从1983年5月1日起，各级木材公司的利润由各公司按月汇交省木材公司缴省财政；各级木材公司的亏损由省木材公司按核定的计划亏损进行拨补。

22日 弋阳县新华书店退休干部罗时迁献出珍藏几十年的滕王阁原版照片。照片虽年久发黄，但保存甚好，景物仍一目了然，高阁横匾"滕王阁"三字清晰可辨。据江西省博物馆鉴定，这张照片是1926年滕王阁被毁前拍摄的，图中

罗时迁献出的1926年前拍摄的滕王阁原版照片

建筑系清同治十一年（1872）重建的规模。迄今为止，这张照片是江西发现的唯一的滕王阁原版照片。

22日 日本贸促会东海总局专务理事若原富夫应邀来江西访问。访问于24日结束。

22日 中央党校政治经济学教研室主任王珏副教授，在南昌作《经济改革必须有利于建设中国特色的社会主义》的学术报告。

23日 全省工商行政管理局局长会议召开。会议要求，全省工商行政工作要解放思想，清除"左"的影响，以适应改革的要求，做到既要搞活经济，又要加强管理，解决好"活与管"的关系。会议于28日结束。

23日 省六届人大一次会议在南昌召开。本届人大共有代表958名。其中工人154名，占16.8%；农民145名，占15.14%；干部207名，占21.61%；知识分子213名，占22.23%；民主党派、无党派爱国人士189名，占19.73%；华侨10名，占1.04%；解放军代表40人，占4.17%。会议通过了《关于江西省人民政府工作报告的决议》、《关于批准江西省一九八二年财政决算和一九八三年财政预算报告的决议》、《关于江西省人大常委会工作报告的决议》、《关于江西省高级人民法院工作报告的决议》、《关于江西省人民检察院工作报告的决议》。马继孔当选为第六届人大常委会主任，王泽民、张宇晴、谢象晃、信俊杰、张国震、郑校先、黄贤度为副主任。赵增益当选为江西省省长，梁凯轩、柳斌等为副省长。柳滨当选为江西省高级人民法院院长。陈克光当选为江西省人民检察院检察长。康克清等83人当选为江西省出席第六届全国人大代表。赵增益在《政府工作报告》中提出江西省"六五"期间的主要任务：以提高经济效益为中心，取得财政经济状况根本好转的决定性胜利，理顺各方面关系，使整个国民经济稳定、持续、健康地向前发展。主要指标是：1985年工农业总产值达到206.8亿元，国民收入130.68亿元，财政收入15亿元，社会商品零售总额75亿元，固定资产投资五年合计65.11亿元，人口自然增长率控制在10‰以下。1983年工农业总产值比

上年增长 5.5%，财政收入增长 4%，固定资产投资增长 18.7%，人口自然增长率控制在 11‰以下。会议于 30 日结束。

江西省第六届人民代表大会第一次会议会场

23 日 清江县服装厂发生重大火灾，烧毁厂房 300 平方米，各种机器设备 62 台、布料及成品服装 18868 件，直接经济损失 173 万余元。

24 日 省政府根据国务院转发财政部《关于国营企业利改税试行办法的通知》，从当年起，全省国营商业将利润留成制度改为计征所得税和调节税，税后利润留给企业，经省利改税领导小组核定，全省商业企业总的留利水平为 25%。

24 日 在日本东京代代木第二体育馆举行的第十四届东京广播杯国际体操赛上，江西省体操运动员童非获得自由体操和单杠两项冠军，同时获得双杠、鞍马、吊环三项的第三名。另一名运动员刘明在比赛中获自由体操、双杠、单杠三项的亚军。

25 日 省经济学会、经济研究所召开孙冶方经济思想讨论会。着重就孙冶方经济思想核心——价值规律、经济效益问题深入探讨。

26 日 11 级大风袭击安义县，有 43 个大队遭灾，倒塌房屋 465 间，吹倒电杆 921 根，死 5 人，伤 45 人。

27 日 省人民政府决定，成立江西省城镇集体工业领导小组，梁凯轩任组长。

27 日 国务院批准成立中国江西国际经济技术合作公司，这是江西省第一家具有从事对外承包工程和劳务合作经营权的企业。

28 日 黎川县从 13 日起至当日，发生十级飓风，最大瞬时风速 26 米/秒，倒塌房屋 6000 多间。其中湖坊电影院倒塌，死 10 人，伤 58 人。

28 日 省建设厅蒋洁荣获省政府"有突出贡献的一线工人"称号；许秋萍荣获省总工会颁发的"五一"劳动奖章。

29 日 丰城县文物普查队在古丰城旧址——港塘大队，发现了汉、晋、南北朝时代的古青瓷窑址。古窑址长约 3 华里，宽半华里，占地面积 7.5 万平方米。出土有东汉至两晋时期和南北朝时期的青瓷器残片，窑址旁还发现一件完整无损的新石器晚期的石矛和扁形陶鼎腿以及部分几何形印纹陶片。汉代窑址在江西是首次发现。这一发现，对于古代著名窑场洪洲窑的起始和上限年代，以及洪洲窑的继承发展关系，提供了实物研究场地。

29 日 农牧渔业部颁发了 1982 年优质产品获奖名单。江西省获奖的有：奶制品："培力牌"甜奶粉（江西国营红星垦殖场乳品厂）、"英雄牌"奶粉（江西畜牧良种场乳品厂）；茶类：庐山云雾茶（江西国营庐山茶场）；工业品："飞碟牌"FC3－10 型 900 毫米吊式电风扇（江西国

庐山区赛阳乡云雾茶场

营万龙山电扇厂），"鸵鸟牌"气门芯（国营江西气门芯厂）、"红星牌"9FQ－50型锤片式粉碎机（江西国营红星机械厂）。

29日 省政府召开电话会议。动员全省工交、基本建设战线广大职工积极行动起来，投入第四次"安全月"活动，为进一步搞好安全生产，提高经济效益作出新贡献。

30日 省委、省政府决定，立即派出四个工作组分赴抚州、宜春、九江、吉安地区和南昌市，慰问4月中旬部分遭受暴风雨和冰雹袭击的受灾群众，检查抗灾救灾情况。

30日 国家经委（1983）387号文批准，以江西省冶金厅为依托成立中国华兴钨业公司，作为中国有色金属工业总公司的一个专业公司，归口管理江西省、广东省、湖南省、四川省钨的业务（1983年9月，中国华兴钨业公司在南昌成立。因种种原因，该公司实际上只管辖江西主要国营钨、钽、铌企业和与之配套的企事业单位。1990年11月6日，全国清理整顿公司领导小组批复，撤销中国华兴钨业公司，保留中国有色金属工业总公司南昌公司）。

本月 新干县桃溪公社横江大队城上村的调塘山两边斜坡上各发现一个石屋洞。其中一洞的上面盖着一块平整的大石块，石块厚2.5米，洞有6.6米深；另一洞的石块厚2.1米，长10.3米，宽7.3米，左侧有两条石巷，这两个洞很像房屋，但都是自然形成的。

本月 修水县着手修复历史名胜南山崖，并筹建山谷公园。南山崖素有"修江第一山"之称，是北宋著名诗人、书法家黄庭坚的家乡，诗人曾在此山读过书，至今还保留着不少遗迹。建国后，省政府将此地列为省级文物保护单位。

本月 省地质局赣南地质调查大队，在安远县找到了膨润土矿床。矿体延伸长达3000多米，含蒙脱石达60%以上。

本月 江西省军区组建江西丰城县预备役步兵团，辖三个步兵营、一个炮兵营，共3321人。

本月 江西省城市规划研究所与井冈山共同开始编制《井冈山风景名胜区总体规划》（1987年1月22日国务院批准实施）。

本月 中央新闻纪录电影制片厂在江西拍摄《三清山》风光片。

本月 省经委、财委、农委及省委工交政治部（部分职能）合并，组成江西省经济委员会。

本月 江西电炉总厂与冶金部钢铁研究总院等单位合作研制的3Cr24Ni7SiNRe含稀土的铬镍硅氮型高温炉用耐热钢通过部级鉴定，其耐热性可达1200℃，用于高温电阻炉炉底板，成本低，可代替高镍耐热钢。获1983年国家发明三等奖。

本月 第二阶段的地市级机构改革在全省全面展开。这次机构改革的规模、力度较大，被称为"一场革命"，取得了比预期要好的效果。一是"地区由实变虚"，即改变为省委、省政府的派出机构；二是部分地、市合并，实行市领导县的体制，充分发挥中心城市的作用。

1983

5月
May

公元 1983 年 5 月							农历癸亥年【猪】					
日	一	二	三	四	五	六	日	一	二	三	四	五	六
1 劳动节	**2** 二十	**3** 廿一	**4** 青年节	**5** 廿三	**6** 立夏	**7** 廿五	**8** 廿六	**9** 廿七	**10** 廿八	**11** 廿九	**12** 三十	**13** 四月小	**14** 初二
15 初三	**16** 初四	**17** 初五	**18** 初六	**19** 初七	**20** 初八	**21** 小满	**22** 初十	**23** 十一	**24** 十二	**25** 十三	**26** 十四	**27** 十五	**28** 十六
29 十七	**30** 十八	**31** 十九											

1 日 江西省 18 座大型水库之一——泰和县老云盘水库正式通水发电。

1 日 江西钢厂首次采用新余钢铁厂的热装铁水，冶炼出合格钢，使长距离铁水热装实验获得成功，为江西省钢铁工业的发展创出了一条新途径。

采用热装铁水炼钢的新余钢铁厂炼钢车间

3 日 省、市 1200 余名青年在省委礼堂集会，纪念"五四"运动 64 周年。会上，团省委对在全省学雷锋、学先进活动中涌现出来的 59 个先进集体和先进个人给予表彰。

3 日 青海藏族艺术演出团一行 76 人来江西省慰问演出，当晚在江西艺术剧院首演藏戏《意乐仙女》，受到 1000 多名观众的热烈欢迎。

3 日 省政协第五届常委会第一次会议在南昌市召开。会议协商、研究决定了省五届政协的组织机构和工作机构设置，讨论通过了省政协第二季度的工作安排。

3 日 省六届人大常委会举行第一次会议。会议审议通过了省长赵增益作的《关于省政府机构设置和提请任命的事项的报告》。该报告指出，省政府的工作部门由原来的 65 个减为 37 个，减少 43%；有 5 个行政机关改为经济组织；工作人员编制定为 3000 人，比原来的 4185 人减少 28%。会议一致通过决定任命：王英任省计划委员会主任；梁凯轩兼任省经济委员会主任；郭亚民任省科学技术委员会主任；刘俊峰任省国防科学技术委员会主任；赵恩民任省外事办公室主

马继孔、白栋材、许勤、赵增益、王书枫（左起）等在大会主席台上

任；姜佐周任省体育运动委员会主任；柳斌兼任省计划生育委员会主任；李天培任省财政厅厅长；荆奇玉任省商业厅厅长；孙瑞林任省粮食局局长；王希仁任省农牧渔业厅厅长；李明志任省林业厅厅长；赵源仁任省水利厅厅长；周之骥任省城乡建设环境保护厅厅长；顾强任省对外经济贸易厅厅长；孙良照任省物资局局长；郑欣任省物价局局长；凌振垣任省统计局局长；宁子明任省工商行政管理局局长；孙树森任省公安厅厅长；范佑先任省司法厅厅长；石全保任省民政厅厅长；赵云章任省冶金厅厅长；张钦才任省煤炭工业厅厅长；韩礼和任省机械工业厅厅长；都兴富任省轻化工业厅厅长；李钰任省交通厅厅长；胡东太任省劳动人事厅厅长；任启贤任省老干部局局长；谢新观任省教育厅厅长；王新民任省卫生厅厅长；白永春任省广播电视厅厅长。

4日 省卫生厅发出《关于全省开展创"六好"文明医院活动》的通知（"六好"即政治工作好、医疗质量好、服务态度好、执行制度好、经济管理好、环境美化好）。

4日 江西钢厂从捷克引进的800吨液压剪切机动工兴建（9月1日建成，一次试车成功）。

4日 南康县东山发现恐龙蛋化石、恐龙骨头化石，经鉴定其地质年代属于白垩纪晚期。

4日 全省工业产品看样订货会在南昌市展览大楼举行。参加这次看样订货会的2300多个工业企业单位，为近6000名订货代表和外省的300多名订货代表准备了丰富货源。订货成交总额达7.4亿元。订货会于25日结束。

5日 历时8天的全国曲棍球比赛经过男、女共11轮21场的激烈争夺在江西省体育场全部结束。火车头队、江西女队分获男、女队的冠军，江西男队获亚军。

5日 省教育厅、省职工教育管理委员会、省总工会印发《江西省职工学校审批、备案的暂行规定》。

5日 玉山县在风景普查中发现龙潭、玉帝、石门、灵雨岩4个各具特色的大瀑布。这些瀑布都在即将开发的风景区内。

5日 省委、省政府决定，撤销省委调整经济领导小组等37个省级非常设机构，把这些非常设机构的工作交给有关的部门承担，并确定将有计划地陆续撤销其中一些非常设机构。同时决定，今后各种临时工作机构一旦完成任务就宣布撤销。

5日 萍乡钢铁厂22万吨烧结机工程投产。它的建成投产，可使萍钢高炉熟料率由原来的40%提高到85%以上，高炉出铁率提高4%以上；每吨生铁的入炉焦化可降低30公斤至40公斤，生铁产量可比过去增长33%。

5日 省工商联三届执行委员会二次会议与省民建一届二次委员会联席会议在南昌举行。会议通过《关于学习、宣传、贯彻省六届人大一次会议和省政协五届一次会议精神，开创全省"两会"工作新局面的决议》。省联执委会同意沈翰卿辞去省工商联主委职务的要求。会议经过酝酿补选李善元为省联主任委员。沈翰卿当选省民建主任委员。会议于9日结束。

6日 省政府为上高县政府颁发《普及小学教育检查合格证书》。上高县5年来，适龄儿童入学率达98.9%，巩固率98.7%，杜绝了新文盲的产生，青少年一代的文化水平有了显著提高。

7日 省政府批准成立江西省地方煤炭工业公司。

7日 国内著名古建筑学家、华南工学院教授龙庆忠在赣州地区建筑学会进行讲学，内容为中国古典建筑遗产、民族传统与现代建筑艺术的关系。在此之前，他曾带领研究人员赴安远、信丰、赣州市等地对宋塔、文庙、郁孤台、通天岩的古代建筑进行实地考察和研究。

7日 省委组织部、省劳动人事厅抽调191人，组成17个工作组，选择17个不同类型的单位，进行整顿以工代干的试点工作（同年7月底试点工作结束）。

7日 省建设厅在上饶市召开全省城镇房地产经营工作会议，会议对全省房地产经营工作进行总结。

7日 省政府发出《关于省政府各工作部门使用印章及其他事项的通知》的文件。

8日 全国武术观摩交流散手、太极推手表演赛在南昌举行。表演赛于17日结束。

8日 广东、广西、湖南、湖北、河南、云南、贵州和江西8省、自治区体校田径运动会，于当日起至18日在武汉举行。江西运动员王俊在男子五项全能比赛中以3025分的成绩打破2864分全省少年最高纪录获得第一名；雷香莲在女子跳远比赛中，以5.32米获得第一名，打破该项4.99米全省少年乙组最高纪录。

8日 联邦德国马克思故居研究所所长汉斯·佩尔格和恩格斯纪念馆馆长米夏埃尔·克尼利姆来南昌、井冈山、萍乡等地参观访问。访问于11日结束。

9日 省商业厅发出《关于在全省商业、供销社系统全面推行企业内部经营承包责任制的意见的通知》。决定从1983年上半年起，在全省商业、供销社系统的饮食、服务、修理、运输、加工等行业和零售企业全面推行经营承包责任制。要求在推行经营承包责任制中，坚持社会主义方向，合理制定承包基数，扩大承包单位的自主权，保证承包任务的完成。

9日 省政府最近决定，成立江西省水土保持委员会，省政府顾问许少林任主任。

9日 江西省杂技团一行27人离昌赴非洲7国访问演出。

9日 日本著名画家、多摩美术大学教授加山又造来南昌、庐山等地参观访问。13日离赣。

10日 省政府召开全省计划生育工作会议，要求各地坚决把我省1983年人口自然增长率控制在11‰以下。提出：要普遍提倡一对夫妇只生育一个孩子，要严格控制二胎，坚决杜绝多胎，对二胎和二胎以上的育龄夫妇的一方实行结扎。

10日 省农牧渔业厅、粮食厅代表省政府同南昌、丰城、高安、余干、泰和、安福六县政府分别签订共同投资、钱粮挂钩、联合承包商品粮基地协议。协议规定，各基地县在现有粮食包干的基础上，从1985年到1990年，每年按国家投资1元上调商品粮（大米）5斤，每年增加上调商品粮2500万斤，六年累计增加1.5亿斤。

10日 省委召开省直机关党员负责干部大会，要求切实加强领导，坚决刹住干部在建房中的歪风。有问题的党员、干部要在7月1日以前作出检查，自觉处理，争取立功，否则将受到党纪处罚。

12日 南昌罐头啤酒厂劳动模范魏国华，因排除一次严重喷氨事故不幸牺牲。省政府追认其为革命烈士（7月1日，南昌市各界群众在南昌烈士陵园举行魏国华烈士骨灰安放仪式）。

12日 经省委批准，省委党校1983年即将开始招收新生，这是由轮训为主逐步转向正规化培训为主的第一次招生。

13日 省委成立地、市机构改革领导小组，并从省直机关抽调一些老干部组成9个工作组，赴各地、市协助当地党委考察、了解干部。

13日 在南京举行的国际田径邀请赛上，江西运动员于光明以61.98米的成绩获得链球第一名；江西选手黄洛涛以1分25秒的成绩获得男子800米第二名；罗军、王军、辛淑娟分别获链球、男子铁饼和女子1500米第三名。

14日 铁道部公布《铁路主要技术政策》，鹰潭站被列为全国铁路20个路网编组站之一（1990年7月改为区域性编组站）。

14日 省委发出《关于广泛深入开展学习宣传张海迪活动的通知》。号召全省共产党员、共青团员、青少年和干部群众广泛深入开展学习、宣传张海迪的活动，做有理想、有道德、有文化、有纪律的共产主义新人。同日，省委宣传部、团省委、省总工会、省妇联联合召开动员大会，积极响应党中央号召，贯彻省委通知精神。

15日 省政府下发《关于进一步做好防汛工作的紧急通知》。要求进一步做好防汛抢险的各项准备工作。

15日 省教育厅、省城乡建设环境保护厅、省总工会召开全省改善城市中小学教职员工住房条件工作会议。会议于18日结束。

16日 全省首届织绸能手选拔赛在江西丝绸厂举行。选拔赛于22日结束。

16日 省政府召开全省工交工作会议。传达全国工交会议精神，统一思想，提高认识，增强信心，战胜困难，落实全面完成1983年国家计划的具体任务和措施。会议提出8条措施：（一）加强能源开发和节约；（二）坚持按需组织生产，做到产品适销对路；（三）千方百计地增加利润，扭转亏损；（四）进一步搞好工业调整和改组联合；（五）继续认真搞好企业的全面整顿；（六）加快工业管理体制改革的步伐；（七）大力推进技术进步，加快现有企业的技术改造；（八）加强干部教育和职工全员培训。会上，省政府给黎明制药厂、江西钢厂、江西矿山机械厂颁发奖杯，给江西制药厂、江西气压机厂等18个企业颁发了奖状。会议历时11天，于26日结束。

16日 截至当日，江西省已向4874名老干部颁发了《中华人民共和国老干部离休荣誉证》。

17日 省编制委员会批准省档案局设办公室、业务指导处、档案管理处，定行政编制20人，事业编制20人。

17日 江西省林业厅机关设办公室、劳动人事处、林政保护处、造林处、国有林处、科技教育处、计财基建处和机关党委、纪检组（合署办公），定行政编制100人。

17日 省政府召开全省重点工程建设会议。研究控制建设规模，确保重点工程建设工作。会议还对清理在建项目、材料供应方法、建设资金管理、设计管理和设计审批工作、全面推行经济责任制等问题进行了研究。会议于22日结束。

18日 在当前的普查文物活动中，湖口、广昌、新余、于都等县先后收集和发现了我国民族英雄、南宋爱国将领岳飞在江西活动的遗迹。

19日 在无锡举行的全国纺织行业创优产品评比揭晓。江西棉纺织印染厂生产的23×21荷花鸳鸯浅花布，被评为全国优良产品。

19日 省商业厅通知，各种针棉织品一律临时免收布票，敞开供应。

19日 国务院副总理余秋里视察樟树镇长春药店，并与老药工余寿祥亲切交谈，合影留念。

20日 省纪委发出通知，要求各地认真贯彻中纪委《公开信》，坚决刹住建房分房中的歪风。凡在建房分房中搞了不正之风的单位和个人，都要在7月1日前的期限内，有什么问题纠正什么问题，自觉改正，自动清理，深刻检查，经济上坚决退赔，争取从宽处理。

20日 经省政府批准，江西新闻纪录电影制片厂正式改名为江西电影制片厂，时彬任厂长。

20日 省政府批准恢复江西省公安干部学校，与省人民警察学校合署办公。省政府批准成立江西省人民银行职工大学。省政府办公厅复函称，经省政府研究决定，同意举办省司法学校和省政法干校，实行两块牌子一套人马，由司法厅领导。

20日 日本大阪西冈鹤田先生到大茅山垦殖场参观和商洽订购工艺产品（9月7日第二次到场继续洽谈业务）。

21日 省政协第五届委员会医药卫生组与民建、农工党江西省委会，江西省工商联联合组织11人调查组，前往樟树就中药生产、收购、储藏和炮制、供销等情况做实地调查，提出振兴中药事业的几点意见。意见书受到中共中央重视。中共中央总书记胡耀邦亲自批转国家经委和国家医药总局，认为"这个建议对于发展祖国中药事业是积极有益的"。这项建议被国家医药管理部门吸收和采纳，其中包括对老药工评定技术职称、江西省成立中药技工学校的建议。调查于26日结束。

24日 抚州市编制完成城市总体规划，抚州地区审查通过后呈报江西省人民政府审批

（1984 年 5 月 23 日省政府批准实施）。

24 日 全省规模最大的面粉加工车间在樟树粮油加工厂建成。设计标准为一天可加工精面粉 125 吨。

24 日 中国科学院南方山区考察队经过 3 年全面考察后提出，江西吉泰盆地将成为国家级商品粮基地。在汇报会上初步提出了合理利用和挖掘该地资源潜力的科学依据，及一些典型地区的总体规划。

25 日 省政府赣府发 55 号文件批转省轻化工业厅、省手工业联社《关于恢复各级手工业合作联社的报告》。《报告》明确：各级二轻集体所有制企业的手工业联社可以恢复，同各级二轻局合署办公。

25 日 共青垦殖场举办首届羽绒制品选样订货会，应邀参加的代表来自全国 20 个省、市、自治区，一次订购羽绒制品 20 万件，成交额 800 万元。

25 日 国务院以煤代油专用资金办公室与江西省计委签订《关于用以煤代油专用资金对江西新余钢铁厂进行技术改造的协议书》。由国务院以煤代油专用资金办公室提供资金 8000 万元，安排新余钢铁厂炼铁高炉、江西钢厂铁水热装、铁坑铁矿扩建等建设项目，江西每年提供国务院以煤代油专用资金办公室钢材 10 万吨（8 月 5 日，国家计委批准了该协议书，并将此工程列为大中型基本建设项目）。

25 日 省政府在南昌举行表彰大会，决定授予省直文化系统保育院等 61 个单位为少年儿童工作先进集体，451 名个人为先进少年儿童工作者。这是江西首次表彰各条战线的少年儿童工作先进集体和先进工作者。表彰大会于 27 日结束。

25 日 为使江西铜业公司在 1985 年形成年产粗铜 7 万吨的综合生产能力，尽快发挥其经济效益。国家计委邀请中央、省、地县各有关部门在贵溪冶炼厂召开现场协调会议。讨论和商定了外部铁路和外部供电工程建设、征地拆迁、生产准备工作等问题。国家计委副主任彭敏主持会议。会议于 29 日结束。

26 日 省委组织部下发《关于改革企业干部管理制度的若干规定》的文件，加快了企业干部人事制度改革步伐。

26 日 省委与省政府联合转发省卫生厅《关于进行中年知识分子健康检查的报告》的文件。

26 日 德兴县被列为全国 100 个电气化试点县，据统计，全县可装机 15 万千瓦，而当前只开发了 1.8 万千瓦，潜力很大。当前，该县县委已成立了电气化试点领导小组，抽调了一批专门人员抓紧调查规划工作。南康县被列为全国农机培训的重点县。

26 日 日本高岛屋（株）代表团一行 10 人经南昌赴景德镇市，为景德镇市在日本举办第三次陶瓷展销做准备（6 月 3 日完成准备工作）。

26 日 民主德国曲棍球队一行 20 人来赣访问比赛。30 日结束比赛。

27 日 轻工业部景德镇陶瓷工业科学研究所近日研制成功大型双面釉瓷板制作工艺。工艺成塑，可推广应用。这种大型双面釉瓷板工艺在国内是一项全新的工艺成果。

28 日 省农牧渔业厅水产局与进贤县签订协议，共同投资 242.45 万元在进贤县建立以军山湖为主体的商品鱼基地。至此，水产局已有波阳、都昌、余干、南昌、新建、南昌市郊区、彭泽、湖口、星子、永修、丰城、进贤等 12 个县区签订协议。

29 日 省委、省政府在抚州召开全省山区建设会议。要求进一步解放思想，清除"左"的思想，放宽山区政策，解决林业发展和山区建设中的主要问题，依靠千家万户，开发和建设好社会主义的新山区。会议提出，全省 6000 万亩荒山和稀疏残次林，大部分可以划给社员作自留山；也可以单户或联户投标开发经营。自留山的山权属集体所有，由社员长期使用，原有林木归集体，新增林木归个人，谁种谁有，允许继承。凡有能力和愿意承包山场的农民可以分户或联户承包责任山，承包数量不加限制。允许平原地区的农民进山投标承包，也可以国社合作联营。责任山的承包政策至少 50 年不变，在承包期间也允许继承（6月15日，省委、省政府发出《关于加快林业建设若干问题的决定》）。会议于6月6日结束。

29日 在北京举行的第五届全运会射击移动靶、飞碟项目预赛中，江西省射击新手赵洪峰在50米移动靶标准速射比赛中夺得冠军，同时被评为"精神文明"运动员。

30日 继资溪、弋阳、婺源、崇仁4县分别于1981年和1982年基本消灭丝虫病之后，目前又有铜鼓、星子、修水、宜春、万载、寻乌6县通过了消灭丝虫病的考核验收，达到了基本消灭丝虫病的标准。

30日 《南斯拉夫版画展览》在江西省博物馆展厅展出。南斯拉夫驻华使馆三等秘书布朗克出席开幕式。这次展出的作品包括南斯拉夫30多位版画家的90多幅作品。

30日 省政法委员会召开电话会议，强调依法从重从快打击现行反革命分子和严重刑事犯罪分子的破坏活动。提出当前要抓好三方面工作：（一）对现行反革命分子和严重刑事犯罪分子，必须依法从重从快予以打击；（二）大力加强预防犯罪和做好基层基础工作，减少犯罪；（三）各级党委要加强对治安工作的领导。

30日 石城县遭受百年不遇特大洪水灾害。县城进水2米多深，商店、学校、机关、居民住宅、仓库被淹，庄稼被淹，水利设施被冲毁，人畜均有伤亡。

31日 巴基斯坦国防部航空项目局局长汗中将一行8人，来南昌洪都机械厂参观访问。

31日 江西省第一座10吨电炉在南昌钢铁厂建成投产。

本月 清江县卫生局、县医药公司和樟树镇长春药店老药工余寿祥等编写出《樟树中药传统炮制法》。全书分总论、各论部分。总论简述樟树中药发展史及中药制法；各论中列举有代表性的炮制品种85种，对每个品种的处方用名来源、文献摘要、炮制方法、注意事项、成品性状、性味归经、功能主治、炮制作用、用法、用量、成品储藏、附注等作了记载。

本月 全省各级司法行政机关在"文明礼貌月"中，举办"法制宣传周"或"法制宣传日"活动，采取多种形式，广泛地向群众宣传社会主义法制和有关法律、法令。

本月 江西省公安厅、司法厅贯彻执行中央将劳改劳教工作移交司法行政部门管理的决定，经省委政法委员会同意，由范佑先等7人组成交接领导小组，范佑先任组长。

本月 江西省农林垦殖厅改为省林业厅，全省农垦归属林业厅领导管理。李明志任省林业厅厅长。

本月 江西省煤田地质勘探公司二二七队提交的《江西省萍乡坳陷西部构造体系及萍乡地区找矿方向》课题成果通过了评审验收，并获1985年煤炭部科技进步二等奖。

本月 江西省城乡建设环境保护局改为江西省建设厅，省环保局和省人防办划归省政府直接领导。

本月 九江园林处盆景组张宗模制作的盆景作品"虎刺"、"听涛"在北京第三届花卉博览会上分别获金奖和铜奖。

本月 我国自行设计制造的第一台SY－2型自动数片包装机在江西景德镇医疗器械厂研制成功。经市有关单位鉴定通过，已投入批量生产。

本月 江西北部、西部地区连降暴雨，江河泛滥。全省78个县市的1081万亩农作物受灾，78万人被洪水围困。全省178万军民参加抗洪抢险。省政府先后派出10个工作组赴灾区调查灾情，慰问灾民，商讨救灾事宜。省民政厅先后拨救济款2780.3万元赈济灾民。全省抢种晚稻2075万亩，收获粮食1460万吨，创历史最高纪录。

本月 国家气象局公布1982年重大灾害性、关键性天气预报服务评选结果，江西省气象台获省气象台一等奖，吉安、抚州地区气象台获地区气象台奖，安福、弋阳、清江县气象站获县气象站奖。

本月 永修县吴城镇附近224平方公里湖区划为鄱阳湖候鸟自然保护区。

本月 国家批准江西氨厂改产11万吨尿素和节能项目。化工部将其列为15个重点建设项目之一。

本月 江西化纤厂在国内首创"颜料原液着色黏胶纤维"工艺，开始批量生产有色黏胶短纤维。

本月 上饶地区林科所梅莉等人在三清山首次发现稀有植物天女花。

本月 经国务院批准，庐山风景名胜区正式对外开放。

本月 江西省财政厅、劳动人事局、省建行复函同意省建总公司所属企业取消经常性生产奖，实行工资系数包干，工资系数为完成产值的19%。

本月 国家计委、经委颁发《国家优质工程奖励暂行条例补充规定》。省计委、省经委、省财政厅、省建行通知每年对优质工程都进行一次性奖励。

本月 根据国家计委、财政部、中国人民银行总行、国家统计局的布置，省计委、省财政厅、省人民银行、省统计局在省内联合开展国家财政预算外资金一次性调查，调查的年份为1982年。

本月 省统计局在《江西日报》发表《一九八二年江西省国民经济和社会发展计划执行结果的公报》，这是首次发表全省统计公报，经省政府批准，从该年起，每年公开发表统计公报。

本月 城乡建设环境保护部在武汉举办了全国城市客车展销评比会。评比结果：南昌客车厂生产的"南昌牌"NKD650型客车获得综合指标评比第四名。

1983

6月
June

公元 1983 年 6 月							农历癸亥年【猪】						
日	一	二	三	四	五	六	日	一	二	三	四	五	六
			1 儿童节	**2** 廿一	**3** 廿二	**4** 廿三	**5** 廿四	**6** 芒种	**7** 廿六	**8** 廿七	**9** 廿八	**10** 廿九	**11** 五月小
12 初二	**13** 初三	**14** 初四	**15** 端午节	**16** 初六	**17** 初七	**18** 初八	**19** 初九	**20** 初十	**21** 十一	**22** 夏至	**23** 十三	**24** 十四	**25** 十五
26 十六	**27** 十七	**28** 十八	**29** 十九	**30** 二十									

1 日 国务院办公厅转发《江西省人民政府关于坚决控制基本建设规模的紧急通知》。

1 日 由华东地区炼铁情报网举办的六省高炉工长操作技术研究班在萍乡市钢铁厂开学。参加这次研究班的有 30 名学员，来自江苏、山东、福建、浙江、安徽和江西 6 个省的钢铁企业。学习时间为一个月。

1 日 省教育厅给全省 3.5 万余名连续、直接从事儿童少年工作满 25 年的教育工作者颁发"园丁"荣誉纪念章。

2 日 省政府决定成立江西省冶金工业公司，对外保留江西省冶金厅建制，实行两块牌子，一套人马，行使政府部门与经济组织的双重职能。

2 日 江西钢厂不锈钢管专业生产线建成投产。

3 日 省政府成立江西省经济研究中心。其主要任务是对各方面的调查研究材料进行综合分析形成意见；对各地、各部门提出的意见和建议作出评价，供省领导参考。

3 日 省政府发出关于贯彻执行《国务院批转国家计委等部门关于编制综合财政信贷计划的报告的通知》的通知，要求各级财政部门从 1984 年起，把预算外资金切实管起来，坚持统一计划，分级管理的原则，编制综合财政信贷计划。

3 日 以泰国大学妇女协会主席銮良·播汕布教授为团长的泰国大学妇女协会代表团一行 6 人，来南昌进行友好访问。访问于 6 日结束。

4 日 南昌肉联畜产厂利用猪毛和人发成功地试制出胱氨酸，经有关部门鉴定，质量达到了国家外贸出口标准。

4 日 全国第四次家畜血吸虫病综合防治科研协作会议在波阳县召开，我国著名家畜寄生虫病专家许缓泰教授作了专题学术报告。会议于 7 日结束。

5 日 在长沙举行的全国第五届全运会射击预赛上，江西省运动员姜荣、熊秋萍、雷源生、李朝丰 4 名运动员组成的江西男队在男子小口径自选步枪 60 发卧射比赛中，以 2373 环成绩打破了 2370 环的全国纪录；女运动员刘人青在女子气步枪 40 发项目比赛中，以 394 环的成绩打破

388 环的全国记录，并获此项目的个人金牌；由刘人青、王金平、廖翠红组成的江西女队以总环1147 环的好成绩，夺得女子团体冠军。

6 日 第五届全运会体操男子团体赛经过规定和自选动作两场比赛排出名次，江西男队以0.15 分之差次于北京劲旅，荣获亚军。

6 日 全国记者协会在庐山召开科技教育报道座谈会。会议于 11 日结束。

7 日 由民建景德镇市委、景德镇市工商联合会组成的"智力支边"经济咨询服务队踏上征程，到宁夏、甘肃、新疆、云南、贵州扶持和帮助少数民族地区发展瓷业生产，繁荣经济。

7 日 省经贸厅在南昌召开全省对外经济贸易工作会议，这是省经贸厅成立后召开的第一次会议。参加会议的有各地市进出口委员会、外贸局和省直各进出口公司的负责人，厅长顾强就开创江西省对外经济贸易新局面作了报告。

8 日 全国政协副主席、全国妇联主席康克清在铁道部会议室亲切会见江西 19 位六届全国人大女代表。

8 日 全省煤矿安全工作会议召开。会议传达贯彻全国煤矿安全检查会议精神，检查了九江县东风煤矿、丰城矿务局、乐平矿务局、萍乡市上官煤矿最近发生的重大事故的情况。会议指出，要加强对煤炭生产的领导，各级煤炭工业部门、各煤炭企事业单位的一把手要对安全工作全权负责；举办安全条例、规程培训班，在 1983 年三季度前，把各级煤矿安全监察机构建立健全起来。会议于 12 日结束。

9 日 中国日本史学会和江西省社联及历史学会在庐山召开全国高等院校日本史教学学术讨论会。会议就日本史教学中的一些学术论点和实际问题进行讨论。来自全国 50 多所院校、科研、出版部门的 80 余位代表参加讨论会。著名学者、中国日本史学会会长吴廷镠莅会。

9 日 省政府发出《坚决控制基本建设规模的紧急通知》。《通知》指出，各级领导要牢记历史教训，决不能"旧病复发"，形势一好就不顾国力的可能，大上基本建设项目。要树立全国一盘棋的思想，坚决制止计划外基建。任何地区，任何部门都无权擅自扩大建设规模。凡未经省计委审批的计划外基本建设工程要立即停止施工。各部门要按隶属关系对在建项目全面进行清理。

10 日 省经委经过清理，将 16 个规模较大的技术改造项目列为 1983 年必须抓好的重点。16 个项目是：南昌卷烟厂、兴国糖厂、红都糖厂、会昌糖厂、清江油毯厂、赣州钨钼材料厂、南昌纱线漂染厂、九棉三厂、新余纺织厂、江西棉纺织印染厂、江西丝绸厂、江西化纤厂、东风制药厂、南昌柴油机厂、南昌齿轮厂和九江县水泥厂。

11 日 1983 年全国技巧冠军赛当晚结束，江西省运动员陈驰、李富良、万迪中、梅建平获男子 4 人第一套冠军。

11 日 陈国忠在与逃犯英勇搏斗中光荣牺牲，被省政府追认为烈士。

13 日 省政府批转省林业厅《关于建立鄱阳湖候鸟保护区的报告》，同意建立鄱阳湖候鸟保护区（1988 年 5 月 9 日，国务院批准该保护区为江西鄱阳湖国家级自然保护区）。

14 日 省政府批准江西省基本建设委员会改为江西省城乡建设环境保护厅（简称建设厅），下设环保处，周之骧任建设厅厅长。

14 日 省政府成立经济体制改革委员会，钱家铭、梁凯轩为副主任。该委员会作为省政府的直属机构，其主要任务是：根据"从实际出发，全面系统地改，坚决而有秩序地改，有领导有步骤地改"的改革总方针，研究和总结省内外有关经济体制改革方面的经验，开展理论讨论，进行综合试点和专题研究，制定本省经济体制改革的总体规划并组织实施。

15 日 省委、省政府颁发《关于加快林业建设若干问题的决定》。该决定共分 6 项 20 条：（一）造林营林必须以千家万户为主。1. 要改变当前有的地方自留山比例定得太低的情况；2. 在给农民划分自留山之后，要放手鼓励农民投标承包责任山；3. 对水源林、风景林、村庄附近的水口林、后垄山等，只准进行抚育和更新性质的采伐，名胜古造林、自然保护区的森林，严禁任何性质的采伐；4. 千家万户造林营林主要依靠群众本身的资金积累和劳力积累；5. 巩固和提高国营和集体林场。（二）改革林业管理体制，扩大产林区自主权。1. 改革现行林业管理体制；2. 合理分配和使用育林基金；3. 放宽非规格材的管理权限，搞活林区经济；4. 产林区扩大自主权之后，要自觉增强全局观念、计划观念和群众观念。（三）让山林休养生息势在必行。1. 坚决压缩木材消耗量，制止超计划砍伐；2. 积极开展木材综合利用和节约代用工作；3. 每年的一月定为我省植树月；4. 坚决制止对林地的掠夺性经营。（四）提高林业经营效益。1. 国营林场、以林为主的垦殖场、社队林场、经当地林业和工商行政部门批准，可以在本县或省内邻县设点销售利用等外材、小材小料和"三剩物"加工成品（铺板除外）；2. 林区县社要尽快从单一经营木竹转到以多种经营为"主业"的轨道上来。（五）积极开展林业科技和教育事业。1. 省地、市林科所要以应用科学为主、组织科技攻关，解决林业生产中的关键性技术问题；2. 大力培养林业建设人才。（六）切实加强对林业工作的领导。1. 要进一步清除"左"的思想影响；2. 加强林政管理，实行以法治林，坚决制止乱砍滥伐；3. 本决定自公布之日起生效。

15 日 省档案学会在江西氨厂举办科学技术档案与经济效益学术讨论会，中国档案学会理事长、国家档案局负责人安庆洙到会作学术报告。讨论会于 17 日结束。

16 日 轻工部在江苏省无锡市召开的全国日用陶瓷产品质量评比会上，江西景德镇陶瓷共有 44 件套荣获优质产品奖，占全国 89 个获奖产品的 50%，其中有茶具和咖啡具、茶杯、花瓶、人物瓷雕、瓷板画、特种工艺和仿古瓷等七大类型产品按得分名次被评为第一名。

16 日 萍乡大雨，山洪暴发，浙赣线宣风至老关间多处线路被冲断，中断行车 30 多小时。

16 日 南昌市委、市政府召开南昌市颁发老干部离休荣誉证大会，向 414 名已离休的老干部颁发荣誉证书。

16 日 安远县江头公社经省、地水利部门

考察后认定是赣江水系章江支流的主要发源地。目前已建成一座 160 千瓦的江头水电站。

16 日 省委第一书记白栋材在南昌市检查工作，并对市内一些地段一遇暴雨积水严重，蔬菜供应紧张、价格贵，治安状况时好时坏等影响人民生活和交通的问题，提出努力改善的意见（17 日在省委召开的常委会上，又对如何改善这些方面的情况提出具体要求。省委要求南昌市委和市政府立即采取措施，限期改善市内蔬菜供应，下大力气进一步搞好城市社会治安）。

17 日 全省第四次革命老根据地建设工作会议在南昌召开。省、地（市）、县有关部门的负责人，以及重点公社的代表共 200 余人参加了会议。省委副书记、省革命老根据地建设委员会主任王书枫，副主任谢象晃、石全保出席会议并讲话。会议的主要任务是组织和动员受援老区人民全面完成 1983 年的扶助计划。决定 1983 年扶助老区建设资金的投放，重点放在开展一种二养三加工多种经营方面，智力投资所占比重要适当增加。具体工作要注意：（一）一些技术性较强的重点项目的安排，步子要积极稳妥，实事求是；（二）一时没有条件上的项目，不要凭主观愿望，硬性安排；（三）慎重对待多年来各个部门因种种原因而遗留下来的一些建设工程；（四）注意完善过去扶助项目的配套工程；（五）依靠多方面力量，积极筹集资金，要全面清理和评价三年来扶助资金的使用情况和实际效益，要继续坚持和完善扶助项目的逐级承包责任制。要进一步加强扶助老区建设工作的领导。会议于 21 日结束。

18 日 新建县生米街近日发现一处窖藏古铜币，其中有自西汉至明洪武年间的历代钱币共 50 余斤。

19 日 省博物馆最近征集到辛亥革命领导人黄兴给汤增璧书写的一副字联。该字联是汤增璧的长孙媳妇通过安源纪念馆捐献的。

20 日 全国国营农业信贷工作会议在共青垦殖场召开，会议肯定江西省农业银行支持共青垦殖场经济发展所采取的"择优扶持"贷款的方向是正确的。

20 日 江西分宜有色金属冶炼厂首次出口

氢氧化锂 10.2 吨。

20 日 省政府批准江西行政学院改名为江西行政管理干部学院。

20 日 全省高等教育工作会议提出 1983 年到 1987 年全省发展高等教育事业的初步规划。五年内，全日制普通高等学校年度招生人数，由 1982 年的 9500 人增加到 1987 年的 1.66 万人，增长 75% 左右；在校学生由 1982 年的 3.57 万人增加到 1987 年的 5.47 万人，增长 53% 左右。其他形式的高等教育，年度招生人数由 1982 年的 1.14 万人增加到 1987 年的 4.3 万人，增长 2.8 倍；在校生由 1982 年的 1.85 万人增加到 1987 年的 9.15 万人，增长 3.9 倍。

20 日 江西省卫生厅遵照中央和省委关于对中年知识分子进行普遍体检的通知精神，组织江西医学院第一、二附属医院，省第二人民医院等医疗机构开展对省直各单位的中年知识分子的全面健康体检。

20 日 中国有色金属工业总公司在盘古山钨矿召开全国有色矿山通风防尘经验交流会。会上总结推广了江西省冶金厅对有色矿山开展通风防尘、治疗矽肺病的经验。会议于 27 日结束。

21 日 连日来，全省各界欢庆全国六届人大一次会议和政协六届一次会议的圆满闭幕，祝贺两会成功，祝贺新的国家领导人当选。

21 日 省军区领导、机关及通信保障分队参加福州军区组织的抗登陆战役演习。

22 日 省总工会发出通知，要求全省各级工会组织和广大职工积极响应党中央号召，认真贯彻全国总工会的决定，广泛开展职工读书活动。

22 日 全省技术改造工作会议在江西钢厂召开。会议学习国务院领导关于推行技术进步，加强技术改造的讲话精神，讨论了江西《一九八四至一九八六年技术改造和引进设备项目规划（草案）》，以及加强技术改造管理工作的有关办法规定。会议于 27 日结束。

23 日 根据国务院、中央军委的指示，江西省从 1983 年应届大学本科毕业生中选拔 100 人到南昌陆军学校、第一地面炮兵学校、通信学院锻炼。

23 日 省委、省政府最近在抚州召开全省农村科技工作会议，认真落实农村科技人员政策，稳定和加强全省农林第一线科技队伍，适当提高其生活待遇，鼓励科技人员下乡、进山，为建设社会主义现代化农业和山区贡献聪明才智。会议提出，在山区工作的农林科技人员以及县以上（含县级）单位到农林生产第一线蹲点、从事技术工作满一年的（即一年内累计 9 个月）科技人员，给予向上浮动一级工资；对全民所有制的农林科研、院校、场（圃）单位中吃自产粮的科技人员，恢复他们的城镇户、粮关系（29 日，省政府发出《关于加强农林第一线科技队伍的实施细则》，对农林科技推广体系、人员编制、生活待遇和工作学习条件均作出了具体规定）。

23 日 省市侨办、侨联在南昌设灵堂，深切吊唁廖承志，省市领导前往吊唁。廖承志生前是中共中央政治局委员、全国人大常委会副委员长。

23 日 省纺织工业公司在江西棉纺织印染厂召开全省纺织系统改革工资制度会议。会议于 24 日结束。

24 日 南昌市委组成新领导班子，刘振东任书记，赵志坚任第二书记，戴风举、史骏飞任副书记，常委有郭建章、林本英、徐月良。

24 日 江西省杂技团一行 27 人赴非洲五国访问演出。

江西省杂技团在国外演出

24 日 省社联邀请在上海复旦大学任教的美国学者罗思文教授来江西作学术报告，介绍

《现代西方学术界对中国哲学思想研究的一些问题》、《现代西方哲学流派》、《乔姆斯基著作中的哲学问题》。

24日 全省供电工作座谈会在新余县召开，专门研究解决工矿企业向农村转供用电问题。会议指出，凡有转供电的地方，要限期完成工程任务；所有工矿企业、农村排灌站无权自行向外转供电。

26日 省经委、省财政厅召开全省重点亏损企业扭亏工作会议。检查上半年扭亏执行计划情况，总结交流扭亏工作的经验，研究和提出了几条措施：（一）坚定信心、加快扭亏步伐；（二）面向企业内部，努力提高企业素质；（三）狠抓商业、粮食、农垦等行业的扭亏；（四）广泛开展反浪费活动；（五）进一步严格财经纪律；（六）加强领导，建立扭亏责任制。

27日 第二次江西省党校工作会议在南昌召开。参加会议的有各地市、县委和党校的负责同志共260余人，有关单位的负责人也列席了会议。这次会议由省委委托组织部、宣传部、省委党校联合召开。会议期间，省委常委、省委书记许勤到会讲了话。省委党校校长石天行作了总结。会议通过学习讨论，认真总结交流了经验，并结合全省情况研究了实现党校教育正规化中应当着手抓好的几项工作。各级党委要把党校工作放在重要地位。要建立一支思想、业务水平都比较高的教师队伍。一是挑选符合党校专业需要的优秀本科毕业生、研究生到各级党校任教；二是选调一些确实能够胜任党校教学与研究工作的干部到党校任教师；三是某些缺门课程，可从大专院校中选调一些优秀教师充实党校师资，还可以聘请离校教师和研究部门的学者到党校兼课。会议希望从事党校工作的同志，充分认识自己担负的重任，增强光荣感，责任感，忠诚党的教育事业，为开创党校教育工作的新局面，建立具有中国特色的党校教育体系而奋发努力。

27日 省委、省政府最近转发了省委办公厅、省政府办公厅《关于精简会议，端正会风，节约会议经费的意见》。要求各地大力精简各类会议，不必要的会议坚决不开，对于必须召开的会议，要讲究实效，保证会议质量，各种会议都应节约经费开支。

27日 民革中央副主席、全国政协常委、江西省政协副主席、民革省委主任委员、省参事室主任李世璋在上海逝世，终年83岁。李世璋是临川人，早年在黄埔军校任教，参加过北伐战争，1962年重新加入中国共产党。白栋材等33位同志组成治丧委员会。

28日 省科学技术协会组织所属17个学会，及有关部门的70余名科技工作者近日在南昌召开会议，围绕鄱阳湖的综合治理利用问题进行了广泛的探讨。会议认为：（一）我省1954年曾出现过特大洪水，为此调洪方案宜早确定，组织力量改建、继建防洪和分洪工程。（二）近二十多年来湖区围垦达182万亩，破坏了生态平衡，今后沿湖各县应禁止盲目围垦。（三）应加强渔政管理，限制捕捞船只，禁用一切有害的捕鱼工具和方法，划定和执行禁渔区和禁渔期，促进鱼类自然繁殖，并大力发展人工养殖。

29日 应江西省经贸厅邀请，美籍华人杨力宇来江西进行友好访问。厅长顾强到车站迎接并与杨力宇就经济贸易合作问题进行洽谈。

29日 省政府为了认真贯彻国务院《关于加强市场和物价管理的通知》，就加强市场和物价管理问题作出规定，要求进一步做好市场和物价管理工作。

30日 省教育厅印发《关于建立和办好省属高等学校重点学科、专业的意见》。

30日 省政府批转省财政厅《关于在我省国营企业实行利改税的有关问题的报告》。从1983年起，全省除军工、邮电、粮食、外贸、农牧和劳改企业以外的国营企业，均实行利改税第一步改革，改上缴利润为上缴所得税。

30日 省歌舞团在艺术剧院演出芭蕾舞《红色娘子军》、《天鹅湖》选场和《花节》、《海的珍珠》等片断。

30日 省出席六届全国人大一次会议代表团召开传达六届全国人大第一次会议精神大会。代表团副团长、省委书记许勤受代表团委托，在会上作传达报告。中心会场设在八一礼堂,艺术剧院设有一个分场。3200 余人出席传达大会。

30 日 省劳动人事厅最近召开工作会议,要求 1983 年的劳动工作着重做好清退计划外用工,安置好城镇待业青年和技工学校招生工作。在 1983 年第三季度内基本完成清退计划外用工。

本月 省商业厅转发商业部《在"五讲四美三热爱"活动中进行一次职业道德教育的通知》,省商业厅经过试点,在全省商业系统普遍开展商业职业道德教育。

本月 江西、江苏、浙江、山东、安徽、福建、上海等省、市科技情报协作网情报调研交流会在景德镇市召开。

本月 省委、省政府决定在南昌柴油机厂、新余钢铁厂、洪都袜厂等 12 个企业推行厂长(经理)负责制试点工作。

本月 江西省卫生厅成立"落实政策办公室",对"文化大革命"中省卫生厅及直属各单位 71 件冤、假、错案进行了复查,并给予全部平反。

本月 电子工业部部长江泽民访问美国期间,在达拉斯与 LCD 和 REL 公司签订了景德镇景光电工厂与美国 REL 联合生产 4C×250/FG、4C×350F/A、4C×1000A、4C×1500B、4C×10000D 的协议书。该协议书规定,在继续从中国进口上述电子管的前提下,由景光电工厂提供零部件和技术援助,由美国 REL 公司生产出完全满足军用要求的电子管。

本月 江西省出版事业管理局与江西省文化局合并,成立江西省文化厅。

本月 公安部部长赵苍璧视察省第七劳改支队。

本月 江西省地质矿产局区域地质调配大队经过几年的调查出版了 1∶500000《江西省地貌图》及其《说明书》,并于 1985 年提前完成了《鄱阳湖地区地貌图系》、《江西省各流域地貌图》。

1983

7月

July

公元 1983 年 7 月							农历癸亥年【猪】					
日	一	二	三	四	五	六	日	一	二	三	四	五	六
					1 建党节	**2** 廿二	**3** 廿三	**4** 廿四	**5** 廿五	**6** 廿六	**7** 廿七	**8** 小暑	**9** 廿九
10 六月大	**11** 初二	**12** 初三	**13** 初四	**14** 初五	**15** 初六	**16** 初七	**17** 初八	**18** 初九	**19** 初十	**20** 十一	**21** 十二	**22** 十三	**23** 大暑
24 十五	**25** 十六	**26** 十七	**27** 十八	**28** 十九	**29** 二十	**30** 廿一	**31** 廿二						

1日 《邓小平文选》在江西全省发行。

江西新华印刷厂的职工们提前五天完成《邓小平文选》印刷任务

南昌市新华书店《邓小平文选》专柜前，人们在购买《邓小平文选》

1日 五省八地市篮球协作赛在萍乡市举行。参加这次比赛的有湖北省黄石市，广东省韶关市，湖南省衡阳市，安徽省马鞍山市、安庆市，江西省九江地区、景德镇市和萍乡市。共12个代表队、140多名男女运动员，萍乡市获篮球协作赛冠军。比赛于6日结束。

1日 南昌市各界群众隆重举行了被省政府授予"革命烈士"光荣称号，为抢救国家财产而牺牲的南昌罐头啤酒厂青年工人魏国华的骨灰安放仪式，烈士的骨灰安放于南昌市烈士陵园。

1日 南昌铁路局向塘桥隧大修段负责施工的南昌市北京西路（四交路）地道立交桥顶进工程全部竣工，今日举行通车典礼。省、市、党、政、军负责同志赵志坚、王保田等以及各部门的负责同志，在建桥中作过贡献的各路代表出席了通车典礼。南昌市第四交通路立交桥是为解决第四交通路与南浔铁路立体交叉，附带解决第四交通路与铁道两路立体交叉而兴建的一项省际工程。该桥是1982年8月开工兴建的。这座整体箱形公铁立交桥总重2800吨，施工时采用两个控制台，同步控制32台200吨电动液压千斤顶，采用激光经纬仪来控制顶进方向和水平，成功地将大型（8×12×8米）箱形顶入路基。

1日 根据中共中央（1983）26号文件规定和江西省人民政府批示，即日起，全省劳改、劳教工作由公安部门移交司法行政部门管理。

1日 南昌向塘机场成立安全检查站。

1日 省委办公厅、省委宣传部、省直机关党委联合召开学习《邓小平文选》报告会，号召广大干部、群众全面系统地学习《邓小平文选》，加深对十一届三中全会以来党的路线、方针、政策的理解，更好地从政治上、思想上与党中央保持一致，提高贯彻党的十二大精神的自觉性，为四化建设作出新贡献。省市党政机关负责干部、各地市委宣传部代表以及正在南昌出席全省第二次党校工作会议的同志，共2000余人参加了报告会。省委书记许勤在会上作了关于学习宣传《邓小平文选》的动员报告。报告内容有：第一，学习《邓小平文选》，有助于加深对党的十一届三中全会以来路线、方针、政策的理解，更好地同党中央保持一致，自觉贯彻十二大精神；第二，学习《邓小平文选》，有助于推动四化建设和改革的进行；第三，学习《邓小平文选》，有利于加强社会主义精神文明的建设，开展反错误倾向的斗争；第四，学习《邓小平文选》，有助于加强党的建设；第五，学习《邓小平文选》，有助于从理论和实际的结合上坚持和发展马克思主义。省委宣传部副部长周銮书作了《拨乱反正，继往开来的强大思想武器》辅导报告。

2日 江西省高等教育自学考试指导委员会成立。副省长柳斌任主任委员，谢新观（省教育厅厅长）、周景山（省计委副主任）、甘炳文（省劳动人事厅副厅长）、刘忠义（省财政厅副厅长）、郭庆荣（江西师范学院院长、教授）、林英（江西大学副校长、教授）、裘宗舜（江西省经济学院副院长、副教授）、章士美（江西农业大学教授）任副主任委员。委员（按姓氏笔划）14人：李国强、余心乐、陈容生、周士中、胡正谒、欧阳谦、张全有、张惊寰、张伊、修绦、程懋辉、黎细保、魏伟，省委党校宣传部一人（待补）。柳斌主持了自学考试指导委员会第

一次全体会议。省教育厅副厅长李国强报告了成立自学考试指导委员会的筹备过程。会议还讨论了江西省高等教育自学考试指导委员会暂行办法（草案）及编制、经费等问题，确定委员会下设办公室负责日常工作，办公室设在省教育厅内，属教育厅事业单位。

4日 省政协第五届委员会工交组前往江西氨厂调查企业改革和经济效益情况。

4日 省委决定将省哲学社会科学研究所和省经济研究所合并，成立江西省社会科学院。

4日 省政府、省纪委发出紧急通知要求全省各地各部门认真贯彻执行国务院、中纪委发出的《紧急通知》精神，坚决制止乱涨价、乱摊派的两股歪风。（一）要认识到当前经济建设中出现的乱涨价、乱摊派的两股歪风，是不顾国家，不顾全大局，从本部门、小单位和个人利益出发，党性不纯，党风不正的表现，是违反党纪政纪的行为，必须当机立断，坚决纠正。（二）中央要求各部门务必于7月15日前坚决刹住乱涨价、乱摊派的歪风。（三）各级党委、政府和政府各部门一定要切实加强领导，把制止乱涨价、乱摊派的工作抓紧抓实。省政府、省纪委要求各地各部门速将国务院、中纪委的《紧急通知》及省纪委的通知，向广大党员，干部和职工进行传达，并组织座谈讨论，保证坚决贯彻执行。

4日 省六届人大常委会二次会议在南昌举行。会议通过关于成立江西省选举委员会的决定和关于设立江西省人大常委会政法委员会、财政经济委员会、教育科学文化卫生委员会的决定。通过《关于批准省政府关于贯彻执行〈国家建设征用土地条例〉若干规定的决定》；通过《关于吉安县人大选举省六届人大代表违背〈选举法〉问题的决定》；通过人事任免名单。会议于9日结束。

5日 江西省杂技团在莫桑比克体育馆演出。莫桑比克外长希萨诺在杂技团团长张云昇和中国驻莫桑比克大使王浩陪同下观看了演出。演出节目有龙舞、溜冰、高顶碗、口技、车技等，受到9000名观众的热烈欢迎。以后还将在其他非洲国家演出。

5日 民建省委、省工商联联合召开全省传统食品咨询工作会议。传达贯彻民建中央、全国工商联传统食品咨询工作会议精神，并根据会议讨论意见综合整理提出《关于恢复和发展我省传统食品的意见书》。会议于10日结束。

5日 全省第十八次民政会议在南昌召开。省民政厅副厅长吴日生传达了第八次全国民政会议精神。省民政厅厅长石全保作了《奋力进取，为开创我省民政工作的新局面而奋斗》的报告。他提出：现在各级民政部门的重大任务，就是要在十二大精神指引下，适应新形势，研究新情况，总结新经验，改革、加强各项民政工作，努力开创新局面。他提出了解决"三个不相适应"的问题。一是民政干部队伍现状与所承担的任务不相适应；二是物质保证同发展民政事业的不相适应；三是理论研究与法制建设同新时期的任务要求不相适应。他提出：要采取得力措施，加强民政干部队伍的建设。

5日 江西境内暴雨成灾（至8日，暴雨集中在修水、潦河、锦河流域，9日至10日信江、饶河流域连降暴雨，山洪暴发，河水猛涨，适逢长江洪水顶托倒灌，形成长江和鄱阳湖特大洪水。至13日止全省受灾农田73.7万公顷，损失粮食10亿公斤，受灾人口546万，倒塌房屋11.4万间）。

7日 省委组织部、省劳动人事厅确定，今后每年将选调100名至150名优秀的应届大学毕业生到基层单位进行重点培养锻炼。

8日 江西省领导和福建、湖南两省领导经过充分交换意见，确定三省之间建立长期的、广泛的、互利的经济技术合作关系。已初步提出当前开展经济技术协作的项目32个，将由三省有关经济部门具体研究落实，尽快付诸实施。

8日 在全省文物普查中，日前发现九江县赛城湖中的晋代浔阳城址，具体方位在九江县造纸厂东南方向的八里湖，其范围东长约250米，南长约250米，北长约340米，西长约240米，呈不规则的长方形。在城址的附近发现东晋时期的墓葬、古窑址、水井，以及其他生活用品，其中有"晋梁州刺史梁侠君"的墓葬。古晋浔阳城因水患而淹没。

8日 省防汛抗旱指挥部召开防汛抢险紧急会议，部署当前防汛抢险斗争。省委副书记、省防汛抗旱指挥部总指挥王书枫主持了会议。7月初以来，由于长江涨水倒灌鄱阳湖，加上我省北部连降暴雨，长江九江市水位、鄱阳湖星子水位相继超过警戒线，为建国以来第二次大水。同时，长江、鄱阳湖水位还在上涨，并且暴雨未停，数百万亩即将黄熟的早稻受到洪水严重威胁，防汛抢险面临紧张时刻。会议要求各级领导要紧急动员带领广大群众全力以赴投入抗洪抢险斗争，确保沿江、滨湖圩堤，柘林水库和九江市城区安全度汛。会上，确定省委、省政府及省防汛总部部分领导分头率领工作组深入抗洪第一线，领导群众进行抗洪斗争。会后，副省长梁凯轩连夜赶赴柘林水库检查险情，指挥排洪。九江市、南昌市、宜春地区的领导同志都带领群众奋战在抗洪第一线。

8日 鄱阳湖候鸟保护区正式建立。这是我国建立的第一个越冬候鸟保护区。鄱阳湖候鸟保护区，以湖区西南面的永修县吴城为中心，包括大小湖、池以及周围的湖滩草洲，总面积为33万亩。经查明鄱阳湖共有鸟类130多种，属于国家保护的鸟类有白鹤、丹顶鹤、白鹳、黑鹳、小天鹅、大鸨等十几种。保护区设有研究机构，以开展鸟类、生态等一系列科学研究工作。

8日 井冈山风景区的水平山顶发现数千亩杜鹃林，有的高达四五米，树干围径有1.5尺粗，花蕾大如手掌，有的花洁白如雪，有的白里透红。每年四五月间这里成了花海花云。

8日 江西省印刷技术协会在南昌市省工业展览馆举办全国彩画印品和华东地区书刊印刷优质品展览。

9日 省委、省政府为了取得抗洪抗灾斗争的胜利，夺取1983年农业丰收发出紧急通知。要点为：（一）当前，面临的这场洪水灾害来势凶猛，我们在思想上一定要引起高度的重视；（二）在当前防洪抢险斗争中，各地都要从本地实际情况出发，狠抓重点和薄弱环节；（三）要加强抗洪抢险物资、器材的筹集和调拨工作，对抗洪前线所需要的物资要尽快调拨；（四）要把抗洪抢险和即将开始的夏收夏种结合起来；（五）切实安排好灾区群众的生活，加强社会治安，防止各种疾病的发生和流行。

9日 南昌市江湖各站水位均超过警戒线1.5米以上，水位接近解放以来最高的1954年（8日至13日，南昌地区连降50毫米至100毫米大暴雨，全市外洪内滞，出现罕见水灾，受灾面积192万亩，受灾人口83万）。

10日 省军区政治部发出通知，号召部队和民兵紧急动员起来，积极投入抗洪抢险斗争，为夺取农业丰收，保护人民生命安全作出贡献。通知要求，各部队要发扬拥政爱民的光荣传统，想人民所想，急人民所急，帮人民所需，主动与地方联系，主动请求任务，主动战斗在最危险、最关键的地方，奋力抢救国家财产，保护人民生命安全，大力帮助群众恢复生产，重建家园。各级人武部门要充分发挥民兵在抗洪抢险中的突击队的作用。通知要求，部队各级党委要切实加强领导，加强干部战士和民兵的思想和政治工作，狠抓抗洪抢险各项措施的落实。

11日 省委第一书记白栋材，省委书记、省长赵增益乘船视察了鄱阳湖地区灾情，白栋材、赵增益沿途视察了新建县二十四连圩、赣西连圩，以及铁河、方洲、斜塘等险堤，对日夜坚持战斗在抗洪第一线的广大干部、群众及解放军指战员给予热情的赞扬和鼓励。在永修县吴城镇，白栋材、赵增益听取了当地党、政负责同志关于抗洪抢险的汇报，对于他们下决心、确保马口、九合、三角三条大堤安全的做法表示赞赏和支持。上述两县提出的抗洪救灾物资，白栋材、赵增益一方面要求他们就地就近解决，一方面电告省防汛总指挥部给予大力协助。

11日 省政府在南昌市召开第一次经济技术协作座谈会。地、市协作办，省直厅局，江西驻京、驻沪办事处的同志参加了会议。会议指出，把江西的经济工作搞上去，一定要发展互相协作，要与国外搞协作，要加强省际之间的协作，但意义更深更大的是搞好省内的经济协作。省政府决定成立经济协作办公室，履行省直厅局一级职责，由省计委代管。

11日 省政府已从省直医疗卫生部门抽调145名医务人员，分别组成14个医疗队和两个防疫队，陆续奔赴抗洪第一线。

11日 省政协五届常委会二次会议在南昌市举行。会议听取和讨论关于全国人大、全国政协六届一次会议精神的传达报告，通过五届委员会副秘书长名单和其他人事事项。省政协主席吴平对新省政协今后的工作讲了三点意见：（一）要按照理论和实际相结合的原则，把六届全国人大一次会议和全国政协六届一次会议的精神学习好、宣传好、贯彻好；（二）要充分发挥各方面的积极性和主动性，努力开创人民政协工作的新局面；（三）要积极履行各组织机构的职能，不断提高人民政协的工作水平。会议通过了《关于学习、贯彻六届全国人大一次会议和全国政协六届一次会议文件的决议》，通过了省政协第五届委员会1983年第三季度工作安排。会议于14日闭会。

11日 铁路向九线涂家埠—杨家岭（K81＋500—K81＋650处）因郭东堤决口，洪水冲击，致使铁路线路被冲断，造成长150米的大缺口（经讨抢修，28日恢复通车）。

11日 日本五十铃汽车公司专业部部长鹿岛经男一行3人来赣洽谈业务。14日离赣。

12日 民革中央副主席、全国政协常委、省政协副主席、中国银行董监会监事、民革江西省委会主任委员、省政府参事室主任、中国共产党党员李世璋追悼会在南昌举行。党和国家领导人邓小平、邓颖超、聂荣臻、乌兰夫、习仲勋、杨尚昆、朱学范、刘澜涛、王昆仑、钱昌照、屈武等送了花圈或拍来唁电。江西省党政领导送了花圈。省委、省人大常委会、省政府、省政协、省军区的领导同志和李世璋治丧委员会的组成人员与各界群众600余人参加了追悼会。省政协主席吴平致悼词。

12日 面对特大洪水威胁，海、陆、空已有近3000名指战员奔赴江西抢险救灾第一线，同民兵和广大群众一起，奋力抗击洪水。福州部队领导从闽、赣两省抽调陆、空军及舟船部队先后进入南昌、永修、余干、鄱阳湖等县灾区，省军区司令员王保田、副司令员沈善文指挥部队抢险救灾。地处灾区的南昌、九江、宜春、上饶四个军分区和永修、湖口、彭泽、星子、都昌、鄱阳、余干、乐平、高安、宜丰、万载、安义、南昌、进贤、新建等县人武部都主动请战参加抢险救灾。

12日 江西冶金矿山建设公司年产1.5万吨白水泥厂动工建设（1985年3月10日点火投产成功。1989年11月1日，该公司生产的白水泥首次销往古巴500吨）。

13日 长江特大洪水袭击九江市，14日长江最高水位达22.12米，比1954年水位超出4厘米，八里湖水位达21.23米。九江市各界人民奋力抗洪抢险，长江大堤安全度汛。

14日 省委、省人大、省政府、省政协、省军区给战斗在全省抗洪救灾第一线广大军民发出慰问信，向日夜战斗在抗洪救灾第一线的干部、群众和解放军指战员表示亲切的慰问。表扬灾区广大人民群众面对特大洪水灾害临危不惧、团结奋战的革命精神。广大共产党员、共青团员奋不顾身地战斗在抗洪救灾的最前线，为群众作出了表率。各级领导和基层干部以对党对人民的高度责任心，与灾区人民风雨同舟，患难与共，夜以继日地指挥战斗。各行各业，同心协力，密切配合，全力支持抗洪救灾。战斗在抗洪抢险最前线的人民解放军指战员，以"一不怕苦，二不怕死"的革命精神，为保卫国家和人民财产作出巨大贡献。慰问信勉励广大军民进一步动员起来，发扬积极进取的精神，同心同德，共同努力，克服困难，战胜灾害，为夺取1983年全省工农业生产的新胜利和各项工作的新胜利而奋斗。

15日 由于江西北部、西北部等地区连降暴雨和大暴雨，山洪暴发，洪水泛滥。省经贸厅组织由处级干部带队的三个工作组分赴九江、宜春和上饶三个受灾区了解灾情、看望慰问战斗在第一线的广大经贸干部、职工和家属，共同抗洪救灾。

16日 省编委赣编发（1983）61号文件批准，省司法厅机关内设办公室、政策法律研究室、法制宣传处、公证处、调解工作管理处、律师管理处（与律师协会合署办公，保留两个机构名称）政治部（机关党委）。

17日 省委、省政府发出紧急通知。其要点是：（一）继续加强领导，下定决心，坚定信心，把抗洪抢险斗争进行到底；（二）不失时机地搞好夏收夏种；（三）关心群众疾苦，开展生产自救，搞好救灾工作；（四）发动群众尽快修复水毁农田和水利工程。

18日 省政府批复同意省林业厅《关于在崇义县进行搞活等外非规格木材和计划外毛竹流通渠道试点工作的意见》。允许造林清山，抚育、改造和采伐木材中产生的等外非规格材以及完成上调任务的毛竹由县自行处理。

19日 九江化纤厂扩建黏胶长丝工程破土动工。

19日 省政府召开全省工交生产电话会议，号召全省工交战线广大职工进一步动员起来，巩固和发展我省上半年工交生产的大好形势，再接再厉，乘胜前进，为全面超额完成1983年的工交生产计划，为顺利实现我省经济效益年而继续努力奋斗。会议提出具体要求：（一）加强领导，发动群众，破常规，创水平。（二）精心组织好能源，原材料的生产和供应。（三）继续大力发展消费品生产。（四）大力抓好扭亏减亏工作。（五）切实抓好支农物资，救灾物资的生产。（六）狠抓安全生产，搞好防暑降温。

19日 省农牧渔业厅召开灾区地、市、县农业局长会议。会议汇报了7月中旬以来农业受灾情况，交流了各地生产自救的经验，研究了积极生产救灾，夺取全年农业好收成的具体措施：（一）要从领导和劳力上对防洪抢险和生产救灾做两手安排，做到防洪生产两不误。（二）要认真搞好生产救灾的物资供应。（三）抓住季节，合理安排，尽可能扩大播种面积。会议于20日结束。

20日 省委发出关于全省党员干部学习《邓小平文选》的通知。通知要求：（一）1983年下半年干部政治理论学习，应以《邓小平文选》为主要内容，同时结合深入学习十二大文件、《三中全会以来重要文件选编》、《陈云文稿选编》（1949～1956）、《知识分子问题选编》和六届人大会议等文件。（二）学习《邓小平文选》要根据不同对象，不同工作性质，提出不同要求，作出具体安排。（三）全省各级党组织，都要高度重视这一学习，并切实加强领导。

20日 在全国轻工业系统食品质量评比会上，江西省畜牧良种场奶品厂生产的"英雄牌"全脂甜奶粉和"英雄牌"可可麦乳精被评为全国优质食品。

21日 省检察院下发《关于加强看守所安全检查，严防发生重大事故的通知》。要求各级检察院加强领导，采取措施，切实做好安全防范检查工作，消除隐患，堵塞漏洞，确保安全。

22日 根据南昌市委3月28日"关于学习贯彻中纪委《公开信》，坚决刹住建房、分房中歪风的通知"，全市开展了清房工作。有113名党员干部清退多分多占住房314间，计4591平方米，其中副局长以上干部35人，清退住房134间，1843平方米。

22日 省委办公厅印发《关于解决"文化大革命"期间冤假错案补发工资问题的意见》的通知，就解决"文化大革命"期间冤假错案补发工资问题，区别不同情况作出规定。

24日 省政府为保护和繁殖野生动物，最近作出决定，停止执行本省《关于消灭害兽工作有关问题的通知》中"不论单位或个人，凡打死虎豹一只，奖现金30元"的规定。把这项经费改为奖励那些在保护繁殖野生动物，特别是珍贵稀有野生动物方面有成绩的单位和个人。

25日 全省第四次质量管理小组成果交流会在南昌市召开。会议期间，省长赵增益听取了关于质量情况的汇报。省委常委钱家铭、副省长梁凯轩到会听取了"QC"成果的发表，出席发奖大会并讲话。会议评出优秀成果奖81个，成果发表奖19个，并预评出出席在北京召开的全国第五次质量管理小组代表会议的6名代表。会议于30日结束。

26日 当日至30日，在北京召开的全国三纸质量评比会议上，经首次抽样评比，上饶市蜡纸厂生产的"中华牌"誊写蜡纸再次被评为全国一级产品。

27日 《江西省地市机构改革方案》报经国务院批准。九江地区改九江市（地级），新余撤县设市（地级）。

29日 江西省标准化协会电子专业委员会成立。

29日 全国首届优秀通俗政治理论读物（1979年至1983年）评奖活动在北京授奖。江西人民出版社出版的江西学者所著的《中国社会主义经济问题百题解答》、《使人聪明的学问》获二等奖。

30日 全省高等教育自学考试举行第二次全体会议。会议讨论通过了江西省高等教育自学考试暂行办法，确定了第一批开考的学校和专业。江西大学开考中文、法律学，江西师范学院开考马列主义基础理论、英语，江西财经学院开考会计学、统计学。

30日 在全省机械工业工作会议上，省机械厅所属14个在上半年取得良好经济效益的企业获得优秀企业称号。这些单位是：江西手扶拖拉机厂和南昌八一配件厂获得满分，并列第一，荣获"经济效益优秀企业"称号；南昌电线厂、江西气压机厂、江西变压器厂、江西方向机厂、九江动力机厂、南昌柴油机厂、宜春风动工具厂、上饶仪表厂、江西汽车齿轮箱厂、宜春齿轮厂、江西第二电机厂、赣东北轴瓦厂获优秀企业称号。

30日 首次举办的全国青少年测绘夏令营江西营于当日上午在省地质矿产局院内举行隆重的开营仪式。

31日 省政府、省军区联合批转了省民政厅和省军区司令部《关于在新形势下做好农村退伍安置工作的情况报告》的文件，要求各地结合实际情况，认真研究执行。报告提出了进一步做好新形势下农村退伍军人安置工作的意见：一是各级政府要切实加强对农村退伍军人安置工作的领导；二是要把工作重点放在扶持退伍军人发展生产，劳动致富，把扶持退伍军人劳动致富与扶持老区建设的工作结合起来，与扶贫和优抚定补工作结合起来；三是要进一步加强政治思想工作；四是要充分发挥退伍军人在建设社会主义新农村中的骨干作用。

31 日 省政府印发《全省转供电工作座谈会纪要》的通知，要求把农村用电与工业用电分开，生产用电与生活用电分开，实行电力部门直接供电、直接收费，不再由企业转供代收。

本月 进贤县在当年高校中专统一招生中出现严重舞弊事件。省委、省政府责成抚州地委、行署进行严肃处理。

本月 省法学会组织省直政法部门和有关地市法学会（或筹备组）开展青少年犯罪问题的调研工作，写出论文和调查材料40篇，向全国青少年犯罪研究会推荐发展会员37名。

本月 丰城地区瓦斯利用工程动工兴建（1984年5月陆续建成，分批交付使用）。

本月 江西汽车制造厂研制的新产品JX142SP型农业多用车、江西上饶客车厂自行设计制造的 SR651HK 型发动机后置空调旅游车，在全国首次改装汽车、专用汽车新产品展评会上荣获设计优秀奖。

在九江赣北大市场举行全国汽车展销会

本月 江南材料厂研制生产的CS110系列组合件在全国质量评比中荣获第一名。

本月 经国家水表质量评定小组的检查和考核，鹰潭水表厂生产的"三川牌"20毫米旋翼温式水表被评为国内同类产品中的一等品。

本月 江西省科学院生物资源研究所在国家科委召开的一次专门会议上，被推选为全国田菁胶攻关领导小组成员，并接受了"田菁胶在造纸工业中的应用研究"和"田菁胶原料基地选择与栽培技术的研究"两项攻关任务。这是该所首次承担国家重点科技攻关项目。

本月 全南县水产部门的干部在竹山公社刀公坑、瑶山大队夹坑、陂头公社园岭与木金公社阳公坑等地发现有珍贵的娃娃鱼（小鲵鱼）。国家在《水产资源繁殖保护条例》中规定，鲵鱼是重点保护对象之一，在这个县的四个地方发现属罕见。此外，他们在龙下公社一个叫龙迳的地方发现了龙头鱼。

本月 由南昌市科学技术研究所研制成功的名为 DG-I 型电子钢琴最近在井冈山通过专家鉴定。该琴最大优点是实现了键音量强弱控制，在技术上是个突破。

本月 经省政府和中国银行批准，中国银行南昌分行升格为省厅局一级机构。

本月 国务院批准恢复设立省辖新余市，撤销原属宜春地区的新余县。省委任命张迎祥等5人组成新余市委领导机构，中共新余市委正式成立，下辖分宜县委、渝水区委。经省委批准，鹰潭市升格为省辖市，组建成新的鹰潭市委机构。孙永久任市委书记。市委下辖贵溪县委、余江县委、月湖区委。九江地区和九江市合并为新的九江市，共辖10个县3个区。

本月 煤炭部地质局全国水文地质工作会议在庐山召开。

本月 "文化大革命"中被毁的南丰曾巩"读书岩"重建落成，并举行曾巩逝世900周年纪念活动。

本月 南昌市建筑安装企业实行百元产值工资含量系数包干，职工工资总额随产值浮动。

本月 省政府决定撤销地、市供销合作社，管理工作并入同级商业局，保留供销社的牌子。

本月 省商业厅规定，省、地、市供销社与同级商业厅、局合并后，仍保留所属业务公司建制。

本月 江西省统计局派员深入南昌县塔城乡开展粮食简易抽样调查试点，并在此基础上研制《江西省粮食产品简易抽样调查试行方案》。

本月 香港大公报社社长费彝民游览庐山。

1983

8月

August

公元1983年8月							农历癸亥年【猪】						
日	一	二	三	四	五	六	日	一	二	三	四	五	六
	1 建军节	**2** 廿四	**3** 廿五	**4** 廿六	**5** 廿七	**6** 廿八	**7** 廿九	**8** 立秋	**9** 七月小	**10** 初二	**11** 初三	**12** 初四	**13** 初五
14 初六	**15** 初七	**16** 初八	**17** 初九	**18** 初十	**19** 十一	**20** 十二	**21** 十三	**22** 十四	**23** 十五	**24** 处暑	**25** 十七	**26** 十八	**27** 十九
28 二十	**29** 廿一	**30** 廿二	**31** 廿三										

1日 兴国县红军大桥竣工，预定10月1日通车。该桥投资约60万元。

1日 省文化厅在梅岭举办江西省专业编剧导演讲习会。中国著名戏曲理论家、剧作家马少波和夫人、《剧本》月刊副主任李慧中应邀到会讲学。讲习会历时14天，于14日结束。

2日 省委、省人大、省政府联合慰问团当日起至4日分赴九江、南昌、上饶等地，亲切慰问在抗洪抢险中作出重大贡献的驻浔陆海空部队，福州军区舟船部队和省军区某部全体指战员，并向部队指战员赠送了锦旗、光荣匾和纪念品。

3日 省政府向各地、各部门、各企业发出通知，要求发动群众，广泛开展提高企业素质的学习和讨论。通知强调，提高工业企业素质，实现企业新的转变是经济工作中根本性的问题，是提高企业生命力的根本途径。通知要求各地、各部门、各企业立即组织广大干部和职工，深入学习，广泛开展讨论。通知要求各地重点要抓住经营管理和技术工作中的问题，提高产品质量，降低物质消耗。通知还要求切实抓好企业整顿。在整顿中要放手触及经营管理落后、技术落后、产品质量差、消耗高这些根本问题，把重点放在解决影响经济效益差的关键环节上。搞好整顿的关键是，提高领导班子的素质。

3日 省军区党委中心组成员认真学习《朱德选集》并举行座谈会。与会者一致认为，《朱德选集》是一部反映人民军队建设和人民战争胜利的伟大史诗，决心认真学习好，深刻领会，进一步搞好部队革命化、现代化、正规化建设。对《朱德选集》学习一定要坚持理论联系实际、学以致用的正确态度。省军区还对全区团以上干部的学习作了具体部署。

4日 江西省人民政府技术开发研究中心成立。该机构的任务是：为省委、省政府选择并实施重大经济决策时提供符合国家建设总方针、符合我省实际情况、有充分科学根据的技术咨询。中心将参加全省长远规划的讨论，对全省科技机构的调整提出可供选择的合理方案。出席成立大会的有技术开发研究中心干事会的总干事、副总干事以及干事会聘请的特约研究人员等。

4日 南昌市教育局、市职工教育管理委员会、市总工会转发省教育厅、省职工教育管理委员会、省总工会《关于印发〈江西省职工学校审批备案的暂行规定〉的通知》）。

5日 机械部农机局主持对江西手扶拖拉机厂和九江动力机厂分别进行生产许可证发放试点验收，两厂成为小型拖拉机和柴油机第一批取得生产许可证企业。

6日 省公安厅召开全省地、市公安处、局长紧急会议，传达贯彻《中共中央关于严厉打击刑事犯罪活动的决定》（中发（1983）31号文件），并认真研究行动部署和第一仗的准备工作。会议于8日结束。

7日 省政府发出通知，恢复和建立省、地（市）、县烟酒专卖管理局，与同级副食品公司实行一套人马两块牌子。县以下的专卖管理工作由工商行政管理所和税务所兼管。

7日 根据中国科学技术合作委员会第二十一届会议议定书的规定，江西省建材科研设计院涂平涛工程师、宜丰县建材厂陈经华副厂长与国家建材局梁文莒工程师共同组成了以涂平涛工程师为组长的考察组，于当日至19日对匈牙利水泥木屑板生产与应用技术进行考察。

7日 法国电视二台摄影师布沙盖一行4人，于当日至9日抵达景德镇拍摄仿古瓷制作旅游风光纪录片。

8日 国家民政部工作组抵达南昌，到永修县看望了受灾群众，了解灾情。

8日 经省委研究决定，江西省顾问委员会筹备组成立。筹备组由傅雨田、罗孟文、狄生、刘仲侯、王实先、王纪明、王林德、王琢章、刘岱、何行之、沈衷、陈志诚、黄元庆、彭胜昔、赵筹等15位组成。傅雨田任组长，罗孟文、狄生、刘仲侯、王实先任副组长。

9日 为贯彻落实中共中央关于全党学习《邓小平文选》的通知精神，江西省委研究决定分期分批举办县以上领导干部学习《邓小平文选》读书班。省委举办的厅局长以上干部读书班和省直机关党委举办的处级领导干部读书班同时开学。2000多名处级以上领导干部参加了在八一礼堂举行的开学典礼。省委书记许勤讲了话，希望读书班的同志做到：（一）认真通读，领会精神实质。

（二）要抓紧抓住全书的基本思想。（三）要坚持理论联系实际的原则。（四）新班子在学习中要有新姿态，学出新水平。省委宣传部副部长周銮书作了《〈邓小平文选〉是继承和发展毛泽东思想的光辉榜样》的辅导报告。

9日 世界通信年全国青少年通信科技夏令营江西分营经过10天活动，胜利闭营。

10日 省委决定：全省大中小学校长要由能教课的同志担任，凡不能上讲台教课者，一律调整下来，搞别的工作。学校的党支部（总支或党委）书记原则上也要由能教课的同志担任。各地县教育局长，要由懂得教育事业，搞过学校教育的内行来担任，否则一律加以调整。

11日 国家民政部副部长邹恩同前往江西彭泽县棉船公社慰问受灾群众。他提出一定要保证解决好灾民就医、口粮、安置问题。要求灾区干部振奋精神，带领群众艰苦奋斗、广开副业门路，搞好生产自救。

11日 省政府召开部分地、市分管财贸的专员、市长及商业处（局）长，部分县分管农业、财贸的县长及商业局长参加的生猪收购工作紧急会议。会议传达了省委、省政府提出的7点要求：（一）在生猪经营过程中，必须始终坚持计划经济为主，市场调节为辅的方针。（二）为了确保市场猪肉的供应，8月至12月必须完成收购175万头，上调45.7万头的任务。（三）一定要坚持生猪的派购政策。（四）一定要加强生猪市场管理。（五）奖售粮、奖售肥一定要兑现。（六）各级党政部门都要切实加强思想教育工作。（七）商业部门必须改进和加强收购工作，方便群众交售。会议历时两天，于12日结束。

11日 省委宣传部在井冈山召开了全省宣传工作会议，各地（市）、县委宣传部长，大专院校和大型厂矿企业党委宣传部长，省直宣传文教系统和中央驻赣新闻单位的负责同志等240余人出席了会议。省委宣传部副部长张会村传达了省委第一书记白栋材在会前对学习《邓小平文选》，开好全省宣传工作会议和加强宣传队伍自身建设等问题的指导性意见。省委常委、宣传部部长白永春传达了全国宣传工作会议精神，根据省委宣传部、部务会议讨论的意见，作了总结发言。省领导作了关于全省经济形势的报告。参加会议的同志，在学习《邓小平文选》和全国宣传工作会议精神的基础上，以《邓小平文选》中的思想理论为指导，回顾了江西省上半年的宣传工作，研究部署了下半年和1984年春季的宣传工作任务。这次宣传工作会议历时10天，于20日结束。

11日 江西省病毒性肝炎、流行性出血热、腹泻病专题委员会分别成立。

12日 江西省纺织工业公司在南昌市召开全省麻纺织生产工作座谈会。

13日 江西省首届按摩医士培训班结业，大多数学员学习成绩优良。

13日 中国人民解放军江西省南昌陆军学院档案室成立。

13日 《江西日报》记者以《农工商联合经营，城与乡浑然一体》为题，发表《共青垦殖场以小城镇为中心，高速发展经济的调查报告》。同时，以《论共青垦殖场典型意义》为题发表社论。

14日 南昌市四经路菜市场共青团员25岁的出纳员杨凤兰赤手同抢劫犯搏斗，被歹徒连刺四刀后仍揪住罪犯，用鲜血保住了菜场的6460元现金和保险柜内的财物。南昌市委书记、市长程安东，副书记戴凤举等同志和省市团委、省市工会、市商业局、市蔬菜公司的负责同志，以及菜场干部、职工，先后到医院看望已被抢救脱险的杨凤兰。南昌市妇联和团委先后授予杨凤兰"市三八红旗手"、"市优秀团员"的称号。共青团江西省委授予杨凤兰"新长征突击手"称号。第五次全国妇代会授予杨凤兰为"三八"红旗手。

14日 全省首届缫丝操作运动会在修水县丝绸厂举行。运动会进行了8天，于21日结束。

14日 《井冈山风景名胜区总体规划》评议会在茨坪举行。清华大学、武汉大学、北京植物园专家教授共65人与会。会议于25日结束。

15日 省老干部局创办的"江西省老干部活动室"正式开放。省委、省人大、省政府、省政协的领导同志以及省委办公厅、省委组织部等有关部门的负责同志到现场视察指导，听取了关于筹备工作的情况汇报，并就如何办好活动室的问题提出了具体要求。

15日 省委办公厅就开展落实统战政策工作发出通知。要求各级党委切实加强对统战工作的领导；加强统一战线理论和政策的宣传教育，继续清除"左"的思想影响；要抓紧对落实政策的情况进行督促检查；要抓住典范，推动一般；要实行包干落实的责任制。

16日 根据中央关于严厉打击严重刑事犯罪活动的指示，江西省检察院及时作出部署，抽调干部62人组成13个工作组，由领导带队，分别到11个地市的77个县、区检察院了解情况，指导办案。

16日 从当日零时起，全省相继展开了严厉打击严重刑事犯罪活动第一战役（这次战役至1984年7月止，历时11个月，共打3仗。全省共收捕各类人犯44959名，破获各类案件22949起，其中重大刑事案件4965起。1984年9月至1986年2月进行了第二战役，历时19个月，共打4仗。全省共收捕各类刑事犯罪分子19650名，破获各类刑事案件14579起，其中重特大刑事案件2336起。1986年3月至1987年2月进行了第三战役，历时12个月，共打3仗。全省共收捕各类刑事犯罪分子14301名，破获各类刑事案件11347起，其中重特大刑事案件2178起）。

16日 全省管教工作会议召开。具体部署打击狱内刑事犯罪活动及接收安置犯人工作。会议历时3天，于18日结束。

17日 省政府召开会议，由省委常委裴德安、省民政厅厅长石全保以及省直有关部门的负责人，向民政部工作组汇报了江西省1983年自然灾害和抗灾救灾的情况。民政部副部长邹恩同、农救司副司长苍绍裕和民政部工作组全体成员听取了汇报。

17日 萍乡市芦溪镇水泥厂在全国社队水泥质量管理经验交流会上被评为优胜企业。

17日 省政协医药卫生组前往江西省防疫站、南昌食品厂、南昌乳品厂、南昌罐头啤酒厂等单位视察《食品卫生法》实施情况。

17日 江西省城乡公共交通技术情报组成立。

18日 《小学生报》第一次数学邀请赛成

绩揭晓。南昌师范附属学校周凡和袁晓峥分别荣获三年级组一等奖、三等奖，周宇获五年级组二等奖；南城县实验小学何肇获三年级组三等奖。两所学校的数学教师鲁晓玲、蔡梅江、罗菊梅等也同时获奖。

19日 省委、省政府发出《抗旱灭虫的紧急通知》。《通知》要求：（一）各级党政机关，要把抗旱灭虫作为当前秋田管理的中心，切实加强领导。（二）加强水利工程灌溉管理，充分发挥现有水利工程抗旱作用。（三）教育干部群众发扬共产主义互助精神，团结协作，抗旱灭虫。（四）加强病虫测报工作。（五）各行各业大力支援抗旱灭虫斗争。

19日 江西省出席全国发展集体和个体经济、安置城镇青年就业先进表彰大会的代表一行10人离昌赴京。出席会议的代表有：南昌市郊区劳动服务公司废旧物资代购店、南城县博力技术服务中心四四一厂、铅山铅锌矿劳动服务公司、南昌铁路局新余工务段集体经济办公室、景德镇市工商联和民建会、遂川县劳动服务公司，个体代表有钟祖杰、钱小群、徐来根。

20日 全国少年技巧比赛在江西省体育馆胜利结束。江西少年队第一次参加全国比赛，获得了女子三人全能第五名和第一套第一名，混合双人全能第四名，第一套第二名。

20日 德兴铜矿二期工程（新增日采选1.5万吨规模）开工建设（1986年11月4日部分联动试车试产，德兴铜矿从此成为全国最大铜矿。1988年12月16日，二期工程通过预验收）。

21日 共青团中央、教育部、国家体委联合发出通知，表彰1982年度全国市、县小学生足球队比赛的710个冠军队。江西省受到表彰的有66个队。在受表彰的冠军队中，全国90个连续三年获得本地区冠军队的优秀队，江西省有12个。它们是南昌市洪都小学、景德镇市发电厂子弟小学、赣州市大公路第一小学、宜春市第五小学、瑞金县八一小学、赣县城关小学、石城县城镇小学、修水县义宁镇第二小学、余干县江埠公社小学、广丰县洋口镇中心小学、高安县筠阳镇第一小学、铜鼓国营长林机械厂子弟学校。

21日 全省县、社工业工作会议在南昌召开。会上首次提出社队企业和多种经营是江西农村经济的"两条短腿"。参加会议的有各地、市、县主管工业的专员、市长、县长、经委主任、二轻局长、社队企业局长、部分县建材公司经理，省直有关厅局和部门的负责人共400人。省委常委钱家铭传达了全国工交工作座谈会精神。会议指出：县社工业的发展，对我省整个国民经济的发展起了很大的作用。首先，促进了农业生产的发展，其次，为城乡人民提供了大量的生活必需品。第三，促进了对外贸易经济的发展。第四，为地方经济的发展提供了资金积累。第五，安排了大批待业人员就业。会议对企业的整顿工作提出如下措施：（一）要调整好领导班子，健全企业领导制度。（二）坚持搞好五项整顿，重点抓住三个环节（搞好企业班子的建设，整顿和加强各项管理基础工作，严格整顿财经纪律）。（三）制定切合县社企业特点的检查验收标准。（四）进一步加强企业整顿工作的领导。会议要求切实搞好企业整顿，认真抓好节能、扭亏、提高质量、减少成本资金、清理计划外用工等五项工作。会议于30日结束。

21日 鹰潭市政府颁发《农村建房用地的若干规定》。

22日 省委召开全省整党试点工作总结会议。6个试点单位党组织的主要负责同志和省委整党试点工作调查组的全体同志共229人出席了会议。会议总结了这次整党工作的几点体会：（一）认真解决对整党和党内状况的认识问题，端正态度，树立信心。（二）以思想整顿为主，立足于正面教育，重在提高大多数人的思想觉悟。（三）正确运用批评与自我批评的武器，分清是非，纠正错误。（四）坚持实事求是的原则，慎重作出组织处理，使犯错误的同志口服心服。（五）坚持领导带头，以实际行动取得领导整党的主动权。会议要求全省广大党员认真学习《邓小平文选》，继续学好《党章》，边学习、边提高、边改正，为全面整党打好基础。会议历时6天，于29日结束。

22日 全省出口商品展销会在广州举行。这次展销会由全省各进出口公司、省国际信托投资公司联合举办。邀请了日本、东南亚和港澳等30多个国家和地区的600多位客商参加。展出面积1500多平方米，展品有粮油食品、土产畜产、轻工、工艺、纺织、陶瓷、五金矿产、化工医药、机械、机械设备共10大类，3000多个品种。整个展销会进出口成交总额突破1500万美元。

外商在选购景德镇瓷器

外商在洽谈纺织品出口业务

22日 根据中共中央和江西省委政法委关于开展严厉打击刑事犯罪活动斗争的指示，从即日起，凡家住地辖市以上城市的刑满犯人，一律暂不放回家，按留场（厂）就业人员对待。

22日 "井冈山牌"BJ350型14英寸集成电路黑白电视机在江西电视机厂试制成功。

23日 省委、省政府组织4个工作组分赴九江、吉安、宜春、抚州4个地市，协助抗旱灭虫、夺取秋季作物丰收。具体工作要求：（一）进一步了解和掌握旱情和虫灾情况，以便根据不同情况，

采取相应措施。（二）帮助和督促各地组织群众，做到有旱必抗，有虫必灭。（三）协助各地解决抗旱灭虫的一些具体问题。

23日 省六届人大常委会三次会议在南昌举行。会议通过了《关于省辖市人民代表大会换届问题的决定》。省领导代表省政府作了《关于我省地市一级机构改革方案有关情况的说明和江西省1983年抗洪抢险、生产自救的情况汇报》。会议于24日结束。

24日 国务院批准江西省地市机构改革方案。其方案是：（一）撤销九江地区行政公署，将原九江地区的九江、彭泽、湖口、都昌、星子、永修、德安、瑞昌、武宁、修水10县划归九江市管辖；（二）撤销新余县，恢复新余市，由省直接领导，将原宜春地区的分宜县划归新余市管辖；（三）鹰潭市政府由省直接领导，并将上饶地区的贵溪、余江两县划归鹰潭市管辖；（四）将宜春地区的安义县和抚州地区的进贤县划归南昌市管辖；（五）将上饶地区的乐平县，划归景德镇管辖，并将波阳县的鱼山公社、荷塘垦殖场划归景德镇市昌江区管辖；（六）将赣州地区的广昌县划归抚州地区管辖。

24日 省纪委发出通知，强调必须做好以下6个方面的工作：（一）新建的各级领导班子，要把尽快实现党风的根本好转当作一项重要任务来抓。（二）经常加强对党员的党性、党风、党纪教育。（三）要坚决克服领导工作中的软弱涣散现象。（四）要把维护党的政治纪律放在首位。（五）要认真执行民主集中制的原则。（六）要严格遵守《关于党内政治生活的若干准则》。

24日 全国女子曲棍球邀请赛在呼和浩特市结束。江西省女子曲棍球队分别以3：1和4：1的成绩战胜内蒙古莫力达瓦达斡尔族自治旗队和呼和浩特市队夺得冠军。

24日 省农牧渔业厅在玉山县召开全省名产水果生产会议。代表们认为在近二三年内要重点抓好南昌、赣州、九江、上饶、宜春、抚州、吉安、萍乡、景德镇、鹰潭、新余等11个市、县水果生产，萍乡葡萄、武宁猕猴桃、安义枇杷力争名列前茅。全省现有名产水果12类，73个

品种。会议于 27 日结束。

24 日　国营江西江洲造船厂隆重举行我国第一艘 1500 客位双体船开工建造典礼。这艘双体客船总长 96.2 米，型宽 26 米，吃水深度 4.6 米，排水量 4134.6 吨。上海交通大学、上海海运局、上海沪东造船厂专门组织了富有经验的教授、工程技术人员到该厂指导，协同施工。计划在 1985 年春节交付使用。

24 日　国家计委和化工部在全国小氮肥节能技改会议中审查通过了江西省化工实验厂和高安、向塘、东乡、信丰、九氮、乐平、禾水、丰城 10 个小氮肥厂节能技改项目，总投资 2730 万元。

24 日　江西省六届人大常委会根据五届全国人大常委会二十七次会议《关于地区和市合并市人民代表大会提前换届问题的决定》精神，通过机构改革，调整领导人，对省辖市人民代表大会换届问题作出六项决定。

25 日　省军区隆重召开表彰抗洪抢险先进单位和先进个人大会。为在抗洪抢险中作出显著成绩的 16 个先进单位和 79 名先进个人庆功授奖。省军区司令员王保田宣读了江西省军区给 16 个先进单位和 79 名先进个人的奖励的通令。省委、省政府和省军区领导给先进单位和先进个人分别颁发了奖旗、奖状、立功奖章和奖品。省军区政委王冠德总结了省军区部队、机关参加抗洪抢险的情况。荣记集体二等功的独立营一连指导员陈明如、星子县人武部政委周爱民分别代表先进单位和先进个人在大会上发言。

25 日　省检察院召开全省监所检察工作会议，部署贯彻执行依法从重从快打击严重刑事犯罪活动，加强劳改场所检察工作，研究开展"严打"斗争。会议还邀请省公安厅、劳改局、武警总队、军事、铁路检察院和第一、第四监狱，第五、第七劳改支队负责同志参加。会议于 27 日结束。

25 日　国家林业部与江西省联合投资，在安福县北华山、坳上和武功山等三个国营林场建设商品林基地。要求 10 年建成后，用材林面积由 23 万亩增加到 43 万亩，活立木蓄积量由 100 万立方米增加到 300 万立方米，森林覆盖率由 48% 提高到 85%。国家同江西省正式签订商品林

基地建设协议书。规定 10 年建设期间，三个国营林场中幼林间伐生产的木材实行国家与地方五五分成；建成之后的 10 年，主伐生产的木材实行国家与地方七三分成；分成 10 年后生产的木材全部归地方。还规定，基地生产的规格材，按国家计划和国家规定的出厂价，由林场直接调拨，直接结算，非规格材全部由林场经营。

武功山牧草养殖基地

25 日　江西省经济信息中心正式成立。它是在省政府领导下由省直 24 个经济综合部门和研究单位联合组成的实体机构。该中心负责组建全省经济信息网络，进行信息的收集、研究、传播，组织形势分析和预测，开展信息咨询业务。这个中心的成立，将逐步沟通省内外的经济信息渠道，为领导部门制定经济计划、组织生产和流通提供依据，为基层单位的经济活动提供服务。

25 日　省卫生厅下达《关于江西省开展饮水水质调查工作》的通知及《全省饮水水质调查方案和调查测定项目、方法规定》。

25 日　省人民银行开始贯彻国务院关于国营企业流动资金改由银行统一管理的决定。

25 日　1983 年全国摩托艇比赛在武汉举行。江西省选手彭林武、罗秋云分别以总成绩 1100 分、1000 分，夺取男子和女子 A 组 350 毫升（OB 级）5 公里竞赛冠军。

26 日　省委发出任职通知，江西大学、江西农业大学、江西工学院、江西医学院、江西师范学院等五所省属高等学校领导班子已经调整、配备好。新班子具有三个特点：（一）精干。五校原

有领导成员 28 人，改为 21 人；（二）平均年龄下降。原为 62.6 岁，现降为 51.9 岁；（三）文化程度提高，熟悉业务的增多，具有大专以上文化程度的由原 42.7%，上升为 90.5%。

26 日 全省基本建设工作会议在南昌召开。会议贯彻落实全国基本建设工作会议精神，研究控制基本建设规模，保证国家重点建设，制止损失浪费，全面提高投资效益问题。会上通过协商，决定停、缓建项目 386 个，其中计划内项目 117 个，计划外项目 169 个，同时还对 1983 年基建投资进行了调整。会议强调，要认真执行国务院关于控制基本建设规模，要建立明确的责任制的规定。会议认为，控制基本建设规模的目的，就是要集中财力、物力保证重点建设。会议还对清理项目的原则、范围、时间、要求作了具体部署。并要求各地区、各部门在 1983 年剩下的四个月的时间里，加强基本建设管理，提倡节约，反对浪费，努力提高投资的经济效益，全面完成 1983 年的基本建设任务。会议于 29 日结束。

27 日 全国第四届优秀体育摄影作品评选揭晓。江西省图片社刘平拍摄的"搏浪"获一等奖，吴东双的"门前拼抢"获三等奖。清江文化馆杨方武拍摄的"我们胜利了"获中国日报社举办的"中国—日本"摄影比赛一等奖。

27 日 省科协、省社联、省经委、省计委、省民建和工商联经济咨询委员会、省社科所、省经济研究所和省物资协作办等 8 个单位，在井冈山联合举办"引进先进技术、提高经济效益"讨论会。会议认为：从国外引进先进技术和管理经验，特别是向国内先进地区学习先进技术、开展技术经济协作，省钱、省力、省时间，是提高经济效益的一条重要途径。为此目的，省科协拟成立引进技术咨询服务中心。会议还提出了在江西建立核电站等 60 多个具体引进项目的建议书。讨论会历时 5 天，于 31 日结束。

27 日 省商业厅转发商业部《在"五讲四美三热爱"活动中进行一次职业道德教育的通知》。省商业厅经过试点，在全省商业系统普遍开展职业道德教育。

28 日 江西省 16 岁的泳坛新秀李金兰在日本东京举行的国际游泳邀请赛上以 1 分 6 秒 89 的成绩打破女子百米仰泳 1 分 7 秒 4 的全国纪录。

28 日 "宇航牌"JD35－2 型 14 英寸全频道晶体管黑白电视机在江西无线电器材厂通过生产定型鉴定。

28 日 省工会第六次代表大会在南昌市召开。出席这次大会的正式代表 809 人，有工交、基建、财贸、农林、科技、文教、卫生等各条战线的职工，有党政干部，有少数民族职工，还有归国华侨代表（特邀代表 55 人，其中有工会工作者和工会积极分子）。大会通过了江西省总工会第六次代表大会关于五届委员会工作报告和工会财务工作报告的两个决议。选举了江西省总工会第六届委员会委员 113 名，候补委员 8 名，出席全国工会第十次会议的代表 46 人。选举李运德为省总工会主席。副主席为韩峰（女）、李祖根、张全有。大会号召全省工人阶级和工会工作者团结起来，同全省人民一道，同心同德、艰苦奋斗，为实现十二大提出的宏伟纲领，为建设社会主义的新江西奋勇前进。会议于 31 日闭幕。

江西省工会第六次代表大会

28 日 省政府批转教育厅、城乡建设环境保护厅、省总工会关于改善全省城市中、小学教职工住房条件的报告。要求各级政府采取措施，尽快改变城市中、小学教职工住房一缺、二差的情况，切实改善他们的住房条件，并提出五项具体措施：一是国家安排资金兴建部分城市中、小学教职工住房；二是统建民房补助投资应优先解决中、小学教职工住房；三是地方财政拨专款兴建中、小学教职工住房；四是各地对教育事业经费中用于危房改建的资金，以及各校从勤工俭学收入中拿出建教职工住房的资金应优先予以安排，保证这些建设项目的落实；五是有条件的单位可以采取集资补助、私建公助以及购买补贴、出售住宅等办法，解决城市中、小学教职工住房问题。

29 日 省政府发出《关于进一步加强职工教育工作的通知》。

29 日 福州军区政委傅奎清、江西省军区政委王冠德和九江军分区政委于智启，在九江看望了 77 户离休老干部和 7 户已逝世老干部家属，对他们的实际问题当场解决和处理。

30 日 江西赣州铝厂与湖南株洲整流器厂联合研制成功的 KGBHS－30000/250 型大型可控硅变压整流装置，在株洲通过省级鉴定（该成果 1985 年获机械电子工业部科技进步二等奖和国家科技进步二等奖）。

30 日 在上海举行的第五届全运会举重决赛中，江西运动员万喜生在 56 公斤级的比赛中，分别以 110 公斤、135 公斤、245 公斤的成绩获得抓举、挺举和总成绩 3 枚铜牌。决赛于 31 日结束。

30 日 江西省税务局转发财政部《关于对个体商贩和部分集体商业实行由批发部门代扣零售环节工商税的通知》。

31 日 省政府发出紧急通知，要求各地按照国家计划种足种好秋（冬）蔬菜，争取今冬明春蔬菜供应有一个根本好转。通知要求各地抓好以下几项工作：（一）城市郊区和蔬菜社队必须把蔬菜生产作为自己的首要任务；（二）城市郊区蔬菜基地生产的主要品种，必须实行计划生产、计划上市；（三）凡是国家蔬菜基地主产的蔬菜，必须由当地国营蔬菜公司安排购销；（四）各级政府要把蔬菜生产、供应作为一项重要工作列入议事日程。

31 日 江西省财政厅转发财政部《关于征收临时经营工商税收的规定》，对临时经营工商税的税率、起征点等作了四条补充规定。

31 日 由广州有色金属研究院和南昌市卫生防疫站协作研制的"TS－1 型次氯酸钠发生器"，经过一年的实验室研究和实际使用，在我国首次应用于食具消毒获得成功。这项科研成果在江西南昌市通过了鉴定。

31 日 由日本经济新闻社顾问园城寺次郎率领的陶艺家访华团，来南昌、景德镇等地参观访问。参观访问历时 4 天，于 9 月 3 日结束。

31 日 经省政府与煤炭工业部批准，丰城县洛市矿务局正式成立。

本月 全省各级司法行政机关和劳改劳教单位，坚决贯彻执行《中共中央关于严厉打击刑事犯罪活动的决定》和全国人大常委会《关于严惩严重危害社会治安的犯罪分子的决定》，在打击刑事犯罪活动的第一战役第一仗中，收容安置新判犯人和新收的劳教人员，并开展打击刑事犯罪的法制宣传教育，受教育面达 95% 以上。

本月 全省地、市机构改革工作第一阶段任务已经基本完成。全省 11 个地、市全部配备了新的领导班子。新组成的地、市领导班子是按照精干的原则和领导班子革命化、年轻化、知识化、专业化的方针，经过群众推荐、民意测验、反复考核、精心筛选出来的。

本月 南昌手表厂张杰锋发明的"擒纵叉复位精密仲裁模及擒纵叉冲裁工艺"为机械式手表的关键零件"擒纵叉"提供了一种全新、高效的加工方法和专用模具。这项发明获国家发明四等奖。

本月 在广州召开的中国进出口总公司出口米粉会上，江西省新建县新丰垦殖场米粉厂生产的"筒子粉"，被列为我国重点出口米粉。

本月 马来西亚华侨甘显予捐资 2 万余元，在进贤县原籍建造"甘家礼堂"，占地面积 250 余平方米，作为公用建筑。

本月 根据中共中央关于严厉打击刑事犯罪活动的决定，江西省军区派出 412 名干部战士，组织带领 2.24 万名民兵，配合公安部门打击刑事犯罪分子。

本月 省统计局编印出版建国后第一本统计年鉴《江西统计年鉴——一九八二年》。

本月 江西猕猴桃科技开发中心理事会在云山垦殖场成立。国家计委、省科委确定在云山垦殖场开辟人工栽培猕猴桃基地。

1983
9月
September

公元 1983 年 9 月							农历癸亥年【猪】					
日	一	二	三	四	五	六	日	一	二	三	四	五	六
				1 廿四	**2** 廿五	**3** 廿六	**4** 廿七	**5** 廿八	**6** 廿九	**7** 八月小	**8** 白露	**9** 初三	**10** 初四
11 初五	**12** 初六	**13** 初七	**14** 初八	**15** 初九	**16** 初十	**17** 十一	**18** 十二	**19** 十三	**20** 十四	**21** 中秋节	**22** 十六	**23** 秋分	**24** 十八
25 十九	**26** 二十	**27** 廿一	**28** 廿二	**29** 廿三	**30** 廿四							

1 日 省委党校 1983 年培训班、理论班和进修班在党校礼堂举行开学典礼。这是党中央作出关于实现党校教育正规化决定之后省委党校第一次举办的。所招收 200 多名学员除宣传干部进修班是短期培训班外，学制均规定为一年。参加开学典礼的有省委书记许勤，省委常委白永春，省委组织部长徐文楼以及有关部门负责人和党校全体教职员工共 400 余人。省委党校副校长陈星主持开学典礼，省委书记许勤，党校校长石天行先后讲了话。

1 日 南昌陆军学校举行第一期四年制大学班开学典礼。南昌陆军学校从 1983 年秋季开始招收四年制大学本科班。这次首批招收的 200 名学员是 1983 年高考录取的，学员经过 4 年的军事、政治、文化学习后，符合条件者，将获得学士学位，分配到部队基层担任指挥员。

1 日 省政府参事室、文史馆在省军区招待所举行"江西省人民政府文史馆建馆 30 周年纪念暨欢迎新参事新馆员座谈会"。其中特别强调所有参事、馆员们要为实现 80 年代的三大任务之一——台湾回归祖国，完成祖国统一大业作出

自己应有的贡献。

1 日 省劳动人事厅发出《关于暂停职称评定工作的紧急通知》。即日起全省技术、业务职称的推荐、考核、评定工作一律暂停。

2 日 巴基斯坦曲棍球队一行 19 人在南昌分别与中国火车头队和江西队进行了两场友谊比赛，江西队以 1：0 战胜巴基斯坦队。巴基斯坦曲棍球队在江西进行访问期间，游览了江西庐山，6 日离赣。

3 日 省委政法委召开会议。会议讨论六届全国人大常委会二次会议《关于严惩危害社会治安的犯罪分子的决定》，学习了彭真委员长的重要讲话。会议着重强调要做好以下几项工作：（一）要认真组织全体政法公安干警深入学习几个重要决定，领会精神实质，统一思想认识，坚定不移地执行六届人大常委会二次会议通过的各项决定；（二）要学习法律，熟悉法律，充分运用法律武器，严厉打击严重危害社会治安的刑事犯罪分子；（三）要根据迅速审判严重危害社会治安的犯罪分子的程序的决定加紧审判；（四）要坚持专门机构与群众路线相结合，充分发动群众，

依靠群众，打击严重危害社会治安的犯罪分子；（五）必须继续加强法制宣传。

3日　省政府赣府字151号文通知："将省轻化工业厅分设为省轻工业厅、省化学工业公司，分别为省政府的直属工作部门和经济组织，原省轻化工业厅即予撤销"。省轻工业厅与省手工业联社合署办公。

4日　省政府召开第六次"质量月"电话会议。会议提出了六项措施：（一）各级领导干部要从指导思想上十分明确地把工作重点转移到提高产品质量、增加经济效益的轨道上来；（二）开展质量工作大检查；（三）认真开展为用户服务活动；（四）进一步加强标准化和质量监督检查工作；（五）进一步搞好省质量奖的评比工作，鼓励企业、个人提高产品质量；（六）要加强对质量工作的领导。

4日　省政府发出通知，要求各地认真做好"小秋收"工作。该通知要求各地做好以下几项工作：（一）各级政府和有关部门要把开展"小秋收"的活动当作一项重要工作，列入议事日程；（二）要根据"小秋收"产品分布面广、品种多、季节性强的特点，动员广大社员群众及时把野生植物的资源采集上来；（三）要实行多渠道扩大野生植物的推销和合理利用；（四）为适应农民采集"小秋收"产品的积极性，帮助灾区群众生产自救、增加收入，弥补灾区损失。

4日　在出席中国妇女第五次全国代表大会期间，全国政协副主席、全国妇联主席康克清参加了江西省妇女代表团的讨论。她说："江西是老革命根据地。有人说老区是穷区，这话不全面，应该说，我们人穷志不穷，什么情况下都不能丧志。在土地革命最困难的十年中，妇女有志气，没有倒下。那时候男的一半以上到前线去了，女的承担了艰苦的任务，作出了巨大的牺牲，大家毫无怨言。没有这种牺牲精神，就没有我们今天的幸福。我们现在要发扬这种精神，要扶持年轻人，把江西的妇女工作搞得更好。"

4日　省地质矿产局九一六地质大队，在浙江省地矿局实验室、浙江大学材料系、山东大学化学系、华东师大化学系的协助下，加速赣东北乐平牯牛岭海泡石黏土矿床的普查评价工作，当前已控制远景储量40万吨，其中含海泡石40%以上的富矿约5万吨。这是自1947年章人骏发现海泡石以来，我国查明的第一个具有工业价值的大型海泡石黏土矿床。

5日　根据外交部《关于通知驻外使馆领事处发签证办法的规定》的精神，经省政府研究决定，省内各单位邀请外商（包括从事商业活动）、国外侨胞和港澳同胞来省沿谈贸易的函电，授权省经贸厅签发，盖省经贸厅的公章。

5日　省教育厅在江西师范学院举行学术报告会。美国得克萨斯州科技大学研究生院副院长勤佛科维兹应邀作学术报告。他介绍了美国初、中、高等教育体制以及美国培养硕士、博士研究生的现状及发展趋势，并回答了听众有关美国高教师资结构、学位制度等问题。

6日　省经委最近发出通知，要求各地市经委，省直各有关厅、局、公司，进一步抓紧技术改造在建项目的清理工作；指出，这次清理必须全面进行，对计划外项目一律先停下来再清理。强调，通过这次清理，必须进一步加强技术改造的管理，不得借技术改造之名扩大基本建设，更不得将基本建设停、缓建工程改头换面挤入更新改造行列。

6日　萍乡"庐山牌"400毫米台扇、永修"五洲牌"1400毫米吊扇、南昌"居友牌"400毫米台扇，参加轻工业部1983年电扇评比测试，均被评为国内一类产品，并被中国家用电器工业检测中心站建议推荐为轻工部优质产品。

6日　龙南濂江会头和桃江窑头发生雷击，造成4人死，6人伤，击坏房屋2间，为龙南历史上所罕见。

6日　省政府召开建立省直医疗、教学、科研三结合体制座谈会，会议审议通过省卫生厅制定的《关于省直医疗、教学、科研三结合体制的方案》。

7日　江西制氧机厂青年电焊工戴报生，在机械工业局最近举办的全国压力容器制造青年焊工技术表演赛中，取得优异成绩，荣获"优秀电焊工"称号。

7日　南昌市中级人民法院召开群众大会。

大会集中宣判 60 名杀人、抢劫、强奸、流氓犯罪集团等严重刑事犯罪分子死刑。通过印发布告、典型案件的广播、报纸报道等形式，广泛开展宣传，大造"严打"声势。

7 日 省政府批准南昌市开办洪都职业大学。

7 日 贵溪冶炼厂从日本引进的转炉吹炼设备主机安装完工，经正常试运转检验和带故障试运转考验，安装质量完全达到设计要求，中日代表已在安装完工证书上签了字。

8 日 以发展华东地区科技协作关系为宗旨，华东六省一市科委第三次联席会议在庐山召开。会议认为：这种跨省市的协作，方向对头，是开创科技工作新局面的一种有效形式。六省一市科委带来 189 项科技成果进行交流，并初步探讨了技术转让的办法。对原定的粳稻杂交优势利用、淡水养殖、水果保鲜、木材综合利用、食用菌培育等 10 个合作研究项目，检查分析了研究进展情况，并强调应按互惠互利原则，进行深一步的协作攻关。参加这次会议的，除华东六省一市外，还有国家科委、广东、湖南、贵州省科委、江西计委的同志等。

9 日 省委、省政府的主要负责同志白栋材、赵增益和梁凯轩分别到皖赣铁路、永丰铜矿、贵溪冶炼厂等国家重点建设工地了解情况，并会同有关方面负责人现场办公，帮助解决建设中的一些问题。领导同志指出，全省要集中全力保证国家重点建设，这是各地、各部门责无旁贷的任务。

9 日 省政府在南昌市召开全省工业、交通工作座谈会议。各地市企业调整整顿领导小组负责人，企业调整整顿办公室、经委、财政局、劳动局负责人，省直有关厅局负责人，全省大中型企业、地市重点企业，盈利大户、亏损重点企业负责人，省企业调整整顿领导小组成员，共 300 余人出席了会议。省委常委钱家铭作题为《以提高经济效益为目标，认真搞好企业整顿，提高企业素质》的报告。会议提出了以下要求：（一）广泛深入地开展群众性的提高企业素质的大学习、大宣传、大讨论。（二）进一步搞好企业整顿、提高企业素质。（三）努力完成 1983 年工交生产和财政收入计划。

10 日 省委、省政府任命王仲发为省审计局局长、党组书记；刘忠义为省审计局党组成员、副局长。免去华桐的省审计局副局长职务。

11 日 闽赣 12 县的群众文化交流会在兴国举行。参加这次交流会的有江西的兴国、瑞金、宁都、于都、广昌、石城和福建的长汀、上杭、泰宁、建宁、宁化、明溪 12 个县从事群众文化工作的同志。

12 日 省委组织部任命边鹏越为省司法厅副厅长、党组成员兼省劳改局局长、党委书记。

12 日 由国际生物电阻抗研究会执行委员会主办的第六届国际生物电阻抗会议在南斯拉夫札达市召开。江西医学院俞俊甫、成竣如和南昌师范学校中年教师顾力兵联合发表的《恒压式导纳图的测量技术和原理》一文，受到大会的重视，被列为这届大会发言的七篇重要学术论文之一。会议历时 3 天，于 14 日结束。

13 日 省经委在南昌召开了专门会议，会议历时 3 天，对全省技术改造在建项目进行清理会审。会议确定了江西拖拉机厂自行车生产线、丰城耐火材料厂 2 万吨水泥车间等一批停缓项目，停建 20 项，缓建 6 项。

13 日 国家和地方共同投资，筹建贵溪县万亩围栏人工草场。

13 日 公安部通缉的持枪杀人潜逃犯王宗坊、王宗玮窜入广昌县境，被当地干部、群众发现。省委常委王昭荣、省公安厅厅长孙树森等迅速率员赶到广昌，组成围捕指挥部，经公安干警、武警、解放军官兵、民兵 6 天 5 夜的包围搜索，于 18 日傍晚 6 时 20 分至 40 分将开枪拒捕的"二王"击毙。在围捕中武警总队二支队参谋吴增兴光荣牺牲。

13 日 省政协第五届委员会科技组当日起至 14 日前往省科学院、省轻化研究所调查落实知识分子政策和科研体制改革情况。

13 日 华东地区第一次档案工作协作会议在景德镇市召开。出席会议的有上海、山东、江苏、安徽、福建、浙江、江西等省、市档案局、馆的负责人，以及应邀前来参加的济南、南京、福州军区、江西省军区的代表 27 人参加会议，九江市、景德镇市档案部门负责人列席会议。国家档案局副局长田凤起、中国档案学会理事长安庆洙到会讲话。会议于17日结束。

14日 省人大常委会和南昌人大常委会联合视察组，由省人大常委会副主任张宇晴、省人大常委会委员文汉光、李钧、赵中、李柱，南昌市人大常委会领导张夫生、严凤绅、章藻生、欧阳明，以及省市部分委员、少数民族人民代表共25人组成，分四个视察小组，到南昌市区食品生产和经营单位视察《食品卫生法》的试行情况，督促从事食品业和食品卫生工作的同志进一步学好《食品卫生法》，努力付诸行动，切实把江西省的食品卫生工作搞好。视察活动于16日结束。

14日 省人大常委会举行第四次主任会议，传达贯彻六届全国人大常委会二次会议精神。郑校先传达了会议精神和彭真的重要讲话。会议主要讨论了严惩严重危害社会治安的犯罪分子，争取社会治安尽快好转的问题，通过了关于严惩严重危害社会治安的犯罪分子的决定和对有关部分法律规定进行修改、补充的决定。

14日 国家经委批复同意，将大吉山钨矿、西华山钨矿、岿美山钨矿、盘古山钨矿、画眉坳钨矿、铁山垅钨矿、漂塘钨矿、荡坪钨矿、下垅钨矿、浒坑钨矿、小龙钨矿、宜春钽铌矿、石城钽铌矿、赣州精选厂、九江有色金属冶炼厂、赣州冶金化工厂、赣州冶金机械厂、赣州冶金汽修厂、江西有色冶金研究所、江西冶金地质勘探公司、江西冶金建设公司、江西有色金属工业学校等单位划归中国华兴钨业公司和中国有色金属总公司南昌公司管辖。

15日 江西省第一次全省范围内的地名普查工作，历时两年半，基本完成任务。省政府在普查工作的基础上，根据国务院关于加强地名管理，实现地名标准化、现代化的要求，经过反复的讨论研究，同意省地名委员会经过地名调查后，对全省63个县（市）的117个公社（场、镇）级地名提出的标准化处理意见予以正式公布，从当日起使用，原地名同时予以注销。

15日 南昌市湾里区红星公社鄢家山南面的水洞垄发现一岩洞。据《西山志》（徐世溥秦人洞记）、《铜源肖氏族谱》记载和鄢家村调查，该洞系名闻西山的秦人洞。

15日 在吉安县富田公社——民族英雄文天祥的故乡发现文天祥四首刻在石板上的诗。

15日 国家计委基建综合局副局长刘国冬等人到景德镇市视察，为期4天。先后视察了"六五"计划重点工程华风瓷厂、焦化煤气厂等建设项目。

15日 在全国第六次"质量月"授奖大会上，江西获得9枚银质奖章。奖章获得者是：景德镇牌薄胎瓷粉人物八角碗（景德镇艺术瓷厂）、

获得银质奖的景德镇牌直径28公分的薄胎八角碗

江西牌附子理中丸（江西国药厂）、山凤牌卷尺用碳素结构钢冷轧钢带（江西钢厂）、雪松牌精制天然樟脑粉（江西樟脑厂）、庐山牌4L–20/8空气压缩机（江西气体压缩机厂）、金三角牌FT27型压电陶瓷发声元件（国营景华无线电器材厂）、龙飞牌8 ½XHP三型三牙轮钻头（宜春第一机械厂）、建萍型自动操舵仪（国营九江仪表厂）、七一九工程（第四设计研究院、江西省赣州地区建筑工程局、国营二十五工程公司、国营七一九矿）、荣获全国优秀质量管理小组光荣称号的黎明制药厂氨苄青霉素质量管理小组、江西省国药厂激素车间实验室质量管理小组、江西手扶拖拉机厂防"三漏"质量管理小组、景德镇人民瓷厂七车间质量管理小组、南昌铁路局工程处404先张梁质量管理小组的代表。

15日 全省电影宣传工作会议当日至20日在南昌召开，与会200余人，同时举行农村电影宣传幻灯调映的评奖。

16 日 江西省选举委员会在南昌举行会议。副主任委员谢象晃就当前省选举工作上的几个问题发言。会议要求九江、新余、鹰潭三市，尽快召开市人大会，严格按照《选举法》和《地方组织法》的规定，选举产生市人大常委会组成人员和市人民政府领导人员以及市中级人民法院院长和市人民检察院检察长。南昌、景德镇、萍乡三个市的人大会也要抓紧准备，尽快召开，依法补选出市人大常委会组成人员和市人民政府领导人员。对于县级直接选举换届的工作，推迟到1984 年底以前进行。会议确定，凡是条件具备的县（市），在 1983 年冬 1984 年春即可开始换届的工作。

16 日 国务院下发《关于江西省地、市党政机关人员编制问题的批复》，同意全省地市党政机关编制人额总数为 14690 名。

16 日 南昌电网发生一次特大系统瓦解事故，经济损失 280 万元。主要原因是在雷击 22 千伏柘头线和浔昌线时，电网结构薄弱、安全稳定技术措施不力所致。

16 日 最高检察院法纪检察厅副厅长陈涛等 4 人来江西了解打击刑事犯罪情况，并先后到九江、景德镇市进行调查研究。

16 日 第五届全运会除奖牌外，其余 5000余件奖品全部首次采用景德镇艺术家瓷雕。名次奖中的团体奖品为奖杯、花瓶体；桂冠杯高 1.2尺，为均红釉杯；第二名至第六名奖杯高 9 寸，为祭蓝、粉红、天青、豆青、黄釉杯；个人奖为粉彩挂盘直径 9 寸，绘金龙飞舞、鹰击长空图案；最佳技术奖为影青釉捧杯运动员瓷雕。当日，全部奖品向大会移交完毕。全运会组委会对奖品十分满意，并受到中外来宾的一致好评。

17 日 并网发电的九江火力发电厂为江西第一座超高温高压电厂，是国内第一座烧油改烧煤的火电工程，整个工程被评为优质工程，省电力设计院、省第二建筑工程公司、省火电建设公司和九江火电厂获国家质量审定委员会颁发的银奖。

17 日 遵照国家经委（1983）310 号《关于开展中药资源普查的通知》精神，由江西省经委领头，成立了包括省医药总公司、省卫生厅、省商业厅、省农牧渔业厅、省林业厅、省对外经贸厅、省科委、省统计局 8 单位负责人组成的"江西省中药资源普查领导小组"，李叔墉任组长、舒惠国等任副组长。各地、市、县也先后成立了中药资源普查领导小组。

18 日 第五届全运会在上海举行。赴沪的江西省体育代表团共 205 人，其中运动员 143人，教练员 23 人。10 月 1 日，第五届全运会闭幕。江西省运动员以最佳精神取得了优异成绩。

江西省代表团在第五届全运会开幕式上

黄洛涛获得男子 1500 米第一名

1 人 1 次破 1 项亚洲纪录，8 人 6 次破 5 项全国纪录，42 人 50 次破 36 项省纪录，夺得金牌 9 枚、银牌 5 枚，铜牌 8 枚，33 人取得第四名至第八名成绩，金牌数名列全国第十二位，男子体操、田径、射击都进入全国先进行列。1 人被评为精神文明裁判员。省运动员童非在单杠、双杠中独占鳌头，一举夺得两枚金牌，并荣获大会精神文明运动员称号。省射击健将姜荣以 597 环的成绩夺得冠军。中长跑健将黄洛涛以 1 分 53 秒 52 的成绩再夺男子 800 米桂冠。27 岁的运动健将于光以

66.12 米的成绩夺得男子链球银牌，19 岁的罗军以 66.10 米的成绩获铜牌。黄洛涛在男子 1500 米决赛中，一举夺魁，为江西省夺得第七枚金牌。江西省泳坛新星李金兰，以 2 分 24 秒 48 的优异成绩夺得了 200 米仰泳金牌。省女射手王莉获女子飞碟多项铜牌。在 21 日结束的第五届全运会女子百米仰泳决赛中，江西 16 岁的游泳健将李金兰获铜牌一枚。

18 日 在全国第五次妇女代表大会上，南昌市杨凤兰等 27 人被命名为全国"三八"红旗手；江西南昌县小蓝公社妇联等 6 个单位被命名为全国"三八"红旗集体，33 户家庭被命名为"五好"家庭。

19 日 解放战争时期皖浙赣边区武装斗争史座谈会在婺源召开。到会的有原中共皖浙赣工委书记熊北仁、原解放军皖浙赣支队队长倪南山、原前进地区工委书记饶开德、办事处主任朱农等 21 位老战士参加，并讲述了亲身经历的革命斗争。1945 年 9 月，苏浙皖新四军主力北撤，留在皖南、苏南地区的武装力量以黄山为中心，尔后发展到婺源、休宁、祁门、黟县、浮梁、德兴、玉山、上饶、开化等地，建立了地方政权，为配合解放军正面作战和渡江作战作出了贡献。这次座谈会于 26 日结束。

19 日 第五届全运会在上海市政府礼堂隆重召开全国群众体育先进集体、先进工作者表彰大会。会上，江西省有 7 个先进集体和 3 名先进工作者受表彰，分别荣获大会颁发的奖状。江西省受表彰的 7 个群众体育先进单位是：瑞昌县码头公社、南昌市少年儿童业余体校、九江市第三中学、清江县人民政府、临川县文教局、萍乡市三田煤矿、江西气体压缩机厂；3 名先进工作者是：鹰潭市体委副主任吴富林、景德镇市第十一小学党支部副书记兼校长庄坤元、井冈山县体委主任彭道才。

20 日 经古园林学家、同济大学教授陈从周考察认定为我国第一大溶洞的萍乡孽龙洞，今日正式开放。

20 日 六九〇九厂生产的 TK－112 型短波干扰车通过部级技术鉴定。

21 日 省政府同意省农牧渔业厅接受丹麦政府贷款 300 万美元，用于省畜牧良种场发展奶牛和扩建奶制品生产线。

21 日 由联邦德国阿登纳基金会主席任布鲁诺·赫克博士率领的联邦德国经济代表团一行 11 人，当日起至 22 日在江西南昌、九江等地考察访问。

22 日 《人民日报》报道，据各省、市、自治区的不完全统计，党的十一届三中全会以来，全国已涌现出 47 个工农业总产值或农业年总产值翻番的县。江西等 15 个省、市、自治区，从 1979 年到 1982 年工农业总产值或农业总产值翻了一番。

23 日 江西省文物考古工作者最近在靖安县水口公社郑家坳发掘一处新石器时代遗址，发现新石器时代的墓葬 10 座，发现陶器石器 70 余件，距今约 4000 年。这是江西省首次发现新石器时代晚期墓葬群。

23 日 樟树第十四次全国药材交流大会胜利闭幕。全国 27 个省、市、自治区 5000 余名代表参加了大会。会议认真贯彻计划经济为主、市场调节为辅的方针。总共签订合同 51690 份，成交金额 2.3197 亿元。

23 日 省纪委召开会议。会议根据中央纪委最近召开的全国打击经济领域犯罪活动工作会议及案件审理工作会议精神，着重研究了进一步从重从快打击经济犯罪以及如何把案件审理工作提高到一个新水平的措施。省纪委书记王铁作了会议总结，并部署了下一阶段的工作。会议于 27 日结束。

23 日 省政协第五届委员会工交组前往江西棉纺织印染厂、南昌缝纫机厂进行为期两天的企业改革和经济效益情况调查。

24 日 省政府最近批转省控购办公室的报告，要求按照国务院紧急通知精神，采取有效措施，严格控制和大力压缩社会集体购买力。各地、各部门、各单位都要向广大干部群众作艰苦奋斗、勤俭建国的教育，厉行节约，控制支出。报告要求各地开展一次控购检查，专控商品必须从严控制。

24 日 省政府根据毕业研究生、高等学校和中等专业学校毕业生分配、调配工作调查情况，确定省计委负责制定毕业研究生、高等学校和中等专业学校毕业生分配计划。省教育厅按照省计委下达的分配计划制定调配计划，组织派遣工作以及毕业生分配后在一年实习期内因分配不当的调整工作；省劳动人事厅负责毕业研究生、高等学校和中等专业学校毕业生转正后的管理工作，以及对使用不当的调查工作。

24 日 截至目前，江西省中药资源领导小组组织 3660 多人深入 1000 多个乡（场）的 2660 多个山头调查。初步查明，江西省共有中草药品种 774 个，蕴藏量为 881275 担，缺药品种已比过去减少了 30 种。

25 日 萍乡钢铁厂 1 号 300 立方米高炉动工兴建（1984 年 6 月 27 日建成投产，7 月 1 日出铁）。

25 日 应民进江西省支部和江西省教育学会的邀请，民进中央常委、上海育才中学校长段力佩率领民进中央教育研究小组一行 8 人到达南昌。随后在南昌、吉安、井冈山和九江市共讲学 10 场。

25 日 萍乡城建局编制完成《萍乡煤气发展规划》。

26 日 湖口县公安局请湖口县玻璃厂青年工人聂政协助侦探几名流氓犯罪分子在他们厂区一带活动情况。聂政的行动被 3 名歹徒觉察，对他进行报复行凶，聂政不幸光荣牺牲。歹徒当晚被公安干警捉拿归案。江西省人民政府批准聂政为革命烈士。

26 日 省委发布《关于在全省开展建设文明村的决定》。该《决定》指出：建设文明村活动的基本内容，抓好思想建设、文化建设和村镇建设。近期的内容和要求主要是：（一）搞好村镇卫生，创建优美环境；（二）整顿社会治安，建立优良秩序；（三）普及教育、科技，活跃农民文化生活；（四）移风易俗，树立良好社会风气；（五）进行共产主义理想，前途教育和爱国主义、集体主义教育；（六）根据群众要求，搞好村镇建设。

26 日 永平铜矿选矿主体工程中从加拿大引进的两套当前我国最大的球磨机系列已经安装竣工，按预定施工进度，进行了载机负荷联动试车。建设这项具有国内外先进水平的球磨机系列工程，技术复杂，要求严格，安装量大，单台重量就有 300 多吨，这两台球磨机正式投产后，日处理矿石可达 1 万吨。经试车，其各项技术指标均达到或超过设计要求，最后，中、加两国代表在用水负载的试车文件上签了字。

27 日 中国建筑工程总公司同科威特承包公司签署了总金额为 3000 万美元的三项劳务合作合同。其中，江西省组建的施工队伍在科威特承包的住宅工程有 200 栋。这是江西省建筑业积极开展对外承包劳务活动，首次打进科威特建筑市场。

27 日 江西中医学院微生物学教研组和省儿童医院协作，成功地从慢性脑膜炎病童的脊髓液中分离出一种白色念珠菌"KCCA"株，这种病菌甚为罕见，在江西省为首次发现。

27 日 江西省妇联、南昌市妇联在八一礼堂召开大会。省妇联主任万绍芬在会上介绍了第五次全国妇代会盛况，传达了大会精神。大会向省直单位和南昌市的 53 个全国"三八"红旗手（集体）、44 户"五好"家庭颁发了锦旗、奖状和奖品。

28 日 省财政厅、省农业银行联合发出通知，规定对农村国营、社队及其他集体企业不按期缴税的可通过农行或信用社代扣代缴。

28 日 省政府在进贤县召开紧急会议，制止酷渔滥捕，保护鄱阳湖渔业资源。

29 日 南昌市首次发布企业标准，由市经委发布江东机床厂的《迴转铣床精度》企业标准，1983 年 10 月 1 日正式实施。

29 日 江西省青年联合会五届一次会议和省学生联合会四次代表大会在南昌召开。两个大会分别审议并通过了工作报告和《省青联会简则》、《省学联简章》，以及给全省大、中学生的倡议书。大会选举桂水金为青联五届委员会主席，李芸、宫正、魏杰、李季仁等任副主席。会议于 31 日结束。

30 日 省政府在江西宾馆举行宴会，招待在江西省工作的外国专家，共庆国庆34周年。参加宴会的有在贵溪冶炼厂、永平铜矿工作的日本专家和加拿大专家，在江西大学、江西工学院、江西师范学院任教的美国专家，在江西财经学院任教的英国专家、加拿大专家，以及最近来江西省工作的英国专家共61人。

30日 在上海黄浦体育馆进行的全国羽毛球女子单打第三名争夺赛中，江西19岁的运动员钱萍勇克强手。首次为江西省夺得羽坛铜牌。

30日 经省政府研究决定，成立江西省重点工程建设办公室。办公室设在省计委。

30日 省地质矿产局主持召开了由地质矿产部岩溶研究所和湖南、安徽、浙江、福建、广东等5省水文地质方面的专家及江西省有关部门代表参加的审图会议。对江西鄱阳、吉安、万载等12个1:200000的水文地质普查图幅进行终审验收，为全国重点建设项目鄱阳湖商品粮基地和吉泰盆地商品粮基地建设提供了重要依据。

30日 江西有色冶炼加工厂生产的电铅、H68出口黄铜管两个产品，最近被中国有色金属工业总公司评为1983年有色金属工业优质产品。

30日 新余棍锻厂与吉林工业大学联合攻关的货叉棍锻镦弯成型工艺的研究课题。通过部级鉴定，确认这一新工艺属国内首创，达到国际先进水平。

本月 鹰潭市刘家站垦殖场引种的花生新品种"粤油58"、"粤油551"，获省科技成果推广一等奖。

本月 中国工商银行九江市支行熊志敏设计的HX-1型传票文书装订机获团中央、轻工部颁发的全国青年"小发明"一等奖并已投入批量生产。

本月 高安县在文物普查中发现一尊罕见的北宋时期素胎瓷器观音雕像。

本月 由中国戏剧家协会江西、安徽、浙江、福建四个分会联合举办的戏剧创作座谈会在庐山和景德镇市举行。

本月 省计委颁发《江西省建筑工程预标定额》，原1973年预算定额作废。

1983

10月
October

公元 1983 年 10 月							农历癸亥年【猪】					
日	一	二	三	四	五	六	日	一	二	三	四	五	六
						1 国庆节	**2** 廿六	**3** 廿七	**4** 廿八	**5** 廿九	**6** 九月大	**7** 初二	**8** 初三
9 寒露	**10** 初五	**11** 初六	**12** 初七	**13** 初八	**14** 重阳节	**15** 初十	**16** 十一	**17** 十二	**18** 十三	**19** 十四	**20** 十五	**21** 十六	**22** 十七
23 十八	**24** 霜降	**25** 二十	**26** 廿一	**27** 廿二	**28** 廿三	**29** 廿四	**30** 廿五	**31** 廿六					

1日　共青垦殖场鸭鸭羽绒厂与上海飞达羽绒服装厂在上海联合举办羽绒制品博览会。展出生活、运动、旅游服装和野外、矿井下、海上工作服以及床上用品、杂类等8大类，共200多个品种的羽绒制品。深受上海及外地群众的欢迎。博览会先后接待参观选购的人达78万人次，日销售额3万余元。

1日　南昌市开始征收建筑税，收入全部上缴中央财政。

1日　景德镇市珠山大桥举行通车典礼。该桥五孔，每孔50米，采用"三向预应力"钢筋混凝土桁架拱，桥宽18米，全长316.2米。该桥于1981年12月1日开工。

1日　省、市各界200余人在南昌举行重建

省、市党政军领导为重建滕王阁奠基

滕王阁奠基典礼。重建后的滕王阁坐落在赣江与抚河相汇处的滕王阁公园内，主体及其附属建筑物都是仿宋代的建筑形式，整个建筑占地面积达2万平方米（1989年建成开放）。

2日　荷兰荷中友好协会鹿特丹分会副主席黄瑞品来江西省景德镇市参观访问。访问历时5天，于6日结束。

3日　南昌日用品化工厂与江西省轻化工业设计院共同研究的"离子交换树脂催化水合制松

景德镇市珠山大桥

油醇"新工艺课题,在江西省科技情报研究所的大力协助下获得成功,专家们认为此属国内首创。

4日 省政府发出通知,批转省财政厅《贯彻国务院〈关于抓紧增收节支,确保一九八三年财政收支基本平衡的紧急通知〉的报告》。

5日 宜春第一机械厂试制的DC-5型地层测试器,经石油部、地质部等单位鉴定,产品质量达到国内外同类产品水平,现已在该厂批量生产。

5日 省经委、省财政厅联合下达《国营企业扭转亏损的指令性通知》。《通知》要求:(一)全省工业部门亏损企业1983年的亏损比1982年减少50%;(二)今后几个月要狠抓那些还在亏损,甚至由盈变亏企业的扭亏工作;(三)对由于经营管理不善、完不成扭亏指标的企业,不准提取减亏分成,并相应扣减企业基金;(四)扭亏工作一定要落到实处,不准弄虚作假,不准搞虚盈实亏,不准乱挤费用、乱摊成本,但也不能该提的不提,该摊的不摊,虚报扭亏成绩;(五)各地区、各部门要大力抓好企业扭亏工作,结合企业整顿,逐户分析亏损原因,制定扭亏规划,明确努力目标,把扭亏指标层层落实到企业,切实保证完成扭亏任务。

5日 全省水产工作会议在九江市召开。会议确定江西发展渔业生产总的方针是:坚定不移地继续实行以养殖为主,养殖、增殖、种殖、捕捞相结合,认真调动和协调各方面的力量,充分利用各种水面,形成群众性发展渔业生产的新局面。会议研究了发展渔业生产的政策问题,强调要因水制宜,建立和完善各种生产责任制,充分发挥政策威力。会议还就提高渔业生产的一些关键措施和搞活疏通渠道等问题作了研究,要求各地锲而不舍地把提高产量的几项关键措施抓实抓好。会议历时5天,于9日结束。

5日 在北京召开的全国轻工科技工作先进表彰大会上,景德镇市瓷用原料化工厂科研所等四个单位被授予"全国轻工业科技工作先进集体"称号,发给了奖状;11位同志被授予"全国轻工业科技工作先进工作者"称号,发给奖章和证书;江西省陶瓷工业公司研制的"腐殖酸钠在陶瓷工业中的应用"等4项成果荣获全国轻工科技成果三等奖;宜春市出口花炮厂和宜春烟花爆竹测试中心站协作研制的"手持电光花防发炮、防爆配方新工艺"等7项成果获全国轻工科技成果四等奖,发给奖状和奖金。表彰会于11日结束。

5日 全国航海模型分项赛耐久赛和帆船模型比赛自5日至11日举行。江西青年运动员赵谦在无线电遥控帆船模型10级的比赛中获第一名;青年女选手梁小华在无线电遥控帆船模型M级的比赛中获第二名。

6日 赣州地区蔗科所育成赣蔗1号、8号良种。赣蔗1号,根系发达,抗倒伏,较早熟,耐寒力强,亩产蔗量一般5.5吨,最高可产10吨。赣蔗8号,较耐寒,且溃力特强,宿根好,亩单产5.5吨,高产可超8吨。比国际良种"纳印310"等品种属性更好,适应性强,产量高、糖分高。在赣州地区以及湖南、广东、广西、浙江、福建等省大面积推广种植,经济效益显著。

6日 全省首期审计干部培训班在南昌县莲塘镇开学,各地从事审计机关组建工作的干部近百人参加学习。培训班于11月20日结业。

7日 江西省煤田地质勘探公司科研助理工程师孙贤祥和助手、青年化验员杜红经过共同努力,最近已完成"煤中氟元素测定方法"国家标准任务,并编制了这一元素测定方法的国家标准。这一成果,已为中国煤炭科学院北京煤化学研究所认可。至此,我国有了自己的制定煤中氟含量的国家标准。

8日 省政府批准放开350种小商品价格。

9日 经教育部批准,江西省高等教育自学考试1984年5月份开考的三个专业10门课程为:(一)马列主义基础专业,开考四门课程:哲学、中国革命史、政治经济学、逻辑学;(二)法律学专业:哲学(统考课)、大学语文、法学基础理论;(三)会计学专业:哲学(统考课)、大学语文(统考课)、基础会计。

10日 经国家经委批准,中国华兴钨业公司近日在南昌成立。将统一管理全国钨业企业,这对于加强集中统一管理、充分发挥我国的优势产业、促进我国钨业发展有重要意义。

11日 国营新干玻璃厂经过反复试验,试制成功稀土元素配料的玻璃酒具。

11日　应中国科学技术交流中心的邀请，加拿大水果保鲜专家费希尔博士来到江西实地考察若干猕猴桃与柑橘生产、加工基地，并与江西有关教学和科技人员座谈有关水果生产、保鲜等方面的科学技术。

11日　联合国人口基金会考察组一行5人抵赣，从本日起至14日，考察江西省妇幼保健院和上高县妇幼保健所。

12日　省政府在南昌县召开全省水利工作会议，贯彻全国水利工作会议精神。会议要求水利工作要从重点经营转到以加强管理为主的轨道上来，充分发挥现有工程的效益。各级水利干部都要正确认识内涵外延的关系，走以内涵为主的发展道路，实现以水养水，以电养电，努力提高经济效益。从思想上和工作上实现五个转变：从单纯国家投资转到主要依靠集体和农民投资；从重建经营管理转到以加强管理为主；由求规模、求效益、求数量转到重视质量，讲究效益；由单一经营转到多种经营；继续克服吃"大锅饭"、喝"大锅水"的弊端，进一步落实与完善负责制。会议确定1983年冬1984年春兴修农田水利任务为1.8万土石方。会议历时4天，于14日结束。

12日　省政府第十三次省长办公会议研究全省整顿"以工代干"工作，确定整顿工作的三条原则。

13日　江西省防治牲畜"五号病"工作会议在南昌市召开。传达全国防治"五号病"会议精神，总结交流全省防治"五号病"第一战役的成果和经验，研究布置第二战役的防治工作。会议历时5天，于17日结束（12月7日，省政府印发会议纪要，要求各级政府认真做好防治工作）。

14日　国家气象局批转江西省气象局机构设置办公室、业务管理处、科技教育处、计划财务处、物资处、人事处。党务机构设机关党委、纪律检查员。直属机构设江西省气象台、江西省气象科学研究所、江西省气候资料室、江西省气象局行政管理处。1988年6月科技教育处工作分别划到业务、人事处。

14日　省政府研究同意江西省机电产品进出口公司、江西省汽车工业公司、江西省汽车制造厂与香港华隆贸易公司在南昌合资经营进口汽车维修中心，投资总额为人民币200万元，内地三家占80%，港商占20%。该维修中心于1984年10月正式成立。1987年7月江西省汽车工业公司将所持股转让江西汽车制造厂，改名江西进口汽车维修服务有限公司。该公司维修站是经日本五十铃汽车公司认定的五十铃汽车特约维修点，由日本五十铃公司提供技术资料、维修设备并供应零部件。

15日　省政府召开围歼持枪杀人潜逃犯"二王"（王宗坊、王宗玮）庆功大会。参加大会的有省党政军领导和解放军指战员、人民武装警察，省市公安干警、干部群众3000多人。大会由江西省委常委、省政法委书记王昭荣主持，省公安厅厅长孙树森在大会上介绍了围歼持枪杀人潜逃犯"二王"战斗的经过。出席庆功大会的省党政军领导向省公安厅、省武警部队、广昌县政府、广昌县公安局、广昌县人武部、省军区独立营二连八班等22个有功的单位和53名有功个人颁发了嘉奖令，向积极支援围歼"二王"战斗有功的17个单位送了锦旗。对围歼"二王"战斗报案有功的广昌县民政局工作人员刘建平、广昌县兴锋公社观前大队社员曾水秀、曾文家、何冯金4人分别授予"治安模范"称号。武警总部还分别授予吴增兴、甘象青"二级英雄"的称号。

15日　省经委、省经济研究中心、省经济学会联合召开提高企业素质问题讨论会。参加会议的130多位代表围绕企业素质的概念和含义、提高企业素质的紧迫性和意义、企业素质差的状况和原因、提高企业素质的途径和措施问题进行讨论。

15日　在香港举行的第一届亚洲分龄游泳锦标赛上，江西运动员李金兰一人独得女子15岁至17岁年龄组100米、200米仰泳和100米蝶泳3枚金牌。

17日　省政府召开十一地、市的禽蛋生产供应座谈会。参加座谈会的省辖六市和五地区的有关负责同志交流了发展市郊禽蛋生产的经验。大家认为以近郊为主发展城市禽蛋生产，必须坚持以专业户、重点户为主，国营、集体联产为辅，实行个人、集体、国营一齐上。副省长梁凯轩提出必须建设好"三个体系",一是建立家禽良种繁育体系,切实办好种禽场。二是建立饲料生产、供应体系,确保养禽饲料生产的供应。三是建立疫病防治和技术指导体系,实行科学养鸡。

17日 省委办公厅、省政府办公厅联合发出通知,决定从1983年9月1日起,试行省直机关分房、住房收费标准的新规定。规定包括四个方面:(一)住宅面积标准,厅局级干部每户使用面积70平方米至90平方米。处级干部每户使用面积50平方米至70平方米。知识分子按职称比照相当职干部的住宅标准,结合各单位住房条件安排住宅;(二)住宅面积超过规定标准的处理;(三)住宅面积的合并计算;(四)加强住宅管理工作。

17日 省政府批准江西师范学院改名为江西师范大学。

17日 邮电部景德镇通信设备厂技术人员邵明田、徐慕光、余荣山研制的HPX06型4000回线总配线架通过邮电部工业局技术鉴定。该设备用于程控交换机内外电缆接续,结过流过压进行防护,1985年获邮电部科技进步一等奖。

17日 江西铜业公司德兴铜矿新一号球磨机系统试投产成功,比原计划提前82天正式投产。新一号球磨机系统全部采用国产设备,生产能力为日处理矿石1200吨,月产铜精粉200吨。

17日 省政协五届常委会三次会议在南昌市举行。会议学习中共中央领导人关于统战、政协工作的讲话和全国政协关于落实政协委员政策的通知,听取和讨论关于江西省严厉打击刑事犯罪活动情况的通报。会议通过《关于进一步认真学习〈邓小平文选〉的意见》、《关于落实政协委员政策的意见》和《关于严厉打击刑事犯罪活动的意见》。会议于21日闭会。

17日 省经委发出《关于总结评选一九八三年提高经济效益先进单位的通知》。《通知》对评选条件和评选办法作了规定:凡全面完成国家计划,经济效益有明显提高,按十项综合经济效益动态指数打分。地、市、厅局达到80分以上,企业达到85分以上,即可评为提高经济效益先进单位,给予表彰和奖励。整个评选工作,由各级经委负责,并组织财政、统计等部门参加。各厅局、各地市由省经委评定,省属企业由各厅局负责评选,地(市)企业和县(包括地辖市)由地市经委评选。

18日 省政府最近下发《关于当前粮食征购有关问题的通知》。省粮食局根据《通知》精神采取积极措施,解决仓容不足,支持农民多卖粮。(一)要求各地、市、县有关部门,迅速将省政府《关于当前粮食征购有关问题的通知》,传达到全体干部职工中去,统一思想,提高认识;(二)各销粮区,经济作物区要顾全大局,多接多储;(三)各地要进一步开拓储存门路,挖掘仓容潜力;(四)正在兴建中的仓库,都要加快进度,尽可能赶上秋粮入库使用;(五)对各类地方机动粮、社队企业粮等挤占国营仓库的,必须下决心做好清理工作,迅速退回储粮库单位自行保管;(六)各地、市、县都必须逐级抓好平衡,凡有仓库的一定要装粮;(七)按中等粮价付50%价款、通过各种途径仍不能解决紧缺的地方,可以实行预约收购,签订合同,实行定点接收,定时按量送粮,入库时按质作价,按约付款,以缓冲入库时间。

18日 全省计划生育工作会议在南昌召开。会议对1983年冬1984年春计划生育工作作了部署。要求各地继续贯彻"宣传教育为主,避孕节育为主和经常工作为主"的方针。普遍提倡并实行一对夫妇只生育一个孩子,严格控制二胎,坚决杜绝多胎。要求响应党的号召,实行晚婚晚育,终生只生一个孩子的人员,要按政策给予奖励。对强行计划外生育,经反复教育无效者,要严肃处理。这次计划生育工作会议于21日结束。

19日 省政府宣布成立省利用外资、引进技术设备领导小组,领导小组由7人组成。同时成立省技术改造引进利用外资项目审批小组,由省经委、计委、经贸厅、科委、财政厅、税务局、人民银行、建设银行南昌分行、海关9个单位的负责人组成。

20日 省电影公司在庐山首次举办全省地、市电影公司经理讲习班,学员95名,时间一个月,11月20日结束。

20 日 在美国塞达拉皮兹举行的为期4天的第四届世界杯技巧比赛中,江西运动员陈驰、李富良、万迪中、梅建平获男子4人全能及第一套、第二套3枚金牌。

20 日 江西省委纪律检查委员会正式更名为江西省纪律检查委员会。

20 日 江西省审计局召开正式成立大会。审计局将为加强对各级政府、财务收支进行审计监督、稽查,严肃财经法纪,提高经济效益,促进国民经济的健康发展发挥重要作用。王仲发为省审计局局长。

4 人技巧世界冠军:陈驰、李富良、万迪中、梅建平

20 日 江西人民出版社在南昌召开 1984 年春季课本印制工作会议。安排 1984 年春季课本印制任务,对 1983 年秋季课本的优秀课本给予奖励。会议于 24 日结束。

21 日 南昌市洪都大道竣工通车。贯穿省城南北的这条主干道,以原文教路为基础,向南延伸,穿过湖坊公社热心大队,直至青云谱,与南莲路接壤,向北延伸,穿过青山湖,直到赣江铁路桥以南的李家庄与青山路沟通,全长 17 华里,路宽 40 米,其中行车道 21 米,两边人行道各 4.5 米,人行道外侧有 5 米宽的绿化带。这条大道是省五届人大二次会议决定兴建的。

21 日 全省畜牧水产工作会议在南昌市召开。会议讨论利用草山、草坡资源,迅速发展畜牧业。会议历时 5 天,于 25 日结束(11 月 30 日,省委、省政府决定,要求各地在保证粮食稳定增长的同时,发展养猪、养禽业,并合理利用草山、草坡、草洲资源,积极发展牛、羊、兔、鹅等草食畜禽)。

21 日 我国从日本引进的三台大型电收尘设备,在江西贵溪冶炼厂安装就位,其中一台转炉电收尘设备已调试完毕,质量完全达到设计要求,中、日代表已在安装竣工证书上签了字。

22 日 在郑州闭幕的第五次全国平原绿化会议上,九江县、南昌县被林业部命名为全国平原绿化先进县。

23 日 为隆重纪念毛泽东诞辰 90 周年,省社联、省党史学会、宜春地区社联、新余县社联联合举办湘赣边界"秋收起义"、"罗坊会议"学术讨论会。会议就秋收起义的重要意义、起义的路线、进军方向、部队的组成,以及罗坊会议的历史背景、性质、内容、意义、人物的评价进行了讨论。

23 日 在第六届物电阻抗国际会议上,南昌市医学科学研究所主治医师胡康新、罗来秋和市第三医院内科主治医师丁庚、技术员聂小燕协作撰写的科研论文《用心阻抗图检查肺心病的泵功能》,被编入本届国际会议论文集。

23 日 农牧渔业部畜牧局在江西省畜牧良种场召开全国种畜场经验交流会,讨论今后工作和《国营种畜场工作条例(草案)》。会议时间 8 天,于 30 日结束。

24 日 吉安市开始修复青原山净居寺。

24 日 省政府发出《关于认真贯彻国务院批转财政部〈关于开展财务大检查的报告〉的通知》。要求各地切实加强对大检查的领导,打击经济领域的犯罪活动,确保财政增收。

24 日 省煤炭工业厅厅长张钦才、萍乡矿务局副总工程师段万明赴莫斯科参加联合国欧洲经济委员会主办的低热值燃料综合利用会议。

24 日 省委组织部、省劳动人事厅下发《关于全面开展整顿"以工代干"工作的通知》。就整顿以工代干的指导思想、转干范围、对象和条件、工资待遇和审批权限等问题作了明确规定。

24 日 首次中国中西医院结合妇产科研究学会在南昌召开学术会议。来自全国各省、市、自治区的 180 名专家、教授和医院工作者参加了会议。江西省有 15 篇论文在这次学术会议上宣读,其中《中药人工周期疗法对月经病的临床和实验研究》、《中药"三品"锥切治疗早期宫颈癌》两篇论文引起到会代表的广泛兴趣和好评。学术会历时 5 天,于 28 日结束。

24 日 省政府在南昌市省体育馆召开授奖大会。出席大会的同志共 2000 余人。省体委姜佐周汇报第五届全运会的盛况和我省体育运动员所取得的优异成绩。柳斌副省长宣布了省政府对 10 名优秀运动员、教练员的嘉奖令，省体委副主任宣读了全体授奖人员名单。省政府授予荣誉奖章并颁发嘉奖令的运动员是：童非、黄洛涛、邱世永、李金兰（女）、刘人清（女）、姜荣、王金萍（女）、廖翠红（女）；教练员：张健、王建武。省政府表彰了 42 名运动员和 26 名教练员以及 22 名精神文明运动员。输送优秀运动员的先进地区（4 个）：南昌市、赣州地区、九江市、吉安地区。群众体育工作先进集体（26 个）。团省委授予运动队、运动员新长征突击手标兵、新长征突击手称号；省妇联授予女运动员"三八"红旗手称号。

省政府在南昌隆重召开授奖大会

省委第一书记白栋材（前中）、省长赵增益（右一）等领导给 10 名优秀运动员、教练员颁发荣誉奖章

省委负责人在省田径场接见参加全国第五届运动会的全体人员

25 日 省地质矿产局九一六大队在乐平县牯牛岭探明我国第一个大型沉积成因 B—海泡石矿床。赣西地质调查大队在省地质中心实验室配合下在萍乡、桐木、福田、分宜铁坑、上高蒙山找到含量高的热液成因 Q—海泡石。海泡石是纤维状含水镁质硅酸，对食品、医药、军工、化工、冶金、煤炭、石油、地质等行业具有广泛的特殊用途。

25 日 省政府召开专员（市长）电话会议。会议指出，在 1983 年最后 67 天里，要坚持抓住提高经济效益这个中心，主要任务就是抓好扭亏，努力增盈，减少产品资金占用，降低成本节约开支。会议强调，扭亏增盈关键是领导重视。会议要求，要克服定局论，急起直追，改变落后局面。

25 日 省委和省政府在南昌召开全省普通教育工作会议。会议认真地学习了党中央、国务院有关文件和《邓小平文选》中关于教育工作的论述，传达贯彻了全国普教工作会议精神。省委书记许勤作了题为《关于加强党对思想战线的领导防止和消除精神污染》的报告。省委书记、省长赵增益作了题为《加强和改革普通教育，更好地为"两个文明"建设服务》的报告。副省长柳斌为会议作了总结。省委第一书记白栋材强调，要进一步宣传好党中央、国务院制定的普教工作的方针、政策。调整学校领导班子，整顿教师队伍是发展普教工作的重要保证。要不断改善办学条件，解决好各种实际问题。他还谈到抵制和清除精神污染同教育战线的密切关系。与会代表，表示要进一步贯彻中央的普教方针，认真贯彻这次会议精神，同心协力，为开创江西普教工作的新局面作出更大的贡献。会议历时 7 天，于31 日结束。

25 日 省长赵增益在全省计划会议上指出：江西省电力发展，以煤炭调入为条件，依托长江，建立火电基地。煤炭的发展，以年产 2000万吨为宜。

25 日 省委批转省委宣传部、省教育厅党组《关于调整充实中小学校领导班子的几点意见的请示报告》。

26 日 在省直部委厅局党委、党组书记会议上，省委第一书记白栋材传达党的十二届二中全会精神。白栋材指出，当前首先要认真学习邓小平、陈云关于加强思想战线领导和清除精神污染的重要讲话，提高广大干部、尤其是党员领导干部对开展这场斗争的重要性、迫切性的认识，提高坚持四项基本原则和党的十一届三中全会以来路线、方针、政策的认识。要坚决取缔那些黄色下流录音、录像、书刊和手抄本。检查、清理理论界、文艺界存在的问题，并组织力量，写出一批有理论有分析的文章。要整顿班子、组织队伍，有领导、有准备地开展批评和自我批评。

26 日 贵溪冶炼厂引进设备安装工程共 24个机组、562 个设备项目，经过为期 19 个月的紧张安装，当天所有设备都安装就绪，并进入了全面试车决战阶段。全公司职工决心按时、按日、按旬完成试车项目计划，保证在 11 月底前送走全部日本专家。

27 日 省商业厅通知，省产纯棉布全部实行免收布票，敞开供应，文到之日起执行。

27 日 省委、省政府发出《关于加强渔业生产发展的决定》。要求各级领导像抓粮、棉生产那样，在三年到五年内抓出成效。决定要求：（一）以养为主，养殖、增殖、种殖、捕捞相结合，利用各种水面，形成养殖新局面；（二）建立和完善各种形式的渔业生产责任制，发挥政策威力；（三）普及常规养殖生产技术，主攻精养高产，多放多收；（四）正确实行水产品购销政策，实行产、供、销、运、加工、冷藏一条龙，渔工商一体化的管理体制；（五）加强渔政管理。

27 日 全国第一次环境管理环境经济专业情报交流学术讨论会在江西省国营九江仪表厂召开。全国各省、市共 40 多个单位 50 多名专家、教授、技术人员参加了这次会议。会议历时 26天，于 11 月 22 日结束。

28 日 省政府在南昌召开全省商业工作会议。会议中心议题是：以提高经济效益为中心，改进和加强商业工作，开创商业工作的新局面。会议一致认为要使商业工作适应经济发展的要求，必须端正经营思想，把促进生产、引导生产、保障供给同提高经济效益统一起来，正确处理好它们之间的关系。会议认为，改革商业是推动商业工作的动力，必须坚持进行下去。在社会主义统一市场中，国营商业和供销社居于主导地位。会议强调狠抓扭亏、增收、节支、提高商业企业的经济效益是商业工作的当务之急。会议于11 月 6 日结束。

28 日 1983 年全国青年排球决赛当日至 11月 6 日在河南省郑州市举行。江西省男排以 12胜 2 负的优异成绩夺得全国冠军。这在江西省"三大球"历史上属首次夺得全国性比赛冠军。

30 日 省委召开电话会议，动员全省开展"维护妇女儿童合法权益宣传月"活动。会议要求全省人民积极行动起来，坚决维护妇女儿童的合法权益，为实现社会风气的根本好转而努力。全省"维护妇女儿童合法权益宣传月"是省委根据中央书记处关于维护妇女儿童合法权益的指示和中国妇女第五次全国代表大会精神以及我省的实际情况确定的。宣传月从 11 月 1 日起到 30日止。

30 日 江西省人民银行发出《全省地、市支行行长会议纪要的通知》。《通知》指出，分行及分行以下各级人民银行均于1984年1月1日起加挂工商银行牌子，采取一个机构、两块牌子，资金分开，两套账目的过渡办法，业务工作分别接受两总行领导。

30日 第二十二届世界体操锦标赛男子单项决赛，江西选手童非获自由体操一枚金牌，双杠比赛获第三名，并获得匈牙利工会荣誉奖杯。

31日 国家计委批准贵溪化肥厂引进12万吨磷酸、24万吨磷铵及相应的氟化铝装置项目建议书。同意贵溪化肥厂隶属江西，由化工部归口。省政府决定成立贵溪化肥厂筹建处。

童非在单杠上做转体动作

31日 至本月底，江西"严打"斗争第一战役第一仗结束。共收捕各类犯罪分子29861名，摧毁各类犯罪团伙1849个，破获各类案件16416起，缴获各种枪支89枝，子弹4071发，各种凶器3853件，赃款赃物折款1632637万元，战果显著。8月下旬刑事案件明显下降，9月全省未发生特大案件，10月只发生3起大案。

本月 南昌市先后荣获中央绿化委员会和江西省绿化委员会授予的"全国义务植树先进城市"及"全省城市绿化先进单位"等称号。

本月 新余肉类联合加工厂用一年零三个月时间，建成了江西省食品加工企业第一座"射流曝气"污水站。经新余市环保办公室等有关单位鉴定，该站处理屠宰污水的各项技术指标符合国家规定的工业废水排放标准。

本月 江西省生产救灾委员会成立。许少林任主任委员，王冶、石全保任副主任委员。

本月 省政府决定，进贤、安义县划归南昌市管辖。

本月 省政府决定，在南昌县、新建县、进贤县、安义县建立远郊蔬菜基地。

本月 省军区独立二团、警卫二连及各军分区独立营移交省公安厅，组建武警江西省总队。

本月 政协省委、省委统战部，会同民革、民盟、民建、农工党省委、民进省支部、九三学社江西省工委筹备组、省工商联共同组织五个检查组，分别到南昌、九江市和吉安、抚州、上饶三个地区，重点检查四级政协委员知情、出力和落实政策情况。历时一个多月。

本月 景德镇市纪律检查委员会升格后更名为中共景德镇市纪律检查委员会。11月，根据中央指示精神，经市委批准设立常务委员会。

本月 原第十五冶金建设公司设备处成建制（人、财、物及仓库场地）划归江西铜业公司。

本月 新余市按清代风格对魁星阁进行全面修复。魁星阁高15.48米，建筑面积285.56平方米，一层为青砖外墙，二至四层均属框架式木架结构，琉璃瓦屋盖。

本月 江西省建一公司施工的省电子计算中心大楼竣工，建筑面积11225平方米，框架砖混结构，高10层（1986年被评为省优良工程。1987年获国家建设部优质工程三等奖。1989年评为南昌"十佳建筑"之一）。

本月 南昌市百花洲4号，原属江西省工商联房产（办公大楼），"文化大革命"期间被别的单位占用。现落实党的政策，房产归还省工商联，省工商联从中山堂迁回百花洲原址办公。

1983

11月
November

公元 1983 年 11月							农历癸亥年【猪】					
日	一	二	三	四	五	六	日	一	二	三	四	五	六
		1 廿七	**2** 廿八	**3** 廿九	**4** 三十	**5** 十月小	**6** 初二	**7** 初三	**8** 立冬	**9** 初五	**10** 初六	**11** 初七	**12** 初八
13 初九	**14** 初十	**15** 十一	**16** 十二	**17** 十三	**18** 十四	**19** 十五	**20** 十六	**21** 十七	**22** 十八	**23** 小雪	**24** 二十	**25** 廿一	**26** 廿二
27 廿三	**28** 廿四	**29** 廿五	**30** 廿六										

1日 江西师范学院召开了建院 30 周年暨改名江西师范大学庆祝会。省委书记许勤、省人大常委会副主任张宇晴、副省长柳斌、省政协副主席昌良，省委宣传部、省教育厅领导到会祝贺。许勤代表省委、省政府、省政协向师生表示热烈祝贺并讲了话。

1日 省财政厅发出《关于国营农垦企业利润上缴问题的通知》。《通知》要求从 1983 年起，年实现利润额 20 万元以上的场，利润上缴财政40%；上缴利润后，有的留利不足 20 万元，按留足 20 万元计。省属企业做到盈亏自负，省财政补贴不补。

1日 国家体委在北京举行全国业余体校先进集体和个人表彰大会。南昌市、景德镇市、湖口县体校等先进集体和 10 名先进个人分别获奖。同时江西省业余体校教练员朱志诚荣获国家体委颁发的国家体育运动荣誉奖章和奖状。表彰大会于 5 日结束。

2日 省政协、省编制委员会、省财政厅、省委统战部联合发出《关于一九八三年至一九八五年江西省各级民主党派组织机关专职工作人员编制的通知》。

2日 省第六次妇女代表大会在南昌召开。省委、省顾问委员会筹备组、省纪委、省人大、省政府、省政协、省军区的领导以及有关部门负责人出席大会祝贺。来自全省各条战线的743 名代表出席会议。省委省总工会、团省委、省军区、省科协、省文联的负责人相继在大会致词。万绍芬代表省妇联五届执委会作题为《团结奋斗，努力开创我省妇女运动的新局面》

江西省第六次妇女代表大会在南昌市隆重开幕

工作报告。大会通过了省妇女六届一次执委会《关于加强班子自身建设的决议》，宣读了关于授予"三八"红旗手、"三八"红旗集体和"五好"家庭的决议。862人被授予省"三八"红旗手称号；赣州市机绣童装厂、上饶县花厅公社牛山林场妇女专业队、宜黄县幼儿园等135个单位被授予省"三八"红旗集体称号。496人的家庭被授予省"五好"家庭称号。大会于7日闭幕。

2日　南昌市政府批准，确定全市403条街巷和2个街心花园的标准名称，自1984年1月1日起正式启用。

2日　江西省编委核定全省各级民主党派组织机关专职工作人员编制名额为232名。

2日　经中国电子器件工业总公司鉴定江南材料厂研制的一种用于高频放大电路、高速开关电路的3DG2222硅外延平面小功率晶体管，各项性能都已达到国际水平，可直接取代国外同类产品，为国防工程和重点工程服务。

3日　省政府批准黄正斌、陈国忠、王明生、钟国柱、张运良5位同志为革命烈士。萍乡市矿务局巨源煤矿共产党员黄正斌，于1983年1月30日在基干民兵手榴弹投掷训练中，为保护他人的生命安全壮烈牺牲。景德镇市汽车驾驶员陈国忠于1983年6月11日，被两名罪犯手执凶器，胁迫开车外逃时，他赤手空拳与两名罪犯搏斗而牺牲。信丰县公安局干部王明生、信丰县检察院干部钟国柱、张运良于1983年8月9日，在执行任务时，为保护人民生命财产安全，不幸先后牺牲。

3日　共青团省委、省青联、省学联举行"振兴中华"报告会。参加报告会的有省市团员、青年共1100余人。庐山图书馆采编员徐效纲、德兴铜矿采场副场长钟寿平、南昌无线电厂广播员梅莉分别作了《身残未敢忘忧国》、《立足矿山为中华腾飞作贡献》、《我们是中国人》的事迹报告和演讲。

4日　省政府赣府字197号文件决定，成立江西省烟草专卖局、江西省烟草公司，实行一套机构，两块牌子，归口省轻工业厅领导。

4日　省委召开省直机关处级以上党员负责干部会议。传达中央有关文件精神和邓小平、陈云在党的十二届二中全会上的重要讲话。省直机关有3600多名副处长以上党员干部参加了大会。会议提出当前必须认真做好下列几项工作：（一）学习文件，提高认识，统一思想。（二）要认真清理精神污染，精神污染问题是一个普遍存在的问题，要普遍地进行清理，首先把精神污染的歪风刹住。（三）要在认真学习文件，提高认识的基础上，有领导地认真开展批评与自我批评。（四）不论哪类污染，凡是已经清理查实，问题确实严重，影响很坏的，应该进行严肃处理。（五）整顿领导班子，组织队伍。在清除污染的同时，还要大力加强社会主义精神文明的教育，做好经常性的宣传教育工作。

5日　省政府批复，原属省教育厅管理的江西医学院、江西中医学院、赣南医专划归省卫生厅管理。

5日　赣东北地质大队在广丰县排山公社找到了膨润土矿，储量达500万吨以上，属江西首次发现。它在铸造、冶金、化工、纺织等行业有广泛的用途。

5日　根据国家旅游局驻东京办事处与东京电视台协议，日本东京电视台第二批摄影组抵达景德镇，在景德镇开始6天的旅游风光纪录片拍摄工作。

5日　省文化厅在新干县召开全省专业剧团思想政治工作会议。与会同志学习了毛泽东《反对自由主义》和《邓小平文选》中有关文章，讨论了中央关于清除精神污染的指示精神，初步清理了江西省戏剧界的思想混乱现象，听取了新干县采茶剧团加强思想政治工作的发言，交流了建设文明剧团的工作经验。省文化厅副厅长李坚作了《关于加强思想政治工作，建设社会主义剧团》的报告。会议给在加强思想政治工作中，抵制精神污染作出显著成绩的新干县采茶剧团颁发奖状和奖旗。会议历时5天，于9日结束。

6日　江西省气象局受国家气象局委托，在南昌市郊梅岭举办亚热带丘陵山区农业气候资源及其合理利用研究培训班，来自豫、鄂、粤、闽、皖、浙、赣等7省的60多名科技人员参加了培训班。培训时间为两天。

7日　江西省社联在南昌召开省社联常务理事扩大会议。出席会议的有省社联常务理事，各学会负责人以及党校、干校、大专院校和科研单位的有关同志共60人。会议强调，当前主要是克服右的软弱涣散倾向，旗帜鲜明、理直气壮地把清除精神污染抓下去，抓到底，并就清除精神污染的问题作了部署。

7日　省政府决定撤销南昌电子设备厂，成立江西电子计算机厂。

7日　省经贸厅以急件向经贸部报送江西省利用丹麦政府4年合作贷款项目。这些项目是：省畜牧良种场贷款300万美元，以发展豆乳生产；红星垦殖场贷款700万美元，建立奶、肉牛商品基地；南丰县食品厂贷款100万美元，新建柑橘加工厂生产线；宁都糖厂贷款1000万美元；总计2100万美元。

8日　省纪委、省委、省政府办公厅召开会议。强调要坚定不移地、不折不扣地执行省委、省政府办公厅《关于建房、住房收费标准的试行规定》，彻底纠正建房分房中的不正之风。参加会议的有省直各部委、办、厅、局党组、党委以及有关部门的负责人。

8日　省文联召开关于抵制和清除精神污染座谈会，联系实际学习党的十二届二中全会精神。在南昌的部分文联委员、各协会的负责人以及文艺界知名人士共80余人出席座谈会。与会同志表示在同精神污染作斗争中，要振奋精神，创作更多更好的文艺作品，以精美的精神食粮献给读者，使江西文艺事业更加兴旺发达。

8日　省广播电视厅在南昌召开各地、市广播电视局，文化、广播电视局主管音像制品及录音设备工作的负责人座谈会。会议主要检查近一二年来音像制品和录像设备的管理情况，部署当前任务，进一步防止和抵制精神污染。会上传达了邓小平和陈云在党的十二届二中全会上讲话的主要精神，并结合广播电视部门的工作，谈了进一步加强政治思想工作，制止和清除精神污染的重大意义。会议强调，全省广播电视部门都要加强对音像制品和录像设备的管理工作的领导，严

格各种制度，堵塞漏洞，防止利用音像制品搞精神污染。会议历时4天，于11日结束。

9日　省教育厅邀请在南昌的一些大学和中小学校的负责人、教师，就防止和清除精神污染的问题进行了座谈。大家认为，教育者要先受教育，只有教师头脑里具有坚定的共产主义信念，才能保护学生不受污染。要在课堂上锲而不舍地灌输、传播共产主义的同时，广泛地开展各种有益的文娱体育活动、学科学活动，用社会主义思想占领学生的课余生活，把各级各类学校真正办成为建设精神文明的重要阵地。

9日　省委从当日起至12月5日止，陆续邀请各民主党派和党外人士，就当前整党和清除精神污染两件大事进行座谈。省委书记许勤传达了邓小平、陈云在党的十二届二中全会上的重要讲话。省委第一书记白栋材讲话，希望党外朋友积极帮助江西省委和全省各级党组织把党整好，积极参加清除精神污染，努力建设社会主义精神文明。他说：党外朋友对整党有疑虑，怕整党走过场，这是可以理解的。省委坚决按照中央的指示办，一定要做到整党不走过场。这次座谈会上大家对经济建设以及文化、教育、卫生、体育、科技、旅游、城建等方面的工作提出了许多好意见，对此，我们将分门别类加以整理，交有关部门认真研究处理。

10日　省委扩大会议在南昌市举行。参加会议的除省委常委外，还有省、地（市）、县和大专院校、重点企业党的负责人共270多人。会议贯彻党的十二届二中全会精神，部署全省整党和思想战线清除精神污染的工作。会议要求全省各级党组织和广大党员领导干部，用坚决、严肃、认真的态度，以高度的政治责任心，切实把整党和清除精神污染这两件大事抓好。会议讨论研究了江西省整党的部署和思想战线清除精神污染的问题。原则通过了省委关于整党工作的部署和关于清除精神污染意见的两个文件，成立了江西省委整党工作指导小组。会议强调了搞好这次整党的重大意义。会议还强调，正确地进行批评与自我批评是解决党内矛盾的有效方法。会议对清理"三种人"的问题，进行了认真讨论。一致

认为把隐藏在党内的"三种人"清理出来，并且进行严肃处理，是保证整党不走过场的标志之一，是纯洁组织的关键。要防止走过场，还必须加强对整党工作的领导。会议于18日结束。

10日 省委作出《关于开展全面整党的部署》和《关于加强思想战线的领导，抵制和清除精神污染的意见》。

10日 江西省档案馆将保管在省公安厅的63个卷宗，计128844卷（册）旧政权档案资料和100万张检索卡片接收进馆。接收工作进行至12月16日。

11日 出席全国妇联维护妇女儿童合法权益法制宣传月现场会的全体同志来到江西。专程前来参加这次现场会的有全国妇联副主席、书记处书记张帼英，全国妇联副主席谭茀芸，全国妇联书记处书记王庆淑、王淑贤、王德意，以及全国妇联各部、室负责人，各省、市、自治区妇联以及全国和地方妇女报刊的负责人等。江西省妇联同志表示要虚心学习兄弟省、市、自治区的妇女工作经验，把江西省维护妇女儿童权益的工作做得更好。

11日 南昌铁路局首次使用ND2型内燃机车，牵引南昌至上海178次直通旅客快车，机车型号为ND20156号。

11日 江西省农机研究所、江西机引农具厂等单位研制成功20～50马力级拖拉机配套的IBSQ系列水田驱动耙产品，通过部级鉴定获1985年机械部科技进步二等奖。

12日 省政府召开全省中药工作会议。出席会议的有各地（市）、县经委主任，医药公司经理，重点产药县县长，省直有关部门以及省民建会、农工民主党、工商联的代表共230多人。省委常委钱家铭作了《振兴江西中药事业，为社会主义建设服务》的报告。会议认为，江西省中药在全国独树一帜，当前必须抓好三项工作：（一）要尽快解决紧缺脱销品种；（二）要重点抓好中药生产和收购；（三）要狠抓中药质量。提高认识，制定规划，调整政策，努力振兴江西的中药事业。这次会议于16日结束。

12日 江西省参加1983年文化部主办的全国农民画展的11幅作品，4幅获二等奖（《喜爆连万家》、《五月初五》、《抢财神》、《老来福》）；5幅留作出国展览。

12日 新华通讯社国内动态清样第3013期《贵冶不搞电解将带来更大浪费》一文，中共中央总书记胡耀邦阅后批示："请启立（胡启立）询问一下这个情况，我们不少做决策的同志，由于缺乏现代科学知识，群众路线走得不够，失误很难免，但要力求避免继续失误下去。"在胡耀邦的关怀下，有色金属总公司于12月20日，在北京组织审查了贵溪冶铜电解工程可行性研究。

12日 共青团中央书记刘奇葆到共青垦殖场视察。

15日 省社联、省历史学会，吉安地、县联合举办的"江西省纪念文天祥逝世700周年学术讨论会"在吉安召开。出席会议的有来自全国的著名教授、学者和历史研究者共130余人。省内外代表着重讨论了对文天祥的评价、文天祥爱国主义思想的形成及局限性、爱国与忠君的关系、文天祥的家世等问题。认为文天祥是我国历史上一位伟大的爱国主义者、民族英雄、文学家，值得后人景仰。这次讨论会于19日结束。

15日 省政府批转省教育厅《关于进一步办好各级教师进修院校的请示报告》。

16日 冶金部冶钢字（1983）53号文件对新余钢铁厂矽铁电炉上部炉体旋转新工艺进行鉴定，认为旋转设备满足了工艺要求，在国内是首创。

17日 省冶金厅决定，将江西钢铁研究所搬迁至江西钢厂，与江西钢厂钢研所合并。人员全部迁入江西钢厂，两块牌子，一套人马，隶属江西钢厂领导。

18日 省委办公厅、省政府办公厅转发省建设厅等9个部门《关于加强城市绿化工作的报告》。

19日 全省军队转业干部安置工作会议在南昌召开。

20日 江西省"五讲四美三热爱"活动经验交流会在南昌召开。会议期间，到会代表认真学习了邓小平和陈云在十二届二中全会上的讲话，传达了全国文明村（镇）建设座谈会议精神，听取了各地开展活动的情况介绍，总结交流了经验，会议提出今后的任务是：（一）坚持经常性的治理脏、乱、差，为实现"三优"而努力；（二）抓好文明村（镇）、文明单位的推广工作，争取1985年全省1/3以上的企事业单位、行政机关和农村成为文明村、文明单位。25日会议闭幕时，江西省委书记许勤在讲话中要求各级党委和政府部门都必须把"五讲四美三热爱"活动列入党政的重要议事日程，一抓各级党政机关的"五讲四美三热爱"活动，发挥领导机关的表率作用，二抓党员特别是党员干部，发挥党员的表率作用。许勤强调，各行各业、各个部门、各个团体都要树立"一盘棋"的思想，把开展"五讲四美三热爱"活动当作自己义不容辞的责任，积极主动地互相配合，通力合作，共同搞好。

21日 全省畜牧工作会议在南昌召开。会议讨论了如何加快江西省畜牧业的发展速度问题。会议要求确立以农林牧结合、农林牧并重的大农业思想，依靠千家万户，在保证粮食生产稳定增长的同时，大力发展畜牧业。在尽快发展生猪家禽的同时，大力发展草食动物，不断增加肉蛋乳产品的商品率，改善食品结构，提高畜牧业在农业总产值中的比重。省委副书记王书枫作题为《发展商品生产，提高经济效益、努力开创我

省畜牧业生产的新局面》的报告。会议研究了我省发展畜牧业生产的方针、政策问题。会议强调，在加快发展养猪业、养禽业的同时，要合理开发利用草山、草坡、草洲资源，大力发展牛、羊、兔、鹅食草动物。会议提出依靠科学技术，逐步建立起选育良种、发展配合饲料工业、防疫检疫等三个完整的工作体系，并作出了具体规定。会议历时5天，于25日结束。

21日 省、市总工会在八一礼堂召开了传达中国工会十大会议精神报告会。会议号召各级工会一定要抓住"在两个文明建设中发挥主人翁精神"这一主题。省委书记许勤讲了话，他要求当前抓住三件事：（一）提高经济效益，扭亏为盈，较大幅度地增加国家财政收入，这是摆在工人阶级面前的一项紧迫任务；（二）工人阶级要站在清除精神污染的前列；（三）各级党委要重视和加强工会的领导，支持工会传达贯彻好全国工会十大精神，帮助工会独立负责地开展工作。会上还举行了给中国工会十大表彰的先进单位和个人发奖仪式。

21日 因江西遭受严重自然灾害，财政部电复同意核减1983年江西农业税任务稻谷8338万斤，相应核减农业税预算收入1300万元。

21日 经省长办公会议审议同意，省劳动人事厅开始在宜春地区试行《关于科技人才开发交流的实施办法》。

22日 湘赣两省11县灭疟联防会议在井冈山召开。出席会议的有郴州、株洲、湘潭、赣州、茶陵、南康、吉安5地、市等11个县的代表共94人。会议历时4天，于25日结束。

22日 全国妇联副主席张帼英一行3人，在江西省妇联主任万绍芬陪同下到南昌、余江、弋阳、铅山、上饶、景德镇、九江等地视察妇女工作。视察活动于12月2日结束。

22日 省委组织部和省劳动人事厅在南昌召开全省组织工作座谈会。省委组织部长徐文楼作题为

广丰家庭养羊的情况

《坚持改革方针，努力开创江西省组织工作新局面》的报告。参加会议的同志以党的十二大精神和1983年7月全国组织工作座谈会精神为指导思想，认真学习了中央有关文件，回顾总结了党的十一届三中全会以来江西省组织工作的成绩和经验，讨论了在新形势下组织工作的主要任务以及实现任务的措施和方法。会议提出了全省县以上领导班子"四化"建设的八年规划。会议指出，当前要特别重视抓好"第三梯队"的建设，这关系到我们国家能否长治久安，党和国家的路线、方针、政策能否具有连续性和继承性的大事。会议讨论了改革干部管理体制问题。认为，必须按照"管少、管活、管好"的原则，勇于改革现行干部管理制度中不合时宜的部分和方面。会议强调，开创组织工作新局面，组织部门的同志负有特别重要的责任，一定要加强自身建设。会议于28日结束。

23日　江西省新闻工作者协会和江西省新闻学会成立。姜惠龙当选省新闻工作者协会主席。

23日　南昌师范附属小学五年级学生李丛（9岁），在参加印度1983年香卡国际儿童画竞赛中，获得银奖。

23日　景光电工厂生产的氦氖激光管荣获全国同行业评比第一名。

24日　省政府最近决定，对全省一些机关、团体、企事业单位兴办的商店切实加以整顿，严禁各单位"以权经商"。认为，解决这个问题是关系到端正党风，纠正干部利用职权搞特殊化、谋取私利的一个重要方面。为此决定，各地机关、团体、企事业单位为安置劳动就业人员而办的商店，应该按照同其他集体商业一样的要求，切实进行整顿，并按行业归口管理，照章纳税。

24日　由省文化厅主办的"芬兰日用工艺设计展览"在江西省博物馆开幕。副省长柳斌和专程来昌的芬兰驻华大使苏沃玛出席了开幕式。苏沃玛大使讲了话。中国展览经理安静、省外办主任赵恩民及省市有关部门的负责人出席了开幕式。展出的各种瓷器、玻璃器皿、纺织挂毯、家具等，都富有强烈的民族特色和装饰性。

24日　省纪委在南昌召开第三次全体会议。出席会议的有全省各地、市和部分县以及省机关各单位纪委书记、纪检组负责人共200余人，会议传达了中央纪委第三次全委会议精神。与会同志认真学习了中共中央关于整党的决定，联系实际，讨论研究了在整党中如何发挥纪委的积极作用的问题。会议强调，各级纪委要防止和清除精神污染，维护党的政治纪律。要求各级党委要重视纪律检查工作，支持纪委与不正之风和违法乱纪的行为作斗争。要按省委有关文件规定，尽快建立和健全各级纪委的班子，配齐干部。省纪委书记王铁作了总结，要求各级纪委要学好整党文件，统一思想认识，搞好自身机关党组织的整顿，不断改进思想和工作作风。要在同级党委的领导下，积极主动地参加整党，并配合组织人事部门做好清理"三种人"的工作。纪检干部要扩大眼界，放宽眼界，努力提高思想水平、扩大知识范畴，深刻认识精神污染的严重性和危害性，协同有关部门坚决抵制和清除各种形式的精神污染。会议于30日结束。

25日　省六届人大常委会四次会议在南昌举行。会议通过《关于继续严厉打击严重刑事犯罪活动，力争尽早实现社会治安根本好转的决议》；通过《关于颁布〈江西省县乡直接选举实施细则〉的决定》和《关于设立省人大常委会地区联络处的决定》；通过《关于批准江西省违反食品卫生法罚款细则（试行）的决定》、《关于批准〈江西省河道堤防安全管理条例〉的决定》。会议还通过人事任免事项。会议于12月1日胜利闭幕。

26日　省绿化委员会、省经济委员会在萍乡市召开全省城市厂矿造林现场经验交流会议。省、地、市有关部门和大中型厂矿企业的负责同志185人参加了会议。要求到20世纪末，全省城市绿化覆盖率达到50%，人均占有绿地面积7平方米至11平方米。会议于30日结束。

26日　省委、省政府作出关于加强和改革普通教育的决定：（一）要进一步明确普通教育继续贯彻"调整、改革、整顿、提高"的方针，着重抓好普及初等教育、改革中等教育结构和积极提高教育质量这三项任务。到 1990 年全省普通教育要争取赶上全国发展水平；初等教育全面普及；建立和完善与普通教育并行的职业教育体系。（二）全省基本普及初等教育的时间调整为1987 年，要求 60% 左右的县和地属市在 1985 年以前基本普及，其余县分别在 1986 年、1987 年基本普及，少数贫困落后的边远山区可延长到1990 年普及。要结合普及教育大力扫除文盲。积极发展和办好幼儿教育。要加强盲聋哑儿童的教育。（三）到 1985 年要使全省城乡职业学校在校学生数占整个高中阶段在校学生数的 30% 左右，1990 年争取达到 60%。（四）学校要以教学为中心，贯彻德智体全面发展的方针，面向全体学生；加强以共产主义思想为核心的社会主义精神文明教育，加强坚持四项基本原则的教育、爱国主义教育、劳动教育、民主与法制教育。要减轻学生的课业负担。要认真办好重点中学。（五）调整充实各级教育行政部门和中小学的领导班子。（六）加强教师队伍建设，提高教师的素质。（七）加强师范教育，逐步形成师资培训网。（八）认真落实党对知识分子的政策，树立尊师爱生的社会风尚。（九）把智力投资列入重点项目，多种渠道集资办学。（十）各级党委、政府要像抓经济一样抓教育。

27 日 省交通战备领导小组组织省公路管理局在 105 国道线泰和县境内进行装配式公路钢桥架设演练。

27 日 省委宣传部在南昌召开地、市委宣传部长会议。这次会议的任务是学习领会党的十二届二中全会精神，落实省委常委扩大会关于整党和清除精神污染的具体部署，把思想认识真正统一到党的十二届二中全会精神上来，在思想上、政治上同党中央保持一致。省委常委、省委宣传部部长白永春就三个问题作了发言。（一）扎扎实实地学好整党文件，深刻正确地领会文件的精神实质，把思想真正统一到党的十二届二中全会精神上来；（二）加强学习，初步掌握好思想战线清除精神污染的范围、政策和界限；（三）在整党和清除精神污染工作中，要大力加强思想教育工作和正面宣传工作。会议汇报了江西省县级以上干部学习《邓小平文选》的情况和经验，传达贯彻了中宣部和中央书记处农村政策研究室在苏州召开的文明村建设座谈会精神，讨论和布置了今冬明春的其他宣传工作任务。会议于 12 月 3 日结束。

28 日 团省委、省教育厅表彰 50 个全省少先队先进集体和 342 名全省少先队优秀辅导员。9 个少先队工作先进集体和 17 名优秀辅导员代表全体授奖者接受了团省委、省教育厅颁发的先进集体奖状和优秀辅导员证书。南昌师范附属实验小学等四个先进集体、萍乡师范附小总辅导员肖梅媛等 6 位优秀辅导员在会上交流了工作经验。各地、市团委学少部长，地、市教育局普教科长等 70 人出席了表彰会。

28 日 省委组织部、省卫生厅党组、省劳动人事厅党组、省老干部局党组就干部医疗保健问题联合发出《江西省干部保健医疗工作暂行规定》、《江西省干部保健医疗实施办法》。

28 日 民政部救灾工作会在南昌召开。会议由民政部副部长邹恩同主持，出席会议的有来自全国各地 23 个省、市、自治区和有关部门的代表共 62 人。会议主要内容是交流救灾工作经验和讨论部署今冬明春的救灾工作任务。1983 年七八月间，江西遭受历史上罕见的洪涝灾害，党中央、国务院、中央军委和全国人民对江西省的抗灾救灾工作给予了大力支持，民政部副部长邹恩同曾率领民政部工作组来到江西省深入到湖口、彭泽、波阳、余干等地重灾区视察灾情，了解和指导救灾工作。

29 日 省第十九次省长办公会议决定成立江西省稀土工业领导小组，由副省长梁凯轩兼任组长。下设办公室，挂靠省冶金厅，日常具体工作由省稀土公司负责。

29 日 南昌手表厂试制了"南昌"牌手表，该表系 17 钻全钢防震手表，造型美观大方、工艺精细。

30 日 鹰潭市文物普查队在童家公社大塘大队徐家村发现两处商代窑址，省文物工作队对处于河边的窑址进行了抢救性清理，取得了大批实物资料，其中石器有斧、锛、刀、镞等生产工具，陶器中有生产用具和生活用器。发现数百个符号，是全省同时期商代遗址中少见的。

30日 全省市、县政协工作座谈会在南昌举行。参加会议的有各市、县政协负责人和各地委统战部负责同志共100余人。省政协主席吴平就江西省政协几年来的工作情况和今后的工作意见作了报告。省委统战部部长杨永峰就有关落实统战政策问题讲了话。会议交流总结了政协工作经验。政协认真贯彻执行党的路线、方针、政策，组织不断发展，工作日趋活跃，出现了生机勃勃的局面。会议认为，开创政协工作新局面，就是要坚决贯彻党的十二大精神和新时期爱国统一战线的方针、政策，充分调动广大政协委员和各界人士的积极性，认真履行人民政协新章程中规定的各项职能，把政协工作更加活跃、更有成效地开展起来，为实现80年代的三大任务作出更大贡献。

本月 省司法厅在南昌县召开律师在"严打"中做好刑事辩护的经验交流会。据统计，全省律师在"严打"斗争中共办理刑事案件辩护7789件。

本月 省法学会开展全省第一次法学论文评选活动，编印《法学论文选》，收入论文49篇。

本月 中国旅游服务公司江西省公司开业。

本月 南昌地区经过两年文物普查，新发现的文物、古迹有马井新石器时期遗址、七座城（商周遗址）、铜锣山西周遗址。还发现和查清了一批汉代以来的古城址、古墓葬、古建筑、石刻等，出土了大批文物。

本月 有29个省、市参加的全国沼气池夹层水密封技术培训班在南昌县岗上公社举办。

本月 江西省30个名菜在北京展销，得到中央领导和国外来宾及首都各界的好评，杨尚昆、万里、王震、余秋里、胡启立、姚依林等参观了展销会并签名留念。

本月 江西省环境卫生情报网成立，同时《江西环卫通讯》出刊。

本月 1971年动工兴建的庐山机场（设在九江县的马迴岭与黄老门之间）建成交付使用。机场占地面积3284.76亩，跑道长2800米，宽50米，有完善的通讯导航及附属设施，可供波音707、737型客机使用，候机室面积1080平方米。

本月 国营五七二七厂开始研制PF89式单兵反坦克火箭系统（1990年1月通过炮兵定型，1991年获国家级科技进步一等奖。主要完成人为工程师李光中、刘铭等）。

本月 机械部在江西手扶拖拉机厂召开成组夹具指导性技术文件定稿会。会议审定成组夹具指导性技术文件于1984年5月11日在全国公布实施。

本月 省经委和省电力工业局组织有关部门对洪门水库补强加固工程进行验收，认为已完成加固任务，并经1983年高水位考验。其中以聚氨酯等化学材料设置防渗帷幕，处理河床断层破碎带，绕坝渗漏和自溃坝式溢洪道等技术在省内属首次。华中电力管理局授予其"水工建筑物补强加固先进工程"称号。

1983

12月
December

日	一	二	三	四	五	六	日	一	二	三	四	五	六
				1 廿七	**2** 廿八	**3** 廿九	**4** 十一月大	**5** 初二	**6** 初三	**7** 大雪	**8** 初五	**9** 初六	**10** 初七
11 初八	**12** 初九	**13** 初十	**14** 十一	**15** 十二	**16** 十三	**17** 十四	**18** 十五	**19** 十六	**20** 十七	**21** 十八	**22** 冬至	**23** 二十	**24** 廿一
25 廿二	**26** 廿三	**27** 廿四	**28** 廿五	**29** 廿六	**30** 廿七	**31** 廿八							

1日 省委整党工作指导小组举行第一次全体会议。会议讨论通过了省委整党工作指导小组《关于省直机关、单位第一批开展整党工作的安排意见》和《关于我省面上学习整党文件的安排意见》。会议指出，当前江西省整党工作即将全面展开，各级党组织首先要认真组织党员和党员干部学习整党文件，进行系统思想教育，提高思想认识，积极投入到整党中去。会议要求，通过学习文件，每一个党员、特别是党员领导干部要深刻地正确地领会整党文件的精神实质，明确这次整党的必要性、紧迫性和整党的基本方针、基本任务、基本政策和基本方法。会议指出，在学好文件，统一思想，提高认识的基础上，要把接触到的问题加以梳理，边学边议，使大家有科学的分析，正确的认识，为解决这些问题做好思想准备。会议对于在整党中要积极开展批评与自我批评，以及整改、整顿组织等问题进行研究。会议最后强调，这次整党的任务十分艰巨，要切实加强领导。

1日 省政府遵照国务院统一部署，全省所有纺织品、针织品临时免收布票，并停发1984年布票。

2日 省委、省政府最近作出了《关于加强和改革普通教育的决定》，要求各级党委和政府要把调整、整顿、充实和培训中小学教师队伍作为发展全省普通教育事业的一项重要措施来抓，尽快建设一支合格的中小学教师队伍。决定提出，中小学教师和各级教育事业的编制人员的管理、调配，今后由各级教育行政部门来抓，其他部门要密切配合。决定要求各地继续办好培训班、电大、业余进修班和函授教育，提高教师的文化程度和专业知识水平。决定强调要不断提高中小学教师的政治地位、社会地位，积极改善他们的工作条件和生活条件，充分发挥中小学教师搞好教学的积极性和创造性。

2日 1983年全国技巧锦标赛在广州结束。江西技巧队获团体总分第四名，进入全国四强之列。江西省世界冠军获得者陈驰、李富良、万迪中、梅建平夺得男子冠军。江西省技巧队还被评为精神文明队。

2日 省农牧渔业厅邀请专家、教授30余人，共商开发江西草山、草洲，发展畜牧业问题。

2日　省政府赣府字231号文件通知："决定成立食品工业公司、造纸工业公司、一轻工业公司、家具杂品工业公司、五金家电工业公司等五个公司，属企业性质，归省轻工业厅领导"。

3日　凌晨5时，南昌市中山路242号南昌赣江知青服装厂因电熨斗未拔电源，引起火灾，烧毁房屋1300余平方米，30户共102人受灾。

4日　省政府批准江西工学院水利分院改名为江西水利专科学校。

4日　省政府批转省教育厅《关于加强农民教育的意见》。

5日　全省档案工作会议在南昌召开。会议讨论了档案工作如何为两个文明建设服务问题，强调了档案工作在社会主义现代化建设中的作用，要求全省各级档案工作部门，在巩固恢复、整顿成果的基础上，努力开创档案工作新局面。会议制定了江西省档案事业八年发展规划。要求到1990年，省档案馆实现库房管理现代化，成为全省档案缩微技术中心、修复中心、历史档案目录中心；地、市、县档案馆实现主要业务管理规范化、标准化、检索工具系统化。全省普遍建立起馆藏丰富、结构合理、管理科学、具有较先进技术和设备的档案工作体系，使档案工作更好地为江西省的工农业生产和各项建设事业服务。会议表彰了28个先进集体和48名先进工作者。会议于9日结束。19日，省政府批转《江西省一九八三年至一九九〇年档案事业发展规划》。

5日　省社联、省文学艺术研究所、抚州地区社联、文联及南丰县联合举行纪念曾巩逝世900周年学术讨论会。会议就曾巩文学思想、散文、诗歌的评价等问题进行了讨论。

6日　省林业厅在南昌县南新乡召开全省平原绿化现场会。

7日　省政府领导在听取了全省财务税收大检查情况汇报后指出，财税检查取得了一定成绩，但还有"死角"、"死面"，要防止走过场，要坚决把这次大检查搞彻底，1983年搞不完，1984年还要继续搞。省政府要求各地抓好以下几项工作：（一）各地区、各部门没有搞完自查、互查的，要抓紧搞好，自查、互查搞完了的，要抓紧重点检查；（二）各地区、各部门都要抓好一二个典型。对那些严格遵守财政纪律的单位和财务人员要支持，要表扬；对那些严重违法乱纪的典型案件，调查核实无误的要从重从快严肃处理；（三）各级领导同志，要亲自部署，亲自抓好财税大检查，对"死角"、"死面"要一抓到底；（四）在税收检查中，不但要查固定工商户，还要查流动商户。不但要查已办营业执照的个体工商户，还要查未办营业执照的临时工商户。

8日　省政协各民主党派、工商联办学经验交流会在南昌举行。会议通过交流和总结各民主党派、工商联办学的成功经验，探讨办学过程中遇到的新问题，以进一步促进江西各市县民主党派、工商联及社会力量办学事业向前发展。会议于11日结束。

8日　省财政厅转发国务院发布的《建筑税征收暂行办法》。从1983年10月1日起，对用预算外资金、地方机动财力、企事业单位自有资金、银行贷款以及其他自有资金安排基建投资或更新改造中的建筑工程投资等，征收建筑税。

9日　省委书记许勤前往招待所看望江西省参加全国台胞为祖国作贡献经验交流的23名代表。许勤勉励代表们再接再厉，利用各种机会和形式，做好宣传工作，传播先进经验，影响和带动其他台胞，共同为祖国统一和四化建设作出更大贡献。陪同看望的还有省政协主席吴平、省委统战部长杨永锋、省委对台工作领导小组组长寇育彬等。

9日　省委批准成立江西省档案科学技术研究所。

10日　赣州地区科委组织和邀请地区、省内外技术人员、专家，对赣州阀门厂研制出的一种新型阀门——滚动隔膜阀进行了两天鉴定。一致认为此阀门是国内首创，填补了我国阀门产品的一项空白。

10日　由国家仪器仪表总局等单位组成的评定检查组，当日起至13日对鹰潭水表厂生产的LXS15毫米水表进行评定，认为该产品性能高于国家标准。

10 日　省政府日前批准成立"江西省职称评定工作领导小组"。成员单位为省委组织部、省经委、省卫生厅、省教育厅、省劳动人事厅，职称评定工作办公室设在省劳动人事厅。

11 日　全省卫生先进集体和先进工作者表彰大会在南昌召开。大会表彰了全省卫生先进集体 36 个，先进工作者 272 人。其中受卫生部委托表彰的全国卫生先进集体 7 个，先进工作者 20 人。13 日闭幕时，省委书记许勤等出席了授奖仪式。大会上宣读了卫生部部长崔犁给全国卫生先进集体和先进工作者的贺信。

12 日　省民委委托乐平县后港基建队为日本国立民族博物馆仿造本乡观山村一栋农舍获得国际友人好评和有关领导单位嘉奖。该农舍于 1983 年 10 月验收起运日本展出。为了便于运输组装，墙体采用钢筋混凝土底板、砖贴面分割成块，木结构分部件编号等先进工艺。

日本国立民族博物馆仿造的"乐平农舍"

12 日　景德镇市重点工程——华风瓷厂工程竣工验收。该工程设计为年产日用瓷 1600 万件的大型现代化瓷厂，占地面积 20 万平方米，建筑面积 86291.04 平方米，由景德镇市一建公司承建。该市首次在该工程中大规模推广粗钢筋预应力张拉新工艺。

12 日　全省沼气工作会议在泰和县召开。会议讨论推广工厂化生产沼气池，加快沼气发展步伐。同时，与会者参观了泰和县建池试点现场。会议于 17 日结束。

12 日　全国妇联维护妇女儿童权益法制宣传月活动现场会在南昌举行。全国妇联领导张帼

英、谭荪芸等以及全国妇联各部、室负责人，各省、市、自治区妇联负责人和全国、地方妇女报刊的负责人出席了会议。这次会议的主要任务是，交流前一阶段各地维护妇女儿童权益宣传月活动情况的经验。进一步明确开展维护妇女儿童权益法制宣传月活动的重大意义和指导思想，为 1983 年冬 1984 年春在全国各地开展以妇女儿童合法权益为主要内容的法制宣传月活动打下基础，使中央书记处关于坚决维护妇女儿童合法权益的指示和全国第五次妇女代表大会的精神真正落到实处。省委书记许勤代表省委到会讲了话。省妇联主任万绍芬在全国妇女儿童合法权益法制宣传月现场会上发了言。

13 日　大茅山垦殖场协同江西省工业卫生研究所开展的"紫芝多糖抗辐射及升白细胞作用的研究"通过省级鉴定，属国内首创。

14 日　省政府颁布《江西省违反〈食品卫生法〉罚款细则（试行）》的通知。

14 日　江西省电视台从 1983 年 8 月开始，分别派四个摄影组深入到井冈山、瑞金、兴国等地采访，拍摄毛泽东在江西从事革命实践活动的专题节目。当前，江西电视台摄制的纪念毛泽东 90 周年诞辰的专题片《革命故都瑞金》、《苏区模范县——兴国》已制作完成，《巍巍井冈山》、《红色安源》正在加紧后期制作，于 12 月 12 日开始陆续播放。

15 日　江西企业调整领导小组、省经委、省委组织部、省总工会联合召开"全省企业民主管理经验交流会"。省经委副主任王文勇作了《发扬积极进取精神，推进民主管理、迅速实现提高企业素质新转变，全面提高经济效益》的报告。有 9 个地、市、县企业单位介绍了经验。会议要求做到：（一）把搞好企业民主管理的着眼点放在提高企业素质上；（二）坚持两手抓。一手抓工交企业职代会巩固提高，一手抓非工交企业职代会的普及；（三）职代会民主形式应当成为职工群众自我教育的方法，努力提高职工队伍的政治素质和科学文化素质，增强抵制和清除精神污染的原则性、自觉性和坚定性；（四）动员职工群众积极参加企业全面整顿，组织职工代表

参加对企业整顿的检查验收。会议强调，在今冬明春总结工作中，各企业都要召开一次职工代表大会，学习讨论提高企业素质的意义，制定搞好企业全面整顿，提高企业素质的规划、措施，广泛发动群众深入开展增产节能，降消耗，挖潜力，全面提高企业的经济效益。

16日 全国妇联在南昌召开全国和地方妇女报刊负责人座谈会。会议历时3天，于18日结束。

17日 省政府办公厅批复，同意成立江西省财政税务中等专业学校，归省财政厅领导。

17日 江西省电子职工中等专业学校成立（校址设在南昌无线电工业学校内）。

17日 由省政府护林防火总指挥部主持召开的闽浙赣、赣鄂皖毗连地区护林联防第15次会议在庐山召开。会议总结交流了护林联防中的典型经验，评选出先进集体57个、先进个人10名。并分别发给了奖旗、奖状。会议还进行交接班，分别由安徽省和福建省担任赣鄂皖和闽浙赣片的值班省。出席会议的有福建、浙江、安徽、湖北、江西5省以及湖南部分地、县有关方面的负责同志和先进集体、先进个人的代表共220人。会议历时5天，于21日结束。

18日 省司法厅召开全省第一次司法行政工作会议，围绕严厉打击刑事犯罪活动的中心任务，总结司法行政（包括劳改劳教）工作，部署今后任务。

18日 省政府批转省建设厅《关于城镇私有出租房屋社会主义改造遗留问题的处理意见》。

19日 经省标准局批准，《印染黏胶纤维布江西省企业标准》从1984年1月1日起执行。

19日 省检察院召开全省各级检察长和法纪检察科长会议。主要内容是总结全省各级检察机关遵照中共中央《关于严厉打击严重刑事犯罪活动的决定》和江西省委的部署，坚决贯彻依法"从重从快"的方针，有力地打击刑事犯罪分子的破坏活动；研究继续贯彻执行依法从重从快，为集中打击做好充分准备，打好第二战役；继续抓紧抓好打击严重经济犯罪活动的斗争；加强法纪检察工作，认真查处国家工作人员侵犯公民民主权利的案件，在"严打"斗争中，整顿和建设检察干部队伍等。会议于22日结束。

20日 11时40分，吉安市中山西路北面挡土墙在施工中塌方，致使11位民工死亡。这是建国后吉安地区发生的一起特大恶性事故。

20日 共青团省委、省林业厅联合召开了全省青少年植树造林先进集体、先进个人表彰大会。江西省有30个青少年植树造林先进集体、119名青少年植树造林先进个人获得锦旗、奖状和奖品。

20日 省爱国卫生运动委员会第四次扩大会议在南昌召开。出席会议的有省爱国卫生运动委员会委员和各地市爱卫会主任、副主任共60人。王新民传达了国务院副总理万里的讲话和中央爱卫会第六次委员会扩大会议精神。会议审批了1983年爱国卫生先进城市和卫生先进单位，经10月份全省城市爱国卫生检查评比，评出了赣州市为1983年爱国卫生先进城市，省委机关、省政府大楼等574个单位为爱国卫生先进单位。会议提出：一要抓好改善饮水，二要抓好食品卫生，三要抓好改善住房卫生条件，四要抓好改造环境，五要抓好除"四害"。会议于22日结束。

21日 省整党工作指导小组召开了联络员座谈会。会议强调：第一，一定要认真学好整党文件。第二，要贯彻边整边改的精神。第三，要立即着手清理"三种人"。第四，要做到整党和生产、工作两不误。第五，联络员要明确自己的工作任务和要求，讲究工作方法。联络员要对指导小组负责，联络员可列席整党单位党委、党组织召开的有关整党的会议。会议历时5天，于25日结束。

22日 南昌市公布街巷标准名称。在403条街巷标准名称中，恢复"文化大革命"前名称的有22条，更名的有29条，新命名的有16条，沿用现名的有336条，合并的有10条。远近闻名的群众习惯称用的有民德路、孺子路、子固路、象山南路、象山北路、平步街、丁公路、系马桩、将军渡等街巷名称均已恢复。在新命名和更改名称中有以南昌的别称洪都命名的"洪都大道"，有由"洪崖丹井"、"苏圃春蔬"、"南浦飞云"等"豫章十景"派生得名的洪崖路、苏圃路、南浦路等。

22日 省机械厅成立江西省机械工业全面质量管理委员会,并发布《关于进一步推行全面质量管理的决定》的通知。

23日 省委办公厅、省政府办公厅转发省编委《关于实行编制管理卡办法的请示报告》,部分单位试行这一办法。

24日 为了缅怀老一辈无产阶级革命家的丰功伟绩,江西省博物馆举办了《光辉的业绩——毛泽东、周恩来、刘少奇、朱德生平照片》、《井冈山的斗争》展览。省、市党政军领导和南昌市的机关、工厂、学校、部队、群众团体均前往参观。

省、市党政军领导参观《光辉的业绩》和《井冈山的斗争》展览

25日 在我国首次举办的短池游泳竞赛中,江西选手陈超获得男子100米和200米蝶泳两项冠军。江西队运动员唐加元和梁首军分别获得男子400米个人混合和女子100米蛙泳第三名。

25日 省委宣传部、省社联联合举行纪念毛泽东诞辰90周年学术报告会。省委党校副校长梅亦龙、省社科院筹建组副组长傅文仪、江西师大校长李树源分别作了学术发言。参加报告会的有省委、省顾委、省纪委、省人大、省政府、省军区、省政协和南昌陆军学校的领导和理论工作者近200人。

26日 省委整党工作指导小组向部分整党单位派出了联络小组和联络员。6个联络小组分赴省公安厅、省对外经济贸易厅、省财政厅、江西医学院、省文联、南昌铁路局。16位联络员分

赴省商业厅、江西中医学院、省教育厅、省经济研究所、省总工会、省水利厅、省邮电局、省广播电视厅、省文化厅、省外办、省卫生厅、省法院、省检察院、省体委、省煤炭局、省电子工业公司。

27日 省绿化委员会组织有关人员,对全省各城市和国家级风景名胜区的绿化工作进行了

江西南大门——赣州

评比,评出景德镇市为1983年绿化红旗城市;南昌、赣州二市为绿化先进城市;洪都钢厂等30个绿化红旗单位;江西省委机关等5个绿化先进单位。

27日 省政府办公厅转发教育厅制定的《江西省普及初等教育验收标准和要求的暂行规定》,决定对全省普及小学教育工作进行逐级验收。

27日 省政府批准蒋煌恩为革命烈士。都昌县汪墩公社储山林场水牛滩护林员、劳动模范、共产党员蒋煌恩,为保卫集体财产于1983年5月23日与破坏森林的罪犯进行搏斗,不幸牺牲。

28日 泰(和)兴(国)线上的老营盘隧道竣工通车。

28日 省科委副主任、高级农艺师唐楚生等撰写《关于开发治理赣江流域和鄱阳湖区初步设想》一文,提出江西"南抓山丘,北揽湖区,伸出拳头,带动全面"的开发治理总体设想,并提出大力抓住"龙头"(赣南山区),紧紧控制"龙身"(吉泰盆地),决不放松"龙尾"(鄱阳湖区)的全面综合开发治理同江湖"一条龙"

思想。次年9月，唐楚生向到江西视察的中央领导同志汇报山江湖开发治理情况，提出"治湖必须治江，治江必须治山"的科学构想。

29日 省青年联合会第五届委员会第一次会议和江西省学生联合会第四次代表大会于当日至31日同时在南昌召开。两个大会分别审议并通过了工作报告和《省青联会简则》、《省学联简章》和给全省大、中学生的倡议书。还选举桂水金为青联五届委员会主席，李芸、宫正、魏杰、李季仁等任副主席。

29日 省委组织部日前制定下发《一九八三年至一九九○年干部培训规划》，对各级干部的培训提出了要求。

30日 江西铜业公司1983年加强经营管理和调度指挥，生产铜金属18605吨，夺得全国各公司矿山铜产量第一名。

30日 江西棉纺织印染厂目前已有26个新产品投入市场。这批新产品都是最近试制成功并投入生产的。在仿毛产品中有涤黏仿华达呢、涤黏中长丝呢、色仿派力司、色仿西服呢；仿丝绸产品中有涤棉纬长丝提花布、仿丝绸棉深花布；高档产品中有纯棉100支精梳府绸、涤棉色芯纱烂花布、丙纶烂花布，还有国内首创的涤麻混仿人字呢、涤麻混纺薄型产品等。这批新产品使用性能广，既有服装用布、裙子布料，又有装饰布、家具用布。

30日 省委决定成立江西省地方志编纂委员会，同时成立江西省地方志编纂委员会办公室。编纂委员会主任委员由省人大常委会主任马继孔担任。副主任委员6人，委员16人。

30日 省委、省政府为加快发展畜牧业决定：（一）提高畜牧业在整个农业中的比重；（二）坚持以家庭为主的饲养方针，积极扶持专业户、重点户发展商品生产；（三）利用草山、草坡、草洲资源，发展食草动物；（四）推广畜禽良种、配合饲料，加强防疫灭病工作；（五）搞好畜产品流通渠道。

31日 江西省在大灾之年夺得了农业大丰收。全省农业生产的多数项目和主要指标均完成了国家计划，而且比上年增产。粮食总产量在

1982年增产28亿斤的基础上，又增加3.5亿斤。总产和单产均创历史最高水平。

31日 1983年，江西省体育健儿发扬顽强拼搏，奋勇前进精神，创历史最佳成绩。在国际比赛中，夺得18块金牌、10块银牌、12块铜牌。在全国各项比赛中共夺25块金牌、16块银牌、15块铜牌。其中有2人3次打破两项亚洲纪录，9人10次打破7项全国纪录。

31日 截至年底，全省共有乡镇企业4.2万个，从业人员80万，总收入18.6亿元。其中工业产值11.32亿元，占全省工业产值10.3%；上缴国家税金8625万元，实现利润1.78亿元。乡镇企业拥有固定资产10.7亿元，流动资金4.5亿元。乡镇企业总收入5000万元以上的县（区）有11个，萍乡市湘东区已超过1亿元；1000万元以上的公社（乡）18个；100万元以上的大队（村）51个。全省乡镇企业生产煤炭603万吨，占全省原煤产量35.3%，水泥36.74万吨，占13.1%；小水电2.047亿度，占8.6%；中小型农具2200万件，占55%；日用陶瓷器、玻璃制品、塑料制品均占全省10%以上；土纸产量占全省30%；砖、瓦、灰、沙、石占全省72%～95%；烟花鞭炮占全省产量90%以上。

31日 据统计1983年江西省工农业总产值比1949年增长11倍，相当于建国初期的12个江西。全省各种固定资产近80亿元。农田灌溉面积已占全部耕地面积的71%，其中旱涝保收面积占全部耕地面积的54.5%、农业机械总动力达到500多万马力。1983年农业总产值为1949年的4.1倍，粮食总产量已达到292亿斤，为1949年的3.8倍。营造新林2100万亩，木材年产量280多万立方米，居全国第七位。从1950年到1983年，共上调木材2243万立方米，平均每年上调毛竹450万根左右。1983年，全省共拥有工业企业1.3万多个。1983年铁路通车里程比建国初期增长1.8倍，公路通车里程增长近9倍。

31日 全国最大（万吨级）的有机硅工程在江西省化工部星火化工厂开始筹建。万吨级有机硅工程建成后，将在江西开辟一个新型化工材料基地，为我国航空、电子、纺织、机械、陶

瓷、橡胶、玻璃、皮革、日用化妆品等各项工业的发展作出贡献。

本月 南昌市科研所激光应用研究室研制的我国第一台扁形荧光灯。由江西省经委报请国家经委批准投产。国家拨给试产费10万元。这是该所第一次被列入国家计划的一项科研成果。

本月 全省县以上人民政府普遍设立税收、财务大检查办公室，后改称税收、财务、物价大检查办公室。

本月 全省开展居委会调整工作。解决居委会管辖人口过多、管辖地域过大以及居委会干部年龄偏大问题。

本月 南昌市机关机构进行改革，南昌市政府决定撤销南昌市供销社，保留供销社牌子，并入南昌市商业局。撤销市轻工业局、纺织工业局、机械工业局、化学工业局、电子工业局，组建市轻工业公司、食品工业公司、机床矿山通用机械公司、汽车农机工业公司、化学工业公司、电子工业公司、纺织工业公司、服装鞋帽工业公司、电器仪表工业公司。以上公司是市直局一级企业性质独立核算单位，业务上归口市经委领导。

本月 省标准局召开全省采用国际标准工作座谈会。讨论并确定1984年至1985年全省第一批采用国际标准产品计划。

本月 萍乡市烟花鞭炮科学研究所成立。其任务是研制、开发新产品；研究安全配方及其生产工艺；面向全国开展技术咨询和技术培训（1986年8月2日，国家农牧渔业部乡镇企业局、省乡企局和萍乡市乡企局共同投资组建"江西省乡镇企业花炮质量安全检测监督中心"。1988年2月2日，经农牧渔业部批准，"全国乡镇企业花炮质量检测、安全监督中心"在萍乡成立）。

本月 特大洪水灾害使康山垦殖场和蚕桑垦殖场二、八分场倒堤，3万多亩水稻颗粒无收；恒湖、鸦鹊湖、饶丰三场稻田因内涝减产粮食1900多万公斤，新洲垦殖场8000多亩棉花田全部被淹，造成粮、棉、油料大幅度减产，其中粮食减产13.1%，棉花减产84.8%，油料减少8.6%，经济损失1145万元。

本月 江西省化学工业公司和江西氨厂、第二化肥厂、信丰化肥厂、高安化肥厂、樟树磷肥厂、丰城磷肥厂、朝阳磷矿、江西农药厂、贵溪农药厂、南昌造漆厂、前卫化工厂、江西省橡胶厂、江西省轮胎厂、庐山乳胶厂被省经委被评为1983年经济效益先进单位。

本 年

本年 乐安县公溪建材厂投资101.5万元兴建一座红砖隧道窑。该窑设计能力为年产红砖2000万块，可连续生产砖瓦，便于实现机械化操作和使用仪表监测控制窑内温度、压力，能合理利用热量，是当时江西省内砖瓦行业中比较先进的焙烧窑。

本年 萍乡市湘东区社队企业总收入在全省93个县（市、区）中率先突破亿元大关，达到10114万元。

本年 全省省级部门独立科研机构人员达24600人，其中具有高级职称的有323人，中级职称的有13020人。

本年 在全国铁路中间站评比中，浙赣线司铺站被评为"全国铁路先进中间站"，并发给奖状。该站到年底实现行车安全4704天。

本年 铁道部授予上饶站"全国人身安全先进单位"和"职工体育活动先进单位"；江西省人民政府授予该站为"省安全先进单位"和"文明生产先进单位"。

本年 新余工务段被评为全国"发展集体和个体经济安置待业就业先进集体"。

本年 华东交通大学副教授金学易编著的《隧道通风空气动力学》、讲师童春辉编著的《内燃机车电传动》、副教授万战胜编著的《冲压模具设计》、讲师刘诗俊编著的《分法有限元法及外推法》、副教授周承高编著的《优化方法及程序设计》、副教授张耀增编著的《铁路审计》、副教授刘桂馨编著的《铁路工业会计》等书均由中国铁道出版社出版。讲师王中庆主编的《金属切削原理实验及刀具设计实例》由机械工业出版社出版发行。

本年 根据第八次全国民政会议精神，江西对救灾款实行粮钱挂钩，保证重点救济等重大改革。

本年 省民政厅机构改革完成。省民政厅管理的选举工作交省人大管理，移民工作交省政府办公厅管理。机构改革后，厅机关内设 10 个处室。

本年 张刚、毛秉权合作编剧的彩色故事片《愁眉笑脸》，由江西电影制片厂摄制完成，在南昌市及江西省发行放映。

本年 萍乡矿务局林场被中央绿化委员会授予"全国绿化工作先进单位"称号。

本年 江西省原煤产量达到 1708 万吨，提前两年达到"六五"计划规定的 1985 年计划指标。

本年 丰城等产煤县出现一批户办或联户办小煤井，采用见煤挖煤的原始方法进行生产，但提升、排水、照明等大多使用电力。丰城县采煤户人数约 200 人，年产原煤约 3000 吨。

本年 江西冶金学院划归中国有色总公司主管。并从本年起，撤销炼铁、炼钢、轧钢三个专业。

本年 南昌硬质合金厂粗颗粒仲钨酸铵首次出口美国 20 吨。同年，该厂钨氧车间 500 吨/年能力迁建改造工程开工建设。1985 年 5 月，离子交换工艺试车投产。

本年 分宜有色金属冶炼厂试制成功铝焊粉、氯化镍、碳酸铷等新产品。

本年 省农牧渔业厅组织赣州行署农牧渔业局，信丰、宁都、石城、兴国、瑞金、安远、吉安、广昌、黎川、广丰等县农业局和会昌县烟草科研所、信丰县农科所等单位，开展烟草资源调查和区划。从 1983 年开始至 1984 年编写出《江西省烟草种植区划研究报告》。

本年 南昌港第一艘气垫船首航于南昌—鄱阳湖航线。

本年 南昌市邮政局增加"邮件检查科"，兼管新建县、南昌县、安义县、进贤县邮电业务工作。

本年 国家化工部授予江西国药厂优质产品奖，其中 1983 年出口量最多，计 2200 吨，出口收购额 990 万元。

本年 全省家禽、菜牛、菜羊退出派购范围，实行议购议销，多渠道经营。

本年 江西省第一座空腹拱坝水利工程在永丰县水浆乡深铺竣工。该坝可控制集雨面积 86 平方公里，质量达到部颁标准。

本年 江西拖拉机制造厂设计试制成功丰收 180 型小四轮拖拉机，是国内小马力轮式拖拉机中采用齿轮传动、液压提升功能齐全的产品，具有国际 80 年代初先进水平（1984 年通过部级鉴定，1988 年创全国小四轮拖拉机出口批量第一）。

本年 冬，鄱阳湖综合科学考察队鸟类资源考察组发现永修县吴城镇附近几个湖泊越冬的最大白鹤群体达 450 只，超过对白鹤只有 320 只的估计数字，在国内外引起强烈反响（考察队继而在 1984 年至 1988 年冬发现最大白鹤群体每年都有增加，1984 年为 840 只，1985 年为 1482 只，1986 年为 1609 只，1987 年为 1668 只，1988 年达 2653 只）。

本年 江西地质科研所、南昌探矿机械厂与江西地质局九〇九队共同完成的在立轴压钻机上安装双卡盘不停钻接力给进技术获得成功，属国内首创。

本年 冶金部天津地质研究所在于都盘古山黑钨、辉铋矿石英脉内，发现硫碲铋矿 A、硫碲铋矿 B 及应硫碲铋矿物。这三种碲矿物属国内首次发现。

本年 省图书馆完成《江西省图书馆善本书目》、《江西省图书馆中文报纸目录》的编撰工作。

本年 江西人民出版社出版了由黄霖、韩同文编纂的《江西历代小说论著选》。该书既收集了丰富的原始资料，又勾勒出中国小说理论批评发展的概貌，成为我国第一部系统整理我国古代小说理论的专著。

本年 国家第一机械工业部投资 300 万元，在都昌县铸造型砂厂建成全国最大的年产型砂 30 万吨的生产线，全面实现机械化作业。

本年 国家经委以（1983）165 号文件决定拨给经费 107 万元（其中贷款 37 万元）用于改造扩建庐山精密铸造厂。

本年 江西省医药管理局改名为江西省医药总公司，由行政编制改为企业编制，原职责范围不变，除直接管理所属企业外，按省政府《关于将全省专业药厂全部上收省医药管理局统一管理的通知》，将黎明等 17 家药厂上收江西省医药总公司，实行产、供、销、人、财、物六统一管理。并将上收的樟树制药厂、南昌制药厂、湖口钟山制药厂、乐安制药厂、都昌制药厂、瑞金制药厂划归江西省医药公司管理。中共中央顾问委员会常委、原最高人民检察院检察长黄火清视察南昌等地，并把有关情况书面报告中央，建议重点药材的生产由国家统一制定下达生产任务及派购计划，各级党政部门要保证计划的执行，并提出要重视药材质量，加速培养人才，建议制定《中华人民共和国药政法》。

本年 江西电炉厂研制螺旋输送式抽油杆热处理机组，用于石油开采设备抽油杆件热处理，功率 850 千瓦，为国内功率最大的设备，1984 年调试验收，热处理杆件符合美国 API 石油标准。

本年 机械部首批确定"六五"计划后三年企业技术改造项目中，江西省机械系统企业有 11 项，其中属国家重点项目有南昌齿轮厂、南昌柴油机厂；属部重点项目有江西拖拉机制造厂、景德镇电瓷厂、南昌电镀厂；属部计划项目有宜春风动工具厂、婺源茶叶机械厂、新余辊锻厂、南昌八一配件厂、景德镇印刷机械厂、江西采矿机械厂。以上项目至 1987 年底全部竣工验收。

本年 截至年底，江西省共查出粮食经济犯罪案件 736 起，贪污盗窃粮食 220 万斤，贪污金额 75 万元。其中万元以上 7 起，万斤粮以上的 38 起。依法判处了一批犯罪分子。

本年 全省粮食征购首次突破 100 亿斤原粮大关，比 1978 年翻了一番多。江西耕地面积仅占全国 2.55%，但从 1979 年以来，每年调出大米都在 15 亿斤左右，占全国大米总调拨量的 25%~29%。

本年 江西省 8 名医务人员获 1983 年全国卫生先进工作者称号，他们是吕福田、姚敏、邹元秀、章吟华、余娥娇、万淑娟、龙允淑、汪维碧。

本年 中共中央 1983 年在江西省投资的部直属直供的大中型项目一共 15 个，其中 10 个在江西省内，5 个是跨省的。这 15 个项目是：丰城矿区、萍乡矿区、万安水电站、贵溪电厂、柘林水电站、江西送变电工程、景德镇陶瓷厂、九江二电厂、永平铜矿、南浔线。这 10 项中永平铜矿和九江二电厂已被列为江西省重点项目。皖赣线、鹰厦线、大沙线、浙赣复线、九江长江大桥是跨省的 5 个项目。

概　要

省委工作会议提出本年的主要工作是：全面提高经济效益，扎扎实实把经济工作做好；认真搞好整党工作，省级机关整党要作出榜样，整党工作继续进行；继续搞好机构改革、领导班子调整和"第三梯队"建设；加快科学、教育事业的发展；继续深入进行打击严重刑事犯罪活动的斗争；加强思想政治工作，认真、正确地清除精神污染。邓小平、胡耀邦等中央领导先后到江西参观、考察，对江西的经济工作提出了意见。认为要充分发挥全省资源丰富优势，搞好经济体制改革、对外开放，发挥农业优势和以老企业扩建为重点，加快振兴全省经济的步伐，开创江西经济建设的新局面。胡耀邦在7天内到达赣北、赣中近10个县参观、考察，指出江西要充分利用资源，"对内更大胆地搞活，对外更大胆地开放"，要求各级领导班子"要精力更加充沛，科学文化知识更加充实，开拓精神更加旺盛"。江西省开始利用外商直接投资发展"三资"企业，并加入由上海、江苏、浙江、安徽、江西组成的上海经济区。

城市经济体制改革　本年全省国民经济一些主要比例关系已趋于协调。农村经济体制改革继续深入的同时，以城市为重点的经济体制改革全面展开。4月，省委、省政府颁布《关于当前经济体制改革若干问题的规定》，对以改革工业企业和流通管理体制为重点的城市改革进行部署，确定政府基本上不再直接管理企业，扩大企业自主权。全省城市经济体制改革由此拉开序幕。6月，省政府决定将景德镇、萍乡两个城市确定为城市经济体制综合改革试点市，实行特殊政策：在计划方面，实行计划单列和承包责任制；在财政上缴方面，以1983年为基数，实行"固定上交，递增包干，一定四年不变"的财政体制。两市年递增率为10%，成为全省城市改革的先行者。7月，省六届人大常委会七次会议召开，讨论和通过《关于加快江西省经济体制改革步伐的决议》。提出从下半年开始着重抓好几项工作：继续简政放权，切实搞活企业；加速流通体制改革；领导亲自抓点；处理好改革和提高企业素质的关系；正确对待改革中出现的问题。为增强工业企业活力，改革全面铺开后，要求经济承包责任制层层落实到车间、科室、班组和个人。11月，省委召开地、市委书记会议，学习贯彻中央十二届三中全会精神，会议要求各级党组织和党员干部深刻领会《中共中央关于经济体制改革的决定》精神，增强企业活力应抓好简政放权、建立和完善经济责任制以及建设好企业领导班子这三方面的工作。

农村政社分开和建立乡政府　年底，农村政社分开和建立乡政府的工作取得重大进展，全省基本完成政社分设和建乡工作，共建了1666个乡（含民族乡2个）和20004个村民委员会。农村政社分开的改革，是按照中央精神有步骤地顺利进行的。乡政府和村委会建立后，人民公社制度实际上已被取消。全省农村责任制形式全面转向"双包"，普遍实行了家庭联产承包责任制。联产承包制的实行和人民公社体制的结束，从根本上改变了农村社会生活的基本面貌和运行方式。

农村商品流通体制改革　全省对长期实行的农产品统购派购的经济管理体制进行了改革。中央1号文件《关于一九八四年农村工作的通知》指出，农村工作的重点是：在稳定和完善生产责任制的基础上，提高生产力水平，疏通流通渠道，发展商品生产。农村普遍实行家庭联产承包责任制后，不少地方出现了"买难"、"卖难"的问题。多年来一贯实行的农产品统购制度制约了农村生产力的进一步发展。1月，江西提出农村广泛建立粮食收储服务站，以解决"国家仓库满，农民卖粮难"的问题。为解决粮食仓库严重不足的困难，国家把江西列为重点建仓的省份之一。5月，省政府召开全省供销社体制改革会议。会议认为，供销体制改革成功与否的标准是看改革后的供销社是否能更好地为农民的生产和生活服务，促进商品生产的发展。农村改革的重点转向农村商品流通体制改革。当年全省粮食总产创历史最高水平，达309.8亿斤。省政府发出紧急通知，要求切实解决卖粮难的问题。到年底，征购粮入库比上年同期增加14亿斤，并通过各种途径转化和外销粮食20多亿斤。"卖粮难"的问题突出地反映了农村经济管理体制存在的严重缺陷。

全省本年主要经济指标情况　国民生产总值169.11亿元，比上年增长15.4%；第一产业产值71.89亿元，比上年增长9.5%；第二产业产值61.31亿元，比上年增长21.2%；第三产业产值35.91亿元，比上年增长18.2%。农业总产值98.35亿元，增长10.8%；工业总产值136.5亿元，增长15.0%。财政收入15.01亿元，增长15.6%。粮食总产量第一次突破了300亿斤大关，达到310亿斤，比上年增产18亿斤。社会商品零售总额为81.7亿元，比上年增长11.8%。年末全省总人口3457.89万人，人口自然增长率18.5‰。

1984

1月

January

公元 1984 年 1 月							农历甲子年【鼠】					
日	一	二	三	四	五	六	日	一	二	三	四	五	六
1 元旦	**2** 三十	**3** 十二月大	**4** 初二	**5** 初三	**6** 小寒	**7** 初五	**8** 初六	**9** 初七	**10** 腊八节	**11** 初九	**12** 初十	**13** 十一	**14** 十二
15 十三	**16** 十四	**17** 十五	**18** 十六	**19** 十七	**20** 十八	**21** 大寒	**22** 二十	**23** 廿一	**24** 廿二	**25** 廿三	**26** 廿四	**27** 廿五	**28** 廿六
29 廿七	**30** 廿八	**31** 廿九											

1 日　江西省烟草公司、江西省烟草专卖局正式成立。

1 日　根据省政府决定，将原省建工局所属的建筑设计院、建筑科研所和建筑工程学校划归省建设厅领导管理。

1 日　按国务院批准的税务征管人员统一着装的规定，江西省税务征管人员自即日起着统一服装执行工作任务。

1 日　江西人民出版社出版 1984 年年历、年画等 112 种，共印制 877 张（份）向省内外城乡广泛发行。

1 日　江西省邮票公司发行了一套彩虹罕世珍品邮票——"釉 T80 邮票艺术瓷盘"。这一作品的问世，为世界集邮事业增添了新的品种。彩虹釉是景德镇建国瓷厂研制的名贵颜色釉，是陶瓷工艺技术的一项突破。它经过精心配制，高温烧制，呈现出赤、橙、黄、绿、青、蓝、紫等色调。盘子选用名贵的水纹瓷，盘中的图案以著名美术家韩美林设计的《癸亥年》猪票为主要装饰。

1 日　从即日起，全省劳教单位的犯人"假定工资"每月提取标准调整为：工业单位 45 元，农业单位 30 元。

2 日　省政府批准中国旅游服务公司江西省分公司和江西省华侨企业公司成立并合署办公。

4 日　抚州市第二食品厂研制成功"地龙"（蚯蚓）酱油，填补了江西省利用动物蛋白酿制酱油的一项空白。该厂试制的"地龙"（蚯蚓）酱油，是用日本"太平 2 号"地龙制成的，经省、地、市有关科技人员鉴定，感官、卫生、理化指标符合国家有关规定，主要理化指标优于一级酱油标准。

5 日　省政府召开有关部门负责人和法律、经济、统计界知名人士电视座谈会，畅谈如何宣传贯彻执行从 1 月 1 日起在全国范围内施行的《中华人民共和国统计法》。《统计法》是一项重要的经济立法，它标志着我国统计工作从此进入了法制阶段，对有计划地发展江西省经济和社会主义事业起到重要作用。

5 日　都昌县南山博物馆举行落成典礼。该馆收藏了都昌县近几年相继出土的 3000 多年间的各种石器、铜器以及历代诗文等文物 1400 多件。

6 日　江西省档案科学技术研究所正式成

立。其主要任务是研究提高档案文件制成材料的质量；研究档案的虫霉防治、温湿度控制、纸张老化、字迹褪色和档案修复、复制、缩微技术；研究档案装具的规范化和文书处理档案工作的标准化等。

7日 省政府发出通知，号召全省各级政府和有关部门，要以整党精神，把财务、税收两个大检查引向深入，善始善终，下决心一抓到底。通知指出，在处理时决不能让那些违纪的单位和个人在经济上占便宜，多拿的要坚决清退，严重的要给予必要的纪律处分；对已构成经济犯罪、刑事犯罪的，政法部门要追究其刑事和法律责任，领导干部违法的要从严惩处，对以各种借口拖延检查或检查不力，致使所属单位中的重大问题至今尚未查出的，领导干部负主要责任；要边检查、边处理、边入库、不搞"下不为例"，该处理的要从严从快处理，该入库的要尽快入库。

7日 省委、省政府决定将每年1月定为江西省"植树月"。当日，全省党政机关干部参加义务植树活动。在第一个"植树月"到来之际，全省各地绿化荒山的热潮正在蓬勃发展。当前已整地105万亩，比1983年同期增长23.5%。林业"三定"政策特点是：

参加"植树月"种树的干部群众

（一）依靠千家万户，绿化千山万岭；（二）联户包山大量涌现，承包面积不断增加；（三）大力推行造林合同，及早落实整地任务；（四）改革扶持办法，鼓励贷款造林；（五）吸引外资建基地，联营速生丰产林。

7日 江西有色冶金研究所研制成功了一种除尘效率高、使用性能好、无毒、无腐蚀、无特殊气味的CHL－I型除尘湿润剂，填补了我国湿润剂除尘技术的空白。

8日 新余钢铁厂硅铁电炉上部炉体旋转试

验获得成功。冶金部技术鉴定后认为旋转电炉在国内是首创，为我国铁合金生产填补了一项技术空白。使用这项技术后，降低了工人的劳动强度，改善了操作环境，各项技术经济指标都有明显改善，每年每台电炉节电5.16万度，降低成本费用7.6万元，增加盈利12.7万元。

9日 江西省机械科研所从事的离子镀渗氮化钛新技术研究通过了技术鉴定。这是一门新兴的真空镀膜技术。离子镀渗新技术应用在手表表壳、艺术陶瓷以及日用小五金的试验成功。

10日 婺源县在文物普查中，发现了明代书画家董其昌的《溪山行旅图》、清画坛"扬州八怪"之一黄慎的《瓶梅》轴、明文学家冯梦龙的诗笺、清名画家刘世儒的绢画《墨梅》等珍贵文物，还有唐代的铜盘、铜镜；北宋影青瓷花口高足碗、花口碟以及一批宋明的名贵歙砚、端砚等。其中刘世儒的《墨梅》弥足珍贵，国内仅存三件。

11日 省委、省政府作出了《关于进一步加强职工教育工作的决定》。《决定》指出，职工教育是开发智力、培养人才的重要途径，是持续发展国民经济的可靠保证。为提高江西省职工队伍的政治、业务、技术素质，《决定》要求：（一）提高认识，加强领导；（二）加强职工教育机构建设；（三）各部门要密切配合，通力协作，共同办好职工教育；（四）制定（修订）职工教育规划；（五）要狠抓青壮年职工文化、技术补课；（六）抓好干部培训；（七）逐步建立正规的职工教育体系；（八）结合企业整顿，开展全员培训；（九）积极开展职工教育理论研究；（十）解决好职工教育办学中的实际问题；（十一）总结经验，树立典型，表彰先进。

12日 经省政府批准，九江化纤浆粕厂改由江西省纺织工业公司直接领导和管理，其后更名为九江化学纤维厂。

13日 全省各级公安机关自即日起至25日相继进行"严打"斗争第一战役第二仗的统一行动。共收捕各类犯罪分子9461名，摧毁团伙707个、成员3469名，收缴各种枪支27支、子弹328发、凶器425件，赃款、赃物折款50余万元，查破各种案件 2360 起，共搜捕流窜犯 3295 名，占收捕总数的 34.8%。

14 日 中国食品工业协会会长杜子瑞和来江西省参加"《中国食品工业发展纲要》华东、中南片讨论会"的国家计委、经贸部、轻工部、农牧渔业部、国务院技术经济中心、中国包装和食品机械公司以及山东、江苏、浙江、安徽、福建、上海、河南、湖北、湖南、广东、广西等省市区的全体代表，参观了将于 1 月 16 日在省工业展览馆举行的全省米制品展览会评选会的展品。代表们对江西省发展 180 多种具有独特风味的传统米制食品表示赞赏。

15 日 从 1982 年起，由省林业厅、省科委、省环保办联合主持，组织了江西大学、省林科所等 23 个单位 120 多人，对井冈山自然保护区进行综合考察。近日已汇编成 50 万字的《井冈山自然保护区科学考察报告》。

15 日 万年县珠田公社梅源村发现"梅源红鲫"珍稀鱼类品种。据说，此红鲫已有 100 多年的历史，其数量相对稳定，形状、颜色均未发生变异。其他地方均无此种鱼。

15 日 省政府批准省物价局、教育厅、财政厅关于恢复改革前全日制中小学学杂费收费标准及整顿教育收费的报告。规定中小学学生每人每学期学杂费收费标准：在城市（包括省、地辖市，不包括市辖县），高中 5 元，初中 4 元，小学 3 元；在县镇工矿区和农村，高中 4.5 元，初中 3.5 元，小学 2.5 元。此收费标准从 1984 年春季开始实行。

15 日 全省企业技术进步工作会议在南昌市召开。会议回顾了江西省 1983 年的企业技术进步工作，并对 1984 年的技术进步工作作了初步安排。会议于 21 日结束。

15 日 《人民日报》、《江西日报》和《中国电力报》同时发表了萍乡供电局存在严重"电霸"作风的报道。以萍乡供电局为重点，省电力工业局所属供电部门普遍开展反"电霸"作风的活动。

16 日 共青团江西省九届三次全委（扩大）会议在南昌召开。团省委代理书记贾善来代表团省委常委会提出了 1984 年全省团的工作突出抓好"学老苏区传统，做党的好儿女"、"绿化一湖两江三条路"和"我为重点建设作贡献，增收节支千万元"三项大型独立活动。会议于 19 日结束。

16 日 省政府派出 5 个检查组，分别到一些地、市督促做好财务、税收大检查的处理工作，坚决不让违反财经纪律的单位和干部在经济上占便宜。

18 日 南昌市工人文化宫科技大楼正式落成。科技大楼坐落在工人文化宫院内，建筑面积达 5200 余平方米，总高 41 米，主体有 10 层，其中 8 层为职工群众活动的场所，内设大厅、文化休息室、棋类室、电子游艺室、科技报告厅、科技阅览室、科技咨询服务部、展览厅、大小教室和音乐、舞蹈、曲艺、戏剧排练室以及乒乓球室、健身房等，平均每天可接待 3 万人次。该楼建筑结构是江西省第一次采用的全装配钢筋混凝土结构施工新工艺。

南昌市工人文化宫科技大楼

19 日 经对外经济贸易部批准，中国医药保健品进出口公司江西省分公司成立。

19 日 省地质矿产局九一六大队在星子县城西南 17 公里的华林发现优质高岭土矿床。华林高岭土矿由伟晶岩脉和细晶岩脉风化而成，有 3 个矿段，矿层厚 10 米至 20 米，淘洗率 25% ~ 40%。有两个矿带：1 号矿带长 1800 米，宽 50 米，由 10 条岩脉组成；2 号矿带长约 1100

米，宽 40 米，由 3 条至 5 条岩脉组成。黏土矿物主要为高岭石，含铁低，质量优良，为重要陶瓷工业原料。

19 日 省委整党工作指导小组最近召开省直第一批整党单位的党组、党委负责人和各单位联络员会议。中央整党工作指导委员会办公室副主任陈鹤桥参加了会议。常务副省长傅雨田对省直第一批整党学习的情况作了概括的总结，并对抓好整党学习的问题提出了明确的要求。省委整党工作指导小组组长白栋材对下一步如何深入开展整党学习的问题提出了要求。

19 日 全国政协副主席杨成武视察南昌陆军学校和江西省军区并会见了该校军师领导同志、文化教员、干部和学员，察看了实验室、语音室，会见了部分离休的老干部和省军区、南昌军分区的领导人以及机关团以上干部。杨成武勉励南昌陆军学校走在全军院校的前列，成为部队的榜样。视察于 20 日结束。

20 日 省政府在南昌市召开了全省 1983 年度经济效益先进单位的表彰大会。共评出提高经济效益先进单位 98 个，优胜单位 256 个，增盈、扭亏和清退计划外用工单项先进单位 138 个。省冶金厅、机械厅、医药总公司、国防科工办、化学工业公司、萍乡市、上饶地区被评为部门和地市的先进单位。表彰大会于 21 日结束。

21 日 经省委批准，江西省地方志编纂委员会成立并召开第一次会议。全省已有 60 个县（市）建立了修志机构并陆续开始修志工作。会议要求编纂委员会抓好《中国地方志》、《当代中国》、《中国名人辞典》、《开发祖国大好河山》、《鄱阳湖研究》和古籍整理等 6 种书籍，并列入地方国民经济和社会科学规划。

22 日 江西省青年书法家、江西中医学院学生李远实应邀赴日本表演，在东京、大阪、京都、横滨等地先后作了近百场表演，观众逾万人。他"双管齐下"的独特手法获得了不少日本知名人士的赞赏。表演活动于 2 月 9 日结束。

23 日 省地质矿产局赣南地质调查大队近日在石城里庄锡矿发现三条锡矿矿体。矿化强度大，品位特富，主矿体长 1000 米，为脉状富矿体，锡石含量高者可达 50%~90%，还有网脉状矿石和浸染状矿石，目估锡品位为 0.5%~20%。

23 日 省政协第五届常委会四次会议在南昌市举行。会议学习中央领导关于落实政策问题的批示和讲话，听取和讨论有关落实政策座谈会精神的传达报告，关于全省落实政协委员政策情况的调查汇报和关于全省经济形势的通报。会议于 25 日闭会。

23 日 全省首次微型计算机推广应用工作会议在南昌召开。会议于 27 日结束。

24 日 江西省提出农村广泛建立粮食收储服务站，以解决当前"国家仓库满，农民卖粮难"的问题。为解决粮食仓库严重不足的困难，国家把江西列为重点建仓的省份之一。江西省的方案规定粮食收储服务站可作为乡（社）领导下的集体经济组织。它的设置和经营原则是：（一）按经济区域设点，按大队规模划定服务范围；（二）库点必须交通方便，吞吐灵活，适当集中，合理布局，以节省劳力、运输力和费用；（三）每个库点收纳量不少于 50 万斤，以体现经营效益。

25 日 第二期《半月谈》杂志报道了江西省 1983 年的五大成就：（一）农业在大灾之年夺得大丰收，粮食产量超过 285 亿斤，社员人均纯收入达 300 元，比上年增长 10%；（二）全省工业实现利润增长 23% 左右，上缴利润增长 12% 左右，地方财政收入比计划超收 1 亿元以上；（三）江西铜业公司的永平铜矿全面完成了全年投资计划；（四）全省最大的高温高压发电机组九江二电厂一号 12.5 万千瓦机组，正式投产并网发电；（五）开工建设和批准建设的饲料工厂共 176 个，总生产能力为年产配混合饲料 16 亿斤。

25 日 民盟江西省委会领导应美国驻华使馆二等秘书威廉姆斯邀请，在江西宾馆与威廉姆斯进行座谈，回答了威廉姆斯的提问。民盟省委副主委李柱介绍民盟在江西组织建设的情况和在江西社会政治生活中的作用。

25 日 鄱阳湖白鹤航空调查结束。该调查由中国科学院动物研究所主持，江西省民航局配合完成。

26 日 于都县委党史办公室和县博物馆发

现一批珍贵的革命历史文物。其中有《粤赣省苏维埃政府布告第一号》、红军标语和红军漫画多幅；有主力红军长征后以项英、陈毅同志为首的中央分局、中央政府办事处机关驻在于都黄麟地区井塘村时使用过的文件箱、煤油灯、算盘等办公用具；有项英1935年2月中旬从井塘村突围前送给房东的蚊帐、绸缎被面等用品；还有一枚刻有"中华苏维埃共和国江西省于都县黄龙区执行委员会"字样的圆形印章。这些文物具有重要的历史研究价值。

26日 省党政领导赵增益、钱家铭、梁凯轩听取了全省微机工作会议情况汇报，讨论研究江西省微机生产应用问题。与会同志对发展江西省微机工业发表了意见，提出具体方针：（一）加速建立微机工业；（二）积极组织软件研究；（三）大力培养专业人才；（四）稳步进行应用推广。

27日 省委、省人大、省政府给解放军驻赣部队和武警部队江西省总队全体指战员，全省烈属、军属、革命残废军人、退伍红军老战士、复员、退伍军人和军队离退休干部发慰问信。赞扬他们圆满完成教育训练、战备执勤、施工生产、维护社会主义治安等任务，尤其是在赣北、赣东地区遭受建国以来最大的洪涝灾害中，为保卫灾区人民生命财产作出了重大贡献。

27日 截至当日，全省收购粮食达100亿斤，预计可调出45亿斤以上，成为全国调给国家稻谷最多的省份之一，是全省农业生产向商品生产转化的重要标志。

27日 省政府发出通知，根据因地制宜、适当集中的原则，迅速恢复和稳定发展黄、红麻生产。黄麻主要集中在波阳、万年、东乡、上饶、广丰、铅山6县，红麻主要集中在永丰、吉水、吉安、金溪、余江5县。

28日 赣江上游惶恐滩头的万安水电站混凝土纵向围堰顺利竣工。混凝土纵向围堰，由上纵、下纵和坝身段、导墙段四个部分连接而成。上纵围堰于1981年12月14日下午正式开仓浇筑。1982年紧接着向下纵围堰和坝身段推进。这项工程是由解放军某部设计施工的。

28日 中国科学技术协会在江西省建立青少年微型计算机科技活动室，并为每个科技活动室装备11台微型电子计算机，还将于2月、3月举办两期青少年科技辅导员微型电子计算机学习班。江西省科协也添置微型电子计算机10台，装备青少年微型电子计算机科技活动室。

28日 省林业厅发出通知，要求各地、市、县林业主管部门贯彻好国务院《关于严格保护珍贵稀有野生动物的通知》和省政府《关于进一步做好保护珍禽珍兽工作的通知》，做好保护工作，对违反规定捕杀珍禽珍兽的要组织力量进行查处。

30日 省政府批准王杞生、张甫生、张化友、王树津、林锡辉、李镜明、汪渭河7位同志为革命烈士。他们在抗洪抢险中，为维护国家和人民利益而英勇献身。

30日 省委办公厅在八一礼堂召开全国科技工作会议精神传达报告会。省直机关有关部门和驻市科研、设计单位、企业、大专院校的负责同志暨科技人员1000余人，听取了省科委党组书记、主任郭亚民作题为《再学习、再认识、再实践，大力贯彻科技新方针，推动科技进步振兴江西经济而努力奋斗》的报告。

31日 省政府、省纪委对江西钢厂无视国务院、中央纪委关于坚决制止乱涨生产资料价格的《紧急通知》精神，巧立名目变相加价的违纪问题进行了检查和处理。省政府、省纪委要求全省各级党组织和企事业单位，引以为戒，进一步检查贯彻国务院、中纪委《紧急通知》的情况，把坚持党的政治纪律放在首位。

本月 南昌矿山机械研究所与江西拖拉机制造厂共同研制成功WJ－2矿山用铲运机，性能达到国外同类产品水平，通过部级鉴定（获1985年机械工业部科技进步三等奖）。

本月 南昌日用化工厂生产的"草珊瑚"牌牙膏被评为南昌优秀科技成果一等奖（2月在无锡市举行的全国药物牙膏群众评比活动中被誉为"群众信得过产品"。5月，"草珊瑚"牌牙膏获江西省优秀科技成果二等奖）。

本月 南昌市委正式批准市广播电视局与市人民广播电台合并，成立南昌市广播电视局。

本月 省政府批准江西省保险公司升格为副

厅局级经济实体，地、市、县保险公司与同级人民银行平级。

本月 江西省盐业公司划归省轻化工业厅领导；省副食品公司经营的水产、烟草业务分别划归省农牧渔业厅和省烟草局领导。

本月 南昌职业技术师范学院改名为南昌师范专科学校。同年4月，经教育部批准，在南昌师范专科学校的基础上筹建南昌职业技术师范学院（1985年4月，省政府批准建院，隶属省政府管理。现委托南昌市人民政府管理）。它是一所文、理、工多种学科的综合性高等师范院校，以培养全省职业中学师资为主，南昌地区普通中学师资为辅，兼带培训职业技术教育管理干部和在职教师。

1984

2月

February

公元1984年2月							农历甲子年【鼠】						
日	一	二	三	四	五	六	日	一	二	三	四	五	六
			1 三十	**2** 春节	**3** 初二	**4** 立春	**5** 初四	**6** 初五	**7** 初六	**8** 初七	**9** 初八	**10** 初九	**11** 初十
12 十一	**13** 十二	**14** 十三	**15** 十四	**16** 元宵节	**17** 十六	**18** 十七	**19** 雨水	**20** 十九	**21** 二十	**22** 廿一	**23** 廿二	**24** 廿三	**25** 廿四
26 廿五	**27** 廿六	**28** 廿七	**29** 廿八										

1日 由中国科协、江西省科协、南昌市科协联合举办的"普及科学知识，破除封建迷信"展览在江西展览馆展出。

3日 省博物馆主办的"马克思生平事迹展览"在江西省展览馆展出。

5日 高安县石脑公社左家大队金周村发现一块南宋乾道七年（1171）的石刻墓志铭碑。碑长80厘米，宽74厘米，厚56厘米，青石质地，是由南宋著名大诗人杨万里撰文、宋太祖赵匡胤六世孙赵不黯书丹、大学者赵像之的胞弟赵俨之篆刻，碑文共815字，记述了墓葬者邹远的生平事迹。这一发现为宋史的研究提供了史料，也为研究杨万里和邹远的诗文，研究书法艺术和地方史提供了宝贵的资料。

5日 国营大茅山垦殖场首次引进日本"太平2号"蚯蚓，经过一年试验，获得成功。日本"太平2号"蚯蚓长2寸到3寸，全身紫红色，每条蚯蚓含40%的蛋白质，繁殖率达200倍至300倍，它是治病良药之一，也是食品佳肴，它的引进对发展养殖业十分有利。

6日 省地质矿产局赣南地质调查大队，在崇义县赤坑银矿点发现矿带长3000余米，地表出露宽度为40米至80米，矿化深度不小于240米的银矿。经样品化验结果，银品位大大超过工业品位。此外，这个矿床还伴生有金、锡、铅、锌等有益元素，锡品位也在工业品位之上。

7日 省地质矿产局九一二大队在抚州地区东北部找到一处中型金矿和一处中型铜铝锌多金属矿，在赣东北发现一处国家急需的大型斑岩型银矿。

7日 泰和县发现白口城城址，此城是南朝梁大宝元年（550）杜僧明和李迁仕于此作战的土城，距今1433年。白口城城址总面积约20万平方米。城内散见南朝时期建筑材料和生活器皿残片，城外还发现2座南朝墓葬。还发现了春秋战国时期的人类遗物和散见的石器、印纹陶片，采集的标本有石刀、石钵各1件，陶鼎足6件，项珠2件，方格纹、网结纹、米字纹等10多种印纹陶片100余件。

7日 省红星垦殖场自1957年建场至今已开垦红壤地4.2万多亩，其中林、果、茶面积9700多亩，耕地1.85万亩。1983年产粮1350多万斤，油料 24 万斤，饲养生猪 2 万多头，平均出栏 1 万头，其中有 7500 头瘦肉型活猪销售香港市场，为国家创外汇 337 万多美元。1983 年，全场总产值达 2235 万元，获纯利润 115 万元，上缴利税 130 万元，总产值比 1982 年增长 31%，利润增长 27.5%。当前，全场已建起生产规模为 1600 头的奶牛场 1 座，已养奶牛 834 头；还建起了 2.2 万头的养猪场；年产 1800 吨的乳制品加工厂；6000 吨的淀粉厂；140 万斤的腐竹厂；5000 吨的配合饲料加工厂；中型食品加工厂和食品包装、机械、造纸、石灰、砖瓦、建筑预制厂。共生产 21 种食品商品，全场食品产值、利润将比 1983 年增长 70%，到 1990 年，全场的产值、利润将翻两番。

8 日 省政府最近通知各地积极推广十项农业科技成果和新技术：（一）杂交水稻就地制种稳产高产技术；（二）繁殖并推广农、牧、渔优良品种；（三）地膜覆盖栽培技术；（四）杂交玉米和旱作物间作套种高产技术；（五）中、低产田综合改良技术；（六）低产果、茶园改造，提高品质和储藏保鲜技术；（七）高效、低毒、低残留新农药推广及科学用药技术；（八）猪杂种优势利用和瘦肉型猪饲养技术；（九）池塘、稻田养鱼高产技术；（十）家庭笼养鸡成套技术。

9 日 新余钢铁厂与冶金部自动化研究所、北京椿树电子仪表厂合作，试制成功江西第一台高炉自动上料微处理机控制器。在新余钢铁厂 3

已进入特等工序行列的新余钢铁厂锰铁高炉

号高炉投入使用，用于锰铁高炉程序控制上料。这一新技术的应用，为我国冶金系统高炉上料工序的自动化闯出了新路子（该新技术于 7 月 5 日通过鉴定）。

9 日 省政府印发《江西省贯彻〈水土保持工作条例〉实施细则》。

10 日 财政部、省政府联合决定成立江西财经管理干部学院。

10 日 南康县东山公社中心小学正式被命名为"赞贤小学"，以纪念工人运动领袖陈赞贤烈士。该小学的前身为东山高等小学，是陈赞贤同志在 1918 年创办的，他曾亲自担任过三年校长。

11 日 在永丰县瑶田公社梁坊村边发现一棵高 10 米，胸围 3.4 米的古老罗汉松。它属于罗汉松科，为常绿扁平叶型乔木，生长在海拔 500 米以下，被列为国家二级保护树种。

11 日 省委党校领导和部分教师举行座谈会，学习和讨论胡乔木《关于人道主义和异化问题》的重要文章。大家一致认为，胡乔木的文章从历史唯物主义的高度，对人道主义和异化问题进行了科学的分析，抓住了我国理论界关于人道主义和异化问题争论的实质，澄清了多年来在这些问题上的思想混乱，清除了思想战线上的精神污染，对于推动理论工作的健康发展有重要意义。

11 日 省委召开工作会议，省委书记许勤受省委委托，作了《1983 年工作的回顾和 1984 年的主要工作任务》的报告。提出 1984 年的主要工作是：第一，全面提高经济效益，扎扎实实把经济工作做好。第二，认真搞好整党工作，省级机关整党要作出榜样。第三，继续搞好机构改革、领导班子调整和"第三梯队"建设。第四，加快科学、教育事业的发展。第五，要继续深入进行打击严重刑事犯罪活动的斗争，争取社会治安的根本好转。第六，加强思想政治工作，认真地正确地清除精神污染。会议于 20 日结束。

11日　省委举行省、地（市）、县级机构改革后的第一次工作会议，会议共进行了10天。到会的三级领导干部289人。会议期间，学习了中央文件，讨论了省委书记许勤的报告和省委副书记王书枫的题为《大胆探索，知难而进，放手发展农村商品生产》的报告。对"两户"要贯彻省委提出的"八个允许"，还要进一步从10个方面放宽政策：（一）鼓励和支持专业户农民在自愿互利基础上进行的土地转包；（二）林业专业户拥有承包继承权、林木折价转让权和依法砍伐的产品处理自主权；（三）允许资金、技术、劳力合理流动；（四）可以采取包干分配、投资包干收益分成等多种分配形式；（五）个体商业和各种服务专业户，可以购买加工机具、机动船只、汽车、拖拉机，以从事生产和运销活动，还允许自理口粮到集镇落户；（六）大力提高专业户的科学技术水平；（七）加强对专业户的计划和指导，帮助他们提高对市场的应变能力；（八）关于雇工问题，按中央两个一号文件有关规定执行；（九）专业户不另列税种、税目；（十）坚决制止损害和侵犯专业户权益的各种不正当行为，让专业户安心生产，放手经营。省委书记、省长赵增益在讨论会上作了以《要全面抓好经济工作》为主题的发言。会议表彰了一批在农业战线作出显著成绩的县。白栋材就如何加快商品生产的发展，强调了5个问题：（一）正确认识转变中的农村经济，放手发展商品生产；（二）正确认识"两户"和一般农户的关系，促进更多的农户逐步向专业户转化；（三）正确处理生产和流通的关系，既抓生产又抓流通；（四）正确处理生产和消费的关系，发挥消费对生产的促进作用；（五）学会全面经营农村经济工作的本领，做个称职的领导者。

12日　经国务院批准，江西大学被列为第二批硕士学位授予单位。江西省高校第二批硕士学位授予权的学科、专业有8个，分别是：江西大学的中国古代史、基础数学；江西师范大学的基础数学；江西农业大学的作物栽培学与耕作学；江西医学院的人体解剖学、生物化学、药理学、内科学（心血管病）。连同首批通过的江西师范大学的中国古代文学，江西农业大学的动物生理学、动物生物化学，江西医学院的妇产科学、放射诊断学，江西省高校共有12个学科、专业被列入硕士学位授予单位。

13日　《江西日报》发表题为《迅速全面地宣传落实中央一号文件》的社论。党中央1984年发出的一号文件，是指导农村工作的纲领性文件。社论要求农村各级党组织，要按照中央和省委的要求，组织宣讲队伍，做好宣传、学习、贯彻、落实一号文件的工作，迅速地让一号文件的精神家喻户晓、人人明白。

13日　省政府决定对全省科研机构进行调整。全省现有自然科学研究机构133个，存在布局不合理、设置重叠等问题。第一批进行调整的有农科院、食品所、饲料所、建材所、南昌市工程技术开发中心等16个院所。调整方案还提出要新建食品、饲料、交通、商业等11个科研所，撤、并、调整37个院所。

15日　《陈云文选》在南昌正式发行。各书店都设立了《陈云文选》专柜，南昌市新华书店发出的预订书和门市售出共达2.1万余册。

《陈云文选》在南昌市正式发行，各书店都设立了《陈云文选》专柜

15日　省政府发出《关于调整地方煤矿煤炭出厂价格的通知》。规定自1984年2月1日起，省管定价的省、地、市、县煤矿的煤价，按照国家批准的调整幅度，每吨原煤基价调高10元，实际平均调高6.7元。

15日　在南京召开的全国鹤类保护联合委员会成立大会上，代表一致推选出新一届全国鹤类保护委员会成员。会议结束后，林业部、中央人民广播电台、光明日报社、北京日报社、大自然杂志社等单位的8位记者和摄影人员专程乘船赴鄱阳湖候鸟保护区采访、摄影，观看白鹤、白枕鹤等珍禽。活动于20日结束。

16日 江西省开始使用由新型反光材料"球底平顶型反光膜"制作的各种路标。这种路标是用微型钛钡玻璃球制成，每平方厘米反光膜平排有几万个玻璃球，是折射率很高的光学玻璃，其反射强度比普通镜子亮百倍以上，却不刺眼。这是江西省实现公路现代化的一项重要举措。

17日 应省经贸厅邀请，以香港华润（集团）有限公司常务董事、副总经理姬江会为领队的一行10人，来江西进行工作访问。省经贸厅负责人同姬副总经理进行会谈。访问活动于23日结束。

18日 江西省江、河、路绿化领导小组召开"一湖两江三条路"绿化电话会议。参加会议的有各地、市、县政府分管林业的负责同志和团委、林业、交通、水利、公路部门的负责同志。会议指出：全省103万青少年参加造林22万亩，其中自留山造林11万亩，责任山造林5万亩，造青年样板林1.4万多亩，建"小五园"1200多个，绿化江河堤岸104公里，绿化公路680多公里。

18日 中央绿化委员会在北京召开第三次全体会议。南昌市湾里区、景德镇市、高安县、玉山县被评为先进单位，受到大会表彰。

19日 蜚声清初画坛的"八大山人"朱耷之墓，最近由南昌南郊京家山迁葬到南昌青云谱八大山人纪念馆馆内。原墓地靠近象湖，墓地低湿，新迁葬墓地环境幽雅，书法

家舒同题写了墓碑碑文。

20日 省委、省政府决定，对1983年与1978年相比工农业总产值和农业总产值分别增长65%以上的县予以表彰。工农业总产值增长65%以上的县有：万载县、井冈山县、上高县、德安县、九江县、广丰县、金溪县、临川县；农业总产值增长65%以上的县有：万载县、广丰县、横峰县、井冈山县、上高县、黎川县、金溪县、武宁县、临川县、安远县、南城县、德兴县。

20日 全国妇联通报表扬江西省妇联主任兼党组书记万绍芬，号召各级妇女干部向万绍芬学习，做优秀妇女干部。

20日 江西余江雕刻厂先后在江西、浙江、上海开设了32个分厂，形成了从设计、配料到雕刻、油漆的一条龙生产线，产品发展到4大类近700个品种，畅销60多个国家和地区。1979年以来，年产值每年平均递增127.5%，1983年总产值达300万元。建厂10年，国家扶助10万元，向国家上缴了100余万元税利，总计创造产值1000万元。1984年，经省政府批准，联合组建江西"鹰海"木制品公司，在上海加工销售3000套新式雕刻家具。该厂是横跨两省一市的大型木雕联合企业。

大型木雕联合企业——余江雕刻厂

20日 赣县文物工作者在田林公社东山大队宝华寺前发现两棵千年古柏，高约35米，围长3.5米。

21日 全省研究生招生工作当日结束。全省共有3860人报考研究生，其中在职人员考生比前两年有了较大幅度的增加，占1984年考生总数的70%。江西省1984年有7所高校招收51名研究生，全国报考江西省高校的考生有383人，计划招生人数之比为1:7.5。

21日 省委、省军区召开地、市、县（区）委书记兼军分区、武装部第一政委会议。会议强调，发扬党管武装的优良传统，进一步加强党对民兵、预备役工作的领导，开创民兵和预备役工作的新局面。省委和省军区领导出席了会议。省委书记许勤主持会议并讲了话，省军区政委王冠德在会上作了报告。

21日 中国美术家协会江西分会举办的《江西国画展》在省文联展厅展出，共展出98件作品。这次展览有利于推动江西省国画作者进一步创作出具有江西地方特色的新作。展览会于29日结束。

22日 澳大利亚驻华大使邓安佑先生和夫人一行3人来南昌作为期3天的参观访问。邓安佑大使一行在南昌先后参观了工厂、农村和江西师范大学，并与省计委、省纪委、江西日报社的负责人进行了友好座谈。

23日 省六届人大常委会五次会议在江西宾馆举行。省人大常委会主任马继孔作了题为《清除精神污染，加强社会主义精神文明建设》的讲话。会议决定5月上旬召开江西省六届人大二次会议，通过人事任免事项。决定任命张逢雨为省政府秘书长；于明春为省人民检察院副检察长、检察委员会委员。会议于26日结束。

23日 以日本中日友好净土宗协会理事长藤堂恭俊教授为名誉团长、大正大学副教授大谷旭雄为副团长的日本大正大学、佛教大学第四次祖迹研修团一行24人，自即日起至27日来赣参拜净土宗祖师遗迹和参观访问。

24日 洪都职业大学在省文联礼堂举行开学典礼。洪都职业大学是江西省第一所地区性、多科性、全日制的职业综合大学，开设中文秘书、外语（英）、企业管理、机械制造工艺和设备专业。1983年参加全国高等院校统一招生，首届已录取新生283名。学生全部自费走读，毕业后择优录用，不包分配。毕业生享受大学专科学历待遇。

24日 省委整党工作指导小组召开省直整党单位负责人会议，传达中央领导同志关于整党工作的重要讲话。中央整党工作指导委员会驻江西联络员小组的同志参加了会议，省委组织部长、省委整党工作指导小组成员徐文楼就当前的整党工作提出了具体要求：一是要着重于现在存在的思想问题，即思想上是不是同党中央保持一致，在思想上、政治上的路线端正不端正。二是着重于现在的领导班子，主要是省直部委厅局以上的领导同志。

25日 省政府召开全省财务、税收大检查电话会议。省政府为搞好两个大检查，提出了明确要求：（一）统一思想，进一步提高对财务、税收大检查的认识；（二）各地区、各部门继续加强领导，要重新组织力量，搞好两个大检查；（三）财务大检查要消除"死角"，扩大重点检查面；（四）对前一段检查出来的问题，一定要抓紧核实处理，做到件件有着落。

27日 全省环境保护会议在南昌市开幕，省建设厅厅长周之骥在会上传达了第二次全国环境保护会议精神，研究适合江西省环境保护的具体方针、政策，研究全省近期和长远环境保护目标和工作任务。参加会议的有省委、省人大、省政协、省顾委的领导和有关部门的负责同志。

27日 南昌市人民公园动物园饲养的华南虎继1983年繁殖两仔后，当日又产4崽。华南虎系国家一类保护动物，野外数量极少。原产虎最多的湖南、江西、福建、贵州等省都只剩下为数不多的几只。

27日 省委、省政府在南昌市召开全省广播电视会议。参加会议的有各地、市、县（区）的副书记、副专员、副县长、宣传部长和各级广播电视部门的负责同志。省委、省人大常委会、省政府有关部门的代表也参加了会议。会议联系江西的实际，总结了工作，研究制定了全省广播电视事业的发展规划，讨论了如何开创江西省广播电视工作新局面的有关问题。会议期间国家广播电视部发来了贺电，肯定了江西的广播电视事业取得的成就，同时也提出了要求。省委书记许勤在讲话中提了4点意见：（一）明确广播电视在党的工作中的重要位置；（二）广播电视部门的中心任务是搞好宣传；（三）建设一支符合"四化"条件的干部队伍；（四）全党动手办好广播电视，加快江西省广播电视的发展速度。省委常委、省广播电视厅厅长白永春作了题为《勇于改革，积极进取，努力开创我省广播电视工作新局面》的工作报告。会议于3月4日结束。

28日 九江市油脂化学厂在江西省轻化工业研究所、江西师范大学等单位的协助下，研制成功从棉籽油中提取代可可脂的新工艺，并在省科委主持下通过了技术鉴定。这项新工艺属国内创新工艺，代可可脂获得率为40%，主要理化指标接近国际先进水平。新工艺的应用，为尽快改变我国食品行业需从国外大量进口天然可可脂或代可可脂的现状作出了贡献。鉴定工作于29日结束。

28日 美籍华人杨力宇教授和美中贸易顾问公司总裁陈文女士来南昌作为期两天的参观访问。就江西省和美国新泽西州建立友好关系、江西省与新泽西州经贸合作等问题，与江西省外办、外经贸厅进行商谈。

29日 省经委、省委组织部、省劳动人事厅针对少数单位任意扩大转干范围、放宽条件、弄虚作假等不正之风，下发《关于严禁在整顿"以工代干"工作中搞不正之风的通知》。

29日 截至当日，江西手扶拖拉机厂"东风-12型"手扶拖拉机今年前2个月已签订合同1.6万多台，实际需求量已突破2万台，比1983年实际销售量增加了6000多台，创历史最高水平。

本月 今年以来，由6位农民自筹资金联合兴办的江西省第一个珍珠工艺品加工厂在吉安市青塘公社广丰二队建成。该厂生产了价值近3万元的产品，畅销北京、广州等大城市。该厂力争1984年产值达到30万元。

本月 江西省科学院生物资源研究所、省轻化所和井冈山造纸厂把田菁胶应用于卷烟纸生产中，使得每吨纸的浆耗量降低29公斤至33公斤，还降低蒸汽用量约1/3，定量合格率平均提高17%以上。本月中旬国家科委会同轻工部决定将这一成果向全国推广。

本月 全省对粮食企业全面开展"六清六查"活动，即查经济，清仓库；查物质，清关系；查往来，清粮油票证；查收支手续，清检斤验质、作价；清"农转非"，查政策执行情况；清小钱柜，查开支。

本月 根据省政府《关于进一步加强婚姻登记工作的通知》精神，全省2000多名婚姻登记员经县、市培训考试合格，发给《婚姻登记员证书》。

本月 省医药公司关于《全省贯彻中药新作价办法会议纪要》明确规定：中药材收购价格由省医药公司主管的86个品种改为46个品种，销售价格由省医药公司主管的122个品种改为35个品种。

1984

3月
March

公元 1984 年 3 月							农历甲子年【鼠】					
日	一	二	三	四	五	六	日	一	二	三	四	五	六
				1 廿九	**2** 三十	**3** 二月小	**4** 初二	**5** 惊蛰	**6** 初四	**7** 初五	**8** 妇女节	**9** 初七	**10** 初八
11 初九	**12** 初十	**13** 十一	**14** 十二	**15** 十三	**16** 十四	**17** 十五	**18** 十六	**19** 十七	**20** 春分	**21** 十九	**22** 二十	**23** 廿一	**24** 廿二
25 廿三	**26** 廿四	**27** 廿五	**28** 廿六	**29** 廿七	**30** 廿八	**31** 廿九							

1日　江西省各级妇幼保健卫生部门自即日起在全省范围内开展"婴儿死亡回顾调查"。通过调查以便掌握婴儿死亡率和主要死亡原因，为改进和提高妇幼保健质量和效果提供依据。

1日　省、市党政军领导与15万军民一道，突击治理"脏、乱、差"，共建文明街，整顿南昌市容卫生。

南昌军分区的干部、战士在南昌市八一大道搞卫生

1日　江西人民广播电台增播南昌、抚州、吉安、赣州、宜春、上饶、九江、萍乡、景德镇、庐山等10个城市的天气预报（1985年8月起增播井冈山天气预报）。

1日　全省口岸工作会议在南昌召开。会议回顾总结了九江口岸4年来的工作，讨论研究了建设和发展九江口岸的有关问题，安排落实了1984年的对外运输工作。会议落实了1984年对外运输计划，同时对货、路、港、船各方面之间的协调衔接和检验、监管工作，以及对九江口岸的建设和发展问题提出了要求，进行了部署。会议于2日结束。

2日　在泰和县石山公社匡原村发现的《匡原曾氏族谱》中，发现学术界认为明代就已失传的曾安止所作《禾谱》的部分内容。这部著作对研究北宋时期的农业生产和水稻品种以及曾安止的生平具有重要的价值。

2日　省委、省政府批转省委宣传部、省教育厅《关于我省部分地区殴打、伤害教师，滋扰学校正常秩序事件的情况报告》。

2日　省政府发出对省农垦企业管理体制改革意见的批复，同意省工商联合公司与省属红星、蚕桑、云山、大茅山、黄岗山、德胜关、八一、恒湖、恒丰、泰和、五里、井冈山和康山13

个垦殖场组成经济实体。各垦殖场的人、财、物、产、供、销均由省农垦系统农工商联合公司统一管理并分别在省计委、经委、财政厅、物资局单独立户，省国营垦殖场管理局与省农垦系统农工商联合公司合署办公，隶属省林业厅。

3日 全省第四届民兵代表会议在南昌市召开。省委、省政府、省军区、省人大常委会、省顾委、南昌市陆军学校、省政协的领导和福州军区司令员江拥辉、顾问龙飞虎，总参动员部副部长陈超及全省民兵工作先进单位和先进个人代表，人武干部、专武干部和民兵干部代表，江西省驻军和老红军、民兵老模范的特邀代表，各地、市、县和军分区、县（市）人武部的负责同志，共800多人参加了会议。会议的主要任务是认真总结交流党的十一届三中全会以来民兵立志改革，勇于进取，全面开创民兵、预备役建设的新局面，为发展全省各条战线的大好形势作出更大贡献。会议表彰了123个先进单位和123个先进个人，并向全省民兵发出《倡议书》。会议于7日结束。

3日 全省规模最大的一座蛋鸡场——南昌市郊区湖坊公社顺外大队蛋鸡场于近日正式投产。这座蛋鸡场总建筑面积为6400平方米，主体工程包括两栋两层楼的蛋鸡舍。鸡舍内全部安装国家定型生产的全阶梯笼养设备。控制系机械化半机

新建的南昌市郊区湖坊公社顺外大队蛋鸡场，楼房整齐，设备齐全

械化操作。按设备生产能力，一次可养蛋鸡10万只，年产蛋200多万斤，出栏商品鸡10万只。

3日 国营连胜自行车厂生产的"飞鱼"牌杆闸轻便车装箱1000辆运往意大利，填补了江西省自行车出口的空白。

3日 江西省省长赵增益和江苏省省长顾秀莲在南京确定了今后两省进一步开展经济技术协作交流的意向性方案。近期内两省将在食品、饲料、包装、电子、纺织、城乡合作工业方面开展交流；农业方面着重交流加快发展多种经营的经验，同时在流通领域各部门以及各综合部门开展对口学习。两省还确定江西南昌市和江苏苏州市、江西九江市和江苏南通市建立长期的对口协作关系。

3日 吉安市服装一厂、服装二厂分别与上海市舒乐衬衫厂、上海老安服装厂实现联营，这是江西省在开展跨省市、跨地区经济技术协作中，借助先进地区的技术帮助振兴地方工业的典型。自即日起联营的两厂开始接受全省看样订货200多个花式品种的四季服装样品。1984年，上海舒乐衬衫厂吉安联营厂计划生产各种衬衫18万件，完成产值120万元，实现利润8万元；上海老安服装厂吉安联营厂计划产值80万元，实现利润4万元。

5日 省地质学会科普委员会荣获全国第一届地质科普先进集体称号。

5日 南昌市71所大、中、小学生5万余人参观江西省革命烈士纪念堂，瞻仰了革命先烈的遗容、遗物。这次活动是团省委结合"学习苏区老传统，做党的好儿女"和"学习苏区好传统，做井冈山下小主人"而组织的主题活动。

6日 省卫生防疫站主任技师何晓青和南昌市医学科学研究所技师潘若男等人，经过五年的研究，首次分离筛选出对大肠艾希氏菌、弗劳地枸橼酸杆菌和阴沟肠杆菌等三属大肠正常杆菌有属特异性裂解作用的诊断唑菌体，并把这三属诊断唑菌体和国外引进的O－Ⅰ唑菌体联合使用，从而建立了沙门氏菌快速诊断方法，全国除西藏外，已普遍推广使用。这一发明是对国际沙门氏菌唑菌体鉴定技术的一个重大贡献。

6日 在全国农村青年学科学用科学标兵表彰会上，江西省的一个青年先进集体和7名青年先进个人受到团中央、农牧渔业部和中国科协的表彰，并分别被授予"学科学用科学青年标兵队"和"学科学用科学青年标兵"光荣称号。

6日 省政府批复同意省冶金公司作为经济实体，在人、财、物、产、供、销6方面实行统一计划、统一经营、统一管理。

6日 省政府批复省计委、省经贸厅同意江西桑海电器厂、江西电器进出口公司与香港北海拓展有限公司合资经营，成立江西省第一家中外合资经营企业——洪海电子有限公司。公司经营录像带卷制、电脑技术开发、家电维修。合营期12年，投资总额42.5万美元。

6日 江西省选举委员会在南昌召开全省第三次选举工作会议，决定1984年要完成县、乡人民代表大会换届选举工作。省人大常委会、省选举委员会主任马继孔同志在会上指出，县、乡选举是人民政治生活中的一件大事，要有计划有步骤地抓好。省人大副主任谢象晃向大会作了关于题为《充分发扬民主，严格依法办事，把县、乡换届选举工作搞好》的报告。参加这次会议的有各地、市、县（区）人大常委会、民政部门的负责人和省直有关单位的同志共300人。会议于9日结束。

6日 全国最大（万吨级）的有机硅工程在江西星火化工厂筹建。万吨级有机硅工程建成后，将在江西开辟一个新型化工材料基地，为我国航空、电子、纺织、机械、陶瓷、橡胶、玻璃、皮革、日用化妆品等各项工业的发展作出贡献。

7日 省委严肃处理省轻工业公司一起渎职受贿案。江西省对外经济贸易厅轻工业品进出口公司原经理余西庭以权谋私，渎职受贿，被司法机关依法逮捕。省纪检委已批准开除余西庭的党籍（其行政职务已免除）。在此之前，被依法逮捕的还有该公司储运科单证员李长法、香港某公司的业务代表屠益民。

7日 东风制药厂将研制的微机控制装置应用到生产中，这个装置能在规定时间内使糖液与发酵原料均匀混合，促使青霉素繁殖加快。目前该厂青霉素绿色孢子丝状菌株发酵达30120个单位，创全国最高水平。

7日 省纪委、省委办公厅、省政府办公厅联合发出通知，就贯彻《公开信》的验收工作作了部署。通知要求验收工作要实行逐级负责。并公布了验收标准：《公开信》所列的五类问题是否查清了，查清的五类问题是否按政策处理了；应当处理的问题是否按政策处理了；应当处理的问题是否都落实了；查处的情况是否公布，群众是否基本满意了；是否联系实际对党员干部进行了党性、党风、党纪的教育；是否建立健全了有关规章制度。

8日 以省委书记、省长赵增益为团长的江西省赴南斯拉夫社会主义联邦共和国友好代表团一行7人离开南昌赴北京，并将于14日前往南斯拉夫，参加江西省—马其顿社会主义共和国（含南昌市—斯科普里市）建立友好省州（市）关系签字仪式。计划20日双方在斯科普里市正式签订议定书。这是江西省和外国省州首次建立友好关系，将进一步促进我省的对外开放和合作交流工作。

8日 省政府在南昌召开全省经济工作会议。出席会议的有省委、省政府各部、委、办、厅、局，省总工会、团省委、省妇联，各地区行署、市政府、经委、工交、财贸、商业、粮食部门的负责人和32个盈利企业大户、50个亏损企业大户的负责人以及有关方面的专家、学者。省委常委、省经委主任钱家铭提出要抓好"三个落实"：一是指导思想落实；二是任务落实；三是工作落实。到会同志学习了全国经济工作会议精神，研究和讨论如何全面提高经济效益，实现生产、税利和财政收入增长"三同步"的问题；落实1984年经济工作的四项任务（继续贯彻调整方针，确保重点生产建设，全面提高经济效益，努力增加财政收入）；要实现电子工业的起步；加强流通领域的改革；加强对内外经济交流和协作；要使经济作物和多种经营有突破性发展；要在食品、饲料、包装工业的配套建设上有突破性发展；要在大办城镇集体工业和社队工业方面有突破性发展。会议于6月14日结束。

9日 全省有10户家庭获得由中华全国体育总会群众部、全国总工会宣教部、共青团中央宣教部和《新体育》杂志联合举办并评出的"全国体育模范家庭"的称号。

9日 省绿化委员会提出各地要解放思想、放宽政策、加速绿化江西。要建立责任制，特别要尽快改变中央领导指出的南昌市树木少、樟树镇无樟的状况，要实现把吉安建设成竹城的要求。

10日 全省政社分开、建乡工作在各地逐步展开。当前已有310个公社开展了政社分开、建乡工作，75个公社完成了建乡任务，共建立78个乡，1148个大队建立了1164个村委会。

10日 明朝著名清官况钟（1383～1442）新墓在靖安县城东门落成。况钟是靖安县高湖乡人。况钟墓在"文化大革命"中被毁。落成的新墓全部采用上等花岗岩石料，按原样建造。况钟墓碑书"明敕中议大夫苏州知府擢陞按察使司署知府事况钟之墓"，墓后的青石碑上镌刻着明朝正议大夫礼部左侍郎王直撰写的墓志铭全文。

10日 江西省台湾同胞联谊会第二次代表会议在南昌市召开。来自全省各条战线的代表70余人，及省顾委、省人大、省军区、省政协的领导，民主党派的负责人，省委对台工作小组、省委统战部、省政府有关部门、人民群众团体的负责人，以及各地、市有关部门的同志参加了会议，在南昌市的台胞列席了会议。这次会议听取和审议了副会长吕英作的省台联会两年来的工作总结报告；传达了全国台胞为祖国作贡献经验交流大会的精神；讨论并通过了新的江西省台湾同胞联谊会第二届理事；研究安排了1984年的工作任务。会议还一致通过了全体代表《给台湾父老兄弟姐妹的致敬信》以及致全省台胞的《倡议书》。会议于13日结束。

11日 全国第四届人像艺术巡回展览在南昌市开展，共展出480名作者的453幅作品。江西省入选参加这次展出的摄影作品有：南昌市东方红照相馆王鹰、邹伟珍的《向往》、刘滔的《鸿雁传情》、萍乡市群众艺术馆方敏的《甜》、景德镇市受之照相馆万义恒的《合家欢》共4幅。

11日 江西省有7个少年学雷锋先进组织受到团中央通报表彰。7个先进组织分别是：新余市粮食局团总支"学雷锋流动服务队"、宜丰县潭山乡坪上村团支部"扶困助耕小组"、景德镇二中"火炬"学雷锋小组、赣南造纸厂"青年为你服务队"、上饶师专中文科81级（1）班"义务文化辅导小组"、江西棉纺织印染厂"青年义务服务队"、吉安市五交化公司团支部"义务服务队"。

南昌师范学校附属小学学雷锋小组的同学们接送下肢瘫痪的同学上学

九江县个体劳动者协会学雷锋为民义务服务队在为群众修电视机

11 日 江西无线电器材厂生产的"宇航"牌电视机近日在上海脱销。一月之内销售 800 台，上海五金交电公司要求再增加 6000 台。

11 日 省经贸厅邀请日本贸促会东海总局仓田裕正等一行三人来江西，就技术引进项目和合作项目进行洽谈。

12 日 至植树节前，江西省已造林 277 万亩，超过计划的 6.5%，林木育苗 3 万多亩，占计划的 60%，分别比 1983 年同期增长 40% 和 20% 以上。全省城市义务植树 130 多万株，铺草皮 2.1 万多平方米，建花坛 200 多个。赣州、吉安、抚州 3 个地区的 17 个县，1984 年使用飞机播种造林 62.4 万亩。1984 年将在南康县龙华公社建立全省第一个万亩飞播林实验区，作为江西省飞播林经营的科学实验基地。

12 日 省卫生厅成立冷链装备办公室，同时制定了《江西省冷链装备实施计划》（同年卫生部和经贸部国际局提供给江西 20 万美元的冷藏设备，省卫生厅拨出冷链装备专款 300 万元）。

12 日 在全省总工会六届二次委员扩大会议上，省总工会决定在全省经济战线开展"振兴江西'三创'、'两高'、'一献'社会主义竞赛"。这次劳动竞赛的具体内容是：创纪录、创水平、创先进；提高经济效益，提高企业素质；在完成国家计划的基础上，每个职工全年增收节支贡献 100 元。会议于 15 日结束。

13 日 福州军区吉安干休所陈云开、赖玉明、王煊、彭渤、胡桂香五位离休老红军撰写的 20 篇回忆录分别被中央《党史资料通讯》、全军《党史资料征集情况》、《解放军报》10 多家报刊采用，受到中央党史征委会的奖励。吉安军分区委员会召开表彰、授奖大会，表彰 5 位老红军。

13 日 省卫生厅发出《关于贯彻边整边改精神，整顿和加强医院工作的几点意见》的通知，要求全省卫生系统开展以创文明卫生单位为重点，以综合治理脏、乱、差为突破口的活动。

15 日 省委办公厅、省政府办公厅转发省教育厅、省劳动人事厅《中小学教师队伍管理暂行规定》。

15 日 中国水产供销公司江西省供销站成立，下设九江、波阳、都昌 3 个分站。

15 日 煤炭部决定 1984 年在全国煤炭系统推广使用江西矿山机械厂生产的 S8D 梭车，并在湖南新化举办了首期学习班，培养一批来自全国 12 个省、市共 40 余人的推广使用骨干力量。S8D 梭车是一种容量相当于 8 辆普通矿车容量的长车厢车，是井下平巷转、装运矸石的设备。学习班于 23 日结束。

15 日 江西省高、中等农校改革招生办法，定向招收县共大、农村职业中学毕业生。江西农业大学农学专科班全部招收县共大、农村职业中学毕业生。中等农林学校也招收一定比例的县共大、农村职业中学毕业生和农民技术员。除农民技术员免考外，其他考生都必须参加统考，可免试外语和加试农业技术课。

15 日 到目前为止，全省农村卫生院共增设 500 多个医疗网点。新的医疗网点给农村，特别是边远山区群众就医看病带来了极大的方便。

16 日 全省高教自学考试首次开考报名工作截止，全省报考人数共 14136 人，其中报考马列主义基础理论专业的 6335 人；报考会计学专业的 2870 人；报考法律专业的 2420 人；报考第二批开考专业的有关统考课的 2511 人。

16 日 省经贸厅党组决定成立江西省对外经济贸易厅保密委员会，由外贸厅党组成员张殿锡任主任委员。

16 日 上饶草编制品在全国出口商品生产基地、专厂建设成果展览会上荣获对外经济贸易部颁发的荣誉证书。上饶县工艺厂生产的草编制品被外商誉为"东方艺术的明珠"，畅销美国、联邦德国、法国、日本等 10 多个国家和地区。

17 日 赣江自行车厂在上海自行车三厂的援助下，1983 年生产和销售了 6.1 万多辆"飞虎"牌自行车，产值达 850 万元，上缴利税 97 万元。

17 日 在第二十三次省长办公会上通过了省政府驻福建办事处的辅助机构——发展公司成立的决定。该公司将主要开展以下几项工作：（一）收集、传递国内外经济信息；（二）为引进外资、技术、设备等提供咨询、介绍业务；（三）在福州、厦门等地设立展销江西省工矿产品、工艺美术品和农副土特产品的窗口；（四）洽商并办理江西省同福建省际之间的经济技术协作和贸易往来业务；（五）接受委托办理江西省进出口物资在东港湾、马尾港口岸的转运工作。

17日　省委第一书记白栋材在省级第一批整党单位负责人会上强调："整党就是为了实现党的十二大提出的总任务、总目标。争取到1990年实现年总产值翻一番，经济发展综合人均水平进入全国26个省（区）的先进行列"。并提出，要正确认识和解决好几个问题：第一，要正确分析和估计江西的经济形势；第二，要继续探索江西经济工作的路子；第三，要进一步解决好经济上的薄弱环节；第四，要抓紧搞好技术改造和能源交通建设；第五，关键是要把党整好。

17日　由南昌市科协组织牵头，省卫生厅、省委老干部局和江西省计划生育委员会、南昌市计划生育委员会等7个单位联合举办的《健康与长寿》展览在省展览馆一楼北厅正式开展。

17日　新余市姚圩乡青年植棉技术员刘雪辉和泰和县沿溪公社兽医站的耕牛人工配种员童隆祺被团中央、农牧渔业部、中科协授予"全国农村学科学用科学青年标兵"荣誉称号。刘雪辉创下亩产皮棉360.6斤的成绩，童隆祺使母牛冷冻精液受胎率达78%，创下江西省当前最高纪录。

17日　中国城乡建设环境保护部、中国建筑工会和团中央发起"全国67个城市公交系统青年优质服务竞赛"活动。南昌市公交公司为此在9条公共汽（电）车线路上，开展请乘客评选"最佳驾驶员"和"最佳乘务员"活动。此活动于18日结束。

18日　江西省煤田地质勘探公司一九五地质队在丰城曲江探明了一处储量为1.45亿吨的煤田，可供建设一处年产原煤90万吨至120万吨的大型矿井。该矿煤质好、煤层厚，地质构造简单，水陆交通便利，有利开发。华东地质勘探队在江西永新县高溪公社发现一个大型石膏矿。据测算，每年采50万吨，该矿可开采60年。初定由江西、湖南、福建3省技术协作，由江西、福建两省合资联营开发。

19日　在北京举行的授奖大会上，江西作家胡辛创作的《四个40岁的女人》获1983年全国优秀短篇小说奖。她的这篇小说刊于《百花洲》文学双月刊1983年第六期；另一篇刊于《星火》文学月刊1983年第八期的《抢劫即将发生……》同时获奖。

20日　由呼和浩特、银川、郑州、兰州、太原、大连、杭州、南昌、贵阳9城市青年联合会举办的《全国九城市各族青年美术、书法、摄影联展》在南昌市工人文化宫展出。这次联展共有美术、书法、摄影作品250余件。与这次展览同时展出的还有《南昌首届青年美术、书法、摄影作品展览》，共展出作品80余件。

20日　省政府批转省教育厅《关于加速改革我省农村中等教育结构，发展职业技术教育报告》以及《关于妥善解决民办教师经济待遇问题的意见》。

20日　省委、省政府转发省委组织部、省劳动人事厅《在全省党政机关普遍实行岗位责任制的意见》。该《意见》指出："实行机关岗位责任制是机关建设中的一件大事，是改革干部人事制度的重大措施"。

20日　全省科技工作会议召开。省委第一书记白栋材就落实知识分子政策、调动广大科技人员积极性问题作了讲话。副省长柳斌传达了全国科技会议的精神。出席会议的还有500多名各地区、各部门主管科技工作的同志和科技人员。会议讨论了中央提出的"经济建设必须依靠科学技术，科学技术必须面向经济建设"的方针和省委、省政府作出的《关于加强我省科技工作的决定》。会议于27日结束。

20日　《1∶500000江西省矿产图》由省地质矿产局区调大队编制完成，由江西地矿局组织评审验收。该图全面收集和综合了全省已有的各类矿床、点（矿化点），按其规律分别上图，矿位标定精度较高，所采用的地质、地理底图质量合乎国家出版要求。

20日　省农垦系统有工业产品被评为农牧渔业部优质产品，荣获部优质产品证书。这些优质产品是：江西蚕桑垦殖场桑海味精厂生产的玫瑰牌99%的结晶味精、玫瑰牌粉状味精,弋阳县花亭垦殖场凤凰山分场葡萄酒厂生产的凤鸟牌半干红葡萄酒,新干县洋峰垦殖场生产的洋峰牌糖水橘子罐头,江西茅山垦殖场活性炭厂生产的群峰牌活性炭,玉山县怀玉山垦殖场活性炭厂生产的松鹤牌活性炭,德兴县新岗山垦殖场活性炭厂生产的绿林牌活性炭,江西蚕桑垦殖场桑海工具厂的双斧牌羊角锤,江西红星垦殖场乳品厂生产的培力牌全脂甜奶粉。其中玫瑰牌结晶味精质量达到国际先进水平。

20日 江西籍空军战士张镇平、徐志忠被南京军区空军批准为"朱伯儒式的战士"。张镇平曾受到过当地公安部门通报表扬;徐志忠还被评为上海市儿童校外先进工作者和拥政爱民先进个人。

21日 省委整党工作指导小组作出决定,批准省纪检委、省直属机关党委、省委党校、省档案局、省国防科工办、省化工公司、省邮电局、省科委、省统计局、省商业厅、省粮食局、江西中医学院、江西师范大学13个单位的整党工作进入第二阶段,即对照检查阶段。要求抓住主要问题,自上而下地开展批评与自我批评,防止走过场。要按照中央整党工作指导委员会提出的三条标准和省委的五条要求,认真分析衡量,不搞"一刀切"、"齐步走"。

21日 省保险工作会议在南昌市召开。会议提出新的工作任务:积极试办和推广各种人身保险,尤其是集体企业养老金保险和简易人身保险。这次会议还明确了把保险工作的重点逐步转向农村,积极开办拖拉机、汽车、船舶保险,货物运输保险,乘客安全责任保险,试办耕牛、生猪、家禽保险。会议于26日结束。

22日 江西省根据国务院批转的国家经委《关于做好技贸结合和旧设备选购工作的报告》,积极开展技贸结合项目。

22日 江西省邮电科研所试制成功128门空分程控电话小交换机。程控整机用微机控制,具有代答、转移、叫醒、免干扰、三方通话、优先投入、代问第三者等十几种特殊服务功能。各项技术指标都达到了部颁标准,在中国通信学会电话交换机委员会的学术年会上受到专家们的一致好评。

23日 安远县城宋代无为寺塔修茸一新。无为寺始建于北宋绍圣四年(1097)。塔身为六面九层,高50米。自1982年秋动工维修以来,中央和省、地有关部门多次派专家、学者指导,维修后的古塔基本恢复历史原貌。

24日 进贤县温室公司组织县农业工程设备厂和县农机厂制造的具有国内先进水平的温室已投入批量生产。在国内12个省、市承建的50多栋温室陆续投入使用,为农业现代化提供了新的生产、科研手段,为江西省工业填补了一项空白。这批温室是由中国农业工程研究院设计的。

24日 上海市纺织工业局派出技术指导团前往江西省考察纺织工业。技术指导团将到九江、抚州、南昌3市的重点纺织企业进行考察,并就今后扩大两省、市在纺织工业方面的经济技术协作和产品开发提出了建议,制定了具体帮促办法。

24日 省政府批转省审计局《关于建立部门、单位内部审计机关的报告》,要求52个省直部门及中央驻赣单位建立内审机构,并可配备专职内审人员。随后,全省各地、市、县、区均先后发出在当地部门、单位建立内审机构的通知。

24日 全省第一次干部培训工作座谈会在南昌召开。省委宣传部副部长周銮书作全国干部培训工作座谈会的传达报告,省委组织部副部长雷湘池作关于努力开创江西省干训工作新局面的报告,省委组织部部长徐文楼作了会议总结。会议强调,干部培训工作要正规化、经常化、制度化,为提高干部队伍素质,为开创江西省社会主义现代化建设的新局面服务。座谈会于28日结束。

25日 SF－826型AM/FM(调幅/调频)立体声汽车收放机在赣南无线电厂通过设计定型鉴定。

25日 江西省31个出口土畜产品荣获对外经济贸易部颁发的荣誉证书。这些产品是:庐山云雾茶、婺源婺绿茶、广昌通心白莲、信丰红瓜子、万载百合干、玉山兔毛、德安共青及上饶羽绒制品、宜春、萍乡烟花鞭炮、赣南松香、吉安天然合成樟脑、靖安香菇、泰和乌鸡补酒、余江

"夏天无"药片、南昌、九江裘皮制品等。

26日 全省、地、市、县审计局联合组成审计工作组近日开始实施对林业、预算外资金和教育经费"三条线"审计（审计工作于同年8月全面结束，查出违纪金额中林业资金1493.6万元，预算外资金838万元，教育经费119.5万元）。

27日 全省各级团委组织20多万青少年植树造林，绿化"一湖、两江、三条路"取得可喜成绩。一湖是鄱阳湖，两江是赣江与省境内的长江，三路是南昌至吉安、景德镇、萍乡三条干线公路。仅三路就植树36.4万株，境内的长江南岸植树52.24万多株，鄱阳湖沿岸万年县造青年林1800多亩，青年林四周植树42万余株。

27日 江西棉纺织印染厂青年义务队荣获了团中央表彰命名的学雷锋先进组织称号。江纺青年义务服务队成立于1981年11月，共开展"为您服务"活动122次，参加活动的团员、青年达3660多人次。

28日 省纪委、省组织部、省劳动人事厅联合发出通知，要求各级领导和组织、人事部门，要严把"以工代干"手续关、政治审查关、专业技术关、身体年龄关，不准利用工作条件搞不正之风。如有徇私者，应按中央关于整党的六号通知精神，追究责任，取消考试和转干资格。严禁在整顿"以工代干"工作中搞不正之风。

28日 省政府批准全省各地粮食部门建立农村粮食收储服务站。开展"民代国储"，利用民间原有仓库、民房等储粮设施，付给一定代保管费，委托代国家收储一部分粮食，缓和全省农民卖粮难矛盾。

29日 江西省妇女"四自"报告团开始在全省各地区巡回报告。报告团的任务是用妇女中的先进人物的事迹，激励全省妇女发扬自尊、自爱、自重、自强的精神，克服各种困难和阻力，使自己具备与现代化建设需要相适应的思想觉悟、文化知识和专业技能，为实现党的总任务、总目标而努力贡献自己的力量。

29日 省政府召开电话会议，动员全省人民群策群力搞好回收、上缴废钢铁工作。会议强调，各地区、各部门、各企（事）业单位的领导，要亲自抓废钢铁的回收、上缴工作，把生产过程中产生的"工业垃圾"集中起来，尽快上缴。不允许私自将废钢铁卖到外省，未经省委签证出省的废钢铁，运输部门不得承运。

29日 经省政府批准，省粮食局、省商业厅决定拨5亿公斤平价粮按统购价加费用作价加工饲料，作为向农民换购生猪掌握货源手段。

29日 在广州结束的1984年春季田径邀请赛上，江西21岁的运动员彭琴云以17.98米的成绩，获女子铅球冠军，同时被评为本次邀请赛三名最佳女运动员之一；男选手王小瑾，以15.63米的成绩获男子铅球冠军；梁和记、夏迎一和龚国华分别获男子1500米、女子标枪、男子铅球的亚军。江西省还夺得女子铅球第三名，男子800米、男子铁饼、女子跳高三项第四名，男子5000米第五名。

29日 省军区在南昌市召开军民共建精神文明经验交流会。出席会议的有各军分区、县、市人武部的领导和先进单位的代表共149人，表彰了13个军民共建先进单位。经验交流会于31日结束。

30日 吉安市淀粉厂建成投产，为江西省淀粉生产填补了一项空白。这个厂工艺先进，机械化程度高，年产淀粉400多万斤。据纺织部门技术鉴定，使用这种淀粉浆纱每百斤浆纱可减少成本7.9元，节约粮食指标70斤。

30日 修水县茶叶科技人员开发的桑茶，经评审鉴定，认为是一项新的科研成果。桑茶是利用30%的冬落桑叶和60%的绿茶拼制而成的。桑茶中含有茶多酚、咖啡碱、蛋白质等10种成分和多种维生素，具有生津解渴、清热利尿、祛风凉血等功效。

30日 省卫生厅组织省内中医专家、教授和中青年中医工作者，整理研究江西历代医学著作。自东汉至清末，江西有医学家500余人，其中有医学著作的近200人，中医书籍达300余种。省卫生厅、江西医学院和江西省人民出版社组织有关人员编写了《江西医林人物志》、《江西名志中医选》等书，并对江西省明代医学家陈自明的《妇人大全良方》、清代医学家喻嘉言的

《医门法律》、《寓意草》3 书进行了详细评注。江西医学院成立了中医古籍线装书整理小组,完成了1.3万余册中医古籍线装的整理编目工作。

30 日 省政府批复省司法厅,同意各地、市设立劳改支队(独立大队)和劳动教养管理所,均为县级单位,属事业性质,归口司法行政部门领导。

30 日 都昌县航运公司造船厂自行设计、自行制造成功了全省第一艘客货两用、自身动力的钢质渡轮。该船长 30 米、宽 6 米,设有自动吊桥,能运载中小型机动车辆和 20 吨货物,载客量为380 人,内装 2 台 4105 型柴油机,时速达 15 公里。该船于 3 月中旬交付彭泽县金星渡口使用。

30 日 全省城镇爱国卫生运动先进单位表彰大会在赣州召开。赣州市连续三年被评为"卫生城市"。会上表彰了省委机关等 576 个全省卫生先进单位。表彰大会于 4 月 1 日结束。

31 日 江西机床厂改革分配制度,在落实严格的经济责任制的基础上,实行工资浮动制,调动了职工积极性,促进经济效益大幅度提高,1984 年首季盈利 5 万多元,比 1983 年同期增收22 万元。

31 日 省农业银行在德兴、吉水、广昌、安远、万载、宜黄、进贤、永修等 30 个县(区)试办了开发性贷款,支持开发性生产。到本月底,共发放贷款 600 多万元,已支持开发荒山植树造林 44 万亩,开发荒芜水面养鱼 2 万亩,利用草山草坡养牛 4000 多头。1984 年共安排专项贷款 1000 万元,重点支持 23 个县(区),计划开荒造林 113 万亩,开发水面养鱼 1.5 万多亩。

31 日 全省县、乡换届直接选举工作已全面铺开,到 5 月 3 日止,全省 103 个县级选举单位中,已开完县人民代表大会并进行了选举工作的有 16 个,已选出人民代表尚未召开县人民代表大会的有 7 个,已全面进入宣传阶段的有 51 个。14个县(市、区)所管辖的乡、镇开完了人民代表大会,依法选举产生了正、副乡长,正、副镇长。

本月 江西医学院一附院曹勇、周炳森和江西第五机床厂合作研制的 KR-I 型呼吸机 1982年 4 月投产,至今已生产 1100 多台,全国已有700 多个医疗和科研单位使用该机,配合手术或抢救病人超过 5000 例。当前已建立专门生产线,投入批量生产。

本月 景德镇、上饶、奉新、上犹、上高、德兴、贵溪等 8 县市消灭了血吸虫病。这 8 个县市原有钉螺分布总面积 1031 万平方米,患血吸虫病总人数为 1.1 万余人。

本月 2004 年中央一号文件下达后,农民们从田头解放出来。丰城县石滩公社有农业劳动力1 万多人,到目前为止,全公社有 5000 多名有木工技术的农民乘农闲之机走向广东、湖北、福建、新疆等全国各地做木工,靠手艺致富。

本月 省医药公司发出《关于下达中成药厂5 项经济技术指标的通知》。根据在珠湖药厂召开的全省中成药厂工作会议精神,研究落实各药厂产值产量、全员劳动生产率、实现利润、产品一次合格率、产品优级品率 5 项经济指标。

本月 江西人民出版社向北京盲文出版社赠寄《中医四大经典著作题解》样本。

本月 省高级人民检察院受理查处成新农场犯人曹国祥、吴传福等人不服南昌市中级人民法院一审判决死刑的申诉案,提请江西省高级人民法院缓下死刑执行命令,及时组织力量进行复查。查明原判认定曹、吴等 15 名犯人于 1983 年8 月 3 日晚,拉帮结伙,破坏监规,聚众斗殴,打破木凳 22 个,打伤 8 人的犯罪事实基本属实,定性准确,一审以流氓罪判处曹、吴死刑立即执行,判处王世联、李钦、王文明死刑缓期二年执行,其余 10 名被告分别判处无期徒刑和有期徒刑 7 年、5 年,其中 2 名免予刑事处分。但其量刑偏重,因看病之事发生的打架斗殴是突发性的,不是事前预谋策划,他们的犯罪情节未构成全国人大常委会《关于严重危害社会治安的犯罪的分子的决定》第一条第一款所指"危害特别严重",仅造成轻伤 8 人。经江西省高级人民检察院检察委员会讨论决定,提请江西省高级人民法院重审,最高人民检察院听取汇报,批复同意江西省高级人民检察院意见。后经江西省高级人民法院改判死刑为死缓,死缓改无期,无期改有期,有期减轻刑期。

1984

4月
April

日	一	二	三	四	五	六	日	一	二	三	四	五	六
1 三月大	**2** 初二	**3** 初三	**4** 清明	**5** 初五	**6** 初六	**7** 初七	**8** 初八	**9** 初九	**10** 初十	**11** 十一	**12** 十二	**13** 十三	**14** 十四
15 十五	**16** 十六	**17** 十七	**18** 十八	**19** 十九	**20** 谷雨	**21** 廿一	**22** 廿二	**23** 廿三	**24** 廿四	**25** 廿五	**26** 廿六	**27** 廿七	**28** 廿八
29 廿九	**30** 三十												

1 日　国家重点建设项目之一——江西水泥厂扩建工程正式开工。江西水泥厂扩建工程是我国自行设计的第一条日产 2000 吨水泥熟料干法窑外分解工艺。这是当前世界上先进的生产新工艺，它较当前我国采用的湿法工艺效率高，耗能低，经济效益好。这条工艺线是由天津水泥工业设计院设计的。由省建一公司施工，省构件公司、机施公司、省建三公司密切配合，只用了 26 个月就完成了土建施工任务（于 1986 年 12 月建成投入试产）。

1 日　江西省"冷链"装备办公室正式运作计划免疫"冷链"装备，是按照生物制品的要求，从生产到各基层接种点的一系列储存、运输等各环节都必须处于冷藏条件下。这是江西省同联合国儿童基金会开展疫苗"冷链"装备合作的项目。这项工作的进行能使儿童对百日咳、脊髓灰质炎、麻疹、卡介苗 4 种生物制品有效地接受，以便控制和消除严重危害儿童的百日咳、白喉、破伤风、小儿麻痹、麻疹、结核等传染病。

1 日　省政府规定，小米、高粱、荞麦、大麦、蚕豆、豌豆、小红豆、杂豆等小杂粮和棕油、檬子油等小油料退出统购统销，改为议购议销。

2 日　有色金属总公司召开电话会议，传达胡耀邦关于"大矿大开、小矿放开、强化开采、有水快流，国家、集体、个人一齐上"等加快我国有色金属工业发展速度的重要指示。

2 日　省纪委、省高等教育自学考试指导委员会联合发出通知，指出江西省 1984 年开始实行的高等教育自学考试制度是考核自学者高等教育学历的一种国家制度。要求各地、市考试部门与纪检部门要密切配合，结合整党，把严肃考试纪律作为一件重要事情切实抓好。凡有违纪或舞弊者，取消成绩，两年内不准报考，严重者三年不准报考。

2 日　红星垦殖场"杂交水稻就地制种繁殖"等 4 个工农业科研项目获江西省农垦系统成果三等奖改进奖；"猪崽三品种杂交"、"杂交水稻大面积推广"分别获省农垦系统科技成果三等奖推广奖。

3 日　南昌市"八大山人书画陈列馆"改名为"八大山人纪念馆"。

3日 江西省旅游局和省城乡建设环境保护厅、轻工业厅在南昌联合召开全省旅游工作会议，总结交流经验，部署工作。会议指出，各部门要大胆解放思想，加快全省旅游区的建设。要欢迎港澳同胞和外国专家到江西来兴办旅游业。要培训服务队伍，发展饮食服务业务和旅游纪念品生产。会议强调，1984年的旅游业要取得突破性经济效益。会议于6日结束。

3日 自即日起至8日，联邦德国德意志银行驻北京首席代表雪特，来江西商谈贸易及技术引进事宜。

3日 美国《纽约时报》前副总编辑哈里森·埃文斯·索尔兹伯里偕夫人夏洛特及美中友好协会谢伟思抵达南昌，将赴江西井冈山、瑞金等地进行为期10天的参观采访，为撰写《长征——闻所未闻的故事》一书收集资料。

4日 在1984年全国春季游泳分级分区赛上，江西15岁的陈莲以1分10秒9和2分31秒2的成绩获女子100米、200米仰泳两项第一名。江西选手李金兰在女子100米蝶泳比赛中，以1分3秒33的成绩，打破了她自己保持的1分4秒65的全国纪录，并获得了该项目的冠军。

4日 中国工农红军初创时期的卓越军事将领王尔琢烈士墓在崇义县思顺公社花形岭落成。墓地开阔，墓碑、棺椁用青黄麻石凿制，墓碑上镌刻着肖克所题"王尔琢烈士之墓"几个大字。1928年8月25日王尔琢牺牲于崇义思顺圩。1981年12月，肖克在吊念王尔琢烈士时对重修其墓作了具体指示。

4日 在春季国际博览会上，景德镇市人民瓷厂生产的一套青花梧桐西餐具在民主德国莱比锡国际博览会、捷克斯洛伐克布尔诺第五十六届消费品博览会、波兰波兹南国际博览会上，荣获金质奖章。这是景德镇陶瓷历史上第一个获得国际金质奖章的工艺品，成为中国五件获奖的优秀工艺品之一。

4日 一个跨企业、跨系统、打破区域界限实行国（营）、集（体）联营的新的全省性木材加工制品经济联合企业——江西省鹰海木制品经营公司经省政府批准在余江县正式成立，余江工艺雕刻厂厂长张果喜任经理。

4日 江西省纺织工程学会委托江西棉纺织印染厂召开了"计算机配棉和学习计算机原理"学习交流会。江西省抚州纺织厂、新余纺织厂、九江棉纺织二厂、江西化纤厂等纺织企业的科技人员，以及来自辽宁、陕西、安徽、河南、贵州、四川、黑龙江等兄弟省纺织企业的科技人员共40多人参加了交流会。江西纺织科研所的科研人员在会上讲授了计算机配棉管理系统知识，北京计算机技术研究所的科研人员讲授了微型计算机原理、使用、简单维修等知识。交流会于17日结束。

4日 全省机械行业自1979年至今已有4个产品获得国家优质奖，18个产品获机械工业部优质奖，57个产品获省优质奖。据不完全统计，当前有30个重点企业设立了全面质量管理办公室，有46个企业配备了专职人员，全省组织了722个质量管理小组，发表了835项成果，创造价值达602万元。

5日 江西制药厂生产的出口产品四环素盐酸盐，万年县湖云塘珍珠养殖场生产的淡水珍珠，在1983年北京"全国出口商品生产基地、专厂建设成果展览会"上，受到对外经济贸易部门的赞誉，并获荣誉证书。此外，获得品质优良荣誉证书的8个出口针织品分别为：抚州针织内衣厂的全腈拉绒小童衫、南昌针织内衣一厂的涤棉交织薄绒印花衫、二厂的小童风雪帽套、南昌床单厂的孔雀印花床单、南昌毛巾厂的全棉提花浴巾、南昌手帕厂的手帕、九江针织服装厂的全腈拉绒风雪运动衫和萍乡毛巾厂的毛巾。

万年珍珠场

6日　经教育部批准，江西省高等院校将恢复和增设一批四年制本科专业。其中有：江西大学的经济管理、食品化学、图书馆情报学，江西师大的电化教育，江西农大的农业经济管理、土壤农化，江西工学院的精细化工、食品工艺8个专业。经省批准的三年制专科专业有：江西大学的电子计算机科学技术，江西工学院的电子计算机应用，宜春师范专科学校的政治教育3个专业。以上专业1984年秋季开始招生。

6日　经国务院批准，省政府决定通过平价粮转议价粮的办法，在粮食销售包干指标以外，扩大计划外销售，大力发展精米、精面加工。省辖市标准一级米的供应比重要达到60%，其他城镇工矿要求达到40%，同时大搞饲料加工，扩大酿酒、副食、糕点粮油复制品。

7日　全省商业工作会议闭会。省商业厅提出了7项新的改革措施：（一）改革现行的劳动人事制度。（二）取消入股限额，扩大入股范围。（三）扩大经营范围和服务领域，改变不准供销社跨行业经营的规定。（四）实行浮动工资，同经济效益挂钩，根据贡献大小，把奖金和浮动工资、职务津贴结合起来分配，上不封顶，下不保底。（五）允许供销社在价格上有较大的灵活性，对完成国家统派购任务后的农副产品，以及三类农副产品，允许供销社参与市场调节，按照购得进、销得出、薄利多销和略低于集市价格的原则，随行就市，灵活掌握价格。（六）扩大企业管理的自主权。（七）为进一步满足广大农民对工业品的需求，除执行原定工业品城乡分配比例外，1984年对紧俏工业品的增长部分全部下拨农村。

7日　省编制委员会同意江西省档案科研所内设档案理论、历史研究室、档案管理、保护技术研究室、档案情报资料室等机构，定事业编制15人。

8日　在安远县城东隅的龙泉山山腰发现珍贵树种——红豆杉。叶秆呈紫褐色，木质坚韧；叶似水杉，终年墨绿。据有关部门鉴定，已有百年历史。

8日　在美国夏威夷举行的中、美体操对抗赛中，江西运动员童非以59.4分的成绩与许志强并列男子个人全能冠军。

8日　位于鄱阳湖之北的都昌县区域内的太阳湖、吉池湖、五埠湖等水区，有成批的鱼群来此产卵。据观察，鱼群中最大的鱼约有20斤至30斤重。

9日　省委常委、省纪委开会通过了《关于处分江西医学院招收研究生严重舞弊事件中有关人员的决定》。

9日　上饶地区水动力机械厂把"以质量求生存"作为办厂宗旨。这个厂生产的调速器在行业检查中，获得总分529.68分，占满分的92.9%，在全国同行业中荣获第一名。

9日　全省第一期工业企业经理、厂（矿）长国家统考学习班在江西经济管理干部学院开学。参加首批国家统考的人员均为大、中型企业的正职厂长或业务副厂长，共88人，其中约70%达到大专以上的文化水平。这期学习班的学习时间为3个月。参加这期学习班的还有一部分地、市、厅局（公司）代培的师资32人。

9日　江西省审计局在南昌召开第一次全省审计工作会议。全省各地、市县（区）审计局局长、筹建负责人和业务骨干及省直各部门财务负责人等429人出席会议。全省11个地、市已全部建立了审计局，全省103个县（市、区）已建立审计局76个。这次会议讨论了审计工作的重要意义和指导思想，研究了1984年的审计工作，强调要以提高经济效益为中心，有步骤、有重点地积极开展审计监督，分期分批逐个进行行业整项费用的全面审计。5月11日，省政府批转审计局《全省审计工作会议纪要》。会议于15日结束。

9日　为期3天的春季田径邀请赛在南昌举行，江西运动员姜绍洪打破男子20公里竞走全国纪录。江西共夺得10项冠军、6项亚军。

10日　江西省计算机技术服务公司（又称中国计算机技术服务公司江西分公司）成立。

10日　省政府召开全省工交生产调度会议。会议指出，工商业体制改革：一是改革国家和企业的关系，二是改革企业和职工的关系。会议制定了关于搞活经济的若干规定。省委常委、省经委主任钱家铭就第一季度工交生产情况和当前经济形势,以及抓好二季度工交生产和经济工作发了言。各行署、省辖市政府的专员、市长和经委主任,省直有关厅局(公司)负责同志参加了会议。会议于11日结束。

10日 《星火》文学月刊编辑部、《百花洲》文学双月刊编辑部在南昌联合召开了小说创作座谈会。出席座谈会的有江西省作家、评论家和文学刊物编辑共60余人。座谈会听取了全国1983年优秀短篇小说授奖大会情况和全国农村题材创作会的情况介绍。座谈会于12日结束。

10日 在北京召开的全国商业服装新品种、新款式展评会上,南昌市百花知青服装厂设计的全毛花呢女式西装、绣花连衣裙分别被评为第一名和第三名,获得大会颁发的最佳产品设计奖。

10日 省计划委员会、经济委员会、物资局、商业厅、财政厅、司法厅联合转发国家计委等部、委局《关于地方司法行政机关配备业务用车的意见的通知》,要求各有关部门积极支持各级司法行政机关解决业务问题。

11日 省委、省政府发出《关于当前经济体制改革若干问题的规定》。该《规定》要求:(一)改革工业和流通的管理体制。(二)普遍推行经营承包责任制。(三)企业自行确定工资形式。(四)实行奖励基金浮动。(五)扩大企业管理干部权限和招工权限。(六)下放技术引进的审批权限。(七)试行部分产品价格浮动。(八)搞活城乡集体经济。(九)减轻企业的不合理负担。(十)地方和部门要加强协调。提出在税利并存的原则下,国营大中型工商企业税后利润要向国家承包,实行不同形式的经营承包责任制;并对下放技术引进的审批权限作了具体规定;对以改革工业企业和流通管理体制为重点的城市改革作出了部署,确定政府基本上不再直接管理企业,扩大企业自主权。全省城市经济体制改革由此拉开序幕。

11日 江西省从1981年底开始对78例婴幼儿排泄粪便进行了病毒的分腹离提取工作,经免疫电镜和血清学研究,在江西省首次发现人类轮状病毒。轮状病毒是引起婴幼儿秋季腹泻的主要病源,发病率高、流行广,引起各国广泛重视。这项科研工作是由省儿童医院文远第副院长、省中医学院微生物学教研室潘达鑫副教授和省医科所胡桂珍助理研究员等共同完成的。

11日 司法部1984年分配给江西省维修、更新劳改单位狱政设施补助费140万元。

11日 1984年全省招生和高等教育自学考试工作会议召开。会议确定了江西省1984年招收普通高校、中专、成人高校、成人中专及硕士研究生人数:普通高校11420人,比1983年增长4.85%;成人高校9780人,比1983年增长20%;中等专业学校17535人,比1983年增长2.94%;成人中专3125人,比1983年增长2.1倍;硕士研究生47人,比1983年增长23.68%。这是江西建国以来最高招生数字,达到"六五"计划的规定。同时,对招生工作进行了新的改革。会议于14日结束。

12日 广昌县博物馆在文物普查工作中发现明代大戏剧家汤显祖的3篇轶文,为研究汤显祖的诗文提供了宝贵资料。3篇文章是《黄大次诗集序》、《蕲州同知何平川先生墓志铭》和《何母刘孺人墓志铭》,3篇文章均未收录在汤显祖文集中。

新发现的汤显祖轶文文照

12日 全国古字画鉴定培训班在江西梅岭举行开学典礼。来自全国各省、市的文物工作者60多人,在这里学习中国绘画史和各朝代书画鉴定、保护、珍藏、使用等方面的知识。

12日 江西省四大茶区(饶绿、婺绿、浮红、宁红)茶树品种资源调查总结会在上饶县召开。初步查明全省共有茶树282个品种。

13日 省政府、省军区批转省人防办《关于制定城市防空袭预案意见的报告》(至1986年7月,江西全省有8个市、7个区、72个街道、19个工厂共106个单位完成预案拟制工作)。

13日 在由中央人民广播电台、中央电视台、中国地理学会、《旅行家》杂志社1983年联合举办的《我爱祖国山河美》全国征文评比中，江西省业余作者贺军的游记散文《在南屏嶂密林中》和董鸿彪的游记散文《锁江筑坝胜神工》获得一等奖。

13日 以坦桑尼亚革命党青年团中央委员会桑给巴尔地区第一书记哈桑·查潘加为团长的坦桑尼亚青年团一行3人，来南昌、庐山等地进行为期4天的参观访问。

13日 省卫生厅与省工商行政管理局联合颁发《江西省城乡个体行医暂行管理办法》。

14日 省政府常务会议研究决定，从省财政拨款150万元给省电子工业公司，参加五省六方对七四一厂进行技术改造联营生产黑白显像管项目。

14日 民盟中央常委、中央执行局委员张毕来一行3人到南昌视察盟务，并由民盟省委会副主委李柱陪同到景德镇市视察盟务。张毕来还在南昌、景德镇市作《谈〈红楼梦〉关于封建主义的批判问题》的学术报告，听众共1700余人。视察工作于27日结束。

15日 省政府扩大会议决定："在省直各单位的财政性存款中，筹借2000万元作为专项短期发展基金（无息贷款），用于扶持电子工业的建设"。

16日 全省目前已建立公社（乡）科普协会840个，占全省公社（乡）总数的47.6%，拥有会员8万余人。公社（乡）科普协会的建立和发展，为带动广大农民学科学、用科学、发展江西的农业生产发挥了重要作用。

16日 省委宣传部、省教育厅联合发出在全省中小学校广泛开展"创文明班级、做优秀班主任"活动的通知。通知规定了"文明班级"及"优秀班主任"的基本条件，指出开展这项活动，要按照建设社会主义精神文明和党的教育方针的要求，切实贯彻教育部颁发的《全日制普通中学全面贯彻党的教育方针，纠正片面追求升学率倾向的十项规定》，努力提高教育质量。

16日 省商业厅在丰城县进行商品批发体制改革试点，决定放开三级批发，把县级批发单位划归县供销合作社联合社领导和管理。使县商业局成为单纯的行政职能部门，解决以往在货源分配等方面与供销社的矛盾。除在丰城县进行试点外，各地、市都将确定一个县，进行试点，以取得经验，全面推开。

16日 华东第四届射击锦标赛步枪项目比赛在山东济南结束。江西运动员廖翠红以572环的成绩打破女子小口径标准步枪3×20华东区纪录，并获第一名；王尚荣以591环和1131环分别获男子小口径自选步枪60发卧射和3×40项目第二名、第六名；刘骏被评为精神文明运动员。

16日 在1984年全国举重锦标赛中，江西18岁的运动员魏国华（挺举）120公斤夺得成人48公斤级挺举冠军，并创这项1984年新增加项目的全国新纪录；魏国华以总成绩200公斤（抓举80公斤、挺举120公斤）获得个人第六名；胡伟雄以总成绩202.5（抓举90公斤、挺举112.5公斤）公斤获个人第四名；17日，举重名将万红厚以挺举137.5公斤夺得56公斤级比赛的金牌，并以总成绩242.5公斤获铜牌。

16日 世界银行代表本特到红星垦殖场考察。考察工作于7月10日结束。

17日 江西15岁的新秀薛斌以425.88分夺得男子跳台跳水冠军，并以875.85分和449.97分，分别获该项目的全能亚军和跳板跳水的第五名；14岁的跳水新秀胡莉萍在全国跳水冠军赛长沙赛区以452.43分夺得女子跳板跳水冠军，并达到了运动健将标准，董萍获得这个项目的第五名。

17日 新华社第1008期《国内动态》刊载了《值得开发的龙虎山旅游区》一文，建议中央有关部门对龙虎山的开发给予支持。

18日 在对越自卫反击战中，530名江西籍干部战士光荣立功受奖。

18日 泰和县中龙山区雷公坑首次发现一片南方罕见的白桦树，最大一棵直径为36厘米，高12.5米，树龄约在28年至30年之间。白桦树多生于北方山深林密的潮湿地带，长白山地区较多见。北国之骄的白桦树生长南方尚属罕见，现已被保护。

18 日 江西第二电机厂和南昌柴油机厂合作生产的 SF-1 型 12 千瓦单、三相双频发电机组，用于国内同步卫星发射成功，受到中共中央、国务院、中央军委贺电嘉奖。

18 日 中共中央、国务院、中央军委联名给江西省国营五七二七厂发来贺信，向全体参与发射定点试验通信卫星的科学工作者、工程技术人员、工人、干部、解放军指战员表示热烈祝贺。

19 日 贺子珍因病医治无效在上海逝世，终年 75 岁。贺子珍是江西永新县人，1925 年加入中国共产主义青年团，于 1926 年转为中国共产党党员。曾任中共永新县委负责人之一、共青团永新县委书记、吉安县委妇委、妇女协会组织部长。1927 年参加组织永新农民武装暴动后上井冈山，参加了井冈山革命根据地的艰苦斗争，1928 年在湘赣边界特委和红四军前委机关工作。1934 年 10 月参加二万五千里长征，1935 年 10 月到达陕北。1937 年冬去苏联治病和学习，1947 年 8 月回国。解放后在浙江省杭州市妇联工作。1979 年当选为第五届全国政协委员。贺子珍的遗体于 4 月 25 日下午火化，骨灰盒将安放在北京八宝山革命公墓。告别仪式在上海举行，胡耀邦、邓小平、邓颖超等党和国家领导人送了花圈。江西省以及吉安地区永新县委和政府也送了花圈。

20 日 江西省林科所在全省林业调查中，发现了 3 株大杉树：莲花河江林场场部北面一村庄屋后 1 株杉树，树高 35 米，胸径 107 厘米，树龄约 350 年，树干材积近 15 立方米；宁都洛口公社泮山生产队 1 株青枝杉，树高 32 米，胸径 97 厘米，树干材积近 11 立方米，树龄约 450 年；宁都田埠公社东龙小学门口 1 株青枝杉，树高 18 米，胸径 101 厘米，树干材积近 7 立方米，树龄约 580 年，树冠幅大，东西长 16.7 米，南北长 15.9 米，盖地 0.31 亩。在江西省萍乡市金山公社文化站门口的左侧，屹立着一棵 1360 多年的罗汉松，树高 10 米，干粗 5 尺，四周枝叶围径 11 米，树前立有一块 1 米高的古石碑，碑面刻有三行行书字，左上方为"唐开元年植"，

中间为"古罗汉松"，右下方为"明南皋山题"。

20 日 江西省地方志编纂委员会古籍整理编辑小组在南昌正式成立。小组暂以居住在南昌市、有名望的专家、学者 16 人组成。省委党校校长石天行担任组长，江西师范大学教授余心乐担任副组长。

20 日 省政府办公厅复函省司法厅，同意江西法制报社为县（处）级事业单位，归省司法厅领导。

20 日 省政协五届常委会五次会议在南昌市举行。会议通过《关于召开政协江西省第五届委员会第二次会议的决定》。会议协商决定，增加民进江西省筹备委员会、九三学社江西省工作委员会筹备组为政协江西省委会的组成单位。从其他界别中担任政协第五届省委会委员的民进会员和九三学社社员分别调整到这两个组成单位中来。会议于 21 日结束。

21 日 江西棉纺织印染厂首批赴伊拉克的工作人员启程，这是江西纺织工业首次劳务输出。

21 日 庐山旅游公司与香港伟业建筑公司合资经营的庐山芦林饭店获批准。港商投资 135 万美元，经营客房及其他业务，是全省成立的第一家中外合作经营企业。

21 日 万年县明清古塔——青云塔修葺一新。青云塔位于万年县城关镇西南万（角禾）峰，始建于明代洪武年间，又称"火塔"。因宋代度宗年间礼部尚书李伯玉曾在此办"（角禾）峰书院"故又称为"（角禾）峰塔"。现在的青云塔是清朝道光庚子年间按清代塔式重建的，共 7 级，八卦形，边宽 8 尺，高 9 丈。该古塔于年初由万年县政府拨款 1 万元动工整修，当前全面完工。

21 日 省农牧渔业厅决定 1984 年建设南昌、进贤、新建、九江、都昌、乐平、余江、上高、东乡、上饶、吉安、南康、石城、萍乡市、新余市渝水区 15 个瘦肉型商品猪基地。同时在这 15 个基地配套建设 70 个小型配合饲料加工厂。要求到 1987 年，15 个基地生猪瘦肉率由当前的 40% 提高到 50%。

22日　82岁的原国民党军人陆余将珍藏数十年的古代名家的3幅绘画真迹和敦煌石窟散失的梵文佛经无偿地捐献给了都昌县博物馆。其中唐代王维所作的绫面山水画《雪江寒山图》长121厘米、宽63厘米，画面留有清晰的宋徽宗、苏轼、清乾隆以及刘墉、贾似道等帝王和名人的5处题跋和46方印玺。宋徽宗的题跋是："意多渲染不多皴，溪景山容自叠银，摩诘雪江缉熙卉，展相对与会精神"。另外两幅名画家之作：一是明清之际王升明所作的《寒林远山图》；二是清代蒋廷锡在雍正元年（1723）秋八月既望南沙而作的绫面工笔《花鸟画》。陆余捐献的敦煌石窟散失的梵文佛经，是1942年他在甘肃河西走廊张掖县时，由陕西一法师所赠予，共6页134行。这本梵文佛经对研究我国古代文化和宗教具有很高的价值。

22日　1983年11月赣县养鸡场引进一批英国祖代S220西塞斯小鸡，饲养5个月后，重量达到4斤左右，最大的有6斤多，当日开始产蛋。与本地鸡相比，西塞斯小鸡成熟早、产蛋早、产蛋量高，值得推广饲养。

23日　在中国农垦农工商联合企业总公司举办的上海市嘉定县产品订货会上，江西省提供的583个农副特产品共签订销售成交合同313份，计金额475万多元，名列全国第五位。

23日　省文化厅、商业厅联合印发文化部、中国人民银行《关于加强对古钱币抢救保护工作的紧急通知》。

23日　全省食品工业工作会议在共青垦殖场召开。会议提出改革江西省食品工业的意见：允许机关、学校、厂矿办加工作坊和工厂，允许集体、个人集资办厂，允许企业招聘技术人员，聘请专家、顾问的报酬，银行要允许支出。

23日　江西省青年工人"五小"智慧杯竞赛活动总结表彰会在南昌市召开。全省青年工人共创成果3000多项，为国家增添财富1000多万元。团省委、省经委、省总工会向取得优秀成果的个人和12个先进集体颁发了锦旗、奖状和奖品。

23日　江西医学院第一附属医院耳鼻喉科医务人员，采用喉切除新声门形成术，将患者食道上段前壁造成一个新的声门，使患者在切除喉管后能够正常发音，获得成功。这项手术在国外尚属新近开展手术，国内未见报道。

24日　经省政府研究决定，省劳改局在现行二级局的基础上升半级，即由处级单位升为副厅级单位。

24日　省政府下达《关于解决出口罐头亏损问题的通知》。该《通知》规定：（一）适当降低出口所需原料和包装物料的价格；（二）凡经确定为制罐原料基地的产品，要严格遵守购销合同；（三）外贸部门要继续加强经营管理，减少环节，努力降低流通费用，并力争对外卖好价。

24日　全省党政机关岗位责任制座谈会在南昌市召开。会议提出：各级党政部门要以改革的精神，力争在1984年内把岗位责任制建立起来。会议期间，传达了全国党政机关实行岗位责任制座谈会议精神，提出了实行岗位责任制的4个要求：（一）各级党政机关、群众团体、事业单位都要建立岗位责任制；（二）各级领导都要带头执行岗位责任制，每个工作人员的都要明确职责权利，做到责任到人、权利到人；（三）建立严格的考核制和奖惩制；（四）严格执行岗位责任制、考核制、奖惩制。座谈会于27日结束。

25日　江西省科委组建赣南山区综合考察队，对赣南山区各项农业自然资源进行考察。这支考察队由112人组成，其中高级技术人员14名，中级技术人员50名。考察队下设15个专业考察组。

25日　省委组织部、省委政法委、省劳动人事厅、省财政厅、省司法厅联合发出通知，贯彻中央五部委《关于迅速为劳改、劳教部门配备干部的通知》精神，就中央给江西省新增加劳改劳教工作干部的来源、干部条件等有关问题作了具体规定。

26日　省政府决定，成立江西省计算机技术服务公司。这个公司是一个面向社会，以计算机技术服务为主要内容的服务性机构。它负责接受用户咨询，推荐国家优秀机型、机种，销售计算机产品，开发和设计计算机应用系统，开展计算机科普活动以及接受国外有关业务等外事活动。

26日 在由中国煤矿文化宣传基金会、中国煤矿地质工会和中国作家协会联合举办的全国煤矿优秀文学作品评选活动中，江西省作者徐沼芳的短篇小说《无名墓地》、刘家林的短篇小说《补短》、王崇鼎的散文《心尖上的书架》获得一等奖。

26日 省妇联在南昌县召开为期4天的全省法律顾问信访工作现场会，会议要求各地、市妇联在6月底前，县级妇联分期分批在年底内，全部建立法律顾问机构。到目前为止，宜春、九江、南昌、抚州等地市及湖口、上高、铜鼓、万载、奉新、高安、彭泽、铅山、清江、赣县等县的妇联均建立了法律顾问机构。

26日 湖南、湖北和江西3省的9个毗邻县在湖南平江县联合成立了湘鄂赣边区科学技术交流协作网。该协作网的主要任务是：组织边区资源开发的调查研究；传递新技术、新工艺情报信息；组织科技人员合理流通；加强智力交流；组织协调攻关，对边区一些带普遍性的问题开展有关科技政策的研究等。

27日 《邵式平日记》由江西人民出版社出版并公开发行。邵式平是江西省弋阳县人。《邵式平日记》汇集了邵式平"两年来的回顾（1945年9月至1947年4月）"、"1947年日记"、"1948年日记"和建国后参加第一次全国政协会议、第一届全国人民代表大会的日记以及"赴朝鲜慰问日记"。邵式平的夫人胡德兰为日记写了序。中共中央总书记胡耀邦为日记扉页题词："邵式平同志是赣东北红军创建人之一，是我党早期一位著名的活动家，他一生为革命而坚贞奋斗的光荣业绩将久远地留在中国人民的记忆中。"

27日 南昌市1983年度劳动模范、先进集体代表大会召开。出席大会的有各条战线的劳动模范547名，先进集体代表246名，特约代表24名。

27日 省建设厅、财政厅、省建行批准省建筑总公司实行百元产值工资含量按18%包干。

27日 省委、省政府作出《关于加强广播电视工作的决定》，要求到20世纪末，建成一个四级混合覆盖的技术先进、布局合理、经济有效、高质量、高可靠性、高效率的广播电视宣传网。

27日 省政府发出《关于加强利用外资引进技术设备工作的补充通知》。将原江西省利用外资、引进技术设备领导小组与江西省技术改造引进和利用外资项目审批小组合并，定名为江西省人民政府利用外资引进技术审批小组，小组由梁凯轩等13人组成。

28日 南昌市美术家协会、八大山人书画陈列室主办的黄秋园国画遗作展览在江西省文联展厅展出。展览于5月8日结束。

28日 经省政府批准，国家计委和教育部同意，江西省赣南师范专科学校改为赣南师范学院；在上饶师专的基础上筹建上饶师范学院；在南昌师专的基础上筹建南昌职工技术师范学院。这3所院校均归省政府领导。

29日 省人民检察院、人民法院干部在南昌市中级人民法院举行了着装仪式。5月1日开始穿着统一服装。法院干部服装统一为深藏青色，检察院干部服装为米黄色，大檐帽上缀有一枚铝合金质国徽图案，肩章为红地镶金黄边呢质长方形。

29日 南昌市五中缝纫班和珠市小学签订了加工学生校服的合同，为小朋友庆祝"六一"儿童节准备新衣，并派出一个组到第十六中学为教职工赶制新装。该班48名学员到1983年年底学完专业课业，已做各类服装2738件，其中高档毛呢料119件，1/3的学员达到三级工的水平。该校从1981年起试办职业班，招收本市应届初中毕业生，现开设缝纫、电器两个专业。南昌五中是南昌市第一所初具规模的职业中学。该校试办职业中学的实践证明了教学改革的成功。

29日 中国共产党优秀党员、长征老干部贺子珍的女儿李敏、女婿孔令华在上海向江西省博物馆负责人赠送了贺子珍在革命战争年代用过的茶缸、闹钟、眼镜、手杖、帆布小凳等遗物。这是根据贺子珍生前的意愿，选送一些遗物给她家乡人民作为纪念。

29 日 省六届人大常委会第六次会议在南昌召开。会议通过《江西省人民代表大会常务委员会工作报告》；通过《江西省六届人民代表大会常务委员会关于补选江西省第六届人民代表大会名单的公告》；通过向省六届人大第二次会议提出的各项建议。会议于 30 日结束。

30 日 省委第一书记白栋材考察南昌郊区湖坊公社顺外、热心大队，赞扬顺外大队走农工商副综合经营方向正确，顺外大队连续五年增产增收增贡献，1983 年上调给国家的蔬菜、生猪、鲜鱼、家禽、蛋品都超计划、超历史，各业总收入比 1958 年翻了两番半，人均分配收入 885 元。热心大队 1983 年人均收入 832 元，家家户户买了电冰箱、电视机，盖起了两层楼的新房。省委常委、南昌市市长赵志坚勉励他们放开手脚，大胆致富。此后，《人民日报》、中央人民广播电台、《江西日报》、江西人民广播电台等新闻媒体相继报道顺外大队。

环境优美的南昌市郊顺外大队

30 日 在三清山景区洞岩景区内勘查出一组地下溶洞。洞岩景区是典型的喀斯特地貌，一条长达 10 余华里的地下河贯流整个景区。其间断岸壁立，洞穴密布，紧紧相连，大洞可容万人，小洞能容千人。旱洞内钟乳石奇特多姿，水洞内瀑布直泻。

30 日 南昌市最大的集市贸易市场——墩子塘市场和丁公路市场正式开放，子固路集市贸易市场近日开放。三座市场内均建有玻璃钢瓦的过街顶棚或半边顶棚。市场内设有水泥货台、肉杠、活鱼池、公平秤等服务设施。三座市场每天可接待 18 万至 20 万前来购物的市民。

30 日 省政府发出《关于加强省税务局机构的通知》，决定省税务局升格为副厅级，仍归省财政厅领导。有权单独发布或同其他部门联合发布税务方面的文件。地、市、县税务局实行地、市、县和省税务局双重领导，以省局领导为主。

30 日 在位于景德镇市区东北 40 多公里的天宝公社发现大型大理石矿。经有关地质部门踏勘，矿山面积为 9 平方公里，储量约 1.25 亿立方米。品种有雪花白、浅虎皮、锦黑、秋景、汉白玉等。

30 日 省机械工业系统于本月底组建了一个负责全省机械行业经济技术信息的收集、整理、传递和分析、利用的枢纽机构——江西省机械系统信息中心，并在各级主管部门、科研设计单位和生产企业中建立网络联系。是全省工交系统中第一个应用现代化手段开展信息工作的单位。

本月 江西人民广播电台和中央人民广播电台、中国唱片社联合录制江西第一批立体声戏曲节目《还魂记》、《梁祝》等录音带 30 盒，并被灌制成唱片，5 月开始向全国发行。

本月 中共中央、国务院、中央军委电贺江南材料厂"七专产品"用于通讯卫星发射成功。

本月 省木偶剧团恢复建团以来的第一台大型杖头木偶神话剧《嫦娥奔月》在南昌公演。

本月 中国有色总公司批复，同意江西冶金地质勘探公司改为江西有色勘探公司；江西冶金建设公司改为江西有色建设公司；江西有色冶金研究所改为赣州有色冶金研究所；江西冶金工业学校改为南昌有色金属工业学校；赣州冶金机械厂改为赣州有色冶金机械厂；赣州冶金化工厂改为赣州有色冶金化工厂；赣州冶金汽修厂改为赣州有色冶金汽修厂。

本月 共青垦殖场供应香港的活猪从"统货"中分出来，单独挂牌直接对外销售。这是江西省第一家获准单独挂牌直接对外销售的单位。

本月 泰和县老营盘水库竣工（10月，大余县油罗口水库竣工）。两库均系1969年动工，1977年前后拦洪，继续加固配套，历时14年多才建成。

本月 经国务院批复，设立庐山风景名胜区管理局（同年5月，省委决定撤销中共庐山委员会，设立江西省庐山风景名胜区管理局委员会，机构规格为副地级，由九江市委代管）。

本月 江西省建材工业学校成立，培养目标是建材工业中级专业技术人才。

1984
5月
May

公元 1984 年 5 月							农历甲子年【鼠】						
日	一	二	三	四	五	六	日	一	二	三	四	五	六
	1 劳动节	**2** 初二	**3** 初三	**4** 青年节	**5** 立夏		**6** 初六	**7** 初七	**8** 初八	**9** 初九	**10** 初十	**11** 十一	**12** 十二
13 十三	**14** 十四	**15** 十五	**16** 十六	**17** 十七	**18** 十八	**19** 十九	**20** 二十	**21** 小满	**22** 廿二	**23** 廿三	**24** 廿四	**25** 廿五	**26** 廿六
27 廿七	**28** 廿八	**29** 廿九	**30** 三十	**31** 五月小									

1 日　由南昌"三八"童装厂设计制作的款式新颖、面料鲜艳的香槟式套装、海军领连礼裙、尼龙花边大圆领连衣裙、乔奇纱直衣裙和背心裙等花式品种在上海向阳儿童用品商店以向阳店的"小银兔"商标统一标牌，举办看样订货会。共销出 1700 余件（套），超过了该店从上海及其他省调进销售的所有童装数量总和，客户提出质量问题不超过 2%。1984 年，向阳店已订货 10 万余件（套），上海"六一"儿童用品商店、马兰花儿童服装商店也争相订货。

1 日　全省最大的生铁高炉在新余钢铁厂破土动工。由国家计委和江西省人民政府投资近亿元的 600 立方米的生铁高炉为全国大中型基建项目。

1 日　省经委、省煤炭工业厅、省工商银行、省农业银行颁发《江西省地（市）、县、乡（镇）、队煤矿维护简单再生产资金管理办法》。规定：地（市）、县、乡（镇）、队办煤矿维简费增加为 7 元，增提的维简费原则上要集中掌握，统一管理，调剂使用。

1 日　以巴基斯坦空军参谋学院院长法鲁克·乌马准将为团长的巴基斯坦空军代表团一行 27 人，来南昌洪都机械厂进行为期两天的参观访问。

1 日　遂川县衙前乡堨尾村发现一棵稀有的罗汉松树，树围 5.65 米，树高 20 米左右，直径 1.85 米。中国科学院植物研究所研究员到实地考察，认为这棵罗汉松是当前发现的全省最大的一棵，具有一定的研究价值。

2 日　为贯彻 1984 年中央一号文件，发展商品生产，黎川县农民兴办饲料加工业（2 月，十里公社 6 户农民联合，集资 5000 元率先办起了饲料加工厂，兼做米粉、榨油等；樟村公社 3 位农民投资 4800 元联办拥有柴油机、碾米机、粉碎机等加工设备的饲料加工厂，每月为当地居民提供 4.5 万斤大米和 3 万斤以上的混合饲料。到目前为止，该县已有 230 家类似的饲料加工厂）。

2 日　省、市青年 1000 多人在南昌市举行纪念"五四"运动 65 周年大会。大会由省、市团委、省青联、省学联联合举行。省委书记许勤指出，当代青年必须树立共产主义的崇高理想，坚定对党和人民事业的科学信念，努力掌握现代科学文化知识，为振兴江西作贡献。

2日 省政协五届委员会二次会议在南昌市中山堂召开。省政协主席吴平向大会作了政协五届常务委员会工作报告。报告了常委会一年来所做的工作：（一）组织学习时事政治，提高思想政治水平；（二）通过各种渠道加强政治协商，发挥民主监督作用；（三）落实党中央领导同志的指示，加强对政协委员政策落实情况的检查督促工作；（四）发挥人民政协的特点和优势，为两个文明建设和祖国统一大业服务；（五）密切上下联系，加强对市县政协的指导。并提出了今后七项主要任务。会议通过了关于改进提案工作的意见；通过了增补副主席、常委的选举办法；通过了政协江西省五届委员会二次会议决议。应邀出席会议的有：省委、省顾委筹备组、省纪委、省人大常委会、省军区负责人及有关部门负责人。会议于10日结束。

省政协第五届委员会第二次会议在南昌市中山堂隆重开幕

2日 应省政府邀请来赣进行科学考察的全国人大常委会委员、中国科学院学部委员、著名生态学家侯学煜教授在江西宾馆举行学术报告会，从生态经济学观点谈发展江西大农业的某些战略性问题，受到与会者的欢迎。4月8日至28日，侯教授先后考察了鄱阳湖湖滨、吉泰盆地和赣南山地的13个县和井冈山、九连山自然保护区，历时21天，行程约3500公里，召开了22次有当地干部和科技人员参加的座谈会。访问了24户农民家庭，找农民谈话调查100余人次。掌握了大量第一手资料，就如何充分利用江西山、水、田的自然优势问题，发表了新的见解。他指出，必须按照生态规律办事，以林业为主，综合开发，保持生态平衡。要退田还湖，禁止围垦。鄱阳湖应以发展渔业为主，继续抓好池塘养殖业。适当养活双季稻，以保持农田生态平衡。省委第一书记白栋材，省委书记、省长赵增益到宾馆看望侯教授，听取了他对发展江西省大农业的意见。

2日 省统计局颁布《关于一九八三年江西省国民经济和社会发展计划执行结果的公报》。全年社会总产值为254.08亿元，比上年增长7.3%；工农业总产值为195.47亿元，比上年增长6.1%；国民收入初步计算为124.97亿元，比上年增长6.2%；财政收入为13.18亿元，比上年增加1.15亿元，增长9.6%；农民人均纯收入301.76元，比上年增长11.9%。全年农业总产值为89.40亿元，比上年增长2.6%；全省工业总产值达106.07亿元，首次突破百亿关；全民所有制固定资产投资17.7亿元，比上年增长17.0%。

3日 广昌县沿江公社出土明代文学家、刑部左侍郎何源铜碑一方，重35公斤，高42.5厘米，宽42厘米。何源铜碑系其子何孔贤、何孔宾用楷书写成，阳刻字体遒劲严谨，在书法艺术上有一定的价值。现存放在赣州博物馆。

3日 省教育厅发出《关于加强成人高等教育管理的若干意见》。

4日 玉山县童坊公社一和宅大院里发现四盆造型各异、陈列对称、古色古香的水石盆景，此盆是清朝嘉庆年间进士出身的翰林院庶吉士童大镰遗留之物。盆景高度分别为38厘米、65厘米、75厘米、83厘米。盆有两种规格，一种长74厘米、宽58厘米，另一种长120厘米、宽67厘米，深度都是15厘米。盆脚高5厘米，似动物造型，都是沙积石制成。为研究江西盆景史提供了重要实物依据。

4日 中央乐团独唱独奏音乐会在江西艺术剧院举行首次演出。

4日 南城县剧团试行经营承包制。制定了岗位责任制、财务管理制度、奖罚制度、浮动工资和计分考勤，面貌大变。下乡演出场次成倍增加，演出质量显著提高，经济上扭亏为盈。一年来，在农村巡回演出 183 场，占总演出场次的 81.3%。改革给剧团带来了生机，减少国家补贴 1 万元，上缴纯利 1.1 万元，除公益金、公积金外，每人年终分红 295 元。

4 日　为贯彻落实中央一号文件精神，江西各县实行经营承包责任制。到目前为止，黎川县充分开发利用本地资源优势，发展以瓷器、饲料食品、木竹加工为主的乡镇工业，全县拥有乡镇企业 802 个；贵溪县新用公社 1400 多户农户兴办了小果园、小瓜园、小林场、小养殖场、小鱼塘、小加工厂、小建材厂、小运输、小服务店等"九小"企业，占全社总农户的 20%，并涌现了一批商品生产的专业村 20 多个，农民已向生产专业化、社会化、商品化转化；会昌县兑现承包合同推动企业改革，实现利润超过包干计划的 51%。

4 日　省六届人大二次会议在南昌八一礼堂举行。会议完成各项预定议程。省长赵增益作《江西省人民政府工作报告》。报告共分 4 个部分：1983 年工作的基本情况；努力加快全面开创新局面的步伐，关于长远发展规划的几个问题；改进和加强各级政府的工作。省财政厅厅长李天培作了《江西省一九八三年财政决算和一九八四年财政预算草案的报告》。报告说，1983 年全省财政收入 3.43 亿元，完成年计划的 25.8%，实现了生产、利税和财政收入同步增长。1984 年国家分配我省的财政收入任务是 13.3 亿元，比 1983 年初预算增加了 7700 万元，增长 6.2%。省人大副主任王泽民作《江西省人民代表大会常务委员会工作报告》。继续制定本省地方性法规，加强社会主义法制建设；围绕经济建设中心，监督政府工作，意识形态领域的大事，促进我省社会主义精神文明建设；审议省公安司法机关开展打击刑事犯罪活动的情况汇报，促进我省社会治安的进一步好转，修订本省县乡直接选举实施细则，开展县乡选举等工作，组织委员视察，开展调查县乡选举等工作，组织委员会的基础工作，

加强同省人民代表和人民群众的联系，充分发挥人民管理国家事务的作用；加强常务委员会自身建设，努力改进常务委员会的工作。省高级人民法院院长柳滨作江西省高级人民法院工作报告。报告着重总结了 1983 年 4 月以来，江西省严厉打击严重刑事犯罪的审判工作；审结了一审民事案件 17992 件，民事上诉案件 1079 件；一审经济纠纷案件 1082 件，经济纠纷上诉案件 28 件；处理人民来信 98052 件，接待群众来访 116828 人次，审结了刑事、民事申诉案件 2625 件。省人民检察院检察长陈克光作工作报告。总结了一年来，全省各级检察机关依法查处非法拘禁、刑讯逼供、玩忽职守、诬告陷害、徇私枉法等严重侵害公民民主权利、人身权利和重大渎职案件 101 件。

5 日　全省各级政府 1984 年要努力办好 10 件事。（一）增加城乡人民的收入（农民人均收入增长 7%，全民所有制职工工资总额增长 9%）；（二）通过各种渠道，安排 16 万城镇待业人员就业；（三）城镇新增住宅面积 180 万平方米，农村新增住宅面积 3000 万平方米；（四）争取城市副食品、蔬菜供应有显著好转；（五）安排好工业品下乡，紧俏名牌商品要有 7% 以上销往农村；（六）积极解决县城以上市镇供水问题，建成自来水厂 10 个；（七）改善南昌市排水工程，筹备南昌市煤气建设，继续修建南昌市沿江大道和南昌、九江市防洪工程；（八）扩大中小学招生比例（小学升初中的上升到 62.9%，初中升高中的上升到 44%）；（九）加强医疗保健事业（新增病床 1500 张，增加医疗卫生人员 4500 人）；（十）提高广播、电视覆盖率（地方广播覆盖率由 1983 年的 38.5% 上升到 52%，电视覆盖率由 1983 年的 65% 上升到 70%），着手兴建电视中心。

5 日　全省 1.4 万余名自学者分别在南昌、景德镇、萍乡、鹰潭、新余、九江市浔阳区、瑞昌、德安、赣州、信丰、宁都、宜春、高安、丰城、吉安、永新、抚州、上饶 18 个考区参加首次高考教育自学考试。江西大学、江西师大、江西财院 3 所主考院校组成工作组，和地、市报考

部门共同主持考试工作。省市及有关部门的领导和省文教自学考试指导委员会部分委员分别到南昌市各考点指导。

5日 在全国旅游产品内销工艺品展销会上，张廷发、胡乔木、倪志福、邓力群、王任重、周谷城、田纪云、王丙乾、宋平、刘澜涛等中央领导参观了江西馆。他们分别就江西生产的景德镇瓷器、婺源龙尾砚、南昌瓷盘钟、寻乌蜜橘、杨厚兴瓷板画、"飞鱼"牌自行车等产品的生产情况进行了询问，希望江西省的工艺品有突破性发展。

婺源龙尾砚

5日 全国青年田径冠军赛在杭州市举行。江西省运动员吴菊琴获女子3000米冠军；闵春凤获女子铁饼第二；杨福明获男子1500米第二；辛淑娟、胡健分别获女子1500米、男子400米第三名。比赛于9日结束。

5日 全国总工会在南昌召开托幼工作现场会。来自全国28个省、市、自治区工会的代表，对江西省和南昌市工矿企业的托幼保教工作给予高度评价。南昌市和景德镇市工矿企业采取企业自办、联办、系统办、个体办等形式。举办幼托园所，幼儿入托率分别达到90.1%和100%，基本解决幼儿"入托难"。南昌市工矿企业3000名保教人员中，有37%是经过专业训练的，质量在全国处于领先地位。会议于9日结束。

5日 省检察院在丰城县召开全省打击经济犯罪经验交流会，会议进行5天。并作出决定：凡个人贪污5万元以上的大案和决定免予起诉的案件应报江西省检察院备案。

5日 1984年下半年全省百货商品交流供应会在樟树县城召开，全省各地、市、县的1300多名代表带着当地的日用工业产品前来参加会议。成交额达6534万元。交流会于10日结束。

6日 定居九江市郊茅山头垦殖场园艺分场

的北宋文学家、书画家苏东坡的第三十代孙苏晓冬，家中藏有印着苏东坡生平事迹和画像的《苏氏宗谱》。该套《苏氏宗谱》共8本，每本长2尺，宽1尺，系明洪武初年撰刻，1936年重刻，至今保存完好，为研究苏东坡提供了重要资料。

6日 省科协、省教育厅联合举办的全省1984年青少年计算机程序设计首次竞赛在江西师大附中举行。参加竞赛的有来自南昌、九江、抚州3市的部分中小学，竞赛分小学组、初中组、高中组。有关方面还组织了专家和教育工作者，组成竞赛评选小组，将评选出优胜者赴京参加全国青少年计算机程序设计竞赛。

6日 由南昌有色冶金设计研究院设计、江西省冶金建设公司施工的跨越铅山县杨村河的大跨度钢架拱桥胜利合龙，开创了江西建桥史上第一个采用转体施工大跨度桥梁的成功先例。该桥净跨67米，桥宽4.7米，设尾矿流槽、输水管线及人行道，是当前国内同类结构形式中最大跨度。桥跨分两个半拱，分别在桥位的河岸两侧旱地施工成型，后用手摆卷扬机牵引转动至桥轴位置合龙成拱。转体拱桥的建成，为江西省冶金矿山、公路、水利、林区等桥梁建设提供了新的经验。

正在合龙的铅山县杨村河大跨度转体拱桥

7日 省政协、省妇联联合举办报告会。参加报告会的有出席省人大六届二次会议和省政协五届二次会议的女代表、女委员及省妇联在南昌的执委共300余人。中国妇女代表团成员、省委常委、省妇联主任万绍芬报告了访问新西兰、西萨摩亚、斐济、巴布亚新几内亚的情况。

8日 五〇一地质勘探大队在高安县八景乡大吉岭山区，发现一块占地1平方里大的可用于陶瓷制品、可作耐火材料的镁质黏土矿床。经八景陶瓷厂试用表明，用这种黏镁土作原料，成本低、性能好、质量佳。

8日 省水利厅受省政府鄱阳湖综合考察领导小组办公室的委托，主持召开对赣江尾闾整治研究成果作出技术鉴定的评审会。鉴定意见认为，这项成果显著，方案可行。整治方案已纳入湖区水利规划中统一研究实施。

8日 4月中下旬在安徽合肥举行了第四届中国电影金鸡奖评奖会议，评奖结果于当日在北京揭晓。江西省剧作家王一民编剧的电影作品《乡音》荣获最佳故事片奖。

8日 省劳动人事厅会同省教育厅经过严格考核，从小学民办教师中择优录用千余名转公办老师。

8日 全国曲棍球赛（第一阶段）比赛于当日结束，江西省男队夺得冠军，女队获得亚军。

9日 江西华南钨矿"成规律与成矿预测"研究专题，近日经中国有色金属工业总公司审查评定，荣获科技成果奖。专题的图件和专著已交出版部门正式出版发行。专题新成果在第二十六届国际地质会议上进行了学术交流。

10日 省长办公会议决定：开放毛竹市场，改变过去由林业部门一家统购统销的办法。只要产销两家成交，不用多道批审手续，即可放行出境。多家经营，价格浮动，方便运输。据林业部门现有资料统计，江西省毛竹面积702万亩，居全国第三位，毛竹蓄积量达7.6亿根，居全国第二位。

10日 江西省各地、市、县与兄弟省、市单位已签订16项经济技术协作合同，并开始实施，另外30余项正在洽谈中。这16个项目是：吉安服装一厂与上海舒乐衬衫厂联合成立吉安联营厂；吉安服装二厂与上海老安服装厂联营成立上海吉安服装联营厂；吉安糖果厂与上海宝山永北糖果厂联营定牌生产；吉安机床厂与上海机床厂联合生产MR8240曲轴磨床；井冈山玩具厂与上海玩具九厂联营生产木制拖拉机玩具等品种；泰和县中龙公社器材厂与上海玩具九厂联营生产水果六面画玩具；九江服装鞋帽公司与上海万象

百货商店成立联合经济组织生产"万家"牌衬衫；九江市与南通市成立通江二轻产品经济开发公司联合生产经营工艺美术、刺绣、木竹制品加工、鞋帽服装等产品；萍乡市与湖北省荆门市开展补偿贸易协作；上饶兔毛厂与上海联合毛纺织有限公司协作；省煤炭进出口公司与江苏启东县协作，恢复丰城云庄煤矿生产；临川县农药厂与黑龙江化工研究所、江西工学院联合生产地乐安新型除草剂；乐安家具厂与上海东方红木器联合；乐安针织内衣厂与上海淞江县社队企业局协作新建成印花车间；宜黄竹器工艺厂与苏州竹扇厂联合生产出口竹扇；弋阳水泥厂与东海舰队合资扩建弋阳水泥厂。

10日 科威特国公主来南昌、庐山等地参观访问。此次来访主要是商讨双方在科威特举办江西出口产品展销会和技术合作问题。省经贸厅等有关部门领导参加了会见。参观访问活动于13日结束。

11日 省教育厅、省体委、省卫生厅、省民族事务处印发《关于进一步建立、健全学生"体质健康卡"进行体质、健康调查研究的实施方案》。

12日 全省竹编工艺品已达2000多个，主要有动物、水果盒、花盆套、吊篮、花瓶、文具盒、竹家具等，畅销香港地区和日本、新加坡、澳大利亚、联邦德国、英国、法国、意大利、丹麦、挪威、瑞典、美国等30多个国家。竹编工艺品从1981年开始由江西自营出口以来，产值达1200万元，为国家净创外汇370多万美元，已为江西大宗出口工艺品的骨干商品之一。

12日 省政府印发《江西省贯彻〈水土保持工作条例〉实施细则》，要求各地遵照执行。该细则共8章24条，分为总则；水土保持工作机构与任务；水土保持政策；预防水土流失；规划与治理；宣传教育与科学研究；奖励与惩罚；附则。

12日 《联邦德国漫画家什劳恩作品展览》在南昌展出。联邦德国驻华使馆参赞康浦思出席开幕式。展览于25日结束。

12日 井冈山风景区管理局完成龙潭宫壁、

观虹台、海螺峰、鲤鱼背复杂地段环行步道1600米，打通琴台观虹台隧洞（定名岭岚）128米，增设揽云台室宫壁250米栏杆。

13日 在丹麦举行的第五十届哥本哈根体育协会竞走公开赛中，中国选手、江西省运动员姜绍洪以41分34秒8的成绩，打破男子1万米场地竞走比赛的全国纪录。

14日 江西省、上海市经济技术协作商谈纪要签字仪式在江西省人民政府第二会议室举行。上海市经济代表团团长、市经济办公室副主任钱一平，江西省经济代表团团长、省经济技术办公室主任安建，分别代表上海市政府和江西省人民政府在食品、饲料、包装、微型电子计算机、纺织、服装工业等方面技术上给予江西省支援，帮助江西省改造一两个小化肥厂，并将在稀土、水泥、木竹加工、农副产品等方面，进行共同开发，采取多种经济协作形式。

14日 在省、市水产科学研究所、江西大学生物系、省化工公司、市郊区蔬菜办等单位的共同努力下，人工繁殖河蟹蟹苗首次获得成功，结束了江西从外省调蟹苗的历史，首次育成蟹苗30余万尾。当日下午，第一批蟹苗投放入湖。

15日 由省民政厅、省文化厅、省广播电视厅、省音协、省盲聋哑人协会联合举办的全省首届盲人音乐调演会在南昌举行。来自各地、市的100多名盲人演员参加了会议，省委常委、省委政法委员会书记王昭荣及有关单位的负责人出席了会议。调演会演出了114个节目，最后评出37个优秀节目，精选出9个节目准备参加全国盲人音乐录音评比。调演会于17日结束。

15日 省检察院检察长陈克光在第四监狱犯人大会上作题为《认清形势，改恶从善，努力把自己改造为自食其力遵纪守法的公民》的报告。阐明"坦白从宽，抗拒从严，立功赎罪，立大功受奖"的政策、法律；教育罪犯认罪服法，接受改造，走坦白从宽之路；督促他们认清形势，改恶从善，弃旧图新，检举揭发，争取立功。《江西新生报》全文刊登了这个讲话，全省监管所组织犯人学习。

16日 省委政法委员会召开电话会议。强调进一步贯彻全国人大常委会《关于严惩严重危害社会治安的犯罪分子的决定》，继续严厉打击严重刑事犯罪活动，争取社会治安的根本好转。省委常委、省委政法委员会书记王昭荣强调，当前必须着重抓好3方面的工作：一是各级党政要切实加强领导，充分发动群众，检举揭发犯罪分子的活动。二是各劳改、劳教单位和监所要对犯罪分子进行认罪服法教育。三是大力推进社会治安的综合治理。省委、省政府有关部、委、厅、局，省公、检、法、司法、民政部门，省工、青、妇的负责人，省军区有关部门，省武警部队，南昌铁路局，省民航局及各地、市、县有关方面负责人共3000余人参加了会议。

16日 法卡山守备部队发出通令，表彰20余名在保卫边疆的战斗中作出突出贡献的江西籍战士。

16日 省轻工业厅、省手工业合作联社作出《关于发展城镇集体工业若干问题的规定》。该《规定》指出，企业的厂长由职工大会（职工代表大会）选举产生，厂长有权自行任命副职和中层干部，企业可招聘领导干部；集体企业吸收新职工，由企业自行决定，任何单位不得擅自向集体企业安排人员；允许集体企业从社会上招聘和向国营单位借调技术、管理人才，工资福利待遇可从优；城镇集体工业企业的资金来源主要依靠职工入股和社会集资；企业在照章纳税，留足企业各项基金后，按劳分配，可以上不封顶，下不保底；允许城镇集体工业企业组织计划外的物质补充；允许企业实行一定幅度的浮动价格和季节差价；尊重城镇集体工业的所有权，保障其合法权益。

16日 全国（地、州、盟）电台第七届二次文艺节目交流会在南昌举行，会期14天。会议遵循文艺为社会主义服务、为人民服务的方针，从各地电台提供的大量文艺节目中，精选了12部优秀小说、评书进行复录交流。其中江西省南昌地区音乐工作者创作的音乐节目《130分钟》，评出南昌人民广播电台等一批精神文明电台。

17日 在马来西亚吉隆坡举行的为期两天

的第十届国际羽毛球队女子团体锦标赛（尤伯杯）上，江西省运动员钱萍获金牌。

17日 铁道部在鹰潭召开技术鉴定会，由铁道部设计院和南昌铁路局协作设计和制造成功的我国第一孔16米整孔先张梁正式通过技术鉴定。1982年11月9日，在鹰潭工程四段灌注了我国第一孔16米整孔低高度先张梁，经过静、动载实验和一年多时间的运营考验，证明该梁的技术具有较高的抗扭和抗震能力，具有梁体轻、用料省、价格低等优点，在运营线上换梁，既迅速又安全，是我国桥梁发展的一个方向。鉴定会于20日结束。

18日 江西第一台从美国柯达公司引进的801型彩色照片扩印机，在南昌市彩色摄影冲印服务部正式投入使用。这套设备由南昌市饮食服务公司投资引进，有电脑控制，速度快、质量好，每小时可扩印彩照800张到1000张，扩印的照片色泽鲜艳逼真、层次分明，价格比原来有大幅度降低，能充分满足江西省工农业产品、科研、工艺、文物等对彩色照片的大量需要。

18日 省人民银行、省工商银行、省物价局、省农牧渔业厅、省税务局放宽现行规定，调整政策。省农牧渔业厅提出6条经济体制改革新措施，对所属各单位"松绑"；省物价局下放物价管理权；省税务局调整农村工商税收政策，支持乡镇企业和农村商品生产的发展。

19日 为贯彻省委、省政府《关于当前经济体制改革若干问题的规定》，省劳动人事厅就企业的劳动、工资、资金、人事制度制定了15条改革措施，为企业"松绑"放权。新规定放宽了国营企业招收合同制工人、临时工，借聘技术、管理人员，选拔干部，支付工资，职工转正定级，职工的奖惩等方面的自主权。有关工人落实政策的问题，原需报省劳动部门审批的改由主管部门审批。

19日 全省落实统战政策工作加快进展，1984年前4个月，全省共解决了1600余件统战政策方面的问题。全国和省两级政协委员中的政策问题，已落实和基本落实的占应落实的92%，其他各方面的统战政策也已落实90%以上。鹰潭市抽调193名干部对落实政策问题实行"四定一包"（定任务、定时间、定人员、定质量，包干负责），"一查二定三兑现"，解决问题达85%。赣州地区组织党内外结合的检查验收组，先后到全区17个县和15个省属地属单位检查验收，"文革"期间挤占统战对象私房的问题全部得到解决。

19日 由中国美术家协会和江西省文化厅、美协江西分会、江西师范大学、景德镇陶瓷学院、景德镇市文联联合举办的《胡献雅画展》、《彭友善画展》，在北京中央美术学院陈列馆展出。

19日 由陶瓷美术家秦锡麟设计，景德镇市瓷用化工厂、市玉风瓷厂负责制作的精美瓷盘，作为赠送给奥运会的礼品，将伴随我国体育健儿出征7月份在美国洛杉矶举行的第二十三届奥林匹克运动会。挂盘为椭圆形，盘上方有6种图案的气球；略下方正中底纹为淡蓝色火炬，象征国际奥运会点燃的圣火；正中为中华人民共和国国旗，国旗下端是由蓝、绿、黄、红、黑5个相套的圆环组成的国际奥运会会徽；下端正中标有"中国—奥运会"5个金字，这批礼品6月初将启运北京。

20日 人民解放军南昌陆军学校于近日在江西省某山区举行了一次军事演习。这次演习历时10天，是一次近似于现代战争条件下的诸兵种协同作战的综合演习。演习的课目有摩托化行军、抢渡江河、原子条件下的防御、伏击战、求生训练和实弹战术等。

20日 省劳动人事厅简化落实干部政策恢复公职的审批手续。省直单位、中央驻省单位副处级以下干部，由主管委、办、厅、局（公司）审查批准；副处长以上（含本级）干部落实政策恢复公职的审批手续，按干部管理权限审批。

20日 为配合"严打"，省法院、公安、检察、司法4机关印发了《联合通告》。督促被监管人员坦白交待，检举揭发犯罪，宣布宽严政策、法律，张贴通告，组织学习。随后，各级监所检察部门又同有关单位，深入监管场所，向被监管人员宣讲通告，开展政治攻势，交待余罪，检举犯罪。

21日 江西省第一家中港合资经营企业——洪海电子有限公司正式成立。公司由江西桑海电器厂、省电子进出口公司、香港北海拓展有限公司合资经营，并于当日举行首次董事会议。香港北海拓展有限公司董事沈正亚、经理杨志彪一行3人参加了董事会。该公司经营范围是盒式录像带的国内外销售、国外电子电器产品维修服务、电脑技术的开发应用、家用电器的合作生产。盒式录像带生产中心设在南昌市北郊新祺周。该公司于4月28日经国家对外经济贸易部批准，并于5月9日由国家工商行政管理局发给营业执照。它的成立和开业，为江西省积极利用外资，促进全省电子工业的发展和应用起了重要作用。

21日 省计委将拨给教育部门2000名公办小学教师离职进修的指标。深造教师进修时间两年，成绩合格者给予中师毕业证书。

22日 省商业厅发出《关于省厅停止各项专用基金拨款的通知》，并指出：由于商业财务体制下放地方管理，各级企业实现的税收、利润均缴地方财政。

22日 省政协召集各界人士代表，学习座谈全国人大六届二次会议和全国政协六届二次会议精神。与会者认为：落实知识分子政策以及其他各项工作，必须彻底否定"文革"，清除"左"的影响，去掉官僚主义。与会者就台湾回归祖国、对外开放、帮助中国共产党搞好整党、机构改革、经济工作、基层党组织、基层人民政府等问题提出了意见。

22日 省轻工业厅党组、省轻工业厅作出决定：在全省轻工业系统开展学习张果喜活动。余江工艺雕刻厂厂长张果喜把余江工艺雕刻厂由一个只有21人的木工车间迅速发展成为横跨两省一市，有32个加工点，2000多工人的木雕联合企业，经济效益和竞争实力在全国同行业名列前茅。省轻工业厅要求全省轻工业战线广大干部职工，特别是各级领导干部，吸取其经验，解放思想，积极探索，勇于创新，闯出自己的发展新路子，共同开创全省轻工业生产建设新局面，以优异成绩迎接建国35周年。

22日 江西山区渔业工作会议在婺源县召开。在贯彻1983年10月省委、省政府《关于加快渔业生产发展决定》的基础上，放宽发展山区渔业的政策：（一）承包人的低洼地、冷浆田、"鸡口田"或其他耕地内开挖鱼圹塘，也可转让给其他人开挖，开挖面积的征购粮任务可以钱抵粮；（二）新开挖的鱼塘，长期归己使用，允许继承；（三）可一户或联户兴办鱼种场和利用当地地热资源建立良种越冬基地；（四）山区国营鱼种场，要健全生产责任制，或按照所培育鱼种数量、品种、质量、劳动态度，实行浮动工资和计件工资；（五）县、乡应尽快地提高山区人民的科学养鱼技术水平，在近期内培训和配备专职或兼职的水产技术人员；（六）允许个体劳动者从事鱼种渔需物资贩运和销售，价格由供需双方面议；（七）承包水面一般定在15年以上，并允许渔业专业户、重点户雇工，其人数和经营项目不受限制；（八）企、事业单位的水产科技人员在完成本职工作的同时，开展有偿技术承包和技术咨询，允许养鱼能手兴办收取费用的技术培训班。会议于26日结束。8月，江西省人民政府办公厅印发《全省山区渔业工作会议纪要》。

22日 萍乡市万龙山电扇厂生产的"飞碟"牌吊扇5000台已交付外商，这是"飞碟"牌吊扇第一次进入国际市场。该厂在广交会上共签订了4.2万台的合同。

22日 由南京大学和庐山电子仪器厂共同研制的FS-4型双通道锁定分析器，在九江市通过鉴定。该分析器是光学、电学、微电子学、金属物理学、磁学、生物学、气象学科研与教学中进行微弱信号检测的新型仪器。该分析器主要技术性能超过和达到了美国PAR公司生产的2504型双通道锁定分析器。

22日 全省各级粮食部门积极开拓粮食外销市场，搞活粮食经营，先后与广东、福建、河北、山东、黑龙江、北京等22个省、市、自治区建立了业务往来，到目前为止，共签订议价粮外销合同2.2126亿斤，已调出9665万斤，实现利润615万元。与上年同期相比，直接外销的粮食数量与获得的利润均有较大增长。

23 日 省高级人民法院召开第一次全省经济审判工作会议。会议于 30 日结束。

24 日 省委组织部作出《改革企业干部管理制度若干规定》，为企业扩大用人权"松绑"。规定：企业在主管部门核定的定员编制范围内，有权按照生产特点和实际需要，自行确定机构设置和人员配备，扩大企业干部管理范围。按上述规定经过审批任免的干部，均应按干部管理权限的规定，分别报主管部门和上级主管部门备案；经过审批任命的新干部，一律实行能上能下的原则；企业在选配干部时，要贯彻干部"四化"方针和德才兼备的原则，大胆启用积极进取，敢于改革的开拓型干部；扩大企业管理干部的权限后，各级组织、人事部门要积极支持改革，做改革的促进派，切实做好思想政治工作，协助企业建立和健全各级干部的岗位责任制，严格奖惩制度；上述规定也适用于县级以下（含县级）的事业单位。

24 日 遵照粟裕生前把骨灰撒在战斗过的地方的意愿，江西省武警总队一支队船队将粟裕的骨灰撒向赣江。粟裕的夫人楚青及江西省军政领导 30 余人肃立船舷，深表哀思。粟裕是八一起义的参加者，为中国人民的解放事业立下了不朽的战功，为我军的建设作出了重大贡献。

24 日 江西省工业普查领导小组成立并举行首次会议，组长由副省长梁凯轩兼任。会议认为，做好工业普查工作，全面提高工业经济管理水平和企业素质，加速工业现代化步伐。决定从有关单位抽调计划、统计、会计、技术人员，组成省工业普查领导小组办公室。6 月，将赴抚州选择不同类型的企业开展工业普查试点工作。

25 日 省财政厅最近提出给企业"松绑"放权的工作意见：进一步完善"分级包干"的财政管理体制；国营工交大中型企业税后利润可采取递增包干上缴、固定比例上缴、缴纳调节税和定额包干上缴（只限于矿山企业）的办法；对工交系统亏损企业实行亏损包干，超亏不补，减亏留用的办法；国营小型工业企业，税后利润不超过核定留利 50% 的，企业全部留用，超过 50% 的，其超过部分企业向财政缴纳 20% 的承包费；

下放控购商品审批权，企业厂长（经理）有权审批购买商品；财政资金的使用，要逐步改善为无偿形式和有偿形式相结合的办法；要认真节约企业管理费，凡没有达到节约指标要求多支部分，应由企业自有资金支付。

25 日 省政府经济研究中心召开为期两天的研讨会，探讨加快经济体制改革的问题。会议围绕加快经济体制改革、搞活企业、搞活经济这个中心议题展开讨论。认为江西省改革的重点和方向是：（一）企业要成为相对独立、自主经营、自负盈亏的商品生产经营单位；（二）企业要实行厂长负责制，健全严格的经济责任制；（三）用经济法律办法管理经济活动；（四）建立"三多一少"的流通体制；（五）促进经济的全面自由联合。

25 日 全省供销社体制改革会议召开。会议传达贯彻了全国供销合作社体制改革会议精神，研究制定了江西省供销合作社体制改革的具体方案。以发挥供销社在农村流通领域中的主渠道作用，促进农村商品经济的发展。会议认为，供销社体制改革的核心是还社于民，把供销社办成农民自己的集体商业组织。会议于 30 日结束。

25 日 江西省生产的"飞鱼"牌自行车在"五一"参加全国旅游产品展销会受到倪志福等中央领导人的赞扬后，应邀在北京东四人民商场举行展销。展销于 31 日结束。

25 日 江西洪都钢厂原中空钢车间改建为冷拔钢管车间工程竣工投产，年生产能力为 3000 吨～5000 吨。

26 日 江西省高校、中专毕业生分配、调配工作会议决定：根据省政府 1983 年九号文件规定，1984 年全省有 9370 名大专院校毕业生（其中省属高等院校毕业生 8086 人，国家分给江西省的大专院校毕业生 1284 人）和 11038 名中专毕业生将走上工作岗位，由省教育厅负责分配。要求做到"供需见面"，力求使每个毕业生的分配都能做到专业对口、人尽其才。1984 年的改革措施主要有：机关只进指标不进人，凡分配到省、地市机关（厅、局）的毕业生，先放到基层锻炼两至三年，然后调回来工作，对不适合机关工作的，重新分配；大专院校毕业生派遣工作，一律由学校进行审批，中专毕业生派遣工作全部由主管厅局和地市主管部门审批；全部推行"优生优分"原则，本科 5%、专科 3% 的优才生，可在调配计划内自行选择工作单位；中等师范学校师资，由江西师大直接派遣，以保证中师教育质量的提高。

26 日 省委组织部下发《关于改革企业干部管理制度的若干规定》。该《规定》就企业的机构设置、企业管理干部范围、干部的任免等问题作出了新规定，以适应企业管理体制的经营机制的变化。

27 日 由七〇四所设计、江新造船厂建造的 45 座全封闭式救生艇通过技术鉴定，投入批量生产。该艇试制成功，填补了我国造船工业的一项空白。

28 日 省广播电视厅 400 多名广播电视工作者集会，庆祝江西人民广播电台建台 35 周年。会前，中央顾问委员会委员杨尚奎、刘俊秀、方志纯为纪念会题了词。省委常委、省委宣传部长兼省广播电视厅厅长白永春讲话，回顾建台 35 年来省广播事业不断发展壮大的历史，提出了立志改革、开拓前进，努力开创广播电视工作新局面的任务和要求。省新闻学会副会长、《江西日报》副总编辑李长春代表省新闻学会和江西日报社到会表示祝贺。

29 日 1984 年全国男子体操比赛在南昌降下帷幕。参加此次比赛的有北京、江西、广东、上海、福建、河南、新疆、湖南、安徽、辽宁、黑龙江、广西、江苏、贵州、山东、天津、云南、山西、河北、吉林、湖北、四川 23 个省、

1984 年全国男子体操比赛在南昌市江西省体委院内风雨球场拉开战幕

市、自治区及解放军、北京体院共 25 个单位的 156 名运动员。这次比赛为我国体操健儿参加 1984 年 7 月在美国洛杉矶举行的第二十三届奥运会前的大预演。江西以总分 571.15 分荣登全国男子团体冠军宝座；江西体操运动员童非以总分 116.95 分夺得个人全能冠军，刘明夺得个人全能第三名。刘明、张智辉分别获自由体操和跳马金牌，刘明还分别获得了单杠第三名、双杠和跳马第六名。大会评选江西队为精神文明队，童非获精神文明运动员奖。

30 日 省卫生厅制发《关于加快卫生改革步伐，促进卫生事业大发展的十项措施》。

30 日 由江西水泥厂、合肥水泥研究所和安徽大学无线电厂联合研制成功的我国第一台准彩色水泥窑看火工业电视系统，在江西水泥厂试用一年后，于 5 月底正式用于生产。该工业电视安装使用后，该厂水泥熟料质量的主要考核指标升重率和游离钙合格率分别提高了 30.7% 和 91.6%。

31 日 副省长梁凯轩率领江西省宣传、统战、建设、文化、外事、公安、冶金等 11 个单位的负责人和有关专家学者，实地勘察鹰潭市龙虎山，并在 6 月 28 日向省委、省政府呈报《关于龙虎山发展规划座谈会的报告》。1985 年 2 月 24 日，省委办公厅、省政府办公厅以 32 号文件转发此《报告》。

31 日 省农牧渔业厅 1983 年 10 月引进草莓"鸡冠"、"上海"品种苗 25 万株，分发到南昌、赣州、吉安、宜春等地的 28 个单位种植，现已栽种成功。至月底共收获食用草莓 350 公斤，填补了江西省不产草莓的空白。

本月 江西档案馆编辑的《湘赣革命根据地史料选编》出版发行。

本月 江西人民广播电台改编录制的第一部戏曲广播剧抚州采茶戏《清水店的风波》，在全国 30 多家电台播出，中国唱片出版社出版唱片，全国发行。

本月 全国水土保持工作协调小组召开水土保持先进单位和个人表彰大会。兴国县龙口公社、南城县水土保持站、万安县弹前公社阳坑大队、星子县沙山水土保持试验站、宁都县田头公

社璜山大队、宜春县三阳公社马王塘大队、广丰县下溪公社水土保持站、省水利专科学校水土保持科以及陈树仑（南康县）、齐殿元（上饶地区）、邓习菱（兴国县）等受表彰。

本月 省委决定，江西省人民出版社升格为厅级单位。武继国任出版社社长、党组书记。

本月 根据国家计委、劳动人事部、财政部、国家统计局《关于农村和城市两支抽样调查队组建工作的通知》，省计委、省劳动人事厅、省编委、省财政厅、省统计局联合发文，设立江西省农村抽样调查队和江西省城市抽样调查队。

本月 南昌铁路局机务处牵引试验所用自行设计的牵引试验车在鹰厦、外福铁路进行多次试验（有北方交大、西南交大、福州分局参加），证明性能良好，从而填补了赣闽两省铁路机车牵引试验设备的一项空白。

本月 中旬，江西省第一个实行有偿合同制的科研单位——南昌市工业技术开发中心所属的八个研究所和一个科技服务公司，有4个研究所民主选举所长，并正式行使所长权力。这一举措得到了国务院科技领导小组同志的肯定和赞扬。实行有偿合同制，解决各科研所财权问题之后，技术开发中心党委进一步下放"人事权"。日用品研究所、包装机械研究所以无记名投票方式选举了所长，并由当选所长提名通过确定副所长人选。当选所长都是直接承担课题研究人员，任期一年。任期内不胜任，可以辞职；任职期满后，可连选连任。任期内，所长对全所负全责，有决定本所人员进出、劳动组合、聘请顾问、课题项目、生产任务、技术转让、咨询服务、财务开支等权力。选举落选的原所长、副所长为研究所顾问，待遇不变。

1984
6月
June

公元 1984 年 6 月							农历甲子年【鼠】					
日	一	二	三	四	五	六	日	一	二	三	四	五	六
					1 儿童节	**2** 初三	**3** 初四	**4** 端午节	**5** 芒种	**6** 初七	**7** 初八	**8** 初九	**9** 初十
10 十一	**11** 十二	**12** 十三	**13** 十四	**14** 十五	**15** 十六	**16** 十七	**17** 十八	**18** 十九	**19** 二十	**20** 廿一	**21** 夏至	**22** 廿三	**23** 廿四
24 廿五	**25** 廿六	**26** 廿七	**27** 廿八	**28** 廿九	**29** 六月小	**30** 初二							

1日　南昌市少年宫隆重举行大楼落成开宫典礼。省、市党政军负责同志、社会各界人士代表、团中央和上海团市委代表和南昌市 1000 多名少年儿童一道参加了典礼。少年宫活动大楼坐落在东湖之滨、百花洲畔。该宫共集资 152 万元建成。大楼共有 9 层，有 112 间用房，使用面积 4700 多平方米。室内有阅览厅、游艺厅、美术、航空航海、无线电、地学、生物、舞蹈、戏剧、合唱、器乐等活动室，有各种琴房、体育大厅、幼儿活动室。省市文艺团体举行了募捐义演活动。

1日　宁都县发生仅次于 1876 年的百年一遇的罕见水灾，洪峰水位达 189.26 米（15 日洪水水位再次达到 188.02 米）。

1日　江西省第一座独立岩金矿——洋鸡山金矿建成投产，形成日采选矿石 50 吨能力。

1日　江西钢厂冷轧薄板工程动工兴建（1985 年 4 月 29 日竣工投产，5 月 22 日首次生产冷轧不锈钢板获得成功）。

1日　自即日起，南昌到上海、广州两条航线，由"安-24"飞机代替原来的"伊尔-14"飞机担任航班任务，票价不变。该机型与原机型相比，客座数由原来的 32 座增加为 48 座，商务载重由原来的 3 吨增加为 4 吨，航速由原来的每小时 320 公里增加到 470 公里，由南昌飞往上海、广州的时间由原来的 2 小时 20 分缩短为 1 小时 30 分。机上装有气象雷达和先进的领航设备，减少了雷雨等复杂天气的限制，使航班正常率得到明显提高。该机型系密封客舱，设有冬夏调温装置。

1日　景德镇火车站交付南昌铁路局鹰潭分局使用。景德镇火车站是皖赣铁路上的一个大站，站房内设有贵宾室和两个候车大厅，可容纳上千名旅客。站房中央大而宽敞明亮，三幅瓷面砖大型壁画，整个画面突出了文明古城瓷都景德镇的风貌。站房的门面全部用彩色瓷砖装饰，更增添了景德镇的地方特色。

1日　共青团江西省委发出通知，要求全省各级团组织认真组织团员青年学习胡乔木的文章和长篇通讯《风雨共青路》。通知说，中共中央政治局委员、书记处书记胡乔木同志于 5 月 30 日在《人民日报》发表文章，热情推荐《中国青年报》5月29日刊登的长篇通讯《风雨共青路》值得一读。号召学习共青人的创业精神和改革精神，推动江西省共青团工作的新局面。

1日 皖赣铁路正式交付国家运营。当天有4对客车8对货车首次正点运行。皖赣铁路是国家重点建设项目，全长539.9公里。南段自景德镇至贵溪，长为132.8公里。北段由安徽省的火龙岗站至景德镇南站，长为407公里。沟通江苏、安徽、江西、浙江、福建等省，把宁铜、淮南、浙赣、鹰厦铁路以及长江水运连接起来，使华东地区初步形成南北贯通的运输网。

列车驰过江西省境内皖赣线上最长的峙滩大桥

1日 江西省包装技术协会装潢设计委员会在南昌市成立。全省从事包装装潢专业的设计人员、专家、学者等代表参加了会议，选举产生了委员会成员，聘请了顾问。会上向1983年第二届优秀包装装潢设计产品"华东大奖"获奖作者和省第二届包装装潢设计展览获奖作者发了奖状和奖品。

2日 江西省核学会在南昌市成立。核工业部江西矿冶局局长闵耀中当选为学会理事长，毕成等为副理事长。学会配备2名高级工程师专职秘书，进行学会的日常工作。江西省核学会的成立，将促进江西省核能的应用和经济的发展。

3日 民革江西省第六次代表大会、民盟江西省第七次代表大会、农工党江西省第五次代表大会、民建江西省第二次代表大会、江西省工商联第四届会员代表大会相继在南昌召开。出席这次大会的有来自全省民主党派各级组织的678位

代表，省委常委、白永春、裴德安、钱家铭等领导受省委委托到会致贺词。江西省顾委筹备组、省人大常委会、省政协、省委统战部，及有关部门的负责同志出席了开幕式。民进省筹委会、九三学社省工委筹备组派负责人出席了开幕式。民革、民盟、民建、农工、工商联代表大会各自审议了上届工作报告，通过了有关决议，选举出新的领导机构。代表们座谈了在全国人大六届二次会议上的工作报告，对江西省经济改革、对外开放、对内搞活等问题，提出了意见和建议。大会对于加强共产党同民主党派的团结和合作，开创江西省统一战线的新局面，共图振兴江西，具有重要的意义。分别选举产生各自新一届省委会。民革、民盟、民建、农工党新一届省委会主委分别是武恖予、谷霁光、沈翰卿、何世琨。7日，江西省委统战部举行招待会，招待各民主党派全省代表大会的代表。

4日 到当日为止，省政府和有关部门批准的对外经济合作和技术引进项目共96项，合资总额达1亿元。

4日 省政府批转省财政厅、省教育厅《关于依靠和发动各种社会力量集资办学，尽快改善中小学办学条件的意见请示报告》。

4日 省政府批准成立江西经济管理干部学院。

4日 全省计划生育工作会议在南昌召开。会议传达了全国省、市、自治区计划生育委员会主任会议精神，研究了如何贯彻落实中央关于计划生育的重要决定。副省长、省计划生育委员会主任柳斌在会上宣布：江西省1984年计划生育要做到"三不动摇"和"两个改进"。抓好控制人口增长，实行优生优育不动摇；提倡一对夫妇只生一个孩子不动摇；开展避孕节育工作不动摇；改进工作作风和工作方法。会议于8日结束。

5日 新余钢铁厂首次从加蓬共和国进口锰矿石。1984年全年进口约7万吨。

5日 江西气体压缩机厂为上海宝山钢铁总厂设计制造3台L5.5－40/8型全自动无人值守空压机。

6日 抚州电机厂试制的江西省第一台YX高效节能电动机，最近通过省级样机技术鉴定，投入批量生产。经专家鉴定和上海电器科研所测试表明：电机效率相对原Y系列提高2%~4%，降低损耗20%~30%，功率因数提高3%，噪音降低1级。以每天运行15小时、每月运行25.5天计，每年可节电7400多度。是机械、化工、纺织、建材、军工等企业长期满载运行的理想电机。

6日 省政府确定全省重点寺观、教堂31处，其中南昌5处，九江、庐山6处，景德镇3处，上饶3处，抚州7处，赣州7处。另庐山东林寺、九江能仁寺、永修云居山真如寺、吉安青原山净居寺、贵溪龙虎山天师府等5处为全国重点寺观。

6日 在为期两天的全国田径冠军赛中，江西省中长跑名将黄洛涛夺得男子800米冠军，陈冬梅获女子400米栏金牌，罗军获男子链球第三名。

7日 江西日报社全体职工在省委礼堂隆重集会，纪念《江西日报》创刊35周年。《江西日报》总编辑姜惠龙回顾了《江西日报》的历程。《江西日报》创始人之一、社顾问马秋芸在会上讲了话。

8日 在南丰县南坑乡发现一个储量为7000万吨以上的萤石矿床。矿脉达3公里长。现已开采400多吨，并已运往上海五金矿产进出口公司销售。

9日 中国生产力经济学会邀请国务院经济研究中心、中国社会科学院、中国技术经济研究会、国家计委、经委、铁道部、水电部、农牧渔业部等10余部门32位专家、学者考察赣江流域的南昌港、南昌至波阳的航道、鄱阳湖、昌江渠化工程。专家们对综合开发赣东、信江从战略发展角度提出了建设性意见。认为近期加速建设昌江渠化工程，使南昌至湖口能通航500吨级船；远期建设目标是开挖连接长江与珠江两大水系的赣粤运河，形成1270公里的水上运输大动脉。考察活动于13日结束。

9日 在兵器工业部举办的1984年度自行车产品质量鉴定会上，江西省连胜自行车厂生产的"飞鱼"牌自行车累计得分96.2分，名列本届13种参鉴车之首。

10日 省劳动人事厅决定：全省"以工代干"转干应试对象的文化考试，在全省范围内统一进行。强调应挑选作风正派、工作认真、组织纪律性强的人担任主考、监考、阅卷、登分、试卷保管运送等项工作。重申严禁搞不正之风，如发现有舞弊行为者，即取消其考试资格和转干资格。

10日 江西医疗器械厂生产的TKH-I型液体快速混合机，江西第五机床厂生产的KR-Ⅱ型开放式高频喷射呼吸机获国家经委颁发的优秀新产品证书。

10日 吉安地区档案馆汇编出版《吉安地区革命史料》（第一集）、《吉安地区物产摘编》、《吉安地区地理历史沿革》（初稿）三本资料汇编。

10日 全省举行"以工代干"人员转干文化考试，3.6万位应考对象参加了政治、语文的考试。全省各地、市、县共设置了188个考场，1226个试场统一进行。

10日 省委向全省各地县（市）经委、省直各有关厅、局、办公司发出关于在全省经济战线开展向德安共青垦殖场党委书记、场长蒋仲平，余江县工艺雕刻厂党支部书记、厂长张果喜，丰城县硫酸磷肥厂党总支书记、厂长芦火根，洪都袜厂厂长罗士奇，上高县饮食服务公司党支部书记、经理胡波等学习的通知。

11日 江西省技工学校开始报名。全省有48所技工学校招生，其中省、地、市属技工学校26所，中央部属技工学校22所，共招生6609人，实行定向培训，定向招生的原则。

12日 省科技情报工作会议在南昌召开。副省长柳斌到会并讲了4点意见：必须尽快完善江西科技情报系统，科技情报队伍必须提供及时、准确、系统的情报，成为最新情报的"窗口"，成为领导决策的参谋。省科委主任郭亚民作了题为《努力开创科技情报工作新局面，为振兴江西经济作出新贡献》的报告。会议传达了全国科技情报工作会议的精神，讨论了《关于进一步加强我省科技情报工作的意见》等3个文件草案。赵增益省长听取了汇报。大会还给112项科技情报成果发了奖。会议于16日结束。

12日 省编委下发《关于充实和健全地（市）、县编制管理部门的通知》。规定地（市）、县两级编制委员会一律改称机构编制委员会；地（市）、县机构编制委员会可配备一名专职副主任；人员编制：地（市）5名至7名，县（区）2名至3名。同日，省编委核定全省县级党政群机关编制为41515名。

13日 全省发展集体和个体经济、安置城镇青年就业先进表彰大会在江西宾馆举行。出席会议的代表有：发展城镇集体经济先进单位，城镇集体经济单位的先进职工，先进个体劳动者，扶持城镇集体和个体经济发展取得优异成绩的单位和个人，支持子女从事集体或个体经济起模范作用的家长，以及特邀代表、各地市和省直与劳动就业有关的同志，共220多人。209个先进集体和95名先进个人受到省政府的表彰。会议通过了《致在全省集体、个体经济中就业和待业青年的一封信》。会议于15日结束。

13日 由省文化厅直接领导的戏曲艺术遗产赣剧青阳腔的挖掘、整理与改革工作正在进行。青阳腔是我省的弋阳腔流入皖南后形成的新腔，约在明代万历年间回流赣北，在中国戏曲史上曾一度发展到与昆曲分庭抗礼的声势，1955年在湖口、都昌、彭泽一带发现后，曾演出过传统戏和现代戏。

13日 江西省第一个外引内联企业——华峰纺织器材厂在深圳特区建成。首批27名生产、技术骨干和管理骨干到达深圳。这家企业是由曾荣获过全国"先进企业"称号和国务院、江西省人民政府"嘉奖令"的江西横峰纺织器材厂同纺织工业部物资器材处、华联纺织有限公司、江西省纺织工业公司、深圳市轻纺工业公司等5家企业合资联营的。其产品主要用于外销和深圳特区需要。

14日 应江西师大的邀请，著名数学家、北京师范大学校长王梓坤教授在江西师大作题为《谈谈青年成才之道》的报告。王梓坤是江西吉安人。他把青年成才之道概括为"理想、勤奋、毅力、方法和机遇"十个字，使青年学生深受教益。

14日 江西铜业公司德兴铜矿日处理矿石5000吨工程投料试产，经检验，一切设备运转正常。整个工期比国家下达工期提前16天。德兴铜矿矿储量当前居全国首位。工程投产后，将使德兴铜矿的生产能力由原日处理矿石1万吨增加到1.5万吨，年产铜精矿21万吨，含金2万两，含银1.8万吨，硫精矿10万吨，钼精矿600吨。

德兴铜矿新建的矿区外景

德兴铜矿使用的我国自行设计制造的日处理5000吨矿石自磨机（该机直径7.5米×2.8米）

14日　省委、省政府决定将景德镇、萍乡确定为城市经济体制综合改革试点市。对其将实行特殊政策，赋予更大的自主权，让两市尽快搞活企业，搞活流通，带动各项改革，逐步形成以城市为依托，城乡结合，经济、科学技术和社会事业协调发展的、开放式的、有一定特色的经济中心和经济网络，以充分发挥中心城市的作用。在计划方面、基建措施方面、财政上缴方面、物资供应方面、机构设置方面、企业下放等六项政策给予更大的自主权。

14日　国营六二一四厂开始研制工程兵部队装备的重型桁架桥项目（1986年第一套产品进行架设试验成功，11月27日通过生产技术鉴定。1986年获得国家科技成果二等奖），主要完成人为工程师郑炳坤、技术员董兵。

15日　九江炼油厂氧化沥青装置经过10天的试运，各项设备完全良好，产品符合部颁10号建筑沥青标准。这项工程是1984年国家大中型投产项目之一，也是中国石化总公司4个投产项目之一。年产能力为10万吨沥青，每年能为国家增加350万元利税，它的建成和投产，结束了江西省沥青靠外省调入的历史。

九江炼油厂生产区外景

15日　省政府召开专门研究江西省建筑行业的改革会议，会议作出6项规定：（一）改革建筑行业现行的领导体制；（二）改革基建材料的供应体制；（三）改革资金管理办法；（四）积极推行招标投标承包责任制；（五）改革建筑设计管理；（六）改革施工企业经营管理。

15日　一机部在杭州主持的全国民用照相机质量测试评比揭晓：江西光学仪器总厂生产的凤凰一三五型205照相机评为同类相机第一名；凤凰一三五型301照相机获优异奖。

江西光学仪器总厂生产的凤凰（原海鸥）205照相机

15日　省粮食局对放宽粮油政策、搞活粮油经营作出了新的规定。主要内容为：（一）积极发展粮食多渠道流通。（二）对一些小品种粮油，将有计划地退出统购统销，实行自由购销。（三）支持和帮助农村发展集体"收储服务站"，走"民代国储"的路子。（四）打破划片定点供应的办法，居民可以按照规定的定量，到本市、本县任何粮站选购粮油食品。（五）市、县自行确定议价粮油价格、计划和品种；允许粮油工业、食品饲料等企业、对部分产品实行自产自销。（六）改革财务管理体制，财务包干实行钱粮挂钩、钱随粮走。（七）供应行业全面实行批零差核算办法，加工行业全面实行价拨经营，大中型仓库可以搞"栈租制"，县以下加工厂、车间和运输车队、食品行业实行国家所有，由集体或职工承包，粮食集体企业实行利润包干，交足国家的，留够集体的，剩下的归自己。（八）职工奖金的发放，不封顶，不保底。

15日　省政协在中山堂举行全国政协六届二次会议精神传达大会。出席会议的有省政协、省人大的领导和在南昌的全国政协委员，省、市政协委员以及各民主党派、人民团体、各界人士的代表和南昌所属县的部分政协委员等 600 余人。全国政协委员、省政协副主席、省委统战部部长杨永峰作传达报告，并向各界人士提出了要求：学好文件，联系实际，以邓颖超提出的统一战线的优良传统和作风要求的标准，制定出切实可行的改进措施，努力发展我省统一战线和人民政协工作。

15 日 庐山旅游公司、江西省国际信托投资公司和泰国泰峰工程两合公司合资经营的中外合营庐山大厦企业有限公司，在南昌举行合同签字仪式。这是江西省第一次与外商合营旅游业。本着互利的原则，在庐山共同投资改造和经营庐山大厦，开拓庐山的旅游业，把庐山大厦办成具有国际水平的高级宾馆。泰国泰峰工程两合公司董事、经理马辉先生代表乙方在合同上签字。省经贸厅、省外办、省国际信托投资公司、庐山旅游公司等部门的负责同志参加了签字仪式。

15 日 南昌市 30 多名黄埔军校和原国民党中央军校校友参加在中山堂举行的庆祝黄埔军校建校 60 周年茶话会。参加茶话会的有省人大、省民革、省政协、省台联谊会以及在南昌的部分台胞、台属。

15 日 全省高等教育自学考试阅卷工作结束。参加首次开考 8 门课程的考生共有 28219 人。在取得一门课程以上及格的 6332 名考生中，单科及格的有 3360 人，两科及格的有 1831 人，三科及格的有 904 人，四科及格的有 237 人。全省 11 个地区以南昌市及格率最高，占考生人数的 53.3%；其次是新余市，及格率为 36.4%；萍乡市第三，及格率为 35.8%。

15 日 截至当日，1984 年江西运动员在国内外重大比赛中，共获得 20 枚金牌、9 枚银牌、16 枚铜牌（不包括军体项目）。其中在国际性的比赛中，夺得了 5 枚金牌、2 枚银牌、4 枚铜牌。两人四项 10 次打破全国纪录。这是江西省建国以来的最佳成绩。

15 日 江西省第一条综合开发河流——昌江渠化工程鲤鱼山通航枢纽一期工程胜利竣工。

该工程于本月中旬完成五孔泄水闸、上下游引航道、航道护坡、闸室和上下闸首等主体工程的施工。完成土石方 9 万立方米，浇注混凝土 15000 立方米，浆砌石 4200 立方米，各种地面永久性设施和临时设施建筑面积 5400 平方米。

16 日 省委、省政府下发《关于政社分开建立乡政府工作有关问题的通知》，实行政社分开，改农村人民公社为乡政府。至 12 月中旬，江西完成政社分开及建乡工作。全省人民公社全部撤销，共建 144 个镇、1666 个乡政府、20004 个村民委员会。

16 日 省委、省政府召开全省乡镇企业工作会议。会议强调，乡镇工业要大发展，就要改革。所有乡镇企业都要实行自愿结合，独立核算，自负盈亏的原则。一手抓原企业改革，一手抓新企业改革。联产企业、家庭工业是顺应商品生产的新事物，是改革的重要突破口。改革的关键是清除"左"倾的影响，加快乡镇企业发展。7 月 12 日，省政府印发《全省乡镇企业工作会议纪要》并指出，城乡集体工业发展缓慢，已成为全省经济发展的"两条短腿"之一，要求城乡集体工业做到一年一大步，乡镇工业两三年翻一番。会议于 19 日结束。

16 日 在南昌召开的全国农林科技推广工作经验交流会上，江西省有 14 个单位、53 位个人荣获了国家经委、国家科委、农牧渔业部、林业部的联合嘉奖。

16 日 中国电影家协会江西分会召开茶话会，祝贺江西作者编剧的影片在 4 年内荣获 6 项大奖。四年来，荣获电影"金鸡奖" 1 项（《乡音》，王一民编剧）；"百花奖" 2 项（《庐山恋》，毕必成编剧；《乡情》，王一民编剧）；文化部影片奖 3 项（《南昌起义》，上海电影制片厂李洪率和江西吴安萍、徐海秋、周大功编剧；《乡情》、《乡音》王一民编剧）。

17 日 新华社南昌报道，江西省 80 个国营林场利用间伐、改造次生林和清山造林中所得的木材，同安徽、江苏、浙江、上海等 9 个省、市的 161 个用材单位开展补偿贸易，成交额达 1300 万元。

18日 余江县中童公社邱塘艾家发现古老稀有树种——水松群。这一群体的水松共11棵，树高多在20米以上，树干直径最大的有1.5米左右。水松属第四纪冰期后期的杉科树种，在欧、美洲已绝灭，现仅存一种，为我国特有，零星分布于江西、福建、广东等省。

18日 江西省经委根据国务院《关于进一步扩大国营工业企业自主权的暂行规定》和省委、省政府《关于当前经济体制改革若干问题的规定》，本着"大的管住，小的放开"的原则，对全省小型国营工业企业和集体工业企业进一步放开、搞活作了一些补充规定：（一）在生产经营计划方面，小型国营工业企业实行自主经营，自负盈亏。集体工业企业有权制定和调整生产计划。（二）在资金方面，企业可以采取职工入股和吸收社会入股的办法集资。（三）在人事劳动方面，企业的厂长由委派制改为选举制，厂长、书记可由一人兼任。企业可自行招工和辞退职工，允许职工停薪留职。（四）在工资奖金方面，企业职工工资可以打破8级工资制，自选工资形式。对企业副厂级以上领导实行奖罚制。（五）在联合经营方面，在不改变企业所有制形式隶属关系、财政体制的情况下，企业有权参与和组织部门跨地区、跨所有制的联合经营。（六）对有贡献的职工给予奖励。（七）技术人员原在这些企业工作和国家分配到这些企业工作的在生产经营和技术工作中能起骨干作用的大中专毕业生的工资可向上浮动一级。（八）县（区）以上集体工业企业有条件的，可以解决年老退休、丧失劳动能力职工的生活保障问题。（九）企业自筹资金、集资、贷款用于扩大生产能力，购置生产设备，建设厂房和修建职工食堂等集体福利设施，有权自行决定。（十）各地行署和市、县（市）人民政府、各部门，要加强对这些企业改革的领导，总结改革的新经验，保证企业改革健康发展。

18日 省委常委、经委主任钱家铭在国营工业企业领导体制改革试点工作会上，宣布了12个进行厂长（经理）负责制试点企业名单。即：新余钢铁厂、横峰纺织器材厂、江西氨厂、南昌柴油机厂、南昌橡胶厂、江西油脂化工厂、江西洪都袜厂、洪都无线电厂、南昌自来水公司、人民机械厂、宜春第一机械厂、南昌齿轮厂为全省全面开展厂长负责制探索经验。

18日 省委落实知识分子政策领导小组第二次会议召开。省委书记、省长、省委落实知识分子政策领导小组组长赵增益在会上说，检查落实知识分子政策工作要搞彻底，决不能走过场。最主要的是要克服"左"倾的影响，在对待知识、知识分子上要统一思想、统一认识。这次会议总结了前一阶段全省检查落实知识分子政策的情况，对下一步继续深入开展检查工作提出了要求。

18日 江西省教育科学研究所成立。

19日 南昌矿泉水饮料厂竣工并投入批量生产，该厂采用上海船舶设备研究所陈芝芳同志研制的ISK饮水净化矿化装置的全套设备，可年产橘汁矿泉水饮料2100万瓶。

19日 省政府在南昌市召开二轻集体工业会议，提出了今后二轻工业发展目标、方针、政策。各地区专员、市、县长、二轻局长、联社主任出席了会议。省政府批转省轻工业厅《全省二轻工作会议纪要》。会议于30日结束。

19日 国家经委、全国总工会和共青团中央最近在南京召开全国小发明、小革新、小改造、小设计、小建议"五小"表彰大会。江西省16项"五小"成果分别获得一、二、三等奖。

19日 江西省五府山垦殖场船坑分场半山生产队社员在采茶时发现稀有珍贵茶种——白茶。这种茶系无性繁殖，当地至今只保存了4棵。最高年产量不到1斤茶。

20日 1980年至今，江西省开办了13种保险业务。当前参加保险的城乡企业有6803个，参加家庭财产保险的有10.23万户，受到保险保障的财产总额有86.9047亿元，保费收入有6324万元。国外保险费收入达545万元，为国家增加了外汇收入。

20日 南昌市位于江西省京剧团的基建工地发现了4块镌刻着王勃《滕王阁序》全文的青石碑迹。此为当前最早发现的《滕王阁序》全文碑刻实物。与此同时还发现了一块日本人中川太郎撰写的《建立滕王阁序碑亭序言》雕刻石碑。碑文书写工整、字迹清晰、雕刻精工，但无落款与年月。它们的发现，为研究滕王阁的历史和中国书法，提供了宝贵的资料。

20日 赣州钨钼材料厂是省唯一生产钨丝的厂家。该厂从日本引进的钨丝生产部分设备和专有技术，经过3个月的技术经济指标考核，已达到了保证值，使钨丝年生产能力达到2亿米，产品质量达到全国一流水平。到当日为止，已生产当前国内最大的拉丝用钨条1.7吨，粗规格钨丝合格率比引进前提高16.33%。

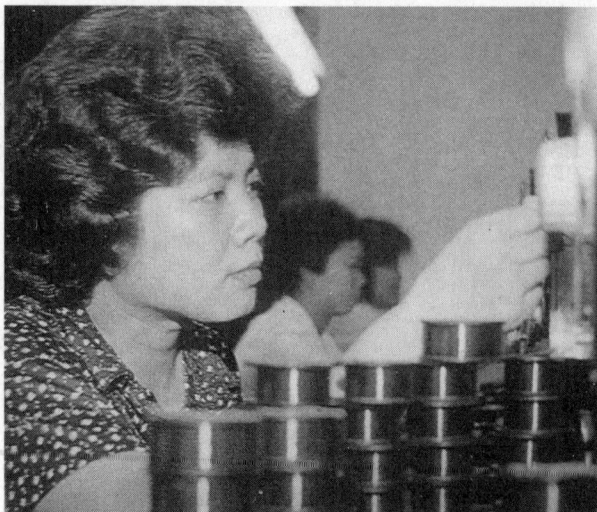

赣州钨钼材料厂新引进的钨丝生产线生产

20日 省经委、省商业厅作出《关于国营零售商业、饮食服务业改革的若干规定》。其主要内容如下：（一）进一步划细核算，以自然门店为独立核算单位。（二）百货、五金、副食品、饮食服务国营行业，实行"全民所有，国家经营，税利并存，递增包干"。（三）实行"全民所有，集体经营，照章纳税，自负盈亏"。（四）小百货店、小副食店、小旅店、小饮食店、小理发店、小修理店，可以租赁给集体或个人经营。（五）政策性亏损的企业实行经营承包。（六）改制企业要彻底清理资金、财产和商品，办好交接手续。（七）改为集体经营的企业，其税后提留的资金，要合理确定公积金、公益金的分配比例。（八）实行全民所有、集体经营的企业，必须扩大企业自主权。到1984年底，全省撤销中心店151个，90%的门店实行独立核算。

20日 省政府根据兼并落后、鼓励先进、壮大企业实力的原则，决定将南昌自行车厂箭牌自行车并入飞鱼自行车公司，并采取了一系列措施。首先，彻底改组南昌自行车厂的领导班子。其次，充实南昌自行车厂的技术力量，进而对南昌自行车厂落后的生产工艺、设备和企业管理，进行全面改造，使它尽快形成年产30万辆新型自行车的生产能力。

20日 为期4天的全国宫颈癌学术讨论会在靖安举行。200多位省内外医学界专家、教授、学者代表参加了会议。共同探讨妇女宫颈癌的普查普治、发病因素的预防等学术问题。会议对一批先进单位和先进个人授予了奖品和奖状。副省长柳斌、省卫生厅厅长王新民到会表示祝贺。

20日 由中国音乐家协会《歌曲》编辑部、江西省音协《心声》歌刊编辑部、江西铜业公司联合组织的《彩色之路》音乐创作组，邀请北京、辽宁、湖南、解放军总政文工团、沈阳部队文工团、南京部队文工团，以及省内的部分词曲作家在南昌、万载、安源、井冈山、德兴、上饶、贵溪、景德镇、鄱阳湖、庐山等地深入生活，从事创作。创作组共18人，历时一个月，创作了100余首歌曲。

20日 省政府颁发《加快全省建筑业改革的规定》。《规定》要求：（一）改革建筑业现行领导制度，从现在起由建设厅具体负责贯彻执行建筑行业的方针、政策和建筑队伍、工程质量、定额规范以及招标投标等管理工作。省计委负责对基本建设的计划、规划、投资规模和重点项目建设的管理。省建总公司作为经济实体负责对全省建筑行业的业务指导。通过经验交流、技术培训以及联营等方式促进全行业的发展。（二）改革材料供应体制，实行包干包料。（三）积极推行招标投标承包责任制，改革以行政手段分配施工任务的办法。（四）改革建筑设计工作，设计单位要逐步实行企业化、社会化经营，收取设计费，取消事业费。（五）降低施工企业固定工比例，推行劳动合同制，实行百元产值工资含量包干。（六）实行各种形式的经济承包制，税后留利企业自筹安排使用。

20 日 泰和县粮食局试制的健身益寿营养疗效食品——"乌骨鸡面",近日荣获国家经委颁发的"优秀新产品证书"。

21 日 江西省首届伤残人运动会在南昌市举行。全省伤残人运动会是历史上第一次综合性的选拔比赛。通过比赛,将组成江西省伤残人体育代表团参加全国第一届伤残人运动会。参加比赛的有南昌、九江、景德镇、萍乡、鹰潭、赣州、上饶 7 个市和抚州地区以及波阳县共 9 个单位的

在男盲 B 级 400 米赛中,南昌市的熊德卫和郭永刚分别以 1 分 11 秒和 1 分 12 秒的成绩打破 1983 年天津邀请赛的最好成绩

10 个代表队,共 163 名运动员,其中有女运动员 52 人。比赛共设田径、游泳和乒乓球 3 个项目。共决出冠军 70 个。南昌市一队以 274 分获团体总分第一名,南昌市二队以 208 分获团体第二名,景德镇市以 97 分获团体第三名,上饶市以 74 分获团体第四名。期间,还选举成立了江西省伤残人体育协会,通过了《协会章程》。省政协副主席、教育厅副厅长金立强任主席。运动会于 25 日结束。

21 日 省计委、统计局电子计算站将 IBM – PC 微机和 IBM – 4331 主机联机(汉字进、出)成功。这次联机是建立省政府大院局部微机网络,达到数据共享以及办公自动化的一个重要步骤。该站日后将建成为全省经济信息处理中心,成为国家经济信息自动化管理系统工程的省级网络主系统。省委领导万绍芬等观看了联机试验。

21 日 省政府委托省计委、省广电厅在江西宾馆召开江西广播电视中心工程扩大初步设计审查会,一致通过初步设计方案。方案确定整个工程占地面积约 22.9 万平方米,包括广播电视中心大楼、地面卫星站、电视外景拍摄区等 20 多项。中心大楼高 84.3 米,主楼 22 层(含地下 2 层)、裙楼 3 层。地址在南昌市北京东路与洪都中大道交叉处彭家桥南侧。

22 日 赣南制药厂研制成的维生素 D_2 经检测,符合《中国药典》(1977 年出版)标准。

22 日 为促进赣闽两省经济合作和交流,经两省主管部门批准,江西华赣发展公司与 32833 部队在福建泉州市合资经营赣泉发展有限公司。该公司为综合开发性经济实体,经营工厂、工矿、农副土特产和工艺美术产品,并兼营酒楼、宾馆、进出口贸易等业务。该合营企业合作期暂定为 15 年。

22 日 江西省工艺美术馆新馆落成,正式对外开放。该馆坐落在南昌市第四交通路、江大路口,总面积 5400 平方米。内设展览厅、卖品部、休息室等。

23 日 化学工业部在向江西星火化工厂颁发企业整顿验收合格证书的同时,正式命名该厂为"无泄漏工厂"。

24 日 福建省崇安县洋庄公社大安大队社员项高水最近献出一枚银质"赣东北特区苏维埃政府常委会证章"。该证章系由项高水祖父珍藏至今。崇安县于 1930 年 7 月至 1931 年 8 月隶属赣东北特区领导。这是闽北第一次发现这种证章。

24 日 萍乡市博物馆在文物普查中,在离城东 27 公里的宣风镇京口大队竹山园山洞里发现了大量哺乳动物化石。有长鼻类东方剑齿象、肉食类豺和大熊猫、啮齿类家猪、鼠类、犀牛、貘、鹿、牛等 12 种动物化石。中国科学院古脊椎动物与古人类研究所有关专家初步推定这些动物的生存年代是距今大约 1 万至 5 万年前的晚更新世。

25 日 首批 150 名来自全省农、牧、渔业和农机、乡镇企业第一线的科技和管理人员在庐山开始为期半个月的休养生活。省农牧渔业厅决定 1984 年夏季组织全省 600 名作出成绩的农业科技和管理人员分为四批休养,每批 150 名,时间为半个月。

25 日 全省同行业跨系统的技术经济联合体江西省奶牛协会在东乡红星垦殖场召开成立大会。中共中央政治局委员王震专门发来贺电,祝

贺江西省奶牛协会的成立。梁凯轩副省长到会讲了话，对江西省发展奶牛业和奶牛协会的工作提出了具体要求。中国奶牛协会副理事长兼秘书长赵海泉到会指导。华中农学院韦善书副教授、江西农大曹述彬副教授作了学术报告。会议还选举产生了江西省奶牛协会理事会。

王 震 同 志 的 贺 信

江西省奶牛协会：

欣闻贵会将于6月20日在红星垦殖场正式成立，我特向你们表示热烈的祝贺。我曾在江西劳动过几年，对江西的山山水水，对农场广大职工有着深厚情感。我衷心希望你们广开财源，为四化建设多作贡献。

祝愿你们在党的十二大路线指引下，开创江西奶牛业的新局面。这是总书记、总理的具体指示，也是改善人民群众实际生活的需要。江西省现有奶牛十七头，人均鲜奶仅一两。我听说你们省委、省政府对此十分重视，各位领导同志亲自过问，我非常高兴，并相信江西省奶牛业将很快有更大的发展，这也是我的希望。

去年，我曾对你省高荣春等同志谈过改变我国人民食物结构的意见，建议推广红星垦殖场的经验，即除什一篓高产水稻外，还种一篓牛饲料，这样在不成少粮食总产的前提下，发展奶牛、肉牛，我在红星农场的时候，就作过玉米、麦草、红薯、黑麦草等饲料作物的栽培试验，证明完全可以做到高产。希望你们在这方面进一步作研究。

江西的奶牛应该养多少？是七万还是七十万？你们要有关部门作出合理规划，同时要加强繁植、育种、科学饲养和奶品加工等问题的研究。希望你们在农牧渔业部的领导下，在中国奶牛会科学技术指导下，与各省市、自治区的奶牛协会互相帮助，互相学习，共同提高。

现在，奶牛专业户、家庭农场发展起来了，你们要在技术上、牛源上给予支持，使他们成为奶牛业中的一支生力军。

祝大会成功

王震   1984年6月16日

王震为江西奶牛协会成立写的贺信

25日 省审计局转发审计署《关于建立审计情况报表制度的通知》。要求全省审计工作建立审计情况报表定期逐级上报制度。

25日 由30多名专家、教授、学者组成的鉴定委员会对我国第一个水库优化调度程序包进行4天鉴定，认为该成果具有国内先进水平，某些方面达到了国际水平。该成果是由江西省计算技术研究所、华中工学院水电能源研究所、省电力中心调度所及有关发电厂联合研制的。据统计，应用该程序包方案，上犹口水电站1983年增发电400多万度，与1964年相比相当于节约标准煤2000余吨。每度耗水率降低0.8立方米，水量利用率提高5.2%。

26日 由赣州地区文工团舒龙、福林和上海电影制片厂潘奔编剧，江西电视台张仁川导演的电视连续剧《封锁线上的交易》在赣南开拍。该剧为江西省第一部电视连续剧，是江西电视台向国庆35周年献礼的主要文艺节目。

26日 由江西省电子进出口公司、江西电视机厂、香港新利贸易有限公司合资经营企业——赣新电视有限公司在南昌举行签字仪式。三方合资在江西吉安举办合资企业，生产能力为年产彩色电视接收机10万台。三方出资总额为人民币442万元。省政府有关部门领导参加了签字仪式。

26日 省政协第五届常务委员会第八次会议在南昌市举行。会议听取和讨论关于全国人大、全国政协六届二次会议精神的传达报告，通过人事事项。会议于28日闭会。

27日 在长春市举行的国际式摔跤邀请赛中，江西19岁的选手陈忠新夺得了古典式摔跤100公斤级的冠军（当年3月份在全国国际式摔跤锦标赛中曾获得第六名）。

27日 江西华赣发展公司联合福州无线电元件五厂，同香港华盖企业公司达成合资加工微机软盘的协议，并草签了合同。三方合资经营形式为联营公司，起名"中华电子有限公司"。联营公司共投资64万美元，闽赣各出25%，港方出50%。从日本引进两套设备，加工双面双密度5英寸微机软盘，预计10个月后可收回投资。

28日 被授予省劳动模范称号的优秀电影剧作家王一民的表彰大会在江西宾馆三楼举行。会上宣读了省政府授予其劳动模范称号和晋升工资的决定。省文化系统和文艺界300多文艺工作者参加了大会。省委书记、省长赵增益向王一民颁发"省劳动模范证书"，省政府号召全省文艺工作者向王一民同志学习。

28日 高安县灰埠公社梅湖大队干部集体贪污水灾救济款。民政部就此向全国通报。

29日 优秀企业管理人员、共青垦殖场党委书记兼场长蒋仲平，被江西省委提拔为南昌市委副书记。

29日 1984年全国珠算技术比赛在江西萍乡市结束。江西省人民银行系统代表队的易建兰获得全能冠军。

30日 自20日起至今日，全省开展"严打"斗争第一战役第三仗统一行动。共收捕各类犯罪分子1971名，破获积案1775起，现行案853起，缴获赃款和赃物折款57万元。

30日 大余县科委和新城农科所联合试制成

功的"香菇液体菌种"近日由赣州地区科委主持通过了鉴定，填补了江西省食用菌生产的一项空白。

30 日 1984 年上半年江西省与兄弟省市有关部门签订合同的协作项目计 91 个，正在洽谈的 2 项，可引进资金 5645 万元。江西省还与 17 个省市签订了 74 份物资协作合同，协进、协出物资金额达 4500 万元。较大的项目有：合资扩建弋阳水泥厂，合资恢复丰城云庄煤矿，合资改造萍乡铝厂，合资改造、兴建丰城县焦化厂、小煤矿等，合资开采德安彭山锡矿，合资扩建上饶大南岭矿，与天津联合开发鄱阳湖渔业等。

30 日 农牧渔业部在武汉市举办的全国松花蛋质量评比会上，由余干县信河乡富湾村食品厂生产的松花皮蛋荣获全国第一名。

30 日 《井冈山风景名胜区总体规划》本月底编报完毕，此规划获江西省科委城市规划科技成果一等奖。

本月 "全国农副产品加工、储藏和保鲜技术成果交流和技术贸易会"在长沙举行。江西省

高安县的"蜜蜂花粉生产工艺"受到国家科委重视，安排在大会作专题发言。我国研究蜜蜂花粉生产工艺，系 1974 年首先从高安开始的，至 1983 年共生产花粉 4.8 万斤，居全国首位。这项技术已经推广到了辽宁、吉林、内蒙古、黑龙江、湖南、湖北等 10 多个省市的养蜂场。

本月 《全国少年儿童书法绘画展览》由国家文化部、总政治部、教育部、团中央、中国美协、中国书协等 12 家联合举办。南昌市少年宫学员李丛、王晴、肖皓等荣获优秀作品奖。

本月 省档案馆、共青团南昌市委联合汇编《南昌青年运动三十年》出版。

本月 南昌市建筑管理局对外经济办公室承接利比亚班加西学校建筑工程，项目经理王凤发、程向东。在施工中应用了在砂垫层上坐浆铺水磨石、地砖、缸砖和铺大理石楼地面技术，在钢模成型的钢筋混凝土墙板上直接贴瓷砖的技术，屋面干铺 PVC 防水层技术和内涂料三刮灰、三砂平技术。

1984
7月
July

公元 1984 年 7 月							农历甲子年【鼠】						
日	一	二	三	四	五	六	日	一	二	三	四	五	六
1 建党节	**2** 初四	**3** 初五	**4** 初六	**5** 初七	**6** 初八	**7** 小暑	**8** 初十	**9** 十一	**10** 十二	**11** 十三	**12** 十四	**13** 十五	**14** 十六
15 十七	**16** 十八	**17** 十九	**18** 二十	**19** 廿一	**20** 廿二	**21** 廿三	**22** 廿四	**23** 大暑	**24** 廿六	**25** 廿七	**26** 廿八	**27** 廿九	**28** 七月大
29 初二	**30** 初三	**31** 初四											

1 日　德兴铜矿从美国、日本引进的 2100BL 挖掘机、45R 牙轮钻机、R－170 电动轮汽车开始全部投入使用。

1 日　全省 1984 年普通高校、中专招生统考报名工作全部结束。据统计，全省共有 5.8 万多人报考，男性考生 4.5 万多人，占 77%；女性考生 1.3 万多人，占 23%。报考文史类的有 1.5 万多人（含外语类 2800 多人，艺术类 200 多人），占 26%；理工农医类的有 4.3 万多人（含体育类 900 多人），占 74%。当年的高校、中专计招生划总数为 22207 人。其中：理工农医类计划招生 16957 人，文史类计划招生 5250 人。

1 日　全省第一家粮行国营赣丰粮行在南昌市正式营业，标志着江西省粮食经营的改革开始。它将为进一步解决江西粮食买难卖难工作，发挥粮食流通，振兴江西经济起到积极作用。这个粮行以经营粮食、油脂、油料和食品为主业，兼营饲料、肥料、糖酒等。可以自行确定议购议销、职工工资、奖励等政策。

1 日　全省先进党支部、优秀共产党员表彰大会在南昌市举行。来自全省各条战线的 201 个先进党支部代表和 400 名优秀共产党员受到了表彰。省委书记许勤代表省委作题为《总结经验，发扬成绩，把"创先争优"活动提高到一个新水平》的报告。有 18 位先进党支部、优秀共产党员的代表在大会上介绍了经验。会议要求共产党员要在改革中发挥先锋模范作用。大会还通过了《致全省共产党员的一封信》。大会于 4 日结束。

1 日　经省政府批准，江西省赣港汽车旅游运输有限公司正式成立。承运从香港、九江、深圳到庐山旅游的业务；承运江西省到深圳、九龙、香港之间的进出口货物运输业务。

1 日　自即日起至 15 日，中央人民广播电台、中国唱片社和江西人民广播电台在南昌联合录制了一批立体声赣南采茶戏优秀节目。这次录制的节目有《俏妹子》、《补皮鞋》、《钓蛤》、《茶童戏主》、《刘三姐》等戏目。由赣南采茶剧团担任演唱任务。

2 日　经省政府批准，鄱阳湖管理委员会成立。

2 日　根据国务院（1983）国发 146 号文件和人民银行、中国银行的有关指示，江西省外汇管理分局从中国银行南昌分行分设出去，与省人行合署办公，由省人民银行行长兼任分局局长。

3日 江西省体委在省体育馆召开表彰大会，给首次荣获1984年全国男子体操团体冠军，并夺得个人全能、自由体操和鞍马共4枚金牌的省男子体操队授奖。会上，省体委主任姜佐周宣布了1984年上半年体育健儿取得的成绩：在重大的国际和国内比赛中获金牌20枚、银牌15枚、铜牌20枚；3人5次10项破全国纪录。省体委副主任周佩琅宣读了省体委《关于向男子体操队学习的决定》。

披戴红花授奖的江西省男子体操队领队、教练员、运动员的合影

4日 江西省人民政府批准了萍乡、景德镇、吉安、抚州、上饶5个市的城市总体规划。萍乡市是"一城多镇"型工矿城市，景德镇必须保持历史文化名城的风貌，并在批复中根据吉安、抚州、上饶的不同特点提出了不同的要求。

4日 江西省第一座自行设计、施工的钢筋混凝土桁架拱桥——前进大桥，在江西省上饶市

江西省第一座桁架拱桥——上饶市丰溪河前进大桥建成通车

丰溪河上建成通车。该桥全长268米，宽10米，载重20吨，桥体由6孔组成，每孔跨度40米。这样大跨度的桁架拱桥，在我省公路建桥史上还是首次。

4日 省委召开扩大会议，讨论省委常委在整党中的对照检查；深入学习中央整党指导委员会第九号通知；在此基础上研究了下一阶段的整改，研究了经济体制改革和部署了下半年的工作。省委常委、省级各部门负责同志，各地、市委书记，省委各部门负责人，省直厅局级党委、党组书记等，共203人出席了会议。与会同志表示，彻底清除"左"的残余影响，大胆改革，全力向全国先进行列跨步，振兴江西经济。会议于10日结束。

4日 《人民日报》和《江西日报》在3日、4日两天对南昌市区脏、乱、差的问题连续刊发了批评报道，引起南昌市政府的高度重视。市政府召开了7天专门会议，要求各区、各有关部门采取各种措施治理脏、乱、差（7月12日，市政府领导又在市政府政务会议上提出：要把脏、乱、差作为市政府1984年的一项重要工作来抓，并进行了全面部署，组织各区、街道办事处和居委会、市环卫部门广泛动员，彻底整治）。

5日 赣江、鄱阳湖水域及其支流地区的桃、章、贡、锦、昌、信、上犹江和南北潦河、乐安河、抚河、修水等江河流域的22个县、市组织专门力量，开展打击盗窃、哄抢、偷运木材犯罪的统一行动，共收缴木材2369立方、白银37.1斤等物质，依法拘留34人，收审45人，罚没款19522元。

5日 在青岛市举办的为期4天的"青岛之夏"田径邀请赛中，江西省田径新秀龚国华以6155分的成绩夺得十项全能冠军；梁和纪和罗军分别获得男子800米和链球第三名。

6日 驻赣空军"杜凤瑞大队"大队长洪其淮近日被评为优秀基层干部，并被授予全国"新长征突击手"光荣称号。

7日 江西省体操名将童非、游泳新秀李金兰（女）、射击健将刘人青（女）、姜荣4人将随我国参加第二十三届奥运会的体育代表团出征

美国洛杉矶。这是江西省体育史上首次有运动员参加奥运会。

7日 省劳动人事厅对企业职工退休、退职审批手续及聘用退休、退职人员的问题作出规定：工人退休、退职，由所在企业审批；省直属企业的干部退休、退职，按干部管理权限，属企业管理的干部由企业自行审批；企业职工因病提前退休的，不再执行"必须是停止工作连续治疗六个月以上，并已按规定领取六个月疾病救济费"的规定。

7日 省卫生厅作出决定：全省每个县选择一所农村中心卫生院作为示范卫生院进行建设，树立样板，以推动全省1600所乡卫生院切实提高技术和管理水平。力求在一二年内使卫生院达到编制正规化、装备规格化、技术规范化、管理科学化。

8日 省政府1984年上半年利用外资，引进技术审批小组已审批1984年全省引进技术102项，其中2项已顺利投产，另有5项引进设备正在安装，还有16项已正式与外商签订合同。已经批准的项目有23个，较大的项目有彩电、微机、畜牧、旅游等。

9日 国家科委在九江市召开全国省、市计算中心改革工作会议。与会代表就计算中心科技体制的改革、如何加速我国软件产业的建立、科委和计算中心怎样发挥更大的作用、计算机管理系统和科技情报检索系统的软件开发以及计算机人才的培养等问题，进行了认真的研究，提出了改革的措施和具体建议。会议于21日结束。

9日 江西省进一步加紧建设六大基地：充分发挥农业优势，把江西建设成全国重要的食品基地；建成以钨、铜为主体的国家有色金属基地；建成以景德镇为中心的陶瓷生产基地；建成木竹生产加工和建筑材料工业基地；建成以庐山为中心的我国南方旅游基地；建成以南昌为中心的培养高等专业人才的基地。

9日 九江市第一所中医医院正式开业。该医院建筑面积为8700平方米，内有300张床位。设有中医内儿科、中医妇科、伤科、针灸科、中西结合皮肤科，医技科室有检验科、放射科、理疗科。

9日 江西恒湖轧辊厂试产冶金轧辊成功，为江西省填补了一项工业空白。

10日 国家计委正式批准建设贵溪冶炼厂铜电解工程。为此，国家计委批准进口引进部分关键工艺技术和设备，建设好铜电解工程。当前，筹建部门正积极进行前期准备工作。

10日 江西商业批发中心开张营业。该批发中心由原百货、五金交电、化工、副食品、土产、日用杂品、茶叶果品、商业储运等公司共同组成全省最大的综合性批发经营实体。中心大楼和附属小额批发营业部占地面积1.2万多平方米，经营4万多种商品。

10日 江西省工学院和宜春地区行政公署科技与经济合作协议书在宜春正式通过。合同协议书根据不同情况分别规定双方在各自完成国家下达任务的前提下，在人才培养、新产品开发、技术攻关、成果转让、科技与经济情报交流等方面进行全面合作。

10日 在国家经委召开的全国工业、交通系统经济效益先进单位表彰大会上，江西钢厂、国营九三四四厂被授予经济效益先进单位的荣誉称号。江西钢厂自1979年至1983年共获得国家、冶金部和省优质产品11项。1983年，实现利润增长31.7%，上缴利润41.8%。

10日 江西省人工繁殖鱼苗技术指导组将中国的草、鳙、鲢鱼在斯里兰卡人工繁殖成功。1982年8月，江西省技术指导组赴斯里兰卡，两年来，共繁殖草、鳙、鲢鱼苗1122.5万尾，已分别在7个淡水养鱼站培育成鱼种。

10日 江西省人才开发交流服务中心经江西省人民政府批准成立，为县团级事业单位，定编10人。

10日 以朝鲜矿业部长赵昌德为团长的朝鲜有色金属工业访华团一行12人，来江西西华山钨矿进行为期3天的参观访问。

10日 省政府决定成立江西省环境保护委员会，梁凯轩任主任（1985年10月20日调整委员会成员，钱家铭任主任。1990年1月9日调整省环委会组成单位及成员，钱家铭继续担任主任）。

11日 江西省组建预备役部队领导小组会议召开。组建预备役部队，是党中央、中央军委确定的一项重大决策。省委第一书记白栋材要求军队和地方各负其责，共同努力，高标准地做好组建南昌预备役部队工作。

12日 我国第一条钨生产引进线投产庆典仪式在赣州钨钼材料厂举行。以绳田政乔先生为首的日本钨公司代表团和以三原浩先生为首的稻烟产林株式会社代表团应邀参加了庆典仪式。

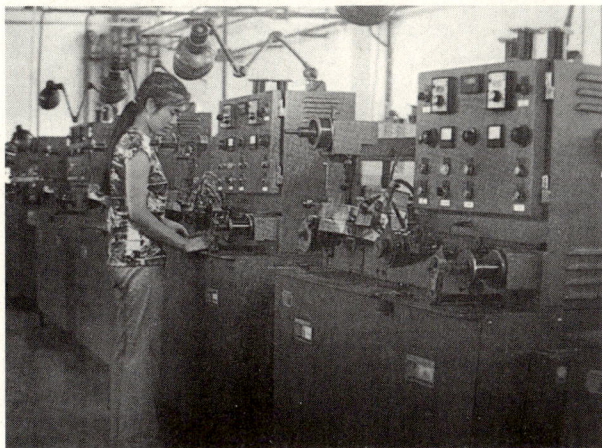

江西钨钼材料厂钨丝生产线

12日 由吉安机床厂与上海机床厂联合试制的两台 MQ8240 曲轴磨床样机，经有关部门鉴定，达到国家一等品水平。

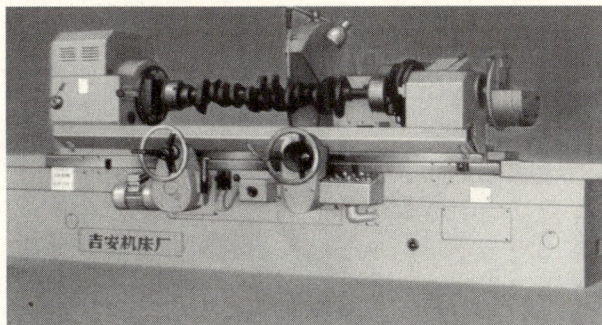

吉安机床厂开发的机电一体化 JK101 数显曲轴磨床新产品填补了我国加工小曲轴设备的空白

12日 江西行政管理干部学院举行首届毕业典礼，向 87 名学员颁发了大专毕业证书。这批学员是江西省培养的第一批具有大专毕业水平的行政管理干部。省委书记许勤、副省长柳斌出席毕业典礼并讲了话。这批学员是学习农业经济管理专业的，大多数是县、社或单位的主要领导或骨干，其中有 16 人被安排在县级领导岗位。

12日 省委、省政府、省军区、省政协、省纪委，同各民主党派江西省组织、省工商联共同组织江西省落实统战政策检查验收团。各民主党派江西省组织负责人任各分团副团长，先后到 51 个市县和 60 多个单位检查。历时一个月。

13日 省政府决定在南昌市工业技术开发中心、省建材科研设计院、省农科院果树研究所、省农机研究所、省工业卫生研究所、省陶瓷研究所、省食品发酵研究所、宜春地区食用菌研究所和景德镇市农业科研所 9 个科研院所展开体制改革，试行由国家事业费开支改为有偿合同制。取消国家事业费，对外实行有偿合同，对内实行课题承包责任制。

13日 省六届人大常委会七次会议召开。会议听取并审议省政府作的《关于全省经济体制改革情况的报告》，讨论和通过了《关于加快江西省经济体制改革步伐的决议》并通过人事任免事项。提出从 1984 年下半年开始着重抓好几项工作：继续简政放权，切实搞活企业；加速流通体制改革；加速建筑行业的全面改革；有计划地下放企业，搞好经济主管部门的改革；领导亲自抓点；处理好改革和提高企业素质的关系；正确对待改革中出现的问题。会议于 15 日结束。

13日 省政府批准给蒋仲平、张果喜、芦火根、罗士奇和胡波 5 位同志，晋升两级工资，从 1984 年 7 月执行。发给每人一次性奖金 1000 元。

13日 东乡红星垦殖场从外地引进墨西哥饲用玉米 4 月中旬下种，7 月 13 日第一次收割。经验收，亩产 8400 斤。墨西哥饲用玉米一年可割 4～5 次，是饲养奶牛的好青饲料。

14日 省计委、教育厅、财政厅联合向全省发布《关于为城乡集体所有制企业和农村专业户培养人才的试行办法》。《试行办法》提出：各高校在保证完成国家下达的指令性招生计划的前提下，积极承担委托、定向培养大学生的任务。

15日 华赣发展公司在南昌成立董事会，并举行了董事会第一次会议。大会产生 1 名董事长、10 名副董事长，共 11 名常务董事，聘请了总经理，通过了公司章程。45 个单位入了股，共集资 890 万元。

15 日 省政府决定第一批进行体制改革试点的 9 个科研所。这些院所试行由国家事业费开支改为有偿合同制。

16 日 省政府转发《关于萍乡、景德镇两市开展综合改革试点工作座谈会纪要》，其中规定财政上缴以 1983 年为基数，实行"固定上缴，递增包干，一定四年不变"的财政体制。

16 日 省委办公厅、省政府办公厅最近召开信访工作座谈会。座谈会回顾和总结了江西省信访工作的情况和经验，并对信访工作提出了要求：（一）要端正信访工作的指导思想。（二）要围绕整党任务，促进整改。（三）信访工作的内容要随着形势的发展不断改变。（四）改进工作办法。各地党政办公室主任、信访科长共 95 人参加了座谈会。

17 日 在轻工部组织的 1984 年全国陶瓷产品质量同行业评比中，景德镇市有 10 项产品获优胜奖。分别是：宇宙瓷厂生产的高岭牌 45 头釉上贴花西餐具；为民瓷厂生产的高美牌 45 头釉上贴花餐具；人民瓷厂生产的长青牌 45 头青花梧桐西餐具、15 头青花枇杷咖啡具；光明瓷厂生产的玩玉牌 45 头青花玲珑西餐具、15 头青花枇杷咖啡具、15 头青花玲珑咖啡具；红光瓷厂生产的玩玉牌 45 头青花玲珑西餐具、15 头青花玲珑咖啡具和建国瓷厂生产的珠山牌 9 头祭兰茶具。

17 日 南昌市向塘丁坊酒在 6 月初由农牧渔业部组织的全国乡镇企业黄酒质量评比中名列第一。自办厂至当前，该厂生产的 110 多万斤丁坊酒，除 2 万斤正常的储陈以外，全部销售一空。

17 日 经中国有色工业总公司南昌公司批准，兴中地质勘探、工程勘察科学技术咨询服务公司在南昌成立。

17 日 丰城县在赣江"老蛤石"地段，打捞到一批汉代沉船瓷器。这批古瓷为酱褐色釉面，有双唇四系罐、单唇四系罐、单唇六系罐、三足鼎、碗等 30 多件。这一发现对研究古洪州窑青瓷烧造历史源流和汉代青瓷生产具有一定的意义。同时，还打捞有船木的残件，经初步鉴定，这些船木残件可能是当时运输瓷器的沉船残片。

18 日 全国各地 45 家新闻单位的 69 名代表汇集南昌，参加华东报纸第四次协作会议。一年一次的华东报纸协作会议 1984 年由江西日报社主办。华东地区的解放日报、新华日报、大众日报、文汇报、新民晚报社等 9 个单位派代表出席会议。中央新闻宣传部、人民日报社、新华社、光明日报社、中国记协等 23 家新闻单位及江西 13 家新闻单位应邀出席会议。全国如此多新闻单位会聚南昌，在江西新闻史上还是第一次。

19 日 景德镇人民瓷厂的青花瓷西餐具获轻工业部转授的 3 枚金质奖章。这是景德镇人民瓷厂在民主德国莱比锡、捷克斯洛伐克布尔诺和波兰波兹南的国际博览会上获得的。该西餐具绘制四季渔樵耕读的人物山水风俗画图案，古朴雅致，展现了鲜明的民族特色和精湛的工艺（7 月 26 日，景德镇举行隆重表彰大会。省委副书记赵增益代表省政府授予人民瓷厂奖旗）。

20 日 高安县博物馆在城郊七星堆发现一处古墓葬群。经江西省考古队鉴定，墓葬的时代从东周一直延续到明代，分布在 1 平方公里的范围，以汉、唐、宋三个朝代的墓葬为多。出土遗物有 1000 多件，是一座丰富的文物宝库，对于系统地研究江西古代的埋葬习俗、地方史、文化艺术等有重要的价值。

20 日 由省文化厅主办的江西省首届少年儿童文艺夏令营在江西宾馆举行开营典礼。营地设在井冈山。参加夏令营的人员 140 余人，同时还邀请了几位省内知名的专家作指导。省顾问委员会主任傅雨田同志向营员们授旗，省委常委万绍芬讲了话。

20 日 省司法厅印发《关于积极为"两户一体"提供法律帮助，坚决维护"两户一体"合法权益的通知》。

22 日 泰和县有关部门在石山乡匡原村发现北宋文学家、书画家苏轼《秧马歌》碑刻。碑刻长 131 厘米、宽 34 厘米、厚 3 厘米。书行阴刻，前题"秧马歌"并引，引后款名，后写歌词。碑前段折断，前后共损 63 字，末尾年月已磨损。

22 日 丰城县旧县址荣塘乡最近出土一块

石匾，上书"龙光书院"（"院"字残损）。残碑长1.46米，高0.41米。古龙光书院建于宋代绍兴年间，是宋高宗赐名，与当时的庐山白鹿洞书院齐名，著名学者朱熹曾在此讲学。

22日 省政府发布《江西省植物检疫实施办法》。该《办法》共22条，对完善植检机构，修订植物检疫对象补充名单，疫情调查，疫区和保护区的划定及实施检疫措施，产地检疫，调运检疫，国外引进种苗，交通运输，邮政等部门承运和邮寄，以及执行和违反《条例》及实施办法和奖惩等方面均作了规定（8月14日，省农牧渔业厅根据该办法又确定江西省农业植物检疫对象补充名单）。

23日 省政府赣府字（1984）146号文件同意省档案局委托江西大学开设档案专业干部专修科，招收35岁以下、具有两年以上工龄、高中毕业文化程度的专职档案干部，学制两年。

24日 省政府赣府字（1984）163号文件批准厅属江西省陶瓷研究所、江西省轻工业研究所、江西省食品工业研究所、江西省食品发酵研究所、江西省工艺美术研究所、江西省服装鞋帽研究所为省级独立科研所。

24日 江西省腐殖酸研究所成立，该所为省级独立科研机构。

24日 全省第二步利改税工作会议在南昌市召开。参加会议的有各地、市、县财政、税务局长和主管税收、会计、企业财务工作的同志700余人。各地、市行署专员、市长参加了后期的会议。会议认为，10月1日起将进行的第二步利改税是全国人大作出的决议，要按照国务院的部署执行。利改税与经济承包责任制是相辅相成的，一定要把这个关系处理好。会议就全省执行第二步利改税作了明确的规定。会议于30日结束。

24日 自1983年9月开始的江西省科研机构调整结束，调整后的全省自然科学研究院、所共110个，其中省直57个，地市53个。原有133个院、所中，不变的75个，撤销14个，划出2个，合并5个，分出7个，升格6个，降格15个，改名5个，另外新建12个。这是解放35年来第一次大规模对科研机构进行调整，也是全国最早完成的省份之一。调整后的机构布局合理，力量集中，方向明确。

25日 省政府在南昌召开全省经济技术协作工作会议。近期要围绕江西省一个起步（电子工业的起步）、两个加强（加强对内对外经济技术合作和流通领域的工作）、三个突破（食品、饲料、包装工业要有突破性地发展），放手让地、市、县、区、乡和各部门、各单位、各行业多搞一些投资少、见效快、收益大的项目。会议于30日结束。

25日 江西省派出700多名党政机关干部、专家、科技人员、管理人员组成的124个调查组，深入到农村、工厂、商店，进行为期一个月的专题调查。省委要求调查组深入基层，取得第一手材料，不要层层听汇报。

26日 省科学技术委员会在星子县召开了1982年、1983年度优秀科技成果复评会议。复评会进行了5天。从初评的314项成果中评选出优秀科技成果283项，其中评出一等奖6项，二等奖37项，三等奖97项，四等奖142项，嘉奖1项。

26日 美国华盛顿特区肯尼迪国际同人会主席约瑟·肯尼迪博士一行6人，来赣洽谈兴建医院、宾馆和美国派短期留学生来江西学习汉语等事项。洽谈工作于28日结束。

27日 江西省化工工业公司、省协作办、省政府驻闽办、广丰县政府和大南磷矿与福建省石油化工厂、石油供销公司合资开发广丰县大南磷矿，在福州市达成一致协议。协议规定由福建方面提供有息补偿贸易资金500万元及大南磷矿每年向福建提供一定数量的原矿，并确立了长期供销协定。

27日 九江市决定给翻译世界医学名著《希氏内科学》的九江市第二人民医院医师王贤才晋升一级工资。王贤才自1981年至今已译完八个分册，计340万字，由内蒙古人民出版社出版。另两册正在翻译中。

28日 丰城县石江乡石江村民兵营长陈九仔把从山上拾到的6件文物——古玉雕刻品和一只水晶杯送交到乡政府。经文物人员鉴定，这些文物是北宋以前的玉雕品。

28日 在兴国县城冈乡的凌陈村水口发现一株开叉竹。这株开叉竹高455厘米，竹蔸直径7.1厘米，在离地面65厘米处分为主杆和次杆各一根。两杆拧成一个"8"字形后各自直立生长，主杆直径5.7厘米，次杆直径4.8厘米。

29日 省政府在南昌市召开了省政府组成人员和专员、市长会议。会议确定今后主要抓好4项工作：一是努力实现"全面、三同步"；二是抓好农业多种经营和乡镇工业的发展；三是开拓市场，搞活商品流通；四是加快改革步伐，搞好对外开放。

29日 江西省能源研究会在南昌成立。会员们交流了学术论文，提出了许多建议，并向省委、省政府提出了《关于我省能源情况的汇报提纲》。

29日 省委和省政府决定撤销38个临时机构。今后除中央、国务院明文规定省里工作确实需要的以外，原则上不准再设立临时机构。

30日 江西省第一个开发性企业——华赣发展公司分别与中国人民解放军总后勤部、驻闽海军、厦门驻军、泉州驻军合资经营"东方工贸公司"、"赣海发展公司"、"赣厦发展公司"、"赣泉发展公司"，组成4个军民合营的经济实体。另外，江西省还与东海舰队合资联合扩建弋阳水泥厂，年产水泥8.8万吨。

30日 应共青团中央邀请，以卢旺达青年和合作运动部部长奥居斯坦·恩丹迪利伊马纳少校为团长的卢旺达青年代表团一行3人，对德安共青垦殖场和庐山等地进行为期3天的参观访问。卢旺达新任驻华大使德尼·马吉拉·比吉里马纳随团来访。

30日 省政府颁布《江西省独立科研机构建制的通知》。省农科院设水稻研究所、旱作物研究所、耕作栽培研究所、植物保护研究所、畜牧兽医研究所、园艺研究所、农业经济7个研究所。农业厅直辖的有省红壤研究所、棉花研究所、蚕茶研究所、养蜂研究所、水产研究所（1988年4月10日，省编委又批准省农科院科技情报研究所、菌种站、综合实验室、农机试验鉴定站为独立科研机构建制）。

30日 全省农村综合改革试点工作会议在抚州召开。省委领导同志与崇义、永丰、资溪、铅山、丰城、都昌、南昌县七个试点县的县委书记、7个地市委及省直有关厅局的负责同志研究了有关分权让利等特殊政策。政策规定：（一）试点县在国家计划的指导下，可以获得最高经济效益为目的，根据本县的实情和市场需要，统筹制定自己的生产、建设和各项事业的发展计划，并允许跨地、跨省自行采购物资，调剂串换。（二）放手让农民经商。（三）从1984年起省对试点县实行财政包干，一定五年不变。（四）实行粮食购销包干，农民完成征购任务后，按超价售粮，粮食部门要敞开收购。（五）农民按年计划、合同生产的农副产品，要保证收购。（六）试点县本着采伐量不超过生长量的原则，实行造林、木材蓄积量增长、木材上交任务"三包干"，一定五年不变。（七）试点县的贷款投向和数量可自主决定，可跨县、跨地区、跨省拆借。（八）扩大试点县的外贸权限。（九）试点县的党政机关职能部门、事业单位和乡、镇，试行干部任期制、选举制、首长组阁制和招聘待聘制。（十）在不突破总编制的前提下，试点县有权决定机构设置，不受上下对口的限制。省委、省政府转发《农村综合改革试点工作会议纪要》。

31日 截至月底，全省已有38个老革命根据地的县、市建起了中医医院，共盖中医医疗用房2.5万多平方米，新增病床1.5万张。

31日 当日11时25分，江西新余市分宜发电厂110千伏母线进行倒闸操作，宜春、分宜分线刀闸B相引线帽脱落接地短路，造成全厂停电及5万千瓦的6号机严重损坏。

31日 截至月底，于1980年元月正式开办的中国泰和鸡原种鸡场已发展泰和鸡种鸡9.25万只，向全国13个省、市、自治区提供种鸡7.3万只，种蛋2.5万个，产值达到30多万元。

31日 江西财经管理干部学院在南昌建立。由省政府和国家财政部双重领导。该学院担负着省内外财政、经济系统的干部培训任务，采取专修和函授两种形式。

31日 崇义县工业开发公司会同省国际信托投资公司、赣南贸易中心与泰国泰峰工程两合公司、香港三惠机械工程有限公司在广州正式签订了意向书和项目建议书，投资700万美元引进全套设备在崇义县原化肥厂改建一座年产2.6万立方米到4.5万立方米的中密度微粒板厂。合作年限为12年至15年，合资比例为本省公司共同投资75%，外商投资25%。

31日 萍乡市湘东区年产值达1亿元以上，成为全省第一个年总产值突破1亿元的县市（区），跻身全国先进行列。到本月底止，全区已有乡镇企业743家，近3万剩余劳力就业。1月至7月，总产值比1983年同期增加10.4%，税收、利润等超过1983年同期水平。化工、食品、建材、陶瓷、机械、冶金、工艺美术等制品已发展到150多种。

本月 有关部门相继在靖安县发现了本省罕见的大面积连片野生猕猴桃林，分布在石境、西岭、磔都、东沅乡和北港、三爪仑林场等地。几十亩到几百亩面积不等的野生林共约2000多亩，主要品种有中华猕猴桃、对萼、京梨、小叶等5个品种。这些发现对进一步做好猕猴桃资源的开发利用，特别是对开展猕猴桃的研究具有重要的意义。

靖安县开发的猕猴桃

本月 南昌铁路局一年多来共选派345人次出国。其中，赴伊拉克参加修建高速公路256人次，赴伊拉克参加修筑摩苏尔水坝85人次，多属技术干部和技工。

本月 铜鼓县古桥乡稻田型钩端螺旋体病暴发流行，其中鸟尔本菌型为江西省首次发现。

本月 由江西省乡镇企业管理局委托，江西电影制片厂拍摄彩色纪录片《腾飞的翅膀》并公开放映。该影片介绍了南昌市郊区顺外村发挥优势，走农工商综合发展道路的致富经验。

本月 赣东北地质队在玉山县下镇乡玉马村长塘螺蛳壳山发现一件稀世之物——巨型硅化木，长27.4米，大头直径1.2米，小头直径0.8米，平均直径1米，重60吨。巨型硅化木纹理清晰，属中侏罗纪早期，距今约1.5亿至1.8亿年。据有关专家考查，这一带分布有硅化木群落。

在玉山县发现的巨型硅化木

本月 省委宣传部向省委呈送《关于进一步加强讲师团建设的若干问题的请示报告》。8月，省委批复了这个报告，确认省委讲师团为厅局级事业单位。

本月 省政府小公厅258号文件同意建立江西省中药学校，按在校学生500人定编，由江西省医药总公司管理。

本月 经省政府批准江西维尼纶厂关停，组建以电石生产为主的江西化纤机修厂。

本月 省编制委员会通知，增加江西人民出版社事业编制100人，内设13个处级单位。

本月 今年3月至本月，江西省地矿局水文地质大队鄱阳湖考察队第四纪地质研究课题组在鄱阳湖区的南昌县梁家渡、新建县厚田、湖口县拓矶等地发现了新石器晚期至商周遗址3处，共采集遗物200余件。该3处古文化遗址时代距今3000年至4000年。为研究江西新石器晚期至商周时期古文化提供了新资料。同时，也为研究抚河、赣江的形成、演变和鄱阳湖区第四纪地层划分，古地理及古气候等提供了新材料。

1984

8月 August

公元 1984 年 8 月							农历甲子年【鼠】						
日	一	二	三	四	五	六	日	一	二	三	四	五	六
			1 建军节	**2** 初六	**3** 初七	**4** 初八	**5** 初九	**6** 初十	**7** 立秋	**8** 十二	**9** 十三	**10** 十四	**11** 十五
12 十六	**13** 十七	**14** 十八	**15** 十九	**16** 二十	**17** 廿一	**18** 廿二	**19** 廿三	**20** 廿四	**21** 廿五	**22** 廿六	**23** 处暑	**24** 廿八	**25** 廿九
26 三十	**27** 八月小	**28** 初二	**29** 初三	**30** 初四	**31** 初五								

1 日　省委整党工作指导小组召开省直整党单位党委、党组负责人和整党办公室主任会议，认真贯彻中央整党工作指导委员会第九号通知，布置整改阶段的工作。会议由省顾委筹备组组长、省委整党工作指导小组常务副组长傅雨田主持。省委书记、省委整党工作指导小组副组长许勤在会上讲了话。指出，在整改阶段，要务必保证对照检查不走过场，整改阶段要认真抓好 4 项工作：（一）认真学习文件，统一思想认识。（二）从实际出发，制定整改方案。（三）依靠群众搞好整改。（四）领导要带头整改，既要整改自身的问题，又要抓好本单位的整改工作。

1 日　南昌宾馆的主楼开始接待顾客。该宾馆面积为 2.3 万多平方米，其中主楼 13 层。共有 373 间客房、1400 个床位。

1 日　省劳改局在梅岭召开全省劳改劳教工作会议，研究部署改造、生产双承包责任制，制定《关于劳改劳教单位实行承包制的意见》。

1 日　民盟省委和省政协教育组联合邀请江西大学、江西师范大学、南昌市业余大学等学校盟内外教师，组成两个讲学组，分赴宁冈、吉安

和宜春、铜鼓等地，作历史、地理、生物、英语等学科讲学。讲学活动于 18 日结束。

1 日　南昌市自即日起执行治理噪音污染规定：（一）八一人道等 11 条路段为禁鸣路，胜利路、中山路等闹市区为限鸣路段。（二）各种机动车辆在市区行驶一律改用低噪音喇叭。（三）交通大队要加强对车辆的管理，车辆监理部门对一切机动车辆的噪音和喇叭噪声进行严格检查和监督。环保部门对市区交通噪声进行监督。（四）凡不执行上述规定的，公安、车辆监理有关部门给予违章司机处以罚款。

1 日　丰城县历史文物陈列室征集到一件出土的宋三彩孩儿瓷枕。瓷枕高 14.6 厘米，长 32 厘米，宽 12.6 厘米。据鉴定，此枕属吉州窑产品，其年代为宋代中期。

1 日　在全国第四届黑白电视接收机质量测试评比总结会上，江西电视机厂生产的"井冈山"牌 BJ350 型 14 英寸电视机获二等综合奖。

2 日　江西省人才开发交流服务中心即将对外开展工作。其主要任务和服务范围是：调查了解全省人才资源和专业技术人员的余缺情况，提

供人才需求信息；发掘、推荐社会闲散专业技术人员，对自学成才以及国家不包分配的大、中专毕业生，根据工作需要择优录取；为用非所学、用非所长、积压浪费或其他原因要求交流的人员"牵线搭桥"，寻找能充分发挥作用的部门和单位；接受部门和单位的委托，与本省和外省、市联系人才的招聘、聘请、借用、兼职、技术承包、智力支援、咨询服务、人才培养等事宜；负责各地、市相应成立的人才交流服务机构的业务指导和经验交流。

2日 国家气象局通报表彰参加国际台风业务试验的全国优秀集体和优秀个人。江西省赣州气象台和江西省气象台通信科服务组荣获集体二等奖，任相根、胡燕、郭寅才、汪润清、洪积良、蔡乃长、罗长利、陈闽娜、黄松桥获个人奖。

3日 江西省1984年成人高校、中专招生考试结果在省招生委员会会议上揭晓，5300多名考生达到录取控制分数线。当年，江西省第一次实行成人高校、中专招生统一考试。参加统考的考生有15787人，招生学校有32所。考试分大学本科、大专、中专文理科。

3日 全国农垦系统腐竹质量评比在江西省东乡红星垦殖场揭晓。江西省红星食品厂生产的"红芍"牌腐竹名列全国第一。

3日 江西省首批120个企业经理、厂（矿）长在南昌参加为期3天的国家统考。考试科目是企业管理基本知识。这次国家统考涉及面广，范围大，是一项复杂、细致而严肃的工作，在我国是第一次。

4日 省经贸厅会同吉安地区经贸局到井冈山、遂川等7个县就外贸工作如何适应城市经济体制改革和农村发展商品生产的新形势，促进外贸事业的发展进行专题调查。并向省委、省政府报送《适应新形势做好外贸工作》的调查报告。

4日 黄岗山垦殖场逍遥水电站二车间对面大山沟，出现"泥石流"异常现象，岩浆上下翻滚，沸腾奔放，持续20多个小时，泥浆长160米，宽18米，波及面积4680平方米，冲毁农田4.1亩。

4日 自即日起到18日，在北京举行的全国田径优秀运动员测验比赛中，江西运动员陈冬梅在女子400米决赛中，以56秒7的成绩获冠军，打破了江西省纪录；郭惠敏、周炳仙在女子400米栏和女子1500米的决赛中，分别以1分零7秒和4分32秒2的成绩获冠军；肖绍平获女子跳远亚军；吴菊琴获女子3000米决赛亚军；饶淑英获100米栏第三名。

5日 新干县麦（斜土）乡五坑大队息冈村农民陈长莉、陈润根将祖辈珍藏了450多年的明代刑部尚书陈寿的画像两幅，献给新干县历史文物陈列室。陈寿，字本仁，号蠹斋，新干县息冈村人。陈寿画像长260厘米、宽105厘米，该画对于研究新干地方史具有重要的参考价值。

5日 《中国微型小说选刊》日前在南昌创刊。

6日 中外合资新星投资开发有限公司成立。

6日 广州至庐山旅游包机首次通航。应邀参加首航的有广东省委、广州市委和市政府负责人以及港澳实业界、新闻界等来宾67人。

7日 省武警总队政治部发出通报，给武警南昌市支队梁家渡大桥中队三班长李丛兴记二等功一次，给战士陈增和、陈华堂、陈勇记三等功一次。表彰他们在一次火车与汽车即将相撞的危急时刻，为保护国家财产和人民生命安全表现出的革命英雄主义精神。

7日 省科委办公会议近日决定授予《江西省区域地质综合研究》科技成果一等奖。这部基础地质科学文献约300万字、300余幅插图，共6篇38章。它综合了本世纪以来，特别是建国30多年来江西省地域地质调查的地层、地质构造等各项基础情况及我省地质研究的最新资料，是一部宝贵的综合性的基础地质科学文献。国家地质矿产部已决定将它选送参加在苏联莫斯科举行的第二十七届世界地质大会。

8日 从入汛至即日，江西省水文总站首次采用型号为BCM－S68K微型计算机进行6次水库洪水预报。

8日 美籍华人杨力宇教授来南昌进行工作

访问。

8日 南昌江南材料厂与厦门市联合发展公司在厦门经济特区创办厦门华联电子有限公司，总投资620万元，股金比例为6:4。

9日 全省厂长（经理）工作研究会在洪都钢厂召开成立大会，会期10天。厂长（经理）工作研究会的宗旨是为了有组织有计划地开展学术研究，提高会员的理论水平和企业管理水平。

10日 根据中央书记处有关决定和"管少、管好、管活"的原则，缩小由省委管理的干部范围，适当下放干部管理权限，省委原则上只管下一级的主要领导干部，由省委直接管理的干部人数减少了3/4。采取分级管理，层层负责的办法，有利于加快干部制度的改革。各级人事部门要认真研究新时期党的干部路线、方针、政策，认真负责地把干部的任免、调动、考核、培养、审定、晋级、奖惩等工作全面抓好。各地（市）从当日起执行新的干部管理条例。

10日 到目前为止，全省各级民政部门已办有各种类型的社会福利生产单位172个，职工1.1万多人。1983年完成产值5200多万元，实现利润410多万元，比1978年产值增长1倍，利润增长1.8倍。

10日 江西省经济法规研究中心正式开展活动。经济法规研究中心是一个有关经济法规的研究、咨询机构。

10日 南城县船舶修造厂试制的第一艘钢质机动货船顺利下水。船全长27米，载重量为30吨，时速10公里。

10日 全省各地（市）劳改劳教单位筹建工作基本就绪。省司法厅作出决定，撤销司法厅劳改劳教工作联络组，地（市）劳改劳教业务员由劳改局（劳教局）管理。

11日 省卫生防疫站科技人员日前从流行性出血热疫区的褐家鼠体内首次分离出流行性出血热病毒，在江西成功建立起流行性出血热的病毒分离方法。这一成果对严重危害人民健康的流行性出血热这一疾病的诊断、治疗和预防都有重要的意义。

11日 1984年全国滑水比赛在抚顺市举行。比赛为期3天。江西运动员罗娜夺得女子障碍滑水冠军，杨晓斌以总分6590分的好成绩获男子花样滑水第三名、男子跳跃滑水第四名，何定获得女子花样滑水第五名和跳跃滑水第五名。

12日 江西体操运动员童非、游泳运动员李金兰（女），参加在美国洛杉矶举行的第二十三届奥运会，童非获2枚银牌。这是江西运动员第一次参加奥运会比赛并获得奖牌。

12日 在南昌市东湖举行的江西省航海模型比赛中，省航海模型队运动员杨绍华在F_1-V_{15}级竞速艇测验赛中，以13秒9的好成绩打破14秒43的全国纪录；南昌市获C_2级、C_4级外观舰船模型，F_1、F_2、F_3级内燃机、电动机花样绕标和竞速艇项目的18个第一名；景德镇市获C_4级小学组和F_1-$V_{3.5}$中学组的第一名。比赛于15日结束。

12日 江西八一无线电厂全部采用进出口散件试制的"飞音"牌BF-003型立体声汽车收放机，在南昌市电子工业公司主持的生产定型验收会上通过验收。

13日 江西省计算机学会在南昌市召开成立大会。大会选举产生了学会领导机构，通过了学会章程，拟定了开展学会活动的工作计划。大会选举出的计算机学会常务理事会将成为省政府微机领导小组的咨询参谋机构。

13日 南昌市第一条不夜街——南站夜市支起牌楼，开放营业。

13日 上饶地区邀请全国有关专家、学者60余人，组成"三清山考察团"，对山上风景名胜资源进行为期7天的考察评估。国家建设部顾问秦仲方、园林局处长王秉洛、工程师马纪群、中国城市规划设计院院长安永瑜、中国名城历史研究所所长王建平、北京大学地理系主任谢凝高等参加考察。

13日 省地矿局赣西地质调查大队在宜春县新坊钽铌区及外围发现了优质高岭土矿。到目前为止，已发现矿脉10余条，其化学成分符合一级瓷用高岭土标准。该矿的发现，为景德镇生产高档出口瓷找到了短缺的原料基地，可供瓷都数十年之需。

14 日 全国少年潜水比赛在湖南省麻阳县结束。江西运动员杜轩在 1500 米蹼泳比赛中，以 15 分 34 秒的成绩打破全国少年纪录获第三名。容志忠以 19 秒 8 的成绩获 50 米屏气潜泳第六名。

15 日 高安县出土的元代青花釉里红瓷珍贵文物赴北京参加建国 35 周年文物展览。其中青花云龙纹荷叶盖罐、青花云龙纹兽耳盖罐、青花云龙纹带盖梅瓶、釉里红彩斑印花高足

高安出土的青花龙纹荷叶盖罐

转杯、釉里红雁衔芦匝属稀世珍品。

15 日 全国重点高等院校和第一批录取院校在江西省的招生录取工作在景德镇市结束。按计划录取新生共 4562 名，其中理工农医 3557 名，文科 1005 名，体育院校（专业）、艺术院校（专业）564 名。计划招生外还超额录取新生 90 名。

15 日 省公安厅、省劳动人事厅转发公安部、劳动人事部《关于人民警察的规定》（试行），规定了吸收人民警察的对象、范围、条件、要求。

16 日 第二届全国青少年科学创造发明比赛和科学讨论会在昆明举行。江西省有 7 名青少年参加了比赛和答辩，获银牌 1 枚、铜牌 6 枚。比赛于 24 日结束。

17 日 墨西哥著名专栏作家巴尔迪斯夫妇来江西南昌、庐山、景德镇等地参观，进行为期 6 天的访问（在景德镇访问归国后著书介绍中国陶瓷艺术）。

18 日 丰城县人民医院医师易为民研究的"腹膜外层次分离剖宫产术"获卫生部科技进步乙等奖。易为民获国家科委授予的"国家级有突出贡献的中青年专家"称号。

18 日 江西省送变电建设公司承建的国家重点工程——贵溪至南昌的 22 万伏变压输电线路竣工，工程质量达到部颁标准。贵南输电线路工程全长 152 公里，其中双回路 35 公里。

18 日 省经济体制改革委员会赣改字 4 号文件通知下放第一批省属企业，将江西第二造纸厂下放到南昌市，江西化工石油机械厂和江西化工机械厂被列入第一批下放企业，下放给南昌市化工局管理。

18 日 在参加浙江建德县举行的全国业余体校乒乓球分区赛中，江西省男子儿童甲组获团体总分冠军，男、女少年乙组分获团体总分亚军，囊括四个组身体素质比赛团体总分冠军。

19 日 全省建筑业和基本建设管理体制改革工作会议召开。会议提出要抓紧做好"一包、六改、二加强"。一包是：全面实行投资包干。六改是：改财政拨款为银行贷款；改行政分配任务为实行招标投标承包制；改设计院为企业化和社会化；改基建物资供应为直接拨给承包单位，由施工单位实行包工包料；改革基建资金管理办法；改革建安企业工资分配制度。二加强是：一要加强基建规模的控制；二要加强基本建设勘察设计、审批、征地、拆迁等前期工作。

20 日 我国历史最悠久的植物园——庐山植物园举行建园 50 周年庆典。该园是我国唯一的亚高山植物园，始建于 1934 年 8 月，现已成为国际保护濒危植物委员会成员，与世界 60 多个国家和 280 个科研机构建立了广泛联系。创建者之一陈封怀教授等著名植物学家应邀出席了庆典。中国植物学会、中国科学院植物研究所以及来自全国各地的植物园、所的代表，英国植物画家沃顿夫人参加了庆典。北京等地植物园和科学出版社等单位发来了贺电、贺信。

20 日 南昌市汽车农机工业公司与香港福裕商行有限公司决定合资兴办昌裕摩托车有限公司，并在厦门签订了合同书。

20 日 经省司法厅批准，江西省律师事务所正式成立。

21 日 全省渔区第一个水产品保鲜设施——装备式活动冷库在九江县赛城湖水产场竣工。该库系由中国水产科学研究所、哈尔滨制冷厂等单位，引进国外先进技术，联合设计生产的。

21 日 省委组织部、省劳动人事厅转发中组部、劳动人事部《关于逐步推行机关工作岗位责任制的通知》，要求通过试点，逐步全面推行

责任制。

23日 省政府在南昌召开全面质量管理报告会，中国人民大学沈思聪副教授作题为《为开创全面质量管理新局面而奋斗》的报告。参加报告会的还有南昌市、九江市、景德镇市的市长、副市长和经委主任，省政府17个委、办、厅、局、公司和南昌铁路局的负责同志。省长赵增益强调，在整个经济工作中，各级政府都要竭尽全力地狠抓农业多种经营和城乡集体工业，这是关系到振兴江西经济的一个战略问题。

赵增益在农村考察工作

23日 省政府批准成立九江医学专科学校。

23日 1984年全国少年技巧比赛在镇江结束。由江西鲍珊、俞从珍、潘亚旗组成的女子三人组，夺得了这个项目全能、单项第一套、第二套3块金牌；同时由小将李惠玲、胡卫东组成的混合双人也夺取了这个项目的全能冠军，共获得11块奖牌。

23日 赣州地区51家机械、电子、农机企业参加的联营公司在赣州市成立。这是江西省第一家机械、电子、农机产品联营公司。

23日 省委、省政府发出《关于扩大地市和七个综合改革试点县对外开放、对内协作权限的通知》。给予南昌市以省级审批权，即利用外资在300万美元以下的项目可以自行审批；扩大景德镇市、萍乡市、九江市、赣州地区的审批权，即利用外资200万美元以下的项目可自行审批；其他地市及7个综合试点县（南昌、丰城、崇义、都昌、永丰、铅山、资溪）可自行审批利

用外资总额在150万美元以下的项目。

24日 截至目前，全省已建成各类水利工程39.38万座，总计有效灌溉面积2708万亩，旱涝保收面积1947万亩，分别占全省耕地的75.7%和54.4%，各为建国前的5.3倍和11.4倍。全省的山区、丘陵已建成大中小型水库9413座，总库容225亿立方米。全省现有电力排灌站1.28万余座，总装机容量55.4万千瓦，总效益350.7万亩；机械排灌站7949座，总装机容量24.2万千瓦，总效益203.7万亩；水轮泵站1699座，总效益23.8万亩。全省已建成大小圩堤4036条，总长度7000余公里。全省已建成大中小型水电站6116座，总装机容量85.1万千瓦，占全省水、火电总和的48%，年发电量23.67亿度。据全省312个国营水利工程统计，1983年综合经营总收入达到5291万元，为1978年的2.7倍。

25日 省政府近期批准，全省确定一批省属高等院校的重点学科、专业。其中有江西大学的生物学、基础数学、计算机科学3个学科、专业，江西农业大学的兽医、作物栽培、植物保护3个专业，江西师范大学的基础数学、化学、中文3个学科、专业，江西工学院的锻压工艺及设备、工业与民用建筑、工业自动化3个专业，江西医学院的医学专业；江西中医学院的中医专业，共计14个学科、专业。

25日 铜鼓县电子仪器厂在中国科技大学的协助下，最近试制成功"金钟"牌JI-1型人体感应报警器。

26日 江西省目前拥有国家气象站91个，

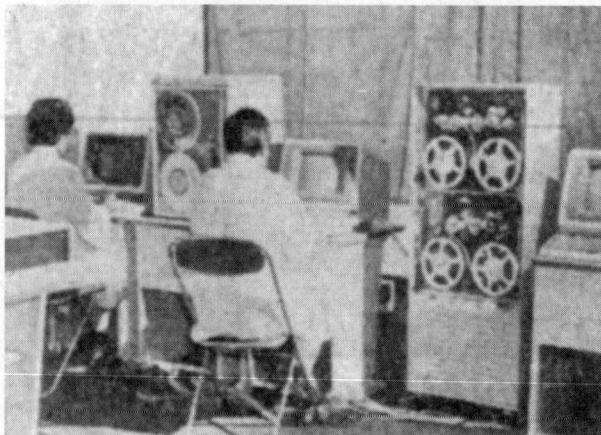
气象人员在进行气象资料微机处理

形成了包括地面、高空、雷达、日射等多要素、多层次、稠密的气象观测网。全省 1900 多名职工中有高级工程师 3 人,工程师或技师 260 人,助工 318 人,技术员 580 人,占总人数的 61.7%。

26 日 赣州市名胜郁孤台重新建成。重建的郁孤台为三层楼台,是仿宋代图案设计的,基本保持了原古建筑的风貌。

赣州市名胜古迹——"郁孤台"

26 日 江西省汽车运输总公司九江公司与江苏省汽车运输公司南京客运分公司商定开通九江至南京直达隔日客班车。

26 日 中日青年田径对抗赛第一场比赛在南京市五台山体育场举行。江西田径新秀辛淑娟以 4 分 33 秒 5 的成绩获得女子 1500 米赛跑金牌;闵春凤以 51.12 米的成绩获得女子铁饼银牌;杨福明在男子 1500 米和胡健在男子 4×400 米接力赛中获得铜牌。

27 日 江西省航空模型比赛在吉安市结束。吉安代表队共获得 7 枚金牌,团体总分为 69 分,居首位;南昌市、景德镇市和九江市队分获第二名、第三名、第四名。

27 日 省政府发出《关于扩充江西省人民政府利用外资、引进技术审批小组成员的通知》,扩充后的审批小组由 33 人组成,省经济技术协作办公室为审批小组的办事机构。

27 日 省政府批准成立宜春医学专科学校。

27 日 日本书法家联盟访华团一行 22 人来赣参观访问。访问活动于 30 日结束。

27 日 1984 年《小学生作文》全国邀请赛比赛结果当日揭晓:南昌市豫章路小学蔡炜荣获二等奖;胡文则、邵世华荣获三等奖;张赤晨、王亮获鼓励奖。同时,获奖同学的语文老师王瑞琪、熊玉梅、蔡匀珍、杨佩红、郭启慰获得了奖品和奖金,豫章路小学获得了奖旗。

27 日 1984 年江西水产事业蓬勃发展。近 5 年来,江西省水产品产量每年平均增长 14.3%。全省已利用养鱼水面 277 万亩,养殖总产量达到 165.8 万担,分别比建国初增长 10 倍和 7 倍。全省拥有 1 所畜牧水产学校,35 处县以上水产科研机构,3 个水产技术推广站,水产科技人员约 500 人。

28 日 江西省气象台研制成功的《713 天气雷达图像数字化传输系统》通过了由省内外 20 多位专家、工程技术人员进行的技术鉴定,从而填补了我国天气雷达图像数字化传输的一项空白(1985 年 12 月获省科技成果奖二等奖,同时获国家气象局气象科技进步三等奖)。

28 日 吉安县在文山公园举行文天祥纪念馆正式奠基仪式(文天祥纪念馆于 1986 年初竣工,投资 35.2 万元)。

28 日 临川县第二中学五位少年范少年、黄文辉、傅华祥、刘民、吴华龙被中国科技大学破格录取为第八届少年班的学员。

29 日 日本东芝公司对赣北电子材料厂生产的 18 微米电解铜箔进行测试,部分指标达到国际电工委员会 IEC 标准。

29 日 省劳动人事厅下放省直机关及其下属单位干部离休审批权限,省直各委、办、厅、局可办理干部离休手续。

30 日 省政府批准成立江西广播电视大学

抚州地区、吉安地区、赣州地区、萍乡市、新余市分校。分校建制为县团级，享受地、市属高等学校待遇，行政上由地、市教育处（局）负责管理，业务上归省电大指导。

30 日 我国自行设计建造的第一艘 1500 客位大型沿海双体客轮"瑞昌"号在九江江洲造船厂胜利下水。这艘双体客轮是由上海交通大学担任技术设计并和江洲造船厂联合承担施工设计，从开工到下水历时一年。双体客轮总长 98 米，型宽 26 米，型深 8.2 米，设计吃水量 4.6 米，航速 16 节，续航能力 1300 海里，满载排水量 4344.1 吨，主机 6000 马力，从底部到上层建筑分 8 层，总高度 33.12 米。它的建造，填补了我国海洋航运史上的一项空白。

"瑞昌"号沿海双体客轮下水典礼

30 日 江西省建筑统筹管理研究会在南昌成立，研究会的成立对江西省推广应用现代化统筹法管理技术起到促进作用。

30 日 中国医药保健品进出口总公司同意江西省从 1985 年起中药材、中成药、药酒保健品等全部自营出口。

30 日 南斯拉夫马其顿共和国斯科普里市电视摄影组一行 3 人，来南昌进行为期三天的采访拍片。

31 日 中央军委主席、中顾委主任邓小平为安源纪念馆题写馆标"安源路矿工人运动纪念馆"。

邓小平为安源路矿工人运动纪念馆题写的馆标

31 日 《江西日报》报道，建国 35 年来，江西省粮食生产年平均增长 8.1%。从 1953 年实行粮食统购统销以来，平均每年调给中央贸易粮 10 亿斤以上。其中，1983 年，交售商品粮 106 亿斤，上调贸易粮 24 亿斤。从 1983 年百年罕见特大洪涝灾害后，全省粮食总产量达到 292.1 亿斤，人均占用粮食 1035.4 斤，居全国第七位。

31 日 全省城镇储蓄存款持续增长，今年前 8 个月累计收储 2.5611 亿元，比 1983 年同期增长 27.3%，提前 4 个月超额实现了全年计划。当前全省城镇储蓄存款总余额 13.5746 亿元，为历史最高纪录。

31 日 省政府利用外资引进技术审批领导小组同意南昌钢铁厂引进日本兴和株式会社森田铁工所制造的汽车板簧生产设备（1985 年 1 月 3 日，省冶金厅批准南昌钢铁厂与中国银行南昌信托咨询公司合资经营生产汽车板簧。同年 2 月 14 日正式成立江西汽车板簧有限公司。同年 5 月 3 日该公司板簧生产线开工建设，于当年 12 月 12 日建成投产）。

31 日 省总工会、省团委、省妇联、省军区政治部、省教育厅、省体委、南昌市政府联合

省委第一书记白栋材接见童非（右）等载誉归来的体育健儿，并勉励他们继续为国争光

举行大会，热烈欢迎参加奥运会胜利归来的江西运动员童非。省政府授予童非劳动模范称号，并记一等功，晋升两级工资。

31 日 日本摄影协会副主席、东京工艺大学主任教授细江英公一行四人，来赣进行为期 3 天的访问，并洽谈合作事宜。

本月 建国 35 年来，全省已发现各类固体矿产 123 种，矿产地 3600 多处。全省探明有工业储量的矿种 73 种，产地 696 处，其中大型矿产地 76 处，中型 106 处。已开采的大型矿山 7 个，中型 50 个，小型 121 个。已发现 60 多种非金属矿矿种，已查明 9 个大型矿床和 13 个中型矿床。

本月 省政府发出通知，指出非工业部门工业如今已成为全省经济发展的一支重要力量。要求各级经济主管部门加强对其的领导，采取措施促进其快速发展。各级主管部门和经济部门接到通知后成立了专管机构，配备了专职人员，并把全省非工业部门工业的生产调度、技术改造、评先创优、企业整顿、计划统计等工作与加工业纳入统一管理的轨道。据统计，1984 年全省非工业部门工业总产值达 41 亿元，比上年增长 15% 左右，发展速度高于全省工业发展水平。

本月 江西省饲料科学研究所在江西农业大学成立。

本月 《江西蔬菜品种志》印刷出版。

本月 南昌市电信局首次安装 28 回线用户电报集中器，开通用户电报新业务。

本月 经国务院批准，江西省人防办公室从省城市建设环境保护厅划出，单独设立，为省政府厅局级机构。

本月 省建设厅成立《当代江西城市建设》编辑领导小组，开始编辑工作（1986 年 8 月完成送审稿，由省建设厅召开审稿会审定。10 月正式定稿，1987 年 10 月出版发行）。

本月 南昌市白蚁防治所撰写的《植物性杀虫剂灭治白蚁试验报告》一文在联邦德国汉堡召开的第十七届昆虫学大会专题组上宣读，获得国内外专家好评。

本月 江西省哲学社会科学研究所与江西省经济研究所正式合并，撤销江西省社科院筹备组，成立江西省社会科学院。院下设哲学、经济、科学社会主义、历史、情报资料 5 个研究所以及《江西社会科学》、《赣江经济》、《农业考古》3 个编辑部。

江西省社会科学院科研大楼

本月 省政府批准成立江西省农房成套供应公司。

本月 省卫生防疫站主任技师何晓青等人完成的"肠杆菌科四个属的唾菌体及其在沙门氏菌快速诊断中的应用"项目，获省科技成果一等奖。

本月 浙、闽、皖、赣、苏等省地质局联合开展的《东南沿海中生代火山岩区非金属矿带成矿远景区划研究》通过了评审验收（获 1986 年地质矿产部科技二等奖）。

1984
9月
September

公元 1984 年 9 月							农历甲子年【鼠】						
日	一	二	三	四	五	六	日	一	二	三	四	五	六
						1 初六	**2** 初七	**3** 初八	**4** 初九	**5** 初十	**6** 十一	**7** 白露	**8** 十三
9 十四	**10** 中秋节	**11** 十六	**12** 十七	**13** 十八	**14** 十九	**15** 二十	**16** 廿一	**17** 廿二	**18** 廿三	**19** 廿四	**20** 廿五	**21** 廿六	**22** 廿七
23 秋分	**24** 廿九	**25** 九月小	**26** 初二	**27** 初三	**28** 初四	**29** 初五	**30** 初六						

1 日 新成立的中国人民武装警察部队南昌指挥学校开学。这所学校是 1984 年 3 月份经国务院批准成立的。它的任务是为武警部队培养和输送革命化、年轻化、知识化、专业化的基层干部。1984 年开设内卫、消防两个专业，招收了169 名学员。

1 日 经省政府批准，全省正式实施《关于依靠和发动各种社会力量集资办学，尽快改善中小学办学条件》的规定。

1 日 在乌鲁木齐市结束的全国射击分项赛步枪项目的比赛中，江西运动员王尚荣以 597 环的成绩获小口径自选步枪 60 发卧射击银牌。

1 日 省司法厅、省高级人民法院联合发出《关于公证与审判工作有关的几个问题的通知》。

1 日 为期 6 天的 1984 年全国羽毛球乙级联赛在成都市举行。江西省男女羽毛球队在决赛中，双双获团体冠军，晋升为甲级队，被评为精神文明队。

2 日 由省政协主办的庆祝建国 35 周年光辉成就报告会在中山堂举行。省委领导报告了我省建国 35 年来经济建设的伟大成就和今后 20 年的战略目标。

3 日 江西省第一家专门从事办公机械研究的单位——江西省办公机械研究中心正式成立。

3 日 省政府赣府发（1984）95 号文件批转省科委、省体改委《关于江西省技术开发和推广应用研究单位由事业费开支改为有偿合同制的《〈改革试点实施细则〉通知》，并批转各行政公署、省辖市政府、各县（市）政府、省政府各部门贯彻试行。要求在 3 年内，凡属技术开发和推广应用研究单位，都必须由事业费开支改为有偿合同制，实行经费自给。确定省农业科学院园艺所等 10 个所为首批开展改革的试点单位。

4 日 省政府发出紧急通知，要求各地千方百计克服困难，切实解决"卖粮难"问题，对农民多售的余粮不得限收拒收。通知说，坚决贯彻执行中央、国务院的规定，粮食部门不限收拒收，以保护农民的生产积极性，领导亲自动手，组织乡村基层单位和粮食部门落实"民代国储"开拓销路。

4 日 省委召开关于发展经济作物问题论证会，听取学者、专家们对我省重大经济决策的意见。参加会议的有教学科研单位的教授、专家，省直有关部门和厅局的负责人，各地、市委农工部长和部分县委书记。省委第一书记白栋材在会上讲话说，当前农村改革已发展到调整农村生产结构的新阶段。发展经济作物，必须因地制宜，必须处理好中央与地方，国家、地方、农民三者的利益，处理好计划指导与市场调节的关系。

5日　省计委批复江西氨厂建设年产4万吨纯碱项目，要求采用国内先进工艺设备，总投资2581万元。

5日　江西气体压缩机厂最近试制成功JBB1101型全张双面胶印机。该机可以在一次走纸过程中同时在正反两面进行印刷，并自动完成给纸、上墨、润湿、收纸等过程，经有关单位鉴定，达到设计要求，填补了国内的空白。

6日　江西运动员胡利萍以287.10分获得1984年全国跳水锦标赛女子跳板跳水冠军。江西运动员陈冬梅、黄洛涛分别获1984年全国田径运动会女子400米栏冠军和男子800米冠军。

6日　南昌铁路干部学校正式成立。办学规模为600人至800人，有企业管理、运输、机车、工务、电务、工民建等专业，培训对象主要是科级干部、预备干部和技术干部。

6日　美国ABAM基金会代表冯国华教授来赣作为期8天的考察访问，并就医学教育和科研方面合作项目与江西省有关单位进行商谈。

6日　党的十一届三中全会以来，江西省作者创作电影文学剧本达200多部，在刊物上发表的有60多部，已拍成电影的有27部。其中《南昌起义》、《庐山恋》、《乡情》、《乡音》先后获"金鸡奖"、"百花奖"和全国优秀影片奖等6项奖。全省创作的短篇、中篇小说达1000多篇，共出版10多部长篇小说。全省新创作现代戏大小剧本300多个，已发表近100个，创作儿童戏30多个，新编历史剧20多个。全省创作的舞蹈《开天辟地》获华东地区一等奖，并出国演出；舞蹈《小交通》、《方志敏在狱中》、《高价姑娘》、《和合同庆人间乐》获华东和全国奖。全省共创作各类美术作品共有8000多件，有近300件美术作品获省奖和全国奖。全省共创作摄影作品数以万计。全省创作各类歌曲由省电台、中央电台播放的有千余首，有的还荣获全国奖。

7日　全国人大常委会副委员长许德珩为《九江县志》题字。95岁高龄的许老对家乡编志工作极为重视和关心，使九江人民深受鼓舞。

7日　江西省保健食品协会在江西省南昌市成立。

7日　国务院总理赵紫阳到江西省进行3天的考察。由白栋材、赵增益陪同，实地考察了景德镇市人民瓷厂、景德镇陶瓷工业科学研究所、昌河机械厂、江西铜业公司贵溪冶炼厂、江西洪都袜厂、南昌针织内衣一厂等单位，并参观了南昌八一起义纪念馆。并听取了省委、省政府关于江西经济工作和整党情况汇报。

8日　省政府发出通知，要求各地、市、部门认真贯彻执行《国务院批转国家经委、商业部、财政部关于大力发展商办工业的报告》。通知最后说，《报告》对改革商办工业管理体制、实行优惠政策、发展特产品、开发新产品以及加强领导等方面都作了详尽规定，各地、市、各部门要尽快落实。

8日　《江西日报》报道，建国35年来，江西的体育事业呈现出蓬勃发展局面。全省580名运动员有60人89次打破51项全国纪录，3人4次打破3项亚洲纪录。党的十一届三中全会以来，又有46人81次创造和打破55项全国纪录，2人3次打破2项亚洲纪录，6人夺得7项世界冠军。共夺得金牌185枚、银牌83枚、铜牌84枚。

9日　81岁离休老红军战士谢敦文向安远县委党史办公室献出中央苏维埃政府印制的钞票163张。其中壹元票82张、伍角票74张、壹角票5张，伍分票2张，合计金额119.60元。票面完整，图案清晰。对研究苏区时期的政治经济状况，有十分重要的史料价值。

9日　抚州市和交通部招商局联营合办的深圳蛇口华抚贸易公司正式开业。这是继赣江贸易公司后江西省第二家在深圳特区开办的联营贸易公司。

9日 高安县文物普查人员在寮山顶上发现一批摩崖题刻、岩画，刻在二将军庙遗址前的巨崖崖面上。据初步调查，摩崖高6米，宽14米多，摩崖题刻包括历史名人和诗僧登游寮山的杂记和咏诗等计16条，分98行直刻，均为行书。距二将军庙遗址东北约70米的平崖上，刻有双翅奔马两匹。

10日 九江船舶工业公司经国家经委和中国船舶工业总公司批准正式成立。九江船舶工业公司是由中国船舶工业总公司领导的地区性公司，是进行生产经营的经济实体。该公司所属江洲造船厂、江新造船厂、九江船用机械厂、朝阳机械厂、江西船用阀门厂、九江仪表厂、江西航海仪器厂、江西电子仪器厂、精密测试仪器研究所、九江船舶工业学校、闽赣物资供应站11个企、事业单位，共有职工1.45万人。

10日 国家科委、冶金部军工办在江西钢厂召开不锈钢连铸攻关会，决定由上海市冶金局牵头，在江西钢厂进行不锈钢连铸攻关试验工作（1986年4月15日，全弧形连铸机浇铸不锈钢矩形坯工艺试验成功）。

10日 在合肥举行的为期6天的全国技巧冠军赛中，江西省选手梅建平、万迪中、李富良、陈驰组成的"男四"在第一套动作中获铜牌，在第二套动作中获银牌，全能总分获铜牌；由董杰、胡秋萍、戴艳组成的"女三"，第一套动作获第六名，第二套动作获第五名，全能总分获第五名。

10日 联邦德国内河航运代表团一行9人，来赣洽谈建立中德交通技术咨询开发公司事宜。洽谈工作于15日结束。

11日 据目前的统计资料，江西省人口自然增长率由解放初期的30‰下降到1983年的13.69‰。1949年解放前夕，全省人口只有1314万，1981年，达3303.9万。1979年以来，实行计划生育，人口得到控制。全省5年共做各类节育手术556.19万多例，全省2360名宣传计划生育专职干部活跃在城乡第一线。

12日 国家民政部、解放军总政治部决定，命名丰城县政府为优抚工作模范单位；进贤县梅庄乡富田村军属胡青枝为模范军属；九江市庐山图书馆副馆长、一等革命伤残军人徐效钢为模范革命伤残军人。

13日 省教育厅发出《关于高等学校古籍整理研究工作的意见》；经教育厅批准，成立江西省高等学校古籍整理研究工作领导小组。

14日 全国纺织职工思想政治工作研究会（科学化学组）年会在井冈山召开。江西代表商定正式成立江西省纺织职工思想政治工作研究会。

15日 上饶市民政局日前在清理材料时，发现周恩来、刘少奇和朱德1959年为上饶集中营革命烈士纪念碑而作的题词手稿。周恩来的题词为："革命烈士们永垂不朽"，写在一张16开的宣纸上。刘少奇的题词为："烈士精神永垂不朽"，为16开宣纸。朱德的题词为："继承革命烈士们的事业，保卫和建设我们的伟大祖国"，署名后的落款时间为"1959年11月3日"，为8开宣纸，一式两份。

15日 省政府召开常务扩大会议，传达国务院总理赵紫阳在我省考察时对江西经济工作的意见。省政府从4个方面提出了贯彻落实措施：（一）抓好经济体制改革。（二）实行对外开放，搞活江西经济。（三）进一步发挥江西省农业优势，把农业和畜牧业作为振兴江西经济的突破口，把林业的开发作为振兴江西经济的重要内容。（四）把老企业的技术改造、改建、扩建作为振兴经济、实现翻两番的重点，加快其进程。

15日 江西省航运公司、交通工业供应公司、外贸运输公司、国际信托投资公司与德意志联邦共和国海格尔·施密特有限公司、莱茵·马斯海航运有限公司就成立江西中德经济技术咨询开发公司达成协议，并在南昌举行了签字仪式。公司首先开展贷款扩建九江港阎家渡作业区、改建南昌至九江为一级公路、架设湖口大桥三个项目。三个项目部分由江西省自筹，部分由德方低息优惠贷款，德方提供技术指导、设备、材料。

15日 截至当日，江西省从日本、菲律宾、印度尼西亚、联邦德国等国家引进的生产线和设备项目已达 133 项。同江苏、上海、浙江、广东等省市达成的经济技术协作项目已有 335 项，还有 100 多个项目正在洽谈中。全省与全国 20 多个省市开展经济技术协作，引进资金总额已达 7500 万元。

15 日 江西省第一所旅游学校——庐山风景名胜区旅游学校开学。

15 日 省妇联在南昌召开全省首次妇女问题的社会调查和理论研究座谈会。座谈会于 17 日结束。

16 日 中共中央政治局委员、中央军委副主席聂荣臻近日为熊雄烈士纪念馆题词：“熊雄烈士永远活在我们心中”。熊雄是江西宜丰人，是我党早期从事革命军队政治工作的领导人之一，曾担任东征军总政治部秘书长、黄埔军校政治总教官、政治部副主任、主任。他于 1927 年“四一二”反革命大屠杀中遇害，时年仅 36 岁。

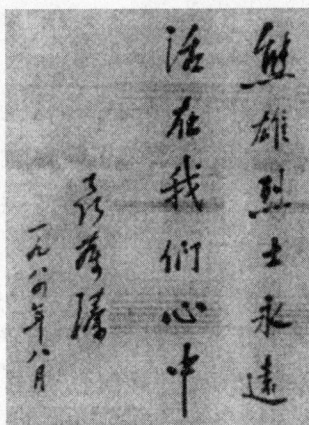
聂荣臻为熊雄烈士纪念馆题词

16 日 建国 35 年来，江西档案网络已初具规模。全省已建立档案馆 109 个，新建和修造档案库房 34872 平方米。馆藏档案有 4955 个全宗，133.96 万余卷。省档案馆自编或同有关部门合编出版了《中央革命根据地史料选编》、《湘、鄂、赣史料选编》、《湘、赣史料选编》、《江西苏区妇运史料选编》等。

17 日 江西省第一所民政学校——江西省民政学校正式成立。全省第一期民政干部培训班也同时举行开学典礼。

17 日 经省政府批准，江西医学院宜春分院改为江西省宜春医学专科学校。

17 日 省武警总队直属二支队举行为期 3 天的首届军体大比武。干部战士进行了擒敌技术基本功等 20 多个项目的比武。各大队、中队还分别用手枪、冲锋枪、半自动步枪、轻机枪、重机枪进行了点射、速射、对抗射击。

18 日 省政府批准扩大全省国营工业企业厂长负责制试点企业，由原来的 15 个增至 95 个。

18 日 江西电机厂工程师李赣钧参加在瑞士召开的 1984 年国际电机会议第四届年会，在会上宣读《求解电机内二维电磁场问题的通用差分格式》、《电机内二维线性电磁场的数值计算——有限元法与有限差分法的比较》及《电机内二维非线性磁场问题的计算——有限元法与有限差分法的比较》3 篇论文（其中，《电机内二维非线性磁场问题的计算——有限元法和有限差分法的比较》，被正式编入本届年会的论文集，作为一项新的科技成果向国际电机界推荐）。来自世界 37 个国家的专家对他的研究成果给予肯定和赞扬，他的新观点在电机磁场计算方法开拓了新路，有较高的实用价值。

18 日 中纪委发出通报，转发江西省纪委《关于实现全省县、市（区）党风根本好转的初步规划的报告》，肯定江西省抓党风建设的初步经验。省委当日发出关于贯彻执行中纪委这个通报的通知。中纪委通报说：江西省委把端正党风列入重要议事日程，层层建立责任制，力求摸清情况，看准问题，对症下药，分类指导，此做法是可取的。省委就落实通报中的重要批示提出了六点要求。

18 日 国务院批转财政部《关于国营企业推行利改税第二步改革的报告》。江西省国营企业从 10 月 1 日起实行利改税第二步改革，大中型企业在按规定缴纳 55% 的所得税后，再按核定的调节税率缴纳调节税。

18 日 国务院公布《关于改革建筑业和基本建设管理体制若干问题的暂行规定》，要求全面推行建设项目投资包干责任制。年终统计，全省已有 19 个项目推行了包干责任制，投资总额 3 亿多元。

18 日 井冈山县科委发现两只奇龟，其嘴如鹰有利钩，成直角形，头部硬骨扁平，四肢利爪状并有鳞片，背甲成网状，共 13 块，腹甲呈姜黄色，有一长尾，且尾部及两侧均有鳞片或突兀颗粒。

19日　省委整党工作指导小组召开省直机关整党工作汇报会。省委第一书记、省委整党工作指导小组组长白栋材参加汇报会,省委书记、省委整党工作指导小组副组长许勤指出彻底否定"文化大革命"、进一步消除派性,是整党中的一个重要内容。当前必须抓紧以下几个方面的工作:(一)要集中一段时间,组织党员、干部和群众学习党的六中全会《决议》,中纪委9号通知和有关文件、文章。(二)要采取正确的方法,广泛深入开展谈心活动。(三)要抓好典型,推动教育活动的深入发展。(四)领导带头,消除派性。省顾委筹备组组长、省委整党工作指导小组常务副组长傅雨田和指导小组成员以及中央整党学习指导委员会驻赣联络员小组的同志参加了会议。

19日　省政府召开全省第七次"质量月"授奖大会。南昌市有一个产品获国家银奖,35个产品获省优质产品称号,三个工程项目获省优质工程项目称号,一个单位获省服务质量先进单位称号,一个小组获全国优质管理小组称号,16个小组获省优质管理小组称号。

19日　在印度尼西亚雅加达举行的为期5天的第四届世界杯羽毛球比赛中,江西运动员钱萍获女子单打铜牌。

19日　省教育厅召开地、市教育局长会议,研究部署农村中小学管理体制改革试点工作。会议于22日结束。

19日　九江火电厂2号机组经过18次联合启动运行,并入系统。该系统由烧油改烧煤,工程设计新颖,质量优良,效果明显,被评为国家优质工程,被授予银奖。

19日　在中国摄影家协会主办的第十三届全国摄影艺术展览评选会上,江西省共入选10幅作品,其中南昌市工作摄影小组邢彪创作的《暮色》获银奖;江西省图片社吴东双创作的《奋力拼抢》获铜奖。

20日　在全省征兵工作会议上,确定从五个方面对1984年征兵工作进行改革:一是扩大地方送兵的范围和地区。二是进行新兵自行前往部队报到的试点,确定在余江县搞试点。三是结合兵役登记,认真做好征兵前的准备工作。四是

通过征兵,进一步建立和完善专业技术兵储备基地,有计划、有目的地把平时征兵与战时动员结合起来,对退伍回来的各类专业技术兵,要按规定填好表册,编入技术兵储备计划。五是进行轮征试点。

20日　省政府下发《关于做好一九八四年军队转业干部安置工作的通知》,就转业干部分配原则,培训、随调爱人的安排、劳动指标、住房安排、审批权限、安置工作机构和加强领导等问题作出规定。

20日　省司法厅举行首次律师资格统一考试。报名考试的有207人,实际应考人数132人,共考8门学科,考试成绩合格的66人,占应考人数的50%。考试合格者,经政治审查和业务实践考核后,将由省司法厅批准,报司法部备案,授予律师资格,发给律师证书。

20日　经省政府批准,江西医学院九江分院恢复为江西省九江医学专科学校。

20日　江西省、地卫生防疫站联合考察组即日起至10月8日对玉山县6个乡中的7600余人进行采血镜检,未查出微丝蚴血症者。该县已有10年未发现新的丝虫病人,达到基本消灭丝虫病的指标。

21日　江西省粮油议价公司与法国I.P.I国际贸易公司签署成交"江西标一"早籼米13万吨出口法国的协议,同时还签署了向法国出口干姜块200吨、干姜片300吨合同。这是江西省大米首次进入法国市场。

21日　著名美籍科学家袁家骝和吴健雄访赣。访问于25日结束。

22日　省交通医院刘智庆与省电子科学研究所姚卿洪、周品璋共同研制的微循环显微电视仪通过鉴定。仪器采用的垂直内落光源观察眼球结膜微循环为国内首创。

22日　新余市水化北拾年村发掘一处新石器时代晚期文化遗址。遗址中除挖出各种石斧、石箭头等劳动工具100多件外,还挖出两处原始社会建筑遗址、三种形式的墓穴。

22日　省劳动人事厅对城镇集体企业的劳动人事问题作了新的规定:新办县(区)以上集

体企业，经县、市政府确定后，所需劳动力应在当地劳动服务公司办理登记的城镇待业人员中选招，并由县、市劳动服务公司办理介绍手续。集体企业可自行决定工资和资金分配办法，招聘技术、管理人员。领导干部可采取选举制、聘任制和厂长（经理）组阁制。集体企业有权对职工进行奖惩，有权在出现多余人员时自行作出处理，也可接受富余人员调入工作。集体企业应逐步实行社会保险制度。县（区）以上集体企业之间需要调动职工，在同一市区、县范围内，可由双方单位直接协商办理，需跨地区调动的，由调出调入市、县劳动部门办理调动手续。

23 日 省妇联、省儿童少年工作协调委员会在南昌八一礼堂联合举行建国 35 周年"我为祖国育新苗演讲会"。

23 日 江西省羽绒制品在全国第五届农垦工商联合企业产品展销会中，零售额达 5 万多元，成交额近 10 万。王任重、李鹏等观看并赞扬了共青垦殖场生产的羽绒制品。

李鹏副总理在北京博览会上参观共青羽绒产品

24 日 在首都北京举行的景德镇瓷器展览开幕式上，江西省政府向中外人士、国内外经济界来江西省投资合作，共同开发江西丰富的地表资源和地下资源表示欢迎。全国政协副主席康克清出席开幕式并为展览会剪彩。中外经济界人士和常驻首都的中外记者、驻华使馆商务代表和各商社代表 300 多人先后参加了在中国美术馆举行的景德镇瓷器展览开幕式。

25 日 建国 35 年来，江西省煤炭工业蓬勃发展。全省煤炭年产量平均递增 11.9%，1983年产量达到 1707 万吨。全省煤矿总人数 13 万人，其中科技人员 3300 多人。全省累计钻探进尺 223.8 万米，探明煤炭储量 12.49 亿吨，矿井由 1949 年的几对发展到 84 对，全省 84 个县（市）中有 69 个县（市）生产煤炭。

25 日 省六届人大常委会八次会议在南昌举行。会议听取并审议省计委和省财政厅的汇报。报告总结了江西省经济发展的六个显著特点：一是农业多种经营，城乡集体经营取得突破性发展；二是财政收入同步增长；三是经济体制改革逐步展开；四是对外开放有了良好开端；五是城乡副食品供应明显好转；六是科教文卫事业取得新的进展。会议审议通过《关于批准江西省一九八四年财政预算的决定》；通过《关于批准〈江西省关于切实保护农村专业户合法权益，支持农业专业户发展商品生产的规定〉的决定》；通过《关于批准〈江西省保护妇女儿童合法权益的若干规定〉的决定》；通过《关于确定可以延长刑事案件办案期限（交通不便地区）的决定》；通过人事任免名单。会议于 28 日结束。

25 日 受中国林学会委托，江西省林学会在南昌市举行"劲松奖"授奖大会。这次江西省荣获"劲松奖"的共有 554 名科技人员和林业行政领导干部。

25 日 南昌市城管大队成立。140 名城管员佩戴标志着装上岗。

25 日 江西省外贸仓储公司南昌储运部首次用国际标准集装箱装载出口物资，发运科威特。

26 日 国家科委批准颜龙安等 3 人为江西省首批国家级有突出贡献的中青年科学技术专家。

28 日 国庆期间，全省有 2.5 万多名教育工作者荣获省政府颁发的《从事教育工作三十周年荣誉证书》。其中包括在各级各类学校、幼儿园和各级教育行政、事业单位直接从事教育教学工作满 30 年以上的教师、干部和职工。

28 日 江西省第一条从日本引进的西服生产流水线在南昌服装四厂正式投入生产。南昌服装四厂从日本引进西服生产流水线设备 45 台，使用这套生产设备生产高档西服，比旧设备月产量增长两倍以上，服装质量大大提高。

28 日 江西运动员在天津、广东、肇庆、武汉、青岛分别举行的1984年全国航海模型、皮划艇、赛艇、帆板的比赛中，赵谦获 FS$_{10}$ 级帆船模型冠军；徐荣获 C$_4$ 级外观模型冠军；彭林辉、盛爱保、董长江获男子双人单桨有舵手赛艇冠军；江小春获 F$_1$ V$_{3.5}$ 竞速模型第二名；王少波、徐保根获轻量级双人双桨第三名；刘利、陈国安获男子双人皮艇 1 万米第三名；江任娇获女子青年组单人双桨赛艇第三名；江西省航海模型队还获得 FS 帆船模型团体第三名。

29日 解放军南昌陆军预备役师成立大会

福州军区和江西省党政军领导在主席台上

在南昌举行。福州军区司令员江拥辉在大会上说，组建预备役部队，是平时少养兵战时多出兵的重要措施，是一件利国、利民、利军的大好事。会后，5000 多名预备役师指战员组成 50 个方队通过市区主要街道。

30日 古"豫章十景"之一的"徐亭烟柳"所在地的孺子亭公园，经 3 年多筹建修复，正式开放。孺子亭位于南昌市中部，坐落在西湖南岸旁，占地面积 4.3 公顷，其中水面 2 公顷，原为

南昌市孺子亭公园

纪念东汉高士徐稚（孺子）而建。据史料记载，早在南唐就建有"高士台"，后立亭于台侧。明、清数百年间，几经兴废。1982 年南昌市政府拨款重修，并增辟为孺子亭公园。孺子亭、碑廊、柳堤、赏荷轩、观鱼榭等十多处主要建筑都已竣工。国内著名书法家依据历史文献资料，重题了匾额和对联，为公园新景增色不少。

30日 省政府召开全省工交生产调度电话会议，会议要求全省职工全面完成和超额完成 1984 年生产任务。江西省 1 月至 9 月工交生产经济效益出现"全面三同步"的好形势。完成总产值和上缴利润为年计划的 76.9% 和 86.39%，分别比 1983 年同期增长 11.04% 和 38.9%，综合经济指标居全国先进行列。

30日 省政府批转省财政厅《关于全面完成江西省 1984 年财政预算任务，努力实现增收 2 亿元的报告》。

本月 经中国人民银行批准，正式成立中国银行江西南昌分行信托咨询公司。业务重点转向投资和租赁。

本月 福州军区在江西省抚州、宜春两地区和南昌、鹰潭两市的 14 个县（市）举行代号为"八四九"的演习。江西省人民政府、省军区于 8 月 7 日发出《关于做好福州军区"八四九"演习保障工作的指示》。

本月 江西省纺织工业公司开始执行纺织工业部 8 月 21 日下发的《关于第一步下放七项权限的通知》。

本月 根据国家统计局布置，首次采用随机起点、对称等距抽样方法，按照农产量调查与农村住户收支调查两套网点结合到县的原则，重新组建农村抽样调查网络，开展农产量、农村住户和农村经济情况抽样调查。同时，正式将农村社员收支调查更名为农村住户调查。

本月 省建设厅下达《江西省小城镇建设规划定额指标暂行规定》的科研项目，由宜春地区建设局完成。

1984

10月
October

公元 1984 年 10 月　　农历甲子年【鼠】

日	一	二	三	四	五	六	日	一	二	三	四	五	六
	1 国庆节	**2** 初八	**3** 重阳节	**4** 初十	**5** 十一	**6** 十二	**7** 十三	**8** 寒露	**9** 十五	**10** 十六	**11** 十七	**12** 十八	**13** 十九
14 二十	**15** 廿一	**16** 廿二	**17** 廿三	**18** 廿四	**19** 廿五	**20** 廿六	**21** 廿七	**22** 廿八	**23** 霜降	**24** 十月大	**25** 初二	**26** 初三	**27** 初四
28 初五	**29** 初六	**30** 初七	**31** 初八										

1日　省、市各界群众 5 万人在南昌人民广场集会，庆祝中华人民共和国成立 35 周年。出席大会并登上主席台观礼的有：省委、省政府、省政协、省军区、南昌陆军学校的领导以及离休干部、军烈属、先进企业、劳动模范代表、台湾港澳同胞、国外侨胞、归侨代表以及外宾等 1000 多人。

州供不应求》等新闻和《刘少奇儿子刘源当选为新乡县县长》的消息及新闻人物介绍。该报共 4 版，向全国发行。当天在南昌市零售近 3 万份。

1日　坐落在景德镇盘龙山中的仿明、清风格的古窑博览区，经修复正式对外开放。博览区陈列馆内陈列了近两年来发掘的景德镇永乐、宣德年间御窑场的 100 余件瓷器。

省、市党政军负责人在大会主席台上

1日　经省委批准的《信息汇报》正式创刊。创刊号一版刊登了省长赵增益写的代发刊词《重视信息工作，办好信息汇报》，有《江西省西部地区发现世界罕见的微细粉磺沙》、《首都国庆之夜焰火壮观》、《南昌"雄狮"摩托车在广

1日　为庆祝建国 35 周年举办的江西省社会主义建设成就展览在省展览馆正式展出。展览反映建国以来全省各条战线在社会主义建设方面所取得的成绩。展览分综合馆、经济建设馆、政法馆、社会主义精神文明建设馆和"五讲四美三热

张逢雨在社会主义建设成就展览前审查展览内容

观众踊跃参观社会主义建设成就展览

爱"馆5个部分。展出面积11455平方米，有56个系统的1.5万多个展品参加展出。展览反映了江西省文学、戏剧、音乐、舞蹈、美术、摄影、电影、群众文化、文物、图书、艺术、教育等方面所取得的成就。

1日 新余市魁星阁经半年多时间加固重修

新余市魁星阁

后正式开放。魁星阁，初名"采芹阁"，始建于南宋嘉定年间，至今已有700多年的历史。这次大修耗资10万元，立体结构，阁表装饰保持了原貌，四根被虫蛀的柱子采用钢筋混凝土浇筑。

1日 南昌铁路局撤销，并入上海铁路局，同时成立上海铁路局驻南昌联络组（至1986年10月1日联络组撤销）。

1日 江西红声器材厂研制的TMT-1型坦克通信帽，被参加国庆35周年阅兵式的解放军坦克部队选用。

2日 经省文化厅批准，近期将重修井冈山大井朱德、陈毅旧居。

3日 省政府批转《关于中教五级、小教三级以上教师生活待遇几点意见》的报告。该《意见》规定：凡同时具有中教五级或小教三级以上和参加工作满20年两项条件的教师，其配偶在农村，允许迁往教师工作所在地，由农业户转为非农业户，18周岁以下的子女也可以随迁；中教五级、小教三级以上的教师住房给予优先考虑或按当地中级知识分子标准分配住房；中教五级、小教三级以上的教师，每年由县、市教育局、卫生局统一组织进行一次身体检查，对其中一些体弱多病、患有慢性病的教师，由市、县医院专门建立病史档案，在治病、用药、住院等方面尽量给予照顾。

3日 江西省第二次高考自学考试报名工作举行。据统计，全省报名者有10111人，报马列主义基础理论专业的有5320人、法律专业的有1896人、会计专业的有2090人，报考第二批开考专业有关统考课的有805人。报名工作于9日结束。

4日 据统计，自江西人民出版社建社以来，共出版各类图书4760种，其中1360种是党的十一届三中全会以后出版的新书，占出书总数的21.76%。江西人民出版社创办的《百花洲》、《英语辅导》、《知识窗》、《修辞学习》、《小学教学研究》、《小猕猴》、《小星星》和《农村百事通》8种杂志的发行量一直保持稳步上升。江西省每学期负责印制170多种、印数640多万册的中小学课本的出版任务，有的在全国评比中获奖。

5 日　建国 35 年来，江西省钢铁工业发展迅速。1957 年，萍乡钢铁厂生产出了第一炉合格铁水；1958 年，南昌炼出了第一炉钢；洪都钢厂轧出第一根合格钢材。据统计，江西省已形成了 178 万吨采矿、30 万吨生铁、12 万吨锰铁、56 万吨钢、88 万吨钢材的年规模能力。新余钢铁厂的高炉锰铁占全国总产量的 40%，江西钢厂的微细钢丝占全国总产量的 2/3。初步形成了一个从矿山、冶铁到加工的生产体系，创出 24 个优质产品，为国家生产钢 385.6 万吨，钢材 404.3 万吨，生铁 469.3 万吨，锰铁 206.3 万吨。

6 日　宜春地区行署建设局与靖安县环保局联合调查组人员发现靖安县周坊乡林区九龙山下唐代佛教古寺"宝峰寺"遗址所在地尚保存历经 1357 年的古柏树 12 棵。这批古柏是唐朝太宗贞观元年，原宝峰寺中禅师——马祖和尚手栽。这 12 棵树高的有 30 多米，胸径需成年三人合抱，绿阴覆盖面积 20 多平方米。

6 日　省地矿局九一二大队在贵溪冷水坑矿区提出铅锌银矿详查地质报告书。现已查明，该矿区铅的工业储量 150 多万吨，锌 220 多万吨，伴生银 1600 吨。并算出铅、锌、银的地质储量分别约为 34 万吨、52 万吨、4700 吨。居我国同类矿床的首位。

6 日　省政府召开全省优秀科技成果暨科技成果推广奖励大会，为 1982 年到 1983 年期间评选出的 28 项优秀科技成果和 24 项科技成果推广项目授奖。这些成果中有 6 项获一等奖，38 项二等奖，96 项获三等奖，141 项获四等奖，嘉奖 1 项。其中，43 项填补国内空白，15 项达到或接近当前国内先进水平。省委、省人大、省政府领导出席了会议，并为优秀科技成果和科技成果推广项目颁奖。勉励科技人员结合江西具体情况，为经济建设服务。

6 日　省政府授予为江西省建立钨铜基地作出贡献的省地质科研所高级工程师李亿斗优秀科技成果奖，同时李亿斗被省地质矿产局推选为地质矿产部劳动模范。1978 年全国科学大会上，李亿斗参加编写《江西铜矿床的地质特征、分布规律和找矿方向》专著并负责全文审稿工作，该著

作荣膺优秀科技成果奖；1983 年 9 月，李亿斗应邀与法国 CNRS 地质研究中心的专家合作研究《钨矿床成因》获得成功，并利用该中心的世界先进仪器，进行了电子探针、拉曼光谱、中子活化 X 荧光光谱等测试工作，为国家节省了 6 万余元资金，为钨矿地质研究提供了重要的、精准的科学数据；1984 年 8 月，李亿斗受聘为联合国计划发展署顾问，到印度克拉拉邦协助勘察钨矿资源，受到该署技术合作处官员和印度同行的高度赞扬。他主笔的《黑钨矿的铁锰成分与生成条件》与《江西钨矿成矿理论和找矿方法》等 7 篇论文，获 1982 年至 1983 年度江西省优秀科技成果二等奖。

6 日　全省第二届盲人聋哑人代表会议在南昌召开。出席会议的有来自全省各条战线的盲人聋哑人先进生产者及从事盲聋哑工作的代表 184 人。省委、省人大、省政府、省总工会、青年团、妇联及省政府有关部门的负责人出席了会议。会议对《中国盲人聋哑人协会章程》提出修改意见，选举产生了江西省第二届盲人聋哑人协会委员会，在第一次委员全体会议上产生了主席、副主席和秘书长，选举了出席中国盲人聋哑人第四届全国代表会议的代表。会议于 8 日结束。

6 日　全国首届伤残人运动会在合肥市举行。江西省的 21 名运动员夺取了 6 枚金牌、3 枚银牌、3 枚铜牌和 8 个第四名。失去双臂的黄建平在男子截肢组 A5 级游泳比赛中连夺 50 米自由泳、50 米仰泳、100 米和 400 米自由泳 4 枚金牌；王国泉获男子聋哑组 100 米自由泳和仰泳 2 枚金牌；施圣宝获截肢组男 A4 级 50 米自由泳银牌，罗冬美获女盲 B 级 400 米和 800 米两枚银牌；黄琳华获女聋哑组 100 米自由泳铜牌，周九梅获截肢组女子 A2 级铁饼铜牌，邓雪梅获女聋哑组标枪铜牌。运动会于 14 日结束。

7 日　江西省第二届工人运动会在南昌举行。省党、政、军负责人出席了开幕式。会上宣布篮球、乒乓球、田径 3 项比赛结果。南昌市队分获 3 个项目的男、女团体冠军。男篮二至四名的是九江、萍乡、宜春，女篮二至四名的是赣

州、萍乡、宜春；乒乓球男子团体二至四名的是九江、赣州、上饶，女子团体二至四名的是省邮电、宜春、九江；田径比赛南昌市队获 14 块金牌，团体总分 238 分，名列第一；赣州地区队获 9 块金牌，总分 170 分，名列团体第二；宜春地区获 3 块金牌，总分 103 分，名列团体第三；景德镇队获 4 块金牌，总分 80 分，名列团体第四。比赛共有男女跳高、跳远、百米赛等 19 个项目打破全国第一届工人运动会纪录。运动会于 12 日闭幕。

江西省第二届工人运动会开幕式

7 日 江西光学仪器总厂采用先进技术，引入激光新技术的我国最新测量仪器——自动安平激光水准仪和一项照相机测试仪器——CMG－1 型光圈面积仪，通过省级和机械工业部部级鉴定，属国内首创。经上海隧道公司、上海沪东造船厂等单位试用，效果良好。

7 日 国家外汇管理局批准江西省国际信托投资公司经营外汇业务。业务范围有：外汇信托投资；境外外币信托存款；境外外币借款；在境外发行和代理发行外币有价证券；对公司投资企业的外币放款；向国外借款、承包、投标、履约的担保业务；有关推动对外经济贸易往来的征信调查和咨询服务。

7 日 南昌陆军学校 60 名学员赴云南前线代职见习锻炼。至 1985 年 1 月 15 日共参加战斗 30 多次，5 人牺牲，6 人负伤。

7 日 省政府批准在南昌风景优美的青山湖田丰兴建江西省第一个知识分子住宅区。该住宅区占地面积达 222 亩，住宅建筑面积共 11 万平方米，公共配套设施建筑面积 1.5 万平方米。该住宅区将由 7 个建筑群组成，分为 6 至 7 层点式建筑，并辅有少量 16 层建筑。住宅区内设有商业、服务网点、中、小学校、幼儿园、阅览室等各项配套设施。（1985 年年底将有 1800 多户知识分子迁入新居）。

8 日 江西汽车制造厂引进国外先进技术和装备，改造老企业。第一批从日本引进散装件，可组装 250 辆具有国际先进水平的轻型载重汽车，年底将有一批具有国际先进水平的汽车投放市场。

9 日 省政府根据中共中央（1984）1 号文件《关于农村工作的通知精神》颁发《江西省关于切实保护农村专业户合法权益，支持农村专业户发展商品生产的规定》。对承包开发荒山、荒地的专业户，在承包年限、物资供应及税收等方面给予优惠。

10 日 全省 18 个老干部工作检查组分赴各地、市和省直各单位检查老干部工作。检查组由省有关部门的领导、离休老干部和组织、人事、老干部工作部门的人参加，共 110 人。对老干部工作检查在江西省是第一次。检查重点是有关老同志政治、生活待遇的落实和是否充分发挥他们作用两个方面。省委书记许勤听取了有关开展老干部工作检查的汇报，省委常委万绍芬强调要认真宣传党中央关于老干部工作的方针、政策，促进老干部工作的开展。

10 日 截至当日，江西省在 1984 年已与江苏省达成技术引进、合作经营项目 51 项，正式洽谈的合作项目有 15 项。萍乡市与常州市合作生产的苏式月饼成为萍乡市的畅销货。南昌市郊区及顺外大队、南昌县、进贤县与江苏合作经营的食品、有色铸造、橡胶杂件、养鱼、酱菜、扬州素菜馆、淮扬菜馆等项目正在洽谈中。协议达成后，仅顺外大队的 8 个项目就可增产 3000 万~4000 万元，增加利润 300 万~400 万元。

11 日 明代科学家宋应星纪念馆在奉新县破土动工。纪念馆占地约 6400 平方米，房屋面积 1220 多平方米，分四幢四馆，馆内有仿修的宋应星墓、亭廊、曲桥和池塘，整个建筑仿宫殿园林式，具有明清时期的风格。

11 日 英国宇航公司总经理普兰纳和澳大利亚霍克飞机公司商务董事史密斯，来洪都机械厂作为期两天的参观访问，并商谈合作事宜。

11 日 南昌市至南京市之间正式开行直通旅客快车。这是跨赣、皖、苏 3 省的第一列直通旅客快车。

12 日 南昌电信局第一部投币式电话在电信大楼营业厅开始使用。投币式电话只要投入四分硬币，即可拨打。

12 日 省政协第五届常委会第九次会议在南昌举行。会议听取和审议省政协副秘书长张修锡所作的《关于检查验收落实政协委员政策情况的报告》、省政协副主席沈翰卿所作的《省政协和南昌市政协联合参观视察组对南昌市"两整两改"进行参观视察的情况汇报》、省政协副主席吕良所作的《省政协和萍乡市政协联合参观视察组参观视察萍乡市经济体制改革及工农业生产的情况报告》。会议于 14 日结束。

13 日 共青团省委、省教育厅，南昌市团

少先队的仪仗队通过主席台，接受省党政军领导检阅

委和市教育局，在省体育馆田径场联合举行省市少先队"学习苏区好传统，做井冈山下小主人，为英雄城添光彩"活动成果大检阅，热烈庆祝中国少年先锋队建队 35 周年。江西省委、省顾委筹备组、省人大、省政协、省军区和南昌市委的负责人检阅了省市少先队队伍。

13 日 为了加快江西省经济体制改革，省人大常委会组成三个视察组，分别由省人大常委会副主任王泽民、张宇晴、张国震带队，分赴九江、南昌、景德镇 3 市，视察城市经济体制改革工作。省人大常委会主任马继孔参加南昌市的视察。视察重点是：国营企业全面实行利改税的情况；扩大企业自主权，实行厂长负责制的情况；工业、交通、商业企业实行多种形式经济责任制，建筑业实行全行业改革的情况及乡镇企业发展的情况。

13 日 江西省今年有 7 人报考四个项目的国家级裁判员，已分期分批全部被国家体委批准，并颁发了证章和证书。他们是航空模型裁判员邓黔生、姚祥玉、郭炎林、赵以民，游泳裁判员张婷，篮球裁判员张允健，乒乓球裁判员徐必龙。

13 日 在南京召开的为期 6 天的中国气象学会成立 60 周年大会上，江西省气象学会副理事长兼秘书长、高级工程师熊弟恕的《气象谚语浅释》和气象学会副理事长、省气象局气候资料室主任、工程师李一甦的《庐山》，荣获全国优秀气象科普图书二等奖。

14 日 南昌日用化工厂于 1983 年 4 月试验成功的草珊瑚药物牙膏销遍江西，产量成倍增长仍然供不应求。最近，国外有 5 个国家和地区纷纷来函要求订货。据有关资料记载：7 个月内，草珊瑚销量即达 780 万支，1984 年 1 月至 9 月销量增加到 1200 万支。在全国 28 个省、市、自治区，草珊瑚牙膏出现购销日益上涨的趋势。

15 日 以小容义男为首的日本歌山县友好访问团一行 6 人，来赣参观访问，探访发展友好关系和进行经济技术合作事宜。

省政府领导和日本歌山县友好代表团在友好的气氛中交谈

16日 全国血液病研究专家从当日起至22日在南昌献技、讲学，交流各种造血细胞的培养方法和经验，探讨造血细胞的分化、调节等机能的理论和临床使用，制定全国造血细胞培养标准。

16日 全国人大代表、中国科学技术大学近代化学系副教授温元凯应邀向江西六所大专院校的教职员工作了题为《创造性人才及其培养》的报告，向省、市各厅局，厂矿企业领导人和科技界人士近6000人分别作了题为《立足改革，迎接世界新技术革命的挑战》、《我们看到了科技教育改革的曙光》的报告，受到与会者的热烈欢迎。省委、省顾委筹备组、省人大、省政府、省政协的领导出席了报告会。报告会举行了两天，于17日结束。

省委书记、省长赵增益在宾馆接见中国科技大学副教授温元凯

16日 萍乡矿务局建成江西省第一座以煤矸石为燃料的坑口电厂——高坑煤矸石发电厂。1984年1月至10月，该厂已燃烧煤矸石18.465万吨，发电6098万度，相当于燃烧4.47万吨标准煤的发电量，盈利100多万元。

17日 全省企业领导班子建设和党的建设工作座谈会在南昌召开。会议强调：各级党组织和组织、干部部门，应加速班子"四化"建设，把调整放在第一位，严格把好政治、年龄、文化关，尽快把40岁左右的优秀干部提拔起来挑重担。今后新提拔干部一般不超过45岁，超过50岁的可搞调研工作，年满60的应退下来，保证改革的顺利进行。

17日 "上海劳动妇女战地服务团"的老同志一行17人，自即日起至29日在江西进行革命史料收集活动。该团是1938年"八一三"上海抗战爆发后由何香凝指导成立的，曾转战上海、浙江、江苏、湖北、湖南、安徽、福建等省，在江西工作时间最长。服务团的老同志在江西重访了她们当年工作和战斗过的地方，参观了井冈山革命根据地。

17日 全省手工业集体企业第三次职工代表大会在南昌市举行。会议表彰了先进县（市）局8个，先进企业21个，先进车间班组98个，选举产生了联社理事会、监事会和出席全国总社代表大会的代表。大会于21日结束。

18日 中央革命根据地党史资料征集编研协作会议在赣州召开。参加此次会议的有闽、粤、湘、鄂、赣5省党史资料征集协作领导小组的负责人及有关人员116人。中央党史征集委员会和中央档案馆的同志莅临指导。五省协作领导小组组长、江西省党史征集委员会主任吴允中主持会议并讲话。会议成立了中央革命根据地党史资料征集编研协作领导小组，落实征集编研的专题任务。会间，与会者参观了中华苏维埃临时中央政府所在地——瑞金。

18日 经省委、省政府同意，省劳动人事厅下发《关于使用干部自然减员指标从工人中吸收干部的通知》。全省从国家机关、事业单位和全民所有制单位的在职工人中吸收干部2万余人。

19日 江西省政府和科威特政府在正在举行的广交会上达成协议：1985年初江西省将在科威特举办为期10天的出口商品展销会，这是江西省第一次单独在国外举办出口商品展销会。展销商品有10大类，包括陶瓷、纺织品、土畜产品、粮油食品、机械产品、轻工产品、工艺品及化工产品等600多个品种。价值7.8万美元的3700多件展销产品及展具、展出品的布置材料，已于月底装箱起运，下月初可抵达科威特。

19日 由葡萄牙工业能源部国务秘书罗莎·卡布拉尔率领的葡萄牙工业能源部地质代表团抵西华山参观访问结束，当天返回广东。

19日 江西锅炉厂研制成功的SZW6-13型组合式水冷往复炉排锅炉，通过省级鉴定。其中

6 吨、10 吨型为国内首创同一炉型适应燃烧多种煤质，其热效率居国内先进水平，并获 1984 年省科技成果二等奖。

19 日 省政府决定，全省重点煤炭企业实行厂（局、矿）长负责制，先在花鼓山煤矿试点（12 月起，花鼓山煤矿领导班子实行"一长三师一副"制）。

20 日 萍乡市乡镇企业依靠科技人员生产出一批具有国内先进水平的新产品，创造了一批优质名牌产品，1984 年 1 月至 10 月中旬，全市乡镇工业总产值 1.9 亿多元中，新投产的产品创造产值约占 10%。从 1978 年以来的 5 年间，他们研制、生产的机械设备、轻化建材、工业陶瓷、出口烟花、注塑布鞋、塑料凉鞋等 400 多个产品，平均每年创产值 2000 多万元、利税 400 多万元，10 多项科研产品获中央、省、市科技成果奖，20 多个产品被评为全国、华东地区和省优质产品。到目前为止，该市乡镇企业已拥有一支 500 多人的专业科技队伍。

20 日 来自全国各地的专家、教授和科研工作者，鉴定了省医科所助理研究员戴育成从事的"慢性淋巴细胞白血病及淋巴细胞集落的形成"和"人类 T 淋巴细胞集落形成研究"的两项科研项目，认定这两项科研成果分别具有国际和国内先进水平。

20 日 全国党校系统《资本论》研究会第二次学术讨论会在庐山举行。省委常委、省委宣传部部长白永春介绍了江西的基本经济情况；省委顾问委员会筹备小组组长傅雨田到会听取了发言并讲了话。会议的中心是学习、讨论、宣传党的十二届三中全会通过的《中共中央关于经济体制改革的决定》。全国党校系统《资本论》研究会会长、中央党校政治经济学教研室主任王珏作了题为《马克思主义经济理论的新发展》的发言，中国社会科学院经济研究所研究员、全国《资本论》研究会秘书长田光和复旦大学经济系教授张薰华发了言。与会代表为积极宣传《决定》写出了 56 篇文章，参加讨论会的有 153 名代表。会议期间收到 59 篇论文。讨论会于 27 日结束。

22 日 黄秋园遗作展在南京美术界引起强烈反响。香港《文汇报》以整版的篇幅发表江西省老国画家黄秋园的山水、梅花和界画，并撰文评价，盛赞他在绘画及诗书方面的卓越成就。

23 日 赣抚平原水利工程管理委员会发出第一次扩大会议纪要，征收南昌市水费面积为 75 万亩，其中南昌县 60 万亩，进贤县 12 万亩，郊区 3 万亩。

23 日 经过 5 年的艰苦奋战，国家重点建设工程——江西铜业公司永平铜矿基本建成，举行隆重试生产典礼。永平铜矿是国家"六五"计划的重点项目，投产后，年总产值约为 1.5 亿元，年产铜金属 1.9 万吨，硫精矿 100 万吨，白银 12 吨多，铜、硫产值各一半，起到了"一矿顶两矿"的作用，年利润可达 5000 万元。中国有色金属工业总公司副董事长林泽生、茅林出席了庆祝典礼。中国有色金属工业总公司副总经理、江西铜基地总指挥朱雷、江西省副省长梁凯轩和有关单位的代表先后在会上讲了话。加拿大 ACC 公司永平项目经理福廷纳克斯先生在大会上讲了话。

江西铜业公司永平铜矿举行试生产典礼

23 日 中国著名画家、日本筑波大学客座教授王学仲应日本上野邀请而创作的壁画稿"四季繁荣图"，已由景德镇艺术瓷厂绘制成大型瓷砖壁画，不久将启运日本，装嵌在上野火车站大厅。《四季繁荣图》是景德镇、也是中国承制出口的第一幅大型陶瓷壁画，是为纪念日本上野驿站（火车站）建站100周年，及庆祝北京与上野同结友好车站而精心创作、绘制的。壁画由1100多块白釉面瓷砖组成。画面突出描绘了上野公园"蝶舞樱花"、"鲤戏碧荷"、"北雁红叶"、"熊猫雪竹"四季应时景色。

23日 江西永修有机化工厂研制的P·E·F电解石棉树脂泵用璇片在九江市通过省级技术鉴定，为我国的塑代钢璇片开辟了新的途径，填补了聚合树脂和合成工艺的一项国内空白。该产品是泵体上关键性的配件，可运用于各种机械泵类，在国防、食品、化工等现代工业中有着广泛用途，具有国内先进水平。

23日 全省第四次选举工作会议在南昌召开。全国人大常委会办公厅派两人参加了会议。与会者学习了党的十二届三中全会文件。省人大副主任谢象晃作关于全省县乡直接选举工作的总结发言。他说，自1983年9月至1984年9月，全省102个县（市、区）级选举单位、1772个乡镇已换届，直接选出了新一届人民代表，召开了新一届县（市、区）、乡（镇）人民代表大会，选举产生了新一届县（市、区）、乡（镇）政权领导人。一批符合四化要求的人才进入各级领导岗位。会议于25日结束。

24日 赣州地区发现珍贵的中华苏维埃邮政史料原件，将在赣州地区首届邮展中展出。计有：国内首次发现的中华苏维埃邮政挂号件收据一张，上有"今收到挂号一件，外面写明寄交三军团五师四团一营三连梁连山收，票计大洋一元，特给此据为凭"等文字；《苏维埃邮政》发行的面值中叁分的邮票7枚，壹分邮票4枚；红军用过的信封4个，有的印有"红军信件，免贴邮票"的标记。这些珍贵邮政史料是赣州地区集邮协会筹委会为纪念中国工农红军开始长征50周年，在开展发掘中华苏维埃邮政史料活动中，从瑞金、会昌等县征集到的。

24日 新华社南昌分社报道，江西省1984年农业生产获全面丰收。预计粮食总产量达305亿斤，比历史产量最高的1983年增产12.9亿斤，增长4.4%。经济作物、畜牧业、水产品的产量和乡镇企业的总收入比1983年有较大增长，甘蔗、黄（红）麻和蚕茧分别增长七成和八成，棉花和黄麻增长二成半以上，禽、蛋增长一成半，肉猪出栏、奶类、水产品增长一成多，乡镇企业总收入增长18%。

24日 根据中国和赞比亚两国5月谈判达成的协议，赞比亚执政党（联合民族独立党）党部大楼将由江西省建工部门派出人员负责组织建筑施工。工程于当日（赞比亚国庆日）举行奠基典礼。这项工程是由上海工业建筑设计院设计，总面积为56012平方米，总投资约7000万美元，该工程系赞比亚执政党中央和总统办公大楼的附属建筑，装饰标准高，电器设备多，规模大，质量要求高。江西省派出220名施工管理人员、工程师、技术员及熟练工赴赞比亚。9月3日、10月2日，50名先遣人员分两批离赣赴赞比亚。该工程于1985年1月正式开工。

24日 省政协第五届委员会组织学习参观组，前往湖北、四川、云南、贵州等省参观学习（11月17日返回南昌）。

25日 由江西省女子曲棍球队7名运动员与内蒙古、宁夏等自治区9名运动员组成的中国女子曲棍球队将赴马来西亚参加第二届女子国际杯亚洲区预赛，这是以江西省运动员为主的中国女子曲棍球队第一次参加国际大赛，主教练是江西省的管考林。省女子曲棍球队1983年和1984年两次蝉联全国冠军。

25日 江西省人才开发交流服务中心决定，在全省进行为期一个月的人才普查登记。登记对象为：经省政府批准、教育部同意备案，现为工人编制的电大、职大、业大、函大、夜大等各类业余高等院校毕业生；通过高等教育自学考试取得全科合格的毕业生；具有大专以上学历或同等学历的社会闲散专业技术人员。

26日 南丰县政府作出决定，为纪念我国北宋著名文学家曾巩，美化曾巩故乡风貌，丰富和活跃人民群众业余文化生活，在橘乡琴城镇盱江对岸南郊兴建子固公园。子固公园占地1300余亩，公园范围包括五座山峦和一大片蜜橘园林。"唐宋八大家"之一的曾巩，字子固（1019~1083），是江西省南丰县人。

26日　省冶金厅在南昌召开全省有色金属暨黄金工作会议，会议于30日结束。会上传达了中央领导"大矿大开、小矿放开，有水快流"、"国家、集体、个人一起上"和"大、中、小矿一起上"等指示，会后全省迅速掀起万人淘金热（1985年1月，数万名民工非法涌进江西各国营钨矿乱挖滥采）。

27日　全省首届老年人运动会在省体育馆举行。省委、省顾问委员会筹备组、省人大常委会、省政府和省政协发来贺信。参加运动会的有190多位运动员，男运动员年龄在60周岁以上，女运动员年龄在55周岁以上。参加的项目有：1500米、3000米、5000米赛跑，乒乓球、羽毛球、围棋和中国象棋比赛及网球表演赛。参加这次活动的大部分是离退休的老红军，抗日时期和解放战争时期的老干部，他们约占运动员总数的65%，老年女运动员占运动员总数的20%，70岁以上的约占7%。30日下午，在江西饭店礼堂举行了颁奖仪式，大会组织委员会竞赛处负责人宣布了10个单项比赛前六名的成绩。运动会于30日结束。

省首届老年人运动会开幕式

27日　福建省福州市与江西省南昌市结成友好城市，由福州市市长洪永世与南昌市代市长程安东签订协议书。

29日　江西省建筑工程总公司劳动服务公司成立。

30日　为纪念我国明代伟大的戏剧家汤显祖逝世368周年，邮电部发行一组特种邮票《牡丹亭》。设计者是著名画家戴敦邦。这套邮票共5枚，其中小型张《游园》面值2元，其余4枚邮票是：《闺塾》面值8分，《惊梦》面值8分，《写真》面值2角，《婚走》面值7角。抚州地区邮票公司发行了一套集邮品。有T99邮票艺术瓷盘，盘中图案为T99小型张，左侧是汤显祖的肖像，瓷盘形状呈椭圆形，既可嵌竖摆放，又可悬挂。

30日　中国淀粉工业协会在南昌成立。来自全国各地的专家、学者、工程技术人员及一些厂家的负责人近400人出席了成立大会。代表们还将参观在引进技术方面取得成就的江西省良种繁殖场、淀粉厂。

30日　民革、民盟、民建、农工党省委会，民进省筹委会、九三学社省工委筹备组、省工商联在南昌市联合举办各民主党派、工商联为四化（农业、工业、国防和科学技术现代化）服务经验交流会暨成果展览。展览于11月5日结束。出席会议代表共253人。成果展览共展出226块版面，展线215米，近1200张照片、图表和一批实物，展现各民主党派成员近400人的先进事迹。11月6日，《江西日报》发表评论员文章《要重视发挥民主党派在经济体制改革中的作用》。

30日　鄱阳湖鸟类考察成果通过鉴定。各地专家对江西省建立鄱阳湖候鸟保护区、制止乱捕滥猎珍禽表示赞赏，并认为可能在此建成我国最大的水禽国家公园。参加鉴定会的专家们参观了鄱阳湖候鸟保护区。副省长柳斌会见了专家们，认真听取了他们的意见。

31日　我国东晋杰出诗人陶渊明纪念馆在九江县落成。陶渊明是古浔阳柴桑人，其祠和墓在九江县境内。为便于中外学者了解和研究陶渊明，九江县政府正式成立陶渊明纪念馆。纪念馆建筑面积900平方米，设在原陶渊明祠左侧，内分三个陈列室，陈列有关陶渊明的诗作、史料和文物。"陶渊明纪念馆"六个大字，系全国人大常委会副委员长许德珩题。

本月　全省1984年乡、村两级新办食品工业企业1586个，连同农民联户办的6222个食品工厂和作坊，合计新增企业7808个。全省农村食品工业总产值近1亿元，比1983年同期增长了64%左右。

本月　景德镇印刷机械总厂生产的J4103型四开单色胶印机将代表我国参加在北京举办的国际印刷技术展览会。

本月 江西省畜牧兽医局从南斯拉夫引进饲养20万羽蛋鸡的全套工厂化养鸡设备,建立江西省种鸡厂。

本月 江西地质科研所建成全省第一个古地磁实验室。

本月 由省法学会牵头组织编写的《青少年犯罪心理学》一书向全国内部发行。省司法厅、省检察院、九江市司法局、江西师大、省劳改局和北京市公安局、中国政法大学、中央教育行政学院、杭州大学、上海市劳动局、上海医学院等单位的专家学者和实际工作者承担该书的编写任务。

本月 省政府决定,省建材工业公司直属的江西建材厂、江西建材机械厂、南昌硅酸盐制品厂下放南昌市管理。

本月 纺织工业部批复同意九江棉纺织一厂引进捷克BD200SN型气流纺纱机10台,此为江西第一批引进的先进纺纱装备。

本月 经省政府批准,省统计局下发《关于改革我省统计报送体制的通知》,对全省统计报表体制进行重大改革。

本月 江西德胜关垦殖场电炉厂生产的"节能PJ2系统电阻炉"通过一机部主持鉴定核定产品节能效果显著,技术属国内领先地位。1984年获省优秀新产品奖,1985年获一机部科技进步三等奖。

1984
11月
November

公元 1984 年 11 月							农历甲子年【鼠】					
日	一	二	三	四	五	六	日	一	二	三	四	五	六
				1 初九	**2** 初十	**3** 十一	**4** 十二	**5** 十三	**6** 十四	**7** 立冬	**8** 十六	**9** 十七	**10** 十八
11 十九	**12** 二十	**13** 廿一	**14** 廿二	**15** 廿三	**16** 廿四	**17** 廿五	**18** 廿六	**19** 廿七	**20** 廿八	**21** 廿九	**22** 小雪	**23** 闰十月	**24** 初二
25 初三	**26** 初四	**27** 初五	**28** 初六	**29** 初七	**30** 初八								

1 日　省政府批转省机械厅《关于江西省机械工业管理体制改革的意见》，同意省机械工业厅将所属企业全部下放给所在地的中心城市，在当地注册、纳税。确定改革后的机械工业厅是省政府统管全省机械行业的职能部门，主要抓好有关机械工业方针政策的贯彻落实，统筹规划，综合平衡，组织协调和监督服务。各级政府的机械工业主管部门也应简政放权。

1 日　省计委在江西省体育馆工程审查会上宣布，江西省第一座具有现代化水平的大型体育馆将在省体育馆原址开工兴建。按工程设计，新体育馆可容纳 7230 人，其中设固定座椅 6322 席，活动看台 908 席。采用可变的比赛场地，其基本尺寸 24 米 ×40 米，推进活动看台可扩展 32 米 ×40 米。可进行各种球赛、体操、技艺、击剑、武术、摔跤和举重等项目的比赛。场地、灯光等设备，完全符合洲际以上的正式国际比赛的要求。

1 日　胡耀邦最近为由江西电影剧作家毕必成创作、长春电影制片厂拍摄的影片《刘伯承青年时代》题写了片名。截至当日，江西省已有20 人被接纳为中国电影家协会会员。中国电影家协会江西分会拥有 88 名会员。近 5 年，江西的专业、业余作者共创作各类题材的剧本 200 多部，在省级以上文学刊物上发表了 69 部，其中27 部已搬上银幕，正投入拍摄的有 6 部。

1 日　经省政府 9 月 25 日批准，成立江西省公安专科学校。自本日起，江西省公安干部学校改名为江西公安专科学校。

1 日　江西省科学院野生资源开发中心最近在奉新县成立。该中心以研究猕猴桃为主。奉新县猕猴桃是国家科委攻关局研究的 5 个项目之一。

2 日　以日本岐阜县议会议员联盟会长古田好为团长，杉本武夫、米野义久为副团长的日中

省长赵增益会见日中友好岐阜县议会议员联盟第三次访华团成员

友好岐阜县议会议员联盟第三次访华团一行17人，来江西南昌、景德镇等地进行为期5天的参观访问。

2日 中国有色总公司批准《贵溪冶炼厂电解工程设计任务书》（一期7.5万吨/年铜电解工程，1985年5月4日破土动工，1987年4月18日，电解车间24组336个槽全部建成投产）。

3日 17时30分，赣江上的第一座大型水利水电枢纽工程——万安水电站二期围堰截流工程胜利完工，这是赣江有史以来第一次围堰截流成功。1958年7月被确定为开发赣江第一期工程，总投资2.6亿元，由武警水电二总队承担主要施工任务。1984年6月间，中央决定电站于当年冬围堰截流，现提前完成任务。截流戗堤长280多米，底宽48米，顶宽18米、高10米。万安水电站是我国"六五"计划期间93个重大建设项目之一。电站总装机容量为50万千瓦，年发电量15.16亿度，水库蓄水为2亿立方米。

兴建中的国家重点工程万安水电厂

4日 省委召开地、市委书记会议，学习贯彻中央十二届三中全会精神，会议要求各级党组织和党员干部深刻领会《中共中央关于经济体制改革的决定》精神，统一思想认识，增强企业活力，大胆起用新人，搞好经济体制改革。会议指出，增强企业活力应抓好简政放权、建立和完善经济责任制、建设好企业领导班子这3方面的工作。会议认为，对外开放是经济体制改革的一个重要组成部分，要搞好基础服务设施建设，增加对外吸引力。会议强调，江西省人才不足，要大胆起用优秀人才。会议于10日结束。

5日 江西省修水县博物馆改名为黄庭坚纪念馆。

5日 省煤炭厅在南昌召开全省煤炭科技大会，32项科研成果获科技进步奖，34名科技人员获优秀科技工作者称号。

6日 第二届华东舞蹈会演在江西艺术剧院举行。参加会演的华东6省1市7个代表队的成员和观摩代表近2000人，共演出8天4台61个节目。江西代表队有13个不同题材和不同风格的舞蹈节目。《鲤鱼灯》、《踏青》获创作一等奖，《龙的传人》获表演一等奖。江西省委及文化部、中国舞协、总政文化部的领导和来自28个省、市、自治区以及十大军区的观摩团参加了闭幕式。

7日 经国务院批准，全国增加税务干部4万人，分配江西省1100人，其中1984年600人，要求从社会招收300人（实际招收298人）。

8日 省政协第五届委员会民族宗教组前往江西贵溪县樟坪畲族乡调查。调查于10日结束。

8日 江西赣州钴冶炼厂与赣州有色冶金研究所共同完成"钨细泥、钨难选物料用常压碱浸工艺提取钨产品中间试验"，并通过鉴定，该工艺属国内首创，1985年获中国有色金属工业总公司科技进步二等奖。

9日 省政府批转省民政厅《关于发展镇建制意见的报告》（至1985年底，全省有56个乡撤乡建镇）。

10日 省地矿局环境地质大队，当日起将《江西省地下水氟离子含量分布图》、《潜水化学图》、《硬度PH值分布图》、《南昌市第四系地下水污染调查报告》等首批环境地质研究成果供社会使用。

10日 全国地热普查勘探经验交流会在南昌召开。江西地矿局代表介绍江西的地热情况：全省已发现温泉94处，地热水钻孔22处，是我国温泉较多的省份之一。先后建成星子、抚州、宜春温汤等温泉疗养院和热供水农业科研温室、暖房10处，面积达3770多平方米。据估算，全省已知并可回收地热资源相当于1100多万吨标准煤。

10日 全省已有1400多名农民被招聘为信用社合同工，1600多名农民和农民合同工担任信用社理事、监事和主任。全省入股农户已占总农户的85%；至当日止，农民在信用社的存款达9.26亿元，信用社向农户贷款额达7亿元，分别比1983年同期增长17%、42.2%。

10日 日本世界青少年交流协会访华团一行14人，来赣参观访问。访问历时4天，于13日离赣。

11日 南昌矿山机械研究所与南昌通用机械厂共同研制的WJD-0.75型电动轮胎铰接装运机通过部级鉴定，是国内第一代地下矿用电动轮胎式装运机，获1984年省科技成果二等奖，1986年获机械部科技进步三等奖。

11日 南昌市政府当日起至1985年1月25日设立市长值班电话"53383"，深受市民欢迎。70多天时间，已接到电话1056次，已有600多项意见、建议、批评得到处理。市政府决定，要求全市各县、区政府和市政府各有关部门设立领导值班电话。

12日 省委组织部、省劳动人事厅党组、省高级人民法院党组、省司法厅党组、省公安厅党组就"文化大革命"冤假错案复查工作中的一些具体问题，作了4条明确规定。

12日 中国基本建设经济研究会和中国城乡建设经济研究会在江西省星子县召开全国基本建设经济管理体制改革学术讨论会。出席这次学术讨论会的有26个中央部门和科研单位，大专院校，18个省、市、自治区的理论工作者和从事基本建设的实际工作者共90余人。讨论会于19日结束。

12日 江西省中心血站成立。江西省食品卫生监督检验所成立。

12日 省政府举行经济工作情况通报会。通报会上介绍1984年江西省国民经济增长的主要特点：第一，工业生产均衡协调发展，稳步增长。1984年1月至10月份，工业总产值达97.15亿元，完成年计划的86.4%，比1983年同期增长11.6%。第二，全省农业大丰收。预计全年粮食总产量比历史最高水平的1983年增产12.9亿

斤，增长4.4%；棉花增长29.4%。全年农业总产值预计可达96亿元，比1983年增长7.4%。第三，经济实现效益和速度同步增长。1月至10月与1983年同期相比，江西省预算内企业产值增长10%，销售收入增长12%，实现利润增长25.5%，上缴利润增长35%。全年社会商品零售额预计比1983年增长10%。到11月10日止，全省财政收入达13.435亿元，比1983年同期增收1.6亿元。

12日 樟树市第十五次药材交流大会闭幕，这次交流会购销总额达2亿多元。整个交易市场交易的中药材、中成药和西药达2000余种。

13日 全省各民主党派、工商联为四化服务成果展览在南昌市展出半个月后，今天起将在九江、景德镇、上饶、抚州、赣州、吉安、宜春7市巡回展出一个多月。

14日 经省政府批准在南京组建江南开发公司，其主要任务是开展经济技术协作和对外经济技术合作交流、经营进出口业务等。

15日 婺源县发现明代著名书画家董其昌的绢本仿董源溪山行旅图手卷真迹。此图系董其昌晚年代表作。绢本前部为画面，后部为行书题字。此发现对研究董其昌的书画艺术有着重要价值。

15日 省政府发出紧急通知，要求各级政府：（一）立即组织干部特别是领导干部认真学习国务院和省委领导同志的指示，学习税法，对照思想和工作实际，改进和加强对税务工作的领导。（二）认真贯彻执行省政府发出的111号文件，纠正超越权限擅自减免税收的错误做法，不该减免而减免了的要补征入库，确实困难无力补缴的应按国家规定办理批准手续。（三）立即开展一次税务大检查，查清企业经营状况，查假漏、查欠缴，切实做到该征的征，该减的减，该免的免，把一切应当征收的税款及时组织入库。

16日 由孟加拉国空军副司令员阿哈姆率领的空军代表团一行3人，来南昌洪都机械厂参观访问。

18日 我国第一套千吨级氯化聚乙烯生产装置在化工部星火化工厂通过鉴定。鉴定会进行

了两天。质量标准和消耗定额均接近国际水平，其生产能力是我国当前最大的。

19日 全省第三次经济技术协作工作会议召开。会议总结依据"解放思想、门户开放、互惠互利，甚至让利"的原则，全省开展了多层次、多形式、多渠道地省际、国际间经济技术合作活动。据统计，到目前为止，全省已与兄弟省市达成经济联合、技术协作、补偿贸易、人才交流等较大合同项目216项，引进资金1.294亿元；与外商合资项目33项，引进外资2100万美元。在这个基础上，省委、省政府提出1985年江西省将进一步发挥优势，制定更加切实可行的政策和措施，在对外开放、引进资金方面迈开更大的步伐。会议于25日结束。

20日 江西省举行第二次律师资格统一考试，报名参加的有139人，实际应考人员90人，考试成绩合格的44人，占应考人员的48%。

20日 中国马克思主义、毛泽东思想研究会1984年学术研讨会暨年会在南昌召开。到会的有各省、市专家、学者170余人。会议期间，省长赵增益邀请部分专家、学者座谈了开发江西省资源和培养人才问题。

20日 江西省农业经济学会召开关于发展乡镇企业经济问题学术讨论会。会议就乡镇企业的概念、乡镇企业经济在国民经济中的地位、江西乡镇企业的现状与处境、乡镇企业经济发展的规律性和当前发展乡镇企业需要着重解决的问题，以及乡镇企业与小城镇建设和农工商综合经营道路的关系等问题展开讨论。

20日 省委宣传部召开省直有关部门负责人会议。会上，省委书记许勤强调：各级党委要切实抓好党报党刊发行工作。1985年，《人民日报》、《江西日报》、《红旗》等主要党报党刊的发行量，只能比1984年增加，不能减少。订报费可以从办公费、事业费中开支，也可从党费、团费、工会会费开支一部分。

20日 省委宣传部和省司法厅在临川县联合召开全省法制宣传工作会议，就全省普及法律常识、加强法制建设作出具体规划和措施。会议规划从1985年起，以全省14周岁以上、61周岁以下的公民为普及对象，以《宪法》、《刑法》、《刑事诉讼法》、《民事诉讼法》（试行）、《婚姻法》、《兵役法》、《经济合同法》和《治安管理条例》等为普及内容。采取一年准备、三年实施、一年巩固提高的步骤，争取在1989年以前基本完成普及任务。会议于24日结束。

21日 省政府发出《关于抓紧增收节支，严禁年终突击花钱的紧急通知》。要求重视江西省行政经费大幅度增长的问题，大力节约行政经费，并制止滥发奖金、津贴、补贴和实物。

21日 经煤炭部组织的有关专家评议，国家科技攻关项目之一的无隔水层条件下大型水体下采煤，在乐平矿务局钟家山煤矿和煤炭科学院唐山分院的密切配合下经三年试采，在基岩直接出露的大型水体下试采成功，这在我国还是首次，现已安全采煤18.5万吨。为今后推广无隔水层水体下采煤提供了经验和科学依据。

21日 江西省第一批按国际分幅1∶50000比例尺区域地质调查3个图幅验收会在新干县结束。麟潭圩、竹山圩和四十八都3个图幅通过了验收。

22日 柘林水电站竣工典礼在柘林镇举行。中顾委委员、柘林水电站工程指挥部总指挥刘俊

省级先进企业柘林水力发电厂鸟瞰

秀主持了竣工典礼，并作了《关于柘林水利水电枢纽工程从兴建到竣工的基本总结》的报告。柘林水利水电枢纽是一座以发电为主，兼有防洪、灌溉、航运、养殖等综合效益的大型水利水电工程。

22日 省委、省政府在八一礼堂举行学习十二届三中全会文件报告会，邀请正在南昌的中共中央顾问委员会委员、著名经济学家于光远作关于学习三中全会文件的辅导报告。省直机关处以上干部、理论界人士和正在南昌出席中国马列著作研究会1984年学术讨论会的代表2500多人到会听了报告。

22日 江西省第一家从日本引进的浓缩橘汁自动生产线在宁都县罐头厂举行投料试车剪彩典礼。这条自动化生产线，是省经委与日本新生株式会社于1984年5月23日签订合同引进的，江西省将其列为1984年度重点建设项目之一。这条生产线每小时可处理柑橘原果5吨。

23日 全省旅游会议在井冈山召开。会议围绕旅游业必须树立以国内旅游促国际旅游发展的指导思想展开讨论，一致认为，旅游业必须实行四个转变：从过去主要搞接待转变为开发建设旅游资源与接待并举；从只抓国际旅游转变为国际、国内一起抓；从国家投资办旅游转变为国

井冈山叠嶂流云

家、地方、部门、集体、个人共同经营；旅游经营单位由事业单位转变为企业化。1985年起旅游业将实行企业化，要从江西省实际出发，努力开发旅游资源，建设好两名城（景德镇、南昌）和四个游览区（赣东、赣北、赣南、赣西），要建设好三清山、龙虎山等新旅游点。

25日 《江西日报》全文刊载1984年11月22日刘俊秀同志在柘林枢纽工程竣工典礼大会讲话。讲话分为4个部分：（一）开展拓林水利工程基本情况；（二）柘林水利枢纽工程的建设情况；（三）兴建柘林水利枢纽综合工程的意义；（四）兴建柘林水利水电枢纽工程的基本经验。

25日 据日前统计，1984年全省粮食总产量达305亿斤，首次突破了300亿斤大关。棉花、油料、甘蔗、烟叶、蚕茧、三麻、茶叶、水果以及猪、牛、羊、禽、蛋、奶和水产均有较大增长。

26日 婺源发现清代曹文埴款漆嵌瓷板八仙图挂屏。曹文埴为婺源晓容人，乾隆二十五年进士，官至户部尚书。八仙挂屏采用景德镇传统工艺五彩颜料表现，漆板左上方有阴文"曹文埴印"四字。对于研究清代的嵌瓷艺术，有一定参考价值。

26日 江西省老干部活动中心邀请在南昌出席中国马列主义、毛泽东思想研讨会的中国政治学会副会长李政文，为省、市离休老干部作报告。报告会由省老干部局局长任启贤主持，240余名离休老干部听取了报告。在报告会上，省老干部局负责人宣布江西省正在筹备成立以老干部为主要对象的老干部大学。

26日 省委决定，吉安地委在泰和县召开县（市）长以上党员干部会议，108人参加会议，民主推选地委书记。

27日 江西省技巧队一行14人代表中国赴波兰华沙参加有中、美、英、法、苏、波、保、联邦德国、比利时、土耳其10个国家参加的国际技巧邀请赛。以省独立队代表国家队参加国际比赛，在江西尚属首次。时至12月13日，取得3项冠军的江西技巧队，受到波兰党中央机关报《人民日报》、波兰《体育报》等各报的盛赞。华沙《晚快报》刊登了中国技巧健儿的照片。

27日 全省第二次劳动就业会议在九江召

开。会议通报了全省安置待业青年的情况，至11月20日止，全省已安置158392名待业青年就业。这是省长赵增益在政府工作报告中提出的为全省办十件好事的其中之一。

27日 省委、省政府决定："从省、地（市）、县抽调千人组成调查组，从现在开始到1985年春节前，深入基层，到生产第一线去，了解、考察、研究和解决在改革中出现的新情况和新问题，推动全省经济体制改革的深入发展"。调查组由省、地（市）、县三级的干部组成，由领导干部、专业人员和理论工作者相结合参加调查组。省委、省政府要求，一定要坚持实事求是，把调查与研究结合起来，参加改革实践，解决问题，总结经验。

27日 国务院港澳办公室批准江西省出资10万美元在香港开办江西（香港）旅游有限公司。

28日 中共中央书记处书记胡启立到江西大学、江西工学院、南昌二中、南师附小视察，并同部分高校负责人，就教育改革问题进行了座谈。随同视察的有教育部副部长彭珮云、国务院副秘书长艾知生等。

胡启立等在南昌市第二中学视察

28日 经国务院批准，撤销江西省井冈山县，设井冈山市（县级）。此后，江西省陆续有宜春等16个县撤县建市（县级）。本年全省划分5个地区、6个地级市、10个县级市、74个县、15个市辖区。

28日 萍乡市在郊区石埠村进行清查丈量宅基地和建房发证试点，历时约一个月，将于12月23日结束（1985年全市农村普遍发放宅基地使用证）。

29日 鄱阳湖综合科学考察课题之一《大水体蒸发试验》通过鉴定验收。试验测定结果表明，鄱阳湖平均每年蒸发28.49亿立方米，相当于我国北方一条5.6万平方公里流域大河的全年流量。课题所取得的数据是江西省唯一的大水体蒸发资料，其成果除直接用于鄱阳湖开发、利用、规划、设计外，还可以用作全省水利规划、水库调度、水资源调查评价的参考，具有重要的学术价值。

29日 省委召开省政协常委、省各民主党派常委、省工商联常委会议，传达党的十二届三中全会精神和省委召开的地、市委书记会议的精神。省委书记许勤在会上讲话说，《中共中央关于经济体制改革的决定》在一系列根本性问题上有重大突破：（一）否定了把计划经济同商品经济对立的传统观念，明确指出社会主义计划经济必须自觉依据和运用价值规律，是在公有制基础上的有计划的商品经济；（二）突破了全民所有制同国家机关直接经营企业混为一谈的传统观念，指出，企业应成为自主经营、自负盈亏的经济实体；（三）把增强企业活力，鼓励一部分地区、一部分企业和一部分人勤劳致富的政策作为走向富裕的必由之路，突破了社会主义"吃大锅饭"的传统观念；（四）指出坚持多种经营形式和经营方式的共同发展的长期方针。并要求大家认真学习文件，深刻领会其精神实质，提高认识，加深理解，使自己站在改革的前列。

29日 江西省歌舞团赴南斯拉夫参加民间音乐节演出。

29日 省政府召开常务会议。会议通报了全省粮食生产和销售情况。1984年江西省通过各种途径转化和外销的粮食可达20亿斤，1984年全省早稻已收购57亿斤，比1983年同期增加了10.07亿斤，晚稻征购预计51.3亿斤，比1983年增加4亿斤。要求1985年进一步放开手脚，多渠道、多方式转化和外销粮食，提高经济效益。

30 日 省政府对宜春地区扫盲工作进行了 10 天检查验收，检查工作今日结束。全区 11 个

新建县村头的扫盲识字栏

县、市农村的 12 岁至 40 周岁的少、青、壮年中，无盲率已达到国务院和省关于在农村扫除文盲规定的标准，成为全省第一个基本扫除文盲地区。据统计，全区共有 10 万多人摘掉了文盲帽子，其中农民近 9 万人，全区少、青、壮年中的非文盲率为 90.74%；适龄儿童入学率为 97.05%，巩固率为 97.08%；全区共办农村技术夜校 601 所，农技短训班 2470 多个，业余小学 729 所，业余初中 12 所，业余高中 4 所，有 30.5 万人次通过各种途径参加学习。

30 日 中共中央书记处书记胡启立在江西革命老根据地井冈山、宁冈县调查研究时指出，要进一步给老区人民松绑，放开搞活，使他们尽快富起来。强调第一位的是要明确指导思想，不能单纯救济，而要放开政策，发展商品生产，增

胡启立（左二）由许勤（左一）陪同，访问宁冈县茅坪村烈士后代谢福棉（右一）

强老区经济内部的活力。胡启立是 29 日由江西省委书记许勤陪同到井冈山、宁冈县的，同行的有教育部副部长彭珮云，国务院副秘书长艾知生等。

30 日 奉新县按照自愿互利的原则，开展群众性的集资活动。至本月底，全县 580 多户农民已集资 67 万元，联合办起了食品、建材、饲料、电瓷、玻璃、服装、皮革、竹木制品、农机修配、电器修理、药用胶丸、刺绣等小工厂 118 个，创产值 590 万元，实现利润 147 万元，为国家创税金 29.5 万元，促进了农村商品经济的发展。

本月 宋任穷在江西农村视察。

宋任穷在农村视察

本月 在中国科技大学就读的 5 名江西籍学生分别荣获"郭沫若奖学金"和"人民奖学金"。原江西师院附中毕业生冯平进科大学习后，4 年的 40 门必修课平均分数达 91.8 分，1984 年参加中国联合招收赴美物理研究生考试，在 652 名考生中独占鳌头，被授予"郭沫若奖学金" 200 元和 1 枚金质奖章。另四名来自江西的 83 级学生徐少东、刘日河、涂予海和曹一滨获得了"人民奖学金"。

本月 南昌市郊区湖坊乡顺外村已实现产值 3200 万元，超额完成了 1984 年的产值计划。林农工商联合企业公司对所属 35 个企业进行体制改革，简政放权。厂长、经理有权组阁，人、财、物、产、供、销 6 权由厂长行使。对经理、厂长实行重奖重罚。新任的厂长、经理全部向公

司签订了1985年经济承包奖惩合同，规定：一年内上缴村里30万利润、人均收入3000元者，奖一辆小轿车和1.2万元资金；一年内上缴村里20万元利润、人均收入2000元者，奖金8000元；一年内上缴村里10万元利润、人均收入1000元者，奖金4000元。工厂亏损，按规定扣款。

本月 国家环境监测总站确定江西省13个监测站为酸雨调查站。

本月 江西人民出版社出版《江西苏区文学史》。

本月 江西省集体建筑企业协会成立。名誉会长周之骥，会长罗笃生，副会长王儒明。

1984
12月
December

公元 1984 年 12 月							农历甲子年【鼠】						
日	一	二	三	四	五	六	日	一	二	三	四	五	六
						1 初九	**2** 初十	**3** 十一	**4** 十二	**5** 十三	**6** 十四	**7** 大雪	**8** 十六
9 十七	**10** 十八	**11** 十九	**12** 二十	**13** 廿一	**14** 廿二	**15** 廿三	**16** 廿四	**17** 廿五	**18** 廿六	**19** 廿七	**20** 廿八	**21** 冬至	**22** 十一月大
23 初二	**24** 初三	**25** 初四	**26** 初五	**27** 初六	**28** 初七	**29** 初八	**30** 初九	**31** 初十					

1 日 江西省优秀文艺作品授奖大会在南昌举行。333 名作者的 284 件文学、美术、摄影等作品获奖。其中评出荣誉奖作品 39 件、文艺创作一等奖 53 件、二等奖 164 件、文艺评论奖 28 件，共 12 个门类。省委书记、省长赵增益代表省委、省政府在会上讲话，充分肯定了江西省自党的十一届三中全会以来的文艺创作的成就，勉励大家为社会主义物质文明和精神文明作出新贡献。

1 日 省委、省政府组织的调查组陆续下到基层。省直已有 48 个部门的 47 名厅、局级干部带领所属 345 人，组成 83 个调查组，分别到达各自的调查研究点上，在生产第一线调查研究。

1 日 盘古山钨矿清洁矿山验收合格（1985年被中国有色金属总公司命名为有色系统第一家清洁矿山）。

1 日 PDP11/34A 电子计算机自动转报系统通过国家技术鉴定，鉴定会进行 3 天，于 3 日结束。获省科技成果奖和国家科技进步奖。

3 日 由省文化厅、中国美术家协会江西分会联合举办的第八届江西省美术作品展览在江西省文联展厅展出。

4 日 江西省老龄问题委员会成立。该委员会的任务是维护老年人的合法权益，照顾老年人的生活，发挥老年人的作用，使老年人健康长寿，力争实现"老有所养、老有所学、老有所为、老有所医、老有所乐"的目标。傅雨田任该委员会名誉主任，石天行任主任，王应明任常务副主任，16 名有关部门负责人任委员。

5 日 省委在农工部加快发展经济作物的报告中批示："必须抓住时机，调整种植结构，重点扩大棉花、甘蔗、黄麻、红麻、烤烟等工业原料作物面积"。

5 日 省纪委召开全省各地、市纪委书记、"打办"（打击经济犯罪办公室）负责人会议。指出纪律检查工作要围绕改革、端正党风、严肃党纪，要坚决刹住新形势下出现的新的不正之风，保证经济体制改革的顺利进行。会议于 8 日结束。

6 日 南昌市珠市尾、张家祠发生火灾，烧毁房屋 18 栋，计 3186 平方米，受灾 109 户 373 人。

6 日 中共中央总书记胡耀邦及中央有关部门的领导和湖北省省委书记关广富、副书记钱运录，先后视察了江西省修水、铜鼓、宜丰、上高、高安、奉新、安义、德安等县和南昌、九江两市及共青垦殖场。胡耀邦指出：要充分利用丰富资源，对内更大胆地搞活，对外更大胆地开放，同心协力，紧密团结，各级党组织和干部要带领群众放手干，使江西经济发展速度略高于全国平均水平。

7 日 赣州地区经委在其召开的新产品成果发布会宣布，赣南稀土厂从筹建到投产仅用 100 天，10 月 20 日正式投产，45 天生产出稀土镨黄 4731 公斤，产值 25.5 万元，获利润 8.1 万元，人均每月为国家创造产值 1 万元。

8 日 省委政法委员会召开全省政法工作会议，指出要继续严厉打击严重刑事犯罪活动，尽快实现社会治安情况根本好转，保卫经济体制改革顺利进行。

8 日 九江火电厂举行一期工程竣工庆功大会。该厂是江西省第一座超高温、超高压、大容量、高效率发电厂，是我省自己设计和安装的第一座火电厂，是全省的重点工程项目之一。一期工程顺利安装了两台 12.5 万千瓦的发电机组，先后于 1983 年 9 月和 1984 年 9 月并网发电，至 12 月 7 日，发电 9.63 亿度，提前 38 天完成了本年度生产计划。

8 日 省政府发出紧急通知，要求湖滨各地禁止狩猎、捕鱼，保证珍禽安全越冬。当前，鄱阳湖小天鹅已有 2400 只，白鹤 289 只，共有鸟类 150 种，占全国鸟类的 12.6%。

8 日 为期 6 天的突尼斯全国手工业品展览会召开。首次展出的由中国江西省草编专家彭亮和汤灵山同其突尼斯学员合作编制的草编织物，备受欢迎。当日，突尼斯总理姆扎利为展览会剪彩并接见了彭亮和汤灵山，欣赏了由突中两国手工艺人合作编织的绣花草帽和草篮。

10 日 经贸部颁发经贸部经贸科技成果奖，江西广昌县外贸公司的"白莲种子秋播繁育良种技术"获二等奖；萍乡市上栗出口鞭炮厂和烟花厂的安全磨硝装置分别获四等奖。

10 日 云南边防部队老山、者阴山对越自卫反击作战英雄报告团第三分团抵达南昌。次日

南昌市领导与老山英模交谈

下午，在江西省军区礼堂举行首场报告会。报告团团长是云南边防部队某部政治部主任陈恩科。会议由省军区政治部主任谭秉学主持，省委常委、省委宣传部长白永春，省委常委、省军区司令员王保田，省军区领导刘德奎、徐鹏、陈伊、刘子明及部队指战员共 1400 多人出席报告会。

10 日 江西汽车制造厂利用技贸结合的办法，与日本五十铃汽车公司合作，引进原厂散装件和装配工艺，生产具有 20 世纪 80 年代国际先进水平的一吨级柴油、汽油通用轻型双排座载重汽车，现已组装完毕，各项性能均达到设计要求。

江西五十铃轻型货车

10 日 1983 年 7 月开始挂牌营业的南昌有色冶金设计研究院深圳分部，至当日止，在深圳特区承接了"深圳市南头区总体规划"业务等 19 项工程设计、技术咨询和施工服务项目，签订合同金额 1200 多万元，实现盈利 470 多万元。

该分部完成的"深圳市第五（上埗）中学工程"设计，被深圳市选定为参加"全国中小学优秀校舍设计评比"方案。南冶院先后与日本、美国、加拿大、联邦德国、芬兰、阿尔及利亚等国建立了业务关系。土建工程师李万荣为阿尔及利亚设计了独立节纪念碑。

10 日 截至当日，江西冶金进出口公司出口成交额达 2000 万美元，是 1983 年全年出口额的 3.3 倍。该公司开发的钨制品、稀土、萤石等远销日本、美国、加拿大等国家和香港地区。在 1984 年秋季广交会上成交额达 700 万美元，占全国有色冶金工业产品出口额的 1/3。

10 日 全省冶金行业第一个综合性联合经济实体——东南实业开发总公司在南昌正式成立。东南实业开发总公司由省金属学会牵头，有江西钢厂、永平铜矿、江西有色冶金勘探公司、大吉山钨矿、南昌有色冶金设计研究院等 32 家企事业单位参加。首次董事会同时召开，会上确定了近期、中期、远期的开发项目。

10 日 省六届人大常委会第九次会议在南昌举行。会议学习《中共中央关于经济体制改革的决定》；传达六届全国人大常委会第八次会议精神；听取关于省人大常委会委员视察情况的综合汇报；审议通过《江西省人民代表大会常务委员会工作条例》；听取省选举委员会关于全省县乡直接选举工作总结的报告；听取省司法厅关于江西省法制宣传工作情况和今后意见的汇报，并通过《关于加强法制宣传和普及法律常识的决定》；听取省科委关于江西省贯彻执行科技发展方针的情况汇报；会议批准《江西省市政建设管理条例》；通过人事任免事项。会议于 15 日结束。

10 日 全国水电系统表彰大会自即日起至 16 日在北京举行，省水利规划设计院红旗电排站设计组、峡江县水文站、婺源县水电局、白塔渠工程管理局及宜黄县下南水电站 5 个单位被授予"水利电力系统先进集体"称号，发给奖牌和奖金；桂宗禹、江大杰、卢和生、高叙礼、王梅坤 5 人被授予"水利电力系统劳动模范"称号，每人发给荣誉证书、银质奖章和奖金。

12 日 中共中央总书记胡耀邦来到德安县共青垦殖场，受到来自上海的老垦荒队员的热烈欢迎。1955 年 11 月 29 日，他来到垦殖场为青年们写了"共青社"的匾额；1978 年 9 月 26 日，又写下"共青垦殖场"的场名；当日又挥笔写下了"共青城"和"有志者事竟成"的题词。

胡耀邦在德安县共青垦殖场为"共青城"题名

胡耀邦在德安县共青垦殖场，受到来自上海的老垦荒队员的热烈欢迎

12 日 美国林德布雷德旅行社经理尼格尔，在爱鸟模范何绪广的陪同下，专程到江西吴城候鸟保护区观看来此过冬的珍贵候鸟。他说："我到世界各地看过许多候鸟，但从未看到过这么多珍贵的鹳、鹤、白天鹅。"

12 日 省政协五届常务委员会第十次会议在南昌举行。会议议程为：学习《中共中央关于经济体制改革的决定》；传达六届全国政协常委会第七次会议精神；听取了省经委主任钱家铭关于经济体制改革问题的报告和省政协副主席沈翰卿、朱旦华、李华封关于赴外省学习、参观情况的汇报；讨论通过了《关于认真贯彻六届全国政协常委会的决议，深入学习和切实执行〈中共中央关于经济体制改革的决定〉的意见》；通过了省政协机关的人事任免。会议于14日结束。

12日 全省"五讲四美三热爱"活动先进集体、先进个人表彰大会在南昌举行。文明单位、先进集体的代表和先进个人近400人出席了会议。与会代表学习了党的十二届三中全会决定，总结交流了精神文明建设的经验，参观了德安共青垦殖场、江西洪都袜厂等文明单位，听取了"老山、者阴山对越作战英模报告团"的报告。省委、省人大、省政协、南昌陆军学校的负责同志以及中央五讲四美三热爱活动委员会代表等出席了会议。大会宣布了《省政府关于表彰五讲四美三热爱活动先进集体、先进个人和命名文明单位的决定》。105个文明单位、142个先进集体和154个先进个人获了奖。

大会会场

13日 省政府批转江西省劳动人事厅《关于做好一九八四年江西省各级行政机关和事业单位工作人员奖励工作的意见》。要求各级政府积极引导工作人员，正确认识奖励的重要性，把奖励工作与岗位责任制、考核、年终总评结合起来，奖励面控制在机关总人数的25%，奖励经费2元~4元，由地市人事部门统一掌握，在行政经费内开支。

13日 共青团省委、省林业厅、省交通厅、省水利厅在南昌联合召开总结表彰会。全省青少年开展以绿化"一湖（鄱阳湖）两江（长江、赣江）三条路（昌吉、昌萍、昌景公路）"为重点的植树造林活动，取得丰硕成果。在166处革命纪念地植树15万多株，参加这次活动的青少年有676.8万多人，植树总数达2.79亿株。大会表彰了植树造林活动中的先进集体5个。大会于14日结束。

14日 江西省第六届人民代表大会常务委员会第九次会议批准了《江西省向全体公民普及法律常识五年规划要点》。省司法厅副厅长高登霄在省六届人大常委会第九次会议上指出：普及法律常识是国家长治久安的需要。凡年满14周岁以上的人均属普及对象，主要对《宪法》、《刑法》、《刑事诉讼法》、《婚姻法》、《民事诉讼法（试行）》、《经济合同法》、《兵役法》和《治安管理处罚条例》等法进行普及，要求做到人人知法、守法、懂法，增强广大公民的法制观念。

14日 江西省林业经济学会成立。会上宣读了有关林业经济体制改革、生产责任制、林业专业户、木材价格、收益分配、商品流通、林业资金管理等学术论文15篇，进行了学术交流。

14日 国家计委、财政部、中国人民建设银行下达《关于国家预算内基本建设投资全部由拨款改为贷款的暂行规定》。江西从1985年1月起执行。

14日 省政府办公厅发出《全省测绘机构设置问题的通知》。

14日 省司法厅、省财政厅联合发出《关于法律顾问处、公证处经费管理使用问题的通知》。规定法律顾问处根据具体情况，分别采取"全额管理，差额补助超收提成"、"自收自支、节余留用或分成"、"自负盈亏"3种形式；公证收费暂不上缴财政，并对上缴、提留的比例和使用范围作了具体规定。

14日 江西省化学工业公司在南昌市召开为期5天的全省化学工业工作会议。会上评选出江西氨厂、江西第二化肥厂、江西橡胶厂、前卫化工厂、江西农药厂、江西轮胎厂、江西化工石油机械厂、南城硫铁矿、朝阳磷矿、新干化工厂、资溪农药厂、南昌造漆厂、庐山乳胶厂，万载、宜春橡胶厂、高安、东乡、禾水、永丰化肥厂为1984年度经济效益先进单位。

15日 最高检察院副检察长江文等来江西视察工作，江西省检察院和南昌市检察院领导汇报了全省和南昌市检察工作。江文还将赴吉安、抚州等地进行视察。

16日 据统计，截至当日，安福县充分利用草山草坡，种草兴牧，大力发展养牛业。全县49472户农户，有牛52740头，户均1.06头，成为江西省第一个实现户均一头牛的县。12月27日，《人民日报》在一版转载了"安福县达到一户一头牛"的消息，并发表了《要特别重视畜牧业》的评论员文章。

16日 国务院上海经济区规划办公室主任王林在日前召开的记者招待会上宣布：为打破条块、地区分割，适应我国经济体制改革的新形势，国务院已批准上海经济区扩大到江西等4省1市。省长赵增益指出，参加上海经济区将加快江西开发步伐。根据胡耀邦提出的："江西学江苏，江苏帮江西"的要求，发展江西与全国各兄弟省市的更广泛、多层次的经济技术协作，让外省的资金、先进技术、设备、人才和江西的资源结合起来，加快江西开发的步伐。

16日 省委提出畜牧业综合发展的方针：（一）把发展畜牧业作为振兴江西经济的一个重要战略措施；（二）实行精饲料和草食动物猪、鸡、鸭、鱼、牛、羊、鹅、兔八业并举；（三）抓好良种、饲料、防疫；（四）抓好各项服务工作；（五）从省外、国外引进资金、技术、设备和人才；（六）利用贷款、税收、价格等经济杠杆，促进畜牧业的发展；（七）把着眼点放在全省540万农户上，把重点放在专业户上。

18日 南昌市食品厂方便面生产线正式投产。该生产线是江西省从日本引进的第一条方便面生产线。设计能力为班产5万包（5吨），投产后每年可增加税利30万元。

18日 江西省乡镇企业的第一个基层工会组织——南昌异型砂轮厂工会成立，有会员128人，副厂长兼工会主席。

19日 江西制氧机厂与交通部水运研究所、杭州制氧机厂等合作研制成LJ20型冷藏集装箱，通过机械部与交通部联合组织的技术鉴定，得到国家船检局的型式认可。获1984年省科技成果二等奖。

20日 江西省陈年封缸酒、四特酒荣获全国评比金杯、银杯奖庆功大会在九江举行。中国食品协会、省经委、九江市委、市政府、宜春地委、专署及省轻工厅领导出席了大会。省政府和省委发出贺电，会上向九江封缸酒厂和樟树四特酒厂颁发奖品。

20日 江西光学仪器总厂生产的"凤凰205型"相机已生产7万台，超额完成6.05万台的考核计划，产值、利润和利税分别比1983年同期增长32%、33.4%和71.5%。

20日 江西林产品贸易中心在南昌隆重开业。全国20个省、市销材区400多名代表和客商云集南昌，洽谈生意。这是全省第一个林产品贸易中心，是跨省、跨行业的联合经济实体，采取先省内后省外，四方来股集资联营的形式。当前，全省林业系统已有100多家来股集资，金额达600多万元。副省长梁凯轩及林业部、国家物资总局的代表出席开业仪式，省政府顾问许少林为开业剪彩。

20日 中国硅酸盐学会、国家建材研究院以及北京、重庆、南京、秦皇岛等地的有关院校的教授、高级工程师等40余人，专程到江西安福县洲湖微细粉石英砂矿考察。该县微细粉石英砂矿含二氧化硅达99.76%。地质之纯、颗粒之细属世界少见。中国硅酸盐学会建议江西以安福为起点，成立硅质原料开发中心。

20日 中国军事史人物讨论会在南昌陆军学校举行。该会议是为完成《中国100个军事家》一书的编撰、审稿工作而召集的。该书是胡乔木根据邓小平关于要普及政治理论教育，为全国青少年提供通俗易懂的理论读物的意见而审定的选题之一。讨论会于 25 日结束。

21 日　省政府同意筹建江西省广播电视学校。该校属中等专业学校，县级建制，规模 600 人。

21 日　省审计局、省财政厅、省税务局抽调 228 名干部组成 47 个复查组，开始对 47 个地、市、县财政决算进行复查（1985 年 3 月 16 日，省政府批转财政厅、省审计局《关于一九八三年财政决算复查情况和改进财政管理工作的报告》）。

22 日　中共中央书记处书记、国务委员谷

谷牧（中）在江西省委负责人的陪同下，到江西手扶拖拉机厂视察

牧昨日抵江西视察。当日，先后视察了江西手扶拖拉机厂、洪都机械厂、南昌食品厂、江西袜厂，并与在南昌的部分企业领导干部进行了座谈，听取了省委、省政府领导人的汇报。谷牧指出，今后要更好地发挥江西资源丰富的优势，更大胆地贯彻对外开放，对内搞活经济的方针，加强与沿海开放城市的协作，积极利用外资，引进先进技术、先进设备，只要把改革和开放搞好了，江西的前途是无量的。

23 日　油茶放蜂授粉采蜜技术在我国首次获得成功，并在上饶通过鉴定。该项科研成果由中国林业科学院林研所、林业部南方森林植物检疫所

等 8 个单位合作，利用蜜蜂给油茶授粉，经过 5 年的研究，取得成功。这对于合理开发南方山区、大力发展油茶、节约草本油料种植土地、扭转我国以食用草本油为主的局面，具有重要意义。

24 日　靖安县宝丰林区西部发现 40 余亩、1000 多株百年以上的珍稀孑遗树种——竹柏。最大的有 16 米高，径 75 厘米。竹柏同阿里杉、银杏都起源于 7000 万年前的中生代白垩纪的孑遗植物，称为"活化石"。其叶酷似竹叶，为竹叶柏身雌雄异株的常绿乔木，树形美观，材质优良，种仁含油率为 30%，可作工业及食用油料。

24 日　在全国第六次节能月活动中，新余钢铁厂、江西钢厂、南昌钢铁厂获"取得显著节能效果先进单位"称号。

24 日　省经贸厅厅长周愨平在全省经贸工作会议上指出，江西省外贸体制改革主要从 4 方面进行：（一）实行政企职责分开，加强行政管理，坚持统一领导，归口管理；（二）经贸企业要成为独立经营、自负盈亏的经济实体；（三）逐步实行进出口代理制，加强工贸、技贸、进出口结合；（四）简化计划内容，实行指令性计划和指导性计划的结合。

24 日　自 6 月以来，樟树四特酒厂走联合的道路，与万载、宜春、丰城等 8 个酒厂联营生产四特酒，扩大四特酒的生产能力，形成年产

江西樟树四特酒厂饮料罐装生产线

5000吨四特酒的新型酿酒联合企业，四特酒产量比改造前提高3.75倍。该厂严把质量关，四特酒质量合格率达99%以上，在1984年轻工部酒类质量大赛中被评为银杯奖。

24日 江西省青山湖宾馆、中国银行南昌信托咨询公司、香港展览发展有限公司正式签订合资经营青山湖宾馆有限公司合同书。

25日 为表彰在国内外重大比赛中取得突出成就的体操运动员童非，江西省体委在风雨球场隆重举行发奖大会，向童非颁发奖金1.2万元。童非在国内体操比赛中，两次获全能冠军；在国际重大比赛和世界体操比赛中，获两项亚洲冠军，一项世界杯冠军，两次世锦赛冠军。最近，国际体操联合会以童非的名字命名"鞍马童非"，这在我国体育史上是第一次。

25日 南昌市天主教神长、修女、教友600多人，聚集在市松柏巷天主教堂，按照天主教的传统礼仪，望弥撒，领圣事，欢度一年一度的圣诞节。最近，九江市、赣州市教堂已修复开放。南昌市天主教大教堂及省天主教区和省、市天主教爱国会办公大楼住宅，全部归还教会使用。

25日 由南昌电表厂设计制造的荣获机械工业部仪器仪表工业局1984年自动化控制系统成套优秀项目奖的沸腾炉往复炉、链条炉锅炉控制柜，通过省级鉴定。

25日 新建县石埠乡开工修复梦山古迹（1988年7月竣工，投资200万元）。

25日 省委组织部在南昌召开全省在知识分子中发展党员工作座谈会。会议研究了今后6年在知识分子中发展党员的设想与措施，以及发展知识分子入党、改变党员队伍的文化知识结构、解决知识分子"入党难"的问题，要求全党动手，党委重视，主动为知识分子入党排忧解难。座谈会于29日结束。

26日 省政府系统管理和办公用微机网络第一期工程基本完成。已联网运行的有省政府办公厅、计委、统计、财政、物价、税务等7个部门的13台微机。联网后，各部门可使用汉字进行厅、局间文件和数据的电子传递，共享全国以至世界的经济信息资源。

26日 江西省价格学会在南昌举行成立大会。与会代表围绕《中共中央关于经济体制改革的决定》座谈了价格改革问题，交流了价格研究学术成果，讨论了1985年学会学术研究规划。

27日 江西省有关部门联合举行贯彻实施《森林法》报告会。从1985年1月1日正式实行的六届全国人大常委会第七次会议正式通过的《中华人民共和国森林法》，标志着以法治林进入新时期。省人大常委会副主任张国震到会讲话，要求广大干部群众树立学法、守法和维护法律的社会风尚，发展江西省林业的大好形势。

28日 南昌、赣州、吉安等11个地、市就加强经济技术协作达成协议。11位专员、市长分别代表所在地、市在协议书上签字。大家商定，遵循取长补短、互相支援、互利互惠、共同发展的原则，实行相互开放、开放物质协作、开展人才交流、加强精神文明建设等方面的密切合作。

28日 省政府发出通知，要求各级人民政府印发《保护野生猕猴桃资源布告》。

28日 省人民银行、省工商银行发出关于县（市）级银行机构设置的通知，除5市（赣州、吉安、宜春、上饶、抚州）、3县（清江、贵溪、信丰）保留人民银行外，其余各县在工商银行内设立人民银行工作办公室。

28日 江西省第二批优秀毕业大学生下基层锻炼训练班结业典礼大会举行。省委常委、省委组织部长万绍芬在会上指出，优秀大学毕业生下基层锻炼是一种培养干部的好形式。今后要采取多种形式、多种方法、多种渠道培养选拔干部，勉励他们要立创业之志，立改革之志，要走勤奋之路，要德智体全面发展。

28日 巴基斯坦第六届赛艇锦标赛暨亚洲赛艇邀请赛当日起至30日在卡拉奇举行。参加这次比赛的有中国、科威特、斯里兰卡及东道主巴基斯坦4个国家。代表中国参加的江西省赛艇队获3项冠军，王少波获男子单人双桨项目的金牌；董长江、盛爱保获男子双人单桨无舵手项目的金牌，中国队荣获团体总分第一名，夺得团体冠军奖杯。

28日 省林业厅批复，同意省农垦系统农工商联合企业公司内部成立 4 个公司，即江西省农垦商业公司、江西省农垦物资公司、江西省农垦工业公司、江西省农垦农业服务公司。

29 日 中国九江轮船公司和武汉大通实业有限公司水上联合组建拥有 6000 吨级的民间船队，可在武汉、九江、上海之间以灵活的方式运输沙石、煤炭、钢材等物资，受到货主的欢迎。这个轮船公司已从国家有关部门接受贷款 1000 万元，正在筹建另一个 2500 吨级运油船队和货运船队。

29 日 省商业厅下发赣商（1984）物字第 94 号文件，即《关于调查石油商品内部调拨价格的通知》。

30 日 中国粮油食品出口公司江西省分公司实行出口代理制，今年已出口大米 5.83 万吨，换回外汇 1148 万美元。

30 日 经过 4 年普查、调研、采录、鉴别、整理、编选《中国民间歌曲集成·江西卷》的编辑工作，最近已胜利完成。该集成是从江西省 6 地 4 市 82 县编印的《地卷》和《县卷》中选出 1500 首编印成 4 册。民歌语调有赣南、赣西南、赣北、赣东北、赣东，赣中三个色彩区；有劳动生产类、社会斗争类、爱情婚姻类、世情风物类、传统故事类、儿童生活类；体裁有号子、山歌、小调、灯歌、儿歌、风俗歌、生活音调。

31 日 省纪律检查委员会发出通知，要求广大党员、干部，特别是各级领导干部，紧紧围绕改革开放，防止和纠正在改革新形势下出现的各种新的不正之风。通知说，凡属国家工作人员经商、办企业的要立即停止，套购国家紧缺物资的要退回有关物资部门，所获利润按规定应上缴财政；凡属违反国家物价政策乱涨价的，要立即降下来，并酌情处以一定数额的罚款。

31 日 投资 1.4 亿元，目前全省最大的一座高炉——新余钢铁厂 600 立方米高炉主体建成。

31 日 至年底，江西省台属政策基本落实。台属中的冤假错案得到平反昭雪，损失的财产得到补偿，有关部门对台属子女安排就业，对生活有困难的进行了定期补助或临时救济，为台属建房拨出一批专项木材。

31 日 年底，江西省和南昌市两个采购供应站联合成立了江西省医药贸易中心。

31 日 江西粮食经营购销两旺。到年底征购入库粮食 114 亿斤，比上年同期增加 14 亿斤；内销和出口扩销大米 12 亿斤，比上年同期增加 6 亿斤，创历史最高纪录。同时，全省建立储粮服务站 1700 多个，民代国储 13 亿斤。销往 28 个省、市、自治区粮食 5 亿斤。

31 日 第三次全国人口普查工作自 1980 年 7 月 23 日开始，历经 5 年，至 1984 年底结束。此次普查调查了江西省的总人口及这些人口的社会、经济、文化构成和家庭、婚育状况。普查结果：全省总人口 33185471（男 17114253 人，女 16071218 人）。

31 日 全国盲聋哑职工文化学习奖学金的评选工作结束。江西省宜春地区温汤疗养院盲人按摩医士姚敏和上饶地区畜产厂机修工聋哑人黄建华被评为全国盲聋哑职工文化学习先进分子。

31 日 江西省"三角"牌瓷砖从 1981 年自营出口以来，销量迅速增加，至年底共出口 170 多万平方米，年销量占香港市场的 15% 左右，跃居全国出口瓷砖销量第一位。

本月 全国少儿业余创演评奖结果揭晓。江西省莲花县小学排演的采茶戏《甜甜和强强》、鹰潭市二小创作演出的学校剧《小马虎和标点符号》双双荣获一等奖；江西省景德镇市一小的歌舞《蚂蚁歌》获得了二等奖，江西汽车制造厂幼儿园孩子们演出的《小公鸡送信》获幼儿木偶二等奖等。

本月 在全国生物教学研究教具展览上，江西省赣县中学生物教师叶理佑根据反射弧的原理，设计出适应人体"脊髓和脊神经"课程讲授的"膝跳反射"教具，被评为"优秀教具"。

本月 江西医学院和日本九州大学医学部签订了结为姐妹校的协定书。

本月 经卫生部审核，江西省新法接生达国家普及标准，新法接生率为 95.49%，属全国第二批普及新法接生的省份之一。

本月 江西省赣州市被评为全国卫生先进城市。

本月 一九五地质队用 THJ－1500 型油压钻机在江西丰城曲江施工，在孔深 1216 米处见到采煤层，这是当前江西省最深见煤点。

本月 江西彭山锡矿与上海联合发展公司签订补偿贸易协议书。引进建设资金 1000 万元。

本月 赣新电视有限公司引进日本索尼公司生产线，采用索尼公司先进工艺及全套散件进行装配，生产出首批彩色电视机。

本月 弋阳县方志敏烈士纪念馆落成。纪念馆大门前矗立着方志敏烈士的塑像。

本月 江西人民出版社出版《社会主义经济管理学原理》，引起经济界关注，初版 3 万册供不应求。

本月 省医药公司根据江西省财政厅、江西省医药公司（1983）赣医药财字 161 号文件规定，通知下属公司自 1983 年起各县医药公司按中药材纯收购额提取 1% 的中药材开发基金。提取的开发基金县公司自留 30%，其余 70% 每半年逐级上缴省公司。

本月 国家副主席王震为江西贵溪龙虎山题字"龙虎山风景名胜区"。

本月 在北京举行的由民政部、文化部、广播电视部、中国音协、中国盲人聋哑人协会共同发起的全国盲人音乐录音评比活动发奖大会上，江西省选送的 9 个节目中有 5 个项目获奖。赣州盲人顾亮光的 10 种乐器演奏、九江盲童王海浪的童声独唱分别获表演二等奖；萍乡盲人陈文林的二胡独奏获表演三等奖；九江柯霞伟、何国良创作的"我们盲童上学堂"和邵绍围、彭家祥、朱国华创作的"盲人心底的歌"分别获创作三等奖。

本月 上饶地区公安处、检察分院、林业局联合发布《关于保护三清山自然资源和名胜古迹通知》。

本 年

本年 建国 35 年来，江西省建成一批用材林和经济林基地。人工造林保存面积达 2100 万亩，"四旁"植树 6 亿多株。森林工业共为国家提供商品木材 5480 多万立方米、毛竹 4.81 亿根。还提供了大量的胶合板、纤维板、林副产品和林化产品，上缴利润 2.6679 亿元，税收 3 亿多元。全省有国营林场 86 个，采育林场 146 个，国营苗圃 79 个，集体林场 5921 个。兴修林区公路 6000 多公里，森林铁路 99 公里，木材采育机械作业比重占 36% 左右。

本年 中国环境监测总站首次对江西省环境监测中心站进行水质监测质控考核，江西省环境监测中心站首次对 10 个三级站进行监测质控考核。

本年 建国 35 年来，江西省水文工作成绩显著。水文工作者完成包括 22 个国际标准图幅和 88 个县市在内的江西省 1：200000 区域水文地质普查；完成大、中型水利工程地质勘探 31 项，总库存容量 50 亿立方米；查明全省地下水资源每年为 162 亿吨；查明全省有温泉 94 处，天然流量每年为 3.2 万吨。并利用地热发电，填补了江西省在这项工作中的空白，荣获国家科学大会一等奖。

本年 建国 35 年来，江西省邮电通信建设成果显著。1983 年与 1949 年相比，邮电业务总量增长 25 倍；邮电局（所）增长 7.55 倍，其中设在农村的由 1952 年的 17 个增长到 1346 个，增长 78 倍；职工总人数增长 7.37 倍，其中工程技术人员由 25 人增长到 1906 人，增长 75.2 倍；全省邮路总长由 2.33 万公里增长到 164269 公里，增长 6 倍，100% 的乡和 99.2% 的村已通邮；报刊发行份数增加到 576.4 万份，增长 87.7 倍。市内电话用户数量增长 28 倍，农村电话用户 1983 年比解放初期增长 10 倍，99.82% 的乡和 47.89% 的村通了电话。

本年 江西铜业公司主动给所属厂放权，增强企业活力，再次夺得全国矿山铜产量之冠。1984 年全年完成铜金属量 2.74 万吨，为当年计划的 112.7%，比 1983 年增长 46.1%；完成铜产量 2.13 万吨，比 1983 年增长 52%；工业总产值实现利润和硫精矿折合量分别比上年增长 50.4% 和 62.6%。

本年 建国 35 年来，江西民航事业发展很快。1975 年南昌航空站只有 10 余人。从 1975 年至 1983 年全省民航飞行队担负全省物理探矿飞行共 2661 小时，完成 144715 测线公里，发现异常数据 945 个，为探明江西省的矿藏作出了贡献。1975 年，南昌正式通航北京；1980 年，开通南昌至上海、南昌至广州的干线运输飞行；1982 年 4 月，大型三叉戟客机首航南昌成功；1984 年 8 月，开辟了九江至广州的不定期旅游包机。

本年 建国 35 年来，江西省市、镇建制发展迅速。建国初期，全省设市建制南昌、九江、赣州、景德镇 4 处，设镇建制只有樟树、吉安、上饶等 10 处。1984 年，全省已发展到 11 个市，比建国初期增加近 2 倍。全省县属镇发展到 142 个，其中 1984 年新设置和恢复的镇就有 26 个。全省 5 个地区所在地都设了市的建制，80 个县除宜春外，县政府所在地都设置了镇的建制。

本年 建国 35 年来，江西省卫生防疫网遍及城乡。全省、地（市）、县（区）卫生防疫站已有 115 个，防疫人员 3552 人。35 年来，全省共开展了 1200 余项课题研究。

本年 建国 35 年来，江西广播事业发生了巨变。1949 年只有一座无线广播电台，发射功率 3 千瓦。现在全省共有广播电台 4 座，无线转播台 14 座，发射功率比解放初期增加 130 倍。每天播音 46 小时。全省共有县市广播站 103 个，乡镇广播放大站 1700 余个，县至乡镇架设广播专线 1.1 万公里，30% 以上的农户家里安装了广播喇叭。全省已有 14 个节目被评为优秀广播电视节目。其中广播新闻《建立生产责任制以后农民普遍有六盼》获得全国优秀广播电视节目一等奖。全省还有 11 项广播电视科研成果，在省科学大会上获奖或获得省优秀科技成果奖。

本年 建国 35 年来，江西省对外经济贸易蓬勃发展。全省对外经济贸易从解放初期的出口商品仅有 4 个大类、16 个品种发展到 13 个大类、330 多个品种。1983 年全省出口商品收购总额达 6.3 亿元，比 1950 年增长了 1.9 倍。全省拥有单项出口农副产品基地 100 多个，定点厂矿和车间 320 多个，工贸、农贸合资项目 5 个。提高了轻纺、化工、医药、机电产品在出口中的比重。近两年与有关国家和港澳地区签订 61 项合同，达成协议项目 24 个。

本年 江西光学仪器总厂新产品多系列多品种，通过部、省级鉴定的新产品有 16 项，8 项填补国内空白，3 项获国家经委新产品金龙奖。全年产值、利税、销售收入比上年分别增长 25%、30% 和 26.5%。

本年 江西省纺织工业向美观、艺术、适用等多样化、功能化方向发展。1984 年开发新产品 132 个，新花色、新款式 412 个，获国家银质奖一个，获全国旅游产品一等奖一个，表扬奖两个，获纺织部优质产品 4 个，获省优产品 16 个，12 个出口产品获外经部品质优良荣誉奖。

本年 高安县相城垦殖场采取生产有自主权、经济有自理权，由职工承包投标签订合同的办法，举办了 252 个家庭农场，甩掉 30 年亏损"包袱"，职工人均产值 1120 元，人均纯收入 824 元，比原固定工资增长一倍多。

本年 根据国务院批转民政部《关于调整设镇标准的报告》，江西省增设 15 个建制镇，并将 13 个镇人民公社改设镇人民政府。

本年 景光电工厂生产的景光牌 FC－10FT 型金属陶瓷发射管、红声器材厂生产的 SHH－1 型受话器获国家银奖。

本年 全省电子工业总产值 3.92 亿元（中央企业 1.72 亿元，地方企业 2.20 亿元）。

本年 江西电影制片厂于 1984 年开始摄制江西第一部大型风光旅游纪录片《江西风貌》，分《人杰地灵》和《物华天宝》两集，并有英文、日文译制版。

本年 九江市开始建窑家娃生活污水处理厂，日处理量 2000 吨，此为全省第一家城市生活污水处理厂。

本年 江西进贤县文港镇从 1984 年开始，先后集资 56 万元，兴建了一座花园式市场，内设摊位 326 个。文港镇素有"毛笔之乡"之称。至 20 世纪 60 年代，文港毛笔开始出口，其中，"书家妙品"、"百花争艳"、"进贤独秀"、"狸尾狼毫"、"纯净狼毫"等品种在日本、新加坡、菲律宾等东南亚国家，被视为珍品。

被东南亚诸国视为珍品的进贤文港毛笔

全国第二、江南之最的文港皮毛、毛笔市场

江南最大的皮毛市场——文港

本年 江西德兴铜矿与北京有色冶金研究总院合作于 1982 年完成的"采酸性废水与选厂碱性废水综合治理试验研究"，获中国有色金属总公司科学技术进步二等奖。

本年 全省全年煤炭工业总产值 4.8 亿元，为计划的 108.6%，总产量为 1875 万吨，为计划的 109.6%。重点企业由亏转盈，实现利润 189 万元。实现工业总产值、总产量、利润"三个同步增长"。

本年 江西新余钢铁厂完成的锰铁高炉富氧鼓风试验通过鉴定。该工艺属国内首创，获 1984 年江西省科技成果一等奖（获 1985 年冶金工业部科技进步二等奖，获 1987 年国家科技进步三等奖）。

本年 江西省首次从广东引进杂交桑种植成功。

本年 江西省优质大米在国际市场上受到欢迎，销量大增，卖价全国第一。每吨卖价最高为 2908 港元（折合 396 美元），最低为 2464 港元（折合 313 美元），在出口优质大米的省份中卖价最好。

本年 江西省针织品首次对日出口成功，受到日本市场欢迎，出口额近 100 万美元。出口品种是全棉拉绒衫裤、全棉 T 恤衫。

本年 江西南昌市在阳明路、沿江路口（塘子河）兴建南昌港客运站。

本年 全省商业系统小型国营零售企业（南昌市年利润 15 万元和其他城市年利润 8 万元以下）进行改（国家所有、集体经营、照章纳税、自负盈亏）、转（转为集体所有制）、租（租赁给集体或个人经营）的改革（到 1988 年，91.3% 的国营小型商业企业进行了这一改革）。

本年 江西拖拉机厂试制成功"丰收-180"系列拖拉机，达到国际 20 世纪 80 年代初水平，荣获江西省经委颁发的优秀新产品奖。

本年 江西八一无线电厂生产的防爆电视、立体电视获国家"金龙奖"。南昌无线电厂和南昌电子管厂共同研制的"大屏幕液晶显示仪"获国家发明三等奖。江西电子计算机厂受三机部委托试制仿苏CN86里程表,成功研制出ML－160里程表及摩托车里程表ML－140获航天部优秀新产品奖,并获江西省优质产品奖。江西国药厂生产的银翘解毒片获国家银质奖。

本年 南昌市马王庙宗新成香店生产的檀木卫生香曾在巴拿马国际博览会获银奖,机制"保康"牌盘蚊香获江西省优质产品称号。

本年 景德镇至德兴铜矿(泗洲庙)变电站110千伏线路建成送电。1988年为满足该矿大山选矿厂用电,建成贵溪电厂至该矿的220千伏输电线路和德兴县变电站,设2×9000千伏安主变压器,220千伏、110千伏双母线配电系统联网。至此,该矿形成输电线路共计约250公里。

本年 春,上高县第一个通过省级普及小学教育验收。秋,江西省教育厅在上高县召开全省普及小学教育经验交流现场会,进一步推动了普及教育事业的发展。

本年 中国历史文化名城保护研讨会第一次年会在景德镇市召开。

本年 全国农房构件楼盖荷载课题鉴定会在上高县召开。

本年 省地质矿产局西北队发现了瑞昌县高丰铁帽型金矿。随后九江、瑞昌地区又发现多处铁帽型金矿。

本年 省建材局以(1984)赣建材字第040号文件发出《关于省管价格的砖瓦实行浮动价格的通知》,从此,砖瓦销售价格实行随行就市。

本年 1984年余江工艺雕刻厂经过10年的拼搏,取得领衔于全国同行的高速度和高效益。该厂自1973年建厂至1983年,全厂职工由23人增加到312人,加上32家分厂,共2200余人。厂房面积由400平方米扩大到2万平方米,且引进了大批国内外先进设备,实现了木料运输和加工全套机械化;产品由单一的雕花樟木箱,发展到4大类700个品种,畅销60多个国家和地区;年产值由几千元猛增到300万元,从1979年开始,每年平均递增127.5%;产品质量长期稳定,先后两次荣获省工艺品优质"百花奖",在日本市场赢得"天下雕刻第一

家"的美誉。十年间全厂总计划产值1000万元,厂部和各分厂向国家及各级主管部门上缴税利200余万元,相当于建厂投资总额20倍以上。1984年头4个月,产值和利润分别比1983年同期同步增长24%,其发展速度和经济效益都名列全国行业前茅。

本年 全省乡镇企业有了较快的发展,总收入比上年增长20.8%。全省11个地市有10个大幅度增产。丰城县、高安县、临川县、南昌县、南昌市郊区、萍乡市湘东区和城关区等7个县、区的乡镇企业收入突破1亿元。

本年 南昌卷烟厂依靠技术进步带来高效益,全员劳动生产率产值高达11.8069万元,为全省全员劳动生产率的13倍,实现税利9400多万元,平均每人为国家提供积累8.5万多元,为全省全员劳动生产率之首。制烟丝产量由1983年的21.5万多箱增加到23.2万多箱,一类品由1983年的70%上升到76.6%,二类品由30%下降到23.3%,消灭了三类品。

南昌市卷烟厂引进的法国福克硬盒翻盖机和引进的卷接包设备

本年 全省各级党组织继续清除"左"的影响,加快企业领导班子的建设。全省91个大中型企业,已有242名优秀中青年知识分子走上领导岗位。他们平均年龄为42.3岁,186人具有大专以上文化程度(包括自学成才),占76.9%;176人有专业技术职称,占72.7%;40岁以下的109人。他们勇挑重担,实现总产值比1983年增长10.5%,利润增长17.5%,上缴税利增长

13.8%，实现了"三同步"增长。

本年 江西省环境保护工作取得进展。全省完成"三同步"审查项目77个，有效防止了新污染的产生，治理污染项目113项。同时，省环境保护委员会确定1985年要重点解决造纸、印染、酿酒行业的水污染问题，督促已投资的水污染防治工程的施工投产，对电厂和煤矿的废渣、废石大搞综合利用。

本年 江西大学打破封闭式办学模式，敞开大门，多层次、多形式、多渠道、举办专修科、辅导中心、进修班、培训班、夜大学、函授学院等，为社会培养人才。1984年举办各类短训班15期，代培2.66万多人，已有490人结业。

本年 全省各级农业银行1984年发放国营农业中短期设备贷款2450万元，支持国营农场、垦殖场进行技术改造。贷款（投资）百元一般可创造产值150元、利税25元左右，促进了农办工业的发展和农场、垦殖场的扭亏为盈。在支持的167个贷款项目中，有100个项目投产生效。新建县七里岗垦殖场乳胶厂，向农行贷款19万元，用于扩建清车球车间，当年就完成产值92.9万元，盈利比上年增长了2.4倍。

本年 江西省国防科协坚持军民结合，立足以民为主，1984年完成产值比1980年翻了一番，利润突破2000万元，实现产值、利润、税收持续同步增长。全省地方军工累计完成工业总产值2亿多元，占年计划的118%，比上年增长18.9%；民品产值完成1.25亿元，占总产值的61.6%。

本年 省劳动人事厅在全年调配、调整专业技术干部1813名，占全省干部调配总数的71.1%；为农业、轻纺、能源、交通、教育、科研等部门调整、调配干部870人，占全省调配总数的34.1%。据统计，全年省内调配、调整干部1731名，从外省调进干部399名。调往外省的干部417名，比上年调配总数增加74.7%。1985年将基本解决江西省高中级专业技术人员夫妻分居问题。

本年 在兴建大沙铁路（大冶至沙河）过程中，在九江县新合乡神墩发现一处大面积文化遗址。该遗址面积2.5万平方米，保存有先商代、商代、西周三个时期的文化堆积，文化堆积平均约3米左右。

本年 赣州地区充分发挥矿产资源优势，积极扶持乡镇集体和个人办矿，组织多种形式联营，加快矿业开发步伐。全区矿业出现好形势，新办矿71个，获利100万元。个人自由结合的采矿组620个，人数由过去的8000人发展到2万多人，产量由2000吨增加到3000多吨。

本年 全省水产品总产量突破265万担，比1983年增长一成多。全省国营、集体、个人一齐上，充分利用池塘、稻田、水库、湖泊、港湾等水面，大力发展水产品养殖。全省养殖水面利用已达350万亩，占可利用水面的76%，比1983年扩大了70多万亩；稻田养鱼面积达55万亩，产鲜鱼11.5万担，比1983年扩大31.9倍，产量增加了2.5倍；南昌市3000亩鱼池，亩产鱼平均达到500斤，南新乡15亩鱼池，平均亩产高达1400斤。

本年 全省各级建设银行为国家节约基本建设投资9410万元，为企业提出合理化建议712项，节约挖潜金额335万元，协助400多个项目推行了投资包干制和招标承包制，筹措和组织建设资金5690万元，解决了18个重点建设项目资金不足的困难。

本年 江西省对外经济贸易厅驻广州办事处深圳中转站注重服务质量，重视信息，抓住有利时机，完成上级下达的进出口业务。1984年全年中转商品共计42587吨，约值4000万美元，比上年增长15%；中转出口粮油食品3.28万多吨、土畜产品2100多吨、陶瓷6800多吨、轻纺工艺品615吨，在当地销售江西大米4700多吨，仅此一项就收入104万港币和10.1万元人民币。

本年 江西省农垦工业跨入全国先进行列，全年工农业总产值达6亿多元。工业产值4.2亿元，增长21.2%，利润增长31%，税收增长10%；职工收入6年平均增长14.16%，处全国农垦企业第五位；出口额处全国第三位；工业总产值占工农业总产值的70%，处全国先进水平。当前，全省154个垦殖场已办好了778个工矿企业，从事生产食品、羽绒制品、医药、饲料、化工、纺织、电子、工艺美术、陶瓷、机械、铸造、采矿、包装等20多个工业行业，并建立了一批年产值达千万元以上的大型食品基地。有13种产品填补了省空白，78种产品荣获国家部优和省优产品的光荣称号和奖赏，12个垦殖场的工农业总产值提前实现翻一番。

本年 南丰县充分发挥优势，粮食和蜜橘齐发展，帮助农民勤劳致富。全县橘园面积4.5万多亩，蜜橘总产2320多万斤，比1978年增加1.34亿多斤，增长60%；全县农村人均收入439.90元，比1978年的108.40元增加了331.50元，6年翻了两番。

本年 在1984年全国部分县、市农村体育运动表彰会上，宜丰县被评为全国体育先进单位，受到国家体委的表扬。据统计，该县、乡、村自筹资金25.8多万元用于体育事业，新建篮球场93个，购置乒乓球桌220多张。当前全县各乡（镇）普遍建立了文化中心站，设有篮球场、乒乓球室、棋类室和小运动场；80%的村有"青年之家"和篮球场。1983年，全县所有的乡和大部分村举办了运动会，参赛的农民达2万多人次，有各类运动队386个。

本年 省直机关各级党组织大力吸收优秀知识分子入党，使党员中知识分子的比例迅速增加。据统计，1984年省直机关共吸收知识分子党员668名，占发展新党员总数的58.9%，是1983年的2.51倍。省直机关各级党组织吸收知识分子入党有两条途径：一是不断清除"左"的影响，克服对知识分子的偏见，不求全责备，重在现实表现；二是领导亲自过问。

本年 国营洪都机械厂重视职工技术培训，企业重新跻身于全国同行业先进行列，被国家有关部门评为经济效益一类企业。党的十一届三中全会以后，该厂举办各种培训班和业务技术讲座724个，开展岗位练兵、技术操作表演266次，4项新产品通过了设计定型，5大科研课题全面完成，通过部级鉴定科研成果22项，封闭爆炸成型机床获国家发明三等奖，实现技术革新节约价值128万余元，主产品顺利通过国庆检阅。工业总产值、利润分别比1983年增长45.5%、57%，提前6年完成了部门规定的人均产值、利润的规划任务。

本年 江西省直劳改单位分别对上海市及江西省九江市、景德镇市、乐平县、高安县、新建县1980年至1983年期间刑满释放的265名人员进行帮教安置情况的调查。

本年 省地质学会组织江西全省第一次科技协作攻关项目——制备硅酸盐岩石全分析标样。由华东地质勘探局27所实验室牵头，地矿、华勘、有色、煤炭系统的15个实验室参加。

概 要

春季，省委、省政府形成了《江西省一九八〇至二〇〇〇年发展战略纲要（草案）》。纲要的指导思想和方针是"对内更大胆地搞活、对外更大胆地开放"和"经济发展速度略高于全国平均水平"。省第八次党代会确定江西中长期发展战略，前十年打好基础，后十年全面发展。并提出了充分发挥资源优势、全面振兴江西经济发展总思路。江西经济发展的中长期目标是：力争到 1988 年工农业总产值比 1980 年翻一番，到本世纪末工农业总产值比 1980 年翻两番以上，把江西建设成为经济发达、文化昌盛、科技进步、生活小康的新江西。为了实现目标，规划了新的发展战略，在战略措施上，坚持以经济效益为中心，走内涵性为主、扩大再生产的道路，建立开放型、多层次的商品经济体系和有江西特色的经济结构。省人大六届三次会议对此予以肯定和确认，标志着发展思路被正式确定下来，表明江西省有了比较完整的发展目标和思路。省第八次党代会还明确把加快老区建设列为江西省现代化建设中一项长期的、全局性的战略任务。省委、省政府随即将老区、贫困地区的开发列为工作重点。并作出《关于加快老区建设，帮助老区人民治穷致富的决定》，确定了"两三年解决温饱，五年摆脱贫困，力争赶上江西省经济发展的中等水平"的老区建设近期目标和"自力更生，多方联合，国家支持，共谋振兴"的老区建设方针。

乡镇企业的兴起 1 月，省委、省政府颁发了《关于加快发展农民户办和联户办企业若干问题的暂行规定》，提出放开手脚，让农民家庭、联户和个体户进城镇开店办厂，兴办第三产业等 10 条规定。全省乡镇企业有了新的发展，涌现出一批率先致富的乡村、个人和有一定规模的专业市场。2 月，省委、省政府根据中共中央、国务院发布的《关于进一步活跃农村经济的十项政策》，相应提出 15 条具体措施，要求各地围绕搞活流通领域，稳定家庭联产承包责任制，继续推动农村产业结构的调整，促进剩余劳动力转移，改革农村流通体制，催化农村市场发育，发展农村商品经济，从而使江西农村的经济体制改革进入向深度、广度扩展的第二步。到年底，全省各类专业批发市场有近 400 个，推动了乡镇企业和农村商品经济的发展。同时，调整农村经济结构，大力发展多种经营和乡镇企业。

厂长责任制的完善 1 月，省政府决定在全省普遍推行厂长（经理）负责制，建立和完善以经营承包为主要内容的多种形式的经济责任制。强调企业党的组织在企业生产、经营中加强思想政治工作，一些企业还应建立和健全工厂管理委员会、厂务委员会，以强化行政指挥系统。6 月，省政府发出《关于进一步搞活大中型企业的暂行规定》。中共中央、国务院颁布有关全民所有制工业企业厂长工作条例、基层组织工作条例、职工代表大会工作条例后，江西总结经验，进一步完善了厂长（经理）负责制，使厂长企业法人代表的权力、目标和约束得以进一步明确和规范。到年底，全省70%以上的预算内企业实行了厂长（经理）负责制。

计划管理体制的改革 围绕着实行社会主义有计划的商品经济作了进一步改革。主要是对企业产品的生产或经营依据其在国民经济和人民生活中的不同作用，分别实行指令性计划、指导性计划或实行市场调节；继续扩大各地、市和省直各部门的计划管理权限；简化建设项目的审批手续；完善计划指标体系；改善和加强国民经济宏观调控的能力，使地方国民经济的计划管理逐步趋于合理。

科技体制的改革 省政府于1984年下半年便决定在9个科研所进行第一批体制改革试点，试行由国家事业费开支改为有偿合同制。3月，中共中央《关于科学技术体制改革的决定》下达之后，江西贯彻"经济建设必须依靠科学技术、科学技术工作必须面向经济建设"的方针，有步骤地进行科技体制改革：改革科研单位的拨款制度；试行院长、所长负责制，进一步扩大科研单位的自主权；鼓励科研机构与生产单位相联系，强化企业的技术改造和开发能力；促进人才的合理流动；突出兴办科技市场，实行科技成果商品化。

教育人事、分配等制度的改革 省委、省政府将振兴科教事业放在精神文明的首位，正式形成了"教育立省"的战略决策。为落实"教育立省"方针，省委、省政府将发展基础教育的指标列入政府的目标管理，落实到县、乡、人，实行地方党政领导负责制。到本年，全省高中、初中调整为2676所，并对中、小学的学制进行了调整。全省全日制高等院校由1980年的17所增加到本年的26所，在校学生由3.56万人增加到4.49万人。同时，改革毕业生分配制度，改革高校人事管理制度，学校开始试行教师职务聘任制，有的学校还实行系主任负责制。此外，对高等院校的助学金及经费管理制度也进行了改革。

财政管理体制的改革 本年实行"划分税种，核定收支，分级包干"的财政管理体制，使财政税收体制在1983年推行的"利改税"基础上，逐步向按税种划分中央税、地方税和中央、地方共享税的体制过渡。

医疗卫生取得成就 到本年，全省危害最大的鼠疫、霍乱、天花三大烈性病，以及头癣、回归热、斑疹伤寒、疥疱、恶性症和三日症已告消灭。麻风、白喉、百日咳、丝虫病、伤寒和副伤寒等疾病得到有力控制。血吸虫病、地甲、克汀病、脑脊髓灰白质炎症等的发病率明显降低。尤其是作为全国血吸虫病流行的重灾区，消灭血吸虫病的斗争取得重大成就。省委、省政府专门召开中医工作大会，作出《振兴江西中医事业的决定》，江西的中医事业得到迅速发展。

综合成就 农业现代化进程加快：本年全省农业机械总动力为497.9万千瓦，比1978年增长90%。有效灌溉面积2718.6万亩，增长10.4%。旱涝保收面积1973.3万亩，增长12.3%。农民生活水平不断提高，1985年农民纯收入377元，扣除物价上涨因素，比1978年增长1.1倍，年均递增11.2%。明确将山江湖综合开发治理连为一体，正式设立江西省人民政府山江湖开发治理领导小组。工业交通方面：中国规模最大的第一座采用世界先进闪速熔炼新技术现代化铜冶炼厂——贵溪冶炼厂顺利出铜。当年建成投产的九江炼油厂结束了江西不能生产石油产品的历史。全省工业围绕着20个优势产品进行外引内联，逐步形成了一批支柱性产业群体和集团，如1月引进日本索尼公司的彩色电视机生产线和彩电生产技术，6月即竣工投产。到本年，全省公路通车里程达

31760 公里，99.5% 和 84% 的行政村之间已有路网连通。全省对外开放取得突破性进展：第一次在香港举办经济技术洽谈会和出口商品展销会，并在此基础上设立了对外交往的窗口。全省引进技术项目 121 项，成交额 6488 万美元，引进资金 2.2 亿元左右。省内地区之间、行业之间和企业之间的经济联合也取得了新的成绩。地方财政大幅度增强：全省物质生产部门人均创造的国民收入提高 50.7%；全民所有制工业企业全员劳动生产率提高 44.1%；财政收入达到 195 亿元；预算外资金达到 20 亿元。

全省本年主要经济指标情况 国民生产总值 207.89 亿元，增长 14.8%。第一产业产值为 84.06 亿元，比上年增长 7.1；第二产业产值为 76.05 亿元，比上年增长 19.6；第三产业产值为 47.78 亿元，比上年增长 21.8。农业总产值 114.50 亿元，增长 7.2；工业总产值 181.10 亿元，增长 27.7%。出口商品创汇 2.57 亿美元。财政收入 21.18 亿元，增长 28%。粮食总产量 306.70 亿斤。全省社会商品零售总额达到 98.33 亿元，增长 20.4%。全省农民人均收入 377.3 元，增长 12%，城市居民人均收入 558 元，增长 10.8%。年末全省总人口为 3509.79 万人，人口自然增长率 14.9‰。

1985

1月
January

公元 1985 年1月							农历乙丑年【牛】						
日	一	二	三	四	五	六	日	一	二	三	四	五	六
		1 元旦	**2** 十二	**3** 十三	**4** 十四	**5** 小寒	**6** 十六	**7** 十七	**8** 十八	**9** 十九	**10** 二十	**11** 廿一	**12** 廿二
13 廿三	**14** 廿四	**15** 廿五	**16** 廿六	**17** 廿七	**18** 廿八	**19** 廿九	**20** 大寒	**21** 十二月大	**22** 初二	**23** 初三	**24** 初四	**25** 初五	**26** 初六
27 初七	**28** 腊八节	**29** 初九	**30** 初十	**31** 十一									

1日　为改革零担货物运输组织，提高区间通过能力，南昌铁道分局决定取消刘家等31个中间小站的零担货物运输业务。自5月1日起，又取消溁口等20个中间小站零担运输业务（至1986年1月1日以后，江西境内各沿线零担货物列车一律停开）。

1日　新余市"抱石公园"动工兴建，要求10月1日建成开放（到1990年，共投资300余万元，征地437亩，陆续建成砖木、砖石结构的国画家傅抱石陈列馆和饮风楼等亭、楼、阁建筑14处，开工游览道50米）。

建成后的抱石公园碧海松涛亭

1日　省工商联自办企业——南昌少年儿童服务中心开业，全天营业额达4000余元。

1日　民建省委、省工商联联合创办的《江西工商》月刊正式出版（1988年11月20日，民建省委会机关报《诤友之声报》试刊。1989年1月1日，民建省委、省工商联分署办公后，1月20日民建江西省委会《诤友之声报》正式发刊）。

1日　省政府决定，省商业厅直属的百货、五交化、副食品三个二级批发站和省百货、省五交化、省副食品、省食品、省储运公司的业务下放给南昌市管理，与南昌市公司对口合并。

1日　南昌市邮政局实行局长负责制，并实行局长方针目标管理。

1日　江西省工商银行正式成立。

1日　经省政府研究同意，省劳改局（劳教局）机关干警从即日起实行人民警察工资标准。

2日　《文汇报》刊登了省委第一书记白栋材《江西实行全方位开放》的文章。文章说，加强和发展经济联系，要更大胆地实行全方位的开放，"以开放促开发"；要敢于破除保守、封闭的思想，树立商品经济的新观念，把原来封闭型经济变成开放型经济；要敢于大搞而不是停留在小打小闹的水平上，提倡多层次、多种形式、多种规模全面发展，实现国营、集体、个人一齐上；要敢于放手利用各种形式和手段，从各方面吸收和积聚资金；要敢于扩大各部门、各单位对外经济协作交流的自主权，鼓励"八仙过海"；要敢于让利，以优惠的条件吸引国内外的合作者。

3日 南昌市政府驻厦门办事处、驻福州办事处分别成立。

3日 经国务院、中央军委批准，庐山机场军民合用。省政府批准庐山旅游公司与香港诚保利有限公司使用、建造、装修庐山机场接待服务设施（3月，双方签订《合作建造与装修庐山机场接待服务设施合同书》）。

4日 江西省陶瓷公司和景德镇瓷厂联合考察发现泰和县境内蕴藏50万吨瓷土，可供年产1000万件瓷品的瓷厂生产100多年。该县老云盘、中龙等乡山头瓷土矿暴露地面，高陇、冶溪、上田等处有用做釉料的主要原料石英石等。

5日 《家庭医生》报创刊，由南昌卫生局主办。

5日 中国前卫体育协会江西省委员会正式成立。此后，各地、市、县公安局相继建立相应的体协组织。该协会是公安系统（包括武警部队）开展体育活动的群众性组织。

6日 以苏联地质部副部长Ｂ·Ａ·雅尔玛留克为团长的苏联地质代表团一行6人，结束在江西西华山矿两天的参观考察。

7日 为贯彻落实中共中央（1984年）19号文件和最近省委、省政府颁发的《关于认真贯彻落实中央（1984）19号文件的通知》，省委、省政府在井冈山召开为期三天的现场办公会。会议提出对井冈山、宁冈实行放宽政策、减轻负担、扶持生产等一系列特殊政策，规定：一切农、林、牧、副、土特和渔产品不再实行统购统销，派购改为自由购销，木竹依法砍伐，自由销售，小矿允许农民开采。使之在三四年内赶上和超过江西省经济发展平均水平。

7日 江西省养蜂学会成立。

7日 应省经贸厅邀请，香港传播界访问团一行13人来江西进行为期九天的访问。同行访问的有香港大公报、文汇报、东方日报、天天日报、民报、商报、华侨日报、星岛日报、经济导报及亚洲电视台的记者，访问团参观了江西省准备在香港举办的出口商品展览会陈列的商品，听取了经济技术合作项目洽谈会的项目介绍（14日访问团专程赴余江县参观余江木雕厂）。

8日 省政府发布《江西省市镇建设管理条例》。

8日 省政府批转省审计局《关于在江西省开展粮食行业审计的请示报告》，随后，江西省粮食审计全面展开，历时半年，共投入审计力量1800余人次，审计1944个独立核算单位，查出有问题资金12636万元。

8日 由中国江西省与科威特——北京贸易中心联合举办的中国江西省出口商品展销会在科威特希尔顿饭店展览大厅隆重举行，科威特——北京贸易中心董事长、卢卢阿公主的母亲谢赫·巴德里阿为展览会剪彩。科威特王室成员、政府官员、经济贸易界知名人士，以及各国驻科威特使节等300多人应邀出席了开幕式。展期10天，展出的品种有：陶瓷、纺织、轻工、工艺、机械、钨矿、粮油、化工、设备、土畜和丝绸等600个品种的3700件展品。展销会的方针是：以展为主，展销结合，结识订户，接受订货。

9日 省科委作为重点研究项目下达给省科学院能源研究所的《农村民用能源的建设与研究》成果，在波阳县通过鉴定。

9日 民进江西省筹委会和南昌市委会联合召开"倡议建立中国教师节"座谈会，并发出倡议书。

9日 江西省杂技团出访尼泊尔、孟加拉国、巴基斯坦、斯里兰卡4国。

9日 全省沼气工作会议在临川县召开。

9日 省长赵增益率领工资改革调查组赴江西化纤厂进行工资总额同经济效益挂钩浮动的工资改革试点。

9日 根据胡耀邦最近视察江西时强调在发展山区小水电事业要实行"自建、自管、自用"

的方针，水利电力部部长钱正英会同国务院有关部门负责人在南昌召开江西、湖南、浙江、安徽四省小水电座谈会，现场研究发展山区小水电中心的实际问题和关于发展小水电有关方针、政策、电价问题。会议根据经济体制改革的精神，讨论理顺小水电和大电网的关系。会议于11日结束。

9日 九江市积极开展同外省、外地和外国的经济技术协作，取得突破性进展。至目前，已签订合作协议17项，引进资金9973万元，相当于1984年国家用于该市基本建设和技术改造的总投资。全市已有机械、电子、冶金、建材、纺织、服装、食品、交通、旅游等15个行业，分别与8个国家和地区及省内外21个地、市签订了合资经营、补偿贸易等各种形式的协作。

10日 南昌市政府决定改革蔬菜产销体制，从当日起全面放开蔬菜市场。

10日 省委组织部、省劳动人事厅通知各地市委组织部、地市劳动人事局和省直各单位，继续认真推行机关工作岗位责任制，抓好考核和奖励制度。

10日 应我国林业部的邀请，美国国际鹤类基金会长乔治·阿基波先生一行专家、教授、博士、学者11人抵达南昌，将赴鄱阳湖保护区内对鹤类越冬自然区系、生态系统及种群进行为期10天的考察。美国国际鹤类基金会组织是专门研究和保护世界上15种鹤类珍禽的机构。这15种鹤类中我国有9种，江西省发现6种。12日，中外鸟类工作者在鄱阳湖发现迄今为止世界上最大的白鹤群，白鹤总数达1204只，其中幼鹤100只，白枕鹤1162只，白头鹤88只。

10日 景德镇市于1983年8月动工的昌江鲇鱼山枢纽第一期工程，到当日已完成船闸、泄水闸等主要工程。整个枢纽建成后，可通航3×300吨船队，改善景德镇对外航运，发电装机2530千瓦，计划于1990年1月并网发电，由交通部门自建自管。

11日 湘、赣、浙、皖四省小水电座谈会结束后，水电部长钱正英在副省长梁凯轩陪同下，专程走访宜丰县双港口水库管水专业户王梅坤。双港口水库总库容280万立方米，水面400亩，灌田2500亩。王梅坤1982年与公社签订承包合同，1983年实现鲜鱼超万斤，向国家售粮超万斤，全家纯收入超万元。王坤梅最近出席了在北京召开的水利电力系统劳模、先进集体表彰大会，获得一枚银质奖章和500元奖金。

11日 截至目前，全省引进技术改造现有企业项目共108项，总投资2亿多元，总用外汇5500多万美元。其中，电子行业安排19项，占项目总数的17.6%；食品行业23项，占21.33%；包装行业15项，占13.9%；纺织行业12项，占11.1%。

12日 高安县博物馆在田南乡大成村发现一批红军用石灰或墨书写在墙上的标语。这些标语是1930年10月间，毛泽东、朱德、彭德怀等率领中国工农红军第一方面军在新余罗坊召开总前委会议期间，指挥红军在袁水（宜春境内）及瑞州（高安）河之间开展土地革命运动，红三军团第八军（军长何长工）在高安田南、大成、付家圩、太阳、新街、灰埠一带宣传群众，帮助群众建立革命政权，打土豪、分田地时留下的珍贵历史文物，字体大小不一，共40多条。字迹清楚的有："中国共产党十大政纲"、"红军是工农的军队！"、"拥护工农红军！"、"取消一切苛捐杂税！"、"扩大红军！"、"分配田地给农民！""建立苏维埃！"等。

12日 省委召开省直各部、委、办、厅（局）党组、党委书记会议，省委书记许勤作有关当前干部工作的报告。省委各部委部长（主任）、省直各单位、各大专院校党组、党委书记和干部（组织、人事）处长及省委考察第三梯队干部小组的正、副组长400多人参加。报告要求：加快干部队伍特别是领导班子"四化"建设的步伐；抓紧抓好建设第三梯队的工作；切实加强干部管理工作。

12日 在铅山县陈坊乡发现储量丰富的大理岩矿，该矿地质储量多达1130万立方米左右。其中，国内所罕见的紫红色大理石，地质储量超过100万立方米。

13日 江西地质中心实验室《江西永平铜硫矿床物质组成及钨、金赋存状态的研究》报告反映,永平铜矿最近又有新发现:该矿中的钨、铝、锌、银、金等10多种伴生矿具有综合开发利用价值,其中钨、银、金、铋的储量达到大型矿山规模;铜锌矿、辉铋矿、辉银矿、辉碲铋矿、硫银铝矿、深红银矿等6种重要工业矿属首次发现。

14日 凌晨3时15分,南昌絮棉加工厂发生重大火灾,经一个多小时扑救,烧毁精梳棉自动化和梳花两个车间,损失严重。

14日 省政府发出通知,部署全省开展第一次城镇房屋普查工作,普查标准时间为1985年12月30日(普查工作于1986年3月20日完成,江西省共有城镇房屋面积约为1.42亿平方米)。

14日 省政府、省军区发出《加强江西省测量标志保护工作的通知》。要求江西省测绘标志的普查、维修按地区进行,由各地市、县负责在1986年底完成。

15日 南昌手表厂研制的ZNC2型"庐山牌"薄型表通过省级鉴定,质量达到部颁一级表标准,即将投产供应市场。该表比原"庐山"表薄1/3,是我国手表行业的一个新产品。

15日 江西省石油公司(1985)赣石财字第001号文转发中国工商行、中国石化总公司(1984)银工字第323号文,即《关于国内成品油经营业务交接后有关银行贷款问题的通知》。

15日 省委办公厅、省政府办公厅转发省教育厅《关于江西省高等教育管理体制改革问题的请示报告》。决定对全省高等教育管理体制试行改革。学校可以为社会举办各种形式的进修班、培训班和自费走读,不包分配的分校;可按国家规定代培本、专科生和研究生;可联合办学,办科研所、办公司;可自行批准设立系、处级机构;自行审批讲师职称;自行招聘员工;学校可以自行决定工程项目招标、投标和验收工作;学校可以直接与用人单位联系分配毕业生,试行"有偿分配"制度。

16日 江苏省省长顾秀莲、江西省省长赵增益在南昌签署了《江苏省和江西省进一步发展经济技术协作商谈纪要》。要求开展多层次、多渠道、多形式的经济技术协作。确定将从食品工业、竹木生产、有色黑色冶金工业、非金属矿的开采和加工、电子和家用电器工业、化学工业、旅游工业七个方面加强交流与合作。

16日 省二建公司、抚州地区建筑公司、南昌市房屋修建公司、南昌市二建公司、郊区建筑公司、东湖房一建公司、丰城县建筑联营公司、宜丰县二建公司8个单位承建的南昌市青山湖知识分子住宅区正式开工。住宅区包括43幢6至7层、6幢16层和中学、小学、幼儿园、商场、车棚等各种配套设施,建筑面积12.5万平方米,预计全部工程投资2900万元,第一期工程年内即可竣工,将为1800户知识分子家庭提供一个优雅、安静、便利的生活场所。

由南昌市规划设计院规划,南昌市建筑设计院、省建筑设计院、省轻工业设计院设计的"青山湖知识分子居住小区"

16日 共青团江西省委九届四次全委(扩大)会议在南昌召开,会期四天,会议通过了《关于学习共青精神,为振兴江西经济献青春的决定》,提出了今年全省共青团的工作计划:学习宣传党的十二届三中全会通过的决定,开展学"共青"活动;组织三大竞赛(即"绿化山、水、路,植树4亿株"竞赛,江西省青工的各种能手赛，在农村青年中开展"状元"赛）；建立省青年智力开发基金会，大力开发青年智力资源；抓好城市、巩固农村基层团组织建设和全省共青团的各级机关建设。

16日 全省城市肉、禽、蛋、鱼、奶生产供应工作会议在宜春市召开。会议要求各市1985年在继续抓好肉、禽、蛋生产供应的同时，花大气力解决城市吃鱼难和喝奶难的问题。会议于20日结束。

17日 省委第一书记、省军区第一政委白栋材就省委、省直机关第一期整党的经验，向省军区党委常委和师以上单位的主要领导人发表讲话，要求省军区、军分区两级党委在整党中，自觉摒弃"左"的做法，发扬党内政治生活的优良传统，搞好第二期整党，提出以下要求：不能认为"整党就是整人"，要把着眼点放在提高党员的思想政治觉悟上；不能再搞派性，要认识"文化大革命"中的两派都是错误的；不能纠缠历史的旧账，争个你高我低，要团结一致向前看；不能只看到第一期整党未解决的问题，要看到贯彻整党精神取得的明显效果，增强搞好第二期整党的信心。

18日 南昌市信托投资开发公司将筹资在南昌近郊兴建一个现代化大型综合群众游乐场和梅岭避暑山庄。建设项目有：高空游玩列车、碰碰汽车、碰碰汽船、划艇、赛车、旱冰场、射击场、健身房、室内外剧场、音乐厅、餐厅、舞厅、咖啡馆、商店、招待所、花卉园等。

18日 经国务院和省政府批准，龙虎山天师府最近开工修复，预计年内可供开放参观。龙虎山天师府位于贵溪县上清镇，是道教正一派张天师的住持之地，全国重点道教宫观21座之一，号称"第三十二福地"。第一期工程主要修复天师殿、三清殿、三宫殿、灵官殿和其中的神像；第二期工程将把整个天师府修建成明代的规模。

18日 由江西大学化学系与江西铜业公司德兴铜矿完成的"提高低品位金分析精度的研究"，属国内首创"载体萃取分光光度法"通过技术鉴定。

18日 省政府批转省教育厅和省财政厅《关于城市、县镇集资办学应注意的几个问题的报告》。报告说，实行"两条腿走路"，通过各种渠道集资办学是中央确定的方针。集资办学要有领导有计划地进行。

19日 庐山旅游公司与泰国泰峰公司签订《"花径游乐园"合资经营协议书》。

19日 省妇联召开了六届二次执委（扩大）会议，会期五天。会议传达了全国妇联五届二次执委扩大会精神，要求全省各级妇联组织围绕经济体制改革，做好妇女工作，为振兴江西充分发挥"半边天"的作用。要把提高妇女素质当作一项战略任务来抓；要积极发展第三产业，开拓妇女工作的新领域；要加强妇联组织自身改革和建设，提高其战斗力。并指出提高妇女干部的思想、文化和业务素质是加强妇联自身建设的关键。

20日 全省2000名民办教师转为公办教师的工作结束，这次工作坚持把转编重点放在长期从事农村教育的优秀骨干民办教师上，大多数转编教师1984年12月底拿到了新的定级工资，解决了"农转非"问题。南昌县转编的52名教师中，教龄在20年以上的占67%，县以上的先进教师和小学教导主任以上骨干教师均占94%以上。

21日 由南昌市绿化委员会办公室和南昌市城乡建设局联合发起的市树、市花评选工作揭晓。樟树被定为市树；月季和金边瑞香被定为市花。

21日 省政府印发《江西省向全体公民普及法律常识五年规划要点》，江西省的普及教育工作全面展开。

21日 全国橡胶密封件制品检测中心站——江西橡胶密封件制品检测站近日在南昌市成立。

22日 省司法厅批准九江市和赣州市公证处办理涉外公证业务。

22日 省政府召开常务会议并提出，实现乡镇工业产值翻一番，是江西省经济工作的一项重要任务；以户办、联户办为主，江西省1/10农户办工业，每户产值达到5000元；开展广泛、多形式的联合，农民可以到城市、乡镇独资办厂或合资办厂。

22日 省委召开了部分县（区）委书记座谈会。省委第一书记白栋材对城市郊区发展提出新的要求——九业齐兴，九路进军，为城市服务，靠城市致富。指出，要大力发展为城市服务的肉食产品加工业及第三产业。发展九业和第三产业，是郊区发展经济的一个重点，是农业产业结构调整的方向。

22日 大茅山垦殖场与江西教育学院化学系达成协议，在场干校创办中专班，择优录取52名学生，教育学院负责师资、教材和大型实验设施，学习结束，经考试合格，由教育学院发给结业证书。

23日 省政府办公厅通知，将赣州、吉安、宜春、上饶、抚州地区及九江市气象台改为气象管理局，将新余市、鹰潭市气象站改为气象台，两市所辖县站分别由宜春、上饶划归新余、鹰潭市气象台管理。

23日 省建设厅、省公安厅、省工商局、省税务局发出《关于颁发〈江西省城市客运交通管理的若干规定〉的通知》。

24日 全国农业标准化会议在南昌结束。会议要求各地加强和改革我国农业标准化工作，以适应农村商品生产蓬勃发展的大好形势。农业标准化是对农业生产中从种子、设备、生产技术、管理措施到产品、质量检验、包装、储运等提出的各种要求的标准。会议贯彻"大的方面管住、管好，小的方面放开、放活"的原则，制定具体措施。改变以往只搞强制性标准的做法，对大多数农业产品质量、生产技术、管理方面等标准，作为推荐性标准，供各地自愿采纳用以指导生产与交换；实行国家、专业（部）、地方、企业四级标准，让地方标准发挥更多作用；积极采用国际标准和国外先进标准，提高我国农业标准化水平，为农产品外贸出口创造条件；改革标准化计划工作。

24日 省教育厅发出《关于在中小学开展计算机教育试验工作的意见》。

24日 宜春地区行署经济技术协作委员会和菲律宾丰隆纸浆纸业有限公司在宜春宾馆签署了一项合资兴建江西宜宝造纸厂的协议。爱国外籍华人、丰隆纸浆纸业有限公司董事长杨宝冶女士，宜春地区行署经济技术协作委员会主任马元洪，分别代表双方在协议书上签字。该厂总投资为1.8亿元人民币，双方决定全套引进联邦德国当前最先进的造纸技术设备，纸厂三年内正式投产，年产3.2万吨高级书刊纸将全部由丰隆纸浆纸业有限公司负责销往国际市场，每年可为国家创汇1760万美元以上。

25日 第六届全国美展作品评奖结果揭晓。江西刘熹奇的年画《祖国呀，母亲》获银牌奖；丘玮的连环画《送棉被》、陈克平的版画《晚风轻轻吹》、蔡二弘、赵树明的宣传画《注意，爱护我们的环境》分别获得铜牌奖。

25日 全省乡镇企业工作会议举行。会上，省政府负责人宣布：1984年，全省乡镇企业（包括户办、联户办企业）实际总收入已达到35亿元左右，比1983年的27亿元增长28%以上，首次略高于全国乡镇企业平均发展速度。据统计，乡镇企业总收入超1亿元的县由1983年的一个增加到9个，超千万元的乡、镇由18个增加到30个，超百万元的村由52个增加到104个。

25日 省劳动人事厅制定下发《江西省劳动人事系统一九八五至一九九〇年干部培训规划要点》，对江西省劳动人事干部的培训工作提出明确要求。

25日 全省中小学文明单位、优秀班主任表彰大会在南昌市举行。大会表彰了南昌师范附属小学、九江市双峰小学、萍乡师范附属小学、

全省中小学文明单位、优秀班主任表彰大会

金溪县浒湾镇中心小学、景德镇市一中、丰城中学、上饶市一中、遂川中学、余江一中、新余市一中、南康中学等30所文明学校，200个文明班级和沈正义等600名优秀班主任，向文明学校、文明班级和优秀班主任分别颁发了奖状、奖品和优秀班主任证书。省委、省政府、省政协负责人及有关部门负责人出席了发奖仪式。赵增益在会上讲话，要求在全社会形成尊师重教风气。表彰大会于27日结束。

26日 江西国药厂在冷冻站安装了9台BL-300型玻璃钢冷却塔，把循环用水温度降低3℃~5℃，达到了重复用水的目的。

BL-300型玻璃钢冷却塔一角

26日 鹰潭车站货场与哈尔滨车站货场、吉林车站货场等28个车站货场被铁道部命名为"全路文明货场"。

26日 位于南昌市郊区扬子洲的南昌市郊区家禽实验中心落成，竣工主体工程占地305亩，建筑面积2.6万平方米，是江南六省一市规模最大的家禽场，是现代化机械化的养禽联合企业。1985年，该中心将为南昌市民提供鲜蛋200万斤至300万斤，食用肉鸡11万羽，为发展良种鸡提供商品种蛋600万枚。

26日 省科委在举行的记者招待会上宣布，为迎接4月1日开始实施的我国专利法，经省政府批准，正式成立江西省专利管理局，该局直属省科委，负责全省专利工作的组织、指导和管理，各项准备工作全面展开，当前已

开始办公。据悉，省科技情报所已开办专利服务中心，向全省提供专利文献检索、帮助申请专利等服务；江西首届专利代理人培训班已培训了66名专利代理人，将负责为各部门、各单位和科技工作者按法律程序申请专利。该局于1月7日至2月9日在南昌举办江西省专利申请代理人培训班。

26日 在全国优秀设计授奖大会上，江西省水利规划设计院于1978年至1979年设计的江西最大的电排站——省赣抚联圩红旗大型电排站设计项目及省交通规划勘察、设计院设计的樟树港四码头工程分别荣获优秀设计项目金质奖章和奖状。

27日 首次江西省台属为四化和祖国统一作贡献表彰大会在南昌隆重召开。来自全省各条战线的153名台属先进代表出席了大会。大会号召台属发扬爱国主义精神，为振兴江西、实现四化建设和祖国统一作出新贡献。省委、省顾委筹备组、省人大常委会、省政府、省政协、省军区负责人出席了大会并和代表们合影留念，并为他们颁发了奖状和纪念性奖品，大会通过了给全省台属的《倡议书》。表彰大会于30日结束。

28日 江西、江苏两省各地、市协委（办）主任和代表91人汇集南京，探讨进一步发展经济技术协作的新路子。双方本着"扬长避短、形式多样、互惠互利、共同发展"的原则，通过探讨协商，签订了意向性协议书60个，共145个项目。较大的有：江苏出资金1亿元开发江西的有色金属矿业，江西在20年内向江苏提供相应数量的铜、钢、铅、铝、锌等金属材料。这次活动于31日结束。

29日 省政府和省军区在南昌联合召开全省扶持优抚对象勤劳致富和培养军地两用人才座谈会。会议总结交流了新形势下搞好智力拥军、智力拥政等方面的经验。省委、省政府、省军区领导到会看望代表。座谈会于31日结束。

30日 省委党史资料征集委员会召开省市有关部门负责人会议，传达贯彻第三次全国党史资料征集工作会议精神，部署如何落实中央领导关于加强史料征集工作的批示，进一步明确了江

西省党史资料征集工作的任务。省委书记许勤到会讲话，要求党史资料要为研究、编写、学习和宣传党的历史服务，为实现党的总任务和总目标服务。

30日　以上海市市长汪道涵为团长的上海市代表团抵达南昌。江西省领导人白栋材、赵增益、梁凯轩等在江西宾馆会见了汪道涵市长一行，并就上海、江西进一步加强经济技术合作，发展横向经济联系进行交谈（2月1日，上海市政府、江西省人民政府在江西宾馆举行了关于进一步加强经济技术协作商谈纪要签字仪式。上海市市长汪道涵、江西省省长赵增益分别在纪要上签字。经济技术协作重点工业项目是食品、纺织、电子、机械、包装等行业，开发性的协作重点放在畜牧业、有色金属、非金属矿、交通运输。双方确定两省市每年召开两次协作工作座谈会，1985年3月将在上海召开第一次会议）。

汪道涵、赵增益在上海、江西进一步加强经济技术协作商谈纪要签字仪式上签字

31日　江西蚕桑场良种猪场积极为外贸建立瘦肉型肉猪出口基地服务，近两年来为全省82个县市和10个省市提供了大批瘦肉型良种猪，瘦肉率达全国先进水平。

本月　庐山南麓旅游服务公司、九江华江技术开发旅游服务公司，在星子县秀峰宾馆达成协议，在位于庐山中脉太乙峰下的太乙村重建江西第一个度假村（太乙村原是广东18名军阀兴建的，从1911年至1918年，历时8年，耗巨资兴建起18栋花园式别墅楼房）。

本月　省政府拟定了《关于进一步放开和积极引导群众办矿有关问题的通知》。通知规定：合理划分资源，加强统一规划管理；开放市场，放宽价格；要求各级矿业主管部门和乡镇企业管理部门加强对乡镇矿的指导、监督和服务工作，协调各方面关系；乡镇矿实行低税率政策，办矿初期可定期免征所得税；严格执行区域开采，搞好安全生产；允许国营矿的干部、技术人员和工人停薪留职到乡镇矿工作，鼓励离、退休的技术人员和经营管理人员到小矿服务，国家每年将分配一部分大中专毕业生到乡镇矿工作，待遇从优。

本月　在"全国青年读书活动"中，江西省8个先进集体受表彰，分别是：南昌市罐头啤酒厂青年读书会、赣州地区大吉山钨矿团委、九江市国营人民机械厂中心读书小组、景德镇市红星瓷厂青年职工振兴中华读书活动指导站、萍乡矿务局安源煤矿采掘五区李西安学习小组、江西省地质矿产局水文地质大队一一〇钻机团支部、江西财经学院商业经济系八一级物价管理班团支部和宜春师专中文科八三级二班马列学习小组。

本月　南昌铁路分局劳动安全攻关质量管理小组开始用"安全系统工程"和全面质量管理等办法对劳动安全中的惯性事故组织攻关，设计了事故类别调查表、排列图及原因、工种、年龄等分层图、对策图，从详进行分析，成为全路第一个将"安全系统工程"推广到劳动安全管理之中的铁路分局。该组在1986年评为国家优秀质量管理小组。

本月　省政府颁布《关于行政区划管理的规定》。

本月　江西省文学艺术研究所与江西省戏曲研究所合并，仍称江西省文学艺术研究所。

本月　全省煤炭系统在企业全面整顿中，对企业领导班子进行了整顿和调整。省属煤炭企业领导班子的"四化"程度有所提高，平均年龄由51岁降低为44岁，大中专文化程度的比重由

29%提高为89%，思想作风和工作作风的建设也有较大加强。

本月 江西医学院第二附属医院在省内率先引进第一台美国制造的 8800 型全身 CT 机，开展电子计算机横断层摄影检查。

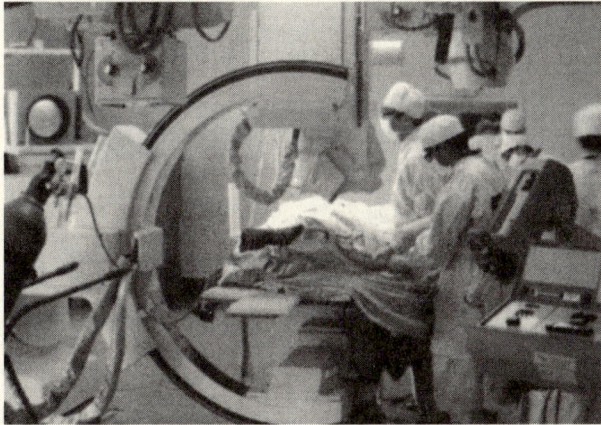

江西医学院第二附属医院 **CT** 检查设施

本月 鹰潭市开辟梅园大道（农民路—新区粮站）砂石路面，长 2000 米，宽 60 米（1986 年 5 月，建设部投资 146.5 万元将这条道路改造成混凝土路面）。

本月 盘古山钨矿被有色总公司命名为 1985 年全国有色矿山第一家"环境优美矿山"。

环境优美的盘古山钨矿公园

本月 赣州精选厂改名为赣州有色金属冶炼厂。

本月 国家劳动人事部、有色工业总公司在西华山钨矿召开防尘现场会。

本月 江西省冶金产品质量检测中心成立，挂靠在省钢铁研究所（1988 年改名为江西省冶金产品质量监督检测中心）。

本月 乡镇企业局从江西省农业厅划出，成立江西省乡镇企业局，归省政府直接领导。

本月 世界粮食计划署发出电传，同意都昌县周溪乡、北山乡、城关乡和星子县苏家挡乡为鄱阳湖低洼地发展淡水养鱼项目。

本月 列为江西省五个中心测报网点之一的新建县森林病虫害中心测报站组建成立。

本月 省经委、省电业局、省农牧渔业厅联合发出《关于大型水库发展渔业生产的意见》，柘林、江口、洪门、上犹江、罗湾 5 座水库占江西省水库总面积 27%，为江西省总养殖面积的 13%，发展渔业生产大有可为。应坚持"国家所有、统一管理、联合经营、专业承包"的经营方针，在不影响发电、防洪、库坝安全的原则下，因库制宜综合开发利用。意见还对渔业生产的规划、政策、管理等提出了具体规定。

本月 江西省经济技术协作办公室改名为江西省对外经济技术合作办公室，隶属省政府领导。

本月 江西省县和县以上各级统计局的"统计事业费"上划中央财政管理。全省共上划统计事业费 264 万元，其中省统计局 35 万元。各级统计局的行政和基建经费仍由地方管理，省统计局行政经费归口省政府办公厅管理。

本月 根据国务院批转国家统计局《关于计算农村社会总产值和把村（队）办工业从农业划为工业的请示报告的通知》，从今年起，将农村工业的村办工业总产值，即原来的生产大队、生产队办工业的产值，从过去计入农业改为计入工业，同时将农业统计扩展为农村经济统计。

本月 江西人民出版社制定实施《江西人民出版社合作出版暂行办法》；江西人民出版社召开出版改革座谈会与第一次工作会议。

本月 上高县妇联制定《私人开办托幼组织管理细则》，由县政府转发给各乡和县城各单位。

1985

2月

February

公元 1985 年 2 月							农历乙丑年【牛】						
日	一	二	三	四	五	六	日	一	二	三	四	五	六
					1 十二	**2** 十三	**3** 十四	**4** 立春	**5** 十六	**6** 十七	**7** 十八	**8** 十九	**9** 二十
10 廿一	**11** 廿二	**12** 廿三	**13** 廿四	**14** 廿五	**15** 廿六	**16** 廿七	**17** 廿八	**18** 廿九	**19** 雨水	**20** 春节	**21** 初二	**22** 初三	**23** 初四
24 初五	**25** 初六	**26** 初七	**27** 初八	**28** 初九									

1日 全省环保工作会议在宜春市召开。会议指出：环境保护要为四化服务，每年要为人民群众办五件好事：各级政府的市长、县长、乡长和各有关部门的厅长、局长、经理要实实在在亲自解决几个群众最关心、反映最强烈的环境问题；抓好一批"无黑烟区"，开展环境保护"小区"、"大院"评比活动；开发"三废"的综合利用和净化处理技术；重点抓造纸、印染、酿造污水的综合利用和净化处理技术；制定切实可行的乡镇、街道企业的环境保护管理细则；充实修改超标征收排污费有关条例。

2日 新华社（墨尔本）报道，江西籍著名运动员黄萍在澳大利亚运动会女子跳台跳水比赛中，以411.24分的成绩获得亚军。

2日 江西、黑龙江、山西、湖北四省女子举重、力量举友谊赛在南昌举行。参加比赛的有来自四省的11名田径女运动员。举重、力量举比赛分五个级别进行。江西选手获六项第一名，湖北、黑龙江选手各获两项第一。江西67.5公斤级选手闵春凤、82.5公斤级彭琴云、湖北90公斤以上级的匡翠红，在力量举比赛中，分别以卧推95公斤、110公斤、95公斤的成绩超过了1982年世界女子力量举锦标赛同级别冠军的卧推成绩。

2日 江西省电力设计院不要国家事业经费，以人均年产值为基数，以生产室为承包单位，搞"技术经济承包"、"奖优罚劣"，自去年1月至今年2月，完成总产值比上年总产值翻一番，盈利100多万元。该院是中型电力勘测设计单位，技术力量雄厚，全院总人数400人，其中工程技术人员占66.7%。1985年先后为轻纺工业、建材部门、部队、学校、民间建筑搞勘设共93个项目，主要勘探设计项目提前完成。

2日 全省第二次归国华侨代表大会在南昌举行，来自各条战线的200多人出席了大会。全国侨联顾问彭光涵等及江西省委书记许勤到会并讲话，勉励各条战线的归侨、侨眷以经济建设为中心开拓侨联工作新领域，为实现祖国统一大业作出新的贡献。会议选举产生了江西省华侨联合会第二届委员会，推举了名誉主席，聘请了顾问。大会于5日结束。

2日 省委召开全省农村工作会议，传达、贯彻中共中央（1985）1号文件《关于进一步活跃农村经济的十项政策》。省委明确指出，全省各级党委、政府要围绕"放开、搞活、调整、增收"的方针，抓住当前有利时机，努力搞好农村第二次改革，迅速建立起符合江西实际情况、发展速度高于全国水平的产业结构，推动农村商品生产的新高潮。省委副书记王书枫作《如何夺取江西省农村第二次改革胜利》的讲话。

3日　以江西大学副校长王仲才为团长的我国第一个访问日本的摄影教育考察团于当日上午离开上海虹桥机场，赴日进行为期半个月的访问。

3日　上海交大"博士联合科技开发协会"加入由该校江西籍博士研究生李湛、胡寿根等人发起的"振兴江西研究会"，复旦大学也成立了"振兴江西研究会"。日前研究会会员，已发展到500多人，有江西、上海、北京、四川等地的学生参加。上海复旦大学党委书记林克、上海交通大学党委副书记王宗光分别担任了两校"振兴江西研究会"的顾问。研究会将利用有利条件，为江西经济的发展提供各种科技服务。

4日　为保证国家机关、事业单位工资制度改革顺利进行，省委组织部、省劳动人事厅通知各地、各部门必须严格控制党政机关、事业单位从企业单位调入工作人员。

5日　省政府召开全体会议。会议指出，今年工作重点是要集中精力抓好改革，大胆起用能人。省委书记、省长赵增益主持会议并讲了话。他说，改革要围绕搞活企业，抓好三件事：实行政企分开，落实企业自主权；落实企业内部责任制，搞好层层承包；大胆起用能人，进一步落实厂长责任制，首先要选好大中型企业的厂长。

5日　架设在昌赣公路线上的上宏大桥竣工通车。这座大桥是江西省第一座采用高强精轧螺旋粗钢筋新材料和后张法预应力新工艺施工的公路桥。

5日　全省地、市、厅、局级第三梯队考察工作基本结束，当日召开各考察组组长会议，向省委汇报考察情况。会议指出，对筛选出来的优秀后备干部，省委主要领导将亲自进行谈话和实地考察，并采取多种方法，加快对他们的培养和锻炼。

5日　江西水泥厂召开土建施工祝捷大会。由江西省一建公司自去年4月1日开工至今年1月承建的江西水泥厂扩建工程中的八项主要工程，按国家建材局的要求提前一个多月完工，工程质量合格率达100%，单位工程优良品率达60%，受到国家建材局和省政府表扬。

6日　经省政府研究决定，江西工学院改为江西工业大学，并增设食品工程系和食品机电系。

6日　省委、省政府根据中共中央1号文件关于调整农村产业结构的决定，以5亿公斤平价贸易粮支援农村养殖户、国营垦殖场、饲料加工厂以及食品加工厂等单位发展生产，促进江西省农村产业结构的调整。调整产业结构专用粮由各级政府统一掌握，统筹安排。

6日　省卫生厅、省教育厅、省妇联发出《关于在江西省实行预防接种制度》的联合通知，从今年7月起，在全省实行预防接种证制度。

6日　省司法厅、省教育厅发出《关于进一步加强中学法律常识、小学思想品德课教学工作的通知》。

6日　由全省各地、市、县主管农业、乡镇企业的领导干部组成的江西省赴浙江乡镇企业学习考察团着重考察了义乌、苍南等县的家庭工业。代表们建议，要大力发展联办、户办工业，尤其是发展家庭工业，尽快使江西经济腾飞起来。考察活动于12日结束。

6日　省委、省政府作出《关于贯彻中共中央一九八五年一号文件的实施意见》。

7日　国务院发出《关于严格控制社会集团购买力的紧急通知》。江西省对控制社会集团购买力的办法作出新规定。将下放的专控商品审批权收回到江西省控购办，专控商品由14种增加到17种。

7日　省政府批准成立中专性质的江西省职工体育运动技术学院。

7日　省劳改局邀请新华社江西分社、人民日报社驻江西记者站以及江西日报社、江西电视台、江西法制报社等12个新闻单位的记者20余人，到省一监和第五、第七劳改支队参观、采访。

8日 江西省执行国务院批转国家经委、财政部、中国人民银行《关于推进国营企业技术进步若干政策的暂行规定》，从今年起，折旧基金不再上缴中央财政，由主管部门、地区集中调剂使用。

8日 江西监测总站改名为江西省环境监测中心站。

8日 全省轻工业计划会议在萍乡市召开。会议提出，今年江西省轻工业生产要逐步形成具有江西特色的包括吃、穿、用在内的消费品生产体系。要突出抓好食品、陶瓷、造纸、饮料、酒、卷烟、日用玻璃、塑料、服装、五金家电、家具、工艺美术等行业和产品，力争食品工业增长速度达到20%以上。

8日 永新县党委党史办在永新县高桥头乡茅坪村刘清桂家的老屋中发现一批重要革命文物。这些文物是1933年至1934年间湘赣省委、省苏维埃政府主办的《红色湘赣》报，共600多份。资料内容丰富，其中湘赣省苏维埃第三届执委会名单和湘赣省召开九县查田运动大会等许多资料是第一次发现。永新县委向捐献文物的刘清桂颁发了奖状和奖金。

8日 省委宣传部、省人大教科文卫委员会、省教育厅、省总工会和南昌市委宣传部、市人大教科文卫委员会、市教育局、市总工会八个单位，在省委礼堂隆重举行春节慰问教师大会。出席大会的南昌市的大学、中专、中小学、特种学校和从事幼儿教育的教师共1000余人。省、市党政军负责人出席了慰问大会。省委第一书记白栋材要求各级政府采取切实可行的具体措施，提高教师的社会地位，逐步形成尊师重教的社会风气。要抓紧在中小学教师中发展党员；努力改善中小学教师的生活、学习、工作条件；社会各界人士和各行各业在力所能及的范围内为发展教育事业，为教师做好事，解决一些实际问题。

8日 省政府批准成立宜春农业专科学校。

8日 南昌陆军学校领导刘炳耀、董超、王子文走访江西省委、省人民政府，代表陆军学校党委主动检查军校"三支两军"中的错误。省委书记许勤对陆军学校领导的诚恳自我批评精神给予赞扬。表示将进一步密切新时期的军政军民关系，加强军民团结，同心协力振兴江西。

8日 应省政府外事办公室和省对外经济贸易厅的邀请，以议会执委会委员、共和国对外经济关系委员会主席阿基莫夫斯基和共和国对外关系委员会主席助理布拉热夫斯基为首的南斯拉夫马其顿共和国经济教育代表团访问江西。代表团访问参观考察了江西变压器厂、共青垦殖场、景德镇陶瓷工业和江西大学、南昌八一起义纪念馆等22个单位，与江西省有关部门进行了友好会谈，双方就友好合作问题取得了一致意见，双方代表已分别在《访问纪要》和各式备忘录上签了字。访问活动于15日结束。

9日 省政府转发国务院《关于节约行政经费的通知》，强调继续执行预算包干办法，规定今年预算指标按此规定做了扣减。

9日 南昌市政府召开全市义务植树表彰和动员大会，决定每年的2月10日至16日为全市"义务植树周"。

9日 省委在江西宾馆举行各民主党派、省工商联负责人、无党派民主人士和各界知名人士座谈会。省委书记许勤向到会的150多位党外朋友介绍了江西一年来的整党工作情况。指出，参加第一期整党的有省级六套领导班子和省直各部、委、厅、局，及相当于该级的大专院校和大型企业91个单位、1.03万名党员。会上介绍了通过整党取得的重要成果和第一期整党依循的原则：坚持整党同经济工作及其他业务工作紧密结合，做到整党促进经济，经济检验整党；坚持正面教育，注重解决思想问题；坚持实事求是，彻底摒弃"左"的做法；坚持高标准、严要求，保证整党不走过场；坚持领导带头，自上而下地开展整党工作。

9日 省审计局在南昌召开全省各地、市审计局和省局各处、室统计员会议，研究部署审计及建立审计信息网络等项工作。

9日 江西省第一届毽球比赛在清江县樟树

镇药材交易厅举行。以体育教师和工人为主体的抚州地区男队,清江二中、樟树中学学生组成的清江县女队分别夺得男、女冠军。比赛于 15 日结束。这两支代表队今年 3 月将代表江西赴苏州参加全国毽球锦标赛。

10 日 食品添加剂葡萄糖酸 δ - 内脂在上饶通过鉴定,被批准在上饶食品添加剂厂批量生产。葡萄糖酸 δ - 内脂是优良的食品添加剂,在食品工业中被用作为酸味剂、发酵粉、PH 降低剂、色调保持剂、食品防腐剂、蛋白质凝固剂。

10 日 江西毛纺织厂开车试生产,首批精纺呢绒问世。

10 日 江西氨厂目前被化工部命名为全国 23 个化工"六好企业"称号。该厂自 1981 年,合成氨系统的泄漏率降到 5‰以下,被江西省经委和化工公司命名为"无泄漏厂"。

荣获"六好企业"的江西氨厂

11 日 南昌市地方志编纂委员会成立。

11 日 对外经济贸易部在北京首次举行为期 3 天的出口商品授奖大会。景德镇人民瓷厂生产的 45 头"青花梧桐"西餐具和经营这一商品出口的省陶瓷进出口分公司分别荣获集体奖。

11 日 鄱阳湖候鸟自然保护区将建成白鹤和各类候鸟观赏旅游区。当前这里已成为世界候鸟越冬最大栖息地,仅在大湖池聚集的白鹤群就达 1482 只。全世界鹤类有 15 种,中国有 9 种,鄱阳湖有白鹤、白枕鹤、白头鹤、灰鹤、棕鹤 5 种 4000 只和白鹳、黑鹳、大鸨、天鹅以及成千上万的大雁、野鸭等。以白鹤为主的候鸟到鄱阳湖越冬栖息数量逐年增长:1981 年 140 只,1982 年 189 只,1983 年 409 只,去年 840 只,今年 2 月 1482 只。

11 日 江西省石油公司拟订《关于石油库警卫体制改革,组建经济民警的意见》。

12 日 省政府召开省长办公会议,讨论贯彻国务院国发(1984)142 号文件和商业部、中国石化总公司中石化(1984)办字 34 号、42 号文件,讨论研究关于将省石油公司划归中国石化总公司管理等有关问题。

12 日 据统计,全省目前有职工高等院校 16 所、职工中专 30 所。各部门、民主党派、群众团体组织开办的业余学校,专职的职工教育教师 2271 人,专职职工教育管理干部 2724 人。近几年有 576765 人进行了文化补习,合格者达 54.19%,有 40.5 万人进行了技术补习,合格者达 41.1%。去年全省 172 人参加全国企业经理厂长统考,党的方针政策和工业企业管理基本知识两门课的及格率达 97.7% 和 87.8%。

12 日 省委、省政府在南昌市召开了为期三天的江西省严厉打击严重刑事犯罪活动先进集体、先进个人代表会议,有 241 个先进集体和 560 名先进个人受到表彰。省委常委、省政法委员会书记王昭荣作《发扬成绩,乘胜前进,为实现社会治安的根本好转而奋斗》的报告,省委副书记王书枫要求各级党委、政府为争取社会治安的根本好转,保卫和促进经济体制改革和经济建设的发展作出新的更大的贡献。

12 日 江西省检察机关在打击严重刑事犯罪斗争中有 74 名先进集体代表和个人出席江西省政法系统表彰大会。大会选出出席全国检察系统"双先"会的先进集体代表 4 名,先进个人代表 8 名。会期三天。

13 日　南昌市洪都大道竣工通车。

13 日　江西无线电器材厂与南昌无线电二厂合并，成立南昌电视机厂。

13 日　省地质矿产局赣南地质调查大队在赣南发现一批新矿点，其中贵金属矿点 13 处，有色金属 4 处，稀有金属 2 处。新矿点交通方便，利于开采。

13 日　省、市妇联在南昌市工人文化宫联合召开"赞教师节、倡尊师风"迎春座谈会。

14 日　为了克服基本建设敞开花钱吃"大锅饭"的弊病，划清建设单位和国家（包括项目主管部门）的关系，调动各方面的积极性，缩短建设工期，保证工程质量，降低工程造价，提高投资效益。省计划委员会、省城乡建设环境保护厅、省劳动人事厅、省建设银行发出《关于印发〈江西省基本建设项目投资包干责任制实施办法〉的通知》对包干项目的分管和包干形式、包干内容、权益和奖罚及包干条款的检查作了规定。

14 日　万安电站库区内首批 285 户移民日前喜迁新居。自去年 2 月省政府在万安电站召开现场办公会议以来，万安县组织人员搞好移民新村的山、水、田、园、路的综合规划，移民建房的资金、建筑材料、粮食等都及时得到了解决。

14 日　赣西地质调查大队经过两年多的勘探，在丰城县石溪地区发现一处面积 150 平方公里的大型隐伏煤田，见煤预报准确率达 82.5%，共见煤 14 层，可采煤三层，煤质优良，储量近亿吨。

15 日　省财政厅批复，省属冶金企业应交的调节税由企业上缴省冶金公司，再由公司按省财政厅核定的应交调节税率按月统一上缴省金库。

15 日　新余钢铁厂完成的"电炉硅锰合金研制"项目通过鉴定，该产品填补了省内空白，该项目获今年省科技进步二等奖。

15 日　经省委批准，江西省儿童少年基金会正式成立。基金会主要宣传儿童少年教育事业的重大意义，接受社会各方面的捐赠，接受海外侨胞、港澳同胞等爱国人士和团体的捐赠，接受国际社会福利机构和有关方面的捐赠。成立大会推选 55 名理事，聘请赵增益为名誉会长，推选

万绍芬为会长，段火梅为常务副会长，王泽民等 15 位为副会长。

16 日　省委召开省直部长、主任、厅局党组书记、纪检组长和南昌市委、市纪委负责人会议，要求省直各单位和南昌市带头迅速行动起来，认真贯彻落实中共中央、国务院有关政策规定和中纪委《关于坚决纠正新形势下出现的不正之风》的通知，严肃党的纪律，狠刹新的不正之风，做到有令必行，有禁必止，切实搞好经济体制改革。

16 日　省委办公厅、省政府办公厅、省委宣传部设立了新闻发言人和新闻工作联系人制度，当天召开了第一次新闻发布会。省委办公厅副主任危仁晟、省政府办公厅副主任杨小春、省委宣传部副部长张会村等三位新闻发言人，向省属各新闻单位和中央驻赣的新闻单位记者发布了春节前后的主要新闻。设立新闻发言人和新闻工作联系人制度，是各新闻单位负责人座谈会上确定的，原则上每月举行一次新闻发布会。由新闻发言人向记者通报江西省情况和重大活动，提供报道线索。

16 日　新华社（伊斯兰堡）报道，巴基斯坦总统齐亚·哈克在拉瓦尔品第和 800 名观众一起观看了江西杂技团访问该市的首场演出。杂技团表演的 10 个精彩节目中，"高车踢碗"、"飞天造型"等受到极大欢迎。中国江西杂技团 2 月 1 日抵达巴基斯坦，已在卡拉奇、海德、拉巴堡和拉合尔演出 9 场，杂技团将于 21 日离开巴基斯坦前往斯里兰卡访问。

16 日　在高安县筠阳镇北郭家山发掘出土距今 2200 多年的一座春秋战国木椁古墓。郭家山木椁墓的葬具为一椁二棺，棺、椁均为大型优质柏木、梓木材制成，出土青铜器、陶器、漆器木雕制品。该墓出土二戈一剑等兵器，墓主系大夫级武将。

18 日　江西省亏损大户江西拖拉机制造厂开始扭亏为盈，该厂自 1984 年以来，推行层层承包的经济责任制。该厂吸收过去产品单一、积压严重的教训，重视市场调查，努力开发新产品，截止当日，生产丰收－180 型小四轮拖拉机

1200 多台，盈利 1.3 万多元。机械工业部已将丰收－180 型小四轮拖拉机定为重点出口产品，运销美国、加拿大等地。

18 日 省劳动人事厅决定进一步放宽尺度，加快速度解决干部夫妻两地分居问题。提出：今年内要基本解决江西省高中级专业技术干部的夫妻两地分居问题，解决一批中专以上学历和初级专业技术干部的夫妻分居问题。计划在明年年底前要基本解决各类专业技术干部的夫妻分居问题。

18 日 南昌市颁发《南昌市城市房屋拆迁安置暂行规定》。

19 日 省政府批转江西省卫生厅《关于全面进行卫生改革，促进卫生事业发展的报告》。

22 日 全南县各行各业为调整农村产业结构，拿出近 1/3 土地发展多种经营，为农民发展养殖业和种植业提供资金、良种、种苗和新产品。县委、县政府要求各行各业支持农村调整农业结构，县种子公司帮助农民更新品种，发展米质好、价值高的优质稻种；1 月份，全县信用社和县农业银行支持农村调整产业结构，发放贷款 85 万元，比 1984 年同期多发放 57.2 万元；县农牧渔业局为扶持农民大力发展商品花生，从广东调进"粤油 116 号"等 3 个良种花生 9 万斤，帮助农民建立一个 3000 亩的商品花生基地。

22 日 新华社（科伦坡）报道，斯里兰卡总统贾亚瓦德纳和夫人在科伦坡观看了中国江西杂技团的首场访问演出。江西杂技团是应斯里兰卡全国青年理事会的邀请，为参加庆祝国际青年节的活动而来到斯里兰卡的第一个外国文化团体，斯里兰卡教育部长拉尼尔·维克勒马辛哈和中国驻斯里兰卡大使周善延等观看了江西杂技团的精彩表演。

23 日 江西省儿童少年工作协调委员会和省妇联决定投资 2000 万元，在南昌兴建一座现代化的、示范性的儿童少年活动中心。该中心包括儿童艺术馆、科技馆、健美馆、游乐园、展览馆、游泳池、影剧院和示范性幼儿园、儿童智力开发中心和与儿童教育有关的母亲学校等，总面积 2 万多平方米。它将是江西省对 14 岁以下的儿童少年进行横向教育的实验园地、研究场所和活动阵地。

25 日 共青垦殖场决定创办江西大学共青职业学院（1986 年正式开学）。

25 日 南昌市政府颁发《南昌市收取城市建设综合开发费实施细则》。

25 日 省政府办公厅决定将江西省城乡建设环境保护厅环保处改为江西省环境保护局。

25 日 彭泽县龙宫洞附近方圆 2 平方公里内，发现 11 个有开发价值的天然溶岩洞。最大的乌龟洞容积胜过龙宫洞；螺丝山洞洞旁有飞瀑叠泉和太平天国时期的鏖战遗址；仙真岩洞洞口有西汉建兴五年修复时所题"天开灵境"四个特大行书。还有清朝状元汪鸣相书写"洞内有天畦亦雨，岩前无岁草为春"的对联。

25 日 全省卫生工作会议在南昌召开。会议决定全面开展县及县以上的城市卫生改革，搞好农村卫生院管理体制改革，推广乡镇卫生院由县管改为乡管的经验。会议于 28 日结束。

26 日 会昌钨矿地质调查队在会昌县南部火山岩区发现一处大型锡矿床。据调查，含矿化面积达 5 平方公里以上。

26 日 南昌市第一家工贸结合、技贸结合、进出口结合的综合开发性经济实体——赣昌发展公司开业。

26 日 省政府同意江西省保险公司升为厅一级的经济实体。

27 日 江西汽车制造厂召开表彰先进大会，表彰在改革中为扭亏为盈作出成绩的单位与个人。1984 年，该厂大胆改革分配制度，提高职工的积极性，开发 133SP 双排座农用载货车等新产品；从日本五十铃汽车公司引进原车散装件和装配工艺，生产一吨级柴、汽油通用轻型载重汽车，逐步实现国产化，加速江西省汽车生产，一举扭转了 16 年亏损的局面，产量、产值及各项经济指标均创历史最高水平，实现盈利 263.3 万元。

27 日 全省约有 10 万农民包山造林。到当前为止，江西省已整地 333 万多亩，比 1984 年同期增加 100 万亩；其中 6 万多户林业专业户、联合体和家庭林场占 56%，集体占 25%，国营占 19%。造林面积达 150 多万亩。永丰、永修、永新、德兴、修水、吉水、奉新、宜黄、宁都、南康等26个县完成或超额完成了1985年的植树造林任务，飞播造林26万亩。

27日 南昌市商品交易会在江西省展览馆举行。这是江西首次由民间企业独资承办的大型商品交易会，由南昌银海贸易公司主办，有来自全国13个省、市的60多家工商企业携货参展。三个展厅展览了家用电器、服装百货、土产日杂共1000多个品种，畅销货近百种，第一天已有120多家客商代表订货，成交额达800多万元。

27日 第一期军队团职转业干部培训班在江西行政管理干部学院开学。

27日 省六届人大常委会第十次会议在南昌举行，会期三天。会议议程有6项：审议关于召开省六届人大三次会议的决定（草案）；审议省人大常委会1985年工作要点；审议通过关于批准在劳改、劳教场所设立长埂、珠湖、新华3个派出检察院的决定；听取省教育厅关于江西省职业技术教育情况和今后意见的汇报；听取省侨务办公室关于江西省侨务工作情况的汇报；人事任免。会议决定省六届人大三次会议将于5月召开，任命孙希岳、陈癸尊为省人民政府副省长。

28日 南昌市委决定，今年南昌市将努力办好十件事：向塘镇实行煤气化；拆除八一大道、井冈山大道两边围墙，进行绿化、美化；二交路立交桥工程6月1日开工；南昌市电视台5月1日开播；兴建住宅30万平方米（包括知识分子小区）；沿江路修建、绿化完成1.5公里；洪都大道全线通车；市内新修6条道路和20条

绿化一新的南昌市沿江路

小巷、新建水冲厕所20个；新建农贸市场5个、小商品市场3个；增加50辆公共汽车，新开和延长一些公共汽车线路；建成人行立交天桥4座。

28日 江西省"五讲四美三热爱"活动委员会第五次全体委员会召开，会议决定江西省六个省辖市、六个地辖市开展以"三优"（优美环境、优良秩序、优质服务）为主要内容的精神文明建设竞赛活动。省政府拨专款100万元，作为获前四名的优胜城市用于城市建设的奖金。

28日 南昌陆军学校在向西火车站举行盛大仪式，欢迎1984年8月赴云南边防前线实习的学员胜利归来。福州军区副司令员赵华青、副政委曹普南，省、市党政军负责人王昭荣、孙希岳、武耀金、李充龄、戴凤举和南昌陆军学校领导王成斌、于德惠、刘智福、杨林雄、董超、彭允太、李钟民，前往火车站迎接。

28日 为期四天的第三十届国际跳水比赛在民主德国罗斯托克举行，江西运动员涂军辉在男子跳台跳水赛中，以594.50分的成绩获银牌。同时，在联邦德国举行的羽毛球公开锦标赛中，江西运动员钱萍获女子单打冠军。

28日 江西省第一届青少年运动会在赣州市章江体育馆举行。省体委主任姜佐周主持开幕式，副省长、运动会组织委员会主任柳斌致开幕词，国家体委主任李梦华亲临大会并讲话。参加运动会的有11个地、市的体育代表团、55个代表队，运动员980多人。运动会设有足球、篮球、田径、举重、射击5个项目的比赛，有12人42次破15项江西省少年纪录，2人3次破江西省青年纪录。南昌市获金牌20枚，宜春获19枚，赣州获16枚，抚州获11枚。闭幕式上，有关领导给获前四名优胜集体及鹰潭队等6个精神文明队发了奖旗。运动会于3月6日结束。

28日 省政府下发赣府发（1985）20号文《关于将省石油公司划归中国石油化工总公司管理的有关问题的通知》，《通知》规定，从今年

1月1日起，省、地（市）、县、各级石油公司及其所属企业成建制从商业部门划出，组建成中国石化销售公司江西省石油公司，属企业性质，为自主经营的经济实体。公司的计划、财务、物价、基建、技改、科研、物资、劳动工资等，直接与省有关部门衔接；省石油公司受中国石化总公司和省政府双重领导。省政府委托省商业厅代管，经营业务以总公司为主；省石油公司的主要领导干部由中国石化总公司同省政府协商任命；地、市、县石油公司受省石油公司和所在地政府双重领导，主要领导干部由省石油公司会同当地政府协商任命。

瑞昌油库露天油罐

28 日 经省政府批准，召开江西省石油经理会议贯彻国务院国发（1984）124 号文和省政府赣府发（1985）20 号文以及传达全国石油经理会议精神。会议为期 7 天。

28 日 截至月底统计，全省现有托幼园（所）2.67 万多所，收托儿童 58.15 万多人；入托率由 1979 年的 6.3% 上升到 12%。在现有的园、所中，公办的有 233 所，单位、集体办的有 2.47 万多所，个体办的有 1837 所。

本月 南昌铁路第二子弟中学被共青团中央评为"活跃的中学生生活先进学校"（1988 年 12 月又被共青团中央、农业部、全国科协授予"实践教育先进单位"称号）。

本月 省政府授予丰城矿务局建新矿和花鼓山煤矿"六好企业"称号。

本月 文化部批准成立江西教育出版社、江西科学技术出版社、江西少年儿童出版社。

本月 江西省计委等有关部门转发国家计委、财政部、建设银行《关于国家预算内基本建设投资全部由拨款改为贷款的暂行规定》。

本月 省机械厅召开全省机械工业工作会议，贯彻落实机械工业部《关于机械工业管理体制改革意见的报告》精神，搞好省内机械工业管理体制改革，厅直属 21 个企业，除江西光学仪器总厂、江西方向机厂外，全部下放所在地区中心城市管理；直属汽车、农机、机床、电工电器等四个专业性公司，除电工电器工业公司下放南昌市管理外，其余均改为经营性公司。

本月 省计委、省编委、省劳动人事厅、省财政厅、省统计局联合发文，增加"省点"农村抽样调查县、市 41 个，城市抽样调查市四个，共增事业编制 160 人，由省统计局统一管理。

本月 省经委同意南昌钢铁厂已停产 7 年的 2 号 255 立方米高炉恢复生产。

1985

3月
March

公元 1985 年 3 月							农历乙丑年【牛】						
日	一	二	三	四	五	六	日	一	二	三	四	五	六
					1 初十	**2** 十一	**3** 十二	**4** 十三	**5** 惊蛰	**6** 元宵节	**7** 十六	**8** 妇女节	**9** 十八
10 十九	**11** 二十	**12** 廿一	**13** 廿二	**14** 廿三	**15** 廿四	**16** 廿五	**17** 廿六	**18** 廿七	**19** 廿八	**20** 春分	**21** 二月大	**22** 初二	**23** 初三
24 初四	**25** 初五	**26** 初六	**27** 初七	**28** 初八	**29** 初九	**30** 初十	**31** 十一						

1日　全国四大米市之一的九江米市，自去年开放以来，客商云集，生意兴隆，成为江南各省粮油集散的重要基地。来自浙江、江苏、湖北、安徽、江西等 8 省的粮食及粮油制品共 30 多个品种，平均每天成交 217 万斤。

九江米市

江西粮食外运的场面

1日　江西省民政学会成立。

1日　萍乡矿务局电焊条厂引进瑞士电焊条生产设备，生产的电焊条部分销往美国。

1日　省政府办公厅通知，江西省冶金工业公司改为江西省冶金工业总公司。

1日　省劳动人事厅、省轻工业厅开始为县以上政府二轻局机关集体所有制身份的工作人员办理转干手续。

1日　全省电子工业工作会议在九江市召开。会议提出，努力适应市场需求，加速消费类电子产品的生产。会议于 4 日结束。

2日　在全省经济工作会上，景德镇建国瓷厂副厂长、工艺工程师邓希平研究成功的变色釉百鹿图玉兰瓶获"优秀新产品奖"。1 月份在香港举行的中国陶瓷展览会上，邓希平的作品博得前来参观的国际友人的赞赏，并将送往国际稀土博览会上展出。

2日　省文化厅确定今年将陆续建立开放陶渊明、文天祥、王安石、欧阳修、汤显祖、曾巩、黄庭坚、朱熹、宋应星、朱耷十个历史名人纪念馆。原有的汤显祖、八大山人纪念馆已整修开放，陶渊明和黄庭坚纪念馆已修建竣工，其他名人馆正在修建和筹建之中。

2日　全省经济工作会议举行。会上表彰了省政府命名的1984年度"六好企业"，表彰了经济效益先进单位、"三二一竞赛"优胜单位、企业整顿工作先进单位和评选优秀新产品。江西袜厂、江西氨厂、横峰纺织器材厂等29个单位被命名为"六好企业"，193个企业被评为经济效益先进单位，153种产品被评为优秀新产品，806个企业被评为"三二一竞赛"优胜单位。省委书记、省长赵增益出席大会并讲了话，要求高效益高速度地发展江西经济。省委常委、省经委主任钱家铭作了《更大胆地搞活，更大胆地开放，高效益高速地发展江西省经济》的报告。

3日　南昌陆军学校隆重举行庆功大会，表彰参加对越自卫反击战的有功人员。朱勇荣立一等功，吴日新、何凤壶、成林、欧阳骥、何榕

南昌陆军学校举行庆功大会

敏、熊晓宝荣立二等功，40人荣立三等功。福州军区副司令员赵华青、副政委曹普南，江西省委书记、省长赵增益，省委常委白永春、王保田等出席庆功大会。南昌陆军学校校长王成斌在讲话中说，我校学员在自卫反击战中表现出高度觉悟和组织指挥才能，证明陆军学校培养的"学生官"能打仗。

3日　江西省检察院召开南昌市检察院、上

饶分院、宜春分院，新建、高安、波阳县检察院检察长会议，传达省人大常委会通过的设置劳改、劳教场所的南昌市长埂地区、宜春新华地区、上饶珠湖地区人民检察院的决定，研究筹建工作有关事宜。

4日　省军区党委在整党中，遵照党中央和中央军委的指示，把纠正新的不正之风作为边整边改的突破口，派出检查组，对省军区已停办的三个贸易公司和已下令停止经营的近百万元生意进行检查清理，防止牌子摘下、生意照做的现象出现，彻底纠正新的不正之风。2月17日前，停办了万新工贸公司等三个公司，参与经商的16名在职干部和13名离休干部已全部退出。3月1日，向所属各单位提出了6条补充措施，要求对已停办的公司进行检查清理，对现有的56个小商店、小工厂进行整顿；不经批准，任何单位不得购买国家控购物资；各单位和个人不准以任何形式、任何名义和地方合伙经商，买空卖空，套购紧俏商品。

4日　省委老干部局、省妇联在省老干部活动中心联合召开"我为振兴江西做贡献"离休老干部三八座谈会。

5日　共青团南昌市委组织35个青年服务队上街为群众服务，有25个团组织，150余人参加"学雷锋为您服务"活动。

5日　省妇联举行"我为振兴江西做贡献"报告会。报告会成员有：南昌钢丝床厂责任厂长宗敏华、赣州市皮革制品厂厂长、海燕联营公司董事长胡淑华、吉水县八都乡孵鸭能手胡丽华、景德镇光明瓷厂厂长徐志军。省委常委、省委组织部部长、省妇联主任万绍芬到会讲话，号召江西省妇女向她们学习，为振兴中华、振兴江西，发挥妇女的"半边天"作用。报告会结束后，宗敏华等四人将启程赴京出席全国妇女改革先进人物表彰大会。

5日　经省政府批准，江西省高等学校毕业生分配交流服务中心成立。该中心的主要任务是：为用人单位提供毕业生的资源情况和信息；为学校提供用人单位对毕业生的需求信息和使用意图；协助行政主管部门拟订毕业生分配的方

案；采取多种形式，争取更多的外省院校毕业生来江西省工作。

5 日 为期 11 天的 1985 年足球协作杯比赛在湖南常德举行，共有 8 支球队参加了比赛，江西队以四胜一负的战绩勇夺冠军。

5 日 全国武警部队首届武术比赛在广西南宁市举行。参加比赛的有来自总部和各省市武警部队的 28 个代表队共 200 多名选手。江西省武警总队武术队 9 名队员，夺得团体总分第四名。17 岁的选手梁宝生、张汉宏分别获得 48 公斤级散手比赛的冠亚军，姚伟表演的双截棍、岳家拳获一等奖。比赛于 11 日结束（19 日，省武警总队总队长贾庆荣、政委孙树森签发嘉奖令，表彰江西武警总队武术队在比赛中表现出的勇敢精神和高超技术）。

6 日 中共中央办公厅给铜鼓县委、县政府和长林、长红机械厂复信，表示支持县、厂合作兴办三个新厂，续建大塅电站。1984 年 12 月 7 日，中共中央总书记胡耀邦考察铜鼓时提出"一面铜鼓三个桩，县厂联营办工业，军民共建山区，尽快使山区人民富裕起来"的意见。目前，两厂一县成立了县、厂主要领导参加的经济技术协作领导小组。装机容量为 1.28 万千瓦的大塅水电站已成立续建指挥部。据统计，项目建成后，三个新厂每年纯利可达 150 万元，电站每年纯利可达 300 万元，社会效益 3000 万元。

6 日 全国妇联主席、全国政协副主席康克清致函《小猕猴》编辑部，祝贺《小猕猴》创刊 5 周年，并对编辑们的辛勤劳动表示慰问。她建议该刊能适当登一些孩子们的作品，"让孩子们感受到自己是《小猕猴》画刊的主人，使画刊真正成为孩子们的好伙伴"（11 日，全国儿童少年工作协调委员会也给《小猕猴》编辑部发来了贺电）。

6 日 省委、省政府公布《关于贯彻中共中央 1985 年 1 号文件的实施意见》：（一）改革农产品统购派购制度；（二）帮助农村调整产业结构；（三）继续放宽山林政策；（四）鼓励农民开发资源；（五）增强乡镇企业活力；（六）开放农村经营市场；（七）搞活农村商品流通；

（八）发展农村交通事业；（九）加强对外开放；（十）促进城乡人才和技术交流；（十一）发展多种形式的合作经济组织；（十二）加速农村智力开发；（十三）搞好国营企业企业改革；（十四）继续减轻农民负担；（十五）扩大县级领导、组织协调经济工作的权力。

6 日 新余纺织厂首家实行"一长三师"（厂长、总工程师、总经济师、总会计师）负责制。

6 日 江西省"五讲四美三热爱"活动委员会制定出"五讲四美三热爱"活动要求：（一）要继续抓好文明单位的普及和提高；（二）重点抓好治脏，力争城乡环境面貌有显著变化；（三）抓好治差，争取服务态度有较大进步；（四）进一步加强规章制度和法制建设，创造良好秩序；（五）进一步深化爱国主义和革命传统教育；（六）要普遍进行文明礼貌常识和社会主义公德教育，提高人民群众的文明素质；（七）普及审美教育，倡导与生产发展和社会进步相适应的新的生活方式；（八）开展各级竞赛活动，把五讲四美三热爱活动引向深入。

6 日 省政府批准宜春市城市总体规划。

7 日 省政府确定严格控制行政经费开支的具体措施，要求各地认真贯彻执行。各级行政单位的行政经费预算指标一律削减 10%，由各级财政部门在预算中扣除；今后各部门非经上级批准，不准向下层单位借调，或长期雇用临时人员，变相增加编制；1985 年会议的次数和人数比 1984 年要大大减少，经费要比 1984 年减 10%，要尽量减少会议文件、简报，不准任意提高会议伙食补助标准，不准发纪念品和奖品，今年社会集团购买总额要比 1984 年核减 20%；严禁挪用行政经费搞基本建设。

7 日 赣州地区今年从财政拨出 1000 万元资金，用以发展全区乡镇企业。赣州地委和行署计划全区乡镇企业经济效益要在 1984 年的基础上翻一番，促进全区经济效益的翻番。到当日止，全区各乡镇上报地区要求兴办食品、饲料加工、第三产业、地下矿产品、建筑建材、竹木加工等企业项目达 2200 多个。

7日 江西省对外经济技术合作洽谈会在香港华润大厦香港展销中心举行。新华社香港分社负责人香港中华总商会名誉会长王宽诚、华润集团有限公司总经理张建华等1700多位香港各界人士和日本、美国、法国等外国人应邀参加了开幕式，江西省领导致开幕词，欢迎来宾洽谈贸易和合作项目，提出了交通、能源、农、牧、渔等10个方面的开发性建设项目100个，引进技术和设备项目180多项。展销会展出了陶瓷、矿产、大米、纺织等900多种1万多件展品。

7日 南丰县日前集资24万元修复千年古塔——南丰"雁塔"。该塔建于距今1400多年的南朝。塔身形如正六棱柱，上下一体，高36米，每层宽100平方米，用砖砌成。

8日 为期4天的全省地、市审计局长座谈会结束。会议决定地、市审计局长座谈会今后每年举行一二次，通报全国审计工作信息，研究当年审计工作中的新问题。

9日 省委宣传部召开了省直宣教战线各厅、局、社、大专院校负责人会议，省委常委、宣传部部长白永春作了题为《努力把一九八五年的宣传工作做得更好一些》的讲话，讲话提出五点要求：认真抓好宣传战线干部的学习，改变"一'左'、二缺、三不严"的状况，真正把宣传工作的业务指导思想从"以阶级斗争为纲"转移到以经济建设为中心的轨道上来；加强经济形势和经济体制改革的宣传，克服形式主义，要"慎重初战，务求必胜"，宣传好"价格体系的改革是整个经济体制改革成败的关键"；要宣传两个文明建设一起抓的方针，把思想政治工作搞活，把社会主义精神文明建设向前推进一步；要宣传继续抓紧落实知识分子政策，认真解决迫切需要解决的问题；思想要进一步解放，宣传要加强纪律性，决不能因宣传不当给改革带来困难，要宣传好中共中央总书记胡耀邦对江西提出的"对内更大胆地搞活，对外更大胆地开放"的方针。

10日 省委、省政府批转省军区制定的《江西省民兵、预备役工作走在全国前列的要求》，并强调：各单位要从实际出发，制定相应的措施，认真抓落实。

10日 省委第一书记白栋材最近在部分县级干部座谈会上指出：必须强化县级工作职能。省、地两级必须进一步放宽政策，给县里下放更多一点、更大一点自主权，给县里的领导在领导、管理、组织、协调经济工作中有职有权，甩开膀子去干，充分发挥县一级应有的职能，搞活江西经济。这样，有利于县的职能作用得到最充分的发挥；有利于增强县级管理和协调经济的能力；有利于调动各方面的积极性，促进经济的发展。

11日 波兰冶金机械部副部长兼鲁宾铜业公司总经理巴普拉克率领的波兰有色金属代表团一行4人抵南昌，将去德兴铜矿、贵溪冶炼厂、武山铜矿和景德镇参观访问。

11日 由省科普作家协会农业专业委员会、省农牧渔业厅、省科协等22个单位主办的江西省首届农业科普"百花奖"授奖大会在南昌举行。有199件农业科普作品（其中科普文章176篇，科普图书19本或套、科普电视4部）、344位作者、26位编者获奖。副省长、省首届农业科普"百花奖"组织委员会名誉主任柳斌发表讲话，要求农业科普工作者要把促进农业生产结构的合理化、为农村经济的繁荣和振兴当作首要任务。

11日 省轻工业厅提出厅属七个公司改革调整方案，办成经营、服务、开发的经济实体，兼抓行业管理工作。

12日 全国首届青年钢笔书法竞赛揭晓：江西邹克胜、张泽生分别获二、三等奖，戴隆华、汪国光获四等奖，23人获五等奖。

12日 在万载县花炮展销会上，来自全国26个省市自治区的客户订货金额已突破2500万元。特别是株潭出口花炮总厂研制的"报喜"烟花，更是深受客户欢迎，在会议期间订货量近1万箱。

12日 省政府重点工程计划会确定今年江西省计划重点工程共有68项。新安排的重点工程项目12个，技术改造项目30个，包括续建的三个国家重点工程及省续建重点工程。该工程今年建成投产的有 30 项，基本建成的 4 项。较大的项目有：景德镇陶瓷厂、万安水电站、南昌发电厂、九江电讯枢纽楼、浙赣复线、大沙线、新余钢铁厂、庐山水泥厂、江西平板玻璃厂、江西涤纶厂、江西光学仪器总厂、江西毛纺厂、江西科技活动中心、广播电视大学等。30 个技术改造项目中有 19 个从国外引进生产线扩大生产能力，重点工程总投资为 10 亿多元，占江西省固定资产投资总额的 50%，比 1984 年增加 17.6%，是江西省计划投资最多的一年。

12 日　日本米可多化工株式会社社长石本正一到达南昌，向江西省农业科技人员建议，利用蓝色地膜进行水稻地膜覆盖育秧，并送给江西 500 米该会社生产的蓝色膜。石本正一是我国地膜覆盖栽培研究会荣誉顾问，是应农牧渔业部的邀请，来我国进行地膜覆盖的应用、地膜生产的考察和技术交流。省农牧渔业厅的负责人说，江西省 1984 年搞了 49 万亩透明膜育秧，今年将增加到 73 万亩。

12 日　民革江西省委会和南昌市委会联合举行座谈会，纪念孙中山逝世 60 周年。

12 日　省编委、省档案局联合转发《地方各级档案馆人员编制标准（试行）》。

12 日　中国机械设备进出口公司江西分公司受江西汽车制造厂委托与日本伊藤忠商事株式会社、五十铃株式会社签约，以技贸结合方式引进日本五十铃公司 20 世纪 80 年代中期产品 XHR542LW 轻型汽车全部技术资料、全套图纸生产工艺及质量测试设备，用汇 1084.55 万美元，生产江西"五十铃"XHR 双排座轻型载货汽车。

12 日　南昌市政府所属的绿化委员会及公安、城乡建设、林业三个局联合颁布《关于保护绿化成果，制止偷盗林木的通告》。

12 日　江西青年作家陈世旭的短篇小说《惊涛》日前在第七届全国短篇小说中获奖。

13 日　全省冶金工作会议在江西钢厂召开。120 余人出席了会议，会议于 16 日结束。

13 日　国家气象局已批准《江西省气象现代化业务建设方案》，并正式将江西列为全国南北两个气象现代化业务建设的试点省之一，决定

1984 年至 1985 年两年拨专项经费 80 万元给江西省，用于提供技术装备。当前，江西省部分数值预报产品网络点数据库已建立，微机开发应用取得相应成果，气象测报半自动化已在部分台站投入业务，以省气象台为中心的江西省气象通讯网的试验和布设取得了较大进展。

国家气象局局长邹竞蒙等领导在参观江西气象微机展厅

14 日　省政府决定一次拨专款 60 万元，用以扶持中医中药事业的发展，购置医疗设备，改善工作条件。

14 日　南昌市西湖公安局分局刑侦队破获一起播放黄色录像带案件，缴获《暴行现场》等内容极端黄色的录像带 7 盘。井冈山剧院和赣剧院放映点被取缔。

14 日　奉新县公安局刑侦队光荣出席公安部在北京召开的全国公安战线功臣模范和立功集体命名大会，被公安部授予"全国公安战线模范集体"的光荣称号。

15 日　《江西日报》报道，江西省社会活动中心在南昌市洪都大道东侧永溪村附近兴建。该活动中心由省社科院、省社联、省委讲师团联合兴建，下设社会科学研究和图书情报资料中心、社会科学工作者活动中心、培训干部教学中心，占地面积达 150 多亩，总建筑面积 2 万平方米，其中主体大楼建筑面积 1.36 万平方米，总投资 600 万元，今年已安排资金 100 万元。

15 日　江西省"五讲四美三热爱"活动委员会发起的 12 城市开展创"三优"城市竞赛的

签字仪式在南昌市举行。来自南昌、景德镇、萍乡、九江、鹰潭、新余6个省辖市和赣州、宜春、吉安、上饶、抚州、井冈山6个地辖市的领导在协议书上签了字。他们表示，要依靠全市市民，采取有效措施，把自己的城市建成具有优美环境、优良秩序、优质服务的社会主义文明城。省政府已拨出100万元作为这次评比活动优胜城市的奖金，获第一名的城市可获奖金40万元，第二名者得奖金30万元，第三名者得奖金20万元，第四名者得奖金10万元，奖金用于城市公用事业。

12城市市长在"江西省十二城市开展创'三优'城市竞赛协议会"会上

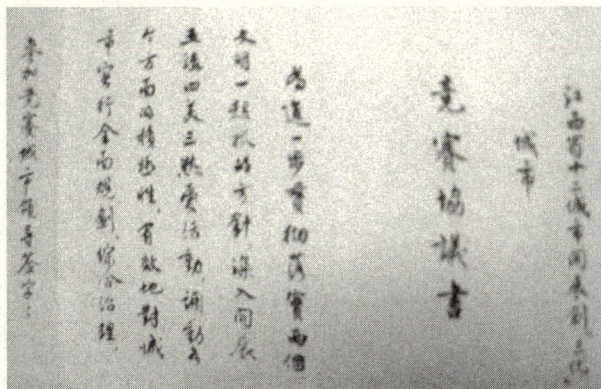

全省12城市领导签订的创"三优"竞赛协议书

15日 全省高等学校和中专毕业生分配工作会议结束。会议对今年大、中专毕业生的分配作了如下改进和规定：（一）分配计划自下而上制定，学校与需要毕业生的单位联系后，提出分配建议计划，报省计委、省教育厅综合平衡，经省政府同意下达执行；（二）继续试行有偿分配，有偿分配部分由1984年的2%增至20%；（三）坚持优生优分，优才优用原则，优秀毕业生最多不得超过毕业生总数的3%；（四）毕业生分配到工作单位后，必须连续工作5年，才允许流动；对不服从分配的毕业生，取消其分配资格，并责令赔偿部分培养费用。

15日 南昌市政府颁布《南昌市乡镇、街道企业环境管理实施办法（暂行）》。

15日 省建设厅、省计委、省工商局、省建设银行、省检察院联合发出《认真整顿建设市场的通知》。

16日 全省对外经济技术合作洽谈会进行了10天，到当天止，前来洽谈的达1000多客户，包括瑞士、瑞典、日本、美国、法国、意大利、奥地利、英国、比利时、德意志联邦共和国、新加坡等十几个国家的朋友，签订的合资项目有23个，引进技术设备项目59个，合计引进资金1.94亿美元。签约项目中有：同瑞士BBC公司合资扩建的萍乡电厂，同菲律宾丰隆纸浆行业公司合资新建的宜春造纸厂等；引进项目约60多项，资金达3000多万美元，其中有新余钢铁厂从日本三菱商会株式会社引进的高效鼓风机等，成交贸易额近4000万美元。

16日 应江西"知识·人才"社会学院邀请，著名剧作家吴祖光和著名表演艺术家新凤霞夫妇于15日、16日两日在南昌举行首次演讲。目前陆续有20多位学者、专家和知名人士来南昌传授知识，交流信息，讲授成才之道。这批讲学者包括作家、艺术家、科学家、名记者和教育学家丁玲、姚雪垠、吴祖光、新凤霞等，他们将深入大专院校和企事业单位访问、座谈，他们的讲演稿将集录在《中国名人学者讲演录》中出版。

17日 省政府在南昌召开为期两天的全省户办联办工业代表座谈会，总结交流经验，以进一步促进全省乡村工业的发展。1983年江西省户办联办工业有4万户，至1984年底，发展到20万户，经营范围扩展到采矿、食品、饮食、修理、化工、服装、运输、建材、机械、纺织、农副产品加工等各个领域。会议强调：要扶持户办联办工业,必须从8个方面提供服务:(一)用党的方针政策发动群众;(二)提供信息;(三)解决资金;(四)税收上照顾;(五)搞好人才和技术服务; (六)保护户办联办合法权益;(七)要有计划引导企业联营,引导户办联办和集体经济、国营经济联营;(八)对户办联办工业、村办工业、乡办工业一视同仁。

18日 省政府召开常务会议,对贯彻执行国务院发出的《关于加强物价管理和监督检查的通知》、《关于坚决制止就地转手倒卖活动的通知》及《关于加强外汇管理的决定》进行了认真研究。省政府决定,自即日起至4月底,各地政府要组织物价、工商、银行、税务、审计、计量等部门,对当前的物价、市场和外汇管理开展一次大检查。各级人民政府要切实加强市场物价管理和监督检查,坚决刹住乱涨价或变相涨价、转手倒卖重要生产资料和紧俏耐用消费品、扰乱市场的违法行为。各级外汇管理部门和银行要认真加强外汇管理,严格制止非法倒卖外汇的活动和严禁外汇流通。除国家批准收取外币的单位外禁止任何外币在市场流通。坚决取缔炒买炒卖外币、外汇券的黑市活动。

18日 经省政法委批准,成立江西省青少年犯罪研究学会。

18日 省委整党工作指导小组召开江西省第二期整党工作会议。省委整党工作指导小组常务副组长傅雨田主持会议,省委整党办公室主任徐文楼传达了中指委召开的第二期整党工作会议精神。省委书记许勤在讲话中说:(一)要正确估价第一期整党成果;(二)认真分析第二期整党形势,不断把整党工作引向深入;(三)刹住和纠正新的不正之风,是当前整党的突出任务;(四)切实加强对整党工作的领导。会议于21日结束。

19日 江西省图书馆新馆方案于当日在南昌审定通过,新馆位于洪都大道北段,占地近百亩,建筑面积达2.5万平方米,主体建筑由一座14层的藏书楼和两侧的阅览楼组成,可藏书500万册,有2000多阅览座位,配有录放、监听等现代化服务设施。由南昌有色冶金设计院负责设计,新图书馆预计投资1000多万元,第一期工程于年底动工。

19日 全省第六次老区建设工作会议在南昌举行。会议要求各老革命根据地在正确使用专项建设资金的同时,要进一步放宽政策,发展商品生产,增强老区经济活力。为帮助经济落后的部分革命老根据地发展生产,自1980年起,国家专门设立了专项建设资金。5年中,国家和省财政共拨款1.15亿多元。

20日 省妇联、省农牧渔业厅联合发出通知,在全省农村妇女中开展十大养殖能手竞赛活动。

20日 省地名办在景德镇召开江西省地名工作现场会,会上介绍了德兴县地名档案工作经验并对地名档案的分类、整理、鉴定与保管等问题作业务讲座和经验交流。

20日 新建县生米乡以盛产经济作物藠头、花生和粮食作物、红薯为大宗。全乡23个行政村,有18个村种植藠头,面积达2000余亩,年产藠头700余万斤,是闻名中外的"藠头之乡"。南昌啤酒厂用生米藠头制成的"长青"牌藠头罐头,南昌、吉安等罐头厂生产的出口"长青"牌藠头罐头经法国国际美食及旅游委员会评审,荣获金桂叶奖。这是江西食品第一次在国际上获得金质奖的荣誉(6月12日在巴黎举行授奖仪式)。

20日 省妇联在南昌隆重召开表彰大会,授予401位妇女以改革积极分子、省"三八"红旗手称号,并颁发荣誉证书和奖品。表彰者中53名为厂矿企业女改革积极分子、150名为专业户女能人、198名为优秀妇女干部。省委书记许勤讲了话,要求:各级党政领导、妇联组织,要从思想、学习、工作、生活各个方面给妇女以更多的关怀,支持她们投身改革。

21日 省社科院哲学研究所与省历史唯物主义研究会共同邀请省内理论研究、宣传和教育战线的专家学者20余人,在南昌举行关于社会主义社会矛盾问题学术讨论会。讨论会就社会主义社会矛盾的分类、性质、处理方法,特别是对社会主义基本矛盾在各方面的具体表现,展开讨论。《光明日报》、《文汇报》刊登会议消息。

21日 省电力工业局向下属有关单位颁发了《关于火力电厂试行经济承包责任制办法》、《水力发电厂试行"生产成本包干、专项工程承包、节约分成和加强管理多发水电奖励"的办法》、《关于供电局试行"内部独立核算、盈亏包干、增利减亏分成、指标考核"办法》、《电力修造厂利润包干、指标考核的实施办法》、《关于对电力设计院试行"事业单位企业化管理"办法》、《电力施工企业经济承包责任制试行办法》、《关于对三所学校试行"预算（经费）包干、增收节支分成"办法》7个经济责任制办法。以上7项经济责任办法，均自当年1月起试行。

21日 省政府同意省农牧渔业厅建议，决定加快南昌、新建、进贤、都昌、彭泽、湖口、星子、波阳、余干、丰城、南昌市郊等12个县（区）商品鱼基地县建设（7月9日，省政府又决定成立南昌市水产项目领导小组，以加强南昌市利用外资水产项目的领导，副省长张逢雨任组长）。

21日 经省政府正式批准创办南昌教育学院，校址在南昌市南湖路2号（5月15日，南昌教育学院正式成立）。

21日 宜春县人武部春节期间发生的枪支弹药被盗案破获。罪犯当晚落网，被盗的枪支弹药全部缴获。这起案件在省委、省政府、省军区、上级公安保卫部门和地、市、县党政军领导下，基层党组织、企事业单位和广大人民群众的共同努力下，未费一枪一弹，一举将罪犯擒获。

22日 省政府、上海铁路局在南昌铁路工人文化宫联合举行命名大会，授予昌沪线277/278次列车为"文明列车"光荣称号，并颁发了奖牌和奖杯。1984年，这趟列车被评为江西省优质服务先进集体。

22日 南昌县蒋巷乡立新村一位水产经营户，在鄱阳湖中松门山湖面从渔民手中买下一条长330厘米，胸围171厘米，415斤的大鱼。该

鱼身上28处受伤，两天后死亡。经水产科技人员鉴定，这条大鱼是长江中的中华鲟。中华鲟、白鲟、白鳍豚均产于长江中、下游，被列为国家珍稀水生动物，作为特级保护对象，严禁滥捕乱杀（26日，省、市渔政部门正采取措施，追查和制止捕杀珍贵鱼类事件）。

23日 萍乡铝厂铝型材生产线和60千安系列电解铝生产线正式动工兴建（1986年10月12

萍乡铝厂

日，从香港引进的铝型材挤压生产线建成投产。同年12月5日铝合金熔铸炉建成投产。1987年1月17日，型材氧化着色生产线试产成功，2月22日，省冶金进出口公司、萍乡铝厂、香港万宝公司对氧化着色设备进行验收。同年4月25日，60千安铝电解一期工程40台电解槽建成投产。1989年1月27日铝电解和铝型材两项技改工程正式通过竣工验收）。

23日 中国残疾人福利基金会赠送给江西省的210台20吋"三洋牌"彩电已运到南昌。南昌市社会福利院、精神病院、按摩医院及东湖区、安义县社会福利院的孤老残幼人员纷纷感激党和中国残疾人福利基金会的关怀。此次中国残疾人福利基金会向29个省、市、自治区赠送彩电，赠送给江西的数量最多。

23日 全省优秀设计表彰大会在江西宾馆举行，37个优秀设计项目受到省政府嘉奖。获省级优秀设计奖的有23项，省级表扬设计奖有14项。"南昌红旗电排站工程设计"和"樟树港码头工程设计"获国家级优秀设计奖。被评为省优

秀设计奖的"九江炼油厂动力车间供油系统工程",建设资金50多万元,设计人员采用了燃烧重油的新工艺,一年便可为该厂节约燃料费300多万元;"南昌红旗电排站工程",建设投资520万元,建成后一年就能获得经济效益300多万元。

24日 出访尼泊尔、孟加拉国、巴基斯坦、斯里兰卡、印度五国的江西省杂技团载誉归来。杂技团是1月9日启程出访南亚五国的。杂技团表演的"飞天造型"、"高车踢碗"、"手技"、"椅子顶"等精彩节目,受到观众的热情赞赏,加强了和南亚人民的文化交流,增进了彼此友谊。

24日 省政府批转省审计局、省财政厅《关于在省直单位实行经费定期送达审计的报告》。随后,行政事业单位定期送达(报送)审计开始在江西省推广。

24日 省政府召开全省经济法制工作会议。会议指出:加强经济法制建设,促进经济建设发展。根据中央领导视察江西时所作的指示,提出了更大胆地对内搞活经济、更大胆地对外开放,争取国民经济的发展速度略高于全国平均水平要求。会议指出,加强江西省经济法制建设,必须抓好两件事。一是健全法制,为改革廓清道路;二是普及经济法规知识,培训经济法规干部,增强经济法制观念。要严厉打击经济战线上的犯罪分子,做到有法必依,执法必严,违法必究,切实保护国家、集体、专业户、个体户的合法权益。会议于27日结束。

25日 省政府同意萍乡矿务局、丰城矿务局和乐平矿务局各办一所技工学校(5月10日,又批准萍乡、乐平两矿务局与省煤炭工业学校各办一所职工中专)。

25日 临川县腾桥乡民间舞蹈《火老虎》最近被选入中国民族民间舞蹈舞。

26日 南昌市举行1984年度劳模、先进集体代表大会,有特等劳模17名,劳动模范738名,先进单位代表64名,先进集体代表289名,特约代表10名参加大会。

26日 江西省首期科技档案干部培训班在洪都机械厂技术档案科举办。培训时间近两个月,至5月22日结束。

27日 省商业厅下发赣商(1985)石密第1号文《关于做好江西省石油经营机构交接的有关问题的通知》。

28日 省体委举行授奖大会,向1984年取得优异成绩的186名运动员、教练员颁发了中华人民共和国体育运动等级奖章证书和奖金。

28日 省政府批转省计委《关于改革计划体制的若干暂行规定》,对计划体制改革按照"大的方向管好管住,小的地方放开放活"的精神,缩小指令性计划,扩大指导性计划和市场调节的范围,适当下放计划管理权限,简化建设项目的审批手续,对赣州、樟树、乐平等市、县和一些企业集团实行计划单列。

28日 省文化厅批准将原江西省文艺学校吉安采茶班、赣南采茶班、萍乡采茶班、宜春采茶班,分别改为江西省文艺学校吉安分校、赣南分校、萍乡分校、宜春分校,改名后原隶属关系不变。

29日 经省政府研究同意,对中国国际贸易促进委员会江西省分会领导成员作以下调整:周懋平兼任主任、江山兼任副主任,原经省政府任命的张殿锡、卢德荣2名副主任不变。

30日 江西广播电视中心工程邀请省建筑工程总公司等五家施工单位举行招标、投标会议。省广播电视中心位于南昌市第四交通路东段南侧。中心大楼高层部分有22层,地下2层,地面20层,总高度为82.6米。包括配电房等附属建筑在内,总面积为29781平方米。工程完工后,省电视台可自办两套彩色电视节目,省电台可自办两套广播节目,可转播中央台三套电视节目,两套调频广播节目,共可播出六套彩色电视节目、六套广播节目(包括两套调频立体声广播节目)。

31日 江西省科技市场自1984年6月兴办以来,省委、省政府把兴办科技市场作为江西省农村科技体制改革的突破口,从人员、经费、设备等各方面予以大力扶持,使江西科技市场成为江西省农村出现的一个新的知识产业。截至月底，已有 45 个县（区）建立了科技市场。据统计，全省现有科技新产品、新成果展销门市部 44 个，开办各种技术培训班 50 次，各类示范场 48 个，20 个县搞了技术承包和技术生产联营。各地科技市场实行有偿技术转让 214 项，产生经济效益达 1000 余万元。

本月 九江市赶在大汛到来之前，集中财力、人力、物力治理九江大堤。九江长江大堤全长 150 多公里。为治理其大堤，国家水电部投资 150 万至 250 万元，市、县、区财政拨款 30 万元，农民个人集资和筹措运输等经费约 180 万元，用于大堤加高加固。国家水电部投资治理的堤段，由原来的顶面宽 5 米加宽到 8 米，堤坡由 1∶2.5 加到 1∶3。

本月 江西工业大学改革封闭式科研体制，面向经济建设搞科研。到本月中旬，该校承担科研课题 200 多项，其中 420 项已通过省级鉴定，共向省内外有关企业转让科研成果 10 项，提供有偿技术服务 160 多项，为社会增加直接经济效益 500 多万元。该校研制成功了食品特用油脂、食品保鲜剂等 10 多种新原料、新品种。1984 年 6 月，研制成功制造巧克力、高级糖果、面包用的主要原料类可可脂，并通过鉴定，填补了国内空白，并将该成果转让给九江油脂化工厂，本月试车投产。江西工大与江西省 100 多家国营企业和乡镇企业建立了科研生产合作关系。该校先后为省内十几家大中型企业设计安装了微型计算机控制设备，提高了企业经济效益（1984 年 10 月，基础部教师帮助进贤县捉牛岗垦殖场腐竹厂设计了远红外真空烘干生产线，不仅节省能源一半，年产量也由往年的 50 万斤上升到 200 万斤）。

本月 月初，丰城县砂石公司挖砂船在赣江的"老蛤石"附近沙床中间 3 米处的砂层里，发现一批古瓷器。这批古瓷施青黄色釉，胎骨坚硬，烧成温度高，釉面玻化程度和器物瓷化程度很好，器型除少数钵外，大部分是成叠成套的碗，有实足和卧足二种，碗心有印花纹饰。其造型、釉色、纹饰等特征表明是洪州窑产品，时代为隋唐。

本月 省政府批转省计委《关于改进计划体制的若干暂行规定》。该文件确定：主要农副产品的生产和收购，交通运输部门的客运量，货运量和客货周转量、邮电业务总量由原来实行指令计划改为指导性计划；工业生产实行指令性计划管理的产品由原来的 258 种减为 46 种，指令性计划管理的产品 77 种；实行指令性计划的物资，由原来的 56 种减为 22 种。其他方面的计划管理也作了简化。

本月 经省政府批准，江西省文化干部职工中专学校成立。

本月 景光电厂为美国 REL 公司包建一条金属陶瓷发射管生产线试产成功，实现了中国电子工业系统首次对美国技术输出。

全国环境优美工厂——景德镇市景光电厂

本月 南昌市创办《南昌人口报》，全年出版 10 期，共发行 15 万份。

本月 水利电力部以（1985）水电水规字 5 号文批复江西省水利厅，同意鄱阳湖区近期水利建设的重点是加固现有圩堤，建设分蓄洪区，并要求抓紧编制各工程的单项设计及总体的设计任务书。11 月，水电部又以（1985）水规定 76 号文将《江西省鄱阳湖区重点圩堤与分洪区工程总体设计任务书》上报国家计委。水电部原则同意该任务书提出的鄱阳湖区近期治理任务。并建议列入"七五"计划，争取用 10 年完成此任务书规定的治理任务。

本月 宜春县并入宜春市并撤销其县建制。至此，宜春地委共辖一市九县委：宜春市委、丰城、清江、万载、铜鼓、宜丰、上高、高安、奉新、靖安县委。

本月 全省第三产业统计会议在萍乡市召开，研究和制定《第三产业增加值和国民生产总值计算方案》，要求在计算国民收支的同时开始计算国民生产总值。

本月 省政府批准筹建江西印刷学校。

本月 根据审计署授权，江西省审计局首次对世界银行贷款"广播电视大学和短期职业大学项目"及"第二个农业教育项目"江西境内执行单位江西广播电视大学和江西农业大学1984年会计报表进行审计。这是审计局成立后最早开展的外资审计项目。

本月 省司法厅拟订《江西省法学教育六年发展规划》（1985～1990）下达各地。

1985

4月

April

公元 1985 年 4 月							农历乙丑年【牛】						
日	一	二	三	四	五	六	日	一	二	三	四	五	六
	1 十二	**2** 十三	**3** 十四	**4** 十五	**5** 清明	**6** 十七	**7** 十八	**8** 十九	**9** 二十	**10** 廿一	**11** 廿二	**12** 廿三	**13** 廿四
14 廿五	**15** 廿六	**16** 廿七	**17** 廿八	**18** 廿九	**19** 三十	**20** 谷雨	**21** 初二	**22** 初三	**23** 初四	**24** 初五	**25** 初六	**26** 初七	**27** 初八
28 初九	**29** 初十	**30** 十一											

1 日 南昌市经济大楼工程举行开工典礼。该楼是一幢具有现代化设施的综合性办公大楼，地上 24 层，地下 1 层，建筑面积 35145 平方米，框架剪力墙结构，楼高 91.9 米，上设 60 米电视塔，顶层为旋转大厅，是江西省最高的建筑（该建筑获 1988 年省"开发工程质量管理优秀奖"一等奖，1989 年评为省优良工程、南昌市"十佳建筑"之一）。该楼由省建筑设计院设计，南昌市三建公司施工。

1 日 省政府印发国务院颁发的《调整农村粮油购销政策价格实施方案》，宣布从 4 月 1 日起取消粮油统购，实行粮油合同订购，订购品种为：稻谷、小麦、玉米、菜籽油、芝麻油、茶籽油和棉籽油，其它粮油允许自由购销。

1 日 省政府发出通知，决定从 3 月起，全省停止执行奖售政策。3 月 15 日，放开生猪收购价格。4 月 1 日，除南昌市等部分城市外，猪肉售价放开。

1 日 南昌铁路分局增开南昌—杭州快车。

2 日 受团中央委托，共青团江西省委对在全国"活跃的中学生活"活动中获奖的 8 所中学

和 22 个兴趣活动小组颁奖。受表彰的 13 个先进学校为：南昌铁路分局第二中学、洪都机械厂中学、赣州市第三中学、吉安县县立中学、宜春市第三中学、新余市第一中学、鹰潭市第一中学、临川县第二中学、景德镇市第一中学、瑞昌县第二中学、萍乡市第四中学、南昌市第十一中学、弋阳县第二中学。

2 日 江西省环境科学学会成立，选举产生第一届理事会，周之骧当选为名誉理事长，韩伟为理事长，会议收到学术交流论文 91 篇。

2 日 江西省"2799 项目"领导小组成立，以加强对世界粮食计划署援助的鄱阳湖低洼地发展淡水鱼项目的领导。

3 日 由 100 余人组成的南昌市赴深圳技术引进洽谈代表团，经过 20 余天与港商、外商的磋商洽谈，返回南昌。共引进技术项目 30 项，合资项目 24 项，成交额达 4000 万美元。

3 日 由联邦德国黑森州州长伯尔纳率领的联邦德国艾伯特基金会代表团一行 5 人来华访问到达北京。当日在北京万寿宾馆，江西省省长赵增益与伯尔纳举行会谈，并分别代表双方签署江

西省与黑森州建立经济合作关系议定书。

5日 省财政厅、省石油公司联合下发（1985）赣财商字第15号、（1985）赣石财字第015号文件：《关于核定省石油公司直属单位第二步利改税方案的通知》。

6日 省商业厅机关党委以党发（1985）006号文件批复，同意成立江西省石油公司委员会。

7日 浙江、上海、江西三省市青少年体操对抗赛在浙江杭州市结束。江西男子队荣获团体冠军，其中14岁的体操新秀吴建军获吊环、双杠两项冠军和男子全能亚军；袁琦获一项单杠冠军，龚循兵获一项自由体操冠军，12岁的女子体操运动员龚莉，分别获得了女子全能及自由体操、跳马三项亚军。

7日 在最近召开的全国有色金属工业劳模大会上，江西3个有色企业和38名先进个人受到表彰。其中德兴铜矿被授予全国有色工业红旗单位称号，西华山钨矿青年风钻工张选忠被授予开矿功臣称号，大吉山钨矿矿长宣森、德兴铜矿矿长吴一麟、南昌有色冶金设计研究院高级工程师潭世燮、荡坪钨矿爆破手赖香恺等18位同志被授予劳动模范称号。

7日 在靖安县高湖乡林区发现罕见的连片高密度楠木纯林。在约0.5平方公里的区域里，最大的两株胸围约1.66米，高25米以上。

8日 在武汉市举行的全国游泳春季分级分区赛第三赛区中，江西省泳坛名将李金兰以1分4秒的优异成绩，夺得女子100米蝶泳冠军（3月30日到4月3日在南宁举行的第二赛区比赛中，江西省选手龚康以2分31秒6的成绩获得男子200米蛙泳第一名。江西省链球新秀罗军在4月8日南昌结束的1985年全国链球集训比赛中以68.52米的优异成绩夺得金牌）。

8日 南昌市"五讲四美三热爱"活动双先表彰大会闭幕，全市12个镇和4个市区的有关负责人签订了竞赛协议书。大会表彰奖励了文明单位102个，文明村50个，先进单位249个，卫生先进集体29个，青少年学雷锋先进集体11个，后勤工作先进集体21个，先进个人377名，先进个人标兵12名。

9日 临川县展坪乡竹溪村最近发现王安石族谱，省委宣传部、省社科院的领导、历史学家专程前往临川县展坪乡竹溪王家查看了这部珍贵的王氏族谱。

9日 省政府、省军区批转省人防委《关于抓好人防专业队伍建设的报告》。

10日 省劳动人事厅以赣劳人办（1985）11号文下发《关于做好江西省石油公司系统人员，劳动工资计划等交接工作的通知》。

10日 南昌市电信局新增设长途电话立即接通台。可立即接通北京、上海、福州、南京、赣州、吉安等15个城市。

10日 省地质矿产局物化探大队七〇五队最近在弋阳县港口乡黄家山找到一处大型的黑曜岩，伴生的还有玛瑙矿、燧石矿和石英矿。

11日 江西省野生动物保护协会成立，李明志任会长。

11日 江西省第二建筑服务公司改为江西省工业民用建筑工程公司。

11日 省政府常务会议听取省轻工业厅的情况汇报。就轻工业生产改革问题，提出明确的意见和办法。

11日 被列入1984年国家重点科研项目的KDB－418－22140KW双速隔爆型三相异步电动机，最近在煤炭部属分宜矿电机厂试制成功。

12日 省政府通知，大力发展横向经济联系，允许和鼓励外地商品进入当地市场；允许和鼓励外地企业和农民进城办各项事业；允许和鼓励当地工商企业、科研单位和大专院校进行跨行业、跨城乡、跨地区联合。

12日 贵溪天然色素厂研制成天然色素，填补了江西食品工业的一项空白。

13日 中共中央书记处候补书记郝建秀到江西视察，接见江西省妇联中层以上干部并合影留念。

13日 一套应用于啤酒灌装、杀菌的微机控制系统，近日在江西吉安啤酒厂通过技术鉴定。

13日 澳大利亚驻上海总领事黄乐哲来南

昌作为期三天的访问，与江西省计委、省外经贸厅、南昌市政府有关负责人进行接触和交谈。

14日 全省第二次司法行政工作会议召开，传达贯彻全国政法工作会议、全国司法厅（局）长会议及江西省政法工作会议精神，集中研究司法行政部门为经济建设和经济体制改革服务。

14日 省检察院召开为期3天的分、市检察院检察长和经济检察科长会议，传达贯彻全国省、市、自治区检察长会议精神，集中研究加强经济检察工作、打击经济犯罪的问题。

15日 江西省气象台天气预报警报系统安装试验成功。

15日 省政府批准成立吉安教育学院。

15日 国家气象局副局长章基嘉一行5人来江西省视察气象工作，先后到宜春、吉安、赣州、抚州4个地区气象局及宜丰、万载、安福、宁冈、井冈山、瑞金、于都、石城、南城、广昌等10个县气象站。视察活动于27日结束。

16日 省政府批转省教育厅《关于社会力量办学的暂行管理办法》。

17日 江西省高级人民法院召开的全省各中级人民法院和省军区军事法院、南昌铁路运输法院院长会议当日结束。会议传达了学习最高人民法院副院长任建新在全国各高级人民法院院长会议上的报告和全国法院系统先进表彰会、全国法院人事教育工作会议精神，着重研究开办业余法律大学问题。院长柳滨发表了题为《人民法院的工作必须适应经济体制改革的新形势》的讲话。

18日 南昌静电复印材料厂与中国科学院化学研究所联合研制成功的有机光导静电复印版在南昌通过中试鉴定，填补了我国有机光导复印版商品生产的空白。

18日 江西省石油公司以（1985）赣石计字第11号文件转发上海石油供应站《关于10号、15号高价汽油、机油销售调拨价格的函》。

18日 江西省审计学会在南昌召开为期两天的成立大会，大会同时进行第一次学术交流。

19日 华东协作区第五届步枪和移动靶项目射击锦标赛在杭州结束。江西健儿夺得步枪项目团体总分第一名，获得流动奖杯，并打破四项华东区纪录。江西省获得个人第一名成绩的运动员是：刘人清、袁光红、姜荣和赵洪峰。

20日 瑞昌境内海拔1000米以上的青山林场发现了4颗罕见、硕大的哺乳动物牙齿化石，最大的一颗长15厘米，宽10厘米，厚6厘米，是由该场村民在离总场约4华里的煤洞采煤挖掘出来的。同时，在洞口的废渣中也发现了一颗较小的同类化石。经江西省博物馆考古办公室的专家初步推测，二三万年以前青山地区曾有这种动物生存。

20日 鹰潭市妇联在市化工厂居委会进行科学育儿、家庭教育试点工作，并办起科学育儿学校。5月5日结束试点工作。

20日 新余钢铁厂应用顶底复合吹炼新技术炼钢获得成功，填补了江西炼钢技术上的一项空白。

20日 乐安气象站被评为全国科协先进单位。

21日 省农业工程学会成立，省农牧渔业厅副厅长舒惠国任理事长。

21日 中共中央书记处候补书记郝建秀来江西省老区进行为期8天的考察，在省委书记许

中共中央书记处候补书记郝建秀（左三）在许勤（左四）陪同下，在永新县怀忠乡亲切地看望红军烈属

勤的陪同下，先后考察了吉安、赣州、抚州、景德镇、九江等地（市）和永新、宁冈、井冈山、兴国、于都、瑞金等县（市）。并对江西省老区的变化和工作成效作了充分的肯定，对加速老区建设的步伐提出了四条指导意见：第一、要充分认识老区的优势；第二、要进一步解放思想；第三、进一步开放、搞活；第四、全面规划，加强领导。建议省委、省政府集中力量抓一下老区的工作，制定脱贫致富的近期规划和长远规划。

21日 澳大利亚文威尔顿公司派员抵江西，自即日起至29日，与中国文化部合作拍摄《长征》画册的有关照片。

22日 江西首次茶叶质量评比会举行，评出"川汰雀舌"、"大鄣山云雾"细茶等10个江西省优质传统名茶。

22日 德兴铜矿二期废水处理站通过部、省级验收，投资1100万元。

22日 《江西日报》报道，万载县塑料厂研制成功聚氯乙烯硬管、改性PVC硬管、管配件和钙塑门窗，为江西省塑料工业填补了三项空白。

23日 高安县独城乡杉林煤矿二井瓦斯爆炸，死亡14人，轻伤1人，直接经济损失11.8万元。9月19日，该井又发生同样事故，死亡9人，直接经济损失7.5万元。

23日 当日上午9时，江西九一六地质大队二分队主任工程师周开朗经过一个月的普查，发现吴山有四五公里的条带山脉，有二三十万立方米的天然大理石。

23日 最高检察院副检察长张灿明来江西视察工作，并到九江、景德镇市检察院了解检察工作，认为江西检察工作抓住了重点，取得了成绩，并提出要继续做好打击经济犯罪的检察工作。

23日 应省长赵增益邀请，由议会执行委员会主席特拉戈留布·斯塔夫雷夫率领的南斯拉夫马其顿共和国友好代表团一行13人，来赣进行为期4天的参观访问。双方就友好合作事宜签署《中华人民共和国江西省和南斯拉夫社会主义联邦共和国马其顿社会主义共和国发展友好合作关系议定书》和《合作交流计划》，并签订总价值达600万美元的贸易合同。

24日 省长赵增益参加中国省长代表团访问美国，并应肯塔基州州长柯灵斯邀请，专程前往肯塔基州首府福兰克福进行为期两天的访问。在中美建交公报的原则下，赵增益和柯灵斯分别代表双方签署两省州建立友好关系意向书。江西省和肯塔基州将共同谋求在贸易、经济、旅游、科技、文化、教育等各个领域的广泛接触与合作。访问活动于5月12日结束。

25日 江西省第一家音像出版社发行单位——赣江音像出版公司成立（1988年更名为江西省音像出版社）。

25日 省民政厅、省财政厅发出《关于做好对革命烈士家属、因公牺牲军人家属、病故军人家属发给长期抚恤金工作的通知》。经省民政厅审定，全省有16075人从本年起分农村、城镇发给定抚金。

25日 下午5时，进贤县李渡、温圳等地遭龙卷风袭击，受灾户达1235户，死4人，伤67人。

25日 江西铜业联合开发公司成立（1988年7月25日更名为江铜实业总公司）。

26日 国务院发布《国营企业固定资产折旧试行条例》，规定提高折旧率。江西从今年起，在56户大中型企业进行提高1%折旧率的试点。

26日 江西省首届妇女书法比赛在南昌市工人文化宫举行。

27日 江西省应邀参加为期12天的巴黎第七十四届（1985）国际博览会。参加展出的有景德镇瓷器和机械产品。巴黎市长希拉克对景瓷饶有兴趣，接受了中国驻法国使馆赠送的一只景德镇的薄胎碗。

28日 江西机床厂研制成功的GSG二辊式缩管机床最近通过省级鉴定，并填补了我国电热组件生产设备的一项空白。

28日 全国 19 个省、市自治区旅行社负责人以及香港新闻界人士，在井冈山举行为期两天的杜鹃观赏旅游活动。

井冈山龙潭瀑布和美丽的杜鹃花

29日 《红旗》杂志副主编、著名经济学家苏星应省政府邀请，来南昌作关于价格理论问题的报告。

29日 江西钢厂薄板分厂冷轧车间竣工试产。

29日 江西工业大学与永丰食品机械厂联合研制的 YSJ001 型中央立柱式小型多用饮料机通过鉴定投产。

30日 省财政厅、省石油公司联合下发（1985）赣财商字第 14 号、赣石财字第 12 号文《关于江西省石油经营机构交接中有关财务管理体制对口问题的通知》。

30日 省石油公司以（1985）赣石财字第 11 号文下发《关于试行〈中国石化销售公司江西省石油公司关于财务管理若干问题的暂行规定〉的通知》。

30日 江西气体压缩机厂汤振武获全国总工会颁发的"五一劳动奖章"和全国优秀科技工作者称号。

30日 2000 多名工业战线的建设者和省、市领导在南昌市工人文化宫庆祝中华全国总工会成立 60 周年。大会受全国总工会的委托，向省、市劳模颁发了"五一劳动奖章"和获奖证书。省委书记许勤在会上要求各级工会，要围绕经济改革和经济建设，把工会工作提高到一个新的水平。

30日 省粮油工业部门根据市场变化转变经营思想，促进发展精制食品：精米、精面、精油，多品种、多层次加工高质量食品。到月底，全省精制大米的加工量已占总加工量的 61.95%，精制面粉占 69.63%。工业总产值达到 2.89 亿元，实现利润 1833.9 万元，分别比 1984 年同期增长 24% 和 1.55 倍。

本月 泰和师范一（4）班的同学在疏通水沟时挖掘出唐宋年间的古币，初步查看有开元通宝、崇宁重宝、元丰通宝、元（祐）通宝、干元重宝、熙宁元宝、政和通宝、祥符元宝等 30 种之多。

本月 江西省在加速发展职业教育的同时，大力兴办中等专业教育事业。省政府批准成立江西省统计、物资、税务、印刷学校和南昌市人民警察学校等 5 所中等专业学校。从 1984 年 4 月到 1985 年 4 月，江西省中等专业学校共增加 10 所。

本月 宜丰县博物馆在清理从县文化馆转来的一批古字画时，发现一幅清初著名画家八大山人（朱耷）的桃石小鸟图轴。此图纵 174 厘米，横 42.5 厘米，系纸本，水墨。

本月 国家环境监测系统三级站——电子工业部江西地区监测站在七〇四厂建成。

本月 省公路局开始在全省 8900 多公里的主要干线上安装反光路标牌。这种标志牌是用透明树脂、玻璃微珠、反光金属等材料制成的，夜间反光明亮，雨天也不影响反光效果，有助于安全行车。规定 4 月至 8 月须安装完毕。

本月　江西化纤厂 20 米和 30 米排毒塔并入 100 米大塔工程竣工。该厂硫化氢对南昌市区的污染得到缓解。

本月　省公安厅、煤炭厅、劳动人事厅、粮食局制定《江西省煤矿井下职工家属落城镇户口实施细则》。

本月　江西洪都钢厂∅90 毫米无缝管穿孔机组一套投产。

本月　江西省国际信托投资公司升格为正厅级机构。

本月　江西省建材科研设计院受国家建材工业技术经济研究会委托，在余江县召开全国新型建材研讨会，研讨内容是发展新型建材的方向与对策。

本月　省垦管局对 13 个省属场开展企业整顿验收工作。总场领导班子和中层干部 1087 人，整顿前平均年龄 49.2 岁，整顿后 41.9 岁，平均年龄降低 7.3 岁，文化水平整顿前高中以上 382 人，整顿后 597 人。技术职称整顿前助师以上 121 人，整顿后 205 人。总场领导班子平均年龄整顿前 52.2 岁，整顿后 44.8 岁，文化水平整顿前高中以上 27 人，整顿后 46 人，技术职称整顿前助师以上 7 人，整顿后 14 人。

本月　江西 16 岁的茅嘉凌发明的"穿绳器"在日内瓦举行的第十三届世界新发明展览会上，荣获世界产权组织颁发的"青年奖"（大奖）和展览会的银奖。他在上海读五年级时制作的灵巧而简便的"穿绳器"获得首届中小学生科学创造发明一等奖，中国科协向他颁发了全国青少年科技小发明金牌，这次我国选送了 19 项新发明参赛。

本月　省统计局以县（市）和乡（镇）农业经济卡片资料为基础，协同省老区建设办公室申报和审定第一期贫困县、乡名单。

本月　江西省啤酒工业协会成立。

1985

5月 May

公元 1985 年 5 月　　农历乙丑年【牛】

日	一	二	三	四	五	六	日	一	二	三	四	五	六
			1 劳动节	**2** 十三	**3** 十四	**4** 青年节	**5** 立夏	**6** 十七	**7** 十八	**8** 十九	**9** 二十	**10** 廿一	**11** 廿二
12 廿三	**13** 廿四	**14** 廿五	**15** 廿六	**16** 廿七	**17** 廿八	**18** 廿九	**19** 三十	**20** 四月小	**21** 小满	**22** 初三	**23** 初四	**24** 初五	**25** 初六
26 初七	**27** 初八	**28** 初九	**29** 初十	**30** 十一	**31** 十二								

1日　南昌电视台建成开播，电视发射机功率1千瓦，1频道播出。自办节目每周2次，每次5小时。

1日　煤炭工业救护队江西萍乡培训中心，在萍乡矿务局救护大队成立。

1日　新余钢铁厂600立方米高炉胜利出铁。该高炉是江西省一项重点建设工程。整个工程包括高炉主体、原料塔和公用设施，共21个项目，171个单位工程，占地面达1000余亩，概算总投资约1.3亿元。高炉投产后，每年产铁30万吨，使江西省炼铁能力提高一倍。该大型工程的建成

新余钢铁厂600立方米高炉胜利出铁

仅用了9个月，受到冶金部的赞扬。

1日　江西庐山气象台增设旅游天气预报服务。除正常24小时、48小时预报外，新增加日出、云海、雾消时间等项目预报。

1日　丰城矿务局坪湖矿建成江西煤炭系统第一个微机操纵的井下瓦斯自动监测系统。

1日　江西省审计咨询公司成立，这是江西省首家由审计机关类组建和管理的社会审计组织。

1日　省文化厅在南昌召开全省文化局长会议，传达贯彻最近中央书记处对文化艺术工作的重要指示和全国文化厅（局）长会议精神，研究改革文化艺术体制的问题。省委宣传部长白永春说，文艺系统的体制改革，主要是解决好国家同单位、单位同个人的关系，解决扩大自主权和克服平均主义的问题。会议于8日结束。

2日　景德镇市被列为全国甲类对外开放城市。

2日　赣州地区粮食局承担的江西省粮油重点科研技术开发项目《溴氰菊酯储粮应用试验》近期在会昌县通过资料审查和实仓检测鉴定。

3日　全省石油公司召开办公会，讨论研究

江西省系统的油库和加油站建设。因 70 号汽油改为 80 号汽油，相应需改建储油库、增加储存设备。地（市）公司建 2.25 万立方，需要投资 390 万元，县公司建 2.19 万立方，需要投资 141 万元；因 21 个县公司还没有加油站；拟建 77 个加油站（其中地、市公司建 30 个）需投资 200 万元；在南昌市区建示范加油站和中心加油站；赣州、吉安各扩库 1 万立方米，景德镇、萍乡各扩库 1000 立方米，乐平扩库 500 立方米。并决定建省公司办公楼（营业大楼）。

3 日 全省统一战线理论工作会议在南昌市召开。民进江西省筹委会主委金立强、民盟江西省委会副主委雷世懋当选为江西省统一战线理论研究会副会长。何世琨（农工党）、陈言（民盟）、谷霁光（民盟）、武惕予（民革）、郭庆棻（民盟）为省统战理论研究会顾问。此后，各民主党派江西省组织的理论研究组相继成立。

3 日 经省委批准，省委组织部、省委宣传部和省委党校在南昌召开为期 5 天的全省党校工作座谈会，检查《中共中央关于实现党校教育正规化的决定》和省委《关于加强党校建设的决定》的贯彻执行情况，研究进一步推进党校教育正规化建设问题。出席会议的有各地（市）委党校校长和分管教学的副校长，省直机关、企事业党委党校校长，已批准试办中专班的县委党校校长。

4 日 国家重点建设工程之一——贵溪冶炼厂铜电解工程正式破土动工。竣工投产后，将年产 7.5 万吨电解铜并完成相应的阳极泥处理任务，对于我国有色金属工业的发展具有重要意义。

4 日 国家取消生猪派购任务以后，全省广大农村出现"养猪热"。省政府及省畜牧部门顺应这一形势，采取一系列措施为新出现的养猪势头积极搞好各项服务工作。今年江西共拿出 10 亿斤贸易粮用于养猪。除原有的 29 个大中型饲料厂，当前正在新建 38 个大中型配合饲料厂。

4 日 江西化纤厂新建纺纱分厂投产，规模为 22464 绽，生产针织专用纱。

4 日 南昌第一座大型铜雕《生命在于运动》揭幕。位于第五交通路口，连底座共高 10 米，用 1 万斤铜铸成。

4 日 省妇联、省体委在省体育馆举办江西省第一次母子运动会。

4 日 省测绘局、省军区司令部为落实省政府、省军区赣发（1985）6 号文件精神，成立江西省测量标志管理办公室，办公室主要负责江西省测标普查、托管和维修等具体工作。

4 日 全省经济技术合作项目落实工作会议在南昌市召开。会议对江西过去一年多来外引内联的合作和引进技术的项目逐个作了审查。经过审查，会议确定中外合资、合作和补偿贸易立项的有 127 项，技术引进项目确定 142 项，百万元以上的内联项目 28 项，引进资金 1.86 亿元，可引进外资 9.6 亿美元。会议于 11 日结束。

5 日 今年全国出口商品春季交易会在广州闭幕。江西省出口商品春交会成交额达 5931 万美元，比 1984 年多 16.29%，为成交指标数的 128.17%，创历届交易会最高水平。成交金额较大的有蔬菜罐头、烟花鞭炮、羽绒制品、苎麻、乌龙茶、瓷砖、针棉织品、景德镇瓷器、

贵溪冶炼厂外景

钨与钨制品，草、竹编工艺品等。

5日 中国电子工业会计学会江西分会成立。

6日 江西师范大学与加拿大西安大略大学教育学院结成姐妹学校。

6日 省税务局发出《建立健全税务稽查组织的通知》。

6日 南昌市政府发出《关于开展南昌市城镇房屋普查的通知》，并成立南昌市城镇房屋普查领导小组。

6日 省煤炭厅党组作出《关于坚决纠正新的不正之风的决定》，决定指出了新的不正之风的九个方面的表现，提出纠正新的不正之风的11项措施。

6日 江西电子计算机厂的工程技术人员万仁芳研制的"前三末一"汉字快速输入微机系统通过鉴定。"前三末一"输入简便易学，输入效率高，适用于 IBM－PC/PCXT 和 0520 及其兼容机，该成果获江西省1985年度科技进步一等奖。

6日 省民政厅和省军区政治部在南昌召开全省军队离休退休干部和退伍军人安置工作会议，全面部署接收安置军队离休退休干部工作。省委常委、省政法委书记王昭荣参加了会议并讲了话。他强调，党中央、国务院决定把军队离休干部移交地方政府安置，是全党全军全国人民共同的政治任务，是各级政府义不容辞的责任。会议于10日结束。

6日 省政府首次召开的全省外事、侨务、旅游工作会议在南昌举行。会议总结了江西外事、侨务、旅游方面的工作。确定了江西省发展旅游事业的方针：将旅游"立为一业，形成体系，全面规划，综合治理，外引内联，协调一致，提高信誉，增加效益"。会议指出，全省外事、侨务工作的重点是贯彻对外开放政策，为振兴江西经济服务。会议于11日结束。

7日 省司法厅印发《关于加强和改革律师工作的意见》，提出进一步宣传律师制度、增设律师机构、扩大律师队伍、提高律师素质、改善律师待遇、改革经费管理、改革领导方法等一系列意见和措施。

7日 景德镇市臧湾乡境内最近发现一大型砂金矿，金的成色高达990以上，含金较高，储量可观，是良好的混合砂结构。

7日 在杭州举行的全国举重锦标赛中，江西省优秀举重选手万红厚在52公斤级的比赛中，以135公斤的成绩获挺举第三名，以105公斤的成绩获抓举第五名，以240公斤获总成绩第四名。

7日 省审计局和南昌市审计局联合派出审计组对江西化纤厂进行为期21天的审计，提出色纤深加工方案，受到省、市有关部门的重视。

8日 由教育部、中国书法家协会、中央电视台、中国少年报等单位联合举办的1985年全国少年儿童大字比赛评选最近揭晓。江西有10名少年儿童获奖，其中南昌二中邱颀（女）获少年组二等奖，李丛（女）、邓晖两人获少年组三等奖，南昌市外贸包装厂幼儿园小朋友魏雪每（女、6岁）获儿童组三等奖。

8日 泰和县酒厂"乌鸡补酒"技术改造扩建工程竣工并交付使用。这是在"乌鸡补酒"被选为外交部礼品酒后，为满足国内外群众的需求而扩建的。投产后，可形成年产240吨"乌鸡补酒"的生产能力，比原来的年产40吨扩大6倍，可为企业增加年产值95万多元，年利润15.4万多元，为国家增加税金28.6万多元。

8日 上海经济区化工厅局长联席会在南昌召开，就发展化工经济技术协作，广泛交换意见。

9日 江西工业大学土建系杨德品等承担的"钢筋混凝土变截面阳台拖梁试验研究"课题通过省级技术鉴定。经两年的实际研究和理论分析，对变截面拖梁的变形、受力性能以及拖梁与墙体共同作用等复杂问题得出了可靠的结论，提供了工程设计与施工的理论和实验依据。该技术属国内首创，获1897年省政府科技进步三等奖。

9日 经江西省体委推荐，国家体委审批了江西6名国家级裁判员。他们是滑翔裁判方昌翔、赵鹏，篮球裁判江学鸣、徐南、文小勤，排球裁判戴安民。至此，江西已有13个项目的63名国家级裁判员。

9 日 化工部南京中心检测站对江西化工石油机械厂生产的 400 立方米球形储罐进行为期 4 天的鉴定。结果表明，受检产品数据完全达到内控标准和部优质品指标。

9 日 第二届全国大中型玻纤企业操作技术表演赛在江西省九江玻纤厂举行。九江玻璃纤维厂刘欣舜、彭丽萍分别被评为拉丝、织布两个项目第一名。表演赛于 16 日结束。

10 日 新余钢铁厂 4 号高炉炉外脱硫工程竣工投产。

10 日 为期 4 天的南昌市首届人才交流大会在南昌宾馆召开。同时建立江西省人才交流协作网，10 个地（市）和 11 个县（市）的人才交流服务机构为协作网成员单位。

10 日 我国第一座仿宋大型宫殿——大雄宝殿古建筑近日在庐山东林寺内破土动工。该建筑耗资 50 多万元，占地 800 平方米，从地面到顶端高 19 米。宫殿正中将铸造 3 座 1.6 丈高的大佛坐像。

10 日 湖南、湖北、广西、江西、安徽、浙江六省区汽车客运协商会议最近在长沙召开。会议决定，1985 年六省区间将增开 20 多条跨省长途客运汽车班车，其中包括长沙至武汉、桂林、南昌、杭州、合肥，合肥至南昌，杭州至合肥等长途客运车线路。实行统一票价，统一班次、班时，统一调度指挥。

11 日 南昌市人民警察学校成立。

12 日 崇义县聂都乡探明一座大理石矿，大理石带长 5 公里，宽 300 多米；主要成分是碳酸钙属于结晶质的石灰白岩。

12 日 江西华东地质学院古生物讲师李罗照，近日在浙江江山地区首次发现 5 亿年（奥陶纪）前贝类化石。

13 日 新余钢铁厂良山铁矿最近利用本矿精选矿产生的废料制造"人造大理石"，获得成功。

13 日 为充分发挥农用汽车的社会经济效益，江西省汽车工业公司与上高县汽车修配厂联合举办的江西省首届农民汽车驾驶员培训班在上高县开学。

13 日 全国法院干部业余法律大学江西分校（以下简称"法律业大江西分校"）成立。校长先后由柳滨、李迎、李修源担任。江西省 11 个地、市设立法律业大分部，由各中级人民法院院长任分部主任。各基层人民法院设立教学班，院长任班主任。

13 日 省轻工业厅在南昌市召开全省轻工业工作会议，会议内容主要有交流改革经验，讨论企业开放，搞活和联合等，会议要求把发展消费品生产作为经济工作的重点。今年第一季度全省系统内轻工业总产值完成 6.07 亿元。1 月至 4 月份累计产值完成 8.38 亿元，比 1984 年同期有大幅度增长。1 月至 4 月份一轻产品销售收入比 1984 年同期增长 24.11%，二轻产品销售收入比 1984 年同期增长 42.54%，实现了产销两旺。会议于 17 日结束。

13 日 截至 5 月中旬，龙南、寻乌、赣县、吉水、南城等地的近百个县办、乡办、联户和个体开采矿点开采出的混合稀土的产量达百吨，比 1984 年同期增加 3 倍。省政府于当日决定，恢复江西省稀土办公室，加强对江西省稀土资源开发利用的综合和协调领导。1984 年新成立的稀土研究所与中国科学院合作研究的稀土矿分离，被列入全国重点攻关项目。江西省 25 个企业推广应用稀土，取得了近 30 项成果。景德镇在陶瓷生产中应用稀土，创造了影青青花瓷等多种高档稀土陶瓷新品种。

14 日 中共江西省委组织史办公室成立。

14 日 最高人民法院顾问王怀安、民事审判庭庭长唐德华到江西省视察工作。先后到丰城、高安县和九江市、吉安地区人民法院，主要了解民事审判工作情况，并在南昌市中级人民法院审判庭向省、市、区民法院干部作报告，提出公开审判是人民法院审判活动的重心，要抓紧抓好，扩大办案效果；要贯彻好民事诉讼规定的便利群众、便利审判的两便原则。视察活动于 29 日结束。

15 日 南昌铁路分局根据铁道部统一规定，为体现合理运输，采取短途运价提价的措施，对 100 公里以内的硬座票价由每公里 0.01755 元提高到 0.024 元，软座票价由每公里 0.0307 元提高到 0.042 元，快车加快票价按硬座票价加 20%，软座加 40%。

15 日　省审计局委托江西大学举办的省直机关首期内审干部培训班开学，为期 45 天。学员 50 人。

15 日　全省举行为期三天的 1985 年高考预选考试，共有 109412 人报考普通高校、中专，其中男性考生 78761 人，女性考生 30651 人。报考文史类的 29017 人（含外语类 2508 人，艺术类 144 人）；理工农医类的 80395 人（含体育类 3391 人）。考生中应届高中毕业生 66651 人。

15 日　由国家科委、国家经委、国防科工委和北京市政府联合举办的首届全国技术成果交易会在北京展览馆举行。江西有 162 个单位的 600 多人参加，共 418 项成果参加交易。有 32 项成果已申报国家技术进步奖。江西农大选送化学杀雄杂交水稻——赣化 2 号、耕牛钼中毒、牛体人工培植天然牛黄、水稻化学杀雄制种技术和竹制品霉驻防治等 5 项科研成果参加交易会。在交易会上，江西省售出技术交易额达 1700 多万元。在 5 月 24 日的交易会上，江西省以合同、协议、意向书等形式，共向兄弟省、市、区转让技术成果 296 项，总成交额 1080 万元。国务委员、国家计委主任宋平参观了江西展室。详细询问了江西的大米转化技术和设备，以及国内外首创的代可可脂加工技术，品尝了高安的蜜蜂花粉低度酒。交易会于 6 月 10 日结束。

15 日　省粮食局授予修水县粮食转化金牌奖。1985 年 1 月至 4 月，修水县粮食部门共转化粮食 252 万斤，粮油食品产量 84.6 万斤，获纯利 8.2 万元，各项指标均名列江西省同行业前茅。

16 日　江西省中兽医研究所助理研究员朱印生、王汝辑等开展使用伯氨喹林治疗耕牛伊氏锥虫病的研究通过了鉴定。

16 日　省计委以赣计（1985）设字 31 号文件批准《南昌市富大有堤防洪工程扩建设计》，总投资 2932 万元，按百年一遇的防洪标准进行加高巩固。

17 日　贵溪县冷水坑银矿最近查明：矿区的矿种除铅、锌矿外，还有含铅锌的银矿，该矿储存银、铅、锌、镉、金、铜、硫等多种矿产，银、铅、锌均达大型规模。矿田中发现各类矿物 40 余种，其中金属矿 20 余种，属综合性大型金属矿区。矿床的经济价值从 9000 万美元提高到 48 亿美元。

17 日　江西省电力试验研究所设计在九江仪表厂加工调试研制成功的 0.1 级和 0.05 级 CB3 三相标准功率电能计，填补了国内空白；九江仪表厂和江西电力试验所合作试制成功 JJD 系列单三相电表校验台，其中 JJD－03 型单三相电表校验台在全国电度表校验台的评展中获奖。1989 年又试制成功具有国内先进水平的高精度低频率计、异频大电网接地电阻检测仪等新产品，其中，异频大电网接地电阻检测仪填补了国内空白。

17 日　省托幼办、省妇联福利部联合举办为期一个月的全省首次幼师技能技巧培训班，培训班 6 月 15 日结束。

18 日　应东京都上野观光联盟及会长山口桂造先生的邀请，由中国书法家协会副主席、著名画家、天津大学教授王学仲和江西景德镇艺术瓷厂工艺美术者组成的大型陶瓷壁画《四季繁荣图》绘制者代表抵达东京，参加祝贺《四季繁荣图》制作成功的庆祝活动和进行友好访问。

18 日　全国流行性出血热地理流行病学研究会议在庐山召开。会议制定了今后关于开展流行性出血热宿主动物调查等方面的科研工作方案，并要求各地要有长远观点，高质量、高标准地完成任务。会议于 22 日结束。

19 日　美国哥伦比亚大学副校长、东亚研究所所长德巴瑞夫妇来赣访问，与江西省社科院教授李克、副教授廖士祥就中国宋明理学、道教以及对毛泽东思想、毛泽东评价及毛泽东治学态度、方法等问题作了学术交流。

19 日　据省妇联统计，至 5 月中旬止，全省已兴办个体幼儿园 1837 个，比 1983 年增长近 19 倍。江西托幼事业出现了国家、集体、个人一起上的新局面。发展最快的是个人自筹自办、自负盈亏的幼儿园。江西省县以上妇幼保健专业机构有 108 个，配备有 1336 名中级卫生技术职称以上的妇幼专业人员。1688 个农村卫生院都配备专职的妇幼保健医生，村村都有接生员。各地还先后培训新老接生员 6100 多人。初步形成城乡妇幼保健网，为妇女儿童提供医疗保健服务。

20 日 江西重型机床厂设计生产的我国首创重型机械齿轮转动 25 毫米剪板机试车成功。

20 日 江西省汽车运输总公司石城保养厂生产的 6 吨双轴挂车，在交通部主办的"全国公路交通工业展览会"上，获得优秀展品金杯奖。

20 日 应美国路易维尔大学邀请，由江西教育学院副院长娄溥仁、教务处长郑清渊、中文系副主任赵家鹤组成的江西教育学院代表团赴美国访问。

20 日 全省第一个专门研究家庭教育的群众性学术团体——江西省家庭教育研究会在南昌成立。该会成立后，将宣传普及家教的知识和方法，开展有关的科学研究，不断总结经验，以推动家庭教育工作的开展。

20 日 在全省石灰岩资源总量预测报告评审会上，确定江西省石灰岩矿藏资源总量为 2890 亿吨，为过去探明储量的 16.1 亿吨的 180 倍。

20 日 共青垦殖场羽绒厂首次从香港引进 300 台日本高速平台缝纫机，使工效提高 30%。

20 日 分宜县国营大岽下林场的北坑，发现我国特有珍贵树种三尖杉，最大的一株胸径有 12 厘米，树高六七米，现已结果。三尖杉木质坚实，有弹性，是建筑、舟车、家具等优良用材，也是庭院观赏的珍贵树种之一。用它提炼出来的三尖杉酯碱，含有抗血癌的有效成分，是治疗急性粒细胞白血病（血癌）的特效药。每克三尖杉酯碱值 1500 美元。

20 日 江西当前最大的一条无氰锌作业线最近在乐平县包装容器厂安装投产。这条无氰镀锌线由航天工业部三二〇厂设计安装。全线长 30 米，槽长 3.5 米，槽深 1.5 米，宽 0.8 米。其镀锌质量安全符合国家标准，大大减轻了工人的劳动强度。

21 日 为纪念邹韬奋诞辰 90 周年，邹韬奋的故乡余江县沙塘村派出代表将保存了 53 年的《邹氏宗谱》上、下两集赠送给上海韬奋纪念馆。并捎去全村致韬奋夫人沈粹缜的一封信。

21 日 江西省农业工程学会在南昌成立。它的主要任务是，运用系统工程的理论为合理利用江西省自然资源，保护生态平衡，发展农村经济服务。副省长陈癸尊担任学会名誉理事长。

21 日 全国女子曲棍球赛结束，江西队蝉联冠军。

21 日 在庐山太乙将军村遗址最近发现著名爱国将领冯玉祥的金石"隐庐"碑刻。这是 1936 年夏天，冯玉祥将军隐居庐山时写的。冯玉祥将军在张家口组织抗日同盟军打击日军，同盟军失利后，冯玉祥离开部队，来到庐山，在玉渊潭石壁上刻下了著名的"墨子篇"力谏蒋介石顺乎民意，团结抗日。蒋介石继续"围剿"红军，冯玉祥悲愤至极，隐居庐山以表对蒋的不满。

21 日 中国科学院建筑专家张驭寰先生在考察萍乡市杨歧山普同寺时，发现一座唐代石塔。该塔为八角形墓塔，高 2.55 米，塔有台基和两层基座，基座各面辟有壶门，门里雕有佛像、力士、怪兽等。

21 日 在资溪县马头山林区的原始森林中近日发现一种国内外稀有的树种——含笑。经过人工精心培育后，现已有十余株含笑在该林区插栽成活。

22 日 省计委批准南昌市煤气工程计划任务书。批复确定工程建设规模为日供气量 44 万立方米，用户 11 万户，近期规模为日供气量 28 万立方米，用户 5 万户（当年 8 月 27 日省计委在南昌钢铁厂召开该工程设计审定会，批准煤气工程气源厂（即焦化工程）建一座 42 孔焦炉；10 月 2 日，南昌市煤气工程开工典礼在南昌钢铁厂工地举行。1990 年 9 月 18 日，气源厂焦炉开始烘炉）。

22 日 由林业部主持的全国林产品交易会在南昌市开幕。这次交易会是中共中央今年一号文件关于林区全面改革、放开、搞活后的第一个盛会。全国各省、市、区派出正式代表达 2200 多人，非正式代表 1000 多人。江西省以多种材料、规格、品种、成品和半成品,与各地客商洽谈订货。

22日 省轻工业厅党组、省厅发出《关于在江西省轻工业系统开展向张果喜学习活动的决定》。

22日 为期4天的全省首次茶叶质量评比会举行。从全省各地送评的70个名茶中,评选出了26个优质名茶。婺源的"川汰雀舌"、"大鄣山云雾细茶"、"珊厚香茶"等10个名茶,被评为江西省优质传统名茶;井冈山的"井冈云雾"、"井冈翠绿"、上饶的"白眉银毫"等10个名茶,被评为江西省优质创新名茶;省蚕桑茶叶研究所的"赣炒青"、"景德镇的浮红"等6个名茶,被分别评为三级五等绿茶和红茶。省农牧渔业厅给名茶生产单位颁发了《优质名茶证书》。

23日 省石油公司以赣石政字(1985)第7号文下发《关于江西省石油系统人事和劳动工资实行统一管理的暂行办法》。

24日 庐山图书馆在整理历史材料中,发现于右任在江西庐山写的两首佚诗:《闻庐山舆(即轿工)叹息声》、《庐山》。

25日 日中友好岐阜县议员联盟第四次访华团访问江西。期间,赵增益省长在江西宾馆五楼圆厅会见以古田好为团长的日中友好岐阜县议员联盟第四次访华团一行28人。古田好团长转交了岐阜县知事上松阳助给赵省长的亲笔信,表达了建立两省县友好关系的意向。赵增益省长表达了在友好、平等互利的原则上与岐阜县发展经济合作与友好往来的愿望,并在中华人民共和国

省长赵增益在江西宾馆会见日中友好岐阜县议会议员联盟会长古田好

江西省和日本岐阜县发展友好关系备忘录上签字。访问于29日结束。

25日 全省第一家采用现代化教育手段的电视教学在宜春电视台开播。宜春市还成立了电视教育学校,正积极筹建教育电视台,以便使电视教学服务于教育,促进成人教育和职业技术教育、科普教育的发展。

25日 全省社会治安综合治理联席会第一次会议召开。会议认为,社会治安问题是社会上各种矛盾的综合表现。必须依靠社会的力量,采取多种手段和措施来解决,进行综合"治理"。会议强调,要落实社会治安综合治理方针,必须抓领导落实和组织落实。会议提出,当前,综合治理应着重抓好的工作是要一手抓打击,一手抓预防。要加强法制宣传教育,抓好基层基础工作,加速制定和修改社会治安管理的地方法规工作。

25日 林业部在九江市召开为期六天的全国封山育林会议。

25日 在为期六天的第三届世界外观航海模型锦标赛上,江西省选送4艘模型号参加了比赛,其中3艘不同比例的"谢多夫"号四桅帆船,囊括C4级——袖珍模型比赛的前三名。"加利福尼亚"导弹巡洋舰模型获第六名。省、市领导会见了获奖模型制作者李杰、李强、徐荣、徐杰民等,并代表国家体委向运动员们转发了金牌和银牌。

25日 世界银行红黄土壤改良预评估团魏英士一行6人来赣,就红壤开发项目进行为期9天的预评估。

26日 以王氏工业(集团)有限公司总裁王华湘为团长的香港江西旅港同乡会一行20人回乡观光探亲昨日抵南昌。省委第一书记白栋材,省委书记省长赵增益会见以香港王氏工业(集团)有限公司主席兼总裁王华湘为团长的探亲团全体成员。欢迎在海外的江西老表回乡观光旅游,投资办厂开店,建设家乡。29日,王华湘等宴请了省市领导和工商界人士。

27日 根据江西医学院与日本九州岛大学签订的学术协议,日本九州岛大学医学院著名医

学博士远城寺宗知教授和石西伸教授,应江西医学院邀请在江西省进行为期9天的讲学。远城寺宗知是国际上有名望的病理学教授,是世界肿瘤学会委员和日本病理学会主持人,主要从事人体肿瘤病理学研究,石西伸教授是卫生学专家,主要从事环境污染、职业病等方面的研究。

27日 省科学院的《鄱阳湖鱼类寄生蠕虫的研究》、《关于健康妇女阴道菌群的研究》、《鄱阳湖水生维管束植物调查》三项科研成果先后通过为期20天的省级技术鉴定,均达国内先进水平。

27日 省石油公司(1985)赣石基字第18号文批复新余市公司油库扩建工作增加623万元。

27日 省、市清理党政机关经商办企业,至当日止,清理出118个(包括省直机关10个),其中现已脱钩110个,占总数的93%;撤回干部94人,占参与干部数的94%,收回资金58万余元。

28日 江西16岁的举重选手闵春凤在"浪潮杯"全国女子举重邀请赛75公斤级的比赛中,分别以70公斤抓举、90公斤挺举和160公斤的总成绩夺得这个级别的3枚金牌。亚洲举重协会副主席、中国国家举重队总教练黄强辉祝贺闵春凤的成功。

28日 省六届人大常委会第十一次会议在南昌举行。会议审议并决定6月23日召开省六届人大三次会议;听取《关于在香港举办江西省对外经济技术合作洽谈会和出口商品展销会情况》的报告;听取省物价局关于物价改革和市场物价情况的汇报;听取省工商局关于市场管理情况的汇报;听取王泽民副主任兼秘书长作关于省六届人大二次会议代表提出的议案及建议、批评意见办理情况的报告;审议关于对《江西省征收排污费暂行实施办法》的补充规定(草案);任命高佩德为江西省人民检察院副检察长、检察委员会委员;批准陈礼元为南昌市人民检察院检察长及其他任免事项。会议于30日结束。

28日 江西省卫生经济学会成立。

28日 省委整党工作指导小组召开为期两天的全省第二期第二批整党工作座谈会,确定从6月开始,全面铺开县、市整党工作。会议指出,这批整党工作的基本任务是中央整党决定规定的统一思想、整顿作风、加强纪律、纯洁组织。

28日 由中国残疾人福利基金会主办的为期6天的全国部分省市残疾人职业技能选拔赛在武汉举行。余江木雕厂肢残青年胡跃刚取得木雕竞赛第二名;宜黄县民政局福利厂李德旺获修理收音机竞赛第二名。

29日 在成都举行的第六届全国好新闻评选会议上,《江西日报》1984年1月29日第一版头条新闻《鄱阳湖出现世界上最大白鹤群》获得一等奖。

29日 应江西省经贸厅邀请,南斯拉夫马其顿社会主义共和国贸易代表团一行5人访问江西,代表团与省进出口公司、省棉麻公司、景德镇制冷设备厂的代表进行洽谈,并签订棉花、冰箱易货贸易正式合同。访问活动于6月2日结束。

30日 世界银行专家维恩斯等5人到红星垦殖场评估红壤开发项目。

30日 江西少年儿童出版社在省博物馆举办美国儿童幽默画展览。这次展出的是美国幽默画家查尔斯·舒尔茨的作品,共200多组。每组5至10幅为一个小故事,故事风趣幽默,表现美国儿童的天真、智慧,反映了他们的生活情趣。展览于6月6日结束。

30日 由上海市农资公司、上海第九制药厂、江西驻沪办事处、江西陶瓷进出口公司和江西省国防工办合资兴建的有5000多平方米的建筑群近日交付使用。这个建筑群坐落在上海市普陀区西谈家渡路中段,占地面积4000平方米,建筑面积1.3万多平方米,共有楼房8栋,总投资250万元。

30日 全省经贸企业整顿工作自1983年7月全面铺开以来,月底已顺利完成整顿任务。原有133个企业整顿撤并7个企业,整顿后颁发合格证。

31日 由伊安·希莱德部长率领的澳大利亚塔斯马尼亚州政府代表团访问江西。6月1日,省长赵增益会见了塔斯马尼亚州政府代表团全体成员，就共同发展友好合作交往等问题进行了亲切交谈，并于6月2日签署《合作和理解备忘录》。《备忘录》指出，双方同意在畜牧业、养殖业、旅游业和发展矿业、草莓、承包工程等领域进行合作。

31日 美国《中报》董事长傅朝枢回家乡探亲访友。省委第一书记白栋材，省委书记、省长赵增益在江西宾馆会见了他，并向他介绍了江西经济改革和建设的情况。

白栋材、赵增益会见傅朝枢董事长

31日 江西省临床检验中心成立。

31日 南昌市政府成立重建滕王阁委员会，主任程安东、副主任蒋仲平、蒋今清。

31日 于1月16日开工的南昌市瓦子角、民德路、孺子路东、中山路东、永叔路东、德胜门6座人行天桥至月底陆续竣工，工程总投资约240万元。

31日 南昌市工人文化宫电影院放电影时，一犯罪分子引爆一颗自制土炸弹，炸死观众1名，炸伤37名。

31日 省委决定任命段火梅为省妇女联合会主任。

31日 省、市1200名少年儿童在江西艺术剧院举行庆祝六一联欢会。宋庆龄基金会向江西少年儿童赠送15台电子琴。

31日 省司法厅批准新余市公证处开办涉外公证业务。

本月 东乡县王安石研究学会通过对王安石故里——东乡县虎形山乡上池瑶田村的调查访问，发现了一批有关王安石的珍贵文物，其中有明朝崇祯戊辰年（1628）的上池《王氏族谱》、明朝永乐十一年（1413）的《三公王氏宗谱》、清朝乾隆十九年（1754）的《王氏族谱》、民国辛未年（1931）的《里阳王氏宗谱》及民国丙子年（1936）的浯坊《王氏宗谱》等，共计21部。这些族谱收录了王安石许多诗文、家书以及王安石在东乡的活动情况，并记录了王安石的祖父在上池瑶田开辟田宅的情况。

本月 分宜建成全国第一条谷壳板生产线，本月进入试车阶段。投产后，可年产谷壳板5000立方米。谷壳板生产线由江西省建材科研设计院设计，1982年通过鉴定，省政府将它列入江西省重大科技推广项目。

本月 江西省石油公司在赣州召开全省石油系统车辆管理工作会议，会议确定设立赣州石油系统车辆维修中心。

本月 中国国际友好联络会江西分会成立。

本月 由万平无线电器材厂、胜利器材厂、昌明无线电器材厂联合创办的884技工学校在景德镇市成立。

本月 中国华兴钨业公司进出口公司改为中国有色金属进出口公司江西分公司。

本月 有色金属总公司南昌公司通知，石城钽铌矿并入宜春钽铌矿，设立宜春钽铌矿石城分场（1987年7月，恢复石城钽铌矿）。

本月 江西外运首次开办江西省自营出口瓷器经香港陆海联运至伊朗的对外承运业务，开始了由管理型向经营型的转变。

本月 经南昌市政府市长办公会议批准，南昌市乡镇企业管理局成立局辖全民所有制企业——南昌市乡镇企业技术咨询服务公司。

本月 中共中央作出《关于教育体制改革的决定》，把职业教育作为教育体制改革的重点，确定了大力发展职业教育的指导方针。

本月 全国水力资源普查成果获国家科技进步一等奖，其中江西部分由省水利水电规划于1979年完成，相应获奖。

本月 南方冶金学院图书馆运用IBMPV/XT微型计算机，开发出中文期刊的订购和管理系统。该系统具有订购、统计、打印目录、多途径检索等功能。1990年4月该图书馆计算机国际联机情报检索终端建成投入使用。这是江西省图书馆系统的第一家国际联机检索终端。

本月 省政府决定，省建材工业公司直属的九江玻璃纤维厂、庐山水泥厂、江西平板玻璃厂下放九江市管理。

本月 萍乡市水泥制品厂利用高强钢丝代替普通钢筋生产水泥电杆，可节约钢材30%～60%，属国内首创。

本月 临川县窑背山发现一座南宋庆元四年（1198）朱济南墓葬，出土了一批陶瓷俑，其中有一件陶俑的手中抱着一个刻度分明的大罗盘，罗盘底座至"张仙人"，罗盘周围有一圈16厘米刻度盘，中心有一枚长菱形指针，针心有一圆孔，是用以旋转支撑的。这一考古发现表明，我国早在12世纪已发明了早期罗盘，它是我国古代科技领域的一项重大成就，这是迄今为止，世界上发现的最古老的早罗盘，被学术界命名为"临川罗盘"。

本月 江西人民出版社召开第二次出版工作会。江西省科学技术委员会主持召开江西省外文书刊发行工作会议。

本月 赣州市兴建密封机械化垃圾中转站，占地面积112平方米，投资7万余元，7月竣工使用。

本月 遵照最高检察院关于在基层派驻检察机构试点工作的指示和江西省委（1985）3号文件精神，全省各基层检察院先后在大中型厂矿企业、重点乡镇和税务系统试建派驻检察室检察办事处，并在乡镇、街道办事处设立检察助理员，作为检察机关的助手和桥梁。

本月 共青垦殖场中空棉厂投产，填补江西纺织产品的一项空白。

本月 江西省垦殖场根据全国第二次工业普查的要求和省垦管局的部署，先后开始工业普查工作。普查工作到1986年全面结束。

1985

6月

June

公元 1985 年 6 月							农历乙丑年【牛】						
日	一	二	三	四	五	六	日	一	二	三	四	五	六
						1 儿童节	**2** 十四	**3** 十五	**4** 十六	**5** 十七	**6** 芒种	**7** 十九	**8** 二十
9 廿一	**10** 廿二	**11** 廿三	**12** 廿四	**13** 廿五	**14** 廿六	**15** 廿七	**16** 廿八	**17** 廿九	**18** 五月大	**19** 初二	**20** 初三	**21** 夏至	**22** 端午节
23 初六	**24** 初七	**25** 初八	**26** 初九	**27** 初十	**28** 十一	**29** 十二	**30** 十三						

1日 江西省儿童少年活动中心奠基。省市领导出席奠基仪式。省儿童少年活动中心建造在青山湖风景区湖滨西路，总投资1320多万元，总建筑面积1.8万平方米。

1日 全国重点建设工程的皖赣铁路从当日起交付国家正式运营，皖赣铁路全长541公里，北起安徽省芜湖市火龙岗，南至江西省贵溪，两端分别与宁芜、淮南线和浙赣、鹰厦线相连，中经黄山风景区和景德镇。南昌与南京之间缩短运距302公里。

1日 在北京举行的《中、小学生和幼儿园歌曲》征歌活动的发奖、演唱大会上，江西省青年作曲家颂今作曲的《青春，拨动美妙琴弦》、《快乐的小蜗牛》和他作词的《小树苗戴上红领巾》三首歌曲获奖，并在全国少年儿童"小百灵"赛歌录像评奖中，他作曲的《冬天的童话》获作品一等奖，他作词、作曲的《一年级小年级》获作品二等奖。

1日 江西第一条自办省际直达邮路——南昌至武汉汽车邮路运行。

1日 全省各气象台、站执行国家气象局制定的《台风业务和服务规定》。

1日 省属煤矿企业在企业整顿验收合格并进行半年左右的时间补课、复查后，开始全面进行配套改革，扩大企业自主权，推行厂长负责制，实行投入产出总承包。

1日 省煤炭厅成立审计处，开始在江西省煤炭系统组建审计机构，开展内部审计工作（1987年，成立省煤炭审计咨询事务所。1986年至1990年五年间共完成审计580项，审计出有问题金额共4286万元。江西省煤炭厅审计处先后四次被煤炭工业部统配煤矿总公司评为审计先进单位）。

1日 省经委、省外贸厅、省司法厅联合发出《关于在厂矿企业建立法律顾问的通知》，要求大中型厂矿企业普遍设立法律顾问室，其他厂矿企业可向当地律师机构聘请律师担任常年的或临时的法律顾问。

1日 全国少年儿童"小百灵"赛歌活动评比结果近日揭晓，庐山中学的歌手王艳演唱的《在祖国的怀抱里》和《小猫钓鱼》获演唱节目一等奖。杨岗丽、温雁、傅毅分别获二等奖。南昌市少年宫艺教组老师钟健龙作曲的《爸爸爱我、妈妈爱我》获作品二等奖。

2日　南昌市农副土特产品及千余家工厂企业的13类2165种产品首次赴厦门参加产品展销会。赣昌发展公司于同日开业。

3日　共青团中央、解放军总政治部联合组织的"保边疆，献青春"演讲报告团抵达南昌，举行了3场大型演讲报告会。

3日　省政府批转省高等教育自学考试指导委员、省教育厅《江西省中等专业教育自学考试暂行办法》。

3日　江西省信鸽协会成立。大会通过了协会章程。目前全省有2000多名信鸽爱好者，饲养信鸽3万多羽。

3日　全国滑水邀请赛在广东省肇庆市结束。江西运动员杨晓斌夺得男子跳跃滑冠军，何定获得女子花样滑铜牌。

3日　省卫生厅针对改革中出现的一些谋取个人或团体私利的新的不正之风发出《关于正确划清卫生改革与新的不正之风的界限》的通知。

3日　省政府办公厅批复成立南昌农业职工中专、南昌市西湖职工中专。

3日　首届"中华杯"全国航空模型竞赛在江西吉安结束。参加这次比赛的有国家队和全国24个省、市、自治区及部分航空院校、航空企业的代表队。

3日　都昌县芗溪乡新兴村南端，临近鄱阳湖滨的杉树林中，发现一只罕见的野生动物。6日下午，该村西边有4位农民也看见了这只动物，并合力将它逮住。这是一只雄性的偶蹄动物，脑门平行长着一对向后微弯的角，长约30厘米；耳朵于角后，呈尖形；眼下4厘米处有小孔，常流出糊状液体；项背有长毛，最长的毛约有14厘米；全身呈褐色，重约100公斤。

4日　省政协五届常委会十一次会议在南昌闭幕。会议决定6月21日在南昌市召开省政协五届委员会三次会议，并通过省政协五届委员会三次会议议程草案。会议讨论通过了省政协五届常委会工作报告；关于落实政策工作情况的报告；关于提案工作委员会成员和在全委会议期间不再设立提案审查委员会的决定以及省政协机关

的人事任免事项。会议还决定撤销龚良经的省政协委员资格。

4日　景德镇市在兴田乡镇埠村附近发现一具明代嘉靖年间的女尸，这是当前江西省发现的保存最好的一具古尸。

4日　南昌市残疾人福利基金会成立。蒋仲平任名誉理事长、张志毅任理事长。

4日　省煤炭厅副厅长刘成业代表省煤炭厅与各煤炭企业经营承包集体代表（局、矿长）签订1985年至1990年投入产出总承包合同。

4日　省档案局制发《江西省直机关案卷质量标准》。

4日　《光明日报》、《人民日报》、《中国青年报》、国际广播电台派出记者，抵三清山进行采访。

4日　省委宣传部同意《江西审计研究》改名为《江西审计》，定为双月刊，内部出版发行，由省审计局和省审计学会主办。

4日　省委发出《关于改变省地方志编纂委员会领导体制的通知》，省地方志编纂委员会改由省政府领导。

5日　省政府传真通知各地，从今年起，对各地、市油脂计划管理实行"差额包干、缺油自理、余油分成"的办法。

5日　全国第二届录音机质量评比结果最近在江苏省常州市揭晓，江西无线电厂生产的"青竹"牌DD－905调频调幅立体声收录机获二等奖。

6日　省委办公厅转发政协江西省委党组《关于非党政协委员知情出力若干问题的意见》。

6日　江西省外运公司首次承办出口货物空运业务。

6日　在徐州举行的全国煤矿首届乌金杯田径运动会上，江西19岁的运动员邹小琴以12秒9的成绩夺得女子100米金牌。

7日　在全国田径锦标赛上，江西运动员陈冬梅在女子400米栏决赛中，以59秒31的成绩获得亚军。

7日　省石油公司（1985）赣石政字第17号文下发《关于组建庐山疗养所的通知》。

7日　以福州市委书记、市人大常委会主任

袁启彤为团长的福州市友好访问代表团一行 13 人抵达南昌。11 日访问结束，离昌返闽。

7 日 省政法委员会、省委组织部、省机构编制委员会、省劳动人事厅、省财政厅联合发出文件，确定江西省司法行政系统（含劳改劳教单位）编制。

8 日 省司法厅为加强情况交流和信息工作，指导和促进全国司法行政工作的改革和建设，创办《江西司法信息》刊物。

8 日 由香港兆华贸易公司、江西省国际信托投资公司和南昌市饮食服务公司合资经营的裕华服务企业有限公司正式营业。

9 日 全国田径锦标赛历时 7 天，当日在沪闭幕。江西运动员黄洛涛在男子 800 米决赛中，以 1 分 52 秒 29 的成绩夺得冠军。另一名江西选手彭琴云在女子铅球决赛中，以 17 米 69 的成绩获得第五名。

9 日 宜黄县二都乡最近发掘出一批保存基本完好的明代人、兽石像。石像共有 9 尊，其中有一对狮子、一对山羊、一对马匹、一对武士、一尊文官石像，这批石像是明代兵部尚书谭纶墓葬的一部分。已列入省级重点文物保护对象。

10 日 机械部发布第一号《机电产品采用国际标准验收发证公告》，公布经验收合格发证的第一批企业和产品中，江西省机械系统有九江动力机厂的 S195 型柴油机等 13 个企业 22 种产品合格。

10 日 副省长梁凯轩率领江西庐山风景名胜区建设考察组赴日本考察。

10 日 中国法学会在庐山召开法学基础理论研究会成立大会暨学术讨论会。中央各政法部门有关同志、全国各大专院校法学理论方面的专家、教授 150 人参加了会议。讨论会为期 8 天。在此次会议上，江西省法学会法学基础理论研究会成立。

10 日 南昌陆军学校参战学员朱勇被昆明军区授予《智勇双全的炮兵排长》荣誉称号。7 月 6 日，南昌陆军学校召开大会，祝贺朱勇烈士荣获"智勇双全的炮兵排长"称号。

10 日 中国共产党江西省第八次代表大会在南昌召开。出席大会的正式代表 712 人，候补代表 70 人。白栋材作七届省委工作报告，报告分 5 个部分：（一）十一届三中全会以来的六年；（二）充分发挥资源优势，全面振兴江西经济；（三）坚持改革，慎重初战，务求必胜；（四）加强社会主义精神文明建设和民主与法制建设；（五）加强党的建设，改善党的领导。大会确定了江西省经济发展的中、长期目标是：力争到 1988 年工农业年

白栋材代表省委在第八次党代会上作报告

中国共产党江西省第八次代表大会会场

江西省第八次代表大会投票选举中共江西省第八届委员会、省顾问委员会、省纪律检查委员会

总产值比1980年翻一番，1990年按人口平均的工农业总产值、国民收入、财政收入、农民纯收入四项综合经济指标接近或进入全国省区的先进行列；到本世纪末工农业总产值比1980年翻两番以上，把江西省逐步建设成为经济发达、文化昌盛、科技进步、生活小康的新江西。万绍芬致闭幕词。大会审议并通过省七届委员会的工作报告；审议并通过省纪律检委的工作报告；选出中共江西省第八届委员会委员、候补委员、省顾问委员会委员和省纪律检查委员会。会议于15日结束。

10日 省纪委书记王铁代表省纪委在中国共产党江西省第八次代表大会上作工作报告，报告分为3大部分：第一部分主要工作情况：（一）贯彻准则和党章、提高党员的思想觉悟。（二）严肃党的纪律，把维护党的政治纪律放在首位。（三）参加整党，端正党风。（四）平反冤假错案，落实党的干部政策。（五）进行"两案"审理工作，巩固和发展安定团结的政治局面。（六）查处违纪案件，受理群众来信来访。（七）开展打击经济领域中严重犯罪活动的斗争。（八）加强各级纪检机关的自身建设。第二部分基本经验：（一）全党抓党风，党委带头抓，是实现党风根本好转的关键。（二）端正纪检工作的业务指导思想路线，是做好党的纪律检查工作的前提。（三）坚持实事求是的思想路线，是做好纪律检

查工作的基本原则。（四）加强党的领导，是做好纪律检查工作的根本保证。第三部分今后工作建议：（一）进一步提高认识，在实际工作中努力实现党的纪律检查工作的指导思想。（二）各级纪委要积极参加整党。（三）端正党风，维护党纪，狠刹新的不正之风。（四）继续加强纪检队伍建设，适应新形势新任务的需要。

10日 全国小学生作文邀请赛比赛结果最近在天津揭晓。南昌市珠市小学周燕、罗高琴获二等奖，范娟获得三等奖；景德镇市第一小学彭莹获二等奖，李连获三等奖。

10日 省司法厅厅长办公室决定，在萍乡市湘东镇试点，试办乡镇法律服务机构，并成立了省、市、区联合试点工作组。6月18日，湘东镇司法办公室、法律服务所（两块牌子，一套班子）正式成立。

10日 由文化部主办的为期9天的首届全国农村业余戏剧创作评比活动在北京举行。江西省三台小戏获奖。其中：采茶戏《一对凤凰鸡》、《闯关》分别获三等奖；采茶戏《芦芽子借款》获丰收奖。

11日 省教育厅、省妇联、省总工会在南昌联合举行为期3天的江西省首届幼儿教师技能技巧竞赛。

11日 新华社两次内参批评南昌铁路分局服务部公司下属的少数公司有乱收费问题，国务院副总理万里批示要查处。随后，国家物价局、铁道部、上海铁路局先后4次派检查组进行调查。调查活动于23日结束。

11日 中共江西铜业委员会书记朱霆等一行5人即日起至7月12日到巴布亚新几内亚，考察布干维尔铜矿的企业管理。

12日 国家科委决定在南康投资开发"南安板鸭"。该项目的可行性研究报告当日正式通过。引进设备和基建等各项工作已着手进行，总

被国家科委列为投资开发的南安板鸭

投资130万元。预定到1987年，每年将加工制作出口无菌板鸭10万只，并向养鸭专业户提供鸭苗30万羽。

13日 省工资制度改革领导小组、省劳动人事厅转发国务院工资制度改革小组、劳动人事部《关于实施国家机关和事业单位工作人员工资制度改革方案若干问题的规定》，决定在国家机关和全民所有制事业单位实行工资制度改革。全省从7月份起执行新的工资制度。

13日 国家为支持江西省老区建设，将从奥地利政府向我国政府提供的贷款中，安排1.22亿美元兴建泰和、永修虬津、乐平鸬鹚和德兴黄柏垣四座水电站，总装机容量为27.65万千瓦。最近，奥地利3位专家来江西进行了实地考察和商谈建站事项，并签署了《考察商谈纪录》。

13日 南昌市第十中学3位同学最近被浙江大学录取为首届少年班学员。这三名同学都是高二的学生，他们只用了四年半完成了中学阶段6年的课程。浙江大学首届少年班在全国300多名少年考生中录取20名。

13日 首届全国乡镇企业花炮质量评比会上，参加评比的共有510家企业。江西省有9个企业14个品种参评，宜春慈化出口花炮总厂的"向阳花烟花"等8个产品被评为优质产品，名列全国榜首。

13日 经省公安厅、司法厅研究同意在省劳改（劳教）局设立省劳改场区公安处，在4个劳改、劳教单位设立公安科（对外称派出所）。

13日 德兴县在黄柏、万村两乡发现储量极为丰富的大理石矿。经初步勘探，总储量达1.4亿立方米。当前，该县已与省林业工业公司、香港新华投资贸易公司联合成立了江西德兴大理石板材有限公司筹备开采。

14日 习仲勋、宋任穷、乔石、康克清、宋平等领导参观在北京举办的上海经济区二轻产品交易会。他们来到江西馆参观时，赞扬江西二轻产品丰富多彩，对雕花家具、羽绒产品很感兴趣。并说，"江西资源丰富，很有发展前途，希望江西有一个大的发展。"

14日 南昌职业技术师范学院成立。

15日 江西省审计局于5月中旬组织部分地市县审计局开展的"科技一条线"审计。工作于近日结束，共审计14个科技主管部门的财务收支、科研经费使用情况。

15日 江西电子行业最大的中外合资企业赣新电视机有限公司引进日本索尼公司彩色电视机生产线和彩电生产技术竣工投产。6月28日，电子工业部对该生产线验收合格。

15日 省审计局会同省粮食局、南昌市审计局对南昌面粉厂重大经济损失问题进行专案审计。审计历时一个半月，审计结果向省纪检委、省政府作了汇报，南昌市纪检委对有关人员进行党纪、政纪处分。

16日 中共江西省八届委员会在江西宾馆举行第一次全体会议，会议通过了《江西省委关于加强自身建设的决定》。《决定》如下：（一）一切服从于献身四化，振兴江西这个大局。（二）勤奋工作，锐意进取，讲求效率，实事求是，联系群众，关心群众疾苦，全心全意为人民服务，做人民的公仆。提倡党内互称同志。（三）正确执行党的干部路线，坚持干部"四化"标准。（四）增强党性，端正党风，严格执行党章和《准则》规定，反对不正之风。（五）深入实际，调查研究，努力做到耳聪目明。（六）认真学习马列主义、毛泽东思想，学习党的方针、政策，学习现代化科学管理知识。会议选举产生了省委新的领导班子。省委书记：万绍芬（女）；副书记：刘方仁、许勤；常委为：蒋祝平、王昭荣、裴德安、王保田、卢秀珍、王太华；选出省顾委常委和主任、副主任：赵增益为主任，狄生、刘仲候、王实先为副主任；选出省纪委常委和书记、副书记；朱治宏为书记，马世昌、颜先进、汤源泉为副书记。

17日 省财政厅、省石油公司联合下发（1985）赣财商字第28号、（1985）赣石财字第29号文：《关于下达1985年江西省石油公司直属单位利润（亏损）拨补计划的通知》。

18日 省税务学会成立。同月，创办《江西税务研究资料》（1988年改名《江西税务》）。

18日 省政府在南昌召开全省科技工作会议。省直各有关部门和各地市的领导、部分县的负责人，部分高等院校、科研院所及企业的负责人，共320多人参加大会。会议讨论修改了江西省《关于贯彻〈关于中共中央科学技术体制改革的决定〉的若干意见》和《江西省科技市场管理暂行条例》。研究贯彻中央关于改革科学技术制度和推动江西科学技术体制改革顺利进行的问题。

18日 省政府召开电话会议，要求各地高标准、高质量地完成今年沼气池的建设任务，到5月底，全省已建成使用的沼气池8000余个，已动工兴建的沼气池1.07万多个，建设50立方米以上的大中型沼气池4座，培训技术力量3000余人。当前，要抓好沼气标准化建设，搞好技术服务和管理配套工作。

19日 江西省今年普通高校、中专招生统考报名工作结束。全省共有50078人报考。其中报考文史类的有12690人（含艺术类、外语类），约占26%；理工农医类的有37088人（含体育类1141人），约占74%；考生中有劳动模范、先进人物67人，少数民族青年27人，台湾省籍青年3人，华侨、港澳青年28人。1985年江西省高校、中专招生计划总数约2.4万余人，其中理工农医类入取率大约为2.2∶1；文史类大约1.9∶1。

19日 全省第一个研究税收科学的群众性学术团体——江西税务学会在南昌成立。

19日 省司法厅与省经济委员会联合发出《关于加强经济合同的行政管理和法律监督有关事项的通知》，规定今后工矿企业在签订标的15万元以上的经济合同，或者跨省、跨地区的经济合同，必须到公证机关申请办理公证。

19日 省六届人大常委会十二次会议在南昌举行。会议审议通过省人大常委会工作报告。通过《关于补选的省六届人大代表名单的公告》。会议于20日结束。

20日 全省第三次律师资格统一考试在南昌举行，报考者407人，实际应考人员374人，考试及格的247人，及格率为66%。

20日 省政府办公厅以赣府厅发（1985）13号文下发《关于江西省各级石油公司主要领导干部任免问题的通知》，经省委组织部同意，省石油公司主要领导干部的任免，由省石油公司提出名单，与当地商业局、处或组织部协商后任免。

20日 省委、省政府发出《关于认真学习、贯彻〈中共中央关于教育体制改革的决定〉的通知》。29日，召开学习、贯彻决定的动员大会。

20日 省政协五届常委会十二次会议在南昌市举行。会议决定，省政协五届三次会议6月21日上午开幕，28日上午闭幕。会议讨论五届委员会三次会议的准备工作，通过增补五届委员会委员名单和补选五届委员会常务委员候选人名单，通过《关于在各地区设立省政协联络处和任命各地区联络处主任的决定》。

20日 江西广播电视大学1985年招生录取工作结束。江西省有2万多人报考，录取7664人。

21日 华东地区六省一市第三届包装装潢设计评比交流会在南昌举行。江西和上海各获五件大奖，并列第二名。江西还获得海报荣誉大奖。江西省外贸系统荣获"华东大奖"一项，"华东优秀奖"两项。

21日 省政府发出实施《中华人民共和国药品管理法》的通知。

21日 省政协五届三次会议在南昌中山堂召开。605名委员和168名列席人员出席会议。大会通过了省政协五届三次会议的议程：（一）听取和审议省政协常委会工作报告；（二）听取和审议关于落实政策工作情况的报告；三听取和审议省政协五届二次会议以来提案处理情况的报告；

（四）列席省人大六届三次会议；（五）通过接受辞职事项；（六）选举事项；（七）通过省政协五届三次会议决议；（八）通过省政协五届三次会议提案审查情况的报告。会议接受朱旦华辞去省政协副主席、常委、委员职务的请求，补选吴允中为省政协副主席。省政协副主席沈翰卿在会议上作政协江西省五届常委会工作报告。报告分为七个部分。1.关于发挥政治协商、民主监督的职能。2.关于落实各项统战政策：到目前为止，江西省已落实统战政策13万多件，占受理落实政策数的98%以上。全国政协委员中有落实政策问题10人，已全部落实；省政协委员中有落实政策问题的271人，已落实了265人，占98%；市、县政协委员中有落实政策问题的1999人，已落实了1981人，占99.1%。3.关于为四化建设服务。4.关于加强人民政协的学习工作。5.关于征集出版文史资料：一年来，共征集文史资料稿件320篇，约计175万字，出版了《江西文史资料选辑》第十三辑和第十四辑。6.关于加强对市、县、区政协的联系和指导。7.关于搞好本会机关的建设。会议于7月1日结束。

22日 省政协委员、各民主党派成员和各界人士书画展览开展。

22日 "浔阳"号货轮驶入九江港。这艘货轮是江西省远洋运输公司从日本引进的，主机为2000马力，载重量4400吨。

23日 省长赵增益在省六届人大三次会议上作政府工作报告。报告共分两个部分：第一部分——一年来的经济形势。（一）经济效益显著提高，国家考核的工业十项综合动态经济指数进入全国先进行列。（二）经济发展速度加快，和全国的差距正在缩小。（三）农村产业结构调整进展较快，"两条短腿"有了明显改善。（四）消费品生产有较大幅度增长，轻重工业比例日趋协调。（五）对外开放取得了重大进展，长期以来形成的封闭型经济开始向开放型经济转变。（六）教育结构调整有了良好开端，科学技术面向经济建设迈出新的步伐。第二部分今年的新的任务。（一）加强宏观管理，保证经济持续、稳定、协调发展：1.必须继续坚持把提高经济效益放在一

切经济工作的首位，力争比前两年取得更好的成绩。2.必须加强流通领域的工作，切实安排好城乡市场。3.必须认真贯彻国家加强宏观控制和管理的各项措施，确保国民经济沿着正常、健康的轨道运行。4.必须坚决纠正不正之风，认真做到令行禁止。（二）坚持慎重初战，保证各项改革工作顺利进行：1.继续增强企业活力。2.调整农村产业结构。3.改革价格体系。4.改革工资制度。5.改革科技体制。6.改革教育体制。7.更大胆地对外开放。8.切实改进政府工作。

23日 在省六届人大三次会议上，省财政厅厅长李天培作《关于一九八四年财政决算和一九八五年财政预算草案的报告》。报告分为3大部分。（一）1984财政决算情况：1984年年终执行财政收入总数为15.25亿元，完成国家核定任务的114.6%，完成省定预算的108.9%，比1984年增收2.06亿元，增长15.6%。加上中央定额补助1.5亿元，中央一次性追加专款3.42亿元，上年接转等项资金3.98亿元，1985年总收入为24.15亿元。1984年财政总支出为21.94亿元，占地方调整支出预算数的90.5%，比1984年增加支出4.47亿元，增长25.6%。全年收支相抵后滚存结余2.21亿元，其中跨年度结转支出2.19亿元。江西省财政实现了收支平衡，略有结余。（二）1985年财政预算草案：1985年，国家分配江西省财政收入为15.17亿元，省委、省政府确定为17.24亿元，比1984年实收增长13%。1985年的财政支出预算为19.04亿元，比1984年年初预算数增加4.4亿元。（三）为实现1985年财政预算，必须做好以下八项工作：1.全面提高经济效益，实现增产增收。2.进一步强化税收工作。3.继续认真搞好财政税收制度的改革。4.坚持勤俭建国方针，管好财政支出。5.搞活资金，做好综合平衡工作。6.加强财政监督，严肃财经纪律。

24日 各级公安机关协助有关部门从6月下旬至7月底，在江西省范围内有准备、有步骤地开展清理、查禁、取缔淫秽录像和其他淫秽物品的统一行动，取缔有严重违法活动的营业性录像队、点129个，停办137个，查缴淫秽录像带

1020 盒，查封禁映片 1700 余部，收缴淫秽照片等 1 万余件，查处违法犯罪分子 394 名，基本刹住了公开传播淫秽录像的歪风。

25 日 赣县白鹭乡官村农民朱道洋等人在清理水沟时发现的一座古墓和一批历史文物。经考古人员鉴定，是一座南朝古墓，内有 36 件文物。其中青瓷壶 7 件、青瓷双系壶 2 件、青瓷茶托 1 件、青瓷三足砚 2 件、青瓷莲瓣纹碗 1 件、青瓷莲瓣盘 1 件、各种青瓷碗 10 件、青瓷盘 6 件、铁刀 1 件、铁铲 1 件、铁钉 4 件。

25 日 省政府发出通知，要求各地坚决制止盗挖古墓，严厉打击文物走私活动。省政府批转省文化厅《关于坚决制止盗挖古墓和打击文物走私的报告》，要求各地政府一经发现盗墓走私活动，立即组织公安、工商管理和文化部门严肃处理、依法惩处。

25 日 省地质矿产局赣南地质调查大队在于都县初步查明一个与滑石矿共生的透闪石矿床，这是迄今为止在江西找到的第一个非金属矿产——透闪石矿床。该矿地表出露长达 2000 余米，共有三层厚 24 米。矿物中透闪石含量一般为 40%~50%，少数达 90%。

25 日 为加强药品管理，保障人民健康，省卫生厅召开大会。会上向来自全省各地的 959 个单位的代表颁发药品生产、经营、制剂许可证。这是江西第一批验收合格的单位。

25 日 省检察院召开分、市检察院人事工作座谈会，研究贯彻增编和向社会公开招收检察干部等问题。最高检察院人事厅杨玉珍等参加会议。座谈会于 28 日结束。

25 日 上海经济区经济技术协作会议在井冈山市召开。这是上海经济区成立以来的首次经济技术协作会议。经济区内各省市和省属地、市确定了 4300 多项经济技术项目，包括冶金、矿产、石油、化工、煤炭、电力、机械、电子、轻工、纺织、建材、森工、医药、卫生、粮油、食品、农林牧渔、旅游服务、商业、外贸等方面。国务院上海经济区规划办主任王林主持会议，副主任周光春讲了话。江西省在这次会议上初步达成经济技术意向协议 534 项。会议于 7 月 1 日

结束。

25 日 美国肯塔基州路易维尔大学第一副校长杜礼若博士偕夫人来赣访问。6 月 27 日，江西教育学院与路易维尔大学正式结为友好学校。此为江西高校与外国高校结成的第一对友好学校。江西教育学院与美国路易维尔大学学术交流与合作协议书签字仪式，在江西宾馆七楼圆厅举行。娄溥仁副院长和杜礼若第一副校长分别代表双方在协议书上签字。根据协议，江西教育学院和路易维尔大学学术交流与合作范围，包括交换图书资料、互派学者访问、互换研究生，并在双方同意选定的领域内开展合作研究，举办短期讲学和讨论会等。访问活动于 28 日结束。

26 日 黎川县龙安中心小学五年级三好学生邓小方，当日领到共青团中央颁发的全国红领巾读书读报奖章。

26 日 国家计委正式批复了江西省计委《关于新建抚州造纸厂的可行性研究报告》，同意新建该厂。

26 日 经有关院校和江西省地科研单位工程技术人员的鉴定，吉安地区计算中心应用微机编制建筑工程预算系统获得成功。

26 日 省政府颁发《江西省城市维护建设税实施细则》。并决定《细则》自 1985 年 1 月 1 日起执行。

27 日 全国现代五项锦标赛历时五天在北京结束。省优秀运动员吴祖进获得男子现代五项第三名。

27 日 省高级人民法院院长柳滨在省六届人大代表大会第三次会议上作省高级人民法院工作报告。报告共分 4 个部分：（一）继续加强严惩严重刑事犯罪和严重经济犯罪的审判工作，取得重大胜利：自 1984 年 5 月至 1985 年 4 月，江西省各级人民法院共审结一审刑事案件 9295 件，在已发生法律效力的对 12685 名被告人的判决中，作有罪判决 12574 人。在所判处的刑事犯罪分子中，杀人等严重危害社会秩序的犯罪分子 4348 名，占 35.7%。江西省共审结一审经济犯罪案件 1271 件，判处经济犯罪分子 1584 名。（二）民事审判工作取得了显著的成效：一年来，

共审结一审民事案件 21492 件。民事案件中调解结案的占 87.8%。（三）经济审判工作有了新进展：一年来，江西省各级人民法院受理经济纠纷案件 3488 件，审结 2853 件，争议金额 4760 万元，（四）江西省法院干警队伍的素质有了新的提高。江西省有 35 个先进集体和 100 个先进个人出席"双先会"，有 3 个先进集体和 7 个先进个人代表出席了第一次全国法院先进集体、先进工作者表彰大会。

27 日　省人民检察院检察长陈克光在省六届人大三次会议上作了省人民检察院工作报告。报告共分 4 个部分：（一）继续严厉打击严重刑事犯罪活动，进一步促进社会治安的明显好转：1984 年，江西省检察机关共批准逮捕各类刑事犯 12847 人，决定起诉 15985 人，（含上年移转案件）。1984 年，刑事案件发案率比 1983 年下降 31.3%，其中重、特大案件下降 20%，社会治安有了明显好转。（二）加强对经济犯罪行为的检察工作，保障经济体制改革和经济建设顺利进行：1984 年，江西省共受理各种经济犯罪案件 1503 件，立案侦查 823 件，1148 人，办结 848 件，1160 人（含上年移转案件）。（三）认真查处侵犯公民民主权利的犯罪案件，维护了社会主义法制的尊严：1984 年，江西省共受理各种法纪案件 818 件，立案侦查 228 件，起诉 175 件，239 人，法院已审结 139 件，全部作了有罪判决。1984 年，江西省共受理群众来信 18456 件，接待来访 6865 人次。（四）大力加强检察机关队伍建设，不断提高干警政治业务素质，1984 年江西省各级检察机关评选出先进单位和先进集体 110 个，先进个人 719 人。江西省检察系统有 24 个先进集体和 95 个先进个人受到表彰，并推选出两个先进集体、8 名先进个人、一名特邀代表出席全国检察系统表彰大会。

28 日　《江西日报》报道，省政府拨出 47 万元专款，重点扶持 22 个县、市发展优质米生产。这 22 个县、市是江西省水稻生产大县，今年到明年这些县、市可向全省提供大批的优质粮种，并将成为江西省向国家提供大批量优质商品大米的重要基地。

28 日　省武警总队政治部作出决定，给南昌市支队青云谱中队记集体三等功一次，表彰他们为民除害的大无畏精神。

29 日　省总工会、省教育厅联合组织教师暑期休养活动。第一批到广州休养的农村小学优秀教师 59 人离昌赴穗。第二批去休养的是大专院校的优秀政工干部。休养地点是河北承德避暑山庄。这是江西省首次组织农村中小学优秀教师休养。

29 日　国务院批准《南昌市城市总体规划（一九八一年至二〇〇〇年）》。要求南昌市力争尽快使城市面貌有一个大的变化。国务院在批复中指出，南昌市今后的发展，要充分发挥水陆交通便利的优势，加强对现有企业的改造，并结合旧城改建，逐步改善城市布局，大力发展第三产业。要特别注意提高城市的环境质量，搞好防洪和基础设施配套。

29 日　国家科委发明评选委员会召开第十七次会议审查批准了 72 项发明奖。其中，有洪都机械厂参与发明的 18MN2CRMOBA 低合金高强度钢获二等奖；江西稀土矿洗提工艺获三等奖。

29 日　玉山县怀玉山垦殖场活性炭厂助理工程师郑国炉，作为全国活性炭考察团成员，前往英国、法国、意大利、荷兰进行活性炭学术考察。

29 日　民进江西省筹委会、九三学社江西省工委筹备组领导人，出席江西省委举行的民主协商会，就省人大常委会、省政府、政协省委会领导人员调整充实问题进行协商。省委书记万绍芬主持协商会并讲话。

29 日　省气象科学研究所承担的"鄱阳湖对气候的影响及其在生态平衡中的作用"和"鄱阳湖区气候资源评价及农业气候区划"两项课题，在南昌通过了省内外专家、学者的技术鉴定。

29 日　全国初中数学联赛江西赛区在临川县举行发奖仪式，江西省有 100 名学生获奖。临川县唱凯中学初三学生周志刚以 92 分的优异成绩获得全国一等奖。

29日 省政协五届常委会十三次会议在南昌市举行。会议审议将提请五届委员会三次会议通过的决议（草案），通过增补五届委员会委员名单和补选五届委员会副主席和常务委员候选人名单。

30日 由省军区和省电子科研所联合研制的军事指挥自动化系统通过鉴定。来自中国科学院、电子工业部、福州部队和南京部队等20多个单位的专家、学者经过认真评议，在鉴定书上签字通过。该自动化系统可以大幅度减轻军事指挥和机关人员的工作量，对我军当前的精简整编工作具有重大意义。这项科研成果在我军省军区一级占有领先地位，在局部网络的军事应用领域方面具有国内先进水平。

30日 省审计局组织68个城市县审计机关对去年至今年上半年老区建设资金进行审计，共查出有问题金额34.7万元。

30日 九江纺织试验厂从国外引进的"气流纺"全面投产。

30日 省税务局在景德镇市召开全国药类、陶瓷、丝绸类税目注释定稿会议。税务总局和河北、四川、广东、上海等10个省市税务局派员出席。

30日 省林业厅通知，从即日起开始在全省农林业中推行厂（场）长、经理负责制。

30日 据统计，江西省95个审计局对粮食行业、工交企业、行政事业单位的财务收支等近10个行业和项目的1658个独立核算单位进行了审计。截止本月底，共查出各种有问题的资金1.94亿元，其中违纪金额1.4673亿元，分别比1984年全年增加6461万元和8032万元。通过审计，江西省可增加财政收入6270万元，到当前为止已上缴入库1963万元。各级审计机关还配合有关部门查处和纠正新的不正之风。据1000多个审计项目的不完全统计，共查处行政机关、企事业单位滥发奖金、补贴、实物和请客送礼的金额有308万元，查处了一批损害国家利益的案件，保护了改革的健康进行。

30日 在近日举行了省级鉴定会上，专家们确认江西省妇幼保健院新发现11种15例异常染色体，其中2种为国际首例，9种为国内首例，为国际核型库提供了有价值的资料。

本月 为进一步发挥文明单位的表率作用，省"五四三"委在鹰潭市召开"全省22个文明单位座谈会"。

文明单位座谈会

本月 省轻工业厅、省物价局组成联合考察组赴广西柳州、四川重庆、三峡等电扇厂学习引进人才、工业联合，薄利多产、低价竞销的经验。省经委、省轻工业厅、省税务局、省工商银行联合发出《关于对城镇集体所有制企业几个政策问题处理办法的通知》。

本月 铅山县竹编工艺厂的竹编工艺品，被列为江西省出口免检产品。

被列为江西省出口免检产品——铅山竹编

本月 赣县稀土矿率先推广硫酸铵代氯化钠浸取稀土的新工艺。

本月 江西省档案馆与福建省档案馆、江西省税务局、福建省税务局联合汇编的《中央革命根据地工商税收史料选编》出版发行。

本月 江西省第一个技、工、贸结合的科研、生产、经营联合实行——赣华热能技术开发中心成立。

本月 省粮油食品公司与江西农业大学成功地研究出对商品猪长途运输的催眠镇静药物"催眠灵"。该研究成果1988年荣获对外经济贸易部科研成果二等奖。

本月 南昌市产品质量监督检验所成立。从此,南昌标准化工作进入新的发展阶段。

本月 经省政府批准在原南昌电大工作站的基础上,成立江西广播电视大学南昌市分校。

本月 江西省农村金融学会成立。

本月 在庐山举办全国抗震技术学习班。学习班聘请建设部等有关单位的专家讲课,全国抗震系统90多名学员参加学习,其中省内学员35名。

本月 省审计局在全省部署开展"卫生一条线"审计。审计历时3个月,全省有13个县的审计局参加审计。

本月 国家建材局批准武汉工业大学电教函授学院在江西设立分院,省建材工业公司科教处负责办学工作,并在省建材工业学校、省建材科研设计院、九江工业建筑设计院、萍乡市硅酸盐研究所、江西水泥厂设立函授分部,负责教学工作。

本月 一部全面反映江西省山川景色,历史名胜的大型彩色艺术纪录片——《江西风貌》正在拍摄中,这是江西拍摄的第一部大型纪录片,影片由江西电影制片厂摄制,作曲是肖珩,演奏是上海音乐学院教师乐团,由姚笛指挥。

本月 省政府发出《关于进一步搞活大中型企业的暂行规定》决定在江西省普遍推行厂长(经理)负责制。

本月 原福州军区和原南京军区合并为新的南京军区。

本月 省司法厅、省法学会、省劳改局、省劳改干校和江西师范大学等单位参加编写的《罪犯改造心理学》一书出版,并向全国内部发行。

本月 根据国务院国发(1984)142号文件和江西省人民政府赣府发(1985)20号文件,除南昌市煤炭石油公司及南昌市属县公司外,全省石油经营机构基本上都从商业部门划出,归中国石化销售公司江西石油公司管理。

江西省石油公司办公大楼

1985

7月
July

公元 1985 年 7 月							农历乙丑年【牛】						
日	一	二	三	四	五	六	日	一	二	三	四	五	六
1 建党节	**2** 十五	**3** 十六	**4** 十七	**5** 十八	**6** 十九	**7** 小暑	**8** 廿一	**9** 廿二	**10** 廿三	**11** 廿四	**12** 廿五	**13** 廿六	
14 廿七	**15** 廿八	**16** 廿九	**17** 三十	**18** 六月小	**19** 初二	**20** 初三	**21** 初四	**22** 初五	**23** 大暑	**24** 初七	**25** 初八	**26** 初九	**27** 初十
28 十一	**29** 十二	**30** 十三	**31** 十四										

1 日　江西省 7 月 1 日起执行财政部颁发的《中华人民共和国中外合资企业会计制度》。

1 日　九江市新竹有限公司（后改名九江市第六纺织厂）引进捷克气流纺纱机 1400 头及配套设备安装竣工投产。

1 日　南昌市郊区塘山乡鱼尾村发现一座距今有 1500 多年的古墓。古墓用东晋末期的钱网纹石砖砌成，高 2.5 米、长 5 米。古墓内有青瓷人、瓷狗、瓷灶、瓷果盒、瓷六系壶等 17 件陪葬品出土。

1 日　省政府《关于对重点煤矿企业实行投入产出总承包方案的批复》同意重点煤矿 1985年至 1990 年实行六年投入产出总承包，基本内容为"两包五定"（包亏损、包产量，定开拓进尺及 3 个煤量、定安全、定质量、定效率、定固定资产完好）。

1 日　全省水土保持工作会议在吉安召开。会议确定，江西今后水土保持工作应以经济效益为主，以短养长，绿肥上山，灌木先行。

1 日　江西省翻译工作者协会第一次会员代表大会在鹰潭召开。全省各条战线的翻译工作者及翻译教学工作者代表 60 余人出席了会议。陈癸尊副省长出席会议并讲了话。大会选举产生了江西省翻译工作者协会第一届理事会，张运昌任会长。大会于 4 日结束。

1 日　省六届人大三次会议在南昌市闭幕。会议通过了《关于江西省人民政府工作报告的决议》、《关于江西省一九八五年国民经济和社会发展计划安排情况报告的决议》、《关于江西省一九八四年财政决算和一九八五年财政预算报告的决议》、《关于省人大常委会工作报告的决议》、《关于江西省高级人民法院和江西省人民检察院工作报告的决议》。会议接受马继孔辞去六届人大常委会主任职务和张宇晴、信俊杰、张国震辞去副主任职务，赵增益辞去省长、梁凯轩辞去副省长职务，柳滨辞去省高级人民法院院长、陈克光辞去省人民检察院院长职务的请求。补选王书枫为省人大常委会主任，梁凯轩、彭胜昔、柳滨为副主任；补选倪献策为省政府省长，蒋祝平、钱家铭为副省长；补选李迎为省高级人民法院院长，王树衡为省人民检察院检察长。

2 日　江西造船厂设计建造的"金山号"旅

游船通过鉴定。

2日 省委宣传部、省社联、省社科院等单位联合召开"纪念恩格斯逝世90周年学术讨论会"。主要讨论的课题是：恩格斯对创立科学社会主义理论的贡献及中共十一届三中全会以来科学社会主义理论在中国的实践和发展，恩格斯对自然辩证法的杰出贡献与现代科学技术革命，恩格斯对创立马克思主义的伟大贡献。

2日 江西省邮电管理局档案馆成立。

3日 省卫生厅发出《关于开展法律宣传教育，普及法律常识》的通知。决定从1985年起，用5年时间，在全省系统的干部、职工中基本普及法律常识。

3日 省劳动人事厅下发《关于切实抓好江西省劳动人事系统干部中专教育的通知》，要求年龄在45岁以下，不及高中、中专专业学历的劳动人事干部都要参加学习，达到高中、中专毕业水平。

3日 省政府决定，将新余市新建公园命名为"抱石公园"。傅抱石是新余市北岗乡人，我国著名的国画家、美术教育家。先后担任过中国美术家协会副主席、美协江苏分会主席、江苏省国画院院长、第三届全国人大代表、第三届全国政协委员等职。11月5日，"抱石公园"命名典礼在新余市隆重举行。傅抱石先生的儿子傅二石、女儿傅益瑶，日本文化界人士稻田耕一郎以及来自北京、南京、上海、山东和南昌的傅抱石先生的生前好友、同事、学生和新余市各界群众200多人参加了命名典礼。傅抱石先生是蜚声海

著名画家傅抱石在做画

内外的国画家、金石家、美术教育家和美术理论家，是近代国画，特别是山水画的杰出代表之一。1965年9月29日因患脑溢血去世，终年61岁。新余市委、市政府为表达家乡人民对人民艺术家的怀念，经江西省人民政府批准，新建抱石公园。抱石公园的筹建，得到了新余钢铁厂、江西钢厂等29个厂矿企业、事业和机关单位的集资支援。全国政协副主席赵朴初、中国美术家协会主席吴作人为公园题写了园名。

3日 全省个体劳动者第一次代表大会在江西宾馆召开。近300名个体劳动者出席了大会。大会通过《江西省个体劳动者协会章程（试行）草案》，选举产生江西省个体劳动者协会委员会，表彰部分先进个体劳动者协会和先进个体劳动者代表。会议指出，个体劳动者已成为四化建设中的一个重要方面军，各级党组织和政府要满腔热情地支持个体经济发展。同时要求广大个体劳动者做有理想、有道德、有文化、有纪律的社会主义劳动者大会于5日结束。

4日 省政府作出决定，授予2月6日同歹徒搏斗、保护了国家财产的江西省宜黄县神岗乡信用社党口分社会计管春花"江西省治安模范"的光荣称号。

4日 省委党校培训班和理论班173名学员举办的毕业典礼。这批学员在1983年入校时平均年龄35岁左右。接受正规化培训取得大专学历的有70人，取得政治经济学专业本科学历的有51人，取得社会主义专业大学本科学历的有52人。万绍芬代表省委对学员提出了四点希望，要求毕业学员立振兴江西之志，尽人民公仆之责。

4日 省委、省政府发出《迎接一九八五年教师节开展尊师重教活动的通知》。通知指出，9月10日是第一个教师节，要通过庆祝教师节的活动，调动教育工作者的积极性，促进整个社会形成尊重教师、重视教育的良好风尚。通知规定，庆祝教师节，要做好宣传教育工作，各地要对在教师中落实知识分子政策的情况进行一次普遍检查，要发动全社会为学校和教师办几件实事，在教师节前后表彰一批优秀教师和尊师重教先进单位。

5日　省医学院化学教研室研制成功的新产品"生姜精"，在南昌市通过了技术鉴定。

5日　南城县岳口乡长兴村承包给安徽民工开挖一口水井发生崩塌，将两名民工埋在6米多深的井里，民兵营长朱应生听到呼救后即奔赴出事地，下到井里，奋力抢救，在第二次大塌方前一瞬间，他将一名民工托出井外，自己却被埋在井底。省委、省军区党委追授朱应生"优秀共产党员"、"模范民兵营长"称号。

5日　上海同济大学建筑系与龙虎山风景名胜区管理局共同完成《龙虎山风景区总体规划》。陈从周教授为规划顾问，司马铃为指导老师。

5日　省军区党委召开全委扩大会议，会议为期6天，会议传达、学习中国政府裁军100万以及中央军委确定军队建设指导思想实行战略性转变的重大决策。

6日　经国务院批准，教育部决定全国43所重点高等学校和江西师范大学今年在江西省招收保送生。到当前为止，已招收保送生98名，其中外省重点高校招收70人，江西师大招收28人。

6日　修水县在文物普查时发现一幅高143厘米、宽44.5厘米的绫本水墨画《鱼雀图轴》，落款为"八大山人书画并题"，有朱印两方。经鉴定，为八大山人61岁时所做。此画珍藏在修水黄庭坚纪念馆。

6日　国家卫生部咨询委员会委员陈海峰等专程前来江西调查老革命根据地基层卫生服务情况，20天内先后对井冈山、兴国、瑞金等14个市、县进行了调查，深入到15个乡、村卫生院、所了解情况，为中央进一步支持江西老革命根据地卫生事业的发展提供依据。

7日　江西印刷公司从日本引进的3E-4D型四色胶印机，近日试机并投入生产，为江西省印制彩色画刊册奠定了基础。

7日　江西国营四五九厂和哈尔滨船舶工程学院共同研制成一项新产品——DXZ-Ⅰ型电（镍）针治疗器。

7日　余江县高公寨乡电机厂制成电动吸尘黑板擦。经有关部门测试，第一批产品已通过鉴定。

7日　国营七一三矿、江西省稀土公司和龙南县稀土公司联合兴建江西省昌隆稀土冶炼厂，合同签字仪式在七一三矿举行。这个厂是以生产荧光级氧化钇为主的稀土产品冶炼加工厂，建成后将成为我国最大的稀土冶炼加工厂，年产量比当前我国现有的最大稀土冶炼厂多60%。

7日　省广播电视厅在江西宾馆召开全省广播电视系统先进集体和先进工作者表彰大会，表彰了广播电视系统45个先进集体和114名先进工作者，交流了广播电视工作的经验，研究了进一步加快江西省广播电视事业发展步伐的问题。这是建国以来江西省广播电视系统规模盛大的一次表彰会。表彰大会于11日结束。

8日　在青岛举行的"农行杯"田径明星赛中，江西男子铁饼新秀王军以57.64米的成绩夺得冠军；另一选手陈冬梅获得女子400米跨栏冠军；彭琴云、辛淑娟分别获女子铅球和女子300米第五名。

8日　截至目前江西省地质矿产局赣南地质调查大队在武夷山西侧的石城县松岭开展锡矿普查。已经查明矿脉在地表的出露最大宽度24米，平均宽为7.4米。据2000个化学样品分析，该矿脉两个地段含锡很丰富，大大超过工业品位。第一段长150米，矿脉平均宽5.5米，锡平均品位达0.88%，最高品位为3.07%；第二段长450米，矿脉平均宽为5.44米，锡平均品位为0.44%。

9日　省社科院与省政府经济研究中心在南昌联合召开为期三天的江西省经济发展战略讨论会。省内100多名专家、学者参加讨论会。这次会议着重研究江西经济发展战略问题，交流近几年研究江西经济发展战略成果，在全面认识省情的基础上，运用定性与定量分析相结合的方法，对江西经济发展战略作进一步探讨。省领导指出：老区、贫困地区的开发问题已列为省委、省政府工作的重点。要抓战略规划，讲实干效益，力争三年摆脱贫困，五年改变面貌。要求与会同志认真办好3件事：第一，研究和论证老区、贫困地区的开发问题；第二，研究农业结构调整；第三，发展旅游。

9日　全省土地管理工作会议召开。会议强调，各地要合理利用每一寸土地。会议认为，随着江西乡镇企业和小集镇的发展，以及城乡建设用地的增加，城乡建设用地中不按国家建设征地条例报批，化整为零征多少用和农村乱占滥用耕地建房的现象时有发生。为此，会议要求各地要用行政、经济、法律的综合措施管理土地。会议于14日结束。

10日　江西省电视中心大楼破土动工。该工程位于南昌市北京西路彭家桥南边，是江西省重点建设工程之一。工程包括广播电视中心大楼、地面卫星站、电视外景拍摄区等20余项。主楼22层（地下2层），高度84.3米，框架剪力墙结构，裙楼2至3层，砖混结构。建筑总面积1.91万平方米。由广播电影电视部设计院设计，中国建筑四局六公司施工。1987年底竣工。

建成后的江西省广播电视中心大楼

江西省广播电视中心奠基与开工典礼

白栋材、赵增益、许勤、吴平、王树枫为"江西广播电视中心工程"奠基

卫星地面接收站

10日　省劳动人事厅印发《江西省人才开发交流服务中心章程》，《章程》分总则、服务范围、服务对象、交流办法、附则5部分。

10日　全省公证工作丰城现场会召开，推广丰城县公证经验，进一步推动全省公证工作的改革和建设。

10日　由《中国妇女》杂志编辑部举办的首届妇女知识大奖赛在北京揭晓。江西省妇联程培芬获二等奖；江西日报社李峰获三等奖，获四等奖的有7人，获五等奖的有41人。

10日　省长办公会议决定，成立省政府赣江流域及鄱阳湖区开发治理协调领导小组。同时批准成立的还有赣江流域及鄱阳湖区开发治理学术委员会。

11日　美籍华人、英国牛津机器人顾问公司董事长、美国纽约州立大学技术学院工业工程技术系副教授兼系主任及机器人中心主任徐哲，在丰城市作《关于机器人在科学技术发展中的应用》学术报告，并谈及中国应如何追上世界先进科技领域等问题。

11日　南昌助剂二厂试制的网印印花黏合剂、固色剂Y、柔软剂HC－39三种产品，通过技术鉴定。

11日　《江西日报》报道，瑞金县在文物普查中，先后发现6处有研究价值的墓葬群和墓址。这些古墓是：壬田坡山冈汉墓群、万田马脑汉墓、九堡官仓西堂下三国墓、沙洲坝大窝南朝墓、唐末将军冯祥兴墓和黄柏龙雾嶂五代墓址。该墓群已被列入瑞金县第一批重点文物保护单位。

12日　临川市河西乡女子龙舟队代表江西参加当日在湖北宜昌举行的"屈原杯"龙舟赛，荣获全国第二名。

12日　上海交通大学与江西省将在经济技术、人才培养等方面进行合作。上海交通大学校务委员会副主任邓旭初和江西省副省长陈癸尊在上海交通大学与江西在经济技术、人才培养等方面进行合作的意向书上签字。

12日　省妇联发出为老区人民捐献衣物的倡议，得到省直单位和南昌市广大干群的积极响应，在十几天内共捐各种衣被24.7万多件，粮票30万斤，人民币1.4万元，以上物资于26日送往兴国、瑞金、于都、南康、井冈山、宁冈、遂川、永丰、永新、万安、吉安、修水等12个重点老区贫困县。

13日　省劳动人事厅向省政府呈报《关于江西省"三干"工作情况汇报》，一年多来，全省已办理以工代干转干77358人，占总数80%左右；为物价、税务、工商、司法、银行、文化、教育等部门从社会上招收干部6670人；从工人中吸收干部24216人。

13日　南昌市120位人大代表对贯彻执行《食品卫生法》进行视察和调研。

13日　为期4天的智利现代绘画展览在南昌展出。智利驻华使馆三等秘书卡洛斯出席开幕式。

13日　经省委宣传部批准，江西诗社在省文联举行成立大会。大会选举石天行任诗社社长，盛朴、姚公骞、吕小薇为副社长。聘请石凌鹤、王一琴、胡守仁、余心乐、胡杰安等担任顾问。

14日　省城乡建设环境保护厅、省计划委员会、省建设银行印发《关于进一步明确建安施工企业取费等有关问题的规定》，对1977年原江西省建委颁发的《江西省建筑安装工程施工管理费及独立费用取费标准》及以后的修改补充予以重申和明确，并对建筑业改革以来的取费标准作了规定，维护了建设单位和施工单位的合法利益，保障了建筑业和基本建设改革的顺利进行。

14日　省各级人民法院共2200名干部参加为期2天的全国成人高校统一招生考试，法律业大江西分校录取学员1028人。

15日　江西省铜业公司德兴铜矿、长沙矿山研究院、嘉兴冶金机械厂和韶关挖掘机制造厂联合研制的我国第一台SPD－15型高能液压碎石机，由中国有色金属工业总公司组织有关专家在德兴铜矿通过现场技术鉴定。

15日　江西火柴厂在上半年全国火柴质量评比中，被轻工部火柴质量检测评为全国优级产品。

15 日 上饶市毛纺织厂成功地将氯化稀土应用于腈纶膨体针织绒染色，获得明显的效果，并通过了技术鉴定。

15 日 省档案局在省委党校举办全省文书档案干部业务培训班，参加学习人员共 178 人。培训班于 30 日结束。

16 日 国家计委批复《德兴铜矿三期工程任务设计书》（1992 年 12 月 25 日，有色总公司批复，该矿三期工程核定总投资为 18.8755 亿元）。

17 日 省税务局发出赣税征字第 57 号文件，省统配煤矿和省属煤矿的折旧基金和维简费免征国家能源交通重点建设基金。

18 日 省委发出《关于调整江西省档案工作领导体制》的通知，指出各级档案管理机构的性质，既是党的机构，又是政府的机构，列入政府编制序列。省档案局为省政府直属局，归省政府领导。地、市、县、区档案局是行署、市、县、区人民政府的直属局。各级党委和政府应进一步加强对档案工作的领导，把档案事业列入国民经济和社会发展计划，统筹解决档案部门存在的实际问题。

18 日 井冈山革命博物馆为落实中央领导关于把井冈山办成革命传统教育的大课堂的指示，恢复了朱德和陈毅旧居，并已陈列开放。旧居坐落在井冈山市西北面的大井村，占地面积为 980 多平方米。书法家舒同为两所旧居题了词。

18 日 贵溪冶炼厂一期工程基本完工，即将投产。贵溪冶炼厂是全国最大的基建工程重点项目之——江西铜基地的主干厂。它占地 108 公顷，采用世界先进的闪速熔炼技术，投产后每年可生产金属铜 9 万吨、硫酸 34 万吨，产值可达 4.6 亿元，铜产量将占全国总产量的 1/3。

18 日 南昌电信局召开引进万门程控工程及通信枢纽大楼设计会审，为配合万门程控交换机的引进，决定在南昌电信局旁新建一幢高达 105 米的电信大楼。大楼总建筑面积计 1.65 万多平方米，总投资达 2800 多万元。这套通信设备从日本富氏通株式社引进，交付使用后，南昌市电话普及率将由现在的 1.5% 提高到 3%，接通率由现在的 55% 提高到 70% 左右，长途通话能力提高 10 倍以上。

18 日 省进出口检验局负责人发表谈话说，一些进口货物数量短缺，品质低劣，必须严格执行《商检条例》，加强进口货物的检验工作，切实维护国家的经济权益。截至 6 月底，发现有问题的进口到货有 41 批，对外出证索赔的金额达 189 万元。这批进口货物大多数来自香港和日本，部分来自欧美等国家。

18 日 贵溪冶炼厂成套引进的日本生产的硫酸系统进行无负荷联动试车时，电除雾器突然起火，4 组电除雾器烧毁 1 组，另有两组局部损伤；8 月 19 日，电除雾器再次起火，第二系列全部烧毁，壳体顶部钢结构严重烧损。9 月 21 日，由国家、省、市、县等有关单位和部门组成的贵冶引进设备起火联合调查组，查明了两次起火系设备质量原因所致（1986 年 3 月 23 日，电除雾器烧毁费用谈判在北京举行，协议确定日商承担全部损失费用 268 万美元的 94.5%）。

19 日 省委召开省直机关党员负责干部会议，省军区司令员王保田传达军委扩大会议精神。会议传达了邓小平、胡耀邦在军委扩大会上的重要讲话。会议要求各级党组织充分认识中央决定军队改革体制、精简整编这一重大战略决策的重大意义，认真地做好军队转业干部的安置工作。省委书记万绍芬就学习贯彻军委扩大会议精神和进一步贯彻落实省第八次党代会精神讲了话。

19 日 由中国科协和教育部联合举办的全国青少年计算机程序设计竞赛在全国各省、市同时举行。江西省有近 100 名青少年分别获得一、二、三等奖。获全国优胜奖的 9 位学生是：初中组的陈世同（江西师大附中）、徐建军（丰城中学）和胡振国（丰城一中）、小学组的刘少卿（吉安师范附小）、汤志刚（宜春市第六小学）和于昕（南昌市育新学校）、高中组的盛卫东（南昌二中）、李楠（南昌二中）和廖朝晖（宜春中学）。

20 日 南昌市阳明路正式通车。改建后的阳明路路面部分全长 1570 米，路幅宽 50 米。路下铺设有各种型号的下水管 994 米和其他水、电、通讯设施。更换电车线 3000 米，悬臂 86 根。青山路等主要交叉路口新建人行地道 4 处。青山路口建起一座街心花坛，花坛边设有电子噪音监测仪。整个工程开挖回填土方 10 万余立方米，安装交通护栏 2400 米，分车隔离带 3000 米，16 个灯光标志。

彩车经过平坦、宽敞的阳明路

20 日 由南昌静电复印材料厂和中国科学院化学所、电子所联合试制的 KH－1714 有机硅高真空微孔密封剂，通过鉴定。这种密封剂填补了我国真空材料的一项空白。

20 日 一棵珍稀的参天古树化石——硅化木被赣东北地质队在玉山县毛宅挖掘出土。这根硅化木长 27.4 米，直径粗头 1.2 米，细头 80 厘米，平均 1 米左右。这是当前世界上供陈列参观的硅化木中的稀世之宝。这棵硅化木距今大约 1.5 亿至 1.8 亿年，对研究地层学、古地质学、古植物学和化石具有重大意义。

21 日 省政府根据国务院《烟草专卖条例》和烟草市场存在的问题，作出切实加强卷烟市场管理的规定，规定主要有：改变多头批发、无计划大量进烟的状况；严格管理烤烟和各晾（晒）烟市场；坚决取缔手工卷烟价格，打击黑市销售；对假冒和伪造名牌烟、掺假烟者和偷税、漏税等一切违法经营活动依法予以严厉打击。

22 日 为贯彻第八次党代会精神，积极支持老区建设，共青垦殖场与兴国、宁冈两县开展经济技术合作，帮助两县利用本地资源发展生产。初步决定帮助两地发展羽绒加工、饮料酒、木竹、药材、瘦肉型猪等生产。与兴国县确定了四个合作项目：年产值达 1000 万元至 2000 万元的羽绒分厂、建设葡萄酒生产基地、发展瘦肉型猪的生产与为兴国保健饮料厂提供香槟酒生产技术。共青垦殖场还与宁冈县确定了八个合作项目：在共青垦殖场设立"井冈山家具开发公司"；帮助宁冈县建立药材生产基地、兴建宁冈中药制药厂；为宁冈县猕猴桃系列产品的开发提供技术和设备；与宁冈县联合生产白酒；联合投资兴办多合板厂；帮助宁冈县兴办一个板鸭厂，为宁冈县羽毛初加工提供设备和技术、为宁冈县提供花卉生产栽培技术，代培技术人员，开发花卉生产。

22 日 省政府批准九江、新余、鹰潭三市城市总体规划，要求三市政府大力搞好城市综合开发，扭转城市建设各自为政的状态，加强规划管理工作，使各项建设都服从规划安排。省政府要求九江市建设成为江西省的重要港口城市和旅游城市；要求钢铁工业基地、农业经济发达的新余市采用向浙赣线以北发展的布局，使之建成赣西的重要城市。要求我国最大的铜业基地和南方重要的铁路枢纽的鹰潭市布局为：由月湖区、雄石镇两个老点和列为开发新区的童家地区三个部分，组成江西新兴的工业城市。

九江港口

23 日 省政府发出通知，决定组织千人质量检查团，分赴江西省各地开展质量大检查。通知指出，这次检查的重点是日用消费品和省以上优质产品。通知要求各部门紧密配合，协同作战。新闻媒体要加强宣传，各级质量管理、标准、计量、商检、药检、船检、工商行政、卫生防疫和公安政法部门，要积极参加质量大检查，采用经济的、行政的、法律的、舆论的手段，来推动产品质量、运输质量、服务质量的提高，维护消费者的利益。

23日 全省人、工、农、建、中五行联合召开地、市银行行长会议，贯彻部分省（市）长会议和人民银行全国分行长座谈会精神，提出加强金融宏观控制、搞活经济、管好信贷资金的措施。会议于25日结束。

23日 省业余体校体操队参加在四川自贡市举办的为期9天的全国业余体校体操比赛，男子儿童甲组的林怀山一人获得了鞍马、吊环、单杠、双杠、跳马、全能六项冠军，并获自由体操的第二名；女子儿童甲组获团体和身体素质测验的两项冠、亚军，还获得精神文明运动队的称号。

24日 省政协五届委员会组织学习参观组，前往黑龙江、吉林、辽宁等省参观学习。学习参观组8月20日返回南昌。

25日 省政府发出通知，决定在全省范围内设置税务检查站，以加强税收管理，堵塞偷税漏税，保护合法经营，保证国家财政收入。税务检查站由各行署、省辖市人民政府规划，经县（市）政府审批设立。税检站的检查标志为三角红绿旗，袖标由省税务局统一制作，配发各税检站使用。

27日 核工业部七二〇厂由化工部上海化工研究设计院转让从荷兰引进的GSD3连续水平真空带式过滤机试制成功并通过鉴定。

27日 江西劳动人事厅转发中央职称评定工作领导小组《关于改革职称评定，实行专业技术职务聘任进行试点情况的通报》。

29日 在电子工业部最近召开的鉴定会上，江西国营七四六厂研制生产的G3DG100系列晶体管，通过部级技术鉴定。

29日 省石油公司以（1985）赣石计第34号文下发《关于下达87号高价汽油计划内与计划外价格的通知》。

29日 省侨联转发全国侨联《关于庆祝教师节向归侨、侨眷教师开展慰问活动的通知》，要求各地、市、县侨联根据该通知精神结合本地区的具体情况贯彻执行。

30日 为纪念我国东晋杰出诗人陶渊明诞辰1620周年，江西省文化厅、九江市文化局、九江县委宣传部、九江市文学艺术联合会、九江市社会科学联合会、九江师范专科学校联合举办的陶渊明学术讨论会在九江市举行，同时举行陶渊明纪念馆开馆仪式（7月17日星子县正式成立了陶渊明研究会和五柳诗社，研究会将每年出一期论文集，2至4期《五柳诗刊》，加强与国内外陶学研究机构和专家联系，共同切磋陶学有关问题）。

30日 江西重点建设工程景德镇华风瓷厂建成并全面进行试投产。该厂原料精制、成型、烧炼和彩绘的全过程基本都是机械化操作。

景德镇华风瓷厂

30日 全省"严打"斗争第二战役第三仗结束。这一仗从4月下旬开始，历时3个月，共捕各类犯罪分子1984名，破获各类案件950起，缴获赃款和赃物折款25.7万余元。

30日 江西省纺织工业公司在南昌梅岭召开涤纶长丝针梭织品产销座谈会，动员针棉织厂开拓使用涤纶长丝。

31日 江西杰出诗人、戏曲家蒋士铨逝世200周年之际，紫溪乡饲料厂向国家捐献了遗存

208 年的蒋氏题刻石匾和戏剧浮雕刻横幅 2 块。横匾正文曰："儇吏维城"四字手书题额。落款"乾隆丁酉年嘉平月"（1777，乾隆四十二年）；边款额"邑人蒋士铨题"并章刻。据查证，此匾是乾隆四十二年，蒋士铨返归故里祭扫父母茔墓，受邑人之请，为紫溪重建万寿宫题额。此匾青石质地，阳刻成字，匾长 166 厘米，宽 30 厘米。

31 日　从月初开始的全省清理党政干部兼任经济实体职务工作已基本结束。过去兼任经济实体职务的党政机关干部，大部分已辞去了经济实体职务，有 130 多人正与经济实体脱钩。宜春、抚州、上饶地区和新余、景德镇市及省劳动人事厅、省粮食局清理工作彻底，兼任经济实体职务的党政机关干部已基本退出。宜春地区 189 名担任或兼任经济实体职务的党政机关干部，全部退出或辞去了在企业所兼任的职务，党政机关离退休干部无人参与经商办企业。

本月　兴国农机厂靠信息调整产品结构，生产的 1105 型柴油机进入国际市场，首批生产的 1754 台 1105 型柴油机销往苏丹、马来西亚等 4 个国家。该厂并与外商签订了 45 万元的产品销售合同。

本月　省政府颁发《江西省乡（镇）财政管理实施办法》，规定乡（镇）设立财政所作为一级财政管理。

本月　由江西省残疾人员抽样调查领导小组选派的 334 名医务人员已完成历时三年的抽样调查。调查表明江西省 5 类残疾（听力语言、智力、肢体、视力、精神病）占调查总人数 52145 人的 4.25％。

本月　由中国土畜产进出口总公司江西省分公司与西班牙国际桑桥皮革有限公司合资开办的赣桑九江皮革有限公司在九江动工兴建，这是江西第一家畜产品中外合资生产企业，也是全国外贸畜产行业第一个引进外资的企业。

本月　南昌市结核病防治所成立。

本月　由吉安市设计室设计，吉安市建筑工程公司施工的青原山净居寺大雄宝殿修复竣工。该工程为砖木结构，是吉安地区的仿古建筑。

本月　省农机研究所与红星机械厂共同研制成 9SJ－2500 型年产 5000 吨配合饲料加工成套设备，通过部级鉴定，获 1986 年机械部科技进步三等奖。

本月　为了帮助老革命根据地人民收看到电视节目，国务院赠送江西省 3 套卫星地面接收站设备。分别安放在江西电视台、赣州峰山电视台、上饶三县岭电视台。预计 8 月中旬安装、调试机器，9 月初建成投入使用。这些地区的群众就可以看到中央电视台当天的新闻节目了。

国务院赠送给老区的第一座地面卫星站在江西建成开通

1985
8月
August

公元 1985 年 8 月							农历乙丑年【牛】					
日	一	二	三	四	五	六	日	一	二	三	四	五	六
				1 建军节	**2** 十六	**3** 十七	**4** 十八	**5** 十九	**6** 二十	**7** 立秋	**8** 廿二	**9** 廿三	**10** 廿四
11 廿五	**12** 廿六	**13** 廿七	**14** 廿八	**15** 廿九	**16** 七月大	**17** 初二	**18** 初三	**19** 初四	**20** 初五	**21** 初六	**22** 初七	**23** 处暑	**24** 初九
25 初十	**26** 十一	**27** 十二	**28** 十三	**29** 十四	**30** 十五	**31** 十六						

1 日 江西省石油公司以（1985）赣石计字第 38 号文件下发《关于下达 10 号汽油机油等 14 个品种议价及润滑油调拨销售价格的通知》。

1 日 全省开始对工商企业和个体户进行全面清理登记、换发《税务登记证》。通过登记换证，办理税务登记的有 184751 户，查出漏管户 4016 户，查补税款 89.1 万元和滞纳罚款 11.6 万元。

1 日 省社联正式批复同意，成立江西省审计学会，并接纳省审计学会为团体会员。

1 日 南昌市 119 名人大代表对贯彻执行《中华人民共和国环境保护法（试行）》情况进行视察。5 天中视察了 32 个单位，提出了限期治理单位有 17 个，限期治理项目 22 个。

1 日 丰城矿务局建新洗煤厂建成省内第一个煤矸石中硫铁矿回收车间。

1 日 萍乡钢铁厂 Ø550 毫米轧机工程动工兴建（1986 年 10 月 1 日建成投产）。

1 日 对外经济贸易部在《关于核定省、地级经贸行政事业机构人员编制的批复》中，批复核定江西省经贸厅行政、事业单位人员编制 480 人，其中省级行政单位 80 人，地级行政单位 340 人，事业单位 60 人。

3 日 星子县出现雷雨大风、冰雹天气，最大风力达 25 米/秒，冰雹直径 10 毫米，造成鄱阳湖沉船 5 艘，撞坏船只多艘。

3 日 临川县高坪乡太平阳村最近发现王安石族谱——《王氏族谱》。这部族谱是从宋端平年间开始修的，到民国已未年，先后已修了 13 次。

4 日 为了纪念长征胜利 50 周年，省顾问委员会、省委党史资料征集委员会、省老干部局、省民政厅和江西人民广播电台，共同发起组织《红军之路》采访组。目前已奔赴瑞金、永新、井冈山等省内著名的老革命根据地进行采访，另一批于当日去北京，采访从江西出发进行长征或在江西长期战斗、生活过的革命老同志、老红军。

5 日 全省烟草工作会议在南昌召开。会议要求各级政府和有关经济部门要切实加强烟草市场管理，各经营单位要端正经营作风，生产企业要在提高卷烟质量上下功夫，发展江西省卷烟工业。会议指出，各级政府和有关经济管理部门要认真贯彻执行国务院颁布的《烟草专卖条例》，切实加强烟草市场管理，保证烟草的专卖；卷烟的生产和调拨属于指令性计划，各生产企业、经营单位都要严格执行。坚决取缔无证从事批发的非法经营户。对当前卷烟市场上出现的不正之风，要坚决抵制。会议于9日结束。

5日　省政府批转省公安厅《关于颁发居民身份证的报告》，全省按先城市后农村的步骤开始颁发居民身份证。

5日　省委宣传部、省委党史资料征集委员会、省民政厅和省社联在南昌联合举行方志敏就

省、市人民隆重纪念方志敏就义50周年大会会场

义50周年纪念会。省委领导在讲话中强调全省人民要学习方志敏的优秀品质，为把江西逐步建设成经济发达、文化昌盛、科技进步、生活小康的新江西而努力奋斗。

6日　省、市领导在人民公园为方志敏烈士塑像奠基。建造方志敏烈士塑像是江西省团组织和学联在青年、学生中开展的"以方志敏为楷模，为方志敏建塑像，做创造型新人"活动的一项主要内容。方志敏烈士塑像将用铜铸，高3.5米；碑座高4米，表面由大理石装贴。

省领导为方志敏烈士塑像奠基

6日　省政府召开全省扭亏增盈紧急电话会议。会议分析了全省工业企业扭亏的情况，针对性地提出了扭亏增盈的要求和措施。会议明确提出了六条措施：（一）要坚定信心，坚决完成今年的扭亏任务。（二）明确奋斗目标，实行目标管理。（三）搞好改革、整顿、帮助企业扭亏。（四）实行各级首长负责，扭亏责任包干。（五）所有盈利企业要积极开展增产节约、增收节支，努力提高盈利水平。（六）二轻集体企业和乡镇企业，要端正经营思想，把提高经济效益放在第一位。会议结束时，副省长蒋祝平还对江西省节约行政经费开支的问题提了要求。

6日　全省今年12城市创"三优"（优美环境、优良秩序、优质服务）竞赛初评在井冈山市结束。参加检查初评的同志普遍认为，大多数城市都取得了很大成效，尤其是赣州、南昌、吉安、萍乡等市，成绩更加显著。

6日　中国少年先锋队全国工作委员会、中国少年报、辅导员杂志社联合举办万名"创造杯"少先队活动竞赛，江西省73个少先队活动获得万名"创造杯"奖。南昌市豫章路小学五（二）中队少先队员开展的"寻找英雄城的早晨"系列活动夺得了全国"创造杯"最佳奖。

6日　空军司令部批复驻江西省某部，同意将7架退役的"米格-15"型战斗侦察机分别赠送给南昌市少儿活动中心和吉安、上饶、宜春市少年宫。

6日　全省农村工作座谈会在南昌召开，会期5天，会议研究分析贯彻中央今年一号文件以来，江西省农村工作的新情况和新问题。会议认为，全省农村经济形势正在持续、稳定、健康地向前发展，农村产业结构调整取得明显进展。要总结经验，坚定调整的部署和决心，促进农村经济全面发展。同时，在调整中决不能放松粮食生产，力争粮食稳中有升，保持和发展江西的粮食优势。

6日 由省委党史资料征集委员会编辑的《方志敏文集》，经中共中央文献研究室批准，即将出书，邓小平亲笔为该书题写了书名。全书共收入方志敏文稿 44 篇，其中未发表过的有 27 篇，30 万字，并附有《方志敏生平年表》和《关于方志敏狱中文稿几个问题的考证》文章。本书正文前页印有叶剑英 1940 年《读方志敏同志狱中手书有感》的题诗手迹。

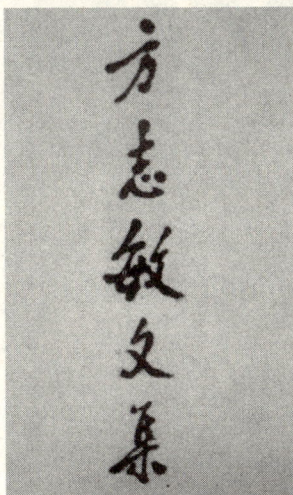

邓小平为《方志敏文集》一书题写的书名

叶剑英在方志敏照片上的题词

8日 由南昌铁路工程总公司负责施工的一座面积为 1.9 万多平方米的铁路零担货物仓库日前在鹰潭火车站落成。这是当前我国最大的一座零担货物仓库，仓库由铁道部投资 4000 万元兴建，可供两列大型火车同时进库作业。

8日 据省农牧渔业厅统计，全省 1985 年种植苎麻、黄麻和红麻 37 万多亩，比 1984 年实种面积增加 2 倍多。其中苎麻面积达 15 万亩，已跃居全国第三位。当前，头道苎麻收获量等于 1984 年苎麻总产量的 85%，黄、红麻预计可收 120 万担以上。

8日 中顾委委员、原江西省委书记刘俊秀因病在南昌逝世，终年 82 岁。刘俊秀是江西永新人，1926 年投身农民运动，任乡农协主席，1927 年加入中国共产党，先后参加井冈山和湘赣老革命根据地的斗争、红六军团的长征，晋绥抗日斗争和东北解放战争。建国后，曾任省委常委兼组织部长、省委第二书记、省委书记、省革委

会副主任、省人大副主任等职。根据本人遗愿，丧事从简，不成立治丧委员会，不开追悼会（8月 14 日在南昌举行遗体告别仪式）。

8日 省政府与上海铁路局联合授予南昌至北京间的 147/148 次直通旅客快车为"文明列车"称号，并颁发了奖旗和光荣牌。147/148 次列车是从江西开出唯一直达北京的列车。

9日 南昌罐头啤酒厂、吉安罐头食品厂、弋阳县罐头厂获国家进出口商检局注册证书和批准编号，这是江西省第一批获取出口注册的食品企业。

9日 省政府召开专员、市长会议。会议分析了经济形势，总结了基本经验，统一了江西省经济发展速度必须略高于全国平均水平的思想认识，部署了今后工作。会议指出，要在提高经济效益的前提下，坚定不移地实现今年经济发展增长幅度达到两位数，财政收入全年增收 4 亿元的目标。为实现这个目标，要做好以下几项工作：（一）要继续调整农业产业结构，抓紧粮食生产。（二）进一步调整工业内部产业结构。（三）加强财政税务工作，控制固定资产投资规模。（四）各级政府必须严肃认真对待，提高对市场问题的认识，综合研究行情。（五）加快老区建设。（六）大力抓好科技体制和教育体制的改革，加速人才培养。（七）进一步改进各级政府和经济管理部门的工作作风。会议于 13 日结束。

10日 奉新书院历史沿革的教育志《奉新古代书院》在奉新县问世。奉新县的书院，自南唐至清末，有史料可查的 50 余所。其中有全国最早的书院梧桐书院，还有和白鹿洞书院齐名的华林书院。

10日 省石油公司研究决定在全省系统万吨油库组建经济民警队担负守护任务，成立经济民警大队，与保卫科一套人马、两块牌子。

11日 香港大学学生会访问团一行 15 人抵达南昌，考察江西经济改革和开放政策的推行情况。香港青年学生们从农村承包到城市企业放权，从商业体制改革到价格问题，从市场调节到人民生活——提出问题，省纪委、南昌市政府负责人详细地作了解答。

11日　赣州行署申报省政府批准，将九连山、安基山、高云山、油山、金盆山、桂林帽、凤凰崇、日东8个垦殖场改为国营林场（到1989年底全区垦殖场都改为林场）。

11日　省委和省政府在南昌召开为期两天的全省计划生育工作会议。总结中央七号文件下达后的情况，研究部署今后江西省计划生育工作，同时对有关政策作了必要修改和补充。1984年江西人口增长率达18.5‰，超过国家10‰的要求，多生8.83万余胎。会议要求，江西省各地都要有针对性地解决干部群众中存在的思想问题，采取有效措施进一步抓紧抓好计划生育工作，省里将对各地实行人口包干制，一次性确定到2000年的人口发展计划。

12日　省科技干部管理局与省乡企局联合下发《江西省乡镇企业工程技术人员技术职称暂行条例》（10月26日，江西省乡镇企业职称评定领导小组成立。随后，职称评定试点工作展开。1986年3月20日至22日，职称评定试点工作总结会在宜春市召开。宜春、萍乡、抚州、九江、南昌等7个地市的建筑、建材、烟花、塑料、煤炭、机械6个行业1090人申报了职称，828人获批准）。

12日　全国丝绸技改会在九江召开。会前，中国丝绸总公司副经理侯忠澍、吴裕贤到江西丝绸厂、南昌化纤厂考察。

12日　中共中央委员、全国政协副主席肖华因病医治无效在北京逝世，终年69岁。肖华是江西兴国县人，生前曾先后担任少共国际师政委，抗日挺进纵队司令员兼政委，八路军一一五师政治部主任兼山东军区政治部主任，第四野战军特种兵司令员，兵团政委，解放军空军政委，总政治部主任，兰州部队第一政委等职。

13日　江西省各级医疗、医药部门认真贯彻中纪委《公开信》和卫生部《关于认真查处假药案件的紧急通知》精神，组织力量，严肃查处假药、劣药。目前已查出福建晋江假药44种，金额达35.6万元，还查出其他一些假药、劣药。受到了中纪委的表扬。

13日　省农牧渔业厅给人工繁殖中华绒螯蟹苗中试成功的有功工程技术人员颁发奖金。中华绒螯蟹苗中试是在南昌县瑶湖水产场，由河蟹人工繁殖协作小组完成的。中试一个立方米水体产量达6.5万只，比1984年增加4.9万只，成本费由1984年的3分钱一只，降低到1分钱一只，平均成活率比1984年提高17%。现在，中华绒螯蟹苗已达537万只。

13日　国营洪都机械厂举行"长江750"摩托车订货会，来自全国26个省、市、自治区的摩托车欲购者参加了订货会。"长江750"摩托车是由20世纪50年代引进的苏联"M72"军用摩托车改装、设计而成的。现已发展为7个种类。

13日　上海经济区四省一市（江苏、安徽、江西、浙江、上海）风景旅游规划纲要编写组一行20余人上三清山考察。

13日　贵溪县盛源乡最近发现优质珍珠岩矿，该矿地表平整，没有剥离层，品位在二级以上，按地露头矿量测算，储量在106万吨以上。

14日　江西大学和北京大学签订了就两校研究生培养、师资培训和教学、科研等方面进行友好合作的协议：（一）北京大学协助江西大学招收研究生和代招代培研究生，接受江西大学推荐免试的本科优秀毕业生攻读硕士学位；（二）北京大学接受江西大学派遣优秀本科生为代培生，接受江西大学某些学科的访问学者和进修教师；（三）两校定期交流学校业务和管理体制改革的设想、措施和经验，互相交流教学计划、大纲、教材和讲义；（四）两校联合承接江西省四化建设中的科学研究课题和技术开发任务，联合承接培训江西省在职高级科技和业务人才的任务。

14日　江西地矿局7位同志在三清山飞仙台发现一只黑熊。据目测，该熊直立时身高1.5米，估计体重在200斤以上，其全身皮毛乌黑油亮，面部略带棕色。这是三清山首次发现黑熊。

14日　美国南达科他州黑格公司总裁海格先生一行3人访问南昌。南昌市市长程安东、副市长李秉荣会见并宴请了美国客人，双方就沟通经济贸易关系和建立友好城市进行探讨。

14日　省财政厅、工商银行省分行和省煤

炭厅制定《省属重点煤矿企业一九八五年至一九九〇年盈亏包干办法》。

14日 江西省飞播区地（市）、县林业工作者汇聚赣州，进行为期3天的飞播造林经验交流。会上指出，江西省飞播造林从1965年开始，到今年，已有赣州等5个地（市）的30个县飞播造林628万亩，占江西省宜飞播荒山面积的43％。今年飞播造林83.3万亩，占全年飞播总面积的48％。

15日 南昌市乳品厂生产的"南昌"牌全脂奶粉首次被评为全国商业系统优质产品。

15日 经省集邮协会评选和推荐，江西省五部反映第二次国内革命战争、抗日战争和解放战争为内容的专题邮集，于8月15日送往北京，参加10月份举办的"中国人民革命战争时期邮票全国展览"。

16日 巴基斯坦空军副参谋长塔贝拉少将一行4人来南昌洪都机械厂参观访问。

16日 南昌陆军学校第二批参战学员到云南前线（23日进入阵地，12月23日撤出，共参加战斗10多次，牺牲1人，负伤2人，2人立二等功，7人立三等功）。

16日 位于井冈山南部山谷地带近日经常出现百余只猴群活动。这群猴子是江西当前发现的两种稀有猴类之一的猕猴，属国家二类保护动物。

16日 据目前统计资料，江西省地矿局地质人员近年来在浙赣沿线和赣江、抚河两岸共发现天然装饰石料矿产地230余处，各类石料珍品50余种。现已查明的大理石料，有国际市场畅销的淡色佳品：汉白玉、雪花白、奶油白、彩云、朝霞等；有高档的深色瑰宝：墨玉、咖啡、枣红玉等；还有花纹别致、富有诗韵画意的"飞天"、"地龙"等。除此之外，还发现一大批国内外市场上紧俏的菊青、墨绿、墨黑、豆绿、榴红、橙红等多种色彩的石料珍品。

16日 从1980年初开始，江西各县、市陆续开始地方志编纂工作。至当前为止，已有94％的县、市成立了修志机构。其中《玉山县县志》已定稿付印，即将公开出版。此外有13个县已编出初稿，有17个县已进入试写阶段。

17日 省政府批转省劳动人事厅《关于积极鼓励中专毕业的专业技术人员到集体、乡镇企业工作的请示》，制定对自愿到集体、乡镇企业工作的中专毕业的专业技术人员8条优惠措施。

17日 省劳动人事厅决定从社会上招收录用干部实行公开招收，自愿报名，统一考试，择优录用的办法。由省统一组织文化考试，即统一命题、印制试卷、评卷登分和确定录取分数线，各地市负责组织考场和监考工作。由省劳动人事厅审批并发给录取通知书。

17日 南昌卫星电视地面接收站建成并投入使用，成功地收到了印度洋上空国际57°EV号卫星转发上海虹桥地面站的上行信号。

17日 省第五十四次省长办公会议宣布：省委、省政府决定增拨600万元教育经费，以解决当前江西省教育战线上的实际困难。这笔经费主要用于发展江西省的职业技术教育和幼儿教育，特别是要用于扶持新办或改办的农村职业学校（班），以逐步改善江西省农村职业学校的办学条件。

18日 省农牧渔业厅、财政厅联合颁发《关于违反植物检疫法实行经济处罚的管理规定》。

18日 赣州地区水产研究所鱼用颗粒加工厂竣工投产。填补了江西饲料加工业的一项空白。

19日 中国航空联运服务公司江西分公司宣告成立。

19日 中共中央政治局委员王震在北京寓所接见了江西《红军之路》采访组赴京的4位记者。会见后，王震为江西《红军之路》采访组题了词。

19日 全省首届少年儿童艺术节自即日起至28日在庐山的长江化工厂俱乐部举行。来自全省各地的12个少儿艺术团，近400名艺苑新苗，先后演出了8台、128个节目，其中创作节目占70％。文化部少儿司也派代表参加，并赠送1万元表示支持。少儿艺术节今后将每四年举行一次。

20日 新干县洋峰垦殖场玻璃厂与江西大学合作研制稀土着色玻璃器皿，通过江西省经委鉴定并经轻工部上海陶瓷研究所检测，理化性和技术均达到或超过国内同类产品水平，属国内首创。

20日 省交通厅在星子县举行利用世界银行贷款修筑农村公路工程项目发包合同协议书签字仪式。世界银行贷款折合人民币2157万元，连同国内配套资金共6071万元，分配给21个县，用于修建近300公里的三、四级公路。

20日 省煤炭厅制定《吨煤（百元产值）工资包干暂行办法》，决定自今年起实行。

20日 江西省正式明确南昌有色冶金设计研究院为地师级。

20日 省地方志编纂委员会召开主任会议。编委会主任马继孔、副主任方谦、刘建华、王田有、姚公骞出席会议，省政府办公厅副主任杨小春列席。会议研究省委决定改变地方志编委归属关系后的有关工作。

21日 江西省消防协会在南昌成立。

21日 抚州市有关方面在抚州市（原临川县城）郊区孝桥乡璜溪村和长岭乡黎王村分别发现《王氏族谱》各两部。其中璜溪村《王氏族谱》是王安石33世后裔修的；黎王村《王氏族谱》是王安石27世后裔修的。这些族谱收录了皇帝任命王安石及其兄弟官职的敕命39条。及曾巩赞王安石画像的题词和汤显祖给明代修的《王氏族谱》撰写的《宗谱原序》《以仁王先生文集序》，这些都是研究王安石的珍贵资料。

21日 来自川、黔、陕、甘、豫、鄂、湘、闽、赣等省和国务院长江流域规划办公室南京

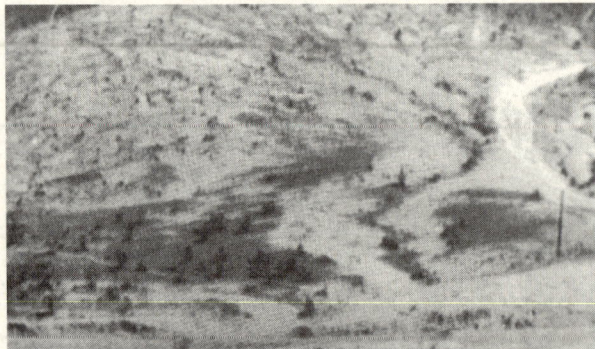

昔日的荒山

"红色苏区"兴国县自1983年以来，积极进行治理开发，山地植被覆盖率逐年上升

土壤研究所、北京林学院的50多名专家、学者考察兴国县塘背河小流域水土保持综合治理。该地区多属风化花岗岩山地，系剧烈水土流失区。从1980年以来进行综合治理后，完成工程治理1.3万亩，造林1.5万亩，植被覆盖率由过去不足10%增加到25%，成片马尾松已在山背扎根，绿色铁芒箕开始生长、蔓延，生态环境得到改善。

21日 《江西省情汇要》一书已交付江西人民出版社出版，国庆节正式上市。《江西省情汇要》是建国以来江西省第一部比较全面、系统、准确汇集江西自然、经济、社会基本情况的大型资料工具书。全书100多万字，配有100多幅彩色插图及80多幅介绍江西传统名贵产品及解放后获奖的优质产品的彩色照片。书的《附录》中还收集了自秦汉以来江西主要历史人物的简要介绍。白栋材书写了书名并撰写了《加强发展战略研究、全面振兴江西经济》的专论；赵增益撰写了序言。

21日 为期5天的世界跳水锦标赛在美国休斯敦市举行，代表中国跳水队参赛的江西选手

涂军辉、许艳梅、胡莉萍分获男子跳台金牌、女子跳台金牌、女子跳板金牌。

跳水世界冠军许艳梅

22日 省政府批复，将原合署办公的省旅行社和旅游处一分为二，旅游处为省外事办公室的业务处，负责江西省旅游系统的行政管理工作；省旅行社与江西宾馆合并，组成省旅游联合体，负责江西省旅行社和旅游宾馆（饭店）业务的指导工作。

22日 17时许，南昌市政开发公司第二队饶四海等8个民工，在沿江路开挖下水道时，挖到1瓦罐，内有金块和零碎黄金22件，重2759克，价值6.18余万元。次日，黄金全部上缴国家，有关部门颁发了奖金。

22日 省冶金厅在井冈山主持召开全省黄金工作座谈会。经省政府同意，省冶金厅成立黄金处，与有色处合署办公（1986年5月8日，经省经委批复，成立江西省黄金公司，直属省冶金厅领导，列企业编制，定员5人。1987年7月25日编制定员增加到20人）。

23日 省政府批转省经委、省烟草专卖局、省工商局、省税务局、省物价局、省商业厅等11个单位的《关于加强江西省烟草市场管理的联合报告》，要求各级政府要认真贯彻国务院颁布的《烟草专卖条例》，各有关部门要积极协助烟草专卖局，切实加强对烟草市场的管理，努力提高江西省卷烟质量和经济效益。《联合报告》强调要抓好以下几个问题：（一）严禁计划外进烟，刹住多头批发。（二）整顿卷烟价格。（三）严格管理烤烟和各晾（晒）烟市场，坚决取缔手工卷烟。（四）加强对卷烟经营者的税收管理。（五）取缔无证经营。（六）烟草专卖局对检举、揭发和协助处理烟草违章案件，搞好烟草市场管理的单位和个人给予适当奖励。

23日 省委宣传部、省公安厅、省人民检察院、省高级人民法院、省司法厅、省广播电视厅、省工商行政管理局、省文化厅联合召开电话会议，强调各级党委和政府必须加强领导，组织各方面的力量，继续深入进行宣传教育，把查禁淫秽物品的工作搞深、搞细、搞扎实。会议指出，到8月中旬，江西省已查缴淫秽录像片1000余盒，收缴淫秽照片、画册、书刊、手抄本共1万余件，查处了一批违法犯罪分子。

23日 轻工业部对去年全国轻工业系统提高经济效益作出显著成绩的67个企业给予表彰并发给奖状。景德镇市人民瓷厂成为这次唯一受到通报表彰的先进单位。

23日 省司法厅、省机构编制委员会、省财政厅联合通知，根据司法部、劳动人事部、财政部的文件规定，将省劳改、劳教管理机构人员编制改为行政编制。

24日 江西省群众文化学会在九江县沙河召开成立大会，代表120名，选举晏政为会长，刘恕忱、曾本钟为副会长，聘请副省长陈癸尊为名誉会长。会议于26日结束。

24日 省社联、省社科院等单位联合召开抗日战争暨世界反法西斯战争胜利40周年座谈会。参加过抗日战争的共产党老干部、国民党抗日将领、爱国人士和史学界专家、学者50余人出席座谈会。

24日 由体育报社、省教育厅、省体委等9个单位联合主办的全国首届高校体育系女子足球邀请赛在江西师大举行。江西师大夺得冠军，并获得精神文明运动队称号。邀请赛于9月6日结束。

24日 省委副书记、省委血吸虫病与地方病防治领导小组组长许勤，会同小组成员及有关方面负责人，深入靖安县地甲病、克汀病高发区，察看病情，现场办公。

省委副书记许勤由卫生厅厅长王新民陪同在靖安县农村考察地方病防治工作

25日 崇义县召开大会，公开处理一起基建中的行贿受贿案。两名行贿者用3.5万余元贿赂县委、县政府和基建单位的部分领导及有关办事人员达38人，其中党员24人，副局级干部14人。原副县长、现政协主席何某被撤职留党察看，县教育局副局长陈某等14名干部分别受到党纪政纪处分。行贿者被依法逮捕。

25日 南昌市解放路立交桥开工（1986年10月1日竣工通车，全长1168米，宽32米，地道式，总投资1053.71万元）。

26日 上午，在兰州结束的全国武警首届射击大赛中，省武警总队射击代表队勇夺5面锦旗，荣获团体总分第四名。

27日 省公安厅、省检察院、省高级法院转发公安部、最高人民检察院、最高人民法院通知，部署从11月起在江西省城乡普遍开展禁赌工作（截至12月底，江西省有20094名参赌人员进行了登记）。

27日 下午4时20分，寻乌县晨光乡的红卫水库因连续暴雨造成塌方倒坝。晨光、菖蒲两乡共14个村遭灾，3409亩农田被淹，2327幢房屋被冲毁，受灾人口达7780人，已有10人死亡。寻乌县委、县政府等五套班子成员带领200多名干部带着救灾物资赶赴现场。赣州地委副书记刘学文，行署副专员熊小江带领民政、水利、卫生等有关部门人员赶到灾区，协助指挥救灾工作。省民政厅救灾工作组将赶赴寻乌，慰问灾民。南昌市已备齐一卡车衣服、5万斤粮票、1万元救灾款，近日内专程送往寻乌。省委书记万绍芬打电话慰问灾民。这次水灾是寻乌县近年来损失较大的一次灾害。

27日 省委宣布江西省普及法律常识工作领导小组正式成立，刘方仁任组长，蒋祝平、王昭荣、王太华、郑校先任副组长。

27日 江西省公证律师为振兴江西经济提供服务工作会议在井冈山市召开。

28日 乐安县敖溪镇北门朱长生最近在建住房时，挖掘出四五千枚古铜钱币，计重18.5公斤。这批古铜钱币少数是汉、隋、唐三朝的，大部分是两宋时期的，出土铜币上印有历代帝王的年号。其中北宋钦宗赵桓、南宋恭宗赵（日丝）、端宗赵昰、赵昺4个年代的帝王没有铸铜币，其余14个皇帝都有他们所铸的铜币。出土的古铜钱帛分大、中、小三种，字样有正、棣、篆、草。北宋神宗熙宁铜钱有6个类型，这是王安石推行新法时对币制的一项重要改革。其中有5枚金完颜亮的"正隆元宝"。

28日 省轻工业厅、省手联社在井冈山召开全省首次城镇集体工业经济理论讨论会。

29日 赣南地质调查大队在会昌县找到一处辉锑矿，这是至今为止赣南找到的第一处辉锑矿床。辉锑矿体呈透镜状，连串于宽10米至15米的硅化破碎带中，地表延长近600米。

29日 省委、省政府在南昌召开全省老区工作会议。这是建国以来江西省召开的规模最大的一次老区工作会议。会议主要贯彻省第八次党代会关于加快老区建设步伐的精神，统一思想，提高认识，明确政策，制定规划，交流经验，坚持"自力更生，多方联合，国家支持，共谋振兴"的正确方针，帮助老区人民治穷致富，实现

江西省老区工作会议开幕式

二三年解决温饱，1990年以前摆脱贫困，力争赶上江西省经济发展平均水平。省委书记万绍芬作了题为《加快老区建设步伐，为全面振兴江西而奋斗》的讲话。

30日 江西人民出版社倡导主办南昌书籍装帧艺术交流会召开。北京、上海、重庆的代表与江西代表共15人与会，主要议题有：书籍装帧艺术与文学的关系，书籍装帧艺术与绘画的关系，书籍装帧艺术与读者的关系，书籍装帧艺术与商品包装的关系。

30日 全省罚没收支审计结束，历时4个月，共审计公、检、法和工商管理系统377个单位。

30日 省工资制度改革领导小组，省劳动人事厅印发《江西省关于国家机关和事业单位工资制度改革中若干具体问题的补充规定》。

31日 省委确定县（市、区）委书记、县（市、区）长，地、市委组织部长，行署和省辖市政府的劳动人事局局长、公安处（局）长，省直各部、委、办、厅、局和各大专院校，省级企事业单位党委组织部长，人事（干部）处长和政治部（处）主任（处长），党的纪律检查组（委员会）副组长、副书记由省委管理。

31日 在昆明召开的第四届全国电视机行业竞赛评比会上，江西电视机厂被评为全国电视机行业竞赛优胜企业。由于该厂连续三届获得优胜，被授予"三连优胜奖杯"。

31日 在井冈山的金狮面（即"龙潭景区"）发现了50多年前井冈山斗争时期的"红军造币厂"遗址。遗址尚存红军造银元用的碓石和木架（残片）等文物。这对研究红军时期货币的发行和斗争史都有着重要的价值。

31日 在省长办公会议上，省政府为了加快发展农民户办和联户办企业，在政策和管理上都作了若干新的规定。允许农民户办和联户办企业，从事工业、手工业、采矿业、商业、饮食服务业、修理业、运输业、建筑业、旅游业以及其他行业。允许自理口粮到集镇摆摊设点，进城开店办厂，兴办第三产业。允许带学徒、请帮工或合伙生产经营。在一些有关的政策上将给予适当的放宽；在纳税、贷款方面给予优惠；分配生产原材料和物资时，在数量、价格上，要照顾他们发展生产的需要；申办开业、贷款时，可简化手续，缩短审批时间。

31日 省委、省政府发出《关于老区特困乡若干政策问题的补充规定》，对江西省402个特困乡中人均纯收入不足120元的农户，从今年起3年内减免农业税。

31日 省招生录取工作结束，高校实际招录新生15863人，比原计划多录取576人，比1984年增招1445人。其中应届高中毕业生9973人，占录取新生总数的62.87%，地区级以上三好学生、优秀学生干部、体育优胜者1138人，占7.2%。录收少数民族、台湾籍、华侨、港澳青年52人。招收高中毕业生的中专录取新生8148人，比原计划多录110人。

31日 江西省军区划归南京军区建制。江西省人防工作划归南京军区人防委员会领导。

31日 全省人才交流、引进工作成绩显著。截至8月，据7个地市人才交流服务机构初步统计，共接待来访6198人，收到来信8729件，现初步选定1557人，已办理调整调入手续的有581人。

31日 今年1月至8月，全省有11种工业产品在国务院有关部（总公司）组织的创国优质量评比中获得第一名。这些产品是："袁河"牌高炉锰铁、"滕王阁"牌仲钨酸铵、"王峰"牌DLK-8.33/20型空气轴承压透平膨胀机、"三狮"牌SS-530B计算器、"景光"牌405He-Ne全密封氦氖光管、"长河"牌1511型压缩木梭、"彩虹"牌40S精梳纯棉纱、"江东"牌青霉钠盐、"山江"牌特珍特级绿茶、"越海"牌特级宁红功夫茶。

本月 赣东地质队和江西地质大队在弋阳县港口乡山区勘探查明，该地区瓷矿石储量约有600万吨左右。

本月 随着部队精简整编，省军区领导班子再次调整。

新老班子成员合影

本月 国营凤凰山日用化工厂生产的"飞凤"牌高效无烟无毒蚊香，在全国调查产品评比会上名列全国之首，最近被国家农牧渔业部银龙公司列为参加10月在美国芝加哥举行的世博会。

本月 江西婺源墨厂大力发展新产品，三年先后试制成功八宝灵丹药墨、高级油烟书画墨和彩色画墨等新产品，为国家填补了三项产品的空白。

本月 省政府办公室批转省轻工业厅《关于加强矿盐产销管理的报告》。

本月 江西棉纺织印染厂送出500张样品参加莫斯科花布图案选样会，入选率达80%。连年有30个产品获部优和省优奖，"彩虹"牌40支精梳纯棉纱获国家银质奖。

本月 省标准局颁发了《江西省产品质量监督检验合格证书管理办法》。

本月 省政府批准成立江西省汽车工业办公室，负责对全省汽车工业统筹规划、协调服务，监督检查，开发新产品。

本月 江西人民出版社主办的书籍出版艺术交流会先后在南昌与庐山两地举行。

1985

9月
September

日	一	二	三	四	五	六	日	一	二	三	四	五	六
1 十七	**2** 十八	**3** 十九	**4** 二十	**5** 廿一	**6** 廿二	**7** 廿三	**8** 白露	**9** 廿五	**10** 廿六	**11** 廿七	**12** 廿八	**13** 廿九	**14** 三十
15 八月小	**16** 初二	**17** 初三	**18** 初四	**19** 初五	**20** 初六	**21** 初七	**22** 初八	**23** 秋分	**24** 初十	**25** 十一	**26** 十二	**27** 十三	**28** 十四
29 中秋节	**30** 十六												

1 日　副省长陈癸尊率江西省稀土科技代表团在北京访问了中国科学院。卢嘉锡院长会见了代表团全体成员并就稀土科技合作问题进行了交谈（6 日，双方在京签署了《江西省人民政府和中国科学院开发江西稀土资源科学技术合作协议书》。访问活动于 7 日结束）。

1 日　当日连续发生两起重大火灾，12 时 24 分，南昌市船山路 260 号居民住宅发生火灾；13 时 19 分，南昌油箱厂发生火灾。

1 日　煤炭工业部与公安部、商业部、劳动人事部在南昌召开全国煤矿井下职工家属落城镇户口工作汇报会议，要求年底完成 2/3 的落户任务。

1 日　为纪念民国初年著名记者黄远生诞辰 100 周年和在美国旧金山市遇害 70 周年，全国各地新闻学专家、学者、著名记者和黄远生的后代等共 80 余人在庐山举行为期 5 天的黄远生学术讨论会。被誉为"报界奇才"的黄远生是九江县人，民国初期著名记者和政论家，因反对袁世凯复辟帝制，被迫出走，于 1915 年 12 月 25 日在美国旧金山遇害，时年 31 岁。

2 日　永修有机化工总厂与九三四五厂联合研制成功一种新型食品保鲜防腐剂山梨酸，在九江通过省级技术鉴定。

2 日　在首届全国纺织科技成果交易会上，江西省交易团参加交易项目 25 项，共签署合同、意向书 27 份，总金额为 113.69 万元。

2 日　保加利亚多鲁布加民间歌舞团在江西艺术剧院举行首场演出。歌舞团演出了《多布鲁加组舞》、《河边聚会》、《健美的小伙子》、《婚礼上的客人》等节目。并赠送了花篮。

2 日　全省电力系统第一座微波塔在省电力中心调度大楼北侧开始组装。该铁塔高 84 米，是南昌至九江数字微波通讯工程的重要组成部分。该通讯电路沿昌浔铁路和昌九公路走向，是京广微波通讯工程的一条主要支线。全线 190 公里，设五个主站和一个分站，南昌为中心站，其余各部分别设在新建县象山，永修县军山、柘林，庐山和九江等地，计划在 1986 年底通话。这条电路建成后，可同时接通 480 个话路，具有国内先进水平。

3 日　全国打击刑事犯罪展览在南昌市工人

文化宫展出,当天接待6万余人。展览分为:人民的意志,重大的决策;精心组织,严厉打击;严格依法办事,正确执行政策;全民动手,综合治理;治安好转,战果辉煌;英雄人物,先进事迹六个部分,共选择了全国50多个典型案例,500多幅图片和部分实物参加展出,展览还设有一个录像放映厅。

3日 为纪念抗日战争和世界反法西斯战争胜利40周年,江西省市各界代表在江西革命烈士纪念堂举行向抗日战争和世界反法西斯战争中阵亡将士和死难同胞敬献花圈仪式。

省、市各界代表在革命烈士纪念堂向在抗日战争中牺牲的将士敬献花圈

3日 省委、省政府举行大会,欢迎中直和国家机关赴赣讲师团。中直和国家机关来江西省培训中小学生师资讲师团一行153人,分别进入南昌、九江、赣州、上饶、萍乡、宜春、吉安等地市有关单位检查、督促、指导、帮助江西教育事业的发展。省委、省政府为贯彻落实《中共中央关于教育体制改革的决定》召开省直机关干部参加讲师团动员会,决定成立由78人组成的省直机关培养中小学生师资讲师团。

3日 省财政厅、省石油公司联合下发(1985)赣财商字第51号 (1985)赣石财字第42号文:《关于核减江西省石油公司直属企业第二步利改税基期利润的通知》。

3日 省司法厅在萍乡市湘东镇召开全省试办乡镇法律服务机构湘东镇现场会。推广湘东镇的经验,对全省普遍建立乡镇法律服务机构进行研究和部署。

3日 宜春地区医科所易明华、黄方银、谢

阳等在中山医学院教授徐秉锟和主管技师李道宁的指导下,在国际上首次发现了"次睾属吸虫"的新种,该项成果经鉴定确认,并定名为"宜春次睾吸虫"。

3日 九三学社江西省第一次社员代表大会在南昌举行。大会选举产生了九三学社江西省第一届委员会。廖延雄当选为主任委员,薛士良、葛仁勇当选为副主任委员。九三学社在江西的组织活动已有20多年的历史。1983年成立了江西省工作委员会筹备组,当前在九江、南昌、赣州、吉安、宜春、抚州6地市建立了九三学社的地方组织。大会于5日结束。

3日 为纪念中国工农红军长征胜利50周年,宣传长征经过的地区的进步和变化,由澳大利亚韦尔登——哈迪出版集团的主席凯文韦先生发起的,来自澳大利亚、美国、英国、瑞士、新西兰五国的15名摄影记者和一个电视摄影组组成的一支远征队,将对包括江西省的井冈山、瑞金、于都、兴国、信丰等我国长征途中8个主要地点进行为期14天的拍摄活动。

4日 在第一届全国青少年运动会皮划艇决赛中,江西运动员张松涛夺得一枚银牌、一枚金牌。

4日 省委书记万绍芬在全省第二期整党工作会议上指出,整党要联系实际、解决问题,整出实际效果,以保证和促进改革的顺利进行。万绍芬强调,要着重抓好4个方面的问题:一是切实抓好党性教育,教育党员全心全意为人民服务,树立共产主义远大理想,加强全局观念和组织纪律性;二是要抓紧查处那些影响坏、危害大、领导干部参与的大案要案;三是要坚决纠正新的不正之风,如党政干部经商办企业,倒买倒卖进口物资,炒买炒卖外汇,行贿受贿,突击提职提级等;四是要继续抓紧清理"三种人"的工作。

4日 南昌市城建局近日在开挖沿江路中段下水道时,掘出一处古建筑遗址。这处遗址地处滕王阁小学附近,在古章江门外西南百米,今民

德路西端，偏北50米，离抚河堤7米。据考证系清滕王阁遗址。这处遗址主体建筑长75米，宽待查，两端呈弧形向城内弯曲。遗址基脚全用条形红石砌成。石块大小不等，均在1.5尺至3尺之间，厚约8寸。下水道深4.5米，沟底上可见红石共9层，但其基脚未能见底。另在主体建筑遗址北侧25米处，还发现滕王阁附属建筑遗址，圆形，似亭子。其他还发现有滕王阁的柱础、木桩，破碎瓷瓶等文物碎片。

5日 全省第一条采用气压磨新工艺的年产1万吨精标粉联产生产线在乐平面粉厂竣工投产。

5日 铜鼓县带溪乡大群村吴家洞、红群村临船岭、新丰村窑前发现优质白色瓷泥。

5日 国际稀土及其应用产品博览会自即日起至27日在北京展览馆举行。江西省有101种稀土产品参加了展出，其中包括原矿和精品25种，钢铁、电子、轻工、纺织产品17种，陶瓷产品59种。国务委员方毅以及国家经委副主任袁宝华参观了江西展厅。方毅说："江西稀土资源真是得天独厚啊！"并高兴地签名留念。

6日 江西老同志大学在南昌市老干部活动中心举行开学典礼。237名离、退休老干部作为首届学员开始新的学习生活。学校暂设中国文学、老年医学保健、法律基础、书法绘画四个专业，学制一年。大学聘请张国震为名誉校长，任启贤为校长。

6日 经省政府批准，省计委与省教育厅专项安排2000名增人指标，用于江西省教育系统部分民办教师转为公办教师。在各地、市的指标分配上，坚持重点用于老区的原则，以逐步改变山区中、小学在编教师短缺的状况。

6日 由省化工进出口公司代理九江炼油厂出口的4.6万吨船用熟料油首批装船离港。这船熟料油是江西首次出口的一项新产品，是江西省财政补贴的自营出口油。今年计划出口4.6万吨，它将直接为江西省换回750万美元外汇。

6日 上饶弋阳三县岭及赣州峰山卫星电视地面接收站近三日内分别成功地接收到印度洋上空国际卫星转发上海虹桥地面站上行信号。至此，由国务院赠送给江西老区人民的3套卫星电视接收设备已全部投入使用。

7日 省劳动人事厅、省计委、省司法厅在下达《关于江西省公证处法律顾问处（律师事务所）招收录用合同制辅助人员的通知》。被录用人员不论从事行政事务或其他辅助性工作，不享受干部待遇。

7日 省、市党政军领导和有关部门负责人，分10路走访了南昌地区的24所大、中、小学和幼儿园，向人民教师祝贺第一个教师节（8日，召开了全市首次教师节慰问、表彰大会）。

省、市隆重举行庆祝教师节大会

8日 省政府批转省外办、省建设厅、省财政厅《关于加快江西省落实华侨私房政策的意见》，要求各级政府充分认识落实华侨私房政策的重要性，统一领导，加强调查研究和督促检查，对土改时期没收、征收、代管华侨私房和社会主义改造中错误改变华侨私房产权的，年底前退还产权，三年内全部落实完毕。

8日 民盟江西省委会举办庆祝首届教师节活动。民盟省委会发出致江西省盟员教师的贺信；出版《庆祝首届教师节特刊》；向省直属组织盟员教师赠送瓷挂盘《犇牛图》；与民盟南昌市委会联合举行慰问文艺演出。民进、民革江西省委也先后召开庆祝大会。

8日 全国第七届服装机械展样订货会在南昌举行。轻工业部副部长贺志华、副省长钱家铭出席了订货会。参加展出的有来自全国20个省、市60多个厂家。订货会期间，共订货 7.4 万多台（套）服装机械和 13.6 万多件零部件。总成交额达 7000 多万元。订货会于 13 日结束。

9 日　美国犹他州政府代表团对江西省进行友好访问。当日上午，代表团成员、州长夫人柯灵·蒙桑·班格特一行 3 人到省妇联与妇联干部就妇女问题进行座谈。

省委书记万绍芬在江西宾馆会见美国犹他州州长迈尔斯·费里

9 日　庐山垦殖场经江西省人民政府批准，从意大利引进异型冰激凌生产线，总投资 130 万元（1986 年设备进厂，同年 8 月 15 日设备调试投产成功）。

9 日　省委、省政府召开全省法律宣传教育工作会议，讨论研究了《江西省普及法律常识五年规划》，布置了普法工作的任务。

9 日　在最近举办的中国竹业协会举办的竹艺品展销会上，国营黄岗山综合垦殖场竹艺厂、竹胶板厂生产研制的竹串席、竹胶板被评为同类产品第一，荣获信得过产品奖。

10 日　江西省政府领导与美国犹他州政府

江西省政府领导与美国犹他州政府代表团举行会谈

代表团举行正式会谈。双方通报了各自的情况，介绍了有待于合作的领域和项目。省经贸厅、省对外经济技术合作办公室、省教育厅、省文化厅、省国际信托投资公司的负责人，与犹他州方面举行了对口洽谈。班格特州长夫人等访问了南昌市育新学校。双方在江西宾馆举行了建立友好关系意向书签字仪式。此次访问于 11 日结束。

10 日　世界粮食计划署布里吉斯先生一行 5 人抵达江西省，对开发鄱阳湖区低洼地发展渔业生产的可行性进行实地考察和评估。鄱阳湖区低洼地发展渔业生产，是我国政府向世界粮食计划署提出申请援助的开发项目，该项目已作为重点项目列入江西省国民经济发展计划。

10 日　50 名西藏男女学生抵达南昌，他们将在南昌十七中经过一年基础训练后，完成初中三年的文化学习。这批藏族学生是从拉萨市林芝、米林和工布江达三个县的应届小学毕业生中经统考选拔出来的，最大的 14 岁，最小的 11 岁。

10 日　省妇联福利部与省妇联干校共同举办老区贫困乡妇联干部农村经济管理培训班，学员 98 人，10 月 22 日结束。

10 日　乐安县博物馆日前在敖溪、供坊村征集出土珍贵古铜币 121 斤，计 14520 多枚。这批铜币，分别有"五铢"（汉）、"干元"（唐）、"熙宁"（宋）、"至元"（元）、"万历"（明）、"顺治"（清）等十多个朝代 65 个帝王的年号和标志。古币中"刊用"、"隆武"、"嘉隆"、"宽礼"等圆形方眼钱，均为农民义军和割据小朝廷铸造的钱币。

11 日　国家税务总局在星子县召开全国国营企业所得税、奖金税和工资调节税专业会议。

12 日　省民政厅颁布《江西省殡葬管理实施办法》。

12 日　江西十大历史名人纪念馆之一——王安石纪念馆正式动工，1986 年 11 月 11 日落成开馆。省文化厅和抚州地区行署拨专款，在他的故乡抚州市兴建的王安石纪念馆（又名荆公公园），坐落在抚州市赣东大道，占地面积1.3万多平方米。建筑具有"江南宋式、府第门楣、楼阁实体、二览（展览、游览）具兼"的特点。主体建筑面积为740平方米，是一座宋代飞檐歇山顶式的二层楼阁，展厅内陈列有关王安石的文物和生平事迹，王安石的全身塑像安放在主楼前绿地中央。

12日 省政府、省军区在江西工业大学联合召开学生军训试点动员大会。江西工业大学、

参加大学生军训的学生到达军训营

江西省大学生社会实践军警营开营式

中学生们在进行军事训练

南昌航空工业学院、江西交通学校、南昌市五中、莲塘一中列为学校军训试点院校。会议指出：有组织、有计划地安排在校学生进行军事训练，是兵役法赋予我们的一项新任务，是学校教育的一项新课题。各试点学校要加强对这项工作的领导，圆满地完成各项训练任务，为国防建设培养储存后备力量作贡献。

13日 省地质矿产局赣南地质调查大队在赣南探明一个特大型滑石矿床。该矿由三层组成，平均厚度分别为2米、2.5米、3米，最厚达6米多，地表延长2000多米，垂直延深200米~300米，矿石中滑石含量为50%~60%，最高达84%，总储量达400多万吨。最近，地质矿产部已把该矿列为"七五"计划期间全国地质工作重点项目之一。

13日 经省政府批准，成立江西省涉外经济律师事务所，与省律师事务所合署办公。

13日 美国有色金属工业专家斯科特·李先生率代表团一行17人访问江西铜矿，参观贵冶和永铜并进行技术交流。访问活动于15日结束。

14日 中国有色金属工业总公司江西地质勘探一队，最近在德兴县银山九区探明一处大型铜矿床。

15日 江西工业大学和九江油脂化学厂从乌桕籽制取类可可脂的中试研究，在国内首次获得成功，在九江通过鉴定，这一成果填补了我国食品专用油脂的一项空白，并具有较好的经济效益。

15日 湖口县石钟山江面上捕捞到一条长2米、重280斤的中华鲟，该鱼头尖型，身体呈锤状，背脊和腹部有大硬鳞片。渔民确认为国家重点保护鱼类后放回长江。

15日 机械工业部船用三相交流无刷发电机部颁标准在江西电机厂通过鉴审。

15日 在第二届全国工人运动会上，江西运动员刘蓉以1.76米的高度在女子跳高决赛中获得第一名；王耀平在男子400米栏决赛中以54秒4的成绩打破了54秒7的全国工人运动会纪录。

15 日 江西省黄麻细纱操作运动会在八一麻纺厂举行。

15 日 联合国粮食考察团一行 5 人抵赣，并绕道星子县上庐山游览。

15 日 省六届人大常委会十三次会议在南昌举行。会议议程为：蒋祝平作江西省 1985 年以来的经济形势和今后几个月主要任务报告；省地质矿产局关于贯彻执行《江西省矿产资源保护暂行办法》情况和问题的汇报；省卫生厅关于贯彻实施《药品管理法》工作情况的汇报；省公安厅关于社会治安情况的汇报；人事任免。会议于 18 日结束。

16 日 省文学艺术研究所主编的《影剧新作》杂志、《文艺理论家》杂志向全国公开发行。

16 日 万载县湘鄂赣革命纪念馆新馆落成，原江西省委第一书记江渭清题写馆标。

16 日 省法学会召开为期 5 天的经济体制改革中法律问题研讨会，并成立江西省法学会民法经济法学研究会。

17 日 由省石油公司主持召开有省储备局、南昌铁路局、铁路公安局、抚州石油公司、崇仁县政府等单位参加的专题会议，共同对上海铁路局南昌勘测设计所提出的崇仁油库专用线论证设计进行审查。

17 日 省军区后勤部确认：南京军区有关部门决定在 1985 年、1986 年内从部队精简整编中拨出 500 辆解放牌汽车，捐赠给江西老区。这些车辆均能行驶 2 万公里以上（第一批 25 辆 10 月下旬送抵永修县）。

17 日 省武警总队举行庆功大会，给参加全国武警首届射击比赛的射击队记集体三等功，给杨平昌等 7 名射手记二等功，给吕丽琳等两名射手记三等功，给王凡轩等 6 人嘉奖。

17 日 为期 7 天的全国行政学专题讨论会在庐山举行。这次会议是由国家劳动人事部行政科学研究所、中国社会科学院政治所、国家体制改革委员会和江西行政管理干部学院共同发起的。与会同志就我国精简机构和干部培训等专题，重点从理论上进行了认真的探讨和研究，总结交流了干部培训方面的情况和经验。

17 日 省电力设计院在南昌市青云谱马路终端一侧设计的一座三回线分支铁塔，经过试用，证明完全符合设计要求和工程质量。填补了江西省高压输电工程的空白。该铁塔承担着南昌东郊变电站——一交变电站、斗门变电站的 110KV 的高压输电线路。

18 日 省军转办在《关于做好一九八五年军队转业干部安置工作的意见》中规定，凡在部队立过二等功以上的长期在高原、边防、海岛等艰苦地区工作又有实际困难需要跨地市县安置的应给予照顾，对曾立一等功和授予战斗英雄称号的应给予重点照顾。

18 日 贵溪县白田乡白田村发掘了一座距今 1400 多年的南朝晚期墓葬。出土的文物有铜盘、青铜洗、铜镰斗、陶熏、青瓷多足砚、四管冲壶等 30 余件。

18 日 省司法厅、省教育厅、省劳动人事厅转发司法部、教育部、劳动人事部《关于加强对劳改劳教人员文化技术教育的通知》，强调要把劳改劳教场所办成改造人、造就人的特殊学校，对劳改劳教人员的文化教育重点是扫盲和普及中小学教育，考试合格者分别发给脱盲证或小学、初中、高中毕业证书，参加高等教育自学考试成绩及格者发给相应的证书。参加技术考试或考核成绩达到规定标准，可由有关部门发给技术考核合格证书。

18 日 省妇联和省教育厅在上高县召开为期 4 天的儿童工作现场经验交流会，同时成立江西省幼儿教育研究会。

19 日 出席在北京召开的国际钨砂生产者协会第十届年会的秘鲁、加拿大、葡萄牙、澳大利亚、英国的 8 名专家、学者，在该协会主席洛奇率领下到达赣南西华山矿进行为期两天的参观考察。外国专家学者参观了矿井采运生产和选矿厂，同时广泛进行了勘探、开采、选矿等方面的技术交流，并对西华山矿的文明生产和开采技术表示赞赏。

19 日 省石油公司以（1985）赣石计字第 48 号文件下发《关于制定高价汽油、柴油主要品种调拨价格与销售价格的通知》。

19日 省水利厅在分宜县召开水利工作会议，会期6天，水电部派员莅会指导，会上传达贯彻国务院、水电部、省政府关于水利管理体制改革和综合经营的文件，研究部署水利综合经营和今冬明春水利冬修工作。分宜县等17个单位在会上介绍开展综合经营、水费改革和加强经营管理责任制等方面的经验。会议初步决定今年水利冬修任务。

20日 南昌航空工业学院、中国船舶总公司711研究所和清华大学联合研制的DYS-I型云纹散斑信息处理仪在南昌航院通过鉴定。

20日 省税务局转发国务院颁发《中华人民共和国集体企业所得税暂行条例》和财政部制定的施行细则，从1985年起实施。

20日 云南前线某部英模事迹报告团一行6人抵达南昌。省市领导到省军区招待所看望了报告团全体成员。他们希望报告团的同志把前线战士的好思想、好品德传给江西人民，并祝巡回报告团取得圆满成功。报告团从当天起，在江西省各地作巡回报告（共巡回报告34场，近7万人听取了报告。10月15日，报告团陆续离赣返回部队。"英雄们用自己的经历谈理想最有说服力"，一个"学英雄，比贡献"的热潮正在江西省城乡兴起）。

省、市党政军领导亲切会见英模报告团全体成员

20日 省政府召开电话会议，部署立即在江西省范围内广泛深入地开展税收、财务、物价（包括外汇）大检查。会议指出，这次大检查的范围主要是国营工业、交通、商业、粮食、外贸、供销、物资、金融等企业。对国家事业单位和行政机关也要检查。对集体所有制企业的财务

检查，重点是检查县以上的集体企业。对集体所有制企业和个体经营者的税收也应当进行检查。会议强调，这次大检查采取自查、互查和重点检查相结合的办法，边检查，边定案，边入库。按照国务院的规定进行验收。

20日 应省政府的邀请，由德意志联邦共和国黑森州经济技术部部长斯特格尔率领的黑

蒋祝平（前排右二）会见联邦德国黑森州经济技术部部长（前排左二）

森州经济代表团一行24人到达南昌，开始对江西省进行为期5天的访问。21日，双方就经济技术合作、科学文化交流、职工技术培训以及双方共同感兴趣的问题进行了交谈，取得了积极的进展，双方经济界人士还进行了对口洽谈。

21日 全省质量大检查汇报展览会在省展览馆举办。这次展览会的伪劣变质冒牌产品，是省政府组织的千人质量检查团在全省各地查出的。有假田七、假红参、假虎骨以及许多常见病服用的药品，还有假"凤凰"牌自行车、假"红灯"牌收录机、冒牌缝纫机、假电视机、冒牌电风扇等，食品方面有假烟、酒、奶粉、糖果、糕点等。

21日 省政府在南昌召开振兴江西中医大会，号召全省医务工作者团结起来，为振兴江西中医事业出谋献策，尽心尽力。各地市、县主管中医的领导和院长、名医以及医务工作者1000余人参加会议。副省长陈癸尊作了题为《加强领导，团结奋斗，开创江西省中医工作新局面》的工作报告。卫生部副部长胡熙明专程从北京来参

加会议。

22日 江西队运动员姜绍洪在辽宁省阜新市举行的全国秋季竞走锦标赛中，以1小时28分49秒的成绩夺得男子20公里公路竞走冠军。

22日 省委书记万绍芬视察吉安县桐坪畜产品加工厂。该厂从孵鸭、养鸭、板鸭加工、羽绒制品直至畜产品系列加工形成"一条龙"生产。

22日 首届全国青少年运动会赛艇决赛在上海市青浦县淀山湖水上运动场举行。江西运动员王少波在男子单人双桨比赛中获第一名，时兵、蔡恒凰获男子双人单桨无舵手项目第一名，王少波、徐宝根获男子双人双桨项目第一名，另外江西省还获两枚银牌、一枚铜牌。

22日 浙江省林科所、浙江林学院竹类调查组最近在井冈山行州霞姑洞发现成片的野生花毛竹林，多数花毛竹胸径超过10厘米。花毛竹是龟甲竹的变型，在全国并不多见。它的观赏价值极高，具有重要的经济意义。

22日 江西省将与联邦德国黑森州合作，在南昌市建立一个综合性在职工人技术培训中心，进行中级技术和高级技术培训。培训中心规模为300人到400人，设立培训班和轮训班两种学制。黑森州方面表示愿意对该中心进行投资，主要培训技术和商务方面的专业人员，江西工业大学与黑森州吉生高等工业学校合作，双方共同提供太阳能利用项目的具体实施方案，黑森州准备在双方对等原则的基础上，资助该项目费用的50%。

22日 南昌市少年宫星星艺术团正式成立。

23日 南昌市委召开党外人士座谈会，市委副书记史骏飞通报了南昌市第一批整党的情况和取得的成果。83个单位5852名党员参加了整党，准予登记的党员占总数的99.15%。

23日 省委、省政府要求各地加快发展畜牧业、水产业和饲料业：（一）提高对发展畜牧、水产和饲料业的认识；（二）加快发展饲料工业；（三）开发利用江西饲草资源；（四）落实和完善畜牧、水产承包责任制；（五）建立新的良种繁殖体系；（六）加强防疫、检疫和灭病工作；

（七）改革资金使用制度；（八）建立加工和经销网络。

23日 纺织工业部计划司副司长应沧强到九江化纤厂、江西涤纶厂检查工作。

23日 江西第三糖厂生产的一级白砂糖，近日在全国千吨甘蔗糖第二协作组第十三次经验交流会上，产品质量评比居全国第二。

24日 中国盆景评比展览在上海揭晓，景德镇的"秋兴"三角机和上饶市的"拔地群峰万仞雄"获二等奖；南昌市的"壮心不已"枸骨、景德镇市的"宋人画本"桧柏、上饶市的"古木峥嵘"黄杨树桩盆景和"绝壁奇峰"山水盆景获三等奖；另外，江西展览馆获得了展览布置奖。

24日 省政协五届常委会十四次会议在南昌市举行。会议学习中共十二届四中全会、五中全会文件，听取和讨论省有关部门《关于价格改革情况的通报》、《关于工资改革情况的通报》、《关于革命老根据地建设情况的通报》。会议于27日闭会。

24日 共青垦殖场羽绒厂与北京市东四人民商场联合举办鸭鸭羽绒制品博览会。省委、省政府领导和出席全国人大江西代表团全体成员及北京市党政领导陈元、孙孚凌出席开幕式。博览会于11月8日结束。

25日 江西省环保局和省乡企局联合成立领导小组，首次普查乡镇企业污染状况。普查结果表明，33327家乡村工业中，有"三废"排放的企业3266家，占9.8%。

25日 由农牧渔业部主办的为期16天的全国农垦畜牧乡镇企业产品展览大会在北京举行。江西进京展出的上千种名、优、特产品，吸引了首都及全国各地群众，产品成交额达400万元，其中粮食类产品占1/4。高安羽绒制品厂20万元的"白天鹅"羽绒制品全部销售一空，并订货54万元；向塘镇黄堂村养蜂专业户陈木根自制的蜂乳产品和永修县艾城乡艺术纸花专业户郭庭宽的工艺纸品，轰动了整个展览会；江西蚕桑场的桑海济生健美品、安福火腿、遂川板鸭等都受到欢迎。

26 日 由我国文化部文物局主持,中国对外文物展览公司和江西省博物馆联合举办的江西省首次古代瓷器国际展览,在罗马尼亚首都布加勒斯特展出,为期一个月。展品以景德镇窑口和吉洲窑口为主的宋、元、明、清代瓷器珍品。

26 日 由化工部、中国摄影家协会、工人日报和化工报共同举办的《神州大地》摄影比赛在北京揭晓。江西省华安针织厂青年傅鹏远的彩色摄影作品《红与黑》荣获二等奖。

26 日 省妇女科技工作者联谊会成立。

27 日 省煤炭厅按照扩大企业自主权的精神,提出《关于贯彻实施煤炭工业部〈关于三级管理权限划分的暂行规定〉的若干意见》。

27 日 九三学社江西省委会出版内部刊物《九三赣讯》。许德珩为《九三赣讯》题写刊名(1989 年 3 月 3 日,《九三赣讯》更名为《江西民主与科学》)。

27 日 省文联在京邀请作家和评论家座谈。决定自明年 1 月起将省文联主办的《星火》杂志改刊,专发革命历史题材的文学作品。改刊后的《星火》,是全国第一家革命历史文学月刊。出席会议的有陈荒煤、张光年等 30 多人。江西省文联主席俞林等参加了座谈。省委书记万绍芬到会并对首都作家、评论家对江西文学事业的支持表示了感谢,要求文艺工作者有责任将江西人民在革命战争年代作出的贡献和牺牲反映出来,用以教育和启迪后人。

27 日 萍乡市塑料五厂生产的钙塑瓦楞包

该厂的工人在有条不紊地工作

装箱,经全国塑料制品检测中心鉴定评比,在全国同行业质量评比中名列第一。

28 日 江西公安专科学校举行首届开学典礼。该校是江西省公安系统第一所高等学校,学制分两年和三年两种,第一批共招收学生 180 名。

28 日 在全国儿童用品新产品开发经验交流会上,南昌县莲塘针织童衫厂生产的"六件宝宝"套衫,荣获全国优秀产品金鹿奖。

28 日 国务院副秘书长吴庆彤与省政府秘书长张逢雨一行近日到井冈山,协调解决《风景名胜管理条例》与《野生动植物保护条例》的矛盾问题。

29 日 我国第一艘新型渔轮在江西湖口江新造船厂下水。这艘渔轮是江新造船厂和上海求新造船厂联合设计、由江新造船厂试制成功的。该轮属于尾滑道式单拖网渔轮,自持力为 25 昼夜、续航力 3000 海哩,满载排水量 611 吨。并有速冻和冷藏系统,能对所捕获的鱼产品及时进行速冻和冷藏。其导航和驾驶设备在国内同类型渔轮中处于领先地位,符合国际海洋法规定,各种排泄物经严格处理后才入海洋。

29 日 省委、省政府、省军区组建解放军南昌陆军预备役师。

29 日 根据全国人大常委会关于严惩严重危害社会治安的犯罪分子的决定和上级有关部门的通知精神,江西省首批调往新疆劳改的 400 名犯人,在管教干部和武警部队的押解下,乘专列安全抵达新疆库尔勒市北站,移交给新疆生产建设兵团农三师。遣送前,政府为罪犯检查了身体,准备了御寒用品,让他们会见了家属。

29 日 以团长希尔夫人为首的世界银行渔业评估团一行七人,对南昌地区渔业生产进行为期 11 天的考察,出席了有上海、杭州、成都、重庆、南昌五市参加的渔业开发评估项目座谈会。评估团参观考察了南新乡毛莲湖水产场、旅风湖水产场和进贤县罗溪乡及军山湖水产场。

30日 全省水利工作会议在分宜召开。据统计，江西建成的39万多座水利工程中，可养水面122万亩，已开发利用110万亩；41万亩山地，已绿化22万亩；还经营发电、加工、运输、建筑、商业、旅游等几十个项目，75%以上国营水利单位实现日常管理经费自给或自给有余。

30日 省妇联领导到省第七劳改支队看望正在服刑的女犯，鼓励她们加速改造，重新做人。

30日 红星淀粉厂与安徽省生物研究所进行技术协作，共同研制成功食用酸变性淀粉，填补了江西淀粉工业的一项空白。

30日 由国家投资323万元、储粮可达5000万斤的安福粮食中转储备库国庆前夕已动工兴建。这项工程包括两个储粮1000万斤的仓库，4个储粮750万斤的仓库。整个粮库防虫、防霉及粮食加工都采用先进设备和技术。年底将建成2300万斤的库容，完成投资140万元。整个工程计划明年年底全部竣工，解决了莲花、永新、吉安等县农民"卖粮难"问题。

30日 全省利税千万元以上的13户重点工业企业生产稳步发展，效益明显提高。1月至9月，13户企业累计完成工业总值达11.2746亿，比去年同期增长13.7%，实现利税3.5912亿元，比去年同期增长31.8%。这些上缴利税为同期全省财政收入的19%，成为江西财政收入的支柱，在国民经济中居重要地位。新余钢铁厂、江西钢厂、南昌钢铁厂、江西棉纺织印染厂、江西化纤厂、抚州棉纺织厂、樟树四特酒厂、江西橡胶厂、南昌卷烟厂等企业各项经济技术指标完成较好。13户企业中有7个企业已上缴利税1000万元以上。南昌卷烟厂、江西钢厂和新余钢铁厂分别上缴利税6757万元、5739万元和4362万元。

本月 庐山天主教堂修缮一新，即将对外开放。庐山牯岭香山路的法国天主教堂建于1894年，已有近百年的历史。今年国家拨出专款重新修缮。现在尖形屋顶、铁瓦红漆闪光；三角型屋顶尖端重新竖起了水泥塑的"十"字架。堂内白线条天蓝色的拱顶，红色地极及祈祷祭坛，均修理就绪。

本月 江西革命老根据地的兴国、瑞金两县分别与上海市松江县和嘉定县结盟，20多个技术转让、技术支持和合作生产的协作项目在沪签订了意向书。

本月 江西省第一条年产5000吨、用淀粉转化果葡糖的生产线在清江县双金果葡糖厂正式竣工投产。

本月 赣州市环境卫生管理处建造了全国第一座密封式机械化垃圾中转站。这座中转站由进料室、卸料室和操作室3个部分组成。进料室装有提升小斗，配有高架钢窗通风除尘设备；卸料室装有悬空垃圾集装箱和卸料对开门，并配有防尘防毒两级空气净化器和高压水帘式雾状喷水降尘设备，汽车进入后，装有卷闸门密封；操作室采取全密封，设有自动控制台和多扇观察窗。中转站占地面积为48.2平方米，每天可中转垃圾120吨。

本月 华中电管局批复同意成立"江西省电力职工中等专业学校"，办学规模360人，明年开始招生。职工中专与江西省电力学校一套人马，两块牌子，不另增加编制定员。

本月 南昌车辆段客车全部改为滚动轴承。该装置可减少列车起动阻力1/8，提高运行速度9%，并可缩短技术检查时间。

本月 南昌市朝阳水厂三期工程开工。国家投资850万元，日供水能力可达30万吨，次年10月1日竣工通水。

本月 南昌市72家国营小型企业改为全民所有，集体经营。

本月 加拿大钾肥研究所所长普雷蒂博士一行4人来江西考察钾肥肥效，农业部组织省农科院耕作栽培研究所，与加方达成开展中、长期研究钾肥效益的协议。

本月 江西省钱币研究会成立（1986年12月改称江西省钱币学会）。

本月 省商业厅、省财政厅发出通知，从明年1月1日起，江西省商业厅在全省各级基层盈利企业中集中3.6%留成，人均留利水平不足200元的盈利企业不集中留利。

本月 农业部乡镇企业总局在景德镇市召开

全国乡镇陶瓷产品质量评比工作会议。湖南、江西、福建、广东、河南、河北、浙江七个省的200多个乡镇陶瓷产品参加评比。江西9个产品获部优质产品奖，其中景德镇市占七个。

本月 六〇二所开始超黄蜂直升机改岸基反潜的改装设计（1990年，获航空航天部科技进步一等奖。主要完成人为高级工程师陈怡枢、陈云美、罗幼明、王琦等）。

本月 江西财经学院招收统计学硕士生2名，是全省第一次招收统计学硕士研究生。

本月 江西省统计学校成立。

本月 全省各地新华书店开设教师优惠售书专柜，庆贺第一个教师节。全省面向农村综合性期刊出版座谈会在庐山举行。南昌古旧书店与杭州古旧书店合作影印1977年刊本《豫章丛书》200套。

本月 省审计局组织两地七县（市）局对当地文化局所属单位1984年至1985年上半年财务收支实施审计，历时两个月，查出违纪金额17.36万元。

1985

10月
October

公元 1985 年 10 月							农历乙丑年【牛】						
日	一	二	三	四	五	六	日	一	二	三	四	五	六
		1 国庆节	**2** 十八	**3** 十九	**4** 二十	**5** 廿一	**6** 廿二	**7** 廿三	**8** 寒露	**9** 廿五	**10** 廿六	**11** 廿七	**12** 廿八
13 廿九	**14** 九月小	**15** 初二	**16** 初三	**17** 初四	**18** 初五	**19** 初六	**20** 初七	**21** 初八	**22** 重阳节	**23** 霜降	**24** 十一	**25** 十二	**26** 十三
27 十四	**28** 十五	**29** 十六	**30** 十七	**31** 十八									

1 日 江西省卫生防疫事业成就展览在南昌市工人文化宫正式展出。这是建国以来第一次将全省各地、市、县卫生防疫部门在监督、监测、防病治病和科学研究等方面的工作成果比较全面、系统地向全省人民汇报。

1 日 经弋阳县政府批准，弋阳县审计局率先在全省实行对国营企业厂长、经理离任、晋级、奖励的审计公证制度。

2 日 南昌市中西医结合医院综合大楼举行奠基典礼，卫生部副部长胡熙明及南昌市长程安东等出席。大楼高 12 层，总面积为 1.25 万平方米，总投资 500 万元。它是江西省第一家中西医

南昌市中西医结合医院开业

结合医院，也是全国第三家正式挂牌中西医结合的综合性医院。它将逐步成为面向江西省的中西医结合医疗、教学和科研基地。

2 日 南昌市煤气工程开工。工程总概算 1.68 亿，分两期建成，完工后可供 11 万户居民和部分工业企业用气。

2 日 分宜有色金属冶炼厂锂车间建成投产。

2 日 江西省出席在北京举行的全国各民主党派、工商联为四化（农业、工业、国防和科学技术现代化）服务先进集体和先进个人代表表彰大会的 10 名代表回省后，民革、民盟、民建、农工党、九三学社江西省委会，民进江西省筹委会和省工商联联合召开为期 5 天的大会，传达全国表彰大会情况。

3 日 国家计委批准我国最大的综合露天金属矿山——江西铜业公司德兴铜矿三期工程为国家"七五"计划的重点建设项目之一。该工程总投资为 12 亿元。

3 日 全国重点文物保护单位——景德镇市湖田古窑遗址陶瓷陈列馆落成。

3日 首届全国高聚物表面与界面科学学术讨论会在九江五七二七厂召开。20位国内外著名科学家、专家、教授和86位工程师及10位研究生参加了会议。会议录选了64篇论文，通过了成立全国高聚物表面与界面学会的倡议。表面与界面科学，是当代科学发展新形势下出现的一门新兴边缘学科，是材料科学的前沿领域，这门科学与微电子技术、生物技术、新材料和国防科技都有着密切关系，在建材、化工、轻工、纺织、冶金、生物等国民经济领域中有着重要作用。讨论会于8日结束。

4日 共青团江西省委授予舍己救人、英勇献身的萍乡市湘东区腊市乡凤凰小学三年级学生彭方根为"优秀少先队员"光荣称号。

5日 省工资制度改革领导小组、省劳动人事厅转发《关于教师教龄津贴的若干规定》。

5日 省委召开南昌地区高等院校党委书记座谈会，听取各校加强思想政治工作情况汇报，研究如何贯彻不久前召开的党的全国代表会议和十二届四中、五中全会精神，进一步加强和改善高校思想政治工作意见。各校通过对思想政治工作的改革，提高了学生的精神面貌，主要表现在：一是进取心强，学习风气很浓；二是关心改革、支持改革，积极为改革献计献策；三是政治上积极要求进步，很多学生努力创造条件，争取加入中国共产党，争做有理想、有道德、有文化、有纪律的一代新人。座谈会结束时，省委领导表了讲话，要求各高校党委要认真组织广大师生学习好党的全国代表会议和十二届四中、五中全会文件，要联系实际，采取各种形式，加强形势教育、政策教育、改革教育和"四有"教育，把大家的思想认识统一到党的路线、方针、政策上来。

5日 省委农工部邀请南昌地区部分理论工作者座谈，研究搞好县级经济体制改革，强化县级领导职能问题。省委农工部负责人介绍了全国开展县级经济改革的形势和江西省七个试点县综合改革的情况。国务院农村发展研究中心已专门成立县级经济体制改革课题研究组，拟定了研究课题，要求广大理论工作者对这些课题进行多方面的研究探讨。大家一致认为，把如何搞好县级经济体制改革，建立起一种内在的、能保持农村经济持续、稳定增长的经济体制，是当前理论工作者中的一个十分重要的新课题。

5日 成都军区原司令员梁兴初因病在北京逝世。党和国家领导人邓小平、李先念、陈云、彭真等，江西省委、省政府及吉安县委、县政府敬献了花圈。梁兴初是江西吉安人，1912年生，1930年4月参加中国工农红军，1930年11月加入中国共产党。红军时期，历任班长、排长、连长、连政治委员、营长、团长等职，9次负伤，为人民革命事业立下了战功；抗日战争时期，历任营长、团长、支队长、旅长、军分区司令员等职，率领部队浴血奋战于晋、冀、苏、鲁等省的广大地区；解放战争中，历任师长、纵队司令员、军长等职，率领部队由山东打到东北，从东北打到广西，多次受到嘉奖，罗荣桓曾赞誉他为"虎将"；抗美援朝战争中，历任军长、兵团代司令员等职，参加了一、二、三、四次战役，荣获朝鲜民主主义人民共和国一级国旗勋章、二级国旗勋章、一级独立自由勋章；1954年以后，历任海南军区司令员、广州军区副司令员、成都军区司令员等职，为加强边海防建设、部队建设作出了贡献。

5日 世界银行专家沃尔什夫妇到红星垦殖场对有关项目进行评估。

5日 省政府办公厅批复司法厅：经省政府研究，同意成立江西省劳改警察学校，属中专、县级建制，归司法厅领导。

5日 江西日报社骑自行车赴老区采访的赵抗援、朱雪志、罗民、杨光4位记者即日起程，一路往南，经广昌、石城、瑞金、宁都、兴国、万安、遂川、井冈山返回，行程1400多公里；一路往北，经修水、铜鼓、万载、萍乡、莲花、永新、宁冈、井冈山返回，行程1800多公里，于12月14日回到编辑部。这种骑自行车长途采访的做法，在江西是第一次。

5日 以地、市为单位组织的以侦破重、特大盗窃案件为主要内容的战役会战开始，截至当日，半个月内共破获各类刑事案件1662起，其中盗窃案件 1303 起，重大盗窃案件 101 起，缴获盗窃赃款和赃物折款近 40 万元。

6 日 省地矿局九一六大队四分队在乐平县境内找到一个新的金矿点。经测试分析，品位达 4.5 克/吨至 6.2 克/吨，黄金颗粒大者达 3 毫米。

6 日 全国儿童生活用品委员会最近为新建县七里岗乳胶厂生产的"山茶花"牌气球颁发了"全国儿童生活用品新产品金鹿奖"奖状。

7 日 赣东北地质大队相继在赣东北地区发现和探明了上祝大型瓷石矿床、溪滩大型滑石矿床和李家中型膨润土、珍珠岩矿床。瓷石储量在 1000 万吨以上，相当于江西省已探明瓷石矿总储量的 2 倍至 3 倍；滑石岩储量约在 4000 万吨以上，膨润土和珍珠岩储量分别在 1000 万吨和 500 万吨以上。

7 日 清江县文化馆在观上乡清丰河畔和大桥乡南上程家村分别发现《蛤蟆舞》和《老虎舞》两种有两百多年历史的稀有民间舞蹈。《蛤蟆舞》为双人舞。扮演蛤蟆者身穿"蛤蟆衣"，形体、色彩均与蛤蟆形似神似；捕蛙人身着类似渔翁服装，腰吊篓篓，肩扛蛙钩，行当像娃娃生。《老虎舞》为三人舞。两人扮虎，虎头用樟木雕成，竹篾做成长长的虎尾，黄栀子染布做虎皮；一人扮"社公"，头戴木雕面具，身穿长袍大褂，脚穿草履。

7 日 国务院税收、财务、物价大检查工作组分赴江西省各地、市、县进行工作。省政府决定派出 6 个税收、财务、物价大检查工作组，分赴全省各地进行协助工作（8 日，省政府召开了工作组全体成员会议，国务院工作组组长侯绍炎和副省长蒋祝平出席会议并讲了话。截止本月底，据不完全统计，已查出偷税漏税 8634 万元，组织入库 6488 万元；查出财务方面违纪金额 6421 万元，入库 1632 万元；查出物价方面罚款没收金额 717 万元，入库上缴财政 660 万元，退还用户 57 万元）。

7 日 支援老区医疗卫生建设的江西省直属机关首批 10 支医疗小分队即日起陆续分赴各地。这 10 支医疗小分队是从江西医院、一附院、二附院、中医学院附属中医院、省第二人民医院、儿童医院、妇女保健院、省结核病防治所、省级公费医疗门诊部、庐山疗养院等医疗单位抽调的 315 人组建的。分别到信丰、铜鼓、弋阳、遂川、修水、于都、瑞金、永丰、高安、都昌县的老区特困乡卫生院，与当地医务人员一起工作。

7 日 省垦管局制定《江西省垦殖场总场场长负责制验收标准》和《江西省农垦系统工厂厂长负责制验收标准》。

7 日 来自省内外 21 个单位的 30 多名专家、教授、工程技术人员和有关方面负责人，在吉安县城举行为期 4 天的吉州窑"木叶天目"盏制备工艺技术鉴定会。我国学术界著名考古专家和陶瓷专家傅振伦、冯先铭、游恩溥、郭演义等分别寄来了书面评审意见。专家们一致认为：这次仿制产品的形、色、声、质均和失传了 700 多年的古代吉州窑"木叶天目"制品相似。1984 年 5 月，国家轻工部确定"吉州窑'木叶天目'盏制品工艺技术"为古陶瓷研究的重要项目之一。完成这一课题，这在我国陶瓷史上是一个新突破，为进一步恢复和开拓吉州窑"木叶天目"制品的生产打下了良好基础，对提高我国天目制品在国际上的声誉和古陶瓷研究都有重要意义；对利用当地原料生产仿古瓷换取外汇，有重要的经济价值。

7 日 省委宣传部、省邮电管理局在南昌市联合召开为期 4 天的报刊发行工作会议。全省各地、市、县委宣传部及部分区委宣传部的领导，各地、市、县邮电局长，中央和上海、广州、福建、河北、深圳等省、市及全省报刊社代表共 300 多人参加了会议。会议要求：依靠党委领导，突出发行重点，深入宣传收订，力争明年全省报刊发行量，特别是党报党刊的发行份数有一个新的增长。

7 日 全国首届小儿麻醉学术会议在南昌举行。与会代表交流座谈了学术成果并发出了迅速改变我国麻醉落后状况的呼吁。会议于 11 日结束。

8 日 国家科学进步奖评委会授予国营五七二七厂研究所副所长徐宗强等研制的"122 毫米火箭布雷弹玻璃钢包装筒武器系统产品"获

1984 年度国防专用国家级科学进步一等奖。

8 日 省审计局、省财政厅与中国人民银行和各专业银行江西省分行联合发布《关于对被审计上缴违纪款项和进行经济制裁的联合通知》。

8 日 在杭州市举行的为期 10 天的全国航海模型比赛中,南昌运动员支海峰在 F3 – Ⅴ 无线电遥控挠标竞速艇比赛中,以 29 秒 6 的好成绩,打破了瑞典运动员 M. 卡尔逊在旧扎戈拉创造的 29 秒 8 的纪录,获全国第二名。

9 日 在郑州举行的全国青年运动会上,江西省体操代表队在男子团体决赛中,以总分 527.05 分的成绩获得铜牌;举重运动员汤春荣和包红星分别以 252.5 公斤的总成绩和 275 公斤的总成绩,获男子乙组 67.5 公斤级第 4 名和男子甲组 67.5 公斤级亚军;闵春凤以 54.22 米的成绩夺得女子甲组铁饼金牌;链球运动员毕忠以 52.88 米的成绩获得该项目的第三名;王卫东、获 1500 米银牌;射击运动员王尚荣以 593 环的成绩,获男子小口径自选步枪 60 发卧射第三名;张开颜、陈明革获男、女双项飞碟第五名;体操小将林怀山获得双杠第三名,彭伟坤获自由体操第四名。江西省代表团在这次比赛中先后取得金牌 5 块、银牌 7 块、铜牌 11 块、27 个第四名至第八名,获金牌数居第 17 位。代表团和 4 个运动队、20 多名运动员获精神文明奖。

9 日 英国牛津大学斯维廷博士来庐山等地考察第四纪冰川地质并进行为期一周的学术交流。

9 日 原定 1987 年下半年建成投产的景德镇焦化煤气厂已具规模。目前,2400 万元的设备已全部运抵施工现场。该厂是江西省一项重点工程,1983 年下半年动工。至本月,主体项目炼焦炉筑炉工程将完成;7 台煤气发生炉已安装就位;与皖赣线接轨的专用线,外线已交工,内线正在铺设;11 公里的输气管道已通到了市区。

9 日 经中国黄金总公司批准,在修水县古市沙金矿区由国家投资建造一条 50 立升采金船及配套工程,由冶金部黑河采金船设计院设计、制造、安装。这条采金船有 3 层楼房高,年采剥量 28 万立方米,年产黄金 1500 两,是当前江西省第一条采金船。

10 日 省进出口公司在进口尿素的过程中,坚决维护国家利益,减少了外汇支出。去年江西省委托香港华润石化有限公司进口 1 万吨尿素。最近,省进出口公司发现几处与合同不符,拒付了 190 万美元的贷款。并进一步取得了外商违约的确凿材料,最终为国家节约 18 万美元。

10 日 省教育厅发出通知,对未按规定举办的成人高等、中等专业学校(班)不予承认学历。重申规定:举办成人高等、中等专业学校必须由省教育厅审核,省政府批准,国家教育委员会审定备案(或备查);凡批准立案的学校,其招生计划由计划部门统一下达。考生质量差,不能完成计划的学校可减少招生或停止执行招生计划。未按规定举办的成人高等、中等专业学校,不准刊登、张贴、播放广告;学费不准报销,颁发的毕业证书一律无效。

10 日 司法部同意成立江西省涉外经济律师事务所。

10 日 在长沙市召开的为期 4 天的全国柑橘特早熟罐藏品种鲜果鉴评会上,江西省寻乌县园艺场和江西省果树所共同选育培植的"石子头一号"、"石子头二号"优良单株分获第一名、第二名。

10 日 省委召开党的全国代表会议精神传达报告会。省地市 2400 多名负责干部出席报告会。这次会议的主题是:团结奋斗,再展宏图。中共中央委员、省委书记万绍芬在传达报告中强调:全省各级党组织和各级领导干部,要以严肃认真的态度和高度的政治责任感,做到认真学习,深刻领会,提高认识,统一思想,抓住重点,联系实际,解决问题,务求实效,促进改革和经济的发展,促进各级领导班子的思想作风建设,促进党风和社会风气的进一步好转,更好地完成十二大提出的任务,推进社会主义物质文明和精神文明建设。12 日,再次召开传达报告会,向退居二、三线副处(局)级以上干部、省直机关和部分老干部和工矿企业、大专院校知识分子进行传达。

10日 《江西植物志》植物资源考察队在江西资溪县马头山林场龙井坑发现古老的裸子植物"长叶粗榧"。

10日 省军区政治部指示，要求各单位加强思想政治工作，保证精简整编顺利进行。省军区政治部指示提出6条要求：（一）进一步抓好思想教育；（二）认真做好深入细致的思想政治工作；（三）努力做好县、市、区人武部划归地方建制的准备工作；（四）在精简整编中，将有一批干部陆续来我区交流工作；（五）严格执行政策纪律，任何单位不准借改革、精简之机，突击对干部提职提升，任何个人不得利用职权，抢先调动安排自己的子女、亲友，必须加强武器弹药、钱物和文件的管理，严防各种事故的发生；（六）切实加强党的领导。

10日 省委、省政府召开的全省教育工作会议在南昌举行。这次会议是动员各级党政领导和教育工作者深入学习贯彻《中共中央关于教育体制改革的决定》和全国教育会议精神，总结交流党的十一届三中全会以来江西省教育改革的经验，研究发展江西省教育事业的措施的一次盛会。出席会议的有省党政军领导人，省政协主席、副主席，各地、市、县，各高等院校和省直有关部门分管教育的负责人，中央直属机关讲师团的同志及部分中专职业技术学校、中小学的代表共450人。会议要求江西力争到本世纪末做到：九年制义务教育基本实现，职业技术教育有个大发展，高等教育的面貌得到根本改变，成人教育、幼儿教育得到迅速发展，各级各类学校教育质量显著提高。逐步形成一个适应四化建设，符合江西省情的、合理的、新型的教育体系。省教育厅厅长谢新观对省委、省政府关于贯彻《中共中央关于教育体制改革的决定》的实施意见（讨论稿）作了说明。会议于13日结束。

10日 美国路易维尔大学教育学院院长奈斯全博士夫妇访问了江西教育学院，按照两校《学术交流与合作协议书》的精神，商讨了美国路易维尔大学教育学院向江西教育学院提供讲学人员、江西教育学院向路易维尔大学派送研究生，双方交换图书与电教资料等事项并达成了协议。访问活动于19日结束。

11日 南昌至上海站间原277/278次直通旅客快车改为85/86次特别旅客快车。该特快列车上下行共压缩停车站次14个，单程运行时间分别比原缩短1小时53分和2小时53分。

11日 国务委员、国家计委主任宋平在江西德兴铜矿和贵溪冶炼厂、南昌柴油机厂视察。14日，视察万安水电站工地（18日视察新余钢铁厂）。

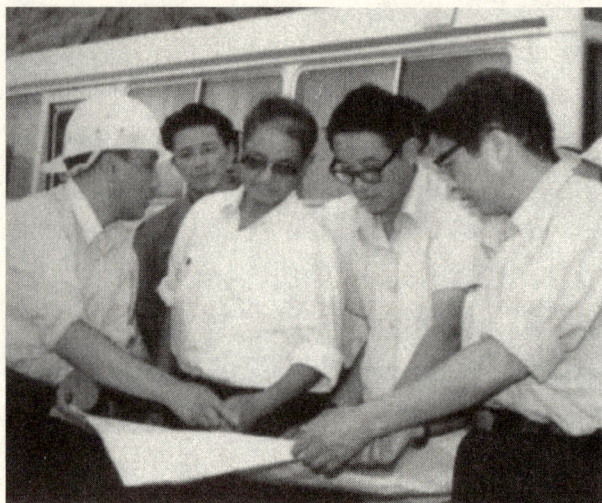

国务委员宋平视察江西铜业公司

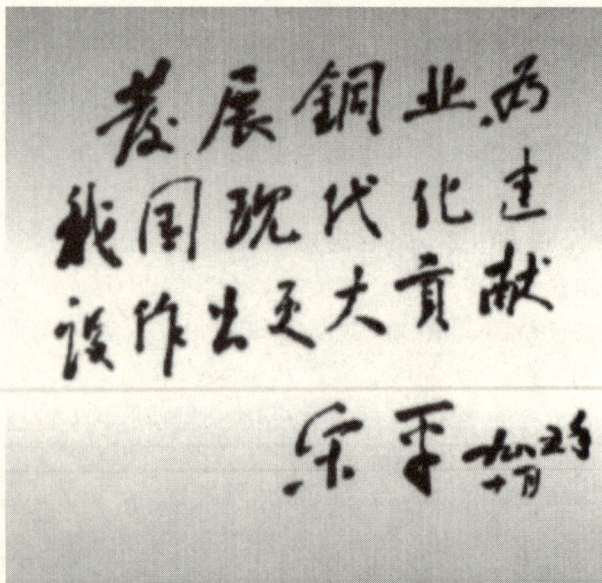

发展铜业西
我国现代化建
设作出更大贡献
宋平

国务委员宋平视察江西铜业公司时的题词

12日 省、市1100多名少先队员欢聚省委礼堂，庆祝中国少年先锋队成立36周年。会上，省、市有关部门负责人向全省少先队员表示节日祝贺，勉励他们立志改革，立志创造，做富有开拓精神的革命事业接班人。会上宣布了荣获全国"万名创造杯"活动获奖名单，并颁发了奖品。南昌市豫章路小学"五二"中队开展的"寻找英雄城的早晨"活动获最佳奖，江西省其他75个中、小学少先队组织的活动获"万名创造杯奖"。

12日 全国首届血细胞学术交流会在南昌举行。参加会议的有来自全国26个省、市、自治区和部队医疗单位的230多位专家、教授。

12日 省工资制度改革领导小组召开会议，部署全省企业工资改革工作，要求：各级党政领导、各级工改领导小组和有关部门，要把企业工资改革列入重要议事日程，加强领导，精心组织，抽调得力干部，充实企业工资改革力量；要按照国家的要求和各项有关规定，具体部署，抓紧落实，在搞好机关、事业单位工资改革的同时，搞好企业工资改革，力求同步发展。

13日 省委统战部召开了江西省各民主党派、工商联和台联对台工作经验交流会。会议肯定了各民主党派通过与"三胞"的联络工作和经济合作，为促进台湾回归祖国，实现祖国和平统一作出了积极贡献。据统计，到当前为止，已引进资金折合人民币约4616万元，引进专项设备11项，合资办企业四个，创外汇580万元，签订了贷款6000万美元的意向书。会议要求：今后要更好地加强各民主党派、工商联、台联同台胞、港澳同胞、国外侨胞的联络和经济合作，团结一致把促进台湾回归祖国、实现祖国统一的工作推向新阶段。交流会于16日结束。

13日 由中国作家协会江西分会主编，江西人民出版社出版的《谷雨文学创作丛书》最近陆续与广大读者见面。

13日 在省委的关怀和各有关部门的支持下，停办了19年的江西省社会主义学院重新开学，在新建县委招待所礼堂举行了复校后的首期开学典礼。江西省社会主义学院始建于1959年9月，至"文革"前夕共办了11期，先后培训了500名学员。"文革"期间学院被迫停办。这是江西省党外人士的政治学校，主要任务是培养各民主党派、工商联、无党派人士和各级政协委员，帮助他们提高政治素质和业务水平。省委常委、省委组织部长卢秀珍代表省委对省社会主义学院开学表示祝贺并指出：江西省社会主义学院重新开学，是新时期江西省统一战线发展、贯彻落实党的统战路线、方针、政策取得的一项新成就。

13日 原中共江西省委常委、副省长、省政协副主席黄霖在北京病逝，终年81岁。党和国家领导人胡耀邦、彭真等，中共中央办公厅、中组部、江西省和四川新都县的党政领导机关等敬献了花圈。黄霖是四川省新都县人。1926年底投奔北伐军，1927年到贺龙部队任第二十军特务营第一连连长并加入了中国共产党，参加了"八一"南昌起义。1928年后，曾任中共新都城区区委书记。1930年至1933年，在上海从事党的地下工作，曾多次被捕，1937年8月出狱，同年10月到延安，任中共中央机关总务处处长、马列主义学院研究室支部书记、鲁迅艺术学院院务处处长、中央管理局副局长等职务。1945年10月，任中共长春市东荣区区委书记、桦南工委书记、游击大队政委、桦甸县委书记、省委副秘书长等职。1949年5月，被派到江西工作，任南昌市委书记和南昌市警备司令部政委。1952年12月以后，任江西省委党校校长兼党委书记、省委常委、副省长、省政协副主席等职。

13日 由江西通用设备厂设计、施工的全省最大的站台棚式粮库在东乡县开工至11月7日建成。该粮库是由商业部和江西省财政拨款350万元兴建的，附有九个永久性粮库和一条铁路直干线；该粮库系钢筋结构，仓棚采用阻燃玻璃瓦盖顶；面积达5100平方米，可仓容稻谷量750万斤。仓库既可储蓄，又可中转，每年可向上海、福建、广东中转粮食600万斤。

14日 我国和外国的卫星照片及地质资料表明：面积为1.2万平方公里的鄱阳湖盆地是石油蕴藏区。鄱阳湖盆地是江西18个沉积盆地中最大的一个，兼有古生代海相地层和中生代陆相地层的两套含油层位。当前，一些国家的石油公司对在鄱阳湖地区勘探石油极感兴趣并作了实地考察。江西省已将有关鄱阳湖盆地的石油资料整理完毕，在国家统一组织下，随时准备以有偿方式提供给愿意合作的外商。有关合作勘探项目正在洽谈之中。

14日 经省经委同意，恢复江西维尼纶厂建制，同时取消江西化纤机修厂厂名。

江西维尼纶厂有机车间

15日 南昌铁路分局承担进京、进沪的旅客快车145/148、85/86次列车，经铁道部进行为期3天的车辆质量鉴定，被评为一等列车。

15日 第四次全国食品污染物最大允许限量科研会在九江县召开。科研会于18日结束。

15日 由化工部上海化工研究院和核工业部七二〇厂、七一三矿共同研制的GSD$_3$-25型大型连续水平真空带式过滤机近日在核工业部七一三矿通过鉴定。

16日 为纪念中国工农红军长征胜利50周年，省顾委、省委党史资料征集委员会、省委老干部局、省民政厅、江西人民广播电台自8月4日起联合主办的《红军之路》采访、宣传活动专题广播招待会举行。会议宣布《红军之路》于19日中央主力红军从江西出发长征纪念日在江西人民广播电台开播。与会者欣赏了王震、康克清、杨成武等中央领导人和老红军纪念长征的38幅题词和诗画。省委领导到会并在讲话中强调：《红军之路》采访、宣传活动很有意义，对于江西省党员干部和广大人民贯彻落实全国党代会精神，开展共产主义理想教育和革命传统教育是一个有力的推动。

16日 日本大阪市民间团体"椿会"赠给南昌市民一座高10.05米的太阳能电池钟，在人民公园北门假山正式落成并举行了揭幕仪式。应邀来昌旅游、参观的"椿会"代表团一行81人及省、市各界群众代表数百人参加了揭幕仪式。通过这次活动，增进了南昌和大阪两市人民之间的友谊。

16日 省委组织部、省委宣传部在奉新县召开为期4天的全省创办乡镇党校经验交流会。参加会议的有各（地）市委组织部组织科长、宣传部党员教育科长，部分乡镇党校办得较好的县的县委宣传部长和乡镇党校校长共60多人。会议强调：创办乡镇党校是历史发展需要，是党员教育工作深入开展的必要条件。会议就如何进一步办好乡镇党校以及今后一年内如何做好党员教育工作提出了具体意见。到日前为止，全省共办乡镇党校104所，其中宜春地区有42所。

16日 省政府与美国肯塔基州政府代表团，在江西宾馆正式签署了《中华人民共和国江西省和美利坚合众国肯塔基州关于建立友好省州关系的议定书》，省政府领导和州长玛莎·莱恩·柯灵斯分别代表各自省、州政府在议定书上签了字。双方同意通过互换教授、学者和留学生及举办展览会等形式，开展文化教育、卫生体育、科

江西省省长和柯灵斯州长分别在《中华人民共和国江西省和美利坚合众国肯塔基州关于建立友好省州关系的议定书》和有关协议书上签字

学技术等领域的交流与合作；鼓励和促进江西省与肯塔基州之间的贸易交往；肯塔基州政府鼓励肯塔基州的工商集团以最新技术帮助江西开发资源，发展经济，鼓励其对条件许可的项目进行投资。江西省与肯塔基州签订了《教育合作协议书》、《经济、文化、艺术和工艺协议书》，双方同意江西大学与肯塔基州大学结成友好学校，互换学者和进修人员，互派留学生；江西省与肯塔基州互派文艺演出团体、体育团组和艺术表演团，双方工艺美术品互相在对方长期展出，双方积极创造条件，在对方博物馆陈列历史展览品，江西以展销形式参加 1986 年 8 月肯塔基州博览会。以玛莎·莱恩·柯灵斯州长为首的美国肯塔基州政府代表团一行 7 人 15 日抵达南昌，在南昌期间，参观了"八一"起义纪念馆。

美国肯塔基州州长玛莎·莱恩·柯灵斯参观江西工艺美术馆

17 日 华东地区电视协作会首次举行的电视新闻评比揭晓。江西电视台获得 2 个一等奖、2 个二等奖和 6 个三等奖。

17 日 省税务局转发国务院颁发的《国营企业工资调节税暂行规定》、《国营企业奖金税暂行规定》，从今年起实施。

17 日 省人民政府颁布《关于优待义务兵的暂行规定》。

17 日 省经济技术协作办公室消息：1985年以来，江西已同 20 多国家和地区开展对外经济技术合作与交流。已确立同港澳和外国客商开展经济技术合作项目达 127 项，从港澳地区引进的资金达 1.67 亿美元，占江西省引进外资的20% 左右，80% 的外资是从美国和西欧、东南亚

各国引进的。今年开展经济技术合作的一大特点是：大多数属于知识密集性和技术密集性及基础设施建设方面。其中电子工业 17 项、轻工 39项、食品工业 14 项、机械行业 11 项、建材工业14 项、能源交通 9 项。在大规模集成电路块、光导纤维、电子计算机、高压电池、轻型汽车、高级纸张、电视卫星直播接收机、电子元器件、高级家具等方面填补江西省的空白。

17 日 省农垦系统科学技术协会召开为期三天的首届会员代表大会，会上选举产生第一届理事会，通过协会章程。

18 日 共青垦殖场建场 30 周年回忆联欢活动在共青城举行。参加这次活动的有团中央、上海市人大及各路英模、先进人物代表和慰问团，中央和各地十多家新闻单位 100 多名记者。当日，是上海第一批青年志愿垦荒队员抵达德安县米粮铺的纪念日。这次活动的主题是：理想奋斗、建功立业。活动内容包括：垦殖场党委作回顾报告、参观场史展览、全国各路英模报告和座谈、为纪念碑奠基、植纪念树、游园和文艺联欢等。中共中央总书记胡耀邦给共青垦殖场新老建设者写了信。省委书记万绍芬在《发扬"共青"精神，为祖国富强人民富裕再展宏图》的讲话中指出，"共青"精神就是坚忍不拔、艰苦创业的垦荒精神，是垦殖场新老建设者 30 年艰苦奋斗的结晶。在共青垦殖场建场 30 周年回忆联欢活动英模报告会上，作报告的有：来自"老山"前线某部"英雄硬骨头六连"副连长、二等功臣杨

共青城人的精神吸引了张海迪

伟兵，某部一排排长、一等功臣丁祥辉，"塑造美的心灵"的"工程师"、北京师范学院副教授李燕杰，被誉为80年代的"活雷锋"的武汉空军后勤部副部长朱伯儒和张海迪。联谊活动于20日结束。

18日 农牧渔业部在九江召开为期六天的全国乡村农机化社会服务工作会议，研究如何为农牧渔业生产服务，促进农村商品经济发展等问题。农牧渔业部副部长肖鹏到会讲话。

19日 为纪念中国工农红军长征胜利到达陕北50周年，江西人民广播电台《红军之路》节目开播。省委书记万绍芬作题为《开发我们的精神宝库》的开播讲话。从8月开始，该台派出50多名记者到省内外采访一批老干部，写出专稿70多篇，录制老干部回忆革命斗争讲话70多盘录音带，征集题词、书画50多幅。

19日 江西省参加"中国青年访日友好之船"代表离开南昌，前往天津港登船赴日本。七名代表分别由来自工交、农业、教育、科技等战线的先进模范人物和团干组成。"中国青年访日友好之船"是应日本各界青年团体的邀请，由中华全国青年联合会组织的。全国各条战线、各个民族的500名青年代表参加了这一活动。它是中日青年友好关系史上我国派出的一个最大的出访团，是中日两国青年为维护亚太地区和世界和平的一次实际行动。

20日 省劳动教养管理委员会进行调整，蒋祝平任委员会主任，边鹏越任副主任。

20日 经中国人民银行总行、中国农业银行总行批准，江西省农业银行从本月下旬起在江西省农村发行金融债券4000万元。以特种贷款的形式发放给乡镇企业。该券只限江西省农村地区的个人购买，面额分别为20元、50元和100元3种，年息9%，比个人同期限普通存款利率高25%。金融债券期限为1年，到期一次还本息，不可提前兑现，不得流通、转让或抵押。特种贷款期限最长为1年。经省政府批准确认的重点贫困老区，按最低年利率12%计收利息，给予优惠，不向上浮动。特种贷款用于解决当前部分乡镇企业急需资金问题，保证效益好的收尾在建项目迅速竣工投产。

21日 经有关专家鉴定，西藏萨迦寺收藏的一个青花五彩瓷碗，最近被认定是明宣德年间（1426~1435）江西景德镇御窑的产品，这是我国首次发现明宣德御窑青花五彩瓷碗。这个瓷碗釉色青白，主题纹饰为莲池鸳鸯，用红、绿、黄、褐等釉上彩和釉下青花——"苏麻离青"绘制而成，鸳鸯纹采用了斗彩工艺。碗口沿内外壁上有用青花书写的梵文。碗底署"大明宣德年制"六字。

21日 省妇联创办的《妇女之声报》试刊第一期出版发行，帅孟奇为报纸题词：希望《妇女之声报》成为妇女的良师益友，该报于明年元旦正式创刊。康克清给江西省妇联和《妇女之声报》发表贺信。

21日 江西人民出版社出版了由李则琴、刘国治主编的《民间表演灯彩选集》，这是我国第一次汇编出版有关灯彩的专集。

21日 文化部正式批准授予江西省话剧团化妆师艾仁如的"开闭式头套"、"化妆塑型膏"两项科研成果，荣获全国文化科技四等奖。

21日 省人大常委会赴劳改劳教单位视察组先后到劳改局及所属13个省直劳改劳教单位进行视察。视察活动于26日结束。

22日 朱伯儒、张海迪应邀向省、市5000余名群众作报告。下午，张海迪来到南昌市少年宫并题词："愿我们的少年宫为祖国培养更美好的艺术花朵。为祖国科学的明天，培养优秀的人才！"

22日 全国青少年科技教育计算机软件评选活动在天津揭晓。江西师大附小五年级学生万昆的《小学四则混合运算辅助教学练习》、南昌二中高二学生吴健的《遗传学三大规律辅助教学》、南昌二中高一学生倪鸿的《卤族元素教与学》、江西师大附中高二学生饶群的《相互变换的计算机流体静力学辅助教学及练习》、江西师大附中高二学生杨烈的《形态演示实验通用绘图》、江西师大附中高二学生黄贤的《中学有机物结构式与名称》、景德镇市六〇二所中学教师莫辞劳的《二次曲线及其图像研究》、宜春中学教师熊园富的《编功课表程序》获全国优胜奖。

22日　江南名楼滕王阁重建工程在南昌市破土动工。省人大常委会副主任黄贤度，副省长陈癸尊，省政协副主席吴允中、刘建华，南昌市委书记李爱荪，清华大学教授徐伯安及省市各界200多人参加了开工仪式。滕王阁作为盛唐古建筑的遗产，1000多年来迭经兴废，在风风雨雨中经历了宋、元、明、清几个封建王朝，直至民国十五年（1926）最终毁于兵燹。其间创而重修，修而又毁，毁而复建，竟达28次之多。重建的滕王阁坐落在南昌市沿江路叠山路口、抚河与赣江的交汇处。

22日　全国中等师范学校作文比赛在南京揭晓，江西省吉安师范学校师三（2）班郭春根同学获一等奖。

22日　全省检察机关打击经济犯罪经验交流会在萍乡召开。会议主题是：进一步提高认识，加强领导，把打击经济犯罪斗争开展起来，保卫改革和四化建设的顺利进行。省委政法委员会、省纪委、省人大政法委员会、省高级人民法院、省人民检察院、省司法厅、省打击经济犯罪办公室、省直有关部门、萍乡市委、市政府、市纪委的负责人，各地、市、县、区检察长、各地市打办主任等250人参加了会议。省委常委、省委政法委员会书记王昭荣在讲话中强调：要把打击经济犯罪斗争开展起来，要加强统一领导，正确处理打击经济犯罪与开放、搞活、改革的关系；正确处理打击经济罪犯与争取党风、社会风气根本好转的关系，坚持“两手”一起抓；要把打击经济犯罪作为检察机关的主要任务，各有关部门要密切配合，协同作战，加快办案进度，保证办案质量；要采取“抓系统、系统抓”的方法，突出重点查处大案要案；要落实综合治理各项措施，预防和减少犯罪；要正确掌握政策，严格依法办案。经验交流会于25日结束。

22日　全省劳改系统举办为期一周的首届劳教人员“希望杯”篮球赛。

23日　《江西日报》全文刊登了省委副书记许勤《调整农村产业结构要坚持分类指导》的文章。文章说，根据中共中央关于“七五”计划的建议，从江西的实际出发，农村产业结构调整是个复杂的系统工程，必须强调“三个区别”和“三个结合”。三个区别是对不同地域、不同产业层次、不同农户分类指导。三个结合是调整产业结构与经济体制改革、与完善合作经济组织建立服务工作体系、与改进领导作风结合起来。

23日　省委发出关于学习贯彻《胡耀邦同志致共青垦殖场新老建设者的信》的通知。要求全省各级党组织和广大党员、干部、群众必须认真学习，切实贯彻信的精神。通知强调：（一）要采取各种有效形式，结合宣传、贯彻党的全国代表会议精神，广泛深入地宣传胡耀邦的信；（二）要把胡耀邦的信作为深入进行理想、纪律教育的重要教材；（三）要学习和发扬“共青”精神，大力培养和造就更多“共青”这样的典型；（四）要通过学习、贯彻胡耀邦的信，把江西省学习、贯彻党的全国代表会议精神的热潮不断引向深入，要同“四有”教育结合起来。

23日　根据中法社会科学交流协议，法国国家科学研究中心助理研究员、语言学博士洛朗·沙加尔来赣调查赣西北方言。

23日　经省政府同意，江西省国家机关、事业单位工作人员（含离、退休人员）的洗理费，从今年7月1日起每人每月最多不超过4元。

23日　应省政府的邀请，著名经济学家、中国国土经济学研究会理事长、江西国土开发整治委员会总顾问于光远率中国国土经济学研究会考察团来江西省考察。考察团有农业经济、交通运输、地质矿产、水电、城建、劳动人事等方面的专家、学者20多人。主要考察：关于发挥江西省农业资源的优势，合理调整江西省的农业生产布局；关于广大山区特别是老革命根据地山区的开发与建设；关于鄱阳湖的治理；关于矿产资源的开发利用；关于中心城市在经济建设中的作用；关于交通运输等。于光远强调：这次考察主要是研究论证江西省国土开发整治的战略问题，可解决一二个战术问题。省委、省顾委、省政府向于光远正式颁发了聘请书，聘请于光远为江西国土开发整治委员会总顾问。考察活动于11月9日结束。

24 日 在轻工业部召开的第十八届全国旅游品内销工艺品交易会上，铅山县扇厂生产的八寸、九寸、十寸彩色绢扇，日前获全国优秀产品奖。

江西生产的优秀产品——绢扇

24 日 赣州铝厂新熔铸车间开工建设（1988 年 12 月基本建成）。

24 日 湘、鄂、赣边区第十届运动会在湖南省结束。武宁县女队获象棋团体冠军，武宁县被评为本届运动会精神文明队。

24 日 省政府通知规定：今年粮食丰收的地区，要在不购过头粮的前提下，力争多购一些粮食。通知要求各地抓紧做好秋季粮油收购，确保国家必需掌握的粮油资源，满足农民交售要求，促进商品生产，稳定市场，巩固发展大好形势。强调，凡是国家收购的粮油，合同订购的和合同外收购的，其所需资金银行都要列入专项贷款指标予以保证。

联合收割机正在大田收割粮食

24 日 省政府批准成立抚州、新余两所职业大学。

24 日 民革省委邀请有关方面人士和民革党员 50 余人举行座谈会，纪念台湾光复 40 周年。

24 日 昌河机械厂用冷滚弯工艺近日试制成功微型汽车司机门边条型材。

24 日 由景德镇艺术瓷厂设计绘制的三件陶瓷作品：薄胎《孔雀芍药图》佛手瓶、20 厘米薄胎《古典山水》八角碗和《凤穿牡》莲子型玲珑皮灯，将参加民主德国明年莱比锡春季国际博览会。

25 日 全省各民主党派、工商联联合在中山堂召开大会，传达全国各民主党派、工商联为四化服务先进表彰大会精神。省、市各民主党派、工商联成员 1000 多人参加了大会。据统计，自 1979 年至 1984 年底，全省各民主党派、工商共成立各种咨询服务机构 50 个，完成经济、科技、医务等多种咨询项目 270 多项。各民主党派所办学校招收的学生累计达 9.34 万多人，开设各种短期培训班 333 个，培训 12200 多名学员。协助各地引进资金 4616 万元，引进专项设备 11 项，合资办企业 4 个，创外汇 580 万元。

25 日 洪都大道北段混凝土路面工程全面竣工，洪都大道全线通车。南昌市最大的一座立交桥——第二交通路立交桥工程同时开工。洪都大道是南昌市南北主要干道，全长 8.5 公里。二交路口至四交路口 5 公里长的南段水泥路面于 2 月初通车。四交路口至青山路口 3.5 公里长的北段，水泥路面 8 月中旬至 10 月末完工。建筑二交路立交桥被列入"南昌城市建设总体规划"重点工程（该桥 1986 年 10 月竣工）。

25 日 全国粮食安全运输经验交流会在景德镇市召开。经验交流会于 30 日结束。

25 日 农牧渔业部召开的为期一周的全国农业结构调整及农业区划经验交流会在南昌县举行。出席会议的有 29 个省、市、区农牧渔业厅（局）长及有关人员 120 多人。会议由农牧渔业部副部长朱荣主持。这次会议是为全国农业工作舆论和准备的一次会议。会议研究了农业结构调整中的新情况、新问题，提出了实现"七五"农业规划的政策和措施。

26日 省委邀请各民主党派、工商联负责人、无党派民主人士和各界知名人士举行座谈会，提前通报省委在28日召开的省委八届二次全委扩大会议的主要议题及内容。这次座谈会是10月省委正式健全同党外人士举行定期座谈会制度后举行的首次情况通报会。会议通报了即将召开的省委八届二次全委扩大会议的主要内容，结合全省实际要求着重研究两个问题：一是对江西省"七五"规划的初步设想进行讨论和研究；二是对如何加强社会主义精神文明建设，切实整顿党风，加强各级领导班子的思想和作风建设，加强思想政治工作等问题进行讨论和研究，并就某些问题作出相应的决定。省政协、省人大、省民革、民盟、民建、九三学社、民进筹委会、省工商联、省参事室、省文史研究馆、省台联、省侨联、宗教团体负责人和全省各界知名人士近百人参加了会议。

26日 省职称工作领导小组成立，副省长陈癸尊任组长。成员单位为省科委、省劳动人事厅、省委组织部、省委宣传部、省国防工办、省经委、省农牧渔业厅、省财政厅、省教育厅、省卫生厅、省文化厅、省体委、省科学院、省社会科学院。

26日 国家经委主任吕东视察胜利器材厂（四三二一厂）（30日，视察了南昌柴油机厂、江西棉纺印染厂和江西化纤厂）。

26日 省垦管局在八一垦殖场召开省属垦殖场场（厂）长负责制试点经验交流会。

27日 省政府近期发出通知：决定撤销两个省级领导小组，同时对34个省级领导小组、委员会领导成员作了调整。经省政府研究，决定撤销省城市雕塑规划小组和省地方病防治领导小组。同时对省政府护林防火总指挥部等34个领导小组、委员会领导作了调整。

28日 省政府作出《关于振兴江西省中医事业的决定》。

28日 南昌市朝阳住宅小区开工。全区由46幢住宅楼组成，建筑面积约10万平方米（次年交付使用）。

28日 南昌陆军学校1500多名师生员工集会，庆祝建校30周年。解放军总参谋部、南京军区、省委、南昌市委领导人及一大批老校友参加了大会。陆校副政委林雄在会上回顾了学校所走过的路程：南昌陆军学校是在原中南区文化学校基础上建立起来的。30年来，学校由一个以短期轮训培训为主的文化学校发展成为一个以本科大专为主的陆军指挥学校。

28日 省劳动人事厅下发《关于支援老区建设的意见》，积极动员和鼓励干部、工人到老区工作，支持老区建设。

28日 省委八届二次全委（扩大）会议举行。会议传达贯彻党的全国代表会议和十二届四中全会、五中全会精神及国务院召开的各省、市、自治区负责人座谈会精神，讨论江西"七五"计划的初步设想和明年经济计划的安排，研究加强精神文明建设问题。会议通过了《关于进一步端正党风的决定》。《决定》如下：（一）搞好全省的党风建设，首先要从省委和各级党委做起。全党重视，领导做表率，是端正党风的关键。（二）全省各级党组织都要按照党的全国代表会议精神，从思想认识、组织纪律、财经制度、领导作风等方面，对党风情况进行一次严肃认真的检查，当前尤其是坚决制止和纠正群众反映比较大的几种不正之风。1. 严肃党政机关和党政干部经商、办企业，严禁领导干部的子女、配偶违纪经商。2. 严禁动用公款送礼和利用职权受礼。3. 严禁动用公款违反规定大吃大喝。4. 严禁摆阔气，讲排场，违反规定购买和使用小汽车，特别是进口高级小轿车。5. 严禁党员干部违纪建房分房。6. 严禁弄虚作假，以假谋私。（三）切实做到执法必严，违纪必究。（四）把党风建设作为领导班子建设的重要内容。（五）要抓住根本，进行综合治理。中央委员、省委书记万绍芬作《关于党的全国代表会议精神的传达报告》。报告分3部分：（一）全国党代会和中央全会的主要情况；（二）全国党代会的主要精神；

（三）学习、贯彻全国党代会精神的意见。省委副书记、省领导作了关于国务院召开的省、市、自治区负责人座谈会精神的传达和关于制定江西省"七五"计划初步设想的说明。指出要在四个重大问题上统一思想认识：（一）速度问题。（二）投资规模问题。（三）市场和物价问题。（四）勤俭节约问题。并强调在"七五"期间要着重抓好以下几个问题：（一）继续抓紧农村产业结构的调整。（二）加强能源交通建设。（三）大力发展科学、教育事业。（四）切实有效地提高企业素质。（五）加快老区建设，迅速改变老区的落后面貌。（六）更大胆地对外开放。（七）妥善安排固定资产投资规模。会议结束时，省委书记万绍芬就"七五"计划问题、端正党风、加强当前思想政治工作和今冬明春的工作作了讲话。强调，要继续重视抓好农业，不放松粮食生产，积极发展多种经营，搞好一种二养三加工，调整好农业生产结构，尽快伸长"两条短腿"（乡镇企业，多种经营），全面发展江西农业。会议于11月2日结束。

29日 全国分项赛步枪射击比赛在合肥结束。江西省国际运动健将姜荣以373环的成绩夺得男子自选小口径步枪40发立射金牌，并以598环和1153环获得60发卧射和卧立跪射总成绩两项第二名。同时，由姜荣、王尚荣、刘骏组成的射击队取得男子自选小口径步枪60发卧射团体第三名。

30日 日本专修大学教授宫坂宏来赣进行学术访问，考察中国新民主主义革命时期革命根据地法制问题。

30日 《江西日报》报道，地处赣东北的婺源县是个多山的水力资源丰富地区，有可供发电的水力资源5.8万千瓦。为把水力变为电能，婺源县委、县政府从1966年开始，全面勘察规划。从1970年起，开始重点开发，采取县、乡、村、户"四个轮子"一起转，在国家支援下，多方集资，经过20多个春秋的奋进，已经建起遍布城乡的175座水电站，装机总量21035千瓦。1984年总发电量达到4600多万度，全县27个乡、镇、场全部供了电。5万农户中有4.8万户用电照明和加工农副产品，占农户总数的92.7%。

30日 萍乡钢铁厂一位工人高炉煤气中毒，南京军区派一架直升飞机送往长沙急救。

31日 省气象台研制的"天气雷达数字化组网拼图"通过鉴定，在我国首次实现了双部天气雷达数字化组网拼图。这项成果是以天气雷达数字化传输系统为基础的自动化处理资料、传输资料和自动拼图体系，具有拼图精度高、传递速度快等优点，改变了过去用电报传递、手工拼图的落后方式；对监测灾害性天气，提高短时预报准确率有较大的作用；可为防汛、水文、电力、交通运输等部门提供实时复盖江西省的数字化降水分布情况。

31日 广丰县宣传防疫科普知识在上海举行的第二届全国防疫科普宣教经验交流和表彰大会上，被评为全国防疫科普宣教工作先进集体。

31日 从去年至今，江西省在对外开放中，大力加强同兄弟省、市的横向经济联系，已同上海、江苏、浙江、安徽、湖南、湖北、广东、福建、天津7省2市建立了协作关系，与兄弟省、市的42个地、市、县和上海市的11个区结成了友好城市和协作对子，在全国12个省、市建立了各级办事处和经济窗口129个，同全国24个省、市开展了各种形式的协作交流。至本月底，和兄弟省市达成了各种协作项目1544项，其中已签合同的808项，意向协议项目736项。已签合同项目中，已投产见效的536项，正在实施、即将投产的272项，已签合同共可引进资金2.22亿余元。当前已引进资金1.117亿元。这些项目投产后，每年可新增产值7亿多元，税利1.02亿元。江西省引进了各种人才3200多人，协进协出物资总额1.36亿元。

31日 三清山最近发现全国罕见华东黄杉原始林。其分布总面积8000多亩，比较集中分布面积2400亩，蓄积量600立方米至700立方米，每亩最多的有15.226立方米。这对开展科学研究，以及提供教学、旅游参观均有重要价值。

本月 为再现江南名楼历史风貌，南昌市重建"滕王阁"委员会向全国发布公告，征集文物史料和当代文艺作品。欢迎各界人士提供历代名人学士有关"滕王阁"的诗、词、歌、赋、记、楹联、碑刻、字帖、字画等真迹和照片以及各种文物史料，邀请当代作家、艺术家为"滕王阁"的重建创作和书赠各种形式的文学艺术珍品，参加重建《滕王阁记》的征文。向美术工作者征集人物故事和壁画艺术设计，包括：《滕王歌宴图》、《王勃赴宴作序图》、《朱元璋宴请参战诸将图》、《汤显祖〈牡丹图〉演出图》、"落霞与孤鹜齐飞，秋水共长天一色"大型景色画等。

本月 经省委宣传部批准，由省文学艺术研究所主办的《影剧新作》今年下半年起向全国公开发行。公开发行后，定为双月刊。《文艺理论家》正在筹备中。《影剧新作》原为内部交流刊物，至今已出版了20期。4年来，该刊先后发表了《乡情》、《笔中情》、《刘伯承的青年时代》等十多部电影文学剧本和戏剧剧本。《文艺理论家》是建国以来江西省第一份公开发行的综合性文艺理论杂志，定为季刊。该刊以研究当代文艺问题为主，侧重艺术，贯彻提高和普及相结合、学术性和通俗性相结合的原则。中共中央顾问委员会委员、中国作家协会副主席、著名文艺理论家张光年为创刊号题写了刊名。

本月 在哥伦比亚举行的第二届世界残疾人职业能力锦标赛上，宜黄县残疾青年李德旺获收音机修理比赛银牌1枚。在这届锦标赛中，中国选手共获5枚银牌和3枚铜牌。

本月 江西省2000名民办教师转编工作进行。这次转编的重点是解决老区特困乡长期从事农村教育的优秀民办（代课）教师。转编的主要条件是：1966年底以前任教，1984年底以前经考核合格，取得民办教师任用证，教龄在15年以上（个别老区特困乡可适当放宽）；年龄一般在45周岁以下（教龄在20年以上的，可放宽到50周岁）；享受国家拨给的民办教师补助费的在册教师；被评为县以上优秀教师、优秀班主任、优秀辅导员和具有中师（含函授）以上毕业证的，优先考虑。此项工作至12月结束。

本月 铅山县下渠小学教师许筱涛在参加中国教育工会和《教师报》编辑部举办的全国教师智力大竞赛中荣获二等奖。

本月 江西省军队离退休干部安置办公室设立。

本月 北京气象学院江西函授站在省气象局成立（1986年10月函授站移至南昌气象学校）。

本月 花鼓山煤矿在江西渝水区南安乡建立林场，面积1万余亩。

本月 日本林业考察团到萍乡矿务局林场考察。

本月 乐平矿务局沿沟矸石砖厂在全国煤矿煤矸砖质量与效益大检查中获得全优，被评为江南九省第一名。

本月 全国总工会、国家体委授予丰城矿务局坪湖矿"全国职工体育工作先进单位"称号。

本月 有色金属总公司企业管理协会在盘古山钨矿召开全国有色金属企业现代化管理经验交流会。

本月 南昌无线电仪器厂采用微机技术，研制开发的CZK–68/16B型和CZKV–10380型电脑补偿控制器，在水电部农业司于江西赣州召开的全国农用无功补偿技术座谈评比会上，获得电脑型全国第一名，并列为全国重点推广的产品，被评为科技进步二等奖江西省科技进步三等奖。

本月 南昌市对市内各演出单位、演出场所普遍核发全国统一的《营业演出许可证》。

本月 "六五"国家科技攻关项目的分支串流浮选工艺在德兴铜矿厂推广应用通过鉴定。

本月 省教委批准江西大学语言研究所成立。

本月 中国科学院动物研究所南方考察队赴八一垦殖场林区考察野生动物。

本月 上饶水动力机械厂和天津电器传动研究所合作研制成CJJ–I型冲击式调速机通过部级鉴定，适用于500千瓦以下各种单喷嘴冲击式水轮机的调节机构。

本月 经省政府同意，成立中国统计干部电视函授学院江西分院，归省统计局领导，凌振垣任分院院长。

本月 省外文书店在省展览馆举办外国电子科技图书及电子计算机软件展览。

本月　省科委为进一步落实省委八届二次全委（扩大）会议提出的要求，从科学技术上扶植老区建设，加快老区建设步伐，决定从七个方面加强老区技术开发。这7个方面内容是：（一）为老区选择一批经济效益见效较快的技术开发项目；（二）进一步建立和完善老区科技市场；（三）组织科研院所和高等学校支援老区建设；（四）为老区培训科技管理干部；（五）大力向老区输送科技人才；（六）省科委选择一个老区县定点挂钩联系；（七）省科委在各项科技活动中把优先安排老区脱贫致富作为一个重要内容。

1985

11月
November

公元 1985 年 11 月							农历乙丑年【牛】					
日	一	二	三	四	五	六	日	一	二	三	四	五	六
					1 十九	**2** 二十	**3** 廿一	**4** 廿二	**5** 廿三	**6** 廿四	**7** 立冬	**8** 廿六	**9** 廿七
10 廿八	**11** 廿九	**12** 十月大	**13** 初二	**14** 初三	**15** 初四	**16** 初五	**17** 初六	**18** 初七	**19** 初八	**20** 初九	**21** 初十	**22** 小雪	**23** 十二
24 十三	**25** 十四	**26** 十五	**27** 十六	**28** 十七	**29** 十八	**30** 十九							

1日　景德镇、鹰潭、新余、萍乡市人武部分别改为军分区。

1日　全国第十六次药材交易会在清江县樟树镇开幕。来自全国 28 个省、市、自治区的近万名代表参加了交易、洽谈业务。党的十一届三中全会以来，樟树镇药业迅速发展，全镇大小药店发展到 60 家，长年经营的药材达 1300 多种。

樟树药材交易大会现场

近几年来，清江县委、县政府先后筹资修建了面积为 1.5 万多平方米的交易场地，为开好药材交易会，县政府投资 20 万元，新辟了占地面积为 6500 多平方米的第二交易场。到当日中午止，交易额已达近 4 亿元。

1日　玉山县怀玉山垦殖场探明一座储量在 100 万吨以上的大型石英矿，经有关部门鉴定，该矿二氧化硅、二氧化钛含量均达到工业指标。当前已开始开采。

1日　由省农科院培育的高产优质晚稻新品种 R3010、R4015 被选送到全国优质农产品和品种展览会上参展。

1日　省青年女子排球队在广西南宁举行的为期 11 天的全国青年排球联赛第二阶段比赛中取得八战全胜的好成绩，从而登上本届女排联赛的冠军宝座。

1日　南昌—鄱阳湖候鸟区观光一日游，南昌—石钟山观光二日游二条航线自本月开通。

2日　应省委邀请，北京师范学

院德育副教授李燕杰，再次来赣进行为期5天的演讲，受到省、市数千听众的热烈欢迎。当日，为出席中共江西省委八届二次全委（扩大）会议的与会者作了演讲（4日，赴江西大学作题为《中华儿女为迎接祖国第三次腾飞而拼搏》的报告，讲述了我国留学生们忠贞祖国，愤发攻读的感人事迹；5日，与南昌市少年儿童举行了"热爱祖国，振兴江西"座谈联欢，并来到南昌市少年宫写下了"儿童是我师，我是儿童友。向南昌市的少年儿童学习！"的题词；6日，在省风雨球场为5000名听众再次演讲，下午离南昌返回京）。

2日 集体经济和个体经济的发展，使全省城镇待业青年安置就业进度相应加快。今年一至三季度，全省共安置城镇待业青年11.4万多人，占全年安置任务的81.5%，比去年同期多13.29%。省各级领导和有关部门明确规定：集体经济和个体经济中的就业人员，参加招工、招干考试享受优待分，录取后计算连续工龄。据统计，目前全省在集体经济和个体经济中就业的人数，占安置总人数的70.9%。

3日 南昌市人大常委会第八届第十七次会议决定：樟树为市树，月季和金边瑞香为市花。

3日 第二届中国菊花评比展览在上海举办。江西省参展展品荣获九项奖："双狮"获优秀造型菊奖；"双亭"获优秀造型菊奖；"大立菊"获特艺菊奖；"绿衣红裳"获专项评比二等奖；"多头菊红牡丹"获专项评比三等奖；"特艺菊"荣获优秀奖；"绿衣红裳"获专项评比三等奖；"二号盆景艺菊"荣获优秀奖；江西展厅荣获最佳布置艺术奖。展览于24日结束。

4日 应中国文化部邀请，阿尔文·艾利美国舞蹈团一行14人，在北京访问演出后，乘飞机抵达南昌。自6日开始在南昌铁路文化宫演出两场。阿尔文·艾利美国舞蹈团是当代美国最卓越的现代派舞蹈团之一，1958年创立，多次参加国际舞蹈节并获奖，足迹踏遍五大洲44个国家及美国48个州。去年，该团在美国世界艺术中心——纽约大都会歌剧院开始定期公演。该团多次应邀，在总统就职仪式上演出或为外国元首、国王和显要人物进行专场表演。

4日 宜春风动工具厂引进联邦德国英特尔公司镁合金压铸技术及DMKH700M型卧式室冷自动压铸机全套设备，用于凿岩机外壳镁合金压铸，以改善外观质量、降低材料消耗。

4日 江西省妇女学学会在南昌成立。这是全国迄今为止成立的第一个妇女学学会。首批90名会员，探讨妇女与改革、妇女与家庭等问题。学会已收到论文30多篇。

4日 由江西师范大学、修水县政府、省文艺研究所、九江师专、九江市文联联合举办的为期四天的纪念黄庭坚诞辰940周年学术讨论会、黄庭坚纪念馆开馆典礼在修水县举行。黄庭坚是修水双井人，擅长诗歌、书法，是我国北宋杰出诗人、江西诗派的开山祖，宋代四大书法家之一。来自全国17个省、市、自治区的教授、学者、专家等150多人参加了这次纪念活动。会上对黄庭坚的诗歌和创作思想等问题展开了讨论，并给予了科学的评价。会上收到学术论文50多篇，对黄庭坚开展这样规模的学术讨论，在我国文学史上是第一次。

4日 省体操运动员童非在加拿大蒙特利尔举行的为期一周的第二十四届世界体操锦标赛上，获男子自由体操、单杠2枚金牌和男子团体银牌。

5日 今年秋季中国出口商品交易会在广州闭幕。全省出口商品总金额达1.036亿美元，成交额比历届最高的春交会翻了一番，创历史最高纪录。全省参加交易会的150多位同志认真贯彻省政府关于多成交、多出口、多创汇的指示，大胆成交。成交金额较大的商品有：蔬菜罐头、水煮笋、羽绒制品、烟花鞭炮、苎麻及制品、劳保手套、草竹编工艺品、棉纱、棉布、针棉织品、服装、陶瓷、钨砂、工具、农具、化工产品、中药材、照相器材、稀土等。

5日 省委政法委召开电话会议指出：必须严格查禁赌博活动，坚决刹住赌博这股恶风，保障社会主义物质文明和精神文明建设的顺利进行。会上，省公安厅厅长陈树森代表公、检、法就查禁赌博活动的工作作了具体部署。参加会议的有各地市县主管政法工作的领导和政法各部门及宣传、文化、工商、工青妇等有关部门负责人。省委常委、省政法委书记王昭荣到会讲话，强调：查禁赌博活动必须全党动手，全民动员，共同努力，这是综合治理社会治安的一项系统工程，是加强社会主义精神文明建设的一个重要内容。

5日 在我国卓越的爱国主义文化战士邹韬奋诞辰90周年纪念日，余江县举行了隆重的纪念大会和塑像揭幕仪式。塑像为水泥结构，高5.5米，基座高2米，乳白色。中顾委副主任王震为塑像题写"邹韬奋烈士"五个大字。省、鹰潭市和余江县有关党政负责人和邹

人们怀着崇敬的心情瞻仰卓越的无产阶级文化战士邹韬奋塑像

韬奋的家属及塑像作者等近千人参加了纪念活动。同日，邮电部委托余江县邮局向国内外发行一套两枚邹韬奋诞辰90周年纪念邮票和这套邮票的首日纪念封。邹韬奋，江西省余江县潢溪乡沙塘邹家人。20世纪20年代起，他先后主编过《生活周刊》、《大众生活》等书刊，写了1000多万字的著述和译作。1933年参加宋庆龄、鲁迅等人发起的中国民权保障同盟，1935年，同沈钧儒、李公朴等7人组织抗日救国会，是著名的"七君子"之一。根据他的遗言，党中央追认他为中共党员。邹韬奋的一生是为民族解放奋斗的一生，是我国杰出的新闻记者、政治家和出版家。

5日 江西水文地质工程大队在永丰县赛溪乡白水村发现一处可直接饮用的五味矿泉水。《中国地质报》报道，这种矿泉水涌出时伴有大量气泡，泉水晶莹透澈，具有酸、甜、麻、辣等味道。泉水含有大量游离二氧化碳、碳、氢、氧、氮、磷、钾、钠、钙等宏量元素和铁、铜、硅、氟、锌、锰等10多种微量元素，各项指标都符合我国和世界卫生组织规定的饮用水标准。

5日 由省社科院，与省委宣传部理论处、新闻处等16个单位共同发起召开的"江西省首次社会科学情报学术讨论会"，在德安共青垦殖场召开。会议探讨了社科情报的学科建立及其理论问题，分析了江西省社科情报的发展形势与存在问题，以及今后的努力方向。

5日 具有国内先进水平的汉字问答式自动编程线切割机及控制器，在抚州通过鉴定。这种微机是由江西计算机二厂与北京工业大学联合研制的。其汉字自动问答和断电保护两项技术是国内首创。

5日 省劳动人事厅公布实施《江西省医疗卫生事业单位发放护士护龄津贴的实施方法》。

6日 省政府批准成立九江东方职业大学。

6日 应省政府邀请，由迈尔斯·费里率领的美国犹他州农业代表团一行8人，乘飞机抵达南昌进行友好访问。这个代表团是9月在南昌签署两省州建立友好关系意向书以后，首次来赣访问的专业代表团。

6日 由省送变电建设公司承建的、国家重点项目——葛洲坝至上海50万超高压直流输电线路工程"鄂东"段，破土动工。该工程全长1050公里，分为九个标段，全国70%的送变电公司参加了投标。江西中标段从湖北黄冈地区新洲县辛冲区至蕲春县张榜区，全长110.827公里，要立杆塔275基，其中19基难度大的转角耐张塔、跨越过江塔。

6日 省领导召开会议专门研究香港华赣企业有限公司的组建和经营工作。会议确定华赣董事会，并就机构设置、注册资金、窗口作用，设立南昌、深圳、厦门3个公司等问题作了决定。

6日 南京军区赠送江西老区汽车交接仪式在南昌举行。25辆解放牌汽车载着部队赠送的2.7万多件（套）衣物和价值6万多元的药品等物资，从省军区大院驶向永新、井冈山、瑞金、兴国、弋阳、修水6个县市老区。省委常委、副省长蒋祝平代表省委、省政府向南京军区、省军区赠送了锦旗。参加交接仪式的有：省人大、省政府、省军区和有关部门负责人。

交接仪式上，省军区政委王冠德宣读了省军区致老区人民的信；南京军区后勤部运输部副部长陈用华，专程赶来参加仪式并代表南京军区讲了话。

南京军区调拨一批运输汽车和药品、医疗器械等物资无偿支援江西老区人民

6日 全省首次经济宣传经验交流会在萍乡召开。会议提出：新时期的经济宣传作为党的宣传工作的重点要为实现党的总任务总目标服务。各级宣传部门要结合思想政治工作把经济宣传抓实抓活。会议对经济宣传的地位、作风、内容和方法进行了探讨，交流了初步经验。会议认为经济宣传应着重抓好5方面的内容：（一）宣传党和国家关于经济建设和经济体制改革的重大决策和方针政策；（二）宣传马克思主义经济理论；（三）宣传经济建设和改革的形势和成就；（四）宣传经济建设和改革的先进经验和先进人物；（五）揭露经济领域的不正之风和违背党的方针政策的错误倾向，抵制资产阶级和封建主义毒素。会议于10日结束。

7日 省政府电话会议部署当前几项紧迫工作。当前的工作是：继续搞好税收、财务、物价大检查；抓好秋粮油收购；坚决刹住乱砍滥伐森林歪风，大力开展植树造林。副省长孙希岳就粮食生产问题强调：要坚持贯彻执行"决不放松粮食生产，积极开展多种经营"的方针，杜绝粮油销售中的一切不正之风。省政府秘书长张逢雨就严禁乱砍滥伐森林强调：各级政府要以立责任状的形式，把造林绿化的责任落实到各级领导身上。按质按量地完成全省300万

亩人工造林、120万亩飞播造林、5000万株"四旁"植树和5.5万亩育苗任务。并就进一步搞好江西省税收、财务、物价大检查工作提出了意见：必须认真执行国务院和省政府的有关规定；所有被检查的单位要积极主动地配合检查；各级主管部门，对检查出来的违纪问题，要认真核实，按规定处理。国务院税收、财务、物价大检查赴江西工作组组长侯昭炎强调：要进一步加强对重点检查对象的领导，列为重点检查的单位要正确对待。

7日 为严格控制信贷规模，纠正信贷工作中的不正之风，省政府根据国务院通知精神，结合江西实际情况，向全省各地下发了关于全面开展信贷检查的通知。通知要求，各级金融单位对今年1月至9月以来的信贷工作中存在的问题进行一次全面检查。检查内容有贷款是否超过计划；挪用企业流动资金和银行贷款搞固定资产投资；盲目贷款造成资金严重损失的；用银行贷款垫交税款的；以贷谋私、贪污受贿的；炒买炒卖外汇，倒卖紧俏商品和其他违反外汇管理等问题。省政府要求各地要分级负责，在年底结束检查工作，并应由上一级复查验收。

7日 萍乡市煤气工程开工兴建，设计日供气量7万立方米，市区输气管网16公里，投资2500万元。

7日 省委农村工作部、省农牧渔业厅联合在宜春召开为期4天的全省农村经营管理工作会议。传达全国会议精神，交流江西的工作经验，研究适应新形势的发展，改革农村经营管理体制，改进经营管理工作，为促进商品经济和合作经济的发展提供有效服务。

8日 省商业厅召开老区扶贫工作会议，根据省委、省政府关于"在两三年内解决温饱，五年摆脱贫困"的目标，决定为井冈山、宁冈、永新、遂川、瑞金、兴国、修水、铜鼓8个老区市县，提供2000万元贴息贷款，用于发展多种经营生产。并将扶贫落实到各级供销社和各级专业公司。规定每个地、市供销社重点扶持一个贫困县或一个贫困乡，每个县供销社重点扶持一个或

几个贫困乡，每个老区的基层供销社重点扶持 10 至 20 个贫困户，每个省、地、县公司都要在老区县选一两个扶贫点，用两年左右的时间达到脱贫的目标。

贵溪县樟坪畲族乡建起了水电站，架线工正在水电站架设线路

老区扶贫重点工程——乐平观峰大桥

8 日 全国纺织工业财务处长会议近日在九江召开。纺织工业部副部长何正樟到会讲话。会议前后，何正樟视察了南昌、九江部分纺织企业。

9 日 由省记者协会和省新闻学会召开全省首届好新闻作品表彰大会。省、地（市）、县新闻单位负责人和部分获奖者共 60 多人参加了会议。这次受表彰的好新闻作品选自 1984 年省、地（市）、县各级报刊共 48 篇。其中 1 篇获江西省好新闻一等奖、21 篇江西省好新闻二等奖。这些作品从各个方面反映了江西省两个文明建设的风貌，讴歌了英雄业绩，抨击了黑暗角落的丑行，受到广大读者的好评。省委宣传部副部长张致和向获奖者表示祝贺，并勉励新闻工作者加强学习，坚持四项基本原则，深入调查研究，运用典型化的方法，把新时期的新闻工作干得更好。

10 日 省著名音乐家冯斗南创作的交响摄影《快乐的飞马》由省歌舞团在省音乐节上演奏，荣获一等奖。

10 日 省政府赣江流域及鄱阳湖区开发治理领导小组召开山江湖开发治理学术委员会首次全体委员会议。会议认为：考察、规划、实施必须结合，要进一步抓好有侧重的开发试点工作和推广一批"短、平、快"项目。会议研究了如何组织协调省内外有关技术力量，整体开发山江湖等问题。

10 日 省委、省人民政府召开为期 4 天的江西省教育工作会议，研究讨论江西贯彻《中共中央关于教育体制改革的决定》的实施意见。

11 日 由江西大学化学系讲师张献仲研制、南昌市交通橡胶制品厂协作生产的新型轮胎防漏补漏剂通过省级鉴定。

11 日 全国地区发展战略研究工作经验交流会在南昌召开。国务院有关部门领导，各省、市、自治区，各经济区，各省会城市，沿海开放城市，经济特区等有关单位领导，部分学术团体、大专院校、新闻单位的专家学者 300 多人参加了会议。经济学家于光远在会上作了有关全国地区发展战略研究问题的专题报告。江西省领导介绍了江西的资源情况和经济发展概况，阐述了全省经济建设的发展战略和奋斗目标。希望通过此次会议，加强与兄弟省市业务联系，进行经济、技术等各方面的研究、协作或联合攻关。交流会于 16 日结束。

12 日 4 月 23 日至 9 月 19 日，高安县独城乡办杉林煤矿接连发生三起重大事故，共死亡 30 人。省政府发出《关于高安县独城乡杉林煤矿接连发生重大伤亡事故的通报》。

12 日 丰城县湖塘乡东荆村青年农民吕华荣精心制作的"灯芯糕"，已通过江西省有关部门鉴定，荣获省"优质产品证书"，并将以"江西名产"参加 1985 年 12 月份在北京举行的"全国工业产品评选"活动。

13日 南昌市6万多公民正式开始领取中华人民共和国居民身份证。这是江西第一批领取身份证的公民。南昌市是全国40个省市颁发居民身份证的试点单位之一,是全省颁发居民身份证的试点单位。第二批是九江、景德镇、新余、萍乡、赣州;第三批是鹰潭市、抚州市、吉安市、井冈山市、上饶市、宜春市。全省颁发居民身份证将在明年分期分批进行。1988年全部结束城市居民发身份证工作后,逐步进行农村公民发身份证工作。

13日 省劳动人事厅为支持老区建设提出具体实施意见:(一)积极动员、组织各类专业技术干部和技术工人支援老区建设;(二)属全民所有制工人编制的职大、电大、业大、函大、夜大毕业生和中专毕业生,在其去老区工作三年以上的,可批准办理吸收录用干部手续;(三)每年技工学校招生要照顾老区一定数量的招生指标;(四)"七五"期间,每年从城镇青年就业和劳动服务公司补助费中拨出10%的经费,重点支持老区劳动服务公司用于发展集体经济、安排城镇待业青年就业;(五)原单位对支持老区人员在老区工作期间的工作成绩,应作为其考核晋升的重点依据;(六)各老区县劳动人事局要尽快组织力量,调查本地区人才缺乏情况报省劳动人事厅。

14日 南昌市首开乡邮合同制,五条乡邮段分别是桃花乡、扬子洲乡、朝阳洲乡、塘山乡和昌北地区,乡邮总里程为254.4公里。

14日 中国著名的小提琴演奏家盛中国在江西艺术剧院演奏了10多首中外名曲。44岁的盛中国,祖籍江西,曾获得第二届国际柴科夫斯基小提琴比赛荣誉奖,在国内外享有盛誉。

盛中国为家乡人民演出

14日 中国电子学会电子产品可靠性质量管理学会在九江举行第三届年会,来自国内及美国、日本等国的100多位专家、学者参加了会议,交流论文106篇。

14日 全省技术引进管理工作会议召开。会上提出:江西省从1982年起,引进项目逐年增多。今后凡在省里立了项的技术引进项目,其对外洽谈、签约业务均由省经贸厅统一管理。今年1月至9月,实际成交104项,成交额达4800多万美元。项目数比1982年增长了6.3倍,用汇额增长了9.9倍。会议确定今后技术引进重点是:以产品为龙头,重点武装一批骨干企业,不断开发新产品;扩大出口创汇产品,变消耗型用汇为增值型用汇;注重引进技术"软"件和必要的关键设备,做好引进后的消化吸收、创新工作;注意进口一些短缺原材料与原器件,提高生产配套能力。

14日 上海经济区首届农村优质产品交易会在樟树市召开。来自上海经济区五省、市和北京、广东等11个兄弟省、市的1500名农商界代表相互交流技术,看样订货,洽谈贸易。这次会议总成交额达3000多万元,其中江西省成交640多万元,居第一位。这次会议由上海经济区农业信息服务中心主办,目的是为了开拓上海经济区农副产品市场,扩大省、市际商品流通。交易会于17日结束。

14日 井冈山市边规划、边开发、边建设,逐步向人文景观和自然景观相结合的风景名胜区发展。是全国44个重点风景名胜区之一。为把井冈山建设成旅游风景区,近三年来,井冈山市有关部门进行风景普查,划出了茨坪、龙潭、黄洋界、笔架山等八大风景区,发现景点60多处,共有230个景物景观。当前,山上景区面积可达213.5平方公里,约为整个井冈山面积的60%多。

14日 中共中央政治局委员习仲勋由江西省委书记万绍芬陪同,先后到南昌、井冈山、遂川、赣州、兴国、瑞金等革命根据地考察,行程长达1280公里。其间,听取上述地方负责人的汇报,同农村基层干部举行座谈,调查访问农民家庭,考察乡村企业。习仲勋指出:认真总结经验,千方百计把革命老区的经济搞上去;毛泽东领导创建的革命根据地，走农村包围城市的道路，最后夺取全国胜利，这一革命过程是从江西开始的，江西搞好老区建设具有特殊重要意义。在考察过程中，习仲勋参观和瞻仰了井冈山、瑞金、宁冈等地的革命旧址和旧居。瞻仰了革命烈士纪念堂，参观了八一起义纪念馆。看望了杨尚奎、方志纯；会见了白栋材、赵增益、马继孔、傅雨田、狄生、刘仲侯、王书枫等，并听取了省委常委关于江西工作的情况汇报，作了重要讲话；27 日，习仲勋离赣。

15 日 国家科委下达的"六五"攻关项目——田菁胶化学放性物在陶瓷工业中的应用中间试验通过江西省省级技术鉴定。

15 日 江西汽车贸易中心在南昌成立。该中心是个经济实体和经销各类汽车的信息中心，以全国统一市场价格销售各种国产汽车及国外进口汽车。

15 日 省劳动人事厅党组制定《关于加强思想政治工作的几项措施》、《坚决抵制在招工、招干等工作中搞不正之风的几项规定》。

15 日 省委、省政府作出《关于加快老区建设，帮助老区人民治穷致富的决定》。确定了"两三年解决温饱，五年摆脱贫困，力争赶上江西省经济发展的中等水平"的老区建设近期目标和"自力更生，多方联合，国家支持，共谋振兴"的老区建设方针，制定了林果业和林副业、畜牧养殖业与乡镇企业为"三大支柱"的"减轻、放宽、搞活"发展商品生产的总思路，对加快老区建设是一个有力的推动。

永新县三湾水电站

15 日 新华社报道，油茶培育面积和油茶子产量均居全国第二位的江西省，今年茶油总产量达 6000 多万斤，比 1984 年增产两成。

15 日 为期 8 天的 1985 年江西音乐节在南昌举行。本次音乐节由省文化厅、省广播电视厅、中国音协江西分会举办。来自省内外的音乐界代表 800 多人出席了开幕式。参加本届音乐节的各地、市和省直的 16 个代表队共带来 194 个作品，其中 99% 为创作作品。这次音乐节是对全省音乐工作者继承发扬音乐艺术的民族传统和革命传统，创造具有中国气派和时代特色并为群众喜闻乐见的音乐作品成果的一次检阅，达到发现人才，繁荣创作，促进音乐艺术发展的目的。中共中央候补委员、中国音乐家协会副主席、中央音乐学院院长吴祖强，省委宣传部副部长张致和、中国音协副主席沈亚威、文化部艺术局贾世伟及部分兄弟省市有关部门负责人和词曲作家出席了大会。大会将对这次音乐节演出的作品和演员进行评奖。

16 日 中共南昌市第五次代表大会在市委礼堂举行，出席代表 503 名。大会选出中共南昌市第五届委员会、市纪律检查委员会，通过了市委工作报告决议和市纪委工作报告决议。李爱荪任书记，程安东、蒋仲平、戴凤举、史骏飞任副书记。

16 日 煤炭工业部在杭州召开江南九省瓦斯地质图评比验收会议。省煤炭厅主持编制的《江西省瓦斯地质图》获第一名。

16 日 全省高等学校科研成果汇报会暨科研成果展览在南昌市举行。这次科研成果展览共展出 1978 年以后特别是近两年来的 914 项科研成果，其中应用技术和开发项目 412 项。有 175 项获国家级或省级科研成果奖的项目。赵增益在参观结束时勉励高校同志要继续努力，面向经济建设，面向生产，坚持教学、生产、科研三结合，大力加强应用科学的研究，抓好科研成果的推广应用，使之转化为生产力。会上举行了发奖仪式，有 10 所高校的 56 个项目获奖。江西工业大学的乌桕类制取类可可脂小试、江西医学院的慢性淋巴细胞白血病 B 淋巴细胞集落的形成获得一等奖。获得二等奖的有 16 项,三等奖有 32 项,推广奖有 6 项。展览于 18 日结束。

17 日 为鼓励全省广大适龄青年踊跃报名参军,激励现役军人安心服役,省政府就义务兵的优待办法作出 6 条暂行规定:(一)城镇青年应征入伍的,服役期满退伍后,由当地政府统筹安排到国营企事业单位当正式工人。(二)凡荣立二等功和三等功以上,以及因战因公致残的退伍军人,统一安排在国营企业工作;城镇入伍的,优先照顾个人志愿。(三)在部队学有专长的军地两用人才退伍后,属城镇户口尽量按技术对口予以安置;家住农村的优先照顾安排到乡、镇企业工作。(四)单位青年工人,服役期间,由原单位按不低于其入伍前基本工资 70% 的标准发给优待金,退伍后优先提供住房。(五)对农村入伍的义务兵家属普遍给予优待;家居城镇的义务兵家属,生活困难的,由县、市区政府给予适当补助。(六)为鼓励军人安心服役、积极上进,实行区别对待,奖励先进的优待办法。

17 日 由电子工业部和神剑文学艺术学会电子分会联合主办的首届职工文艺调演近期在北京举行。江西选派江西有线电厂文艺代表队演出的《幸福靠自己创造》(春木词、艾南、王锡仁曲)获创作一等奖;《电话机连着两地情》(春木、学成词、艾南曲)和《金龙腾飞跃长空》(学成词、春木曲)分别获创作二等奖;男声独唱刘建喜和女声合唱分别获个人和集体表演二等奖。

18 日 中国民主促进会江西省第一次代表大会在南昌市举行。79 位代表投票选举出民进江

中国民主促进会江西省第一次代表大会在南昌举行

西首届省委。至此,全省 6 个民主党派全部成立了省委会。江西省民进组织于 1982 年 12 月成立民进中央直属支部,1984 年元月成立民进江西省筹委会。当前,全省有民进会员 272 人,基层支部 38 个。民进江西首届省委主任委员为金立强,副主任委员为伊剡、刘运来,顾问蒋天佑。大会于 20 日结束。

18 日 由交通部主持召开的为期 5 天的长江水系航运规划会议在南昌举行。会议决定:"七五"期间,长江水系进行重点疏浚整治的河流有 17 条,赣江、信江均被列为长江水系航运建设的重点河流。

18 日 省审计局组织江西省 8 个地市县审计局开展对一地七县的财政补贴审计,共查出违纪资金 694.8 万元。

19 日 电子工业部原副部长李元如和江西省副省长钱家铭分别代表部、省联合签发《关于电子工业部在赣企业改革管理体制的通知》。确定中央在赣 10 个企业下放江西省管理,依托企业所在的地(市)。

19 日 全国 1:50000 区域地质图幅承包现场经验交流会在南昌市召开。交流会于 25 日结束。

19 日 在轻工业部日前举行的钨丝质量抽样检查评比中,赣州钨钼材料厂的普灯 40 瓦、60 瓦、100 瓦和荧光灯 40 瓦 4 个规格均获第一名,普灯 15 瓦列第三。

20 日 截至当日,江西省已有工业、商业、交通、建筑施工、邮电、国防、电力等系统,1772 名经理、厂长分三批参加了国家的统一培训和考试。第一批统考成绩及格率为 87.7%;第二批 94.41%,及格率和方针政策、管理知识平均得分均接近全国平均水平;第三批及格率上升到 96.83%,管理知识平均得分和及格率均高于全国平均水平。

20 日 在全国 40 多家同行中,江西拖拉机厂的产品被机械工业部选定并参加当日开幕的亚洲和太平洋地区产品博览会。江西拖拉机厂生产的丰收 180-3 拖拉机,整机一次交验合格率由 86.67% 提高到 95.26%,主要零件项次合格率由 87.02% 提高到 94.51%,达到一等品水平。

20日 由中宣部、总政治部等12个单位联合组织的解放军英模汇报团第三分团,先后在南昌、宜春、萍乡、新余、安义、庐山、共青垦殖场等市、地、县巡回报告19场,直接听众3.5万人(29日,解放军英模汇报团第三分团离开南昌,给省委、省政府、省军区致感谢信,纷纷表示:重视思想政治工作,提倡个人利益服从党的利益,提倡自我牺牲精神)。

江西省党政军领导在南昌火车站迎接英模汇报团

20日 国家科委技术攻关项目——高炉富氧鼓风冶炼硅锰合金在江西新余钢铁厂通过鉴定。

20日 全省各地、市行署所在地分37个考场,举行的为期两天的江西省律师资格统一考试。应考人员共1020人,是目前江西省历史上应考人员最多的一次。这次统考的内容有法学基础理论、宪法学、律师业务、刑法学、刑诉法学等10个学科。考试合格者,经业务实践考核后,取得律师资格或任命为实习律师。

21日 上饶市一中高三(7)班李卫同学写的一篇论文《小议商品装潢》在教育部、团中央、《中国青年报》、《文汇报》等单位主办的全国14省、市中学生参加的哲学、政治经济学小论文评选活动中荣获一等奖。

23日 中国代表队的江西籍选手童非在日本名古屋市举行的1985年日本中部杯国际体操赛中,以57.08分荣获男子全能冠军。参加这次比赛的有中国、日本、苏联、捷克斯洛伐克、罗马尼亚等14个国家和地区的33名选手。

23日 由江西省传感器厂研制的普通车床微电脑控制系统在南昌正式通过技术鉴定。

24日 江西作者肖增健(萍乡市剧目研究室)和李蔚华(萍乡市采茶剧团)联合编剧,由内蒙电影制片厂拍摄的故事片《月光下的小屋》,在印度举办的第四届国际儿童电影节上获最佳故事片奖。这是江西作者创作剧本的影片首次在国际上获奖。该影片对培养教育儿童有积极的现实意义。

24日 首届全国少年儿童广播剧"金猴奖"在天津揭晓,江西人民广播电台录制的童语儿童广播剧《神气的小鹿》荣获二等(银牌)奖。

25日 全省1984年度优秀科技成果评审委员会在吉安市召开会议,评定了207项优秀科技成果和4项推广成果授奖项目。其中评为一等奖的8项,二等奖的34项,三等奖的83项,四等奖的82项;推广成果一等奖的1项,二等奖的3项。这次评定的授奖项目,主要是1984年1月1日至12月31日通过技术鉴定的项目。这次评定的优秀科技成果项目中,技术上填补国内空白的有15项,达到或接近当前国内先进水平的121项;可应用的206项,已经应用的183项,其中具有社会效益的24项。据统计,仅一、二等奖的优秀的科技成果就创年利税5000多万元,占整个评上项目效益的60%。会议于29日结束。

25日 庐山博物馆在庐山南麓农村搜集到林则徐手书对联一副,上书:"花气入帘,松翠在壁;琴韵流阁,茶香绕庭"。此联是林则徐任湖广总督,在禁烟斗争中,从湖北绕江西去广州禁烟,在江西为"泽香兄"题写的。

26日 应省政府对外经济技术协作办公室邀请,美国纽约州立大学沙雄尼、韦利姆斯、张宏光三位教授来赣访问,分别与省轻工业厅、省饲料工业协会、省肿瘤中心签订了两项经济技术合作意向书。双方在利用糖厂、酒精厂的废料渣物兴建生物肥料厂、饲料酵母厂或食用蛋白厂,利用造纸厂的酸碱性废液生产饲料酵母,利用废糖蜜培育热带假丝酵母、提高单细胞蛋白的产率和降低成本,生产单克隆抗体药片等方面签订了两项合作意向书。省肿瘤中心聘请三位教授为客座教授和科学顾问。

26日 南京军区支援江西老区的物资自即

日起至 30 日陆续运抵江西省各革命老根据地。共有 1.2 万套军装、4000 件大衣、4000 套棉衣，以及价值 2.6 万多元的药品和医疗器械等物资，用 19 辆解放牌卡车分别运至井冈山、瑞金、兴国、弋阳、修水等县市。

27 日 全省粮油工业部门充分发挥投资效益，大力进行技术改造，先后在樟树、九江、南昌、鹰潭、赣州、吉安、新余等地建立了 37 条大、中、小型精标粉生产作业线，改变了江西精制面粉长期依靠省外调入的被动局面，收到良好经济效益。截至当日，已为食品工业提供了精制米 111 万吨，精制面粉 15 万吨，精制油 1.6 万吨，实现利税达 5200 万元。另外，省粮油加工业部门投资 900 万元，对地、市、县的 65 个米厂和 350 个榨油点进行工艺改造。

27 日 全国男子曲棍球锦标赛经过 10 天紧张激烈的争夺在省体育馆全部结束，江西队 6 胜 1 负获亚军。

27 日 省纪委在南昌召开江西省端正党风经验交流会，会期 4 天。这次会议是为贯彻落实省委八届二次全委扩大会议通过的《关于进一步端正党风的决定》，总结交流近年来端正党风工作的经验，研究和探讨怎样使查处案件与党性、党风、党纪教育结合起来，以及如何正确处理党风建设和经济建设的关系。大家一致认为：通过这次会议，对全省在近年内争取实现党风的根本好转，必将产生积极的促进作用。省委书记万绍芬在讲话中要求各级领导干部要以身作则，带头遵守，为实现全省党风的根本好转而努力。会议提出端正党风工作应做好以下几方面工作：（一）要深入进行党性、党纪教育，提高广大党员的思想政治素质，使大家真正树立起坚定的共产主义理想和铁的纪律观念，自觉地为国家富强、人民富裕多作贡献；（二）各级领导班子和领导干部要从自身抓起，带头端正党风，按照《党章》、《准则》和中央文件的要求来规范自己的行动，做维护党风、党纪的模范；（三）各级党委、纪委要敢于碰硬，对于那些违法乱纪、败坏党风、扰乱或破坏改革和社会主义四化建设的人或行为，要进行思想教育；（四）各级党委要支持纪委工作，要关心纪检干部，对纪检部门查处的大案、要案，党委要经常过问，直接督促有关部门协助纪委查处。

27 日 省高级人民法院在宜春市召开全省各中级人民法院刑事审判庭庭长参加的复查统战方面案件座谈会，传达学习中共中央总书记胡耀邦关于信访工作的指示和中央有关政策以及最高人民法院在郑州召开的复查统战方面案件座谈会精神，总结检查近几年来全省各级人民法院复查统战方面案件的工作，提出今后复查工作意见。省委统战部、组织部、对台办、落实政策领导小组、信访处和省人大联络处等部门的负责人应邀参加会议。座谈会于 30 日结束。

29 日 由省社科院经济研究所承办的中国经济研究学术团联合会等数家全国性学术团体联合举办的《全国政治经济学〈社会主义部分〉通讯》学术讨论会南昌分会场开幕。于光远到会作学术报告。

29 日 省、市、县环保局对省第七劳改支队"电解凝聚汽浮法"污水处理工程进行鉴定验收，该处理方法为江西省第一家。

29 日 省政府批转省司法厅《关于调整地、市劳改队和劳动教养管理所的请示报告》，确定只保留南昌市、吉安地区两个劳改支队和南昌市、九江市、景德镇市 3 个劳动教养管理所，其余均予撤销。

29 日 应联邦德国卡尔·杜伊斯堡协会的邀请，以江西省副省长陈癸尊为团长、省政府办公厅副主任杨小春为秘书长的省职业技术教育考察团一行 10 人访问了联邦德国。代表团先后考察参观了联邦德国政府科教部、联邦德国职业教育研究所、杜伊斯堡协会及所属语言培训中心、手工业行会跨企业培训中心、联邦科教部职业教育示范性学校——赫勒姆学校、达姆斯达特城瓦尔德职业培训中心、申克（机械）公司企业培训中心、联邦德国大型企业赫司特（化学）公司的培训体系、黑森州文化部和经济技术部，走访了科隆市政府，并同黑森州经济技术部长斯台根、秘书长施耐德等就合作建立南昌市跨企业工人技术培训中心问题进行了友好会谈，副省长陈癸尊和斯台根部长分别代表两省州政府共同签署了会谈纪要。考察活动于 12 月 12 日结束。

30 日 省石油公司以（1985）赣石计字第 56 号文下发《关于调整高价石油商品内部调拨价格的通知》。

30 日 南昌市委、市政府召开动员大会，要求各级领导、各部门及各单位认真学习宣传国务院 6 月 21 日批复的省政府《关于请审批南昌市城市总体规划》和《南昌市城市总体规划》，为搞好南昌市城市建设而努力奋斗。规划总原则是：逐步改造旧城区，充实完善新城区，配套建设昌北地区，发展小城镇，形成若干个小工业区。规划要求南昌市到 2000 年经济有大发展，市政公用建设有大改善。南昌市市长程安东作动员报告。

30 日 省委宣传部和省邮电局联合召开报刊发行工作电话会议，要求各地切实抓好明年报刊征订工作任务，为加强两个文明建设服务。会议强调：国家机关、人民团体、工矿企业和科研单位等公费订阅党报党刊的经费，要按中央财政部有关文件规定给予保证，不能一讲节省行政费用开支，就砍掉报刊的订阅；向农村发行报刊，做好报刊征订宣传工作，使广大农村基层单位和农民愿意订阅报刊，经济好的地方要多订。

30 日 丰城矿务局建新煤矿积极采取措施，加快采掘机械化步伐。到本月止，全矿已有两套综合采煤机组和一套综合采掘机组投入井下生产，年产原煤能力超过 100 万吨，机械化程度达到部颁标准，成为江西省煤炭系统第一个机械化生产矿井。

30 日 江西省投资 810 万元建造的、仓容量达 1.2 亿斤的横岗粮食中转储备库，从 1984 年 11 月份动工至本月底已完成第一期工程量的 85%，可储粮 5000 万斤，收到了边施工、边受益的效果，缓和了南昌县粮食仓容紧张状况。

30 日 截至 11 月，全省累计完成工业总产值 151.79 亿元，比去年同期增长 30.5%。在总产值累计中，增长幅度最高的是乡镇工业，产值为 25.87 亿元，比去年同期增长 80.3%，其中联户办及户办工业产值为 8.96 亿元，比去年同期

增长 2 倍多。江西省考核的 90 种主要工业产品产量，比去年同期增长的有 73 种，特别是一些高档耐用消费品有了较大的增长。全省财政预算内工业企业 1 月至本月完成工业总产值 62.34 亿元，比去年同期增长 19.2%；销售收入完成 64.96 亿元，增长 27.9%；实现利润 6.31 亿元，增长 47.5%（如包括利转税部分则增长 57.8%）；上缴利润完成 3.02 亿元，增长 30.8%；产品销售税金完成 6.21 亿元，增长 32.6%；亏损总额比去年同期下降了 19.6%。

30 日 全省重点考核的 91 项主要工业产品质量指标，1 月至 11 月稳定提高率达 82.4%。荣获国家金银牌奖的有 21 项，共开发新产品 141 项，达到国内先进水平的有 133 项。轻工业增长 24.3%。1 月至 11 月，与去年同期相比，预算内工业企业完成工业总产值增长 21.2%。销售收入增长 31.7%，实现利润增长 63.1%，实现利税增长 39.7%，上缴利润增长 38%，定额流动资金周转加速 11.6%，财政收入全年预计增长 28%。技术改造项目 465 项，完成年资金计划 82%，投产项目达 200 项，比去年增长 30%。其中技术引进完成 50 项，比去年增长 1.5 倍。

本月 江西有八项食品首次荣获国家金、银质奖，获奖数名列全国第一位。截至目前全省共有 39 项产品被评为部、省优产品：南昌罐头啤酒厂产"长青"牌藠头获国家金质奖和国际金奖；泰和酒厂产"安乐"牌（外销）、"白凤"牌（外销）乌鸡补酒，高安腐竹厂产"大观楼"牌腐竹、庐山茶厂产"万年青"牌特级庐山云雾茶、婺源鄣公山垦殖场茶厂产"鄣公山"牌婺绿雨茶（一级）、婺源茶厂产"山江"牌婺绿（特珍特级、特珍一级）、修水茶厂产"越海"牌特级宁红功夫茶分别获得国家银奖。

本月 东风制药厂从抓药品质量入手，开展全面质量管理活动。该厂青霉素钠原料药被评为国家医药局优质产品，荣获国家银奖。

本月 在本月的水利电力工程评选会上，南昌县红旗大泵电力排涝站获得国家"优质工程奖"。

本月 全省纺织器材厂长会议在横峰召开。

本月　根据省委、省政府《关于加快老区建设帮助老区人民治穷致富的决定》，省直机关69个厅局级单位与53个老区县定点挂钩。各老区地市、县直机关与506个特（贫）困乡定点挂钩，包干负责，帮助脱贫。

本月　兴国、瑞金、于都等17个县，经国务院贫困地区经济开发领导小组核准，定为国家重点扶持贫困县。

本月　江西省建设银行信贷收支由差额改为全额纳入国家综合信贷计划。

本月　江西省县和县以上统计局编制上划国家统计局管理。江西省上划编制2468人，其中行政编制1156人，事业编制1312人；经劳动人事部、国家统计局审定下达编制1568人，其中行政管理编制1156人，事业编制412人。

本月　省二监、三监分别对赣州市、景德镇、婺源县三个市县1982年以来刑满释放人员134名进行帮教安置等情况的调查。

本月　省普法办公室会同江西电影电视制作中心联合拍摄《捆绑不成夫妻》和《购麻合同的教训》两部法制教育电视剧。

本月　省政协副主席、省工商联主委李善元等到香港参加香港中华总商会成立85周年纪念大会。

李善元（前排右一）和参加纪念大会的与会者合影

1985

12月
December

公元 1985 年 12 月							农历乙丑年【牛】						
日	一	二	三	四	五	六	日	一	二	三	四	五	六
1 二十	**2** 廿一	**3** 廿二	**4** 廿三	**5** 廿四	**6** 廿五	**7** 大雪	**8** 廿七	**9** 廿八	**10** 廿九	**11** 三十	**12** 十一月小	**13** 初二	**14** 初三
15 初四	**16** 初五	**17** 初六	**18** 初七	**19** 初八	**20** 初九	**21** 初十	**22** 冬至	**23** 十二	**24** 十三	**25** 十四	**26** 十五	**27** 十六	**28** 十七
29 十八	**30** 十九	**31** 二十											

1日　国家重点建设项目——贵溪发电厂第二台 12.5 万千瓦火力发电机组并网发电。贵溪发电厂是配合江西铜基地的建设而兴建，总装机容量为 50 万千瓦，第一台机组已在去年 11 月并网发电。全部工程于 1987 年完成。

贵溪发电厂

2日　在罗马尼亚布加勒斯特展出的《中国江西宋元明清瓷器珍品展览》共有展品 65 件，深受罗马尼亚人民的欢迎。罗马尼亚党政领导和文化界、艺术界人士 1 万多人参观了该展览。罗马尼亚《火花报》、《自由报》、《星期周刊》和中国中央电视台报道了展览会盛况。

2日　庐山管理局发现我国清代著名诗人、剧作家蒋士铨 5 首长诗。据载，蒋士铨系铅山人，乾隆进士，官居编修。他著有《忠雅堂集》、《绛雪楼填词》9 种。这次发现的 5 篇《栖贤寺》、《漱玉亭》、《栖贤桥》、《三峡涧》、《琵琶亭（九江）别唐蜗寄使君》是他在居官期间巡游庐山而作的。

2日　省人事厅与省教委、省广播电视大学商定，开设劳动经济管理、人事管理两个电视教育专业。

2日　八一垦殖场筹建稀土矿，将于 1986 年 7 月竣工投产。

2日　省六届人大常委会十四次会议在南昌

市举行。省人大常委会主任王书枫主持会议并宣布会议议程：（一）学习党的全国代表会议和省委八届二次全委（扩大）会议文件；（二）听取省政府关于江西省"七五"计划初步设想主要情况的报告；（三）听取省人大常委会视察组关于视察情况的汇报；（四）听取省政府关于清理江西省经济法规和规章情况的汇报并通过相应的决定；（五）审议《关于修改〈江西省人大常委会人事任免暂行办法〉的决定（草案）》；（六）听取省政府办公厅关于江西省民族、宗教工作情况的汇报；（七）人事任免事项。省人大常委会副主任梁凯轩传达了彭真委员长在六届全国人大常委会十三次会议上的讲话；省政府领导汇报了江西省"七五"计划的初步设想的主要情况；省人大常委会副主任王泽民作关于各视察组在视察中听取了地、市、县各级的汇报，实地考察了工厂、农场、乡村、商店、学校、医院等92个基层单位，访问了一些老区，召开了22个各种类型的座谈会的情况；省人大常委会副主任柳滨作对劳改劳教工作视察情况的汇报。8日，省六届人大常委会第十四次会议结束，通过了关于修改《江西省人大常委会人事任免暂行办法》的决定和人事任免事项。省人大常委会主任王书枫就加强经济立法和普及法律常识问题作了讲话，指出：省人大常委会从1979年12月成立以来，制定和颁布的地方性法规和重要决议有32件，其中经济法规和有关经济方面的决议有13件。

3日 1961年停刊的《江西画报》在南昌举行庆祝复刊大会。省委常委、省委宣传部、南昌市委、省文化厅、省文联、《人民画报》社与各兄弟画报社及省、市新闻界、摄影界、文学艺术界的代表共200多人到会祝贺。中顾委委员、原省委第一书记白栋材，省委书记万绍芬分别为复刊后的第一期《江西画报》题词，复刊后的《江西画报》为双月刊。

3日 由南昌铁路科研所、向塘机务段、机务化验所联合研制的GSC－1型锅炉水质自动测定仪，经上海铁路局鉴定通过。1989年获铁道部技术改进三等奖。该产品已推广到全国铁路运用。

3日 省政府批准45处景区、景点为江西省第一批重点风景名胜区、点。其中南昌1处，九江、庐山9处，景德镇2处，鹰潭、龙虎山1处，上饶、三清山4处，抚州6处，宜春7处，萍乡1处，吉安、井冈山7处，赣州7处。

3日 省政府转发建设部《村镇建设管理暂行办法》。

4日 中共中央顾问委员会副主任王震视察江西红星垦殖场的南山奶牛场、饲料加工厂、淀粉厂、乳品厂、机械厂、大桥茶山、食品厂、东山种猪场等单位。王震在视察时指出：国营农场决不能放松粮食生产。国营农场、垦殖场要坚持社会主义方向，充分发挥大农业优势，走农、牧、工综合经营的道路，建立一条以农养牧，以牧促农，围绕农牧办工业，办好工业促农牧的良性循环生产系统，使国营农场、垦殖场在农村商品经济中起示范作用。国营农场的承包形式要从实际出发，不要一刀切，要维护国家利益，决不能让国家吃亏。视察活动于5日结束。

王震在江西红星机械厂观看曾获1978年全国科学大会奖的9FQ－50型铜料粉碎机

4日 省委书记万绍芬，省委常委、副省长蒋祝平及省直机关党委和省教育厅负责人，接见省直机关讲师团的全体成员，勉励大家搞好教师培训工作，加强自身锻炼，为发展江西教育事业，振兴江西贡献力量。省直机关讲师团共有74人，平均年龄24岁，其中具有大专以上文化程度的占 95.8％。讲师团全体成员将于近日陆续分赴江西省 21 个县开展工作。

4 日 省六届人大常委会十四次会议举行第三次全体会议。省人大常委会副主任黄贤度主持了会议，省委书记万绍芬参加了会议。会上听取了视察赣州、吉安、鹰潭、新余等地市情况的汇报和对劳改、劳教工作视察情况的汇报（7 日上午，省六届人大常委会十四次会议举行第四次全体会议，听取有关情况的汇报）。

4 日 国家计委、财政部、中国人民建设银行发布《关于调整国家预算内基本建设拨款改贷款范围等问题的若干规定》，江西省从明年起对基本建设投资实行无偿和有偿拨款两种制度。

4 日 由省建筑设计院设计，江西省规模最大的现代化科教病房大楼在江西医学院第二附属医院破土动工。建筑面积为 2.6 万平方米，高 13 层。计划总投资 1000 多万元。新建大楼共有 800 个床位，设有单人及双人套间和全套卫生设备，全楼安

医院病房大楼

装空调和现今国际上通用的较高水平的监护系统。设置各种类型的教学研究室和电化教室。大楼建成后，成为国内较先进的医疗保健、科研教学的综合性大楼。

4 日 九江市第一菜市场以 0.80 元 1 斤的价格收购一条被非法捕杀的中华鲟，尔后又以 1.80 元 1 斤的价格出售。九江市水产局湖管站接到报告后，当即制止了这一捕杀出售活动，并对此事进行了处理。据推算，该中华鲟重 360 多斤，体长达 2.7 米，腹部有零星卵粒可见，是一条雌性中华鲟。据有关部门介绍，当前长江正值中华鲟产卵季节，一条雌鱼需 14 年才开始产卵。

5 日 年产硫精矿 300 万吨的江西第一家硫化铁厂在丰城矿务局建成投产。该厂总投资为 310 万元，投产后每年可获利润 100 万元，三年后即可收回建厂总投资。

5 日 省政府作出关于振兴江西省中医事业的十条决定：（一）认真贯彻执行党的中医政策；（二）加强中医药队伍的建设，"七五"期间将中医学院改建为中医大学，培养中医药本科生 1350 人和一批硕士研究生；（三）改建一所省中医学校，培养推拿、按摩、针灸、中医护理等专业人才；（四）加强中医机构的建设，做到各县建立中医院，增加病床 2575 张；（五）抓紧继承、总结名老中医临床经验和收集有效单方；（六）、搞好中医药科研；（七）切实抓好中药工作，保证中医医疗、科研的需要；（八）加强中药剂型改革；（九）大力加强中西医结合工作，增加中医经费；（十）切实加强对中医工作的领导。省政府成立振兴中医领导小组，陈癸尊任组长。

5 日 省侨办在丰城县召开江西省落实华侨私房政策工作座谈会，交流经验，指导工作，随即成立落实华侨私房政策办公室。

5 日 省检察院召开分、市检察院检察长汇报会，研究公开处理经济犯罪大案要案的工作，提出选准案件，配合法院，公开审理，加强宣传，震慑犯罪。

5 日 由省文化厅、中国美协江西分会和赣州地区文化局、美协联合主办的赣南中秋书画会作品展览在江西省文联展览厅开展，共展出书画 158 幅。展览于 15 日结束。

6 日 南昌铁路科研所钟兰等参加的"提高鹰厦、外福两线输送能力的研究"项目，经铁道部评审认为是较好的软课题之一。同年获铁道部科技进步二等奖，1987 年 7 月又获国家科技进步三等奖。

6 日 南昌市昨晚先后发生数起火灾，其中珠市街和省气象局印刷厂为重大火灾。据初步统计，火灾共计损失达 26 万元，受灾面积 3289 平方米，受灾户 107 户。

6 日 省煤炭厅制定《省属煤矿育林基金暂行管理办法》，决定从今年起煤矿育林基金按实际产量每吨 2 角提取，列入生产成本。

6 日 省科委、省卫生厅对全省有突出贡献的中青年科学技术、管理专家的保健医疗审批手

续作出规定。

6日　全国精密铸造工厂联合体经验交流会在南昌召开。来自首都各高等院校的专家、教授及全国各省精密铸造行业的厂长交流了推行经济责任制、提高企业经济效益和管理水平的经验，制定了行业内产品质量的统一标准。交流会于7日结束。

7日　婺源县林业局在植物资源调查中发现可与人参媲美的植物绞股蓝。据初步调查，婺源的古坦、赋春、甲路、中云等13个乡都有分布。据国内外医药界应用表明：绞股蓝含有50多种皂甙，对肝癌细胞有显著的抑制作用，其药理作用与人参相比并不逊色。

7日　江西省委办公厅、南昌市政府办公厅批复成立南昌市二轻职工中专。

7日　省政府批转省审计局《关于加强内部审计工作的报告》。

8日　国家计委下达《关于同意南昌市化工原料厂万吨白炭黑可行性研究报告》的批复。

8日　省著名运动员姜绍洪、李金兰分别获得1985年度"国家优秀田径选手"和"国家优秀游泳选手"称号。

10日　全长86.13公里的新余珠珊——吉安敦厚220千伏线路建成，经验收合格，具备降压110千伏运行条件。

10日　省政府批准为抢救3名落水儿童而英勇献身的波阳县三庙前乡渡头村的英雄少年余小琴为革命烈士。团省委授予她"英雄少年"称号。

10日　国家环境保护局在南昌召开首次全国工业污染源调查工作会议，会期5天，会议总结交流我国前一阶段开展工业污染源调查工作的成绩和经验，讨论修改了国家环保局提出的《关于进一步做好工业污染源调查工作的几点意见》。国家环境保护局副局长焦金虎强调：这次调查，是建国以来第一次全面、系统的调查，将改变我国工业污染源底数不清的状况，初步形成较完整的污染源档案资料，为我国进一步搞好环保工作，提供一整套科学数据。

11日　省政府决定，在全省党、政、群机关工作人员中实行休假制度。制度规定，凡参加工作年满10年至20年者，每年休假15天；21年至30年者，休假20天；31年至40年者，休假25天；40年以上者，休假30天。休假期间工资照发，福利待遇不变。

11日　由昌河飞机制造厂和中国直升机设计研究所共同研制的"直八"型直升飞机在景德镇首飞成功。经过32分钟飞行，安全降落在指定地点。参加首飞仪式的有：国防科工委科技副主任叶正大、航空工业部副部长王昂、省委领导，有关部队、有关厂所院校负责人和专家教授。"直八"型机是单桨式带尾桨的大型直升机，具有较好的飞行性能、飞行安全、操作容易和使用、维护方便等特点，可用于运输、巡逻、救护和通讯联络等，适当改装后，可用于地质勘探、测绘、森林灭火、架设高压线等，能改装成客机。这种新型多用途直升机无论是军用还是民用方面都有广阔的前景。

11日　省人民法院在赣州市召开为期4天的全省法医工作座谈会，全省各中级人民法院和部分县、市、区人民法院的法医出席会议。会议传达中国法医学会第一次代表大会精神。南昌市、萍乡市和赣州地区中级人民法院的法医介绍了经验。讨论《江西省法院法医工作细则（初稿）》和《人体重伤标准细则（初稿）》。副院长阙贵善就加强法院法医工作讲话。

12日　景德镇市根据于光远同志的建议，决定在市中心珠山路大桥西侧山地兴建瓷宫，此处距陶瓷历史博物馆1公里，建筑结构采取宋代建筑结构形式。省领导就建造瓷宫提出了4点要求：（一）瓷宫既要反映我国陶瓷生产的悠久历史，又要把历史成就和现代化生产结合在一起；（二）反映景瓷产品与全国、全世界瓷器相结合；（三）展览要与贸易相结合，使瓷宫成为全世界陶瓷贸易中心；（四）要与旅游相结合，吸引旅游者来观光赏瓷。

12日　由南昌钢铁厂和中国银行南昌信托咨询公司合资经营的企业——江西汽车板簧有限公司汽车板簧生产线第一期工程建成投产，可年产汽车板簧1万吨，整个工程投资预计3年内收回。该工程由省内外10多个单位配合，日本国东海日中贸易中心、兴和株式会社、森田铁工所、新东工业派出专家和技术人员，与南昌钢铁厂、江西省冶金建设公司干部、工人通力合作，高速建成，从而成为我国汽车板簧生产中第一家成套引进外国先进设备的有限公司。

12日　南昌华安内衣厂引进的经编、纬编两条生产线的全套设备正式投入生产，江西首批提花经编织物问世。

12日　全省中学思想政治工作座谈会在南丰县召开。会议强调：全省中学要把进行爱国主义、集体主义、社会主义和共产主义思想教育，培养"四有"新人，作为中学思想政治教育的重要内容。会议要求全省宣传、教育部门的同志和广大教师要深入了解学生的思想状况，研究青少年思想变化规律，改进工作方法，对学生进行有吸引力、有说服力的教育；要认真上好思想政治课，以马列主义的思想理论教育学生，促进学生德智体全面发展，使学校成为社会主义精神文明建设的重要阵地。座谈会于15日结束。

13日　省政府召开会议，要求各级政府认真贯彻中共中央办公厅、国务院办公厅《关于解决当前机关中几个严重问题的通知》精神，努力改进机关作风以及深入进行税收、财务、物价大检查。据统计，全省派出工作组2081个，参加自查、互查、重点检查人数71万人次，查出违纪金额2.26亿元，应补交入库数1.6381亿元，已交库1.02亿元。

13日　在庆祝中央发出"一定要消灭血吸虫病"号召30周年之际，余江县荣获中共中央血防领导小组颁发的"消灭血吸虫病"奖杯，县血防站同时获得"全国血防先进集体"奖杯。

13日　全省军队转业干部培训工作会在九江市召开。

14日　为纪念中国民主建国会成立40周年，省、市民建在南昌联合举行庆祝大会。省、市各有关部门负责人，省市各民主党派、人民团体负责人到会祝贺。省民建主委、省政协副主席沈翰卿到会讲话。省、市民建会在南昌的全体会员等400多人参加了庆祝大会。省民建积极开展以经济为中心的各项工作。现已成立经济咨询服务机构11个，专业咨询小组24个，完成咨询项目161项，自办、合办集体企业29个，积极开展"三胞"联络工作，引进资金440万美元，引进技术设备3项，合资办企业4个；自办、合办业余学校5所，培训班57期，培训学员4.2万多人。

14日　中共中央宣传部、国家经委、全国总工会联合授予43个单位"1985年度全国思想政治工作优秀企业"称号。江西省新余钢铁厂获此殊荣（1986年和1987年该厂继续保持此称号）。

14日　经省委整党工作指导小组决定，由省委整党办公室和省委组织部联合召开的全省农村整党和党的基层组织建设工作会议在永修县召开。参加会议的有各地、市委分管的书记、组织部长、整党办主任和省直有关部门及部分县、乡、村党组织负责人共90多人。省委领导在讲话中强调：要搞好农村，必须坚持"既要解决问题，又不要搞乱"的方针。省委组织部部长卢秀珍在讲话中要求全省各级组织部门认真贯彻落实党的全国代表会议和省委八届二次全委（扩大）会议精神及中组部召开的农村党的基层组织建设工作座谈会精神，加强各级领导班子的思想作风建设和农村党的基层组织建设，全面落实党的知识分子和干部政策，切实搞好干部的新老交替，加快干部制度改革的进程。会议于17日结束。

14日　南昌老同兴酿造厂生产的老同兴牌凤凰酱油在全国轻工业部分食品、调味品评比会上被评为轻工业部部优产品。

15日　中共中央政治局常委、中共中央纪律检查委员会第一书记陈云为江西工业大学（1984年由江西工学院改名）题写校名。

15日　农牧渔业部水产局近期在南昌召开全国水产科技计划会议，会议讨论的主题是：提倡南北对话，东西交流，定点（对口）挂钩，分片

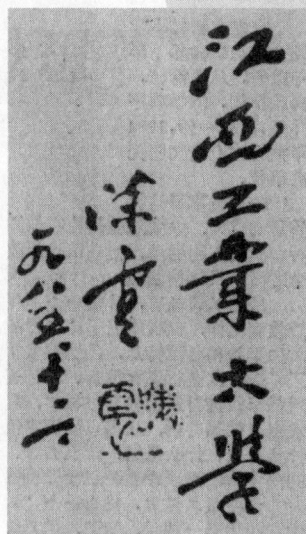

陈云为江西工业大学题写的校名

包干，迅速将水产科研成果转化为生产力，促进水产业高产优质快速发展。会议初步议定了明年全国水产科技计划，强调要加快鱼苗繁育和引进良种的工作，渔用饲料要用工业化生产方式生产，以建立我国的渔用饲料工业。

15 日 据九江市召开的 1985 年度全省出口劳保手套会议的报道，截至当日，江西出口的劳保手套，数量、质量和金额在全国同类出口商品中名列第一。九江前进手套厂安装 100 台新设备投产后，产量比去年增长 30 倍，创外汇和利润基本得到同步增长，该公司组织人员带上样品至美、日、联邦德国、荷兰等国和香港广拓流通渠道，不仅打开了今年出口劳保手套的销路，而且还为明年增加订货 100 万打。

15 日 截至即日，江西今年财政收入提前半个月完成 4 亿元的增收计划。年同期增长 26.3%。今年全省集中力量狠抓农业多种经营，乡村工业"两条短腿"和饲料饲草、畜牧水产、食品包装、纺织服装、家用电器 5 个薄弱环节，企业经济效益增长超过了生产增长，财政收入大幅度上升。今年前 11 个月与去年同期相比，全省预算内工业企业实现税利增长 40%，上缴利税增长 26%。

15 日 《刘少奇选集》下卷在南昌市新华书店各门市部首次发行。选集分精装、平装、普及本三种版本。即日起在全省各地新华书店陆续开始发行。

《刘少奇选集》（下卷）在南昌市新华书店发行

16 日 南昌市消防指挥大楼破土动工，总建筑面积 6000 平方米，火警瞭望塔高 110.7 米。

16 日 全套从日本引进环保设施的贵溪冶炼厂建成投产。该厂利用冶炼废气制取硫酸，年产硫酸 36 万吨。

贵溪冶炼厂硫酸车间

16 日 南昌市人民政府、南京市政府在南京白下饭店举行了缔约签字仪式，由南昌市市长程安东、南京市市长张耀华签订《关于南昌和南京结为友好城市的协议书》。决定按照"长期、稳定、全面"的精神，将两市缔结为友好城市。双方鼓励和支持两市各县、区、部门建立对口协作关系，并确定两市可以根据需要在对方设立办事机构。

16 日 省政府召开《江西省地图集》地市境界画法会议。各地、市、县负责人、省直有关负责人参加了会议。各地、市、县负责人、省直有关负责人参加了会议。会议于 17 日结束。

16 日 为期 5 天的全国放射卫生防护工作会议在南昌市召开。全国 29 个省、市、自治区的代表交流了各地开展放射卫生防护工作的经验，讨论全国放射卫生防护"七五"规划，部署今后的工作任务。

17 日 全省经济工作会议在南昌举行。会议提出明年经济工作的方针、任务和措施，安排明年的国民经济和社会发展计划。出席会议的有省党政领导，各地市专员、市长、县（市、区）长，省政府各部门和省政府驻外省、市办事处主要负责人，各地、市计委、经委、财政局、税务局、体改委、人民银行、工商银行、建设银行、农业银行、中国银行的负责人，共计 400 多人。会议分析了 1986 年江西省将面临的经济形势，阐述了江西省经济工作方针和主要任务。省委书记万绍芬作题为《团结奋斗，迎接新任务，夺取"七五"计划第一年的新胜利》的报告。会议指出，为使全省经济发展速度保持略高于全国平均水平，必须在四个问题上统一认识：实现"略高于"主要靠大力发展农村经济；工业生产的发展必须走以内涵为主扩大再生产的路子；抓生产的同时要高度重视流通和市场；正确处理长期发展和近期发展的关系。副省长钱家铭在省经济工作会议上讲话时指出，技术引进要放在大、中型企业和出口创汇企业上，要重视引进技术"软件"和进口关键设备。会议于 22 日结束。

17 日 《江西省农村五保户供养工作暂行条例》规定：从明年 1 月 1 起，实行主要以乡为单位统筹负担，以保证五保户的生活不低于当地一般群众的实际生活水平。《暂行条例》规定，凡农村中享有公民权、无依无靠、基本上丧失劳动力、无生活来源的老年人、残疾人和未成年的孤儿，都可享受五保供养。有过继子或养子女的不列为五保对象，有女无儿或有儿已入赘到配偶家的老人，已定为五保对象的一概不变，今后这类对象原则上不能再定为五保户。五保形式，既可分散供养，也可入敬老院老年组集中供养。分散供养的，由县（市）或乡（镇）统一规定供给标准，纠正了以分口粮代替五保的做法。

17 日 经省纺织工业公司工资制度改革领导小组讨论，省政府批准同意，从明年 1 月起，江西棉纺织印染厂、江西化学纤维厂、八一麻纺厂、九江第一棉纺厂的一线工人实行岗位工资制的试点。

17 日 省计委、省经贸厅、国家外汇管理局江西分局联合下达《江西省出口商品外汇留成办法》，对留成范围、留成比例、留成外汇的分配使用和留成外汇的计算、拨汇和结算四个部分作了具体规定。

17 日 九江市塑料四厂试制成功 PVC 无毒硬片塑料新产品投产，填补了江西省无毒塑料硬片工艺的一项空白。该产品已通过省级技术鉴定。

18 日 省卫生防疫站新实验大楼举行开工典礼。这座新实验大楼是由卫生部、省政府和省卫生厅投资兴建的；建筑规模 12 层，总面积为 1.26 万平方米，由省建筑设计院设计，深圳市附城建筑公司承建，1987 年 6 月竣工。投入使用后，有利于促进江西省卫生防疫事业的发展。

18 日 江西省与清华大学通过协商，决定在经济、技术、教育等方面建立长期全面合作关系。这是江西省首次与全国重点大学以项目为基础建立实质性合作。副省长陈癸尊和清华大学原副校长解沛基代表双方在协议书上签字。双方同意建立"省校合作领导小组"，每年召开一次领导小组会议。

19 日 省军区司令部将一批珍贵文物捐献给国家。在这批文物中，有汉代的陶罐、陶井构件，明代的铜鹿、铜狮和刻有"大明宣德炉"字样椭圆形香炉，还有清朝雍正、乾隆、光绪等年间制作的各式陶瓷器皿，共 50 余件。这些文物属解放前私人窖藏，具有较高的鉴赏和考古价值。

19 日 全省落实知识分子政策工作座谈会在南昌召开。参加会议的有：各地市分管知识分子工作的副书记、副专员（副市长）、组织部长，省直各单位有关负责人和组织（人事）处长共 270 多人。省知识分子工作小组办公室主任、组织部副部长雷湘池传达了全国落实知识分子政策工作座谈会精神，省委常委、组织部长卢秀珍讲话指出：落实政策要解决思想问题，继续清除"左"的偏见，掌握 4 条原则：（一）坚持实事求是，有错必纠；（二）彻底解决，不留尾巴；（三）具体问题具体分析，把原则性和灵活性结合起来；（四）处理历史问题宜粗不宜细，宜宽不宜严。

19 日 赴美留学生许以正利用回国探亲假期，积极参加活跃家乡的学术研究活动，应邀在江西医学院作关于"曼氏血吸虫虫卵的亮氨酸氨肽酶研究"的学术报告。从血吸虫卵分离提纯出亮氨酸氨肽是许以正在美国学习研究三年来的实验成果，曾先后在美国西南地区寄生虫学术年会和美国第三十四届热带病学术年会上介绍过，受到肯定和好评。许以正是南昌第十九中学 1977 届毕业生，复旦大学毕业后考取了中美联合招收的第一届生物化学研究生，于 1982 年 8 月赴美国得克萨斯州休斯敦贝勒医学院攻读博士学位。

19 日 新余市开工兴建老年宫，占地 36 亩，建筑面积 2600 平方米。

19 日 全省国家机关、事业单位工作人员死亡之后遗属生活困难补助，改按新标准执行。

19 日 省"五讲四美三热爱"委员会、省委政法委员会、省妇联在赣州市召开江西省五好家庭活动现场经验交流会，成立省五好家庭创评活动领导小组。交流会于 22 日结束。

20 日 中国钨业协会在南昌成立，国务委员方毅发来贺电。中国钨业协会是全国有关钨的生产、贸易企业和有关科研、设计、地质、教育等单位自愿组成的行业组织，旨在振兴钨业，充分发挥我国钨资源的优势，为国家多创外汇。它通过协调、交流、咨询、提供信息等活动为钨行业的共同利益服务，推动全行业经济效益、技术水平的不断提高。中国钨业协会当前拥有钨采矿、选矿、冶炼、加工企业、有关院校、科研、设计及有关省、部委共 161 个会员单位，会址设南昌市，挂靠中国华兴钨业公司，其北京办事处挂靠中国有色金属工业总公司技术经济研究中心。

20 日 国务院常务会议通过《一九八六至二〇〇〇年旅游发展规划》，将景德镇—庐山—南昌列为第 14 条国家级旅游线路。

20 日 江西医学院附属口腔医院门诊部开诊。这是江西第一所口腔专科医院。

20 日 《江西日报》报道，"六五"期间，省轻工业生产持续、稳定发展，累计实现利税 15.92 亿元，比上个五年计划期间增长 104.9%，年平均递增 12.6%。其中食品行业占 42%，陶瓷占 17.9%，造纸占 14.9%；塑料制品产值占江西省二轻工业产值的 18.3%，服装占 15.9%。轻工产品先后获得三个国际博览会金质奖，五个国家金质奖，三个国家银质奖，200 个轻工部和

省优质产品奖，开发省级新产品 1080 项，新增花色品种 1 万多种；轻工科研项目 106 个，其中获得国家发明奖 3 项，轻工部科技成果奖 11 项，省科技成果奖和科技成果推广奖 78 项。

20 日 省委、省政府，要求各级政府严禁向农民乱派款、乱收费。

20 日 "六五"期间，全省地矿部门共发现重要矿产地 40 余处，掌握金、银等贵金属、非金属等新的矿点、矿化点信息 500 多处，累计发现的矿种总数，由"六五"前的 110 种增加到 126 种。非金属矿产和矿种，分别比"六五"前增长了 46% 和 35%；天然粉石英、海泡石矿床为国内首次发现；硅灰石、膨润土、珍珠岩、滑石等填补了省内空白。

20 日 江西钢厂今年已实现税利 1 亿元，上缴财政 8300 万元，相当于 20 年来国家投资的总和，成为江西省实现年税利最多、贡献最大的企业。当前已形成年产 43.25 万吨钢、33.77 万吨钢材和 1 万吨金属制品的中型钢铁企业。江西钢厂为解决扩大再生产需要资金，采取五种办法：一是将本厂大修、技措等费用捆在一起使用，每年搞一点儿技术改造，几年连成一片；二是量力而行向银行贷款；三是从企业留利中挤出一部分；四是采取变通的办法筹集；五是发动全厂职工人人上阵，出力献策。共自筹资金 8785 万余元，使用自筹资金扩大再生产所取得的经济效益，已达到 1.2 亿元，占全厂增利总额的 75.5%，年平均增利 2000 万元以上。

江西钢厂轧钢车间

20 日 由交通部和财政部批准，联合国世界银行提供 130 万元贷款援建的永宁公路动工。该公路是我国第一批利用外资援建的县级公路，北起永新县秋溪，南至宁冈县新城，全长 16.8 公里。该公路的建成，对开发老区资源，加速经济建设步伐具有重要作用。

21 日 上海市、南昌市《关于进一步发展经济技术协作商谈纪要》，在上海市政府举行签字仪式。

21 日 江西第一座中外合资改建的饭店——庐山大厦正式开业。

21 日 经省广播电视厅批准，高安县广播站从 12 月 21 日起改为广播电台。这是江西第一个县级广播电台。1955 年 11 月，江西第一个县级广播站在高安县诞生。现在，县乡村三级有专业和兼职广播人员 388 人，有广播专线 4777 公里，98% 的行政村和 95% 的自然村通了广播，入户喇叭达 64113 只，占农房总数的 8.3%，正常有响率 94%。县广播站自办了固定新闻、专题、文艺、服务性节目，1985 年来稿接近 1 万篇。

21 日 全省最大的水利枢纽工程——柘林水电站经水电部任命的验收委员会验收合格，可按正常高水位 65 米投入运行，现正式移交生产。该枢纽的主坝最大坝高 63.5 米，库容 79 亿立方米，是我国当前已建土坝中库容最大的一座水库。工程总造价 3.15 亿元，在发电、防洪、灌溉、航运等方面发挥了明显效益。至 25 日，累计发电量达 60 亿度，发电产值近 4 亿元，超过了工程造价，对江西省工农业生产的发展作出了重大贡献。

21 日 全省企业工资制度改革进展顺利。到当日止，全省有 37 家国营大中型工业企业，经国务院工改小组批准，实行工资总额与经济效益挂钩浮动试点。国营小型企业按国家有关规定，普遍实行了"全民所有、集体经济、照章纳税、自负盈亏"的办法；煤炭企业吨煤工资含量包干和建筑企业百元产值工资含量包干，已在全省推行；其他企业 1985 年普遍实行了企业奖励基金同经济效益挂钩。

21 日 今年全国工业产品质量奖评审工作在北京结束。江西有 21 项产品获得国家金、银牌奖。今年工业产品获奖项目比去年增加了 8 项，达到全国中上水平。在 21 项产品中食品占 8 项，是全国食品获奖最多的省。

21 日 省司法厅党组批转省劳改局党委《关于充实、加强省直劳改、劳教单位纪检机构组织建设的请示报告》，使省直劳改劳教单位的纪检机构进一步得到充实和加强。

22 日 应江西知识人才社会学院邀请，上海工业大学校长、著名科学家钱伟长教授自 16 日始来南昌讲学，钱伟长教授在南昌市共作了三场专题讲演，6500 多人听了演讲。17 日，钱伟长教授到南昌二中参观，受到师生的热烈欢迎。钱教授欣然接受了"南昌二中名誉校长"称号，并题字留念。18 日，钱伟长教授作题为《科学技术新时代对我们工作的要求》的首场讲演，深入浅出地介绍了当代科学技术的发展趋势，并把新的技术革命与青年人的责任感联系起来；19 日，为江西省直机关部分干部作题为《经济规划和经济发展》的讲演，省委负责人万绍芬、裴德安听取了第二场讲演；杨永峰、陆孝彭等民盟省委会负责人出席了钱伟长的《谈教育改革》的讲演会。讲演会于当日结束。

23 日 方志敏烈士纪念亭在方志敏不幸被捕的玉山县怀玉山垦殖场高竹山竣工。该亭全部采用钢筋水泥结构，亭中设有方志敏烈士生平碑文。

23 日 经国家体委审核批准，全省有 13 名运动员被授予运动健将称号。他们是：田径：肖绍萍、郭惠敏、汪玲梅、廖丽英、陶红生、龚国华；举重：罗国华、潘红仁；射击：王尚荣、鲍为民；航空模型：李仁达；跳水：薛斌；羽毛球：熊国宝。当前为止，江西省已有 14 个项目 86 名运动健将。

23 日 省侨办将 21 栋土改时被没收的华侨私房产权，分别归还丰城县石滩乡 9 户华侨、归侨。江西省有港澳同胞和海外侨胞约 7.2 万人，分布在 30 个国家和地区。土改时被没收的侨房约 800 户，9 万多平方米。为落实华侨私房政策，省侨办在丰城县进行试点，经验是：领导重视，组织健全；县长、副县长亲自抓落实，组成几十人的调查组分赴各区、乡开展工作；经过宣传，上下统一认识；经过调查研究，确定了侨房范围、补偿依据、补偿标准等一系列具体措施。省侨办副主任陈金榜指出：在归还侨房时，应注意保护农民的利益，妥善解决农民建新房所必需的补助资金、地基和建筑材料等问题。

23 日 经省委宣传部批准，江西省计划学会正式成立，在南昌市召开第一次代表大会。会议推举省顾委副主任王实先为名誉会长，选举省计委主任王英为会长，省计委副主任黄智权、顾问陆喜明、省社科院院长李克、南昌市副市长李秉荣、江西财经学院副院长许昕为副会长。省计划学会的成立，对研究国民经济和社会发展计划的理论、方针、政策和方法，总结计划工作的实践经验，提高计划干部素质和计划工作水平等，起到有益的作用。省计划学会第一次学术讨论会同时召开。

23 日 全国文物博物馆系统表彰先进大会在北京召开，江西有四个先进集体、六名先进工作者出席大会。先进集体有景德镇陶瓷历史博物馆、安源路矿工人运动纪念馆、高安县博物馆、宁都县博物馆，先进工作者是乐安县博物馆梅绍裘、江西省博物馆刘品三、南昌县博物馆曹继曾、新干县博物馆杨日新、陶渊明纪念馆张人鑫、余干县博物馆曹靖中。表彰大会于 31 日结束。

24 日 国家环保局决定粮食中农药"六六六、滴滴涕"污染调查转为常规监测项目，每年监测一次，在江西省设监测采样点两个。

24 日 省政府颁布《江西省农村五保户供养工作暂行条例》。规定对五保护实行每人每年 600 斤口粮、6 斤食油、60 元零用钱的供给标准。

24 日 "六五"期间，江西省电力工业基建速度快，供电质量好，至 12 月 24 日，江西省发电能力已达 215 万千瓦，其中"六五"期间新装机 60 多万千瓦，比"五五"期间新装机容量增加 25.47%；1985 年发电量已达 82.5 亿度，提前 10 个月超额完成"六五"计划发电量指标。

同时，江西省电力部门还加强了与发电能力配套的输变电工程建设。

24 日 南昌市、宁波市政府在宁波举行经济技术合作签字仪式。

24 日 省政府批转省建设厅、省物价局《关于〈江西省商品房价格管理试行办法的请示报告〉》。

24 日 在国家科委发明评选委员会最近审查批准的 113 项发明项目中，江西医学院第一附属医院、江西医学院基础部、江西第五机床厂、南昌市电子工业公司曹勇等发明的"开放式高频喷射呼吸机"获三等奖。

24 日 省委、省人大、省政协、省顾委、省纪委及省军区党委的领导成员 100 多人参加普法学习，学习了《法学基础理论》等课程。

25 日 省国防科技情报研究所建成江西国防联机情报检索终端，并与美国 DIALOG 数据库联通。1986 年 9 月实现了利用先进数据传输技术同世界三大数据库联机，进行人机对话。

25 日 省高级人民法院召开为期两天的全省法院调研、统计工作会议。会议传达贯彻全国法院统计工作会议精神，研究布置调查研究工作。副院长阙贵善作《关于一九八五年江西省法院调研工作的基本情况和一九八六年调研工作意见》的报告。

25 日 江西拖拉机厂工程技术人员研制成功"丰收 184 型"四轮驱动拖拉机并通过了机械工业部部级鉴定。

25 日 江西中医学院附属中医院中医病房、医技综合大楼举行开

苏联农机专家称赞丰收 184 型拖拉机的性能好得很

工典礼。该楼建筑面积达 1.2 万平方米，主楼高为 9 层，计划总投资 460 万元。楼内设有闭路电

视监护、空气调节、通讯系统、数字显示呼叫系统。各医技科室配有较现代化的医疗设备和各种类型的教学研究室、电化教室。大楼建成后，病床增至 600 张。该楼的建成为江西省中医界医疗、教学、科研、保健、培训及对外学术交流中心，对发展中医事业、培养中医药人才发挥重要作用。

25 日 江南名刹西山万寿宫第一期修复工程竣工，占地 792 平方米的主殿高明殿（即许真

自 20 世纪 80 年代修复以来南昌西山万寿宫成为历年庙会的重要场所

君殿）翻修竣工。西山万寿宫始建至今已 1600 多年，曾历经战乱劫难；第二期工程即将开始，主要修复关帝殿和三清殿；第三期工程是修复谌母殿和三官殿；第四期工程将重建夫人殿、玉皇殿及戏台等，1990 年完全竣工。据不完全统计，西山万寿宫今年已接待国内外游客 15 万人次，日平均 370 人次。

25 日 江西医疗器械厂和北京医用射线机厂联合研制生产的 25 台 300 毫安 X 线机，通过验收。

26 日 航空工业部六〇二所研制的 3 千瓦风力发电机南方型机组和中国船总汾西机器厂、南京航空学院、内蒙锡盟风能所联合研制的北方型机组在景德镇通过国家鉴定。

26 日 全省邮电通信"六五"计划全面完成，实现了业务量、业务收入和利润同步增长，提高了通信质量和通信生产能力。"六五"期间，全省邮电业务总量累计完成 2.88 亿元，业务收入累计完成 2.96 亿元，平均每年递增 7.6%。新建、扩建、改建邮电支局、所 393 处，新增长途电路 430 条，净增市话容量 2.36 万门，自动电话增容 2.6 万门，市话话机增加近 1.7 万部，初步缓和了电路紧张、打电话难的状况。

26 日 江西省首届农民戏剧节在宜春市开幕。来自全省各地、市的演出队、观察队及省内外文化系统的代表 550 多人出席了开幕式。当前，全省已有 3400 多个农民业余剧团，6 万多名戏剧骨干。今年一年就为各地农民演出了 45 万多场地方戏，丰富了农民的文化生活。这次"农民戏剧节"，各地代表将上演 10 台、30 出自编、自导、自演的地方戏剧，歌颂党的富民政策。

26 日 省委血吸虫病、地方病防治领导小组在吉安召开扩大会议。省委副书记、省委血地防领导小组组长许勤主持会议。出席会议的有领导小组全体成员、各地、市委血地办负责人及省、地、市有关部门负责人和病区县代表。会议表彰了一批全国和江西省血地防先进集体和个人，传达了中央血防、地防两个会议精神，总结了今年"两防"的工作，对明年的工作进行了部署。省委副书记许勤在会上讲话，指出："两防"工作是关系人民生活和生产的一件大事，对保护劳动力，提高劳动生产率，振兴江西经济关系极大。各级党政领导一定要把防治血吸虫病、地方病的工作列入重要议事日程；要重视和加强血地防科研工作，努力提高防治效率，做好地方病的防治工作。会议于 29 日结束。

27 日 江西省参加全国中学生哲学、政治

经济学小论文竞赛的优胜者授奖大会在南昌二中举行。上饶一中李卫（女）荣获一等奖；临川二中方胜华、永修三中王琴荣、鹰潭一中许丹昊、赣南师范附中李红忠获二等奖，何建萌等13名同学获三等奖，另有22名同学获省优秀奖。

27日 HD-7型双音多频电子电话机在江西有线电厂试制成功。

27日 省化纤原料生产基地——江西涤纶厂第一期工程投产暨第二期工程开工举行庆祝典礼。省委、省政府、省人大常委会、省军区、省政协负责人和纺织部化纤局副局长王煜亮参加了庆典。江西涤纶厂是江西省重点建设工程项目之一。设计生产规模为年产涤纶纤维1.2万吨，其中一期工程涤纶长丝2000吨，涤纶短丝6000吨，二期工程涤纶长丝4000吨。工厂全部建成投产后所生产的涤纶纤维相当于28万亩棉田的产量，短丝可生产涤棉布约7000万米，长丝可生产针织衣料约2000万米。全厂年产值1.2亿左右，税利约4000万元，分别约占江西省纺织工业产值和税利的1/10左右。当前该厂生产的加工丝已行销全国七个省、市，受到用户的欢迎。

27日 红星垦殖场与江西师大冯春发等人共同研制的"EC-1、EC-2类可可脂系列产品"通过省级技术鉴定（1986年获农牧渔业部科技进步二等奖。1987年获国家科技进步三等奖，该成果属国内首创。QSJ-2500型饲料加工设备，获国家机械委技术进步二等奖）。

27日 全省养牛工作座谈会在永修县召开，讨论发挥江西省山草资源优势，加快发展牛、羊等草食动物。座谈会于29日结束。

27日 司法部在北京召开全国司法行政系统先进集体、先进工作者表彰大会和第二次全国人民调解工作会议。江西受到表彰的有：万载县马步乡司法助理员曹振兴被授予"全国司法系统二级英模"称号；临川县司法局、省第五劳改支队被评为"全国司法系统先进集体"；刘化时等8人被评为"全国司法系统先进工作者"。在全国人民调解工作会议上，受到表彰的有：萍乡市城关区东大街居民调委会等9个先进集体，林荷珍等7名先进个人。

28日 至今年底，全省机电产品出口已完成国家下达的430万美元的出口任务，比1984年增长18.9%，客户由去年的43家发展到55家，机电产品已远销40个国家和地区。

28日 中国专利局颁发首批中华人民共和国专利证书仪式上，江西工业大学讲师陈才水、高荫榆发明的《以乌桕脂为原料制取类可可脂的方法》（有溶剂结晶法）、《以乌桕脂为原料制取类可可脂的方法》（无溶剂结晶法）两项发明获得专利权。

28日 国营江西仪器厂走"军转民"道路，充分发挥航天技术的优势，在北京京宇公司等单位协助下试制成功六J-1型卫星电视地面接收站和6米直径玻璃钢卫星电视地面接收天线罩，填补了全省电视

六J-1型卫星电视地面接收玻璃钢天线罩

接收站生产技术的一项空白。六J-1型卫星电视地面接收站用敷铜板玻璃钢作天线，耐腐度强，可直接接收国内外C波段卫星发射的电视节目；其性能稳定，质量可靠；其和电视差转台配套使用，可大幅度提高电视收看的覆盖率，改善电视接收质量，对解决偏僻山区看电视难有重要作用。

28日 南昌罐头啤酒厂年产5万吨啤酒建设工程举行开工典礼。该工程是国家轻工业部专项重点项目之一，占地面积160多亩，总投资6868万余元；工程由轻工业部上海轻工设计院参照国际先进水平设计，从保加利亚、联邦德国分别引进两条灌装线和生产啤酒的8个专项设备。工程需两年半时间竣工。投产后，年产麦芽1万吨，啤酒5万吨，可获年利润780多万元，上缴国家税金730多万元。

28日 江西省目前唯一的一座精梳毛纺厂——江西毛纺厂第一期工程投产。

29日 全国高中学生数学联赛成绩揭晓：

按各省前 50 名成绩计算，江西名列第一；按学校得奖人数及平均成绩计算，南昌二中荣获全国第一。江西省数学学会、省教研室联合举行授奖大会，表彰和奖励获全国一、二、三等奖和省级奖的优胜者。南昌二中除获得一等奖 5 名外，还获得二等奖、三等奖各 5 名。

29 日 南昌齿轮厂抓能源管理，今年万元产值能耗由去年的 8.88 标吨下降到 7.5 标吨，被评为今年全国行业节能先进企业。

30 日 江西省第一个研制卫星电视地面接收站的江西工业大学，已全部完成世界上常用 3 种卫星电视接收 C、K、L 波段的研制工作，并在新世界电子通信有限公司协作下制出样机，并通过鉴定。

30 日 贵溪县垦殖场林业分场个体窑匠陈景余被吸收为中国野人考察研究会会员。1984 年 8 月，陈景余看见一头模样像人的动物被猎，当即作了仔细观察，写成论文《人熊的基因》。

30 日 中国科学院日前在余江刘家站建立红壤生态试验站，进行红壤生态系统结构、功能和生产率试验。

31 日 自 11 月开始至 12 月底，全省推销 1985 年国库券累计交款 1.4085 亿元，占中央调整任务后 1.3283 亿的 106%，超额 802 万元。其中：单位购买 3902 万元，超额任务 4%；个人购买 1.0183 亿元，超额任务 7%。

31 日 由余江农艺科所农师李华杂交培育的晚籼稻"温二 23"，通过技术鉴定。

31 日 我国当前规模最大、第一座采用世界先进闪速熔炼新技术的现代化炼铜工厂——江铜基地贵溪冶炼厂顺利出铜。贵溪冶炼厂是"六五"期间国家重点建设项目，由南昌有色冶金设计院主持设计，有色五建公司负责土建和安装，工程总投资额为 6 亿多元。中国有色金属工业总公司副董事长茅林、副总经理朱雷，以及日本、芬兰厂商代表等到厂向全体建设者们致以热烈祝贺。

31 日 省政府批转省保险公司、省公安厅、省交通厅《关于江西省机动车辆第三者责任保险实施办法的报告》，从明年 1 月 1 日起实行。

31 日 省直劳改劳教单位无线通信网正式全面开通。

31 日 贵溪冶炼厂从日本引进的全套环保设施点火试车成功。该厂利用冶炼废气制取硫酸，年产硫酸 36 万吨。

31 日 截至年底，全省 92 个县（市、区）第二次土壤普查工作，经省、地联合验收，全部完成。为县、乡提供了土壤普查报告、土壤图、养分图、改良利用图等主要成果。

31 日 截至年底，全省对外承包工程和劳务合作新签合同达 77 万美元，完成营业额达 600 万美元，承包工程的劳务合作正逐步由劳务输出为主，向建房、修路筑坝等综合性承包输出转变。当前，全省在国外工作的各类对外经济技术合作人员为 980 人。

31 日 按照中共中央、国务院《关于国营工业企业进行全面整顿的决定》，江西省于 1982 年 2 月开始，有领导、有计划、有步骤地开展了企业全面整顿。截至年底，历时四年，列入整顿规划的预算内国营工业企业、大中型企业、县以上大集体工业企业、县以上非工交企业等各类企业已完成了企业整顿任务。巩固和发展企业整顿成果好的、比较好的企业占 90%～95%。

31 日 江西省第一台微机控制凸轮轴磨床通过省级鉴定。

31 日 鹰潭市月湖区白露乡与铁道部鹰潭工程指挥部材料总厂联营，合资兴办江西省第一家保温隔热材料厂，并获得一次性试产成功。

31 日 截至年底，全省农村收保险费 1414 万元，超额完成收入计划 66%。

31 日 "六五"期间，江西省对外贸易有较大发展，全省进出口总额为 12.1 亿美元，比"五五"期间增长 95.10%，预计今年全省进出口总额达到 3.1 亿美元，比 1980 年增加 1.98 亿美元，增长 176.79%，平均每年递增 26.8%。目前，全省出口商品由 1980 年的 7 大类 104 个品种扩大到 13 大类 580 多个品种。"六五"期间，江西逐步形成以港澳地区和日本、东南亚、中东、海湾等市场为主的出口推销网络，出口商品已远销五大洲 123 个国家和地区。同时，开展对东欧的易贷贸易，有计划地开展转口、三角贸易，在香港成立了华赣企业有限公司，华港中国建筑工程综合有限公司和日本荣昌股份有限公司等，为扩大进出口贸易服务，向国家提供出口商品总额 30.68 亿，比"五五"期间增加了 12.56 亿元，增长 69.32%。

本月 为把江西省工矿企业的精神文明建设提高到一个新的水平，省"五四三"委员会于本月在盘古山钨矿召开有南昌飞机制造公司、盘古山钨矿、江西棉纺织印染厂、九江炼油厂等 31 个大中型工矿企业代表出席的"全省部分厂矿企业创建文明单位经验交流会"。

出席会议的全体代表合影

本月 南昌柴油机厂向英国里卡多公司技术咨询，改进燃烧室及进气管道设计技术，研制成功直喷式 X6110 型柴油机，达到国际 20 世纪 80 年代初技术水平，通过部级鉴定，获省科技进步二等奖。

本月 修水县经过四个月的深入调查，至目前已经查出粮食系统 18 起贪污盗窃案，其中盗窃粮食折合稻谷万斤以上的一起，贪污稻谷指标万斤以上的一起。12 月中旬，该县对一些主犯进行公开处理。三人被处有期徒刑，四人受到党纪处分，七人受到政纪处分。这些作案人员借改革之机，利用"转圈粮"（平价转议价，议价转超购价），套取国家差价款，进行贪污挥霍。据统计，全县 12 个粮管所，去年搞"转圈粮"，空购

空销稻谷 1550 万斤，菜油 3 万斤，非法套取粮食加价款、经营费用补贴款 98.77 万元。黄沙港粮管所从去年 9 月至今年 3 月，空购空销稻谷 735 万斤，非法套取国家粮食差价款 42.8 万元。

本月 遂川县泉江镇枚江乡洪门村地段发现商代晚期青铜卣，属全国珍稀文物。

本月 上饶羽绒厂的白鹅绒被列为出口免检产品。国际客商称之为质量信得过的产品。

本月 由福建、江西两省的三明、建阳、抚州、上饶四地、市档案馆合编的《闽赣苏区文件资料选编》出版发行。

本月 赣州有色研究所、江西冶金学院、盘古山钨矿共同承担的《盘古山钨矿下部中段地压研究及其控制方法》课题获有色总公司科技进步二等奖、国家科技进步二等奖。

本月 江西省植物病理学会成立。

本月 中国国际贸易促进委员会江西分会与省科技情报研究所在南昌联合举办国外新产品样本陈列会，展出样本 2000 多份，接待科技人员 900 多人次。

本月 宜黄县东陈乡沅村获"全国文明村"称号。

本月 赣州公园人工饲养繁殖丹顶鹤成功，获赣州市科技成果一等奖。1989 年 11 月在赣州公园建立丹顶鹤繁殖基地。

本月 抚州市公交公司售票员王丽华被建设部建筑工会全国委员会评为全国城市公交系统优质服务员，同年被评为省优质服务先进个人。

本月 蚕桑垦殖场江西味精厂研制的大米提取蛋白粉工艺通过省科委委托省林业厅技术鉴定，填补国内用大米生产蛋白质的空白。

本月 井冈山垦殖场农科所"水稻品种抗瘟病筛选和利用研究"课题，通过省级技术鉴定，获省政府技术进步三等奖。同月，"提高商品猪胴体瘦肉率杂交组合试验"通过省级技术鉴定，获省政府科技进步三等奖。

本月 江西省盐业学会成立。

本月 省测绘局购置瑞士 KOM DSRI1 解析

测图仪 1 台，价值 105 万元，是国际一级精密仪器。

本月 江西造纸厂高级工程师沈祖湘等研制出造纸生产微机调度管理系统，1987 年获国家科学技术进步二等奖。

本月 九江有色冶炼厂与省稀土研究所等五个单位共同完成的国家重点科技攻关项目"龙南低钇混合稀土分离工艺研究"，通过省级鉴定，获江西省科学进步二等奖（1986 年获国家科技进步二等奖，主要研究人员为省稀土研究所工程师王巧梅、张建兴，九江有色冶炼厂工程师高鸿庭、韩建设等）。

本月 江西省氮肥企业中的景德镇、宁都、奉新、清江、上高、分宜、万载、泰和、波阳、婺源、武宁、龙南 12 家小氨肥厂关停并转。目前全省尚保留 18 家小氨肥厂。

本 年

本年 省委、省政府于春季发出《江西省一九八〇至二〇〇〇年发展战略纲要》（草案）。

本年 省水文地质大队在省内已发现地热水 94 处，由钻探揭露的地热水 22 处，共计 116 处。这些地热水分布在全省 48 个县、市。

本年 江西气体压缩机厂电焊黄桂馥，在今年参加机械工业部举办的焊工技术培训中，获联邦德国焊接协会颁发的焊工教师证书。

本年 江西光学仪器总厂狠抓产品质量，开拓国际市场，产品远销欧、亚、非、美四大洲的 16 个国家和地区。今年出口相机 3.5 万架，创汇额比 1980 年增长了 3.9 倍，约占省机电产品出口总成交额的 1/3。1983 年以来，连续三年获省机电产品出口先进单位。

江西光学仪器总厂技术中心大楼

本年 全省有 19 项科研成果通过了技术鉴定，主要有：中华猕猴桃优良品种、地乐胺防治大豆苋丝子的效果、应用电子计算机进行水稻螟虫中长期测报、采用地方猪种和外来猪种进行杂交组合试验的结果、食用菌简易制种技术等。

本年 1985 年起，江西省发展交通运输事业，实行各行各业、国家、集体、个人及各种运输工具一起上的多家经营的办法，搞活运输市场，采取谁投资、谁管理、谁受益的办法。

本年 省进出口公司灵活经营，采取多种形式主动向全方位、多元化国际市场扩展，开辟了进出口商品市场新局面，经济效益成倍增长，成交进口商品合同的金额较去年增长 1.5 倍，盈利增长 2.53 倍，出口创汇计划超额完成 46.5%。

本年 省供销系统坚持为农业服务的方向，积极扶持农村发展商品生产，通过开拓经营，综合服务等工作，获得了社会效益和企业效益同步增长。省供销系统农副土特产品比上年增加 5700 多万元，增长 16.8%，利润总额达 3763 万元，增长 35.2%。

本年 全省出口贸易额比 1984 年增长 10.01%，实现了略高于全国的平均增长水平。全省进出口总额达到 3.25 亿美元，比 1984 年增长 24.93%，创历史最高纪录。

本年 全省在对外开放方面开展了省际间和地、市、县、乡之间的多种经济技术协作，共达成各种协作项目 1739 项，比去年增加 4.27 倍，可引进资金 1.27 多亿元。在对外开放方面，经政府批准立项的利用外资项目 185 项，为去年的 4 倍，其中 20 项已经投入生产，28 项正在筹建，总投资 2.2 亿元，引进外资 3500 多万美元；引进技术设备项目 162 项，已签约成交 121 项。

本年 全省饲料企业采用签订合同办法，推广配合饲料，促进饲料业发展。今年，全省配合饲料达 12.6 亿斤，生猪存栏数比去年增长 8%，家禽饲养增长 20%。

本年 南昌湖坊乡社会总收入达 1.013 亿元，人均创产值 4240 元，人均纯收入 704 元，成为全省第一个社会总收入超亿元和农民人均创产值、人均纯收入最高的乡。

南昌市郊区湖坊乡热心村农民新居

本年 全省共有油茶林 1470 万亩，今年产茶油 6538 万斤，比去年增长两成，居全国第二位。

本年 景德镇市荣获"江西省绿化红旗城市"和"全国绿化先进城市"称号。

本年 江西省六好企业南昌飞机制造公司（洪都机械厂）荣获"1985 年度全国企业管理优秀奖"。这是江西省唯一获此殊荣的企业。

本年 江西省六项主要经济指标实现略高于全国平均发展水平。分别是：社会总产值增长 18.3%；国民收入增长 15%；国内生产总值增长 15.5%；工农业总产值增长 19.3%；财政收入增长 29.9%；农民人均收入增长 12.9%；其中工业总产值、轻工业总产值、农业总产值、财政收入的增长速度分别居全国第四位、第五位、第六位、第七位。

本年 江西省农业创汇达 8570 多万美元，是历年来农副产品出口最多的一年。

本年 江西省轻工业系统共获得省级以上科技成果奖和先进单位奖 233 项（个），超过历年来的总和。其中有 3 项获国家技术进步奖；5 项获全国陶瓷产品（灯具）部级评比优胜奖；17 项获全国儿童生活用品"金鹿奖"；23 项获全国轻工业部优秀新产品奖；10 项获巴黎国际服装博览会送样纪念奖和全国服装设计纪念奖；15 项获华东地区第三届包装装潢设计大奖、优秀奖、荣誉奖，有 160 项分别获省优秀新产品奖和科技成果奖。

本年 省粮油进出口公司和 30 多个地、县外贸公司共出口优质大米 5500 多吨，为国家创汇 120 多万美元，居全国第三位。

本年 据全省农村抽样调查，全省农民人均纯收入 377.31 元。比去年增收 43.2 元，增长率为 12.9%，高于全国 11.9% 的平均增长率。

本年 江西省计划建成投产的项目 26 个，其中基建重点项目 14 个，已建成投产的 11 个，基本建成的一个。全年计划建成技改重点项目 12 个，已建成或基本建成的 11 个。23 个项目投产后，预计年新增产值 8 亿多元，新增利税 4200 万元。

本年 全省有两项"短、平、快"科研项目列入国家科委"星火计划"。其中，处于国内领先地位的"从乌桕脂中制取类可可脂的技术研究"正组织实施工业化生产；"南安板鸭综合开发"已进入签订合同阶段。

本年　DTG－A 型超真空析氩仪在江西景光电工厂研制成功，填补了国内真空析氩技术的空白。

本年　中国白蚁防治科协中心江西分中心成立。

本年　由南昌洪都机械厂发明的 40 吨火药模锻锤和参与发明的 18MNICRMOBA 低合金高强度钢，分别获得 1985 年国家发明一等奖和二等奖；南昌无线电厂研制的 ML－77 单脉冲双通道末制导雷达，获国家科技进步三等奖。

本年　张刚编剧、执导的彩色故事片《丈夫的秘密》、《风流局长》分别由南昌影视研究所与珠江电影制片厂以及福建电影制片厂摄制完成，在南昌市及全省各地放映。

本年　全省乡镇煤矿企业（原称社队煤矿企业）全年原煤产量达到 731 万吨，从业人员 7 万多人，成为江西省乡镇企业的六大骨干行业之一。

本年　八景煤矿对地方性甲状腺肿进行普查，患病率高达 39.5%，病因为饮水缺碘（1988年进行第二次普查，患病率仍有 23.1%）。

本年　美国、泰国、日本、法国等技术考察团先后到江西萍乡矿务局高坑煤矸石电厂考察。

本年　新余钢铁厂、南昌钢铁厂计量工作通过国家评审，达到国家一级计量企业标准。

本年　全省早稻稻瘟病发生，以穗颈稻瘟尤重，发病面积达 600 余万亩，病穗率在 10% ～ 15%，严重田块颗粒无收，防治后仍损失稻谷 4 亿多斤。

本年　国家经贸部批准省国际信托投资公司、省外运公司、省交通工业供应公司、省航运公司出资 5 万马克，在联邦德国杜伊斯堡与德方合资兴办江西省中德经济技术合作股份公司。

本年　江西农业大学利用世界银行贷款 93.6 万美元建立农业培训中心和电视教学演播室，属江西最早利用国外贷款项目。该项目建造了 4186 平方米的培训楼一栋，引进仪器设备 29 个品目，共 80 台件。

本年　南昌市农村家用水压式厌氧滤器沼气试验研究被列入全国试验项目，并在全国《沼气科技动态》介绍。

本年　1980 年至今，南昌市的麻袋累计出口供货 4845.51 万条，远销于日本、美国、香港、新加坡、马来西亚、伊拉克、沙特阿拉伯等国家和地区。

本年　江西国药厂获国家经贸部出口荣誉证书，出口供货逐年增长。"七五"期间，5 年出口 8450 吨，出口金额合计 3657.11 万元。1985年出口远销于日本、美国、联邦德国等国家，计 2171 吨，金额 831.61 万元。

本年　江西丝绸厂出口丝绸 144.78 万米，金额 342.85 万元。

本年　南昌硬质合金厂"金塔牌"YG8 硬质合金刀片获江西省优产品。同时"金塔牌"工业三氧化钨产品获江西省优质产品。年工业总产值 2240 万元，实现利润 350 万元，工业产品 80% 左右出口，是江西冶金系统出口创汇大户，获江西省"六好企业"称号。荧光级氧化钇获省优新产品奖。

本年　江西商业机械厂完成福州部队四七二二工程的油库安装任务，被省商业厅评为全优工程，同时生产的 95B 型榨油机获商业部优质产品奖。

本年　南昌市印刷的书刊《周恩来选集》获国家新闻出版总署一等奖。《社会发展简史》等三部作品获教育部优质产品奖。《建设有中国特色的社会主义》等三部作品获华东协作区优质产品奖。

本年　江西火柴厂获省经委颁发的江西省经济效益先进单位奖杯，同时该厂产品在江西省 9 家火柴企业质量评比中名列第二位，在全国 119 家火柴同行业厂家质量评比中名列第三十三位。1983 年至 1985 年连续三年在全国火柴质量评比中，被轻工部火柴质量检测中心评为全国优级产品。

本年　南昌日用化工厂生产的"草珊瑚"牌儿童药物牙膏获全国儿童用品金鹿奖。

本年　江西氨厂生产的合成氨生产中循环成粉微机控制系统，获江西省科技成果奖，碳铵产品获江西省优质产品，被江西省人民政府命名为

"无泄漏工厂"。

本年 江西化工石油机械厂生产的容积为400立方米低合金钢制球形贮罐评为化工部优质产品，10吨液化气贮罐评为全国同行业优等品。

本年 南昌市计划生育委员会与市卫生局联合发出《关于第一胎儿童病残办理生育二胎指标的试行办法》，成立了南昌市病残儿医学鉴定组。

本年 南昌聋哑学校副教导主任刘贞华、南昌盲童学校教师谈玉珍（女）被评为全国特殊教育先进工作者。刘贞华任省特殊教育研究会理事。

本年 黄秋园获得画坛肯定，中央美术学院追聘他为名誉教授；中央国画研究院追聘他为院务委员会委员；香港的国画名家亚明为他主编了专版，称颂"黄秋园先生大师也"。

本年 在全国第二届书法、篆刻展览中南昌市篆刻家许亦农、王梦石的作品获奖。

本年 南昌市乡镇企业实行厂长（经理）负责制。

本年 省委决定，省顾委办事机构为江西省顾委办公厅（一级厅局）。

本年 江西电视台拍摄的《鹤之王国》、《小书画家李丛》两部专题片送往美国、加拿大、日本、法国的八个华侨电视台播映。此外，专题片《赣南寄情》送往台湾播映。

本年 萍矿杨桥煤矿开始兴建。该工程设计能力30万吨/年，工业场地面积6.74公顷，建筑面积6177平方米，总投资4838万元。省煤炭设计院和萍乡矿务局综合利用设计院杨少鹏等人设计，获1989年省计委优秀工程设计一等奖，第四次全国优秀工程设计银质奖。

本年 南昌矿山机械研究所研究设计的"BC-7型"粒铵油炸药混制装药车，达到国际同类产品20世纪80年代水平（1988年1月通过部级鉴定。该产品与该所研究设计的PPC－250炮孔排水车同属国家科技攻关项目——一千万吨级大型露天矿成套设备研究制中的配套设备。该项目获"1987年度国家科技进步特等奖"。主要研究人员为工程师涂银生等）。

本年 省科学情报所承担的"无功电力补偿节电技术研制、推广与应用"课题通过省级鉴定（该成果1986年获国家科委优秀科技成果二等奖）。

本年 景德镇华风瓷厂采用发生炉煤气为燃料的隧道窑试烧青花瓷获得成功。

本年 上半年，江西省地质矿产局物化探队谢提元、杨衍忠、胡斌等发现了会昌县岩脊斑岩锡矿。7月，江西地质科研所与物化探队联合组成岩脊锡矿评价队（1988年6月提交了解一大型锡矿的勘探报告，获地质矿产部1988年度地质找矿一等奖）；省地质矿产局赣西北队在修水县香炉山发现隐伏的大型百钨矿床，储量居全国第二位；省地质矿产局九一二队在贵溪县冷水坑矿区硬岩层中，进行小口径受控定向钻进获得成功，为国内首次；江西冶金研究所在定南县岿美山钨矿区发现钨铋矿矿物，属国内首次发现。

本年 经中国农房建材成套供应公司批准，成立中国农房建材公司江西分公司，与省农房建材成套供应公司合署办公。

本年 省农垦系统赴美实习生集训招生考试在井冈山垦殖场进行，被录取的考生先后派往美国实习一年。

本年 江西省包装技术协会医药包装委员会成立。

本年 江西东风制药厂生产的"江东牌"青霉素钠获国家医药管理局优质产品奖，国家优质产品银质奖。

本年 江西电视台、香港亚洲电视台、中央电影制片厂，分别到井冈山拍摄风光片、专辑新闻片和影片《朱老总的足迹》。

本年 江西气体压缩机厂电焊工黄桂馥，在今年参加机械工业部举办的焊工技术培训中，获联邦德国焊接协会颁发的焊工教师证书。

本年 全省电力系统实行经济承包，承包内容包括发电量、成本、投资、新增容量等。全省电力工作会议讨论通过了对所属发供电、施工、修造企业、勘测设计、学校等单位的投入产出包干方案。

本年 金溪县"冬瓜大王"——黄富民，今年实栽冬瓜一亩一分，产量达44100斤，亩产达

40090 斤，比去年净增 3690 斤，其中最大一个冬瓜重达 214 斤。

本年 江西省棉花生产在面积调减、连续遭伏、秋干旱情况下，喜获丰收。皮棉总产达 120 万担，单产 121 斤，亩产比去年增产 7 斤，创历史最高水平。为提高棉花质量，各地推广了优良品种 791、泗阳 835 等优质棉种，淘汰了质量差、强力低的"鲁棉一号"等。湖口县 7 万亩棉田种植了优良品种，棉花品质比去年提高了半个级到一个级。

本年 1981 年至 1985 年的 5 年中，全省有 140 万农户兴建或更新了住宅，平均每年实际建房（包括翻建、扩建）的户数占总户数的 50% 以上，建筑面积共达 1.35 亿平方米。全省农民"六五"期间建房资金约 30 亿元。去年江西省农村人均住房面积达 15.55 平方米，比全国农村人均住房面积 13.6 平方米多 1.95 平方米；新建住宅已开始向建二、三层楼房发展，有的还建有前庭后院，式样讲究。经济实力雄厚的南昌市郊、萍乡市郊、赣抚、吉泰平原部分地区农村建设统一规划，布局有致，使旧村换新貌。

本年 全省地方军工企业持续、稳定、全面发展，实行军民结合，开发出机电设备、家用电器、民用电子、五金工具、民爆器材五个大类近百种产品满足社会需要。"飞鱼"牌自行车已达到年产 30 万辆的生产能力，荣获国家银质奖的"飞龙"牌三牙轮钻头年产能力达万台。据统计，五年来地方军工企业产值、利润分别以 21.8% 和 89.2% 的平均速度逐年递增。今年 1 月至 11 月完成产值 2.2 亿元，占年计划的 97.3%，比去年同期增长 35%，提前一个月超额 12.7% 完成全年利润计划。五年来军工企业技术改造新增产值达 3 亿元。获国家、省优的产品达 36 项，主要产品质量稳定提高率达 85% 以上。

本年 全省列入全国商品粮基地试点的南昌、丰城、高安、余干、安福、泰和等县把投资重点用于小型农田水利配套工程和发展商品生产项目建设，3 年来，6 个县共建成县农业技术推广中心 6 个和区、乡农技站 102 个，推广农业新技术 297 项，建成县种子公司六个和区、乡供种

站 48 个、良种基地（场）17 个，面积 48 万多亩。农田水利方面，已建成电力排灌站 293 座，渠系配套 631 条，修复塘堰小型水库等 1019 处，扩大和改善灌溉面积 96 万亩，排涝和防洪面积 212 万亩。据统计，六县粮食总产量比 1982 年增长 15.7%，大大高于原定增长 7.9% 的水平，粮食征超议购比 1982 年增长 37.6%，粮食上调量增长 10.5%，出口量增长 1.6 倍；农业人口人均贡献由 1982 年的 471 斤提高到今年的 635 斤；工农业总产值比 1982 年增长 44.7%，农业总产值增长 32.8%。

本年 省军区围绕经济建设办民兵，采取积极措施减轻群众负担，全省减少民兵工作经费 760 多万元。今年各地民兵组织进行了调整，压缩了基干民兵数量，节省民兵活动经费 80 多万元。民兵军事训练由县集中训练，特困乡的民兵军事训练费免除，共节约训练费 600 多万元。同时，武器存放点比去年减少了 27.8%，减少武器保管员 1300 多人，节约武器管理经费 70 多万元。

本年 赣南炼锡厂积极引进外地先进技术，与上海宜山冶炼厂签订技术协作合同，综合利用冶炼锡的烟尘、杂渣，试制出氯化亚锡、锡酸钠、氧化锡等三个锡化工产品，采用电解法工艺，生产出了特号锡。锡的纯度大大提高，锡产品质量有了一个新的突破。今年该厂产值和利润比去年大幅度增长，新开发的特号锡等四个产品，填补了江西省这几项产品的空白。

本年 全省律师积极为经济建设和城市、农村经济体制改革服务，有效地维护了企事业单位和集体、个人的合法权益。全省已有 700 多家企事业单位和两户一体聘任律师担任法律顾问。南昌市法律顾问处共为 102 个单位担任常年法律顾问，为聘方单位解决非诉讼纠纷 110 件，诉讼纠纷案 125 件，总金额达 8241 万元，为受聘单位避免经济损失 1488 万元。

本年 萍乡市在安源镇牛角坡建成革命烈士陵园，占地 20 亩，陵园中央立有花岗岩砌成的 18 米高纪念碑，上刻"萍乡革命烈士纪念碑"9 个描金大字。

本年 南城县等 40 个边远山区贫困村庆祝

结束长期靠吃国家补贴度日的历史。500 多农户人均收入由过去的 82 元上升到 364 元，开始脱贫致富。

本年　全省机榨甘蔗喜获丰收，收获面积 43.52 万亩，比去年增加 3.54 万亩，甘蔗总产量 165.1 万吨，比去年增加 27 万吨。

本年　南昌洪都机械厂 1983 年开始研究的压力测试无汞化的推广应用。获航空工业部科技成果一等奖。主要完成人为工程师张天露、叶松藩、王仁裕。

策划编辑：柏裕江
责任编辑：刘彦青　阮宏波
装帧设计：肖　辉
责任校对：书林翰海校对公司

图书在版编目（CIP）数据

中华人民共和国 江西日史/中华人民共和国日史编辑委员会江西编辑室编.
－北京：人民出版社,2008.9
ISBN 978－7－01－007244－9

Ⅰ.中…　Ⅱ.中…　Ⅲ.①中国－现代史②江西省－地方史－1949～2005
Ⅳ.K27

中国版本图书馆 CIP 数据核字（2008）第 130970 号

中华人民共和国
江 西 日 史
ZHONGHUARENMINGONGHEGUO
JIANGXI RISHI
第 四 卷
（1980～1985）

中华人民共和国日史编辑委员会江西编辑室　编
名誉主编：孙家正　李金华　张文彬
　　　　　张承钧　李永田
主　　编：孙用和　蒋仲平　魏丕植
　　　　　管志仁　沈谦芳
副 主 编：符　伟　杨德保　廖世槐
　　　　　罗益昌　张翊华

人民出版社 出版发行
（100706　北京朝阳门内大街 166 号）

北京中文天地文化艺术有限公司排版
北京盛通印刷股份有限公司印刷　新华书店经销

2008 年 9 月第 1 版　2008 年 9 月北京第 1 次印刷
开本：889 毫米×1194 毫米　1/16　印张：34
字数：916 千字　印数：0,001－3,000 套

ISBN 978－7－01－007244－9　　（全八卷）定价：1860.00 元

邮购地址 100706　　北京朝阳门内大街 166 号
人民东方图书销售中心　电话：（010）65250042　65289539